G

吴敬琏
改革文选

－上卷－

上海三联书店

前　言

　　2018 年,中国改革开放迎来了它的 40 周年。40 年对于中国几千年的历史来说,只不过是白驹过隙的一瞬间,然而这 40 年中国面貌发生的变化却具有翻天覆地的意义。改革开放所带来的经济发展业绩,更是赢得了人们的交口赞誉。

　　不过,在欢庆已经取得的成就的同时,有两点是需要注意的:第一,40 年来的改革征途,并不是一条没有障碍和曲折、因而可以一路高歌猛进的平坦大道。它不时陷入对改革目标、改革战略、改革措施等等的激烈争论,而且充满了来自持有相反主张的力量的阻碍和反对,因而经常会出现曲折甚至反复。第二,到目前为止,我们只是初步建立起现代市场经济的框架。它的·些重要社会经济架构还有待通过认真的结构性改革才能构建起来。因此,改革正未有穷期,距离建成富裕、民主、文明、和谐的现代国家,中国还有很长的路要走。

　　正因为如此,从过往的历史中汲取经验教训就变得十分重要。俗话说"冰冻三尺,非一日之寒"。当前出现的种种问题并不是突然从天而降,而是在长时间的历史过程中形成并积累起来的。因此,只有在充分汲取经济学和其他学科优秀成果的基础上,带着当下的问题,从历史发展萦回曲折的过程中汲取智慧,弄清楚五光十色而且变动不居的社会现象背后具有恒定性的事物本质,不断深化对相关基本问题的认识,才能为后续的跋涉照亮道路。

　　从改革开放之时起,面对缺乏活力的体制,疮痍满目、百废待兴的社会现实就激励着我们这一代知识人殚精竭虑去为改革出谋划策,以便为实现好几代中国人魂牵梦萦的社会理想提供制度基础。

然而,寻求真知和涤除自己身上"左"的和"右"的错误思想的影响,并不是一件轻而易举的事情,它只有经历深入实践和认真思考才有可能实现。

作为 40 年改革全过程的参与者,我积极参与过多次重大理论和政策争论,参加了各个改革阶段和各方面改革的实际推进工作,我本人的思想认识也随着改革的进程和自己研究的深入而成长,这一实践和思考过程在我的论著中都有所体现。现在选出一小部分能够代表我在这 40 多年历程中思想发展轨迹的文章编成一本选集,希望藉此理清自己的思想脉络,并为有兴趣研究中国改革历史、"温故而知新"的读者提供一份参考。

由于这些文章的写作历时 40 多年,文章主题又涉及多个领域,为了方便阅读,我把 101 篇文章分编为 10 个部分,它们是:

一、初见朝阳

二、探讨改革的若干基本问题

三、倡导整体推进的改革战略

四、构筑市场经济的微观基础

五、经济增长模式抉择

六、营造良好的宏观经济环境

七、维护社会公正,铲除腐败基础

八、呼唤法治的市场经济

九、新时期的改革议程

十、怀人和记事

然而正如胡适之 1946 年在北京大学开学典礼上引用宋代理学家吕祖谦的话寄语同学时所说:"善未易明,理未易察",人的思想认识总是不可能完备无缺的,更何况万事万物自身也在不断变化,人们的认识更必须与时俱进,跟上时代。我的思想在这 40 多年中有许多发展变化,在从旧时形成的种种观念出发逐步趋近符合于实际的认识的过程中,旧思想的影响是逐步消除的,前后的提法和论述也常常有所不同。为了保存历史的原貌,这本文集收入的各文中除了对文字上的错讹加以改正,都按原著刊出。

本书的选稿、校正和注释等工作得到了多位友人和后辈的协助和支持。没有他们的帮助，本书就很难如期面世。在此，一并表达我对他们的诚挚谢忱。

吴敬琏

2020 年 4 月 10 日

目　录

上　卷

三、倡导整体推进的改革战略

四、构筑市场经济的微观基础

下　卷

五、经济增长模式抉择

六、营造良好的宏观经济环境

一、初见朝阳

1976 年 10 月，以江青为首的"四人帮"集团被粉碎，这标志着"文化大革命"十年动乱的结束和一个新的历史阶段的开始。这时国人面临着两个重大的任务：一是揭开旧路线和旧体制的"革命"华袍，还它们的本来面目；二是找到体制革新的正确方向，以之作为指针来营建新体制。

本书作者和理论界的一些同仁积极参与了这两个方面的工作，收入本部分的 6 篇文章，反映了我在这个时期的主要思想。

我国经济学界对极"左"经济理论的系统批判，是从批判"四人帮"上海写作组《社会主义政治经济学》开始的，而我对这种经济理论的批判，则是从清理自己 20 世纪 60 年代曾经接受和宣扬过的同类思想开始的。我在 1978 年 3 月中国社会科学院经济研究所、国家计划委员会经济研究所等机构发起召开的经济学界批判上海写作组《社会主义政治经济学》会议上所做的《关于社会主义"两重性"问题的再探讨》(1978 年 3 月)发言，既是对极"左"理论的批判，也反映了对自己 60 年代错误认识的反思。

在 20 世纪 70 年代后期揭批"四人帮"的时候，中国思想界对于极"左"理论的实质何在，存在好些不同的说法。我根据自己与顾准[1]的讨论和后来去昔阳和大寨等地的调研，痛切地感到中国社会膏肓之疾在于数千年封建专制主义传统的影响已渗入社会生活的各个方面。因此，我写了一系列文章，把批判的锋芒指向极"左"路线的专制主义和宗法制度的本质[参见收入本书的《论"四人帮"经济思想的封建性》(1978 年 7 月)和《科学社会主义同非科学的社会主义的斗争》(1981 年 3 月)两文]。

至于讲到中国应当建立什么样的新体制，我的思想就不是那样清晰了。当时大家从对外国经济的观察中得到的共识，是市场经济具有巨大的活力，因此有必要引入市场机制。然而由于缺乏现代经济学知识，我们大多数人并不了解市场经济的运作规律，同时还保留着传统政治经济学

---

1 顾准(1915—1974)，中国当代杰出的思想家、经济学家。他在青年时代参加了共产主义运动，解放初期任华东军政委员会财政部副部长兼上海市财政局局长、税务局局长。1957 年以"反苏"的罪名、1964 年以"反毛"的罪名两次被划为"右派分子"。1956 年任中国科学院经济研究所研究员时提出了社会主义经济可以由自发涨落的市场价格调节的观点，因而成为中国提出社会主义市场经济的第一人。他在"文化大革命"苦难中写成的《希腊城邦制度》《从理想主义到经验主义》等著作中提出的"娜拉出走以后怎样"的问题，以及对近代世界两种思想潮流和社会制度的分析，对改革时期的社会思潮产生了重大影响。

对市场经济的种种偏见。因此,我们就很容易接受所谓"市场社会主义"的改革主张,也就是在保持计划经济基本框架的前提下,有条件地引入市场的作用,扩大国有企业的自主权和加强市场价格信号对企业决策的影响。收入本书的《价值规律和社会主义企业的自动调节》(1979 年 1 月)和《关于我国现阶段生产关系的基本结构》(1982 年 10 月)两文都表现出这种特点。

对我来说,市场社会主义的思想影响在进入 80 年代中期以后才逐渐得到消除。从收入本书的《从匈牙利经验看我国当前的改革》(1985 年 8—9 月)一文也可以看到,我在提高经济学素养和汲取苏东国家经验基础上超越市场社会主义和形成整体改革思路的演变历程。

关于社会主义"两重性"问题的再探讨*

(1978 年 3 月)

一、"四人帮"上海写作组编写的《社会主义政治经济学》[1]是以所谓社会主义"两重性"——生长着的共产主义和衰亡着的资本主义的矛盾运动作为中心线索的。通过这一中心线索的展开,它把社会主义等同于资本主义,并且得出必须对维护社会主义制度的广大群众和干部实行"全面专政"的政治结论。这本《社会主义政治经济学》在序言中明确概述了它的中心思想:

> 社会主义生产关系"一分为二,既有生长着的共产主义因素,又有衰亡着的表现为资产阶级法权的资本主义传统和痕迹。……这种矛盾运动,集中表现为无产阶级和资产阶级之间的矛盾和斗争。特别是集中表现为无产阶级和执政的共产党内资产阶级之间的矛盾和斗争。无产阶级要最终消灭资产阶级和其他一切剥削阶级,消灭一切阶级和阶级差别,必须坚持对资产阶级的全面专政"。

显然,这个以所谓"两重性"为中心线索构筑起来的社会主义政治经济学体系是极端荒谬和极端反动的,这就使我们有必要对它的理论出发

---

* 这是本书作者 1978 年 3 月在中国社会科学院经济研究所、国家计划委员会经济研究所等单位联合召开的批判"四人帮"在上海组织编写的《社会主义政治经济学》会议上的发言要点,收录于《吴敬琏选集》,太原:山西人民出版社,1989 年,第 3—49 页。

1 这本书的编写,自始至终是在"四人帮"的直接指挥下进行的,前后写了五稿,并多次修改。其中,付印的共有三个版本:①1972 年版,上海人民出版社出版;②1973 年版,上海人民出版社出版;③1975 年末定稿第二版,以"内部资料"名义大量发行。——吴敬琏 2020 年补注

点,即所谓社会主义"两重性"学说作认真的考察。

二、"四人帮"的"两重性"理论是极端荒谬和反动的东西,但在我国政治经济学的发展历史中,这种理论却并不是由"四人帮"首先提出来的。早在六十年代初期,我国一些经济学工作者(包括我本人)提出了社会主义社会"两重性",既有共产主义因素、又有旧社会的痕迹的观点,后来经济学界相当多的同志接受了这种观点。对社会主义社会基本性质所作的这种估计,在国外也引起了较大的反响,认为是"中国的新论点"。[1]

六十年代的"两重性"观点和"四人帮"的"两重性"观点,是有区别的。例如六十年代的观点强调了社会主义是不成熟的共产主义,共产主义因素在社会主义社会居于主导地位;对于社会主义社会中的私有制残余和社会主义生产关系中的旧社会痕迹,通常是区分开的;等等。然而,那以后的实践,特别是同林彪、"四人帮"反党集团的斗争说明,这种观点在理论上有很大的缺陷,特别容易为假"左"真右的修正主义者所利用。因此,我们应当本着坚持真理、修正错误的精神,对这个问题作认真的再探讨。

三、社会主义社会"两重性"的说法,是针对苏联经济学界的传统说法提出来的。1934 年 1 月,斯大林在联共十七大上宣布,苏联已经建成了社会主义的基础。那时以后,苏联经济学界占统治地位的观点是:过渡时期的任务既已实现,生产关系和上层建筑革命就不再必要,任务只是在既定的社会主义生产关系(两种公有制、按劳分配等)下发展生产力,直到具备向共产主义过渡的物质前提。他们忽略了恩格斯和列宁关于社会主义社会(包括它的生产关系)是"不断改变"和"不断进步"的这个重要论断,否认社会主义社会里生产关系将随着生产力的发展而有步骤地变化。1958 年以后,我国理论界针对苏联经济学界的传统说法提出了不同意见。但是,和当时对过渡到共产主义想得很轻易(例如三、五年或十来年就可以实现这一过渡)的估计相联系,我们的有些论述,在强调不断革命的同时忽略了革命发展的阶段性,结果使自己陷入了片面性。

四、在上述背景下,形成了社会主义"过渡性"和"两重性"的理论。

---

1 参见[日]副岛种典(1961):《社会主义政治经济学研究——〈政治经济学教科书〉批判》,北京:生活·读书·新知三联书店,1963 年,第 24—29 页。

早在 1958 年冬，在湖北省委理论刊物《七一》等报刊上，进行了"我国建成社会主义之日是否就是进入共产主义之时"的讨论，其中一些同志认为，社会主义存在"公"与"私"的矛盾，社会主义建设过程就是破私立公的过程，而建成社会主义之日，也就是"私"字消灭、进入共产主义之时。这种观点，是"过渡性""两重性"理论的先导。1960 年初由理论宣传的领导部门起草的一个《社会主义建设总路线宣传提纲》中，把向共产主义高级阶段过渡当作当时我国社会主义建设的现实任务。为了论证这个任务，《提纲》列举了社会主义社会中生产关系同生产力"不相适应的方面"，其中既包括"定息"这类资本主义的残余，"自留地"这类小私有制的残余，也包括集体所有制所带有的个体所有制痕迹，还包括按劳分配的"半资产阶级法权"。由于把以上几种性质根本不同的经济关系划作一类，而同共产主义的因素相对立，"两重性"的理论也就初步成型了。在 1960 年 3 月到 5 月召开的全国政治经济学教科书讨论会上，"过渡性""两重性"的观点占了优势。我的《社会主义社会的过渡性质》[1]一文，是全面表达这种观点的一个尝试。后来不少同志发表过论述这种观点的文章。

　　五、关于社会主义社会的"过渡性"问题。

　　六十年代的观点认为，不能说社会主义公有制一朝建立，从资本主义到共产主义的过渡时期就已结束。我现在仍认为，这一看法是正确的。

　　但是，六十年代的观点混淆了社会主义社会的两个不同阶段：不发达的社会主义社会和发达的社会主义社会，说二者都处于从资本主义到共产主义的过渡时期。这是不确切的。因为全面的全民所有制的实现，表明共产主义初级阶段已经达到，就是说，已经进入共产主义的大门，正在登堂入室。在这种情况下，我们完全应当说，从资本主义到共产主义的过渡已经基本实现了。如果到那时还需要强调在社会主义生产关系中仍

1　吴谌(1960)：《社会主义社会的过渡性质》，载《经济研究》，1960 年第 5 期。1960 年初，中共中央宣传部在中央党校召集全国各省、直辖市、自治区参加政治经济学教科书编写的骨干人员学习毛泽东读苏联《政治经济学教科书(第三版)》批注和谈话的研讨班。会议首先由陪同毛泽东读书的《红旗》杂志副总编辑邓力群详细传达了毛泽东的批注和谈话，然后分组学习讨论邓所传达的内容(参见邓力群：《毛泽东读社会主义政治经济学批注和谈话》，北京：中华人民共和国史学会，1998 年)。这篇文章根据本书作者在这次研讨班上的学习体会整理而成，用"吴谌"的笔名发表。

然残留旧社会的痕迹,过渡的任务还没有完全、彻底地实现,那是可以理解的。但是,那毕竟是过渡时期遗留的任务,决不能因此把发达的社会主义阶段消除这种痕迹的努力同不发达的社会主义阶段为建立完全的社会主义所作的努力等量齐观。六十年代的理论特别容易造成混乱的(我的《社会主义社会的过渡性质》一文也许是第一个这样做的)是:用列宁在《无产阶级专政时代的经济和政治》中很明显是论述从资本主义到共产主义第一阶段的过渡的一段话("在资本主义和共产主义中间隔着一个过渡时期,这在理论上是毫无疑义的,这个过渡时期不能不兼有这两种社会经济结构的特点或特征。这个过渡时期不能不是衰亡着的资本主义和生长着的共产主义彼此斗争的时期。"[1])来证明,列宁认为社会主义社会仍然具有"两种社会经济结构的特点或特征"。"四人帮"利用这种说法大做文章,说明科学上的不严谨危害有多大。

六、关于"两重性"问题。

三十年代初期以后,苏联的经济学者在强调社会主义生产关系的优越性(这是完全正确的)的同时,抹煞了它还"保留着旧社会的痕迹"的事实。这是有片面性的。社会主义是不完全的共产主义,它的"不完全"之处在于"在经济、道德和智慧方面都还保留其所由脱胎出来的那个旧社会的痕迹"。在这个意义上,是可以说社会主义既有占主导地位的共产主义,又有占从属地位的旧社会的痕迹的。社会主义的经济范畴都可以"分解"为共产主义因素和旧社会的痕迹这样一种方法论原则是否站得住脚,也是可以讨论的。问题在于,六十年代的理论混淆了社会主义社会中旧的经济成分的残余和社会主义生产关系中的"旧社会的痕迹"这两种性质根本不同的事物,我们虽然有时把社会主义社会中遗留的旧社会的经济成份、因素和旧社会的痕迹区分开来叙述,但在不少的场合,又对它们等量齐观,称之为"旧质要素""旧社会的残迹""私的因素",甚至称之为"旧社会的因素",这显然是错误的。因此,虽然在有的文章中还指出过,决不能说社会主义的集体所有制、社会主义的按劳分配是资本主义留下来的

---

1 列宁(1919):《无产阶级专政时代的经济和政治》,见《列宁选集》第 4 卷,北京: 人民出版社,1972 年,第 84 页。

东西,可是,由于把社会主义生产关系中的旧痕迹和社会主义社会中的旧经济的残余混为一谈,把它们都说成是资本主义社会的"经济结构的特点或特征",这就给"四人帮"污蔑社会主义,把按劳分配说成是"衰亡着的资本主义"留下了很大的空子。现在看来,把社会主义各个阶段上的旧残余和旧痕迹合在一起称为"衰亡着的旧质要素"的说法极不确切,应当予以抛弃。

七、从政治上看,六十年代的理论混淆了社会主义的不同历史阶段的任务,有很大的片面性。这种片面性,在当时,就是有利于陈伯达、张春桥刮起的"共产风"的,后来更为"四人帮"利用来进行篡党夺权的阴谋活动。根据这些历史经验,这种片面性必须坚决纠正。

从资本主义到共产主义的高级阶段,似乎可以分为三个性质不同的阶段:从资本主义到社会主义(不发达的社会主义);从两种社会主义公有制到全面的全民所有制(发达的社会主义);从社会主义到共产主义。在每个阶段,革命的任务不同,各种生产关系的意义也不同。例如在六十年代初期,我国所有制方面的社会主义改造刚才取得基本胜利,刚刚建立起来的公共所有和按劳分配制度,是社会主义的新生事物,具有强大的生命力。这种社会主义的生产关系,包括所谓"资产阶级权利"的残余在内,是适应生产力的状况的,具有极大的优越性,说取消它们的任务已经提到日程上来,显然是错误的。列宁在苏俄战时共产主义时期的著作《关于星期六义务劳动》中指出:共产主义"只有在社会主义完全巩固的时候才能发展起来","社会主义只有完全取得胜利以后,才会生长出共产主义"。[1]但在六十年代,我们却就已认为不能提"巩固社会主义制度",似乎社会主义制度已经落后,需要很快用共产主义代替它。有的文献还在上述经济分析的基础上,作出了以下的阶级斗争形势的估量:在我国,存在着三种不同态度的社会势力。第一种是促进派,他们坚决主张加速社会主义建设,以便尽快地过渡到共产主义社会;第二种是反动派,他们企图使资本主义复辟;第三种是保守派,他们主张永远停留在社会主义阶段上,他

1　列宁(1919):《关于星期六义务劳动》,见《列宁选集》第 4 卷,北京:人民出版社,1972 年,第141、143 页。

们满足于全民所有制和集体所有制并存的现状,满足于"各尽所能,按劳分配"的制度,不愿意由社会主义社会过渡到共产主义社会去。他们动摇于前两种人之间,如果不前进到促进派的立场上来,就有被反动派俘虏的危险。在这三种人之间,存在着尖锐的斗争。这个斗争实质上是前进到共产主义、或者倒退到资本主义的两条道路的斗争,也就是社会主义社会中的阶级斗争!前已指出,六十年代观点中的片面性错误,对于广大理论工作者来说,是从急于过渡的良好愿望产生的。然而这类错误说法,却很容易地为林彪、"四人帮"一类打着"最最最革命"旗号的极右派所利用了。他们为了论证自己"全面专政"的法西斯政治纲领,就要把社会主义社会的阶级斗争扩大化,落脚到社会主义生产关系之中,于是,他们抓住六十年代观点的片面性,充分加以发挥,构筑起一个假革命的理论体系,把矛头指向社会主义制度,指向拥护社会主义的干部和群众,来为他们篡党复辟的阴谋服务。

八、怎样认识社会主义社会的基本性质,怎样分析从资本主义到共产主义的过渡,是政治经济学社会主义部分的根本问题,也是我们同"右"的和假"左"真"右"的修正主义者之间有着重大争论的问题。我们应当根据我国和外国正反两方面的经验,根据建国以来我党历次重大路线斗争的经验,进行认真的研究,作出切合于社会主义实际的结论。

论"四人帮"经济思想的封建性（节录）

（1978 年 7 月）

在"四人帮"猖狂活动的十余年间，他们操着"最最最革命"的语言，提出种种蛊惑性的"社会主义"理论，一时间对于不明真相的人们颇有些迷惑力。为了彻底消除"四人帮"制造的幻觉、剥掉他们的"革命"伪装，还其反革命本相，就要认真地研究他们的言论和声明，弄清楚在漂亮的言词后边荫蔽着哪个阶级的利益。

"四人帮"为什么反对发展社会生产力？

反对发展社会生产力，反对采用现代技术，鼓吹蒙昧主义和愚民政策，是"四人帮"所谓"社会主义理论"的大特点。他们把主张发展社会主义生产污蔑为"修正主义的唯生产力论"，把实现四个现代化污蔑为"修正主义的口号"，经常宣扬"只要路线正确，不出煤也要开庆功大会""颗粒无收也没关系""即使全国都成了文盲，也是最大的胜利"一类谬论。

"四人帮"这种观点的反社会主义性质是显而易见的，因为对于社会主义制度来说，能否迅速发展社会生产力，创造比资本主义更高的劳动生产率，是一个生死攸关的大问题。对于像我国这样在落后的半封建半殖

---

* 本文摘自本书作者和周叔莲合写的《"四人帮"——半殖民地半封建旧中国的招魂巫师》（载《历史研究》，1978 年第 7 期，该文根据周叔莲与本书作者在 1978 年 2 月中国社会科学院"批判'四人帮'两个估计座谈会"上题为《"四人帮"宣扬的是谁家的社会主义》的联合发言整理而成）一文。首载《吴敬琏选集》，太原：山西人民出版社，1989 年，第 59—87 页。

民地里取得革命胜利的社会主义国家来说,提高劳动生产率的任务就更加紧迫和突出。"四人帮"拼命反对实现四个现代化,破坏社会主义物质基础的建设,显然是同无产阶级和劳动人民的根本利益相敌对的,他们代表的只能是剥削阶级的利益。

问题在于,"四人帮"所代表的是哪一种剥削阶级的利益。在对待生产力发展和现代文明的问题上,地主阶级和资产阶级有着重大的区别。封建制度下的地主经济和同它有密切联系的宗法式农民经济,是以保守的技术和陈旧的生产方法为基础的。在这种经济制度的内部结构中,没有任何引起技术改革的刺激因素。与此相反,生产的不断发展,一切社会关系不停的动荡和变动,却是资产阶级时代不同于过去一切时代的地方。资本主义生产是以获得利润为目的的,当新技术不能预示最大利润的时候,资产阶级就会阻扰技术的进步,因此,资本主义条件下技术的发展受到很大的限制。但是,由于竞争和价值规律的作用,资产阶级又必须应用科学技术,提高劳动生产率。正像列宁所说:"农奴制和资本主义都是剥削劳动的,在这个意义上两种制度都是'绞索和奴役'。但是农奴制的特点是:世世代代的停滞,劳动者的闭塞无知,劳动生产率很低。资本主义的特点则是:经济和社会的发展非常迅速,劳动生产率大大提高,劳动者的闭塞状态被打破,劳动者进行团结和过自觉的生活的才能开始苏醒。"[1]"四人帮"的经济理论,明显地反映了前一种奴役制度的特点。

从历史上看,封建主义制度是由于生产力和科学技术的发展而趋于灭亡的。马克思说,"手推磨产生的是封建主为首的社会,蒸汽磨产生的是工业资本家为首的社会"。[2] 资产阶级的反封建斗争中依靠的决定性武器,是工场手工业和由它发展而来的机器工业。而在工业还没有一定发展的地方,封建制度就较为稳定。十八世纪末、十九世纪初,伴随着产业革命的进程,资产阶级民主革命席卷西欧,使一项项王冠落地。然而,在地处内陆的奥地利,封建统治却表现得分外稳固。当时的奥地利皇帝弗兰茨一世大言不惭地说:"我和梅特涅还支持得住。"为什么会出现这种情

1　列宁(1914):《论左派民粹派》,见《列宁全集》第20卷,北京:人民出版社,1958年,第297页。

2　马克思(1847):《政治经济学的形而上学(〈哲学的贫困〉第二章)》,见《马克思恩格斯选集》第1卷,北京:人民出版社,1972年,第108页。

况？从根本上说来,这是由于多瑙河、阿尔卑斯山脉和波希米亚的悬崖峭壁阻碍了文明的传播,于是,贫瘠而交通阻塞的奥地利山区就成了野蛮和封建的避难所。所以,只要生产力没有发生大的变化,只要手工劳动一直占统治地位,奥地利的封建王朝就能平安无事。然而,蒸汽机的应用、铁路的修筑和机器工业的发展,却使奥地利君主国的末日不可避免地到来。恩格斯指出:"的确,法国革命、拿破仑和七月风暴都支持过来了。但是却支持不住蒸汽。蒸汽开辟了穿过阿尔卑斯山脉和波希米亚森林的道路,蒸汽使多瑙河失去了作用,蒸汽彻底摧毁了奥地利的野蛮,因而也就摧毁了哈布斯堡王朝的根基。"[1] 总之,野蛮有利于封建制的巩固,而文明却要使它灭亡。所以地主阶级对于生产力的发展和现代技术的应用怀有本能的嫌恶和恐惧。

从近代科学技术传入中国时起,封建统治者就对机器工业的发展可能给腐朽的"天朝"造成的危害怀有极大的戒心和敌意。清末封建势力按照买办成分的多寡分为两个主要派别:顽固派和洋务派。他们对资本主义侵略势力的态度有所不同,然而,对于西方技术必然引起的社会后果的疑惧和由此对新技术推广所采取的阻挠态度却是共同的。洋务派主张采用西方的军火制造方法来为巩固封建统治服务,但他们对于使用机器的后果忧心忡忡。因此他们极力反对广泛开办新式企业,力图保持对机器工业的封建官僚垄断。顽固派则采取更加愚昧死硬的态度。他们把西方资本主义国家的自然科学和生产技术咒骂为"奇技淫巧",说什么"洋人之所长在机器,中国之所贵在人心";如果学习西方的科学技术,"恐天下皆将谓国家以礼义廉耻为无用,以洋学为难能,而人心因之解体"[2],"以逐彼奇技淫巧之小慧,而失我尊君亲上之民心也"[3]。

在封建势力的阻挠下,旧中国现代工业发展极为缓慢。以铁路为例,1865年英商杜兰德在北京宣武门外铺设了一条一里多长的铁路,试行火

1 恩格斯(1848):《奥地利末日的开端》,见《马克思恩格斯全集》第4卷,北京:人民出版社,1965年,第521页。
2 《光绪元年二月二十七日通政使于凌辰奏摺》,见中国科学院近代史研究所史料编辑室编:《洋务运动(一)》,上海:上海人民出版社,1961年,第121页。
3 《光绪元年二月二十七日大理寺少卿王家璧奏摺附片》,见中国科学院近代史研究所史料编辑室编:《洋务运动(一)》,上海:上海人民出版社,1961年,第134页。

车，步兵统领衙门视为妖异，勒令拆除。1876 年英美商人合资筑成吴淞铁路从江湾到上海一段，清政府派员交涉，用银 28.5 万两将该铁路收购，然后拆毁。直到 1881 年，由于开平矿务局运煤的需要，我国才有了第一条从唐山到胥各庄的铁路，清政府却说蒸汽机车行驶会震动睡在几十公里外皇陵中的"列祖列宗"，禁止用机车牵引，只许用骡马拖曳，把火车变成了马车。请把"四人帮"的言行同一百年前的封建势力比较一下吧。"四人帮"一方面崇洋媚外，大量进口外国奢侈品供自己享乐，表现出很大的买办性；另一方面却竭尽全力阻挠学习外国的先进科学技术。他们胡说引进外国技术是"崇洋媚外"，鼓吹尖端技术的发展将使"红旗落地"，叫嚷大庆由外国引进化肥设备有失国体，必须加以拆除。虽然"四人帮"使用的是现代的、"革命的"甚至是"社会主义的"语言，他们的言论在实际内容上和清王朝的反动统治者就像一对孪生兄弟那样惟妙惟肖！

对于如何对待生产力发展的问题，在各个经济学派别之间历来是有争论的。马克思认为，是否以发展生产力作为评价经济现象的基本原则，是科学的经济学和庸俗的经济学的分水岭。古典经济学家李嘉图（David Ricardo）把符合人类劳动生产率发展的利益当作最高原则；西斯蒙第（Jean Charles Léonard de Sismondi）认为，生产的发展应当限制在保证个人福利的限度内；马尔萨斯（Thomas Robert Malthus）则以符合土地贵族的利益为最高原则，反对"为生产而生产"。马克思赞赏李嘉图的科学态度，表示不同意西斯蒙第的观点，坚决指斥马尔萨斯的谬论。他说：李嘉图希望为生产而生产，对于他那个时代来说，李嘉图是完全正确的。而马尔萨斯呢？他不希望为生产而生产，他所希望的只是在为统治阶级利益服务的那种限度内的生产，甚至企图为土地贵族的特殊利益而牺牲生产的要求。因此，马克思把马尔萨斯叫做"极端卑鄙"的"无赖"[1]。"四人帮"和马尔萨斯颇有类似之点。不过"四人帮"代表着比马尔萨斯更腐朽的社会势力。马尔萨斯是资产阶级化了的地主的代言人，"四人帮"的封建性比马尔萨斯更浓厚得多，政治上也比马尔萨斯更加反动。

---

1 马克思（1861—1863）：《剩余价值理论》，见《马克思恩格斯全集》第 26 卷 II，北京：人民出版社，1973 年，第 124—127 页。

否定商品生产和产品交换意味着什么？

"四人帮"一贯反对社会主义的商品生产和商品交换。早在1958年，张春桥就伙同陈伯达大刮"一平二调三收款"的"共产风"，企图取消人民公社的商品生产和国家与集体之间的商品交换。近十年来，"四人帮"以更加猖狂的形式重弹否定商品生产和商品交换的老调，胡说什么"社会主义社会的商品交换，无论从它的形式和实质来看，都是产生资本主义和资产阶级的土壤"[1]。

商品生产和商品交换，是自发产生的社会分工的产物，只要存在社会分工和生产资料的不同所有者这两个条件，商品生产和商品交换就会存在和发展。"四人帮"否定社会主义的商品生产和商品交换，实际上也就是反对生产社会化，反对承认集体农民对于生产资料和产品的所有权。在这个问题上，"四人帮"经济理论的封建性同样鲜明地表现出来。

社会分工是生产力发展到一定程度的结果，同时，它又是推动生产力进一步发展的有力杠杆。现代生产要求生产过程中各种职能的专业化，使它们变成由专门生产单位从事的、为满足社会需要而进行的生产。然而，自给自足的自然经济却是封建制度得以维持下去的一个必要条件。列宁在分析俄国半封建的工役制经济时说过："商品经济的发展同工役制度是不相容的，因为这一制度建筑在自然经济、停滞的技术以及地主同农民的不可分割的联系上。……商品经济和商业性农业的每一步发展都破坏着这一制度实现的条件。"[2]由于商品经济的发展必然使封建制度解体，赞美自然经济、敌视商品货币关系、力图抑制商品性生产的发展，就成为封建经济思想的一个显著特色。

我国几千年的封建统治阶级根据这种思想，采取了一整套所谓"重本抑末"政策，即巩固宗法制农民经济、抑制工商的政策来维护封建制度。

---

1 《社会主义政治经济学》编写小组编：《社会主义政治经济学》未定稿第二版讨论稿，1976年，第302页。

2 列宁（1899）：《俄国资本主义的发展》，见《列宁全集》第3卷，北京：人民出版社，1959年，第172—173页。

这种政策在我国封建社会的中期和后期愈来愈成为阻碍社会进步的因素。马克思曾经分析过近代印度社会中部分保存着的公社，指出建立在农业和手工业直接结合和固定分工之上的生产机体，为揭开亚洲社会长期停滞的秘密提供了钥匙。[1] 我国进入近代以后，虽然自然经济已经因外国资本主义的侵入而破坏，但是，地主阶级仍然唱着"重本抑末"的老调子，力图在广大农村尽可能保持宗法制的经济结构。清末的地主阶级思想家认为，"自来天下之大计，未有舍本而可以图富者"。他们把所谓"国初盛世"以及更早的封建社会描述为"男力耕于外，女力织于内，遂至家给人足，物阜民康"的黄金时代[2]，哀叹商品经济的发展使世态浇漓，人心不古，提出了"复宗法"，建立"义庄""屯田"等反动倒退的主张，妄图挽救封建宗法制度的灭亡。

中国原来是商品生产很不发达的国家，在延续了几千年的封建社会中，自给自足的自然经济始终占统治地位。直到十九世纪中叶，自然经济的基础遭到破坏。然而由于生产力发展水平低，社会分工很不发达，商品产值占整个国民经济总产值的比重一直是不高的。因此，在社会主义制度建立后，我们有极大的必要在生产资料公有制的基础上发展商品生产和商品交换，来促进生产的发展，保证人民生活需要的满足。

"四人帮"却反其道而行之。他们把农村人民公社的多种经营、副业生产一概诬指为"不务正业"的"资本主义倾向"，反对生产专业化，提出"菜农不吃亏心粮""棉农不吃亏心粮""果农不吃亏心粮"一类别有用心的口号。[3] 姚文元甚至惊呼"这几年农村生产有较大发展，粮食产量增长了。这种情况也容易产生资本主义！"[4] 按照他们的逻辑，只有从社会化的大生产向自给自足的自然经济倒退，才是理想的"社会主义"的光明大道。这就难怪"四人帮"在1974年"批林批孔"时为什么要对法家的"重农抑商"政策大加吹捧了。他们反对商品生产和商品交换的"理论"，本来就是从

---

1 马克思（1867）：《相对剩余价值的生产》，见《马克思恩格斯全集》第23卷，北京：人民出版社，1972年，第397页。

2 曾廉：《纺砖楼记》，《瓠盦集》卷15，该书现可见于《清代诗文集汇编（七八四）》，上海：上海古籍出版社，2010年。

3 参见《辽宁日报》，1977年4月20日。

4 姚文元1974年4月6日的一次谈话。

旧中国封建主义的经济思想武库中取来的,只不过披上了一件薄薄的"社会主义"外衣罢了! 列宁曾经说过,在苏维埃俄国轻视商业,是一种"旧俄国式、半贵族式、半农民式、宗法式的情绪"[1]。

"四人帮"正是妄图把旧中国封建主义的盘剥方式,重新加在我国劳动人民的身上。"四人帮"在辽宁那个死党一手在彰武县哈尔套公社炮制出来的"社会主义大集"的"典型经验",就是这方面的一个"试点"。在这种"大集"中,他们强行向生产队和社员摊派农副产品交售任务,而且规定"个个要赶集,人人不空手"。有的生产队和社员没有养猪养鸡,只好用高价买进肉、蛋来完成低价"交售"的义务。难怪当地广大群众气愤地说:"这纯粹是祸国殃民的害人集。"可是"四人帮"在辽宁的那个死党却自鸣得意地说,有了"哈尔套经验","农业的方向、路线问题解决了","全省就要按哈尔套的路子搞"。[2] 这就是说,如果"四人帮"篡党夺权的阴谋得逞,他们就会在全国范围内用这种"大集"取代社会主义的商品交换,使广大社员沦为负有缴纳贡赋义务的徭役农民。

在反对社会主义管理的背后

管理的形式既是由所有制关系所决定的,又受生产力的性质的制约。社会主义公有制和社会化的大生产,决定了社会主义的管理具有民主的和科学的性质。

"四人帮"反对社会主义的企业管理,是从反对科学管理和反对民主管理两方面进行的。这两个方面,都表现了他们的经济思想的浓厚封建性。

社会主义经济是建立在高度发达的社会化大生产的物质基础上的。而社会化大生产没有严格的科学管理是绝对不行的。但是,"四人帮"却把社会主义企业管理污蔑为"资产阶级的'管、卡、压'",炮制了一系列谬论来"论证"社会主义企业不需要科学管理。张春桥、姚文元胡说:"企业

---

1 列宁(1921):《论黄金在目前和在社会主义完全胜利后的作用》,见《列宁选集》第4卷,北京:人民出版社,1972年,第580页。

2 参见《人民日报》1977年10月12日和《辽宁日报》1977年1月21日。

管理无非是'三讲',讲路线,讲领导权,讲相互关系。"这就根本否定了企业管理的地位。在一次座谈会上,他们更明确提出:"我们能不能搞不靠规章制度,而靠政治工作办企业的经验。"由于他们破坏社会主义企业管理,造成了我国国民经济的很大混乱。他们甚至攻击高度社会化因而需要严密的管理的铁道部门执行规章制度、按时刻表正点行车是什么"正点挂帅",鼓吹"宁开社会主义晚点车,不开修正主义正点车",造成了行车秩序的极度混乱,重大事故频繁发生。

为了反对社会主义管理,"四人帮"还制造了一种"理论",说科学管理是资本主义的东西,必须加以抛弃。这完全是一派胡言。科学管理是社会化大生产所必需,决不能和资本主义相等同。而且,即使是资本主义的管理,对于其中科学的成分,也决不可以随意否定。随着工厂生产规模的扩大和生产过程的复杂化,资产阶级"企业管理学"已成为一门重要的学科。近年来,美国、日本、西德等国在企业管理中进一步采用了电子计算机等先进科学技术成果,大大提高了管理水平。加强企业管理,成为目前发达的资本主义国家中提高劳动生产率的一个重要因素。列宁说过:"社会主义实现得如何,取决于我们苏维埃政权和苏维埃管理机构同资本主义最新的进步的东西结合的好坏。应该在俄国研究与传授泰罗制,有系统地试行这种制度,并且使它适应下来。"[1]这个道理,对于一切社会主义国家都是适用的,而对于我国这样一个原来工业十分落后的国家,学习先进的管理办法就更加重要。毛泽东同志在《论十大关系》中说:"外国资产阶级的一切腐败制度和思想作风,我们要坚决抵制和批判。但是,这并不妨碍我们去学习资本主义国家的先进的科学技术和企业管理方法中合乎科学的方面。工业发达国家的企业,用人少,效率高,会做生意,这些都应当有原则地好好学过来,以利于改进我们的工作。"[2]

"四人帮"对待科学管理的绝顶愚蠢和荒唐的主张,是由他们极端反动的阶级立场决定的。列宁说过,在封建主义的手工生产条件下,"没有

---

1 列宁(1918):《苏维埃政权的当前任务》,见《列宁选集》第3卷,北京:人民出版社,1972年,第511页。

2 毛泽东(1956):《论十大关系》,见《毛泽东选集》第5卷,北京:人民出版社,1977年,第287页。

农奴制的纪律就不能经营经济"。[1] 而在当时孤立、狭小、闭塞的个体农业和行会手工业中，家长和行东的个人意志支配也许足以适应组织生产的需要。"四人帮"是一伙生活在现代却对现代生产一窍不通、专靠权势地位和阴谋权术过日子的蠢人。张春桥曾说，"大庆那个岗位责任制，不是什么新发明，王熙凤整顿大观园，也就是老妈子、小丫头来个岗位责任制"。在他们的心目中，只有封建庄园这样一种经济形式，只有封建庄园中对农奴、"老妈子、丫头"的管理这样一种管理形式。由此出发，他们当然要反对一切现代化的科学管理了。他们指望依靠在各单位的一小批愚昧而专横的奴仆，对企业实行家长制的统治。在旧中国，封建官僚就是用这种方法经营官僚资本主义工商业的。有人描写清末官办工业实行的腐败官僚制度说："购料则价不尽实，工作则时多废弛，材料则任便作践，成货则或致盗窃，出售则价或分肥，即不然用人或碍于情面而多冗员，办事则钮于请托而多迁就，以乱章为圆到，以姑息市私恩，甚或苞苴公行，干俸累累，……似此种种弊窦，层层胶削，安有不赔累倒闭者哉！"[2] 请看前几年在"四人帮"篡夺了权力的地区和单位，那种管理腐败混乱，营私舞弊盛行，任用私人成风的情景，与这里形容的不是简直毫无二致吗？

合理的规章制度，既是对社会化生产过程实现科学管理所必要，更是由劳动群众共同对生产过程实行民主管理所必要。"四人帮"否定一切规章制度，也就否定了民主管理。他们反对社会主义的法制，是要实行各级帮派人物的个人专制。在实行这种制度的地方，的确无需依据生产过程本身的要求并符合社会主义公有制性质的规章制度，因为"四人帮"及其代理人的意志就是法规。在这样的体制下，他们的帮派兄弟都可以凭自己的意志对劳动群众生杀予夺。"四人帮"不是说他们主张"靠政治工作办企业"吗？实际上，"四人帮"所谓"靠政治工作办企业"是同加强无产阶级的政治思想工作毫无共同之处的，它不过是施行超经济强制的一种好听的说法。前几年在被"四人帮"篡夺了领导权的地方，他们用"专政的办

---

1 列宁（1918）：《全俄工农兵和红军代表苏维埃第五次代表大会》，见《列宁全集》第 27 卷，北京：人民出版社，1958 年，第 481 页。
2 《郭春龠对问》，见《直隶工艺志初稿》丛录（下），第 15 页。

法"办农业,办工业,办其他一切事业,作了淋漓尽致的表演。

为了破坏社会主义的集中统一领导,"四人帮"在前几年曾打着"反对条条专政"的旗号大肆煽动无政府主义。其实他们并不是真的不要"政府"。他们只是不要社会主义的民主政府,却一心要自己一帮的专制政府。在"四人帮"窃取了权力的地方和部门,他们搞"全面专政"比谁都厉害。在最富有多样性的精神生产部门,江青们凭借手中的权力,推行文化专制主义,直弄到喜儿的辫绳长几尺几寸,道具苹果重几两几钱,都有统一规定,有半点儿差错就以"破坏样板戏"论处。对于物质生产部门那就更不用说了。在"四人帮"控制下的工业部门,所有的生产资料和生活资料,都由他们随意支配,所有企业都要听他们的号令,生产他们吃喝玩乐和篡党夺权所需要的产品,他们的一切胡言乱语都是金口玉言,只要一声令下,就必须闻风而动,不得稍有违误,叫作"我们叫你们什么时候上,就什么时候上",力图建立一种封建性的国家垄断资本主义管理体制。而在"四人帮"帮派体系内部,则是实行层层"效忠"的封建行帮制度。张春桥说"百家争鸣,一家作主,最后听江青的"。事情很清楚,"四人帮"的理想就是这样一个具有严整的等级结构,以人身依附关系为特征的法西斯等级从属制秩序。

否定劳动者的个人物质利益是哪个阶级的观点?

社会主义生产的目的,是满足整个社会全体劳动者的需要,这是由社会主义的本质决定的。

"四人帮"口口声声说他们主张社会主义,却不准提劳动人民的物质利益。张春桥还一再散布"革命搞好了,八亿人民生活再苦也没有关系""八亿人民主要抓上层建筑,生活苦点不要紧"等等。

是不是我国人民生活已经不需要改善了呢? 当然不是。解放以来,我国人民生活水平有了很大提高,但是,由于我国生产力水平还相当低,劳动人民的生活水平也还不高。我们应该按照社会主义基本经济规律的要求,在不断发展生产的基础上逐步地提高人民的物质和文化生活水平。

是不是提高劳动人民的生活水平就是"修正主义的物质刺激"呢? 当

然不是。我们必须反对资本主义和修正主义的物质利益原则，又必须坚持社会主义的物质利益原则。我们反对把个人物质利益放在第一位，但决不全盘否定个人物质利益，而是要把个人利益和集体利益正确地结合起来，使个人利益服从集体利益。在社会主义制度下，工农劳动大众的生活水平必须而且完全有可能比在资本主义制度下提高得更快。

"四人帮"根本否定一切物质利益，表现了旧中国大地主和官僚资产阶级经济理论的特色。地主阶级是一个完全不从事生产经营、安坐而衣租食税的阶级，他们用超经济强制手段榨取农民的血汗，从事的不是金钱盘剥，而是"由宗教幻想和政治幻想掩盖着的剥削"[1]。这种物质生活条件使封建士大夫高唱"何必曰利，亦有仁义而已矣"和"正其谊不谋其利，明其道不计其功"一类貌似清高的调子，说什么"君子谋道不谋食"，攻击劳动人民"孳孳求利"。有一个有名的故事，说以"喜谈玄理、口中雌黄"著称的西晋士族官僚王衍，为了表示对于物质利益的鄙薄，甚至口不言钱字，在无法回避时则谓之"阿堵物"[2]。"四人帮"避讳物质利益，以至攻击一切物质利益，完全是拾他们的老祖宗的唾余。

旧中国统治阶级的经济理论，从来是把要求劳动人民禁欲和放任剥削阶级纵欲结合在一起的，他们在追求荒淫糜烂生活的同时，极力反对劳动人民满足自己的基本生活需要，甚至认为，人们如果富足，就会变得怠惰，从而威胁他们的剥削事业。我国封建社会地主阶级的代表反对"民富"的不乏其人。例如，被"四人帮"捧上了天的法家代表人物商鞅、韩非就公开反对"富民"和"足民"，认为人民物质需要的满足不但不利于统治，而且是有害的。他们认为"贫民易使"，鼓吹以贫困为鞭策被剥削者终身为专制君主卖命的动力。[3] "四人帮"反对提高人民生活的种种谬论，就是这类理论在新条件下的翻版。

"四人帮"把这种对劳动人民禁欲和对自己纵欲的观点，体现在他们

---

1 马克思、恩格斯(1847—1848)：《共产党宣言》，见《马克思恩格斯选集》第 1 卷，北京：人民出版社，1972 年，第 253 页。

2 根据《晋书·王衍传》记载，王衍标榜清廉，从不说"钱"字。其妻郭氏趁他睡熟时，把一串串铜钱绕床堆放在地下，使他无法下床行走，逼他说出一个"钱"字。王衍醒来，见此情景，唤来婢女，指着床前的钱说："举却阿堵物"（搬走这个东西）。

3 参见《商君书》《韩非子·六反》。

的一项重要"理论",即所谓"破除资产阶级法权"的理论中。

"四人帮"要破除的所谓"资产阶级法权",首先是指社会主义的按劳分配原则。大家知道,按劳分配是社会主义条件下劳动人民在经济上实现自己对于生产资料的所有权的形式。剥夺了劳动者按劳分配的权利,也就是剥夺了他们的生产资料所有权和其他经济权利。身受"四人帮"之害的哈尔套公社社员愤怒地指出,"把社员搞得一分钱也没有了,才是'四人帮'的社会主义!"[1]

人们常说,"四人帮"在消费品分配中推行平均主义。但是我们必须懂得,"四人帮"的"平均主义"和小生产者所幻想的平均主义分配制度,并不是同一个东西。小生产者向往的那种消除了剥削的平均主义分配制度,只不过是理想化了的个体经济制度,在现实生活中是并不存在的。的确,在封建社会的长时期中,成千上万农民家庭的经济条件、生活方式和经济利益大体相同。就像马克思在形容法国十九世纪初的小农经济时所说,他们"是由一些同名数相加形成的,好象一袋马铃薯是由袋中的一个个马铃薯所集成的那样"[2],颇有一点"平均"的味道。但是我们不能忘记,个体经济是不能构成独立的社会经济形态的。正是由大体相同的个体经济组成的小农经济,构成了封建生产方式的基础,在广大的小农经济的基础上,高耸着由封建剥削者构成的巍峨宝塔。"四人帮"大肆煽动平均主义,正是为了实现这样一种经济结构。在这种经济结构中,对广大劳动人民实行普遍贫困的"平均"分配,只是事情的一个方面;事情的另一方面却是"四人帮"根据等级特权进行分配。"四人帮"在垮台前利用窃取的权力大搞特权的触目惊心的事实,现在是尽人皆知了。他们过着穷奢极欲的帝王般的糜烂生活,却美其名曰"这是工作需要",说是"不然我就不能工作了"。他们有人还说:"货币对我不起作用。"就是说,他们可以任意侵夺劳动人民辛勤劳动的成果,不受任何财政制度和货币数额的限制。这更赤裸裸地暴露了"四人帮"一伙追求的那种不受"资产阶级法权"规范限制的权利,究竟是什么样的权利。

---

1 参见《人民日报》,1978 年 5 月 22 日。

2 马克思(1852):《路易·波拿巴的雾月十八日》,见《马克思恩格斯选集》第 1 卷,北京:人民出版社,1972 年,第 693 页。

明乎此,我们也就可以知道"四人帮"为什么反对一切工资和一切工资形式了。王洪文说:"搞计件工资、计时工资、奖金,这不是关心群众生活,这是对工人阶级莫大的侮辱。"这话确是语无伦次。但是这个不学无术之徒却道出了"四人帮"从他们的阶级本性出发对分配形式的爱憎。在封建制度下搞的是超经济强制,马克思在论及封建社会制度时指出:在它的一切形式内,"财产关系必然同时表现为直接的统治和从属的关系,因而直接生产者是作为不自由的人出现的;这种不自由,可以从实行徭役劳动的农奴制减轻到单纯的代役租"。[1] 这大概就是"四人帮"力求在我国建立的"理想国"的原型。

"四人帮"的"社会主义理论"的阶级实质

在对"四人帮"所谓的"社会主义理论"的几个主要特征分别进行了分析以后,我们不妨对这种"社会主义"的实质作一个小结。

"四人帮"梦想建立的理想国是什么性质的呢?

列宁在《俄国资本主义的发展》中论述过俄国徭役经济的特点:第一,自然经济占统治地位。第二,直接生产者被束缚在土地上。第三,农民对地主人身依附,地主对农民实行超经济的强制。最后,第四,技术的极端低劣和停滞是上述经济制度的前提和后果,因为经营农业的都是迫于贫困、处于人身依附地位和头脑愚昧的小农。[2] 让我们把"四人帮"的"社会理想"和这种经济的现实对照一下吧,两者是多么地相像啊。过去人们常常感到奇怪,生活在二十世纪后半期的"四人帮"为什么会有那么多的帝王思想。揭露了"四人帮"社会理想的实质,这个疑问也就迎刃而解了。据揭发,江青一次在训斥敢于顶撞她的工作人员时竟然大发雷霆:"你敢犟嘴!两千年前你敢这样吗?两千年前我和你是什么关系!"[3] 这脱

1 马克思(1894):《超额利润转化为地租》,见《马克思恩格斯全集》第25卷,北京:人民出版社,1965年,第890页。
2 列宁(1899):《俄国资本主义的发展》,见《列宁全集》第3卷,北京:人民出版社,1959年,第158—161页。
3 参见《人民日报》,1977年1月4日。

口而出的斥责,道出了江青的心声,暴露了她的政治理想,确实是要当"女皇",不过不是她自称的什么"共产主义的女皇",而是地地道道的封建专制主义的女皇。这种政治理想,是同他们对封建专制制度心向往之的社会理想相适应的。

揭露"四人帮"社会纲领的封建性,对于我们彻底剥去他们的假面,认识他们的本质是大有帮助的。"四人帮"的封建性,使他们能够把"反资本主义"的口号喊得震天价响,甚至打着"反资本主义"的旗号去为比资本主义更加落后反动的剥削制度招魂。认识这些左的口号的社会实质,可以使我们不为它的"反资本主义"的外表所迷惑,免于上当。列宁在揭露封建社会主义的反动性时指出:"有各种各样的社会主义。在一切采用资本主义生产方式的国家里,有一种社会主义,它代表着将代替资产阶级的那个阶级的思想体系,也有另外一种社会主义,它是与那些被资产阶级所代替的阶级的思想体系相适应的。"[1]应当说,对资本主义的批判也有同样的情形。我们决不能只要看到一种思想体系具有反资本主义的性质,就认为它是进步的和革命的。我们必须从他们的极左口号下揭露出他们的极右实质。

当然,仅仅指出"四人帮"的思想体系具有封建性是不完全的。"四人帮"要在中国建立什么样的社会制度,并不完全决定于他们的主观爱好。即使像"四人帮"那样的反革命狂人,也不能不考虑到,在社会生产力已经有很大发展的条件下,要原封不动地恢复古代的封建秩序是绝不可能的。就连一个世纪以前的清末封建势力,也需要同外国资本主义侵略势力勾结起来,使自己买办化,才能适应已经和古代有所不同的情势,更何况科学昌明、生产力迅猛发展的二十世纪七十年代呢。所以,尽管"四人帮"想建立有"女皇"的"新天朝"想得发了疯,也还是不得不修正自己的"理想国"蓝图,去建立封建主义和官僚资本主义的经济制度。这就是"四人帮"能够提出的现实的纲领。这种大地主和大资产阶级结成反动联盟来反对无产阶级的情况,在历史上是屡见不鲜的。因此,"四人帮"的得逞也必然

---

1 列宁(1911):《列·尼·托尔斯泰和他的时代》,见《列宁全集》第 17 卷,北京:人民出版社,1959 年,第 35 页。

意味着资本主义复辟,但这种资本主义只能是旧中国半殖民地半封建经济体系中的那种资本主义,而不是自由资本主义或民族资本主义。五届人大的政府工作报告中指出:我们党同"四人帮"之间的这一场历史性的大决战的斗争中心,"是把我们的国家建设成为繁荣昌盛的社会主义现代化强国还是重新沦为半殖民地半封建的国家"。这是对"四人帮"全部反革命复辟活动的实质的最深刻的揭露和批判。

人们常说,"四人帮"的一切倒行逆施,都是为了篡党夺权,建立地主资产阶级的反革命专政。说"四人帮"力图建立法西斯专政的国家政权,这无疑是对的。但是,毕竟"政治权力不过是用来实现经济利益的手段"。[1]"四人帮"要建立反革命专政的政治权力,归根到底还是为了建立封建主义和官僚资本主义的经济制度。"四人帮"成为地主阶级和官僚资产阶级的政治代表,主要还是由于他们所追求的经济利益的性质。正如马克思所说,人们成为某一阶级的代表人物是由于:他们不能越出这个阶级的生活所越不出的界限,因此他们在理论上得出的任务和作出的决定,也是他们所代表的那个阶级的物质利益和社会地位使之在实际生活上得出的任务和作出的决定。"一般说来,一个阶级的政治代表和著作方面的代表人物同他们所代表的阶级间的关系,都是这样。"[2]

封建主义在我国有几千年的历史;官僚资本主义,即封建的、买办的、国家垄断资本主义的历史也比民族资本主义更长;这种封建主义的影响既深且广,因此到了社会主义的现阶段,经济领域、政治领域特别是思想领域,它的影响还相当严重地存在着。我们曾说资产阶级人还在、心不死,地主阶级和官僚资产阶级又何尝不是如此!我国封建社会的历史比资本主义长得多,但我们推翻封建主义和官僚资本主义的统治,剥夺地主阶级和官僚资产阶级,不过比改造民族资产阶级早几年。在民主革命中,封建主义和官僚资本主义势力受到了毁灭性的打击。在进入社会主义革命以后,我们一时也来不及对封建主义和官僚资本主义既深且广的影响

1　恩格斯(1886):《路德维希·费尔巴哈和德国古典哲学的终结》,见《马克思恩格斯选集》第 4 卷,北京:人民出版社,1972 年,第 246 页。
2　马克思(1851—1852):《路易·波拿巴的雾月十八日》,见《马克思恩格斯选集》第 1 卷,北京:人民出版社,1972 年,第 632 页。

作彻底清算,肃清它的一切流毒。在这种情况下,如"四人帮"一类的地主和买办阶级的代表人物,有机会就打着"反对资产阶级"的旗号,挂起"革命"的招牌,进行封建主义和官僚资本主义的复辟活动就毫不奇怪了。

值得我们注意的是,我国生产力仍然比较落后,有些地区和部门还没有根本改变以手工工具为主的状况,因此小生产的根源还存在,而小生产却是封建统治的经济基础。列宁说过:"只有有了物质基础,只有有了技术,只有在农业中大规模地使用拖拉机和机器,只有大规模地实行了电气化,才能解决这个关于小农的问题,才能使他们的可以说全部心理健全起来。"[1]这种情况使我们批判封建主义的任务更加重大。

总之,我们不仅面临着批判资本主义的任务,而且面临着批判封建主义的任务。帝国主义、封建主义、官僚资本主义是中国人民的死敌,半殖民地半封建旧中国的悲惨旧境决不允许重现。党中央带领我们进行的新长征,必将如狂飚骤雨,荡涤中国的土地,把旧中国遗留下来的这一切污毒扫除干净!

---

[1] 列宁(1921):《俄共第十次代表大会》,见《列宁全集》第32卷,北京:人民出版社,1958年,第205页。

价值规律和社会主义企业的自动调节 *

（1979 年 1 月）

一、 社会主义企业是"自动机"，还是"算盘珠"？

由于林彪、"四人帮"反革命集团对我国社会主义建设的严重破坏，十几年来我国经济发展缓慢，1976 年更濒于崩溃。这种情况使一些人对于社会主义制度是否具有优越性产生了怀疑。他们问："说社会主义制度优越，为什么经济发展没有资本主义快？"这既是一个理论问题，又是一个实践问题。看来，要彻底解除对社会主义优越性的怀疑，归根到底有赖于社会主义建设的实践。我们的任务，不仅是从理论上回答社会主义制度有没有优越性的问题，而且要指明社会主义制度优越性在哪里，以及如何充分发挥这些优越性。

在社会化大生产的条件下，社会主义制度较之资本主义制度具有极大的优越性，这在理论上是毫无疑义的。马克思分析了资本主义生产方式的基本矛盾，即生产社会化和资本主义占有的矛盾，指出这个矛盾必然导致资本主义制度的灭亡和社会主义制度的产生。在资本主义制度下，生产社会化和资本主义占有的矛盾表现为无产阶级和资产阶级的对立，

* 本文是本书作者与周叔莲、汪海波合作提交给 1979 年 4 月由中国社会科学院经济研究所、国家计划委员会经济研究所和江苏省哲学社会科学研究所共同在江苏省无锡市召开的"社会主义经济中价值规律问题讨论会"的论文。这篇论文原分别刊载在《经济研究——社会主义经济中价值规律问题讨论专辑》和《经济研究》1979 年第 9 期；又见《吴敬琏选集》，太原：山西人民出版社，1989 年，第 107—144 页。

表现为个别工厂的生产的组织性和整个社会生产的无政府状态之间的对立。在生产资料的社会主义公有制的条件下,这些矛盾不再存在了,因而能够容许生产力以更高的速度向前发展。这个理论上的结论已为在列宁、斯大林领导下苏联国民经济的迅速发展和我国第一个五年计划期间生产力的提高所证实。

那么,为什么在某些社会主义国家的某些时期,甚至在相当长的时期中,生产力的发展缓慢,速度低于个别资本主义国家呢?

这里首先有一个何谓社会主义的问题。事实表明,我们过去对社会主义生产关系的理解,并不都是正确的;按照这个理解建立的社会主义经济体制,往往并不完全符合社会主义原则。而且,随着生产力的发展和人们认识的提高,社会主义制度还有一个不断完善的过程。其次,社会主义制度的优越性并不像有些人所想象的那样,随着社会主义制度的建立就能自然而然地发挥出来。社会主义制度优越性的发挥有赖于人们的主观努力,即需要采取一系列必要的措施来充分发挥这些优越性。

根据我国和其他社会主义国家的经验,充分发挥社会主义制度优越性需要解决的一个重要问题,甚至可以说是关键问题,就是必须改变企业依靠国家行政机关从外部推动,推一推,动一动,不推则不动的状况,使社会主义企业"自动化"。所谓企业"自动化",就是企业时时刻刻发挥主动性,努力发展社会主义生产,满足整个社会及其成员的需要。

社会主义制度的最大的优越性,在于劳动人民成了生产资料的主人,他们对于搞好生产有着巨大的主动性和积极性。企业是社会主义经济的基层组织,是组织社会主义生产、流通、分配的基本单位。我们要发挥社会主义的优越性,首先必须充分发挥社会主义企业在改进经营管理、改革技术、增加生产和改善产品质量等方面的主动性和积极性。由于废除了生产资料私有制,消除了无产阶级和资产阶级的对立,有可能克服整个社会的生产无政府状态,因此在客观上,社会主义企业发展生产比由资本家经营追求个人发财的资本主义企业有更多有利的条件。但是,这种客观上的有利条件并不足以保证社会主义企业在生产上必然超过资本主义企业。如果我们不注意发挥企业的作用,如果企业没有主动性和积极性,那么,这些有利条件是不能发挥作用的。当前我国国民经济中存在的许多严重问题,如经营管理混乱、技术停滞、产品花色品种少、质量差、浪费严重、劳动生产率低、利润少以及基本建设战线长、投资效果差等等,很大程度上是由于企业没有发挥主动性和积极性造成的。

要使社会主义企业发挥主动性和积极性,使企业"自动化",首先必须承认它在经济利益上的独立性,即承认企业劳动者集体有自己的经济利益。有些书籍和文章只承认社会主义企业在生产技术和经营管理上的独立性,而不承认它在经济利益上的独立性。这种观点是不全面的。现在人们已经普遍感到,我国企业缺乏改善经营管理的内在动力。这种情况是怎样发生的呢? 根本原因就在于不承认企业在经济利益上的独立性。忽视这种独立性,否认企业有自己的经济利益,不使企业自身的物质利益同生产的发展、技术的进步和经营管理的改善息息相关,就不能不造成企业对改善经营管理漠不关心,只能推一推、动一动的严重后果。

胡乔木[1]同志的重要文章《按经济规律办事,加快实现四个现代化》[2]提出的社会主义经济动力问题,引起了经济工作者和经济理论工作者的极大兴趣。对于这个问题,历来是有争论的。一切社会主义者都认为,社会主义较之资本主义具有更大的动力。一切反对社会主义的人则认为社会主义制度没有动力,或没有强大的动力。例如欧文[3]就说过:"财产公有制比引起灾祸的私有制具有无比优越性。"[4]他认为,在以公有制为基础的公社制度下,生产将迅速发展,因为在公社里,人们是以"利益的共同性"互相结合起来的,因而劳动是"富有成效的"。李嘉图则说:"难道任何头脑健全的人能够和欧文一样相信,一个人们发愤努力是靠社会利益,而不是靠私人利益来刺激的社会,能够繁荣,并且能够用同样数量的人生产出比以往任何时候更多的产品? 历史的经验不是证明恰恰相反吗?"[5]马克

---

1 胡乔木(1912—1992),是中共党内一位有重要影响的理论家,曾长期担任毛泽东秘书,也是毛泽东思想主要阐述者之一。时任中国社会科学院院长和国务院研究室负责人。

2 见《人民日报》,1978 年 10 月 6 日。

3 罗伯特·欧文(Robert Owen, 1771—1858),英国成功的纺织业工厂主,19 世纪空想社会主义的领袖人物。

4 欧文:《欧文选集》下卷,柯象峰、何光来、秦果显译,北京:商务印书馆,1965 年,第 15 页。

5 David Ricardo, *The Works and Correspondence of David Ricardo*, *Vol. VIII: Letters, 1819-June 1821*, ed. Piero Sraffa, New York: Cambridge University Press, 1952, p.46.

思和恩格斯在《共产党宣言》中曾批判了那种认为公有制会带来懒惰的观点,指出:"有人反驳说,私有制一消灭,一切活动就会停止,懒惰之风就会兴起。这样说来,资产阶级社会早就应该因懒惰而灭亡了,因为在这个社会里是劳者不获,获者不劳的。"[1]我们马克思主义者坚信那种认为社会主义公有制经济没有发展动力的观点是完全错误的。在整个社会范围内联合起来的劳动者谋取共同的物质利益,这就是社会主义经济发展的动力。这种动力空前巨大,是任何私有经济无法与之相比拟的。问题在于,这种动力如何落实到每一个企业的生产经营中,以及通过哪些环节来落实。

社会主义企业的经济动力问题,说到底还是一个利益问题。要使社会主义企业有发展生产的强大动力,就要使它既为整个社会利益而生产,又为本企业及其职工的利益而生产,更确切地说,是把企业自己的利益同社会利益结合起来,从自身的物质利益上关心社会生产多快好省的发展。这是由社会主义社会生产力的发展水平和生产关系的性质所决定的。社会主义的物质利益原则和按劳分配的经济规律相联系。按劳分配是通过企业贯彻实行的,只有企业的经济利益得到承认和保证,按劳分配才有可能充分实现。为了解决社会主义企业的动力问题,就必须做到:第一,承认企业有自己的利益;第二,在服从整个社会利益的前提下,把企业利益和社会利益正确地结合起来,同时把劳动者个人利益和企业利益正确地结合起来;第三,把企业利益和企业的经营管理密切结合起来,使企业利益多少决定于它的主观努力。总之是要做到,使企业所做的对社会有利的事情,对本企业也有利;对本企业有利的事情,对社会也有利;而且企业愈是努力发展生产,对本企业也就愈是有利,从而对社会也就愈是有利。这在社会主义制度下不仅是非常必要的,而且是完全可能的。

为了使企业能够为整个社会和本企业的利益努力发展生产,必须让企业有必要的权力。如果企业有改善经营管理的积极性,但国家对企业的管理制度却不许可企业主动处理生产经营中的各种经济问题,设备换一个部件也要报到部、局去审批,"打酱油的钱不许买醋",等等,企业还是

---

1 马克思、恩格斯(1847—1848):《共产党宣言》,见《马克思恩格斯选集》第1卷,北京:人民出版社,1972年,第267页。

不能做到"自动化"。毛泽东同志早就指出:"把什么东西统统都集中在中央或省市,不给工厂一点权力,一点机动的余地,一点利益,恐怕不妥。"[1]他在这里尖锐地提出了企业的独立性问题。

毛泽东同志提出社会主义企业的独立性问题已经二十多年了,但这个问题一直没有得到解决,至今企业还缺乏必要的权力、机动余地和利益,更没有"自动化"。为什么会造成这种情况呢？一个重要原因在于,政治经济学社会主义部分中一整套反对企业独立性的观点还统治着我们的理论和实践。这套观点集中反映在斯大林同志指导下由苏联科学院经济研究所编写的《政治经济学教科书》中。该书对社会主义国营企业的特点是这样概括的:"第一,国营企业中的社会主义的生产关系是最成熟、最彻底的。""第二,国营企业的产品是社会主义国家的财产,是按国家机关规定的手续和价格实现的。""第三,在归全民所有的国营企业中,归工人个人消费的那一部分社会产品,以工资形式付给工人。国家预先规定单位制品或单位工时的劳动报酬的固定标准。""第四,社会主义国家直接领导属于国家的企业,通过自己的代表,即由有关的国家机关任免的企业经理管理这些企业。"[2]这里既否定了企业应该有自己的利益,又否定了企业应该有自己的权力,还否定了企业应该由群众来管理。不仅如此,该书还把这样的国营企业称之为最成熟最彻底的社会主义生产关系,也就是说这是不可更改的。这不是完全否定了社会主义企业的独立性吗？

苏联《政治经济学教科书》的这些观点在我国一直流传到现在。我国1976年6月出版的一本"哲学社会科学基础读物"——《政治经济学讲话(社会主义部分)》写道,"无产阶级专政的国家对国营经济实行集中统一领导","国营企业的生产资料,非经上级主管机关的批准,不得自行转让给别的企业或单位;国营企业的生产和经营,必须服从国家的统一计划;国营企业所需要的生产资料的采购、产品的调拨和销售、劳动力的增加或减少,以及职工的工资标准,都必须遵照国家的统一规定,而不能自由处

1　毛泽东(1956):《论十大关系》,见《毛泽东选集》第5卷,北京:人民出版社,1977年,第273页。
2　苏联科学院经济研究所编:《政治经济学教科书》下册,北京:人民出版社,1955年,第428—429页。

理;国营企业的盈利,必须上缴给国家统一支配和使用"。[1] 1978年6月出版的一本《政治经济学(社会主义部分)》也说,"社会主义全民所有制是由无产阶级国家代表全体劳动人民占有生产资料的一种所有制形式","是社会主义公有制的高级形式"。首先,"它的生产资料和劳动产品""直接由无产阶级国家""在全社会范围内统一调拨"。其次,"国营企业由国家直接领导,生产经营完全按照国家计划进行,企业领导人由国家任命和委派"。最后,国营企业职工的"工资标准由国家根据整个社会生产发展水平和政治经济情况统一制定,职工的工资收入与本企业的生产水平无关"。根据这套否定企业相对独立性的理论,又怎么能允许企业有必要的独立性呢?

应该指出,苏联《政治经济学教科书》虽然在论述社会主义生产资料公有制时否定了企业的独立性,但在其他一些场合还是承认甚至是强调了企业独立性的某些内容的。例如该书修订第三版中写道:"社会主义企业中的工作者从物质利益上关心自己的劳动成果,是社会主义生产发展的动力。"[2]"彻底采用经济核算,彻底运用按劳分配的经济规律,把劳动者个人的物质利益同社会生产的利益结合起来,在争取国家工业化的斗争中起了重要的作用。"[3]"国营企业的纯收入(利润)当中,归企业自行支配的部分不断增加。这样,企业纯收入(利润)在使企业扩大生产(增加流动资金,保证基本建设资金),改进生产,奖励企业工作者,提高他们的物质文化生活水平等方面的意义越来越大。这样就使企业及其全体工作者从物质上更加关心经济而有效地利用资金,提高生产的赢利。"[4]该书关了前门,开了后门,矛盾重重,当然是不能解决企业独立性问题的,但不能不认为前引的有些观点是正确的。然而,过去我们在批判该书的错误观点的同时,却又把它的一些正确的观点说成是"错误观点"。有些同志对该书的错误观点提出不同意见,主张扩大企业的权益,充分发挥企业的作用,则被认为是"鼓吹资本主义自由化""妄图复辟资本主义"等等。后来林

---

1 《政治经济学讲话(社会主义部分)》编写组:《政治经济学讲话(社会主义部分)》,北京:人民出版社,1976年,第50页。

2 苏联科学院经济研究所编:《政治经济学教科书》下册,北京:人民出版社,1959年,第510页。

3 同上书,第371页。

4 同上书,第557页。

彪、"四人帮"正是利用了我们的这些理论上的错误,把它推到极端,宣扬"国家至上""长官意志"第一,胡说"强调物质利益"就是"修正主义",从根本上否定了企业经济上的相对独立性,完全扼杀了企业的主动性和积极性。

在林彪、"四人帮"横行时,还流行一种奇怪的理论,说是政治或阶级斗争是社会主义企业发展生产的动力。这种观点在理论上是错误的,在实践上是有害的。在一切社会制度下,生产的目的都是为了获得物质生活资料,为了一定的物质利益。任何政治上层建筑,归根到底都是为生产服务的。因此把政治说成是经济的动力,只能是一种头脚倒立的怪论。建立在生产资料公有制基础上的社会主义生产关系,消灭了剥削,不再是无产阶级和资产阶级的关系,在这种情况下,就更不能说阶级斗争是社会主义经济发展的动力。诚然,在社会主义现阶段还存在阶级斗争,这种斗争在企业中也会有所反映,但是在一般情况下它们不占重要地位,更非主要矛盾。在不存在或基本上不存在无产阶级和资产阶级的对立的社会主义企业中搞什么阶级斗争,而且把它作为发展生产的动力,其结果必然不是发展生产,而是破坏生产。

二、 在商品交换基础上建立企业之间的关系

既然承认企业在经济上具有独立性,各个企业在社会的共同利益之下有自己独立的经济利益,就必然要承认它们是以商品生产者的资格互相对待的。社会主义企业的经济核算制,就是以这种商品生产和商品交换为基础的。

社会主义经济形态的政治经济学的传统观点认为,彻底的社会主义经济——全民所有制经济内部,是不存在商品生产和商品交换的。商品交换只存在于全民所有制经济和集体所有制经济之间,以及不同的集体经济之间。斯大林在《苏联社会主义经济问题》中,对于社会主义各国全民所有制企业间进行交换这一普遍存在的现象所作的解释是,全民所有制企业之间的交换,是由存在着两种不同的社会主义公有制,存在不同社会主义所有者之间的商品交换引起的;社会主义全民所有制内部流通的

产品只具有商品的外壳,实质上已经不是商品。现在看来,这种理论是不完整和有缺陷的。

斯大林这一理论的出发点是,只有在两种所有制之间交换的产品,即通过交换改变所有权的产品,才是商品。但是,实际情况比这复杂得多。例如,第二次世界大战后,许多资本主义的大公司相继普遍采用"分权的事业部管理体制",即在公司内部划分各个事业部,由它们独立经营,单独核算。这也就是使价值规律在公司内部发挥作用,促进生产的发展。美国通用汽车公司从1920年开始就实行这种制度,事业部在公司统一领导下,有权在一定限额内进行固定资产投资,采用自己认为最好的措施来利用流动资金。只要能完成公司规定的任务,事业部可以自行安排生产计划,决定所需零部件和供应品的来源。有些零部件虽然公司内部其他部门也有生产,但如其价格高于市场价格或质量不如其他供应者,事业部有权不在公司内部购买而向外界供应者采购。由于为价值规律在公司内部充分发挥作用创造了条件,因而促使各事业部努力提高产品质量、增加产量、降低成本、扩大销路、争取最高利润。各事业部之间交换的产品虽然是同一公司内部的交换,并不改变所有权,因此按斯大林的说法并不是商品,但它们事实上却和向外界采购的商品没有区别,是地地道道的商品。如果把社会主义全民所有制经济看作一个大托拉斯,那么,全民所有制内部各个企业之间交换的产品,就和资本主义大公司各事业部之间交换的情况相仿佛,也是同一所有者内部各独立经济单位之间交换的商品。为什么在这种情况下各个企业之间交换的产品也是商品呢?我们认为,这是由于企业具有相对的独立性,即由于企业是有自己利益的相对独立的经济主体。如果在全民所有制企业之间不实行商品交换,那就势必侵犯企业的利益,从而也就破坏企业的独立性,这就违背社会发展的最基本的规律——生产关系一定要适合生产力性质的规律。斯大林把两种社会主义公有制形式的并存作为社会主义商品生产的原因,本来应该否认全民所有制经济内部存在商品生产,但他又不否认全民所有制经济内部国家与职工交换的消费资料是商品,这也是他逻辑上不一致的地方。

斯大林还把所有制理解得过分狭窄,把它等同于法律规定的所有权。

而马克思主义则把所有制理解为生产关系的总和。马克思有句名言：给资产阶级的所有权下定义不外是把资产阶级生产的全部社会关系描述一番。[1] 全民所有制企业既然有独立性，就不能根据全民的所有权而否定它们之间存在商品生产和商品交换的关系。

政治经济学所谓的商品是一种什么样的经济关系呢？是多多少少互相分离的生产者之间的关系。在社会主义全民所有制的条件下，全社会组织成为一个统一的生产者，各个企业已经不是截然分离的了。但是无可否认，具有独立的经济利益的企业之间，还有你我界限，因此，企业在转让产品时，必然要求等价补偿，否则它们的利益就会受到损害。从这里可以看到，全民所有制经济内部交换的产品仍然具有商品性。

人们时常引证马克思主义经典作家的话来证明建立起单一的全民所有制后商品生产就会消灭。诚然，马克思、恩格斯、列宁说过这样的话，他们设想过社会主义将要消灭商品生产。但是，这仅仅是设想而已。实践是检验真理的最终标准，社会主义制度下商品生产的命运究竟如何，这最终是要由实践来解决的。而依据迄今为止社会主义各国的实践，商品生产不仅存在着，而且发展着，在看得见的时期内，消灭商品生产是不可能的。

应当指出，马克思肯定地认为在新社会中将会消失的，是"私人交换"，而不是一切交换。在我国经济学界过去的讨论中有一些作者把马克思关于私人交换将会消失的论断解释为以"产品调拨"（即企业将产品交给国家再由国家分配）代替商品交换，这样，就把社会主义和自然经济混为一谈。我们认为，这是不符合马克思的原意的。在《政治经济学批判大纲》中，马克思在指出资产阶级社会既不同于资本主义前的各种社会形态，又不同于未来的社会时指出："私人交换一切劳动产品、能力和活动，不但和以个人相互间自发地或在政治上的支配关系与隶属关系为基础的分配制度不相容……而且也和在共同占有和共同控制生产手段这个基础

---

1 马克思（1847）：《哲学的贫困》，见《马克思恩格斯全集》第 4 卷，北京：人民出版社，1965 年，第 180 页。

上联合起来的个人所进行的自由交换不相容。"[1] 从原则上说,我们今天全民所有制企业之间的交换,就是这种"在共同占有和共同控制生产手段这个基础上联合起来的个人所进行的自由交换"。马克思还说:"如果我们在当前的社会里面没有在隐蔽的形态下发现无阶级社会所必需的种种物质生产条件以及与其相适应的种种交换关系,那么任何进行破坏的尝试,都是堂吉诃德式的愚蠢行为。"[2] 我们认为,根据目前社会主义的实际情况,把现阶段的"自由交换"叫做商品交换,在理论上和实践上都是没有坏处的。

三、 充分发挥价值规律的作用,实现企业的自动调节

我们主张在商品交换的基础上建立社会主义企业之间的关系,这并不是说,我们认为社会主义公有企业之间的关系同资本主义私人企业之间的关系是一模一样的,或者说,社会主义的商品生产和商品交换同资本主义的商品生产和商品交换是一模一样的,而只是说,在社会主义全民所有制的基础上,各个企业还有自己的独立的经济利益,要以商品生产者的身份互相对待。企业的独立经济利益,并不是孤立存在于社会整体之外的,更不是和社会整体利益相对立的。因此,企业根据自己的条件进行经济上最有利的活动,必须受到社会利益的制约和控制。

那么,在社会主义的现阶段,什么是在符合社会最大利益的前提下,把社会利益和企业利益结合起来的尺度标准呢?那就是社会主义的商品等价交换。价值规律是在一切社会的商品交换中都发生作用的经济规律,在社会主义条件下,它也可以成为而且应该成为把社会利益和企业利益结合起来自动进行调节的经济杠杆。价值规律在企业的经营活动中经常地起作用,用社会平均必要劳动时间(价值)去衡量企业的工作成果,由此形成信息,通过纯收入、利润等价值杠杆自动反馈于企业,促使企业调

---

1 马克思(1857—1858):《政治经济学批判大纲(草稿)》第 1 分册,北京:人民出版社,1964 年,第95—96 页。

2 马克思(1857—1858):《政治经济学批判大纲(草稿)》第 1 分册,北京:人民出版社,1964 年,第96 页。

整生产,改善经营。

很早以前,有些同志就提出要充分发挥价值规律对社会主义企业生产的促进作用。例如孙冶方[1]同志在 1956 年发表的《把计划和统计放在价值规律的基础上》一文中就指出:"在商品经济中,价值规律……随时提醒落后的生产者要他努力改进工作,否则便要受到严酷的惩罚;也随时鼓励先进的生产者并给他丰厚的奖赏,要他继续前进。它是赏罚分明,毫不徇情,不断地督促着落后者向先进者看齐。""我们应该肯定说,通过社会平均必要劳动量的认识和计算来推动社会主义生产的发展——价值规律的这个重大作用——在我们社会主义经济中非但不应该受到排斥,而且应该受到更大重视。"[2]虽然孙冶方同志主要是从计划统计的角度提出问题的,而且没有解决社会主义制度下价值规律充分发挥作用的机制问题,但他在那时就提出这个现在迫切需要解决的问题,而且二十多年来一直坚持这个观点,确实是十分可贵的。二十多年来的经验教训表明,孙冶方同志的这个观点是正确的。

但是,孙冶方同志的正确观点不仅没有受到应有的重视,而且受到不应有的责难,许多人(包括本文的部分作者在内)曾指责孙冶方同志"鼓吹资本主义自由化""宣扬修正主义",认为发挥企业的主动性积极性应该依靠加强行政领导。这种意见还长期被认为天经地义的。现在,我们的社会主义建设经过了曲折的过程,有必要也有可能根据历史经验,来重新探讨究竟应该怎样发挥企业主动性,实现企业"自动化"的问题了。

单纯依靠加强行政领导能不能充分发挥企业的主动性积极性呢?事实证明是不可能的。长期以来我们是依靠加强行政领导来管理企业的,但我们一直未能发挥企业的主动性。这决不是偶然的。第一,行政领导就是靠外力来推动企业,因此它没有解决也不可能解决企业本身的动力

1　孙冶方(1908—1983),原名薛萼果。他在 1924 年 16 岁时参加中国共产党,1925 年被派到苏共为培养亚洲革命家兴办的莫斯科中山大学学习。毕业后留在苏联任政治经济学讲课翻译,直到 1930 年回国。1957—1964 年期间任中国科学院经济研究所所长。早在 20 世纪 30 年代,他已经是一位活跃的马克思主义经济学家。但是 50 年代中期以后愈来愈质疑苏式集中计划经济体制,构建了自己的社会主义经济模式,并因而被打成"修正主义分子"。"文革"结束后,孙冶方积极参加了经济体制改革。

2　孙冶方(1956):《把计划和统计放在价值规律的基础上》,载《经济研究》,1956 年第 6 期。

问题。第二,企业的情况千差万别,上级机关是不可能把企业所有的活动全部管起来的,如果管起来,势必犯瞎指挥的错误,而管不起来,企业又缺乏推动力,两者都不利于企业发挥积极性。第三,行政单位的性质和任务不同于经济组织,企业生产活动单纯依靠行政单位推动,必然造成按"政府意志""长官意志"办事,造成机构重叠、会议成灾、公文泛滥、官僚主义严重、经济效果很差,使社会主义管理变成手工业式的甚至封建衙门式的管理。这样,又怎么可能使企业发挥主动性积极性呢?

列宁早就说过:"经济工作在性质上不同于军事、行政和一般政治工作。"[1]管理社会主义经济,科学的行政方法当然是必要的,但必须逐步做到以经济方法为主,把科学行政方法和科学经济方法结合起来。上面那种依靠加强行政领导的主张,实际上是主张单纯或主要依靠行政方法来管理社会主义经济。这一套理论和实践是搞不好经济工作的。

用经济办法管理经济,就必须依靠价值规律,充分发挥价值规律在社会主义经济中的积极作用,使企业自动地发挥主动性和创造性。事实表明,在社会主义经济中,充分而又正确地发挥价值规律的作用,就能促进社会主义生产迅速发展。即使我们过去时刻提防着价值规律的消极作用,不敢让它充分发挥作用,但只要我们对它稍加利用,也就取得了显著的效果。最明显的例子表现在经济核算制的作用上。我国第一个五年计划期间比较认真地实行了经济核算制,虽然这种制度还远不完善,但由于它在一定程度上使企业的利益和企业的经营状况直接结合起来,为价值规律发挥作用创造了条件,因此就调动了企业的主动性积极性,使国民经济得以较快地发展。之后我们破坏了经济核算制,违背了价值规律的要求,国民经济也就受到了严重的损害。六十年代初期我们又恢复了经济核算制,尊重价值规律作用,国民经济又得到了迅速的恢复和发展。例如,鞍山钢铁公司1961年起恢复和完善了经济核算制,1962年产品质量普遍提高,原材料消耗大幅度降低,全年可比商品产品成本比上年降低

1　列宁(1921):《新时代,新形式的旧错误》,见《列宁全集》第33卷,北京:人民出版社,1957年,第8页。

11.17％，流动资金周转比计划加速 23 天，利润率比上年提高 11％。[1] 当时全国开展了节省"一厘钱"[2] 运动，取得了巨大成绩，这也是价值规律作用的生动表现。"文化大革命"中，由于林彪、"四人帮"的破坏，经济核算制被破坏无遗，严重挫伤了企业和职工的积极性，这是造成我国国民经济濒于崩溃的重要因素之一。

近些年来，有些地区利用"大集体"所有制的形式，使工业生产得到了迅速的发展。这种所谓"大集体"企业，实际上仍然属于社会主义全民所有制，只不过比一般国营企业有更大的经济独立性和经营上的自主权。从"大集体"企业的迅速发展，可以看到尊重价值规律的作用对企业生产发展的积极影响。例如，常州市"大集体"工业的生产发展比国营工业快得多。1965 年至 1977 年，工业产值、税收和利润、全员劳动生产率的年平均增长速度，国营工业分别为 11.8％、10.6％和 6.7％，而"大集体"工业则分别为 18.3％、15.7％和 13.4％。就物质技术条件来说，"大集体"工厂许多方面不如国营厂，如设备落后、管理基础差、原材料供应缺乏保证、分配不到大学毕业生和技术人员、按规定得不到国家投资。为什么"大集体"工业发展反而快呢？一个重要原因在于，"大集体"工厂不像国营工厂那样由国家包下来，而是实行自负盈亏的，加上国家对"大集体"工厂的管理不如对国营工厂那样死，地方和企业有较多的主动权，这就为价值规律发挥作用提供了比较广阔的条件。由于"大集体"企业发生亏损要影响地方的利润分成，影响企业的存在和发展，影响职工工资的发放和调整，这就促使他们精打细算，讲究经济效果，企业有主动性，职工有"奔头"，发展生产的干劲比较足，艰苦奋斗的精神比较好。他们灵活性大，适应性强，调整生产比较快，对增加品种、发展新产品、实行专业化协作、改善经营管理比较积极，因此经济效果也比较好。1977 年全市"大集体"企业每百元固定资产的产值是 480 元，比国营企业的 287 元多 67％；每百元固定资产

---

1 国家经济委员会企业管理局编：《工业交通企业经济核算经验汇编》，北京：中国工业出版社，1963 年，第 25—31 页。

2 1963 年初，北京墨水厂等几家企业为贯彻勤俭建国、勤俭办企业的方针，提出的要节约一厘钱、珍惜一分钟、减少一根废火柴的行动口号。新华社（李峰、余辉音：《"一厘钱"精神》，新华社1963 年 3 月 23 日电）和《人民日报》（《一本大账——从〈"一厘钱"精神〉谈起》，《人民日报》1963年 3 月 24 日）均进行报道和发表社论，后在全国展开。

的利润是 64 元,比国营企业的 32 元多一倍;每百元产值的利润是 13 元,比国营企业的 11 元多 18%。[1]

众所周知,在资本主义制度下,价值规律曾对企业发展生产起着决定的作用。正是价值规律的作用使得资本主义企业"自动化"。现在,在一些人的传统观念里,往往只看到资本主义企业主动性的消极面,认为它毫无可取之处,以此来反对利用价值规律使社会主义企业"自动化"。这种看法,至少是不全面的。诚然,在资本主义社会里,私人企业追求利润的主动性是生产无政府状态和经济危机的重要原因。但是,难道不正是企业的这种主动性才使得资本主义社会像用魔术一样唤醒了沉睡在社会劳动里的生产力吗?资本主义企业主动性的直接结果是生产力的蓬勃发展,是科学技术的突飞猛进。如果社会主义企业不能"自动化",社会主义经济是不可能比资本主义经济更快发展的,社会主义制度是不能最终战胜资本主义制度的。而我们现在缺少的不正是企业的主动性吗?

问题还在于,社会主义生产是商品生产,而"价值规律正是商品生产的基本规律"[2]。马克思说的价值规律对资本主义生产的促进作用,如果我们抽掉资本主义生产关系的特点,在社会主义生产上也是应该具有而且必须具有的。孙冶方同志曾这样描述过价值规律对发展生产的作用:"发展生产的秘诀就在于如何降低社会平均必要劳动量,在于如何用改进技术、改善管理的办法,使少数落后企业的劳动消耗量(包括活劳动和物化劳动)向大多数中间企业看齐,使大多数的中间企业向少数先进企业看齐,而少数的先进企业又如何进一步提高。落后的、中间的和先进的企业为了降低社会平均必要劳动量水准而不断进行竞赛,也就是生产发展社会繁荣的大道。"[3]只有让价值规律在社会主义制度下发挥这种作用,社会主义生产才能迅速发展。因此,我们必须依靠价值规律的作用,即正确地认识和利用这个规律,创造条件充分发挥这个规律的作用,促使社会主

---

1 我们这里所要讨论的,是用什么形式管理全民所有制企业的问题。目前有些地方在"厂社挂钩、产品扩散"的名义下把国营企业改为社、队企业,这实际上是侵犯国家财产,把它转为地方或集体财产,对于生产发展是不利的。

2 恩格斯(1876—1878):《反杜林论》,见《马克思恩格斯选集》第 3 卷,北京:人民出版社,1972年,第 351 页。

3 孙冶方:《把计划和统计放在价值规律的基础上》,载《经济研究》,1956 年第 6 期。

企业自动化,促进生产迅速发展,社会日趋繁荣。

有的同志认为,既要利用价值规律的作用,也要限制价值规律的作用。我们认为,这种提法是令人费解的。什么地方存在着商品生产和商品交换,价值规律就要在那里起作用。我们只能创设条件,避免价值规律的作用产生消极后果,而不能限制价值规律,使它不起作用。何况价值规律并非注定要对社会主义生产引起消极后果,只有在一定条件下,例如,我们没有正确认识和利用它,才会发生这种消极后果。我们过去笼统地强调限制价值规律的作用,结果使自己吃够了苦头。由于限制了价值规律促进企业生产的作用,使得企业不去精打细算地节约人力物力的消耗,不去努力搞好经营管理、实行专业化协作、提高劳动生产率。

纵观历史,限制价值规律促进生产的作用必然对生产力的发展起消极作用。例如,中世纪的行会制度,虽然开始曾经起过保护手工业发展的作用,但由于对手工业者的劳动力、工具机械、技术措施和生产规定了种种限制,终于严重地束缚、阻碍了生产力的发展。再如,资本主义发展到帝国主义阶段后,垄断资本限制了竞争的作用,也严重地阻碍了生产和科学技术的发展,成为帝国主义腐朽性的一个重要表现。资本主义国家的大公司实行"分权的事业部管理体制"以后,使价值规律能够在更大的范围内起作用。这种体制在发展生产上,也取得了较好的效果。

过去我们之所以没有充分发挥价值规律的作用,以至现在有人还有意无意地反对这样做,是和思想上受一些传统观点的束缚、理论上存在着禁区分不开的。因此,这里也有一个解放思想、破除迷信的问题。

一种非常流行的传统观念认为,价值规律对社会主义生产只起影响作用,不起决定作用。按照这种认识,价值规律被说成只能作为计划工作的工具,而不能作为计划工作的依据。受这种观念的束缚,我们当然不能充分发挥价值规律的作用,更不可能依靠价值规律的作用使企业自动化了。但是,既然社会主义生产是商品生产,而价值规律又是商品生产的基本规律,那么,怎么能否认价值规律对社会主义生产的决定作用呢?斯大林提出要区分价值规律对生产的调节作用和影响作用,这有其合理的地方,但也引起了混乱。以价值规律对社会主义国民经济计划的作用来说,和在资本主义社会不同,社会主义制度下价值规律有可能被人们自觉用来为计划经济服务,使它不再自发地调节劳动在各个部门的分配。但是,既然社会主义制度下劳动还表现为价值,那么,价值规律也就对国民经济计划起着决定作用(这并不排斥其他社会主义经济规律的决定作用),在制订国民经济计划即在各个部门分配劳动时,就必须考虑价值规律的这种决定作用,也就是必须以价值规律为依据。因此,决不能根据价值规律作用的形式不同而否认它对社会主义国民经济的决定作用。我们所以必须把价值规律作为计划工作的工具,就是因为它对国民经济计划起着决定作用,它是计划工作的依据。否则,价值规律就变成可以遵守也可以不遵守的了。这样,所谓价值规律是计划工作的工具,也就变成了一种实用主义的理论。再以价值规律对社会主义企业生产的作用来说,由于生产中消耗的劳动表现为价值,只有通过价值才能计算监督劳动的消耗,才能促进企业不断提高劳动生产率,生产更多更好的产品来满足社会日益增长的需要,可见价值规律在这里也起着决定的作用,因而也不能说它只起影响作用,而不起决定作用。价值规律对社会主义生产起着决定作用,这正是我们需要充分发挥价值规律的作用,利用它使企业"自动化"的根据。

四、 价值规律发挥积极作用的机制

为了充分发挥价值规律对企业生产的促进作用,需要研究价值规律在社会主义条件下发挥作用的机制,并在改革经济管理体制时,有意识地建立这种机制,为价值规律的作用产生积极后果创造必要的条件。

一般来说,建立在私有制基础上的商品生产中,价值规律是自发地发挥作用的。例如,小商品生产者和资本家为了取得最多的收入和利润必然努力用尽可能少的劳动消耗生产尽可能多的商品。这样就为价值规律自发发挥作用提供了必要的条件。但是,即使在私有制社会里,由于经济制度和政治制度不同,价值规律作用的后果也是不完全相同的。例如,在自由资本主义时期和在垄断资本主义时期不同,在政府采取放任政策时和采取干涉政策时也不同,等等。因此,资产阶级经济学为了资本主义的利益,也在研究价值规律发生作用的机制,并不断调整有关的制度和政策。

建立在公有制基础上的社会主义制度为掌握和利用价值规律提供了

有利的条件。但是，国家所有制却可能使得价值规律不再自发发挥作用，如何充分发挥价值规律对企业生产的促进作用，就更为重要和更为复杂了。应该承认，我们的经济科学和经济政策迄今还没有完全解决这个问题。

有些社会主义国家曾经实行过所谓供给制的经济管理体制，这就是取消企业的相对独立性，企业的生产、分配都由国家统一安排、完全负责。企业生产什么，由国家自上而下地规定，企业生产的产品，都由国家统购包销，企业生产所需要的物资，都由国家供应；企业的收支也由国家负责，盈利全都上缴国家，亏损由国家补贴。这种经济体制完全取消了商品生产，从而也就取消了价值规律起作用的前提条件。

苏联在十月革命胜利以后，由于缺乏经验，特别是由于严酷的战争环境，曾经实行过这种制度。我国革命根据地也曾实行过这种制度。前几年由于林彪、"四人帮"的破坏，我国经济核算制名存实亡，实际上实行的也是这种制度。

供给制的实质，是采用自然经济的方式管理社会主义经济。在供给制的条件下，国民经济的运转受行政权力支配，企业的一切活动都听命于自上而下的命令。事实表明，这种制度势必阻碍生产的发展。

列宁总结了供给制的教训，早就提出社会主义企业必须实行经济核算制，并且指出经济核算制和商品生产、价值规律有必然的联系。他说："国营企业实行所谓经济核算，同新经济政策有着必然的和密切的联系，在最近的将来，这种形式即使不是唯一的，也必定会是主要的。在容许和发展贸易自由的情况下，这实际上等于国营企业在相当程度上实行商业原则。"[1] 经济核算所以能促进企业生产，就是因为它在一定程度上承认了企业的独立性，使企业有自己的经济利益和经济权力，使它既有主动发展生产的动力，又有主动搞好经营管理的条件，为价值规律发挥作用提供了必要的前提。

但是，我们现在的经济核算制还没有完全解决价值规律发生作用的

---

1 列宁(1921)：《工会在新经济政策条件下的作用和任务》，见《列宁选集》第 4 卷，北京：人民出版社，1972 年，第 583 页。

机制问题。从我国实行经济核算制的历史和目前的状况看,我国现行的企业管理体制存在以下几个方面的缺陷:

第一,企业缺乏独立经营所必要的权力。企业作为独立的商品生产者,在决定产供销方面,在处理人财物方面,必须有独立自主权,这样才能把企业管理好,生产出成本低、质量好的产品。但是,我国国营企业却一直缺乏这种独立自主权。从产供销方面看,即使在比较严格实行经济核算制的时期,也是由国家决定产供销,企业只能按照上级行政机关的命令办事。从处理劳动力看,企业不能由于发展生产的需要而自行增加劳动力,也不能由于劳动生产率的提高而自行减少劳动力。从处理资金看,企业对于自有资金也无权自行处理,例如对于留归企业支配的折旧基金和利润,也严格规定了使用的范围,不准不按规定的范围使用。从处理物资看,对于拨给使用的生产资料和生产出来的产品,企业也不具有一个独立经营者所应有的权力。

第二,企业的生产和市场需要缺乏必要的联系。社会主义生产的目的是满足社会需要,然而在供给制或准供给制的条件下,由于社会需要间接地由国家机关代表,企业生产什么、生产多少完全听命于上级机关,生产出来的产品由国家统购包销,产销不直接见面,就往往发生产销脱节、货不对路的情况。而且,由于生产缺乏消费者的监督,就出现了产品陈旧,"十年一贯制""二十年一贯制"的不正常现象,产品质量不但得不到应有的提高,还呈现下降趋势。

第三,企业的财务状况和本企业的经营好坏没有紧密的联系。虽然经济核算制规定企业应该有独立的资金,但是我们从来又规定国家有权调拨企业的生产资料和产品,而且企业的折旧基金长时期内是上交国家预算的,至今还有相当一部分上缴。这样,企业的简单再生产也不完全决定于本企业的经营,往往由于国家的干预而得不到保证。企业的扩大再生产更不决定于本企业的经营状况,企业的基本建设投资历来采取的是预算拨款的办法,即企业利润扣除企业基金后全部上缴国家预算,企业扩大再生产的支出,另由国家预算拨款。有一段时期,企业曾实行利润留成,即留给企业一定比例的利润,除可以用于企业奖励基金外,企业经常的、零星的扩大再生产的支出,如"四项固定费用"(技术组织措施费、新产品试制费、劳动安全保护费、零星固定资产购置费)等也由利润留成抵补。但同时还规定,留给企业的利润,应以满足规定的抵补项目所需要的支出为限度。因此,也并没有完全解决企业再生产和本企业经营好坏结合起来的问题。而且即使这种不完善的办法,也很快就取消了,至今还没有完全恢复起来。

第四,企业职工的收入和本企业的经营好坏没有紧密的联系。我国国营企业职工的工资标准是由国家统一规定的,不决定于本企业经营状况,企业经营好坏不影响职工的工资。而且,企业的利益是和企业的权力联系着的。企业没有必要的权力,其利益也就没有保证。企业的权力、利益又是和企业的责任联系着的,企业要担负自己的责任,就必须有自己的权力和利益,否则,责任也是要落空的,特别是,企业权力作为企业独立性的重要内容,也是社会主义商品生产赖以存在和发展的前提条件,损害企业的权力,必然损害企业的积极性,从而也使得企业无法充分利用价值规律的作用。

根据以上的情况,为了充分发挥价值规律促进企业生产的作用,使企业"自动化",必须取消上级行政机关对企业事务的过多的干预,实行严格的经济核算制。

过去,我们通常把全民所有制企业的经济核算制概括为独立核算、自计盈亏,而不说它是自负盈亏。其实,财务自理、自负盈亏是严格实行经济核算制的要求。只有实行财务自理、自负盈亏,才能做到像列宁所说的那样使企业对其经营"自己负责,而且是完全负责",企业也才名副其实地成为商品生产和商品流通的独立经营者。

企业实行自负盈亏以后,和现行的经营核算制度比较,将发生如下一些重要变化:

第一,企业在经营上有必要的独立自主权。例如,企业在社会长远规划和年度计划的指导下,有权根据自己的实际条件,同其他单位签订合同,在合同基础上,编制本企业的长远发展规划和年度生产、销售计划;有权按照用户和市场需要的变化调整计划。企业并有权拒绝来自任何单位、任何个人的任何形式的摊派和抽调资金、人力、设备等"苛捐杂税";对由此造成的经济损失,企业有权要求赔偿。由于企业有了经营上的独立自主权,因此,就有可能按照社会和市场的需要搞好生产和经营管理。

第二,企业在使用资金上有必要的独立自主权。企业有权使用国家拨付的固定资产;有权将多余闲置的固定资产出租,经主管部门批准,可以有偿转让这些固定资产,其收入可用于企业的设备更新和技术改造。企业有权使用国家拨付的流动资金,有权向银行贷款;有权使用利润留成部分的资金,有权使用固定资产折旧基金;有权将银行贷款和利润留成、折旧基金合并用于设备更新和挖潜改造。企业使用社会资金应缴纳资金占用税。对企业多余闲置的以及利用率过低的设备、厂房,可以提高税率。银行对企业的流动资金实行全额信贷办法,定额内的部分低息,超额部分高息。实行这些措施,将促使企业节约资金,提高设备利用率,加速流动资金周转,提高资金的经济效果。

第三,企业在使用物资上有必要的独立自主权。例如,企业有权将降低原材料消耗节余下来的物资,同有关单位互通有无。这将奖励企业努力降低原材料消耗,减少物资积压浪费,提高物资使用的经济效果。

第四,企业在使用劳动力上有必要的独立自主权。例如,企业有权根据国家规定,按照择优录取的办法招聘录用职工;有权根据生产发展的需要精简职工;有权对职工奖励和惩处,对严重违法乱纪的有权除名。这样做,将鼓励企业努力节约活劳动的消耗,提高劳动生产率,并促使职工努力提高技术,加强组织性、纪律性,搞好生产。

第五,企业在销售产品上有必要的独立自主权。例如,企业有权按照规定,在完成国家统一分配计划和供货合同后,自行销售非统购包销的产品;企业生产的新产品可以自行试销;企业有权申请向国外推销自己的产品;凡经上级有关部门批准,有出口产品的企业都可按照国家规定取得外汇分成,这笔钱可以用于在国际市场上购置企业必要的原材料和设备。这些措施将有利于克服企业产销脱节现象,并促使企业积极生产新产品和可以赚取外汇的产品,并努力提高商品在国际市场上的竞争能力。

第六,企业在分配上有必要的独立自主权。企业有责任和义务按期缴纳各种税金和应上缴的利润,企业由于经营得好而得到的超额利润,应有更多的部分留给企业。留归企业的利润,企业有权按照国家规定自行处理。职工有权分享一部分利润。经营管理好、成本低、盈利多的企业,职工的工资奖金标准可以高一些，升级面可以大一些。企业基本建设所需资金逐步由企业自有资金解决。这样做，将使职工收入和企业扩大再生产同本企业经营状况直接联系起来，从而增强职工对企业生产和基本建设的关心。

这样一来，企业的经营成果就集中地表现在盈利上，盈利又同全体职工目前利益和长远利益紧密联系。企业将根据自身利益和社会的利益，主动积极地运用自己的物质条件，搞好生产经营。

五、 企业实行严格经济核算的外部条件

全民所有制企业实行财务自理、自负盈亏，给企业发展生产、改善经营提供了内部动力，使企业得以"自动化"。然而，只有为企业的活动设立一定的外部条件，才能使企业的主动性积极性经常产生对社会整体有利的结果。这就是说，要造成一种外部经济环境，使企业的经营结果只有在对社会有利时才对企业有利，这样，企业就会主动地按照社会的利益作出经营上的决策。所谓利用价值规律的作用使企业利益和社会利益结合起来，也就是指的这样一种状况。

实行这样的严格经济核算，它的最主要的外部条件，是产品价格和税金负担的正确确定。在企业财务自理和自负盈亏的体制下，利润是企业经营状况的集中表现，也就是企业活动合乎社会主义生产目的程度的集中表现，企业的财务状况和企业职工的物质利益都和它联系在一起。如果价格和税率规定得不合适，企业经营合理的程度不能恰当地表现出来，就会出现各行业之间苦乐不均的现象，对于企业的奖惩也就会失去了客观的基础，难于做到赏罚分明。为了使企业利润能够正确地反映企业的经营状况，首先必须建立正常的价格体系。如何根据各种产品的产销特点，分别采用固定价格、浮动价格和供需双方的协定价格等形式，保证价格尽可能地反映商品的社会必要劳动耗费，如何贯彻对同等使用价值的按质论价原则保证质量好的产品有更多的收入，等等，都是需要总结自己的经验和吸取别的国家的经验，慎重加以研究的课题。其次，通过对不同产品规定不同税率的办法调节企业的利润水平，也是十分重要的。由于

需要运用价格政策调节供求,现在还难于做到完全按商品的价值规定价格,某些限制消费的商品如香烟,销售价格水平较高,生活必需品,如粮、油的销售价格则较低,对于前者就应该课以较高的税金,对于后者则应减免。目前课征的商品流通税,是管理国民经济的主要经济杠杆之一,应当继续运用。但是,目前的流通税率基本上是沿用解放初期的成例,由于情况变化,已经显得缺乏经济根据,应当按照新的情况和新的管理体制的要求进行全面的改订和调整。还可以考虑对企业课征所得税,实行税利合一的办法把企业一部分纯收入收归国家。各行业所得税也可以按不完全相同的税率课征,用以作为引导投资方向的辅助工具。

第二,要组织原材料、燃料、电力以及其他生产资料的充分和及时的供应,保证企业有支付能力的需求能够得到满足。目前由国家统一分配物资的供应体制十分死板,缺乏必要的灵活性,严重阻碍了生产企业主动性的发挥。这种情况必须改变。应当按照商品流通的规律,在商品关系的基础上改组物资供应体制。物资供应部门也要实行企业化。可以考虑成立专门的和地区的物资供应公司,实行经济核算,自负盈亏。现在有些地区和部门利用行政权力阻碍商品的正常流通,例如,有些物资消费单位直接向生产单位购买更为合理,却规定一定要经过物资部门,物资部门只是开一张发票,却收到很高的手续费;有些地区私设检查站阻止传统向外地销售的物资外销。这些现象必须制止。

第三,在资金管理体制上,要实行信贷供应、有偿使用的原则,彻底改变行政控制、无偿占用,因而大家伸手向财政部门争资金,只想白拿投资,不负经济责任,不问经济效果的状况。不但流动资金应改为全额信贷,基本建设投资也要由拨款改为贷款。企业有权根据需要和可能提出基本建设项目,在综合平衡后,经有关部门批准后列入国家计划,改基本建设拨款为贷款,实行还本付息。这样,多占用社会资金的,就有更大的经济责任,就得多付利息,就会影响收益水平。同时要实行固定资产基本折旧返还企业的制度,和企业利润中提取的资金共同形成企业有权支配的技术改造基金。要逐步做到现有企业的基本建设投资主要靠自有资金解决。自有资金不够的,可以向银行贷款。国家可以通过利息率、税收率、利润分成比例等经济杠杆调节基本建设,督促企业搞好基本建设,提高投资效果。

第四，在企业管理体制方面，要改变对企业实行多头领导和行政机关对企业经济活动直接发号施令的做法。每个企业只能有一个主管单位。主管单位的主要责任，不是对企业的日常经济活动进行干预，而是在专业方向、远景规划、经营管理、生产技术、科学研究等方面进行指导，同时，主管单位必须对保证企业进行正常经营的外部条件承担一定的责任。要按照企业产供销的性质和范围来决定企业的隶属关系，中央部门直属企业按照国家规定向地方缴纳税金和利润，使地方经济利益同企业经营好坏挂起钩来。对地方管理的企业，中央有关部门要在发展规划、生产技术等方面给以指导和支持。要从实际出发，根据经济合理的要求，按专业化协作的原则组织全国性的或地区性的专业公司、联合公司，也可以跨行业组织综合利用资源的公司和生产技术服务、生活服务公司。公司必须是名副其实的经济组织，对自己的经营活动负全部责任。

第五，国家机关的基本经济职能，是维护正常的经济秩序，保证对外经济活动的协调，保持各个部门和企业的协调发展。要健全经济立法，设立经济法庭，仲裁企业之间争议，对违反社会主义法律和经济合同的行为实行制裁。计划要由下而上逐级平衡。企业制定计划的原则是以销定产，编制计划的基础是经济合同，国家计划应该有科学根据，要克服目前那种从上而下压任务、压指标因而供需脱节、产销脱节的现象。地方国家机关要用大力量进行居民点建设、改善生活和医疗服务以及普及文化教育的工作，为劳动人民创造良好的工作和生活环境，使企业能够集中精力发展生产、改进技术、改善经营。

把以上这些概括起来，就是要为企业的生产和经营建立良好的外部条件，并且为企业之间的竞赛设立"起跑线"，使各个企业在同等的客观条件下进行竞赛，使它们集中反映在利润水平上的经营成果，只与各自主观努力有关。这样，企业要增加利润，只有一个办法，就是改善经营管理、增加生产、降低成本、改革技术、改进产品质量，而没有别的邪门歪道可走。显然，建立这样的外部条件，是一个巨大的工程，涉及经济生活各方面，需要进行通盘考虑，统筹安排，而决不是零敲碎打地实行某个或某些单项措施所能奏效的。

特别需要指出的是，我国国民经济目前还处在从林彪"四人帮"的严重破坏中逐步恢复的过程之中，经济关系还不正常。我们还需要用几年时间进行调整，一面调整，一面前进。在这种情况下，要对管理体制进行全盘改革会遇到很大的困难。因此，目前应当加紧工作，为进行根本性的经济改革作好准备。这种准备工作举其大者有以下两端：

第一，调整国民经济的比例关系。林彪、"四人帮"十余年的疯狂破坏，造成了我国国民经济严重的比例失调。长期以来我们的计划留有"缺口"。经验证明，留有"缺口"的计划从来不是可靠的计划，在留有"缺口"、物资供应十分紧张的情况下，任何经济改革措施都难以收到良好效果。因此，必须用落实计划指标和开展增产节约运动的办法，尽快把比例关系调整好。

第二，整顿企业，整顿经济秩序。"文化大革命"以来，经济工作秩序和企业规章制度遭到全面破坏，企业生产无定额、供销无计划、财务制度破坏殆尽，甚至计量设备都残缺不全，国民经济这部大机器更是转动失灵。在这种情况下，各种改革措施难于贯彻，一切考核办法都无从实施。因此，要抓紧完成经济战线的整顿工作，明确企业的隶属关系，严整财经纪律，建立各种规章制度和工作定额。

在大力进行调整和整顿的同时，全面经济改革的准备工作也应加紧进行。经济改革是一项极其复杂、极其艰苦的工作。实现这个变革首先要在理论上、原则上取得一致的认识，同时要设计各种方案进行比较和选择，还要决定实施的办法步骤等问题。这些都需要经过周密的调查研究、反复的讨论，并进行试点。在进行改革的过程中，改革方案和具体措施还要进一步接受实践的检验。在实践过程中，难免会有缺点错误，但我们要尽量少犯错误，这就要求我们像列宁一再教导的那样，"七次量衣一次裁"，既积极又慎重地做好这项工作。

六、 充分发挥价值规律的作用会导致资本主义吗？

长期以来，理论界有些同志把价值规律看作是社会主义的"异己之物"，并把它和资本主义等同起来，或者认为充分发挥它的作用必然导致资本主义。有的人把它视作洪水猛兽,似乎它在历史上只是起消极作用。林彪、"四人帮"更利用这种理论上认识上的错误,制造了种种理论,胡说价值规律总是要"摆脱人的有意识有计划的控制","不断地诱使企业和经济部门离开社会主义生产的目的","产生资本主义和资产阶级"。[1] 事实已经充分表明,这种理论是完全错误的、极其有害的。不肃清这些错误理论的影响,就不能充分利用价值规律的作用,改善社会主义经济的经营管理。

从人类历史看,原始社会末期就存在商品生产,从那时起,价值规律就开始发生作用。在社会主义社会,资本主义制度消灭了,但商品生产、价值规律依然存在。既然价值规律的历史比资本主义长得多,怎么能把它们等同起来呢?在原始社会末期,在整个奴隶社会,在封建社会初期和中期,价值规律都没有导致资本主义。因此,又怎么能说价值规律必然导致资本主义呢?

在私人生产者的社会里,总的来说,价值规律是"不以生产者的愿望或努力为转移的、盲目地起作用的"[2]。但是,由此也决不能说价值规律没有起过积极作用。它不仅促使资本家努力发展生产,而且资本主义社会国民经济的平衡也有赖于价值规律的作用。资产阶级及其经济学家为了资本主义的利益,力图认识和利用价值规律。然而他们最终毕竟不能完全控制价值规律的作用。在社会主义制度下,人们完全有可能控制价值规律的作用,正确认识和充分利用它的作用。作为马克思主义的经济学家,有什么理由把它看作"洪水猛兽""野性难除"呢?

诚然,价值规律在资本主义社会里,伴随着自由竞争,带来生产无政府状态、经济危机和两极分化的后果。在社会主义制度下,价值规律是否也必然带来消极后果呢?许多同志担心充分发挥价值规律的作用会破坏社会主义计划经济,导致资本主义复辟,亦即认为价值规律在社会主义制度下也必然带来在资本主义制度下的那些消极后果。这个问题必须认真

---

1 《社会主义政治经济学》编写小组编:《社会主义政治经济学》未定稿第二版讨论稿,1976 年,第 169—172 页。

2 恩格斯(1876—1878):《反杜林论》,见《马克思恩格斯选集》第 3 卷,北京:人民出版社,1972 年,第 351 页。

讨论。

在资本主义制度下,价值规律之所以能充分发挥作用,是由于那里存在着商品生产者自由竞争的条件。在社会主义制度下,那种资本主义自由竞争当然不能照样存在也不允许照样存在。但是,却必须用社会主义竞赛来代替资本主义竞争。

需要指出的是,社会主义竞赛和资本主义竞争既有不同之处,也有共同之处。而过去我们在理论上却往往由于强调它们的不同之处,而忽视甚至抹杀了它们的共同之处,从而在实际工作中堵塞了价值规律发挥作用的道路。而我们开展社会主义竞赛的一个主要内容却正是为了对价值规律的自觉运用。

斯大林曾经说过:"竞争的原则是:一些人的失败和死亡,另一些人的胜利和统治。社会主义竞赛的原则是:先进者给予落后者以同志的帮助,从而达到普遍的提高。"[1]就社会主义竞赛和资本主义竞争的根本区别而言,这种说法无疑是正确的。但这里没有提到它们之间的共同点。列宁的提法则全面得多,他把资本主义竞争称之为"竞赛的另一种形式""一种特殊形式的竞赛"。他说,"资产阶级经济学家总是把资本主义社会的特点和组织竞赛的另一种形式混为一谈。社会主义者从来没有抨击过这种竞赛,他们只是抨击竞争。竞争是资本主义社会所固有的一种特殊形式的竞赛,是各个生产者争夺面包、争夺市场上的势力和地位的斗争。消灭竞争不过是消灭生产者争夺市场的斗争,而决不意味着消灭竞赛。"[2]可见列宁认为竞赛和竞争也是有共同点的。列宁还曾指出,竞争曾经"在相当广阔的范围内培植"独立的小商品生产的"进取心、毅力和大胆首创精神"[3]。我们现在的一项重要任务就是要通过社会主义竞赛培植社会主义企业和职工的"进取心、毅力和大胆首创精神"。

鉴于我们现行的经济管理体制和领导方法不利于发挥企业和劳动者

1　斯大林(1929):《群众的竞赛和劳动热情的高涨》,见《斯大林全集》第 12 卷,北京:人民出版社,1955 年,第 99 页。

2　列宁(1918):《"苏维埃政权的当前任务"一文的初稿》,见《列宁全集》第 27 卷,北京:人民出版社,1958 年,第 189 页。

3　列宁(1917):《怎样组织竞赛?》,见《列宁选集》第 3 卷,北京:人民出版社,1972 年,第 392 页。

的积极性,有些同志提出社会主义公有制经济"也可以允许竞争,以避免一潭死水,缺少活力"。我们认为,这种意见在原则上是正确的,但可以称之为竞赛而毋须称之为竞争,因为竞赛就包括了竞争中我们所需要的那些因素,而又和资本主义竞争划清了界限。

我们主张在企业之间开展竞赛以充分发挥价值规律的作用,这样做会不会像有些同志所担心的那样,必然导致生产无政府状态,破坏社会主义计划经济呢? 我们认为不会。

我们的主张是以坚持社会主义公有制为前提的。前面我们曾设想了让价值规律充分发挥作用的社会主义经济管理体制,在这种管理体制下企业实行自负盈亏,但并不影响它的全民所有制性质。在社会主义全民所有制的基础上,存在着国民经济有计划地按比例发展的可能性,而决不像资本主义制度那样存在着生产无政府状态的必然性。

我们的主张也是以坚持社会主义计划经济为前提的。从社会主义生产是商品生产这一无可争辩的前提出发,我们主张社会主义国民经济计划既要以社会主义基本经济规律和国民经济有计划按比例发展规律为依据,也要以价值规律为依据,要改进现行计划管理体制和方法,以充分发挥价值规律的作用。这样做,才是按照客观经济规律办事,才能搞好社会主义计划经济,更好地发挥它的优越性。因此,决不能把充分发挥价值规律的作用看成是必然削弱或取消社会主义计划经济。

我们主张开展企业之间的竞赛以充分发挥价值规律的作用,这会不会像有些同志所顾虑的那样导致两极分化、产生资本主义和资产阶级呢? 我们认为也不会。

在企业之间开展竞赛,是会使有些落后的企业淘汰的。例如,现在有些企业由于经营管理太差,不仅不能提供利润,而且职工工资也要依靠其他企业的利润来开支;有些企业由于技术过于落后,产品成本高、质量差,甚至生产出来的是废品,白白浪费原料、劳动力;有些企业由于盲目经营,产品不为市场所需要,严重积压。在竞赛中,由于价值规律的作用,这些企业或则通过改善经营管理、提高生产技术、改变生产方向等措施,生产社会所需要的产品,并为社会提供积累,或则被社会所淘汰。当然,在竞赛中社会和国家应该努力帮助落后的企业,使它们向先进企业看齐,但是，淘汰那些长期过分落后的企业也是必要的。否则，就是让它们坐吃社会主义，浪费社会财富。目前我们对一些经营管理极其落后的企业采取停产整顿的办法，虽然还是行政领导机关决定，价值规律只起很有限的作用，也较之盈利亏损一个样的"铁饭碗"要好。

在有些同志的心目中，淘汰落后企业是和社会主义劳动竞赛不相容的。因此，哪怕是最落后的企业，只要建立了，国家就要把它包下来、包到底。这样，名义上虽然说开展竞赛，却由于这种竞赛并无经济意义而取消了竞赛。在"大炼钢铁"中，许多小高炉不仅消耗大、产品质量差，甚至是把有用的使用价值变成无用的东西。这种情况，如果真的开展竞赛，在商品生产的基础上，让价值规律促进生产，是决不可能存在的。但至今此类现象也还存在着，有些早该淘汰的企业仍旧由国家背着，成为全社会劳动人民的沉重包袱。这就说明，那种认为社会主义竞赛绝对不允许淘汰落后企业的观点，是不符合科学社会主义的。

社会主义竞赛中有些企业被淘汰，这不和资本主义竞争中有些企业破产一样吗？类似之处是有的。但两者又有根本区别。在资本主义社会制度下，竞争的结局当然也取决于经营管理的好坏，但最主要的还是取决于资本的规模和剥削的程度。在社会主义制度下，竞赛的胜负则完全取决于经营管理的好坏。在资本主义制度下，企业破产后，就会被竞争的胜利者吞并，企业的主人也会贫困、沦落，处于任人宰割的地位，甚至无法活下去；在社会主义制度下，企业被淘汰后，领导人虽然要负经济和法律的责任，但全体职工（包括企业领导人在内）作为社会所有的生产资料的主人，仍然享有公民的基本物质保证，并会由社会安排劳动和工作，不会贫困破产，不会遭受剥削。这里的根本区别在于，社会主义制度消灭了生产资料私有制，劳动力已不再是商品，不再允许剥削存在。因此，竞赛和价值规律的作用即使会使有些过分落后的企业被淘汰，也不会产生资本主义社会那种两极分化的后果。

由于我国当前生产力水平比较低，就业问题还没有完全解决，因此，企业淘汰后，有些职工的就业在实际上还存在问题。这就需要劳动部门和其他有关部门做好工作，要广开生产门路，成立劳动服务公司，安排调剂好劳动力的使用，保证被淘汰企业职工有就业的机会。

在开展竞赛中,企业之间职工的收入将会产生差别,经营管理好的企业,职工的平均收入会多一些,经营管理差的企业,职工的平均收入会少一些。在企业自负盈亏的情况下,这种差别还可能相当大。能不能把这种情况称之为两极分化呢？也不能。因为,这种收入上的差别,既非占有生产资料的结果(都是生产资料全民所有制),更非剥削的结果(企业之间决不允许剥削),而是各个企业集体劳动好坏的结果。随着整个社会主义经济的普遍高涨,所有企业职工的收入也会普遍提高,因此这种差别又是全体职工共同富裕过程中收入上的差别。这种收入上的差别将促使各个企业及其职工不断改善经营,提高劳动生产率,发展生产。

说在社会主义制度下充分发挥价值规律的作用没有导致生产无政府状态和两极分化的必然性,并不是说它不可能带来任何消极后果,我们的任务正在于认识引起这些消极后果的原因,并采取措施尽量防止和克服它们。

在不同的条件下,价值规律作用的表现形式和后果是不同的。在社会主义的一定阶段,由于还存在着剥削阶级的残余分子和某些小生产的自发势力,价值规律还有可能被他们利用来为自己的利益服务。我们必须加强思想政治工作,采取必要的行政手段,同时依靠经济手段,和这类社会势力进行斗争。事实表明,掌握着国家政权、又有占绝对优势的社会主义经济作为依托的工人阶级是能够在斗争中取得胜利,使价值规律作用的结果有利于社会主义的。

社会主义制度下价值规律作用产生消极后果的另一个重要原因,在于国家和企业之间、企业和企业之间、企业和劳动者之间存在着利益上的矛盾。在利用价值规律时,它们往往会着重于各自的本位利益,而忽视以至损害其他方面的利益。列宁就曾经指出,国营企业实行经济核算和商业原则,"必然会发生照顾本位利益和过于热心本位利益的现象"[1]。为了防止和克服这种消极后果,我们不能像有些人所主张的那样取消商品生产,不让价值规律发生作用,因为这样做势必妨碍生产力的发展,带来更

1　列宁(1921):《工会在新经济政策条件下的作用和任务》,见《列宁选集》第4卷,北京:人民出版社,1972年,第583—584页。

为严重的恶果。我们只能按照价值规律和其他社会主义经济规律办事,运用各种经济杠杆,并辅以必要的行政干预和思想政治工作,正确处理国家、企业和劳动者个人之间的利益关系,使各方面都能够为加速社会主义建设而正确利用和充分发挥价值规律的作用。

恩格斯曾经说过,一旦实现了生产资料公有制,"社会生产内部的无政府状态将为有计划的自觉的组织所代替"。"人们自己的社会行动的规律,这些直到现在都如同异己的、统治着人们的自然规律一样而与人们相对立的规律,那时将被人们熟练地运用起来,因而将服从他们的统治。""一直统治着历史的客观的异己的力量,现在处于人们自己的控制之下了。只是从这时起,人们才完全自觉地自己创造自己的历史;只是从这时起,由人们使之起作用的社会原因才在主要的方面和日益增长的程度上达到他们所预期的结果。这是人类从必然王国进入自由王国的飞跃。"[1]恩格斯那时设想,一旦社会占有了生产资料,商品生产就将被消除。这一预见未能为历史的发展所证实。然而,并不能因而否定恩格斯这番话的正确性。在社会主义制度下,由于劳动者成了生产资料的主人,成了社会的主人,他们就有可能自觉地运用价值规律和其他社会主义经济规律来创造自己的历史,使这些规律服从自己的统治。当然,认识和利用这些规律需要有一个过程,在这个过程中,有些错误是难免的。而我们已经付出了过重的代价,并取得了丰富的经验教训。让我们认真总结这些经验教训,学会熟练地运用价值规律,努力向自由王国前进吧!

---

[1] 恩格斯(1876—1878):《反杜林论》,见《马克思恩格斯选集》第3卷,北京:人民出版社,1972年,第323页。

经济体制改革和经济结构调整[*]

（1980 年 10 月）

　　如果我们把国民经济看作一个由多部门和多因素构成的有机整体，或者用系统科学的语言说，把它看成一个大系统，在对它进行研究时，就要首先分析它的各个部门和因素是怎样组合起来以实现其功能的。从生产的物质内容方面看的国民经济各部门以及社会再生产各种要素之间的组合问题，就是我们当前研究的经济结构问题。经济管理的体制问题也是一种结构问题，即生产的社会关系的构成或组合问题。但是它同前面讲到的经济结构问题是既有联系又有区别的另一种结构问题。前者主要是从生产的物质内容，即生产力方面着眼，后者则主要是从生产的社会形式，即生产关系方面着眼的。

　　任何一个经济系统，总是在生产力和生产关系的矛盾统一中运动的。和这种矛盾统一关系相对应，经济结构和经济管理体制二者也在国民经济的发展中相互影响、相互制约。当前，我们面临着进行结构调整和实现体制改革这两个重大的战略任务。这两大任务的实现，也存在着相互依存、相互作用的关系。因此，为了顺利完成这两大任务，有必要对经济体制和经济结构之间，以及体制改革和结构调整之间的关系作深入的研究，掌握它们之间的辩证关系，以便在改革和调整的过程中使它们互相促进，共同得到迅速和完满的实现。

---

* 见马洪、孙尚清主编（1981）：《中国经济结构问题研究》，北京：人民出版社，1981 年，第 790—806 页。又见《吴敬琏选集》，太原：山西人民出版社，1989 年，第 183—200 页；《吴敬琏文集》，北京：中央编译出版社，2013 年，第 3—17 页。

一、 体制弊病是造成结构缺陷的一个重要原因

我国经济结构上的缺陷,在本书[1]中已经讨论得很多了。概括地说,国民经济各部门七长八短,比例关系严重失调;农业和轻工业严重落后,不能满足人民提高生活水平的需要;重工业弱,阻碍了工业和农业生产的发展;积累和消费的比例关系失调,基本建设规模超过了社会可能提供的财力、物力和人力。这一切,就使整个国民经济的发展处于失调状态,使人力、物力资源的潜力不能发挥,经济效果很差。问题是,造成国民经济结构的这种严重缺陷的重要原因是什么?

对于这个问题,有种种不同的回答。

常见的一种回答是,我们所遇到的全局性、重大比例关系的失调,如基础结构和经济建设比例的失调、农业和工业比例的失调、轻工业和重工业比例的失调、积累和消费比例的失调,是由于长期以来经济工作受到"左"的思想影响的结果。这种思想违背客观规律,提高指标,瞎指挥,一讲农业就是粮食,一说工业就是钢铁,而对粮食和钢铁的指标又总是要求越高越好,结果就使基本建设战线越拉越长,经济结构越来越"重",其他方面都遭到忽视以至破坏,其结果自然是国民经济失去平衡。

这种回答,说明了我国经济结构出现严重缺陷的直接原因,是工作指导方针上的失误。这对端正指导思想,摒弃"高指标是马列主义,低指标是修正主义"一类"左"的口号,推进调整工作,是有助益的。但是,思想上的原因无论多么直接,它毕竟是一定物质存在的上层建筑,是在一定的经济关系下产生和起作用的,因而并不是最根本的原因。在找到了"左"倾思潮这种直接原因以后,我们还必须进一步追溯产生这种思潮的制度上的原因。如果我们局限于这种"思想原因",就无法解释为什么在许多采取与我国同类管理体制的国家,几乎毫无例外地在经济结构上或多或少地出现过与我国类似的偏差。尤其无法解释,我们为什么没有能够做到"前车之覆,后车之鉴",即使在已经认识到前人的问题所在以后,仍然重

1　指马洪、孙尚清主编的《中国经济结构问题研究》一书。

复别人已经犯过的错误。早在 1956 年中共第八次全国代表大会前夕总结第一个五年计划的经验时,党的一些领导人已经认识到斯大林"优先发展重工业"方针的片面性和绝对化的缺点。当时毛泽东曾经尖锐地批评过斯大林领导下的苏联"片面地注重重工业",没有兼顾国家、集体和劳动者个人的利益,而且"把农民挖得很苦",是"犯了严重错误";他同时指出,我们应当采取另外一种方针,"注重农业轻工业","多发展一些农业轻工业",控制国家积累和合作社集体扣留的比例,"兼顾国家、集体和个人三个方面"。[1] 可是,不久以后,我们自己却提出了"以钢为纲""指标翻番"等"左"的口号,刮起了"一平二调"、剥夺农民的"共产风",它单项突出重工业特别是钢铁工业,忽视轻工业,损害农业,对国民经济结构造成的破坏的严重程度较之斯大林时期的苏联有过之而无不及。

以上情况说明,工作指导上的偏差固然是结构失调的直接原因,但在这种方针、政策等思想上的原因的背后,还有更加深刻的原因。我认为,这个原因就在于过于集中的国家管理体制存在着严重的弊端。

首先,这种管理体制限制、排斥市场的作用,使人民的需求得不到及时的反映,难免导致生产和需求的脱节。社会主义生产的目的是满足人民的需求,而在商品生产的条件下,人民的需求只有市场才能灵敏地反映出来。而高度集中的经济管理体制使企业成了各种行政机构的附属物,否定了它们相对独立的地位,从而使国民经济变成了自然经济或半自然经济。由于市场机制不能正常发挥作用,社会及其成员的需要不能及时反映出来,社会主义生产目的也就难以顺利实现,生产和需求脱节成了经常的现象。而在生产和需求脱节的情况下,是难以建立合理的经济结构的。

其次,这种管理体制排斥了市场调节作用,因而也难免导致国民经济各部门之间的比例失调。社会主义经济既然是建立在公有制基础上的商品经济,它就必须实行计划调节和市场调节相结合,才能保证国民经济各部门的协调发展。高度集中的经济管理体制则以行政机关的指令性计划

---

1 毛泽东(1956):《论十大关系》,见《毛泽东选集》第 5 卷,北京:人民出版社,1977 年,第 267—288 页。

调节为其特征，缺少一种自动调节的机制来处理国民经济各部门之间以及部门内部的错综复杂而且变动不定的关系。由于这种体制按行政系统和行政区划管理经济，各个部门、各个地区自成体系，也必然破坏国民经济的内在联系和比例关系。

再次，这种管理体制限制企业和劳动群众发挥积极性、主动性，企业吃"大锅饭"，职工捧"铁饭碗"，内无动力，外无压力，因而不能充分发挥经济潜力，不能促进技术迅速发展，这是有些社会主义国家生产总是严重落后于需求的根本原因，也是导致国民经济比例失调的重要原因。例如，由于实行统收统支制度，企业在基本建设上一方面拼命争项目、争投资、争设备，另一方面又不关心提高投资的效益，这就必然导致基本建设规模过大，积累率过高。

更值得注意的是，在集权体制下，对经济发展的决策权几乎完全集中在党政领导机关，而在领导机关中，决策权又集中在个别领导人手中。在这样的体制下就会出现如下的倾向：少数领导人的目标和意志处于支配地位，而劳动群众的意愿和要求往往得不到表达的机会。这样，就常常会出现把国家目标，比如说表现经济和国防实力、增强国际影响等放在首位，过分地突出重工业，过度地提高积累率，而忽视平民百姓日常需要的满足。加之在这种过于集中的管理体制下，经济运行中不可避免地出现各种违背客观规律的决策失误，以及官僚主义滋长、瞎指挥盛行、工作效率低下等消极现象。这些弊病造成人力、物力、财力资源的大量虚耗和浪费，使得在社会主义条件下本来经过努力可以做到的高积累和高消费二者兼而有之的状况不能出现。弄得不好，还会鸡飞蛋打，既没有人民生活的日益提高，也没有生产的高速增长。

这种权力过分集中的管理体制，不仅使劳动群众的意志不能得到表达，劳动群众的日常需要经常遭到忽视，领导机关和领导者的决策易于发生失误，还使领导上的错误决策，由于权力高度集中必然损害党和国家的民主制度而不容易及时地得到纠正。

本来，社会主义建设事业是人类历史的崭新事业，发生某些失误是难以完全避免的。问题在于，社会主义事业既然是广大人民群众的集体事业，犯了错误应当能够在集体的努力下迅速得到克服。可是由于权力过分集中和民主制度遭到破坏,30年来我国社会主义建设中却一再发生领导机关和领导人的错误决定非但不能得到纠正,反而越演越烈,给国民经济的发展造成严重损害的事例。1956年在"社会主义高潮"中,无论社会主义建设还是社会主义改造工作都出现了某些"冒进"的倾向。党中央及时发现了这些问题,并在党的"八大"前后采取了一系列措施纠正这种"左"的倾向。这对于我国社会主义事业的健康发展起了很好的作用。但是在1958年,"反冒进"的正确措施却被看作"资产阶级的冷冷清清凄凄惨惨的泄气性",主持"反冒进"的中央领导同志也被视为右倾分子,受到了批判,并且进一步作出了社会主义建设时期只能反右倾、不得"反冒进"的错误规定。这样一来,就为后来的几次大"冒进"奠定了政治和思想基础。毛泽东在1958年作出的要求当年钢产量"翻番"达到1070万吨的决定,就是一个脱离实际、势必打乱整个国民经济平衡的错误决定。这个错误决定和导致了"一平二调三收款"的其他"左"倾错误决定一样,虽然受到不少干部和群众的怀疑和反对,却仍然被强制贯彻下去。1959年7月,彭德怀和其他一些高级领导人抱着"我为人民鼓与呼"的正确愿望,在中共八届八中全会上对于"左"的方针提出了意见,然而在"左"倾错误已经对人民生命财产和我国社会主义建设造成十分明显损害的情况下,彭德怀等同志的正确意见却并没有得到采纳,相反,还对持正确意见的同志进行了批判斗争,随即在全国范围内开始"反右倾机会主义"运动,给国民经济发展带来了灾难性的后果。

不能否认,在保持集权管理体制的条件下,如果指导思想比较正确,有可能防止国民经济比例关系的失调达到过分严重的程度。但是要求在管理体制问题上指导思想不那么正确的领导,在经济结构问题上长期保持正确毕竟是不很现实的。在特殊的情况下,即在片面地"优先发展重工业"之类的错误方针造成的危害明显易见而不能不改弦易辙的情况下,有可能在经济结构上转而接受实事求是的正确方针,但是只要集权管理体制没有根本改变,调整得比较好的经济结构仍然是得不到的,因为当经济情况有所变化以后,体制的决定作用又会出来,使经济建设重新回到旧的错误轨道上去。在这次国民经济调整以前,我国曾经在1956年和1962—1965年两次对国民经济的失调结构作过大的调整,当时采取的缩短基本建设战线、降低积累率、发展农业和轻工业等措施取得了很大的成效,经济结构趋向于合理,但是,由于导致这种结构的集权体制没有改变,调整以后不久,又开始了新的且往往是更大的"冒进",结果造成国民经济比例关系更严重的失调,使经济结构重新遭到破坏。所以,前一次调整以后不久,又需要作新的调整。这种沉痛的教训,我们必须认真地汲取。

历史的事实告诉我们,要保持经济结构基本合理,一个正确的、符合于社会主义原则和本国实际情况的管理体制是必要的。

二、 经济结构对经济体制的影响

前面我们分析了一定的经济体制对于建立何种经济结构的决定作用。我们也应当看到,事情还有另外一个不能忽视的方面:意欲建立特定的经济结构对于经济体制也有一定的反作用。具体到我们的条件下,这种反作用表现为:高速度地优先发展重工业,加剧了管理体制的集权化。

我国在第一个五年计划初期,从苏联搬来了优先发展重工业的方针。执行这一方针,就像苏联一样,使我国经济管理体制越来越集权化。

苏联在 1921—1927 年的新经济政策时期,工业和农业、城市和乡村之间的经济联系主要通过市场、通过商品—货币关系来实现。当时不但存在着难以用行政命令调节整个经济运行的多种经济成分,就是国营经济,也是在市场环境下经营的,因而经济管理上的决策权相对地说比较分散。但在优先发展重工业的方针确立以后,情况就逐渐发生改变。我们知道,在新经济政策时期,俄共(布)党内曾经就工业化的方针问题进行过争论。当时,斯大林曾经有力地驳斥过极"左"派依据"社会主义原始积累规律"实行"超工业化",即用牺牲农业和轻工业、压低群众生活水平和剥夺农业的方法来发展重工业的主张。可是,后来斯大林自己也把发展工业强调得过了头,执行"优先发展重工业"的发展战略,使经济结构迅速向"重型"结构发展。发展重工业需要大量资金,由于重工业本身提供积累的能力有限,能够比较多地提供积累的轻工业又遭到忽视,个体农业就成为积累的主要来源;与此同时,迅速发展的工业需要大量的粮食和其他农产品,却没有足够的轻工业品去同农民交换,于是便采取不等价交换的办法从农民那里征收。显然以上两者所依靠的都不可能是等价交换和市场机制,而只能是行政命令和集权管理体制。正是出于这种需要,产生了强制集体化的过火行为,在1929—1934年的短时期中,在农民原有生产力的基础上,把个体组织成在很大程度上具有国有性质的集体农庄。与此同时,由于自由市场的消失,也由于要把有限的人力、物力、财力集中使用到国家所确定的目标上去,有必要改变国营企业具有相对独立性的管理体制,使管理越来越集中化。

我国国民经济的发展,也有同苏联相类似的经历。

在国民经济恢复时期和第一个五年计划的头几年,由于多种经济成分的存在,就整个国民经济来说,管理还不十分集中,国营经济对其他经济成分的主导,也在一定程度上通过价值规律来进行。当时的经济管理,还是比较灵活的。但在第一个五年计划期间,我们向苏联学习,接受了"优先发展重工业"的方针。当时我国重工业只占工农业总产值的8%,不可能提供多少积累。轻工业提供的积累比较多,但其中有相当一部分是通过市场交换从农业转移来的。由于轻工业的发展遭到忽视,发展重工业的资金来源就越来越依靠取自农业的收入。同时,由于重工业发展很快,城市人口增加很多,又没有足够的轻工业品去交换农产品,粮食、棉布和副食品的供应开始发生困难,于是在1953年和1954年先后实行粮食、植物油料、棉花的统购。正是在这样的背景下,提出了不是从农业本身的发展出发,而是从社会主义大工业发展出发,加速农业合作化步伐的要求。农业合作化的加速,也就引起了整个社会主义改造和自由市场消失的步伐加快,以及整个管理的集权化。虽然在1956年就提出了进行体制改革、适当分权的问题,但在高指标、高积累、片面发展重工业的条件下,不可能根本改变行政集权的管理体制。相反,重工业越是片面突出,资金和物资越是紧张,客观上就越会出现更大程度地集权的要求。因此,在1958年以后的"大冒进"时期,即使在消费品购买的选择这类一般情况下只能由劳动者个人作出决策的领域,决策权也集中到了国家手里。集权化可谓无以复加。这样,就出现了"越紧越统,越统越紧"的恶性循环。

从以上两节的分析可以看到,管理体制和经济结构之间是互相作用、互为因果的。行政集权的管理体制要求建立"重型"的经济结构,反过来,"重型"经济结构又要求巩固和强化行政集权的管理体制。因此,体制方面的弊病的克服和结构方面缺陷的矫正,也是互相关联的。不论要纠正管理体制上的行政集权制,还是要改变经济结构上的重工业畸形发展的状况,都必须从双方采取措施,并使它们很好地配合起来。否则,如果孤立地从单方面采取措施,我们的工作将难以奏效。由此可见,党中央把调整和改革列为"八字方针"[1]规定的四项任务的头两项,要求在第一战役中完成这两项重大任务,是完全正确的。

三、 纠正比例严重失调是进行根本改革的前提

当前,我国人民面临着改革经济管理体制和调整经济结构两大任务。这两大任务应当怎样进行,在不同时期,它们是否应当有所侧重呢?

既然国民经济比例失调和经济结构出现重大缺陷的重要原因是经济管理体制不健全,那么当前我们是不是要把改革经济管理体制作为贯彻"八字方针"的关键呢? 有的同志正是这样主张的。他们认为,不进行管理体制的彻底改革,调整就不能顺利进行。所以,应当得出这样的结论:首先要抓经济体制的改革,体制改革了,结构问题自然迎刃而解。这种看法是有道理的,但是不全面,因为它只看到了不解决体制问题,就不可能彻底解决结构问题这一方面,而没有看到事情的另一个方面:在比例关系严重失调的情况下,并不具备大规模地全面地进行管理体制改革的条件,勉强进行大规模的全面改革,不仅不能取得良好的效果,相反还会造成不好的经济和政治后果。

为什么说在比例关系严重失调的情况下,体制改革的步伐过快不仅无益,而且有害呢? 理由大致有以下几条:

第一,在比例关系严重失调、总需求远远大于总供给的条件下,市场

---

1 1979 年 4 月 5—28 日,中共中央召开工作会议讨论当时的经济形势和对策,在全面分析国民经济比例关系失调严重情况的基础上,提出了将"调整、改革、整顿、提高"作为改善国民经济的方针。

机制难以发挥它对于生产和经营的积极作用。

经济管理体制改革的中心环节,是充分发挥市场机制的作用,把原来全部由指令性计划调节的经济改造为计划调节和市场调节相结合的经济,即商品关系基础上的计划经济或计划指导下的商品经济。所谓充分发挥市场机制的作用,就是使市场的供求关系变动通过价值规律起奖励先进、鞭策落后,督促企业改进产品设计、提高产品质量、应用新技术、加强经济管理和主动使生产适应于社会需要的功能。那些不符合市场需要、质次价高的产品会卖不出去,反之,则能畅销和获利。但是,市场机制要起这样的作用,是以供需关系正常为前提的。求大于供、产品严重脱销的市场,却难以起到这样的作用。这就是说,当供需比例关系严重失调,在生产资料和消费品的总需求远远大于总供给的情况下,短缺的产品即使质次价高,也不愁卖不出去。这样,改为计划指导下的市场调节,允许企业在原料采购和产品销售上有自主权,取消固定价格以后,它们仍旧和在统购包销的情况下一样,是"皇帝的女儿不愁嫁",并不能促使企业改进生产和经营,而且还由于取消了行政控制而徒然增加了市场和价格的混乱,造成抢购、套购和物价飞涨等现象。而为了避免市场和价格的混乱,国家就不可能完全取消计划收购(统购)、计划调拨(统配)和定量供应等行政干预,也不可能放松对这些短缺产品的价格的控制。这又使市场机制不能真正起作用。所以,从产品的计划和配给制过渡为供销双方通过市场进行交换和协商定价,只能随着生产发展和比例关系的调整逐步地实现。只有在商品的可供量同有购买力的需求大体协调、略有多余的情况下,市场机制才能有效地发挥它的积极作用。

第二,在比例关系严重失调,物资、能源供给很不正常的情况下,很难通过以收抵支、自负盈亏一类商品—货币关系对企业进行准确的考核和合理的奖惩。

经济改革在企业管理上的根本要求,是把企业变成独立的经营主体,使它们对自己的经营成果承担全部经济责任。经营得好的企业,赢利多,收入水平高,反之赢利就少,收入水平也低。这样,和企业职工收入息息相关的赢利水平就能够对企业的经营管理起自动考核和奖惩的作用,使经济核算的原则得到严格的贯彻。但是,在国民经济比例严重失调、企业生产和经营的外部条件很不正常、产供销难以很好地衔接的情况下,企业生产状况的好坏、赢利水平的高低却常常不能由企业本身所左右,而要由外部因素决定。例如,许多企业由于原材料、燃料、电力不能按质、按量地及时得到供应而不能正常进行生产,由于缺乏原材料和停电,它们有时不得不停工停产,以致不能履行销售合同。这就引起了成本提高、营业外损失增加和收益下降。显然,这种赢利减少和亏损,并不是企业经营不善的结果,它的经济责任,也不能和不应由企业来承担。在这种情况下把权力和责任下放给企业,将会增加企业经营中的困难,并且由于影响企业赢利水平的主观因素难以区分开来而形成企业之间苦乐不均的现象,使整个核算和考核工作陷于混乱。总之,通过让企业自负盈亏的办法来考核企业经营成果和对企业进行奖惩,要以产供销大体正常的宏观条件为前提,而在比例关系严重失调的情况下,严格的经济核算、准确的优劣考核、严厉的物质奖惩等等,是很难完全做到的。

第三,在比例关系严重失调的情况下,即使让企业有了必要的经营管理的自主权,企业也难以有效地加以利用。

扩大企业自主权,承认企业的相对独立性,是我们整个经济体制改革的基础。而在原材料、能源供应极其紧张,某些产品的销路又很成问题的客观条件下,即使规定企业有经营的自主权,企业也无法实现它们,更难以充分发挥它们应有的作用。相反,如果国家调节国民经济的经济手段一下子配不了套,这方面的步子过快也会带来增加盲目性的消极后果,如引起重复布点、盲目建设、以小挤大等。这当然不是说不要有计划、有步骤、适当地扩大企业自主权,而是说步子也不能过快过猛。

第四,在财政收支不平衡、后备很少,甚至已经有较大赤字的情况下,大幅度地调整人们之间的利益关系会遇到很大的困难和阻力。

经济关系首先是作为人们之间的利益关系表现出来的。经济改革要对经济关系作大的调整,就不能不涉及各个社会集团之间的利益关系。例如,要进行价格体系和价格结构的改革,会引起国家、集体、个人之间,中央和地方之间,各地区各部门之间的利益关系的变动。这种变动是必须慎重对待的。一般说来,使各方面都增加利益、得到好处的措施,易于受到人们的支持和拥护,只增进一部分人的利益、却会减少另一部分人的利益的措施，就易于引起摩擦，遇到较大的阻力。因此，虽然体制改革从长远看会使国家、集体、个人都增加收入，但在一个短时期内，有时会减少某一部分人的收入。为了减少阻力，保证个人、集体增加收入，往往需要选择增加国家的支出的办法。这在比例关系失调、财政紧张的情况下，将难以做到。或者，就会对增收节支带来不好的影响，加剧财政紧张。而且，在作各方面利益关系的变动时，还难免会发生计算上不准确和失误的情况，如果有充足的财政后备，这种失算易于得到弥补，否则就会造成经济上和人们关系上的紧张。

综上所述，在经济结构严重不合理、比例关系严重失调的情况下，实行全面的和根本的经济体制改革，容易招致失利和挫折，而在大体保持原有体制（不排斥作部分改变）的条件下，却可以通过必要的经济手段和行政手段，调整经济结构，使严重失调的国民经济比例关系趋向协调。我国在1962—1965年期间，就有过这样的成功经验。当时我国国民经济受到1958—1960年高指标、"共产风"的危害，农业和轻工业受到的损害尤其严重，工业内部和国民经济各部门之间比例关系发生严重失调，生产和人民生活大幅度下降，但1961年在周恩来、陈云、李富春等同志的倡议下，党中央确定了"调整、巩固、充实、提高"的方针，从1962年起采取坚决果断措施进行国民经济的调整，包括大力缩短基本建设战线，急剧降低积累率，采用关、停、并、转的办法，对太落后又没有生产任务和生产条件的重工业企业进行调整和整顿，把1958年以后从农村招来的2000多万职工中的1700万人精简回到农村从事农业生产，等等，结果当年就制止住了国民经济下降的趋势，1963年工农业生产开始回升，1965年和1966年国民经济全面好转，人民生活也恢复到接近于1957年的水平。某些国家的经济改革，也提供了这方面的经验和教训：有的国家的全面经济改革，经过细致周密的准备，改革也收到比较好的效果。其中一项重要准备，就是使国民经济各部门的比例关系能够大体协调。反之，也有的国家仓促上马，在比例关系严重失调的情况下贸然进行全面改革，结果引起经济生活的混乱，经济改革也因之半途而废。

鉴于以上情况，我们在执行"调整、改革、整顿、提高"的"八字方针"时，要从调整入手。在开始时，应当以调整作为中心。应当看到，改革和调整虽然从总的方面看是一致的,但是就一定时期和某些问题来说,又是有矛盾的。例如,既然我们是在原有体制大体不变的情况下进行调整的,从我国历史上几次经验看,在这样的条件下,要使调整比较快地取得成效,就要保证这种体制下的主要调节力量——行政命令和指令性计划具有充分的权威,这就要适当地集中,才能确保把有限的人力、物力、财力用到最需要的地方,确保中央缩短基本建设战线等决策得到迅速的贯彻。而进行体制改革,又要求适当分散,以保证企业和劳动者个人的主动性和积极性得到较充分的发挥。在调整为主的时期中,必须掌握这样的原则:当两者发生矛盾时,应服从调整的需要。当采取下放权力的措施时,必须充分考虑它对于调整工作的影响。改革要以调整为基础,为调整服务,改革步伐的快慢,要以有利于而不是有碍于调整为原则。否则将使调整工作旷日持久,改革也因之推迟。我们应当力争在较短的时间内克服积累和消费之间、各产业部门之间、社会生产和社会需求之间的严重比例失调的状态,减少物资供应的缺口,消除财政赤字。调整的工作做得越好、比例关系越是协调、国家财力越是丰富,经济体制的改革就越有优越的条件和雄厚的基础,也更易于取得成功。

四、 用体制改革促进国民经济调整

我们说当前经济工作的首要任务是进行经济结构的调整,而不是管理体制的全面根本改革,这并不意味着体制改革是遥远的将来的事情,只有等经济结构完全调整好了、比例关系完全协调,才能着手进行经济体制的改革。

我国国民经济比例关系严重失调,是在很长的时期中形成的,因此,要把比例关系完全调整好,也不是在短时期中所能做到的。经济管理体制的改革,也是一项极其复杂、需要较长时间才能搞好的工作。如果非要等到比例关系完全协调才能着手进行,那就会延误时日,推迟实现国家现代化的时间。

事实上,在大力进行国民经济调整的同时,体制改革方面也有许多工作需要立即着手进行,而且也完全有条件着手进行。

首先，为了进行体制改革，有繁重的准备工作需要及早开始。体制改革牵涉各经济部门、各经济领域、各经济环节和各个社会集团之间错综复杂的相互关系，各个方面的改革必须紧密地配合，考虑得很周到，否则新的经济体系将难以顺利运行。而为了使改革方案切合实际和有较大的可行性，就要周密地进行调查研究，精心地设计改革方案，并且对各种方案进行反复的比较，选出适合于我国实际情况、能够取得最大经济效果的最优方案。有的国家经济改革的准备期长达三四年。由于在进行根本改革以前酝酿得比较成熟，经过各方面专家的反复研讨，大家对改革方案的原则和细节认识比较一致，因此，易于在事前防止可能出现的漏洞和问题。这种经验，很值得我们汲取。

此外，还应当进行各种改革措施的试点工作。经济体制的改革是要把经济关系建立在与旧模式固有原则不同的新模式上，因此，只有把决策结构、调节结构、动力结构等全部刷新，才能显现出它的生命力。但是，新的机制可以分为若干步骤逐步实现。通过这种有步骤的实践，也可以积累进行根本改革的经验。在进行大改大革以前，不妨在情况许可的条件下进行某些小改小革，也能取得一定的效果。例如在我国，拟议中的改革要把指令性的计划调节变为与市场机制相结合的调节，把主要依靠行政手段管理经济变为主要依靠经济手段管理经济，使企业在国家计划的指导下，独立经营，自负盈亏。但在条件还没有完全具备时，不妨先沿着这个方向迈出第一步，在有限的范围内扩大企业自主权。我国工业中从1978 年开始进行的扩大企业自主权、实行利润分成的试点，就属于这一类工作。现在，这一试点工作在 6600 个企业中进行，取得了较大成就。这一工作应当坚持下去，而且使它逐步完善起来。

即使步子较大的改革，也不是在一切部门、一切企业、一切方面都不可能进行。例如前面讲过，采取计划调节与市场调节相结合的调节机制，需要比较正常的供、产、销条件。在目前，对许多产品还不具备这样的条件，但是对业已具备或部分具备这样条件的有些部门，我们就不妨进行较大改革的试点，使该部门的产品全部进入市场销售。现在我国某些试点企业进行的"在国家计划指导下，独立核算，以税代利，自负盈亏"的新的试点，就是属于这类性质的试验。

在具备某些改革条件的情况下安排适当的改革,对于比例关系的调整不仅不会有害,还会有益。前面已经讲过,目前实行的财政上的统收统支、物资上的统购包销和配给制、劳动上的统包统配、分配上的"大锅饭"和"铁饭碗"等等,造成人力、物力资源的极大浪费。这对于国民经济比例关系的调整是一个不利的因素。实行某些方面的改革,突破集权体制的框框,引进某些市场调节的因素,把企业劳动者的集体利益和他们的经营成果联系起来,对于增加"短线"产品[1]的生产,节约物资和能源耗费,促进供给和需求平衡,无疑会有很大的好处。

例如,目前一方面若干重要物资短缺,另一方面有些物资又有大量积压。各类钢材库存近 2000 万吨,机电产品库存增加到 600 多亿元。究其原因,主要是在指令性计划和统购包销的体制下,企业往往不问需,忽视品种质量,片面追求产值产量,因而出现产销脱节、货不对路的现象。消费者需要的东西供不应求,不需要的却大量生产;一方面已经大量积压,另一方面还在源源不断地生产出来。如果让这些产品进入市场,以需定产,在供销合同的基础上编制计划,准许价格在一定限度内浮动,这种一方面积压、一方面增产的不正常现象就能较快地克服。

又如,在资金实行"供给制"、企业对盈亏不负经济责任的体制下,企业往往热衷于当"伸手派",争投资,争物资,争外汇,因为宽打窄用、积压浪费对企业有益无害。在实行资金有偿使用、利润全额分成的情况下,企业对于资金的使用就要精打细算。因此,这一改革,对于节约固定资金和流动资金是有利的,对于克服增加消费基金和保证必要的积累之间的矛盾,对于减少赤字、增加财政节余也是有利的。

目前,由于从全局上看,卖方市场严重存在,直接由市场价格的变动调节生产有很大的困难。在这种情况下,对于那些供不应求的产品应当考虑采取变通的办法,例如由国家规定合理的价格,积极使用税收杠杆来调节赢利水平,等等,以保证新管理体制的因素能够正常地工作,发挥积极的作用。

---

1 在 20 世纪 80 年代的语境下,"短线"产品是指供不应求的产品。相应地,"长线"产品是指供过于求的产品。

总之，即使在以调整为主的时期，也不能只强调集中，把什么都管得死死的。事实上，在这个阶段也需要审时度势，进行扩大企业自主权和发挥市场机制作用的体制改革。这种必要和可能的改革，不仅对于做好调整工作是必要的，对于做好将来条件具备时大改大革的准备，也是必要的。我们可以在当前以调整为主的时期进行改革的试验，摸索到比较多的经验，就可以制定一套比较好的全国改革方案，从而保证根本改革的顺利进行。

科学社会主义同非科学的社会主义的斗争[*]

（1981 年 3 月）

　　社会主义从它发展的初期起，就是一个具有多种流派的思潮。十九世纪中叶，科学社会主义诞生并日益壮大，逐渐成为世界社会主义运动的主流。但是即使在当时和在那以后，还是有形形色色非科学的社会主义和它并存。二十世纪科学社会主义从理论变为现实，一系列社会主义国家建立起来以后，社会主义更成为一个时髦的名称。代表不同阶级的各种政治流派，纷纷给自己的主张冠以社会主义的美名。同时，在社会主义普及和扩展的过程中，也不可避免地发生种种变形。于是，在当今的世界上，就出现了多种多样具有极不相同的实际内容的社会主义。由于这种情况的存在，我们在讨论社会主义优越性的问题时，决不可以把各式各样的社会主义混在一起，作抽象的泛论，而必须对具体的对象作具体的考察。这里所要讨论的，是科学社会主义理论的生命力，按照科学社会主义理论建立起来的社会制度的优越性，以及在什么条件下才能充分发挥它的优越性的问题。而在实际生活中，不同的思想和制度又往往是相互渗透，甚至彼此混杂的。这就要求我们对实际情况进行认真的分析，以便把科学社会主义同与之相混杂的非科学的杂质分离开来，分别地加以评述。

---

　*　原载《经济研究》，1981 年第 4 期；又见《吴敬琏选集》，太原：山西人民出版社，1989 年，第163—179 页。

一、 科学社会主义指明了解决资本主义社会矛盾的唯一可能的途径

作为资本主义制度的批判者的社会主义思潮,是和资本主义同时产生的。

资本主义曾经是一种先进的生产方式。当它破除了封建藩篱,把生产力从宗法制经济关系的桎梏下解放出来的时候,是进步的、生气勃勃的。它像施展魔法似地使生产力成倍地增长。可是就在那时,它的内在矛盾也日益显露出来。伴随着资本主义财富积累的,是广大劳动人民苦难的增长。失业、贫困、社会道德沦丧成了流行病,到处蔓延。这样,作为对现实的抗议和对未来的向往,社会主义思想也就在某些先进的人们的头脑里产生。

16 世纪以来相继出现了一批空想社会主义者(utopian socialists),其中最伟大的代表人物是圣西门(Comte de Saint-Simon)、傅立叶(Charles Fourier)和欧文。他们深刻地揭露了资本主义的种种罪恶,要求建立消除了这些罪恶的新社会,并从这种要求出发,制定了创建新社会的具体方案,描绘了未来社会的美好情景。空想社会主义对资本主义旧社会的批判和它对新社会的猜测,有着许多精辟独到的地方,是后人需要加以继承的宝贵财富。但是,空想社会主义者生活在资本主义大工业还很不发展,资本主义的社会矛盾还没有充分尖锐化,新社会的真正创造者——产业无产阶级还很不成熟的条件下,他们的著述,虽然能够激起人们消除邪恶、除旧布新的虔诚感情,却缺乏实现这种愿望的现实根基。

科学社会主义和空想社会主义完全不同。它不是把自己创立新社会的要求,建立在某种绝对真理或伦理道德的基础之上,而是寓于对现实矛盾进行的冷静的科学分析之中。它的理论,完全是而且仅仅是从现代资本主义社会的经济运动规律得出来的。它关于未来社会主义经济制度的设想,只不过反映了现代生产力的要求。

在资本主义社会中发展起来的现代生产力,具有高度社会化的性质。生产社会化意味着人类取得物质资料的活动,已经由一系列个别的分散行为融汇成一个社会的生产过程。但是,在资本主义制度下,这个统一的社会生产过程却是由许许多多互相截然分离的私人生产者分别地进行

的。于是，在社会化的生产同资本主义的私人占有制度之间发生了尖锐的矛盾。这种矛盾造成了周期性的经济危机和严重的社会动乱。而且，由于资本主义积累的作用，生产越来越社会化，而占有却越来越集中在一小批大资本家手中，使资本主义的矛盾日益激化。现代生产力已经发展到了和它的资本主义外壳不相容的地步。连资产阶级也感觉到了生产力同生产关系之间的这种冲突对他们的生存的威胁。于是，他们力求在资本主义制度的范围内对生产关系作出某些调整，来适应生产力的社会性质。但是，所有这些企图通过缓和冲突的改良措施来使资本主义永葆青春的努力都是徒劳的。由于这些措施不仅不能从根本上克服资本主义的基本矛盾，反而使得这种矛盾进一步深化，它们所能造成的结果，就只能是在使资本主义的痼疾得到暂时缓解的同时，使更严重和更深刻的危机积累起来。第二次世界大战以来，资本主义各国广泛采用凯恩斯主义的政策来缓和经济危机，到头来却使资本主义经济陷于生产停滞和通货膨胀并发的困境而不能自拔。资产阶级经济学者为挽救资本主义经济于衰危，尽管开出过五颜六色的药方，但没有哪一个能取得也不可能取得长期的、带根本性的成效。这些说明，资本主义的社会矛盾不可能经由资本主义制度本身得到解决。

事实证明，要解决资本主义的社会矛盾，只有一条出路：就是打破资本主义制度，建立新的生产关系来同生产力的社会性质相适应。而要实现这一点，只有由社会公开地和直接地占有已经发展到除了社会管理不适合于任何其他管理的生产力。社会主义公有制及其在分配上的表现——按劳分配，这就是科学社会主义所阐明的社会主义经济制度。

科学社会主义的出现，是社会主义思想发展史上的飞跃。从此，社会主义不再是某种可望而不可即的海市蜃楼，而是从确凿的经济事实中引申出来的科学结论。它是完全可以变为现实的。

既然科学社会主义理论完全是根据对资本主义社会的生产力同生产关系之间矛盾的分析得出的，依据这种理论建立起来的社会制度适合于现代生产力的性质，能够容许生产力以过去不可能有的速度发展，或者换句话说，这种社会制度较之资本主义制度具有巨大的优越性，就是无可辩驳的。事实也正是这样：首先，社会主义公有制意味着社会对整个国民经济进行调节和领导,这就使社会主义经济具有资本主义所不可能有的计划性,使它能够避免资本主义所不可能避免的周期性经济危机,保持高速度的协调发展。其次,公共所有和共同分配,克服了资本主义条件下生产无限增长的趋势和消费的有限范围之间的矛盾,为生产力的发展开辟了无限广阔的天地。第三,私有制的消除和公有制的建立,使社会成员之间的利益对抗不复存在,个人和社会之间在利益上的协调一致,无疑是生产发展的极为强大的动力。最后,剥削制度的废除,使最重要的生产力——劳动者获得经济上和政治上的解放,他们作为生产主人的地位和他们在体力和智力上的全面发展,是生产力提高和社会进步的根本保证。

社会主义制度能够容许生产力以资本主义所不可能有的速度发展,这是各个社会主义国家的发展历史所证明了的。世界上第一个社会主义国家苏联从 1921—1951 年的三十年中,工业生产增长了 11.7 倍。而在同一时期中,资本主义的美国只增长了 1 倍,英国只增长 60％,法国只增长 40％。新中国建立以后,只用了二十年的时间,走过了许多资本主义国家用半个多世纪才走完的路程,初步建立了独立的、门类比较齐全的国民经济体系。这些反映社会主义制度优越性的事实,是任何人也驳不倒的。

引起争议的是:已往社会主义经济的现实发展,还有它的缺陷和不足的方面。例如,不少社会主义国家采取了决策权过分集中于国家行政管理机关、排斥商品货币关系和市场机制的经济体制。这种体制抑制了社会主义经济的活力,阻滞了技术革新和技术革命的进程,使国民经济的比例关系不能充分地协调,有时还会引起严重失调甚至危机。应该看到,在我国,社会主义经济的这种缺陷也是存在的。问题在于:它是内在于社会主义经济制度的基本特征之中的,还是由这种经济制度采取的具体形式不适当而产生的?如果是前者,那么这种缺陷就会是社会主义经济制度的必然伴侣,如果是后者,则是可以通过社会主义制度本身得到克服的。正确的回答是后者而不是前者。

根据科学社会主义的观点,取代资本主义的新社会制度的特征,只能从分析资本主义的现实中得出;而这种分析所能得出的结论又只能归结为用公有制代替私有制。至于公有制的具体形式,则将取决于经济发展的实践,而不能凭某种先验的公式确定。

在第一个社会主义国家诞生以前的社会主义文献中，常常把社会主义公有经济看作由某个社会中心集中管理、统一经营，排斥企业的独立经营和市场机制的经济。同当时的生产力状况相对照，作这样的设想是完全可以理解的。但是，后来把苏联 20 世纪 30 年代初期形成的国家行政机关高度集权的模式看作社会主义经济唯一可能的模式，那就是另外一回事情了。

其实，科学社会主义从来没有作出过社会主义公有制只能有一种具体形式即行政集权模式的论断。作这种论断本身，就是违反科学社会主义的方法论原则的。科学社会主义的创始人从来认为，社会主义公有制的具体形式只能由物质生产的现实发展决定。恩格斯说："我们对未来非资本主义社会区别于现代社会的特征的看法，是从历史事实和发展过程中得出的确切结论；脱离这些事实和过程，就没有任何理论价值和实际价值。"[1] 既然现代生产发展的事实已经证明排斥企业经营的相对独立性和市场机制的经济模式不尽适合于生产力的性质，仍然固守这种经济体制的想法，就不能不是一种同科学社会主义的理论体系不相容的空想。

而且，社会主义建设的历史，特别是第二次世界大战以来各国社会主义建设的历史说明，行政集权体制不仅不是社会主义公有制唯一可能的模式，更不是最好的模式。20 世纪 40 年代末期以来，一些社会主义国家在改革经济管理体制，扩大企业自主权，发挥市场机制的作用，建立各种形式的统一领导、分散经营的经济方面，作了有益的尝试，取得了显著的成效。事实证明，企业成为社会计划指导下的独立经营主体，同社会主义公有制的本性并无矛盾。这种在保持社会公共占有的条件下使企业独立经营，在计划经济中包含市场机制的经济体制，较之排斥市场机制的行政集权体制更适合现代生产力的性质，能够避免过分集中化带来的弊病，给社会主义经济带来新的活力，保证社会生产力以更高的速度发展。

二、 落后国家经济发展的社会主义道路

科学社会主义证明，只有社会主义公有制才能适应社会化大生产的要

---

1 恩格斯(1886)：《致爱德华·皮斯》，见《马克思思格斯全集》第 36 卷，北京：人民出版社，1974年，第 419—420 页。

求,因此,资本主义经济制度为社会主义经济制度所代替,乃是历史发展的必然。不过,社会主义经济制度只能建立在社会化大生产的基础上。在占世界人口大多数的落后国家,由于生产社会化的水平不高,工业很不发达,在推翻反动统治之后并不具备立即全面建立社会主义生产关系的物质条件。

那么,这类落后国家在夺取政权、取得革命的胜利以后的发展前景如何呢?

按照世界历史发展的常规,在封建、半封建经济和社会主义社会之间,横亘着一个资本主义的发展阶段。只有经过资本主义的高度发展,才谈得到转变为社会主义。但在帝国主义时代的特殊政治和经济条件下,在落后国家的面前却出现了避开资本主义的发展道路、经过社会主义道路建设社会主义的政治条件和经济条件。这种条件主要是:在帝国主义阶段,虽然落后国家资本主义成分在整个国民经济中所占的比重不大,它的集中化程度却很高。例如,沙皇俄国资本主义发展水平虽然不高,但银行和工业资本的集中化和垄断化程度都达到了先进国家的水平。在旧中国,封建的、买办的、国家垄断资本积累了数以百亿美元计的财富。这种垄断资本主义或国家垄断资本主义成分,正是社会主义最完备的物质准备。在这种物质条件的基础上,就可以建立社会主义的公有制经济。由于垄断资本主义经济集中在足以支配整个国民经济的大工业、现代交通运输业以及大商业和大金融业中,使社会主义经济从建立的开始就掌握着国家的经济命脉,决定着国民经济的发展方向。

这样,在落后国家建立起人民民主政权,打破封建、半封建生产关系的桎梏以后,就可以适应着发展很不平衡的生产力,建立起以社会主义经济为领导、多种经济成分并存的经济关系。列宁把这种经济形态称为"无产阶级专政条件下的国家资本主义经济",毛泽东则称为"新民主主义的经济形态"。人民民主专政国家的主要任务,就是在这种生产关系的保护下充分地发展社会生产力,为社会主义的全面胜利准备充分的物质基础,以便通过各种过渡的经济形式,逐步建成发达的社会主义社会。

落后国家发展的这条社会主义道路,较之经由广大小生产者贫困破产和一小批资本家发财致富建立资本主义经济制度的资本主义道路,具有很大的优越性。沿着这条道路发展,能够避免资本主义发展必然给劳动人民造成的巨大痛苦,同时又使生产关系经常地和不同部门处于不同发展阶段上的生产力保持适应的状态,这就为国民经济的高效率运转和高速度发展提供了基本前提。我国人民民主制度建立以后,就是凭借着社会主义道路的这种优越性,在短短两年半的时间里医治了战争的创伤,把国民经济恢复到战前的最高水平。接着进行有计划的经济建设,经过二十多年的努力,改变了百孔千疮、灾祸纵横的旧面貌,建立起具有一定水平的工业体系和国民经济体系。尽管三十年来出现了种种曲折,但是总的说来,比起具有相同条件的走资本主义道路的国家,我国的经济发展速度还是要高得多,人民生活水平的提高也快一些。

历史的发展,从来不是径情直遂的。在许多国家建设社会主义的途程上,都出现过离开上述道路,超越生产力发展水平,企图凭借国家强制力量来"实施"社会主义的尝试。这种尝试对经济发展所起的作用是消极的。它往往使社会主义建设出现大的曲折。在苏联,由于1929—1932年间的强制集体化,使农业生产受到很大的破坏,以致农业在长时期中成为拖住国民经济后腿的薄弱环节。在我国,虽然在建国的头几年由于严格遵循正确的路线在社会主义建设上取得了巨大的成功,但在1958—1960年期间出现了生产关系变革和生产建设计划两方面大的冒进。这次大冒进和十年动乱期间林彪、江青反革命集团推行极"左"路线进行的破坏,都严重地损害了社会主义经济,造成了工农业生产和人民生活水平的大幅度下降。

有些人把这种超越生产力发展水平、强制"实施"社会主义的"左"倾错误的做法归因于社会主义道路,认为这种做法的失误证明了科学社会主义的谬误。其实,它是同科学社会主义毫不相干的。科学社会主义的基本出发点是生产关系一定要适合生产力性质的规律,它明确认定,在落后国家,只有通过逐步过渡和逐步建成的社会主义道路来实现社会主义。那种企图在很低的生产力发展水平的基础上建成社会主义的打算,并不是来自科学社会主义,而只是建立在小生产者的狭隘观念之上的农业社会主义思想。

农业社会主义思想,是从农民小生产者的物质生活条件产生的。这些小生产者渴望摆脱封建地主的压榨和资本主义商人的盘剥,然而却囿于自己的狭隘眼界,不是把希望寄托在生产社会化上面,而是力求保持建立在小块土地上的封闭独立的小经济,以为只要用"拉平"的办法把整个社会都改造为平均划一的小农经济,就可以消除贫困和剥削的根源。

旧中国是一个农民占人口绝大多数的封建半封建专制的国家,现代工业十分稚弱,宗法制自然经济占有优势。这样,农业社会主义对于社会各阶层有着广泛的影响。不但古代农民阶级革命派以至地主阶级改良派经常在一定程度上反映小农平均主义的要求,使自己的政治主张带上某些农业社会主义的色彩,就是在近代,也有不少革命志士受到农业社会主义的熏染,提出平均财富的方案。我们党长期在农村环境中从事打土豪、分田地的民主革命斗争,同时,党的队伍中有着相当数量的农民成分,他们很容易把平均主义混同于社会主义。在进入社会主义革命阶段以后,这种农业社会主义的思想,就和党的科学社会主义指导思想发生矛盾,并且经常干扰党的正确路线的执行,使实践偏离社会主义道路。这就是为什么在我国社会主义建设过程中一再发生"一平二调"、刮"共产风"等"左"的偏差的一个重要原因。

人们常常分辨不清农业社会主义和空想社会主义这两种根本不同的思潮,把二者混为一谈。其实它们虽然有相通之处,但是两者的区别远远大于它们之间的共同点。首先,从阶级基础看,空想社会主义和农业社会主义都是在社会化的大工业还没有足够发展、产业无产阶级还不够壮大的历史条件下产生的。但是,空想社会主义产生于无产阶级的不成熟性,农业社会主义却是以无产阶级的前身——小农、小手工业者等个体生产者为阶级基础的。其次,从对技术经济进步的态度看,空想社会主义是技术进步和大生产的讴歌者,农业社会主义者却从小生产者轻视以至敌视科学技术的心理出发,反对技术进步,希望回到"凿井而饮,耕田而食,鸡犬之声相闻,民至老死不相往来"的时代。最后,从他们追求的最终目标看,空想社会主义者怀抱"自由、平等、博爱"的理想,要求把这些资产阶级首先提出却被他们自己在事实上抛弃了的原则付诸实现。而农业社会主义者站在维护小生产的市场上,就不能不表现出极为矛盾的态度:一方面,它对地主官僚的剥削压迫深恶痛绝,另一方面,它又拼命维护这种剥削压迫的基础宗法制的自然经济。正像小生产从来没有成为一种独立社会经济形态一样,农业社会主义者把整个社会都改造为小农经济的幻想是注定不能实现的。小农经济十分闭塞,彼此隔离,它们之间的社会联系,要靠一种外部力量——地主和地主阶级的国家来形成。因而在大体平均的个体经济基础之上,总是高耸着由封建剥削者组成的多级宝塔,否则社会经济活动就无法进行下去。和这种生产方式相适应,在分配上伴随着小农的普遍贫困,也必然存在着一小撮地主贵族骄奢淫逸的等级特权。所以,农业社会主义只能靠否定自己来实现,它的结局只能是挂着各种各样牌号的封建主义。

农业社会主义和封建主义总是互为表里。在我国古代不少封建帝王是从倡导平均主义的农民领袖蜕变而来。在现代,渴望建立"父子王朝"的林彪和一心要当"女皇"的江青,也正是靠鼓吹平均主义来蒙蔽和蛊惑群众,推行封建专制主义暴政的。因此,农业社会主义和封建社会主义这两种建立在同一生产方式的基地之上的思想流派,便成为小生产者占人口多数的落后国家中反对科学社会主义、干扰建设社会主义的正确道路的主要力量。为了坚持社会主义道路,在落后国家必须着力反对农业社会主义以及同它相联系的封建社会主义。

三、 划清科学社会主义同封建社会主义的界限

封建社会主义,是没落的地主贵族的意识形态。

社会主义,从它的一般意义来说,就是对资本主义制度的批判。然而,对资本主义制度的批判却可以从两个方面进行:或者是站在无产阶级的立场上,从历史的前进的方向去进行;或者是站在小生产者和地主阶级的立场上,从历史的倒退的方向去进行。前者是科学社会主义,后者则是反动的社会主义。封建社会主义就是反动社会主义中代表地主阶级的一支,因而也是其中最反动的一支。由于封建社会主义者具有的"社会主义"外观,他们常常被轻信的人们误认为劳动群众利益的维护者。

在我国猖狂作乱达十年之久的林彪、江青反革命集团,就是封建社会主义者的突出代表。

在十年浩劫中,我国人民蒙受了极大的苦难。有些人没有深究招致这种苦难的真正缘由,却从林彪、江青一伙的种种倒行逆施都是打着"社

会主义"的旗号进行的这一表面现象出发,怀疑自己遭受的苦难同社会主义有某种不解之缘,从而对社会主义产生了动摇。其实,只要认真分析一下林彪、江青等人的所作所为,就不难发现,他们成天挂在嘴上的"社会主义",并不是科学社会主义,而只是冒牌的社会主义、真正的封建主义。

首先,林彪、江青一伙鼓吹的"社会主义",是在落后、衰败的生产力的基础上建立的。他们非但散布"工厂不出产品""农场颗粒无收也没关系"之类的谬论,还把反对发展社会生产力、反对现代文明的主张提到了"社会主义理论"的高度,提出了一整套认为社会主义同生产力的发展不相容的谬论,胡说"四个现代化实现之日,就是资本主义复辟之时"。在林彪、江青一伙看来,生产力越不发展,科学技术越落后,他们的"社会主义制度"就越巩固。

这显然不是科学社会主义。按照科学社会主义理论,社会主义制度是同先进的生产力联系在一起的。因此,在生产力还比较落后的国家,必须集中力量进行经济建设,以便使社会主义经济制度获得自己的比较充分的物质基础。既然林彪、江青一伙在"巩固社会主义"的名义下干的是破坏社会主义物质基础的罪恶勾当,他们所谓的"社会主义制度",就只不过是半封建、半殖民地旧制度的别名而已。

第二,林彪、江青一伙从生产过程中人与人的关系的角度提出的口号,是"法家治厂"和"用专政的办法办农业"。

社会主义经济中的人与人的关系,是建立在根本利益一致的基础上的同志合作和平等互助的关系。由于所有的劳动者都是生产的主人,他们之间的关系只能用少数服从多数的民主办法来处理。林彪、江青一伙却说,要用专政的办法,即暴力强制的办法来处理这种关系。这就暴露了他们要在我国经济中建立统治和从属关系的险恶用心。至于所谓"法家治厂",只不过是集封建专制主义之大成的"法家"早就鼓吹建立的那种封建专制秩序。

林彪、江青反革命集团不仅这样说,而且也是这样做的。在他们夺权的地方毫无例外地破坏社会主义法制,"砸烂"作为民主管理共同规范的规章制度,而把生杀予夺的大权交给他们的代理人,一切由这些人"说了算"。这样,就把社会主义经济中劳动者之间的互助合作关系,变成了宗法制的人身从属关系。而且这种关系总是带有极端残暴的性质。

第三,林彪、江青一伙反对社会主义的商品生产和商品交换,鼓吹自给自足的自然经济。

在社会主义条件下,发展建立在公有制基础上的社会主义商品生产和商品交换对于促进生产力的发展仍然有十分重大的意义。特别是我国,由于无产阶级取得政权以前是一个社会分工水平很低、商品生产和商品交换很不发达的国家,就更需要通过大力发展商品生产和商品交换来促进社会分工和生产力的发展。

然而,林彪、江青一伙却无视社会主义实践已经得出的上述正确结论,力图否定社会主义的商品生产和商品交换。在他们的鼓动下,否定社会主义工农业之间的等价交换、否定社会主义全民所有制经济中价值规律作用和经济核算制的观点一时间大为流行。

需要注意的是,林彪、江青反革命集团否定社会主义商品生产和商品交换的谬论,同早年社会主义文献中曾经有过的那种关于社会主义条件下商品消亡的理论,有着本质的不同。早年的社会主义者认为,在社会主义公有制经济中,商品交换将为共同体内部各单位之间的自由交换所取代。这种意义上的商品消亡,丝毫不排斥分工和交换的继续存在和发展。而林彪、江青一伙所说的取消商品生产和商品交换,却是取消分工,回到自给自足的自然经济去。由于自给自足的自然经济是封建制度赖以生存的必要条件,商品关系的发展必然导致封建秩序的土崩瓦解,我国历代封建统治者总是力图保持经济的自给自足状态。因此,他们一贯采取"重农抑商""重本抑末"政策。马克思说过,农业和手工业直接结合、自给自足的"简单的生产机体",为揭示亚洲社会长期停滞的秘密"提供了一把钥匙"[1]。林彪、"四人帮"竭力反对农村人民公社发展多种经营和商品交换,千方百计地阻挠工业部门实行专业化和协作,就是要把我国的基层生产单位都变成自给自足的简单生产机体,妄图以宗法制自然经济为基础建立他们的封建统治。

---

1 马克思(1867):《资本论》第 1 卷,见《马克思恩格斯全集》第 23 卷,北京:人民出版社,1972 年,第 397 页。

第四，林彪、江青一伙叫得最凶的一个口号，是"破除按劳分配的资产阶级法权"。他们鼓吹不要任何物质基础，只要"破除资产阶级法权"，否定按劳分配，人们就可以进入平等的"千年王国"。

科学社会主义的创始人的确指出过，按劳分配的平等权利，就它仍然是商品交换中同样存在的等量劳动交换的权利这一点说，仍然是"资产阶级的权利"。但他们同时强调指出，在经过长期阵痛刚刚从旧社会诞生出来的社会主义社会，按劳分配的"资产阶级权利"是绝对不可避免的。按劳分配制度在社会主义阶段起着十分革命的作用。这一原则的贯彻，对于保证社会主义最终战胜资本主义，是一件具有决定性意义的事情。

林彪、"四人帮"所鼓吹的那一套，和科学社会主义绝不相容，却跟封建地主阶级的理论完全合拍。我国封建主义思想家历来宣传一条重要的经济原则，叫做"反对奢靡"。所谓"奢靡"，是按等级原则划定的。广大人民群众只能安于贫困，如果物质生活上稍有超越，就是犯了"非分""逾等"的"奢靡"罪过。反之，帝王将相、达官贵人，无论怎样穷奢极欲，却都是理所应得的。林彪、"四人帮"的"破除资产阶级法权"，同样有这样两方面的涵义。他们要使八亿人民禁欲，是为了他们这一小撮人纵欲；而要使他们能够纵欲，又必须有广大人民的禁欲——这就是他们吹嘘得天花乱坠的平等王国中的严酷现实。

从以上的分析可以看到，林彪、江青反革命集团所标榜的"社会主义"，同科学社会主义风马牛不相及。这种普遍贫穷和少数人享有特权的"社会主义"，只是打着社会主义招牌的封建主义。由此也就可以得出结论，林彪、江青一伙之所以给我国人民造成如此巨大的灾难，同社会主义制度毫无关联，恰恰相反，它正是根源于社会主义制度受到了歪曲和破坏。

为此，党领导全国人民对于林彪、江青反革命集团的妖言谬说和倒行逆施进行了全面清算，恢复了民主管理、按劳分配等社会主义经济的基本准则，进行了实现党的工作着重点转移、落实农村经济政策的巨大工作，这些措施，使我国国民经济在粉碎"四人帮"以后短短的时间内得到了迅速的恢复和发展，劳动群众的物质和文化生活水平也有了较大的提高。四年来的战斗历程表明，社会主义制度的确是优越的。虽然林彪、江青反革命集团所造成的破坏极其严重,但是一旦我们重新回到社会主义的道路上,恢复和完善社会主义制度,就有可能依靠这种制度的优越性,迅速医治那伙穷凶极恶的敌人所造成的严重创伤,重新把经济建设推向前进。

应当看到,由于"左"倾错误的长期影响和林彪、江青反革命集团严重破坏的后果难以在短时期内完全消除,由于我们对于在落后国家建设社会主义总的说来仍然缺乏经验,我国目前的社会主义生产关系并不是完美无缺的。所以,还需要按照科学社会主义的原理,对现有的生产关系进行必要的整顿、调整和改革。我们现在还处在不发达的社会主义阶段。整顿、调整和改革的目标,就是根据科学社会主义所指示的普遍真理,使我国社会主义经济所采取的形式,更加符合于当前的客观条件。看来在目前阶段,它包含两个要点:第一,根据我国目前生产力水平较低和具有多层次性的状况,确立在社会主义公有制占绝对优势条件下多种经济形式并存的所有制结构;第二,根据我国大工业、现代交通运输业和大商业的状况,改善我国经济的领导成分——全民所有制经济的管理体制,使得社会主义全民所有制经济成为统一领导和分散经营相结合、在计划指导下充分利用市场机制、更加富有活力的经济体系。

科学社会主义是在同非科学的社会主义的斗争中发展的。只有清除各种非科学的社会主义的杂质,科学社会主义才能放出它所固有的光辉。如果我们做到了这一点,就必定能够进一步发挥社会主义制度的优越性,促进社会生产力的持续稳定的增长。

关于我国现阶段生产关系的基本结构[*]

（1982 年 10 月）

改革经济体制，就是改革生产关系的结构，使它适合于我国现代化建设的需要。因此，经济改革如何进行，改什么，怎么改，势必涉及政治经济学的一系列基本理论问题。我们必须对这些问题进行认真的、透彻的研究，才能为经济改革的顺利实现准备必要的思想和理论前提。

经济改革所涉及的理论问题甚多，本文就以下三个有关生产关系基本结构的问题作初步的探讨。

一、关于适当的所有制结构

经济管理体制是否适合于生产发展的需要，从根本上说取决于最基本的生产关系结构，即所有制结构安排是否得当。我国过去经济管理体制过死、过分集中，首先是由追求所有制结构的单一化，把整个国民经济都改造为由国家（包括中央和地方国家机关）直接管理的国营经济和准国营经济造成的。为了改变由这种偏向造成的所有制过分单一的状况，近年来采取了一系列"放宽"有关所有制的政策的步骤，如：承认农村集体经济作为独立所有者的自主权，实行不同形式的联系产量的责任制，恢复社员的自留地、家庭副业和集市贸易，在城镇发展名副其实的集体所有制

* 原载中国社科院经济研究所政治经济学研究室编：《经济改革的政治经济学问题探讨》，北京：中国社会科学出版社，1982 年，第 1—25 页（题目为"关于我国现阶段生产关系的基本结构的若干理论问题"）；又见《吴敬琏选集》，太原：山西人民出版社，1989 年，第 224—247 页。

经济,允许城镇个体手工业和个体商业存在和一定程度的发展,组织某些中外合营企业,接受外资和华侨资本家在我国开办企业,等等。这些措施,确实收到了使经济"活"起来的效果,但也引起了种种议论。有的同志认为,让集体经济按其本性进行自主的经营,就是说,把过去准国营的"集体经济"改变为真正的集体经济,并大力扶持这种经济成分的发展,是所有制关系上的"倒退";恢复和发展城镇个体经济,更是"挖社会主义的墙脚""为发展资本主义大开绿灯"。他们忧心忡忡,以为允许多种经济成分、多种经营形式并存,已经把好端端的社会主义经济"搞得不伦不类",因而对于目前采取的政策有着许多疑虑乃至抵触。

以上这些看法,实际上提出了一个重大的理论问题,即:衡量一种所有制形式优劣好坏的标准是什么?只有解决了这个问题,才能对应当采取什么样的所有制结构作出正确的决断。

什么是衡量所有制关系好坏优劣的标准?这对于马克思主义来说,本来是一个早已解决了的问题。马克思所揭示的人类社会发展的最基本的规律——生产关系一定要适合生产力性质的规律告诉我们:生产关系作为生产的社会形式,必须同它的物质内容,即社会生产力相适应;只有适合它所包容的生产力的性质的生产关系,才是优越的生产关系。而生产关系是否适合于生产力的性质,其标志又在于它能否最好地促进生产力的发展。所以,一种生产关系,或者说所有制关系,是否具有优越性,要在它同它所包容的生产力之间的关系中去考察。适应就是优越。最适合于当时当地生产力性质,最能促进生产力发展的生产关系,就是最好的生产关系。

在过去相当长的时期中,由于"左"倾错误的影响,我国流行的是另外一种衡量生产关系的标准。它按照某种与当时当地的生产力无关的永恒标准来评价经济制度,认为只有"一大二公"才具有优越性。根据这种观点,在任何情况下,公有制都比私有制优越;在社会主义公有制的范围内,国有制又都无条件地比集体所有制优越;而"大"即是"公",因此在农村集体所有制的范围内,公社所有制优于大队所有制,大队所有制优于生产队所有制;在生产队所有制的范围内,不实行联系产量的责任制优于包产到组、包产到户的责任制;在城镇集体所有制的范围内,具有某种国有性质的"大集体"经济优于"小集体"以及一般集体所有制合作社;统负盈亏的合作社又优于自负亏盈的合作小组;如此等等。

显然,这种"一大二公"的绝对标准,离开了马克思主义的历史唯物主义。恩格斯在批判蒲鲁东的唯心主义历史观时曾经指出:"蒲鲁东在判断一切经济关系时不是依据经济规律,而只是依据这些经济关系是否符合他这个永恒公平的观念,从而掩饰自己在政治经济学方面的愚昧无知和束手无策"[1]。我国的"左"倾错误和蒲鲁东的观点相类似,它在判断一种生产关系的优劣好坏时,不是依据生产关系一定要适合生产力性质这个最基本的经济规律,而是看这种生产关系是否符合于"大"即"公"的"永恒公平"观念。按照这种观点去观察历史,势必走到否定人类文明进化的荒谬地步。例如,奴隶主的私有制代替原始公社公有制,是人类进化的必经阶段。奴隶制能容许生产力有在原始公社制度下所不可能有的发展,它创造了古代文明,这种文明是现代文明由以发展的基础。所以恩格斯说"没有古代的奴隶制,就没有现代的社会主义"。[2] 然而,从抽象的"公"比"私"好的观点看来,却会得出否定这一进化的结论。于是,为了符合"永恒公平"的观念,人类只能永远停留在茹毛饮血的野蛮状态和普遍贫穷之中,去享受"一切归公"的天福。

这种越"大"越好、越"公"越好的观念,给我国的社会主义事业带来了极为严重的后果。由于不顾条件地追求"大"即"公",在社会主义改造的过程中出现过盲目冒进的毛病,后来又一再搞"割资本主义尾巴"、所有制"升级过渡"等等。这种唯意志论的做法,给国民经济造成了很大的破坏,使我国人民吃尽了苦头。现在痛定思痛,实在没有理由不彻底抛弃这种已经在事实面前完全破产的唯心主义观念。

如果承认适合生产力的性质的程度是衡量所有制关系是否适当的唯一标准,那么,在确定我国所有制的结构时,就不能依据某种"公"有化程度越高越好的信念,而必须首先切实研究当前的生产力状况,把它作为基本的出发点。

---

1 恩格斯(1873):《论住宅问题》,见《马克思恩格斯选集》第2卷,北京:人民出版社,1972年,第536页。
2 恩格斯(1876—1878):《反杜林论》,见《马克思恩格斯选集》第3卷,北京:人民出版社,1972年,第220页。

解放以前，中国是一个贫穷落后的半殖民地半封建国家，现代工业产值只占工农业总产值的10％，农业和手工业产值占90％，后者所使用的，又是和古代没有多大区别的简陋工具。根据这种情况，党的七届二中全会确定，在全国范围内取得胜利后的相当长时期中，我国社会经济形态只能是社会主义领导下多种经济成分并存的新民主主义经济。这种所有制结构，保证了我国经济在建国初期的迅速发展。经过三十年的社会主义建设，我国现代工业有了较大的发展，形成了一定规模、一定水平的工业体系和国民经济体系，拥有一批具有五十年代、六十年代技术水平和个别具有七十年代技术水平的大型骨干企业。但是，总的说来，我国生产力水平还是比较低的，而且发展很不平衡。在我国工业中，手工操作和半机械化生产占有相当数量；在农业中，手工劳动更占很大的比重，许多地方还在使用原始的、粗笨的生产工具。这样，在我国国民经济中，原子能、合成化学、电子技术同牛拉犁、人锄地、肩挑手推甚至刀耕火种同时并存。

对于这样的生产力，什么样的所有制结构才能与之相适应呢？

由于我国现代工业的发展和农业中某些机械化的大农场的建立，巩固社会主义国营经济及其优势地位的物质前提是具备的。但是，社会公共占有生产资料，或者说劳动力和生产资料在整个社会范围内的直接结合，要以生产的相当高程度的社会化为前提；在存在着占很大比重的手工劳动和半机械化生产的条件下，这种所有制形式就不可能普遍实现，换句话说，全民所有制（或以国家所有制形式出现的全民所有制），就不能囊括一切经济部门。

对于我国城乡广泛存在着的、多少有了发展的手工劳动和半机械化生产，劳动人民自愿组织起来的集体所有制经济是最为适合的。过去，我国也存在大量的集体所有制经济。但在实际上，这些集体所有制经济在相当程度上是名不副实的。农村人民公社集体经济往往缺乏起码的自主权，经营哪些项目，种植什么作物，收入如何分配，甚至何时播种，何时收割，社员吃多少斤粮食，粗粮、细粮各占多少，都要由上级政权机关规定。在城镇，地方国家机关管理的所谓"大集体"和街道行政组织管理的"小集体"企业的自主性更差，它们和地方国营企业的差别很小，也是地方行政机关的附属物。这种准国有的所有制形式，严重抑制了社员群众参加劳动、关心经营的积极性，使生产力的发展受到阻碍甚至破坏。必须把这种准国有经济改变为名副其实的集体所有制经济。政社应当分开，应当充分尊重农村人民公社基本核算单位——生产队的所有权，公社和大队企业要由有关生产队根据自愿互利原则联合经营。生产队有权根据实际情况和需要，选择各种组织生产、进行分配的具体形式；有权根据规模大小、经营内容、机械化水平、耕作制度、居住情况、管理水平、群众要求和其他情况，因时因地制宜地采取各种形式的责任制，可以实行包工到组联系产量进行分配的责任制，也可以实行包产到组的责任制，还可以包产到户、包干到户。城镇集体经济也要改变产品统购包销、利润全部上缴、开支全包的"吃大锅饭"的办法，由劳动者集体独立自主地经营、自负盈亏，真正成为集体所有制经济。要大力提倡群众集资经营兴办集体经济，国家要在可能的范围内给予扶持。

有的同志认为，集体所有制的公有化程度不如全民所有制高，从历史发展的趋向看，集体所有制终究是要过渡为全民所有制经济的，因此，把"先进的"具有国有性质的"大集体"所有制和街道行政机关所有的"小集体"所有制，改变为"落后的"真正集体所有制，是一种倒退。这种看法之所以不正确，首先是因为，它把"好坏优劣"的概念同"先进落后"这两个不同的概念混为一谈了。从人类社会发展的历史过程看，适应着生产力由低向高的发展形成的不同所有制关系，是有由低级向高级发展的序列的。我们可以把处于历史发展序列的高级阶段的所有制关系叫做"先进的"所有制，把处于这一序列低级阶段的所有制叫做"落后的"所有制。但是，这同在一定的生产力条件下哪种所有制关系与这种生产力的性质更加适合，也就是哪种所有制更为优越，完全是两回事。在一定的生产力条件下，只有与它的性质相适合的所有制关系才是最优越的。决不能认为，在任何条件下，都是所有制越"先进"就越"优越"，越"大"越"公"就越好。其次，从发展前景来看，虽然随着生产社会化的高度发展，集体所有制的公有化程度终将提高到全民所有制的水平，但是，集体所有制到全民所有制的发展是否必须走国有化的道路，也是值得怀疑的。看来，走集体经济自愿联合之路，可能更为现实和稳妥。所以，即使从发展的序列来看，也不能说国营就比集体先进、集体所有制一定要发展为国家所有制。我们必须打破集体所有制比国家所有制"低级"和"落后"的传统观念,切实地提高前者的地位。

有些同志认为"包产到户"或"包产到组、责任到人"就是个体单干。其实,两者是有明显的区别的。我们并不否认,在实行土地、耕畜、农具、劳力"四固定"的条件下进行的包产,的确对生产资料具有个体占有的性质;但是在生产队仍然是生产和分配的基本单位的情况下,社员多产多得,主要是反映他们劳动的好坏,而不是使用的生产资料的优劣;生产队可以通过包产指标和奖赔条件的规定,多少不等地排除生产资料占有情况对收益的影响。同时,生产队拥有共同使用的机械化大农具、运输工具,集体所有成分在这里起着主导作用。应当看到,"包产到户"或"责任到人"是在生产力发展水平很低的情况下集体经济的特殊形式。随着农业机械化水平的提高、多种经营的发展、集体经济管理水平的提高和集体收入的增加,这种低水平的集体经济也将向高水平的集体经济发展,公有经济就会完全巩固起来。

我国城乡广泛存在着一些宜于由个体分散经营的手工劳动和小型商业活动。特别是在成衣、饮食、修理等服务行业中,个体经营可以发挥灵活多样、方便群众、服务周到的特点,拾遗补缺,充当社会主义经济的助手。但是多年来,由于越"大"越"公"越好的观念作祟,个体经济处于受限制、受打击的地位。1953 年,我国城镇有 900 万个个体劳动者,社会主义改造基本完成以后,还有 100 万人。而经过 1966—1976 年的十年动乱,个体劳动者只剩下 15 万人。这一方面使商业、服务业、修理业的网点大量减少,给群众生活带来很大的不便;另一方面把这种根本不适于社会化管理的小店铺并入国营经济,势必使经营管理状况恶化,纪律松弛,贪污浪费滋生。我们目前应当恢复和适当发展个体经济,并让它长期存在。

个体所有制是一种私有制,但是这种私有制是建立在个体劳动者自己劳动的基础上,而不是靠剥削他人劳动为生的,因此它的性质和资本主义经济不同。而且,个体所有制的性质,应当置于整个社会的社会经济体系中去考察,而不能孤立地仅仅从它本身来看。马克思说过:"在一切社会形式中都有一种一定的生产支配着其他一切生产的地位和影响,因而它的关系也支配着其他一切关系的地位和影响。"[1]在我国,在生产中占支配地位的是社会主义大工业,因之社会主义公有制也支配其他一切生产关系,个体所有制经济是同占支配地位的社会主义公有制经济联系的,因此,同旧社会的个体经济也有原则区别。社会主义经济还可以运用代销代营、带料加工、批零关系等形式,把个体手工业和个体商业组织到社会生产和流通过程中,使之成为社会主义经济的助手和附庸。马克思在研究资本主义大工业对于家庭手工业的影响,分析"现代家庭劳动"时曾指出,在资本主义大工业占支配地位的条件下,现代家庭劳动同旧式的个体经济,"除了名称,毫无共同之处","它已经变成了工厂、手工工场或商店的分支机构"。[2] 资本主义能够使个体经济从属于自己,难道社会主义反而不能做到这一点吗?

除劳动者的集体经济和个体经济外,从属于社会主义经济体系的,还有国家资本主义经济成分,主要是在我国无产阶级政权机关的管理下,同社会主义经济相联系的外资和华侨企业,以及中外合资企业。

以上的分析说明,由于我国现有生产力的多层次性,就需要在所有制结构上保持多层次性来和它相适应。不仅要有占绝对优势的各种社会主义所有制成分,还要保留某些个体私有制和资本主义私有制的成分作为补充。由于生产力的质变需要经过长时期日积月累的量变准备,在相当长的历史时期中,我国经济将会保持多种所有制成分并存的状况。在这个时期中,由于提倡不同所有制成分之间各种形式的联合经营,我国的所有制结构将会出现纷然杂陈的局面。马克思在分析资本主义的发展历史时曾经说过:"社会生产方式的变革,生产资料改革的这一必然产物,是在各种错综复杂的过渡形式中完成的。"[3]从半封建生产方式到社会主义生产方式、由社会公共占有代替其他占有形式的巨大变革,无疑也必定要在各种错综复杂的过渡形式中完成。但是,这样来安排所有制结构,无论所

---

1 马克思(1857):《〈政治经济学批判〉导言》,见《马克思恩格斯选集》第2卷,北京:人民出版社,
   1972年,第109页。

2 马克思(1867):《相对剩余价值的生产》,见《马克思恩格斯全集》第23卷,北京:人民出版社,
   1972年,第506页。

3 同上书,第518页。

有制形式怎样色层纷繁,它的诸色层中始终只有一个主色——社会主义公有制。这样做的结果则将是社会生产力的迅速提高、社会主义公有制的日益巩固和发展,并最终使社会主义公有制成为包括整个社会的所有制形式。这都是确定无疑的。

二、 关于社会主义全民所有制的经营形式

我国现阶段所有制结构需要作出调整的情况已如上述。那么,作为整个社会经济领导力量的全民所有制的国有经济,它的经营形式是否就同现阶段我国生产力的性质完全适合,因而不需要进行任何调整呢? 看来也不能这样说。

我国国有经济的管理,长时期来采取的是建国初期从苏联搬来的国家集权的行政指令计划体制。而且,这种依靠行政权力的体制在我国还有进一步的发展。它是按照行政区域、行政层次和行政领导关系进行管理的。基层经济单位只是国家行政机关的附属物,是一切都要听命于上级行政领导机关,拨一拨、动一动的"算盘珠"。由于生产按上级颁发的指令性指标进行,不问社会需要,流通上统购统销,独家经营,分配上统收统支,"吃大锅饭",劳动力调配上统包统配,端"铁饭碗",造成了管理层次多、手续繁、效率低,企业由于缺乏内在动力而不注意改善经营、改进技术、降低成本,经济效果很差,人力、物力、财力浪费严重,劳动群众难于行使当家作主的权利等种种弊端。

在过去的三十年中,我们也曾觉察到经济管理体制上的这些问题,试图加以改进。但是,在相当长的一段时间里,体制改革主要在"条条"同"块块"的关系上,也就是在中央国家机关集权和地方国家机关分权的关系问题上作文章,并不能收到发挥企业的主动性和积极性、使整个经济生活"活"起来的效果。粉碎"四人帮"以后,人们逐渐认识到,要改革我们现行的过于集中、窒息活力的经济体制,根本的问题并不在于地方和中央之间的权力划分,而在于使直接从事生产和流通的经济单位拥有对自己的经营活动独立作出决定的自主权。而且,仅仅使企业拥有自主权还不够,还要使它们对于自己的经营活动承担经济上的责任。只有这样,才能使

企业从"算盘珠"变成受经济利益调节的"自动机"。于是,逐渐形成了要使企业成为在国家计划指导下独立经营、自负盈亏的经济主体的观念。由此出发,明确了体制改革的总方向,是改变过去过于集中的国家(包括中央和地方)机关直接经营的体制,扩大企业劳动群众集体的自主权;把指令性的计划调节体系改为计划和市场相结合的调节体系;把主要依靠行政组织、行政手段管理经济,改为主要依靠经济组织、经济手段管理经济。一句话,由行政集权模式改变为经济分权模式。

有的同志认为,这种主要依靠经济组织、经济手段,充分利用市场机制来进行调节的模式同马克思主义经典作家设想的社会主义模式不相符合,因而怀疑它在理论上是否站得住脚。

我认为,这些同志提出问题的方法和由此得出的结论都是值得商榷的。

首先,马克思没有看到社会主义的胜利,列宁在向社会主义过渡时期的开始就逝世了。他们在自己的著作中,只是按照科学社会主义的原则,根据对资本主义现实矛盾的分析,指出了代替资本主义的新社会所必然具有的最基本的特征,即生产资料公共所有和按劳分配,而没有脱离现实去虚构社会主义的实施细则。他们曾告诫同时代的共产主义者,不要陷入空想去臆造社会主义的种种定义,或虚构社会主义的细节。他们更不会以自己对社会主义经济管理形式的某些设想束缚后人的手脚。我们生活在社会主义已经成为现实的新时代,因而有责任、也有条件用自己的实践检验已经提出的原理,补充它,修正它,使它日臻完善和日趋具体化。

的确,马克思在分析资本主义经济时,曾经根据高度发达资本主义国家的物质生产条件设想,取代资本主义的新社会"将把整个社会变成一座工厂",在那里"自由人联合体"将"自觉地把他们许多个人劳动力当作一个社会劳动力来使用",于是"鲁滨逊的劳动的一切规定"将"在社会范围内重演"。[1] 列宁在《国家与革命》中把这一提示具体化,预言在"共产主义社会第一阶段","全体公民都成了一个全民的、国家的'辛迪加'的职员和工人","整个社会将成为一个管理处,成为一个劳动平等、报酬平等的工

1 马克思(1867):《资本论》第1卷,见《马克思恩格斯全集》第23卷,北京:人民出版社,1972年,第395、95页。

厂"[1]。长时期以来,人们把集权模式说成是马克思、列宁以上设想的实现,因而也是社会主义全民所有制经济的唯一可能的模式。

但是,把集权模式说成是社会主义经济的唯一可能的模式的同志,忽略了经典作家这一设想的前提,是社会主义已在高度发达的社会化大生产的物质基础上建成。经典作家认为,他所设想的那种由社会统一经营和集中管理的社会主义经济,要求生产社会化的很高水平(用恩格斯的话说,是它已"真正发展到不适于由股份公司来管理"的程度[2])作为它的物质基础。我国产业和管理技术水平不高,还没有达到高度社会化的程度,不能保证中央计划机关及时掌握充分的信息,以制定正确的计划。因此,有必要采取一定程度的分散经营的模式,而不能采取集权模式。

第二,即使社会主义建立了高度发达的社会化大生产,是否能够把整个社会变成一个工厂,由一个计划中心来指挥,也还是一个有待于今后的实践去验证的问题。就现有的经验而论,在按劳分配和劳动者个人物质利益还有重要意义的条件下,如果不承认企业的独立经济利益,它们就很难有内在的动力。因此,在社会主义阶段,使整个社会成为一个工厂,社会分工成为这个巨大工厂的内部分工,是很难设想的。

总之,在生产社会化程度不足的条件下勉强把整个社会组织成一个由统一计划中心指挥的工厂,只能是靠国家机关的行政命令调节,由长官意志支配。

应该看到,社会主义公有制在保持它的基本特征的前提下,是可以有不同的模式的。马克思主义曾经指出:"相同的经济基础——按主要条件来说相同——可以由于无数不同的经验的事实,自然条件,种族关系,各种从外部发生作用的历史影响等等,而在现象上显示出无穷无尽的变异和程度差别。"[3]各国社会主义公有制经济的具体形式也不例外。各社会主义国家应当根据自己的条件——自然条件、生产力发展水平、经济发展

---

1 列宁(1917):《国家与革命》,见《列宁选集》第3卷,北京:人民出版社,1972年,第258页。

2 恩格斯(1876—1878):《反杜林论》,见《马克思恩格斯选集》第3卷,北京:人民出版社,1972年,第317页。

3 马克思(1867—1883):《资本论》第3卷,见《马克思恩格斯全集》第25卷,北京:人民出版社,1974年,第892页。

的历史传统等等——决定采用最合适的、能够保证经济体系最有效地运转的社会主义经济模式。

经济改革的总方向已如上述。对于由集权体制改变为分权体制这一总方向，在我国主张进行改革的经济学家之间似乎没有太大的异议。但是，对于改到什么程度，改革后的经济体制采取何种具体模式，则有很不相同的意见。

一种意见是企业的相对独立性，只能保持在不影响国家机关对全民所有的生产资料行使完全的所有权的限度内。因此，在改革完成以后，计划机关仍然要给企业下达指令性的生产指标，企业在经济上的独立性，只表现为它在执行计划时的某些机动权，以及根据完成计划指标的情况得到的奖惩上；价格只是计算的工具和执行计划的手段，它不受市场供求的影响，而由物价管理机关决定；企业的自主权严格地限于资金的简单再生产的范围，投资的权限完全集中于中央和地方的国家机关；企业的物质利益只与工作好坏相关联，而与生产资料的占有和使用状况无关，个人消费品的分配完全按全国统一的标准进行。

另外一种意见是：集权计划模式的种种弊端，都根源于国家以社会的名义对生产资料实施占有，因此，必须彻底改变国家所有制，把它变为"社会所有制"。在这种模式下，企业劳动者集体根据市场情况完全自主地营运事实上归它们所有的资金，决定全部收入的分配，积累基金原则上也全部由企业支配。

我以为，在我国目前的情况下，以上两种方案都是不可取的。前一种方案虽然作了某些修补，但从根本上说来并没有摆脱原来那种政府集权的行政指令计划模式，它不能从根本上克服行政集权模式的弊病。后一种"社会所有"或者既是"全民"又是企业"自主"所有的方案，多少带有理想主义的色彩。在我们当前的生产力发展水平上，社会对于经济活动的调节不能取消也不应取消。公开宣布社会对于生产资料实行占有和对经济活动进行调节与指导，正是社会主义优越性的重要表现。如果使企业劳动者集体成为绝对独立的经济主体而排斥任何社会调节，势必出现无政府状态。另一方面，如果像有些同志所设想的那样，保持社会的调节，但不是由国家机构，而由另一个社会中心去实现这种调节，那么，由于在社会主义阶段社会的调节离不开国家强制力量的支持,这个负责进行调节的社会中心也就必然成为第二个国家机构。这样,就仍然不可能消除反对国家所有制的同志所说的国家调节必然带来的弊病。所以,出路不是取消国家所有制,而在于正确决定国家调节的范围和形式,并使国家机构充分民主化。

在我国的条件下,看来较为合适的办法,是采用适中的方案:既保持国家所有制,又使企业成为独立的经营主体。例如可以这样设想:(1)国家把生产资料作价交给企业,资金的所有权属于国家,由企业负责经营,国家不对企业颁发指令性指标;(2)企业劳动者集体作为经营者,根据市场情况自主地作出有关生产和销售的决策,独立经营,自负盈亏;(3)国有企业除对国家完成同其他企业相同的财政义务外,还要把一定数量的纯收入交给国家,作为国家投资的利息;(4)企业对于自己缴纳税金和利息后的收入有完全的支配权,有权在法律规定的范围内决定积累和分配的水平,决定企业扩大再生产投资的方向和规模;(5)劳动者个人收入和企业的经营状况直接联系,经营得好的企业,劳动者收入也多;(6)国家对整个国民经济实行计划领导,它通过对生产资料的占有和使用规则作出规定,通过运用自己所掌握的那部分投资,通过税收、利息、价格等杠杆,保证社会计划的实现。

如果管理体制作了这种改变,我国国有经济的所有制关系是否起了变化呢?看来理论上的正确解释只能是:它既有所变化,又基本未变。

这里没有发生变化的是:国家所有制仍然保存着。有的同志认为,国家不直接以指令支配企业的生产和流通,国家所有就成了一句空话。这种论断是没有根据的。所有权实现的形式是多种多样的,并不限于直接经营这一种形式。列宁在十月革命前论及土地国有制时指出:"所谓归国家所有,就是说国家政权机关有获得地租的权利,并且由国家政权规定全国共同的土地占有和土地使用的规则。""国家土地所有制不但丝毫不排斥,反而要求在全国性的法律范围内把土地转交地方和省区自治机关支配",由后者"把土地分配给各个户主和各个协作社"。[1] 在我们所设想

---

1 列宁(1907):《社会民主党在 1905—1907 年俄国第一次革命中的土地纲领》,见《列宁全集》第 13 卷,北京:人民出版社,1959 年,第 313—314 页。

的管理体制下,社会主义的国家对于生产资料的所有权同样仍然通过法律管理和取得相当大部分的纯收入得到了实现。

然而事情还有另一方面:由于管理体制的改革,企业(劳动者集体)成为独立的经营主体,劳动力和生产资料在它手中得到结合,经营的物质后果也由劳动者集体直接承担,在政治经济学的意义上也就可以说,这种所有制关系带有企业劳动者集体所有的成分。有的同志只承认在这种情况下存在着所有权和使用权、占有权、支配权的分离,而不承认企业拥有部分所有权。我以为,把所有权和使用、占有、支配权的分离跟所有权的分割截然对立起来是没有意义的。所有权同使用、占有、支配权的分离是一定经济关系,如用借入的资本从事经营的产业资本家和不亲自使用自己的资本的货币资本家之间、执行职能的资本家和资本单纯所有者之间的经济关系在法权上的表现。马克思既把它叫做"职能和资本所有权的分离"[1],也把它叫做"资本的法律上的所有权同它的经济上的所有权分离"[2],这两种说法完全可以通用,并没有实质上的差别。当然,社会主义公有制条件下的情况同资本主义社会不同,即使改变了国家政权直接经营的体制,代表整个社会的无产阶级国家也并不是资金的单纯所有者,它在组织社会主义经济中担负着重要的职能,但是,在社会主义全民所有制经济中实行所有权的某种程度的分割,建立国家所有和企业所有的双重所有制,在理论上也是说得通的。

有的同志认为,全民所有制不可分割;在保持国有制的条件下实行双重所有的制度,不符合全民所有制的概念,它会使社会主义公有制瓦解为各个利益集团的集团所有制。在我们看来,这种看法似乎有些过虑。前面已经讲过,最适合于生产力性质的所有制,才是最优越的所有制,才能促进生产力的迅速发展。既然在现阶段公有制某种程度的分割最适合于现阶段社会化程度还不太高的生产力状况,它就最能促进生产力的发展,从而有利于社会主义公有制的巩固。那种认为社会主义公有制应当

---

1 马克思(1867—1883):《资本论》第 3 卷,见《马克思恩格斯全集》第 25 卷,北京:人民出版社,1974 年,第 425—436 页。

2 马克思(1861—1863):《剩余价值理论》,见《马克思恩格斯全集》第 26 卷 III,北京:人民出版社,1974 年,第 511 页。

一开始就纯而又纯的看法是不切实际的。历史已经证明,追求"纯而又纯",只能导致全民所有制蜕变为部门行政机关所有制和地方行政机关所有制,由于过分集中,必然助长官僚主义的滋生,反而使小生产宗法制乃至封建主义的生产关系、经营方式和传统习惯得以死灰复燃。我们主张的双重所有,是在社会保持作为最高所有者条件下的双重所有。国家作为社会的代表,规定生产资料占有和使用的规则,并且通过自己拥有的多种调节手段调节社会生产,使企业劳动者集体的利益不能压过社会利益。因此,只要善于运用,就不存在社会公共所有制遭到破坏和瓦解的危险。

马克思主义的经典作家从来反对脱离客观条件、追求某种"纯粹"的所有制形式的空想。相反,恩格斯就曾经指出过,在德国这类资本主义不甚发达的国家,"在向完全的共产主义经济过渡时,我们必须大规模地采用合作生产作为中间环节"。他说:"但事情必须这样来处理,使社会(即首先是国家)保持对生产资料的所有权,这样合作社的特殊利益就不可能压过全社会的整个利益。"[1]他又设想过,至少在这种过渡时期中,要把社会所有的住宅、工厂和土地租给个人或合作社使用。他说:"由劳动人民实际占有一切劳动工具,无论如何都不排除承租和出租的保存。"[2]从这里我们可以看到,在科学社会主义的发展史中,在社会主义的一定阶段上作实行多重结构的所有制的设想,并不是没有先例的。

三、 社会主义的经济类型问题

如果我们对社会主义的经济管理体制作上述改革,就会产生改革后的社会主义经济是否是商品经济的问题。

在对马克思关于社会主义经济类型的理论所作的传统解释中,一向把商品关系同社会主义的计划经济对立起来,认为商品关系是由私有制

---

1 恩格斯(1886):《恩格斯致奥古斯特·倍倍尔》,《马克思恩格斯〈资本论〉书信集》,北京:人民出版社,1976年,第470页。

2 恩格斯(1873):《论住宅问题》,见《马克思恩格斯选集》第2卷,北京:人民出版社,1972年,第545页。

产生的,计划经济才是社会主义公有制的本质特征,二者不能相容。[1] 近三十年来,逐渐有比较多的人承认社会主义经济中存在着商品生产和商品交换,价值规律也在一定程度上起作用。其中,以斯大林在《苏联社会主义经济问题》中的论述最为著名。在相当长的一段时间中,斯大林的论述曾经被认为是马克思主义关于社会主义条件下商品生产和商品交换的经典说明。但是,他的论述虽然承认商品生产和商品交换在社会主义条件下的存在,却仍保持社会主义生产按其本性来说不是商品生产,商品货币关系乃是资本主义的遗物的基调。在这种观点占统治地位的情况下,关于社会主义条件下保留商品生产和商品交换的原因,不外有两种说法:一是外因论,认为商品生产存在的原因在于存在两种社会主义公有制形式;一是计算分配论,认为采取商品价值形式的必要性来自计算和分配社会劳动的需要。不论哪一种说法,实际上都否认在社会主义公有制经济的内部存在商品货币关系。现在,许多人都已清楚地看到,这种说法远远不足以说明社会主义经济的现实。

商品是在物的掩盖下的一定的人与人之间的关系,也就是多少互相分离的生产者之间的关系。[2] 从这个见地去观察采取国家集权模式的社会主义全民所有制经济,由于整个社会成为"一个工厂",只存在国家这个唯一的生产者,其中当然不包含任何商品关系的因素。然而历史已经表明,这种非商品的社会主义经济模式不适应于现阶段生产力的性质,必须改弦易辙。当采取分权的社会主义经济体制时,情况就完全不同了。在国有企业成为独立的经营主体,各有它既与整个社会相统一、又各自独立的经济利益的条件下,国有企业之间显然彼此只能以独立的商品生产者的身份互相对待,要用价值规律来调节它们之间的利益关系。因此,全民所有制内部交换的产品也是商品,是毫无疑义的。

1　关于这种看法,在我国经济学界 1959 年的讨论中,有一种颇为形象的说法:商品生产及其价值规律同公有制生产及其有计划发展规律之间的关系,犹如一幅黑白分明的"太极图",有我无你,有你无我;此消彼长,此长彼消。

2　按照恩格斯的说法:"什么是商品? 这是一个或多少互相分离的私人生产者的社会中所生产的产品,……它们通过交换进入社会的消费。"[恩格斯(1876—1878):《反杜林论》,见《马克思恩格斯选集》第 3 卷,北京:人民出版社,1972 年,第 345 页]我们的定义中没有"私人的"这个定语,因为所谓"私人生产者",无非就是纯粹的、截然互相分离的生产者。

有的作者认为,把社会主义经济特别是全民所有制经济看作商品经济,违背了马克思关于一旦社会占有了生产资料,商品生产即将被消除的论断,因而是错误的。[1]

在马克思和恩格斯设想的高度发达的社会主义经济中,是不存在商品货币关系的,社会劳动的计算和有计划分配,也不必借助于价值。但是正如我们前面已经分析过的那样,这样一种经济模式,在今后可以预见的历史时期中还不可能成为现实。我们在分析现实的社会主义经济时,决不能拘泥于经典作家的个别论断,而离开了马克思主义的理论体系。

马克思把商品经济的发生、发展和消亡,看作一个自然历史过程。通观人类社会的发展,马克思把历史划分为三个互相衔接的阶段:(1)以个人之间自然发生的或政治性的"统治和服从关系"为基础的经济关系("不管这种统治和服从的性质是家长制的、古代的或是封建的");(2)"以交换价值和货币为媒介的交换";(3)"在共同占有和共同控制生产资料的基础上联合起来的个人进行的自由交换"。换言之,在马克思看来,人类社会经济形态的发展的全程将经历宗法制的自然经济、商品经济和自由交换经济三个阶段。纯粹形态的共产主义社会,将是在公有制基础上联合起来的个人进行自由交换的社会。但是第三阶段上这种自由交换的实现,要以第二阶段商品交换的高度发展为前提。"第二阶段为第三阶段创造条件"。[2] 数十年来各国人民的社会主义实践说明,从第二阶段到第三阶段的过渡,比马克思原来的预想更加困难,要求更高的生产力发展水平。看来,只有生产力发展到"劳动已经不仅仅是谋生的手段","集体财富的一切源泉都充分涌流"[3],从而在交换中已经不必计较个人和企业劳动者的集体利益时,自由交换才能完全变为现实。

商品经济的充分发展是建成社会主义社会的必要前提这一原理,对

---

1 有的作者,如波兰经济学家 W. 布鲁斯,肯定社会主义经济中存在着商品关系,但是否定"社会主义经济是商品经济"的论断。他的这种观点和我们这里提到的观点有本质的区别。对于布鲁斯的这种观点,我们留待后面再作讨论。

2 以上引文均见马克思(1857—1858):《政治经济学批判》,见《马克思恩格斯全集》第46卷上册,北京:人民出版社,1979年,第104—105页。

3 马克思(1875):《哥达纲领批判——对德国工人党纲领的几点意见》,见《马克思恩格斯选集》第3卷,北京:人民出版社,1972年,第12页。

于像中国这样社会主义制度建立前生产力发展水平很低、小生产像汪洋大海般存在、自给自足的自然经济占优势，至今生产力发展水平仍然不高，社会分工和专业化协作不够发达的国家，具有更加重要的意义。第一，商品关系，是改造宗法制自然经济的生产关系、经营方式和传统习惯的残余，为现代生产力的发展开辟道路的有力武器。"商业对各种已有的、以不同形式主要生产使用价值的生产组织，都或多或少地起着解体的作用。"[1]我们正是要利用商品交换的这种作用，来消除我们的经济中"统收统支""统购统销""统包统配""小而全""大而全""大锅饭""铁饭碗"等自然经济的遗迹，以及它们在政治上的反映——家长制、一言堂、长官意志、衙门作风等官僚主义表现。第二，商品关系是现阶段发展生产力的良好社会形式。马克思在《共产党宣言》中曾说，资产阶级，仿佛用法术唤醒了沉睡在社会劳动中的生产力，在它不到一百年的阶级统治中创造了比先前一切世代创造的全部生产力还要宏伟得多的生产力。正像许多作者已经指出过的，这个法术不是别的，就是在商品生产者的自由竞争中作用着的价值规律。这个规律"迫使资本加强劳动的生产力，因为它以前就加强过劳动的生产力；这个规律不让资本有片刻的停息，老是在它耳边催促说：前进！前进！"[2]在社会主义条件下，从事商品生产的已经不是追求个人发财致富的私人资本家，然而，商品生产及其价值规律仍然可以起到鼓励先进，鞭策落后，克服目前我国经济中严重存在的不惜工本、不求上进、不计效果等怠惰疲沓的习气的重大作用。第三，它为建立更高级的经济形式准备前提。马克思所说的"自由交换"的经济形式，不仅建立在社会生产的高度发展的基础上，而且以个人的全面、自由的发展，人们之间社会关系的全面、自由的发展为前提。但是，个性的这种发展"不是自然的产物，而是历史的产物。要使这种个性成为可能，能力的发展就要达到一定的程度和全面性，这正是以建立在交换价值基础上的生产为前提的"[3]。

1　马克思(1867—1883)：《资本论》第 3 卷，见《马克思恩格斯全集》第 25 卷，北京：人民出版社，1974 年，第 371 页。

2　马克思(1847)：《雇佣劳动与资本》，见《马克思恩格斯选集》第 1 卷，北京：人民出版社，1972 年，第 375 页。

3　马克思(1857—1858)：《政治经济学批判》，见《马克思恩格斯全集》第 46 卷上册，北京：人民出版社，1979 年，第 108—109 页。

如果不通过商品生产的发展把人们从自然经济的宗法关系、统治和从属关系中彻底解放出来，就谈不到进一步发展个性，成为全面发展的共产主义的新人。

总之，商品经济是人类社会发展的一个不可逾越的阶段。自由交换的出现和成熟，要以商品经济的高度发展为前提。离开了这个前提侈谈商品生产和商品交换的消亡，无异于缘木求鱼。马克思在论及从商品交换到自由交换的更替时说得好："如果我们在现在这样的社会中没有发现隐蔽地存在着无阶级社会所必需的物质生产条件和与之相适应的交往关系，那么一切炸毁的尝试都是唐·吉诃德的荒唐行为。"[1] 应当说，在我们这个农村还大体上是半自然经济，农产品商品率不过 20%—30% 的国家里，像极"左"派那样动辄以"破除资产阶级法权""割资本主义尾巴"相号召，对商品货币关系大肆砍杀，比起唐·吉诃德先生，更荒唐得不可比拟。这样做，只能使与自然经济俱来的宗法关系以至封建关系得以延续甚至加强。

认识社会主义经济的商品经济关系，对于我们的经济改革具有巨大的指导意义。既然我国经济改革的方向是扩大社会主义经济中商品关系的作用，从原来的自然经济、半自然经济模式改变为商品经济模式，我们就必须在改革的进程中经常地掌握住要领，使得各项具体措施同这一总的要求相适合。我们应当认识到，商品经济的基本规律——价值规律和一系列经济范畴，如价值、货币、价格、信用以及市场、竞争、合同（法律所确认的商品生产者之间的平等契约）等等，在经济生活中存在和广泛发生作用，而且，它们的作用结果多半是积极的，但也可能有消极的结果。因此，必须认真掌握有关的经济规律，学会运用各种同商品货币相联系的经济杠杆，因势利导，组织好我们的社会主义经济。

我们把社会主义经济看作商品经济，并不等于说，这种商品经济同以往的商品经济（包括简单商品经济和资本主义商品经济）没有根本的区别。由于社会主义商品经济是建立在公有制基础上的，它就不能不具有

---

1 马克思(1857—1858)：《政治经济学批判》，见《马克思恩格斯全集》第 46 卷上册，北京：人民出版社，1979 年，第 106 页。

两个重大的特点：第一，劳动力已经不复是商品。第二，这种经济的商品性是不完全的。第一个特点，使它同资本主义商品经济区别开来。这一点无需作太多的解释。需要着重说明的是第二个特点。商品关系是互相分离的生产者之间的关系。因此，在纯粹的形态上，商品生产者有各自完全独立的经济利益，他们间的私人利益是完全隔离的，在他们之间唯一可能发生的社会联系是通过商品的等价交换发生的联系。在社会主义条件下，情况发生了根本性的变化。生产资料的全民所有制的产生，意味着全社会劳动者联合起来对生产资料进行共同占有和共同控制。这就是说，社会主义企业虽然是相互多少分离的独立生产者，却不是彼此截然分离的独立生产者；各个企业劳动者集体的利益，除了互相分离的一面，还有互相结合的一面。就后一个方面来说，人们在经济过程中发生的关系并不是商品关系。所以，这里的商品货币关系，是社会主义的特种商品货币关系。由此发生的企业之间的竞赛，如果叫做竞争，也是同资本主义社会有原则区别的。正是在这个意义上，布鲁斯[1]提出，"在社会主义经济中可以看到商品关系"，但不能说"社会主义经济是商品经济"[2]。看来对这两重关系进行分析，是很有必要的。正是在这种经济关系的基础上，产生了把企业的微观经济决策同社会的宏观经济决策相衔接的可能性，把计划和市场结合起来，即在社会计划的指导下进行市场调节，或者说在市场的基础上实现计划调节的可能性，国家广泛运用价格、信贷、税收、利息、租金等等经济杠杆调节国民经济的可能性，等等。

　　根据以上的分析，便提出了如何规定商品关系的限度，或"计划"与"市场"结合的配比问题。这种限度或配比，是由经济管理的具体体制决定的。比如说，如果选择扩大再生产投资完全由国家掌握的模式，商品关

1　布鲁斯（Wlodzimierz Brus, 1921—2007），波兰经济学家，市场社会主义学派的传人，曾任波兰国家计划委员会研究部主任、国家经济委员会副主席。他在 1961 年出版《社会主义经济运行的一般问题》一书，提出在保持国有制条件下进行经济改革的"分权模式"（含有市场机制的计划经济模式）。1972 年移居英国，任牛津大学教授。1989 年，他与另一位波兰经济学家 K. 拉斯基（Kazimierz Laski）合作出版《从马克思到市场》一书，反思了他在 60 年代的著作中提出的观点，认为市场社会主义存在许多无法有效运行的制度缺陷，应当实行真正的市场经济。

2　布鲁斯（1969）：《商品物神性和社会主义》，见《社会主义的政治与经济》，北京：中国社会科学出版社，1981 年，第 53 页。

系的活动领域就要窄些，"市场性"的比重就要小些；反之，它的活动领域就要大些，比重就要高些；如此等等。我们在设计具体的经济模式时，要根据我国的实际情况，规定最适当的限度和最优的配比，以便充分利用商品货币关系的有利作用，并把社会主义的优越性充分发挥出来。

从匈牙利经验看我国当前的改革[*]

——对科尔奈关于匈牙利改革的两篇论文的评论

（1985 年 8—9 月）

一[1]

在社会主义各国的改革中，最引人关注的，莫过于匈牙利近三十年的改革了。近年来，人们对于匈牙利改革的进展谈论得很多。可是，如果进一步探问它为什么能够取得如此巨大的成就，改革过程中有哪些错失，为什么在七十年代前期发生了某种程度的逆转，以及为何至今仍然存在着相当大的困难，却又是见仁见智，言人人殊，各有各的说法。J. 科尔奈[2]的《宏观政策的改革：匈牙利的经验》，对我们解答这些问题提供了亲身参加改革的经济学家的第一手观察资料。以此作为背景材料，配合研究匈牙利作者（包括科尔奈本人）的其他论著，我们将能够深化自己的认识，得出某些大有益于我国今后改革的结论。

---

* 见《吴敬琏选集》，太原：山西人民出版社，1989 年，第 595—612 页。

1 这一部分是本书作者为科尔奈提交给 1985 年 9 月"宏观经济管理国际讨论会"（"巴山轮会议"）的论文《宏观政策的改革：匈牙利的经验》[载荣敬本、邱树芳、刘吉瑞编（1987）：《短缺与改革——科尔奈经济体制论文选》，哈尔滨：黑龙江人民出版社，1987 年，第 166—204 页]所写的评论。首载《社会经济体制比较》，1986 年第 4 期，题目为《我们应当从匈牙利改革的成败得失中取得什么教训？——读 J. 科尔奈〈匈牙利的经验〉的感想》。

2 J. 科尔奈（János Kornai, 1928—　），匈牙利经济学家，匈牙利科学院、美国艺术与科学院、欧洲艺术、科学与人文学院院士，长期担任美国哈佛大学与匈牙利布达佩斯高等研究院教授。他的《短缺经济学》（1980）、《社会主义体制》（1992）等书被普遍认为是 20 世纪分析社会主义经济最重要的著作。

如所周知,匈牙利在 1968 年对旧经济体制进行了一次激进的改革,原则上取消了对企业下达的指令性生产计划和物资调拨计划,部分地放开了价格,从而向计划和市场相结合的新经济体制大大跨进了一步。但是,时隔二十年之后改革者所追求的有宏观经济管理的市场调节体制并没有完全形成,特别在七十年代初期发生经济困难以后,旧体制在许多方面重新得到加强。以后虽然作了一系列的努力,企业对上级行政机关的"纵向从属"这种命令经济的典型表现,依然居于主导地位。为什么会出现这种情况? 流行甚广并且最容易被人接受的回答大概是这样:匈牙利组织制度的改革由于种种原因滞后,使某些思想保守的人士保持了比较多的阵地,他们利用自己的权力向企业发布指令,使企业的经营自主权难以发挥,而且他们一旦得到有利时机,就对新体制及其代表人物发动反击,扩大行政权力,把改革拉向后退。

　　乍一看来,这种回答是同人们的直观印象相吻合的。然而仔细想来,它给予人们的满足只是表面的。这是因为,任何一种改革,正如不可能没有拥护者一样,也不可能没有反对者。问题只在于,改革本身的合理性将使反对者减少和削弱;而如果改革的方案设计不周或者执行中出现了大的疏漏,就会出现相反的情况。事实上,在社会各阶层,特别对旧体制已经习惯的领导机关中,总有一部分倾向于保持和恢复旧体制的人。如何正确处理这一类性质的矛盾,正像奥塔·锡克[1]在 1982 年的一次谈话中所说的那样,从来是一个很费斟酌的问题:如果对原有的机构和不能适应新体制的干部过分迁就,固然容易造成改革的"中间梗阻";而如果操之过急,又不利于团结一切可以团结的人们,容易增加改革的阻力。所以,优先进行组织改革的可行性以及利弊得失,是一个还需研究的问题。进一步说,即使预先进行了组织改革,包括组织制度在内的全部新体制是否能够牢固地和持久地占领阵地,而不致发生"复旧"的逆转,归根到底还要取决于新体制能否有效地运行。如果实践证明新体制的确较之旧体制更

1　锡克(Ota Sik, 1919—2004),捷克斯洛伐克的著名政治家、经济学家,主张走"宏观计划、微观市场"的"第三条道路"。1967 年任副总理,领导了 1968 年捷克斯洛伐克"布拉格之春"改革。华沙条约国家军事占领捷克斯洛伐克后流亡瑞士,成为捷克斯洛伐克国内"持不同政见者"的精神领袖之一。

优越，效率更高，能够给人民以更多的实惠，那么，反对的呼声即使原来很强烈，也将会日趋衰落。反之，如果新体制存在重大的缺陷，又不能及时得到补救，那么，经济上的客观要求将比一切政治上、思想上、道义上的理由更有力量，使旧的行为方式和管理体制卷土重来。即使原来没有新体制的反对者，也会产生出新的反对者来的。

所以作为改革者，应当从自己的错失中寻找对方得以起作用的原因。换句话说，要研究新体制的缺点和漏洞，检讨改革实施过程的疏忽和失误，才能找到防止和补救的办法。科尔奈的论文，正是这种研究得出的一个成果。

说到匈牙利新经济机制的缺点，国内经济学界也有一种广泛流行的看法，即认为问题在于企业的活力不足，没有能够做到自主经营和自负盈亏。看来，这种看法也有失之过于简单的缺点。

新体制下的匈牙利经济，的确存在企业仍然从属于行政上级，因而缺乏活力的巨大缺陷。问题在于，我们必须探究，这种缺陷是怎样形成的。如所周知，匈牙利在1968年改革一开始，就对扩大企业自主权采取了科尔奈所谓"激进的、连贯的"措施。领导上排除了各种"折衷性的建议"，"完全取消了对企业颁发的短期指令"（即指令性的生产和物资调拨计划），使企业获得了自主进行产供销等短期决策的自主权，同时自然就要承担对自己的盈亏的完全责任。按理说，在采取了这样大的"松绑放权"动作以后，企业应当成为独立的商品生产者和经营者，整个社会经济也应当具有商品—市场经济所天然具有的活力。然而，事实上并不如此。这就说明，企业缺乏活力的原因不仅要从它本身去寻找（这方面的探究是十分必要的，例如，如何实现所有权与经营权的分离，就是一个必须解决的问题），还要从其他方面去探索。

我们知道，商品生产者要能够发挥他们的经营主动性，商品—市场经济要能够有效地运行，有一个必须具备的前提，这就是要有一个竞争性的市场环境，不仅有货物和服务的竞争性市场，而且有货币资金的竞争性市场（即金融市场）。这样，企业之间才能在公平竞争中你追我赶，优胜劣汰。同时，生产要素才能在价值规律的作用下，在各个地区、各个部门、各种类型的企业之间流动，达到供给与需求的均衡和各种资源的合理配置。

而这种决定性的条件,却没有被匈牙利改革创造出来。

如同我们所知道的,六十年代和七十年代在改革经济学中占主导地位的观点,是把着眼点放在扩大企业的经营自主权上。当时的一些重要的社会主义经济理论模式,无论是"宏观决策权归中央、微观决策权归企业"的布鲁斯模式,还是"大权(扩大再生产的长期决策权)独揽、小权(简单再生产的产供销短期决策权)分散"的孙冶方模式,都有忽视商品—市场经济运转的枢纽,即竞争性市场体系如何建立和完善的缺陷。特别是前一种模式当时在东欧是有很大影响力的。匈牙利1968年改革的基本设想,显然就受到这种思想的影响。在这种思想的影响下,匈牙利改革在保证竞争性市场体系的形成方面没有取得实质性的突破。

竞争性市场体系之所以重要,是因为只有有了这样的体系,才能形成能够反映各种资源的相对稀缺性的价格体系。如果各种投入要素和产出品的合理相对价格(比价)成为经济运行的基本参数,就能够通过企业对自身物质利益的关心,把它们的经营活动引导到符合于社会目标和整体利益的轨道上去。匈牙利在1968年改革之初,曾经确定了价格改革的目标,是要通过所谓"三种四类价格"[即:(1)固定官价;(2)有官方限制的协议价格,包括有最高限价的和由官方规定浮动范围的两类;(3)真正的自由市场价格],逐步过渡到自由价格制度去。然而,这一过渡进行得很不顺利。第一,价格自由化进行得十分缓慢,管理价格和变相的管理价格始终占优势。第二,即使是采取非管理价格的部门,由于匈牙利工业的集中程度很高,不少产品由单个企业独家生产,在这类非竞争部门也难于通过竞争形成供求均衡价格。

这样一来,就出现了不少产品价格的扭曲。然而国民经济中各种产品的比价关系是一个体系。正如科尔奈所说,"要是价格体系中一些重要部分开始扭曲,就不可避免地导致整个比价体系的扭曲。最终的结果是整个比价体系充满任意性"。他说得完全正确,"无论在理论上或实践中都没有迹象表明一系列局部性的'零敲碎打的价格改革'能够建立一个总体上不扭曲的合理的价格体系"。

科尔奈的另外一个论断,也是富有启发性的:"如果没有灵活、有效的价格信号,就没有真正的市场机制可言。而我们目前所做的,距灵活、有效的价格信号还差得很远。"正如我们所知道的：在任何一个社会化的生产中，总要有一定的社会机制来合理地配置资源，不能由市场机制（包括有调节的市场机制）来配置资源，就只好用行政命令来配置资源，二者必居其一。匈牙利原价格和物资局局长 B. 西科斯—纳吉（Béla Csikós-Nagy）说得很明确，由于匈牙利还缺乏实行间接调节所必须的先进的货币制度，"如不使用直接的办法，就不可能实现社会主义经济的按计划调节。"[1] 因此，在新体制不能有效配置资源的情况下，客观上存在着或多或少地恢复某些行政干预手段的必要性。而这种经济上的压力，自然会找到它的政治上的代表人物去促其实现。

以行政机关对企业的干预而论，1968 年的改革从原则上否定了行政机关对企业的微观干预。当时假定的前提是：既能反映成本又能反映供求的价格，会自动地通过盈利的多寡对企业取得的效益作出评价和奖惩。可是，在比价关系不能正确反映产品的相对稀缺程度时，企业的盈利高低也就不能反映企业经济效益的真正差别，这种"苦乐不均"现象的存在，形成了主管机关对企业利润进行"再分配干预"（加税或补贴）的动机。最后，如同我们知道的，在匈牙利各种非规范的特别税和补贴竟然达到200—300 种之多。

科尔奈在《国有企业的双重依赖》中描述了情况恶化的整个过程：在行政机关同企业之间"讨价还价的过程中，因为原始盈亏不能反映真正的社会效益，企业和上级双方都常常提出额外税收或额外补贴的要求。当然，这在许多场合下都是合理的争论，但它却导致因果关系的恶性循环：由于价格是主观随意的，通过财政再分配来补偿就成为必要；由于财政再分配范围极广且有很大的随意性，价格也愈加变得主观随意。"[2]

前面已经指出，对于商品—市场经济来说，重要的不仅要有一个竞争性的货物和服务市场，而且要有一个容许货币资金横向自由流动的金融市场（首先是短期金融市场即货币市场，然后是长期金融市场即资本市场）。只有建立起金融市场，市场机制才能起到合理配置资源的作用和实

1　贝拉·西科斯—纳吉（1978）：《匈牙利经济改革的十年》，载《经济学译丛》，1979 年第 1 期。
2　科尔奈（1985）：《国有企业的双重依赖——匈牙利的经验》，载《经济研究》，1985 年第 10 期。

现资源优化的重任。然而，由于六十年代和七十年代占统治地位的经济改革理论把投资这种企业的长期决策权视为只能由行政机关集中行使的"宏观决策权"或"大权"，匈牙利的 1968 年改革甚至没有提出建立金融市场的要求。因为，"在投资领域，企业依然存在着十分强烈的纵向依赖。"在这样的条件下，进行投资和重新配置资本的唯一手段只能是通过财政和旧式银行来实现纵向的行政协调。"这既是软投资预算约束的结果，也是它的原因。"[1]

在这种情况下，行政机关对企业的微观干预就必然会愈演愈烈。同时，我们也就"不难理解，为什么在改革之后，经理的主要目标仍是取悦上级而不是取悦顾客"。[2]

与金融市场相联系的，是银行这个商品—市场经济中最重要的宏观调节系统的建立。在匈牙利的改革中长期忽略了这个问题，甚至中央银行与商业银行分设的问题也还提出不久。在金融改革未能及时实现的情况下，当遇到 1973 年那样的经济困难而没有能力通过间接调节手段作出灵活而及时的反应时，恢复旧的行政管理办法也就成为很有吸引力、而且有时简直没有其他选择的对策了。

总之，从科尔奈的论述和其他匈牙利文献可以得出结论：虽然组织制度的改变滞后和保守力量保留了较大的阵地对于匈牙利改革在七十年代的反复起了明显的作用。但是，这种困难和逆转还有经济方面的，或者说新体制本身设计不周和实施偏差的原因。这就是说，它存在重大的缺陷，特别是竞争性的市场体系的形成和以金融机构为骨干的宏观调节体系的形成上有很大的不足，造成了国民经济体系运转中的不少问题。而这些问题，又为保守的人们所利用，为他们抨击新体制和鼓吹恢复旧体制提供了经济上和政治上的依据。

匈牙利的 1968 年改革是以"一揽子"的配套改革著称于世的。当它的缺点和不足显露出来并为人们广泛议论的时候，有些论者据此认为，匈牙利改革中出现的这些曲折和困难，说明了配套改革并不能保证改革的

---

[1] 科尔奈（1985）：《国有企业的双重依赖——匈牙利的经验》，载《经济研究》，1985 年第 10 期。

[2] 科尔奈（1985）：《宏观政策的改革：匈牙利的经验》，见荣敬本、邱树芳、刘吉瑞编：《短缺与改革——科尔奈经济体制论文选》，哈尔滨：黑龙江人民出版社，1987 年，第 173 页。

顺利实现,因此配套改革的思想是不足取的;改革应当针对当前遇到的现实矛盾,有什么问题解决什么问题,积之长久,自然会建立起一种较好的经济体制。我觉得,上述结论很难从匈牙利的经验材料得到印证。恰恰相反,包括科尔奈在内的匈牙利人士的分析表明,匈牙利改革之所以出现困难,并不是由于经济体系各个环节上的改革过于配套,而是由于它们之间配套不足。特别是在形成企业平等竞争的市场环境方面和间接调控体系方面配套不足,是造成困难的主要原因。所以,匈牙利的经验给予我们的,也许是另外一种信息。这就是:改革者固然不应企求一切环节上的改革在一个早上统统实现,却应当争取在尽量短的时间内把新经济机制的主要支柱树立起来,使之能够开始运转,由此造成一种不可逆转的形势,然后在这种初步配套的基础上作进一步的改进。人们说,配套改革并不一定能够保证改革取得成功。这个负判断当然是可以成立的。问题在于:不配套的、零敲碎打的改革却一定不能成功,这更是一条已经为各国改革实践所反复证明了的定则。

二 [1]

我觉得科尔奈教授的《国营企业的双重依赖:匈牙利的经验》是一篇很好的论文。理由有两点:

第一点,我很赞赏他在论文中表现出来的实事求是的态度。科尔奈教授多次谈到过,匈牙利经济学界有着良好的讨论气氛,这就是:面对问题,不回避矛盾,生动活泼地进行讨论。他的这篇论文力求准确地描述匈牙利经济体制改革的成就和问题,鲜明地提出自己的观点,是这种气氛的

---

1 这一部分是本书作者 1985 年 8 月 28 日在"国营工业企业管理体制国际学术讨论会"讨论科尔奈教授的论文《国营企业的双重依赖:匈牙利的经验》(载《经济研究》,1985 年第 10 期)时所作的评论。首载《经济社会体制比较》,1985 年第 3 期,题目为《从匈牙利的经验看我国当前的改革》。中国国营工业企业管理体制国际学术讨论会,于 1985 年 8 月 27—30 日在北京召开。国营工业企业管理体制问题是中国社会科学院经济研究所与世界银行的合作研究课题之一,从 1982 年起到会议召开时已进行了三年多时间。双方工作人员于 1983、1984 年先后调查了 20 个有代表性的中国国营工业企业,并在调查研究的基础上,写成一批具有较高质量的论文,提交这次会议讨论。这次会代表除了参加这个调查项目的双方研究人员,还有包括科尔奈在内的一些中外经济理论工作者。

反映。记得我们 1981 年开始讨论中国经济改革问题时，波兰经济学家 W. 布鲁斯教授曾经说过，经济改革要取得成功，一个前提就是要对改革的理论和实际问题进行无拘无束的、自由的讨论。匈牙利的经济改革取得的成功，同匈牙利同行们这种科学的态度是分不开的。我们中国经济学家在这次会议上和整个经济改革的过程中也要本着这样的精神来进行讨论。

第二点理由是，把这篇论文讨论的问题同中国的情况联系起来，使人感到特别亲切。这是因为，这些问题也正是我们一段时间以来热烈讨论的。有几位年轻的中国经济学家在评论科尔奈教授的《短缺经济学》的时候，借用了马克思在《资本论》序言中说过的一句话，指出《短缺经济学》虽然是以匈牙利经济作为背景的，但"说的正是阁下的故事"[1]。就是说，这些分析对中国经济也是适用的。可以说，这是许多中国经济学家在读科尔奈教授的著作时的共同感受。我在读现在放在面前的这篇论文的时候，也有同样的感受。

按照时间顺序，我把科尔奈教授在论文中谈到的问题分为(1)匈牙利1968 年改革前解决了的问题，(2)1968 年改革时面临的问题和(3)现在正在深入讨论的问题三类。这三类问题都是中国经济学家近年来热烈讨论的，这一讨论还在继续进行。第一类问题涉及匈牙利在经济改革以前确定的一些总的原则，对于中国，这些问题还是很现实的。第二类问题是匈牙利 1968 年改革所要解决的问题。对我们来说，这类问题或者已经出现，或者今后将会面临。第三类问题是匈牙利经济学家在开始全面改革十七年后的今天正着力解决的。虽然中国的经济改革起步较晚，但在我们这里，匈牙利改革三个阶段提出的问题现在同时提出来了。这表明中国经济学界的进步，表明我们正在赶上来。

对于以上三类问题，科尔奈教授都根据匈牙利的经验做了富有启发性的讨论。

我想联系中国的情况谈一谈自己的想法。

1　江山(刘吉瑞、邱树芳，1985)：《科尔内的〈短缺经济学〉和社会主义经济体制改革》，载《经济社会体制比较》，1985 年第 1 期(创刊号，1985 年 7 月出版)。

第一类问题是匈牙利从五十年代中期就开始讨论,在改革开始前已经在原则上得到解决的问题。主要有两个:

第一个问题是,工业管理制的改革应该是局部进行、还是全面推进的;或者说,是否应该在比较短的时间内原则上取消指令性计划,同时大体上建立起新体制的雏型。世界银行的马丁·斯然克先生昨晚对我说:一揽子全面改革还是单项局部改革之间的争论,是比较经济学的一个永恒性的问题。在中国,我们也长期热烈地争论过这个问题。一部分经济学家主张改革一项一项地进行,另一部分经济学家(包括我本人)认为,改革应当分阶段在经济系统的主要环节上同步配套地进行。从今年初科尔奈教授与《中国日报》记者吴若思的谈话[1]看来,科尔奈教授是了解中国经济学界在这个问题上的争论的,并且提出了自己的意见。我在下面还要谈到这个问题,这里就不具体讲了。

第二个问题是市场机制有效地发挥作用需要不需要一个买方市场的问题。这个问题科尔奈教授是放在文章第Ⅱ段讲匈牙利改革后需要解决的问题时谈的,我把它提到前面,因为这涉及是否需要为改革准备一个宽松的经济环境的问题。虽然从匈牙利的情况看,这个问题早在改革以前已经在原则上解决了,但中国的情况有所不同,对于市场机制发挥积极作用是不是需要一个有限的买方市场的环境的问题,一直有很大的争论,直到现在两种意见还相持不下。

大家知道,1981年经济调整后,在我国经济的大部分领域很快形成了买方市场。但是,1982年在一些领域就已经出现回到卖方市场的倾向。1984年下半年,这种逆转趋势迅速加强。到年底,中国经济几乎全面回到了卖方市场。怎样看待这个问题,在中国经济学家中有截然相反的意见。

我和我的一些同事认为,市场机制有效地发挥作用的一个重要条件,是一个有限的买方市场。因此,为了保证以市场发挥重大作用为方向的经济体制改革得以顺利进行,就要尽力保持我们费了相当大代价才获得的买方市场环境。看来,我们这种意见至少得到三位卓越的外国同行的

---

1 载《美洲华侨日报》,1985年3月15—17日。

支持,他们是:布鲁斯、锡克和在座的科尔奈。不过,在中国国内反对这种意见的经济学家是相当强有力的,特别是某些富有现代西方经济学素养的经济学家认为,建立和保持有限买方市场的要求既是不现实的,又是不必要的。他们说,第一,买方市场在我国的情况下不可能出现。第二,供不应求可以促进增产,因此卖方市场有利于工业的高速度增长,有利于提前"翻番"。第三,正是因为旧体制下市场紧张、供应不足,才需要改革,如果在改革开始时已经建立了买方市场,这就无异于取消了改革的必要性。

毫无疑问,两种意见对决策都有一定的影响,也会导致不同的结果。

科尔奈教授谈到的第二类问题,是匈牙利1968年实施"新经济机制"时遇到过的问题。他用论文的主要篇幅分析了这方面的问题,提出了解决的办法。问题集中在一点上,就是计划与市场相结合的新经济机制要能够有效地运行,需要什么样的条件(科尔奈教授把它们叫做"市场有效地发挥作用所需要的四个相互依赖的条件")。在他看来,匈牙利新经济体制之所以不能像原来预期的那样顺利运行,原因就在于这些条件的持续保持受到了原有经济体制,即命令经济的残余的限制和干扰。科尔奈教授在论文中详细地分析了这四个相互依赖的条件和它们在匈牙利所受到的限制。这四个条件是:(1)能够正确反映稀缺程度的价格信号,也就是合理的价格体系。(2)国有企业对市场信号作出反应。(3)普遍的买方市场。(4)竞争的市场机制。我同意科尔奈教授的基本分析。关于第三点我在前面已经谈过,其余三点也都是非常重要的。我想就中国的情况讲一点意见。

我很同意科尔奈教授关于经济机制有效运行的诸条件是相互依赖的的观点。针对我们过去在考察经济体制时系统论的观点不强的缺点,近几个月我在不少场合讲过,我国新的经济体制作为一个系统,应当有三个互相联系的主要环节。它们是:(1)自主经营、自负盈亏、能够对市场信号作出正确反应的企业;(2)竞争性的市场体系;(3)以间接控制为主、能够自如地进行调节的宏观调控体系。以下分别就这三方面进行讨论。

科尔奈教授把价格体系的合理化作为第一个条件。我想强调能够对市场信号作出正确反应的企业是首要条件。因为这涉及新的经济系统是由什么样的元素组成的这样一个基本问题。我想强调的是：这个系统是由自主经营、自负盈亏的企业，用科尔奈教授的话来说，是由与上级机关的父子关系减弱到很低度、或者说预算约束硬度提到相当高程度的企业组成的。如果说在匈牙利企业对国家的纵向从属关系还存在的话，那么在中国的情况就更为严重，可以说到目前为止，纵向从属关系还是占支配地位。我可以举出一些企业预算约束软化、国有企业纵向从属于上级行政主管机关的表现：

（1）企业领导人完全是行政任命的，而且企业处在上级行政机关严格的管束之下。我们的会议[1]昨天议论到中国公司。在我看来，除了少数例外，我国现有的绝大多数公司是行政性的或者基本上是行政性的。中国的公司最早是1956年对资本主义工商业改造时在上海建立的。这些叫做"专业公司"的公司从一开始就是行政性的。在改革试点进程中，通过"简政放权"建立的公司也多半是行政性的。中央的部和省向市放权，但是往往放到市一级就发生"中间梗阻"了。而且，市行政当局和市属公司比中央和省对企业管得往往还要紧。这是一种相当普遍的情况。特别令人感到不安的是，这种政企不分的情况正在向下延伸。我们的许多乡镇企业，与乡镇党政领导的父子关系有时并不比国有部门弱。

（2）指令性计划在一些重要方面保留，而且指导性计划也指令化到了与指令性计划没有原则区别的程度。对什么是指导性计划，中国经济学家是有不同看法的。现在因为卖方市场的强化，领导机关很难用间接的经济杠杆进行调节，因而指导性计划也要普遍下达到企业。同时由于行政任命企业领导，为了得到上级的好评，企业领导就必须想办法完成计划指标。除此之外，还采取了其他办法进行"指导"。一是通过物资供应：完成计划就给物资，不完成就不给，给了物资而没有完成计划明年扣还；另一个办法是用投资进行控制，保证完成"指导性计划"才给资金。

（3）投资决策基本上是由行政领导机关作出的。现在全部投资都叫做"拨改贷"了。但这种贷款在相当大程度上并不是真正的贷款，因为一部分是"戴帽下达"，由上级机关指定了贷款用途的。银行发放的贷款也

1　指前面提到过的"国营工业企业管理体制国际学术讨论会"。

有相当部分要预先由上级行政机关作出决定。即使真正的银行贷款,由于利息很低(甚至低于通货膨胀率),付息和偿还又是在交纳所得税和调节税以前进行,所以对企业盈利的影响很小。

(4)"利改税"的本来意图是硬化对企业的预算约束,但由于价格、税收等制度的改革尚未进行,企业经营并不是在公平竞争的环境中进行的,为了尽量排除外部因素对各个企业盈利水平的影响,便设立了一种实际上不是税的特别税,叫做"调节税"。"调节税"采取"一户一率"的办法,税率按照与企业原来的利润留成率负相关的原则确定。而且设计税率时还要遵循"保护既得利益"的原则。此外,由于确定税率缺乏客观标准,在企业与主管机关之间讨价还价的情况相当严重。主管行政机关往往"抽肥补瘦",对某些企业实行"照顾"。这样就使预算约束软化到很高的程度。

(5)最后,我们没有破产法,也没有实行破产制度所需的配套措施,比如说社会保障设施,因此国有企业实际上是不会因为经营不善而被淘汰的。

体制改革的第二个基本环节是建立竞争性的市场体系。这一改革的核心内容是价格体系的合理化。按照《中共中央关于经济体制改革的决定》,新体制下的价格应当既反映劳动耗费,又反映供求关系。但是向新的价格体系的过渡进行得不是很顺利,特别是生产资料价格方面。这方面的价格不合理使国民经济效益受到损害的情况过去一直是比较严重的。现在存在的一物多价的多重价格制度(在中国被称为"双轨制"),使价格信号的扭曲更严重。多重价格体系有许多弊端,其中之一是把不同的企业放在不同的竞争条件下,出现了效益差的企业在竞争中处于更有利的地位,排挤效益好的企业的情况。例如,由于存在多重价格,对钢材的多余购买力集中在只占销售量10%的议价钢材上,使后者价格不正常地高于调拨价两三倍。这样,边际生产成本很高的小土炼铁炉、小土焦炉、小炼钢电炉在一些省份大量发展,造成了社会资源的很大浪费。由于存在多重价格,甚至出现了这样荒谬的现象:等外品比起合格品赢利性更高,因为对指令性计划的产品来说,合格品是一种调拨物资,是要按国家定价出售的,或者是要按国家定价卖给外贸公司的;等外品不合格就可以由外销变为内销,内销变自销,卖高价。所以有些企业就愿意生产不合格的产品。此外,因为同一种商品(包括货物、资金、外汇等)的多种价格相差悬殊,就给倒买倒卖、以非法手段赢得高利留下了漏洞。

在市场的形成上,由于政企不分,企业隶属于地方行政单位,采取非公平竞争手段的情况还相当多,地区之间的封锁的情况也比较普遍。

新经济体制的第三个基本环节是以间接控制为主的宏观调控体系。这方面我们的进展比前两个方面还要差一些。

在间接控制的体制下,金融系统起重要作用。但是我们的银行系统从命令经济条件下那种财政部门的出纳机关向新的银行体系过渡的进程很慢。此外,财政税收体制和外贸体制上也还有不少问题。

总之,我们现在遇到的问题是:直接的行政控制在很多部门都已经被突破,而间接调控体系又很不完整。双重体制的存在,是去年下半年以来出现某种程度的失控的重要原因,同时也使我们稳定经济的措施收效不快。

对我们中国经济学家来说,一个很重要的问题是要传播这样一种思想:经济体制改革必须是系统的,或者说是同步配套的。拿上面讲的三个主要环节来说,就应该同步配套地进行。但这种思想过去并没有为人们所广泛接受,包括我自己在内,在很长一段时间都认为经济改革的实质问题就是放活企业。最近一段时间,我越来越觉得这种认识是不全面的。仅就国家同企业的关系来说,单提"放活"也是有片面性的。在这方面,应当说我也得到了科尔奈教授的著作的帮助。科尔奈教授提出的"父子关系"(Paternalism)这个概念,应当说包含两个方面的内容:一方面是国家行政机关或政府对企业像父亲那样严格地管束,另一方面就像父亲对儿子那样多方回护。我们过去比较强调第一个方面,所以认为企业管理改革的要点就是"放活",而对第二个方面考虑得不多。正像科尔奈教授所说,企业总是或者纵向从属于上级行政管理机关,或者横向从属于市场,问题是从纵向从属向横向从属转化,而不是让企业处于某种"从属真空"之中,只负盈、不负亏,既不受制于上级行政管理机关,又不受制于市场竞争的压力、从中得到激励和鞭策。

科尔奈教授提出的第三类问题是匈牙利经济学家们目前正在研究解决的问题。我很高兴地看到,这些问题正好是我们中国经济学家最近一段时间讨论得很多的。这些问题环绕刚才谈到的新经济体制的三个基本环节如何完善和提高而产生。正像我已经说过的那样,中国在这三个基本环节上,新的体制还没有能基本建立起来,比起匈牙利要落后一些。但是我们现在已经看到了匈牙利在新经济体制较高发展阶段上提出的问题,并且进行了很热烈的讨论,这说明近年来我国经济学研究的进步。

对科尔奈教授谈到的问题,我想提出其中两个来进行讨论。

一个是投资领域的纵向从属问题。我以为,投资的纵向从属实际上包含两个问题:一是企业在投资决策方面的自主权不够;二是资金的流动性不足,从而生产要素不能向效益高的地方集中。科尔奈教授论文里提出的解决问题的主要方向似乎是扩大企业内部资金来源。他说,在匈牙利大企业有48％的资金是外来的,应当减少外部资金,增加内部资金。在中国也有经济学家提出类似的主张。例如,有同志主张把企业留利的比重由目前占纯收入15％左右提高到20％—30％。我的想法有一点不同。我以为解决投资决策纵向从属问题,主要地得靠建立资金市场。至少在中国的条件下,现在扩大企业在毛利中的留成比例并不是一种很好的办法。企图用这个办法来提高投资效率的想法恐怕也比较难于实现。现在的情况是:企业留利按原来规定要有相当部分用于投资(生产发展基金),但是在多数企业都变成奖金和补贴分掉,转化成消费基金;或者被别人"集资"集走了,而所谓"集资"的运用并不都是很合理、很有效的。如果再提高企业留利的比重,在现有体制下只会进一步增加消费基金,并不能增加企业的投资,更不会提高投资效率。通过资金市场来解决企业投资所需要的资金,既可以解决企业投资决策自主权不够的问题,又可以解决要素流动性不够的问题。

进一步的问题是建立什么样的资金市场? 这个问题在我们这里有很大的争论。这里无法详细陈述我的意见。只能原则地说说我和我的一些同行的分歧点。有一些经济学家大致是按欧美方式来考虑我们如何开放资金市场的,就是说,全面开放资金市场,既开放一级市场即证券发行市场,又开放二级市场即证券流通市场,如股票交易所等。我个人更倾向于五六十年代日本高速成长时期的方式。这种区别于欧美方式的资金市场,要点有两个:第一是间接融资为主,直接融资为辅。第二是近期只开放一级市场,把开放二级市场放到我国的第八个五年计划时期去考虑。

科尔奈教授提出的第二个很有意思的问题是:怎样才能进一步加强企业的经营独立性。对于这个问题,中国经济学界最近一年来也有非常热烈的讨论。昨天的会议上,几位中国经济学家对股份制问题发表的意见,局部地反映了这一讨论。与上面的一个问题相联系,我以为股份化对国有企业来说在短期内,比如五年内,可能还不是解决问题的主要办法。也许我们还是要分两步走:第一步在国有企业内实现所有与经营的初步分离,第二步再考虑所有与经营的彻底分离。对于这个问题,我们还需要进行更深入的讨论。

二、 探讨改革的若干基本问题

在上世纪 70 年代末改革起始阶段,中国的经济改革主要采取"摸着石头过河"的方式进行,也就是在保持旧体制的基本框架条件下用一些变通性的政策来"调动积极性"。然而人们很快就发现,这种政策调整的作用十分有限,只有对居于统治地位的计划经济体制进行市场化改革,才有可能真正迎来经济的腾飞。

这样,中国经济从 20 世纪 80 年代初期起就进入了探索建立市场经济新体制的过程。

按照新思路进行重大的社会变革不可避免地要在一些重大理论问题上对传统观念进行反思。这样,研究基本问题,提出新的理论解释就成为推进改革的必要前提。

进行市场化改革,首先遇到的一个重大理论障碍,是马克思主义创始人曾经明确地断言:社会主义将把整个社会变成一座大工厂,因而商品生产和货币关系必将消亡。针对这一问题,本书作者在本书选录的《"生产社会化"概念和社会主义的商品生产观——论马克思主义在当代的一个重要发展》(1985 年 11 月)一文中,用第二次产业革命以来经济发展的实际情况说明,在现代技术条件下,生产社会化并不必然导致企业规模的无限扩大,使整个社会变成一座"社会大工厂"(马克思语)或者"国家辛迪加"(列宁语)。稀缺资源的有效配置完全能够经由众多独立企业通过市场进行协作而实现。

与此相适应,我在收入本书的《论作为资源配置方式的计划与市场》(1991 年 8 月)和《建议确立社会主义市场经济的改革目标》(1992 年 4 月)两文中论证了确立市场经济改革目标的必要性。

从世界各国的经验看,对于建立什么样的市场经济体制,大致有政府主导的市场经济模式("东亚模式")和自由市场经济模式("欧美模式")两种模式可供借鉴。前者往往为官员们所钟爱,后者则为具有现代经济学知识的学者所向往。虽然这两种模式在政府的作用问题上存在原则性的差别,但在当时命令经济还占有统治地位的条件下,这种差别并不显著。东亚模式通过提供"政策融资"和倾斜政策等一些既能让市场力量发挥作用又能由政府灵活运用的经济形式,对企业进行"行政指导",在发展初期产生了一定的积极效果。但是,随着进入到更高的发展阶段,就必须实行进一步的市场化改革和政策调整,减少政府干预。如果进一步的市场化、法治化改革遭到在寻租活动中拥有既得利益的社会力量的抵制和阻碍,就会引来种种恶果。我对这一问题的认识是逐渐清晰起来的。

　　除了以上问题,对于中国经济改革和社会发展的若干基本理论问题,例如社会主义的本质特征、国有经济的地位和作用、民主法治的意义等等,我也根据自己的观察和对前人论述的批判性理解提出了自己的看法〔参见收入本书的《关于社会主义的再定义问题》(1997 年 5 月)、《从战略上改组国有经济》(1998 年 11 月)、《从〈大国崛起〉看各国富强之道》(2007 年 2 月)等文〕。

"生产社会化"概念和社会主义的商品生产观[*]

——论马克思主义在当代的一个重要发展

（1985 年 11 月）

　　说到本世纪以来科学社会主义在理论和实际上的发展变化，最令人感兴趣和最具有重要意义的，莫过于它对商品货币关系的看法和做法了。从苏联建国初期迅速废除商品货币关系的政策，到斯大林时代分阶段取消的设想，再到社会主义国家的经济改革浪潮中越来越多的人接受社会主义与商品货币关系并不截然对立的观点，传统的社会主义商品货币观已经改变得面目全非。

　　如何估量这种变化？这是一个受到马克思主义理论界和非马克思主义理论界普遍关注的问题。某些激进派人士谨守旧的教条，认为商品货币关系与社会主义不相容，而"那些在行动上是加强市场，而不是与市场进行斗争的人，不管他们的动机如何，都是在发展资本主义而不是在发展社会主义。"[1]在另一个极端上，一些承认社会主义国家市场取向（market oriented）的改革具有合理性的保守派人士，却企图利用这种变化来否定马克思主义，说改革意味着社会主义的失败。以上两派人士虽然对社会

---

* 原载《马克思主义研究》1986 年第 1 期，随后作者对原文作了增补。又见《吴敬琏选集》，太原：山西人民出版社，1989 年，第 271—303 页。

1 斯威齐（1972）：《捷克斯洛伐克、资本主义和社会主义》，见保罗·斯威齐、夏尔·贝特兰（Paul Sweezy & Charles Bettelheim, 1972）：《论向社会主义过渡》，尚政译，北京：商务印书馆，1975 年，第 10—11 页。

主义的态度截然相反,却有一个共同的理论前提,这就是,社会主义制度下商品货币关系必然消亡的学说,是科学社会主义不可缺少的组成部分;部分与整体之间不可分割,一荣俱荣,一损俱损。

本文的目的,是要对马克思主义关于社会主义制度下商品消亡的观点同它关于社会主义的基本理论之间的关系作历史的分析,弄清二者在什么情况下是联系在一起,在什么情况下却完全可以区分开来。要做到这一点,关键又在于对"生产社会化"这一在科学社会主义的形成上起了决定性作用的范畴作系统的考察,并对它作出适合于现代生产和现代技术发展特点的科学规定。

一、 社会主义商品消亡论的由来

在当代社会主义的发展中,商品货币关系的继续存在,首先是作为现实经济发展的必要,而不是作为理论分析的结论被人们接受的。而如何对这种存在作出理论说明,特别是如何把这种说明同科学社会主义的基本原理衔接起来,却从来是一个难点,即使否定社会主义下商品生产和价值规律必然消亡的"非消亡论"者,似乎也没有就此作出充分的说明。其中一部分人否认马克思和恩格斯作出过这种论断,认为事实恰好相反,他们明确谈到或含蓄地暗示过社会主义制度下商品生产和价值规律的存在。另一部分人则表示,科学社会主义的古典作家论及社会主义条件下商品生产的命运的篇章,都不过是他们在"从反面"观察资本主义经济时的即兴感想而不是严密的科学推断。

看来,这两种论断,都缺乏足够的根据。

第一种论断是不正确的,这有马克思和恩格斯本人的许多明确指示[1]可资佐证。关于这一点,近数十年已有许多作者进行了详细的考据和分析[2]。我以为,原籍波兰的经济学家布鲁斯在考察了马克思和恩格斯对社

---

[1] 例如,马克思在《资本论》第 1 卷和《哥达纲领批判》中的著名论断和恩格斯在《反杜林论》第三编"社会主义"中的著名论断。

[2] 在我国经济学界,骆耕漠的多卷本著作《社会主义商品货币问题的争论和分析》第一分册(北京:中国财政经济出版社,1980 年),对此作了最详细的分析。

会主义制度下商品货币关系的论述后得出的结论,很好地反映了这种考察和分析的成果。布鲁斯在《社会主义经济的运行问题》中指出:如果撇开马克思和恩格斯对于科学地确定未来社会主义经济形式的可能性所作的某些保留不论,而从他们谈到有关问题的若干片断论述中引伸出结论,我们就应当肯定,他们认为适合于社会主义经济的实际的,是社会直接管理和分配生产要素和全部生产的制度,而不是商品生产和价值规律调节。无论如何,我们要在科学社会主义的创始人的论著中找到能够证实上述说明的确切论述是比较容易的。然而,却不可能从中找到任何相反的论断,比如说,展示运用市场机制的前景的论断等等。所以,"想在马克思的理论中发现关于价值规律在社会主义经济中的作用的指示,就是科学上的无望行为。"[1]

至于把马克思和恩格斯关于商品货币关系存废问题发表的意见,看作只是在讨论资本主义经济现象时的顺便发挥,属于同他们关于未来社会基本特征的理论截然不同的层次,这种说法看来也是同事实不相符合的。

第一,科学社会主义的创始人关于公有制条件下商品生产消亡的论断,不是随随便便地作出的。例如,《资本论》关于公有制条件下不存在商品货币关系的论断,首见于第一章《商品》的第四节《商品的拜物教性质及其秘密》。这一节可以说是马克思著作中论述商品货币关系的最重要的篇章。在那里,马克思对商品所体现的社会关系作了深刻的剖析,说明只有在产品是由独立的生产者生产出来,必须经过交换才能证明它的社会有用性的情况下,产品才转换为商品。接着,马克思指出,对于孤岛上的鲁滨逊来说,他用自己的劳动创造满足自己需要的产品,一切关系都极其简单明了,当然没有商品关系存在的余地;就是在中世纪的封建庄园和农村的家长制经济中,由于劳动具有直接社会性,劳动产品也不转化为商品。然后,马克思才讲到了公有制的"自由人联合体"中同样不存在商品货币关系。他说,让我们"设想有一个自由人联合体,他们用公共的生产资料进行劳动,并且自觉地把他们许多个人劳动力当作一个社会劳动力来使用。在那里,鲁滨逊的劳动的一切规定又重演了,不过不是在个人身

---

1 参见 W. 布鲁斯(1961):《社会主义经济的运行问题》,北京:中国社会科学出版社,1984 年,第19—20 页。

上,而是在社会范围内重演"。[1]

显然,以上这一切,都不是即兴的感想,而是与他的整个经济理论体系相联系,经过慎重思考,严密论证得出的结论。

第二,在科学社会主义的创始人看来,"产品经济"(马克思的原话是"自由交换")取代商品经济(马克思的原话是"私人交换"[2]),是同公有制取代私有制共生的现象。他们从公有制条件下的生产关系的分析中,得出了商品生产和商品交换将不再存在的结论。

现在我们就来看看,他们是怎样论证这两个命题的。

如所周知,关于科学社会主义的基本结论:社会主义公有制将代替私有制这个结论,是马克思和恩格斯在透彻地研究了他们生活于其中的资本主义社会形态以后作出的。正如恩格斯所说,在资本主义条件下,生产力日益社会化,它同生产关系方面的资本主义私人占有制度发生尖锐的冲突。"现代社会主义不过是这种实际冲突在思想上的反映"[3]。资本主义上述基本矛盾,只有通过下述途径才能得到解决,这就是"在事实上承认现代生产力的社会本性,因而也就是使生产、占有和交换的方式同生产资料的社会性相适应。而要实现这一点,只有由社会公开地和直接地占有已经发展到除了社会管理不适于任何其他管理的生产力"。[4]

然而也正是根据生产的社会性这个前提,从"生产、占有和交换的方法同生产资料的社会性相适应"的原则出发,马克思和恩格斯得出了这样的结论:在公有制的条件下,社会生产将是鲁滨逊的劳动在社会范围的重演,商品生产和商品交换将不可避免地消亡。值得注意的是,在这个论证中有一个起决定作用的中介环节,这就是整个社会生产变成社会范围的鲁滨逊劳动,或由一个单一的生产单位进行的生产。

马克思在《资本论》里反复指出,社会生产力的发展以大规模的协作为前提,"只有在这个前提下,才能组织劳动的分工和结合,才能使生产资

---

1 马克思(1867):《商品和货币》,见《马克思恩格斯全集》第 23 卷,北京:人民出版社,1972 年,第 95 页。

2 马克思(1857—1858):《政治经济学批判》,见《马克思恩格斯全集》第 46 卷上,北京:人民出版社,1979 年,第 105 页。

3 恩格斯(1876—1878):《反杜林论》,见《马克思恩格斯选集》第 3 卷,北京:人民出版社,1972 年,第 308 页。

4 同上书,第 318—319 页。

料由于大规模积聚而得到节约,才能产生那些按其物质属性来说只适于共同使用的劳动资料,如机器体系等等,才能使巨大的自然力为生产服务,才能使生产过程变为科学在工艺上的应用。"[1]由于大规模生产对于小规模生产有着绝对的优越性,就使资本在生产力发展、资本积累的过程中不断向少数的大资本家手里集中。马克思在《资本论》第 23 章《资本主义积累的一般规律》和第 24 章最后一节《资本主义积累的历史趋势》中都强调指出了这种趋势。[2]

马克思指出:"在一个生产部门中,如果投入的全部资本已溶合为一个单个资本时,集中便达到了极限。在一个社会里,只有当社会总资本或者合并在唯一的资本家手中,或者合并在唯一的资本家公司手中的时候,集中才算达到极限。"[3]

这就是说,众多分主的资本主义企业趋向于集中合并成一个单一的企业。当资本被剥夺,在公有制基础上组织生产时,社会自然就成为一个社会范围的鲁滨逊或者社会规模的大工厂了。难怪马克思在他的著作中多次表达了未来社会类乎由一个企业主经营的大企业的思想。在他的第一部科学社会主义著作《哲学的贫困》中就写道:"社会作为一个整体和工厂的内部结构有共同的特点,这就是社会也有它的分工。如果我们以现代工厂中的分工为典型,以便随后把它运用于整个社会,那末我们就会看到,为了生产财富而组织得最完善的社会,毫无疑问只应当有一个主要的企业主按照预先制定的条规将工作分配给社会集体的各个成员。"[4]

在《资本论》里,马克思在分析社会分工同手工工场的内部分工之间本质差别,指出前者以社会个别成员生产商品为前提,而后者却以共同生产产品为前提的同时,把公有制条件下的生产比拟为工场内部的有计划分工,认为资本主义"工厂制度的热心的辩护士们在斥责社会劳动的任何一种普遍组织时,只会说这种组织将把整个社会变成一座工厂,这一点是

---

1 马克思(1867):《资本的积累过程》,见《马克思恩格斯全集》第 23 卷,北京: 人民出版社,1972 年,第 684 页;同见第 688 页。
2 同上书,第 685—687、831—832 页。
3 同上书,第 688 页。
4 马克思(1847):《政治经济学的形而上学(〈哲学的贫困〉第二章)》,见《马克思恩格斯选集》第 1 卷,人民出版社,1972 年,第 129 页。

很能说明问题的"。[1]

恩格斯对商品消亡的论证同马克思十分类似。正如前面所引述过的,他在《反杜林论》里论述资本主义的基本矛盾的发展时指出,把"分散的小的生产资料加以集中和扩大,把它们变成现代的强有力的生产杠杆,这正是资本主义生产方式及其体现者即资产阶级的历史作用"。对于资本家来说,不断改进自己的机器、不断提高机器的生产能力和不断"扩大自己的生产规模",都是"强制性的法令"。这样,"大工业的巨大的扩张力——气体的膨胀力和它相比简直是儿戏——现在在我们面前表现为不顾任何阻力的、在质量上和数量上进行扩张的需要。"[2]为了说明资本的积聚和集中造成使整个行业成为一个企业的趋势,他还在我们已经引述的马克思论"集中的极限"的地方加了一个注,说"英美两国最新的托拉斯已经在为这一目标而奋斗"[3]。所以,"一旦社会占有了生产资料,商品生产就将被消除"[4]。

把以上所说的一切归纳起来,可以看到,科学社会主义的创始人关于公有制条件下商品生产消亡的理论,是以在生产社会化过程中资本主义生产存在着向具有整个社会规模的大企业发展的趋势这一判断为前提的。这个判断是后来社会主义者坚持"商品消亡论"的依据。不过,如果说在马克思和恩格斯那里这个判断是蕴含在他们的议论之中的,那么,他们的后继者则鲜明地提出了"一个国家——一个工厂"的模式,主张无产阶级在取得政权以后立即实行对全部经济生活的直接控制和对资源的实物分配,从而使商品货币关系归于消亡。

德国社会民主党1891年爱尔福特代表大会通过的党纲对社会主义者取得政权以后在经济方面应当采取的行动作了如下的原则规定,这些

---

1 马克思(1867):《相对剩余价值的生产》,见《马克思恩格斯全集》第23卷,北京:人民出版社,1972年,第395页。

2 恩格斯(1876—1878):《反杜林论》,见《马克思恩格斯选集》第3卷,北京:人民出版社,1972年,第309、315页。

3 马克思(1867):《资本的积累过程》,见《马克思恩格斯全集》第23卷,北京:人民出版社,1972年,第688页。

4 恩格斯(1876—1878):《反杜林论》,见《马克思恩格斯选集》第3卷,北京:人民出版社,1972年,第323页。

规定一直是往后几十年马克思主义者的指导方针:"只有把生产资料……的资本主义私有制转变为公有制,使商品生产变为为社会并由社会自己执行的社会主义生产,才能使大生产和日益提高的社会劳动生产率,由一向被剥削的阶级的贫困和受压迫的源泉,变为最高福祉和全面而和谐的改善的源泉。"[1]

爱尔福特纲领的权威阐释者考茨基(Karl Kautsky)在说明以上两项互相联系的任务时说:社会主义生产方式所要求的,一方面是使各个资本主义企业转变为公有企业;另一方面,是把"一切企业联合起来,组成一个单一的大共同体",从事"自给自足的""为自己消费而进行的共同生产"。而根据考茨基的分析,建立这个大共同体的条件,是由资本主义垄断的发展所准备好了的。他说,资本主义"企业规模的扩大,大财产的迅速增长,企业数目的不断减少,小企业日益集中到少数几个人手里","这种发展的最终结果,必然是一个国家或甚至整个世界经济的全部生产资料,都成为个别人的或股份公司的私有财产,任凭他们支配,使整个经济机构变成一个统一的巨大企业"。适应着这种情况,社会主义的大共同体应当具有现代国家的规模。所以他说,"社会主义社会""不外是单一的大生产企业"[2]。

应当说,这种社会主义经济是"一个国家——一个工厂"的"单一的巨型的生产企业",从而商品货币关系将没有存在的余地的设想,不只属于考茨基,它是从倍倍尔(August Bebel)、卢森堡(Rosa Luxemburg)到列宁都有的共同想法。

列宁在十月革命前夕提出社会主义经济将是一个"国家辛迪加"的著名论断。他说:在共产主义社会的第一阶段即社会主义社会里,"全体公民都成了国家(武装工人)的雇员。全体公民都成了一个全民的、国家的'辛迪加'的职员和工人。全部问题在于要他们在正确遵守工作标准的条件上同等地工作,并同等地领取报酬。"于是,"整个社会将成为一个管理处,成为一个劳动平等、报酬平等的工厂。"[3]

1　转引自[德]考茨基(1959):《爱尔福特纲领解说》,陈冬野译,北京:生活·读书·新知三联书店,1963年,第83页。

2　同上书,第62—67、91—95、123页。

3　列宁(1917):《国家与革命》,见《列宁选集》第3卷,北京:人民出版社,1975年,第258页。

二、 症结在于"生产社会化"的两重含义

经过以上的分析,我们应当进一步提出问题:早期科学社会主义者这种实现"一个国家——一个工厂",从而消除商品货币关系的设想,同他们关于社会主义必然代替资本主义的理论之间,是否存在内在的联系?

有些"非消亡论"者认为,公有制下社会是否会变成一座巨型的工厂,或者"国家辛迪加",从而商品货币关系是否会消亡,只涉及社会主义生产在组织形式方面的细节,而与古典作家关于社会主义制度的基本特征的预想无关,因而不属于"基本原理"[1]。

看来,这种说法也有些过于简单。事实上,正如前所指出,作为早期社会主义者论证商品生产必然消亡的前提的"一个国家——一个工厂"理论,和社会主义必然代替资本主义这一科学社会主义的基本理论,是由同一前提,即生产的社会化导出的。

这种情况向我们提出了一个科学上必须加以解答的问题:为什么从资本主义条件下"生产社会化"的发展这个共同的前提出发得出的两个理论结论,却有着如此不同的历史命运呢?马克思和恩格斯创建科学社会主义以来资本主义和社会主义的发展表明,他们关于社会化生产同资本主义私人占有的矛盾必然导致私有制被公有制取代的论断是颠扑不破的。可是,从同一前提得出的另外一个结论,即在公有制的条件下将不存在商品货币关系的论断,却没有被证实。

看来,问题并不是发生在理论推导过程之中,而是在于"生产社会化"这个作为前提的概念本身。仔细推敲马克思和恩格斯关于资本主义基本矛盾的论述,就可以发现,在他们的心目中,"生产社会化"的概念有双重的含义:一个是社会生产的一体化,另一个是生产单位的大型化。前者已为现代经济的发展所证实,它引起了社会生产关系的革命性变革;后者却被证明,它并不会一往直前地发展,直到囊括整个社会生产。

---

1 例如,本文作者就曾说过,社会主义条件下商品关系是否消亡,是一个只与"社会的细节"有关的"实践"问题[见周叔莲、吴敬琏(1983):《论社会主义经济的计划经济属性和商品经济属性》,载《工业经济管理丛刊》,1983年第9期]。现在看来,这些论断都有一定的片面性。

马克思在论述资本主义积累的历史趋势时,把"生产资料的集中和劳动的社会化"[1]看作同一个过程。

恩格斯对这一过程说得更加明白。他在《反杜林论》里概述科学社会主义的由来时,对资本主义条件下"生产社会化"的概念有一段十分重要的说明。他说:在资本主义生产出现之前,劳动资料都是个人的劳动资料,"只供个人使用,因而必然是小的、简陋的、有限的"。但是,正如马克思在《资本论》第四篇所证明的,"资产阶级要是不把这些有限的生产资料从个人的生产资料变为社会化的,即只能由大批人共同使用的生产资料,就不能把它们变成强大的生产力。纺纱机、机动织布机和蒸汽锤代替了纺车、手工织布机和手工锻锤;需要成百上千的人进行协作的工厂代替了小作坊。和生产资料一样,生产本身也从一系列的个人行动变成了一系列的社会行动,而产品也从个人的产品变成了社会的产品。"[2]

十分明显,在这段论述中,恩格斯把"生产社会化"首先定义为生产资料(包括生产工具和工厂)的大型化;然后,才定义为在前者基础上的一体化(分工协作的发展,使生产过程融合为一个社会生产过程)。对于"社会化"概念的双重理解,在往后数十年的社会主义文献中始终占有支配地位。十月革命后,在被列宁誉为对俄共"八大"党纲"作了极好解释"的"极有价值的著作"《共产主义 ABC》中和被列宁誉为"出色的""辉煌的作品"的《过渡时期经济学》中,它们的作者布哈林[3]和普列奥布拉任斯基[4]都用对"生产社会化"的第一种理解来论证社会主义制度下商品生产和商品交换消亡的必然性。

---

1 马克思(1867):《资本的积累过程》,见《马克思恩格斯全集》第 23 卷,北京:人民出版社,1972 年,第 831 页。

2 恩格斯(1876—1878):《反杜林论》,见《马克思恩格斯选集》第 3 卷,北京:人民出版社,1972 年,第 309 页。

3 尼古拉·布哈林(Nikolai I. Bukharin, 1888—1938),列宁逝世后苏联共产党的主要领导人之一。在 20 世纪 20 年代末期苏共党内大辩论中,是维护"新经济政策"的"右派"首领。1938 年被作为"间谍和破坏分子"处决。1988 年,苏联最高法院为布哈林和相关人员平反和恢复名誉。

4 叶甫盖尼·阿列克谢耶维奇·普列奥布拉任斯基(Yevgeni Preobrazhensky, 1886—1937),1903 年加入俄国社会民主工党,属于党内的布尔什维克派。十月革命后曾任俄共(布)中央委员、苏联财政人民委员。1923 年以后成为托洛茨基派的主要理论家。1937 年作为"人民公敌"遭到镇压。1988 年恢复名誉。

布哈林和普列奥布拉任斯基在《共产主义 ABC》中，详细描述了共产主义社会、包括它的第一阶段的情景，说明商品货币关系以及与之相联系的银行等机构将会消亡。他们写道，在公有制的条件下，"社会变为巨大的劳动协作组合"，"一切工厂、矿山和其他设施在这里好像是一个包括全部国民经济的全民大工厂下面设的分厂"。领导国民经济的"统计（计算）局每天都将对整个生产及其需要进行计算；将指示哪里需要增加劳动力，哪里需要减少劳动力"，"大家也就会按照这些统计局的指示去工作。""人们将看着计算表，并根据它进行工作，就像在乐队里大家都看着指挥棒进行演奏一样。"他们指出，实现这一前景的基础，是在生产社会化的过程中准备起来的，因为"随着资本主义的发展，中小生产灭亡了"，"生产变得巨大了"，往往会发生这样的情况，十来个大工厂就能满足全国的商品需要。实际上这里工人在为整个社会生产，就是说，劳动已经社会化了。[1]

布哈林的《过渡时期经济学》，作为一本科学院院士的理论著作，对"生产社会化"和它对于商品生产兴衰的影响，作了更多的理论说明。布哈林认为，在资本主义生产方式内部出现的新生产方式的基础包含"两个基本因素：生产资料的集中和劳动的社会化"。它们的发展"倾向的数学界限是整个'国民经济'转变为一个绝对统一的联合托拉斯，在这里所有单独'企业'都不再成为企业，只变成了单独的工场，成为这个托拉斯的分号，因而在这里社会分工变成了技术分工，整个经济变成了世界资产阶级的相应集团的绝对统一的企业"。"于是，资本主义生产关系也就这样转变为国家资本主义的生产关系"，变成"一个统一的资本主义集体企业，一个统一的股份公司，一个托拉斯，其体现者便是帝国主义国家"。他认为，甚至在资本主义条件下，这也导致了商品和市场的消亡。"金融资本主义的改组走向包罗一切的国家资本主义组织，同时消灭商品市场，使货币变为计算单位，实行国家范围内的有组织的生产"。至于说社会主义，那无非是"翻过来的国家资本主义"。在那里，"当生产过程的不合理性消失的时候，也就是当自觉的社会调节者出来代替自发势力的时候，商品就变成

---

1 布哈林、普列奥布拉任斯基（1919）：《共产主义 ABC》，北京：生活·读书·新知三联书店，1982年，第59—64、55—56页。

产品而失去自己的商品性质"。由此,布哈林得出结论,经济学面临过渡到自然经济思维的必要性。他说:"一般说来,过渡时期的基本趋势之一是冲破商品拜物教的外壳。相应的意识形态范畴随着社会自然经济关系的发展而消灭。既然如此,经济过程的理论就有必要转向自然经济思维,也就是说把社会及其各个部分当作自然形态中的各种因素的体系来观察。"[1]

现在看来,"生产社会化"或"劳动社会化"同生产大型化之间虽有联系,但把二者等同起来是不正确的。

首先,从理论上说,大型化和社会化是不同的概念,前者是指一个生产单位的规模扩张,而后者是指生产单位之间关系趋于紧密和互相依赖。事实上,既可能在生产集中和生产大型化的基础上实现社会化,也可能在生产单位小型分散的基础上实现社会化。

其次,就现实生活看,社会化也并不必然伴随大型化。本世纪初以来,不少作者根据某一阶段的统计数字得出结论:在生产社会化的过程中,中小企业将逐渐消失,最终整个社会将变成一个巨大的工厂。然而,他们的预言并未实现。例如,三十年代苏联流行的教科书,列昂节夫的《政治经济学》就引用列宁 1912 年的一篇文章中的统计材料,说明"一切资本主义国家……小工厂的数字逐渐减少","最大的工厂把小工厂挤掉,把生产越来越集中到自己手里"的趋势。列宁所用的材料表明,俄国雇用 100 名以下工人的中小企业占企业总数的比重,由 1901 年的 88.3%,下降到 1910 年的 80.3%;它们雇用的工人占雇用工人总数的比重,也由 24.4%下降到 19.9%;而同期雇用 1000 名以上工人的大企业占企业总数的比重却由 1.3%提高到 2.2%;它们雇用的工人占雇用工人总数的比重,也由 30.9%提高到 37.5%。[2] 如果照这样的速度减少下去,当然不要多久中小企业就会消失。然而后来的事态并没有照当时的预想发展。事实证明,大企业虽然在取得规模效益上有它的优势,中小企业也自有本身的长处。时至今日,在资本主义各国,中小企业在数量上仍然占优势。据

1 布哈林(1920):《过渡时期经济学》,北京:生活·读书·新知三联书店,1982 年,第 43、22—23、25—26、52、115、117 页。
2 列昂节夫(1935):《政治经济学》,北京:生活·读书·新知三联书店,1974 年,第 167—168 页。

统计,1981年日本全国有中小企业623万个,在全国627万个事业所中占99.4%;它们的从业人数为3721万人,占全国非第一产业从业人员总数的88.4%。[1] 看来,这种态势在近期内不会发生重大的变化。

既然事实否定了生产社会化的发展会导致企业合并成少数几个甚至一个大企业的设想,我们是否可以认为,马克思和恩格斯在说明生产社会化时,首先讲到生产设施和生产单位规模的扩大,是判断上的错误呢?回答是否定的。虽然近期的发展,特别是第二次世界大战以来的发展说明,生产社会化完全有可能在生产单位分散化、企业小型化的条件下进行,但是在早期,在马克思和恩格斯生活的时代,生产社会化却必须以生产资料的大型化为基础,并与后者相伴而行。马克思和恩格斯的论断如实地反映了1770—1830年那一次产业革命后经济发展的历史事实。

美国未来学家托夫勒(Alvin Toffler)把建立在第一次产业革命的技术基础上的工业化浪潮称为"第二次浪潮"。他在《第三次浪潮》一书中总结了"第二次浪潮"的技术特征。它包括三个方面的内容:(1)大量使用非再生性的矿物能源;(2)大规模的集体生产;(3)与大规模生产相适应的销售系统。托夫勒认为,其中"大规模的生产体系"是工业化生产方式的核心;"非再生的能源直接投入大规模生产";"大规模生产反过来又吐出大量货物,投入高速度发展的大规模销售体系中去"。按照托夫勒的说法,"第二次浪潮"有六条主要的原则,这就是:(1)标准化,(2)专业化,(3)同步化,(4)集中化,(5)好大狂,(6)集权化。其中的标准化和专业化是为了扩大产品批量,从而取得大规模生产的效益,同步化、集中化和集权化是企业大型化的表现或结果,至于好大狂,则是由于"'大'成了'有效率'的同义语"而产生的。所有这一切的核心,仍然是大型化。

读过《第三次浪潮》的人大概还会记得,托夫勒对"大型化"原则如何渗入其他社会组织所作的生动描绘。例如,适应着工厂制度,青少年从童

---

1 转引自中国社会科学院工业经济研究所、日本总合研究所编(1982):《现代日本经济事典》,北京:中国社会科学出版社,1982年,第572—573页。根据日本《中小企业基本法》,所谓"中小企业"的大体范围是:(1)资本总额在1亿日元以下的公司或固定职工在300人以下的公司或个人,以经营工矿、运输业为主者;(2)资本总额在1000万日元以下的公司或职工在50人以下的公司或个人,经营零售业或服务业为主者;(3)资本总额在3000万日元以下的公司或固定职工在100人以下的公司或个人,以经营批发业为主者。

年时代就开始进入"工厂式的学校受集体教育";老的社会联系方式被公共邮政、电报、电话以及报纸、广播等大规模的传播工具所代替;甚至在艺术领域也可以发现大工厂的组织原则的应用:在产业革命的历程中,十八世纪的小沙龙为越来越大的音乐厅所代替,音乐厅要求更大的音量,结果产生了现代的交响乐队,室内乐发展为交响乐,贝多芬(Ludwig van Beethoven)、门德尔逊(Felix Mendelssohn)、舒伯特(Franz Schubert)和布拉姆斯(Johannes Brahms)写出了他们辉煌灿烂的乐章。

适应着生产大型化的趋势,大公司不断扩大它们的地盘。托夫勒引用日本松下电器公司的"社歌"来说明大公司的这种扩张狂热。歌中唱道:"扩大生产呀,我们干得最优!""松下的同仁呀,团结起来为厂分忧!誓把公司扩大再扩大呀,永不罢休!"他说,在 1800 年前后,美国只有 335 家公司,其中大多数热衷于搞公用事业,如修建运河或经营收费的公路。1901 年,世界出现了第一个拥有 10 亿美元的公司——美国钢铁公司。在 1960 年,美国 50 家最大的公司平均各拥有 8 万名职工。仅美国电报电话公司一家就雇用了 73.6 万名职工,到 1970 年,这家公司雇员已达 95.6 万人,另外还有 13.6 万名临时雇员。[1]

虽然我们并不同意托夫勒对社会发展前景所作的结论,但他在以下一点上无疑是正确的:在第一次产业革命创造的技术基础上,规模经济在经济效益的取得上处于优先的地位。正因为如此,无论是马克思主义的经济著作还是非马克思主义的经济著作,都把它作为最最重要的经济范畴来论述。正因为大规模生产优越于小规模生产,大型企业同小型企业相比处于优势,所以不仅大型企业在竞争中经常处于优势,能够挤垮和吞并小型企业,而且"大型化"的组织原则在社会生活的其他许多领域也取得了胜利。

当然,即使在工业化浪潮达到高峰的时代,也不是在任何情况下扩大规模都是绝对有利的。例如,20 世纪上半叶电动机的越来越广泛的运用,已给规模经济问题注入了一个新的重要因素。它使蒸汽机时代集中

---

1 A.托夫勒(1980):《第三次浪潮》,朱志焱、潘琪、张焱译,北京:生活·读书·新知三联书店,1983 年,第 69—72、92—108、75—77、100—102 页。

提供动力的大型动力机的优势不复存在,而动力机的小型分散化往往更为有效。但是在那时,作为一般的规律,大生产仍然优越于小生产。真正的转折发生在工业化浪潮正处于顶峰、新技术革命浪潮的前锋也开始到来的五十年代。在五十年代,发达国家经济发展的一个重要趋势是第三产业以远远高于第一、二产业的速度急速扩张,而第三产业的最小合理规模一般地大大小于在前一时期发展势头最强的工矿业。例如,正是在五十年代以后,制作汉堡包的麦当劳快餐公司赶上并超过曾经是一世之雄的美国钢铁公司,成为提供就业岗位最多的一家公司。[1] 然而如同我们知道的,麦当劳快餐并不是一家统一经营的企业,而是采取联号经营形式的连锁商店。

五十年代以后更重要的发展是,电子计算机和其他许多高效能的新设备越来越广泛地得到应用。技术飞速变化,新工艺、新材料、新产品不断涌现。由于新技术革命要求从业人员有更大的创造性,要求企业有更高的应变能力,也由于新技术革命提供了由小企业提供有效服务的可能性,于是小企业的优越性在许多方面表现出来。1973 年,英国经济学家舒马赫(Ernst F. Schumacher)写了一本探讨发展问题的书,题目叫《小的是美好的》[2]。他在书中批评一味追求大型生产的倾向,指出过分大型化导致生产效率降低、环境污染、资源浪费,妨碍人们使用双手与脑进行创造性劳动。这本书出版后立即受到热烈的响应,从 1973—1979 年重版了12 次,"小就是好"成为发展经济学中一句习用的成语。

在这以前,甚至在上世纪末、本世纪初,已经有人觉察到了把生产规模的大型化同生产社会化等同起来是不妥当的。例如,列宁 1894 年在同民粹派辩论时就已指出:"资本主义生产使劳动社会化,这并不是说人们在一个场所内工作(这只是过程的一小部分),而是说随资本集中而来的是劳动专业化。"然而,限于当时生产社会化继续以个别企业规模的扩大为基础的总的情况,列宁没有能够完全突破旧的观念,认识到生产的社会化有可能在生产分散地进行的情况下发生。因此,他一方面正确地指出

1　载《经济参考》,1985 年 10 月 22 日。

2　E.舒马赫(1973):《小的是美好的》,虞鸿钧、郑关林译,北京:商务印书馆,1984 年。

生产社会化只不过意味着"许多分散的生产过程融合成一个社会生产过程","生产者之间的社会联系日益巩固,生产者在结成一个整体",另一方面,又把"每个现在已更加专业化的工业部门里,资本家的人数日益减少"[1]以及"生产集中化过程"看作生产社会化的基础和重要内容。

十九世纪末,在社会主义运动中还发生了一场关于农业中大生产是否比小生产更优越的争论。当时,德国社会民主党右翼领导人大卫(Edward David)和伯恩斯坦(Eduard Bernstein)等对马克思关于农业中大生产优于小生产,因而"全国规模地经营农业会给生产以更大的推动"的论断提出疑问,认为以家庭为单位的农民经济还有进一步发展的潜力。作为对大卫和伯恩斯坦的回答,考茨基在《土地问题》一书中,一方面维护马克思的论点,另一方面又作了某些补充,指出只有其他条件相同,农业中的大生产才必然比小生产优越。[2] 列宁在《农业中的资本主义》一文中表示赞成考茨基的观点,并且进一步指出:"就是在工业中,关于大生产具有优越性的规律,也并不像人们有时所想象的那样绝对,那样简单。"[3]可是所有这些正确观点的萌芽,都没有发展成为能够全面地说明生产规模大型化同生产社会化之间的联系与区别的系统理论。

现在情况不同了,新技术革命浪潮的兴起,使生产社会化继续大踏步地向前发展,不仅在一国的范围之内,在全世界,生产者也通过错综复杂的分工协作系统结成一个整体。与此同时,企业规模大型化却明显地失去了势头,而中小企业似乎恢复了自己的活力。它的表现是:

---

1 列宁(1894):《什么是"人民之友"以及他们如何攻击社会民主主义者?(摘录)》,见《列宁选集》第1卷,北京:人民出版社,1972年,第41—42页。

2 参见考茨基(1899):《土地问题》,梁琳译,北京:生活·读书·新知三联书店,1955年。

3 以上考茨基和列宁的论断,均见列宁(1899):《农业中的资本主义》,见《列宁全集》第4卷,1963年,第101页。考茨基在1922年才进一步发展了他在1902年的一篇演说中提出的社会主义经济中也必须存在货币和价格的观点,否定了社会将成为单一的工厂的说法。他在《无产阶级革命及其纲领》一书中写道:"只有在两种经济中才有可能没有货币:首先是前已提到的一切原始经济。按照现代的口径,这就意味着一国的全部生产活动形成为一个单一的工厂,它由中央控制,这个中央给每一个企业分配任务,收集全部人口的所有产品,并在实物形态上将生产资料分配给各个企业,将消费资料分配给各个消费者。合乎这种条件的理想处所是监狱或者兵营。在社会主义'自然经济'观念的背后,事实上正隐藏着这种野蛮的单调状态。""货币体系是保证一个具有广泛繁衍的社会能够运转所不可或缺的机器。……如果为了采用自然经济的原始方法而破坏这部机器,那就是回到野蛮时代。"[参见 O. 兰格(1936):《社会主义经济理论》,北京:中国社会科学出版社,1981年,第43—46页]

第一，在需求多样化的和技术飞速进步的情况下，中小企业发挥自己的机动性、创造性特长，进行多品种小批量生产，比大企业发展得更快。日本政府在第二次世界大战结束后，就改变了早先执行的"经济力集中"的政策，重视了推进中小企业的发展。五十年代中期以后，更提出了大、小企业"双层结构"的概念，1958年制定了一系列促进中小企业"高度化"的政策，帮助它们提高技术水平，实现经营管理和规模合理化，加强信息化和企业之间的协作，使中小企业得到了迅速而健康的发展。美国未来学家奈斯比特(John Naisbitt)在《大趋势》一书中指出，过去工业社会中的集中和大型化的趋势，正在被小型分散的新趋势所代替。从五十年代到八十年代的三十年中，美国企业数量大量增加。1950年美国每年创办新企业9.3万家，而1980年为60万家。这些新办企业中，绝大部分是小型企业。麻省理工学院的D.伯奇编写的一份研究报告说，1969—1976年期间，美国就业机会中大约三分之二是由雇用职工20人或不到20人的企业提供的，而1000家最大的公司几乎没有提供新的就业机会。[1]

第二，许多发达国家为提高整个经济的活力，加强了防止垄断、保护竞争的执法。虽然1890年美国已经有了第一个反托拉斯立法，但在本世纪三十年代以前，这类法案从来没有得到过认真的执行。第二次世界大战后，美国司法机构开始比较认真地对待反垄断的问题，一些违法的企业受到惩处。例如，1983年，经过十年诉讼，美国最高法院判决一向垄断全国电话和电话设备制造业务的美国电话电报公司(AT&T)违反反垄断法，限令于1984年1月1日解体，分成8个独立的公司。这个巨型公司的解体，打开了电话通讯业竞争的通路。到1985年，美国全国已有数百家大小公司经营电话业务，制造电话设备的厂商数目就更多。这样一来，电话通话成本大大降低，各种价廉物美的电讯设备层出不穷，不但划出去的7个电话公司业务蒸蒸日上，AT&T公司也在市场竞争的压力下，一改过去墨守成规、缺乏创造性、坐等顾客登门的官僚作风，努力发展多品种生产，加速产品更新换代，改进通讯服务，增加了企业的活力。与此同时，西方许多国

1　J.奈斯比特(1983)：《大趋势——改变我们生活的十个新趋向》，北京：新华出版社，1984年，第191—197页。

家推行了巨型国营公司的股份化和私营化计划,以挽回经营上的颓势。

第三,现有的巨型企业,也进行了经营方式的改革。日本大企业在第二次世界大战后就已开始实行各事业部分权管理与独立核算相结合的"事业部制",各个事业部都拥有按照总公司制定的基本方针独立进行从生产到销售的全部决策的权力,并对盈亏负责。同一总公司所属各事业部之间,也以独立的商品经营者的身份互相对待,可以拒绝使用姊妹事业部的产品,在公司范围外自由采购价廉物美的原材料和零部件,总公司只保留以下重要的权限:制定综合性长期经营计划的权力,以资本利润为中心,用利润率高低、市场地位高低、开发新技术的能力的大小、培养人才的多少、为实现长期目标所作的努力的大小等标准考核各事业部工作的优劣并给予奖惩的权力等等。这种制度,后来为其他国家的多数大企业所采用。近年来,这种独立核算单位划小的趋势在新兴的高技术部门表现得特别明显。美国管理专家彼得斯(Tom Peters)和沃特曼(Robert Waterman)在他们合著的《追求卓越》一书中提到,号称美国最成功的公司之一的惠普(HP)电脑公司的营业总额达 35 亿美元,却分布在 50 个小部门,每个部门职工人数维持在 1200 人左右,当成长快的部门职工人数超过 1200 人,就采取"母鸡下蛋"的办法,从中分出新的部门。"惠普的每一个部门就如同一个独立的企业,管理它自己的财务会计、人事制度、质量管制,从事它自己的各项生产活动。"[1] 彼得斯 1985 年的新著《赢得优势》进一步指出:一些小单位同较大的单位相比,生产的产品质量较高,提供的服务较有特色,而且实现创新也比较快。事实上,通过在总公司中组织一些小的分权单位来使企业保持较小的规模,是企业取得卓越成绩的一个至关重要的因素。因此,米利肯公司(Miliken)主张最合适的工厂规模为 100 人;明尼苏达矿业制造(3M)公司认为,这种小单位的职工人数应限制在 200—300 人以内;惠普公司和数字设备公司(DEC)则认为不应超过 300—400 人;通用汽车公司(GM)说,如果它再盖新工厂的话,职工人数将限制在 300 人左右;沃尔沃汽车公司(Volvo)则认为,效果最佳

1　T.彼得斯、R.沃特曼(1982):《追求卓越——美国杰出企业家成功的秘诀》,北京:中国展望出版社,1984 年,第 121 页。该书将作者名译为毕德士、华特曼。——编者注

的小单位人数最多不超过 500。这些职工人数不过数百的小单位并不一定是利润中心,但都拥有高度自主权,以保证它不受总公司的那种起分散力量作用的干预。[1]

总之,根据本世纪以来技术发展对生产组织的影响,我们应当把生产社会化同生产规模大型化区分开来。前者是现代化发展的长期趋势,它使社会主义取代资本主义成为历史的必然。而后者却只是大工业发展的一定时期存在的现象,它并不伴随着技术的进一步变革而一往直前地发展,最后把整个社会生产囊括到"一个巨型工厂"中去。相反,现代工业的发展说明,在当代消费结构和生产结构极其复杂多变,技术上的可能性层出不穷的条件下,由一个至高无上的权威机关对千差万别的企业进行集中指挥,是不可能有效率的,企业的规模也决不是"越大越好",而是"小也有它的好处"。在既定的技术条件下,每一种生产都有自己的合适规模,适当规模的基层生产单位不但要有自己技术上的独立性,还要有自己经济上的独立性,以致属于同一大公司所有的部门和单位,互相也要以独立的商品生产者和经营者的身份对待。在社会主义条件下,现代生产的这种要求继续发挥作用。社会主义全民所有制意味着劳动力和生产资料在全社会范围内的直接结合。从这个意义上说,全民所有制经济是统一经营的。然而,这种直接结合又首先是在一个个企业中,由各个企业独立进行的。根据社会主义的物质利益原则,企业应当对它们主持这种结合的工作质量,即企业的经营效果负物质上的责任,这就是说,企业在全社会劳动者的整体利益中,有自己独立的经济利益。既然社会主义企业是具有相对独立经济利益的主体,它们在互相交换产品时,就要以独立的商品经营者的身份互相对待,各自以自己的收入弥补支出,承受经营的物质后果。所以,我们由此得出的结论只能是:否定"一个国家——一个工厂"或"国家辛迪加"的假定,确认社会主义经济仍然具有商品经济的属性,并进而探寻企业在公有制基础上的独立经营,即成为社会主义商品生产者和经营者的途径。

---

1 T. 彼得斯、N. 奥斯汀(1985):《赢得优势——领导艺术的较量》,北京:企业管理出版社,1986年,第 266—267 页。

三、 澄清"生产社会化"概念的重要意义

讨论到这里,有的人会说:你所讲的这一切也许是有道理的,但是,既然现在绝大多数人都已否定了"商品消亡论",认识到现阶段的社会主义社会还有存在商品生产和商品交换的必要性,那还有什么必要穷根究底地追寻导致最初几代马克思主义者作出商品消亡的结论的原因呢?

我以为,这种看法可能有些过于从表面现象看问题。事实上,不弄清这个问题,继续把生产大型化和生产社会化这两个不同的概念混为一谈,即使承认现阶段保留商品生产和价值规律调节的必要,仍然有可能从两个方面对科学社会主义产生错误的认识与理解:或者认为,否定生产大型化是经济发展的必然趋势,就意味着否定生产社会化同资本主义私人占有的矛盾,从而抛弃科学社会主义的基本原则;或者认为,生产的社会化必然伴随生产大型化,因而不应当从根本上否定"一个国家——一个工厂"的假定,由此,也就不可能从社会主义经济,特别是社会主义全民所有制经济的内部关系中找到商品生产存在的原因,从而真正解决社会主义经济的商品经济属性问题,而"废除商品生产"的"左"的思想和"左"的政策则随时有可能死灰复燃。

前一种错误思想,通常发生在非马克思主义者中间,我们已在前面谈到,这里不再赘述。后面一种思想偏差,则往往发生在马克思主义者身上。在社会主义的各个发展阶段上,都不乏出现这种偏差的例证。

第一个例证。"战时共产主义"废除商品货币关系的政策被否定以后,苏联从1921年开始实行"新经济政策"。在这个时期,认为苏维埃经济是一种商品经济,价值规律仍然起作用的观点曾经一度占过上风。[1] 然而,当时人们接受新经济政策,并不是由于他们像列宁后来所说,"对社会主义的整个看法根本改变了"[2],而是考虑到俄国当时还处在多种经济成

1　[苏]列宁格勒大学社会科学教师进修学院政治经济学教研组(1972):《社会主义政治经济学史纲》,北京:生活·读书·新知三联书店,1979年,第187页。

2　列宁:(1923):《论合作制》,见《列宁选集》第4卷,北京:人民出版社,1972年,第687页。对于列宁的这句话的含义,也有各种不同的解释。

分并存的过渡时期,因而需要利用商品、货币等杠杆,他们并没有放弃在过渡时期结束后实现"一个国家——一个工厂"的传统理想,因此,二十年代初期苏联许多负责人在谈到"战时共产主义"政策时,虽然认为在俄国当时的条件下实行这种政策是不现实的,却又对"战时共产主义"把社会变成一个大兵营的政策,像匈牙利经济学家萨穆利(Laszlo Szamuely)所说的那样,"满怀怀旧之情"。

例如,当时的苏联计划委员会委员科瓦列斯基(N. Kovalevsky)就抱憾地指出:在"战时共产主义"的政策下,"人与人的关系变得明朗而自然,金钱拜物教和商品拜物教的迷雾迅速地消失着","每一根旧世界的支柱都在动摇,整个旧的社会经济体系都在土崩瓦解,在它的废墟上产生着崭新的社会经济组合。一个处于我们这样的非常状态的国家,如果拥有比较先进的工业技术,拥有被资本主义犁头更多地耕耘过因而基本适于集体化的农业,就能逐步实行真正的共产主义,这是无可怀疑的。但这却不是我们的命运。"[1]

在这样的思想状况下,情况稍有变化,"消亡论"便卷土重来是完全可以想像的。二三十年代之交,随着强制集体化的实施和过渡时期的结束,在苏联果然再次掀起向产品经济过渡的高潮。当时不但把集体农庄置于严格的行政管束之下,对农产品实行了"义务交售制",就是国营企业在新经济政策时期实行的商务核算,也变成了类似于大工厂内部的班组核算的"经济核算制",加之对消费品广泛采用配给制,经济生活急剧实物化了。

第二个例证。三十年代初的实物化尝试并没有比以前的一回取得更大的成功。经济生活中出现了一系列消极的现象,包括:"消费品供应恶化,在消费合作社系统内投机和各种舞弊行为盛行","整个国民经济核算削弱,利润和盈利的作用降低","在运输业中根本不存在经济核算","价格严重脱离价值","利润作为从物质利益上刺激劳动生产率增长的作用

---

1 [匈]拉斯洛·萨穆利(1974):《社会主义经济制度的最初模式》,田大畏译,长沙:湖南人民出版社,1984年,第1页。

已等于零",如此等等。[1] 以上严重的消极现象,使联共(布)党中央采取了一连串的措施来克服对待商品货币问题的"左"的错误。1932 年 1—2 月的第十七次党代表会议、1932 年 9—10 月的中央全会、1933 年 1 月中央和中央监察委员会联席会议和 1934 年 1—2 月的第十七次党代表大会都着重讨论过这个问题。但是,问题一直没有得到解决。到了 1934 年的第十七次党代表大会上,斯大林又一次猛烈抨击取消商品货币关系、实行产品直接交换制的企图,并且肯定"货币在我们这里还会长期存在,一直到共产主义的第一阶段即社会主义发展阶段完成的时候为止"。[2]

尽管领导上三令五申,但是在苏联经济中各种价格杠杆的作用始终发挥得不好。有的论著把出现问题归咎于经济学家。例如有一本权威性的苏联经济史著作说:"在第二个五年计划期间,……开始了重新评价根深蒂固的经济观点的过程。党和政府的有关决定对逐步排挤(摧毁)关于货币、信贷和其他商品货币工具是形式上的计算的范畴这一观点体系起了决定性作用。"然而,"党的这些决议……的普遍方法论意义不能立即为社会主义经济理论所理解。""在苏联文献中当时继续占统治地位的一种意见是:经济的多成分性是过渡时期经济中保留商品货币关系的原因,然而在苏联进入广泛开展的社会主义建设时期后,商品货币关系、价值规律作用的条件似乎正在消亡。货币、信贷和其他的商品货币杠杆被认为是计算工具。"[3]

在我看来,把未能对社会主义条件下商品货币关系问题作出正确说明归咎于理论界没有"理解"和跟上联共中央领导,是不公正的。事实上,主要的问题并不是由于学术界的认识同领导人的理解之间有差异而产生的。事实证明,他们之间并不存在实质性的分歧。产生理论混乱和实践上的差错的根源在于,既要响应实践的呼声,对商品生产和各种价值范畴给予必要的重视,又没有能够克服传统观念,仍然继续把社会主义经济作

1 [苏]阿·马拉菲耶夫(1975):《社会主义制度下的商品生产理论今昔》,北京:中国财政经济出版社,1979 年,第 71—75 页。
2 斯大林(1934):《在党的第十七次代表大会上关于联共(布)中央工作的总结报告》,见《斯大林全集》第 13 卷,北京:人民出版社,1956 年,第 304 页。
3 苏联科学院经济研究所编(1978):《苏联社会主义经济史》第 4 卷,北京:生活·读书·新知三联书店,1982 年,第 55—56 页。

为一个"国家辛迪加",或者规模巨大的自然经济来看待。为了不致陷入明显的悖论,所谓商品关系已经不再存在、价值规律和各种货币杠杆只是作为计算工具起作用的理论便应运而生。

值得注意的是,"计算工具论"并非学者所独创,而是一种得到官方全力支持的理论。这方面最有力的证据是:后来被批评为"唯意志论"的"价值规律在社会主义制度下以改造的形态起作用"的说法,就是斯大林在联共中央1941年1月召集的政治经济学教科书未定稿讨论会上全称肯定的观点。

第三个例证。"计算工具论"的内在缺陷,使它在理论上和实践上很难站得住。于是行时十年之后,在1951年11月联共(布)中央召开的政治经济学教科书未定稿讨论会上遭到否定。斯大林在会上发表的新意见,从此成为社会主义政治经济学关于社会主义条件下商品生产和价值规律作用的"标准观点"。

斯大林的新观点,是把四十年代初已有一些苏联经济学家提出的关于工农之间的社会分工是社会主义商品生产存在原因的学说发展成为一个体系,用以把社会公共占有条件下不存在商品货币关系的传统理论同苏联社会主义经济中确实存在着商品生产和商品交换的现实衔接起来。在《苏联社会主义经济问题》中,他一方面肯定,恩格斯关于"一旦社会占有了生产资料,商品生产就将被消除"的观点,只要所指是"一切生产资料转归全民所有",就是完全正确的;另一方面又指出,在当时的苏联,这种条件还不具备,由于两种公有制形式长期并存,商品生产和商品流通,仍然是必要的东西。[1]

在论证上述观点时,斯大林强调指出:对于"不仅在工业中,而且也在农业中,资本主义和生产集中都充分发达"的国家,社会主义革命胜利以后"在把一切生产资料公有化的同时,还应该消除商品生产"。至于俄国,由于在农业方面的资本主义发展和生产集中程度不足,就不能不在保

---

1 斯大林(1952):《苏联社会主义经济问题》,见《斯大林文选》,北京:人民出版社,1977年,第578—582页。

持集体所有制的同时保留商品生产和商品流通。[1] 从这里可以清楚地看到,斯大林的理论有一个隐含的前提,这就是:资本主义的发展和生产的集中程度是同步的,而只要"资本主义和生产集中都充分发达",革命胜利后就可以消除商品生产和商品流通。

这种理论导致了两个方面的问题:第一,斯大林认为,"无论如何不可以"把全民所有制经济内部流通的生产资料看作是商品。强调它们已"失去商品的属性,不再是商品,并且脱出了价值规律发生作用的范围,仅仅保持着商品的外壳"[2]。这种说法,是他长期保持传统的僵化模式的理论根据。

第二,斯大林重申恩格斯关于商品生产与社会公共所有制不相容,"商品流通的存在必然会使杜林的所谓'经济公社'走向复活资本主义的地步"。他提出,苏联有必要用产品交换制排挤商品交换。这是因为,集体农庄生产的剩余产品进入商品流通系统,"阻碍着把集体农庄所有制提高到全民所有制的水平"。"为了把集体农庄所有制提高到全民所有制的水平,必须将集体农庄生产的剩余产品从商品流通系统中排除出去,把它们纳入国家工业和集体农庄之间的产品交换系统。"[3] 这又是斯大林屡屡对集体农业和广大农民采取不谨慎的政策的重要缘由。

从上面的这些例证可以得出一条已经被实践反复证实了的定理:不根据现代技术的发展把"生产社会化"的概念界定得更加确切,否定社会生产会不断大型化直至成为社会范围的大工厂的设想,就不可能彻底解决社会主义经济的商品经济属性问题,我们的社会主义有计划商品经济的新模式就不能得到牢固的理论基础,而"消亡论"的传统思想还随时有可能卷土重来。

应当着重指出,在我们这里,上面说到的问题和危险也并不是完全不存在的,因为对于我国理论界的相当一部分人来说,似乎还没有能够从社会化与大型化的区别这个更深的层次上把科学社会主义的基本原理同我们的先行者的观念中由于时代的限制而不尽确切的东西区分开来;而是

---

1 斯大林(1952):《苏联社会主义经济问题》,见《斯大林文选》,北京:人民出版社,1977 年,第578—579 页。

2 斯大林(1952):同上书,第579 页。

3 斯大林(1952):同上书,第646—648 页。

把社会主义商品经济论建立在"生产还不够发达"或"社会化程度还不够高"的基础上,这就很难彻底否定"商品消亡论"。例如,有一位很早就坚决主张现阶段的社会主义经济具有商品经济性质的作者就有过一段很有代表性的意见:"整个社会主义,可以划分为商品社会主义和产品社会主义两大阶段。商品社会主义是社会主义的低级阶段,是一些经济落后的国家在进行社会主义建设时必经的阶段,产品社会主义是社会主义的高级阶段,也就是马克思在《哥达纲领批判》和列宁在《国家与革命》中所论证的社会主义。"[1]

近来还有同志提出:"马克思、恩格斯设想的社会主义之所以是不含市场机制的纯粹计划经济,是因为他们以资本主义社会生产社会化和商品经济已经得以高度发展为理论前提,可是实践的社会主义并不是建立在这种高度发展的基础上。二者的前提不同,他们的内容无疑会出现差异。但是我们不能因此而指责经典理论。可以设想,如果实践社会主义是建立在马克思、恩格斯的科学构想的那样一个前提上,社会主义作为纯粹计划经济出现也不是不可能的;或者,当社会主义经济在实践中使商品货币关系、市场机制有了充分发展后再自行向纯粹计划经济发展也不是不可能的。马克思、恩格斯关于社会主义经济理论构想的科学性将由社会主义实践的长期发展来证实。我们不能因为当代社会主义实际必须发展商品经济而过早地否定经典作家的具有总方向和总目标……的理论构想的科学性"。[2]

以上议论的内容大致可以归结为以下几点:(1)马克思和恩格斯"不含市场机制的"、"产品社会主义经济的构想是科学的";(2)在生产社会化高度发展的条件下,社会主义经济应当是这种"产品社会主义经济";(3)现有的社会主义国家之所以还不能不具有商品经济的性质,只是因为经济落后和社会化程度不高。由此得出的合逻辑的结论则是:第一,如果在生产社会化已经得到高度发展的资本主义国家社会主义革命取得胜利,将有可能消除商品生产和商品交换。第二,与现有社会主义国家现代

---

1 何伟(1980):《试论社会主义社会的商品发展阶段》,载《经济研究》,1980 年第 10 期。
2 陈东琪(1985):《社会主义计划—市场理论的发展》,载《经济研究资料》,1985 年第 10 期。作者所说的"不含市场机制的纯粹计划经济",当是指指令性计划经济或"命令经济"而言。

化、社会化的进程相适应,商品货币关系将趋向消亡。

我认为,这两个结论都是不正确的。

让我们设想社会主义在当今世界上最发达的国家取得了胜利。毫无疑问,它们生产社会化程度是极高的,可以说达到了上世纪末、本世纪初的最先进的分子也无法想像的高度。我们是否有可能在这样的国家建设"产品社会主义经济"呢? 在我看来,答复是断然否定的。

至于说到现有的社会主义经济,它们的商品经济属性是否会随着它们向高度社会化迈进而减退和消失? 在我看来,答复也是断然否定的。社会主义各国发展的历史趋势与此正好相反。如果说当它们还处在社会化程度比较低的阶段上,增长主要依靠外延扩大再生产时,还多少可以容忍某种程度的"产品经济"或"命令经济"的作法,那末,伴随着现代化和社会化水平的高度化,它们越来越要求摆脱僵化封闭的旧模式,更多地发挥市场机制的作用,向社会主义商品经济转变。这里问题的关键在于,企图把社会当作一个大工厂,由社会中心(政府组织或计划机关)直接指挥一个复杂性和社会化程度很高的经济中千千万万个企业的微观经济活动,是根本行不通的。唯一正确的做法只能是: 在生产资料公有制的基础上发挥作为商品生产者和经营者的企业的独立性和创造性,同时加强以间接调控为主的社会宏观管理,使社会、集体和个人之间既矛盾、又统一的利益关系通过有调节的市场得到协调,保证企业生动活泼的自主经营活动符合社会目标,并在社会计划的总的范围内进行。

四、 简短的结论

概括地说,从以上分析可以得出的结论是:

(1) 马克思和恩格斯把商品货币关系的消除同社会公共所有制的建立相并列,看作社会主义的基本经济特征。这成为后来许多马克思主义者不承认社会主义经济具有商品经济属性的重要依据。对于这一关系社会主义经济模式的重要问题,我们应当采取马克思主义的态度来加以解决。正如恩格斯所说:"马克思的整个世界观不是教义,而是方法。它提供的不是现成的教条,而是进一步研究的出发点和供这种研究而使用的方法。"[1]我们必须根据一百年来世界经济发展的现实和社会主义建设的实践,对它作透彻的研究。要分析古典作家提出这一命题的依据,并考虑情况发生了什么变化,才能判定这一原理是否继续有效。

(2) 在古典作家的著作中,公有制取代私有制、产品经济取代商品经济,社会作为所有者和经营者不仅统辖全社会的宏观经济活动而且直接指挥企业的微观经济活动,这三者是统一的。它们的统一,建立在一个共同的基础上,这就是"生产社会化"的要求。在他们看来,生产单位的大型化是与生产社会化共生的现象。随着生产社会化的发展,整个社会有化为一个巨型工厂的趋势。在此基础上建立的社会主义经济,自然就是一个集中经营、统负盈亏、只有技术分工而没有社会分工、也不存在商品货币关系的"国家辛迪加"。

(3) 一百年来的工业发展,没有证实古典作家根据十九世纪工业发展的总趋势作出的预计。现代工业发展的事实表明,生产单位规模的大小,并不是生产社会化程度的单调增函数。生产并没有出现发展为社会规模的巨型工厂的趋势。特别是新技术革命中产生的高技术,还促成了某些生产领域中小型分散的倾向。与此相适应,社会主义条件下公有企业的分散、独立经营,就是必然的、不可避免的。按照这种方式组织起来的公有制经济,也就不能不具有商品经济的性质。

(4) 按照这种观点来重新考察社会主义的各种经济问题,和由这里产生的各种政治的、思想的以至伦理道德问题等等,人们就会发现,像列宁六十多年前所说过的那样:"我们对社会主义的整个看法根本改变了。"因为我们对于从社会主义条件下市场、价格、货币金融直到异化的消除等一系列问题的看法,都不能不发生根本性的改变,并在这种变化了的认识的基础上,探讨公有制经济的组织形式、国民经济计划性的实现形式、按劳分配的实现形式等重大的理论和实际问题。这对于包括理论经济学在内的社会科学研究,是一个巨大的课题。

---

1 恩格斯(1895):《致威纳尔・桑巴特》,见《马克思恩格斯全集》第39卷,北京:人民出版社,1974年,第406页。

中国工业中的双重价格体系问题[*]

（1986 年 7 月）

在近年来的中国经济改革中，对许多原来实行行政定价制度的工业产品，采取了计划调拨部分和超定额"自销"部分按不同方式定价的制度，从而形成了"一物多价"的价格体制（在中国被称为"双轨制"）。对于"双轨制"的评价，是一个很有争议的问题。早在"双轨制"正式建立的初期阶段，它就一方面受到长期饱受行政性定价约束之苦的企业负责人的欢迎，另一方面也引起了某些经济学家对它可能造成的消极后果的担心。[1] 到了 1985 年，争论更加热烈。有人认为，"双轨制"是一种"冲突型"的双重体制，它的长期持续存在，必然引起经济生活的混乱，搞得不好，甚至会导致改革的"夭折"。[2] 也有人认为，"双轨制"中按市场价格销售的物资数量未必很大，但能量极大，它既促生产又压消耗，使得几种紧缺物资的供求紧张状况得到缓解，而且，"双轨制"通过逐步扩大市场销售部分的比重和调整调拨部分的价格促使"多价归一"，逐渐形成新的价格体系。因此，"双轨制"是中国经济体制改革的伟大创造，它提供了一条具有中国特色

---

* 本文是本书作者和赵人伟提交给 1986 年 10 月在美国纽约州阿登别墅（Arden House）召开的关于中国经济体制改革的国际讨论会的论文。英文版载[美]《比较经济学》杂志，1987 年 9 月。又见《吴敬琏文集》，北京：中央编译出版社，2013 年，第 325—337 页。

1 吴敬琏（1984）：《城市改革的关键是增强企业的活力》，载《世界经济导报》，1984 年 9 月 24 日。

2 郭树清、刘吉瑞、邱树芳（1985）：《全面改革亟需总体规划》。这是一份给国务院领导的建议书，后来发表在《经济社会体制比较》，1985 年第 1 期（创刊号，1985 年 7 月出版）。

的价格改革,乃至整个改革的道路。[1]

如何估计"双轨制"的意义和作用,实际上是一个选择经济体制改革的基本战略和合理时序的问题,从而也涉及到对过去几年经济改革具体工作的评价。因此,在1985年对前几年的经济改革进行全面总结和对"七五"期间的改革进行规划设计的过程中,如何估计"双轨制"的利弊得失,便成为争论的一个焦点。

一、 工业产品价格"双轨制"的由来

在传统的命令经济体制中,除了由于农村中存在集市贸易因而农产品价格存在某种"双轨制"外,在工业中是不存在合法的价格"双轨制"的。虽然在社会主义各国的"第二经济"中存在黑市价格,但它们一则不合法,二则也不占重要地位。不过在中国工业中,计划外价格的范围历来较之其他社会主义国家要大一些,其主要原因是:

第一,中华人民共和国建立以后,从来没有建立起像苏联那样严格由中央控制的指令性计划制度,而从1958年的"体制下放"以来,中央计划的完善幅度和中央的控制能力更加减弱。在地区之间和企业之间广泛存在着计划外的交换关系(在中国被委婉地称为"协作关系"),这种"协作物资",通常是按高于计划价格计价的。

第二,中国生产力发展水平比较低,经济上存在"二元结构",政府受到大量兴办小工业企业以容纳农村潜在失业人口就业的压力。而这些小工业往往生产成本很高,如不允许它们卖高价,就只好用补贴维持。所以,在1958年"大炼钢铁"期间,政府就曾明文规定小高炉冶炼的所谓"后院生铁"可以卖高价。当时一位北京大学的经济学教授还为此创立了一种理论,论证在社会主义条件下一种产品有两个"价值中心"[2]。这种理论

---

1 华生、何家成、蒋跃、高粱、张少杰(1985):《论具有中国特色的价格改革道路》,载《经济研究》,1985年第2期;刘国光等(1985):《经济体制改革与宏观经济管理——"宏观经济管理国际讨论会"评述》,载《经济研究》,1985年第12期;华生、何家成、张学军(1986):《经济运行模式的转换——试论中国进一步改革的问题和思路》,载《经济研究》,1986年第2期。
2 樊弘(1959):《关于社会主义制度下商品生产和价值规律问题》,载《经济研究》,1959年第2期。

虽然在"大跃进"失败以后很快就被多数人遗忘了,但是,按"协作价格"交换的实践仍然在很大的程度上保持下来。

不过价格"双轨制"的扩大和合法化,还是近年来的事情。而原来的改革设想,并没有准备用这样的方法来实现改革。

1978年12月中共十一届三中全会以后,城市经济改革的试点工作主要是放在扩大企业自主权上。但是,人们不久就发现,没有其他方面改革的配套,特别是价格管理体制改革的配合,"扩权"并不能收到预期的效果。正如赵紫阳总理1981年11月在全国人民代表大会上作政府工作报告时指出的:过去几年的"改革还是局部的、探索性的,工作中也出现了某些前后不衔接、相互不配套的问题。我们现在的任务,就是要总结前一段改革的经验,经过周密的调查研究,反复的科学论证,尽快拟定一个经济体制改革的总体规划"[1]。虽然这个改革的总体规划由于种种原因并没有能够拟定出来,但是,这一"衔接"的"配套"的改革,要以价格改革为主要内容,却是确定无疑的。

以现有的文献看,1980—1981年期间设想的价格改革的做法,大致与1967—1968年捷克斯洛伐克的做法相似。就是首先进行工业品出厂价格的全面调整,接着进行价格管理体制的改革,除极少数产品外,普遍废止行政定价制度,由市场供求决定价格。1981年前后,一位很有影响的经济学家、当时新建立的国务院体制改革办公室的负责人薛暮桥[2]写了一系列的文章论述这种设想。[3] 同年,国务院设立了价格研究中心,着手进行价格改革的准备工作。

但是在以后的一段时间里,1981年所设想的价格改革并没有实现。1982年,发生了一场计划经济与市场调节的讨论。在这场讨论中,认为

---

1 赵紫阳(1981):《当前的经济形势和今后经济建设的方针———九八一年十一月三十日和十二月一日在第五届全国人民代表大会第四次会议上的政府工作报告》,《人民日报》,1981年12月14日。

2 薛暮桥(1904—2005),原名薛雨林,老一代马克思主义经济学家,从1948年担任中央财经部秘书长以后,历任中央政府经济工作领导职务,对计划经济体制的弊病有深切的了解。改革开放以后,首先提出了建立商品经济即市场经济的目标。由于在推进市场化改革和稳定宏观经济等多方面的贡献,他于2005年荣膺首届中国经济学杰出贡献奖。

3 薛暮桥(1980):《关于调整物价和物价管理体制的改革》、《价格学会要认真研究物价涨落的客观规律》,见《薛暮桥经济论文选》,北京:人民出版社,1984年。

社会主义经济具有商品经济属性的观点受到了批评,正像《红旗》杂志编辑部编辑的一本讨论文集所写的"前言"所说的:"认为计划调节只管宏观经济,微观经济即各个企业活动应由市场调节""企业有权自主地进行生产、交换等经济活动"等,都是"不正确的观点",而"实行指令性计划是社会主义计划经济的基本标志,是我国社会主义全民所有制在生产的组织和管理上的重要体现","要把价格、税收、信贷等经济杠杆的运用纳入国家计划,作为计划的重要组成部分"。[1] 在这样的气氛下,前面所说的价格改革,特别是放开价格管理体制的改革自然也就无从进行了。

在这种情况下,改革难以在指令性计划规定的生产、投资和产品供销活动的范围内进行,它要有所前进,就只好在指令性计划范围之外,或者在它的"缝隙"之中进行。于是,"协作价格"的使用范围也随着计划外供货的扩大而扩大。到1984年,改革的气氛再次浓厚起来,它就由半合法转为合法了。

按照1984年5月国务院《关于进一步扩大国营工业企业自主权的暂行规定》("十条规定"),生产分成计划内和计划外两个部分(这里所说的计划,专指指令性计划),企业所需的物资供应也分为两个来源,即中央统一分配的部分和自由采购的部分;与此相适应,计划内的产品实行国家用行政办法规定的牌价,计划外的产品则可以在不高于或不低于国家定价的20%的幅度内出售。1985年2月,国家物价总局和国家物资总局联合发文,取消了20%的幅度限制,于是,正式形成了按照行政命令和按照市场供求决定价格的双重定价体系。

1984年10月举行的中国共产党第十二届三中全会取得了巨大的突破,它所通过的《中共中央关于经济体制改革的决定》明确指出:社会主义经济是建立在公有制基础上的商品经济。事情十分清楚,为建立这样一种经济体制,关键在于改变僵化的行政定价制度,使价格既能反映成本,又能反映供求的变化。应当说,这时已经具备了全面改革工业品价格的政治前提。中国经济领导机关曾经反复讨论价格改革应首先从何处着手,后来确定,1985年先进行农产品和副食品的价格改革。这样,凡价格

---

1 《红旗》杂志编辑部(1983):《〈计划经济与市场调节文集〉前言》,见《计划经济与市场调节文集》第一辑,北京:红旗出版社,1983年。

没有"放开"的工业品（主要是原料、能源等生产资料），其价格仍然继续保持"双轨制"。1984年年末的计划会议确定，中央给各部门、各地方计划分配物资的数量定额由以下两项决定：（1）1984年计划分配"基数"；（2）重点建设项目所需原材料（包括制造重点设备所需原材料）。以上两项的和即为年度计划中中央分配给该单位的物资的数额。然后，由各级主管机关将指标层层分解下达，由生产单位和物资管理部门执行。

目前在一些重要产品的生产和流通中，双重体制各自所占的比重尚无精确的统计资料，而且中央一级的指令性计划在通过部门和地方向企业下达的过程中往往层层加码，因此，从中央的角度和从企业的角度看，两者的比重也很不一致。据1986年年初全国物资工作会议提供的资料，1985年中央掌握的国家统配物资从过去的256种减少到23种，煤炭、钢材、木材和水泥四种物资的国家指令性计划分配的数量占全国总产量的比重分别下降到50%、56.9%、30.7%和19.4%。1985年各地方、各企业通过市场组织的物资占地方企业消耗总量的比重，钢材、木材和水泥分别为38%、46%和61%。[1] 当然，不同城市和地区，计划内和计划外的比重是不一样的。例如，上海市物资供应的计划分配部分就比较高，钢材为72%，生铁为66%，煤炭为90%，江苏省就比较低，分别为35%、22%、58%。事实上，情况是十分复杂的。以钢材为例，据估算，生产企业按高价卖出的钢材，只占全国钢材生产总量的15%—20%，而消费者用高价买进的，却占总消费量的40%左右。

至于计划内价格和计划外价格的差距，一些重要的短缺物资往往相差数倍，如钢材的代表品种 φ6.5 线材的计划出厂价格每吨610元，1985年市场价格高达1600元，最高时达2000元（5—8月），煤炭的计划价格每吨27元，市场价格高达100元左右。当然，两者的差距往往随供求情况的变化而变化，各个地区的情况也不完全一样。

二、 对"双轨制"利弊的分析

双重定价体制的并存表明原有的僵化价格体制已经被突破，从而给

---

[1] 载《经济日报》，1986年2月26日。

经济生活带来了新的活力。赞成长期保持"双轨制"的人们认为,它的积极作用表现在以下几方面:

第一,有利于增加供给,缓和供求之间的矛盾。

那些原来完全按照指令性计划进行生产和销售的企业,现在有了对计划外的那部分产品进行自产自销的权力,这就大大地鼓励了企业增加生产的积极性。因为这时价格部分地成为调节企业行为的参数,许多企业千方百计地挖掘潜力,多方筹集资金,进行技术改造,扩大生产能力,使原来一些供应紧张的产品增加了生产和供给,减轻了短缺的程度。这对于供给的价格弹性较高的产品,如小窑煤,表现得尤为明显。近两年来我国煤炭生产以每年 8.35% 的速度递增,主要得益于小煤矿的增产。由于供求矛盾的缓和,计划外价格呈现下降的趋势。例如,1984 年江苏省计划外煤炭的价格曾高达每吨 150—200 元,随着生产和供应的增加,价格已下降到 80—120 元一吨。双重体制打破了原有体制的僵局,部分地改变了原有体制下"为生产而生产"的局面,有利于搞活流通,促进生产和需求之间的衔接。

第二,有利于节约使用资源和提高企业管理人员的水平。

在原有体制下,指令性计划的生产任务要以国家以低价供应相应的物资为条件,企业对节约使用资源缺乏内在的动力。我国原材料、燃料消耗系数很高,固然同工业技术水平低有关,但价格偏低则在一定程度上保护了落后和助长了浪费。我国能源、原材料的计划内出厂价同国际市场价格相比,明显偏低,其中,洗精煤价格只有国际市场价的 45%,原油为 30%,铸造生铁 70%,普碳钢材 60%,计划外高价能源和原材料价格与国际市场价格相近或者高于国际市场价格,因此,对于用户来说,就必须精打细算、千方百计地节约使用原材料和能源,或在寻找代用品上狠下功夫。据对 300 个使用钢材企业的典型调查,在开始实行双重体制的 1984 年,万元产值的钢材消耗量比上年下降了 18%。这显然同这些企业增加了节约使用钢材的内在动力有关。这对于企业管理人员来说,特别是对那些习惯于传统运行机制的管理人员来说,也是一种训练的机会,使他们能够逐步地了解和熟悉市场运行的规律性,提高经营管理的水平。

然而,持有不同意见的人们认为,以上两点好处,严格地说,并不是

"双轨制"本身固有的,而是由于价格提高、克服了价格低于均衡价的扭曲带来的。所以,"双轨制"的真正优点只在于:

第三,有利于减少阻力,在力图保持指令性计划的习惯势力仍很强大的情况下在旧体制上打开缺口,扩大市场机制的作用。

前已说明,在1982—1984年期间,在中国占优势的观点是:保持指令性计划的主导地位,是坚持社会主义基本原则的大事。"双轨制"在原有体制不可能立即废止的情况下,保留部分指令性计划,使这部分产品的生产和流通继续按原有轨道运行,并通过计划价格来维持原有经济利益格局不变,同时,又使计划外的那部分产品的生产和流通纳入有调节的市场的运行轨道,并通过反映市场规律的价格局部地调整了人们之间的经济利益关系。如原有体制下矿产品的价格偏低、加工工业产品价格偏高这种不合理的经济利益格局得到了部分的调整,使某些亏损行业开始盈利,使不合理价格结构下苦乐不均的状况有所缓和,并带来前面两种好处。

总之,采用"双轨制"的过渡办法能分散改革的风险,使改革易于推行。因此,这种做法得到国外某些经济学家的肯定。例如,W.布鲁斯原来根据东欧的经验,认为局部改革的做法是不可行的,但在1985年举行的"宏观经济管理国际讨论会"上,他根据中国的经验肯定了这种做法的可行性。他说。在从配给制向商品经济体制的过渡阶段,其他社会主义国家在消费品方面曾实行过双重价格,但中国在生产资料方面也实行了双重价格,这可能是一项有益的发明创造,它是从旧体制进入新体制的桥梁,可以使行政的直接控制平稳地过渡到通过市场进行的间接控制。[1]

然而,价格的"双轨制"作为双重体制的集中表现,又不可避免地存在它的消极方面。正如赵紫阳总理最近在全国人民代表大会[2]上《关于第七个五年计划的报告》所指出的:"在我国的改革中,旧体制的消亡,新体制的形成,都只能是逐步的,都需要时间。改革必然是一个渐进的过程。在这个过程中,两种体制同时并存,交互发生作用,新体制的因素在经济运行中日益增多,但还不能立即全部代替旧体制,旧体制的相当部分还不能

---

[1] 转引自刘国光等(1985):《经济体制改革与宏观经济管理——"宏观经济管理国际讨论会"评述》,载《经济研究》,1985年第12期。

[2] 指1986年3月25日第六届全国人民代表大会第四次会议。

不在一定的时间内继续存在和运用。这就决定了改革中不可避免地会出现种种问题和矛盾复杂纷呈的局面。"这些矛盾在中国经济生活中的主要表现是：

第一,造成企业行为的双重化,影响国民经济计划的完成。

由于同一种产品的计划外价格和计划内价格相差悬殊,企业作为生产单位和销售单位,总是力争压低指令性计划指标,以便把多余的生产能力用于生产计划外产品,作为原材料的购买和使用单位,则力争多得计划统一分配物资的指标。而且在计划执行中,物资通过各种渠道从计划内流向计划外,企业间合同兑现率下降,冲击计划的实现。据统计,1985年第一季度,全国18种主要工业产品中有16种没有完成合同,其中,钢铁欠交51万吨,煤炭欠交298万吨,水泥欠交47万吨,影响了若干重点生产企业的生产和若干重点建设项目的施工。[1] 这种情况至今没有显著改善。

第二,造成衡量企业经营状况和对它们进行奖惩的标准紊乱,使企业经营核算制度无法建立。

对于各个不同企业来说,计划内和计划外的分配比例并无科学根据,只能按照基数法来确定,结果原来经营得好的企业计划基数高,从计划外高价得利少,原来经营得不好的企业计划基数低,从计划外高价得利反而多。而且,只要多得到一吨低价钢材,就无异于取得近千元的补贴,而调拨转自销,就可轻而易举地使利润率加倍。这就使企业不把主要精力放在改善经营、降低消耗上,而是采取一切手段争投入指标,压产出指标。这就是说,在"双轨制"下,难以形成统一的市场机制和竞争机制,从而使企业难以在同等的价格条件下开展平等的竞争。在这种情况下,考核企业经营管理好坏的标准也发生紊乱,无论是产值、销售额还是利润等评价标准,都不免失真。

第三,给倒手转卖、牟取非法利润提供了条件,败坏了社会风气,腐蚀了干部队伍。

计划内外的巨大价差,给近年来迅速增加的非法套利活动提供了温

---

1 载《人民日报》,1985年6月4日。

床,大量利润在流通领域中被不法分子所获取。他们内外勾结,取得调拨物资,然后低价进、高价出,牟取暴利。1985年卡车价差最大时,倒卖一辆载重4.5吨的卡车就可以成为"万元户"。所以,我们时常可以在中国报刊上看到某投机倒把集团靠转手倒卖紧俏物资获得几万、十几万、几十万元暴利一类报道。在1984—1985年的短时间中,全国办起了约20万家"公司",其中有相当一部分一无资金,二无场地设备,三无确定的业务方向,专靠倒卖牟取暴利。

第四,导致资源的不合理配置,降低了社会经济效益。

在资源的配置和利用上,双重体制既有如前所述积极的一面,也有消极的一面。计划外产品的高价必然刺激某些短缺物资的增产,有利于部门间结构的合理化,但同时又刺激了一些低效率的小规模企业的高成本生产,造成资源的不合理使用,导致规模经济效益下降。近年来乡镇企业的迅速发展,在增加生产、扩大就业、拾遗补缺等方面起了不少积极的作用,但也发生了以小挤大、以落后挤先进的问题。一些小企业同大企业争原料、争动力,结果发生消耗高、效益差的小电炉、小轧钢厂大量发展,消耗低、效益高的大电炉、先进轧钢厂却因原料、能源供应不足而生产能力放空的怪事。所以,世界银行的G.蒂德里克(Gane Tidrick)在考察了数十个工业企业以后得出结论:中国存在的多重物资供应体制和多重价格虽然提高了供给的灵活性,增加了企业自主权,但是却并没有提供一种有效的市场机制控制的替代办法,因而不免付出极高的资源代价。[1]

总之,在我们看来,双重定价体系和一物多价制度在一定的历史条件下,不失为一种向市场体系过渡的有益的方式,然而它的长期延续,却是弊多利少的,搞得不好,甚至会成为进一步改革的障碍。这是因为,价格是商品经济中的基本参数,当这一参数处于严重扭曲的状态下,不仅整个经济系统由于实际上不可能建立有效的市场机制从而无法有效地运行,而且,其他的调节参数,如利率、税率、汇率,也由于缺乏合理的价格基础而难以制定和运用,因而也不可能进行以间接调控为主的宏观管理。

1　G.蒂德里克(1985):《中国国营工业的计划和供应》,见陈吉元、G.蒂德里克编(1985):《中国工业改革与国际经验》,北京:中国经济出版社,1985年,第185—228页。

三、 对可能解决办法的分析

究竟如何对待上述令人烦恼的摩擦和弊病呢？这是所有关心我国经济体制改革的人们面临的尖锐挑战。人们提出了多种多样的解决办法，归纳起来，大体有以下三类：(1)重新实行集中化，回到原有体制，至多在占主导地位的命令经济的旁边，保留一小块"市场调节"和多少具有灵活性的价格的活动场所；(2)立即结束双重体制，消除旧价格体制的残余，一举实现定价机制的完全自由化；(3)把双重体制当作从旧体制向新体制转换的过渡阶段，逐步地转入新体制的运行轨道。虽然在目前的双重体制下，回到旧体制去的危险是始终存在的，但是至少在目前还没有人公开地提出第一种意见。至于第二种意见，由于在短期内消除旧体制的一切因素是明显地不可能的，因此似乎也没有人明确提出。这样，留下来有争论的问题就只在于实现过渡的方式和速度了。在目前，主要存在两种意见：

第一种意见被称为"尽快过渡论"。例如，有作者认为，"双轨制弊大于利，应尽早过渡"。[1] 也有人从目前城市经济中占支配地位的还是旧体制，新体制由于配套不足无法有效运转立论，认为"近年来经济波动的体制根源在于新旧两重体制的相持状态"，"根本改善的出路……就在于打破新旧体制相持的状态，使新经济机制能较快发挥主导作用"。[2] 持这种观点的人们认为，在目前这种旧体制只是被打开了若干缺口，新体制还不能作为一个系统有效地发挥作用的条件下，存在着经济波动加剧和走回头路的严重危险，因此，应当力争早日打破目前这种双重体制相持、双轨价格交错的困境，使新的经济机制尽快地起主导作用。实现了这一点，虽然并不意味着双重体制并存的局面的结束，但是由于市场机制能够发挥它的功能，反而会使经济发展和经济改革进入互相支持、互相促进的良性循环。他们主张采取的主要措施是：在建立自主经营、自负盈亏的企业，建立竞争性市场和建立间接调控体系等三个互相联系的方面，有步骤地

---

1 赵林如(1986)：《关于价格改革的几个问题》，载《经济工作者学习参考资料》，1986 年第 7 期。
2 吴敬琏(1986)：《经济波动和双重体制》，载《财贸经济》，1986 年第 6 期。

进行同步配套的改革。其首要步骤,则是在较短的时间内初步理顺价格,同时建立起新的财政体系和金融体系的框架。

相当多的人认为前一种想法过于理想化。他们认为,在中国这样一个市场发育程度低下的发展中国家,不能追求双重体制很快过渡到单一的商品经济轨道上去。因此,他们主张采取"走小步""渐放渐调",比如说,每年将放开价格由市场调节的物资数量增加 10％ 到 20％,同时对计划价格作少量的调整。这样,可望在 5 到 10 年的时间内实现价格体系的合理化。

支持这种观点的有多种论据,其中包括:应当保持前几年改革战略的延续性,而不应在没有充分把握的情况下,走一条"大配套"改革的新路子;"双轨制"增加供给、搞活市场的积极作用正在发挥,没有必要过早地加以改变;"双轨制"提供了一种形式,"使得在整个庞大的运行体制转换结束之前就能冲决企业的不平等'种姓制度'",保证"企业挣脱行政隶属和等级差别的羁绊";[1] 等等。不过在我们看来,最有力的论据还在于,目前的经济情况不允许采取大的改革动作,在短期内实现由旧体制占主导地位到新体制占主导地位的过渡。正如刘国光所说:"要实现这种过渡,首先还是要解决国民经济总需求与总供给的宏观平衡问题。这个问题不解决,不论是计划体制的双轨制,物资流通体制的双轨制,以及集中反映这两者的价格双轨制,都不可能消失。"而由于"上述宏观平衡问题一时难以彻底解决……双重体制向单一新体制的过渡以及双轨价格向单轨的新价格体系过渡的时间恐怕很难如中外经济学者所希望的缩得很短"[2]。

以上分析无疑反映了当前中国的实际情况,其可以商榷之处在于:宏观平衡问题,即总需求膨胀,以至大大超过总供给的情况是不是注定不能解决的。我们知道在传统的社会主义经济体制下,确如 J. 科尔奈所说,存在着"扩张冲动""投资饥渴"和"消费饥渴",因此,"短缺"和需求膨胀乃是内在于这种经济的倾向。但是,这并不等于说,在一定的时限内,政治和经济的领导对于控制需求和改善供给是完全无能为力的。从中国的历

---

1 华生、何家成、张学军、罗小朋、边勇壮(1986):《经济运行模式的转换——试论中国进一步改革的问题和思路》,载《经济研究》,1986 年第 2 期。
2 刘国光(1986):《我国价格改革的一些情况和问题》,载《财贸经济》,1986 年第 5 期。

史看，为了一定目的在一个时期内造成供求大体平衡的状况，还是可以做到的。多次"增产节约运动"和"经济调整"都起了这样的作用。就拿最近时期的一个实例来说，1981 年的经济调整在几个月的时间内就造成了"买方市场"次第出现的局面。[1] 只不过由于种种原因，我们没有能够抓住这种有利条件进行大步的配套改革，坐失了良机。至于从 1984 年下半年开始、至今后果还没有完全消除的那次消费和投资的膨胀，一方面固然是受到内在于旧体制的"消费饥渴"和"投资饥渴"的推动，另一方面，在宏观决策上没有处理好经济发展同经济改革的关系[2]以及具体工作上的失误，却起了决定性的作用。可见，如果认识明确，坚决执行"把改革放在首位"、经济"建设的安排要有利于改革的进行"的方针，采取一切措施"坚持总供给和总需求的基本平衡，使积累和消费保持恰当的比例"[3]，从而为配套改革争取到一个较为宽松的环境，并不是绝对不能做到的。

把上面所说的一切概括起来，我们也许可以建议采取这样的策略：在近期内用一切手段控制总需求膨胀，推出价格改革、财政税收改革和金融改革的基本措施，初步形成货物市场、服务市场和短期金融市场的框架，在较短时间内改变双重体制胶着对峙、新体制不能起主导作用的局面。不过即使到那时，由于中国经济的落后性和复杂性，旧体制和旧调节方法的某种残余仍会在一定范围内长期存在。只有经历较长时间，逐步完善新体制，使之能够渐次完全取代旧体制的功能，才有可能从根本上结束双重体制并存的局面。

1　G. 蒂德里克的前揭文章对这一情况有很好的描述与分析。

2　总结这方面的教训，1985 年 10 月中国共产党全国代表会议通过的《中共中央关于制定国民经济和社会发展第七个五年计划的建议》中，对于如何正确处理经济建设与改革的关系，有很好的分析。

3　《中共中央关于制定国民经济和社会发展第七个五年计划(1986—1990 年)的建议(一九八五年九月二十三日中国共产党全国代表会议通过)》，《人民日报》，1985 年 9 月 26 日。

论作为资源配置方式的计划与市场[*]

(1991 年 8 月)

自从近一个世纪以前提出公有制经济的运行问题以来,市场和计划的关系就几乎成了社会主义经济学的"永恒主题"。近年来,我国经济界又就计划和市场、计划调节和市场调节、计划经济和市场经济(商品经济)的关系等问题反复进行了热烈的争论。[1] 撇开语义上的分歧,争论主要集中在作为稀缺资源的配置方式的计划和市场之间的关系问题上。本文所要着重讨论的,也是后一问题。

一、 资源配置和社会生产

在计划和市场关系问题的讨论中,参与讨论的人们往往从不同的角度提出问题:有的从它们的所有制基础,有的从它们的作用后果,也有不少人认为,问题的本质在于资源配置方式。在相当多的场合,从不同角度提出的问题是混杂在一起的,因而不时发生"三岔口"式的争论,陷于低水平的重复。这种讨论很多都进展不大的情况,促使我们把讨论集中到实质性问题,即资源配置问题上来。这样来处理问题,不仅可以使讨论少生枝节,认识步步深入,更重要的还在于:资源配置问题无论对于经济学理论还是对于经济建设实践都至关重要,有必要进行深入的探讨。

---

[*] 原载《中国社会科学》,1991 年第 6 期,原文在该刊发表时有删节;又见《吴敬琏文集》,北京:中央编译出版社,2013 年,第 103—136 页。

[1] 仅仅在最近 10 年中,就发生过 1982—1983 年和 1990—1991 年的两次大讨论。

关于由用词的歧义带来的纷扰,可以以计划经济能否与市场、市场调节、市场经济兼容的问题为例来说明。人们一接触这个问题就会注意到,讨论文献中的"计划经济"一词往往有双重含义。第一重含义从经济的运行方式立论,指明这种经济靠人们预先规定的计划在各经济行为主体之间配置社会资源。第二重含义则从经济的运行状态立论,指明在这种经济中,社会能够有意识地保持国民经济的平衡的即按比例的发展。[1] 从词义的历史演变看,第一重含义显然更具有本源的性质。本文着重从前一个角度讨论问题,同时在使用概念时尽量给以明确的界定,希望以此避免由概念不清产生的混乱。

　　稀缺资源的配置问题,历来在经济学的研究中占有重要的地位[2],其原因大体是:经济学的研究对象首先是物质财富的生产,而对生产一般进行的分析,又离不开两个公理性的假设:一是资源的稀缺性,二是目标

1　所以,为了避免经济的运行方式和它的运行状态这两种含义的混淆,人们往往用"集中计划经济""命令经济"等用语来反映上述运行方式方面的特征;而用"按比例发展""持续稳定协调发展"之类的用语来反映上述运行状态方面的要求。

2　如 1932 年罗宾斯(1898—1984))的定义:"经济学是研究人类在处理可以有不同用途的稀缺资源同它们的实际用途之间关系时的行为的科学"[Lionel Robbins(1932): An Essay on the Nature and Significance of Economic Science(2nd ed)(《论经济科学的性质和意义》, London: Macmillan and CO. , 1935, pp.4]至今仍经常为人们引述。兰格(1904—1965)也认为,"经济学是关于人类社会中稀缺资源管理的科学"[Oskar Lange: The Scope and Method of Economics(《经济学的范围和方法》), The Review of Economic Studies, Vol. 13, No. 1(1945—1946), pp. 19-32]。在我看来,对经济学的内容和经济体制的功能作这样的界定,同马克思主义者给理论经济学所作的界定"政治经济学的对象是社会生产关系"是相通的。把资源配置作为中心问题提出来,有助于正确把握生产关系同生产力之间的关系,科学地理解生产关系本身。马克思说,生产过程"是人以自身的活动来引起、调整和控制人和自然之间的物质变换的过程"。[马克思(1867):《资本论》第 1 卷,见《马克思恩格斯全集》第 23 卷,北京: 人民出版社,1972 年,第 201—202 页]又说:"人们在生产中不仅仅同自然界发生关系。他们如果不以一定方式结合起来共同活动和互相交换活动,便不能进行生产。为了进行生产,人们便发生一定的联系和关系;只有这些社会联系和社会关系的范围内,才会有他们对自然界的关系,才会有生产。"[马克思(1849):《雇佣劳动与资本》,见《马克思恩格斯全集》第 6 卷,北京: 人民出版社,1972 年,第 486 页]当然,我们应当注意到,马克思在这里还没有明确地把资源配置问题作为联结生产力与生产关系的中介环节提出。不过,马克思毕竟属于理论经济学的古典作家的行列。在他的时代,一定生产关系(经济体制)下的资源配置问题,还没有成为经济学研究的中心课题。经济学的研究向资源配置这一方向深化,是马克思逝世以后的事情,我们不应苛求于前人。但是,后来的社会主义政治经济学不仅没有吸收现代经济学的成果来发展马克思主义,相反从马克思的观点后退,脱离生产过程去孤立地观察生产关系,使社会主义经济学变成了意识形态导向的道德规范大全或条令汇编。这种做法,显然是不足取的。

函数的最大化。这样，根据一定时期的技术条件和经济发展水平，在各种可能的用途之间最有效地配置稀缺资源，就成为在可用资源的约束条件下生产尽可能多的产品，以便最大限度地满足需要的关键。为了达到有效配置资源的目的，社会有必要作出一定的制度安排和竞技规则设定，即建立一定的经济体制。所以，说到底，经济体制是由处理生产问题的需要产生的，它的首要功能，便是有效地配置资源。由此还可以得出结论：衡量各种经济体制和经济政策长短优劣的最终标准，乃是它们能否保证资源的有效配置，提高经济效率（我想，这也就是近年来人们所强调的"生产力标准"的经济学含义）。

从原则上说，在社会性、协作性的生产中，资源可以通过两种方法和手段来配置：一种手段是行政命令，例如，不论在哪一种经济体制下，在一个经济行为主体（如一个生产单位）内部，通常运用行政手段来配置资源；另一种手段是市场力量，即通过商品在市场上按照价格进行的交换，在不同的经济行为主体（部门、地区、企业、个人等等）之间配置资源。[1] 按作用的范围划分，资源配置可以分为一个厂商（firm）内部的微观配置和厂商之间的社会配置。就后者而论，按照基本的配置方法，可以划分为两种社会资源配置方式：（1）以行政手段为基础的行政配置（有时也被称作"计划配置"），（2）以市场机制为基础的市场配置。[2]

对于市场资源配置的机理，古典作家只作过原则的说明。其中最为著名的，首推亚当·斯密（Adam Smith）关于市场这只"看不见的手"引导商品生产者为了自身的利益去满足社会需要的论述。从现代经济学的眼光看来，斯密的上述论述，也许只能算是一个天才的"猜想"，而不是严密的证明，因为他并没有具体说明"看不见的手"是怎样实现稀缺资源在各

---

1 就像科斯（R. H. Coase）所说，行政机制和市场机制是"两种可以相互替代的协调机制"。在市场经济的条件下，"在企业之外，价格运动调节着生产，对生产的协调是通过一系列市场交易来实现的。在企业内部，这些市场交易不存在了，与这些交易相联系的复杂的市场结构，让位于调节生产的企业家——协调者。"企业家运用一套计划和组织机制，在企业内部配置资源。[科斯（1937）：《企业的性质》，见《论生产的制度结构》，上海：上海三联书店，1994年]

2 采取市场配置方式的经济通常被称作"商品经济"或"市场经济"。采取行政配置方式的经济往往被称作"计划经济"。但由于前面提到的歧义，为了避免混淆，在本文中按比较经济学的通行办法，把它叫做"统制经济""命令经济"或"集中计划经济"。

种需要之间的有效分配的。[1]

马克思和恩格斯比斯密进了一步。他们在论述"另一种意义"的"社会必要劳动耗费"时，指出了在货币经济中，社会劳动资源可以用于各个特殊生产领域的份额的数量界限，是由"价值规律"决定的。一方面，一种内在的必然性把社会对各种使用价值的需要量连接成一个自然的体系；另一方面，商品的价值规律决定社会在它所支配的全部劳动时间中能够用多少时间去生产每一种特殊商品。如果社会生产是按比例进行的，不同类产品就按它们的价值出售；也就是说，只有当全部产品是按必要的比例进行生产时，它们才能卖得出去。[2] 这样，就触及到了资源配置问题的症结，达到了近似于后来新古典经济学的结论。不过，他们也没有作更详细的说明。同时，马克思和恩格斯对于依靠价值规律这个"盲目的自然规律"维持的经济平衡，总的来说是评价不高的，认为这种平衡和协调，始终只是"通过经常不断地消除经常的不协调"来实现的，不可能经济和有效，而且这种通过价值规律的"自发"（自动）作用实现的协调本身就蕴含着危

---

1 虽然如同斯蒂格勒所说，斯密的精辟论述，至今仍然是"资源配置理论的基础"[George Stigler：The Successes and Failures of Professor Smith（《斯密教授的成功与失败》），*Journal of Political Economy*，1976，84（6）：1199－1213]，但它并没有对市场制度如何实现资源有效配置的机理作出具体的分析。正像萨缪尔森（Paul A. Samuelson）在论及福利经济学时所说："亚当·斯密说看不见的手会使每个人的自私自利的行动趋于一个非常一致的最终结果。他的话确实有道理。但是，斯密从来未能准确地说出或证明道理在哪里"。[萨缪尔森（1976）：《经济学（第10版）》中册，北京：商务印书馆，1981年，第357页]
2 马克思（1867）：《资本论》第1卷，见《马克思恩格斯全集》第23卷，北京：人民出版社，1972年，第394页；马克思（1867—1883）：《资本论》第3卷，见《马克思恩格斯全集》第25卷，北京：人民出版社，1974年，第716—717、995页。马克思说，"不同的生产领域经常力求保持平衡，一方面因为，每一个商品生产者都必须生产一种使用价值，即满足一种特殊的社会需要，而这种需要的范围在量上是不同的，一种内在联系把各种不同的需要量连结成一个自然的体系；另一方面因为，商品的价值规律决定社会在它所支配的全部劳动时间中能够用多少时间去生产每一种特殊商品。"从"产品作为商品的性质，或商品作为资本主义生产的商品的性质，就会得出全部价值决定和得出全部生产由价值来进行调节……在这里，价值规律不过作为内在规律，对单个当事人作为盲目的自然规律起作用，并且是在生产的各种偶然变动中，维持着生产的社会平衡"。马克思在这里所说的"价值"和"价值规律"，同他在《资本论》第1卷第1编中所的"价值"有所不同，而是与恩格斯在《政治经济学批判大纲》中所说的相近："价值是生产费用对效用的关系。价值首先用来解决某种物品是否应该生产的问题，即这种物品的效用是否能抵偿生产费用的问题。……如果两种物品的生产费用相等，那末效用就是确定它们的比较价值的决定性因素。"[恩格斯（1844）：《政治经济学批判大纲》，见《马克思恩格斯全集》第1卷，北京：人民出版社，1956年，第605页]

机的可能性。在资本主义基本矛盾的推动下，这种可能性必然变为现实。[1]

马克思和恩格斯曾经设想，在生产资料公有制消除了商品货币关系存在的基础以后，采取按预定计划配置资源的行政配置方式。那时，组成"自由人联合体"的劳动者将"用公共的生产资料进行劳动，并且自觉地把他们许多人的劳动力当作一个社会劳动力来使用。在那里，鲁滨逊的劳动的一切规定都重演了，不过不是在个人身上，而是在社会范围重演"。[2] 马克思和恩格斯说，在这种情况下，社会"必须按照生产资料，其中特别是劳动力，来安排生产计划。各种消费品的效用（它们被相互衡量并和制造它们所必需的劳动量相比较）最后决定这一计划。人们可以非常简单地处理这一切，而不需要著名的'价值'插手其间"。"在决定生产问题时，上述的对效用和劳动花费的衡量，正是政治经济学的价值概念在共产主义社会中所能余留的全部东西"[3]。但是，他们正像没有对市场配置资源的过程作具体分析一样，对在没有市场的社会主义经济中如何对"劳动耗费和有用效果"进行比较，计算上述意义的"价值"，以便编制出能够较之市场更有效地配置资源的计划，也没有详加说明。

对于市场机理较为精密的分析，是19世纪70年代以后由以马歇尔（Alfred Marshall）、瓦尔拉（Leon Walras）、帕累托（Vilfredo Pareto）等人为代表的新古典经济学家作出的。新古典经济学把自己的研究重点放在稀缺资源的有效配置这一经济运行的根本问题上，对市场机制如何实现

1　参见恩格斯（1844）：《政治经济学批判大纲》，见《马克思恩格斯全集》第1卷，北京：人民出版社，1956年，第613—614页；马克思（1867）：《资本论》第1卷，见《马克思恩格斯全集》第23卷，北京：人民出版社，1972年，第394—395页；马克思（1867—1883）：《资本论》第3卷，见《马克思恩格斯全集》第25卷，北京：人民出版社，1974年，第995页；马克思（1861—1863）：《剩余价值理论》，见《马克思恩格斯全集》第26卷Ⅱ，北京：人民出版社，1973年，第604、612—617页；马克思（1875）：《哥达纲领批判》，见《马克思恩格斯选集》第3卷，北京：人民出版社，1972年，第310—317页。

2　马克思（1867）：《资本论》第1卷，见《马克思恩格斯全集》第23卷，北京：人民出版社，1972年，第95页。

3　恩格斯（1844）：《政治经济学批判大纲》，见《马克思恩格斯全集》第1卷，北京：人民出版社，1956年，第605页；恩格斯（1876—1878）：《反杜林论》，见《马克思恩格斯选集》第3卷，北京：人民出版社，1972年，第348页。

资源的有效配置进行了具有数学精确性的分析。这些分析证明：在完全竞争的条件下，由市场供求形成的均衡价格，能够引导社会资源作有效率的配置，使任何两种产品对于任何两个消费者的"边际替代率"都相等、任何两种生产要素对于任何两种产品生产的"技术替代率"都相等和任何两种产品对任何一个生产者的"边际转换率"同"边际替代率"都相等，从而达到任何资源的再配置都已不可能在不使任何人的处境变坏的同时、使一些人的处境变好的所谓"帕累托最优"（Pareto Optimum）状态。

新古典经济学、尤其是其中的新福利经济学，不但对保证市场资源配置有效率的前提条件作了精密的分析，还对保证行政资源配置有效率的前提条件作了细致的研究。帕累托在1902—1903年出版的《社会主义制度》和1906年出版的《政治经济学手册》两书中已经肯定，由一个"社会主义的生产部"来制定和实施经过科学计算的计划，是可以实现资源的优化配置的。1908年，帕累托的追随者巴罗尼（Enrico Barone）在著名论文《集体主义国家的生产部》中详尽地分析了在行政配置的情况下实现有效性的前提条件。他指出，只要这个"生产部"能够求解经济均衡方程，据此确定各种稀缺资源的价格，并使各个生产单位按照边际成本等于价格的原则安排生产，则经济计划也可以达到市场竞争力量所导致的相同结果，即稀缺资源的有效率的配置。[1] 两种资源配置方式的区别仅仅在于求解上述方程的方法有所不同：一个通过市场竞争求解，一个通过计划计算求解。所以，两者只在解法上有孰优孰劣或可行不可行的比较，而和社会制度的本质特征没有直接联系。[2]

1　J. A. 熊彼特（Joseph A. Schumpeter）就此评论道：对于社会主义计划经济是否可行的问题，"在巴罗尼以前已有一打以上的经济学家暗示了答案。其间有这样的权威如维塞尔、帕累托。他们两人都观察到，经济行为的基本逻辑在商业社会和社会主义社会是一样的，答案是由此推出来的。但是帕累托的弟子巴罗尼是第一个完成答案的人。"[见熊彼特（1942）：《资本主义、社会主义和民主主义》，绛枫译，北京：商务印书馆，1979年，第215页]

2　在我国，这已成为许多人的共识。不少论者指出："计划和市场只是资源配置的两种手段和形式，而不是划分社会主义和资本主义的标志。"[皇甫平（1991）：《改革开放要有新思路》，载《解放日报》，1991年3月2日；陈锦华（1991）：《逐步建立社会主义有计划商品经济的新体制》，载《人民日报》，1991年3月11日]

二、 对社会主义条件下资源配置方式的传统理解和现代发展

在从生产一般的角度考察了计划与市场的关系以后,让我们进一步研究社会主义条件下计划和市场的关系。

马克思和恩格斯创立的科学社会主义,把关于社会主义的理论和政策放置到了社会化大生产的基础上。因此,我们的讨论也从他们在 19 世纪 40—80 年代对社会主义经济运行机制的设想谈起。

(一) 马克思主义的古典观念

马克思清楚地认识到,在社会主义社会,正如在其他人类社会一样,对于具有稀缺性的资源,当时主要是指劳动资源(包括活劳动和物化劳动),进行合理配置具有绝对的必要性。[1] 那么,在社会主义的条件下,按比例配置劳动资源的规律是以什么样的形式实现的呢? 马克思的回答是:

在公有制的条件下,"生产资料的全国性的集中将成为由自由平等的生产者的联合体所构成的社会的全国性基础,这些生产者将按照共同的合理的计划自觉地从事社会劳动"。"正像单个人必须正确地分配自己的时间,才能以适当的比例获得知识或满足对他的活动所提出的各种要求,社会必须合理地分配自己的时间,才能实现符合社会全部需要的生产。因此,时间的节约,以及劳动时间在不同的生产部门之间有计划的分配,在共同生产的基础上仍然是首要的经济规律"。[2]

按照马克思和恩格斯的历史分析方法,他们在说明社会主义经济资

1　他指出:"要想得到和各种不同的需要量相适应的产品量,就要付出各种不同的和一定数量的社会总劳动量。这种按一定比例分配社会劳动的必要性,决不可能被社会生产的一定形式所取消,而可能改变的只是它的表现方式,这是不言而喻的。自然规律是根本不能取消的。在不同的历史条件下能够发生变化的,只是这些规律借以实现的形式。"[马克思(1868):《马克思致路·库格曼》,见《马克思恩格斯选集》第 4 卷,北京:人民出版社,1972 年,第 368 页]

2　马克思(1872):《资本论》第 3 卷(节选),见《马克思恩格斯选集》第 2 卷,北京:人民出版社,1972 年,第 454 页;马克思(1857—1858):《经济学手稿(1857—1858)》,见《马克思恩格斯全集》第 46 卷上册,北京:人民出版社,1979 年,第 120 页。

源配置方式的特征时，处处与资本主义生产即"发展到最高阶段的商品生产"[1]相对比。马克思说，在资本主义这种"社会劳动的联系体现为个人劳动产品的私人交换的社会制度下，这种劳动按比例分配所借以实现的形式，正是这些产品的交换价值"，"对生产自始就不存在有意识的社会调节"。[2] 资本主义经济的这种调节方式造成的结果必然是："只要这种调整不是通过社会对自己的劳动时间所进行的直接的自觉的控制——这只有在公有制之下才有可能——来实现，而是通过商品价格的变动来实现，那末，事情就始终像你（恩格斯）在《德法年鉴》中已经十分正确地说过的那样"，"由竞争关系所造成的价格永远摇摆不定的状况，使商业丧失了道德的最后一点痕迹"。同时，使"危机像过去的大瘟疫一样按期来临，而且它所造成的悲惨现象和不道德的后果比瘟疫所造成的更大。"[3]

马克思和恩格斯由此论证了在公有制基础下消除商品生产及其有害后果的必要性；同时指出，在商品生产和商品交换被彻底否定的条件下，社会主义经济的运行方式和运行状态都将彻底改变：

"一旦社会占有了生产资料，商品生产就将被消除，而产品对生产者的统治也将随之消除。社会生产内部的无政府状态将为有计划的自觉的组织所代替"；"当人们按照今天的生产力终于被认识了的本性来对待这种生产力的时候，社会的生产无政府状态就让位于按照全社会和

1　马克思说："资本和雇佣劳动对立的形式，是价值关系和以价值为基础的生产的最后发展。"[马克思（1857—1858）：《经济学手稿（1857—1858）》，见《马克思恩格斯全集》第46卷下册，北京：人民出版社，1980年，第217页]恩格斯指出："价值规律正是商品生产的基本规律，从而也就是商品生产最高形式即资本主义生产的基本规律。"[恩格斯（1877—1878）：《反杜林论》，见《马克思恩格斯选集》第3卷，北京：人民出版社1972年，第351页]列宁说，根据马克思的学说，资本主义最重要的特征，在于"商品生产是生产的普遍的形式"；"资本主义是发展到最高阶段的商品生产"。[列宁（1894）：《民粹主义的经济内容及其在司徒卢威先生的书中受到的批评》，见《列宁全集》第1卷，北京：人民出版社，1955年，第414页；列宁（1917）：《帝国主义是资本主义的最高阶段》，见《列宁选集》第2卷，北京：人民出版社，1972年，第782—783页]

2　马克思（1868）：《马克思致路·库格曼》，见《马克思恩格斯选集》第4卷，北京：人民出版社，1972年，第368—369页。

3　马克思（1868）：《马克思致恩格斯》，见《马克思恩格斯选集》第4卷，北京：人民出版社，1972年，第364页；恩格斯（1844）：《政治经济学批判大纲》，见《马克思恩格斯全集》第1卷，北京：人民出版社，1956年，第614页。

每个成员的需要对生产进行的社会的有计划的调节"。"由于社会将按照根据实有资源和整个社会需要而制定的计划来支配这一切东西，所以同现在实行的大工业制度相联系的一切有害的后果，将首先被消灭"。[1]

概括起来说，马克思和恩格斯认为，资本主义的运行方式和与之相对应的运行状态是：第一，按一定比例分配社会劳动和其他资源的职能，是由随供求情况的变化而经常发生波动的市场价格承担的；第二，这种资源配置方式所必然导致的运行状态，则是生产的无政府状态和反复出现的严重经济危机。而对于商品生产和货币经济已经消亡的社会主义经济的运行方式和运行状态，他们的预想则是：第一，代替市场价格机制的，是社会对社会劳动和其他资源按照预定计划进行的直接配置；第二，社会按统一计划配置资源，将消除由于商品生产和市场竞争带来的无政府状态，实现国民经济无危机的按比例发展。

这样，马克思和恩格斯把他们设想的未来社会的经济运行方式（按预定计划配置资源）同运行状态（按比例发展）看作二而一的事情，而同资本主义经济（商品生产或货币经济）的运行方式（通过市场价格制度配置资源）和运行状态（生产无政府状态）截然对立。根据这种理解，古典社会主义经济理论得出了社会主义公有制与资本主义私有制之间、计划经济与商品经济之间、两种运行方式之间以及两种运行状态之间一一对应的体系。

应当指出，马克思主义的经典作家一向不拘泥于他们曾经作出的个别结论，而总是根据时间、地点、条件的变化来修正自己的原有论断。拿资本主义经济是否具有计划性的问题来说，当 19 世纪末生产社会化已推进到较高程度，资产阶级也不得不在事实上承认生产的这种性质而采取股份公司和托拉斯的形式来组织生产时，恩格斯就指出过，从股份公司进而来看托拉斯，"不仅私人生产停止了，而且无计划性也

---

1 恩格斯(1876—1878)：《反杜林论》，见《马克思恩格斯选集》第 3 卷，北京：人民出版社，1972 年，第 323、319 页；恩格斯(1847)：《共产主义原理》，见《马克思恩格斯选集》第 1 卷，北京：人民出版社，1972 年，第 222 页。

没有了"[1]。

这里需要对马克思和恩格斯所用的概念做一点说明。马克思主义的奠基人既没有用过"商品经济",也没有用过"市场经济"来称呼他们称之为"商品生产"或"货币经济"的经济形式。首先,"商品经济"是一个表达和"货币经济"同样内容的俄语词。其次,马克思主义的奠基人之所以没有使用"市场经济"这样的词语,则是因为他们同自己的先行者——古典经济学家一样,把分析的重点放在商品关系的质的方面,而没有对货币经济的资源配置机制做细节的研究。

"市场经济"一词,是在19世纪末新古典经济学兴起以后才流行起来的。新古典经济学细致地剖析了商品经济的运行机制,说明它如何通过市场机制的运作有效地配置资源,市场被确认为商品经济运行的枢纽,从此,商品经济也就开始被通称为市场经济。所谓市场经济(market economy),或称市场取向的经济(market-oriented economy),顾名思义,是指在这种经济中,资源的配置是由市场导向的。所以,"市场经济"一词,从一开始就是从经济的运行方式,即资源配置方式立论的。它无非是货币经济或商品经济从资源配置方式角度看的另一种说法。[2]

(二) 列宁的发展

列宁是一位不断用实践来检验和修正原有结论的革命实行家。他对于社会主义经济运行方式的认识在其一生中有很大的变化。

从列宁从事革命活动的早期到苏维埃国家建立后的相当长时期中,

1　恩格斯(1891):《1891年社会民主党纲领草案批判》,见《马克思恩格斯全集》第22卷,北京:人民出版社,1965年,第270页。恩格斯认为,德国社会民主党爱尔福特纲领草案关于"根源于资本主义私人生产的本质的无计划性"的提法"需要大加修改",因为:"资本主义私人生产……是由单个企业家所经营的生产;可是这种生产已经愈来愈成为一种例外了。由股份公司经营的资本主义生产,已不再是私人生产,而是为许多结合在一起的人牟利的生产。如果我们从股份公司进而来看那支配着和垄断着整个工业部门的托拉斯,那么,那里不仅私人生产停止了,而且无计划性也没有了。"

2　本文作者曾经指出,一切较为发展的商品经济都必定要靠市场机制来配置稀缺资源,因而现代商品经济必然是市场经济。[吴敬琏、胡季(1988):《商品经济与市场经济》,见广东省"市场经济研讨会"编辑组(1988):《社会主义初级阶段的市场经济》,大连:东北财经大学出版社,1988年,第28—30页]

他一直坚持社会主义者对于计划和市场的传统看法。[1] 这个时期列宁的基本观点可以用他的早期著作《什么是"人民之友"》中的一段话来表达：

> 要组织没有企业主参加的大生产，首先就必须消灭社会经济的商品组织，代之以公社的共产主义的组织，那时调节生产的就不像现在这样是市场，而是生产者自己，是工人社会本身。[2]

具体说来，有以下几个方面：(1)社会主义要在生产资料公有制的基础上，把整个社会组织成为"一个全民的、国家的'辛迪加'"，"成为一个总管理处，成为一个劳动平等、报酬平等的工厂"；[3] (2)"社会主义就是消灭商品经济"[4]，"组织由整个社会承担的产品生产代替资本主义商品生产"[5]；(3)"把全部国家经济机构变成一整架大机器，变成一个使几万万人都遵照一个计划工作的经济肌体"[6]，"没有一个使千百万人在产品的生产和分配中最严格遵守统一标准的有计划的国家组织，社会主义就无从设想"[7]。

在这样的思想背景，列宁曾于 1906 年使用过"市场经济"作为"商品资本主义制度"的同义语，来同"社会主义计划经济制度"相对比。

---

1 传统社会主义经济理论关于社会主义与市场不相容的观点，是 20 世纪前期社会主义者普遍接受的观点。早在考茨基 19 世纪末的著作和布哈林"战时共产主义"时期的著作中，就已经做过详尽的阐述。考茨基写道，"商品生产以私有制为前提，它使一切废除私有制的尝试，都归于徒劳"，并使严重的经济危机不可避免。在一个企业内部，"产品的生产和工资的支付，都是按计划周密进行的；同样地，在不外是单一的大生产企业的社会主义社会里，也将这样进行"。[考茨基(1902)：《爱尔福特纲领解说》，北京：生活·读书·新知三联书店，1963 年，第 90、123 页]布哈林指出："只要我们来研究有组织的社会经济，那么，政治经济学中的一切基本'问题'，如价值、价格、利润等问题都消失了。在这里，'人和人的关系'不是表现为'物和物的关系'，社会经济不是由市场和竞争的盲目力量来调节的，而是由自觉实行的计划来调节的"。[布哈林(1920)：《过渡时期经济学》，北京：生活·读书·新知三联书店，1981 年，第 1—2 页]

2 列宁(1894)：《什么是"人民之友"以及他们如何攻击社会民主主义者？》，见《列宁全集》第 1 卷，北京：人民出版社，1955 年，第 225 页。

3 列宁(1917)：《国家与革命》，见《列宁选集》第 3 卷，北京：人民出版社，1960 年，第 258 页。

4 列宁(1908)：《十九世纪末俄国的土地问题》，见《列宁全集》第 15 卷，北京：人民出版社，1959 年，第 112 页。

5 列宁(1902)：《俄国社会民主工党纲领草案》，见《列宁全集》第 6 卷，北京：人民出版社，1959 年，第 11 页。

6 列宁(1918)：《关于战争与和平的报告》，见《列宁选集》第 3 卷，北京：人民出版社，1960 年，第 455 页。

7 列宁(1918)：《论"左派"幼稚性和小资产阶级性》，见《列宁选集》第 3 卷，北京：人民出版社，1972 年，第 545 页。

他说：

> 只要还存在着市场经济，只要还保持着货币权力和资本力量，世界上任何法律都无力消灭不平等和剥削。只有建立起大规模的社会化的计划经济，一切土地、工厂、工具都转归工人阶级所有，才可能消灭一切剥削。[1]

十多年后，在战时共产主义时期，他用不同的语言阐述了同样的思想：

> 货币是向一切劳动者征收贡物的凭据，货币是昨天的剥削的残余……而在货币消灭之前，平等始终只能是口头上的、宪法上的，每个有货币的人都有事实上的剥削权利……没有一个使千百万人在产品分配中最严格遵守统一标准的有计划的国家组织，社会主义就无从设想。[2]

与此相应，列宁也长期坚持他早年对社会主义经济的计划性所作的界定："经常地、自觉地保持的平衡，实际上就是计划性，然而这并不是'仅仅从经常发生的许多波动中确立的平均量'的平衡。"[3]这就是说，他只把"计划性"限定于完全靠预定计划来建立平衡的场合，排除建立在商品生产和价值规律基础上的平衡。[4]

1921年春开始实行的新经济政策使列宁的思想发生重大转变。在

1　列宁（1906）：《土地问题和争取自由的斗争》，见《列宁全集》第 10 卷，北京：人民出版社，1959 年，第 407 页。"商品资本主义"是 20 世纪早期社会主义文献的流行用语，列宁也使用这种说法。［见列宁（1920）：《对布哈林〈过渡时期经济〉一书的评论》，北京：人民出版社，1958 年，第 24 页］

2　列宁（1918）：《论"左派"幼稚性和小资产阶级性》，见《列宁选集》第 3 卷，北京：人民出版社，1972 年，第 545 页。

3　列宁（1900）：《非批判的批判》，见《列宁全集》第 3 卷，北京：人民出版社，1959 年，第 566 页。

4　应当指出，列宁和马克思主义的创始人一样，对市场经济条件下计划性问题的观点从来也不是僵滞不变的。例如，他在 1917 年 4 月就根据资本主义经济的新发展明确指出过："早在 1891 年，即在 27 年前，当德国人通过爱尔福特纲领时，恩格斯就说过，不能像过去那样说资本主义就是无计划性。这种说法已经过时了，因为既然有了托拉斯，无计划性也就不存在了。""现在指出这一点尤为恰当……现在资本主义正直接向它更高的、有计划性的形式转变。"［列宁（1917）：《关于目前形势的报告》《为捍卫关于目前形势的决议而发表的演说》，见《列宁全集》第 24 卷，北京：人民出版社，1957 年，第 210、274 页］

此以前,战时共产主义造成的巨大灾难,使许多人认识到,那种"直接用无产阶级国家的法令,在一个小农国家里按共产主义原则来调整国家的生产和产品的分配"[1]的做法是错误的,需要重新探索建设社会主义经济基础的途径。经过试行"产品交换"、恢复"商品交换",到发展"适应社会主义建设需要的商业",一切工商企业都实行"商业化原则",新经济政策在社会主义经济占主导地位的条件下,恢复了市场制度。列宁直言不讳地指出:"我们不得不承认我们对社会主义的整个看法根本改变了。"[2]

在这种情况下,对计划和市场的关系的看法也不能不改变。1922年4月俄共(布)第十二次代表大会《关于工业的决议》的分析是:

> 既然我们已经转而采取市场的经济形式,国家就一定要给各个企业在市场上从事经济活动的必要自由……计划原则,按范围来说,同战时共产主义时期的计划原则差别不大,但是按方法来说已经截然不同了。总管理委员会的行政手段已经为机动灵活的经济手段所代替。[3]

这样我们看到,如果说在酝酿采取新经济政策的时期列宁还曾坚持认为,"周转自由就是贸易自由,而贸易自由就是说倒退到资本主义去",而"真正的计划"必然是"完整的、无所不包的",在不能实行全国范围经济的集中化的情况下,"真正的计划"会变成"空想"[4];在新经济政策正式施行以后,列宁的想法发生了变化,他明确指出,通过市场机制实现统一的国家计划同计划经济并不矛盾:

> 新经济政策并不是要改变统一的国家经济计划,不是要超过这个计划的范围,而是要改变实现这个计划的办法。[5]

1　列宁(1921):《十月革命四周年》,见《列宁选集》第4卷,北京:人民出版社,1960年,第571页。

2　列宁(1923):《论合作社》,见《列宁选集》第4卷,北京:人民出版社,1960年,第687页。

3　中共中央马克思恩格斯列宁斯大林著作编译局译:《苏联共产党代表大会、代表会议和中央全会决议汇编》第二分册,北京:人民出版社,1964年,第259—261页。

4　列宁(1921):《俄共(布)第十次代表大会》,见《列宁全集》第35卷,北京:人民出版社,1959年,第473页。

5　列宁(1921):《致格·马·克尔日扎诺夫斯基》,见《列宁全集》第35卷,北京:人民出版社,1959年,第534页。

这就是说，他已经明确地把"计划经济"的两重含义区分开来，认为国家可以以市场为基础，再加自觉的协调，实现国民经济的"计划性"，即按比例的发展。

（三）斯大林时代

列宁过早的去世，使新经济政策的延续受到了挑战。20世纪20年代末期，在苏联领导层中就新经济政策的存废问题进行了一轮新的论战。争论的一个主要问题，就是应当继续通过市场，还是改用直接计划去配置资源。[1] 在这场论战中，以斯大林为首的主流派在政治上和组织上彻底击溃了"左派"和"右派"；在理论和政策上，则采取"左"的方针，否定了新经济政策。于是，掀起了批判"迷信市场自发力量"的理论风浪，说是新经济政策已经过时，需要根除它的影响。在这场政治运动的基础上，建立了斯大林的集中计划经济模式。

在当时苏联所处的国际环境和经济发展阶段上，集中计划体制是否有它存在的合理性，这是一个学术界还在讨论、尚无定论的问题。但是，有一点是可以肯定的，就是把一种在特定情况下采用的资源配置方式凝固化，并且把它说成是唯一符合社会主义本性的体制，是没有根据的。在斯大林的影响下建立起来的"社会主义政治经济学"把国民经济的运行方式与运行状态混为一谈；同时，把集中计划经济当作社会主义经济的同义语来使用，而把商品经济或市场经济当作资本主义特有的经济形式，显然未经科学论证。但斯大林却以他特有的语言风格，把这一论断表达得斩钉截铁，至今被有的人奉为圭臬：

---

1 "左派"理论家普列奥布拉任斯基在同布哈林争论时，在资本主义的资源配置方式同社会主义的资源配置方式之间划出了明确的界线：在资本主义条件下，当产品相对于有支付能力的需求发生不足或过多时，这种情况是事后才发现的。固然，资本主义会搞出一些治标的办法，但这种办法只能缓和而不能消除这种波动，"因为生产力分配制度仍然是商品生产制度"。如果在社会主义社会中发生同类情况，社会主义的统计基本上事先就已估计到了。这种情况以及由此产生的对其他部门的影响，在制订生产计划时，都会考虑到。"不是生产后的市场价格，而是生产前的社会主义簿记……告诉中央经济领导机关关于新需求的增长情况，从而告诉他们关于应当适应的必然性"。新的社会主义生产的特点表现在：生产各部门相互依赖性，不是通过自发的途径，而是在社会主义国家计划所拟定的均衡比例中使人们知晓。"社会对生产力的统治，是通过预先拟定的措施、它们的影响及为此所需要的前提而达到的"。[普列奥布拉任斯基（1926）：《新经济学》，纪涛、蔡恺民译，北京：生活·读书·新知三联书店，1984年，第10—12页]

社会主义制度下"国民经济有计划发展的规律,是作为资本主义制度下竞争和生产无政府状态的规律的对立物而产生的";"恩格斯在他的《反杜林论》里批评杜林主张的在商品流通条件下活动的'经济公社'时,确凿证明商品流通的存在必然会使杜林的所谓'经济公社'走向复活资本主义的地步";"不容置疑,在我国现今的社会主义生产条件下,价值规律不能是各个生产部门间劳动分配方面的'比例的调节者'","不能起生产调节者的作用"。[1]

这样一来,市场力量和价值规律的调节(作为"竞争和无政府状态"的同义语)就完全失去了在社会主义经济中存在的合法性;而苏式僵化体制,则成为不可触动的"神圣之物"。第二次世界大战后的苏联和其他社会主义国家的体制失灵和经济停滞,显然同这种僵化理论和建立在这种理论基础上的资源配置方式有直接的关系。

(四) 当代的认识

由于命令经济的缺陷在经济进入内涵(集约)成长阶段以后变得日益突出,从 20 世纪 50 年代中期开始,社会主义各国陆续开始对原有的经济体制进行改革。这些国家经济改革的具体做法虽然各各不同,但它们的基本方向却是一致的,这就是引进市场机制,更多地发挥市场力量的作用。在最初的阶段,人们只是在命令经济的基本框架不变的条件下增加某些市场的因素,以便强化对生产单位和劳动者个人的物质刺激,来推动国家计划的贯彻。后来发展到在国民经济中分出一小块领域,让市场去调节("板块结合"),甚至考虑在市场机制的基础上进行计划指导("胶体结合"),实现按比例发展。不过后一种想法在苏东各国的理论讨论中始终没有取得支配地位,在实践中也没有取得实质性的突破。当代社会主义经济理论的进展,我们留待下一节去考察,这里只就我国改革工作中的认识提高做一概括。

根据"实践是检验真理的标准"的原则在改革中不断总结经验,我国20 世纪 80 年代中期在处理计划和市场关系的问题的认识上取得了重大

---

1 斯大林(1952):《苏联社会主义经济问题》,见《斯大林选集》下卷,北京:人民出版社,1979 年,第 544、610、557、554 页。

的突破。这集中地表现在中共十二届三中全会《中共中央关于经济体制改革的决定》的有关论述中。首先,《决定》作出了一个意义深远的论断:

> 改革计划体制,首先要突破把计划经济同商品经济对立起来的传统观念,明确认识社会主义计划经济必须自觉依据和运用价值规律,是在公有制基础上的有计划的商品经济。[1]

这就是说,社会主义计划经济就是有计划的商品经济:自觉保持平衡的计划经济这种运行状态,是完全可以同通过市场机制配置资源的商品经济这种运行机制兼容的。中共十二届三中全会的这一论断,显然是对在社会主义政治经济学中长期占统治地位的传统观念的革命。我们对于"计划经济"的认识根本改变了。《决定》关于"我们的国民经济计划就总体来说只能是粗线条的和有弹性的",关于应当"使价格能够比较灵敏地反映社会劳动生产率和市场供求关系的变化",以及关于"国家机构"不应"直接经营企业",而应"实行政企职责分开",保证"企业有权选择灵活多样的经营方式""安排自己的产供销活动""自行任免、聘用和选举本企业的工作人员""自行决定用工办法和工资奖励形式",使之"成为自主经营、自负盈亏的社会主义商品生产者和经营者"等规定,为我们描绘了一幅社会主义计划经济,即建立在公有制基础上的有计划商品经济的新图画。1987年党的第十三次代表大会对有计划商品经济的资源配置方式作了进一步的说明,指出我国"新的经济运行机制,总体上来说应当是'国家调节市场,市场引导企业'的机制。国家运用经济手段、法律手段和必要的行政手段,调节市场供求关系,创造适宜的经济和社会环境,以此引导企业正确地进行经营决策"。

把上面这些概括起来,可以得出两点结论:

第一,社会主义经济是建立在公有制基础上的商品经济。传统社会主义经济理论认为社会主义公有制的建立意味着商品生产和商品交换的消亡,或者即使承认在社会主义的特定的阶段还不能不容许商品—货币关系在有限的范围内存在,也认为商品是社会主义经济中的异物。这些

---

1 《中共中央关于经济体制改革的决定(中国共产党第十二届中央委员会第三次全体会议一九八四年十月二十日通过)》,见《人民日报》,1984 年 10 月 21 日。

过时的观念已为党的正式文件所否定。既然事情如同 1984 年《中共中央关于经济体制改革的决定》所说,"社会主义经济同资本主义经济的区别不在于商品经济是否存在和价值规律是否发挥作用,而在于所有制不同",再要把商品经济或市场经济看作资本主义的专有物,同资本主义"划等号",是很难讲得通的。

第二,计划经济的两重含义是可以分离开的。就像同是市场经济,其运行状态也可以很不相同一样,作为一种运行状态的计划经济,其运行方式也是多种多样的。[1] 行政配置不一定能够确保国民经济的"计划性",我国在几十年中采取指令性计划制度并未能避免一再发生经济大起大落的波动,经济的"计划性"完全有可能通过计划指导下的市场机制来保持。

三、 分歧的实质是什么

现在摆在我们面前的问题是:在当前计划与市场问题的讨论中,双方意见的实质性分歧是什么?他们对社会主义经济界定上的差异,反映着什么样的经济体制取向上的区别?认为社会主义经济只能定义为计划经济,而不能定义为商品经济或市场经济的同志们所要肯定的和反对的,是些什么主张呢?

显然,分歧产生的根源,并不在于对社会主义经济的运行状态有两种不同的认识。这是因为:一方面,几乎所有讨论的参加者都认为,社会主义作为一种公有制占主导地位的经济,有必要自觉地保持国民经济的平衡的、按比例的发展。从这个意义上说,社会主义经济是一种"计划经济",这是没有疑义的。另一方面,既然所谓"市场经济"是从运行方式即资源配置方式的角度上讲的,它同从运行状态的角度上讲的计划经济,并不处在同一层次上,无法加以对比,因而任何把计划经济(按比例发展的经济)同商品经济或市场经济(以市场配置为基础的经济)看作互相排斥、有此无彼的观点都很难成立。

1　因而在我国经济学文献中,出现过"产品计划经济"和"商品计划经济"的说法。

不过换一个角度看问题,情况就不同了。从社会资源的配置方式这一特定的角度看,以行政配置作为社会资源的基本配置方式(命令经济)同以市场配置作为社会资源的基本配置方式(市场经济)之间,的确存在彼此排斥或相互替代的关系。不少反对说社会主义经济是市场经济的经济学家,正是从资源配置的角度立论的。所以,问题的焦点在于:社会主义经济是否只能按照预定计划在社会范围内配置资源,让主观编制的指令性计划成为稀缺资源的主要配置者?

在目前的争论中,反对以市场机制作为资源的基本配置者的同志们常常把问题归结为对方主张搞"纯粹的市场经济"。事实上,这种所谓的"纯粹的"市场经济,是根本不存在的,即使在所谓的"自由资本主义"时代也并不存在。从 17 世纪末到 19 世纪,西方某些政治家倡言自由放任主义(laissez-faire),主张政府只应起"守夜人"的作用,保境安民,而不干预经济。这个口号所针对的,是当时仍然严重存在的封建主义和重商主义的行政干预,因而是资产阶级先驱人物的一种理想。但是,这种完全竞争的"理想状态",到 19 世纪末也没有实现过。进入 20 世纪以后,"原子式"的市场竞争不能适应现代产业的发展已变得如此明显,市场有所不能和多有缺失已为社会所公认,因而市场经济各国的政府不能不更多地负起责任来,弥补"市场失灵"和"市场失误",加强对宏观经济的管理,并在许多方面对企业的经济活动进行干预和管制。这就是凯恩斯主义取代老自由主义的历史背景。尽管 20 世纪 60 年代以后西方新自由主义思潮重新抬头,但是他们也无非要减少一点政府不必要的干预,并不是要搞什么"完全、彻底"的自由放任。这在"新自由主义"占优势的国家,例如联邦德国的"社会市场经济"中,也表现得十分明显。所以,广为流行的萨缪尔森的《经济学》教科书一进入本题就明确指出,资本主义的市场经济从来没有达到过完全自由放任的境地。他指出,在资本主义发展的历史上,"在削减政府对经济活动的直接控制的倾向达到完全的自由放任的状态以前,潮流就开始向相反的方向转变。自从 19 世纪后期,几乎在我们所研究的所有国家中,政府的经济职能都在稳步增加"。可见,即使在萨缪尔森这位"自由企业制度"的倡导者看来,当代西方经济也是一种建立在竞争性市场和价格制度基础上、"国家机关和民间机构都实施经济控制"的

"混合经济"。[1]

在一些后进国家的市场经济中,政府在赶超西方先进国家的过程中有效地发挥了"行政指导"的能动作用,在市场经济的基础上实施强有力的计划诱导和行政干预,对这些新兴工业经济(New Industrialized Economies,NIEs)的发展起了良好的作用。这种"市场经济＋行政指导"的模式,被一些人称作"亚太模式"。[2]

现代经济学早已观察到了市场失灵(market failure)的现象,即市场在某些领域中不能发挥作用或不宜发挥作用的情形,论述了在一定范围内进行社会的宏观经济(总量)管理、计划指导或所谓"行政指导"的必要性。在发展中的社会主义国家,由于"市场失灵",因而需要进行宏观管理和行政干预的领域大体如下:(1)由于市场调节是一种事后调节,从价格形成、信号反馈到产品产出,有一定的时滞,所以,调节过程中往往发生"蛛网原理"(cobweb theorem)所描述的波动。这在那些生产周期较长的产业部门中表现得更为明显。为了减少经济波动,保持稳定发展,除了要在市场制度的范围内寻求改进的办法外,国家还可以在中、长期预测的基础上制定宏观经济计划,并提供其他有关经济当前状况和发展趋势的信息,为企业和其他经济行为主体的微观经济决策提供指导。(2)某些宏观经济变量,如财政收支总额、信贷收支总额和外汇收支总额,对于市场经济的稳定运行具有决定性的意义。然而,这些宏观总量的确定和控制,却不是市场自身力所能及的,或不是市场力量能够单独决定的。它们只能由有关的宏观经济当局根据市场动态和稳定经济的需要进行管理。(3)当所谓外部性(externality)存在,即某些经济活动导致外部其他人受益(外部效益)或受损(外部负效益)而没有计入有关产品的价格或个体成本之中时,市场机制有效率地配置社会资源的前提便在一定程度上受到了破坏。这时便需要政府进行干预,采取行政规制(administrative regulation)或经济奖惩的办法来加以处理。至于那些具有极强外部性而在享用上又不具有排他性的所谓"公共物品"(public goods),如社会治安、

---

1 P. A. 萨缪尔森(1976):《经济学(第10版)》上册,北京:商务印书馆,1979年,第59—67页。

2 参见陈光炎(1990):《亚太经济模式及其对中国的含义》,载《经济社会体制比较》,1990年第1期。

国防等的"生产"，一般更应由社会负责。(4)在规模经济意义显著的行业，市场有产生垄断的倾向，垄断又反过来抑制市场机制的有效运作，妨碍效率的提高。因此，反对垄断和非公正竞争是政府的重要职责。政府应当通过司法和行政的办法防止垄断产生和保持竞争秩序。(5)公正的收入分配，是社会主义的重要社会目标。然而，市场不可能自动实现这一社会目标，即保证收入分配的相对平等。因此，需要政府采取行动，通过实施正确的税收政策和收入政策来维护分配的公正性。(6)一个经济的动态比较优势(dynamic comparative advantage)不能像静态比较优势那样，在市场上自动地表现出来。所以，政府，特别是发展中国家的政府要通过自己的产业政策，创设条件，使这种潜在的比较优势得以发挥。

总之，现代市场经济无一例外地是有宏观管理、政府干预或行政指导的市场经济，或称"混合经济"。就是说，这种经济以市场配置资源方式为基础，同时引入政府等公共机构，通过计划和政策对经济活动进行调节。显然，我国的社会主义有计划的商品经济具有与此相类似的运行机制。在这种情况下，很难设想有哪位严肃的经济学家会建议在我国实行"纯粹的市场经济"。恰恰相反，不少主张我国经济应当以市场机制作为资源配置的基础手段的经济学家，对于如何在市场取向的改革中加强宏观管理和行政指导，提出了积极建议或作出了具体的设计。

同主张以市场调节为基础的人们的情况相似，认为指令性计划应当成为基本的资源配置者的同志们所主张的，也并不是"纯粹的命令经济"(用他们的语言，应当叫作"纯粹的计划经济")，而是在保持命令经济用国家计划来配置资源的基本框架的条件下，吸收某些市场的因素(所谓"利用价值规律")来刺激人们的积极性的体制。[1] 真正"纯粹的计划经济"，大概只存在于苏联战时共产主义的短暂的时期。甚至斯大林在 30 年代初期建立的集中计划经济模式，同样也在一定程度上利用了商品关系，在全民所有制经济内保留了商品—货币的"外壳"，实行"经济核算制"，所以，

---

1 这是一种很不确切的说法。我国的杰出经济学家孙冶方说过，"利用价值规律"，是一种唯意志论的提法。他指出，这样说，就"好像价值规律是一个可以随便听从使唤的'丫头''小厮'。"[孙冶方(1978)：《要全面体会毛泽东同志关于价值规律的论述》，见《孙冶方选集》，太原：山西人民出版社，1984 年，第 418 页]

也算不得"纯粹的计划经济"。

因此,当前在计划与市场关系问题上的争论,并不是"纯粹的市场经济"论和"纯粹的计划经济"论之争。事实上,争论双方都是主张把计划手段同市场机制结合起来的,只不过各自设想的结合方式完全不同:一部分经济学家主张保持传统命令经济的基本框架,以预先编制、以命令形式下达的计划作为社会资源的基本配置者,同时运用某些市场因素作为贯彻计划的辅助手段,甚至还可以开放一点无关紧要的经济领域,让市场力量去进行调节;另一部分经济学家则主张以市场—价格机制作为社会资源的基本的配置者,同时用社会管理和行政指导来弥补市场的缺失。[1]

在 1981—1982 年计划与市场关系问题的讨论中,反对说社会主义经济是商品经济的同志们已经这样提出过问题:"实行指令性计划是社会主义计划经济的基本标志,是我国社会主义全民所有制在组织和管理上的重要体现。完全取消指令性计划……取消国家对骨干企业的直接指挥……就无法避免社会经济生活紊乱,就不能保证我们的整个经济沿着社会主义方向前进。"[2]

在新近的讨论中,我们也读到:"不能变计划经济为市场经济,那样会使我们的经济体制改革走向歧路";"如果我们……让市场成为资源的主要配置者,不重视乃至削弱和否定计划经济的重要作用,必然会导致社会主义公有制经济的瓦解……必然会导致社会经济运行离开社会主

---

1 诺夫(Alec Nova)在《新帕尔格雷夫经济学辞典》的"计划经济"条目中写道:计划和市场一直被教条的社会主义者和教条的反社会主义者看作是两个不可调和的对立物。[伊特韦尔(John Eatwell)等主编(1987):《新帕尔格雷夫经济学辞典》第 3 卷,北京:经济科学出版社,1992 年,第 946 页]在最近的讨论中,日本经济学家正村公宏(Kimihiro Masamura)指出:"不管'西方''东方',占主导地位的经济体制观不是'或市场或计划'二者择一,而是谋求'市场与计划相结合'的观点。""但是,对如何使'市场'要素与'计划'要素结合的理解是不一致的。"分歧在于:有人主张"在以市场经济为基础的同时,引入计划调整(通过公共机关的计划和政策对经济活动进行调节)要素";有人"采取的是以计划经济为基础,同时发挥市场的调节作用"。[正村公宏(1991):《经济体制中的市场要素和非市场要素》,提交给 1991 年 5 月 25—27 日在日本箱根举行的中日经济学术交流会的论文]
2 红旗出版社编辑部(1982):《计划经济与市场调节文集》前言,见《计划经济与市场调节文集》第 1 辑,北京:红旗出版社,1982 年,第 3 页。

义轨道"。[1]

这两段论述表明，反对实行社会主义商品经济或市场经济，其要旨在于让指令性计划成为"资源的主要配置者"。

以下，我们就来从资源配置这个特定的角度考察这两种观点——"行政（计划）配置论者"和"市场配置论者"以及它们之间的分歧，比较前者所主张的命令经济和后者主张的商品经济或市场经济两者的长短优劣。

在命令经济的资源配置方式下，稀缺资源是这样进行配置的：首先，中央计划机关掌握有关稀缺资源的状况、生产的技术可能性和生产与消费需求的各种信息；然后计算稀缺资源应当怎样在不同部门、不同地区和不同生产单位之间配置，才能取得最佳效益；最后根据计算结果，编制统一的国民经济计划，并把这个计划层层分解下达，一直到基层执行单位。上级主管机关直接掌握企业的人、财、物，供、产、销（即十二届三中全会《决定》所批评的，"国家机构直接经营企业"）；下达到执行单位的计划对它们生产什么、生产多少、用什么技术生产、投入品从哪里来、产出品到哪里去、开发几项新产品、追加多少投资、建设哪些项目等等，都应有明确具体、一般是实物量的规定。如果计划规定的指标完全正确，执行单位又能全面地加以完成，就能使国民经济协调而有效率地运转，否则就会出现比例失衡和经济波动。

从上面的说明可以看到，行政配置资源的要点，是用一套预先编制的计划来配置资源。主观编制的计划能否反映客观实际，达到资源优化配置的要求，以及它能否准确地执行，决定了这一资源配置方式的成败。因此，它能够有效运转的隐含前提是：第一，中央计划机关对全社会的一切经济活动，包括物质资源和人力资源的状况、技术可行性、需求结构等拥有全部信息（完全信息假定）；第二，全社会利益一体化，不存在相互分离的利益主体和不同的价值判断（单一利益主体假定）。不具备这两个条件，集中计划经济就会由于：（1）计算不可能准确无误；（2）计划不可能严格精确地执行，而使经济系统难以有效率地运转。问题在于，至少在社会

---

1 卫兴华（1989）：《中国不能完全实行市场经济》，载《光明日报》，1989 年 10 月 28 日；卫兴华（1990）：《中国的改革决不是完全实行市场经济》，载《北京日报》，1990 年 11 月 3 日。

主义阶段,这两个前提条件是难以具备的,因此,采取这种资源配置方式,在作出决策和执行决策时,会遇到难以克服的信息方面的障碍和激励方面的困难。

从信息机制方面说,在现代经济中,要保证资源配置决策正确,必须解决信息的收集、传输、处理等问题。在我们的时代,同马克思、恩格斯设想社会主义经济体制的时候不同,人们的需求极其复杂,而且变化极快。层出不穷的新产品刺激了新的消费需要,由此产生的巨量信息,是任何一个中央计划机关也无法及时掌握的。与此同时,现代经济的生产结构也极为复杂。而且由于科学技术一日千里地进步,新产品、新材料、新工艺不断涌现,为满足一种需求所可能采取的生产方案和工艺流程何止千百种。总之,在我们这个"信息爆炸"、瞬息万变的时代,要把在社会的各个角落里分散发生的巨量信息收集起来,及时传输到中央计划机关去,是很难做到的;而且即使中央计划机关掌握了所有这些信息,要在以日、月计的时间内求解一个含有几千万乃至上亿个变量的均衡方程组,将计算结果变成一个统一的、各个部分间相互衔接的计划,并把它层层分解下达,直到基层执行单位去,也是根本不可能的。

从激励机制方面看,采用行政资源配置方式的困难更大。我们知道,在任何一种资源配置方式下,都必须有一定的激励机制,保证正确的资源配置决策能够得到贯彻执行。在行政社会主义的资源配置方式下,资源配置决策是由代表社会全体成员整体利益的中央计划机关集中作出,并通过按层级制(hierarchy)原则组织起来的"整个社会"去执行的。这就要求全社会的一切组织,包括所有的基层组织、中介组织乃至计划机关自己,都要像马克思描绘的"社会鲁滨逊"的肢体或者像韦伯(Max Weber)所说的理想科层组织(bureaucratic organization)那样行动。这些组织除了不折不扣地完成行政任务之外没有自己的任何特殊利益,因而在执行社会统一计划时,不会有任何偏离。事实证明,这一条件在社会主义条件下也是不可能得到满足的。在社会主义阶段,每一个经济活动当事人,包括计划的制订者和执行者,都有他们自身的利益。这种利益同社会的整体利益经常有矛盾。于是他们在提供信息、编制计划和执行计划的过程中,免不了有意识地或无意识地受到自身局部利益的影响而发生偏离。

所以，虽然曾经有人设想，现代信息计算技术的发展，将使我们得以解决用预定计划配置资源在信息方面的困难[1]，却没有人能够提出，在行政资源配置体制下协调众多经济活动当事人之间的利益矛盾的妥善办法。且不说在生产发展和技术进步的过程中，信息量的增长必然快于计算技术的发展，企求靠计算技术的提高来克服信息方面的困难是注定不能实现的幻想，即使信息问题得到解决，行政资源配置方式的激励问题也是不可能得到解决的。

那么，用什么样的社会资源配置方式取代这种行政资源配置方式呢？如前所说，对于社会化的经济，只有两种可供选择的社会资源配置方式，除了以行政手段为基础的方式，就是以市场机制为基础的方式，既然如此，所谓经济体制改革，就无非是用后一种方式取代前一种方式。后一种配置方式的优点是，稀缺资源配置是通过市场这个由千千万万商品经营者之间按一定规则进行的交易活动交织而成的灵巧机器实现的，因而既能克服传统体制下决策权力过分集中的缺点，又不致出现混乱无序的状态。第一，从信息机制看，通过市场交易和相对价格的确定，每个经济活动的当事人都可以分享分散发生在整个经济各个角落的供求信息，从而解决了社会化大生产中信息广泛发生同集中处理的需要之间的矛盾。第二，各种资源配置决策不是靠行政权力由上到下地贯彻，而是由追求效用最大化的经济活动当事人根据市场信号（这个市场信号已经含有社会调节的因素），通过自己的计算自主地作出并自愿地执行的，从而能够使局部利益同社会利益协调起来。

---

1 兰格（1904—1965）在他生前的最后一篇论文《计算机和市场》（1965）中写道："如果我今天重写我（1936年）的论文，我的任务可能简单得多了。我对哈耶克和罗宾斯的回答可能是：这有什么难处？让我们把联立方程放进一架电子计算机，我们将在一秒钟内得到它们的解。市场过程连同它的烦琐的试验似乎都已过时。我们大可以把它看作电子时代以前的一种计算装置。"［O.兰格（1981）：《社会主义经济理论》，王宏昌译，北京：中国社会科学出版社，1981年，第183—186页]看来，如果说马克思主义经典作家从一开始就肯定集中计划体制的可行性，是由于对计算和监督的困难估计不足[恩格斯在《在爱北斐特的演说》曾说："在共产主义社会里无论生产和消费都很容易估计。既然知道每一个人平均需要多少物品，那就容易算出一定数量的人需要多少物品；既然那时生产已不掌握在个别私人企业主的手里，而是掌握在公社及其管理机构手里，那也就不难按照需求来调节生产了。"——恩格斯（1845）：《在爱北斐特的演说》，见《马克思恩格斯全集》第2卷，北京：人民出版社，1957年，第605页]，兰格转而肯定集中计划体制，则是由于有了更强大的计算手段。

市场经济的有效运转也有两个必须满足的前提条件：第一，企业的数目足够多并能自由进入，不存在垄断(完全竞争假定)；第二，价格足够灵活，能够及时反映资源的供求状况，即它们的相对稀缺程度(价格灵敏性假定)。这两个条件不具备，市场制度就难以发挥有效配置资源的作用。当然，以上两个前提条件也不可能完全满足。和集中计划经济的不同之处在于，市场经济的两个前提条件有可能近似地得到满足。例如，在现代经济中，完全竞争的市场不可能存在，但垄断竞争、寡头竞争等不完全竞争的市场，或称竞争性市场还是有可能建立的；价格对资源的供求状况作瞬时反映是做不到的，但是在竞争性市场的条件下，它们是能够大体上反映各种资源的相对稀缺程度的；如此等等。除此而外，还有前面说过的其他"市场失灵"和"市场失误"的情况。但是，这些缺陷是可以在一定程度上由政府干预和"行政指导"来弥补的。特别是在社会主义的经济里，国家拥有多种手段进行干预和指导，就更有可能运用自己的影响，改善资源的配置状况。

总之，两种资源配置方式前提条件不具备，有很不相同的情况：计划经济所需的前提条件是完全不可能具备的。特别在现代经济中，科学技术飞跃进步，新的生产可能性层出不穷，需求结构极其复杂而且瞬息万变。市场经济所需的前提条件不可能完全具备，但它们有可能基本上具备。因此，这种资源配置方式是相对有效的。

以上这些，不仅仅是从定义演绎出的结论，事实上，它已为 20 世纪经济发展的实践所证明。信息机制和激励机制中这些难以解决的困难，正是传统体制下五光十色、纷繁杂陈的消极现象产生的根源。要消除这些消极现象，必须从根本上改变用行政方法配置资源的社会资源配置方式。

实行命令经济的各国，其僵化的体制极大地妨碍了社会主义潜力的发挥，使经济效率难以提高，说明这种运行机制存在着根本性的缺陷。不仅苏联 70 年经济发展的经验宣告了作为命令经济原型的体制完全不能适应现代化的要求，有些东欧社会主义国家企图在命令经济的总框架不变的条件下通过有限发挥市场因素作用的办法，来改善它的运行状况，这种零敲碎打的"改革"努力，也几乎毫无例外地以失败告终。

在我国，自从 1956 年提出集中计划体制必须进行改革以来，由于对于改革的实质在于改变资源配置方式这一根本问题认识得不够深刻,以为在不改变行政配置资源的总格局的条件下,只要放权让利、调动各方面的积极性,就能根本改善国民经济的运行状态,这使我们在改革上走过不少弯路,甚至陷入"放—乱—收—死"的"改革循环"。

粉碎"四人帮"以来,在认真总结历史经验的基础上,我们对社会主义经济运行机制的认识有许多重大的突破。十一届三中全会以来的改革开放路线,就是建立在这种科学认识的基础上的。党和政府的历次重要决议,为我国的经济改革指出了正确的方向。1979—1988年这十年改革的巨大成就,证明了十一届三中全会以来的路线的正确性;同时,由执行改革开放路线不够系统和不够果断所带来的一系列消极结果,如通货膨胀、分配不公和腐败现象蔓延等,也从反面说明,不坚决走这一条道路定会产生许多严重问题。

四、 争论的现实意义

在当前,计划和市场关系的问题再次引起人们的注意,是同近期经济发展提出了迅速改善我国的经济运行机制的要求有关的。

1988年秋季,中共中央决定进行经济调整,治理经济环境,整顿经济秩序。依靠十年改革所激发出来的活力和强有力的行政手段,经过一年的努力,到1989年秋季,通货膨胀得到明显的缓解。但与此同时,又出现了市场疲软、生产能力闲置、企业收益下降、国家财政困难等问题。从1989年10月开始放松银根,力图"启动市场"。在那以后的一年多时间里,银行大量注入贷款,但国有大中型企业仍然回升乏力,而通货膨胀的潜在压力却迅速积累。

面对这种情况,不少经济界人士正在努力探索,寻求一条走出当前困境的坦途。

从当前的经济和社会情况出发进行分析,大致有三种可供选择的路子:(1)在基本上维持现有经济体制和发展格局,只做某些小的修补和调整的条件下,主要靠不断调整宏观经济政策,保持经济社会的稳定和一定速度的增长。(2)强化对资源的集中计划控制,主要采用行政手段整顿秩序,调整结构。(3)大力推进市场取向的改革,依靠市场竞争力量和依托于统一市场的宏观调控,促进企业潜力的发挥、整个国民经济效率的提高和国家财力的增强。解决办法取向上的这种差别,在相当大的程度上是由人们对于计划与市场关系的不同认识产生的。

认为行政配置方式和市场配置方式可以平起平坐地"结合"的人们,大概会选择第一种路子。但是,理论的分析和实际经验都证明,社会的资源配置机制必须是一个有机的组织、一个控制论系统,把行政手段和市场机制板块拼合起来,只会造成大量漏洞和严重摩擦,是不可能长期维持的。现有的指令性计划和市场机制都不能有效地发挥作用的"双重体制",是目前我国经济整体效益低下、经济秩序混乱和国有企业缺乏活力的深刻体制根源[1],只要这种"体制失灵"的状况不做根本改变,就很难增强我国经济的活力并保证整个国民经济的持续、稳定、协调发展。因而许多经济学家在深入研究了我国经济的现状后一致认为,这种思路是不足取的。

主张采取坚决措施改变目前状况的人们大体上都认为,"体制失灵"的原因在于:当前的体制既非集中计划经济又非有计划的商品经济,是一种上述两种体制都不能有效发挥作用的混乱体制。可是怎么改,朝哪个方向改,却存在两种完全对立的想法。

一种是"行政集权解决法"。认为社会主义条件下社会资源配置应以指令性计划为主的同志们大都持有这种主张。他们认为,改革从一开始就有一个"取向"问题。当时选择了市场取向,造成了目前的种种混乱现象,正是政治经济学所说"市场经济的竞争与无政府状态"的典型表现。现在应当纠正这个错误。解决问题的办法是实行行政性的再集权,把主要企业、主要投资和主要物资掌握到中央部门手里来,由指令性计划调节;对企业的管理以"条条"为主;金融恢复到单一银行体系,强调专业银行的政策调节职能;等等。凭借这一套行政协调体系和严整的计划纪律,就可以有效地进行结构调整(资源再配置),提高经济效率。

---

1 参见本文作者在《通货膨胀的诊断和治理》(载《管理世界》,1989 年第 4 期)一文中对我国近年来经济困难的体制根源所作的分析。

从原则上说,行政集权解决法是可以在一段时间里恢复经济的稳定的。在我国的历史上也有过运用这套办法取得成功的先例。20世纪60年代初期调整国民经济就使用了这种办法。当时由于1958年的"行政性分权"(体制下放)和"大跃进",国民经济陷于极端困难的境地。1960年提出"调整、巩固、充实、提高"的八字方针。1962年1月中共中央召开有中央和省、地、县委主要负责人参加的扩大的工作会议即"七千人大会",统一了思想,作出了加强计划纪律的"十项规定"和一系列行政性集权的决定,收回了下放给"块块"的企业,对金融、财政和统计实行"比1950年统一财经时管得更严更紧"的体制。在这套高度集中的体制建立起来以后,经济调整便雷厉风行、令行禁止地贯彻下去,只经过几个月的时间,就渡过了1962年初最困难的阶段。虽然没有根本解决问题,到1970年又因为"统得过多、管得过死"而不得不再次进行大的行政性分权"改革",但至少在1962—1965年这一段时间内,保持了经济的稳定增长。

　　在这次调整中,不少同志赞成采取行政集权解决法。不过从1989年秋季以来,虽然尝试了多次,却没有取得预期的成果。有的同志认为,之所以未能取得成功,是由于部分人具有本位主义思想和缺乏全局观念,只要采取坚决的步骤,还是可以把过于分散的权力收回来,重振计划纲纪的。我则有不同看法。我认为,根本的问题不是实行行政性再集权在政治上是否可能,而在于这种资源配置方式在经济上是否可行。我认为,在我国目前的经济发展阶段上,回到集中计划体制已经几乎没有可能性了。原因有二:一是我国目前的经济,其复杂程度已经比20世纪50、60年代高得不可比拟;二是利益主体多元化也已经走得很远。对于如此复杂多样、正在迅速变化的经济,恐怕是根本无法用指令性计划体制或以指令性计划为主的体制有效地加以管理的。

　　另一种主张是采取"市场整合(一体化)解决法",即推进市场取向的改革(包括价格改革、企业改革、流通体制改革、财税改革、金融改革、外贸改革、社会保障体制改革等),把目前被切割得十分零碎、价格信号又严重扭曲的市场,比较快地整合为竞争性的国内大市场,在此基础上加强国家的宏观管理和行政指导,靠平等竞争来调动各方面的积极性,增强活力,改善结构,提高效率。

从解决资源有效配置问题的角度分析,采取这种办法是可以在一个不长的时期内见到成效的。但是目前对于采取这种解决办法,存在几方面的顾虑,或者说,有几种反对意见。

第一,政治方面的顾虑。

一些同志怀疑市场取向的改革是否能够同巩固公有制的大方向兼容。的确,市场的形成以利益主体的多元化,即独立商品经营者的存在为前提,因此,它同任何独家垄断的所有制形式不相容。但是,公有制并不注定要采取目前这种政府一元化管理的形式。我认为,把适应于社会化大生产需要产生的法人组织形式(股份有限公司)移到公有制为主体的产权关系上,就能创造社会主义大企业的崭新组织形式。把我国大型国有企业改组为公有制法人(包括各种社团法人、金融机构)持股为主、个人持股为辅的分散持股的股份公司,政企分开,所有权和经营权分开,是有可能在社会主义公有制的范围内做到的。这样做,增强了企业活力,提高了效率,也加强了社会主义经济的整体力量。

第二,经济方面的顾虑。

其一,担心采用市场整合的解决办法,建立以市场调节为基础的资源配置机制,会损害我国经济发展的"计划性",使它陷入混乱状态。其实这种把经济的按比例发展同以市场机制为基础的资源配置方式看成互相排斥的,把商品经济同无政府状态划等号等传统观念早就被事实否定了。我们已经分析过,从运行状态上说的"计划性"(自觉保持平衡),完全可以通过在市场配置的基础上加强国家的宏观管理和行政指导的办法来实现。第二次世界大战后,一些国家在后一种体制的基础上实现了持续、稳定的高速度发展,就是对市场配置资源必然使经济陷于无政府状态的成见的最好回答。我国经济改革的目标,是建立"国家调节市场,市场引导企业"的社会主义有计划商品经济。这种经济肯定是能够持续、稳定、协调发展的。

其二,担心价值规律的作用将引起我国社会中贫富两极分化。其实,所谓价值规律,只是反映了商品经济中的等价交换行为,它本身并不能引起收入分配的两极化。收入分配的差别,首先取决于财产初始分配的差别。如果我们在改革的过程中能注意防止初始分配出现严重不公正的现象,这种差别就不会过大。同时,对于交易过程中出现的差别,国家还可以运用各种政策手段(如累进所得税、高额遗产税等),进行再分配调节。可见,在大力发展商品经济的同时防止个人收入过分悬殊是完全有可能做到的。与此相反,对于货币经济过分的行政管制,倒是大量非生产性的"寻租收入"产生的真正基础。这是早已为我国双重体制下寻租行为猖獗、腐败蔓延的事实所无可辩驳地证实了的。[1]

第三种疑虑同上面两种有原则性的区别。它并不认为推进市场取向的改革有什么原则性的错误,而只是觉得目标虽好,但很难实现。这种疑虑是有一定道理的。由于从以行政协调为主的经济向以市场协调为主的经济的平稳过渡,不但需要有良好的经济环境(总供给同总需求的对比越是宽松,过渡的震动也越小),而且取决于企业主体和市场体系的发育程度。因此,在这一类过渡过程中,"长期稳定论"(日本第二次世界大战后初期)或"渐进过渡论"(东欧近年改革)往往容易得到多数人的支持。如果条件允许从容地过渡,假以时日当然并无坏处。问题在于,进行改革的社会主义国家通常都面临由旧体制造成的恶劣经济环境。这种恶劣的经济环境,只能靠建立新经济体制来加以根治,而不可能有别的出路。因此,经济体制越是失效,经济环境越差,就越有必要加快改革的进程,否则经济情况会愈拖愈糟,终至陷于恶性循环而不能自拔。相反,倒是在创设必要条件的前提下,采取"短期稳定"(第二次世界大战后的联邦德国和日本)或"一跃而进入市场"战略(东欧某些国家),却相对地比较容易取得成功。如果久拖不决,恐怕反倒不能避免被迫进行"休克治疗"(shock therapy)的痛苦和牺牲。

回头来看中国,在多种经济成分并存、非国有成分放得比较活的情况下,想用强化指令性计划的办法来加强、支持公有制经济,恐怕难免落空。12 年来,全民所有制企业在工业总产值中所占的比重每年下降 2—3 个百分点,国有工业同非国有工业产值的对比,已从改革初期的 78∶22 降为

---

1 东欧一些国家和我国的经验都表明,在有严重行政干预的货币经济或 J.科尔奈所说的"IB"模式下,最容易出现"分配不公"和腐败行为。请参阅收入本书第七部分的《"寻租"理论与我国经济中的某些消极现象》一文(见本书,第 695—698 页)以及《经济社会体制比较》编辑部主编的《腐败:货币与权力的交换》(北京:中国展望出版社,1989 年)一书中的其他论文。

1990 年的 54：46。国有企业在传统体制下日益相对萎缩的事实说明，固守传统体制绝非出路。从总体上说，国有企业在技术力量、装备、经营者的素质等方面比乡镇企业、个体企业等要强得多，问题只在于机制缺陷。我们应当确信，搞好了改革，它们是能够在国内外市场的竞争的压力下不断增强活力，并带动整个国民经济腾飞的。但是，如果用指令性计划或变相的指令性计划把全民所有制企业捆死，即使采取某些"输血"措施——贷款、减税、让利，作为国家经济骨干力量的全民所有制经济仍然只能相对萎缩下去。这难道还有什么疑问吗？

同时，在公共经济部门效率很低、浪费很大的条件下，经济增长在很大程度上是靠大量贷款支撑的。大量地贷款而没有造成严重的物价上涨，又是靠居民储蓄实现信用回笼。1989 年居民储蓄存款余额增加 1300亿元，1990 年增加 1900 亿元。贷款是国家资产付出，其中一部分由于变成呆账、烂账而不再流回；而储蓄存款则同钞票发行一样，是国家的负债。这样一出一进，资产变成了负债。目前国家的负债同国有资产总额大体相当，如果上面所说的趋势继续发展下去，国家负债将很快超过国有资产。所以，想用强化对公有经济的指令性计划控制加"输血""启动"的办法去巩固公有经济，结果会适得其反。所以，这种办法并不那么可取。

从另一方面看，大步推进市场取向改革的条件，似乎也并不像人们想像得那样坏。首先，经过从 1988 年 9 月到 1989 年 9 月的一年治理，物价涨势迅速回落，甚至出现了所谓"市场疲软"的现象，这就给了大步推进改革以十分难得、稍纵即逝的机会。与此同时，对于十年改革中我国企业家素质以及竞争意识、赢利意识等的提高也不能估计过低。经过十年改革，目前在我国已经涌现出许多具有管理才能和企业家精神的专业人才。只要建立起竞争性的市场和贯彻执行十二届三中全会关于政企职责分开的决定，取消行政机关对企业的微观干预，大批社会主义的企业家就会脱颖而出，在竞争的舞台上大显身手。此外，虽然目前我国国内市场还被条块行政系统切割得相当零碎，市场信号也因行政定价制度在相当大的范围内保留和多种行政干预而严重扭曲，但是市场已在命令经济的大量漏洞和缝隙中蓬勃成长，也是不可否认的事实。特别是在一些改革开放进展得比较快、受行政指令约束较小的地区和部门,市场因素的成长势头强劲,它们一年来在经济调整中的优异表现,有力地说明了市场力量作用的发挥对于稳定局势和繁荣经济的重大意义。

当然,实行"市场整合解决法"也有不少的困难需要切实地加以解决。例如通过所谓"衰退的优化效应"奖优汰劣,迫使病态企业关、停、并、转,会伴生短期失业现象。对这种负效应的控制和救助,也需要作专门的研究。商业组织的发展和社会保障体系的建立,也是一项十分繁重的工作。但是应当相信,这些问题是可以解决的,大步改革必然带来的风险,也是可以控制在人民能够承受的范围之内的。如果能够抓住有利时机,按照十一届三中全会以来历次党的中央全会、代表会议和代表大会指出的方向,大力推进改革,那么,我国社会主义经济的振兴是大有希望的。

总之,理论推导和国际经验都证明,以市场配置为基础的商品经济运行方式是一种适合于社会化大生产、能够保证有效率地成长的经济体制。因而它的确立,是不可逆转的历史趋势。1978 年 12 月中共十一届三中全会以来,我国经济体制改革的长足进步,不仅使我国经济建设取得了举世瞩目的成果,而且使我们对于社会主义经济运行机制有了比较透彻的认识。目前我国的经济体制已经越过了通向商品经济道路上的临界点,不可能再退回到旧体制去了。因此,"八五"计划(1991—1995 年)和"十年规划"(1991—2000 年)建立新经济体制的目标是或迟或早一定会实现的,问题只在于通过什么方式去实现。如果按照十一届三中全会以来的路线,动员全社会的力量,有组织地推进改革,这一目标就能够比较快地得到实现,而且社会震动比较小,成本比较低。如果不是这样,道路就会更为曲折,党和人民都会付出沉重的代价。显然,我们应当争取走行程更短、代价较小的路,以造福于我国人民。

建议确立社会主义市场经济的改革目标[*]

（1992 年 4 月）

　　社会主义经济中计划与市场的关系问题，历来是国际共产主义运动中关于社会主义经济的理论论争的焦点。这个问题之所以值得特别重视，是因为它不仅是一个重大的理论问题，而且是一个重大的实际问题，直接关系到改革的成败和社会主义的前途。十多年来，中国共产党对这个问题的认识有重大的发展，同时理论界也发生过多次反复。近两三年，有些理论家从极"左"的观点出发，重新用传统政治经济学的论点否定全党已达成的共识，这不但搅乱了人们的思想，而且给改革的推进设置了障碍。因此，有必要在党的十四大上，根据 100 多年来马克思主义理论的发展和我国十多年来改革的实际进程，特别是邓小平同志的最新论断，把中共十一届三中全会以来对这个问题的论述提高到一个新的高度，对社会主义改革的目标模式作出新的科学的概括，为制定跨世纪的大政方针奠定理论基础。

一、十多年来关于计划与市场的争论

　　早在改革开放之初，邓小平同志就说过："说市场经济只存在于资本

---

[*]　本文是中共十四大前作者提交给中共中央总书记江泽民的建议书。载《吴敬琏自选集（1980—2003）》，太原：山西经济出版社，2003 年，第 40—48 页（题目为"建议确立社会主义市场经济的提法"，出版时增补了脚注）；又见《吴敬琏文集》，北京：中央编译出版社，2013 年，第 144—151 页。

主义社会，……这肯定是不正确的。社会主义为什么不可以搞市场经济，……市场经济，在封建社会时期就有了萌芽，社会主义也可以搞市场经济。"[1]

　　1978年7—9月，国务院召开务虚会，研究加快我国四个现代化的问题，包括经济体制改革问题。会上提出的说法是"计划经济与市场经济相结合"。但在理论界嗣后的讨论中，多数人认为这一提法不如"计划调节与市场调节相结合的商品经济"准确。经济学家普遍赞成以下说法："我国现阶段的社会主义经济是生产资料公有制占优势，多种经济成分并存的商品经济，必须建立与之相适应的经济体制"；"我国经济体制改革的原则和方向应当是：在坚持生产资料公有制占优势的条件下，按照发展商品经济和促进社会化大生产的要求，自觉地运用经济规律"，"把单一的计划调节，改为在计划指导下充分发挥市场调节的作用"。[2] 理论界当时对于这种理论发展给予了高度评价，正如有的同志所说，"承认社会主义经济是有计划的商品经济，这在理论上是一个很大的进步，是一个飞跃"[3]。

　　1981年4月，中共中央书记处研究室整理了一份材料，按照对计划和市场的态度，将经济学家划分为四类，其中，薛暮桥、林子力[4]等认为社会主义经济应是商品经济的经济学家被划为第四类[5]。接着，宣传部门的领导同志组织了一系列文章，批评1979—1981年期间经济学家提出的"社会主义经济是商品经济"或"有计划商品经济"，以及"宏观计划，微观市场"等观点。这些文章反对"社会主义商品经济论"和"有计划商品经济论"的理由是："社会主义经济只能是计划经济"，"计划经济的基本标志"则是"指令性计划"；"指令性计划"是"社会主义全民所有制的重要体现"。他们认为，"有计划的商品经济"的提法也不正确，因为这一提法的"落脚

1　邓小平(1979)：《社会主义也可以搞市场经济》，见《邓小平文选》第2卷，北京：人民出版社，1994年，第236页。

2　见1980年9月国务院经济体制改革办公室《关于经济体制改革的初步意见》。

3　马洪(1981)：《关于经济管理体制改革的几个问题》，《经济研究》，1981年第7期。

4　林子力(1925—2005)，从20世纪50年代初开始致力于中国经济问题和马克思主义经济学说的研究，改革开放以后任中共中央书记处研究室室务委员兼理论组组长，参加过一系列中共中央推进改革的文件，包括中共十二届三中全会《中共中央关于经济体制改革的决定》的起草工作。

5　参见中央书记处研究室：《当前关于计划调节与市场调节的几种观点(参考资料)》，1981年4月26日，北京大学图书馆藏。

点仍然是商品经济,计划经济被抽掉了"。并且认为,这些主张"和我们的社会主义经济制度是不相容的",因为按照商品经济的原则,"把国营企业改变为完全独立核算、自负盈亏的经济单位",确认"竞争是经济发展的动力",实际上就不是按"社会主义计划经济的原则",而是按"资本主义市场经济的原则"来进行我国经济管理体制的改革。他们还说,按照"宏观经济由计划调节,微观经济由市场调节"的主张,"'宏观'就很可能被架空,成为'梁上君子'",结果就会"削弱社会主义计划经济"。[1]

1982年8月在中共十二大报告的起草过程中,胡乔木同志批发了5位理论界同志的一封信。这封信认为:许多经济理论工作者持有的"把所有企业都变成'独立的经济实体'","企业的一切经营活动,主要由市场调节"的观点,"必然会削弱计划经济,削弱社会主义公有制"。信中提出:"在我国,尽管还存在着商品生产和商品交换,但是决不能把我们的经济概括为商品经济。如果作这样的概括,……就势必模糊有计划发展的社会主义经济和无政府状态的资本主义经济之间的界限,模糊社会主义经济和资本主义经济的本质区别。"[2]随后,十二大报告的有关提法改为,"我国在公有制基础上实行计划经济。有计划的生产和流通,是我国国民经济的主体。同时,允许对于部分产品的生产和流通不作计划,由市场来调节……这一部分是有计划生产和流通的补充,是从属的、次要的";"国家通过经济计划的综合平衡和市场调节的辅助作用,保证国民经济按比例地协调发展。"此后,不同的提法基本上从报刊上消失。对于社会主义商品经济论和发挥市场机制作用的主张的批评,一直延续到1984年十二届三中全会的前夕。

1984年7月末,由中国社会科学院几位研究人员撰写的并在一些老同志中分发的一篇题为《关于社会主义制度下我国商品经济的再探索》的论文,批评了"把计划经济同商品经济对立起来的认识",认为应当重新肯定此前被否定的"社会主义经济是有计划商品经济"的提法。这篇文章,得到有的老同志的称赞。随后,邓小平、陈云等同志批示国务院领导同志

1　一些主要的批判文章汇集在红旗出版社1983年2月出版的《计划经济与市场调节》(第一辑)一书中。

2　1982年8月25日林涧清、袁木、王忍之等致胡乔木的信(打印传达稿)。

9月9日致中共中央政治局常委的信,同意以下意见:"社会主义经济是以公有制为基础的有计划的商品经济。计划要通过价值规律来实现。"同时,一批经济学家向党中央提出,应当恢复社会主义有计划商品经济的提法。十二届三中全会《中共中央关于经济体制改革的决定》(以下简称《决定》)起草小组同理论界的一些领导同志磋商后,接受了这个意见。在全会通过的《决定》中明确指出:"要突破把计划经济同商品经济对立起来的传统观念,明确认识社会主义计划经济必须自觉依靠和运用价值规律,是在公有制基础上的有计划的商品经济。商品经济的充分发展,是社会经济发展的不可逾越的阶段,是实现我国经济现代化的必要条件。"这样,就确立了我国经济改革的目标是建立"社会主义商品经济"的观点。邓小平同志对这一《决定》作出了高度评价。他在通过《决定》的会议上说,这个决定是"马克思主义的新的政治经济学"。并且指出:"这次的文件好,就是解释了什么是社会主义,有些是我们老祖宗没有说过的话,有些新话"。"没有前几年的实践不可能写出这样的文件"。"这是真正坚持社会主义,否则是'四人帮'的'宁要社会主义的草,不要资本主义的苗'"[1]。陈云同志也指出:"这次全会审议的关于经济体制改革的决定中,对计划体制改革的基本点所作的4点概括,完全符合我国目前的实际情况。现在,我国的经济规模比50年代大得多,也复杂得多。50年代适用的一些做法,很多现在已不再适用。""如果现在再照搬50年代的做法,是不行的。"[2]这样,在干部和群众中达成了对于改革的实质和目标的共识。不少经济学家还指出,商品经济就是市场经济,社会主义有计划的商品经济也就是社会主义有计划的(或有宏观调控的)市场经济。

但是,1989年秋季以后,在报刊上出现了大量批判改革的"市场取向"的文章,这些文章把计划和市场问题同基本制度直接联系,认为这是一个"姓'社'还是姓'资'"的问题。他们运用和1984年以前的批判大体相同的论据和语言,认为"市场经济,就是取消公有制,这就是说,要否定

---

1 邓小平(1984):《在中央顾问委员会第三次全体会议上的讲话》,见《邓小平文选》第3卷,北京:人民出版社,1993年,第83、91页。
2 陈云(1984):《在党的十二届三中全会上的书面发言》,见《陈云文选》第3卷,北京:人民出版社,1995年,第337页。

共产党的领导,否定社会主义制度,搞资本主义";"社会主义经济只能是计划经济","把改革的目标定位在'市场取向'上,把'市场经济'作为我们社会主义社会的目标模式……就把资本主义生产方式的经济范畴同社会主义生产方式的经济范畴混淆了","甚至会改变社会主义经济的性质"。他们认为,这说明"在改革问题上的两种主张、两个方向即两条道路的斗争,仍以不同的形式、方向在继续"[1]。与此同时,有些理论家力图用"计划经济和市场调节相结合"的提法代替十二届三中全会关于我国改革目标的提法。

1990 年 12 月和 1991 年春节邓小平同志的多次讲话再次阐明了中国共产党在计划与市场问题上的观点。根据他的论述,一些同志写文章指出:"计划与市场只是资源配置的两种形式,而不是划分社会主义与资本主义的标志";有些人"总是习惯于把计划经济等同于社会主义经济,把市场经济等同于资本主义经济,认为在市场调节的背后必然隐藏着资本主义的幽灵",这都是"思想不解放的表现"[2]。这些对近年来严重阻碍我国经济改革的僵化思想的正当批评,竟然在 1991 年 4 至 11 月间受到了有组织的批判。

二、 建议确立社会主义市场经济的提法

实践已经证明,市场取向的改革,是社会主义走向复兴的必由之路。事实上,没有十多年卓有成效的市场取向的改革,就不会有我们党和我们国家的今天。可是,至今仍然有些理论家固守集中计划经济的观念,否定十一届三中全会以来改革的方向。这当然是不会成功的。但是,他们的

---

1 参见高狄(1990):《社会主义必定代替资本主义(摘要)》,《人民日报》,1990 年 12 月 17 日;流波(1991):《改革开放可以不问姓"社"姓"资"吗?》,《当代思潮》,1991 年第 2 期;秦思(1991):《问一问"姓社还是姓资"》,《高校理论战线》,1991 年第 3 期;吴建国(1991):《关于当前改革问题之我见》,《真理的追求》,1991 年第 8 期;郭清(1991):《沿着社会主义方向继续推进改革开放》,《求是》,1991 年第 16 期;等等。
2 皇甫平(1991):《做改革开放的"带头羊"》《改革开放要有新思路》《扩大开放的意识要更强些》《改革开放需要大批德才兼备的干部》,载《解放日报》,1991 年 2 月 15 日、3 月 2 日、3 月 22 日、4 月 12 日。

"理论"在社会上所产生的搅乱人们思想的作用却不可低估。尤其是目前正式文件中的某些不够明确的提法,随时可能被"左"派理论家利用。更何况我国的改革开放沿着十一届三中全会所规定的道路,十多年来已有很大的推进,许多百余年来众说纷纭的问题,已经看得更清楚了。我们应当根据实际生活的进展,进一步发展我们的理论。因此,党的十四大有必要对我国经济体制提出一个既能体现我国十多年改革经验、符合我国大多数人共识,又能准确概括具有中国特色社会主义的经济属性的明确提法。初步考虑有两个方案可供选择:"社会主义商品经济"和"社会主义市场经济"。

前一个是最低限度的方案。"社会主义商品经济"这种提法的优点是,它与中共十二届三中全会《决定》的提法相衔接,易于为人们所接受。它的缺点是:"商品经济"的说法既不能从马克思的原著中找到根据,也不是现代经济学的通用语言,而是俄语的表达方式。它不能突出一种经济体制的运行特征,指明它的基本社会资源配置手段。为了对运行机制作出明确的界定,只好再做种种附加的解释,说明它与"市场经济"相通,为此要费许多唇舌。

而且,商品经济和市场经济是两个既有联系、又有区别的概念,分别从不同角度来定义同一种类型的经济。商品经济同自然经济、产品经济相对立,从产品是否通过交换进入消费的角度定义经济体制;而市场经济则同集中计划经济、统制经济相对立,从社会资源配置的角度定义经济体制。在我国历史发展的早期阶段,商品经济就已得到了广泛的发展。大约在 10 世纪,中国已经出现纸币,较之西欧早六七百年。虽然有商品交换就有市场,但是在中国古代,市场机制并不处于分配社会劳动、配置物质资源的枢纽地位。因此,中国商品经济的早熟并不等于说它在古代已是市场经济了。市场经济是具有一定社会化程度的商品经济。在市场经济中,市场是社会资源的基本配置者。我国经济体制改革的实质,就是用以市场机制为基础的资源配置方式取代以行政命令为主的资源配置方式。因此,市场经济的提法更为明确。

可见,更妥善的方案是"社会主义市场经济"。"市场经济"提法的好处,是较之"商品经济"更加鲜明和准确。不过,反对这种提法的同志会提出一些疑义,主要是:(1)"计划经济等于社会主义,市场经济等于资本主义";(2)实行"市场经济"意味着这种经济受市场盲目力量的支配,导致"生产无政府状态";(3)价值规律的作用还会引起贫富两极分化。

以上种种论断都是不确切的,已为实践所否定或修正。我们认为:(1)"市场经济等于资本主义、计划经济等于社会主义"是一个未经证明的论断。十二届三中全会《决定》已经说得很清楚,社会主义商品经济同资本主义商品经济的区别在于所有制基础不同,而不在其他。(2)计划配置资源并不能保证经济无危机地发展,这一点斯大林早已根据苏联经济发展的实际情况明白地承认过。相反,在完善市场的基础上,辅之以计划指导,是可以减小经济波动,避免严重危机的。这一点,可以从战后日本的经济发展得到某些启示(其实不只日本,实行"亚太模式"的"四小龙""三小虎"也大体上是这种政府指导下的市场经济)。(3)价值规律的作用会使资源秉赋丰厚的人愈来愈富有、资源秉赋贫乏的人愈来愈贫穷。但是,实践证明,只要做到:第一,注意初始分配的平等;第二,一方面采用累进所得税、高额遗产税等税收措施,另一方面采取对低收入阶层的福利措施来体现社会公平的原则,收入的两极分化是可以防止的。在劳动人民掌握政权的社会主义制度下尤其是如此。

其实,由于马克思、恩格斯、列宁一直认为商品生产和货币经济同社会主义不能兼容,如果固守教条主义的老观念,即使采用"商品经济"甚至"商品生产"的提法,也无法走出由于陈腐的教条与现实生活脱节所造成的困境。所以,将"市场经济"改变为"商品经济",并不能解决问题,如果沿着这条思路推演下去,就是勉强从斯大林的《苏联社会主义经济问题》找到根据,恐怕也只好回到"社会主义经济只能是存在商品生产和商品交换的计划经济"这种1982—1983年的老提法上去。而这种提法是大多数人所不同意并为1984年至今的中央文件所弃之不用了的。

从我国经济体制改革的进程来看,虽然国民经济大体上已经货币化,商品经济有了较大发展,基本上是以市场导向的非国有企业在国民经济中占有举足轻重的地位,但是,还不能说我国市场已经发育得比较成熟,更不能说市场机制已在全社会的范围内成为资源的基础配置者了。按照现代经济学的分析,要通过市场机制配置资源,首先需要有一个能够反映资源稀缺程度的价格体系,还要有能够对这一价格体系作出灵敏反应的独立自主、自负盈亏的企业,而目前这些基础条件还没有在我国完全建立,特别是国有部门更是如此。市场机制建立严重滞后,已经成为国民经济难以全面腾飞的主要障碍和公共部门(包括国家预算和多数国有企业)陷于重重困难的基本原因。在这种情况下,对市场经济进行再认识并正确规定我们党的纲领具有重要的理论意义和实践意义。此外,以市场经济为对象的现代经济学对于市场机制如何运作以及政府在市场经济的条件下怎样起作用,作了相当细致的分析。由于否定市场经济,它在我国经济学教学中也长期遭到排斥。其实,其中大量成果应当为我所用,借以把改革工作搞得更好,保证新经济体制更快地建立。建立起来的新体制,也将会运转得更为有效。

关于社会主义的再定义问题[*]

（1997 年 5 月）

一

党的十五次全国代表大会召开在即。这是一次跨世纪的代表大会。人们期待第三代领导集体继承和发展小平同志的理论和事业，为我国的进一步发展廓清道路，展示前景。无论从当前国内外情况看，还是从推进改革开放的实际需要出发，党的第三代领导人都有必要在这次代表大会上根据小平同志建设有中国特色的社会主义理论和我国改革开放所创造的丰富经验，对社会主义的基本理论提出新的突破性的主张，以之作为党的政治旗帜，凝聚全党和团结全国各阶层人民，共建 21 世纪的伟业。

党的第三代领导人所处的历史环境与以毛泽东为代表的第一代领导人和以邓小平为代表的第二代领导人有很大的不同。第一、第二代领导人在急风暴雨的武装革命斗争中树立起自己的权威，成为马克斯·韦伯（Max Weber）所说的"具有超凡个人魅力的"（charismatic）领袖。在目前和平建设的环境中，党的领导人已经不可能成为这种类型的权威。但是，第三代领导人完全有条件在继承邓小平改革开放的理论和实践遗产的基础上，在新的历史条件下实现社会主义的理论创新和制度创新，使自己具

---

[*] 这是本书作者 1997 年 5 月 8 日提交给中共中央总书记江泽民和国务院总理朱镕基的一份意见书，对中共十五大政治报告的写作提出建议。原题为《把社会主义的理论创新提高到一个新的水平——关于社会主义的再定义问题》，这里的标题取自原来的副标题。又见《吴敬琏文集》，北京：中央编译出版社，2013 年，第 183—191 页。

有韦伯所说的法理型的正当统治理由（legal rational legitimate）。

二

党中央自十一届三中全会以来的历次重要会议，突破传统模式的束缚，为发展社会主义理论有过一系列的建树，推动了改革开放的逐步深入。十一届三中全会历史性地将党的工作重心转到经济建设上来。十二届三中全会把社会主义经济定义为有计划的商品经济。中共十三大提出我国处于社会主义初级阶段，因而需要采取以公有制为主体、多种所有制并存的方针。中共十四大确立了我国改革的社会主义市场经济目标，中共十四届三中全会为实现这一目标作出了具体规划，并对"公有制为主体"作了进一步的解释。这些都已触及社会主义本质和对社会主义经济基本特征的理解。但是，当问题涉及正面论述社会主义社会的所有制结构，特别是国家所有制的地位和作用问题时，由于缺乏充分的说明，传统观念的影响仍然广泛地存在。目前这已构成进一步推进改革开放的主要的理论和思想障碍。

20世纪80年代后期以来，我国改革的重点和难点集中在国有经济的改革方面。这方面的改革迟迟未能取得突破，使我们在经济上和政治上处于被动。

国有经济存在的问题是双重的：一方面，国有企业长期采取政企不分、政府直接经营企业的经营方式，它所掌握的资源不能得到有效的利用。改革开始以后又片面强调对企业放权让利，使有关各方激励不兼容的矛盾日趋尖锐。所有这些，都使中共十四届三中全会决定的建立现代企业制度的改革推进十分困难，而国有企业的财务状况日益恶化。另一方面，国有经济的现有布局存在很大的问题。目前国有资本数量十分有限，却分布在从零售商店到远程导弹工厂的几十万个企业之中，造成了单个企业资金过少，不能实现规模经济，难以进行重大技术更新，因而竞争能力很差的问题。而且，由于过度负债，一些国有企业特别是上级主管机关的领导人养成了大手大脚地使用银行的钱（其实归根到底是老百姓的钱）去冒风险的习惯，形成了不计成本、乱铺摊子等不良经营作风。与此同时,许多应当由国家办的事情,例如重大高新技术的研制、大型资源性产业的开发、为政策性银行提供资金和贴息,却因为国家无钱办不起来,甚至连提供基本的公共服务,也采取了收费的办法。以上两方面的问题,是相互纠缠在一起的。例如由于安置冗员和退休职工、分设福利性设施的资金无着,阻碍了企业改革的进行,使病态企业愈来愈多。

以上情况说明,加快国有经济的战略性改组已经成为继续推进国有企业改革的症结所在。如果这方面的工作不能有所突破,在进一步对外开放和市场竞争日趋加剧的情况下,不但国有经济有可能站不住脚,整个民族工业在大工业、大商贸、大金融业中都有全军覆没的危险。要防止这种结果的出现,需要适当收缩国有经济的过长战线,使国有资本向国家必须掌握的战略部门集中;同时,支持和鼓励一切有利于国计民生的经济成分的发展。其实,这一要求早已体现在党中央提出的"以公有制为主体、多种经济成分共同发展"的方针之中。但是,迄今为止,这一方针并没有完全落实。贯彻执行这一方针最大的政治思想障碍在于,传统的社会主义政治经济学关于社会主义基本特征所下的定义,即社会主义=以国有制为代表的公有制+计划经济,仍然在干部和群众中有着广泛的影响,认为国有经济比重的任何降低都意味着社会主义因素的削弱,因而对于贯彻这一方针有着多方面的阻力。

面对着这种情况,正本清源地解决问题的办法,是根据邓小平关于社会主义的本质的论述和我国改革开放的实践经验,彻底摆脱传统思想的束缚,对社会主义作出更加明确的界定。

三

众所周知,社会主义在历史上是作为一种社会理想提出来的。它表达了在资本主义的诞生阵痛中苦苦挣扎的劳苦大众对转型期中种种非公正行为的抗议和对一种公正、美好社会的向往。但是,早期社会主义者囿于小生产者的狭隘眼界,只是从道德的角度去抨击资本主义社会的丑恶现象,却无法为实现自己的社会理想找到现实的物质基础。马克思和恩格斯继承了早期社会主义者追求社会公正的价值观。但与早期社会主义者不同的是,他们在产业革命后的经济条件下,从大工业生产的勃兴看到了实现社会主义的希望。马克思主义经典作家提出,由于生产的社会性要求产权的社会化,生产社会化与资本主义私人占有之间的矛盾只有通过"在事实上承认现代生产力的社会性,因而也就是使生产、占有和交换的方式同生产资料的社会性相适应"[1],由"联合起来的个人对全部生产力总和的占有"[2]来获得解决。至于这种社会化的产权即公有制的具体形态是什么,马克思和恩格斯并没有作详细的描述,而是把这一任务留给后代的社会主义者去完成。

社会主义只能采取国家所有制和在国家控制下的集体所有制这两种公有制形式的论断,是由斯大林在 20 世纪 20 年代末期联共(布)党内的严酷斗争环境中强行作出的。在斯大林的直接授意下由苏联科学院经济研究所写作的《政治经济学教科书》(本篇文章以下简称《教科书》),把国家所有制和由国家机关组织实施的计划经济列为社会主义最基本的经济特征;其中,国家所有制更被看作是整个社会主义制度的基础。《教科书》认为,"国家所有制是社会主义社会中占优势的、起主导作用的所有制形式",体现着"最成熟、最彻底的"社会主义生产关系;国有制"这一社会主义所有制的高级形式,在整个国民经济中起着领导的和决定的作用";集体所有制之所以具有社会主义性质,也是由国家所有制占支配地位的情况决定的。[3] 虽然斯大林的社会主义定义带有明显的被马克思主义经典作家强烈批评过的"国家迷信"的色彩,但是它在相当长的时期中仍被某些社会主义国家的领导人视为马克思主义的天经地义。例如在我国,改革开放以前数十年追求"一大二公"[4]的错误方针,显然就是在这种影响下

1　恩格斯(1880):《社会主义从空想到科学的发展》,见《马克思恩格斯选集》第 3 卷,北京:人民出版社,1972 年,第 437 页。

2　马克思、恩格斯(1845—1846):《德意志意识形态》,见《马克思恩格斯选集》第 1 卷,北京:人民出版社,1972 年,第 75 页。

3　苏联科学院经济研究所编(1958):《政治经济学教科书》(1958 年修订第 3 版),北京:人民出版社,1959 年,第 114—117、352—356 页。

4　最早出自 1958 年 9 月 3 日的《人民日报》社论《高举人民公社的红旗前进》,指"人民公社的基本特点,一是大,二是公。""所谓大,就是公社的规模大,人多地多,便于进行大规模的综合性的生产建设。不仅农、林、牧、副、渔全面发展,而且工、农、商、学、兵互相结合。""所谓公,就是人民公社比农业生产合作社更加社会主义化,更加集体化。"

提出的。

对于这种不符合马克思主义的国家观的论点，不乏共产主义运动的杰出人物提出过质疑。毛泽东在读《教科书》的笔记中谈到，一切靠国家的指令性计划是违背人民群众创造历史的学说的。刘少奇在《教科书》读书会上也指出过，由于全民所有制经过国家"拐了一个弯"，影响了它的全民公有的性质。不过，由于各自的历史局限，他们的怀疑并不具有根本的性质。直到 20 世纪 80 年代，邓小平才对这种社会主义定义提出了根本性的怀疑。邓小平尖锐地指出："社会主义是一个很好的名词，但是如果搞不好，不能正确理解，不能采取正确的政策，那就体现不出社会主义的本质。"邓小平说，改革开放前出现的曲折和失误，归根结底是由于对于什么是社会主义"没有完全搞清楚"，"照搬苏联搞社会主义的模式"的结果。他按照社会主义的本来含义，指明："社会主义的原则，第一是发展生产，第二是共同致富"；"社会主义与资本主义不同的特点就是共同富裕，不搞两极分化"；"社会主义最大的优越性就是共同富裕，这是体现社会主义本质的一个东西"[1]。

十一届三中全会以来，我们正是按照上述原则去发展生产力和推进改革开放的。例如，在我国改革开放的过程中，人们普遍地认识到，计划经济不是一种有效的资源配置方式，从而决定用市场经济来取代计划经济。同时，我国实践也突破了在所有制上追求"一大二公"和把国有制看作公有制的高级形式的框框，支持公有制的多样化和多种经济成分的共同发展。虽然前期改革主要是在国有经济的范围之外进行的，但这些创新已经使我国社会主义制度的优越性开始显现出来，赢得了人民群众的衷心拥护。

现在，改革已经推进到传统体制的核心部分，而在这个领域内传统思想的影响又表现得特别强烈和有害。在这种情况下，根据邓小平对社会

1　邓小平（1980）：《社会主义首先要发展生产力》，见《邓小平文选》第 2 卷，北京：人民出版社，1994 年，第 313 页；邓小平（1985、1986、1988、1990）：《搞资产阶级自由化就是走资本主义道路》《改革是中国发展生产力的必由之路》《答美国记者迈克·华莱士问》《解放思想，独立思考》《善于利用时机解决发展问题》，见《邓小平文选》第 3 卷，北京：人民出版社，1993 年，第 123、137、172、261、364 页。

主义理论的上述发展和我国改革开放已经积累起来的丰富经验,完全摆脱苏联模式和《教科书》的束缚,对社会主义作出更明确的定义,贯彻社会主义的本质是实现共同富裕的思想,把社会主义的基本经济特征规定为以实现共同富裕为目标的市场经济(这也就是社会主义市场经济的确切含义),就十分必要了。对比国际上正反两方面的经验,我们完全可以有把握地说:一个国家是否具有社会主义性质,并不是由国有经济所占份额的多寡决定的。在不存在掌握着全部生产资料的一小撮剥削者和一无所有的劳苦大众之间的阶级分化的条件下,只要共产党采取了正确的政策有效地防止财富分配的两极分化,无论国有经济成分是多是少,我们国家的社会主义性质都是有保证的。

四

根据以上的分析,我国的社会主义市场经济应当建立在以公有制为主体、多种经济成分共同发展的基础之上。具体说来:

(1)在社会化大生产的条件下,实现产权社会化即以公有制为主体无疑是我们必须采取的方针。但是,公有制有多种实现形式。应当鼓励对多种公有制形式,如各种形式的基金和基金会、各种形式的合作组织、社区所有制等的探索和开拓,而不能将它局限于国家所有制和苏式"集体所有制",更不能把国家所有制看作"公有制的最高形式和社会主义追求的目标"。

(2)国有经济要收缩范围,进行战略性重组。国有经济的重组,不宜采取由政府包办的办法,而要推广已有先例的成功做法,依托现已建立和今后还将陆续建立的新型企业,在明晰产权界定和初步建立公司制度的条件下,通过售股变现、股权投资、收购兼并、债务重组、破产清算等资本市场运作,促使国有资本由低效企业向高效企业、从一般的竞争性部门向国家必须掌握的战略部门集中。

(3)除公有制经济外,适应着现代社会生产力的多层次性和个人创造性的重要作用,应当支持和鼓励各种非国有经济成分,包括合作社经济、民营经济以及外资经济的发展。

（4）国家应当对各种经济成分采取一视同仁的政策,消除对非国有经济成分在价格、税收、金融、市场准入等方面的歧视（因为如果存在歧视,作为经济资源的基础配置者的市场机制就会遭到破坏,整个经济的效率会下降,国有企业由于依赖种种特权也会变得缺乏效率）,着力营造平等竞争的环境,实现在市场规则面前人人平等,使各种经济成分都能在国家统一的产业政策的引导下各显其能,共同缔造持续的繁荣。

（5）除了保证财产的初始分配不过分悬殊之外,国家还完全应当而且一定能够在人民生活水平普遍提高的基础上,充分运用自己的多种政策工具,例如社会福利设施和累进税制度,来扶助鳏寡孤独、老弱病残,抑制少数人个人财富的过度积累,防止两极分化,逐步实现共同富裕。

五

最近一个时期,一些长期对改革开放政策持有异议的论者通过他们掌握的舆论阵地,连篇累牍地发表文章,攻击以公有制为主体、多种经济成分共同发展的方针。他们把十四届三中全会关于"公有制为主体"的解释被普遍接受,说成是一个"不幸的事实";断定"国有制是公有制的高级形式和必须追求的目标";认为国有经济比重的降低表明公有制主体地位的丧失,社会主义因素的减弱,甚至意味着社会主义国家向资本主义的"和平演变"。他们反对国家为国有、集体、个体等不同经济成分提供平等竞争的机会,说是"把社会主义国家置于这样的地位,还要共产党执政干什么?"这种宣传攻势针对十一届三中全会以来的基本理论和基本政策,在部分干部和群众中引起思想混乱,因而需要给予回答。

要从根本上廓清这些问题,除了进行前述的理论阐明以外,还要让事实说话。

事实证明,增加国有制的比重,并不能保证社会主义社会的巩固。苏东国家在政权易手时,国有经济的比重都高于我国。以苏东阵营经济最发达的捷克斯洛伐克为例,"二战"以前捷克斯洛伐克经济发展水平仅低于英、德,1990 年捷克斯洛伐克人均国民生产总值只有 3300 美元,相当于奥地利的 1/5,生活水平明显低于可比较的西方国家。1989 年 11 月政权易手,当时只有1.2％的劳动力、2％的注册资产和可以忽略不计的国民生产总值属于私营部门,国有经济的比重不可谓不高,但政权仍旧丢失了。从根本上说,第一是因为经济发展缓慢;第二是因为与西方国家生活水平的差距愈拉愈大;第三是因为人民厌倦苏式僵化的经济体制和僵化的思想灌输。罗马尼亚是苏东阵营比较不发达的国家,国有经济的比重也远远高于我国,在政权易手两年之后的1992年,人均GNP771美元,其中只有25％是私有部门创造的。

这些事实说明,追求国有比重的不断提高,既不是社会主义的目的,也不是社会主义经济健康发展的基石,更不能保证政权的巩固。苏东国家正是由于长期坚持苏式社会主义理论,才造成思想僵化,发展缓慢,社会停滞,最终使共产党丧失了政权。

苏东国家在20世纪70、80年代都进行了改革。我国的改革与之相比,走了完全不同的道路。我们鼓励多种经济成分的共同发展,大胆地采用市场经济的管理办法,保持了近20年的繁荣。如果进一步将国有企业集中于少数战略性部门,加上国有企业制度的改革,使国有经济也发挥出它的优势,即"集中力量办大事",整个国民经济的腾飞就有了保证。

目前在我国报刊上和学术界的讨论中,有些同志不主张采取进一步明确定义社会主义的办法来论证党的改革开放和多种经济成分共同发展政策的合理性。

一种常见的做法是引用马克思主义经典作家的个别论断(例如马克思关于股份制公司性质的论断),来证明党的上述政策是符合社会主义原则的。我觉得,企图用马克思主义经典作家一百几十年前作出的个别论断来判断党的当前政策的是非,这本身就是一种不符合马克思主义的实事求是的原则的做法。而且这样做很容易陷入经院式注经解经的"引文战",而绝不可能从中得出切合现代社会实际的结论。

另一种做法是以我们还处在社会主义初级阶段为主要论据,论证多种经济共同发展的方针的合理性。中共十三大的重要贡献,是以社会主义初级阶段理论,为多种经济成分的发展提供了空间。但是,以公有制为主体、多种经济成分共同发展显然并不是一种权宜性的政策,只适用于在生产力还不发达的经济条件。从当前科技革命的走势可以预见,由于人力资本和个人创造作用的加强，即使到 21 世纪初期初步实现四个现代化以后，我们仍将采取多种经济成分共同发展的政策。如果强调只是由于生产力还没有发展到建立发达的社会主义的水平，我们才有必要采取这样的政策，那就无异于肯定提高国有经济的比重、实现"一大二公"仍然是今后发展的方向。人们甚至会问，初级阶段之后是什么，是不是还是国有制的一统天下？现在民营企业和外资企业常常心存"政策会不会变"的疑虑，缺乏投资积累的意愿和长期发展的信心。国有企业的一部分人也因而存在国家应当偏袒国有企业，必定会尽一切力量救助在竞争中失败的国有企业的想法，滋长了不思进取的惰性。如此看来，这种做法也显得相当勉强，弄得不好，反而会给反对多种经济成分共同发展的持不同政见者以口实。

总之，我们建议十五大通过明确定义社会主义，确立社会主义的本质一是发展生产力、二是实现共同富裕而不是其他的思想，为我们的基本政策给出逻辑一贯的理论说明，以便营造使所有人和各种经济成分都奋发努力，共同缔造我国的长期繁荣和政治稳定的局面。这将是第三代领导集体对社会主义事业作出的最大历史贡献。

从战略上改组国有经济 [*]

（1998 年 11 月）

在早期关于国有经济改革的讨论中，人们关注的焦点是如何使单个的国有企业具有活力。但当这些企业的改革真正展开以后，人们才发现，国有经济的不景气是由两个层面的原因造成的：第一，从企业层面看，由于它们长期采取政企不分、政府直接经营的方式，使它们所占用的资源不能得到有效的利用；改革开始以后，又片面强调对企业放权让利，这不但没有使资源利用效率得到重大提高，反而使激励与约束不对称的矛盾日益尖锐。所有这些，都造成了国有企业效益的持续下降。第二，更重要的是，从国有经济的整体看，它的规模和结构存在着严重的问题。首先，国有经济几乎无所不包，涉及许多不适于由政府经营的领域。随着市场化进程的加快和国民收入分配结构的改变，国家拥有的有限资本愈来愈不足以支撑巨大的国有经济"盘子"。其次，由于国有经济的分布过于分散，国有经济的盘子虽大，单个企业资金却过少，以致不能实现规模经济，难以进行重大技术更新，因而竞争能力很差。最后，国家应予保障的领域也因财力分散而无法加以保障。

以上两个层面的问题是相互影响的，单独处理哪一个问题都难以收到良好的效果。实践使人们愈来愈清楚地看到，为了改变这种状况，必须对国有经济进行战略性重组，主动收缩国有经济的范围，实现国有资本从

* 本文摘自吴敬琏：《当代中国经济改革：战略与实施》，第 5 章，上海：上海远东出版社，1999 年，第 181—195 页；又见《吴敬琏自选集（1980—2003）》，太原：山西经济出版社，2003 年，第 171—181 页。

一般性竞争部门向在当前条件下国家必须控制的战略部门集中。

一、 有限的国有资本难以支撑过于庞大的国有经济盘子

根据原国家国有资产管理局统计，截至 1995 年底，我国经营性国有资产约 4.5 万亿元，扣除军队、邮电、铁路等特殊单位后，分布于工商领域的国有资产大约为 3.6 万亿元。再考虑到我国工商企业的资产中约有 20％左右的非生产性（如住宅、学校、医院等）资产，那么真正用于生产经营活动的国有资产数量实际上不足 3 万亿。然而这不足 3 万亿元的国有资产却遍及从零售商业到远程导弹等几乎所有的工商领域，分布于 29.1 万户工商企业之中，平均每家企业所拥有的能够真正用于生产经营的资本金数量仅有 1000 万元左右。

国有资产这种过分分散的状况严重损害了现有国有企业竞争能力和国民经济整体效益的提高。突出表现在：

1. 单个企业规模过小，缺乏规模经济，难以适应日益激烈的市场竞争环境。目前，我国还没有一家工业企业进入世界前 500 强之列。据原国家国有资产管理局分析，1995 年我国 500 家大型国有企业的资产总额、销售收入和总利润还不及美国 500 家大企业的前 3 家。我国最大的工程机械制造企业徐州工程集团的总资产和销售额只相当于美国同行业企业卡特彼勒（Caterpillar Inc.）的 1.97％和 1.39％，只是日本同行小松制作所（Komatsu Inc.）的 2.22％和 2.15％。我国最大重型设备制造企业——中国第一重型机械集团的总资产和销售额仅是德国同行曼内斯曼（Mannesmann）的 1.79％和 0.45％，相当于日本石川岛播磨（IHI）的 2.27％和 0.89％。我国为数众多的轿车制造商，迄今还没有一家达到当代技术所要求的最小经济规模。由于企业规模和实力与国外企业存在巨大的差距，使我国企业普遍存在生产成本高、经济效益低的问题。在对外开放和外资进入的情况下，我国许多企业难以应付，面临生存危机。

2. 技术水平低，设备和产品老化。随着世界性的快速技术进步，技术成为最重要的生产要素。国家和企业的竞争优势，已经从过去以资源和成本为主转向以技术和管理为主。谁在技术上领先或占有优势，谁就

在竞争中处于优势地位。随着竞争的加剧，一个企业如果不能持续不断地开发新技术，推出新产品，就不可能在激烈的生存竞争中获胜。现代技术研究与开发的一大特点是需要投入的资金数量巨大。而我国国有企业由于资金不足、负担过重，技术研究与开发的投入长期不足，企业只求应付眼前的生产而没有开发新产品、新技术、新工艺的能力。在许多重要的高新技术领域，我国与国外的差距不是在缩小，而是在继续拉大。例如，我国钢铁生产能力已达1.2亿吨，居世界第二位，但总体来看，钢铁企业技术装备水平低，产品结构单一，质量不高，难以参与国际市场的竞争。目前除宝钢和少数大钢厂够得上国际水准外，大多数均为国际上50—60年代的水平。长此以往，这些企业只能坐以待毙。

3. 企业的行为方式出现扭曲。由于国有资本金不足，大量国有企业实行高负债经营。正像现代企业理论告诉我们的，负债率的高低对企业经营者的行为有明显影响。负债率过高，往往刺激企业经营者用别人的钱去冒经营风险，从事高风险投资。对于我国的国有企业而言，由于它们从国家银行取得贷款和从财政取得拨款实际上并无明显的区别，银行似乎有天然的责任"支持"国有企业，因而形成了"千年不赖、万年不还"的传统，情况就更加严重。这使一些国有企业和一些上级主管机关的领导人养成了大手大脚使用银行的钱的习惯，形成了不计成本、乱铺摊子等不良风气。

4. 建立现代企业制度的改革举步维艰。在把原有的国有企业改组为现代公司的过程中，必须付出必要的改革成本。特别是处理在旧体制下长时期积累起来的注资不足、冗员过多、老职工的社会保障基金来源无着以及与企业主业无关的社会福利事业需要分离等问题，需要有大量资金注入。现有的国有经济摊子铺得如此之大和散，国家就很难有足够的财力解决庞大的历史遗留问题。这样一来，就使国有企业改革的进度不能不大大放慢。

5. 孕育着出现金融危机的可能性。目前国家银行资金主要来源于居民储蓄，因此，国有企业高额负债的实质，是通过国家银行把居民储蓄交给国有企业去使用。而国有企业使用这部分资源，由于缺乏效率，不但不能提供回报，往往还发生资本的净损失。我国国有企业的盈利率持续下降;再加上国家银行对国有企业的贷款在部分时间里处于"负利率"状态之下;相当一部分银行贷款有去无回,形成了大量不良资产(呆账和烂账)。更有甚者,是用银行贷款进行股市、期货和不动产投机,吹胀泡沫经济。一旦发生崩盘,就会触发银行系统的危机。

与国有经济分布得太广太散同时并存的是,许多政府必须办的事情因为没有资金而无力去办。国有经济的现有分布结构与市场经济下国家应有的功能很不适应。

例如,在许多国家,特别是在一些大国,政府通常对需要高额投资的重大高新技术开发给予财政支持,由政府承担部分或全部研制费用。但我国政府却常常力不从心。

再如,一些特大型不可再生资源的开发,在我国当前情况下,也宜于由国家兴办。但由于资金短缺,开发工作进度迟缓。像神府煤田这样可采储量达数千亿吨的特大型煤矿,就由于投入力度不足而使建矿工作步履维艰。

此外,政策性银行本来是市场经济中通行的财政性安排,目的在于用带有某种财政补贴性质的低息或贴息贷款支持社会效益大的项目。然而由于政府无钱,目前我国政策性银行没有低息融资和足够的贴息来源,结果它们的贷款利息往往比一般商业贷款利息还高,以致无法起到政策性融资应有的作用。

尤其值得注意的是,由于一般盈利性事业占用了太多的国家资金,使政府在实现它的基本功能时,却不能得到必要的财力保证,结果既影响了后期发展,又引发了许多弊端。例如,一些基本的公共服务,如九年义务教育,早有法律的明文规定,但许多地方因为文教经费不足,却向家长公开或变相地收取学费;由于政法机关经费不足,有的地方甚至出现了办理刑事案件也要向受害者收费的不正常现象;国家财力的分散和经费不足,致使国家行政机关、事业单位以及军队公安系统参与商业活动、"自行创收"的问题也难以妥善地解决。

二、 收缩国有经济范围,实现国有资本向战略部门集中

针对上述情况,有些人提出国家应当增加国家财力,向国有企业大量

注资,以便达到既扩大国有经济的规模、又增强国有企业竞争能力的目的。然而稍加分析就能发现,这种思路是很难行得通的。

根据国务院发展研究中心在 1997 年的计算,如果保持国有经济现有的行业和企业分布状况不变,要使国有企业基本具备在市场上平等竞争的能力,国家至少需要投入数万亿元。包括:(1)基本解除企业的不良债务(主要指国有企业所欠银行贷款中的逾期贷款、呆滞贷款和呆账贷款),大约需要 0.6 万亿元;(2)在清理不良债务的基础上,补充资本金不足并使严重老化和过时的生产设备得到起码的改造,大约需要注入资本金 1.8 万亿元。除以上两项需要约 2.4 万亿元外,为补偿对老职工的养老保险欠账,以及加强国家亟须办、但因财源无着无法办的事业,还需数万亿元。[1]

这样巨额的资金,在当前的国民收入分配格局下是根本不可能筹划到的。改革开放以来,我国的国民储蓄结构发生了很大的变化,已经由过去的政府和国有企业储蓄为主改变为以居民储蓄为主。据世界银行估计,1978 年中国国民总储蓄中,居民储蓄占 3.4%,政府储蓄占 43.4%,企业储蓄占 53.2%;也就是说,社会总储蓄的 96.6% 来自国有部门。而近年来我国的国民储蓄结构已经变为:居民储蓄 83%,政府储蓄 3%,企业储蓄 14%,其中国有企业储蓄估计不到 7%;换句话说,在社会总储蓄中,大约只有 10% 来自国有部门。

在这样的大背景下,依靠国有企业的积累或国家的现有财政力量大量增加国有资产的数量是不可能的。除此之外,不外只有两个途径:一是国家通过增税筹资;二是通过举债,包括向居民、金融机构或向国外借债筹资。然而,从增税集资来看,目前我国企业增值税平均税率 14%,所得税税率 33%,从世界范围看,这样的税率已经不低。另一方面,虽然目前财政收入占国民收入的比重降到 11%,但是考虑到大量的预算外收入,进一步提高财政资金比重的余地也是十分有限的。况且大规模增加财政收入的结果很可能事与愿违,在收到增加的税款并向企业注资之前,

---

1 见吴敬琏、张军扩、刘世锦、陈小洪、王元、葛延风等(1997):《国有经济的战略性改组》,北京:中国发展出版社,1997 年,第 47—49 页。

先已降低了企业的竞争力,因而是一种杀鸡取卵的办法,殊不足取。从政府举债融资来看,虽然从目前国家债务余额占国内生产总值的比重来看还有一定的增加政府债务的空间,但是靠发行国债无论如何也不可能在较短的期限内募集到达数万亿元的巨额资金。

如果上述分析是正确的,解决国有经济结构不良的问题就应当首先从调整存量结构上做文章。在国家财力受限、大规模注资又难以办到的情况下,如果继续保持国有经济原有的行业领域和企业数量,那么我们就很难以强有力的措施,扭转国有经济的境况,国有资产流失的问题也难以制止。如果这种情况发展下去,国家财力将愈来愈小,解决国有企业问题的条件将会愈来愈差,回旋余地也会愈来愈小,因此必须早下决心,早做决断。

事实上,从发展社会主义市场经济的要求和邓小平"是否有利于发展社会主义社会的生产力,是否有利于增强社会主义国家的综合国力,是否有利于提高人民的生活水平"的判断标准出发,必须首先弄清楚在推动国民经济的发展中,国有经济应该做什么和可能做什么,有所不为然后才能有所为,完全没有必要进入那么多的行业,也没有必要搞那么多无关大局的企业。国有经济应当主要集中于那些影响国民经济发展全局、掌握国家经济命脉、非国有企业办不了或办不好,因而只能由国家来办的事业,集中力量,加强重点,办好国家该办的事情。

调整国有经济布局的基本原则,是按照优先顺序首先考虑排在前列的行业的需要。优先顺序的确定要以市场经济中国家的公共职能为准绳,兼顾国有经济的现有基础,然后根据国家财力的可能性,安排国有经济的活动范围。例如根据当前情况,可以考虑作以下的优先顺序安排:

1. 关系国家安全的行业,包括军事工业、造币工业、航天工业等;

2. 大型基础设施以及其他具有较大外部性(即社会经济效益)的建设项目,包括大江大河治理、重点防护林工程、重点公益事业等社会效益大、受益面广,而非国有企业目前尚无力承担或不愿承担的建设项目;

3. 大型不可再生资源,如大型油田、大型煤矿等的开发项目,这些项目投资规模大,回收期长,目前民间资本没有力量投资,又不宜于让外资控制,国家资本可能需要在这些行业居主导地位;

4. 对国家长期发展具有战略意义的高新技术的开发,如超大规模集成电路的研制等,国家应当给这类研究开发以财政支持,并通过投资引导和行业政策等推动这些行业的发展。

当然,以上的战略产业安排只是指出国家投资的大体方向和范围,并不完全排斥非国有资本的进入。政府可以根据各个行业的具体情况和它们各自的组织特点,酌情规划非国有资本的参与程度,政府则以全资国有、国家控股和国家参股以及政策扶持等方式保证战略性产业的健康发展。

在对国有经济的现有范围作出调整以后,国家原则上不再对非战略性领域进行新的投资。这些领域中现有国家持股的企业是否要进行股权关系的变动和经营方向的调整,则要在市场平等竞争的条件下,由企业的直接持股单位和公司自行决定。

还需注意到,战略产业的优先顺序是动态变化的。随着国家经济发展阶段和经济环境的变动,国家战略产业的重点和国有经济的范围也将随之变化。此外,中央政府和地方政府的职能不同,它们所属的企业的经营活动范围也应当有所不同:中央政府主要面向军工等战略性行业和跨地区的运输干道等;而地方政府则主要从事地区性公益项目,如城市道路、水、煤气、供热等。

三、 通过资本市场改组国有企业

对于国有经济如何进行改组,存在两种不同的思路。

一种思路是通过计划方式完成结构调整,即由政府制订一个计划,确定哪个领域哪个企业该加强,哪些企业应该合并,然后用国家投资或行政调拨的方式加以执行。几十年的经验证明,用这种"拉郎配"式的办法进行国有企业的调整和改组,并不能达到优化结构的目的;相反,还有可能由于强化行政控制,妨碍经济改革的进程,使国有经济的总体状况更加恶化。几十年来,企图绕过企业制度创新来组织"托拉斯""大集团"已经有过不少教训。前些时候有些部门和地方在政府主导下进行产业结构和企业结构的调整,结果或者形成了一些"个头"很大、效益很低的"泥足巨人"

式的企业,或者非但没有改善并入效益高的企业的亏损单位的效益,相反把原有的好企业拖垮了。这种失败的教训应当认真地汲取。

另一种思路是依托经过初步改革、建立了现代公司制度的企业,通过资本市场上股权转让或收购兼并等活动,实现对国有经济的改组。

根据我国自己的经验和市场经济国家的通行做法,国有经济的战略性改组最好依托现在已有的或今后陆续建立的优势企业,依靠市场机制的力量,通过资本市场上的金融活动来实现,并以国有资产的优化重组带动行业结构和企业结构的改善。这类金融市场运作的具体形式包括:扩股融资、售股变现、收购兼并、债务重组、破产清算。

在国家的产业政策的指导下,结合运用以上这些手段,可望在未来的若干年中逐步实现国有经济的战略性改组。正如已出现的良好事例告诉我们的,通过这种改组将形成一种既能在战略部门发挥国有经济的优势、又能使多种经济成分各显其能的生龙活虎的局面。

在肯定这种做法的前提下,需要研究和解决的问题是,克服现行体制中存在的诸多严重阻碍资本市场正常运作的因素。其中,最为突出的问题是产权关系不明确,地方、部门利益的分割和保护,资本市场不健全,融资渠道不畅通等等。这些问题不解决,企业的融资和并购活动会遇到很大的障碍,甚至会走歪方向。因此,在依托市场力量实现国有资产优化重组的过程中,政府的主要工作就是通过配套改革,消除这样那样的体制和政策障碍。

通过资本市场进行国有经济的重组,要依托独立企业的自主活动来进行。因此,作为改组的初始条件,就是要在企业中根据十四届三中全会"产权明晰、权责明确、政企分开、管理科学"的要求,建立现代企业制度,使企业产权能够进入市场进行流通。为了做到这一点,首先需要转变政府职能,实现政企分离,即实现政府的经济管理职能与国有资产所有者职能的分离。为此,必须以代表行使国家所有权的专门机构代替政企不分的行政机构。从这几年的实践看,国有资产流动和重组的最大困难来自条块分割,而条块分割的主要原因是政企不分。行政主管部门不是真正的所有者,却握有企业的实际控制权,它们的利益不在于资产的增值,而在于通过这种控制权实现自己的其他经济和非经济目标。因此,要使国有资产真正流动起来,必须首先对国有资产的管理体制进行改革。现在,一些行业的主管机关为了保持自己的权力,力求把自己改组为国有控股公司,这种建立全行业垄断公司的做法,不符合市场经济的改革目标。它的建立将会固化条块分割的格局,不利于国有资产的流动和优化重组,因此不宜提倡。此外,现行财税、金融体制中不利于资金跨行业、跨地区流动的规定,如企业所得税按隶属关系上缴的规定、贷款额度按地区切块的做法等,也应及时加以改变。

为了通过资本市场进行国有经济的改组,必须加快金融体制改革,积极稳妥地发展资本市场。这主要包括以下几方面的工作。

1. 加快银行体制改革,包括多组建一些股份制银行,对国有专业银行进行商业化改造和股份制改造等。

2. 组建各类机构投资组织。目前居民投资的积极性很高,但发达的市场经济的经验证明,大量的散户直接投资和分散持股既不利于证券市场的稳定和发展,也不利于对上市公司经理人员的监管和公司治理结构的改善。可供选择的途径,一是对现有的信托投资公司进行改造,使其业务集中于中介性投资业务;二是发展多种形式的机构投资组织,包括商业性的养老金基金、共同基金、捐赠基金会等。

3. 发展投资银行业务,为企业并购和融资活动提供规范的咨询策划服务。

4. 规范证券市场,尽快将现行的上市规模控制和额度审批制改为资格审查制;尽快实现国有股、法人股上市流通;完善证券市场管理规则,规范信息披露,对资本市场,包括证券市场和企业产权市场的监管必须切实加强;严厉打击公款炒股、内幕交易、操纵市场等违法违规活动;等等。

为了迎接中国发展新阶段需要研究的若干重大问题[*]

(2006 年 11 月—2007 年 3 月)

如何评价十一届三中全会以来的改革开放路线

中共十一届三中全会以来的改革开放路线,究竟是一条应当坚持的正确路线,还是一条应当否定的错误路线?这是过去两年从党内开始继而波及整个社会的第三次改革大争论的焦点。在这场争论中,传统路线的支持者重弹他们在 1989—1992 年大争论中唱过的"取消计划经济,实现市场化,就是改变社会主义制度,实行资本主义制度"的旧调,指责改革。他们把中国改革说成是"由西方新自由主义主导的资本主义化的改革",指责改革的领导人是"背叛了列宁的无产阶级专政下继续革命理论"的"走资派"和"资改派":"一是经济上继续推行私有化","中央领导在上边极力号召各地'大力发展非公有制经济',闭口不提大力发展公有制经济"。"二是在政治上继续推行自由化","具体表现就是抛弃马克思主义阶级斗争学说,背叛无产阶级专政","这两年,中央莫名其妙地提出一些没有阶级性和革命性的口号和主张,例如什么'以人为本''和平崛起''和谐社会''小康社会'等"。"三是在外交上继续实行投降妥协的路线。我

---

* 这是本书作者 2006 年 11 月—2007 年 3 月为中共第十七次全国代表大会中央委员会报告而召开的研讨会提供的书面发言要点。见吴敬琏(2007):《呼唤法治的市场经济》,北京:生活·读书·新知三联书店,2007 年,第 83—91 页;又见《吴敬琏文集》,北京:中央编译出版社,2013年,第 243—250 页。

们党这些年根本不讲马克思主义的国际主义了,也不提帝国主义。新班子上来也不讲"。"在改革中,私化、西化、腐化、分化基本完成,并且一再借改革开放在制度上肯定下来,培养了一些亲美的新资产阶级分子"。[1]他们还攻击说,当前医疗、教育体制存在的弊端以及国有资产流失、贫富两极分化乃至矿难频发等问题,都是由这种市场化的"资改路线"造成的。[2]

据此,他们提出的"革命任务"是:"学习'文化大革命'文件和国际共产主义运动文献",彻底为江青、张春桥、姚文元、王洪文等"平反昭雪",进行无产阶级专政下的继续革命,"打倒国内的垄断资产阶级和党内的修正主义分子","对资产阶级全面专政",还"应当搞第二次'文化大革命'","把无产阶级文化大革命进行到底"![3]

改革开放反对派的这种宣传鼓动,已经造成相当大的思想混乱,其阻挡改革脚步、破坏社会和谐的消极后果正日益明显地显露出来。

他们对改革开放的指责是不是真有道理?回到"左"的路线重拾"阶级斗争为纲"和"无产阶级专政下继续革命理论",甚至"再来一次文化大革命","实行无产阶级对资产阶级的全面专政",对我们的民族意味着什么?对所有这些问题,都很有必要给予明确的回答。对于他们引为口实的种种社会问题到底是由改革造成的,还是由于改革受到阻碍因而不到位或不彻底造成的,也需要正面讲清楚。否则将无法团结全国人民继续推进改革开放,建设富裕、民主、文明与和谐的中国。

什么是我们追求的社会主义目标

改革的反对派攻击改革开放的重要的论据,是说改革开放背弃了社会主义目标。

1 马宾(2005):《关于对当前形势的看法和建议》,见马宾(2006):《论形势与任务》(白皮书),2006年2月,第59—64页。
2 参见"毛泽东旗帜"http://maoflag.net/,"中国与世界"http://www.zgysj.com/,"乌有之乡"http://www.wyzxsx.com/等网站。
3 马宾(2006):《纪念毛泽东》(白皮书)。

问题的症结在于,什么是社会主义的本质特征,什么是值得为之努力奋斗的社会主义目标?

在世界社会主义运动和中华人民共和国的历史上,对于什么是社会主义,历来有不同的看法。从一开始,社会主义者所追求的目标,就是社会公正和人民的共同富裕。过去在社会主义各国流行的说法都是一种从苏联搬过来的国家主义曲解。它把社会主义的基本特征规定为:(1)国有制的统治地位;(2)实行国家计划。或者用 1996 年所谓"第三个万言书"的说法:"国有制是公有制的高级形式和社会主义必须追求的目标"[1]。为了追求这一目标而进行的全面国有化,以及"大跃进"和"文化大革命"等给中国人民带来的,是普遍的贫穷和几千万人的生命损失,因而遭到了人民的唾弃。

在经历了"左"的路线横行造成的巨大灾难之后,邓小平根据从事领导工作数十年的切身经验,透彻地指出:贫穷不是社会主义,苏联的说法也没有搞清楚什么是社会主义。"我们过去照搬苏联搞的社会主义模式,带来很多问题。""1958 年经济上搞'大跃进',使生产遭到大破坏,人民生活很困难。1959、1960、1961 三年非常困难,人民饭都吃不饱,更不要说别的了。""1966 年开始搞'文化大革命',搞了 10 年,这是一场大灾难。"改革开放以后提出"建设中国特色的社会主义",这些问题才逐步得到解决。按照邓小平的说法,"社会主义的本质""社会主义的原则""社会主义的任务""社会主义的目的""社会主义的根本目标",不是别的,而是"解放生产力,逐步实现全国人民的共同富裕"。[2]

可是近几年来,一些传统体制和传统路线的支持者再次搬出苏联教条,根据苏联的社会主义定义断言邓小平和中共领导"执行了一条修正主义路线,走了一条资本主义复辟道路",与此同时,他们大肆为那些打着"社会主义"旗号的倒行逆施翻案,甚至断言"文化大革命是一次历史性的人民革命","文化大革命就是好"![3]

---

1 《当代思潮》特约评论员(1996):《关于坚持社会主义公有制主体地位的若干理论和政策问题》,摘要载《当代思潮》,1996 年第 4 期。

2 参见《邓小平文选》第 3 卷,北京:人民出版社,1993 年,第 63—64、110—111、123、142、155、227、261、364、373 页。

3 参见"毛泽东旗帜"http://maoflag.net/,"中国与世界"http://www.zgysj.com/,"乌有之乡"http://www.wyzxsx.com/等网站。

在这种情况下,辨明社会主义本质,毫不动摇地坚持改革开放,就成为政治上的迫切需要,也正是中国共产党作为执政党对自己的党员和干部进行党的路线教育所必须完成的首要任务。

现代化过程中社会分层的新变化和对中等阶层的政策

如何对待在现代社会中崭露头角的中等阶层(西方统称为"middle class",在中国,有时也译为中产阶级或中等收入阶层),对任何一个现代政党而言都是一个性命攸关的重大政治问题。

各国现代化过程中社会结构的一个重大变化,是以各类专业人员为主体的新中等阶层(新中产阶级)的崛起和取代传统社会中的权贵阶层,成为社会的中坚力量。从 20 世纪 80 年代中期以来,随着改革开放和现代化的进展,这种趋势在中国社会中也开始表现出来。包括技术人员、经理人员、教学科研人员、医护人员以及公共机构工作人员在内的专业人员的队伍不断壮大,在社会经济体系中的作用也愈来愈大。按照十一届三中全会以来的路线,他们是工人阶级的一个重要组成部分,也是我国执政党必须依靠的基本社会力量。但是,一些顽固坚持"左"的错误思想的人继续把专业人员看作一种异己的力量,把知识分子说成是"资产阶级的一部分"或者"无产阶级全面专政"的对象。在 1989—1992 年的改革大辩论中,市场化改革的反对派甚至宣称,"中产阶级"是"最危险的异己阶级",主张对他们采取限制和压制的政策。只是在邓小平 1992 年"南方谈话"对那些反改革的"理论家、政治家"的言行痛加批判以后,他们才有所收敛。不过,他们始终没有放弃这种"左"的错误观点。

虽然改革开放以来党政领导一再重申尊重知识、尊重人才的方针和发挥专业人员积极性的政策,2002 年的中共十六大还确定了"扩大中等收入者比重"的正确方针,但在几次"左"倾思想回潮中,传统路线的支持者仍然利用一些人的民粹主义情绪蒙蔽"弱势群体",挑拨他们与中等阶层之间的关系,煽动"反精英"和"仇智"。这种宣传鼓动,已经造成部分社会关系(例如医患关系)的紧张状态,严重损害了专业人员发挥聪明才智、服务社会和企业家群体艰苦创业、发展经济的积极性,对构建和谐社会形成威胁。对于这种社会动向，必须认真对待。

关于分配政策的思考

改革开放以来，中国党政领导针对"左"的路线下平均主义极大地损害了人民的生产积极性和抑制了经济效率提高的严重情况，提出"效率优先，兼顾公平"的方针。根据这一方针，我国在赤贫人口大幅减少和居民收入水平逐步提高的情况下适当拉开了收入差距。这种变化得到了广大人民的理解和支持。但是，主要由于腐败和垄断等非市场的原因，20世纪80年代以后收入差距进一步扩大，全体居民的基尼系数在90年代初期突破了0.4的公认警戒线。十六大根据这种形势，对我国的分配方针作了进一步的规定，提出要在"初次分配注重效率，发挥市场的作用，鼓励一部分人通过诚实劳动、合法经营先富起来"的同时，采取"合理调节少数垄断性行业的过高收入""取缔非法收入"和"扩大中等收入者比重，提高低收入者水平"的政策，以期更大程度地实现社会公正和逐步达到共同富裕的目标。

可是2006年以来，由于预定进行的改革推进乏力，限制行政权力和打破垄断等有利于缩小贫富差别的改革措施没有到位，腐败活动有增无减，使收入差距继续扩大，成为社会普遍关注的热点问题。

然而在最近几年的争论中，少数人极力散布他们对贫富差别过大的原因所作的歪曲解释，把大众对于腐败的义愤引向错误的方向。他们说，目前贫富差别悬殊的根本原因，不在于腐败和垄断，而在于市场化改革和"效率优先，兼顾公平"的方针。他们以此蒙蔽和煽动不明真相的群众，转移视线，把大众"仇腐"的正当情感引向不分青红皂白地"仇富"的歧路。在政策取向上，也就不是针对贪官污吏和"红顶商人"的非法收入，而是针对专业人员的合理报酬和企业家的合法利润，鼓吹对高层经理、教授、医生、高工等的工薪收入进行限制或课以重税。

面对这种平均主义歪曲，应当对近年来我国收入差别扩大的实际情况和根本原因作出科学的分析和判断；同时，要采取应对措施来有效地解决贫富差别过大的问题。分配政策影响深远，必须审慎地作出决断。

如何推进政治改革和建设社会主义民主政治

正如邓小平和中国领导人多次说过的，"没有民主就没有社会主义，没有民主就没有社会主义的现代化"。然而，在中国这样一个没有民主传统和习惯的国家，推进政治体制改革，建设民主政治，又是一项十分艰巨的任务。根据世界各国的经验和中国的实际情况，我国的政治体制改革应当采取积极而稳妥的方针，稳步地向前推进。

按照这样的方针，我以为，目前应当进行以下两方面的工作：第一，认真总结我国进行政治体制改革的经验，特别是1986—1988年在邓小平的直接领导下推进政治体制改革的经验和2002年十六大对于共产党作为执政党如何改革执政方式的探索，争取在充分吸收前人智慧和历史教训的基础上，用两到三年的时间制定出政治改革的总体规划施工蓝图。第二，在以下方面着手进行改革：（1）解决长期存在的党政不分、以党代政的问题，实现党政分开；（2）在有法可依、司法独立和依法行政的基础上建立法治的基本框架；（3）实现党内民主的制度化；（4）逐步扩大公民的民主参与；（5）进行传媒改革，使言论自由和言论责任都得到保证。

在以上五点中，邓小平把其中的第一点即实现党政分开放在首位，然而这又是一个一直存在着较大争议的问题，需要通过认真的讨论取得共识。

邓小平历来把克服以党代政、党政不分的错误做法，实现党政分开看作进行政治体制改革和建设社会主义民主制度的关键。[1] 早在抗日战争时期，邓小平就在论述抗日根据地民主建设时鲜明地提出过"反对'以党代政'"的口号。他尖锐批评了把党的领导误解为"党政不分，以党代政""党权高于一切"的错误观念，要求改变"包办一切""遇事干涉"的错误做法，肃清"'以党治国'的国民党遗毒"。[2] 虽然在1942年中共中央作出"九

1　邓小平(1986):《在全体人民中树立法治观念》《关于政治体制改革问题》，见《邓小平文选》第3卷，北京：人民出版社，1993年，第163—164、176—180页。

2　邓小平(1941):《党与抗日民主政权》，见《邓小平文选》第2卷，北京：人民出版社，1994年，第8—21页。

一决定",要求各根据地建立党委的一元化领导以后,邓小平没有再正面批判"以党治国"的提法和做法,但是他并没有放弃必须实行党政分开的基本想法。他不但在1993年指导编辑三卷集的《邓小平文选》时把上述1941年的讲话放在全书卷首第二篇,而且把克服党政不分、以党代政的弊端,实现党政分开确定为政治体制改革的首要任务。他在1980年8月18日所作的《党和国家领导制度的改革》这篇纲领性报告中指出,"党政不分,以党代政","权力过分集中","在加强党的一元化领导的口号下,不适当地、不加分析地把一切权力全集中于党委,党委的权力又往往集中于几个书记,特别是集中于第一书记",是出现官僚主义、机构臃肿、滥用权力、压制民主、专横跋扈、贪赃枉法等弊端的制度性根源。他说:"这种体制已经越来越不能适应社会主义事业的发展","现在再也不能不解决了",要求立即着手进行改革。在这个报告中,邓小平还提出了实现党政分开的一系列具体办法,包括:今后凡属政府职权范围内的工作,都由国务院和各级政府讨论,不再由党中央和地方各级党委发指示作决定;改变党委领导下的厂长经理负责制,实行工厂管理委员会、公司董事会领导下的厂长、经理负责制;改变党委领导下的校长、院长负责制;等等。[1] 1980年8月31日,中共中央政治局讨论通过了邓小平的这一报告。1986年,他更三番五次地指出实现党政分开的重要意义。他说:"政治体制改革的内容,首先是党政要分开,解决党如何善于领导的问题。这是关键,要放在第一位。"[2]

邓小平的这些思想在1986—1988年的政治体制改革实践中得到了一定程度的体现。虽然这一试验没有进行下去,但是它的经验和教训仍然是我们在规划今后的政治改革和制定具体的改革措施时应当认真研究和记取的。

---

1 以上均见邓小平(1980):《党和国家领导制度的改革》,载《邓小平文选》第2卷,北京:人民出版社,1994年,第327—342页。

2 邓小平(1986):《在全体人民中树立法治观念》《关于政治体制改革问题》,见《邓小平文选》第3卷,北京:人民出版社,1993年,第163—164、176—180页。

从《大国崛起》看各国富强之道 *

（2007 年 2 月）

　　最近中央电视台播出的文献纪录片《大国崛起》广受瞩目。虽然在我看来这部片子的标题并不十分恰切，因为问题并不在于一个国家是否能够"崛起"为称雄一时的"大国"，人民的福祉、国家的繁荣昌盛才是最重要的。但是，由于这部片子能够用生动的视觉形象普及世界历史知识，促使国人睁眼看世界，进而认真思考如何把自己的民族振兴之路走得更好，它仍然值得大力肯定。

　　中华民族正走在民族复兴的道路上。这条道路是不平坦的。好几代中国人为建设一个富裕、民主、文明的中国而努力奋斗过，然而屡屡遭遇挫折。为了更好、更快地实现这一目标，我们需要像《大国崛起》开篇的话所说的那样，"让历史照亮未来的行程"，也就是说，发挥我们的"后发性优势"，向先行国家学习，认真汲取他们的经验和教训。只有这样，才能少交学费，少走弯路，缩短现代化的行程。

　　从这个意义上说，除了电视片提到的九个曾经称霸一方或称霸世界的"大国"外，别的一些国家的经验教训也是值得汲取的。比如说瑞典，这是一个只有 900 万人口的"小国"，在近代也没有什么赫赫武功可言，但是它在提高人民的普遍福利上为世人所广泛称道，也有不少经验和教训值得我们注意。

　＊　根据本书作者 2007 年 2 月 11 日在"中国经济 50 人论坛"举办的"大国发展中面临的挑战"讨论
　　会上的发言整理。载《同舟共进》，2007 年第 4 期；又见《吴敬琏文集》，北京：中央编译出版社，
　　2013 年，第 1334—1344 页。

托尔斯泰在《安娜·卡列尼娜》的开头写下了一句颇富哲理的话："幸福的家庭都是相似的,不幸的家庭却各有各的不幸。"在各国走向繁荣昌盛的途程中有一些共同的因素起着关键性的作用,而对这些共同因素的偏离,不论这种偏离朝向哪个方向,总会招致逆转和挫折。通观500年来世界各主要国家的发展历程,这些共同的要素大致包括以下这些:(1)确立了自由市场经济制度;(2)建立了法治;(3)实行宪政民主;(4)保证思想自由和学术独立;(5)逐步形成了"橄榄型的社会结构"。

以下分别对这五个要素作一些分析。

自由市场经济制度

正如诺斯(Douglass North)所说:"有效率的经济组织是经济增长的关键;一个有效率的经济组织在西欧的发展正是西方兴起的原因所在。"[1]这里所讲的"有效率的经济组织",就是市场经济,或者更准确地说:自由市场经济。

在目前的中国,相信计划经济(命令经济)较之市场经济更具优势的人已经很少了。容易发生的误解,是由于忽视市场经济的主要特征在于决策的自主性和交易的自愿性[2],把它和16—18世纪一些西欧国家实行的重商主义(mercantilism)混为一谈[3]。在重商主义的条件下,虽然货币交换已经成为占统治地位的交换形态,市场和商业也有相当程度的发展,但它具有两个和市场经济很不相同的特点:一是政府对经济生活的强力

---

1 D.诺斯和R.托马斯(1971):《西方世界的兴起》,厉以平、蔡磊译,北京:华夏出版社,1999年,第5页。

2 参见麦克米兰(John McMillan, 2003):《市场演进的故事》,余江译,北京:中信出版社,2005年。

3 从这个意义上说,把市场经济分为"好的市场经济"和"坏的市场经济"两类,也是不完全确切的;因为这容易使人误以为重商主义、官僚资本主义等也是市场经济的一个子类。现在看来,按照我在上世纪晚期的说法[参见吴敬琏(1999):《当代中国经济改革》,上海:上海远东出版社,1999年,第421—422页],把它们称为"原始资本主义",也许更好一些。鲍莫尔则把它们称作"坏的资本主义"[见 W. J. Baumol, R. E. Litan and C. J. Schramm(2007): *Good Capitalism, Bad Capitalism, and the Economics of Growth and Prosperity*(《好的资本主义,坏的资本主义以及增长与繁荣的经济学》),Yale University Press]。——吴敬琏2007年5月补注

干预和全面控制，而不是由自由市场竞争形成的价格在资源配置中起基础性作用；二是把尽量多地积累货币财富作为国家目标，而不是由个人和企业利益的最大化目标驱动。

西欧国家的发展历史表明，不改变重商主义的体制和政策，确立自由市场经济制度，一个国家就难以实现持久的繁荣，而只会"崛而不起"或者"起而复衰"。西班牙就是一个鲜明的例证。16世纪初，它凭借从事航海活动的先发优势和拥有欧洲最强大的陆军和海军，一度成为海上霸主和最大的殖民国家，并且在查理五世（Charles Ⅴ，1516—1556年在位）的统治下建立了横跨欧洲大陆的大帝国。但是重商主义政策并没有给西班牙带来持久的繁荣。这是因为：第一，虽然西班牙政府在殖民活动中攫取了大量财富（据历史记载，1503—1660年间西班牙从美洲殖民地取得的财富多达白银18600吨和黄金200吨）。然而这些财富并没有被投入生产活动，相反，为了维持欧洲最庞大的军事力量，财政却经常处于入不敷出的状态。从1575年到1647年，西班牙皇室六次宣布破产。[1] 第二，大量贵金属的流入一方面造成了物价飞涨，民生凋敝，另一方面助长了穷奢极欲的社会风气和好逸恶劳的懒惰习气，而农业生产一直停滞不前，制造业也没有能够发展起来。第三，政府对经济活动的广泛干预，造成了普遍的寻租条件。由于"看得见的脚踩住了看不见的手"，"重商主义时代乃是一种腐败的寻租社会"。[2] 这样，西班牙经济在16世纪后期"马尔萨斯陷阱"（Malthusian Trap）再次袭来和经济衰退重现时一蹶不振。1588年"无敌舰队"（Spanish Armada）大败于英国海军，更标志着西班牙海上霸权的丧失。1596年菲利普二世（Philip Ⅱ）去世以后，西班牙沦落为二流国家。它重新走上发展的道路，已是独裁者弗朗哥（Francisco

---

1　D.诺斯（1981）：《经济史中的结构与变迁》，上海：上海三联书店，1991年，第171页。

2　Barry Baysinger, Robert B. Ekelund Jr. and Robert D. Tollison（1980）："Mercantilism as a Rent-Seeking Society"（《作为寻租社会的重商主义》），in *Toward a Theory of the Rent-Seeking Society*（《关于寻租社会的理论》），edited by James Buchanan, Robert D. Tollison and Gordon Tullock, Texas A&M University Press. 1980.

Franco)在 1975 年去世以后的事情。[1] 16—18 世纪的法国历史,也向我们讲述了相同的故事。

　　和西班牙在 17 世纪陷入衰退完全不同,这个世纪是英国由二流国家走向兴盛的转折点。这里的决定性因素,是自由市场经济制度的确立。早在 1215 年的《大宪章》(the Great Charter)中,英国已经开始对国王的征税权作出了限制。1688 年“光荣革命”(Glorius Rerolution)以后,国王的垄断特权被国会立法所终止,作为市场经济基础的私有产权制度得以确立,英国政府逐渐减弱了对经济的控制和干预。经济学之父亚当·斯密(Adam Smith)1776 年出版的《国富论》,可以说是对重商主义最后的致命一击。《国富论》弘扬“看不见的手”(即市场)在资源有效配置中的作用,同时指出:一个国家的经济只有在自然和自由的制度下才能得到最好的发展,而政府的控制、干预和垄断,则会对经济造成破坏。[2] 由斯密《国富论》开创的古典经济学理论正是改变了整个世界的产业革命的先声。因此,历史学家 A. 汤因比(Arnold J. Toynbee)的叔父老汤因比在 1884 年出版的《产业革命》一书中就已指出,产业革命的实质,既不是发生在煤炭、钢铁、纺织工业中引人注目的变革,也不是蒸汽机的发展,而是“用竞争取代了先前主宰着财富的生产和分配的中世纪规则”[3]。

　　“二战”后某些东亚国家和地区建立的“政府主导型的市场经济”以及它们所实行的“出口导向”政策,也带有某些重商主义色彩,因此,又被称为“新重商主义”。从这些国家(如日本)和地区(如中国台湾)的发展经历可以看到,这种制度和政策安排在发展初期是有效的,但是到了更高的发展阶段,就必须及时进行制度改革和政策调整,减少政府干预,实行进一步市场化,否则会引来种种恶果。

1　西班牙在 20 世纪 70 年代以后的重新振兴,是多重社会—政治因素起作用的结果。参见林达(2007):《西班牙旅行笔记》,北京:生活·读书·新知三联书店,2007 年。——吴敬琏 2007 年5 月补注

2　亚当·斯密(1776):《国民财富的性质和原因的研究》,郭大力、王亚南译,北京:商务印书馆,1983 年。

3　转引自 D. 诺斯(1981):《经济史中的结构与变迁》,上海:上海三联书店,1991 年,第 187 页。

法治

实行法治，即符合公认正义的法律（"善法"）的统治，是发达市场经济共有的特征。而法治不但具有值得追求的普世价值，而且是非人格化交换占统治地位的发达市场经济所必需的制度支撑，因而实行法治乃是实现政治稳定和经济繁荣的必要条件。所以，讲英国走向兴盛的历史，通常都要从作为法治滥觞的 1215 年《大宪章》讲起。

在法治的问题上，有两个问题值得认真研究。

第一，分清"法治"（rule of law）与"法制"（rule by law）两个不同的概念。

自从先秦法家成为占统治地位的思想，中国大多数皇朝都强调"法"和"法制"（有时也写作"法治"）的作用，加之中国就像毛泽东所说，"百代都行秦政制"[1]，于是有人就认为，法治是中国"古已有之"的，我们只要"恪遵"祖制就可以了，大可不必向西方学习和引进法治的思想和制度。其实，先秦法家所说的"任法而治"和我国历代帝王所说的"法制"，跟现代社会的"法治"完全不是一回事。韩非说得很清楚，法家所说的"法"是与"势""术"相并列的帝王手中的统治工具，是统治者统治被统治者的手段，而他们自己却可以"和尚打伞，无法（发）无天"，不受任何法律的约束。邓小平在粉碎"四人帮"以后最先提出以法治取代人治。1997 年的十五大又正式提出了"建设法治国家"的口号。但是我国法治国家建设推进得并不顺利。其中一个原因，就是对法治的性质和内容缺乏明晰的认识，而且实行法治必然要求约束政府和官员的权力，这是不符合某些官员的意愿的。所以，即使在十五大以后，党政领导机关的一些正式文件也经常用"法制"来代换"法治"，把法律降到了政府统治和管理人民的手段的地位。就以《大国崛起》这部电视片来说，好几位学者论述法治的讲话在变成字幕或解说词的文字时，也都变成了"法制"。只说"法制"而不说"法治"，实际上抽掉了法治的精髓，回到以法律作为统治工具的人治。

1　毛泽东（1973）：《读〈封建论〉呈郭老》，见《毛泽东诗词选》，北京：人民文学出版社，1996 年。

第二,法治与民主的实施顺序。

在有些国家的历史上,法治和民主二者的实施是有先有后的。以英国为例,1215 年的《大宪章》可以说是法治的滥觞,1688 年"光荣革命"才是民主制度的开端。可见二者的构建是可以有先有后的。但是历史经验也表明,法治归根结底要以民主制度为基础,要靠民主制度来保证。有人以回归前的香港为例,认为只要在英国派出的总督治下实行法治和"积极的不干预政策",也能保证经济的繁荣和社会的稳定。这种论证似乎忽视了一个重要的事实,就是殖民地时代香港的法律体系是依托于它的宗主国——英国的政治制度的,而英国实行的是民主政治。如果换一个国家,例如前西班牙殖民地如菲律宾和拉丁美洲的一些国家,法治始终无法确立,与前英国殖民地新加坡、香港等形成鲜明对比,就是一个证明。关于这一点,在 D. 诺斯的著作中有十分精辟的分析,很值得我们认真研究。

宪政民主

民主具有普世价值,是文明国家的基本特征之一,这在"五四"运动提出要请进"德先生"以来,似乎没有太多争议。但也有几个问题需要加以研究。

第一,可否以"威权主义政治"作为通向民主制的过渡。在 20 世纪 80 年代中期讨论"新权威主义"时,就有论者以新加坡为例论证在发展中国家以儒家思想为指导实行威权政治不但无害而且有益。在当时,我也觉得这种看法不无道理。但是,根据新加坡近年来的经验,我认为至少可以认定,在知识经济时代,按照儒家"三纲六纪""尊尊亲亲"等原则实行威权主义政治,由于它会压抑创新精神,不利于人们创造力的发挥,已经与时代要求不相适应。2000 年以来新加坡的李光耀对此有深刻的认识[1],我们应当加以注意。

---

1 参见李光耀(2002):"An Entrepreneurial Culture for Singapore"(《新加坡的企业家文化》)。此文为新加坡内阁资政李光耀 2002 年 2 月 5 日在"何日华亚洲领袖公开讲座"上的讲演。

第二,以何种方式争取民主。在中国的民主主义革命运动中,先进人物的政治理念深受卢梭式的理想主义和激进观念的影响,鄙薄经验主义的点滴改良。他们没有意识到,以激进的理想主义为指导的革命力量在掌握实际权力后很容易蜕变为少数人的专制。正像《大国崛起》告诉我们的,英国人从 17 世纪 40 年代革命后国会军将领克伦威尔(Oliver Cromwell)以暴易暴、实行军事独裁中汲取了教训,摈弃暴力革命的方式,选择用和平的渐进改革推进社会进步。在中国,只是经历了"文化大革命"带来的巨大社会灾祸后,像顾准这样的杰出思想家才敏锐地意识到,设定了某种终极目的的理想主义很容易由于其领袖人物自认为可以使用一切手段,包括专制和杀戮来实现这一终极目的而蜕变为专制主义。在认识到这一点以后,顾准大义凛然地宣称:"我自己也是这样相信过来的。然而,今天当人们以烈士的名义,把革命的理想主义转变成保守的反动的专制主义的时候,我坚决走上彻底经验主义、多元主义的立场,要为反对这种专制主义而奋斗到底!"[1]

第三,在确定实行民主政治的条件下,还需要进一步追问,实行什么样的民主制度才有利于社会的和谐稳定与民主的真正实现。从世界各国的历史看,民主政治制度大体上有两种类型:一类是 1789 年法国大革命后雅各宾专政时期(1792—1794)实行的"激进的人民民主"或"直接民主"体制;另一类则是英国在 1688 年"光荣革命"之后逐渐建立起来的宪政民主制度。前一种体制由于对最高权力缺乏制约,往往使作为国家主人的"人民"徒具虚名,沦为少数具有个人魅力的领袖(charisma)专政的牺牲品。雅各宾专政后法国陷于社会动乱之中将近一个世纪。当它在 19 世纪 70 年代重新建立宪政秩序时,英国已经开始了第二次产业革命,其经济实力和国际地位都遥遥领先于法国。后一种体制不承认任何至高无上、不受约束的权力,而是用一整套制衡机制保证公共权力不会被滥用和确保个人自由和宪法权利不受侵犯。

在顾准之后,我国有一大批学者对卢梭理论的演变以及雅各宾"激进的人民民主"和"直接民主"为何必然演变为"多数人的暴虐"和"领袖专

1　顾准(1973):《辩证法与神学》,见《顾准文集》,贵阳:贵州人民出版社,1994 年,第 424 页。

制"作出了深入的批判性分析。[1] 在以史为鉴、寻求富强之道的时候,这些政治思想史的重要研究成果,都必须纳入我们的视野之中。

思想自由和学术独立

许多学者指出,《大国崛起》有一个缺点,就是对于所论各国兴起的思想和人文基础着墨不多,甚至连文艺复兴的故乡——意大利也没有进入"大国"的行列。实际上,西欧国家的兴起,几乎无不是以 14—16 世纪的"文艺复兴"和 17—18 世纪的启蒙运动推动的思想解放运动为先导的。

人们往往强调技术进步对于西方国家兴起的推动,而忽视文化、思想变革和认知进步所起的作用。对此,我们应当追问,如果没有文艺复兴和启蒙运动打破中世纪宗教迫害和思想禁锢,吹响思想解放的号角,提倡用理性去批判地观察世界,人们的科学精神和创造欲望能否得以发扬,作为 18 世纪以降经济革命源泉的制度和技术创新是否有可能发生?

目前我们正在努力实现经济增长方式的转变和把中国建设成为创新型国家。在讨论这个问题时,人们往往过分关注国家对科学研究和教育机构拨款的多少,领导机关组织的"攻关"活动进度的快慢,而忽视了西欧国家 17 世纪以后教育普及和科学迅猛进步的思想和制度的基础。技术史专家罗森堡(Nathan Rosenberg)和小伯泽尔(L. E. Birdzell. Jr.)说得对:"在 18 世纪的西欧,由于没有科层制,西方科学家组成了一个科学共同体。这个共同体通过合作、竞争、集体解决冲突、分工、专业化、信息更新和信息交流,追寻对自然现象的解释这一共同目标,其组织效率之高往往是其他社会组织形式——科层制或非科层制的——所难以比拟的。"[2] 近年来大量经济史、技术史的研究成果清楚地告诉我们,西欧先行工业化

---

1 参见王元化(2003):《公欲与私欲之间的冲突怎么调和?——研究〈社会契约论〉笔记和对中国历史的反思》,载《上海社会科学报》,2003 年 3 月 6 日;朱学勤(1994):《道德理想国的覆灭》,上海:上海三联书店,2003 年。
2 罗森堡、小伯泽尔(1986):《西方致富之路——工业化国家的经济演变》,刘赛力等译,北京:生活·读书·新知三联书店,1989 年,第 293 页。

国家从早期增长模式到现代经济增长的最重要的途径，在于与基础科学进展密切联系的技术的广泛运用，而科学和教育之所以能够在 17—18 世纪以后获得长足的进步，主要是由于文艺复兴和启蒙运动为科学和文化的繁荣准备了良好的社会条件。历史经验证明，文艺复兴和启蒙运动所倡导的思想自由和学术独立，乃是繁荣科学与文化的必由之路。

"橄榄型"社会结构的形成和中等阶层的壮大

市场经济以前的传统社会是一个"哑铃型"的社会，它的一极是少数权贵，另一极则是广大的贫苦农民。当时也存在一个主要由从事商业活动的市民组成的中等阶层（middle class，或译"中产阶级""中等收入阶层"）。不过他们在封建庄园制农业的汪洋大海中人数少、力量弱、地位低，左右不了社会的大局。

进入近代以后，中等阶层增加了以中小资本家（在旧中国则是民族资产阶级）为主的新成员。但是这个社会阶层的力量依旧单薄，仍然受制于大资产阶级（在旧中国则是官僚资产阶级），并且受到后者的压制和打击。

等到先行工业化国家在 19 世纪后期全面转向由技术进步和效率提高驱动的现代经济增长模式，情况才发生了根本性的变化。由于包括技术人员和管理人员在内的专业人员在社会生产体系中的作用变得愈来愈重要，以各类专业人员为主体的新中等阶层才开始形成和日益壮大。比较一下恩格斯 1845 年和 1892 年对英国工人阶级状况所作的分析，也可以看到这种变化的端倪。[1] 到了知识经济时代，专业人员在社会生产体系中起着支配作用，这使"新中等阶层"的经济地位和社会作用凸显，成为现代社会的中坚力量（elite，或译"精英"）。第一，他们的人数剧增，在一些发达国家甚至超过了体力劳动者，成为工薪阶层最重要的组成部分。比如，美国 1900 年白领工人占劳动力总量的 17%，到了 1970 年，上升为

---

1 恩格斯（1892）：《"英国工人阶级状况"1892 年德文第二版序言》，见《马克思恩格斯全集》第 22 卷，北京：人民出版社，1965 年，第 367—383 页。

47.5％;体力劳动者和白领工人人数比例1900年为2:1,到了1970年变成1:1.3。[1] 第二,由于中等收入阶层在社会生产体系中居于举足轻重的地位,在发达国家他们的收入水平提高得很快,甚至超过了"以剪息票为生"的中小资产者。第三,他们的政治地位和社会影响也大为提高。《大国崛起》中谈到的美国20世纪初期的"进步运动"(Progressive Movement)和20世纪中期罗斯福新政(New Deal)打击寡头和缩小贫富差别等措施,都在一定程度上反映了中等阶层的价值取向和政治诉求。

中等阶层的兴起使传统两头大、中间小的"哑铃型社会"转化为现代两头小、中间大的"橄榄型社会"。"哑铃型社会"通常是不稳定的,充满了动乱,而"橄榄型社会"则趋于稳定。

正在高速实现现代化的中国目前正处于社会结构迅速变化的时期。一个新中等阶层正在成长。中共十六大提出了"扩大中等收入者比重,提高低收入者收入水平",这是一项基于正确社会分析作出的明智决策。然而在前一时期关于改革方向的大争论中,有些论者把分析传统社会结构时使用的二分法套用到我们当今的社会,把社会人群简单地划分为"精英"和"草根"、"权贵"和"弱势群体"、"富人"和"穷人"两类。我认为,采用这种非此即彼的二分法把原应属于大众一边的企业家、科研人员、技术专家、医护人员、教学人员等划入与大众敌对的社会集团中去,不但搞乱了自己的阵线,而且实际上起到了转移目标,为包括中等阶层在内的广大民众的共同敌人即极少数贪官污吏提供掩护的作用。近期以来,社会上发生了一连串在仇富反智思想指导下劫杀大学教授,打骂医务人员,恣意破坏房屋、轿车等私人财产的恶性案件。这种与建设和谐社会背道而驰的社会现象的出现,不能不使人感到忧虑。

以上我们分析了在一些国家走向富强的途程中起关键性作用的因素:市场经济、法治、民主、思想自由和社会结构中的中等阶层兴起等变化。当然,这并没有穷尽各国繁荣兴盛的奥秘。从一些国家的发展历史

1　道格拉斯·诺斯(1981):《经济史中的结构与变迁》,陈郁等译,上海:上海三联书店,1991年,第198页。

看,教育的普及、国民普遍福利的提升、科学进步和技术创新、国民道德情操的培育,都起了重要的作用。而且即使上面讲到的五个共同因素,各国所采取的具体形式也很不相同,各有长短优劣。所有这些,都有待于进一步作深入的探讨。

经济学与中国经济的崛起[*]

（2011 年 7 月）

感谢国际经济学会邀请我在经济学界的这次盛会上作为特邀嘉宾作 Fitoussi 讲演。

我的演讲题目，是"经济学与中国经济的崛起"。

中国经济的崛起，可以说是近 30 多年世界最重大的历史事件之一。我们这一代中国经济学者既是中华人民共和国前 30 年经济曲折起伏的亲历者，也是近 30 多年改革开放的积极参与者。在这篇讲话中，我将结合自己的亲身经历，来说明经济学在过去中国经济变革中发挥的作用，并对中国未来发展的若干重要问题进行讨论。

我们不妨先从 20 世纪 70 年代末改革开放前的情况说起。

一、 市场化改革的理论准备： 经济学的复兴

在改革开始前的 30 年，现代经济学被中国官方看作为"资产阶级剥削"和"垂死的、腐朽的帝国主义"辩护的"西方资产阶级庸俗经济学说"，即使有一些翻译介绍，也只是为了进行政治批判的方便。有的经济学家

---

* 这是本书作者 2011 年 7 月 4 日在国际经济学会（International Economic Association, IEA）全球大会的开幕式上所作的 Fitoussi 演讲。Fitoussi 演讲是为了纪念 Jean-Paul Fitoussi，他任 IEA 秘书长长达 20 余年之久。每届 IEA 全球大会上均由大会选举的公认杰出经济学家作此演讲。Fitoussi 演讲和 IEA 主席演讲是 IEA 全球大会两个最重要的环节。见《比较》辑刊，北京：中信出版社，2011 年第 5 辑（总第 56 辑）；《吴敬琏文集》，北京：中央编译出版社，2013 年，第 1530—1547 页。

提出过吸收借鉴其中合理成分的建议,却因此被打成了"资产阶级右派分子"。所以,那些年的中国经济学舞台上无所谓现代经济学,也就无所谓与国际经济学界的学术交流。

在这样的环境下,经济学被赋予的任务,就在于宣传、解释和论证官方政策的正当性。

我在 1950 年进入南京的一所教会大学——金陵大学经济系学习。那时课堂上还讲授马歇尔(Alfred Marshall)的经济学说,但还没有讲到凯恩斯主义经济学,学习就被"抗美援朝""镇压反革命""知识分子改造"等一次接一次的政治运动打断了。1952 年,教会学校被取消,金陵大学经济系被合并到上海复旦大学,我也转到那里就读。从此,全部教材都换成了苏联教科书,主要的教员也换成了经过"苏联专家"培训的年轻教员,全部经济学教育只是要我们相信,"苏联的今天就是中国的明天"。只要仿照苏联的榜样,建立起实行计划经济的"国家辛迪加"(state syndicate,列宁语,一些东欧经济学家把它叫做"Party-State Inc."),中国就能很快成为一个繁荣富强的工业强国。

我在 1954 年从复旦大学毕业后,被分配到中国科学院经济研究所[1]从事国有企业财务问题的研究。

在 1953—1956 年期间,中国实现了从"资本主义到社会主义的过渡",以国有经济为主的公有制,成为唯一的经济基础,并在这一基础上全面建立了苏联式的集中计划经济制度。[2] 这种"管得过多、统得过死"的经济体制进一步压制了经济活动的创新精神,受到共产党内外的广泛批评。1956 年赫鲁晓夫"解冻"以后,斯大林时代的可怕真相大白于天下,中国也开始反思斯大林体制的弊病。一些经济学家提出各种各样的改革建议,其中不少程度不等地包含着引入市场作用的改革内容。然而,毛泽东选择了方向相反、更为"国家主义"(statism)的解决方案。这就是进一步加强政府对经济和社会的控制,甚至把原来还有些许自治权的农村合作

---

[1] 1977 年中国社会科学院成立后,更名为中国社会科学院经济研究所并沿用至今。

[2] 1953 年,中国共产党废弃建设新民主主义的纲领,确立了通过对农业、手工业和资本主义工商业的"社会主义改造",使生产资料公有制"成为我们国家和社会的唯一的经济基础"的"过渡时期总路线"。"三大改造"在 1955 年末基本完成,中国宣布胜利进入"社会主义"。

社也在 1958 年合并改组为"政社合一""工农商学贸五位一体"的半军事化组织——人民公社。以军事动员方式组织的人民公社化运动和"大跃进"运动导致 1959—1961 年间生产大幅度下降和数千万人在大饥荒中"非正常死亡"。在 1966—1976 年的"无产阶级文化大革命"中,上亿人在运动中受到残酷的迫害,曾经建议过部分引进市场机制的经济学家被指谪为"反党反社会主义反毛泽东思想"的"资产阶级反动学术权威"和"反革命修正主义分子"而受到批判斗争。

1976 年毛泽东去世,他的遗孀江青被逮捕。中国经济乃至整个社会濒临崩溃,使得对毛的中国寄予极大希望的国际左翼人士陷入惶惑和失落。[1]

不过,长期生活在毛体制下并受到种种压制和打击的经济学者和党政官员却从旧统治集团的倒台中看到了变革的希望。他们深知,灾难的根源正在于和这套体制相伴随的荒谬的政策,于是开始了寻求有助于挽救危亡和实现振兴之法的热情努力。

为了学习外国的发展经验,中国政府派出了大量的代表团访问欧美和东亚各国。官员们最感兴趣的,是日本和韩国、新加坡、中国台湾地区等"小龙"的政府在依靠市场力量来配置大多数商品和服务的同时,运用其产业政策对企业进行"行政指导",以实现快速发展的经验。

经济学家最初的学习对象,则是东欧那些比较早地踏上了改革之路的社会主义国家。孙冶方、于光远[2]等具有改革思想的中国经济学家访问

---

[1] 我还记得 1978 年初我和英国著名经济学家罗宾逊夫人(Joan Robinson)的一次谈话。罗宾逊夫人是凯恩斯主义左翼代表人物、新剑桥学派的领袖。她曾在 1966—1976 年的"文化大革命"期间多次访问中国,参观毛泽东树立的"农村先进典型"——大寨。她根据中方的介绍发表著作,认为"中国模式"是前景黯淡的世界的希望所在。1978 年她再次访问北京时,我和她讨论了她的著作《中国经济管理》(*Economic Management in China*, 1975)。这时,她已经知道自己对中国情势的判断多数出于当局的宣传误导。由于中国幻梦的破灭,她在谈话中表现出对人类未来极度悲观的情绪。

[2] 于光远(1915—2013)原名郁锺正,著名的马克思主义经济学家,文革前长期任中共中央宣传部科学处处长和从事理论研究工作,1975 年以后任国家计划委员会经济研究所所长、中国社会科学院副院长等职。早在 20 世纪 50 年代就提出,商品生产是社会主义制度的一个本质特征。1978 年十一届三中全会以后,系统地思考和研究中国经济体制改革问题。主要著作包括《关于在我国实行经济体制改革的若干建议》(1979)、《中国社会主义初级阶段的经济》(1986)、《政治经济学社会主义部分探索 1—7 卷》(1980、1981、1985、1988、1991、1996、2001)、《从"新民主主义社会论"到"社会主义初级阶段论"》(1991)、《要的是现代市场经济》(1992)和一系列重要的回忆录。

了南斯拉夫、匈牙利等东欧国家。1979 年底和 1981 年初,中国社会科学院先后邀请了当时流亡在外的波兰经济学家 W. 布鲁斯和捷克斯洛伐克经济学家 O. 锡克来中国讲学,吸引了大批学者和官员听讲。他们两人对波兰、捷克斯洛伐克、匈牙利等东欧国家改革情况的介绍,开阔了中国学者的眼界。他们所倡导的"市场社会主义"理论,即在国有制的基础上和计划经济的框架下引进些许市场力量影响企业的经营决策,也在一段时间里为渴望改革的人们所推崇。

W. 布鲁斯和 O. 锡克的讲学有一个出乎人们意料的副产品,这就是他们所运用的某些现代经济学的分析手段使中国经济学家耳目一新,使许多中国经济学家产生了更系统地学习现代经济学,从中汲取更多营养的愿望。

于是,在 20 世纪 80 年代初期,中国经济学界掀起了学习"西方经济学",即现代经济学的热潮。中国社会科学院经济研究所从 1980 年夏季到 1981 年夏季,连续举办了三个大型讲习班,它们分别是:"数量经济学讲习班""国外经济学讲座"和"发展经济学讲习班"。

这些讲习班由中外经济学的知名专家授课,为参加这些讲习班的高等学校和研究机构的中年学者打开了系统学习现代经济学最新成果的通路,使他们用新的视角来观察中国经济。[1]

除了这种"补课"式的讲习班,还有一批学者选择了去外国留学或者进修。大批高等院校的优秀毕业生利用邓小平要求中国政府成千上万地派遣留学生出国留学的机会,去了英国、美国、欧洲和日本的高等院校作研究生。今天在座的不少中国经济学家,就是那时出国,后来在欧美名校学成归国的博士研究生。还有一批中年经济学者,像我的同事赵人伟教授和我自己,当时已经 50 岁上下,但仍然到牛津大学和耶鲁大学,重新学习经济学。

---

1 我的一位同事陈吉元(他后来任中国社会科学院农村发展研究所所长,当时负责"发展经济学讲习班"的组织工作)十分兴奋地给我复述过斯蒂格利茨(Joseph Stiglitz)教授讲授"二元经济理论"的情景。他说:"'淘空农村剩余劳动力的澡盆',真是一语中的,点中了中国农村发展的要害。"这次讲习班对陈吉元教授和他的同事们后来在中国乡镇企业发展方面所做的工作产生了重要影响。

不过,在 20 世纪 80 年代初期,中国还没有形成掌握现代经济学的经济学家队伍。中国改革采取的是中国领导人邓小平和陈云所说的"摸着石头过河"的策略,即没有预设目标模式和实施方案,"走一步,看一步"。

这个时期的改革举措主要包括三个方面:(1)在广大农村,采用类似于中国数千年来农民向地主租种土地的方式,将原来归人民公社集体所有的土地"包"(即租)给农民耕种,实现了农业经营的私有化。在这个基础上,社区所有或私人所有的"乡镇企业"也蓬勃发展起来。(2)恢复 1958年"大跃进"中曾经使用过的"财政包干"办法,向省、县政府下放权力,实行分级预算、收入分享(revenue-sharing),形成所谓"地区政府间竞争"的格局,使它们不是压制而是支持本地区(省、县、乡)非国有企业的发展。(3)在对外经济关系上,仿效日本、韩国、新加坡和中国台湾的做法,实行对外开放政策,打破国家对外贸易的垄断,降低贸易壁垒,允许外国直接投资进入中国设立合资企业。

私有企业的产生和对外开放打破了命令经济的僵硬体制,给民间创业让出了一定空间,使蕴藏在中国民众中的企业家创业精神迸发而出,使经济秩序很快恢复,中国经济也重新表现出活力。

不过,仅仅在强大的国有经济之旁开辟出一块非国有经济的发展空间,并不意味着对整个国民经济进行系统性的改造。就中国经济整体而言,处在一种"旧的"经济体系(计划经济)已经被突破、新的经济体系(市场经济)又没有建立起来的状态,经济增长也很不稳定。

二、 现代经济学为中国改革指明了方向

20 世纪 80 年代中后期的社会矛盾主要表现在以下两个方面。第一,国有经济继续在国民经济中起着主导作用,支配着绝大部分经济资源。这种经济制度天然地倾向于用大量投资来推动经济高速增长和国有企业的赢利,因而不可避免地造成货币超发和通货膨胀,以致在1979—1988 年的 10 年中爆发了 3 次严重的通货膨胀,特别是 1988 年中期那一次严重的通货膨胀和全面抢购,败坏了改革的名声。第二,强大

的命令经济与处于从属地位的市场经济"双轨并存",形成了寻租活动的制度基础。这使利用支配资源的行政权力谋私利的腐败行为迅速蔓延。[1] 通货膨胀和腐败滋生引起了大众的极大不满,导致了 1989 年的政治动荡。

实际上,中国领导人早在 20 世纪 80 年代中期就意识到,中国改革不能停留在"摸着石头过河""走一步,看一步"的状态。在 1984 年 10 月的中共中央全会决定从以农村为重点的改革转向"以城市为重点的整个经济体制的改革"时,邓小平就已指出,城市改革不像农村改革那样简单,它不仅包括工业、商业、还包括科技、教育等各领域都在内,是全面的改革、系统的改革。显然,这样一种全面系统的改革,不是靠"摸着石头过河""走一步、看一步"所能把握的。

1984 年中共中央全会的决定把改革的目标确定为"建立在公有制基础上的有计划的商品经济"。改革的两个要点是:(1)"通过所有权和经营权适当分开,增强国有企业的活力";(2)"通过逐步缩小国家统一定价的范围,适当扩大浮动价格和自由价格的范围"。显然,在当时,由于意识

---

1 在计划经济时代,原材料、设备等生产资料都是按计划调拨的,价格由国家计划规定。20 世纪 70 年代末改革开始以后,国有企业获得了按市场价格出售超计划产品的自主权;新产生的非国有企业也从事市场买卖。于是,就形成了物流流通和价格的"双轨制"。由于计划调拨和市场价格悬殊,就出现了有权力背景的"倒爷"在两个市场之间从事倒买倒卖活动,或者出售供应调拨物资的"批件",在很短的时间内成为富翁。由于这类活动是以行政权力为背景的,人们就把从事这类活动的人叫作"官倒"。

对于"官倒"现象,在早期的讨论中形成了两种截然对立的意见:一种观点认为,腐败是旧社会才有的丑恶现象,本来在"三大改造"以后已经绝迹,但市场取向的改革促使人们追求财富和金钱,而使腐败死灰复燃。因此,他们认为,抑制腐败的根本办法就是改正改革的方向,从市场取向转向计划取向。另一种观点虽然也认为市场作用的增大会使人的贪欲提高和腐败行为增加,但是他们强调,如果不放开市场,中国就不能实现民富国强,腐败的重新滋生乃是实现民族复兴所能不付出的代价,因此,应当对腐败行为采取容忍甚至支持的态度。20 世纪 80 年代后期,一些经济学家运用政治经济学和国际经济学在 20 世纪 70 年代的"寻租"理论来解释中国的"官倒"等腐败行为。他们指出,市场的发展、货币作用的加强,会因为财富的范围不再受实物的限制而使某些人的致富欲望增强。但是,问题并不在于人们的贪欲有多大,而在于是否存在运用手中的权力来实现贪欲的制度条件。"官倒"之所以能够利用权力大发横财,是因为存在权力寻租的制度条件。

他们召开讨论会,出版书籍,指出为了遏制腐败,必须铲除寻租活动的制度基础,这就是说要在推行市场化改革的同时,沿着完善市场经济的道路前行,限制权力,建立法治。反之,如果沿着强化政府权力的道路前行,强化政府支配稀缺资源的权力,扩大它对经济活动的干预,扩大寻租的制度基础,中国就会逐步变成一个腐败横行的"寻租社会"。

形态的禁锢和对经济学认识上的局限，上述决定并没有对改革的目标，即所谓"社会主义有计划的商品经济"作出清晰的界定。为了进一步推进改革和促进发展，就必须对新体制的总体框架和改革的实施步骤作更深入的探索。

好在到 20 世纪 80 年代中期，中国已经逐渐成长起一定数量的具有现代经济学素养的经济学家。他们与国外学者之间的学术交流也十分活跃。于是，进入了中外经济学家共同探索中国改革目标模式的新阶段。

1985 年是一个进一步明确改革目标和基本路径的年份。这一年中发生了四个重要的事件。

（一）第一次由中外合作进行的对中国经济的全面考察

1984 年，在邓小平本人的提议下，世界银行组织了以林重庚（Edwin Lim）[1] 和伍德（Adrian Wood）[2] 为首的庞大国际专家团队，在中方工作小组的支持下对中国经济的各个方面进行了全面的考察。经过深入的研究，在 1985 年写出了题为《中国：长期发展面临的问题和选择》的长篇考察报告。这份考察报告不但全面分析了中国经济面临的主要问题，而且根据对各国经验的比较研究，提出解决问题的可选方案，因而受到中国领导人和经济学家的高度重视。他们认真阅读和讨论了这个考察的主报告和六个附册，从中学习现代经济学的基础理论、分析工具以及国际发展经验。这对于提高并开拓中国经济学家的眼界和提高中国政府的决策水平起到了良好的作用。

1　林重庚（Edwin R. Lim），早年从普林斯顿大学和哈佛大学获得学士和博士学位，于 1970 年加入世界银行。1980 年中华人民共和国恢复在世界银行的席位后，被任命为世界银行负责中国事务的首席经济学家。1985 年至 1990 年，任世界银行驻中国代表处首任首席代表，组织和领导了世界银行 1980 年和 1984 年两次对中国经济的全面考察。1994 年至 1996 年，参与组建中国国际金融有限公司（中金公司）并担任首任 CEO。2002 年从世界银行退休后，组建和领导了由相关领域的世界知名专家组成的"中国经济研究和咨询项目"，完成了《中国经济中长期发展和转型——国际视角的思考与建议》《深化中国改革——国际视角的思考与建议》等多项课题报告。

2　阿德里安·伍德（Adrian Wood），早年从哈佛大学和剑桥大学获得硕士和博士学位。1977—1985 年，任世界银行任高级经济学家，从事有关中国等方面的研究。1980—1985 年任世界银行东亚和太平洋国家部中国处资深经济学家，是世界银行 1980 年和 1984 年两次对中国的经济考察的主要参与者和考察报告的主要执笔人。

(二) 第一份《经济体制改革总体规划》的产生

1985 年 5 月,中国社会科学院研究生院郭树清等三位受过现代经济学训练的研究生上书国务院领导,要求制定全面改革的总体规划。在国务院总理赵紫阳的支持下,国家经济体制改革委员会组织了由楼继伟、郭树清等九位经济学家组成的研究小组,并很快写出《经济体制改革总体规划构思(初稿)》。这份"规划构思"用经济学的语言为已经被中国政府确定为改革目标的"商品经济"描绘了清晰的图画。它指出:在"商品经济"中,"市场体系构成经济机制的基础";企业根据市场关系自主决定自己的活动,劳动者自主选择职业;政府对经济的管理则由间接控制为主取代直接控制为主的体制。

这一规划还设想,改革可以分两个阶段进行。第一阶段以实现商品市场的价格改革为中心,配套进行企业改革、财税体制改革、金融体制改革和建立中央银行制度。第二阶段形成完善的要素市场,取消指令性计划,完成从计划经济到"商品经济"的转型。

(三) "宏观经济管理和改革国际讨论会"对于中国改革两个重大问题的讨论

在确定中国改革的若干重大政策问题上,1985 年 9 月由国家体改委、中国社会科学院和世界银行共同召开的"宏观经济管理国际讨论会"具有里程碑式的意义。这次讨论会是 1985 年 9 月 2—7 日在长江游轮"巴山"号上召开的,所以又被称为"巴山轮会议"。[1]

第一,会议对中国改革宜于选取的体制目标进行了热烈的讨论。其中,J. 科尔奈[2]对世界各国经济体制的分类成为议论的中心。他说,各国的宏观经济管理体制可以分为行政控制(I)和市场协调(II)两个大类,前

1　参加这次讨论会的国际知名专家有凯恩斯主义的货币问题大师 J. 托宾(JamesTobin)、曾任英国政府经济事务部部长的牛津大学教授凯恩克劳斯爵士(Sir Alexander K. Cairncross)、匈牙利经济学家 J. 科尔奈、波兰经济学家 W. 布鲁斯、原德国联邦银行行长时任联邦证券抵押银行行长的埃明格尔(Otmar Emminger),中方的参加者有薛暮桥、安志文、马洪、廖季立、项怀诚、高尚全、杨启先等经济官员,刘国光、戴园晨、周叔莲、吴敬琏、张卓元、赵人伟、陈吉元、楼继伟、郭树清、田源等经济学家。

2　对当时的中国经济学界而言,J. 科尔奈可能是影响力最大的外国经济学家。虽然他分析社会主义经济的名著《短缺经济学》中文版 1986 年才正式出版,但在"巴山轮会议"前,中文译稿已经在经济学家中广泛传播,形成了经济学家几乎"言必称科尔奈"的风气。

者又可以分为直接的行政控制（ⅠA）和间接的行政控制（ⅠB）两个子类；后者可以分为完全自由的市场协调（ⅡA）和有宏观经济管理的市场协调（ⅡB）两个子类。他指出，社会主义国家的经济改革可以选择间接的行政控制（ⅠB），也可以选择宏观经济管理下的市场协调（ⅡB）。匈牙利改革之所以没有取得预期的成效，主要就是长期停留在间接行政控制（ⅠB）的阶段，使企业继续处于软预算约束（soft budget constraints）状态，受到国家的行政保护。

在讨论中，不但外国经济学家扩展了 J. 科尔奈对有宏观经济管理的市场经济的优点所作的分析，具备现代经济学素养的中国经济学家也都认同 J. 科尔奈的分析和选择，把有宏观经济管理的市场协调（ⅡB）看作中国经济改革的首选目标。

第二，"巴山轮会议"的讨论，对确定转型期间的宏观经济政策方针也起了重要作用。

转型期间应当采取什么样的宏观经济政策，是中国政界、经济界和学界长期争论的问题。在中国早期的讨论中，据称代表"主流经济学"观点的"通货膨胀有益论"曾经占有优势地位。在"巴山轮会议"上，与会学者对中国当时的经济情况进行了深入研究，对中国学者刘国光、赵人伟介绍中国学术界争论情况的论文[1]进行了讨论。其中，外国专家 J. 托宾、凯恩克劳斯和埃明格尔虽然来自不同的国家，属于不同的学派，但他们出乎中国学者意料之外地一致认为，中国应当采取紧缩性的财政、货币和收入政策，应对经济过热和通货膨胀的问题。

在经济学家、经济官员取得共识的基础上，中国在 1985 年制定的"七五"（1986—1990 年）计划中确立了经济改革"初战阶段"采取稳健的宏观经济政策，以便为经济改革的顺利推进创造有利环境的方针。后来的事态演变表明，这是一条符合于经济学基本原理的正确方针。后来发生的几次巨大经济波动，例如 1988—1989 年爆发的通货膨胀、1992—1994 年的经济过热和通货膨胀，以及 2007—2008 年的资产泡沫和通货膨胀，无

---

1 刘国光、赵人伟(1985)：《当前中国经济体制改革遇到的几个问题》，中国经济体制改革研究会编：《宏观经济的管理和改革——宏观经济管理国际讨论会言论选编》，北京：经济日报出版社，1986 年，第 193—203 页。

不是背离了这一正确方针的结果。[1]

（四）中国共产党全国代表会议接受经济学家的研究成果，确定了中国经济改革的具体目标

1985 年 9 月末，中共全国代表会议在它通过的《中共中央关于制定国民经济和社会发展第七个五年计划(1986—1990 年)的建议》中，接受了经济学界研究的成果，要求在第七个五年计划期间围绕(1)将国有企业改造为自主经营、自负盈亏的"商品生产者和经营者"，(2)发展由商品市场、资本市场、劳动力市场等组成的市场体系和(3)将国家对经济的调控逐步由直接调控为主转向以间接调控为主等三个方面的改革，配套地搞好价格体系、财政体制、金融体制和劳动工资制度等方面的改革，在 1986—1990年的五年中或更长一点时间内，奠定新经济体制的基础。

三、 市场经济制度的初步建立推动了中国经济的高速发展

市场经济制度是西欧从中世纪中后期起开始用了几百年时间逐步建立起来的一个宏大复杂的系统。要在中国建设这样一个系统，仅仅提出实现市场化的一般性目标和开列出一张需要进行哪些方面改革的清单显然是不够的，还必须对各项改革的基本内容、实施顺序和它们之间的配套关系作出设计，然后精心地组织施工，并在施工过程中对原有设计作出适应性的调整。从中国政府在 1985 年提出制定改革的总体规划的要求，到

---

1 在过去 30 年中，应当采取什么样的宏观经济政策，几乎是经济学的一个永恒的争论课题。1987—1988 年期间争论又起，M.弗里德曼教授 1988 年 9 月在访问中国和中国领导人的谈话中，和当时中国流行的宏观经济政策取向相反，提出中国不应当采取扩张性的货币政策，因为这会弱化竞争和滋生腐败，而应当像 1948 年联邦德国艾哈德(Ludwig Erhard)价格改革时那样，在"收紧货币，放开价格"的同时，"尽可能快，而且全面地放开对个别价格和工资的控制"。在后来的讨论中，我向弗里德曼教授提问道：你和 J.托宾教授是宏观经济学对立学派的代表，可是 1985 年 J.托宾教授对中国应当采取何种货币政策的意见竟然和你今天讲的意见完全相同，为什么会是这样的呢？弗里德曼稍作沉吟，先给我讲了一个故事，说是 10 位经济学家坐在一起讨论问题，情况会是所有人的意见都各不相同，相互争论。当这 10 位经济学家和一些非经济学家一起讨论同样的问题，人们会发现，他们的意见完全一致，而和非经济学家却有不同意见。然后，弗里德曼教授对我的问题作出一个意味深长的回答。他说：经济学家之间的争论，经常是发生在一些相对次要的问题上，而在一些最基本的问题上，他们之间并不存在分歧。

1993 年制定出较为完整的规划,中国经济学家和政府官员进行了大量的
工作。

此外,在这种规划和政策设计过程中,也得到过外国经济学家的巨大
帮助。在中国的改革开放过程中,召开过许多次中外学者和中国政府官
员共同参加的国际学术会议,分析中国改革、开放和经济发展的现状,并
为有关改革和发展的经济学问题提供建议。其中起了最重要作用的,除
了 1985 年的"巴山轮会议"之外,还有 1986 年的"计划与市场国际讨论
会"("曼谷会议")、1987 年的"国有企业改革国际讨论会"("钓鱼台会
议")、1993 年的"中国经济发展与改革国际研讨会"("大连会议")、1994
年的"中国经济体制的下一步改革国际研讨会"("京伦会议"),也都起了
重要的作用。[1] 这些学术性活动都使中国的改革举措立足于坚实的现代
经济学基础之上。

20 世纪 80 年代中期以后,中国不但具有进行改革整体设计的必要
性,而且具备了这方面的可能性。由于有了一大批既有现代经济学素
养,又了解中国实际情况的经济学家,就使这些设计既得到现代经济
学智慧的引导,又充分考虑到中国的实际情况,使它们具有更大的可
行性。

**(一) 根据 1986 年 3 月国务院和中共中央财经领导小组的决定,在 4
月成立以国务院副总理田纪云为首的"经济体制改革方案研讨小组"**

这个负责领导经济改革方案设计的小组下设由来自国务院各部门官
员和经济学家组成的、负责改革方案设计的"方案办"。"方案办"在 8 月

---

[1] 参加这类会议的国际知名专家包括阿卢瓦利亚(Montek Singh Ahluwalia)、青木昌彦(Masahiko
Aoki)、邹至庄(Gregory C. Chow)、德鲁克(Peter Drucker)、哈特(Oliver Hart)、拉迪(Nicholas R.
Lardy)、刘遵义(Lawrence Lau)、李国鼎(K. T. Lee)、莫迪利亚尼(Franco Modigliani)、马斯金(Eric
Maskin)、麦金农(Ronald McKinnon)、米尔格罗姆(Paul Milgrom)、斯特恩(Nicholas Stern)、斯蒂格
利茨(Joseph Stiglitz)、蒋硕杰(S. C. Tsiang)、威廉姆森(Oliver Williamson)。他们与中国学者共
同切磋,对中国改革提出了许多重要的建议。此外,中国经济学家在负责制定一些重要的改革
方案时,通常都会事先与有关的外国专家作专门的讨论。例如,中国在制定财政改革方案前曾
专程向马斯格雷夫(Richard Musgrave)教授请教。戴蒙德(Peter Diamond)和费尔德斯坦(Martin
Feildstein)虽然对于社会保障制度持有不同观点,但他们都积极参加了关于中国社会保障体系
的设计的讨论。斯宾塞(Michael Spence)、罗默(Paul Romer)也为中国近些年的发展规划提供
了重要的意见。

向国务院提交了以价格、税收、财政、金融、贸易为重点的配套改革方案——《1987年经济体制改革实施方案》，并得到中国政府的批准和邓小平本人的支持。不过，由于经济形势的变化和中国政府的人事变化，这一改革方案被中止执行。

（二）1987—1988年，国家经济体制改革委员会再次组织了名为"1988—1995年中期改革纲要"的研究和制定工作

国家体制改革委员会约请了刘国光、厉以宁和我等八位经济学家牵头组织研究团队，各自按照自己的理解分别设计了"1988—1995年中期改革方案"。以我和周小川博士为首的方案设计课题组为例。它的核心团队由10多名学者组成。他们的专业背景分别是理论经济学、系统工程学、比较制度分析、财政学、金融学等。这个团队试图充分运用自己的专业知识，提供一个以建立竞争性市场体系为核心的大系统分步构建的整体改革方案。

1988年6月召开的方案讨论会讨论了这八个方案。讨论会发现，经济学家们对于在中国建立市场经济的一些基本问题并不存在原则上的分歧，只是由于各人对市场怎样运作的理解不同，从而在实施步骤和顺序选择上存在差异。由于随即发生了巨大的宏观经济波动和政治风波，这些方案没能最终汇合成一个综合的方案，也没有得到实施。

（三）1990年初期整体改革方案的研究、制定和实施

由于1988年爆发的严重通货膨胀和1989年的政治风波，1989—1991年期间，中国的改革和发展都出现了停滞。1992年邓小平的"南方谈话"以后，中国才重新回到市场取向改革的道路，经济增长也才得以恢复。基于改革停顿造成严重经济政治后果的教训，中国政府组织了全面改革的讨论，经济学者从不同领域作出了积极响应。

以我和周小川博士所领导的研究团队为例。在1988年以后，中国的市场化改革陷于停顿的情况下，我们并没有停止研究工作。在1989—1993年期间，我们陆续提出了"国有资产管理体制、企业公司化""重构国有企业的所有权框架""财政体制改革""金融体制改革""国有专业银行改革""人民币走向可兑换""社会保障体制建设""政府职能定位及其转变轨迹"等一系列研究报告。然后，将这些研究成果汇集成为一个推进改革的综合性计划:"近中期经济体制改革的整体设计"。我们一方面将它们送交给政府的改革规划机构,供他们选择,同时在报刊上公开发表这些研究报告。

在经济学界众多研究成果的基础上,1992年10月的中共十四大上确立了建立"社会主义市场经济"的目标。接着,在1993年11月的中共中央十四届三中全会上,通过了题为《中共中央关于建立社会主义市场经济体制若干问题的决定》的市场化改革总体规划,并对企业、市场体系、政府的宏观经济管理等方面改革的基本内容、实施顺序,以及它们之间的配套关系作出了具体的规划。由于它基于对现代市场经济的深入理解,又切合中国实际,即使从现在的眼光看,也是一个很不错的改革规划。

从1994年起,中国开始按照这个规划蓝图进行各方面的改革,它们主要是:(1)建立包括商品市场、劳动力市场、金融市场在内的市场体系;(2)实现经常项下人民币有管理的可兑换,全面推进对外开放;(3)通过"国退民进",对国有经济的布局进行战略性调整;(4)实行"放小",将数以百万计的国有小企业和乡镇政府所属的小企业改制为多种形式的私营企业;(5)建立健全以间接调控为主的宏观经济管理体系;(6)建立新的社会保障制度;(7)转变政府职能,加强法律制度建设。

虽然在各个领域内改革的推进程度并不相同,但这一轮改革毕竟使一个对世界市场开放的市场经济制度框架初步建立起来。市场制度的建立解放了久为落后制度所约束的生产力,促使20世纪90年代以来中国经济实现了持续的高速增长,具体表现如下。

第一,为平民创业开拓了一定的空间。在毛泽东的"全面专政"体制下,私人从事工商业经营被视为"资本主义复辟"活动,遭到无情的镇压。从20世纪80年代中期开始,政府逐步松动了对私人创业的准入限制。特别是1997年中国党政领导认可"非公有制企业是社会主义市场经济的重要组成部分",给予了民营经济一定的活动空间。随着中国民间长期被压抑的企业家精神和创业积极性喷薄而出,到20世纪末,中国已经涌现了3000多万户的民间企业。它们乃是中国出人意料的发展最基础的推动力。

第二，大量原来没有得到充分利用的人力、物力资源得到了更有效的利用。在计划经济的条件下，国家工业化是在城乡隔绝的状态下通过国家动员资源和强制投资的手段进行，这大大限制了工业化、城市化的进度和经济的整体效率。当市场经济制度的建立和民间创业活动活跃起来时，生产要素开始从效率较低的产业向效率较高的产业流动。在改革开放后的年代中，中国全国有高达 2.5 亿左右的处于低就业状态的农村剩余劳动力转移到城市中从事工商业。与此同时，也有相当于爱尔兰国土面积的约 7 万平方公里的农用土地转为城市用地。生产要素大量向相对高效部门的转移导致的全要素生产率（Total Factor Productivity，TFP）提高，有力地支持了中国经济的高速度增长。

第三，对外开放政策的成功执行弥补了消费需求不足的缺陷，从需求方面支持了中国经济的高速增长。靠投资驱动的经济增长模式的一个重大缺陷，是最终需求不足。由于投资报酬率递减规律的作用，为保持一定的增长速度，投资率必须不断提高；与此相对应，消费需求会相对萎缩，造成最终消费需求不足的严重问题。20 世纪 90 年代，出口导向战略的成功实施，利用了发达国家储蓄率偏低造成的机会，扩大出口，用净出口的需求弥补国内需求的不足，拉动了产出的高速度增长。

第四，实行对外开放的另一个重要作用，是通过引进外国的先进装备和先进技术，在大规模人力资源投资还没有发挥作用的条件下，迅速缩小了中国与先进国家之间在过去 200 多年间积累起来的巨大技术水平差距，使高速度增长得到技术进步的有力支撑。

这一切足以说明，改革开放才是中国经济能够保持 30 年高速度增长的秘密所在。

四、经济学在中国仍然面临挑战

当我们讲述中国经济崛起的经济学故事的时候，还必须冷静地看到，中国 20 世纪末初步建立起来的市场经济体制还是很不完善的。这种不完善性主要表现为国家部门（state sector）仍然在资源配置中起着主导的作用。具体说来，表现在以下方面：（1）虽然国有经济在国民生产总值中并不占有优势,但它仍然控制着国民经济命脉(commanding heights)[1],国有企业在石油、电信、铁道、金融等重要行业中继续处于垄断地位;(2)各级政府握有支配土地、资金等重要经济资源流向的巨大权力;(3)现代市场经济不可或缺的法治基础尚未建立,各级政府的官员有着很大的自由裁量权,他们通过直接审批投资项目、设置市场准入的行政许可、管制价格等手段对企业的微观经济活动进行频繁的直接干预。

这种情况的发生,是有深刻的社会和历史根源的。

在中国改革初期,不但政治领导人和计划官员倾心于日本、韩国、新加坡等国的"政府主导型市场经济"和"威权发展模式"(authoritarian developmentalism);即使以欧美式自由市场经济为改革目标的经济学家也承认,在市场发育程度很低的情况下,政府不能不承担更大的协调责任。

但是,日本等国的政府主导型市场经济模式下,政府干预主要通过中央银行对信贷活动的"窗口指导"和通产省(Ministry of International Trade and Industry,MITI)[2]对产业发展的政策引导一类活动实现的,政府并不直接进行经营活动。中国的情况与它们有所不同,中国的现行体制是从国家辛迪加(state syndicate 或 Party-State Inc.)演变而来,拥有庞大的直接管理国民经济的国家机器和强大的掌握国民经济命脉的国有经济,因此,中国国有部门对于经济的控制和干预较之东亚国家和地区就更为直接有力,形成了一种"半统制、半市场"的经济格局。

这种体制建立后,就出现了两种可能的发展前途:或者是政府逐渐

---

1 列宁在 1922 年 11 月的共产国际第四次代表大会上用了一个德文词 komandohohen(英文 commanding heights,即"制高点")来指代能够左右国民经济的关键领域。1921 年初,在战时共产主义造成的艰难形势下,俄共不得已开始执行新经济政策,向市场经济退却。当时在俄共党内有一部分人认为,实行新经济政策将危及俄国的社会主义前途和俄共的统治地位。列宁在共产国际的代表大会上对这种质疑作出了回答。他说,俄国实行的是一种特殊的国家资本主义。首先租出去的只是一部分中小企业,其余的都掌握在无产阶级专政的国家手里。由于国家掌握着一切"制高点",掌握了土地和一切最重要的工业部门,就完全可以保证经济活动仅仅在国家规定的范围内展开,而且国家还可以随时对政策作出改变。因此,实行这种国家资本主义对俄国的社会主义前途和俄共的统治地位是毫无危险的。《列宁全集》和《列宁选集》中文版将 komandohohen 译为"命脉"。遵循列宁主义的各国共产党通常把牢牢掌握国民经济命脉作为自己的一条基本方针。

2 2001 年更名为经济产业省(Ministry of Economy,Trade and Industry,METI)。

淡出对微观经济活动的干预,加强自己在市场失灵的领域进行诸如市场监管和提供公共产品等方面的职能,逐渐成长为在规则基础上运转的现代市场经济;或者不断强化政府对市场的控制和干预,不断扩大国有部门的垄断力量,蜕变为政府控制经济社会发展的国家资本主义经济。当20世纪90年代初期商品价格放开,当世纪之交包括数百万计的县乡镇政府所属的乡镇企业改制成为私有企业时,市场的力量大大增强了。反之,当21世纪初国有大企业进一步改革受到阻碍,甚至出现了"国进民退"的倒退现象,或者以"宏观调控"的名义加强政府对微观经济活动的控制和干预时,国家资本主义的趋向就变得十分明显。

当前在中国政界、商界和学界,对于"半统制、半市场"经济体制的存在和近年来国家部门力量的强化,有着截然不同的观点:

一种观点认为,以国有经济主导国民经济、强势政府"驾驭"市场为主要特征的"中国模式",能够正确制定和成功执行符合国家利益的战略和政策,"集中力量办大事",创造了种种"奇迹",而且能够在全球金融危机的狂潮中屹立不倒,为发达国家所争羡,足以充当世界各国的楷模。

另外一种观点则针锋相对地提出,中国过去30年高速增长的奇迹来源于市场化改革解放了人们的创业精神,而靠政府强化行政管制和大量投入资源实现的增长不但不能长期维持,而且早晚会造成严重的经济社会后果。

第一,与强势政府控制整个社会的体制相适应的粗放增长方式不可持续。

在这种增长方式下,虽然短时期内能够依靠政府强制动员和大量投入社会资源,加上从国外引进技术来维持高速增长,但是这种增长不可持续。近年来这种增长造成的资源枯竭、环境破坏、居民生活水平提高缓慢等问题愈演愈烈。

与此同时,随着"刘易斯拐点"的出现和劳动力无限供应的情况不再,以及随着中国制造业的技术水平向发达国家接近和中国无法轻易地从所谓"后发优势"得益,为了维持比较高的增长率,中国愈来愈需要依靠自主创新和实现增长模式从投资驱动到效率驱动的转变。

1994年以后,中国运用日本等东亚国家的经验,采取低估本币汇率等出口导向政策,用净出口需求支持经济的高速度增长。出口贸易刺激了沿海地区加工工业大量引进技术和雇用低工资农民工。然而,正像日本、韩国、中国台湾地区等最先采取出口导向政策的国家地区的情况一样,中国在经历了10来年出口推动的繁荣后,在21世纪初期在微观经济领域出现了技术进步缓慢、效率下降等弊病;在宏观经济领域,则出现了货币超发、资产泡沫生成和通货膨胀压力增大等病象。所有这些都向我们警示:如果不能尽快打破体制性的障碍,实现经济增长模式的转变,将不可避免地导致经济和社会灾难。

第二,各级政府日益强化的资源配置的权力和对经济活动的干预,使腐败迅速蔓延和贫富差别日益扩大,官民矛盾激化,甚至可能酝酿着社会动荡。

在1988—1998年,中国经济学家曾经对转型期间日益抬头的腐败现象进行深入的讨论,提出了通过市场化改革铲除寻租活动的制度基础,防止中国上演缪尔达尔(Gunnar Myrdal)所说的"亚洲的戏剧"(Asian Drama)。20世纪90年代初期商品价格自由化,曾经也阻断了通过商品价格双轨制寻租的"官倒"们的财路。然而,行政权力不肯退出市场,使寻租的基础在许多领域继续保持。由于体制的演进会有路径依赖,一旦进入政府主导的路径,从寻租活动中得利的既得利益者,必然会力求推动"半统制、半市场"的经济体制向国家资本主义乃至权贵资本主义(crony capitalism)蜕变。如果没有步伐较大的改革阻断这一路径,使之回归市场化、法治化和民主化的正途,就会锁定在这一路径中。而一旦路径被锁定,就会像诺斯所说,除非经过大的社会震荡,否则就很难退出了。

与此相关的一个政治经济学问题,是如何从"政府主导型市场经济"向更加自由开放的市场经济转变。这几乎是所有在高速赶超发达国家的发展阶段上采取"政府主导型市场经济"和"威权发展模式"的国家和地区都曾遇到过的问题,中国也不例外。在中国这样的原计划经济国家,如何防止"政府主导型经济"和"威权发展模式"蜕变为权贵资本主义并实现转型,就具有更加重要的意义。2007年,中外经济学家曾经在IEA"可持续发展的政治经济学"北京圆桌会议上对东亚和拉美国家从威权发展模式向民主发展模式(democratic developmentalism)转型过程中必然遇到的问题进行过热烈的讨论。不论从理论和各国的实践上看,实现平稳转型都非易事。更好地解决这个问题,固然有待于政治领导人和各界人士的共同努力,经济学家作出自己的贡献,显然也是责无旁贷的。

总之,以上所讲的中国之谜,显然是一个值得经济学者认真研究和讨论的重大问题。这个问题的实质,是如何认识一个国家的政治经济制度对其经济社会发展的贡献和阻碍。这是一个 20 年来国际经济学界和国际组织一直热切关注的问题,也是对经济学自身,尤其是对发展经济学、制度经济学、政治经济学的挑战。经济学应当勇敢面对这一挑战。

在这个中国经济和世界经济都面临重大转折的时代,经济学是大有用武之地的。我愿在这个国际经济学会全球大会的讲坛上,祝愿各国经济学同行为建设一个更加美好的世界所作的共同努力取得更大的成功。

三、倡导整体推进的改革战略

1984 年中共十二届三中全会把"社会主义商品经济"确定为中国经济改革的目标以后,选择什么样的路径达成这一目标,就成了一个成败攸关的问题。当时在为改革进行谋划的人们中,大体上存在两种不同的观点。一种观点主张从计划经济(即科尔奈所说的"直接行政控制体制"或"ⅠA 模式")直接向市场经济(即科尔奈所说的"有宏观经济管理的市场协调体制"或"ⅡB 模式")过渡。另一种观点主张先要从ⅠA 模式过渡到"计划与市场相结合"的体制(即科尔奈所说的"间接行政控制体制"或"ⅠB 模式"),经过长时间"双轨并存"的阶段,然后再逐步实现从ⅠB 模式到ⅡB 模式的过渡。

从那时直到现在,两种改革战略之间发生过多次争论。在 80 年代中期的争论中,本书作者和周小川、楼继伟、郭树清、李剑阁等经济学者观点相近。我们独立或合作撰写了多篇文章,论证第二种战略很可能使改革陷于困境,主张采取第一种战略,逐步形成了后来被称为"整体改革论"的学者群体,成为改革理论探讨和方案设计中的代表流派之一。

在 1985 年制定"七五"(1986—1990 年)计划的讨论中,我们对当时占有主导地位的"企业改革主线论"提出异议,认为单项突出扩大国有企业自主权的改革不是一种好的改革路径选择。由于商品(市场)经济是一个由多种元素组成的有机整体,市场取向改革也应该包括建立自由企业制度、竞争性的市场体系和以间接调节为主的宏观调节体系等三项基本内容。1985 年 9 月中国共产党全国代表会议通过的《中共中央关于制定国民经济和社会发展第七个五年计划(1986—1990 年)的建议》基本上接受了这一建议,明确规定了所谓"七五三条",即"建立新型社会主义经济体制,主要抓好相互联系的三个方面":(1)使企业、特别是全民所有制企业真正成为自主经营、自负盈亏的商品生产者和经营者;(2)进一步发展商品市场,逐步完善市场体系;(3)国家主要运用间接手段来控制和调节经济运行。根据"七五三条",1986 年初国务院领导也曾一度部署制定并实施价格、税收、财政配套改革计划。但在不久以后,领导上决定放弃以建立竞争性市场体系为中心的配套改革,代之以建立"计划与市场相结合""国家调节市场、市场引导企业"的体制。这意味着改革目标又重新回到了建立间接行政控制体制(ⅠB 模式)。

在这之后,中国经历了巨大的经济和政治风波。直到 1992 年中共十四大确定了社会主义市场经济的改革目标,随后 1993 年中共十四届三中全会据此制定了《中共中央关于建立社会主义市场经济体制若干问题的决定》("50 条决定"),确立了"整体推进"的改革战略,明确规定经济改革的基本任务在于"培育和发展市场体系","形成统一、开放、竞争、有序的大市场",才使改革重新回到正轨,并由此开创了 20 世纪 90 年代到 21 世纪初中国经济迅速发展的局面。

本文集第三部分选辑的 10 篇文章,是我参与有关争论的代表作。不过两种模式之争并没有终结,此后还是会出现种种把经济体制拉回到政府主导资源配置模式的主张,改革也会因之出现不同程度的反复。

单项推进，还是配套改革[*]

（1985 年 7 月）

第五次草稿第 54 段[1]说，以城市为重点的整个经济体制改革包括两方面的本质要求："一是进一步增强企业特别是全民所有制大中型企业的活力"，"二是加强和完善宏观经济的控制、调节和管理"。对于这一点，第五次草稿第 55 段[2]进一

---

[*] 本文是本书作者 1985 年 7 月 15 日在中共中央和国务院召开的"《中共中央关于制定第七个五年计划的建议（第五次草稿）》座谈会"上的发言，摘自座谈会秘书组编：《讨论制定"七五"计划建议座谈会简报》第七组第 1 号，1985 年 7 月 16 日。又见《吴敬琏选集》，太原：山西人民出版社，1989 年，第 435—536 页；《吴敬琏文集》，北京：中央编译出版社，2013 年，第 313—314 页。

1 指在这次讨论会上分发征求意见的《中共中央关于制定第七个五年计划的建议（第五次草稿）》第 54 段。该段原文为："(54)以城市为重点的整个经济体制改革的深入发展，必然包括两个方面的本质要求：一是进一步增强企业特别是全民所有制大中型企业的活力，使它们真正成为相对独立的、自主经营、自负盈亏的社会主义商品生产者和经营者；二是加强和完善宏观经济的控制、调节和管理，使企业行为符合社会全局利益、长远利益的要求，并保持国家财政、信贷、物资和外汇的基本平衡。适应上述两个方面的本质要求，必须逐步由指令性计划为主的直接控制向指导性计划为主的间接控制过渡，配套地搞好价格体系、财政体制、金融体制等方面的改革，以形成一整套把计划和市场、微观搞活和宏观控制有机地结合起来的机制和手段。这是改革中面临的最重要也是最困难的课题。这个问题解决好了，经济关系就理顺了，就可以实现国家、集体、个人三者利益的统一，实现经济发展速度、比例、效益的统一，实现提高效率与合理分配的统一，使整个国民经济走上良性循环的轨道。"

2 该段原文为："(55)搞活企业是以城市为重点的整个经济体制改革的出发点和落脚点。要从外部和内部两方面继续采取措施，增强企业特别是大中型企业的活力。从外部来说，必须做到：一、进一步简政放权。除少数有特殊情况的部门和行业以外，中央各部和省属企业都下放给城市管理，城市也必须实行政企职责分开，把应该赋予企业的微观经济决策权和经营管理权下放给企业。二、对经营管理搞得好、贡献大、留利少的大中型企业，适当减少调节税。三、逐步地适当减少指令性计划任务，给企业在产供销、人财物等方面以更大的自主权。四、控制社会总需求，使大部分产品出现供略大于求的买方市场，给企业以市场竞争的压力，促使其努力改进经营管理，提高经济效益。从企业来说，必须加快内部的改革。大中型企业可适当划小内部核算单位，完善以承包为主要形式的各种经济责任制，积极开展多种经营和综合利用。特别重要的是，必须坚决改革企业人事制度，通过自荐、推荐、咨询、选举、招聘、任聘，把德才兼备的人才选拔到领导岗位上来。要充分重视发挥企业经营者的积极性，由主管部门同企业的厂长或经理签订合同，明确规定经营者的责任、权力和奖惩。部分小型全民所有制企业，可以出售、租赁或包给集体或个体经营。"

步指出，"搞活企业是以城市为重点的经济体制改革的出发点和落脚点"；而搞活企业的主要措施，则是"进一步简政放权"、"给企业在产供销、人财物等方面以更大的自主权"；等等。我觉得，作为对经济体制改革基本内容的规定，以上这些提法是否全面和准确，还值得再作推敲。

增强企业的活力，无疑是经济体制改革的一项非常重要的工作。但是，搞活企业是否就是改革的全部基本要求，以及单靠"简政放权"是否就能搞活企业，都是值得怀疑的。从过去一年全面开展经济体制改革的经验看，单项突出"松绑放权""扩大企业自主权"，效果似乎不太理想。其原因是：首先，有计划的商品经济，作为一种经济体系，是一个由多种元素组成的有机整体。自主经营、自负盈亏的企业，是组成这个经济体系的基本元素，然而，对于一个系统来说，重要的问题不仅在于它是由什么元素组成的，还在于这些元素是按什么方式组织起来的。对于有计划的商品经济来说，只有在企业通过市场彼此发生联系，大家都受竞争的约束，而且这个市场是有调节的市场，国家通过适合于商品经济的宏观控制手段对国民经济进行管理的条件下，这个经济体系才能有效地运行。第二，即使对增强企业活力来说，单靠"简政放权""扩大企业自主权"，也是不够的。现在大家都用匈牙利经济学家科尔奈的概念"父子关系"来描述旧体制下国家同企业的关系。需要注意的是，科尔奈所谓的"父子关系"，包括两方面的内容：一是国家的行政管理机关把企业管理得死死的，弄得他们一点自主权也没有；二是行政管理机关像慈父般地维护自己的企业，给经营不善的企业以种种照顾，叫做"软预算约束"。"松绑放权"只能解决前一方面的问题。如果企业不是在竞争性市场的约束下进行经营活动，没有竞争的压力，"松绑放权"以后只会造成负盈不负亏的局面，而不能形成促使企业努力改善经营管理、尽力满足社会需要的环境，使整个经济的运行状况有根本改善。而从另一方面说，不具备竞争性市场和间接调控体系等外部条件，企业也不可能真正具有活力。任何社会化的生产都要有宏观控制，不是这样控制，就是那样控制。一旦单纯"放权"造成了失控，将只能用旧的行政办法来加强控制，这时，已经放给企业的决策权力也会被重新收回。

总之，不能把改革简单地归结为扩大企业自主权，它必须在经济体系的基本环节上既是有步骤又是配套地进行。在我看来,有计划商品经济的基本环节是三个:(1)自主经营、自负盈亏的企业;(2)竞争性的市场;(3)以间接调节为主的宏观调控体系。这三方面的改革要同步前进。

在当前,我们的中心工作是稳定经济,同时,要做好进一步推进改革的准备工作,力争使上述三方面改革不配套的问题尽快地得到解决。

以改善宏观控制为目标，进行三个基本环节的配套改革*

（1986 年 1 月）

（一）对于当前经济形势，我们同意这样的估计：国民经济正处在由紧张向宽松转变的过程中。但是，不稳定、不协调的因素并未完全消除。因此，加强宏观控制仍然是必要的。

过去一年主要采取行政办法进行宏观控制，虽然这在当时的情况下是必要的，然而这种办法不可避免地带有"一刀切"的缺点，损害经济的活力，它的效应也主要表现为消极地抑制需求，而不能有力地提高经济效益，从而从根本上消除不稳定的因素。

（二）为了提高效益，改善供给，必须在继续进行宏观控制的同时，注意改进宏观控制的方法。

过去一年的经验证明，要做到这一点，光靠改进金融、财政等宏观调控机构本身是不够的。为了使宏观调控措施能正确传导到企业，并得到企业的敏感响应，就必须改善市场环境和加强企业的独立性与经济责任。

---

* 本文是作者在 1986 年 1 月 25 日国务院总理赵紫阳听取"七五"前期改革设想建议时所作发言的提纲。所谓"三个基本环节"是指本书作者 1985 年 7 月提出、后来为《中共中央关于制定国民经济和社会发展第七个五年计划(1986—1990 年)的建议》基本采纳的建立新型社会主义经济体制应该主要抓好的相互联系的三个方面，即(1)使企业真正成为自主经营、自负盈亏的企业；(2)建设竞争性的市场体系；(3)建设以间接调节为主的宏观经济调控体系。〔参见吴敬琏(1985)：《单项推进，还是配套改革》，见本书第 261—263 页〕这份提纲是在吴敬琏、周小川、楼继伟、李剑阁交换意见后，由吴敬琏执笔写成的。首载中国经济体制改革研究所编：《〈经济发展与体制改革〉特刊·经济形势与改革对策专辑》，1986 年 2 月；又见《吴敬琏文集》，北京：中央编译出版社，2013 年，第 315－317 页。

因此,虽然我们不能要求改革在一个早上解决所有的问题,而必须抓住重点和分步骤进行,但在每一步骤上,三个基本环节的同步改革还是必要的。

(三)由于整个经济正在由紧变松,加上我们对于如何加强控制和如何提高人民群众对经济变动的耐受能力已经比较有经验,"七五"前期改革在有限范围内迈出若干重要的步子是可能的。

(四)关于增强企业的自主权和经济责任。

我们初步考虑可以进行的改革包括以下这些:

1. 国有小企业的进一步企业化,对于宽松的经济环境没有特别高的要求,因此步子可以走得大一些(这一点可以与王小强、张少杰等同志的有关意见[1]兼容)。

2. 增强国有大中型企业的活力,对于改善整个国民经济的状况有决定性的意义,亟需有突破性的进展。目前实现这一点的关键在于改变政企不分的状况和使所有权与经营权适当分开。在这方面,除过去讨论得比较多的办法,如取消行政性公司、实行股份制外,华生、张学军等同志提出的"资产经营责任制"也不失为一种在中、长期解决问题的方案。此外,近来还有同志提出了"政府内部职能分化"——资产管理部与行政管理部分开的新思路[2]。这些,可以在进行比较的基础上择优选用或结合使用。

(五)关于竞争性市场的建立和进一步完善。

1. 建立经营大规模批发业务的经济实体,首先是大型生产资料经营公司,以避免走地区性市场垄断的弯路,促进统一市场包括现货市场和期货市场的形成。

2. 尽可能理顺市场参数(包括商品价格、税率、利率、汇率等),改变这些参数双重扭曲的状况,有利于公平竞争环境的形成,同时也使造成分配不公的重要原因得到消除。目前在商品价格中,生产资料价格的问题

---

1 这里是指他们关于"七五"期间或稍微更长一点的时间内,把全部城市小企业(包括国营和集体企业)"推进"市场的意见。见《〈经济发展与体制改革〉特刊·经济形势与改革对策专辑》,1986年2月,第78—81页。——吴敬琏1987年补注

2 参见金立佐(1986):《对我国现阶段经济体制改革的战略考虑》,载《经济社会体制比较》,1986年第2期;刘克崮(1986):《关于行政机关改革的建议》,载《〈经济发展与体制改革〉特刊·经济形势与改革对策专辑》,1986年2月,第65—69页。

最为突出,建议近期区别不同产品,采取多价联动、价税联动的方式,对它们的价格或"调"或"放",或"调放结合",进行改革。(与徐景安等同志的有关意见[1]兼容)

3. 价格、税收、利润分配等方面采取措施,照顾产地和不发达地区的利益,同时抓紧反对垄断、保护竞争的立法,防止市场割据形势的发展。

(六)关于宏观调控体系的建设。

1. 改进财政税收体系:(1)陆续开征土地使用费、资金税等新税种,以增强税收调节经济的作用;(2)将目前这种"分灶吃饭"的财政体制推进到"划分税种,核定收支"的新阶段,以打破地方性"行政性分权"的格局。

2. 改革金融体系:(1)加速推行基层银行的企业化经营方式;(2)强化中央银行的管理和调节;(3)整顿和利用已经出现的民间金融机构。

以上重要措施,可以经过周密准备后在1987年初互相配合地出台,某些先行措施(如某些新税的开征、某些价格的调整)则可以在1986年下半年陆续推出。

(七)为保证以上改革有准备、有秩序地进行,从现在起就要立即进行各方面的准备工作。

诸如:

1. 责成有关业务部门为制定各项改革和方案办法作基础材料的准备工作,如对土地占用情况的调查,对国有财产的估算摸底等。无论以后决定采用哪一种改革方案,这些材料都是必需的。

2. 指定国家体制改革委员会等单位负责组织各方面的人员进行中期配套改革方案的设计和综合论证,向国务院提出对各种方案的评估意见。

3. 经济改革的远期和中期目标模式也需要进一步明确和具体化,可由社会科学院牵头,组织经济学家和经济工作者,与改革方案的设计和评估相配合,进行研究和讨论。

---

1 指他关于生产资料价格改革的建议,见《经济发展与体制改革》特刊·经济形势与改革对策专辑》,1986年2月,第90—92页。

关于改革战略选择的若干思考[*]

（1987 年 1 月）

孙效良同志在 1 月 3 日《光明日报》发表的文章《论经济改革面临的抉择》提出：我国的经济体制改革正面临着一系列重要抉择。何去何从，不仅将决定改革能否深入发展，甚至可能影响到改革的成败。我很同意文章的上述看法。近三年来我国经济发展的历程说明，经济改革正处在一个重要的转折关头，突破旧体制的束缚就能大规模释放能量的阶段已经过去，打一场建立新运行机制的攻坚战无可回避，因此，我们面临新的抉择。对于一系列有争议的重大问题，诸如改革的主要内容、改革的实施方式、改革的中长期目标，以及应当如何处理"条块关系"，应当采取什么样的宏观经济政策，等等，都亟需作出明确的回答。

在我看来，当前面临的战略抉择主要是以下几项。

第一，继续按照老思路，把"放权让利"作为改革的主要内容，还是把主要注意力放到理顺经济关系，建立有计划商品经济的体系上来。

我国的经济体制改革是从农村开始的。在农村改革中，亿万群众创造的家庭承包责任制解除了人民公社制度对农民家庭经营主动性的束缚，加之农民从大幅度地提高农产品收购价格中得到很大的好处，他们的生产积极性迅速提高，从而使过去数十年间由大量农田基本建设投资所形成而在旧体制下未能发挥的积蓄能量得到释放，产生出巨大的经济效果。城市改革是在农村改革的启示和推动下起步的，同时，它继承了 20 世纪 50 年代中

---

* 载《经济研究》，1987 年第 2 期。

期以来苏联等国在改革中采取非集中化和"强化物质刺激"两项主要措施的传统,于是形成了以"简政放权"和"减税让利"作为改革的主要内容的思路。[1] 在当时,放权让利的一系列措施的确也对冲破旧体制的束缚,调动群众的积极性,促进货币经济的复苏和发展,起了巨大的作用。

但是,往后的发展却表明,放权让利的城市改革思路有很大的局限性。单纯地放权让利,不着重理顺经济关系,就无法形成一套能够有效地配置资源的经济机制;而没有这样一套机制,任何经济体系都不可能持续、稳定、协调地运转。同时,在这种情况下,各受益单位和个人势必相互攀比,竞相取得"放""让"的优惠,从而形成轮番调整利益分配关系和总需求不断膨胀的局面。考虑到沿着这条道路走下去会使改革的路子越走越窄,一些经济学家主张,应当把改革的重点放到理顺基本经济关系,建立较为完善的商品市场,形成新经济机制方面来。[2]

是继续沿着放权让利的路子走下去,还是改变工作的重点,寻找新的出路? 一个时期以来,对于选择哪种做法为宜,存在着很大的认识分歧。

坚持放权让利思路的出发点是:个别生产者(包括个人和集体)的积极性乃是促成经济发展和经济效益提高的基本因素。在我国现有条件下,只要用"松绑放权"和"给好处"的办法调动起企业和劳动者的积极性,一切经济问题就会迎刃而解。事实上,这里被作为根据的理论在很大程度上只适合于社会化程度比较低、主要依靠个人能力和个人主动性的经济。而对于社会化的现代经济来说,仅仅有个别生产者的积极性和主动性是远远不够的。在这里,经济效益的高低、经济发展的快慢首先取决于稀缺资源的有效配置。只有能够正确地配置资源的经济体系,才能维持其存在和稳定运转。

迄今人类社会只发明了两种配置资源的方式:一种是通过预先确定的计划;另一种是通过市场。至于通过有调节的市场机制来配置资源,则

---

1 中国经济体制改革研究所综合调查组《城市经济体制改革调查》的主报告写道:"1979 年以来,以简政放权为基本思路,以形成产品市场和放活企业为战略方向的经济体制改革取得了实质性进展。"又说:"农村改革伊始,走了一条以简政放权为基本指导思想的路线,经过几年的努力,取得了重大成就。"[中国经济体制改革研究所综合调查组(1986):《改革:我们面临的挑战与选择》,北京:中国经济出版社,1986 年]

2 参见石上松(1985):《经济体制改革的方法和阶段》,载《经济社会体制比较》,1985 年第 2 期。

可以看作计划方式与市场方式的有机结合。传统的社会主义经济通过一套严整的指令性计划体系来配置资源。这种方式具有一定程度的可行性。但是，由于它的动力结构和信息结构的内在缺陷，难以避免经常出现资源配置失当的情况，使整个社会经济处于低效率运转的状态。正是因为这个缘故，社会主义各国需要进行经济改革，转向通过有调节的市场机制配置资源的轨道。然而，有调节的市场机制并不是若干互不联系的个别设施的杂乱组合，而是一个由独立的商品生产者、协调商品生产者行为的竞争性市场和国家根据社会目标对市场进行的调节三个要素结合成的有机体系。这个体系决不是单靠放权让利所能建立的。

而且，即使从微观经济效益的角度看，由于单纯放权让利不能造就有利于公平竞争的环境，从而形成规范化的激励机制，靠它刺激起来的积极性也是不可能持久的。

这样，长期把放权让利作为主要措施而不能建立起能够有效运行的新经济体制，就会使改革遇到越来越大的困难：一方面经济效益没有相应提高，从而国家收入没有增加，另一方面却要不断让利，这是无论如何都难以为继的。东欧某些以扩大企业自主权和强化物质刺激为主要改革措施的国家屡屡出现经济因此而陷于困境的情况，我们不能不引为教训。

目前有一种新的"让利搞活"形式值得引起严密注意。这就是轻率进行所谓"所有制改革"，在推行"股份制""租赁制""经营责任制"的名义下，用低估国有财产价值、高抬股息红利等办法，化公为私、低价拍卖乃至私自瓜分全民财产。这样做虽然表面上并不增加财政的负担，似乎不失为财政收入已无可再让的情况下"调动积极性"的好办法，然而事实上这种"让财产"的办法却会严重损害国家的经济实力，造成比"让收入"更深远的后果。

第二，改革实施方法的选择：是不要总体设计，边走边看，单项突进，"撞击反射"，还是总体设计，分步实施，进行分步骤的同步配套改革。[1]

---

1 郭树清 1985 年撰文对这两种方法的分歧作了分析。他对前一种思路的描述是：按照这种思路，"改革只需要一个大概的设想，过细的方案设计一来耽误时间，二来容易脱离实际，应根据实践中取得的经验代替这种理论方案来指导改革"，而且"经验表明，制定总体方案时……很难形成统一的意见。倒不如先摸着干，干到哪里算哪里，不行再重来"［郭树清（1985）：《论我国经济改革的目标模式和实现途径》，载《经济研究资料》，1985 年第 9 期]。

与前述对改革主要内容的认识分歧相联系,对如何实施改革也有不同看法。

我国经济改革的理论准备很不充分,加之小农社会轻视理论的传统思想在社会上有着广泛影响,在相当长的时期中,改革不可设计,也无需设计,或者可以"边设计边施工"的想法占有支配地位。采用这种方法,在短时间内好像干得也很轰轰烈烈,然而由于各项改革措施之间不相衔接和协调,难免产生巨大的摩擦和漏洞,其弊病会越来越明显。例如,近年来我国政府采取了一系列扩大企业自主权的措施,各种"扩权"规定多达数十条。但是在价格严重扭曲、缺乏公平竞争的市场环境的条件下,企业实际上是很难真正具有自主经营的活力和财务上的自我约束力的。在这种情况下,为了进行宏观控制和避免企业间的"苦乐不均",往往在"放"了一段时间以后,又不得不加强政府对企业的直接干预,把已交给企业的自主权一一收回。匈牙利1968年改革取消指令性计划以后,由于市场没有真正形成,政府日益广泛地对不同的企业采取了数百种收取特别税或给予特殊补贴的"微观干预措施",使原来的改革设想部分落空,这也是单项改革不能奏效的另一有力佐证。[1]

鉴于单项突进的改革的严重缺陷,在1985年中共全国代表会议前后形成了企业、市场、宏观调控体系三环节同步配套改革的思想,并着手按照这种设想进行具体方案的设计。

但是,有些理论工作者和实际工作者对这种配套改革的思路仍持怀疑态度,认为它是不切实际的想法。

他们不赞成这种思路的理由之一,是以为后者企图"毕其功于一役"。这其实是一种误解。主张总体设计、分步实施、配套改革的同志一再说明过,鉴于问题的复杂性,由旧模式过渡到新模式必然是分阶段进行的;各方面的改革也有一个由浅入深、由低级到高级的发展过程。拿增强企业的经营自主权来说,财务预算约束的硬度,即企业自负盈亏的程度是可以分阶段逐步提高的,所有与经营的分离也可以划分为从初步分离到彻底

---

1 参见科尔奈(1986):《匈牙利经济改革的若干经验教训》,载《经济社会体制比较》,1986年第4期;吴敬琏(1985):《我们应当从匈牙利改革的成败得失中取得什么教训?》,参见本书105—119页。

分离的若干步骤。拿竞争性市场体系的建立来说,应当首先力求货物市场较为完善,然后再及于要素市场。以金融市场而论,在初期也要把实现金融机构的企业化和提高短期融资市场(货币市场)的成熟性放在首位,然后才谈得上成熟的长期融资市场(资本市场);而资本市场的开放在初期也宜于掌握三条原则:(1)外部资金为主,内部资金为辅;(2)间接融资为主,直接融资为辅;(3)先有成熟的一级市场(发行市场),然后才有成熟的二级市场(流通市场)。至于国家的宏观经济调节,在初期还将采用某些直接手段,例如,用规定限额或用类似于日本中央银行"窗口指导"的办法来控制商业银行的贷款规模,以后相机逐步取消。这种分阶段的配套改革有两项基本要求:一是保持各项改革的合理顺序,二是要在各个关系密切的环节上同步进行。做到了这两点,各项改革措施就能前后有序、左右配合地得到贯彻,保证我们的经济体制从旧模式比较平稳地过渡到新模式。

不赞成总体设计、分步实施、配套改革思路的理由之二是,按照这种思路进行的改革,对各方面改革相互衔接严密程度的要求太高。事物的发展不可能尽如人意,因此,只要一个环节上一步不到位,就会出现满盘皆乱的结局。我以为这里也存在误解。社会经济体制较之机械装置或者土木建筑复杂得多,许多方面受到随机因素的影响,因而不能要求社会变革的预先设计像施工图纸那样毫厘不差、丝丝入扣。但是应当肯定,社会变革也是可以设计的。特别是,社会主义国家的经济体制改革是在党和政府的领导下进行的改造社会的自觉行动,而不是一种自发过程,就更需要有这样一个设计,才能把亿万群众的改革热情化为步调一致的行动。改革的设计固然不可能预见一切细枝末节,但是只要它反映了事物的基本内在联系,就能发挥指导的作用,保证改革的行动不致发生大的偏差;而在实施过程中,当发现原方案有某些误差或执行中有所偏离,根据实际情况作出适当的调整,以保证整个改革有秩序地进行和达到建立有计划商品经济体制的目标,也是不难做到的。

有的同志认为历来的改革方案设计从来没有成功的。这种说法也失之于武断。事实上,1986 年春季在总结过去改革经验的基础上,根据第七个五年计划确定的原则作出的"七五"前期改革方案设计,撇开某些具体的规定和要求不论,就它的基本框架而言,就很有可能是一个可行的设计。这个方案规定在落实各项扩大企业自主权的措施、进行企业经营体制改革试点的同时,重点进行原材料和能源价格、税制、财政体制、金融体制等方面的配套改革。虽然这一套方案由于各方面的认识尚不一致和形成相对宽松经济环境的努力受挫而没有能够实施,但是,理论的分析和以往的实践经验都说明,在一定的宏观经济政策的配合下,实施这一方案并没有太大的困难,而它的实现将使我国经济的运行状况大大改善,有助于解决目前遇到的多种两难问题,使国民经济转入改革促发展、发展促改革的良性循环。

对"价税财金配套改革"思路存在疑虑,主张单项推进的经济学家对于他们所说的"突破口"也有不同的选择。目前谈论得比较多的是所谓"微观改革"或"所有制改革"[1],此外,还有金融改革导向或外贸改革领先的议论。

我认为,在上面提到的改革中,企业经营体制的改革、金融体制的改革、外贸体制的改革都是十分重要的,可是,离开了通过价、税、财等配套改革建立起来的市场这个基本前提,企业、金融、外贸等方面的改革都无从谈起,即使勉强进行了这些单项的改革,由于价格机制乃是商品经济体系的枢纽,在价格体系严重扭曲又缺乏其他配套的协调手段的情况下,任何个别子系统都不可能有效运转,甚至会像离开了整个肌体的部分器官一样,根本无法长期存活。所以,事情就像美国经济学家费景汉(John C. H. Fei)和雷诺兹(Bruce. L Reynolds)所说:在货币经济中,"如果价格不合理,利润就没有意义;利润不合理,资本市场就无从评估各种可供选择的投资方案"。[2] 如果硬要绕开难点走,在价格关系初步理顺之前实现企

---

1 在这方面,厉以宁教授的论断是最有影响的。他说:"经济改革的失败可能是由于价格改革的失败,但成功并不取决于价格改革,而取决于所有制的改革。因为,价格改革主要是为改革创造一个适于商品经济发展的环境,而所有制的改革才真正涉及利益、责任、刺激与动力问题。"(参见《厉以宁教授谈改革的基本思路》,载《北京日报》,1986年5月19日)他由此得出结论:"所有制改革是改革的根本思路,所有制改革是经济改革的关键,只有这样,政治改革与文化改革才能配合上去。"所以,他主张在"先改革价格,还是先改革所有制"两种思路之间选择后者。(参见《先改价格还是先改所有制选择哪个思路》,载《世界经济导报》,1986年11月3日)

2 费景汉、B.雷诺兹(1986):《中国经济体制改革合理顺序的探讨》,载《经济社会体制比较》,1986年第6期。

业经营体制的改革,在货物市场形成以前建立短期金融市场,在短期金融市场形成以前建立资本市场和以交易所为基本形式的证券流通市场,结果只能是事倍功半,欲速不达,甚至招致严重的混乱。

第三,中长期目标的选择:是原始的市场经济,还是有计划的商品经济。

人们之所以在改革的主要内容和实施方法上存在分歧的看法,根本原因还在于他们实际上怀抱着不同的中期乃至长期目标。

主张进行周密设计、配套实施的改革的同志认为,只有通过这种自觉的、系统的行动,才有可能在较短的时期内建立起现代商品经济,或者叫作有宏观经济管理的市场经济的雏形。在这种经济体制下,市场发育正常,竞争规则明确,国家对宏观经济有较强的调控能力,从而居于主导地位的全民所有制大中型企业和各种所有制形式的小企业的活力都能得到发挥。

另一些同志则认为,问题的要点并不是建立某种预先确定的秩序,而是"放开""搞活",冲破命令经济的条条框框。只要做到了这一点,就能够造成一种不可逆转的形势,自然而然地形成货币经济龙腾虎跃的局面。采用这种方法是否能够"放"出一个商品经济来呢?回答应该是肯定的。在破除封建宗法关系的基础上首先好歹建立某种市场经济,即早期资本主义经济,然后一步步地发展成为现代商品经济。西方国家的历史就是这样走过来的。问题在于,这样自发地形成的商品经济只能是某种原始的、粗陋的商品经济,而不是我们所需要的现代商品经济,即适合我国社会主义制度和目前生产力发展水平的有计划商品经济。

原始商品经济和现代商品经济由于各自适应不同的生产社会化水平和经济发展阶段而呈现出以下重大区别:第一,市场规范化程度不同。在前一场合,市场秩序混乱,商品交易行为受到旧时代人对人的从属关系和政治权力的多方干扰,各种不正当的竞争手段被广泛地采用;而在后一场合,健全的市场规则已经形成,公平竞争受到法律的保护和社会价值观念的确认。第二,政府对市场干预程度不同。在前一场合,政府只充当通报平安无事的"守夜人"的角色,对经济完全不加干预;而在后一场合,国家要根据社会目标和宏观经济的需要进行需求管理和供给管理,对市场进行控制和调节。

或许有人认为,原始的商品经济虽然有种种不足,但它同命令经济相比总是一种进步,因此,我们不妨先形成这种运行特征类似于早期资本主义的原始商品经济,然后通过某种"自然演化过程",逐渐转变为现代商品经济。这种想法忽视了一个基本的历史事实,即我国已经建立了以国有大中型企业为骨干的工业体系,这些企业离开了发育良好、规则明确、范围广大的市场是无法健康成长的。如果我们现在还处在几乎没有大工业的农业社会,经历漫长的原始商品经济发展来实现近代化和现代化,也许不失为历史进步的必由之路。然而,在我国已经达到的发展阶段上,客观经济情况不允许我们做这样的选择。做这样的选择,意味着"把这样一种经济机制引入社会主义经济,它使人想起 19 世纪初'曼彻斯特的资本主义',在那里,市场不受任何政府干预,小企业占有优势"[1]。这将意味着历史的倒退。近年来,还有一种让国有企业"包租卖分""层层承包",把经营单位尽量划小的想法,我以为也是不够妥当的。在这方面,我们应当从南斯拉夫同志已经总结的经济"原子化"所造成的恶果中吸取教训。

我们并不否认:由于我国正处在由传统农业占优势的二元经济向现代经济转化的时期,每年有数以千万计的农业过剩劳动力向非农产业转化,兴办大量集体和个体的小企业是必要的。而小企业雨后春笋般地发展,必然伴随着出现早期市场经济的某些消极现象。对此不应大惊小怪,更不能因噎废食。问题是小企业的迅速发展不应危及社会主义大企业的主导地位;各种早期市场经济的消极现象也不能任其蔓延,而要控制在一定范围之内。如果不是这样,而是听任不正当的竞争行为以及早期市场经济的其他各种消极现象滋长,则势必损害我国社会主义经济的骨干、现代化建设的主力。这是不能允许的。同时,在这种经济基础上,还必然滋生类似于维多利亚时代的文学和社会科学著作中大量描绘过的社会问

1　这里借用了科尔奈称之为"加尔布雷思社会主义"(Galbraithian Socialism)的匈牙利改革学派在批评以倡导国有财产租赁制的李斯卡(Tibor Liska)为代表的"激进的改革者"时的用语[János Kornai（1986）: The Hungarian Reform Process Visions, Hopes, and Reality（《匈牙利的改革道路:设想,希望和现实》, *Journal of Economic Literature*, vol. 24, no. 4, 1986, pp. 1687–1737）。由于匈、中两国的具体情况不同,这里不准备对匈牙利的争论作出评论。

题：贫富差别悬殊，部分暴发户的产生和部分人群劳动条件与生活条件的恶化，腐败行为在社会组织和政府机构内扩散；等等。这也是大多数人所不能接受的。

第四，国民经济宏观管理模式的选择：是在命令经济的框架下实行行政性的分级"切块"管理，还是依托一体化的国内市场，在中央的集中统一领导下进行有部门分工和层次分工的调节。

我国 30 年来在改革问题上一直存在着"行政性分权"还是"经济性分权"的争议。[1] 早在 20 世纪 50 年代中期，当人们普遍认识到高度集权的命令经济体制有重大缺陷，需要加以变革时，由于没有认识到解决问题的关键是实现由命令经济到商品经济的模式转换，而把传统体制的种种弊端的根源简单地归结为"权力过分集中"，于是以为，只要在原有体制的框架内实行分权，便能做到药到病除。由此形成了"体制下放"，将中央政府的职能下放到大区、省、市、县的总思路，并在 1958 年实行了以下的改革：(1)下放企业管辖权，把中央各部所属企业层层下放到省、市、专、县甚至区、街管理；(2)下放计划管理权，实行以"块块"为主的计划体制；(3)下放基本建设项目审批权，实行地方在投资包干范围内自行决定，自我增殖；(4)大量减少统配部管物资的数量，保留下来的统配部管物资也由"统筹收支"改为"地区平衡，差额调拨"；(5)实行中央预算与地方预算收入的"分类分成"制度，增加地方机动财力，给予地方减免税赋的权力；(6)下放信贷权，实行"存贷下放，计划包干，差额管理，统一调度"，以便地方银行用信贷支持"生产大上"的需要。与此同时，在国民经济管理混乱的情况下采取了某些扩大企业人财物和供产销权力的措施。[2] 可是，实践证明，命令经济天然地要求高度集权的管理，在命令经济的框架下实行地方分权，结果只能引起国民经济的混乱。因此，随着"大跃进"的失败，作为"大跃进"的体制基础的这一套制度也被取消，重新回到集权体制。不过，这种行政性分权的思路却一直对不少人有重大的影响，当时采取的一些具

---

1 参见吴敬琏(1984)：《城市改革的关键是放活企业的供产销》，载《世界经济导报》，1984 年 9 月 24 日。

2 见周太和等编(1984)：《当代中国的经济体制改革》，北京：中国社会科学出版社，1984 年，第 70—77、447、505 页。

体做法也一再在后来的管理体制的变革中以多少变化了的形式再现。

党的十二届三中全会确定了以"有计划商品经济"作为改革的目标模式,而商品经济本质上是一种商品生产者根据市场信息分散进行决策的体系,国家主要是通过管理和调节市场实现宏观经济管理的职能,因此,确定有计划商品经济的目标,也就意味着彻底否定不可避免地在高度集权的"条条专政"和分散主义的"块块割据"之间来回摆动的"行政性分权"的道路。不过,这种旧思路仍然时有所表现。特别是在当前旧体制还在经济生活中特别是国有部门的经济生活中居于主导地位的条件下,经济主要靠行政力量来推动。在这种情况下,哪怕是作为向经济性分权前进的过渡步骤实行地方分权,也会形成行政性分权的格局。

无论是在命令经济下,还是在商品经济下,行政性分权的不可行性,应当说在理论上和实践上都早已有了定论。南斯拉夫"多中心国家主义"造成的恶果,更给了我们十分现实的教训。[1] 但是在我国,近年来行政性分权的倾向仍然有所发展。

这种格局的形成是由 1980 年的财政"分灶吃饭"改革发端的。这种财政体制规定了按行政隶属关系征缴收入,因而使各地竞相铺摊子、上项目,力求自成体系,同时运用行政权力实行地方保护主义,争夺稀缺资源,阻碍商品流通。接着,1984 年的"简政放权"将大部分国有企业下放到了"中心城市",而在市场环境不具备,指令性的生产、物资分配和投资计划还不能不承担大部分宏观协调责任的情况下,市级领导机关只好组织行政性公司来对这些企业进行管理,形成了更小的"块块"和更小的"条条"。与财政体制和企业隶属关系的行政性分权相适应,在投资、物资、信贷、外贸和外汇等方面也都采取了层层"切块"包干的办法。与此同时,另外一种行政性分权,即将投资、物资、外汇等"切块"包给"条条"的"部门包干"体制,也发展起来。

这种行政性分权的势头如果不能得到抑制,相反日益强化,一方面会破坏命令经济的集中统一原则,使目前仍占支配地位的命令经济陷于混

---

1 参见楼继伟(1986):《吸取南斯拉夫经验,避免强化地方分权》及所附材料《南斯拉夫经济困难的原因》,载《经济社会体制比较》,1986 年第 1 期。

乱;另一方面经济"切块、切条、切丝、切末",不断细化,又必然肢解社会主义统一市场[1],显然与建立有计划商品经济的目标背道而驰。近来,市场割据、封关设卡的情况日趋严重[2],由此造成资源配置效益降低,以至出现全国中速增长而效益高的大城市趋向萎缩[3]的反常现象,这些都值得我们严重警惕。

首先,建立没有地区边界封锁的统一国内市场,是商品经济发展的前提。有些同志认为,中国地域广大,如果强调市场的统一性,势必出现地区间的两极分化,不利于后进地区的发展。其实这是对于地域经济发展规律的一种误解。经济学的古典理论和各国经济发展的实践早已证明,市场的范围愈宽广,地区间的贸易摩擦愈小,各种稀缺资源就愈能在广大范围内通过分工和交换做有效的配置,各个地区也愈能发挥自己资源禀赋的比较优势,得到更快的发展。比较优势不是固定不变,而是动态性的、不断变化的。我们只要自觉按照比较优势转移的规律,通过各地区扬长避短、发挥优势的努力和国家对后进地区的大力扶持,就可以逐步改变各个地区的产业结构,使地区间的经济发展水平逐步接近。如果不是这样,而是任由各个地区通过行政力量去搞市场割据,各自建立自己的"完整工业体系",盲目建设,在低水平上重复布点,大搞各种原材料的就地加工,"变资源优势为商品(其实是价高利大的制造业产品)优势",那么,不

---

1 这里所说的统一市场,是指联结成一个整体的市场,或称"一体化市场";它的对立面,则是被人为分割开的市场,即"分割的市场"。某些不赞成走统一市场道路的经济学家往往把统一市场与"区域市场"对举[参见华生、何家成、张学军、罗小朋、边勇壮(1986):《中国:进一步改革的问题和思路》,载《北京日报》,1986年3月3日;《经济运行模式的转换——试论中国进一步改革的问题和思路》,载《经济研究》,1986年第2期]。这其实是不确切的。与区域市场相对立的概念,不是一体化市场,而是"全国性市场"。一种产品是在全国市场上行销,还是只在区域市场上出售,取决于该产品保存的难易、运输费用的高低以及地区性消费习惯等因素。例如在运输不便的条件下"千里不运草",只在本地市场出售是符合经济性原则的,这与由边界封锁形成的市场分割是性质完全不同的两回事。

2 近年报刊上此类报道屡见不鲜,如《论控制烟草行业的盲目发展》(载《经济学周报》,1986年3月23日);《在"羊毛大战"的背后》(载《人民日报》,1986年7月21日);《埃"卡"的承德苹果》(载《人民日报》,1986年10月24日);《警惕地方经济"割据"》(载《世界经济导报》,1986年12月22日);《攻坚难下攻愈坚——中央农村工作会议侧记》(载《人民日报》,1986年12月17日);等等。

3 参见吴敬琏、李剑阁、张军扩(1986):《从上海看物资供应困难与解决大城市萎缩问题的对策》,载《世界经济导报》,1986年7月17日。

但依赖外地原材料、能源和市场的大城市会受到打击,欠发达地区到头来也会因为国家的整体效益下降和不适当地使用自己的力量而受到损害。

在我国,中央政府集中统一领导权力的削弱,有它特别不利的地方。这是因为,我国还是一个发展中的社会主义国家,而对于一个正在"赶超"的发展中国家来说,发挥政府集中权力在资本形成、对企业提供指导和对外经济关系中的作用是至关重要的。经济史学家 A. 格申克隆在他研究欧洲后进国家经济发展的名著《经济落后性的历史透视》中总结后进国家工业化过程的特征时已经着重指出过:一个国家越是落后,就越需要用行政机关无所不包的强制力量来为新生的工业增加资金供应和提供集中的信息指导。[1] 战后亚洲和拉丁美洲发展得比较顺利的国家和地区,也无一不是效法日本的先例,运用高度集权的政府同市场经济的结合来推动高速成长。

我们指出在发展的早期阶段采取高度集权的政府加商品经济的模式的优点,并不是说,在有计划的商品经济中就不需要在中央政府的集中统一领导下发挥各级地方政府的积极性了。恰恰相反,由于商品经济本质上是分散决策的经济,在对众多的商品经营者、对市场和对公共事务进行的管理中,各级地方政府必须发挥它们的积极作用,包括:(1)根据国民经济发展的总体要求和当地条件,做好中长期的经济和社会发展规划;(2)集中力量搞好基础设施、环境治理方面的建设和管理;(3)通过行业管理,指导和促进企业的专业化协作、技术改造和经营管理现代化,有效地开发本地资源;(4)搞好文教、卫生、社会福利事业和各项服务事业;(5)促进精神文明的建设和创造良好的社会风气,搞好社会治安。

在执行上述职能的时候,各级地方政府除可以运用宪法和全国性法律规定的立法手段和行政管理权外,还应当有权运用各种宏观管理和调节手段。但在运用这些手段时,必须以不影响市场(包括商品市场、要素市场、金融市场等)的统一性为前提。为了恪守这一原则,各地方政府及其附属机构就不宜拥有货币供应量、需求总量、国际收支平衡和全国性税

---

1 Gerschenkron, A. (1962): *Economic Backwardness in Historical Perspective: A Book of Essays*
《经济落后性的历史透视:论文集》),Cambridge: Belknap press of Harvard University Press,
pp. 353 - 364。

收的调节权。最宜于由地方政府运用的调节手段是在分税制条件下的地区性财政税收政策。地方政府可以在地区财政自我平衡的条件下全权运用财政税收政策,运用减税、贴息等手段来促进本地区经济的发展。在当前的过渡时期,一切分权措施都必须符合上述方向,超出以上范围的分权措施都会形成行政性分权的格局,而不利于进一步改革,因而是必须竭力避免的。

第五,宏观经济政策的选择:是采取扩张性的货币政策推动高速增长和支持体制改革,还是控制货币供应,保证改革有一个不致发生高额通货膨胀的相对宽松的环境。

在经济改革的初期应当采取什么样的宏观经济政策,可以说是1985年中国最重要的经济理论和政策争论。争论双方所持的理由,已有大量的文献作了阐发,这里不再赘述。[1]

---

1 刘国光、赵人伟1985年9月提交给在"巴山轮"上召开的"宏观经济管理国际讨论会"的论文《当前中国经济体制改革遇到的几个问题》(中国经济体制改革研究会编:《宏观经济的管理和改革——宏观经济管理国际讨论会言论选编》,北京:经济日报出版社,1986年,第193—203页)对双方的论点作了如下扼要概括:"不少经济学者同意这样一种观点:经济体制改革需要有一个宏观经济比较协调,市场比较松动,国家的财政、物资、外汇等后备比较充裕的良好环境。因为,新的经济体制要求市场机制发挥更大的发用,而市场机制发挥积极作用的必要前提是存在一个总供给略大于总需求的有限的买方市场,如果供不应求的卖方市场严重存在,就不得不借助于并且强化行政办法来分配资源,使改革受到阻碍。另外,要使经济体制改革获得成功,必须使大多数人从改革中得到好处。可是,改革所带来的经济效益要经过一段时间才能呈现出来,因此,改革过程中就要有比较雄厚的物资和资金的后备……以便减少经济利益调整过程中的摩擦……为此要有意识地放慢速度,控制投资规模,避免立即大幅度地提高工资和奖金,以便腾出必要的资源来进行经济改革。近年来我国经济发展速度提高固然是一件好事,它说明我国的经济调整和改革已经取得了某些成效,但当前这种超高速度是经济出现'过热'危险的征兆,应当采取适当措施,抑制消费膨胀和投资膨胀,使总需求与总供给保持大体上的平衡,为经济改革创造出一个良好的经济环境……""另一些经济学者则认为:经济改革在什么样的环境中进行,不取决于我们的主观愿望,而取决于我国的实际情况。根据我国的实际情况,在近期内,甚至到本世纪末,也难以形成供给略大于需求的有限的买方市场。因此,我国的经济体制改革只能在供不应求的紧张状态下进行,改革要适应这种状态,通过改革逐步缓解这种状态……这些经济学者还认为,我国的经济目前正在进入一个以结构变动为中心的新的高速成长阶段,广大人民的消费正在从温饱型向选择型转变,农村劳动力也正在加速从农业向工业和第三产业转移,消费基金必然迅速增长。并且,我国从八十年代初期进入了固定资产全面更新的时期,投资额的加速增长也是不可避免的,因此,总需求增长超过总供给增长、货币供应的超前增长,都是我国经济进入高速成长阶段的内在要求。再者,经济体制改革本身也需要经济有一定的增长势头。所以,他们认为我国经济目前的增长速度基本上是正常的、健康的……人为地抑制投资和消费需求……则是不符合我国当前经济发展和经济改革的实际要求的。"

需要指出的是：虽然我国第七个五年计划已经明确规定把"坚持社会总需求和总供给的基本平衡，保持国家财政、信贷、物资和外汇的各自平衡和相互间的综合平衡"，"进一步为经济体制改革创造良好的经济环境和社会环境"作为"七五"的重要原则和基本任务，但是，究竟应当采取什么样的宏观经济政策的问题，无论在理论上还是政策上都尚未获得彻底解决。

特别是在 1986 年初工业总产值增长速度从 1985 年的最高点 24.8%（1985 年 4 月）降到 5.6%（1986 年 1 月）和 0.9%（1986 年 2 月）以后，应当采取扩张性的货币政策，还是继续采取加强和改善宏观控制政策的争论重新爆发。有的经济学家把问题提到"落后势力"与"改革"的"斗争"的高度来分析问题，认为 1985 年采取加强宏观控制、紧缩需求的方针，乃是在"四个平衡"的"旧观念"基础上作出的"决策上的重大失误"；它使中国"付出了沉重的代价：在经济上……大量固定资产闲置，开工率下降，丧失了近 10 个百分点的发展速度，直接损失国民财富数百亿元。在政治上……旧体制全面复辟和加强，使改革遭到了挫折"。在他看来，这一曲折说明，"改革既然是一场深刻的变革，就不可能不遇到改革对象的反抗"，"旧体制是百足之虫，何况还没有死呢！"[1]看来，这种观点是有一定代表性的。

也有一些经济学家从实际经济情况的分析出发，得出了 1985 年紧缩措施使国民经济出现了总需求不足的态势的结论。其中，有的经济学家认为问题在于"中间需求不足"，应当放松对流动资金贷款的控制；有的经济学家则认为问题在于最终需求不足，正确的救治办法是增加投资或消费。加之当时确实存在部分产品滞销和企业货币资金紧张的现象，于是放弃紧缩性货币政策的理论主张逐渐取得优势。

在这样的主客观条件下，1986 年 2、3 月之交放松对工业流动资金贷款的控制，以便支持工业的增长。

可是，1986 年的后 3 个季度国民经济的发展状况似乎并没有证实扩

---

[1] 后知（1986）：《当前中国改革中几个问题的思考》，载[美]《知识分子》，1986 年秋季号，第 104 页。

张性货币政策的正确性。首先,转而采取扩张性的货币政策并没有改善企业的处境。这是因为,资金周转阻滞、企业头寸拮据的根本原因,是1984年不切实际地追求高速度、高消费造成的经济结构上的矛盾的暴露和激化。增加货币供应并不能解决这一矛盾;相反,大量供应低息货币而不是主动进行产业调整,不利于结构改善,因而企业间的相互拖欠越清越多。据有关方面估算,在银行拿出数十亿元信贷资金清理拖欠后,企业间的拖欠反而从1986年初的160亿元增加到6月末的230亿元。其次,放松银根,给那些本应转产、下马甚至倒闭的企业"输血",使它们能够继续维持下去,妨碍了社会经济效益的提高,使国家财政的经济基础受到削弱。最后,也是最重要的,是放松信贷管理意味着广义货币(现金+存款)供应量的增加。1986年3月以后的信贷膨胀有可能使全年货币供应量的增加达到22%左右的高水平;而这些投放出去的货币经过少则半年、多则一年的时滞,就会变成现实的购买力。这样,通货膨胀的迹象从9月份就开始显现,9、10、11、12四个月的货币投放量直线上升,连续四个月超过1984年高峰时期的水平,而且超过额一月高过一月。如果这种趋势不能在近期扭转,将给1987年的经济形势带来相当大的复杂性。

从这两年的经历可以得出结论,在应当采取何种宏观经济政策的问题上不能再犹疑和摇摆了。正像费景汉所说:"在货币问题上,中国不能从先进的工业国为保持就业水平而采取的凯恩斯主义的手法上学得什么东西。更不能学习某些不发达国家,它们将增发货币作为一种手段,这种做法促进了名义上的增长,实际得到的却是通货膨胀。中国倒是可以从保守主义者关于控制货币增长率、使之不过多地超过每年6%—8%的国民生产总值增长率的信条中得到益处。"[1]不坚决摒弃早期凯恩斯主义者所主张的通货膨胀政策[2],对于我国的经济发展和经济改革都将产生严重的消极后果。

---

1 费景汉、B.雷诺兹(1986):《中国经济体制改革合理顺序的探讨》,载《经济社会体制比较》,1986年第6期。

2 这里所以使用"早期凯恩斯主义"的用语,是因为当代凯恩斯主义的代表人物也早已放弃长期的通货膨胀会刺激投资的假说[参见蒋硕杰(1985):《稳定中求成长》,见《台湾经济发展的启示》,经济与生活出版事业公司,1985年]。

有些主张实行扩张性货币政策的经济学家现在论证说,实行控制货币增长率的政策也许从理论上说有好处,但是,是否能够采取这种政策,并不取决于我们的主观愿望,而要取决于经济发展的客观要求,例如,厉以宁教授就指出:"经济体制改革中必然扩大企业自主权。有了扩大再生产的自主权,企业就可以想办法自筹投资……即使投资规模可以用人为的办法把它缩小,但就整个趋势来说,要把它硬压下去是不容易的。"同时,"生产发展了,消费基金的增长是不可避免的"。"我们的目标就是要使经济增长,到 2000 年工农业生产总值翻两番",从长远看,我国"增长率应保持在 7%—8%",而"世界各国的经验表明,供给大于需求,达到 4%的增长率已经不容易了"。因此,"供给略大于需求不但不现实,而且也不一定是好事"。[1] 我认为,厉以宁同志的这一论述无论在理论分析上还是历史事实的叙述上都有不够确切的地方。对于他所依据的理论,我在 1985 年 5 月的一篇论文中已经作过分析[2],现在只想从我国经济的现实发展方面作一点补充。近几年我国经济发展的过程表明,决不能把我国近年来的需求膨胀说成是经济改革和经济发展过程的自然要求,从而论证它是不可避免的。事实上,1984 年第四季度以后的需求膨胀并不是自发产生,而是由"提前翻番"互相攀比速度和提倡"高消费""能挣会花"这两股"热流"激发出来的。这明明是由于人谋之不当,怎么能归之于客观的必然呢?

第六,选择什么样的改革步伐:是否应当让当前这种双重体制对峙、新经济机制难以有效运行的状态长期延续。

由于在前一阶段我们实际上采用了放权让利、单项改革的思路,对于国有大中型企业和重要产品又主要采取了"增量改革"的办法[3],改革的成就主要表现在经济关系的许多方面局部地突破了旧体制的一统天下。可是从总体上看,旧体制还居于支配地位,而且新经济体制的发展也很不平

---

1 厉以宁(1986):《经济体制改革中急待研究的几个理论问题》,载《经济发展与体制改革》,1986年第 5 期。

2 吴敬琏(1985):《再论保持经济改革的良好经济环境》,《经济研究》,1985 年第 5 期。

3 即保持企业计划内产品和物资的指令性计划生产、调拨和按国家定价买卖,超额的计划外部分则按市场价格买卖。

衡,特别是有计划商品经济的最基本前提——大体成型的商品市场也并未建立。这就使新经济机制即有调节的市场机制难以有效地起作用,更谈不上起主导作用了。

面对这种形势,有两种思路可供选择:一种想法是,目前的状况并不妨碍新经济体制的有效运行,例如价格"双轨制"的优越性就正在发挥,起着"边际调节作用"[1],因此近期的任务是加以完善,而不是急于取消。另外一种想法是,这种双重体制的对峙状态引起的矛盾与摩擦将使国民经济的运行状态恶化,使传统体制下久已存在的"膨胀—紧缩"波动的波幅更大,周期更短,而且随时存在回到旧体制去的危险,因此,我们应当尽量缩短这种状态延续的时间,使新经济机制较快地成龙配套,以便保证有计划商品经济在国民经济中逐步发挥主导作用。[2]

从 1985 年"加强宏观控制"即经济的调整未能完全收到预期效果看,继续保持目前的双重体制对峙状况对我国经济发展和经济改革都会起不良的影响,因而亟需加快改革的步伐。

在主张加快改革步伐的人们中,对于怎样才能做到这一点,也有很不相同的认识。一种看法可以归结为,改革是否能够加速主要取决于主观条件,即领导人的决心,改革者克服阻力的战斗精神等。另外一种看法则认为,改革者的坚强意志固然重要,但这种意志必须建立在科学认识的基础上;而且,改革是否能够加速进行,并不完全取决于人们的主观意愿,而要在很大程度上受制于一系列客观条件。其中最重要的就是能够保证改革全面出台时不致发生严重通货膨胀的相对宽松的经济环境。正因为只有准备了这样的环境,才不致在改革初期产生过大的社会震动,新建立的市场机制也才能有效地发挥作用。为了加快改革的步伐,我们就必须采取更加有力的措施,尽快地形成这样的环境,同时做好理论研究、方案设计、干部训练、群众教育等其他方面的准备工作,保证全面改革的顺利出台。

根据以上分析,在如何处理经济环境同改革步伐的关系问题上,正如

---

1 中国经济体制改革研究所综合调查组(1986):《改革:我们面临的挑战与选择》,北京:中国经济出版社,1986 年,第 47 页。
2 参见吴敬琏(1986):《经济波动和双重体制》,载《财贸经济》,1986 年第 6 期。

李成瑞同志在 1986 年 10 月的宏观经济管理科学讨论会上所指出的,可供选择的方案有三种:第一种,坚决压缩建设规模,适当控制消费增长,同时尽可能调整产业结构,增加生产,下决心做到供给略大于需求,为经济改革创造比较宽松的良好经济环境,使改革的步子可以快一些,国民经济可以较快转上新的运行轨道;第二种,建设规模继续膨胀,消费增长较快,需求显著大于供给,同时,改革也采取较快的步子;第三种,已经膨胀起来的建设规模略压一些,消费增长也控制一些,但动作都不大,同时,放慢改革的步子,延长双重体制并存的时间。[1] 选择哪一种方案,对于今后长时期的经济发展和经济改革进程将有重大影响。根据我国 8 年经济改革和 30 余年社会主义建设的经验,我同意李成瑞同志的意见,认为第二种方案将引起大的折腾,断不可取,第三种方案会形成长期的带病运转,也非善策,还是以选择第一种方案为好。

有些同志对我国贫穷落后的处境有很强的危机感,亟思早日振兴,因而总是想建设的规模大一些,增长的速度高一些。这种心情是可以理解的。但是,我们的发展规划必须符合当前我国发展阶段的实际,而不能无根据地去设想根本办不到的事情。国际经验证明,发展中国家在进入从二元经济向现代经济转化时期的初期,一般地无论在生产结构还是经济体制方面都不具备支持经济稳定地高速成长的基础条件,因此,在进入高速成长阶段即"起飞"阶段之前,通常需要经历一个为"起飞"作准备的"助跑"时期。我国目前大体上正处在这样的时期。[2] 这个时期的主要任务,第一是加强国民经济的物质生产基础,即基础设施和重化工业部门,第二是理顺经济关系,建立能够有效运行的经济机制。这两项任务都需要投入大量的人力和物力,作艰苦的努力。如果我们为了追求一时的高速度而在基础条件不具备时强行"起飞",以致影响打基础的工作,实际上是得不偿失的。弄得不好,还会造成严重的曲折。在这个问题上,建国以来我们已经经历过几次令人痛心的失误。这种历史决不应该再重复了。

---

1 参见李成瑞(1986):《关于宏观经济管理的若干问题》,载《财贸经济》,1986 年第 11 期。
2 据张晓光同志的考证,第二次世界大战后大多数国家从"助跑"到"起飞"的"临界点"约为人均国内生产总值(GDP)200 美元—300 美元(1980 年),相当于 500 美元—800 美元(1985 年)。我国 1984 年约人均 GDP 值为 310 美元(当年)。从这个指标看,我国经济也处在"助跑"阶段。

有些同志赞成尽快造成较为宽松的经济环境以便推进我国的经济体制改革，但是他们认为，在我国条件下，这样一种经济环境是难以在短期内形成的，在加强宏观控制上过于操切，各方面都不易通过，因此，经济体制改革只能慢慢来，目前这种双重体制对峙的格局将长期维持，我们所能做的只是采取措施逐步缓解它所引起的矛盾和摩擦，徐图情况的改善。

应当承认，由于长时期来已经形成的投资膨胀和消费膨胀的惯性和物质利益能上不能下的刚性，加强宏观控制、抑制需求的困难的确很大。但是，也应当清醒地认识，我国目前的经济体制是一个漏洞很多、不能有效运行的体制，客观的形势要求或者前进到新经济机制起主导作用的体制，或者退回到改良的命令经济体制，而不可能长期停留在目前这种双重体制胶着对峙、谁也不能有效发挥作用的状态；如果不采取断然措施摆脱这种状态，我们就会越来越被动。在 1987 年 6 月上旬的一次会议上我曾经指出，从近期看，采取坚决的措施人为地造成较为宽松的经济环境，随即推出价格、税制、财政、金融的配套改革，可能有一定的风险，但是，不这样做，中长期的风险更大。这是因为，如果形成在目前的体制下"拖"的局面，由于经济运行状况不能改善和社会经济效益降低，国家的财政经济状况特别是中央财政状况会日益紧张，而通货膨胀也会构成现实的威胁。现在看来，这些想法并不完全是杞人之忧。

以上提出了有关经济改革战略选择的 6 个问题。由于经济体制改革牵涉的问题极为复杂，很可能有重要的遗漏。这里我想要强调指出的是：我国的改革正处在一个十分重要的时刻，我们应当广泛开展自由而切实的讨论，对过去 8 年来的经济改革和经济发展实践作全面总结和系统反思，以便对所有有争议的重大战略问题得出正确的答案。这对避免曲折、保证改革和建设平稳地向前推进，将具有决定性的意义。

十一届三中全会以来建设和改革经验的研究[*]

（1987 年 2 月）

一、十一届三中全会以来的八年，是中国人民在中国共产党的领导下为建设具有中国特色的社会主义，在改革、建设上都取得了前所未有的光辉成就的八年。现在，振兴中华的历史进军，正在进入一个新的阶段。鉴史可以资治，温故可以知新。在这个历史的转变关头，全面回顾和系统总结八年来的经验，对于迎接充满希望的未来是十分必要的。

二、18 世纪欧洲产业革命以后，曾经创造过灿烂古代文明的中国逐步落后于世界经济发展的潮流，并在 19 世纪后半期逐步沦为半殖民地。能否实现国家工业化和现代化，赶上并超过发达国家，就成为与民族存亡命运攸关的大事情。一切社会阶级和政治派别，都要根据它们对于中国的现代化所持的立场而受到历史的裁决；一种政策是否正确，也都要根据它们对于现代化进程所起的作用而受到实践的检验。一个个反动的阶级和政治力量由于背逆潮流而没落败亡。领导中国人民尽快改变贫困落后面貌，建设具有高度物质文明和精神文明的现代化国家的重任，历史地落到了中国共产党的身上。

人民共和国成立以后，我国人民为社会主义建设付出了艰苦的努力，取得了长足的进步。但是，我国的现代化事业并不总是一帆风顺的。在

---

[*] 本文是中共十三大召开之前，为总结经验、推进改革给国务院领导及有关部门提供参考而写的研究报告。报告的执笔人是吴敬琏、胡季、李剑阁；参加研究和讨论的还有：黑爱堂、岳冰、张军扩、李建国和郭亚洪。见《吴敬琏选集》，太原：山西人民出版社，1989 年，第 778—807 页；又见《吴敬琏文集》，北京：中央编译出版社，2013 年，第 69—93 页。

不同历史时期和各种问题上采取的政策,尽管取得了伟大的成就,却也是成功与失误互见。对于各项政策作出历史评价的根本标准,就在于它们究竟是否有利于推进现代化事业。

实现现代化,首先就是使中国由落后的农业国变为先进的工业国,进而用先进的科学技术改造整个国民经济。这一过程的核心内容,是将大量原来在生产率很低的产业、主要是传统农业就业的劳动力转向现代工业、商业、科学技术和其他非农产业。顺利实现这种转移的主要困难,在于如何得到足够的资金,用以装备转向高效率部门就业的劳动力和对他们进行智力投资。对于中国来说,这一困难尤其巨大。这是因为,中国的国情特点,在于"人口多,家底薄,发展很不平衡"。大量农村劳动力处在隐蔽失业状态,向非农业转移的任务重,资金的需要量大,而家底薄,国民财富积累不足,资金就更显得匮乏。在这样的情况下,要克服困难,推进现代化,就只能从提高社会经济效益上找出路,哪一种体制和政策更有利于提高经济效益,稳定地加速现代化进程,我们就应当加以肯定和积极采用,反之,哪一种政策不利于提高经济效益和加速现代化进程,就应当坚决予以否定和摒弃。

三、根据上述原则来观察,十一届三中全会以来采取的一系列重大方针政策,包括把党的工作的着重点从阶级斗争转移到社会主义现代化建设方面来,改变传统发展战略,使之转向以提高经济效益为中心的发展战略,改革封闭僵化的经济体制,代之以充满生机和活力的有计划商品经济,等等,都是能够大大加快我国社会主义现代化进程的,因而是完全正确的。

十一届三中全会以后,我国国民经济迎来了全面高涨的新局面。从1979 到 1986 的八年间,工农业总产值和国民生产总值的年平均增长率超过 10%,国民收入的年平均增长率达到 9%。1979—1986 年,我国工业生产年平均增长 10%、农业生产年平均增长 9.4%,都远远高于前 26 年平均 8.2% 和 3.3% 的速度,在世界上人口超过 5000 万的 16 个国家中遥遥领先。粮棉产量居世界首位。1979—1985 年,我国原来从事农业生产的人口中已有 1 亿多人转入工业、商业和其他第三产业部门。这一事实说明,我国国民经济的现代化建设,已有了一个良好的开端。

四、然而，即使最近八年的现代化建设，也并不是没有偏差和缺陷的。总结正反两方面的经验，看来正确处理以下三方面关系至关重要。这三个方面是：(1)如何掌握工业化的速度和经济工作的重点；(2)如何正确处理消费同积累的关系；(3)如何保证经济体制的变革有利于经济的稳定发展。

在经济"起飞"的"助跑"阶段，不应把主要的注意力放在追求即期的高速度上，而应着重为高速成长准备基本条件。

五、发展中国家赶超先进国家的基本前提，是在社会经济效益不断提高的条件下持续的高速增长。然而，这类国家无论从经济结构方面还是从经济体制方面说，都缺乏经济高效率运转的基础，而且积累能力有限，不具备推动经济长期高速成长的实力。这样，发展中国家在经济"起飞"之前，通常都需要一个"助跑"的阶段。在这个阶段，发展中国家要做的事情主要有三个方面，第一是加强国民经济的基础部门，包括农业、基础工业和能源、运输通信等基础设施，为形成能够高速成长的经济结构作好准备；第二是理顺经济关系，制定各种经济规范，建立能够有效运行的经济机制；第三是进行国民经济高速发展的其他软件准备，包括奠定健全的法治基础，建立良好的科技教育体系，提高全民族的文化科学和社会素质，培养现代化建设所需的科技人才和管理人才。"助跑"阶段的各种准备工作进行得愈好，高速成长阶段就愈有可能较快地到来，并能够进行得比较顺利和平稳。

各国达到这个阶段转折点时的人均国民生产总值水平不完全相同，人口稠密的大国，该水平往往低一些；人口少、资源丰富的国家则往往高一些，但大体上在 600 美元(1980 年美元)上下。发达国家从低收入水平达到这个转折点，曾经历了一两个世纪的漫长累积过程，而后起的发展中国家虽然有国家强力推动，并能以较小的成本取得别国发展的成熟技术和经验，享受"后发优势"(advantages of backwardness) [1]，因而可以缩短这一过程，但是要达到这个转折点也需要经过坚韧不拔的努力。

---

1 这是 A. 格申克龙(Alexander Gerschenkron)在《经济落后性的历史透视》中提出的概念。见 Alexander Gerschenkron(1962)：*Economic Backwardness in Historical Perspective*：*A Book of Essays*. Cambridge, MA：Belknap Press of Harvard University Press, 1962, pp. 353 - 359.

以我国 20 世纪 80 年代初的经济情况同发展中国家达到临界点时的情况相对比,我国显然还处在"助跑"阶段。日本是在 1955 年进入高速成长阶段的。当时人均国民收人为 218 当年美元(折合 1980 年美元约为 500—600 美元),而我国 1984 年的人均国民收入只有 310 当年美元。至于经济结构的合理程度就更为低下。日本的基础工业和基础设施历来就比我国雄厚,战后实行向煤、钢等工业"倾斜"的产业政策,基础工业进一步加强。80 年代初我国人均电力消费量、人均粗钢产量、就业人口中非农业等一次产业所占的比重、单位面积的铁路营运公里和每 10 万人口平均铁路营运公里都低于日本战前的水平。另一方面,从经济体制方面看,日本在战后实施以取消封建土地所有制和解散家族财阀为主要内容的"社会工程计划"和以稳定金融、放开价格为目标的"道奇计划",逐步改变了战时的统制经济体制,恢复并进一步完善了市场经济体系。在我国,为建立有计划商品经济而进行的经济体制改革还处于初战阶段,新经济机制还不能充分有效地运行。在这种情况下,片面追求国民经济的持续高速增长是不现实的。

六、在条件并不具备的情况下,通过国家政治力量强行"起飞",弄得不好就会从空中摔下来,这在我国社会主义建设的历史上有过严重的教训。20 世纪 50 年代后期国民经济增长加速,是以土地改革后从 1952 年至 1958 年农业生产率的持续提高为基础的。蓬勃发展的形势发生逆转的主要契机,则是农业劳动力以过高的速度向非农业部门转移。非农业部门以"全民大办"和"小土群"的方式扩大过快。其间效率非但没有提高,反而猛烈下降。1958 年至 1962 年的第二个五年计划期间,由于巨额浪费,我国投资系数(即每增加一元国民收入所费投资)竟较之上一个五年计划期间增加 50 倍,由 1.78 增加到 93.8。全民所有制的全员劳动生产率在五年间下降了 24.3%。全要素生产率(即劳动力、资本等生产要素的综合生产率,TFP)下降更多。这样用拔苗助长的方式搞"大跃进",以国力所不能支撑的速度进行建设,结果酿成了整个国民经济的危机。以后为了克服危机,不得不进行为期三年以上的"调整",把 6000 万"上山"炼钢铁的农民从工业中撤回,2000 万已进城就业的农民退回农村,大量新建生产能力被废弃,造成了很大的损失。

七、考虑到有关的种种情况,党的十二大在确定本世纪末的战略目标时,作出了把战略目标的实现过程划分为两个阶段,前 10 年(1981—1990)速度要慢些,着重为后 10 年(1991—2000)的起飞打好基础的安排,要求前 10 年工农业生产总产值年平均增长 6%—7%,后 10 年年平均增长 7%—8%。虽然 1981 年进一步调整国民经济以后不久,1982 年下半年曾出现过追求高速度的苗头,但由于党中央和国务院及时采取了小的调整措施,"六五"前三年总起来说还是比较平稳的,工农业总产值年平均增长 7.8%,国民收入年平均增长 7.6%,经济效益提高较快,打基础的工作也得以稳步进行。

近年来打基础工作取得的最显著成绩是 1979—1981 年经济调整后农、轻、重结构的改善,特别是农业这一基础部门的大大加强。过去对农村竭泽而渔,使农业成了我国经济中的最薄弱部门。"六五"前期,由于国家采取与民休养生息的政策,从多方面扶植农业生产。1979 年大幅度提高了农产品价格,加上农村联产承包责任制的全面推行,农村经济在短短的几年中恢复过来,并得到了出乎人们预料的发展。农业这一"短线"部门的加强,有力地支持了国民经济的持续发展。尽管 1979—1981 年的调整工作由于对重工业内部结构缺乏具体分析,在压缩投资时不适当地削减了本应得到加强的能源、原材料以及运输通讯等"短线"部门的投资,对"六五"期间的协调发展产生了某些不利的影响,但从总体上看,它对打基础起了很好的作用,应予充分肯定。

八、从 1984 年初开始,一些同志在取得的巨大成就面前头脑显得很不清醒,以为我国经济已经进入高速成长的"起飞"阶段,于是到处加温加压,号召"提前翻番",致使各地竞相攀比增长速度,形成了一浪高过一浪的热潮,并不可避免地出现了积累与消费同时扩大、需求膨胀的国民收入"超分配"的局面。"超分配"同"超高速"互相促进形成的浪潮,妨碍了打基础工作的稳步进行,导致部分经济结构,主要是工业内部的部门结构、产业的地区结构以及企业规模结构等的偏畸加剧,损害了经济效益。一方面,大量投资和高速增长增强了国家的经济实力;但是另一方面,依靠大量增加投入,靠自然资源和国民财富积累的"老本"来增产是不能长期维持的。而且,需求膨胀和财政紧张,也不利于经济改革的顺利进行。

九、国民经济整体效率的高低,首先取决于稀缺资源在国民经济的不同产业、不同部门、不同地区间配置的状况。当比例关系协调、经济结构合理时,国民经济的宏观效率就高,反之,当生产的部门结构发生偏畸时,就会出现资源的浪费,效率也就会降低。在追求产值高指标的思想指导下,1984年各地普遍刮起大办各种能够立竿见影地"上产值"的一般加工工业和高产值的耐用消费品组装工业的"热风"。这不仅造成了固定资产投资的剧烈膨胀,而且使电力工业、原材料工业、交通运输等"短线"部门相对地更"短",部门结构不协调加剧。

十、以电力工业为例,我国1953—1980年发电量增长对于工业增长的超前系数为1.42,与其他发展中国家比较,本来就有些偏低,进入"六五"以后,更猛降到1以下。即使撇开迅猛发展的村办工业不计,"六五"前3年只有0.72,1984年和1985年进一步降低到0.52和0.49。1986年虽然勉强达到0.92的水平,但仍未扭转电力供应恶化的趋势。据水电部测算,1980年约缺发电装机1000万千瓦,1985年增加到1200万千瓦,1986年又继续有所增加。电力严重紧缺,目前已使我国工业约有1/4的生产能力不能发挥作用。许多工厂建成后,因电力短缺而不能正常生产。

十一、我国采掘工业、原材料工业和加工工业之间的比例关系,长期存在"头重脚轻"、加工工业过度发展的缺陷。1978年三者之间的比例为12.1∶35.5∶52.4,经过1979—1981年的调整,情况有所好转,改变为15.2∶40.6∶44.2。但由于"六五"后4年加工工业的过量发展,形势发生逆转,1985年三者之间的比例关系变为11.5∶35.5∶53.0,比例关系不协调的状况较之调整以前的1978年更为严重。由于基础工业发展相对落后,原材料供应十分紧张。近年来尽管国内钢材、有色金属增产较多,但还要大量从国外进口,化工原料和化肥也要从国外大量进口,1985年仅此几项进口用汇近120亿美元,相当于全年出口创汇总额的40%以上。钢材的进口量达到国内消费量的1/3。在这种情况下,各地争夺各种原材料的"大战"持续不断,不少发达的加工工业城市却由于无法取得足够的原材料而出现生产萎缩的危险苗头。

十二、不断提高全民受教育的程度和科技文化水平,是整个国民经济长期有效益增长的根本保证。十一届三中全会以来,在建设社会主义两个文明的方针指引下,我国科技和教育事业有了一定的发展,科研教育经费也有较快的增加。

十三、"六五"计划规定我国发展科技事业的方针是:在着重发展应用研究和开发研究的同时,继续加强基础研究,使整个科学技术的发展有可靠的指导力量和储备力量。我国科学技术工作过去长期偏重于基础研究和高、精、尖攻关,面向生产的应用研究和开发研究比较薄弱。科技体制改革后,应用研究特别是开发研究得到加强,取得了一定成果,对于推动我国工农业生产的技术进步发挥了积极的作用。但是,在对科研为生产服务方针的理解上存在某些重眼前效益、轻长远发展的片面性。由于片面强调"短、平、快"和科研单位"增产创收",而对基础研究的资金安排又不够妥善,甚至提倡科学家去承包乡镇企业以便"先富起来",出现了某些急功近利、"抓现钱"的现象,使基础研究受到削弱和损害。最近又决定将近 5000 个研究机构下放到企业。在目前不少企业自身的活力尚且不足,长远发展的观念不强,促进技术进步、开发新产品的积极性不高的情况下,匆匆忙忙将研究机构下放到企业,这批研究力量可能会被企业视为包袱或应付临时需要的机动人员,前途堪虞。

这种情况值得引起高度重视,如果任其发展下去,势必使那些需要几年乃至几十年才能见效的基础科研活动受到损害。而没有强大的科研基础和技术后备,社会生产力的长期稳定发展是无法想像的。

十四、在教育方面也有类似的情况。近年来,我国高等教育和中等专业教育有所发展,但基础教育,包括幼儿园、小学、中学、农中、职中等发展较慢,其中,小学毕业生升学率由 1980 年的 75.9％降为 1985 年的 68.4％,同期初中毕业生升学率由 43.1％降为 39.4％。每年都有数百万年龄小、无职业技能的少年中途辍学,流向社会。产生以上现象的原因是多方面的。由于不少地方的领导部门对基础教育的重要性认识不足,目前中小学校舍、师资、设备等方面仍存在相当大的问题。据统计,直到 1985 年,全国中小学还有 4600 万平方米危房未修,每五个小学生便有一个没有课桌,小学教师有 2/3 不合标准。与此同时,"一切向钱看",认为"读书无用",不如自动退学、就业挣钱等主观方面的原因也不容忽视。

国际经验一再证明,发展中国家在基础教育方面的投资是长期发展的必备基础。日本自明治维新以后一贯重视基础教育。1873年日本初等教育入学率为28.1%，而到1911年以前已达到100%的高水平。同时，日本还以极大的努力加强科技教育和职业教育。国际上公认，战后日本经济的高速成长在很大程度上得力于全民的知识化。如果不努力改变我国基础教育的落后状况，不仅将不利于整个民族文化素质的提高和国民经济的发展，还会在一定程度上影响社会的安定。

十五、正如邓小平所指出的，在十二届三中全会《中共中央关于经济体制改革的决定》十条规定中，最重要的是"尊重知识、尊重人才"这一条。[1] 近年来，在落实知识分子政策、清理历史积案、平反冤假错案等方面取得很大的成绩，得到了广大知识分子的拥护和欢迎。但是，在改善知识分子的工作和生活条件方面，措施还不够切实有力。目前收入分配上"脑体倒挂"的现象相当严重。过去大学毕业生标准工资58.5元，在工资水平普遍较低的情况下，他们的收入相对较高。但现在一个大学毕业、在科研或教育单位工作的中青年知识分子的月工资不过80—90元，而一个未上过大学、在工厂工作的同龄人的工资加奖金一般都在100元以上，倒买倒卖的小贩月收入三五百元的更不在少数。过去，一、二级教授工资相当于副部级干部的工资，副教授的起点工资相当于国家机关副局级的起点工资，而在1985年新的工资标准中，则把一、二级教授的工资列为保留工资，副教授的起点工资只相当于国家机关的正处级。据中国科学院的同志反映，1986年夫妻均为高级研究员（副研究员）的四口之家，其人均年生活费收入不到800元，竟低于全国城镇居民人均年生活费收入的815元，更低于北京市居民人均1068元的水平。不少知识分子批评目前的工资制度是"官本位"制，"鼓励全民向官看"。这不仅挫伤了知识分子的积极性，也使一些在校的青年学生产生消极情绪。国内知识分子生活待遇、社会地位和工作条件上安排不当，还会使各种专业人员谋求移居国外或出国进修，人员滞留海外，不愿回国服务。如果在我国发生其他发展中国家出现过的人才耗散、"智能流失"（brain drain）现象，对于我国现代化造

---

1 邓小平(1984)：《在中央顾问委员会第三次全体会议上的讲话》，见《邓小平文选》第3卷，1993年，第91—92页。

成的损害将是很大的。

十六、为争取高速成长阶段早日到来，还应进行经济体制改革，为经济的有效运行做好最重要的软件准备。1979—1981年经济调整的一项重要成果，是为经济改革从农村到城市次第展开准备了相对宽松的环境。而1984年经济过热对于打基础工作造成的另一种消极影响，则是损害了全面改革所必要的良好经济环境，使改革难以平稳地进行。

原来预定，在"七五"期间，为了给后十年经济"起飞"打基础，要初步建立起新体制的基本框架。可是由于1984年第四季度后出现了社会总需求和社会总供给严重不平衡的态势，使原来预定出台的某些重大改革措施无法出台，或者出台以后不能取得预期的效果。虽然1985年以后党中央、国务院采取了加强和改善宏观控制的措施，收到了一定的成效。然而，由于传统发展战略的惯性，以及双重体制胶着对峙、谁都不能有效地发挥作用，经济调整并没有能够贯彻到位。1986年度财政出现了近几年来最高额赤字，1987年也难以有明显的缓解。这表明今后改革和建设都将会遇到更多的困难。对此，有些同志提出，改革实际上不可能在宽松的环境下进行，而只能在紧张的经济条件下有什么问题解决什么问题，走碎步前进。我们认为，这种在不改变旧的发展模式的条件下走一步看一步，绕开困难走，"什么好改改什么"的做法，只能使我国的国民经济长期带病运行，难免使改革陷入进退两难的境地。我们本来可以在20世纪80年代初期经济结构优化、经济环境比较宽松的条件下更多地推进改革，但是由于没有处理好打基础时改革和经济建设的关系，丧失了一些宝贵的机会。现在我们应当充分正视当前国民经济结构失调的现实，用一段时间进行经济调整，创造良好的环境，为大步配套改革打下坚实的基础。

在为高速增长打基础的阶段，要适当节制消费增长，在全党、全民中树立克勤克俭、艰苦奋斗的观念。

十七、在高速成长的"助跑"阶段，如何处理积累和消费的关系，是一个极端重要，然而又相当棘手的问题。这是因为，社会主义建设的最终目的，是提高人民的物质和文化水平。如果人民的生活长期得不到改善，就会挫伤他们的积极性，从而损害社会主义建设。但是，如果消费增长过快，把由效率提高新增的剩余产品分光吃尽，又会使打基础的大量资金需求得不到满足,从而延缓"起飞"到来的时间,归根到底也不利于人民生活的改善。如何处理这一矛盾,无论是建国 36 年来,还是近 8 年来,都有过深刻的教训。

十八、建国初期,党和政府就确定了人民收入"不可不增,不可多增"的原则,一方面大力提倡艰苦奋斗、勤俭建国的精神,号召全国人民胼手胝足、节衣缩食,恢复被战争严重破坏了的国民经济,建设以 156 项重点建设为骨干的社会主义大工业;另一方面,随着工农业生产的发展,稳步增加城乡人民的收入,提高生活水平。建国最初的几年大体上贯彻了这一方针,并取得了很大的成功,从建国之初到第一个五年计划期间,工农业生产和人民生活都得到较快的提高。可是当社会主义改造取得了伟大的胜利,1958 年夏季获得农业大丰收,秋季预计也将获得大丰收时,党内就滋长起骄傲自满的情绪。1958 年开始刮"共产风",错误地鼓励"放开肚皮吃饭",各地大办"小土群",大建楼堂馆所,在全国范围里掀起建设和消费双加速的浮夸浪潮。不久,这一浪潮就将国民经济推到崩溃的边缘,全国人民经历了难以忘却的三年困难时期。

"大跃进"失败以后,指导思想又走向另一极端。在"先治坡,后治窝""先生产、后生活"的口号下,实际上完全忽视了人民生活水平的提高。在 1957 年到 1977 年长达 20 年的时间里,城乡居民的生活水平几乎没有提高,这不能不极大地损害了劳动者的积极性。

十九、党的十一届三中全会以后,我国理论界开展了"社会主义生产目的"的大讨论,为了满足人民的消费需要,提出要适当降低积累在国民收入使用额中的比重,并在一个时期中优先发展轻工业。同时,党和政府采取了一系列措施较快地改善人民生活。这样做,纠正了过去"重积累、轻消费",强调社会性消费,忽视消费者个人选择的做法,使劳动者个人收入和生活质量有较快的提高,带有"还欠账"的性质,因而是必要的。由于过去 20 年过多地扣除的那部分国民收入早已使用掉或者浪费掉了,为了"还欠账",就只能对当年国民收入的扣除分比例作适当的调整,少扣多分,使城乡居民收入增加超过社会劳动生产率和国民收入增长。从 1979 到 1983 年的 5 年中,社会劳动者人均创造的国民收入年平均增长 4.41%,而城乡居民的个人消费水平年平均提高 6.91%;国民收入年平均增长 7.27％,居民消费总额年平均增长 8.27％。显然,这是一种只能短时期维持的做法,否则将不可避免地造成物质生产部门建设资金的短缺,推迟"起飞"的到来。

二十、从 1984 年开始,由于部分同志在十一届三中全会后经济建设取得的巨大成就面前,未能对我国经济的实际发展水平和面临的严重挑战保持清醒的认识,以为我国粮食已经"过关",数年以后粮食将有巨额剩余,应当改变人民的饮食结构,放松商品粮销售控制,多吃肉,多销粮;同时,在计划生育上"开小口子",使人口增长突破了原定的计划,加之急于想给人民以看得见的好处,提出了"高消费""能挣会花"等不切实际的口号,使群众对于生活的改善抱有过高的要求与期望。与此同时,一些地区、部门和单位从自身利益出发,想方设法多发、滥发各种奖金、津贴、实物补贴。此外由于缺乏对改革初战阶段收入政策的清醒认识,放松了对消费基金的宏观控制。所有这一切,导致了 1984 年第四季度以后消费的剧烈膨胀。1985 年社会劳动者人均创造的国民收入只增长 7.8％,而居民的平均消费水平却提高了 14.2％。1986 年这种趋势进一步加强。全国预算内工业企业劳动生产率比上年提高 4％,而职工平均货币工资收入比上年提高 16％,扣除生活费用上升因素,实际收入提高 8.4％;农民实际收入的增长速度,也超过了农业提供的国民收入增长。至于用公款支付的各种社会消费和用于非物质生产部门投资的消费性积累,其膨胀速度更令人吃惊。总之,目前我国消费水平已在许多方面大大超过其他一些国家在同一发展阶段时的消费水平,出现了存在于许多发展状况欠佳的发展中国家的消费超前于生产增长的"早熟"现象。

二十一、超前消费(包括社会消费)造成的主要消极后果,是用于支持物质生产部门发展的资金相对不足。近年来,国民收入使用额中积累所占比重虽然节节上升,但是由于投资中用于非物质生产部门的投资增加很快,用于物质生产部门的资金在国民收入使用额中所占比重反而不断降低。"六五"期间物质生产部门积累率(国民收入用于物质生产部门投资的份额)已由"五五"期间的 22.3％下降为 16.5％。在非物质生产部门的投资中,增长得最快的又是楼堂馆所、高级宾馆、饭店,各种活动中心、游乐园、"一条街"等。据中国建设银行对 59 个市县调查,1986 年这些市县用于修建楼堂馆所耗费的投资总额达 83 亿元,占全部非生产部门投资的 1/7。现在到处都在大兴土木,高标准、"超豪华"的建筑如雨后春笋,而城市公用事业和群众迫切需要的其他基础设施仍然改善得有限。同时,由于物质生产部门的投资过于分散化,一般的加工工业上得过多,重点建设资金不足,使高速成长所必须的大型基础工业项目和生产性基础设施的建设未能得到必要的保证。据中国建设银行对 114 个重点项目的统计,按照国家规定的合理工期要求,1986 年需要投资 228.95 亿元,而各部、各地区实际安排投资 189.8 亿元,投资缺口 39.15 亿元、达安排投资的 20.6%。其中,电力 13.7 亿元,占投资需要的 33.5%,铁道 4.5 亿元,占投资需要的 29%,煤炭 5 亿元,占投资需要的 21%。在农业中也出现了类似的情况。据中国农业银行信息部抽样调查,从 1984 年到 1986 年的 3 年中,农民户均消费支出每年递增 11.1%,而同期生产性支出(包括家庭经营费用和生产性固定资产投资)只递增 9.5%,生产性支出在农民家庭支出中所占份额是递减的,其中,生产性固定资产投资连绝对额也是递减的,年递减率达 4.3%。1986 年农民户均消费支出比上年增加 18.4%,生产性支出只增加 13.1%,而生产性固定资产投资竟下降了 11.98%。投资不足显然会对农业生产的后劲产生消极影响。

在我国目前的发展阶段上,物质生产部门,特别是农业、基础工业、生产性基础设施的建设与发展,乃是整个经济建设与发展的基本部分,这部分资金的短缺,将使今后的经济发展缺乏后劲,从长远的观点看,对于人民生活的持续提高也是有害的。

二十二、超前的消费导致产业结构出现新的失调。为了满足剧烈膨胀和迅速提高的消费欲望,1984 年至 1985 年,国家动用大量储备外汇,引进了许多满足国内市场需要的消费品,包括彩电、冰箱、洗衣机,直到豆腐、炒花生等的装配线和生产线,还进口了大量高级耐用消费品的整机和散件。这一方面进一步刺激了居民的消费欲望,另一方面猛烈地冲击了民族工业,加剧了国内市场的供求矛盾,加深了消费方面对国际市场的依赖。由于我们不得不将宝贵的外汇用于进口消费品或实现消费品的进口替代,能够用于引进先进技术、加强基础工业、保持国民经济后劲的外汇就相对缺乏。

二十三、最近几年，在社会经济效益没有明显提高，现有财力、物力没有大幅度增加的条件下，追求高速度和高消费，还使我们付出了消耗财富积累、浪费自然资源、破坏生态环境的代价。近年来，外汇储备和粮食储备大幅度减少，已有生产能力得不到必要的维修和保养。例如，原有的农田水利设施年久失修，地力缺少蓄养补充，耕地每年减少1％，水浇地面积累计减少近100万公顷。这些都削弱了农业稳产高产的物质技术基础。又如"一五"时期建立的156项重点项目，是我国经济发展的主要骨干，但多数企业由于只用不养，无力进行技术改造，使设备日益老化，技术日趋落后。采矿业在"大矿大开、小矿放开，有水快流、遍地开花"的口号下，出现了对自然资源的掠夺式开发倾向。据山西调查，乡镇煤矿每采1吨煤，要消耗国家12.5—25吨的煤炭资源。有些地方在国有大矿开采区内乱开小矿，危害大矿正常的安全生产，甚至引致严重的停产事故。此外，森林覆盖率下降、草原退化、水土流失、土地沙化增加，不仅黄河泥沙量加大，而且长江由于上游植被毁坏，也有成为第二条黄河的危险。这些不仅影响了当前经济的协调发展，也使我国经济今后长期稳定发展受到威胁。

二十四、追求"高消费"对党风、政纪和社会风气造成的腐蚀作用也不可小视。近年来行政费用支出急剧上升，难以控制。1979—1985年，国家的行政费支出每年递增16.6％，远高于财政收入年增6.9％、按现价计算的国民收入年增12.4％的速度。许多机关添置了大量进口豪华轿车，开会住高级宾馆，会议伙食费一提再提，开一次会动辄要花费数万元。迎来送往，接风饯行，宴会等级不断升档，各地竞相效尤，形成了普遍的铺张浪费、浮华奢靡之风。有些企业也在营业外支出的名目下大肆挥霍国家钱财，订货会、鉴定会、展销会以及各种纪念会，住高级宾馆，吃高级宴席，送高级礼品，已经成为一种司空见惯的社交方式。所有这些不但败坏了政府的声誉，毒害了人们的思想，磨灭了宝贵的艰苦创业精神，而且也严重扭曲了产业结构和价格结构。一些由公费购买力维持的产业应运而生并过度发展，而饭馆、旅店、出租汽车等的畸高价格，却使消费者用自己的工薪不敢问津。这种花公家的钱一掷千金，而个人消费能力微不足道的状况，已经深深地形成了病态的社会心理，这对于我国经济和文化发展的消极影响将十分深远。许多发展中国家十分注意在人民中提倡节约的风气，特别是要求政府官员带头，不得乘坐外国汽车、吸进口烟，等等。我们也需要在这方面采取更加严格的措施。目前人民群众对于近年来兴起的大吃大喝、公费旅游、高级官员攀比更换豪华轿车等风气深感忧虑和不满。应当说，他们这种想法是有道理的。

二十五、按照各国经济发展的一般规律，由于人口增长以及社会保障和社会性消费的存在，个人生活费收入的增长应略低于社会劳动生产率的增长。对于发展中国家来说，情况更是如此。对它们来说，一方面国内经济发展需要大量投资，另一方面发达国家高消费的强烈"示范效应"又造成国内过高的消费倾向。在这种情况下，从长远利益考虑，发展中国家正确的选择只能是加强对消费的适当引导和控制，以保证经济建设有足够的资金。在我国应当继续提倡中华民族传统的勤俭美德，坚决防止铺张浪费、大吃大喝的风气蔓延滋长。否则，如果消极顺从那种在消费上向发达国家看齐的风气，甚至推波助澜，倡导所谓"消费革命"，鼓励过快地提高消费水平，那么，或者无法保证建设所必要的积累，推迟了"起飞"的时间，或者要想同时保证有足够的建设资金，通货膨胀就不可避免，到头来还是要被迫降低消费水平。世界上许多发展中国家都面临国内通货膨胀和国际债务问题，其根本原因就是它们既要保证消费增长，又要保证现代化建设有足够的投资，处在双重压力之下，穷于应付。在进行经济体制改革的社会主义国家中，几乎无一例外地在改革期间发生了消费失控的情况。一些国家为此陷入了难以自拔的困境，使改革发生了逆转。我们一定要避免这种状况在我国出现。

有些同志以为，增加收入、提高消费水平就能刺激群众的积极性。经验证明，其结果并不像人们所期望的那样。近几年来，由于（1）在经济关系没有理顺的情况下大幅度地提高收入水平，必然引起利益关系背离合理化方向的变动和分配上苦乐不均矛盾的激化；（2）群众对增加收入的预期值过高，即使工资福利的提高超过国家财力的承担能力，也难以得到群众满意的反应。这样，虽然居民的收入普遍得到较多的增加，他们仍然会产生不满情绪。显然，这对动员群众支持改革，分担改革的责任与风险，是十分不利的。

二十六、考虑到收入水平能上不能下的刚性,要使群众收入水平从已经达到的高水平上降下来是很困难的。在这种情况下,必须在坚决控制个人收入增长速度的同时,大力鼓励储蓄和引导消费,来化解由于居民收入增加过快造成的问题,一度在领导部门出现过的不应鼓励储蓄的政策设想是很不适当的。各国在经济起飞期间都把鼓励居民储蓄作为筹措建设资金的重要手段。日本在经济高速增长时期,曾提出"以储蓄求稳定,以出口求发展"的口号,从社会舆论动员、储蓄形式多样化、储蓄机构普遍化等方面作出努力,千方百计地鼓励居民储蓄,然后通过多层次的金融机构的间接融资,集腋成裘,转化为建设资金。因而民间设备投资激增,成为积累的主要来源。日本从 20 世纪 50 年代到 70 年代一直坚持这些做法,是公认的成功经验,值得我们吸取。为了将目前已近 3000 亿元的结余购买力部分地转化为长期投资,有必要形成舆论,完善机制,创造条件,采取多种形式,吸引居民手中的资金。

在经济体制除旧布新的整个改革过程中,必须经常保持运行中的经济体制的整体有效性,才能保证国民经济稳定健康的发展。

二十七、为"起飞"作准备的一项重要工作,是实现经济改革,建立起能够有效运行的新经济体制。经济体制改革是社会主义经济制度的自我完善和发展,归根结底是为了解放社会生产力。积建国以来 30 多年的经验,人们普遍认识到,符合我国国情、适合于工业化和现代化要求的经济体制,只能是社会主义有计划的商品经济。

二十八、达到这样的认识,经历过一个很长的过程,是一个历史性的突破。中国的社会主义建设从一开始就以苏联为榜样,采取行政集权的计划经济模式。这种体制适应了工业化初期经济发展战略的需要,对于集中全国财力渡过建国初期的财政经济困难起过很好的作用。但是,这种与高指标、高积累、结构偏畸、对外封闭为特征的粗放发展战略天然地结合在一起的体制,抑制了社会经济活力,使得投入多、产出少,投资效率和生产效率都处于低下停滞的状态。

采取这样的体制和发展战略实现工业化,并不是没有成功的先例的。苏联经过若干个五年计划的努力,虽然付出了相当大的代价,还是完成了工业化,并成为世界超级大国。但是,中国和苏联在资源条件上存在着巨大差异。在中国,企图依靠效率很差的传统体制实现工业化,几乎是注定不能成功的。在粉碎"四人帮"以前的 20 余年中,由于采取这样的体制模式和工业化战略,农业剩余劳动力向非农产业的转移十分缓慢。农业劳动力占社会劳动力和全国总人口的比重,从 1952 年到 1976 年的 24 年中几乎没有变动。由于农民的积极性受到束缚,尽管提出"以粮为纲"的口号不断加大对土地资源的开发强度,收益却迅速递减。农产品远远不能满足国民经济发展的需要,每年必须从国外大量进口粮棉油,使作为国民经济基础的农业濒于崩溃的边缘。落后的农业制约了整个国民经济的发展。不仅如此,工业等其他部门也同样效益低下。据世界银行计算,从 1952 年到 1975 年,我国全要素生产率(TFP)每年只提高 0.3%,有些年份甚至出现负数。在这种情况下,国民经济逐步陷入恶性循环,并导致了 20 世纪 70 年代中期出现的全面危机。

二十九、党的十一届三中全会以前,针对旧体制的弊端,党和政府也曾经试图在不改变旧体制的总框架的条件下,对国民经济的管理方式和企业管理方式作一些改善。1958 年和 1979 年等年份,曾多次进行扩大地方政府权限的"改革"。但是这种行政性分权的"改革",既违背了传统计划体制高度集权的本质要求,也不可能形成商品经济所必需的统一市场,因而也就无法建立起能够促使国民经济协调运行的机制,资源配置效益不可避免地恶化,给经济建设带来了十分不利的影响。所以每次放权不久,又总是重新收回。国民经济陷入了"放、乱、收、死"的恶性循环。

三十、党的十一届三中全会以后,我们开始探索适合我国经济发展的改革道路。八年来,经过全党和全国人民的大胆探索和艰苦努力,改革已经取得了巨大的成绩,经济生活出现了前所未有的活跃局面。

改革首先在农村取得了突破性进展,通过冲破"一大二公"的人民公社体制,普遍建立了能够极大地激发农民经营积极性的家庭承包责任制,为我国农村经济向商品经济转化开辟了通路。

继农村改革取得巨大成就以后,在城市改革方面也作了许多有益的探索,取得了不少进展。表现在:(1)在坚持公有制为基础、国有经济占主导地位的前提下,通过采取一系列引导和鼓励政策,把单一的公有制经济改造成多种经济成分和多种经营方式并存的经济;(2)扩大了全民所有制大中型企业的经营自主权,在一定程度上增强了企业自主经营、谋求利润和自我发展的意识和机制;(3)通过逐步减少国家计划直接管理的商品品种和数量,扩大了市场调节的范围;(4)按照"调放结合"的原则,陆续调整和放开了部分产品的价格,从而突破了原来统一定价的僵化的价格体系;(5)打破了旧的中央银行"大一统"的银行体系,建立了中央银行与专业银行分设的两级金融组织体系;(6)通过财政"分灶吃饭"和两步利改税,改变了统收统支的旧体制,刺激了地方和企业增收节支的积极性;(7)实行对外开放政策,打破了长期以来闭关锁国的旧局面,对外经济技术交流迅速扩大;(8)人们的思想得到解放,社会主义商品经济的观念开始增强。在这个过程中,党中央对于改革的方向、改革的目标模式、保证改革所需要的良好环境、进行三环节配套改革等原则问题作出了一系列重大决定。实践证明,这些决定都是正确的。

三十一、看来,近几年改革存在的最主要的缺点,可能在于更多地强调了破除旧体制,而没有着重于理顺经济关系,建设新体制。人们往往以为,任何符合商品化、货币化大方向的行动,都是正确的,而没有考虑到改革的每一个措施必须有利于经济体制整体功能的保持和改善。经济体制的功能,在于保证各种资源的有效配置。正如生产不能一日中断一样,经济体制也是不能"停机检修"的。因此,改革的每一项具体措施,都要有利于保持整个经济体制的整体性和有效性。如果不注意保持运转中经济体制整体的有效性,即使某一措施是符合改革大方向的,它的单项实施也会带来破坏国民经济稳定的消极后果,对于改革本身也是十分不利的。

从这个观点看,这几年的改革中,一些口号和具体做法,是存在缺陷的。例如:

——在一段时期中,一些报刊甚至一些地方的政府文件宣传和提倡过"允许改革犯错误,不允许不改革"的指导方针。在我们看来,这种宣传是不妥当的。的确,改革作为一种开创性的事业,难免出现这样那样的不足和失误。但是,无论从主观方面看还是从对各级改革领导人的要求来说,都必须谨慎从事,少犯错误,避免重大挫折。可是在"不允许不改革"的气氛下,各级领导往往不能不争先恐后,推广某些并未经过充分论证和确实取得试点经验的"新招数",结果使各种管理制度和政策互不衔接,运行机制漏洞很多,同时也会造成政策多变、反复无常的现象。近几年中,某些一哄而起的"刮风"现象一再发生。一说"办公司",全国就出现了20万个公司。其他如"包字进城"、推进"所有制改革"等,也不胜枚举。群众对各种冠以"改革"美称的不良现象十分不满,对政策多变表示困惑。这样下去,很可能使部分群众失去支持改革的热情,以至影响正常生产和工作的积极性。

——由少数同志主张推广的某些改革措施,由于缺乏领导机关的有力指导,在一定程度上形成由群众用自下而上、"撞击反射"的方式进行的自发行动。有的地方甚至公开鼓励"不要坐等红头文件",让各个单位"自行试点",实际上听任它们各行其是。一些地方流行的"你有政策,我有对策""在下马中上马,在批评中前进"的说法以及"打擦边球"等做法,表明这种放任自流的状况已经使党和政府政策的严肃性受到了冲击,并且不利于建立起有利于长期稳定发展、有合理规范的新经济秩序。改革是一项极其复杂的社会系统工程,中央对改革积极而又科学的领导和组织是改革成败的关键。应该重新确立起对改革的领导权威,整肃组织性和纪律性,使改革能在中央的统一部署下健康地进行,少交"学费",少走弯路。

——在改革内容上,一些同志自觉或不自觉地以原始商品经济为蓝本,认为商品经济有效运行的基础是私有经济,主张把"放开"看作改革的唯一目标。在政策设计上,往往放开一头,管住一头,给小企业以各种优惠条件,而很少考虑国有大中企业所受到的冲击和挤压,以为只有这样才能够首先造成改革不可逆转的形势,然后经历一个历史时期便可以由乱到治,建立起现代商品经济的新秩序。显然,这种主张不符合近代取得成功的发展中国家所走过的道路,也不符合我国已经拥有8000个大中型企业、近10000亿元国有固定资产的现实状况。激烈竞争的国际社会也不允许我们去做这样的试验。我们的改革应该始终注意增强国有大中型企业的活力,让它们在国内和国际市场的广阔舞台上显露身手。应该根据我国既存在大量小型企业又存在数量不多但实力强大的大中型企业的实际情况,按照现代商品经济的一般要求结合我国实际去构想改革的思路,设计改革的蓝图。应该尽力避免原始商品经济中普遍存在的不公正竞争、巧取豪夺、坑蒙拐骗、贪污行贿、贫富悬殊等混乱状况和腐败现象在我国蔓延。

——评价某项改革措施的效果,往往只看它是否调动了个别单位和个人的积极性,而没有分辨这种积极性是否有利于社会整体效益的提高和是否能够长期维持。一些同志认为只要是有利于"搞活"的措施,就都是正确的,而不考虑它们是否有利于国民经济的协调发展。例如,实行地方行政性分权,看上去地方行政当局的积极性的确提高了,但由此所产生的盲目布点、重复建设、市场割据、封关设卡的情况日趋严重,削弱了中央宏观调控的能力,并使制造业集中的大城市处于困难境地,反过来,不发达地区也因为社会整体经济效益的下降和不适当地使用自己的力量而受到损失,因此,对于全局和局部地区到头来都是不利的。又如,"双轨价格"刺激了企业超产的积极性,但是从悬殊的价差中得到好处最多的还是那些得到低价进或高价出优惠的单位和转手倒卖的中间环节。由此,产生了以小挤大、以劣挤优,以及从差价中牟取暴利的行为盛行等问题。显然这对社会经济效益的提高,也是十分不利的。

三十二、综观八年来城市经济体制改革,出现的失误几乎都可以归结为在思想上对理论研究和理论指导重视不够,在实践中又存在一些急躁情绪,因此,有时强调了必要性而忽视可能性,没有自觉创造改革措施获得成功所需要的环境条件,有时强调了可能性却又忽略了必要性,只要能改什么就改什么,使各项改革措施之间缺少逻辑配套关系,还有那些既不考虑必要性也不考虑可能性的"新招数",虽然层出不穷,搞得热热闹闹,但对改革和建设带来的危害更大。由此可见,认真反思、保持清醒头脑、加强理论研究是极其重要的。

有关改革的研究工作中存在的一个问题,是对浅层现象的谈论多,深入的探讨少;原则讲得多,机制讲得少;个别方面的研究多,系统整体的研究少;因此,难以避免工作中的盲目性。而且在这些不系统的想法付诸实施时,也往往由于关系不顺、机制不灵,收不到预期的效果。人们常以为,这些只是实施中战术上的问题,实际上却是若干关系全局的战略问题。因此,我们应当特别注重改革战略问题的研究。

三十三、现在传统体制已在许多方面被冲破,旧机制已在相当大的程度上失灵,新体制的某些要素虽然已局部地出现,但新的经济机制并没有作为一个系统建立起来。这样,运行中的经济体系就难以发挥它的整体功能。正如前已指出的,经济体制的首要功能,是正确有效地配置资源。由于现行体制的各个环节之间互不衔接,新旧体制胶着对峙,资源的配置就难以优化,经济结构就难免偏畸,例如,国民经济部门结构优化的基本要求,是避免七长八短,实现协调发展。在我国目前的发展阶段上,应当加强农业、基础工业、基础设施等"短线"部门,然而现行体制却鼓励各地区、各部门把宝贵的投资用于发展已经过"长"的加工工业和某些消费性建设项目,使国民经济部门结构的失衡加剧。国民经济地区结构优化的基本要求,是"扬长避短",发挥各地的比较优势,然而现行体制却容易促使各地区采取相互封锁、保护主义的政策,力求自成体系。此外,在规模结构、技术结构等方面也存在类似的问题。所有这一切都说明,如果不紧紧把握住改革为发展服务的原则,经常注意保持经济系统的整体有效性,对于发展经济和体制改革本身都是不利的。

三十四、经过 1985 年初以来两年多的讨论,特别是随着经济形势的变化,人们对这几年来的建设和改革所取得的成绩和存在的缺陷,看得越来越清楚了。对某些经济界曾经争论不休、各执一辞的问题,例如,提倡提前翻番所引起的经济过热,鼓励高消费所带来的通货膨胀,地方行政性分权所招致的宏观失控,以及双轨价格致使资源配置效率下降,等等,多数同志的认识也逐渐趋于一致。人们的注意力转向了如何继续推进改革,以解决我们面临的问题上来。

三十五、在改革的正确方向已经指明的条件下,改革的成败取决于实施改革的战略的选择。对于下一步改革应当怎样搞,目前经济界存在着很不相同的想法,形成了若干可选思路。采取哪一种思路,将在很大程度上决定今后建设和改革的进程和结果。

三十六、一种意见认为,在社会主义现阶段,总需求超过总供给将是长期存在的现实,我们只能适应这种情况,在体制改革上有什么问题解决什么问题,"走小步"前进,而不能要求近期在配套改革方面迈出大的步子。通过小步改革的积累,就可以使目前已经形成的新经济机制逐步完善;同时随着产业政策的制定和执行,国民经济也会逐渐趋于平稳。

从近两年经济发展的实际情况看,实现这种设想没有多少把握。在目前新旧体制胶着对峙、谁都不能有效地发挥整体功能的状况下，不仅由于漏洞大而多、摩擦过盛，很难对各部门、各地区和企业的行为进行有效的调节，还由于社会经济效益太差，投入多，产出少，在总量控制上陷入了某种两难的境地：不控制难以为继，控制又不能收到预期的效果；当抑制过度的需求时，往往需求还没有得到有效的控制，供给却先受到抑制，而在需要刺激经济回升时，供给改善得不多，由投入增加形成的需求却上升得很猛。这就是1985—1986年加强和改善宏观控制的努力所取得的成果未能尽如人意，1986年下半年财政赤字扩大，通货膨胀的危险再次出现，国际收支状况未能好转的基本原因。这就说明，国民经济在这样的体制下带病运行，情况将很难获得改善。所以，在目前的状态下拖下去决不是办法，我们还是应当从开创改革的新局面寻找出路。

三十七、另一种意见认为，在不宽松的经济环境和未能实现生产资料价格改革的条件下，也能以较高的速度深化改革。例如，有些同志主张以企业经营机制的改革为主线，把改革不断向前推进。他们认为，过去几年在建立市场机制、理顺经济关系方面已经取得了突破性的进展，只是由于没有抓住微观基础再造这个关键，企业对市场价格信号不接收、不反应，所以改革没有收到应有的效果。今后应以推行企业经营责任制为主要内容，进行企业内部制度的改革。经营责任制的具体形式可以是厂长经理承包，也可以是全员承包等。

我们认为，这种绕开建立市场机制和理顺价格体系去搞活企业的思路，虽然是在减税让利的路子难以继续走下去的情况下提出的，但细细分析起来，仍然没有能够摆脱这条老路子。采取这种办法，首先存在有"油水"抢着包，没有"油水"不愿包，"油水"干了要退包的问题。在谈判承包条件时，要国家让出一部分利益；承包以后，又经常出现"包而不干"的情况，要财政更多地拿钱。这些，都会使财政收支更加紧张。绕开市场机制的建立进行企业经营机制改革的另一个问题，是企业经营条件不平等。在没有大体合理的市场价格体系的情况下，即使是资产经营承包，因为无法进行客观的评估，也不能真正做到根据企业经营状况奖优罚劣。而且，正如国际经验和我国自己的经验所表明，采取职工集体承包、经理代表职工承包一类办法，不能避免行为短期化、少扣多分、消费膨胀等倾向的发生。这几年通过各方面的改革措施,利润动机在企业微观决策中已经起到一定的作用。但是由于企业外部环境不正常,扭曲的价格信号也无法正确引导企业合理地行动,结果使社会经济效益不是提高,而是降低。在企业经营条件不平等的条件下实行个别谈判、一户一率的企业承包体制,其最大弊病在于:在这种体制下,由于没有公正竞争的压力,企业将不会把主要精力用在兢兢业业地改善经营管理、适应市场需要、不断提高经济效益,却不能不把主要的注意力放在同主管机关讨价还价,争取低价投入(包括资金、原材料、能源和外汇等)和高价销售的权利上。上级发包的主管机关具有决定企业兴衰荣辱甚至生死存亡的大权,在目前的条件下,不能正确地运用这种权力,还会加剧官僚主义和腐败风气的滋生。

三十八、看来要使国民经济进入良性循环,根本的出路还是有步骤地进行价格、税制、财政、金融和企业经营体制等的同步配套改革。首先使新体制的主要支柱初步树立起来,然后逐步加以完善。作为分步骤配套改革的第一步,看来1986年经过长时间讨论形成的价税财金贸联动方案的思路基本是正确的,未能付诸实行,主要是经济环境不允许,但方案本身也存在着一定的缺陷。其中对企业制度改革的设计就是一个薄弱的环节。为了解决这个问题,可以考虑在价税财金贸配套改革的同时,对小型企业,特别是小型商业企业实行包、租、卖,在大中型企业中试行大体规范化的经营责任制。由于价税的配套改革提供了公平竞争的外部条件,这项工作就有可能比较顺利地进行;作为经营责任制的开端,要普遍推行严格的经济核算制,实现企业财务自理和资金自筹。然后在大中型企业中应逐步建立起有专家、企业家、上级机关的代表以及本企业的职工代表组成的董事会或管理委员会,负责监督企业的经营方针和经理的经营活动。由经理负责全权处理企业的日常经营事务,做到企业自负盈亏、自主经营。在此基础上,再逐步向由社会基金组织、国有投资公司等法人组织为主要持股者的股份制过渡,实现所有权和经营权的完全分离。

三十九、然而,上述配套改革能否迈出步子,还要看是否具备比较宽松、不致发生严重通货膨胀的经济环境,目前,这样的环境还有待于创造。

我们认为，面对当前的经济形势，应当采取坚决的措施，真正做到"三保三压"[1]，用一两年的时间营造较为宽松的经济环境，随即推出企业经营体制与价格、税收、财政、金融乃至投资体制的初步配套改革。实现了这一步，改革可以说就进入了康庄大道。当然，这样来进行环境治理和配套改革要付出一定的代价和承担一定的风险，但是，不这样做，不仅目前的经济困难难以缓解，中长期的风险可能更大。这是因为，如果只是选择那些短期表面风险较小，而实际上无益于经济运行状况改善和社会经济效益提高的方面去改革，经济效益不能得到稳定的提高，各种矛盾不能得到缓解，则国家的财政经济状况特别是中央财政状况就会日益紧张，而中度的、乃至严重的通货膨胀也会成为现实的威胁。1985 年以后加强宏观控制的措施一度取得了成效，"过热"的经济趋向缓解，投资、消费、外汇使用的失控状态开始扭转，工业生产由超高速增长转为比较正常。但是宏观控制目标，即基本消除由"过热"引起的种种不协调、不稳定因素，为大步配套改革创造相对宽松的环境，还没有能够得到实现，1986 年下半年，新的膨胀的苗头又再度出现。1987 年年初召开的省长会议提出了"压缩空气"和"双增双节"[2]的方针，有可能在各级领导中形成比较清醒的气氛。如果进一步采取一系列加强宏观控制的有效措施，包括整顿财经纪律、适当集中财力、改善价格体系和市场秩序等等，认真进行环境治理，使经济稳定下来，配套改革就能有所作为。

四十、目前，各方面对今后改革和建设应当如何进行等一系列重大问题存在着不同的看法。我们认为，应该有意识地组织有关方面的同志系统总结八年改革和建设的经验教训，认真比较各种不同思路的利弊，作出最优选择。在明确我国目前经济发展阶段的发展战略，以及与之相适应的改革总体规划和分阶段目标的基础上，精心设计下一步改革的实施方案，积极作好各项准备工作，使之能够在实现经济稳定的前提下付诸实施，促使国民经济早日进入良性循环。

---

1 为了进一步压缩过大的在建规模和调整不合理的投资结构，1987 年年初，国务院决定对固定资产投资实行"三保三压"的方针，即保计划内建设，压计划外建设；保生产性建设，压非生产性建设；保重点建设，压非重点建设。
2 指增产节约和增收节支。

中国经济改革战略的分歧与选择[*]

（1987 年 12 月）

作者按：

　　这篇论文，是我对改革宏大事业管中窥豹所得的一孔之见，其中对同行们观点的评论，未见得准确。本文的目的在于相互切磋，修正错误。我们之中谁也不能穷尽真理。但是，只要以实事求是的态度作科学的探索，我们就能逐步向真理靠近。

　　我以为在中外经济改革的经验和教训中，以下几点是特别值得注意的：

　　1. 经济体制改革的目的，是为了解放生产力，保证国民经济的长期稳定发展，而不是其他。因此，任何一项改革措施是否正确适当，都要由它是否有利于经济的长期稳定发展来判断。一切徒有虚名而无实效，或者只有短期或局部效益而妨碍长期整体发展的措施，都称不上是真正的改革。这是在作出各种改革措施的取舍时必须紧紧把握的首要原则。

　　2. 不论是加快经济发展还是推进改革，都要从中国的实际出

＊ 本文正文是本书作者提交给 1987 年 12 月在芝加哥召开的美国经济学会（AEA）年会论文的中文稿。它的英文缩写稿，发表在《美国经济评论》(The American Economic Review)，1988 年 5 月。中文摘要曾以《中国经济改革中的战略选择问题》为题，发表在《经济社会体制比较》1988 年第 2 期上。1988 年 10 月论文在加注说明后提交给中共中央宣传部、国家经济体制改革委员会和中国社会科学院联合召开的纪念改革 10 周年"全国经济体制改革理论研讨会"的论文，并被会议评选为获奖论文。全文载《改革》，1989 年第 1 期；又见《吴敬琏文集》，北京：中央编译出版社，2013 年，第 431—450 页。

发。中国经济最大的实际,就是人口众多,大部分人口在农村,人均占有资源相对贫乏,现在还处在落后的农业—工业国向现代化的工业国的过渡之中。在这样的国度中,提高效率是关系现代化成败的关键。由于在新体制基本建立以前,经济效率的状况不可能较之过去有根本性的改善,因此我们的改革战略应当是:首先集中力量在较短时期中建立起新体制的基本框架,使它初步运转起来,然后才谈得到长期的高速增长。同时,对于一个社会化的经济来说,仅仅通过"放权让利"调动个别生产者的"积极性"是不够的,一切要以能否提高资源配置效率的微观运作效益为转移。否则,"带病工作",国民经济长期不能有效运转,或者"为改而改",带来的问题比解决的问题还多,都终究会使国民经济的发展遇到困难。

3. 改革需要有一个良好的经济环境。首先是总供给与总需求比较协调,确保在大步改革出台时不致发生严重通货膨胀的相对宽松环境。而这种环境在旧体制下是不可能稳定地存在的。因此,在迈出改革的决定性步子以前,就要运用一切可能的手段,努力创造这样的环境,并精心加以维护。否则,改革会在进行的中途遇到挫折,甚至陷入欲进不能、欲退无路的困难。因此,在基本转轨尚未实现、财务预算的硬约束尚未建立时,要特别防止用通货膨胀支持产值高速增长、过快提高居民消费水平的做法,以及奢侈浪费等不正风气的滋长,因为它们都会导致经济环境的恶化,是有害于改革的。

4. 力争在较短的时期内实现新旧体制的基本转轨,而不能在双重体制对峙、矛盾和漏洞很多、谁也不能发挥有效配置资源的整体功能的状态下久拖不决。在开始全面改革以后的一段时间里存在某种"双重体制"状态是不奇怪的。但是,如果不能采取有力步骤,在较短时期中冲破这种双重体制相持的状态,尽快建立起新体制的初步框架,就难免出现经济效益降低、经济结构恶化、财政赤字增大、通货膨胀压力加重等困难。弄得不好,还会陷入停滞、膨胀和债务危机之中,使改革和发展都难以继续推进。

5. 经济体制改革的目标,是建立以完全自主经营和自负盈亏的企业、竞争性的市场体系和适应于上述两方面的宏观调节体系为主要支柱的社会主义有计划的商品经济,即有宏观经济管理的市场经济制度。以上所说的三个方面是社会主义市场制度的有机组成部分,它们互相联系,互相包容,缺了一项,另外两项也不能存在。为了保证新经济体制作为一个系统发挥作用,就必须在企业、市场和宏观调节体系三个互相联系的方面配套地进行改革。如果不配套,那么任何一个方面单项突进,都会由于没有总体效应,而不能收到预期的效果。

6. 要使原有的国营企业成为完全自主经营和完全自负盈亏的市场经营主体,关键在于彻底改革政企不分、彻底改变政府既是社会经济的管理者又是所有者和经营者(财产的实际控制者)的旧格局。任何不改变政企不分状况的放权让利措施,例如利润留成、向主管部门"承包"等,都只是旧体制框架下的改良,都只能缓解企业的困难而不能使它们真正获得经营的自主权。根本的出路在于对小企业实行租和卖,把产权让渡给个人和集体。对大企业,则宜于实行现代经济中通行的股份公司制度。在实现公有制企业组织形式的改革以后,政府只有管理社会经济的职能,而不再充当公有所有者的代表,更不能干预企业的内部事务;而在企业中,则要实现产权明晰化,由公众的各种代表机构(如国家的投资公司、基金会等)和个人持股;同时,要建立所有者、经营者和劳动者之间的制衡关系:所有者的权利只在于保持股权、分取股利、任免董事和在股东大会上投票;企业的实际控制权,则由经营者(包括董事会和由董事会聘任的高级执行人员)全权掌握。

7. 所谓市场机制,无非是一套由供给和需求确定价格的体系。它的运作,使各种货物、服务和要素的相对价格反映它们各自的稀缺程度,这样,才能保证各种经济计划能够正确进行,各种稀缺资源得到有效配置。旧体制下形成严重扭曲的价格体系,极大地损害了整个国民经济的效率。因此,合理的价格体系和竞争性市场体系的建立,是整个改革成败的关键,同时,它又是整个改革中最困难的部分。各国改革的领导人往往对这方面的改革趑趄观望。然而经验证明,这方面的改革既不能绕过,也不宜拖延。在改革的目标是建立社会主义市场经济的前提下,此关早晚要过,越往后拖就越困难和被动。在这方面丧失时机,意味着经济发展和改革的自我戕害。价格和其他方面的"双轨制",是在旧体制和反映旧体制的意识形态仍占绝对优势的特殊政治经济条件下绕过暗礁、推进改革的有用办法。但在变化了的条件下继续长期保持"一物多价"和"双重交通规则"的状态,不仅严重妨碍市场经济平等竞争基本秩序的建立,使"奖勤罚懒""优胜劣汰"等基本原则无从贯彻,还为利用特权"寻求租金"(rent-seeking)的猖獗活动,提供了巨大的温床。由此引起的严重分配不公毒化了社会气氛。"官倒"等"以权经商"的行为使腐败之风蔓延,危及党和政府的肌体。因此,必须迅速改变这种状况。

8. 不改变政企不分、行政权力占支配地位的格局,而只是把中央原有的大一统权力层层下放到各级地方政府或各级管理部门的"行政性分权"措施,不符合建立市场制度的改革方向。这种做法虽然在短期中或表面上对地方和部门有利,但是由于它不利于统一市场的形成和壮大,导致市场割据加剧和保护主义盛行,会严重阻碍各地方、各部门扬长避短,发挥优势,造成地区间、部门间的利益冲突和稀缺资源的错误配置,损害国家经济的整体利益,到头来也不利于各地区、各部门的发展。

9. 经济改革需要政治、文化等其他改革积极地、恰当地配合。这是因为,旧的政治思想上层建筑是保护旧经济体制而与市场经济格格不入的。不改变旧的政治体制和价值观念,新经济关系就不能顺利成长。

首先,政治改革的目标,是建立高度民主的政治体制。但是只有在强大的,以企业家、知识分子和其他专业技术人员为骨干的中等阶级(middle class)成长起来以后,高度民主才能实现。因此,实现高度民主,是一个与市场化和中等阶级的成长协调并进的渐进过程。在经济改革起始阶段,首要的任务是与市场化的改革相配合,迅速改变严重妨碍企业自主权发挥和市场形成的、行政权力支配全部社会生活的旧体制,把作为公有制所有者代表的职能从政府分离出来,消除各级政府对企业微观事务市场活动的行政干预;运用法律手段确保公民的各项自由平等权利,包括自然人和法人自由选择和平等竞争的权利。

其次,要逐步实现党政分离,推进代议制民主和吸引越来越多的人参加社区自治事务的管理。与此同时,还应慎重处理中央集权与地方分权的关系。政治改革的目标无疑是要建立便于基层群众广泛参与治国活动的分散决策制度。但是这种政治上的分权,必须建立在全国统一市场的基础上,而不是分封割据。而且经验证明,在发展中国家,为了充分动员和集中运用稀缺资源,需要由"硬政府"进行有效率的"行政指导",而旧体制的废除、新体制的建立,也要靠国家特别是中央政府的强有力措施来推行。过早地削弱中央集中权力,对于发展和改革都是不利的。在过渡时期,中央政府还得保持较大的集中权力的情况下,为了防止权力集中必然产生的弊端,宜于采取以下措施加以弥补:(1)努力提高政治透明度,加强人民群众对各级政府的监督;(2)实行决策科学化,充分发挥"专家治国论者"的作用;(3)在党和政府内部强化民主集中制。

第三,要大力破除在封建等级制下形成的崇尚行政权力、中庸守成等价值观念,普及以平等竞争、自主自立、信守合约、勇于进取创新为主要内容的商业文化,为市场化开路。

10. 在我国这样拥有10亿多人口的国家进行经济体制的根本变革,是一项规模无比巨大的系统工程,不能没有理论指导,不能试试碰碰地进行,否则将会事倍功半,甚至招致失败。因此,必须努力加强改革的理论准备。要认真研究国际经验,并及时总结我们自己的经验,用关于市场经济运作机制和社会主义国家经济改革的科学知识武装全体干部。只有在科学理论的指导下,才能克服在改革过程中不可避免地遇到的困难,到达我们的目的地。

1988 年 10 月

东欧改革中关于一系列战略问题的争论,久已为人们所熟知。例如,采取局部改革、逐步推进的策略更好一些呢,还是"一揽子"改革更为有效? 应当把行政性分权放在优先地位呢,还是努力实现经济性分权对改革更为有利? 在这些问题上长期存在分歧。这些问题也是中国经济学家自从中国在1956年提出有必要进行经济体制改革以来不断讨论的主题。加之作为一个人口众多、经济落后的大国,中国还有不少自己特殊的问题。因此,战略选择的问题显得特别复杂,学派之多也不可胜数。然而在我看来,长时期讨论中的意见虽然十分纷纭,但是,如果按照基本观点来说,大体上则可以划分成两种不同的思路:

一种思路的要点是:(1)传统社会主义经济体制的根本弊病在于决策权力过分集中,抑制了地方政府、生产单位和劳动生产者个人的积极性;(2)一切能够改变这种状况,调动地方政府和生产者的积极性的措施,都是符合改革方向的;(3)调动积极性,可以通过下放权力和加强物质刺激的各种措施实现,因此,所有这类个别行动都应给予支持。

另一种思路的要点是:(1)旧体制的多种弊病的根源,在于用行政命令来配置资源,而这种配置资源的方式是不可能有效率的;(2)唯一可能替代行政命令方式的,是基于市场机制的资源配置方式;(3)因此,改革要以建立市场制度为目标,同步配套地进行,只有有利于市场体系形成的那些改革措施,才是符合改革方向的和应当加以支持的。

事实上,各个阶段上的战略选择争论,都是环绕上述基本问题进行的,只不过每个阶段都有它自己的特点。

一、 1956—1958 年的改革: 行政性分权和重新集中的“改革循环”

在社会主义各国里,中国是最早提出经济改革的国家之一。早在1956 年,党政领导就作出了必须进行经济管理体制改革的决定。作出这一决定,是源于对 1953—1956 年第一个五年计划期间传统体制运行状况的批判性分析。

当时对于传统体制弊病的认识集中地表现在毛泽东 1956 年 4 月在中共中央政治局的讲话《论十大关系》中。毛泽东指出,苏联体制的弊病,主要在于“权力过分集中”。他说:“我们不能像苏联那样,把什么都集中到中央,把地方卡得死死的,一点机动权都没有。”又说:“把什么东西统统都集中在中央或省市,不给工厂一点权力,一点机动的余地,一点利益,恐怕不妥。”虽然当时已经有个别经济学家,例如后来被打成“右派分子”的顾准指出,可供替代的体制,是由企业自由地根据市场价格变化来作出决策。[1]换句话说,应当进行市场取向的改革。可是这种意见似乎没有引起仍然拘泥于传统的社会主义政治经济学之中的大多数经济学家的注意。基于当时占支配地位的认识,毛泽东给经济改革提出的方向是:(1)在中央和地方的关系上,应当扩大一点地方的权力,给地方更多的独立性,让地方办更多的事情。(2)在国家、生产单位和个人的关系上,各个生产单位都要有一个与统一性相联系的独立性,才会发展得更加活泼。同时,毛泽东也提到要适当关心群众生活,使工人、农民在增产的基础上增加收入。

不过,这一对地方政府、生产单位和劳动者"放权"和"让利"的方针在1957 年以后作了一些修正。由于 1957 年中国国内的"反右派"运动和从那时起对所谓"修正主义"逐步升级的批判,"物质刺激"和"企业自治"都被看作是"修正主义倾向",在后来的中国改革中不再被强调,而把重点放到了在各级行政机关之间划分权力和利益上,形成了 M. 鲍恩斯坦和我都称之为"行政性分权"[2]的改革思路。按照这种思路,1958 年进行了中国社会主义经济建立后的第一次改革,它的主要内容,是扩大地方政府对于企业、物资供应和投资的决策权,包括:

1. 下放国有企业的管辖权。除少数重要的、特殊的和试验性的企业外,其余由原中央各部门管理的企业层层下放。

2. 下放计划管理权。将原来由国家计委统一平衡、逐级下达的计划制度改变为以地区为主,自下而上逐级编制和进行平衡的制度。

3. 下放固定资产投资的管理权。对地方实行投资"包干"制度,即中央向地方下拨一部分资金,地方可以在这部分下拨资金和自筹资金的范围内自行决定兴办各种类型的项目,包括限额以上的大型项目。

4. 下放物资分配权。大大减少由国家计委统一分配和各部管理的物资的品种和数量,其余下放给各省、市、自治区管理。

5. 下放财政权和税收权。把过去财政"统收统支"的体制,改为"分

---

1 顾准(1956):《试论社会主义制度下的商品生产和价值规律》,载《经济研究》,1957 年第 3 期。
2 当时中国经济学家并不知道,早在 20 世纪 60 年代和 70 年代,西方学者就作出过这种区分。参见本书第 404 页脚注。

级管理、分类分成、五年不变"的体制。同时,给予了地方政府广泛的减税、免税和加税的权限。

6. 下放信贷权。改变原来高度集中的信贷制度,实行"存贷下放、差额管理"的办法。

与此同时,在以下方面采取了扩大企业自主权的措施:(1)大量减少指令性计划指标;(2)将原来不同行业分别按一定比例从计划利润和超计划利润中提取"企业奖励金"(厂长基金)的制度,改为一户一率的"全额利润留成"制度;(3)扩大了企业的人事安排权和机构设置权;(4)部分资金可以由企业调剂使用,企业还有权增减和报废企业的固定资产。

在保持命令经济总框架不变的条件下实行的这一套层层分权措施,和农村的人民公社一起,形成了"大跃进"的组织基础。《当代中国的经济体制改革》[1]一书对于这个时期的经济体制改革作了生动的描述。它的描述,一个是"盲目地下放管理权",另一个是"在国民经济管理混乱的情况下扩大企业管理权限"。显然,这是 1958 年中国经济生活陷于混乱的重要成因。

1958 年的经济混乱,给人造成了一个错误的印象,以为社会主义经济注定了不能实行分散决策。于是随着"大跃进"的失败,中国政府采取了一系列措施,在财政、信贷和企业管辖权等方面实行重新集中化。但是,事实上并没有能够完全做到这一点。1958 年形成的这一套"行政性分权"的思想和实际做法,在中国影响深远。一方面,中国的各级地方政府拥有较之其他命令经济国家更大的权力,而中央计划的约束力很弱已成为一种传统,以致某些中国经济的研究者把它叫做一切都可以讨价还价的"谈判经济"。另一方面,虽然命令经济的固有弊病使进行改革的任务始终摆在社会主义国家的议事日程上,但由于意识形态的障碍,市场取向的改革很难在政治上被接受,在进行改革时,行政性分权几乎成了唯一可能的选择。因此,在 1958 年以后,仍然多次进行过类似于 1958 年的行政性分权改革。这类做法,例如 1970 年以"下放就是革命,越下放就越革

1　周太和等主编(1984):《当代中国的经济体制改革》,北京:中国社会科学出版社,1984 年。

命"号召的大规模体制改革[1]，又总是造成混乱随后以重新集中化告终。这样，形成了中国经济中"一放就乱、一管就死"的所谓"改革循环"。

二、 1979—1984："放权让利"战略的成就和不足

经过多年的沉寂，中国在 1978 年 12 月党的十一届三中全会以后再度兴起改革之风。这次中央全会重申毛泽东在《论十大关系》中提出的基本认识和基本方针，指出旧经济体制的"最大缺点是权力过于集中"，要求"有领导地大胆下放，让地方和工农业企业在国家统一计划的指导下有更多的经营管理自主权"，"重视价值规律的作用"，"充分发挥中央部门、地方、企业和劳动者个人四个方面的主动性、积极性、创造性"。这就决定了改革的主要内容，一是将更多的决策权下放给地方和生产单位，二是给地方、企业和劳动者个人以更多的利益，二者的目的都是调动地方政府和生产者的积极性。因此，1979 年以后的改革，在中国又被称为以"简政放权"或"放权让利"为基本思路的改革。

这一改革的基本思路同 1956 年提出的改革相比较，就它们都提出"放权"和"让利"原则这一点说，彼此是有类似之处的。但是，这一原则的应用范围，又有极大的区别，这种区别主要表现在：(1)1958 年改革的特点，是"行政性分权"，而 1979 年以后则比较注重扩大企业的自主权；(2)1958 年改革主要在国有部门中进行，而 1979 年以后的改革大大扩大了范围，特别是它首先在农村中进行并扩及对外经济关系。这种改变使1979 年以后的改革取得了 1958 年改革无法比拟的成就。

首先，农村改革采取了两项主要措施：(1)通过大幅度提高农产品的国家收购价格和减少国家收购数量，增加了农民收入；(2)用实际上将土地长期租赁给农民经营的"家庭承包责任制"代替集中经营、统一分配的人民公社制度。这两项措施的落实，使农民从事生产和经营的积极性迅

1　周太和等在《当代中国的经济体制改革》一书中，把这次"以盲目下放为中心的经济体制的大变动"的内容和后果，概括为以下三个方面：1. 盲目下放企业，加剧了生产经营管理的混乱状况；2. 实行财政收支、物资分配和基本建设投资的"大包干"，没有取得预期的效果；3. 简化税收、信贷和劳动工资制度，削弱了经济杠杆的作用(见该书第 134—146 页)。

速提高,与之相适应,由过去 20 年总额达数百亿元的国家投资和每年上亿小时农民劳动投入形成、过去因为农民缺乏积极性而未能发挥出效能的农田水利基础设施,其潜力也充分发挥出来。这样,改革以后,一反过去农业生产停滞不前、农村经济萧条偏枯的局面,走向了普遍繁荣。

其次,在城市和乡村,多种经济成分的发展得到大力支持。从 1979 年到 1984 年,城镇集体经济和私人经济发展很快。6 年中在城镇集体企业新就业人员 1452 万人,私人经济从业人员由 1978 年的 15 万人增加到 339 万人。在农村中,集体所有制和私人经营的非农产业更是蓬勃发展,在目前中国的 3.7 亿农村劳动力中,已有 8000 多万人在这类企业中就业。

第三,在中央和地方关系方面,除继续把原由中央管理的工业企业下放到省、市、县管理外,在财政体制上采取在大部分省份用"划分收支、分级包干"("分灶吃饭")制度取代过去的"统收统支"制度,确定地方同中央分成比例或上缴(补助)定额,一定五年不变。地方由于超额完成计划和地方在预算外自筹增加的收入,地方政府可以统筹使用,不必事事报请上级财政部门批准。

第四,实行对外开放的政策。欢迎国外投资者与中国举办合资企业。同时,决定设立深圳等经济特区,鼓励国外投资者前来投资,并积极从事补偿贸易、来料来样加工、来件装配等业务。对外贸易体制也作了某些变革,主要是将原来由对外贸易部(后为对外经贸部)统一出口的部分商品,下放给地方、部门乃至个别企业经营。

如果说"放权让利"在农村中的主要形式是提高农产品收购价格和实行家庭承包责任制,在城市,特别是国有部门中,重点则是扩大企业自主权和建立利润留成等物质刺激制度。1978 年 9 月,李先念[1]在国务院召开的经济工作务虚会上指出,过去 20 多年的经济体制改革的一个主要缺点,是把注意力放在行政权力的分割和转移上,由此形成了"放了收,收了放"的"循环",在今后的改革中,一定要给予各企业以必要的独立地位,使它们能够自动地而不是被动地履行经济核算,提高综合经济效果。后来,

---

1 时任国务院副总理。

这一思想被概括为"搞活企业是以城市为重点的经济体制改革的出发点和落脚点",而"搞活企业"的主要方式,则是扩大它们的自主权,使之成为"相对独立的商品生产者"。这种想法,成为 1979—1984 年间城市经济改革的指导方针。

为了"搞活"企业,1978 年四川省选择若干工厂进行扩大企业在生产和销售超计划产品、提取和使用利润留成、任命企业下级干部等方面权力的试验。后来这种"扩权"的试验扩及到全国 6600 个占预算内工业产值 60%、利润 70%的国有大中型企业。"扩权"显著提高了试点企业的积极性。不过由于其他方面的改革,尤其是价格改革的配合不足,拥有某些自主权的企业并不处在市场公平竞争的约束之中,也不处在能够反映商品稀缺程度的价格体系的引导之下,因此,企业积极性的发挥往往并不一定符合整个国民经济的利益。加之,当时对发展现代工业要求过高过急,增加投资的压力很大,结果造成了总需求失控。

对于以"放权让利"为主要内容的局部改革的弊病,人们早已有所觉察。1980 年,当时国务院体制改革办公室的一位负责人、中国著名的经济学家薛暮桥就一再指出了这种改革的局限性,主张应当把重点放到"物价管理体制改革"和"流通渠道的改革"方面去,逐步取消行政性定价制度,建立竞争性的商品市场和金融市场。但在 1981—1982 年期间,发生了一场计划经济与市场调节的争论。在这场争论中,主张社会主义经济可以由市场协调和取消行政定价制度的观点受到了批评。在 1981 年开始的经济调整过程中,有些官员不把问题归结为没有建立起市场的约束和以市场为依托的宏观调节体系,却认为困难是由过分强调商品—货币关系引起的。于是采取了一系列措施来限制企业参与市场活动,并且从政治上否定了"社会主义经济是商品经济"的提法。在这样的气氛下,虽然"承包"等"扩大企业自主权"的试点仍在继续进行,但建立市场经济体系的问题就很少再有人提起了。

经过 1981—1983 年的短暂曲折,改革在 1984 年重新取得势头。这年 5 月,国务院发布了《关于进一步扩大国营工业企业自主权的暂行规定》,明确国有企业有以下权利:(1)在完成国家计划前提下,自行安排增产市场需要的产品;(2)自行销售企业分成产品、超计划生产的产品、试制的新产品,购销部门不销的产品;(3)有权规定自销产品的价格;(4)对国家统一分配的物资有权选择供货单位;(5)有权自行支配企业利润留成基金;(6)有权出租和有偿转让闲置资产;(7)有权在上级确定的编制范围内自行确定企业内的机构设置;(8)有权任命厂内中层行政干部;(9)有权选择工资形式、分配形式与支配由利润提成形成的奖励基金;(10)有权参加跨部门、跨行业的联合。

为了给企业"松绑",国务院还在 1984 年 8 月批准了国家计委《关于改进计划体制的若干暂行规定》,缩小指令性计划,扩大指导性计划和市场调节的范围。根据这个规定:(1)在生产计划方面,除对粮食、棉花等 7 种关系国计民生的大宗农产品实行国家收购,对煤炭、钢材等 14 种主要工业品的生产实行指令性计划,部门、地方也可对某些重要产品下达指令性计划外,都实行"指导性计划"或"完全由市场调节";(2)在固定资产投资计划方面,国家只对预算内投资实行指令性计划,地方和部门自筹投资,由它们自行负责,国家计委只实施"有弹性的总额控制",地方对建设项目的批准权也大大扩大;(3)在物资分配方面,国家只对煤炭、钢铁、木材、水泥等少数重要物资的一定部分实行计划分配,这些物资的其余部分以及其他物资,由地方和企业安排生产和销售。

以上这些改革,改变了旧体制下国有企业仅仅是被动地完成指令性计划的生产单位的状况,它们的发展意识、竞争意识和盈利意识都大大增强。这使它们普遍具有积极经营的主动性。指令性计划范围的缩小,市场的部分放开,都增加了经济的活力。这样,工业增长率逐年提高,1983年超过了 10%,1984 年和 1985 年分别达 14% 和 18%。但是,这种增长率的提高,在较小的程度上是靠提高效率实现的。例如,根据我们的计算,1981—1985 年中国工业中的全要素生产率(TFP)年提高率只有 0.6%,它虽然高于 1956—1979 年期间的 0.1%,但大大低于 1953—1957 年的 3.8%的水平。1981—1985 年全要素生产率(TFP)增长占工业产出增长的比重为 8.2%,也低于世界主要国家的水平。同时,通货膨胀率提高和财政赤字增加的趋势也日益明显。特别是到了 1984 年,货币供应量急剧增加,现金(M₀)投放一年增加了 50%,中国的国民经济面临通货膨胀的危险。

面对着这种矛盾的现象,中国经济学家作出了不同的判断。

某些赞成以"放权让利"为主要方向的改革者认为,工农业生产的高速增长,说明"放权让利"的战略取得了巨大的成功。由于它给予地方和企业以权力,增进了生产者的利益,已经调动起地方、企业和个人的积极性,从而促进了中国经济的"起飞"。他们还认为,国际经验证明,无论是发达国家还是发展中国家,特别是在高速增长的"起飞"时期,货币供给增长超过产出增长速度,都是有利于增长而没有危险的。

另外一些改革者(本文作者也在内),则作出了完全不同的判断。他们认为,1984 年以后的经济波动以及 1985 年经济调整未能收到预期效果的深层原因,是现有的"经济结构和经济体制存在某些根本性的缺陷"。就经济体制而论,主要表现为由行政管制和市场定价并存造成的价格"双重扭曲",以及由行政性分权造成的市场割据。而这种缺陷,决不是单靠各种形式的"放权让利"所能弥补的。[1] 它们的克服必须依靠深入的、系统的改革。以"放权让利"为主要内容的改革虽然能够大大提高地方、企业和生产者的积极性,但是仅此并不足以解决有效地配置资源这个首要的经济问题。在农业生产还在很大程度上带有一家一户自给自足性质的条件下,调动了农民家庭经营的积极性,就能使整个农业情况完全改观。但是对分工复杂、生产单位之间密切依赖的城市经济来说,如果仅仅有个别生产者的积极性,而不能做到资源的优化配置,就不能取得良好效果,甚至会引起经济的混乱。

理论分析和实践经验都已证明,由于市场经济中资源有效配置要靠能够反映资源稀缺程度的市场价格体系,一个竞争性市场未能建立、价格体系很不合理的市场经济(在中国的正式说法是"商品经济")是无法有效运行的。在目前的中国经济中,不仅要素市场未能建立,商品市场也不能说真正建立了。这主要表现在:(1)价格体系存在"双重扭曲",即一方面由于几十年行政定价制度造成了各种产品之间的相对价格(比价)不合理,另一方面由于目前定价制度的"双轨制",造成了一物多价、差别悬殊的状况;(2)行政性的地方分权,促成了市场割据和保护主义的发展,妨碍

---

1 参见吴敬琏、胡季等(1986):《论经济增长的有效约束》,载《经济研究》,1986 年第 5 期;《目前流动资金问题及其对策》,载《财贸经济》,1986 年第 8 期。

统一市场的形成。这都使市场机制难以有效地发挥作用。中国经济经历了几年顺利发展后面临的新挑战是：旧的命令经济体制已经在多方面被突破，而市场机制又没有作为一个体系建立起来，在经济中就会出现两种体制都不能有效地发生作用的情况。在双重体制胶着对峙的情况下，经济管理的漏洞很多，资源不能得到有效配置，增加了抑制扩张冲动和需求膨胀的难度，同时"放权让利"又要求国家财政特别是中央财政增支减收，这就使中国经济面临很大的财政赤字和通货膨胀的压力。这种情况不能长期持续，应当尽快改变。

三、 1985—1986："三环节配套改革"还是绕开价格的"微观改革"

1985 年和那以后的一段时间里，中国经济学家对中国经济进行了深入的分析，探索进一步改革的方向。一些对是否应当继续沿着"放权让利"方向前进持有怀疑态度的经济学家从各自的研究中得出了大致相同的结论，这就是：经济结构和经济体制中存在的许多问题，都与迄今为止的改革不系统、不配套有关。救治之策在于推进配套改革，使新经济体制的主要支柱较快地建立起来。于是，逐渐形成了一种被叫做"协调改革论"或"整体改革论"的改革思路。这种思路力求从中国的实际出发，把现代经济学理论同世界各国经济发展和经济改革的经验、包括我们自己的经验紧密结合起来，发展有关经济改革的理论和政策体系。他们的主张主要是：

——"有计划商品经济"，或者说有宏观经济管理的市场经济，是一个体系。这个体系主要是由自主经营自负盈亏的企业、竞争性的市场体系和主要通过市场进行调节的宏观经济管理体系三者组成。作为一个体系，以上三个方面是互相联系、互相制约、密不可分的。只有这三个支柱初步树立起来，这种经济体系才能够有效率。因此，经济改革必须在这三个互相联系的方面同步配套地进行。

——在以上三个环节中，保证市场机制能够发挥作用的价格形成和价格体系改革始终是经济改革的最困难也是最落后的环节。从这个意义上说，《中共中央关于经济体制改革的决定》中有关"价格改革是整个经济体制改革成败的关键"的论断是完全正确的。为了使新体制配起套来，当前改革工作的重点应当是尽快实现价格的改革,同时,进行税收、财政、金融和内外贸体制改革[1],以便为企业在公平竞争中发挥活力创造必要的市场环境。

——正如国际经验反复证明了的,通货膨胀既不利于发展,也不利于改革。同时,考虑到社会的承受力,进行价格体系的全面改革,要以总需求同总供给比较协调、经济环境比较宽松、国家财力有一定的余地为前提,以便重大价格改革措施出台时不致出现严重的通货膨胀。因此,党和政府应当采取果断的态度,抑制需求,改善供给。在环境得到一定程度的治理的条件下,迅速推出配套改革的第一批措施,让新经济体制运转起来,促使国民经济尽快转入良性循环。

在 1985 年下半年和 1986 年上半年的讨论中,所谓"整体协调改革论"的影响得到了加强。特别是 1985 年 9 月中共全国代表会议通过的《中共中央关于制定国民经济和社会发展第七个五年计划(1986—1990年)的建议》(下称《建议》),确定了以坚持社会总需求和总供给的基本平衡,避免经济生活的紧张和紊乱,为改革创造良好的经济环境作为"七五"的指导思想;并在此基础上,进行企业、市场、宏观调节体系的配套改革,力争在 5 年或更长一些的时间内,基本上奠定有中国特色的社会主义经济体制的基础。这就为进一步推进改革指明了方向。

根据中共中央《建议》的精神,中国政府确定 1986 年经济工作方针,是继续加强和改善宏观控制,抑制需求和改善供给,从各方面作好准备,使改革能够在 1987 年迈出决定性的步子。[2] 接着,国务院所属的经济改革方案研讨小组办公室(通称"方案办")就着手拟定"七五"时期"总体设计,分步实施"的改革方案。根据前面所说的思路,当时设想"七五"前期的改革以价格、税收、财政、金融和内外贸为重点,其他方面的改革,包括企业经营机制改革配合进行。价、税、财、金改革的主要内容是:采取"先调后放"的方法,在两三年的时间内实现主要原材料、能源、交通运输价格

---

1 本书作者在《经济波动与双重体制》(载《财贸经济》,1986 年第 6 期)一文中的有关论述,反映了"协调改革论"者当时对价、税、财、金改革的想法。

2 参见赵紫阳(1986):《当前经济形势和今年经济工作的任务——在全国经济工作会议上的讲话》,1986 年 1 月 13 日。

的改革,竞争性部门的价格基本放开;与价格改革相配合,用增值税代替产品税,建立包括资金税、土地使用税费、矿产资源税费等的资源税体系,以便为各类型的企业设立大体平等的竞争环境;在价税改革的基础上和明确划分各级政府职能的前提下,分步骤地用"分税制"取代目前按企业行政隶属关系征缴收入、各级政府包揽过多微观经济职能的财政体制;建立适合于市场经济的金融制度,基层银行实行企业化经营;中央银行广泛运用间接手段调节资本供求,保证货币稳定。预期实现了这些改革以及其他方面的配套改革,再经过几年的补充和完善,就可以在"七五"末期或"八五"初期构建新体制的初步框架,使有宏观调节的市场机制在国民经济中发挥主导作用。

1986 年 3—8 月制定的方案,在 8、9 月间得到党政领导的批准,但后来没有付诸实施。主要的原因是:

首先,整体协调改革思路在经济和政治上的正确性和可行性受到怀疑。对于改革是否应当总体设计、配套实施,历来是有争论的。有一部分改革者认为,新体制的建立是一个自然发育过程,不可能预先设计,而只能什么好改就改什么,走到哪里算哪里。对于把价格体系、税收制度和财政体制作为改革的重点,反对的人更多。反对"整体协调改革论"的经济学家的主要论点是:

——价格改革意味着巨大的利益关系调整,不能普遍地给各个社会集团带来好处,难度和风险都太大。而且目前的价格以及其他方面的"双轨制",已经使市场机制能够发挥作用,不必急于改变。目前中国经济的主要问题在于企业的财产关系不明确,缺乏自主权。因此,应当推迟价格改革,优先实现企业"所有制改革"或者国民经济的"微观基础再造"[1]。

---

1 厉以宁指出"经济改革的失败可能是由于价格改革的失败,但成功并不取决于价格改革,而取决于所有制改革"。因此,他主张推迟价格改革,估计先用 50 年(或 15 年)左右的时间改革所有制,然后改革才能走上坦途(载《北京日报》,1986 年 5 月 19 日;载《理论信息报》,1986 年 11 月 3 日;载《世界经济导报》,1986 年 11 月 8 日)。华生等也认为,价格以及其他方面的双轨制是"中国经济体制改革的伟大创造",它"使得在整个庞大的运行体制转换结束之前就能冲决企业间不平等的'种姓制度'",使"企业挣脱行政隶属和等级差别的羁绊",因此,无需加以改变。"城市经济改革的中心环节"应当是"重新构造微观经济细胞"。[华生等(1986):《中国:进一步改革的问题和思路》,载《北京日报》,1986 年 3 月 3 日;《经济运行模式的转换——试论中国进一步改革的问题和思路》,载《经济研究》,1986 年第 2 期]

——行政性分权或地方分权，是中国改革的必由之路。在中国这样一个错综复杂、地区差异极大的发展中大国中，如果"走统一市场的道路"，"生产布局会全面恶化"。而且在中国，"整个社会的经济活动，既不能由中央计划包打一切，也不能靠市场机制独步天下。因此，必须克服经济性分权——'要么中央管、要么企业管'这种脱离现实的幻觉"，不是直接由企业，而是由地方政府"承接"中央政府下放的指令性计划权力。[1]

——供不应求的"紧运行"状态，是社会主义经济的常态。即使有可能造成相对宽松一点的经济环境，也只能是深化改革的结果，而不是全面改革的前提。在中国这样一个发展中国家，国民经济在可以预见的时期中，将始终处在总需求超过总供给的状态之中。如果想人为地用宏观控制措施压制需求和限制货币供应量，不但不利于高速增长，而且会损害各方面的利益，从而招致人们对改革的支持减弱。因此，"紧"的宏观经济政策是不可取的，相对宽松环境在全部改革特别是企业改革实现以前，也决无可能出现。[2]

以上观点在 1986 年第 4 季度后逐渐居于优势。价、税、财、金、贸配套改革的方案被放弃，改革重点转向以推行"承包经营责任制"为主要形式的企业经营机制改革。按照另一些"转变企业内部运行机制"论者的说法，1986 年的一项重大成就在于摆脱了"'一步到位''加快过渡'的气氛和压力"，作好了进行"几代人努力的长期准备"，完成了决策思想上的"历史性转折"。由于实现了这一转折，从 1986 年后期起，中国经济开始再次"稳定好转"，"出现稳步发展的势头"。这样，就"在经济发展和体制改革两个方面确立了新的历史起点。"[3]

其次，1986 年设计的价、税、财、金、贸配套改革之所以不能推出，对于

1　华生、何家成、张学军、罗小朋、边勇壮(1986):《经济运行模式的转换——试论中国进一步改革的问题和思路》，载《经济研究》，1986 年第 2 期；北京青年经济学会理论组(1987):《加快改革步伐，全面深化改革——论中国经济改革的任务和道路》，载《中国：发展与改革》，1987 年第 9 期。

2　厉以宁(1986):《关于经济改革中急待研究的几个理论问题》，见《经济发展与体制改革》，1986 年第 5 期；厉以宁(1986):《社会主义政治经济学》，北京：商务印书馆，1986 年。

3　何家成、张学军、华生、罗小朋、边勇壮:《中国：经济稳定好转与改革历史性转折——北京青年理论工作者论述去年经济形势与今年对策》，《世界经济导报》，1987 年 1 月 19 日。

"协调改革论"者来说,则主要是由于改革所需要的良好环境未能出现。既然较为宽松的环境是配套改革的必要前提,所谓"协调改革论者"通常都是稳定经济和加强宏观控制政策的支持者。他们认为,1986年应当继续执行加强和改善宏观控制的方针,采取偏紧的宏观经济政策,以便为改革在1987年迈出决定性的步子准备良好的经济环境。但是,要坚持这样做是不容易的,它往往会受到把高增长放在优先地位的人们和从现行体制得到较大利益的人们的反对。特别是工业生产增长速度在1986年2月份急剧下降到0.9%以后,越来越多的人不赞成执行偏紧的宏观经济政策。1986年3月中央银行决定放松对信贷的控制,货币供应从第二季度起急剧增加。结果1986年度广义货币M_2的供应约增加25%,大大超过了当年国民收入7.4%的增长率。这预示着1987年面临较大的通货膨胀压力。因此,连价、税、财、金、贸配套方案的设计者也认为,1987年将不具备实施这一方案的条件。当务之急,是以更大的决心加强环境治理,为配套改革创造条件和作好准备,以便尽快地迈出决定性的步子。如果为近期的高速增长和花哨热闹的单项"改革"所陶醉,再次贻误时机,将会铸成更大的错误。

四、 简短的结束语

从以上历史的叙述可以看到,对改革战略选择的两种不同看法,是以对市场经济及其运行机理的认识分歧为基础的。实际政策的争论焦点,则是改革能不能绕过价格改革和市场体系的建立来进行。不赞成社会主义经济可以是市场经济的人们和不了解价格系统在市场经济中的作用的人们都会认为,推迟价格改革乃至不进行价格改革更为有利和风险更小。

对于绕过价格改革,以企业经营机制或所有制为突破口的战略选择是否风险最小、成功的可能最大,"协调改革论者"是持有异议的。在我们看来,国有企业经营机制的改革,包括国家机关作为社会经济调节者职能与所有者代表职能的分离,以及法人持股为主的股份公司的建立等,十分重要,应当立即着手进行。但是,这不应成为推迟价格改革的理由。因为在价格没有理顺、市场体系没有建立、公平竞争的环境没有形成的条件下,企业不可能真正摆脱对上级行政机关的"纵向从属",行使决定产出结构、安排购销关系和作出投资决策的自主权。在这种条件下,企业虽然能在一定范围内参加市场活动,但它所面对的是一个有强烈的行政干预、很不完善的市场,企业的交易条件是由行政当局决定的。它们只能像科尔奈所说:"一只眼睛盯着市场,一只眼睛盯着上级。"而在中国的条件下,则主要是盯着上级。在不正常的市场环境下,相当一部分企业的行为会偏离靠改善经营管理来取得盈利的正确方向,而像提高经济效率、抑制通货膨胀、实现较公正的分配,以及控制从差价牟取暴利的"倒爷"活动和以权谋私的腐败行为的蔓延等问题,却可能不易顺利解决。因此,旨在建立市场机制的配套改革越是向后拖延,对发展和改革越是不利。东欧一些社会主义国家改革的经验说明:在开始改革、逐步破除旧体制以后,如果不能在较短的时期内建立初步的竞争性市场体系,那么,就会形成某种继续采取行政协调方式、而不是市场协调方式的货币经济。这是一种不能有效配置稀缺资源,只能导致停滞膨胀的经济体制。在这种体制下,经过少则三五年、多则十几年的相持阶段,这些国家的经济改革和国民经济发展无一例外地陷入了进退两难的困境。

目前我国经济学界关于两种改革战略选择的讨论还在进行[1],究竟哪一种战略选择更为合适、更有利于改革的成功进行和生产的持续稳定增长,将由中国改革的实际发展来判定。

---

1 我在《关于改革战略选择的若干思考》(载《经济研究》,1987年第3期)这篇引起了强烈批评的论文中,根据"整体改革论"者的思路,提出了以下六个战略选择问题来进行讨论,它们是:(1)继续把"放权"和"让利"作为改革的主要内容,还是把主要注意力放到建立有宏观管理的市场经济体系上来;(2)是边走边看地进行单项突进式的局部改革,还是进行总体设计,分步实施同步配套的改革;(3)中长期目标选择,是原始的市场经济,还是有宏观管理的市场经济;(4)在国民经济的总量管理上,是实行命令经济框架下的"行政性分权",还是依托于一体化的国内市场进行统一调节;(5)靠扩张性的宏观经济政策来支持增长、改革,还是采取偏紧的政策来保证稳定增长和改革的顺利进行与体制的有效运转;(6)应当让当前这种"双轨价格"并存、双重体制对峙、新经济机制不能有效发挥作用的状态长期延续,还是采取果断措施,在较短的时期内形成社会主义的市场经济的基本框架,使新经济机制能够发挥主导的作用。相反的观点可以参看"北京青年经济学会理论组"的《加快改革步伐,全面深化改革——论中国经济改革的任务和道路》(载《中国:发展与改革》,1987年第9期)一文。这篇文章强调指出,"我们走了一条适合中国国情的特殊道路,其中最显著的是以计划、物资、价格的'双轨制'为特征的渐进转轨方式",如果不是走这条道路,而是企图"用别国的经验和理论来剪裁中国的实践","寄希望于总体配套和一揽子转轨,只能导致改革的夭折。"

中国经济体制改革面临的局势与抉择 [*]

——整体协调改革的基本思路和几种实施构想

（1987 年 12 月）

1984 年以来，我国经济改革进入了新旧体制相持阶段。理论分析和社会主义国家的实践都表明：如果不能使改革在不长的时期内有一个较大的突破，尽快摆脱新旧两种体制都不能发挥整体功能的状况，国民经济长期带病运转，经济发展和体制改革很容易陷入南斯拉夫、匈牙利等国目前的困境。因此，中国经济改革面临着战略抉择。

一、 改革面临的局势

1. 我国八年经济体制改革的成就是巨大的。群众改革的热情已经激发起来，从多方面突破了传统的僵化的体制，市场机制开始在某些方面发挥作用。这一切，推动了经济的高速增长和人民生活水平的较大提高。特别是最近闭幕的中共"十三大"明确肯定了改革的目标是建立"国家调节市场，市场引导企业"的新体制，制定了加快和深化改革的方针。这些，都为在近期把改革推进到一个新阶段打下了基础。

但也必须看到，我国经济改革只是顺利通过了制造舆论、发动群众和使新体制的某些要素在国民经济中试行的发动阶段，从旧体制到新体制

---

* 这是本书作者 1987 年 12 月 23 日在国家体改委召开的"经济体制改革中期目标和基本思路研讨会"上的讲话。参加研究和讨论还有周小川、楼继伟、郭树清、李剑阁、石小敏、冯艾玲、刘力群、杨建华、马建堂、朱争鸣、吴仁洪、张春霖。载《管理世界》，1988 年第 4 期。

的转轨还没有取得决定性的胜利。旧体制虽然已经在许多方面被突破，指令性计划的范围日益缩小，但是，新体制的主要支柱还没有建立起来，因而不能发挥它的整体功能。这种状态，使经济发展出现了一些值得注意的新问题。如果这种状况久拖不决，由两种体制难于互相补充和协调运转而造成的损失有可能大大冲淡旧体制局部破除、新体制部分引入带来的好处，从而会孕育某种风险。

2. 大多数经济问题，都可以归结为有限资源的有效配置和利用。因此，任何一种经济都需要通过一定的社会经济机制，协调各部门、各地区和各个企业的经济活动，实现这种配置和利用。这也就是经济体制的基本功能。但是在我国目前的双重体制下，新旧两种体制谁也不能发挥这种现代社会不可一日或缺的功能。目前在我国，一方面，随着指令性计划作用的缩小和地方、企业决策权的扩大，中央政府在全国范围内通过行政手段直接配置资源的能力已经大大削弱；另一方面，由于市场信号严重扭曲，市场割据趋于加剧，完整的商品市场没有形成，要素市场尚待建立，市场机制仍不能引导企业作出正确的、有利于社会资源有效配置的决策。这样，不仅社会经济效益不能有较大提高，经济生活中还出现了剧烈摩擦和许多漏洞。

3. 现行经济体系整体功能的失灵，使宏观的资源配置效益和微观的营运操作效益下降，近几年我们遇到的不少难题，以及社会经济生活中出现的其他一些消极现象，大多根源于此。

● 1985 年以来，经济效益呈现下降趋势。根据我们的计算，1983 年和 1984 年我国承担着很大生产任务和财政任务的独立核算工业企业的全要素生产率（TFP）分别提高了 3.5％和 7.7％，这个数字虽然大于 1978 年前 20 年的负增长，但与其他国家相比还是比较低的。而 1985 年的提高率只有 2.6％，1986 年进一步降为－7.1％。1986 年预算内工业企业的实现利税大幅度下降。今年数字有所回升，但其中包含着相当一部分物价上涨的因素，从用不变价计算的产值增长率与用现价计算的销售收入增长率之间的显著差额可以清楚地看出这一点。

● 产业结构中短缺与过剩并存的矛盾在加深。在不合理价格体系的引导下，一方面，基础产业与基础设施的供给严重不足。另一方面，不少加工行业的生产能力大量过剩,但加工行业的投资仍在以比基础行业投资高得多的速度扩张。

● 原来由指令性的物资调拨计划实现的在不同地区间配置资源的功能大大削弱,而唯一能替代实施这一功能的统一市场又远未形成。相反,在财政、企业管理、物资管理和投资管理等方面实行行政性分权和部门包干制,使条块分割、自成体系和相互封锁的趋势加强。日益分割的市场使大城市和大企业遇到越来越大的困难,很难发挥改革主力军和现代化火车头的作用。

● 经济效益不高,意味着高投入、低产出,这在直接导致供给有效增加不足的同时,也必然因大量投入要转化为多种货币需求而使需求膨胀难以得到有效抑制。既然在商品经济中"价格水平变动是一种货币现象",只要总需求大大超过总供给,货币供应过量、物价波动就不可避免。从1985年以来,已经连续三年发生中度通货膨胀。加之由于经济体制中空隙和漏洞很多,分配不公、收入悬殊的情况有所加剧,居民中实际生活水平下降部分的比重正在逐步扩大。

● 由双重体制对峙形成的行政权力与货币关系相交错的经济环境,很容易成为产生贪污受贿和其他以权谋私行为的土壤。近年来党政机关、公有制企业干部队伍中腐败现象的滋生,向我们发出了某种预警信号。

4. 对于改革所面临的局势,国内经济界一直存在不同的估计。今年早些时候,有些同志对今年的经济形势做过十分乐观的估计,认为去年克服了加快从旧体制向新体制过渡的"气氛和压力"以后,中国经济已经实现历史性转折,正在稳定好转,财政和金融出现的问题只是某种假象,不必介意。现在事实大致证明他们的判断是不正确的。不过有些论者仍然寄希望于绕开理顺价格、放开市场的根本性改革,按照目前的改革思路继续向前推进,或者在现行体制下作某些政策调整。认为只要这样做,财政经济情况就会日趋好转,改革也会不断深化。我们认为,这种判断似嫌根据不足。1986年冬季以来按照这种路子采取措施,虽然在某些局部范围收到了一些效果,但是宏观经济的中长期趋势并未出现转折的迹象。事实上,只要现行体制不能保证资源配置状况和经济效益有显著的改善,由于矛盾的积累,我国财政经济的状况和改革的推进在中期很可能遇到更大的困难。例如,财政赤字和通货膨胀的持续、财经纪律的松弛、分配不公的加剧、腐败现象的蔓延等等,都会对经济发展和改革事业构成巨大的威胁。虽然有些问题目前也许还只是一些"起于青萍之末"的迹象,但是我们显然应当见微知著,防患于未然。现在国外已经有人在议论,中国是否有可能变成像东南亚或者拉美某些国家那种经济秩序紊乱、以贿赂"润滑"的官僚腐败经济。

我们决不能让这类"预言"成为现实。总之,我们不能因为改革发动时期由打破僵化模式而产生的兴高采烈、生动活泼气氛而自满自足;更不能由于以为双重体制能够靠没有风险的小动作日积月累而逐渐过渡到新体制而心存侥幸,而必须在科学分析的基础上及时作出果断的决策,采取有效步骤,尽快走出相持阶段,实现经济体制的基本转轨,让新体制在国民经济中发挥主导作用,使经济发展和体制改革转入互相支持、互相促进的良性循环。

5. 我国开始全面改革的时间还不长,某些具体措施很难只凭一时一地的效果作出全面评价,否则难免像 1984 年认为我国农业已经过关那样,作出错误的判断。我们要注重根据近年来自己的实践经验作出实证分析,并尽力保证这种分析的客观性和严格性;还要避免对实践是检验真理的唯一标准这一原则作狭隘的理解,要在研究和总结自己的实践经验的同时,深入研究别人和前人的实践,以及在这种实践基础上总结出来的理论;对那些处于与我国类似状况下的国家的经验,进行广泛的国际比较,注意掌握其中具有规律性的东西。

东欧各国改革的历史说明,就改革的总体进程而言,双重体制相持阶段是一个关键时刻。它既孕育着机会,也存在风险。如果新旧体制转轨迟迟不能取得突破,国民经济长期处在不能有效运转的状态下,就难免或迟或早地落入发展停滞、财政困窘、通货膨胀、人民生活水平增长缓慢甚至下降、改革得不到基本群众支持的困境。正如东欧经济学家和政府官员所分析的,近来南、匈、波等国出现的社会动荡和经济危机,并不是由某种外部因素造成的偶然事件,而主要是在这个关键时刻作出了错误的战略抉择。前车之覆,后车之鉴。我们应当从中吸取必要的教训,在改革发动时期经济发展和群众情绪尚处在高涨时就抓住时机,推进改革,避免陷入南、匈、波等国目前的两难困境。

二、 改革面临的基本战略选择

6. 关于如何推进改革,走出相持阶段,近几年经济界众说纷纭,学派繁多,其中影响最大的是两种思路。一是绕开价格改革,以推行层层承包为中心,增强地方、部门和企业的决策权力和财力,以便调动他们的积极性,搞活经济;一是以价、税、财、金、贸改革为重点,进行企业、市场、宏观调节体系三环节配套改革,尽快使有宏观经济管理的市场经济体系能够发挥功能。我们持后一种观点。

7. 前一种思路的要点,是尽量绕开价格改革这个难点来实现新旧体制的转轨。持这种观点的同志认为,价格改革意味着巨大的利益关系调整,不能普遍地给各个社会集团带来好处,难度和风险都太大;对价格改革操之过急,会造成整个改革的失败;而且目前价格和其他方面的"双轨制",已经使企业得以摆脱行政隶属关系,同时能够促使企业作出正确的"边际决策",从而在全社会范围内有效配置、合理利用资源,因而完全无须加以改变。由此得出的结论是,应当推迟价格改革,优先进行企业体制和其他方面的改革。

可是,正如理论分析和实践经验告诉我们的,在商品经济模式中,市场是国民经济有效运转的枢纽。没有合理的市场价格(包括货物价格和资金等要素价格),商品经济就不可能有效率。正因为如此,1984 年中共十二届三中全会《中共中央关于经济体制改革的决定》才强调指出:"价格体系的改革是整个经济体制改革成败的关键"。缺少这方面的改革,任何其他方面的改革都难以奏效。目前这种一方面各种商品的相对价格(比价)极不合理,另一方面一物多价、相差悬殊的价格体系,使决定企业行为和经济运转的各种市场参数严重扭曲,而行政权力在交易中仍然起着决定性的作用。在缺乏竞争性的市场环境的条件下,真正具有创新精神、对社会作出了贡献的经营者,未必能得到公正的评价和应得的奖励,而大小"倒爷"和各种不法分子却可以内外勾结,混水摸鱼,利用差价牟取暴利。

这些缺陷,正在发展成为社会问题。所以,采取在某些方面孤军突出的战略,回避在理顺价格体系和创造竞争性市场这一关键环节上采取决定性行动,不仅不能加强现行经济体制的整体有效性,反而会加剧体制内部的不协调,使经济运行中的矛盾加剧。不必讳言,进行价格改革有一定的风险,但是,如果企图用绕开价格改革走的办法来回避任何真正的改革以及由利益关系调整产生的短期风险,那就很有可能招致严重得多、甚至超出经济和政治承受能力的长期风险。"人无远虑,必有近忧"。我们必须在这两种风险中善自抉择。

8. 实施前一种思路最简便易行的办法,是在中央和地方、国家和部门之间实行财政收支、外汇收支以及重要的物资供应的"切块、包干"制度。在我国改革的历史上,已经多次以不同形式采用过类似的体制。其中主要的是,1958 年实行的财政分成包干、信贷差额包干和物资"地区平衡、差额调拨"制;1971 年的财政收支、物资分配和基建投资"大包干"制;1980 年的财政"分级包干"制;等等。经验表明,这些办法能够刺激地方和部门在"包"定的范围内增收减支的积极性。但是,它们无论对于行政性的宏观协调还是对于通过市场的宏观协调,都有较大的损害。例如,行政协调要求决策权的高度集中和政令统一,只有这样,中央才能号令全国,"如身之使臂,臂之使指,莫不制从"。而像 1958 年或 1971 年那样,在行政协调的总格局不变的条件下实行分权"包干",就会使"妨碍国家统一部署、损害全局利益的分散主义现象"[1] 层出不穷,难于扼止。又如,市场协调要求有一个一体化的而非条块分割的市场和依托于一体化市场的集中统一的总量调节。如果采取切块"包干"的办法,势必促使市场割据、流通阻滞的强化,妨碍统一市场的形成。至于在从旧体制向新体制转轨过渡时期,采取行政性分权的办法,更会使两种协调方式都受到损害,增加宏观经济的混乱。近年来条块分割、互相封锁情况的加剧和国家调控能力的削弱决非偶然。从保证行政权力起支配作用的体制做到令行禁止着眼,我国秦汉以来关于集权制与分封制利弊得失的讨论值得重视,从推进

---

1 刘少奇(1962):《在扩大的中央工作会议上的报告》,见《刘少奇选集(下)》,北京:人民出版社,1985 年,第 381 页。

市场导向的改革着眼,近来一些国外学者对于我国"财政分灶吃饭"和"利税包干"类似于18世纪封建主义欧洲的"包税制"(tax farming),极不利于国内市场形成和商品经济发展的批评[1],都值得我们认真考虑。

9. 在主张前一种思路的论者中,有一部分同志并不主张把工作的重点放在各级政府之间的"包干"分权上,而是主张"微观改革优先"。他们认为,应当首先完成"微观基础再造",然后才谈得上理顺价格和放开市场。我们觉得,这种想法有一定的片面性。企业经营机制改革是整个经济体制改革的重要组成部分,这是毫无疑义的。过去国家已经在这方面采取过一些措施,但还很不够,今后仍应采取合适的形式,大力加以推进。但是,企业改革的单项突进,肯定不能收到预期的效果。这是因为,独立自主、自负盈亏的企业,是不能同竞争性的市场相互割裂而孤立存在的。企业不仅是市场的主体,而且它本身就是市场关系的总和。在社会化的经济中,任何一个生产单位都要通过一定的社会组织与整个社会为数众多的其他生产单位发生千丝万缕的投入和产出联系;在现代社会中,这种联系或者通过市场—价格机制实现,或者通过国家的行政机构实现,二者必居其一。当市场—价格机制还没有建立起来的时候,协调的功能只能全部地或部分地由行政主管机关来行使。这样,在价格改革大大滞后的条件下,由于企业不是在竞争性市场的环境中经营的,它们不可能摆脱对上级主管机关的"纵向从属",不可能获得自主经营所必须的生产、供销、投资、外贸等决策权,社会也不可能实现对经营状况的市场客观评价。"微观改革优先"的思路具有两种不同的实施方案。一种是从明确国家与企业的利益关系入手,实行企业经营承包责任制。另一种是从明确国有企业的财产关系入手,采取各种股份制形式实现所有权与经营权的分离。

10. 建立在企业与上级主管机关之间一对一谈判确定承包条件基础上的企业承包责任制,是在价格和其他市场参数不合理条件下不得已采

---

1 英国经济学家波伊索特(Max Boisot)对该问题的论述见世界银行1987年8月调查报告:《中国国有企业的经营与组织》(*The Management and Organization of China's State Owned Enterprises*),打印稿。南斯拉夫经济学家拜特(Aleksander Bajt)则指出,南斯拉夫由企业向所属政府承担义务的"契约经济"(contract economy),实际上是某种类似于封建式的管理方式。[拜特(1985):《南斯拉夫经济体制改革的经验》,见中国经济体制改革研究会(1986):《宏观经济管理国际讨论会言论选编》,北京:经济日报出版社,1986年,第97页]

取的一种企业经营体制。由于稳定了承包期间企业经营的外部环境，并且根据各企业环境的情况决定"一户一率"的承包条件，因而从短期看，实行承包责任制确实在一定范围内扩大了企业的经营自主权，并在一定程度上调动了职工增产增收的积极性，推动了生产的增加，保证了财政收入指标的完成。但是我们也要清醒地看到，这种效益不大可能长时期地维持，它的内在缺陷的显露很可能淹没短期的利益。原因在于，这种制度并没有打破企业"纵向从属"于上级主管机关而不是"横向从属"于竞争性市场的基本格局，因而很难达到使企业获得根据市场供求情况进行经营决策的充分自主权，在硬预算约束下抑制需求，在提高效率的前提下改善供给，促进国民经济的紧张状态得到缓解的目标；并且与改革的长期目标难以协调。

● 首先，不论主要的承包条件是利润、利润＋资产增值或是其他，都是在目前的产品结构、价格结构、资金来源、销售条件下确定的。如果这些因素在执行过程中是可变的，企业完成承包条件的情况在很大程度上将会由这种变化决定，而不取决于它们的经营努力。如果要保持这些条件不变，则需要把它们纳入承包条件，甚至直接由上级规定和保证。可是这样一来，企业的产品结构、供销关系等决策实际上都将由企业的上级机关决定，企业自身并没有作出这些最重要的经营决策的自主权。此外，以往不合理的资源配置结构都将继续保持。在市场变化的条件下固化原有的结构，意味着资源配置状况的恶化。

● 由于企业对上级机关承担义务的大小和上级机关对企业经营条件的保证程度对企业的经营状况有决定性的影响，他们之间反复的讨价还价不可避免，而且这将强化企业对上级主管机关的从属关系，减弱已形成的那部分市场关系对企业行为的约束作用。

● 采用"一户一率"的方式确定承包条件，意在用不同的条件来校正外部条件不同给各企业经营带来的影响。可是这种条件规定得松紧高低，往往决定于非经济因素，带有主观性。结果，就免不了"以新的扭曲改正原有的扭曲"，"乱上加乱"，造成新的机会不均等、苦乐不均和不正当竞争。

● 承包目标的确定不可能使用多种指标，但是在缺乏公平竞争和市场约束的条件下,任何一个或几个指标,都会带来不正常的企业行为。例如,采用销售收入为主要指标,企业会采取涨价或变相涨价的办法来代替改善经营的努力。采用利润总额为主要指标,又会促使企业采取掠夺式的经济方式来取得更多的利润。此外,集体承包很可能使企业追求承包期间职工收入的最大化,从而宁愿少留多分,不愿进行具有长期效益的投资和有风险的创新活动,形成行为短期化倾向。而如果采用多目标承包,则除了规范化程度较低外,与旧体制下的指标考核并没有本质区别(例如目前有些地方实行的多目标承包,就与他们早就实行的"目标管理"办法没有区别)。

● 全面承包等于承认所有现有企业,包括经营不善和生产方向不当的企业存在的合理性,固化了不合理的经济结构,给结构调整和生产要素重组造成了障碍。同时,承包制固化了目前不合理的企业外部条件,增加了进一步改革的阻力。1986 年若干从承包中获得既得利益的企业和行业强烈反对旨在理顺价格、税收、财政体制的配套改革,就是这种情况的反映。

11. 股份制是与现代化大生产相适应的企业组织形式,也是社会主义国有大中企业经营机制改革的一种基本途径。我们现在就应采取实际步骤,通过国家经济调节机构与公有制所有权代表机构的分设和股份企业的建立,实现社会经济调节权、全民所有权和企业经营权的分离。但是,我们不能同意把理顺价格、放开市场的改革推迟到实现股份化以后去进行的主张。因为大企业股份化作用的发挥,有赖于竞争性市场体系的建立。没有后一条件的创立,即使国有大企业都股份化了,只要参数没能理顺,资源配置状况就不可能得到改善,同时由于缺乏市场资源分配的灵活性,股份化后的企业仍在许多方面不能自主决策。例如,股份制的一大优点,是有利于资金的合理流动和要素重组。然而这必须在利润率能够反映公司经营效益的情况下才能做到。在价格严重扭曲、盈利不反映实际效率的情况下,资金向最有效率的地方流动是完全没有保证的。而且,在我国的市场化改革严重落后的条件下,"股份化"的实现道路将是曲折的,并将演变为一件旷日持久的事情。例如,一位主张"股份制先行"的同志就认为,这种"所有制改革"需要 50 年。要让股份公司这样长时期地在极不健全的市场环境中茁壮成长,是很难想象的。

12. 从以上分析可见,对于市场导向的改革来说,逐步理顺价格是无论如何也绕不过去的。我们迟早要过这一关,迟迟不下决心会使问题越积越多。长时期来,我们注重了搞活企业的改革,而对建立竞争性市场问题重视不够,由于价格改革难度较大,还存在某种能拖就拖、畏葸不前的倾向。这使它变成了我国体制改革最落后的环节。针对这种情况,我们认为,当务之急是在这个长期落后环节上采取果断行动,使企业、市场、宏观调控体系等新体制的三个主要环节配起套来,只有这样,才能较快地走出相持阶段,开创我国体制改革的新局面。

有的同志认为,由于我国企业的素质太差,即使把价格体系初步理顺,它们也不会对价格信号作出反应,因此应当首先培育企业家精神,而不必急于着手进行价格改革。显然,这里对我国企业和企业家状况作出的分析,是夸张的和得不到统计验证的,因而从实证的角度看,违反科学精神;而且,即使完全肯定这种分析,也很难得出应当把价格改革放到企业经营机制改革以后再进行的结论。试想,如果说目前由于企业和企业家对市场信号的反应微弱,严重扭曲的市场信号对企业行为和资源配置的消极影响还受到抑制的话,那么,要是经过上述企业改革,企业和企业家对市场信号产生了敏感的响应,而市场信号的扭曲程度依然如故,甚至有增无减,它将对企业行为、资源配置和整个国民经济状况产生多么严重的影响,可以说是不言自明的。应当承认,我国国有企业长期在命令经济的环境中生活,习惯于被动地完成上级规定的指标,的确存在进取心和创新精神不足的弱点。但我们也应看到,八年来情况已经发生了不小的变化,特别在我国的长江三角洲、珠江三角洲等地区,这种变化更加显著。一批有强烈发展意识、竞争意识、盈利意识的企业家正在涌现。对此不应估计过低。现在的问题是,由于没有建立起竞争性市场,真正的企业家缺乏施展才能、演出威武雄壮活剧的舞台。不少企业经理和厂长在不平等竞争的条件下,不得不用大量的精力从事“政治活动”,拉关系,走后门,“跑部钱进”,争取特殊优惠。他们经营成果的优劣,在很大程度上取决于他们通过这类活动所取得的经营条件,而不取决于本身的经营努力。如果把市场体系初步建立起来,他们的经营才能就有了用武之地,使企业经济效益的提高与国民经济整体效益的提高协调并进。而社会经济效益的提高，又为我们在经济体制的各个环节上加快改革准备了更良好的环境。这样，才能够打破相持局面，为转入改革与发展相互促进的良性循环打开通路。沿着这条道路前进，新体制的最初步的框架将有可能在三五年的时间内建立。再经过一段时间的补充与完善，我们就可以建立起较为完备的社会主义市场经济体系。

三、 中期改革的主要内容

13. 根据以上协调改革的思路，目前的迫切任务是实现新旧体制的基本转轨，力争在三五年或者稍长一点时间内建立起新体制的初步框架，使它开始作为一个体系运转起来。要做到这一点，必须讲究转轨过渡的方法。我们认为，忽视国家对整个改革进程的领导作用和国有大中企业的骨干作用，以为可以通过自下而上的自发行动，或者原始市场经济的某种"自然演化过程"实现这种转轨，是不现实的。我们需要做的，是在中央的统一领导下，自上而下地推行分步骤的配套改革。在目前经济环境欠佳、国家的后备力量不足的情况下，应当选好重点，首先使新体制诸环节中落后的部分尽快赶上来，保证经济运转情况有显著改善。同时，在经济体制的其他环节，包括企业、流通、投资、计划、外贸，以及行业管理、产业政策的实施、咨询产业的建立等方面进行存利去弊的调整和有利于新体制配套的改革。

目前我国经济体制改革最紧迫的任务，是逐步建立竞争性的市场体系。要形成这样的体系，首先要以价格改革为重点，实行价、税、财、金、贸改革联动。同时，在这个基础上进行计划、投资、物资、外贸等方面的配套改革。然而，在目前总需求大大超过总供给的条件下，进行这样一种以价格改革为重点的配套改革，将不可避免地引发物价较大幅度上涨。这很可能是社会心理所难于承受的，因此需要在全面改革开始之前就对保证经济的稳定作出切实有效的部署，以便保证在改革迈出决定性的一步、推出以价格改革为重点的配套改革时，不致发生过分严重的通货膨胀。

这样，按照整体协调改革的思路，在中期需要完成以下三方面的任务：

第一，控制需求，改善供给，使总供给与总需求的差距大大缩小，财政和外汇都不过分紧张，以便为配套改革准备较为宽松的环境。

第二，以价格改革为重点，实行价、税、财、金、贸的改革联动，为市场活动提供较为合理的参数，为企业创造大体平等的竞争环境。

第三，积极推进国民经济体系其他方面的改革，以便与价、税、财、金、贸改革相配合，使新体制能够作为一个体系有效运转。

14. 环境准备的中心目标，是降低货币供应增长速度，减少财政赤字，适当增加外汇储备，特别是要增加中央可以支配的财力，以便支持国家采取的重大改革步骤。

为达到这一目的，关键是要在一个时期内执行紧的或较紧的财政、货币和收入分配政策，坚决控制总需求。由于市场体系尚未确立，实现这一任务在开始时可能要在一定程度上依靠直接的行政手段。但随着改革措施的逐步实施，经济手段将逐步取代行政手段。

环境准备工作的具体内容主要是：

（1）压缩投资总规模，调整投资结构。进一步提高投资贷款利率（对需要发展的低盈利部门实行财政贴息）。压缩重点是楼、堂、馆、所等高标准的消费性投资、长线生产部门投资；至于短线部门投资，不但不应压缩，还应适当增加。

（2）调整中央、地方、企业和个人之间的分配结构，适当增加国家集中的财力，改善税制，强化对个人收入调节税及其他税种的征收，堵塞漏洞，杜绝浪费。

（3）严格控制消费基金总量的增长，改善消费收入分配结构。控制流通部门和各种中间环节的收入增长，改善目前普遍偏低的知识分子的待遇，对因物价上涨受到损失的群众给予补偿。要坚决打击贪污、盗窃、以权谋私和大小"倒爷"利用差价牟取暴利的活动。

（4）整顿财经纪律，清理规章制度。对于某些不利于稳定经济的相互矛盾的政策和放权规定作出调整。充分运用经济政策，包括提高存贷款利率，强化对货币供应的管理、广泛采取投资"先存后用"（对于非重点部门可以延长到一年）办法，精简机构，严格限制社会集团消费等等来控制需求。坚决打击各种贪污盗窃和渎职活动。

（5）采用现有的各种政策手段，保证经济结构的改善。特别是要在坚决摒弃追求工业发展高指标的同时，用调整各类农村居民的收入结构、适当增加从事种植业的农民的收入、鼓励农民投资的积极性、增加国家对大型农田水利建设投资等办法，保证农产品供给的稳定增长。同时，要改善农产品消费结构，抑制不合理的需求。

（6）对于目前种类繁多，承包条件不尽合理，存在"苦乐不均"现象的部门和单位进行复核和调整，加强对企业工作的考核。严格对企业各类基金使用的稽核。制定公正竞争法并严格执行。以贿赂和变相贿赂方法招徕生意或取得紧俏商品应依法论处。

（7）责成人民银行以经济的和行政的办法双管齐下，严格控制信贷总额和货币发行量，严格控制贷款额度，不得超过。

这项工作成败的关键，是领导上对问题有明确的认识和坚定的决心。同时，要统一全党的思想，严肃纪律，做到令行禁止，保证有关措施不折不扣地得到执行。

15. 价、税、财、金、贸联动改革的目标，是克服目前在价格体系、税制、财政体制和金融体制上存在的重大缺陷，理顺市场参数，形成大体平等的竞争环境，建立进行间接宏观调节的基础。它的具体内容主要是：

（1）价格改革。以原材料、能源价格为重点，采取"先调后放"的办法，先调整长期偏低的调拨价，一旦调拨价接近均衡价格，就可以将该种产品的价格放开。制成品价格随着原材料、能源价格的理顺，较快地逐步放开。经过价格改革，在竞争性部门中，除少数增产受自然资源限制的产品外，价格全部放开，随行就市。非竞争性的自然垄断部门，在生产者和消费者代表参加下由物价主管机关定价。

（2）税制改革。配合价格改革，将产品税改变为增值税，开征各种资源税费，贯彻公平税负的原则，为企业创造大体平等的竞争条件。初级产品和制成品的税制改革分别采取税随价动和价随税动两种配套方法。初级产品提价收入，绝大部分用资源税和流转税收上来。在制成品环节，推行税率规范化的增值税，按保证行业平均利润的要求，随税调整价格。应随着初级产品价格的调整，归并制成品的产品税率档次，相应调整制成品价格。产品税除了保留消费税的产品外,基本统一为规范化的增值税。为了防止短期内冲击过大,可对其中大部分企业核定不同的定期递减的补贴或信贷支持,迫使它们限期改造、重新定向,并实现企业兼并、破产以及职工出路等方面的"软着陆"。

(3)财政体制改革。重点是调整中央同地方的财政关系,改变各级财政按行政隶属关系划分支出、征交收入的体制,消除条块分割加剧的财政基础。首先是合理划分事权,其中最重要的是将宏观经济的管理权集中到中央。第二,根据事权划分决定各级财政的支出项目和支出水平。第三,根据事权划分原则,在合理划定各级政府事权的基础上,实行按事权决定财权,按税种划分收入的"分税制"。划分税种的原则是:凡与国民经济的全局性政策和总量管理密切相关、以及为保证商品在全国统一市场上自由流通必须统一课征的税种,应划为中央专享税;凡地域性较强,与地方政府管理职能关系密切,税源分散,基本依靠地方政府监督征收的税种,应划为地方税;介乎二者之间的,划为共享税。这样,流转税将大部分集中到中央,资源、财产类税费大部分留归地方,所得税利为共享税。第四,建立财源调整制度。按照税种划分的原则,中央财政收入会占全部财政收入的较大比例。地方财政除取得分税收入外,还可以从中央财政得到定额补助和专项补助。

(4)金融体制改革。强化中央银行稳定货币的职能。人民银行在明确与其他银行的财产关系的基础上,对整个金融系统以间接调控为主,同时也不排斥必要的直接调控(如贷款总额控制)。理顺银行与银行之间、银行与企业客户之间的财产和债务关系。从事短期信用业务的专业银行基本应实行企业化经营。建立几个业务交叉的长期信用银行和进行对战略性产业和非盈利性事业的政策性融资政府金融机构。实行在中央银行间接调节下的浮动利率制度,使利率成为调节资金供求的一种主要手段。所有银行都要摆脱地方和部门的行政控制,按照国家法令独立从事金融业务。

(5)贸易体制的改革。根据市场学的原理和目前我国物资供求的实际情况,在价格关系初步理顺以后,大部分物资流通都可以放开。物资部门不再具有主管物资分配的行政职能,真正转变为批发贸易企业。同时,应当有计划地组织若干个能够稳定且有效率地从事生产资料贸易的大型商社,它们业务交叉,开展竞争。对于少数国家必须掌握的战略物资,也要逐步过渡到按照"保量不保价"的原则,由国家特设的采购部门进行强制性定货。随着价格的放开,国有商业企业不再承担平抑物价的职能,与其他形式的商业企业展开平等竞争。

外贸方面,首先要改变以往造成出口普遍亏损和"奖入限出"的财务体制,通过汇率合理化、出口彻底退清间接税(包括关税)和改进金融手段的运用,为外贸企业创造打破垄断、开展竞争、在平等的财务待遇下实行企业化经营的条件。然后,贸易外汇可凭进口合同较自由地进行兑换。非贸易外汇在若干年内还需严格控制。经贸部实现政企分开,工作重点转向掌握政策和进行必要的行政管理,行政管理权要统一于中央。将有较多生产企业直接对外。进口全面推行代理制,不再给予补贴。

16. 其他方面的配套改革

(1)国有企业经营体制的改革。这项改革不必等待调整国民经济的大措施出台,现在即可着手进行。改革的基本要求是将调节社会经济的政府机构和作为全民财产所有者代表的产权机构分离开来,并使企业成为独立法人;并借此变更实行社会保障体制的改革。作为全民财产所有者的国家只是通过自己的代表(各级政府的财产部、业务相互交叉的投资公司、控股公司以及基金会)指派董事和审核批准董事会提出的收益分配方案,而不插手日常经营活动。在董事会的监督下,日常经营由聘任的经理全权负责。在开辟平等竞争条件的初期,一部分落后企业有可能由于以往某种非自身的原因而亏损,对于这类企业将给予递减的定期补贴(明补或贷款),限期扭亏,过期仍继续亏损的,将强制改组或拍卖。

(2)计划体制改革。计划体制改革的实质,是将计划机关由原来包揽一切宏观和微观决策,以分钱分物、实施指令性计划为主要职能的机关,转变为制定宏观计划、掌握国民经济总量平衡的枢纽。计划体制改革必须与其他方面的改革同步进行。但是由于国民经济不可一日无宏观协调,这种改革应当按照边立边破、先立后破的原则进行。计划改革实现以后,国家对必要的重点建设和教、科、文、卫项目的保障,以及对群众生活极个别项目的保障,将不再使用实物方式和低价投入方式,而改为使用真实价格条件下的预算保障方式。因此,重点建设的实施将不再依赖指令性计划。

(3) 组织制度的改革。以上各项改革,都是以"国家调节市场、市场引导企业"为原则展开的。因此,当以上的改革实现以后,原来按"条条""块块"以直接管理企业原则设置的各种机构将失去存在的意义,国家的行政管理、监督、预测、制定政策、运用经济杠杆的职能部门要加强,原来分钱分物的综合部门要逐步转化为进行宏观计划和总量管理的机构。在这一阶段,组织制度改革的主要内容是:第一,国税、统计、审计、工商行政、海关、外汇管理机构和中央银行都应实行垂直领导,同地方政府和综合部门脱钩。第二,设立从中央到地方的资源管理、资产管理、经济警察和司法行政等部门,对有关事物进行分级管理,中央管理部门应对地方管理部门具有指导和监督的职权。特别是第三,建立和壮大进行综合研究、政策设计的专家队伍,设立和完善有关咨询机构。

四、 中期整体协调改革的几种实施构想

17. 以上中期改革的基本内容,可以采取不同时间安排和措施搭配来实施。现在看来,这些实施构想各有利弊,需要根据我国当前的实际情况,审时度势,加以选择。中期改革可能的实施办法有以下几种:

18. 明确划分两个互相衔接的阶段,先治理环境,再配套改革的构想。

先用一两年的时间治理环境,同时做好配套改革的各项准备工作,一旦形成较为宽松的经济环境,即可推出价、税、财、金、贸的配套改革。这种构想的特点是:在环境治理阶段,由于经济体制各方面的改革只是相机进行,而不能迈出决定性的步子,改善财政经济状况的任务主要要靠原有机制和现有政策手段的运用来实现,并且要求行政决策权力的适当集中。这样,治理环境的工作就必须在中央的坚强领导和全党全国的一致努力下速战速胜,而不能久拖不决。否则加强集中统一和运用行政手段成为惯性,就会成为下一步配套改革的巨大障碍。

这种先治理环境、再配套改革的构想,设计了一种比较稳妥的整体改

革方案。由于治理环境的措施是坚持改革的中央领导主动采取的,配套改革的各方面准备又比较充分,改革能够比较顺利地向配套改革推移,因而,成功的把握比较大。但是,这种设想是在1985年初根据当时的情况提出的。当时财政经济情况恶化的苗头还刚刚出现,国家的宏观管理能力也比较强,因此预计经过1985年一年或1985—1986年两年的环境治理,就可以达到推出配套改革的环境要求。但是,经过1986年的反复,在目前的管理机制下用一、二年的时间创设出较为宽松的环境,可能是很难做到的。而环境治理旷日持久,或者意味着行政指令协调方式的稳固建立和恢复,或者无异于双重体制胶着对峙的混乱状态长期延续。这两种情况都是不利于体制改革的实现和经济的长期改革的。

19. 环境治理与配套改革结合进行的构想。

这种构想的特点,是在采取有力措施把总需求控制在一定范围内、确保不致发生严重通货膨胀的同时,分步进行价、税、财、金、贸的配套改革。比如说,在对财政支出、货币投放实行严格的行政控制,对暴利收入课以重税,以实行通货贬值与重点补偿相结合的方式消除目前在"暴发户"手中的过量货币的条件下,首先将价、税、财改革最落后部分,如生产资料价格调整、资源税类的开征、初步分税制的实行、汇率和利率条理化等推出。由于新体制的这种初步配套能够改善市场机制的作用,增强企业的活力和改善宏观管理,它的实现将有助于紧张经济环境的缓解。因此,只要这一步取得成功而没有发生严重混乱,经济环境改善和改革深化就有可能逐步转入良性循环。因而也就有可能逐步扩大改革的配套范围,直到形成新体制的初步框架。

这种构想避免了久拖不决的风险,但是由于它要在改革措施与经济环境之间维持微妙的平衡,执行的难度较大。如果领导决心不大、方案设计不周或执行不力,某些重要的环节不能"到位",就会在执行过程中出现重大挫折,导致严重混乱。因此,实施这种设想也有较大的风险,同时对各级领导部门的要求也比较高。如果领导有坚强的决心和信心,体改领导部门作出周密设计,并得到各级党政机关的拥护和认真执行,这种设想也是能够取得成功的。

20. 如果以上两种设想都不能得到采纳,就只能采取分解困难、逐步推进的办法来分步实现新体制各环节的配套问题。

21. 经过讨论，我们认为相对可行的分解办法是实行横向分解，就是先设法在一个足够大的地区，例如在一省或数省的范围内放开价格，并配套进行税、财、金、贸的改革，使"对外开放、对内搞活"的经济体系能够在该地区的范围内有效运转，然后逐步扩散，最终形成囊括整个国民经济的完整市场体系。目前我国东南地区已经涌现了一大批具有活力的企业，商品货币关系也有了较大的发展。在这种情况下，只要把这些地区的价格放开，形成竞争性的市场，它们的经济就将迅速进入"起飞"阶段。如果能够首先在这类地区，例如长江三角洲和珠江三角洲放开价格，实现初步配套改革，使它们的商品经济体系运转起来，通过它们的示范和带动，全国的商品经济体系将能够较快形成。

这种方案实施的难点，在于各个地区市场是同全国市场紧密联系在一起的，如果不能把两类市场适当隔离开，全国市场上严重扭曲的价格体系和混乱的市场关系，会给沿海先行地区的价、税改革带来困难，先行地区的价格水平要普遍高于国内现行价格的水平才可能正常地放开市场；而这样做又会把价格总水平的上升传递给内地，造成偏高的通货膨胀率，这又会对内地经济的正常运行形成严重的干扰。而要把三个三角洲这样广大地区的市场和内地市场隔开，即使不是绝不可能，也是很难做到的。

我们中间有些同志提出，可以沿海地区进一步对外开放的方式将国际市场价格首先引入沿海地区，在这类先行地区形成一个区域性、价格比较合理的商品市场，并在市场初步形成的过程中深化各方面的改革。然后让这种改革，特别是市场价格体系逐步传递到内地，从而逐步完成价格体系和市场形成改革。具体的做法是：允许沿海地区率先进行汇率、利率、价格、工资等方面的改革，同时，给予该地区的企业更大的内外贸（特别是外销）自主权。这样，引入国际市场价格，使该地区内各种产品的相对价格（比价）趋于合理化，而价格总水平会在一定程度上高于全国平均水平。在沿海地区绝大多数商品价格高于内地的情况下，在沿海与内地之间将出现各种产品大小不一的差价。在这种情况下，内地和沿海地区都会采取一定的保护措施。一方面，内地因不愿其低价资源被沿海吸引走，会采取某些行政性保护措施。另一方面，沿海开放地区对于个别价格低于内地的商品也会实行行政性管理、限量供应或凭外汇等价证券购买。这样就会形成一种只针对价格落差的、不大严格的隔离界限。与此同时，可以采取适当形式建立地区间正常的商品交换机制以及沿海合理价格体系向内地传递的机制。例如，可以考虑广泛利用外币和外币等价的金融工具（结汇证、留成额度、能够贴现外汇的任何金融票据和政府有意发放的外币等价票据）来进行沿海与内地的商品交换，而不必通过外商转手，这将在一定程度上减少市场封锁带来的经济效益损失。由于双方的外汇都比较紧张，这种交易的数量将是有限的，但合理价格的传递作用已在发生，在硬通货价格交易的比照下，旧的本币价格交易就会受一定的影响，交易额趋减。中央政府可根据经济形势允许的程度来增加或减少外汇等价金融票据的发放量，从而控制价格传递的速度。这种做法或许可以一定程度地转移通货膨胀和其他伴随的负作用的责任，但整个社会中的通货膨胀率较高，收入分配的不公正现象较严重。而且，实施这一构想，地区间的矛盾会有所发展。看来，即使采取了缓冲措施后，领导上也要准备承受由于各地区间发展差异拉大带来的种种责难与风险。在全国性市场不能较快形成的条件下，这种方案仍不失为一种很有吸引力的构想，值得进一步加以探索和论证。

整体改革论者的学术观点和政策主张[*]

（1988 年 2 月）

    中国的经济体制改革，已经进入了它的第十个年头。经过九年多来的工作，传统的封闭僵化体制已被冲破，富有生机和活力的新体制的各种要素正在成长。但是，新体制由于还没有作为一个体系建立起来，事实上不可能取代旧体制作为资源配置者的社会职能。于是新旧两种体制处于一种相互对峙、谁也不能有效发挥作用的状态。这样，在我国的国民经济运行中出现了大量的摩擦和冲突，某些社会矛盾也以新的形式出现在人们的面前。正是在这样的背景下，中国经济学界对经济发展和改革战略选择问题展开了广泛深入的讨论。讨论中，各种分歧意见之间相互辨驳切磋，其热烈程度为多年来所未有。现在奉献在读者面前的这本论文集，就是争论中一个学派（它往往被称为"协调改革论者"或"整体改革论者"）代表作品的汇编。我们在汇编时注意了避免论文集易于出现的松散凌乱的缺陷，尽可能使论文集比较系统全面地反映这一流派的学术观点和政策主张。当然，由于这些文章有的发表于报刊，有的是内部研究报告，也有的是讨论会上的发言稿，它们的体例和侧重点难免不够统一。但是，如果这本论文集能或多或少从一个侧面记录这一场对中国经济改革和经济科学的发展具有深远影响的争论，也是十分有意义的。

---

[*] 这是本书作者为《中国经济改革的整体设计》一书写的前言。见吴敬琏、周小川、楼继伟、郭树青、李剑阁等：《中国经济改革的整体设计》，北京：中国展望出版社，1988 年，第 1—15 页。

一

发生在 80 年代后期的这一场中国经济学界的大争论,有着深远的历史渊源和国际背景。

为了便于分析问题,我们可以将争论中的纷纭复杂的观点,大体分为两种基本的思路。

一种思路的要点是:(1)传统社会主义经济体制的根本弊病是决策权力过分集中,抑制了地方政府、生产单位和劳动者个人的积极性和主动性;(2)改革的要旨,在于改变这种状况,充分调动地方当局和生产者的积极性;(3)调动积极性,主要要靠下放行政权力和加强物质刺激来实现。这是改革的大方向。一切符合这个大方向的具体措施,都应当予以支持。

另外一种思路的要点是:(1)旧体制的各种弊病的根源,是用行政命令来配置资源,而这种配置资源方式是不可能有效率的;(2)对于高度社会化的现代经济而言,唯一可能有效替代依靠行政命令的资源配置方式的,是通过有宏观经济管理的市场制度来配置资源,它能够把为数众多、分散决策的独立生产者的主动性,引导到效益优化、稳定发展的社会目标上去;(3)因此,改革要以建立这种市场制度为目标同步配套地进行,只有有利于竞争性市场体系形成的具体改革措施,才是符合改革方向的和应当加以支持的。

第一种思路可以说曾经是大多数社会主义国家改革初期普遍得到承认的一种主流思路。我们自己,也在相当长的时期中不同程度地持有类似的观点。只是在经过了几十年曲折反复的实践以后,第二种思路才被中国和其他国家的经济学家提出并逐渐明晰起来。中国从 50 年代以来,有关经济改革基本理论和战略取舍的争论,几乎都是围绕上述基本问题进行的。

在社会主义各国中,中国是最早提出经济改革的国家之一。早在1956 年,党的领导就作出了必须进行经营管理体制改革的决定。基于当时对传统社会主义经济体制的认识,毛泽东在《论十大关系》一文中指出:"我们不能像苏联那样把什么都集中到中央,把地方卡得死死的,一点机动权也没有";"把什么东西统统都集中在中央或省市,不给工厂一点权力,一点机动的余地,一点利益,恐怕不妥"。这就决定了经济体制改革要以扩大地方政府和生产者的权利和利益为方向。但是,50年代中期的改革,是在"兴无灭资"和"反对修正主义"的政治气氛中进行的,因而市场方向的改革是"应毋庸议"的。虽然当时已经有个别经济学家指出,可供替代的体制,是由企业自由地根据市场价格变化来作出决策,但并没有引起大多数经济学家的注意。按照多数人可以接受的思路,1958年进行了中国社会主义经济建立后第一次经济改革,它的主要内容是扩大地方政府对于企业、物资供应、投资、信贷和计划的决策权。在保持命令经济的总框架不变的条件下实行的这一套层层分权措施,和农村政社合一的政治经济制度一起,形成了"大跃进"的组织基础。

1958年的经济混乱,给人造成了一个错误的印象,以为社会主义注定了不能实行分散决策。于是随着"大跃进"的失败,政府采取了一系列措施在财政、信贷和企业管辖权等方面重新集中化。但是,事实上并没有能够完全做到这点。1958年形成的这一套"行政性分权"的思想和实际做法在中国影响深远。一方面,使各级地方政府拥有较之多数命令经济国家更大的权力,而中央计划的约束力很弱,成为中国式命令经济的一种传统;另一方面,虽然改革的任务始终摆在日程上,而进行改革时,行政性分权几乎又是唯一的选择。因此,在1958年以后,仍然多次进行过类似的行政性分权改革。

"文革"劫难以后,中国再度兴起改革之风。1979年后的改革,从以"放权让利"为基本思路这一点来说,同1956年原来提出的改革思路有类似之处,但是,这一原则的应用范围,又有极大区别,主要表现在:(1)比较注意扩大企业的自主权;(2)不仅在国有部门内进行,而是首先在农村中进行并扩及到对外经济关系。这种区别使得1979年以后的改革,取得了过去几次改革无法比拟的成就。

对于以"放权让利"为主要内容的局部改革的弊病,人们早已有所觉察。1980年我国杰出的经济学家薛暮桥就指出了这种改革的局限性,主张应当把重点放到"物价管理体制改革"和"流通渠道的改革"方面,逐步取消行政性定价制度,建立竞争性的商品市场和金融市场。1984年第四季度由经济过热和需求膨胀引起的困难，再次告诉人们，单纯"放权让利"的局部改革，不但不能收到预期的效果，而且没有竞争性的市场，企业不受社会需求约束，就会出现"负盈不负亏"和"行为短期化"的现象，造成需求膨胀的压力；非行政性的宏观经济管理（在我国往往被称作"间接调控"），也会由于缺乏必要的市场中介而无从建立，当需要加强宏观控制时，只好乞灵于原有的行政手段，回到旧体制去。

事情似乎越来越清楚，出路在于推进以市场为方向的改革，尽快形成竞争性的市场体系，保证经济的稳定发展和改革的成功。从理论方面说，我国理论界对于改革目标模式的认识，近年来有了突破性的进展。这反映在 1984 年党的十二届三中全会肯定社会主义经济是建立在公有制基础上的有计划商品经济。1985 年党的全国代表会议指出，建立新经济体制，主要是抓好互相联系的三个方面：建设自主经营、自负盈亏的企业，形成竞争性市场体系，国家对企业的管理逐步由直接控制为主转向间接控制为主。1987 年党的"十三大"进一步将新经济模式具体化为"国家调节市场，市场引导企业"的经济机制。看来，市场取向的改革目标是越来越清晰了。

然而，要在实际经济生活中实现这一原则取向，却并非易事。竞争性市场机制和合理价格体系是商品经济或市场经济得以有效运行的枢纽。因此，它们的早日形成，是市场取向改革成败的关键。但是，这方面的改革却是最困难的。由于它一方面将消除行政权力和"慈父主义"的经济基础，另一方面将带来硬预算约束和优胜劣汰的机会与风险，不能不遇到某些面临丧失既得利益的人们的反对。于是从近期的政治风险着眼，就会对施行这种改革"足将进而越趄"。东欧国家无一例外地在这个问题上，遇到了障碍。在我国，价格改革，特别是工业品价格改革的尝试，也未能取得显著的成就。1986 年，根据《中共中央关于制定国民经济和社会发展第七个五年计划（1986—1990 年）的建议》，中国政府决定着手拟定"七五"前期以价格、税收、财政、金融、内外贸为重点，其他方面配合进行的总体设计、分步实施的改革方案。这一方案也因种种原因而未能实施。

有一部分经济学家认为，以价格、税收、财政、金融、内外贸为重点，以尽快建立竞争性市场为目标的改革，无论在经济上、还是在政治上都是不可行的。因为：第一，价格、税收、财政、金融、内外贸配套改革，要求有一个较为宽松的经济环境。在中国这样的发展中社会主义国家中，这种状况是不可能出现的。第二，上述配套改革意味着巨大的利益关系调整，它不仅不能给所有的人都带来好处，还有可能损害部分人的既得利益，因而遇到的社会阻力和带来的政治风险，都会大到社会无法承担、政治上不能予以接受的程度。由此得出的结论是，应当尽量推迟，或设法绕开价格等的配套改革，继续沿着"放权让利"，使大家都得到好处的道路前进，以便使情况逐渐有所改善，再积蓄力量进行更大的改革。

"整体改革论者"持有不同的意见。在我们看来，不实现价格改革和建立竞争性市场，新经济体制不能有效运转，目前的种种经济问题，就无法从根本上得到解决。东欧一些社会主义国家，始终没有建立起竞争性的市场机制，在经历了若干年的相持阶段以后，经济发展和体制改革先后陷入某种两难困境，这也给了我们深刻的教训。与此相对照，如果西德和日本在战后不是确信市场理论的基本原理，敢于冒在"收紧货币"和"放开市场"中必然出现、然而完全能够克服的风险，那就不会有1948年的"艾哈德改革"和1949年的"道奇计划"，从而也就不会出现西德的"艾哈德奇迹"和日本的"神武景气"。因此，从长远的观点看，长期停留在新旧体制相持阶段，带来的政治风险，将不是很小，相反可能是相当大的。我们必须避免这种状态出现。基于这种认识，在近几年的改革战略讨论和方案设计工作中，我们积极地提出了进行整体协调改革，避免陷入两难困境的主张。收入本文集的文章，就是在这个过程中，为论证整体改革思路或为实施这种改革而写作的。

二

整体协调改革思路，经常受到的一种指摘，是说这种思路"从书本出发"，"脱离实际"，流于"理想化"，因而是不可行的。这里牵涉到如何看待科学理论、如何正确处理理论知识同亲身经验之间的关系等一系列深刻的思想方法问题。

在中国这样一个有着十亿人口的发展中国家实现社会主义经济体制

的根本变革,的确是一件前无古人的事业。但这决不等于说,我们只能在黑暗中摸索前进,而不能从别人的经验中得到借鉴,更不能从反映一般规律的理论知识中得到启示。且不说马克思主义的基本原理是我们一切工作的指针;既然改革的目标是实现现代化和建设高度社会化的社会主义商品经济,现代经济学知识就是不可或缺的;既然我国是一个发展中的国家,战后一些国家和地区在发展和改革自己经济的过程中,积累起来的丰富经验,显然也值得我们认真学习和借鉴。我们自己深知由于长期生活在闭关锁国和思想禁锢状态下,对建设现代商品经济理论准备不足,对各国情况也知之甚少,因而从参加经济改革的理论准备和实际工作之初,就注意了进行现代经济学的补课,并对世界各国的经济体制和经济发展作比较研究,努力提高自己的理论水平,用以指导实践,同时在实践中发展理论,以期减少盲目性,增强自觉性,争取少犯错误,避免犯常识性的错误和别人已经犯过的错误。现在看来,我们在这方面做得还十分不足。

不过,这种十分不足的努力,却招来了"本本主义"[1]"脱离实际"等责难。有些同志把"实事求是"同就事论事混为一谈,在他们看来,几个世纪以来经济学者致力研究的市场理论、货币理论、价格理论、资源优化配置理论等等,只不过是写在经济学教科书上给人看看的东西,与实际应用并不相干,通通都是学者们的无用迂见,只有自己的亲身经验才是可靠的。可是我们又偏偏缺乏对于社会主义商品经济的经验,于是只好走着瞧,走到哪里算哪里。在轻视理论知识和间接经验的思想的影响下,"改革不可设计论"广为流行,经济学中公认的原理被嗤之以鼻,人们被鼓励以"撞击反射"的方式去作目标并不清楚的尝试。这种尝试由于带有很大的盲目性,往往由于重复东欧国家乃至我们自己已经尝试过但实践证明并不成功的做法而付出代价。显然,由此带来的损失和重复交纳的"学费",本来是可以避免的。

我们提出这个问题,并不是想把我国改革的理论准备不足归咎于个

---

1 为了反对当时中国共产党内和红军中的教条主义思想,毛泽东于 1930 年 5 月写了《反对本本主义》这篇文章。那时没有用"教条主义"这个名称,而叫"本本主义",指不调查研究实际情况,一切按照书本上的条条办事。参见毛泽东(1930):《反对本本主义》见《毛泽东选集》第 1 卷,北京:人民出版社,1991 年,第 109—118 页。

别人,因为在一个曾经是文盲充斥、小生产占有优势的国家,存在轻视乃至蔑视理论知识的倾向,本来是自然而然的。小农和手工业生产者"耳听为虚、眼见为实"的认识论原则,历来对于整个社会,包括无产阶级政党有重大的影响。早在四十年代初期,刘少奇同志和孙冶方同志在一次著名通信中就指出,中国共产党在建党后的相当长时期中,轻视理论的重要性、轻视理论对实践的指导作用,乃是一种占优势的倾向。党内有一部分人动辄指摘重视理论学习的人们为"学院派","似乎认为只要有实际斗争的经验,而不要高深的理论研究,……就能领导革命达到胜利"。[1] 我觉得这段话不但在当时是正确的,至今有其现实针对性。

中华人民共和国建立和大规模经济建设的开展,使加强科学研究,加强理论工作变得更加迫切了,但在"左"的思想影响下,轻视知识、轻视科学的倾向却有所发展。在1958年以后,"边设计、边施工、边生产"一类完全否定科学知识的意义、否定理论的指导作用的口号,竟然成了经济工作方针。"草鞋无样,边打边像"这样的小生产者的格言,居然奉为处理国务的"最高指示"。

然而,用小生产者习以为常的试试碰碰的方法来处理现代经济十分复杂、又变动不居的问题,毕竟是不行的。马克思早已指出过,机器大工业这种生产形式,要求"以自觉应用自然科学来代替从经验中得出的成规"[2]。如果说粗陋的草鞋的确可以根据经验"边打边像"的话,那么,现代工业产品则必须先根据各种工程学原理进行设计,然后才能加工制造,否则必定会因为蔑视科学而受到惩罚。在十一届三中全会前的长时期中,

---

1 参见孙冶方(宋亮):《要加强哲学社会科学理论学习——重读刘少奇〈答宋亮同志〉》,见《人民日报》,1982年1月19日;刘少奇(1941):《答宋亮同志》,载《刘少奇选集(上卷)》,北京:人民出版社,1981年,第218-222页。1941年7月13日,在华中局党校任教的孙冶方给时任中共中央华中局书记的刘少奇的信中提出,在党的历史,"在党内教育政策上,轻视理论教育的倾向似乎是有的"。刘少奇在当天就写了回信,肯定孙冶方的意见,认为在中共党内关于理论与实践关系的争论中,反对党员对理论作比较深入的专门研究的意见是获得了胜利的,结果"在党内相当造成了反对专门理论研究的风气","党内关于理论与实践同时并重的正确的意见,是没有得到发展的"。刘少奇着重指出:"直到现在,缺乏理论这个弱点,仍未完全克服"。"因此,现在提倡党内的理论学习,就成为十分必要。"

2 马克思(1867):《资本论》第1卷,《马克思恩格斯全集》第23卷,北京:人民出版社,1972年,第423页。

我国经济发展曾因此而蒙受了重大的损失。

现在我们面临的任务是实现我国经济体制的根本改革。这是一项较之制造个别产品乃至建设整座工厂要复杂得多的系统工程。对于这样巨大的系统工程,如果没有科学理论的指导,如果没有对国际经验的比较和借鉴,恐怕不可避免地是要事倍功半的。

前进的道路从来不是径直的。理论应用于实际也必须根据当时当地的情况有所变通,但是这种变通和迂回必须有利于目标的实现。既然我们的目标是建立有管理的市场经济,眼前每一步都要考虑到有利于目标的实现,而不应当固化原有的或变相的行政协调体系,阻碍市场体系的建立和逐步完善。这就是我们反对行政性分权和双轨制长期持续的原因。

本着这样的认识,特别是有鉴于我国经济改革的理论,较之某些东欧国家更加薄弱,为了使改革进行得更顺利一些,我们认为必须在深入研究我国的实际经济情况、总结自己的改革经验的同时,努力提高整个经济工作队伍的理论素养,悉心研究各国经济发展和经济改革的经验,从中找出规律性的东西,用以指导我们的工作。当然,正如前面已经说过的,我们自己在这方面做得还是很不够的。理论观点有偏差疏漏、理论同实际的结合不紧密等情况都是存在的。但是,在我看来,错误的理论观点,只能用正确的理论观点去克服,理论与实际结合不够的缺点,应当用促其紧密结合的办法来弥补,而决不应当否定理论的意义,阻碍把问题提到理论的高度来讨论。

三

"整体改革论"者受到的另一类批评,是"从外国书本出发"。这种批评也未必贴切。

我们在从事中国经济体制改革问题的研究时,遵循从中国经济的实际出发的原则,同时也力求运用现代经济学知识作为帮助我们提高分析能力的一种手段。我们之所以要这样做,主要是因为对于我国的经济改革来说,现代经济学关于市场运行机制的分析具有重大意义。如所周知,我国经济改革的目标,是以社会主义的商品经济取代传统的指令性计划经济,或称"命令经济"。传统的社会主义政治经济学以"产品经济"为分析对象,许多原理并不适合于商品经济,而现代经济学关于市场经济运动规律的科学理论,却对商品经济的运行机制作了深入细致的分析。我国的商品经济虽然具有自己的特色,但是作为商品经济,必然与其他国家的商品经济具有某些共同的性质,也应遵循某些一般的规律。

应当指出,在过去若干年中,由于"左"的思想影响,经济学界普遍对于当代西方经济学论著怀有偏见,认为它们是资本主义的货色,只能一概否定。至于东欧的改革派经济学,则在长时期中由于相当广泛地吸收了现代西方经济学的成果而被"正统的"社会主义政治经济学看作是背离了马克思主义传统的旁门左道。

事实说明,上述判断是不符合实际的。虽然某些西方经济学家的理论带有辩护性质,但是不能不承认,西方经济学作为一门实用性很强的学问,从上个世纪末期以来取得长足的发展。特别是西方经济学对于市场运行和对于宏观经济政策的研究,较之十九世纪上半期是大大地深入和具体化了。它从分析市场经济得出的某些基本原理,对于社会主义的商品经济是同样适用的。而这恰好是否定市场机制的传统社会主义经济学最薄弱的、因而也是最需要吸收现代经济学的成果来加以充实的部分。而且,我们既然已经认识到了社会主义经济不是某种变形的自然经济,而是有计划的商品经济,或者是有宏观经济管理的市场经济,我们就应当像我们的东欧同行一样充分吸收现代经济学的积极成果,增长我们对现代经济运动规律的知识,从而加强经济改革的理论准备,使我们的工作更具有自觉性。

不无遗憾的是,"左"的思想影响给充分吸收现代经济学的有用成果造成了某些障碍。某些同志在多年抵触之后,虽然承认了社会主义经济是一种商品经济,却不愿意承认它是一种市场经济,从而有意无意地降低市场机制在社会主义社会资源配置中的巨大作用。从突出市场对于资源配置的作用的角度看,西方经济学把近代和现代发达国家的经济叫做"市场经济",而不把它叫做"商品经济",是有一定道理的。这是因为,无论从历史上还是从理论上说,商品经济都是较之市场经济更为广泛的概念。市场经济必然是商品经济,但商品经济未必是市场经济。所谓商品经济

（这是列宁习用的概念，马克思把它叫做"货币经济"），顾名思义，就是各种财富都可以买卖的经济。在我国历史发展的早期阶段，商品经济就已得到了广泛的发展。早在战国时代的秦国，土地这种农业社会中最重要的生产资料已成为商品，"民得买卖"。大约在十世纪，中国已出现纸币，较之西欧早六七百年。虽然有商品交换的地方就有市场，但是在中国古代经济中，一则自然经济还占支配地位，二则即使是"为他人""为社会"生产的产品，包括通过商品货币形式流转的财富，也由行政权力进行分配（租赋钱粮等），或在行政权力支配下买卖（官庄皇商等），市场机制在经济生活中并不处于配置资源的枢纽地位。因此，中国商品经济的早熟并不等于说它在古代已是市场经济了。所谓市场经济，是一个高度社会化的商品经济的概念。在市场经济中，市场是资源的基本配置者（虽然在不同类型的市场经济中，市场各有特点，例如可以是没有任何宏观经济管理的市场，也可以是有宏观经济管理的市场，等等）。我国经济体制改革的实质，是用以市场机制为基础的资源配置方式取代以行政命令为主的资源配置方式。换句话说，我们要通过改革建立的社会主义商品经济，不是别种类型的商品经济，而是采用有宏观经济管理的市场机制配置资源的商品经济。在这个意义上也可以叫做社会主义的市场经济。

现代经济学对于如何通过市场机制配置资源的多方面问题作了相当细致的分析。我们感到，为了设计好改革方案和保证新体制的有效运转，这方面的知识是不可或缺的。

在近几年的讨论中，有的论者以我们要建立具有中国特色的社会主义经济体制为依据，否定经济学的一般原理对于我国经济改革的意义。我们认为，这样立论是不妥当的。应当明确，各国经济体制都应当具有自己的特点。但这并不等于说，它们的经济不受一般经济规律的制约。例如，现代经济学的各个流派都认为，价格总水平的涨落是一种货币现象。无论是马克思主义经济学的纸币流通规律，还是西方经济学中的"交易方程式"等等，无不确认货币供应超过其正常需求，或迟或早会引起物价波动。如果有人由于我国经济具有自己的特点而以为在中国的条件下，即使多发票子也不会引起物价上涨，结果如何，是并不需要等到"亲口尝一尝"以后就可想而知的。

这里需要提到对整体协调改革设想流于"理想化"的责难。从一定的意义上说,任何科学理论都是"理想化"的。因为科学研究要从五光十色的现象中找到事物的本质,即事物运动的规律,它总是就典型环境中的运动状态进行分析。而由于现象与本质总是不能直接同一的,在理论和现实之间就总会有差异。如果把这种"去粗取精""由表及里"的做法称作"理想化",那么,科学中的"理想化"是不可避免的。只要我们在做实际工作时随时注意本质与现象的这种差异,懂得具体的事物较之抽象的理论要复杂生动得多,切实防止把现实生活和实际工作简单化的错误,这种"理想化"就没有什么坏处。因为在这种情况下,一种思路、一种方案,既是"理想化"的,又是高度现实的。当然,我们的批评者并不是在上述意义上使用"理想化"一词的。他们把这个词视为"空想"的同义语,根据我们设想的方案与目前的实际做法之间有差异的事实,判定前者是一种脱离实际的空想,我觉得这里的推理可能有些毛病。判定一种思路或方案是否空想的标准,并不在于它与当前的实际做法有没有差异,而在于在采取适当措施以后它是否能够实现,依据科学规律制订的方案会合乎规律地引出预期的结果,因此,虽然它尚未实现,但并不是一种空想;相反,无视客观规律性的存在,以为靠某些迁就眼前事变、却并无可靠科学依据的措施就能达到预想的目标,到头来却不得不被实践证明为空想。

四

另外一种较少见诸文字,却流传颇广的责难,是说协调改革论者指出放权让利、单项突进战略的缺点和其他具体政策的失误,提出应当采取整体配套的战略来推进改革,意味着否定以往改革工作的巨大成绩,对中国的改革作出了不公正的评价,不利于改革的威信的保持,因而在政治上是"保守的",甚至是"反改革"的。

需要说明的是,我们在参加关于改革战略选择的讨论时,想要做的只是通过对我国经济发展和经济改革现状的实事求是的分析,找到进一步推进改革的途径,而不是要对改革成绩的大小作出评价,更不是对人们的工作作出鉴定。在这方面即使有意见分歧,实质也在于对如何进行改革有不同意见。在我看来,把这种意见分歧和不同意见间的讨论说成是坚持改革和反对改革之争,似乎并不能帮助我们弄清所要讨论的问题。

近几年来,经济学界的学术气氛总的来说是比较健康的。但是,在看到开拓创新、百家争鸣的大好局面的同时,在各种学术观点的民主争鸣和讨论方面、在运用和尊重实证分析方面,仍旧存在不同程度的缺陷,仍能看到旧时代的某些痕迹。其中的一种表现,就是在学术讨论中不是花力气、摆事实、讲道理,分析对方的论著,论证自己的观点,而是老想用某种意识形态的帽子作为争论制胜的武器。也有些同志在讨论中未能贯彻改革应有的民主精神,往往不习惯平等的讨论,而是以自己的观点划线,用多少有些简单化的方法对不同观点去加以批判。这将有待于我国经济学界共同努力,为创造更新、更好的学术空气,我们每个人都应贡献出自己的一份力量。

经济学是一门科学。在科学的面前应该人人平等,可以自由地进行讨论。只有实践才是判断理论正误的最终标准,其他的权威都不应当存在。在十年浩劫过后,我们曾经慨叹中国没有真正的经济学,只有对"最高指示"、现行政策的诠释和辩护。可是时至今日,以是否符合现行政策和是否得到领导首肯来评判学术观点正误的风气并未根绝,因而会出现"理论刮风""热点转圈"之类的现象。这些显然不利于经济学求实和创新风气的养成,因而是不足取的。有鉴于此,我们主张在争论中应当提倡"不做墙头草,不当轻气球"。虽然我们的意见难免有错谬的地方,但是就总体而言却是诚实探索的结果,因而敝帚自珍,不愿轻易地改变。

正像不少东欧经济学家所指出的那样,对于改革的理论和实际问题进行自由而切实的讨论,是改革向前推进的必要前提。我们希望自己的工作有助于这种讨论的深入展开和取得成果。所谓自由而切实的讨论,当然包含着如实地暴露矛盾、进行批评等内容。本书的大多数作者除进行理论研究外,还参加了改革的实际工作。改革工作者的地位并没有给我们任何抗拒批评的理由,而只是加重了我们对人民的责任。因此,我们欢迎读者对我们的理论观点和实际工作提出批评意见,严肃切实的批评能够帮助理论的完善和工作的改进,它才是真正有利于改革的。

现在无疑是中国经济科学最繁荣兴旺的时期。我国的改革事业正处在一个十分重要的时刻。在奔腾向前的改革洪流中，这本论文集作为一朵小小的浪花，我们并不指望它发出拍岸的巨响，只要它能给浩荡的江河增添一股细流，我们就感到无比欣慰了。

经济发展面临以改革促调整的新阶段 *

(1989 年 11 月)

1. 经过一年的治理整顿,1989 秋季的经济形势大致可以概括为：导致 1988 年物价暴涨的浅层原因——以货币 M_0（现金）供应量为代表的现实购买力膨胀,已经得到初步的控制,从这个意义上说,总量控制已经到位,因而物价涨势趋于平缓,"过热"的经济迅速降温；但是,经济结构和经济体制等方面的问题基本没有受到触动,这些深层问题亟需解决,否则今后经济的发展将会步履维艰。以上两方面的情况说明,调整国民经济,即治理、整顿和深化改革的工作进入了一个新的阶段。

2. 这次调整国民经济,是从抽紧银根,即控制货币供应总量入手的。现在这方面的工作已经取得明显的成效。从 1989 年初到 10 月末,银行没有作新的货币（现金）投放；10 月末市场货币流通量比 1988 年 10 月末只增加 10%,接近于同期 GNP 增长。由于购买力疲软,1—9 月社会商品实际零售总额下降 8%,不仅电视机等耐用消费品大量积压,钢材等长期紧缺的生产资料也开始出现滞销现象。物价涨势迅速回落。与此同时,由于销售不畅和企业资金紧张,工业生产 9 月和 10 月连续两月负增长；工业企业开工不足,有的工厂处于停产半停产状况,职工只能发给部分工资；由于清退部分合同工和新增劳动力就业困难,待业率呈上升趋势。

3. 以上情况说明,调整国民经济的总量紧缩目标已经初步实现。但

---

* 这是本书作者 1989 年 11 月 27—28 日在《改革》杂志主编蒋一苇主持、首都经济学界和有关部门经济学家和经济工作者参加的一次座谈会上的发言摘要。发表于《改革》1990 年第 1 期；又见《吴敬琏文集》,北京：中央编译出版社,2013 年,第 94—102 页。

是,调整国民经济使之能够持续稳定协调发展的最终目标还远未达到。因为我国经济近几年未能实现持续稳定协调发展,出现经济困难和严重通货膨胀的深层根源在于结构和经济体制的严重缺陷,而这些缺陷,是不可能仅仅靠总量紧缩得到解决的。在 1989 年年初讨论治理通货膨胀的策略问题时,我们曾经提出"标本兼治"的口号,希望兼顾控制总量和改善经济体制以便优化经济结构这两方面的要求。但是,后一方面的问题在前一阶段的调整中显然没有得到解决。而如果不良的经济结构不能得到优化,稀缺资源的配置效率不能得到提高,总量紧缩势必导致生产的萎缩,而要在这样的经济结构条件下保持一定的增长速度,又会引起严重通货膨胀的再次出现。因此,在大体保持目前的紧缩力度的前提下改变我们的策略,把工作的重点从总量紧缩转变到调整经济结构、提高经济效率、改善有效供给方面去,就成为紧迫的必要了。

4. 前一些时候,有些同志否认现实需求的总量紧缩已经"到位",认为今后的首要任务,仍然是进一步压缩货币总量,以便进一步减少有购买能力的需求。我觉得这种判断不一定切合实际。认为总需求量仍需进一步紧缩的理由之一是:原来规定 1989 年固定资产投资削减 20%,实际上只削减了 7%,远未达到原定指标,故需进一步压缩。事实上,名义投资压缩 20%,加上货币贬值 20%,意味着按实物量计算的投资量减少 36%。1989 年 1—10 月名义投资减少 7%,意味着实际投资比 1988 年同期减少 25.6%,这应当说是不小的缩减。如果一定要在 1989 年实现 36% 的缩减,恐怕势必造成生产的不必要萎缩。当然,目前确有一部分本应压缩的建设项目并没有压下来,但同时又有一批必需的重点项目因为没有资金,欲上不能。显然,这里存在着结构上的问题,它们不是靠总量紧缩所能解决的。另外,1989 年对 1988 年同期的物价指数仍保持较高水平,预计全年各月平均对 1988 年各月平均的社会零售物价总指数仍将高达 20%。但这一指数包括 1988 年下半年涨价在 1989 年上半年"翘尾巴"的因素,不能说明当前的物价态势。如果看 1989 年末对 1988 年末的物价指数,就只有 8% 左右。而且 1989 年的物价涨势逐月趋缓,11 月对 10 月的物价上涨换算为年率,只有 2%—3%。最后一种物价指数反映了居民在当前时点上实际感到的物价上涨幅度。如果我们的工作得当,在今后一段时间里使这样的物价增长幅度得以保持,甚至进一步降低,人民是会满意的。

5. 目前正在取得势头的另一种想法是,应当采取"注入水泵"的对策,用大量增加贷款、注入货币的办法来促使市场销售和工业增长率回升。在我看来,盲目地这样做是很危险的,理由是:(1)目前我国市场的供需平衡是很脆弱的,一方面潜在的购买力仍在大量积累,城乡居民储蓄1989年将增加1200亿—1400亿元,较1988年末储蓄余额增长35%左右;另一方面,我国有效供给的短线是一些基础部门,如农业、基础工业等,难以很快改善。如果大量注入货币,很容易引发结余购买力出笼抢购的风潮。(2)用总量扩张、人为创造有购买力的需求的办法支持增长,是一种治标不治本、拆东墙补西墙的办法,它虽然可以在短时期内缓解企业和各级财政的困难,但接踵而至的却将是新一轮的膨胀。1986年我们已经有过这方面的教训,殷鉴未远,不应重蹈覆辙。目前企业存在严重的流动资金困难,究其原因,并不是流动资金供应总量过少,而是因为在"七长八短"、产需失衡的经济结构下,必然有大量资金以原材料储备、在制品、成品和商业库存等形式"拘束"或"沉淀"于资金循环周转的各个环节。在资金总量与可供资源总量相适应的情况下,循环周转会发生阻滞。而如果要使循环周转顺畅进行,就必须注入过量的货币。少量的货币注入不足以推动一个结构极差的经济,以把它的增长率提高到中等水平,比如说年增长7%—8%的水平。而如果大量发放贷款、注入货币,直到资金能够顺畅地流动,则货币供应必定过量。因此,如果在结构不良、效率很低的条件下简单地采用放松银根的办法促使增长率回升,当增长率达到中等水平时,严重的通货膨胀已经来到了门口。

6. 调整经济结构,要依靠能够有效运行的经济体制和以这种经济体制为依托的一整套经济政策。我们过去已经分析过,近年来我国经济结构恶化和经济效益降低的深刻体制根源,在于由经济改革不系统、不彻底和一些根本性改革迟滞造成的既非高度集权的命令经济又非有管理的市场经济的混乱经济体制。它的主要的表现是:

(1)由"行政性分权"造成的"政出多门"和"市场割据"状态。第一,在这种体制下,不论在命令经济下还是在市场经济中都应由中央的有关当局行使的财政收支总量、信贷收支总量和外汇收支总量等宏观调节机能,被层层切块下放给各级地方政府行使。"政出多门"使中央政府和中央银行的宏观调控能力严重削弱,很难有效保持上述总量的平衡和宏观经济的稳定。第二,在政企依旧不分基础上实行的中央权力的过度下放,使各"大包干"单位(包括各级地方政府和各级政府所属部门),都成了政企合一的实体。它们竞相铺摊子,建立自己的独立经济体系,而且利用行政权力垄断定价过低的原材料,兴办自己的加工工业。这种与"扬长避短,发挥优势"的方针背道而驰的做法,使各单位经济"同构化",恶化了地区经济结构。同时,这种体制促使或迫使各地区和部门采取地区保护主义和部门保护主义政策,对别的地区和部门实行封锁,给予"自己的"企业特殊优惠,支持它们进行不公平竞争。这造成了严重的市场割据,也使资源的地区配置状况恶化,促使一些地方和部门在采取"以邻为壑"的涨价等措施上互相"攀比",加剧了宏观经济的混乱。

(2)对价格的管制只是部分放开,"计划内"的部分仍然保持行政定价制度。这种"双轨制"的价格体制造成了价格信号的严重扭曲。第一,大约占商品价值总额一半以上的产品继续保持计划价格。越是重要的和紧缺的产品,计划价格所占的比重越大。而在计划价格体系中存在越是稀缺紧俏的产品相对价格越低的反常现象。这刺激了获利丰厚的加工工业盲目发展,新增生产能力成倍地超过合理需求,浪费了大量资源,与此同时,农产品、原材料、能源、交通等的缺口越来越大,使大量生产能力因停工待料、停工待电、停工待运而不能发挥,拖了整个国民经济的后腿。而"双轨制"的投资体制和负利率使有限投资难以流向效率最高的部门和企业,引致投资效益下降。第二,"双轨制"下差距悬殊的多重价格,为利用分配权力和各种差价(包括价差、利差、汇差、地价差等)牟利的活动提供了基础,扰乱了经济秩序。同时,它使经济核算无从正常进行。由于从取得低价原材料、低息贷款和官价外汇乃至倒卖票证、批文得利,较之从改善经营管理得利要容易得多,就使企业管理人员不得不用主要精力找门路、求特权,"跑步(部)前(钱)进",而改革要求的"奖优罚劣""优胜劣汰"等却难以落实。以权牟利的活动盛行,不但大大加剧了分配不公,而且严重腐蚀了党和政府的肌体。

（3）"企业"并不真正有独立性。这几年的企业改革，主要是在缺乏竞争性市场和政企依旧不分的条件下向企业放权让利，同时实行下级对上级"层层承包"的管理体制以及"工资同'效益'（产值或利税）挂钩"的分配办法。这既不能使企业经理人员真正获得自主权，又缺乏迫使企业努力改善经营管理和进行技术革新的竞争压力，结果出现了"负盈不负亏""工资（包括奖金）侵蚀利润"的现象。

7. 单纯使用和主要依靠行政手段，运用一套高度集权的指令性计划体系来实现结构调整，在当前条件下是不可行的。在我国的历史上，曾经有过运用高度集权的指令性计划体制在短期内实现结构调整的先例。例如在1958年"大下放"和"大跃进"导致经济危机以后，1961—1962年就是凭借这样的体制实现经济调整的。特别是1962年春季贯彻"七千人大会"关于"反对分散主义"和"加强集中统一"的精神以后，随即发布了一系列文件，将原来下放给地方的企业管理权、财政收支权、信贷权、物资分配权收回中央，从银行系统、物资系统到统计系统都实行"完全彻底的垂直领导"。凭借这种高度集权的体制，按照"条条"的划分进行了行业调整，一大批"大跃进"中"大办"起来的企业被"关、停、并、转"，数十万个小高炉废弃不用，基本建设项目大批"下马"，2000万已经进城就业的劳动力"招之即来，挥之即去"，回到了农业第一线。再辅之以放开"高价商品"等吸收购买力的措施，在短短几个月内就扭转了形势。虽然这种做法从长期看，由于集中过多、管得过死，影响了经济的活力，但在一段时期内效果是好的，因此，对于亲身经历了这一次挽救国民经济的人们来说，至今还有相当大的吸引力。但是需要指出的是，强化集中的行政权力的做法不仅有悖于改革的方向，即使作为恢复时期的过渡办法也是不妥的。而且我国目前也并不具有重建高度集中统一的指令性计划体制的条件。第一，20世纪60年代我国经济的集约化程度不高，所有制单一，比较容易采用这种体制。而目前经济的复杂程度已较之20世纪60、70年代高得不可比拟，同时国有经济在整个国民经济中所占份额不足50％。在这种情况下，要用一套高度集权、宏观微观大一统的体制来统率整个国民经济，是很难做到的。第二，经过10年改革，经济利益的多元化已经走得很远，如果不是通过商品关系和市场制度，因势利导，使局部利益适应于整体利益,在此基础上协调各个层次和各个单位的决策,而想简单地用命令—服从机制压制和取代利益动机,恐怕也是很难行得通的。

8. 出路在于推进改革,以便在大力增强中央宏观调控能力的同时,充分运用市场竞争的力量来实现经济结构的优化,换言之,就是要深化市场取向的改革,发挥有计划商品经济的优越性来实现调整国民经济的任务。深化改革的基本方向是:

(1) 同紧缩性的总量政策相配合,进行宏观管理体制的改革。首先,要进行成本会计制度和税收体制的改革,严格规定各种费用的开支范围,重新审议税种税率,建立强有力的国税征管体系,制止目前严重存在的"跑、冒、滴、漏"现象。在财政体系方面,可以考虑将烟税、酒税等大宗收入上划为中央专享税,大幅度提高城镇土地使用费作为地方新财源;各级地方政府预算的收支差额,由中央财政用定额补贴和专项补贴的形式加以弥补;建立经常性收支和投资性收支分列的复式预算制度,建立财政政策性融资体系。在金融体系方面,首先要实行中央银行垂直领导体制,人行分支机构应成为中央银行的派出机构,在中心城市建立,而与当地政府完全脱钩,负责一定经济区域的宏观调节和金融机构管理;继续调整存贷款利率,增强利率参数对资金供求的调节作用。在外贸体制方面,在上收外贸管理权的同时,拉平各地区间外汇留成率,调整汇价,并把外汇调剂市场在全国范围内连通,以发挥汇率参数的调节作用;清理针对个别地区、部门和企业的特殊优惠政策,按行业原则强化出口刺激和进口管理。

(2) 推进企业改革。党的十二届三中全会《中共中央关于经济体制改革的决定》指出:"增强企业活力是经济体制改革的中心环节。"但是,10年来虽然发布了许多关于"扩大企业自主权"的规定,采取了利润留成、企业承包、部门承包等多种经营形式,企业并没有能够像《决定》所要求的那样"成为自主经营、自负盈亏的社会主义生产者和经营者","成为具有一定权利和义务的法人"。现行的部门承包和企业承包办法,并没有从根本上改变《决定》所指出的"企业实际上成了行政机构的附属物"的格局,并不能使企业真正成为独立的法人,具有生产、销售的自主权和承担完全的责任。同时,所谓"工资同'效益'(产量、产值和利税)挂钩"的办法既不符合同工同酬、多劳多得的原则,在实践中也证明有种种弊端。所以,现行的承包制必须加以完善,通过变"基数"为"系数"和行业标准化等步骤,使国营企业的承包逐步规范化为利税分流、照章纳税、税后还贷、按盈取奖的适合于社会主义商品经济的企业财务体制;继续进行大型企业股份制试点工作,在商品价格体系大体理顺以后加以推广。

(3)有步骤地进行价格改革和推动市场的形成。对于现行价格"双轨制"的严重弊端,目前多数人已取得共识,问题是我们究竟应当用什么办法实现双轨合一,是用全面恢复物资调拨或规定最高限价的办法基本上取消议价的一轨,还是用"调"或"放"的办法把"计划价格"的一轨大体提高到均衡价格的水平,使双轨价格的差别在事实上趋于泯灭?理论和实践都已证明,只有价格体系合理化,商品经济才能有效运转,因此,我们应当采取后一种办法。而且当前市场疲软,正是进行价格改革的有利时机。当然,由于不少短缺产品的供需弹性很小和由庞大的结余购买力反映的潜在需求仍然十分旺盛,价格改革也必须有步骤地进行。我认为,当前可以把产品区分为三类:对极少数生活必需品,实行定价限量供应,亏损由国家补贴;对于非必需的消费品,如彩电,完全可以在征收消费税的条件下将价格放开,国家运用税收等手段进行中长期的供求调节;对于能源、原材料、交通运输等生产资料价格可以区别不同情况,采取"调"和"放"两种办法处理:平价同议价差距较大和供需弹性太小的品种,一般要采取先调后放的办法,在平、议价差距缩小,供求趋于协调的情况下再考虑放开。除货物价格外,某些要素价格如资金价格(利率)也应有步骤地合理化。

当然,价格的合理化只是竞争性市场形成的必要前提而不是它的充分条件。为了促进竞争性市场的发育,还要配套地做许多其他方面的工作。在流通组织方面,首先应当下大力气改革物资供应方式,把原来的调拨供应渠道改造成为以有资格限制的商品交易所为枢纽的生产资料批发市场。加强公平竞争的立法和执法,消除对一般商品的经营垄断和其他的妨碍公平竞争的行为。

9. 采取这种进一步调整国民经济的策略的好处是,它既有助于克服眼前由现实购买力不足引起的困难,又能通过经济机制的改善,使经济结构和经济效益有明显的改善,从而消除通货膨胀和经济困难的深刻根源。

当然，实施这种设想也不是没有困难和风险的。它的主要困难和风险可能在于：强化竞争会使现有利益格局发生变动，因而出现某些社会问题；同时，任何不谨慎的措施都会诱发潜在购买力出笼，出现抢购风潮。不过，要从延续多年的"一收就滞，一放就胀"的"怪圈"中脱身，舍此恐怕别无他途。而且，可能发生的上述严重问题是完全可以依靠细致的准备工作，周密的实施方案设计，采取某些疏导、缓冲和防范措施加以防止和克服。而管住总量和放开市场的"两手政策"是提高效率、防止陷入"滞胀"的有效手段，是早经战后各国反通货膨胀的历史所反复证明了的。这对中国也并不例外。

10. 剩下的问题，是推进市场取向的改革是否符合巩固社会主义公有制和加强计划性的大方向。我对这个问题的回答是肯定的。任何有商品生产和商品交换的地方都必定有市场。在高度发展的商品经济中，市场都会是稀缺资源的基本的配置者，因而也可以叫作市场经济。应当说，社会主义公有制能否同商品经济或市场经济兼容，是社会主义经济理论几年前已经解决了的问题。正像"社会主义商品经济同资本主义商品经济的本质区别，在于所有制基础不同"一样，市场经济并不是资本主义的专有物。至于经济的计划性和经济的市场性，本来不是同一层次上的问题，彼此之间并不存在此长彼消、互为盈缺的"太极图"式的关系。按照列宁的说法，"经常地、自觉地保持平衡，实际上就是计划性"。至于一个社会主义经济采用什么手段来保持平衡，在多大的程度上依靠行政手段和在多大的程度上依靠市场机制，以及可否把"行政指导"同市场机制有机地结合起来等，完全是另一层次问题。在十二届三中全会《决定》所否定的传统僵化模式下，以指令性计划为主直接管理经济，忽视和排斥市场的作用，然而并没有因此而加强经济的计划性，相反却一再发生大起大落的波动。改革以来，虽然指令性计划体制已经在一些领域被打开了缺口，但国内统一市场并没有建立起来，更谈不到发挥稀缺资源配置者的作用，所以，近年来出现的经济混乱也很难归咎于市场。恰恰相反，正如党的十三大批准的中央委员会工作报告所说，在社会主义有计划的商品经济的体制下，"计划和市场的作用范围都是覆盖全社会的。新的经济运行机制，总体来说应当是'国家调节市场，市场引导企业'的机制。国家运用经济手段、法律手段和必要的行政手段,调节市场供求关系,创造适宜的经济和社会环境,以此引导企业正确地进行经营决策。实现这个目标是一个渐进过程,必须为此积极创造条件。"[1]我想,这也为新阶段进一步调整国民经济的工作指出了努力的方向。

---

1 赵紫阳(1987):《沿着有中国特色的社会主义道路前进——在中国共产党第十三次全国代表大会上的报告》,载《人民日报》,1987 年 11 月 4 日。

近中期经济体制改革的一个整体性设计[*]

（1993 年 7 月）

　　《中国经济体制改革总体设计》课题组在整体改革思路的指导下，经过三年的工作，已经就财税体制、金融体制、外汇体制、社会保障体制等作出了单项改革方案的设计；国有大中型企业体制改革的方案设计，也处于总结汇总的阶段。1993 年 5—6 月，课题组在这些单项改革方案设计的基础上对近期和中期改革配套方案进行了综合讨论，下面是这一讨论的纪要。

一、 经济形势和对存在问题的原因分析

　　1992 年以来，通货膨胀压力加大，失误的根源何在？

　　1. 由于财政、金融体制改革滞后造成的赤字膨胀和金融危机

　　——1991 年后半期及 1992 年中央银行对基础货币的掌握较松，经金融体系的放大作用后，社会上货币量过大，推动了经济过热和不正常的预期。中央银行系统内存在的利润驱动使它未能充分行使有效的总需求管理。

　　——股市及房地产的收益率过高（管理与市场发育都有缺陷）和"泡沫

*　本文是《中国经济体制改革总体设计》课题组 1993 年 7 月 10 日提交中共中央十四届三中全会《中共中央关于建立社会主义市场经济体制若干问题的决定》起草组的研究报告。这份报告经"中国经济体制改革总体设计"课题组集体讨论，由吴敬琏、周小川执笔写成。后在《改革》杂志 1993 年第 6 期发表时所用笔名为"龚成"。吴敬琏、周小川、荣敬本等：《建设市场经济的总体构想与方案设计》，北京：中央编译出版社，1995 年，第 1—13 页；《吴敬琏文集》，北京：中央编译出版社，2013 年，第 461—470 页。

化"发展,导致社会对直接融资过高的收益率预期和资金大量涌入投机活动。

——银行体系在 1992 年对资金来源与运用产生了高预期,在货币政策收缩后存款增长率下降,于是支付出现困难。

——财政收入不足,公开性和隐蔽性赤字继续扩大,造成极大的通货膨胀压力。

2. 在国有企业尚未充分搞活、民众对国有企业的信心下降的同时,由于所有权约束的不落实导致国有资产流失

——国有企业缺乏活力仍主要是由于行政性束缚过重和内在激励不足。

——企业产权界定不清和无人负责,使产权受到多种方式的侵犯,对企业经营的约束机制模糊不清。

——统计口径上的缺陷和政策待遇都不利于国有企业,造成对公有制的信心急剧下降,出现企业外部和企业内部争先瓦解国有企业的现象,进一步恶化了国有企业的绩效。

——大量的国有企业过度依赖银行贷款经营,在这种情况下,单纯理顺产权关系不能完整地建立约束机制。

——搞"股份化"的目的过于偏重筹集新的资金及通过上市去支配溢价发行所产生的权益,股市存在畸型。

3. 税收体制已不适应经济状况,财政能力薄弱、僵化

——财政无力支持相当一部分政府支出,转而采用让政府及其下属单位自己"创收"的扭曲做法,导致政府行为商业化(腐化)。

——一部分银行贷款用于财政性开支,增加了开展金融改革的难度,也使宏观控制的职责不清,部门之间经常出现扯皮现象。

——政府人员工薪过低,大量出现以权牟利,导致该放权的不放权,行政腐败加剧。

——如果把财税改革同加强集中连在一起,则改革会遇到地方政府的较大抵制和反对。

4. 中央—地方政府事权未能合理设置,使宏观经济管理一直缺乏坚实基础

——中央政府部门在改革中行动迟缓。地方则积极试点和力求扩

展。如果保持这种格局,加快改革很容易被理解为自下而上地冲破中央的领导和管理。

——地方在冲击旧体制的同时,也在冲击统计、报告甚至基本的财务纪律,特别是金融和财税制度。这将从根本上损害宏观经济管理的信息基础。

——地方党政的选举制的发展,已使地方领导以发展当地经济和福利为根本目标,中央宏观当局(财政部、国税局、中央银行)分解下去的宏观经济总量管理职能(特别是防止"过热")不再能够有效地行使。

——财税体制和结构的扭曲加剧了地方政府的行为扭曲。地方政府(在不同程度上)对地方银行、税务局的干预需予以扭转。

二、 解决问题的主导思想和利益安排

第一,需要在精心设计的中期改革规划的指导下,大胆地推进改革,使近期的措施与中期改革的整体设计一致起来,防止发生反复和冷热循环。

第二,建立市场经济的组织结构含有大量的权力和利益的再调整。应及时把集中宏观(总量)调控权与下放微观管理权结合起来,把精简政府机构与创造新的实业(和事业)机会结合起来。再拖下去就会丧失权力与利益补偿式调整的余地。

第三,应把自下而上(bottom-up)的改革与自上而下(top-down)的改革结合起来,扭转中央对改革的指导薄弱无力的局面。如果继续采取当前以自下而上为主的改革方式,在政治上和宏观经济管理以及法律规范诸方面都会不断出问题。

第四,地方党政领导的选举制正在对地方干部的目标和行为发生深刻的影响。在权衡取舍的考虑之中,应把那些与地方性目标联系紧密的事权(含改革权)大幅度地下放给地方(包括地方财政、交通、城建、房改、社会保障、环境、教育及亏损企业的整改等),与此同时,调整那些不适于由地方政府行使的职能。在这种调整之后,地方人大和政府可以逐步推行直接选举制。

第五,市场经济也有不同的模式,我国在引入基本的市场制度后也需要对模式作出选择,设计具有中国特色的市场经济模式。

——英美式的市场经济("个人主义的市场经济")——以个人主义为哲学基础;注重产权制约,靠法治解决争端;劳动力流动性大;企业以短期赢利为目标,资金主要来源于自我积累和直接融资;银行以利润为准则,一般不与客户企业共担风险;股市作用大;收入分配差距大。

——日本(亚太)式市场经济("社团主义的市场经济")——以日本式的"儒教"哲学为基础;大企业实行相互持股制;产权制约作用较弱;注重用改善人际关系解决争端;"主银行"在经济和企业经营中起着重要的作用,银行与客户企业生死与共;职工对企业有归属感,相当程度上的终身就业制;股市作用相对较小;收入分配差距小。

——德国式市场经济("社会市场经济")——注重社会"秩序";发挥大银行的作用;实行职工参与决策制度;强调收入分配的公正性和社会化福利。

日本式市场经济已在绩效上超越了欧美,战后亚太新兴工业化经济(NIEs)运用日本经验,取得了令人瞩目的成就,而我国流行的改革思想受到英美式市场经济的较大影响。

我国文化传统和经济发展在不少方面更接近亚太国家和地区,需要深入研究,冷静取舍,特别是产权关系、银行及资本市场模式、就业与劳资关系模式等。

第六,强化改革设计工作。

三、 重点领域的改革方案

1. 金融体系

——中央银行只负责掌握货币政策和对银行、非银行金融机构的监督;缩小人员规模,只在若干个大区中心城市设分行;中央银行及其分支机构的开支来源于财政预算,收支全部上缴;在按真正的中央银行的要求改组机构后,多余的人、财、物转移到商业银行、长期储蓄银行或国税征管机构(真正的国税局)。

——中央银行在宏观经济管理上强化对利率杠杆和利率为基础的间接调控工具的运用。

——中央银行加强对基础货币和利率、汇率的调节。成立货币政策委员会(由中央银行代表、政府部门代表和专家三方组成),负责作出对货币形势的判断和提出重大政策建议。

——中央银行通过对国库券的吞吐,逐步形成运用公开市场操作对短期货币供应量的调节机制。

——中央银行要对专业银行进行调节、指导、监督和稽核。其中信贷规模和再贷款两项调节只针对专业银行总行。专业银行自行保证支付能力,中央银行对专业银行的流动性和审慎性进行连续的监督和指导。

——专业银行尽快实现向商业银行的转轨,另建开发投资银行、进出口信贷银行等政策性融资银行,缩小政策性贷款规模;以上各类银行可按大区设跨省的区域总部,减少与地方政府行政管辖范围的平行性。

——强化专业银行的责任(为保护国内企业及居民对专业银行支付能力的信心,中央银行不再以 M_0 为货币政策目标,而要注重控制 M_1 和 M_2)。同时,只有强化专业银行的垂直管理,才能保证强化业务规章及财务纪律。

2. 财政税收

——税收改革的目标定为:总税收占 GDP 的 25%(目前占 17%)。

——全面推行增值税(VAT),将增值税税率简化合并为不超过 3 个(现有 12 个);并以企业成本真实化的改革为基础扩大增值税的税基。

——在个人收入的征税方面,推行工薪预扣税(payroll tax)。

——推行分税制和划分税收征管,设立国税局和强化中央税的征管,下放地方税的立法与征管。

——在中央税收收入份额加大的同时,通过中央和地方政府的公式化拨款进行转移支付,扩大地方预算支出的权力。

——国务院成立阶段性税收改革领导小组。

3. 在维护和改进公有制的前提下,实行公司化(corporatization,或称法人化),理清产权关系

——国有制大中型企业逐步转为公有制机构持股。

——解决公有制企业的过度负债经营,进行股本—债务的重新安排(股权换债权)。

——在企业进行公司化的同时,把它们对职工的社会保障职能转出,建立公积金基金。

——企业职工的股权可在总资本的20％以内考虑。

——转变的顺序是关键:大中国有企业实行公司化(包括债务—股权的重组和社会性职能的移出)→实行法人股上市(通过目前的网络系统),不增资,初步形成市场评价→向本公司职工扩股增资→上市,不增资→允许扩股增资。

这里需要注意两个概念:公司化≠股份高度分散化

上市≠增资

4. 创建符合国情的资本市场和不动产市场

——股票交易及股本融资应建立在对企业绩效的市场评价的基础上。在开始阶段应以创建市场评价机制为中心,随后逐步扩大股本融资。

——使上海、深圳股市及STAQ、NET两个网络系统全国化;通过扩大上市量使股价降温,放掉经济泡沫中的空气。

——扩大公司化及股权上市转让(不增资),主要通过法人股在网络内(STAQ和NET)的转让交易。

——在网络市场上创办非连续式交易,以打断投机时间链。

——在做好城市初步规划的基础上,采用拍卖方式扩大批租。对批租批量设置最低比例限制。

5. 大幅度加速住房商品化和职工保障体系的建设

——应认识到:(1)靠双轨制(新人新办法、老人老办法)过渡,需几代人时间,跟不上建立市场经济的需要;(2)国家及国有企业在总量上已分给职工的住房,房产权是虚置的;(3)国家已承诺的社会保障,是不可能收回的,过大地调整现存利益在政治上也是艰难的;(4)国家不具备经济实力搞普遍的、均等的、社会化的保障体系,也不宜于采用福利经济的模式,只能在既成事实的基础上改造机制;(5)住房与保障制度的改革必须与工资制度改革(企业劳动成本的真实化)结合起来。

——分级、分类实行一步法的住房私有化。

——养老与医疗保险采用个人账户为主、国家保险只占很小比重的办法。

——采用"倒算账"的办法承认职工已取得的住房和保障权益,并纳入新体制项下的权益。

——在公司化的同时,把社会保障功能从企业移出,将保障基金(不论是否实际存在)转为一种公有制股权。

——失业保险的来源取自工薪预扣税。

——持股公司安排养老和医疗保障基金,在现收现付制与积累预筹制之间做渐变转换。

新加坡在中央公积金(CPF)的设置上创造了适合于东方民族特点和发展初期的成功模式。近来智利对于如何实施又有新的经验足资参考。

6. 价格改革与产品市场

在商品市场上,价格改革已获得很大的进展,但距离价格体系能实现优化配置资源的境界(一般均衡)还有相当的距离。进一步的改革应在以下方面进行:

——对应放开尚未放开的价格进行调整或放开;

——减少行政上对市场的干预、限制和分割;

——削弱垄断、强化竞争;

——改革成本会计制度及税基计算统一化;

——统一对外部(负)效应的收费。

价格改革不能因通货膨胀而放慢,遏制通货膨胀不能靠人为压制价格,因为其长期效果是更为难办的财政、更难控制的货币供应量和地区差别扩大等矛盾的激化。

四、 中期改革配合关系的若干要点

1. 税收改革、强化财政能力是政企行为规范化及金融改革的重要前提

只有加强了税收,政府才能承担:

——应由政府承担的政策性开支,不推给他人;

——满足政府机构的经费并为政府公务员提供正当的激励机制,不

搞"全民经商"。

——为转出政府机构的多余人员配置一定数量的资金。

——一定程度上的以俸养廉。

——使财政在总需求调节上具有灵活性。

这样,政企分开、防贪反腐和金融改革(商业银行的发展)才可能顺利。

2. 企业、银行、国有制三项改革的配合

企业改革有三大难题:

——资本产权的运作方式和所有权制约经营的操作方式存在重大缺陷。

——国有企业普遍注资(资本金)不足,过度依赖信贷,成为财务软约束的重要原因。

——社会保障功能在企业内,现收现付。

配合改革的办法:

——国有企业所有权的改革包括:公司化、公有机构持股、公有企业交叉持股、混合所有制、部分的职工持股和出让中小国有企业的所有权。中期内机构持股会起较重要的作用。

什么样的机构适宜于充当持股者?

——考虑到国有企业过度负债及日本在间接融资为主的条件下形成的主银行(main bank)制度,可能的出路是国有企业将一部分过度借贷转为银行对国有企业的股权,同时国家把一部分对企业国有资产的股本转为对国有银行的股本,对国有银行作内部改组。这将形成与日本模式相近的银行—企业关系。

——社会保障职能从企业移出,则已承诺保障义务会与产权的分派相联系;今后的积累预筹的资金也将以金融方式转为公积金基金的投资。

3. 公司化与股市

公司治理制度(corporate governance,又称法人治理结构,指所有者、所有者代表、经理之间相互制约的制度)是大中型企业的较健全的组织形式,亦是公有制企业改革的可取方向之一。难点在于,公司的市场价值、当前绩效及未来的盈利能力是直接或间接地由股票市场来评价的,股市在评价的基础上同时实现了直接融资的职能。而目前我国的股市出现投资与投机倒置，即只顾追求投机收入（"抢帽子"）而使股价完全背离了对公司的市场评价。

西方国家的股市在这方面也不甚成功，它们很不稳定、短期性投机过多，易于造成泡沫经济；企业所有权的频繁易手也不利于股东及企业行为的长期化。目前西方亦注重使企业、股东、股市的运作行为长期化。

我国股市的发展要充分考虑上述变化。

——把已倒置的功能重新颠倒过来，以建立市场评价机制为第一阶段培育股市的要点。

——制定国有企业上市的分步顺序，以保证评价职能优先和各方行为的长期化。

——试办非连续交易的股市，滤掉大部分短期交易和短期行为。

4. 对外开放和货币可兑换

社会主义市场应是开放型市场，它进一步要求：（1）货币可兑换；（2）全方位开放；（3）国内企业自由进入外贸；（4）对外国企业的国民待遇；（5）低关税、少管制。

而我国近来调剂市场的脆弱性使人们谈虎变色，不再敢强调逐步实现人民币的可兑换。事实上，我国外汇存在的问题，只有加快外汇经常项目的可兑换改革才能克服。目前外汇管理方面存在的问题是：（1）外汇改革在顺序上有误，对资本流动的管制放松先于贸易外汇的可兑换，使资本大量外流；（2）长期的双重汇率使人们对人民币的信心动摇；（3）外汇调剂市场的组织形式有明显的缺陷；（4）宏观经济不稳定。

应认识到，可兑换对我国经济有极重要的作用，甚至对第三代领导人有重大政治意义。

当前如做好配合工作，加速经常项目的可兑换并不是不可及的事：

——合理安排外汇改革的顺序（单一汇率制＋强制性结汇→经常项目——国内居民非贸易用汇除外——的可兑换→资本和国内居民非项目的可兑换）。

——改造外汇调剂市场，允许专业银行（总行）进入调剂市场，中央银行对每个专业银行设置每日交易上限和持有外汇头寸的上限。

——改进对货币总量的宏观调控，管住总需求，设置正的实际利率。

全面建设社会主义市场经济体系[＊]

（2001 年 11 月）

　　1992 年中共十四次全国代表大会确定以社会主义市场经济作为我国改革的目标。从那时以来,经过十四届三中全会、十五次代表大会和十五届四中全会的召开等几次大的推动,市场经济的体制建设取得了一系列的成就,有中国特色的社会主义理论也逐渐完备起来。在我看来,现在已经到了这样的历史时刻,需要总结十一届三中全会,特别是十四大第三代领导人正式接过领导的接力棒以来的实践经验,把社会主义市场经济理论系统化,据此推进各方面进一步的改革。根据我国社会主义市场经济建设的实际情况,我认为当前特别需要强调以下三个理论观点：(1)社会主义经济是建立在多种所有制共同发展基础上的市场经济；(2)它是追求社会公正和共同富裕的市场经济；(3)它是法治的市场经济。

一、 巩固多种所有制经济共同发展的经济基础

　　从苏联传来我国的传统社会主义政治经济学把社会主义的基本经济特征定义为国家所有制的支配地位和以此为基础的计划经济。根据这种理论观点,1953 年毛泽东主席提出的"过渡时期总路线"就把向社会主义

＊ 这是本书作者 2001 年 11 月 15 日向时任中共中央总书记江泽民召开的理论座谈会提交的书面发言稿。首次公开发表于吴敬琏：《呼唤法治的市场经济》,北京：生活·读书·新知三联书店,2007 年,第 97—108 页；《吴敬琏文集》,北京：中央编译出版社,2013 年,第 480—489 页。

过渡的总任务规定为使居于领导地位的国有制（全民所有制）和居于从属地位的准国有制（集体所有制）这两种公有制成为"唯一的经济基础"[1]。1958 年的武昌会议又把中国下一步的目标规定为使国有制成为唯一的经济基础（"过渡到全面的全民所有制"）。这种把国有制看作社会主义的追求目标的观念在改革开放以前的政治界和理论界占有统治地位，对大众也有深远的影响。改革开放以来，一方面，这种崇拜国有制的苏联教条已经被突破。1997 年的中共十五大和 1999 年的中共十五届四中全会明确规定公有制为主体、多种所有制共同发展是社会主义初级阶段的基本经济制度，并且指出：经过有进有退的战略调整，国有经济在整个国民经济中的比重将会有所减少，这种减少不会影响我国的社会主义性质。另一方面，近年来，一些持有"左"的观点的政治家、理论家仍然坚持认为，国有制是"公有制的最高形式和社会主义追求的目标"，并且用这种观点对抗十一届三中全会以来的改革开放路线。[2] 他们的这种言论，在干部和群众中造成了一定程度的混乱。相当一部分党政干部虽然并不完全同意"左"的观点，但是，那种认为只有国有经济才是纯正的社会主义经济的思想，在他们中间仍然有巨大的影响。由于原有思想的影响，加之近年来党的文件中也还留有"国有制为主导"的尾巴，一些人在执行中共十五大确定的方针和政策时往往心存顾虑，显得不够坚定。这种"左"的思想影响在实际生活中导致了以下的恶果：

1. 妨碍非公有制经济的发展。十五大以来党中央采取了放开搞活中小型国有企业、对国有经济布局进行战略性调整等一系列措施，要求按照"三个有利于"[3]的判断标准调整和完善国民经济的所有制结构。这项工作在各个地区之间进展很不平衡。一般说来，先进地区所有制调整的

1　中共中央宣传部（1953）：《关于党在过渡时期总路线的学习和宣传提纲》（1953 年 12 月 28 日中共中央批准）。

2　这是所谓"第三个万言书"，即《当代思潮》特约评论员（1996）《关于坚持公有制主体地位的若干理论和政策问题》的关键论断。

3　邓小平在"南方谈话"中提出了"三个有利于"的判断标准。他说："判断的标准，应该主要看是否有利于发展社会主义社会的生产力，是否有利于增强社会主义国家的综合国力，是否有利于提高人民的生活水平。"参见邓小平（1992）：《在武昌、深圳、珠海、上海等地的谈话要点》，见《邓小平文选》第 3 卷，北京：人民出版社，1993 年，第 372 页。

进度比较快,多种所有制经济共同发展格局的形成有力地推进了当地经济的发展。反之,后进地区多种所有制经济发展不足,通常是这些地区经济发展缓慢的重要原因。由于非国有企业,特别是其中的中小企业的发展,是解决诸如农业产业化进展迟缓、广大农民贫困状态未能解除、新就业岗位创造不足、每年数百万国有企业下岗职工缺乏谋生门路等长期困扰我们的问题的关键,非国有企业发展不足就极大地影响了一些地区和部门的经济发展和社会稳定。

2. 妨碍国有经济布局调整和国有企业的改革。十五大决定进行国有经济布局“有进有退、有所不为才能有所为”的战略调整和国有大型企业以多元持股为特征的公司化改革。这一工作在有些地区和部门进展不快,其中一个重要思想障碍就是以为“进”才是加强社会主义,“退”则是强化资本主义;或者认为国有股权越大越好,保持国有制的绝对控股地位才是社会主义企业。前一种思想使一些地方和部门调整所有制结构、国有经济收缩战线和加强重点的工作进度迟缓;而后一种思想则使许多已经改制的公司国有股“一股独大”的局面难以改变。目前在我国上市公司中,有54%的股权属于国家所有和国有法人所有。在上市公司的全部董事中,有73.3%的董事具有国有股和国有法人股的背景。与此同时,用管理党政机关的方式管理国有独资和国有控股企业,使邓小平同志1980年在《党和国家领导制度的改革》的讲话中提出的“有步骤地改变党委领导下的厂长负责制、经理负责制”,代之以“公司董事会领导下的总经理负责制”的要求[1]至今未能落实。这样,作为现代企业制度核心的公司治理结构(corporate governance)就无法建立,国有独资和国有控股企业的经营状况也很难得到根本的改善。更有甚者,一些公司在所谓“内部人控制的一股独大”的情况下,形成了母公司对上市公司的“掏空机制”,发生了一系列通过不正当手段不仅损害中小股东利益,也损害股权最终所有者即国家利益的恶性事件。

3. 与国有制崇拜直接联系的是,有些人认为只有按劳分配才具有纯

1 邓小平(1980):《党和国家领导制度的改革》,见《邓小平文选》第2卷,北京:人民出版社,1994年,第340页。这篇讲话在经过中共中央政治局扩大会议的讨论后,于1980年8月31日得到中共中央政治局的批准。

正的社会主义的属性,其他分配形式都是非社会主义的。关于这一点,虽然 1993 年十四届三中全会《中共中央关于建立社会主义市场经济体制若干问题的决定》和 1997 年十五大政治报告《高举邓小平理论伟大旗帜,把建设有中国特色社会主义事业全面推向二十一世纪》提出允许和鼓励资本、技术等生产要素参与分配。但是当时使用的"按劳分配为主体、把按劳分配和按生产要素分配结合起来"的口号本身就不很清晰,无法使人们的思想得到澄清,以致影响"让一部分人通过诚实劳动和合法经营先富起来"这一"大政策"的落实。

事实上,按照对要素的占有情况进行分配,乃是社会产品分配的一般原则。这一点是马克思本人也一再肯定过的。他指出:分配关系本质上和生产关系是同一的,是生产关系的反面[1];消费品"分配关系和分配方式只是表现为生产要素的背面",各种生产要素的所有者以什么形式参与生产,就以什么形式参与产品的分配[2]。马克思在讨论社会主义的分配制度时之所以只讲到按劳分配,并不是因为他否定按生产要素分配的原则,而是因为他所设想的社会主义经济,是一个囊括全社会的大工厂。在社会全体成员共同占有资本、土地等生产资料的条件下,这些劳动以外的生产要素当然不可能成为在社会成员之间分配收入的标准。在我国经济改革中出现了土地、资本等要素的排他的所有权之后,在现代经济中管理、知识等生产要素日益取得重要地位的情况下,一般体力劳动以外的生产要素参与分配的问题就自然而然地被提了出来。不明确这一点,既妨碍多种所有制经济的共同发展方针的贯彻,也妨碍对现代经济中具有决定性作用的专业人员提供足够的激励。显然,这会使我国的许多企业在今后日趋激烈的竞争中败北。

为了改变上述种种不利的情况,就必须彻底清除苏联式的社会主义经济理论的影响,树立"社会主义可以建立在多种所有制共同发展的经济基础上"的理念。事实上,近年来我国沿海有些地区的社会经济发展,证

---

1 马克思(1867—1883):《资本论》第 3 卷,见《马克思恩格斯全集》第 25 卷,北京:人民出版社,1972 年,第 993 页。

2 马克思(1857):《〈政治经济学批判〉导言》,见《马克思恩格斯选集》第 2 卷,北京:人民出版社,1972 年,第 98 页。

明了这一论断的正确性。以浙江省为例,那里的国有企业在工业中所占的比重不超过 10％,私营企业在工业和商业中的比重超过了半数。而这些年来,浙江省经济繁荣,社会安定,就业情况良好,人民生活水平普遍提高。江苏南部地区实现准国有制的乡镇企业改制以后,整个地区也重新显现繁荣和安定的景象。它们的情况说明,是否保持社会主义的优越性与国有经济的比重多少并没有直接的联系。

二、 高扬追求社会公正和共同富裕的社会主义旗帜

我认为市场经济必须建立在多种所有制共同发展的基础上,这并不意味着共产党放弃了自己的社会主义目标。相反,我们必须高举起社会主义的旗帜。问题在于,中国共产党所坚持的社会主义,不是斯大林式的行政主导的社会主义,也不是"四人帮"式的贫穷的社会主义,而是具有中国自己特色的社会主义。邓小平在论述具有中国特色的社会主义时曾经尖锐地指出,"社会主义是什么,马克思主义是什么,过去我们并没有完全搞清楚。"[1] 又说,"社会主义是一个很好的名词,但是如果搞不好,不能正确理解,不能采取正确的政策,那就体现不出社会主义的本质。"[2] "我们过去照搬苏联搞社会主义的模式,带来很多问题。我们早就发现了,但没有解决好。我们现在要解决好这个问题,我们要建设的是具有中国自己特色的社会主义。"[3] 那么什么是社会主义的本质呢? 邓小平按照社会主义的本来含义,指明"社会主义的本质""社会主义的原则""社会主义的任务""社会主义的目的""社会主义的特点""社会主义的最大优越性",就在于"逐步实现共同富裕"。[4]

---

1 邓小平(1985):《改革是中国发展生产力的必由之路》,见《邓小平文选》第 3 卷,北京:人民出版社,1993 年,第 137 页。

2 邓小平(1980):《社会主义首先要发展生产力》,见《邓小平文选》第 2 卷,北京:人民出版社,1994 年,第 313 页。

3 邓小平(1988):《解放思想,独立思考》,见《邓小平文选》第 3 卷,北京:人民出版社,1993 年,第 261 页。

4 邓小平(1985):《建设有中国特色的社会主义》等著作,见《邓小平文选》第 3 卷,北京:人民出版社,1993 年,第 63、110、111、123、137、142、155、265、364、373 页。

我们必须时刻不忘追求社会公正、实现共同富裕这个社会主义的大目标,使我们的具体工作和具体政策有利于这一目标的实现。从这个观点看,目前值得特别关注的是不同阶层居民收入差距持续扩大和贫富日趋悬殊的问题。

在应当怎样对待社会公正的问题上,有一些模糊的认识值得注意。不少人根据美国经济学家奥肯(Arthur M. Okun)提出的"平等与效率相替换"的原理[1],认为平等和效率是绝对对立的。他们由此得出了"左"的(市场经济追求高效率,就必然造成不平等的加剧)或右的(既然中国迫切地需要提高效率,就应当纵容贫富差距的扩大)错误结论。这种理论的失误在于混淆了机会的平等(不平等)和结果的平等(不平等)两种平等(不平等)。奥肯所说与效率有着替换关系的平等,指的是结果的平等。至于机会的平等,则大体上是同效率互相促进的。当前出现的不同阶层居民收入差距的扩大和贫富悬殊的现象,主要不是由结果的不平等造成的,而是由机会不平等,例如握有权力的人利用手中的公共权力营私、在城镇非农产业中没有就业机会的农民无法提高自己的收入水平等所造成的。至于我们正在进行的经济体制改革,就是要打破计划经济体制下的机会的不平等和无效率,用市场经济制度去创造机会平等和效率。因此从大的方面看,谋求社会公正和市场取向改革的方向是一致的。

根据以上的分析,建议采取以下措施来扭转居民收入差距持续扩大的趋势。

1. 必须迅速制止腐败蔓延和少数人利用手中的权力积累大量财富。当前,巨额财富在少数人手中积累主要是与握有权力的人们利用手中的权力营私有关,也就是与"寻租"活动有关。因此,纪检部门提出的"从源头上反腐败"的意见切中时弊。所谓"从源头上反腐败",首先是要尽量减少行政审批和加强群众监督,从根本上挖掉"寻租"活动的基础。

2. 尽快改变一些地区农民的贫困状态。发展经济学的理论和我国一些地区的实践都告诉我们,实现这一点的根本出路在于在城镇地区创

---

1 Arthur M. Okun（1975）: *Equality and Efficiency：The Big Tradeoff*（《平等与效率：重大的权衡》）,Washington：The Brookings Institution.

造足够多的就业岗位,实现农村剩余劳动力向非农产业的转移。

3. 要把从中共十四届三中全会以来拟议已经8年的新社会保障体系尽快建立起来。十四届三中全会《中共中央关于建立社会主义市场经济体制若干问题的决定》要求建立以个人账户为主要支柱的新社会保障体系。但是有些人一直想把它拉回到现收现付制的轨道上去,以致新的社会保障体系至今仍未建立。正在辽宁进行的以现收现付为主的方案试点预计也未必能取得成功。我认为还是应当回到十四届三中全会的设想上来,迅速建立起具有可行性的社会保障体系。

4. 完善"住者有其屋"的新住房制度。在保证人民群众基本生活条件的问题上,前一时期住房制度改革存在的缺点很值得关注。由于多数地方采取在售房时用打折扣的方式对职工进行补偿,使少数原有住房面积大、位置好的人得到了巨额收益,而原来住房位置差、面积小,甚至没有分到住房的人却得不到应有的补偿。这种不合理情况引起了普通职工的不满;而为了平息群众的不满,限制部分房产的自由出售,又使住房市场难以形成。对这种状况,应当采取调整措施加以补正。

5. 要在扶助老弱病残等弱势群体的同时,把个人所得税、资本利得税(capital gain tax)、财产税、遗产税等税收制度建立和健全起来,抑制少数人个人财富的过度积累,也是缩小收入差距、实现社会公正的必要且可行的举措。

三、 努力建设法治的市场经济

在我国改革的早期阶段,包括我本人在内的不少市场取向改革的支持者都以为,只要建立市场经济就能够保证经济的昌盛和人民的幸福,而没有意识到市场经济有好坏之分。因此对于改革深入以后社会无序和失范的现象反而愈演愈烈多少感到迷惑。现在关于好市场经济与坏市场经济的区分,已经有学者作了很好的论述。[1] 事实上,在目前的世界上,实行

---

1 例如,美国贝克莱加州大学和清华大学经济管理学院钱颖一教授的《市场与法治》一文,见李剑阁主编(2001):《站在市场化改革前沿》,上海: 上海远东出版社,2001年,第31—56页。

市场经济的国家占了绝对多数,但是建立起规范的市场经济的国家并不多。许多国家仍然在无规范的或者权力资本支配的市场经济,或者叫做坏的市场经济的陷阱中挣扎。原来实行计划经济的国家进行市场化转轨,弄得不好,也往往掉进坏的市场经济的陷阱。转轨国家落入坏的市场经济陷阱的概率很高的原因是:改革是在保持原有行政权力体系的条件下从上到下推进的,在利益结构大调整的过程下,某些拥有行政权力的人往往有方便的条件利用手中的权力牟取私利。如果一个国家建立了有效的民主制度和法治环境,抵制权力资本的能力就会强得多。反之,一个国家虽然能够在一段时间内取得一定程度的经济成就,但终究会因为法治不行而落入坏的市场经济,或称权贵资本主义(crony capitalism)的泥坑。没有法治的、坏的市场经济至少有三个问题:第一,政策的随意性增大了经济活动的不确定性,导致经济活动缺乏效率;第二,政府官员的行为缺乏规范和约束,导致权力的滥用、腐败和社会不公;第三,公民的基本权益缺乏保障,公民缺乏安全感和经济活动的积极性,经济缺乏长期的活力。

所谓好的市场经济是建立在公正、透明的游戏规则之上,即法治的市场经济。

中共十五大提出了"建设社会主义法治国家"的要求,这是一个重大的突破。但是在我国实际的政治社会生活中建立法治的进度十分迟缓,远不能适应经济发展的需要;而在另一方面,公法不彰、社会失范、腐败蔓延等情况还在继续恶化,市场经济的正常运行受到严重威胁。对于这种状况,各界人士乃至一般的平民大众都啧有烦言。特别是我国加入WTO意味着我国政府承诺与国际规范接轨,按照国际通行的规则进行运作。如果在国内不实行法治,就无法实现这种接轨,从而引起种种国际纠纷。

贯彻执行党中央建设社会主义法治国家进度迟缓的主要原因,不是立法速度无法加快,或者司法人员素质不够高,而是首先在于从上到下缺乏法治的理念。中国历史上是一个只有法制(rule by law,法律制度,主要是刑法制度)而没有法治(rule of law)的国家。所谓"法治",是一种源于古代、到近代才逐步完备起来的治理制度安排。它的最基本的内容,是符合于基本正义的法的统治。法在社会中占有支配地位,任何人不能超越其上。而中国的历代统治者却总是把法律当作一种工具,用来统治人民。

中华人民共和国成立以后,本来应当按照马克思主义的本义,建立法治,但是这并不符合当时领导人的意愿。在1957年的"反右派运动"中,又把否定"人治"建立"法治"的批评建议定为"资产阶级右派言论",给予提出这种建议的有识之士以严厉打击,因而"法治"竟然在1957年以后几十年的时间中成为一种避讳。虽然邓小平在1986年就提出过"要通过改革,处理好法治与人治的关系"[1],党的十五大又正式提出"建设社会主义法治国家"的问题,但是与法治格格不入的旧思想仍然普遍地存在,支配着人们的行为。从我国传媒发布的政府文件的外文译文中屡屡将"法治"(rule of law)错译成"rule by law"(用法律来统治),可以看出这种传统观念的影响多么广泛和深远。许多官员不把自己放在受"法"所"治"的地位上、并且严格地依法行政,却把法律看作贯彻自己的意志的一种手段和工具,在更多的场合,则不遵循法治关于程序公正的要求,甚至完全撇开了法律的规定,用不为公众知晓的"内部文件"、具有很大不确定性的"政策规定"乃至"首长指示"来进行治理,甚至以此来牟取私利。

从上面的分析可以得出结论,为了建设社会主义法治国家,我们必须首先抓紧做好基础性工作,也就是在干部和群众,特别是各级领导干部中树立法治观念。法治观念是当代先进文化的一个重要组成部分。它意味着体现基本正义的法律体系,首先是宪法,高于所有人的意志,政府和政府官员的权力也要由它界定,受它的约束。

其次,要依据国家宪法(基本法)建立透明的法律体系。所谓透明,就是要在制定法律的过程中有公民的广泛参与,把政府决策和运行的程序和方式通过法律作出具体、清楚和有效的规定,法律必须要让受调节者普遍知晓,法律不能追溯行使,等等。在确保法律反映民意的同时,也要充分征求专家的意见,使之符合法律的技术性要求。

第三,要完善司法体系,实现独立审判和公正执法。在执法方面,需要有高素质的、独立的法院系统,所谓独立,是指法官遵守宪法的原则,并按照符合宪法原则的法律规定,依靠理性和案例积累,独立作出判决,而

---

1 邓小平(1986):《关于政治体制改革问题》,见《邓小平文选》第3卷,北京:人民出版社,1993年,第177页。

不受任何权力的干扰。

第四,要通过法治切实保护公民的基本权益(包括财产权、生命权、人身自由、隐私权和言论自由),切实保证政府在执行自己的职能时遵守法定程序,防止政府和政府工作人员以国家利益的名义侵犯公民的基本权益。市场经济的活力来源于每一个公民积极性和创造性的发挥,而公民的积极性和创造性能否充分的发挥又取决于他们的基本权益是否得到了有效的保护。

为了实现法治,需要正确处理党组织对立法和司法工作的政治领导的问题。正像《中国共产党章程•总纲》所规定的:"党必须在宪法和法律的范围内活动"。这就是说,作为执政党的共产党在国家生活中的作用、地位、权力、义务以及行使权力的方式、程序要通过法律作出具体、清楚和有效的规定,使之变得有法可依。任何个人和组织都不能凌驾于法律之上。党的各级组织应全力维护法律活动的程序公正,而不要干预司法。

建立社会主义市场经济： 认识进展与制度构建*

（2018 年 12 月）

1978 年 12 月，以中共十一届三中全会为标志，中国进入了改革开放的新时代。虽然从一开始就把引入市场作为改善经济体制的一项重要内容，然而，无论正确认识市场交易的本质和市场经济的运行机制，还是把科学的认知落实到改革实践中去，都并非一帆风顺，而是经历了种种曲折乃至反复。因此，在纪念改革开放 40 周年的时候，我们应当认真回顾 40 年来改革的历程，深刻总结其中的经验和教训，以利于推进建设成熟的现代市场经济的改革进程。

20 世纪 80 年代： 在计划与市场之间摇摆

1976 年粉碎"四人帮"和结束"文革"动乱的时候，我们面对的是人民基本消费水平在长达 20 年的时间里没有提高、"文革"动乱更使社会濒临溃败的险境。为了寻找救亡图存的道路，中国派出了大批高级官员出国考察。这些高级官员在考察中惊异地发现，一些原来与我国差距不大的国家和地区经过十来年的发展，其经济水平已远远走到我们的前面。这些国家和地区市场推动的繁荣给了这些高级官员极大的震撼，使他们很快形成了中国需要引入市场、发展市场经济或称"商品经济"的共识。中

＊ 发表于《中国金融》2018 年第 24 期，出版时删去了脚注内容。

国主要领导人也相继提出了"计划经济与市场经济相结合"的口号。[1]

在中国这样长期实行计划经济的社会主义国家引入市场制度,无疑是理论和政策上的重大突破。但是,由于"左"的路线的思想钳制和与国际学术界的长期隔绝,我国理论界对 20 世纪经济科学的进展缺乏了解,人们对于什么是市场经济以及市场经济如何通过价格机制实现稀缺资源的有效配置不甚了了。于是许多人认为,只要允许产品在市场上买卖,就是商品经济或市场经济了,至于在这一市场上是否自主、自由地进行交易,价格形成是否受到行政管制和政策影响则被认为无关宏旨。

与此同时,苏联政治经济学教科书的影响还广泛地存在。市场经济必然导致"竞争和无政府状态"的教条仍然盘踞在许多人的头脑之中。因此,人们就易于接受"计划经济为主,市场调节为辅"之类的药方。即使在赞同市场取向改革的人们中,也不乏有人主张给市场戴上计划的笼头,由党政领导机关设法加以"驾驭"。

总的来看,在 20 世纪 80 年代初期,强调中国经济的计划经济性质,加强国家计划的统一领导,还是理论和政策的基调。在这一基调下,改革还远远不是在整个经济体系内系统地进行,而只能是着重于个别部门或个别方面的政策调整。即使某些带有制度变革性质的改革,例如安徽、四川等地允许土地承包,也采取了不改变基本经济制度、实行集体所有和家庭承包"双层经营"的形式。

虽然这种变通性的政策调整取得了一定的成效,使原已陷于衰退和混乱的经济重新振作起来,步入发展的轨道,但是人们很快发现,仅仅依靠变通性的政策调整,并不足以实现国家振兴。正像邓小平在谈到1984年中共十二届三中全会议题时所说的:中国需要进行的,是不仅包括农业,也包括工业、商业、服务业、科学、文化、教育等领域"整个经济体制的全面的、有系统的改革"[2]。显然,这样一种全面的、有系统的改革,不是靠

---

1 参见邓小平(1979):《社会主义也可以搞"市场经济"》,载《邓小平文选》第 2 卷,北京:人民出版社,1994 年,第 236 页;陈云(1979):《计划与市场问题》,载《陈云文选》第 3 卷,北京:人民出版社,1995 年,244—247 页。

2 参见邓小平(1984):《在中华人民共和国成立三十五周年庆祝典礼上的讲话》《我们的宏伟目标和根本政策》,载《邓小平文选》第 3 卷,北京:人民出版社,1993 年,第 70、78 页。

"摸着石头过河"和"走一步、看一步"能把握的。于是,在20世纪80年代中期,进行了一场参与人员众多的"改革目标模式"大讨论。

变化的开端,是1984年的中共十二届三中全会明确了中国改革的目标是建立"在公有制基础上有计划的商品经济",或者"社会主义商品经济"。

80年代中期讨论的核心问题,是如何理解"社会主义商品经济"或"有计划的商品经济"和选择何种具体的体制模式。各界人士根据历史实绩和自己的理论框架作出了不同的判断。与改革初期的讨论相比,80年代中期的讨论有一个显著的区别就是,它是在理论与实践更高程度结合的基础上进行的。这是因为,一方面,我国经济工作的领导人员在改革实践中提高了自己的经济学素养;另一方面,有一批在国内外受过正规经济学训练的经济学家加入改革者的队伍。这就使讨论的质量大为提高。

这里特别值得注意的,是1985年9月中共全国代表会议通过的《中共中央关于制定国民经济和社会发展第七个五年计划(1986—1990年)的建议》(下称《建议》)对"社会主义商品经济"的具体内容作出了明确界定。在《建议》草稿的讨论中,有的经济学家对该草稿单项突出搞活国有企业的改革提出了不同意见,认为商品经济是一个由自主经营自负盈亏的企业、竞争性的市场体系和以间接调节为主的宏观调节体系等多重元素组成的有机整体,这三方面的改革要同步推进。[1] 这一意见为全国党代表会议所接受,在《建议》中作出了如下的表述:"建立新型的社会主义经济体制,主要是抓好互相联系的三个方面:第一,进一步增强企业特别是全民所有制大中型企业的活力,使它们真正成为相对独立的,自主经营、自负盈亏的社会主义商品生产者和经营者;第二,进一步发展社会主义的有计划的商品市场,逐步完善市场体系;第三,国家对企业的管理逐步由直接控制为主转向间接控制为主。"[2] 按照匈牙利经济学家、哈佛大学教授科尔奈在1985年9月召开的"宏观经济管理国际讨论会"("巴山轮"会议)上提出的把各国经济体制区分为直接行政控制(ⅠA)、间接行政控制(ⅠB)

---

1 吴敬琏(1985):《单项推进,还是配套改革》,见本书,第261—263页。

2 参见中共中央文献研究室编:《"十二大"以来重要文献选编(中)》,北京:人民出版社,1986年,第821页。

和完全自由放任的市场协调（ⅡA）、有宏观经济管理的市场协调（ⅡB）等两大类四小类模式的基本分析框架[1]，中共全国代表会议确认"七五三条"，意味着中国领导人选取了有宏观经济管理的市场协调模式，即ⅡB模式作为改革目标。

不过，后来事情发生了变化。1986年10月以后，当时的领导人越来越倾向于认为，搞活企业才是经济体制改革的出发点和立足点。而且认为，这是中国改革的基本理论和基本实践，不能动摇。此后，在国有经济中推行企业承包责任制就成了改革的主线。

在这样的情况下，形成一个什么样的经济体制就成为必须重新考虑的问题。当时的主导思想是，"不但在相当长时期内市场调节只能在一定范围和一定程度内运行，不可能调动全社会的经济活力。即使将来市场发育完善了，必要的计划调节和国家干预也是必不可少的"。因此，还是要回到"计划与市场相结合"的模式上去。于是，经过国家计委和国家体改委等领导机关的反复讨论，党政一线领导决定采纳国家计委研究机构提出的"国家调控市场，市场引导企业"或"国家掌握市场，市场引导企业"的"计划与市场相结合"模式建议，在十三大报告中把"有计划的商品经济"的"运行机制"确定为"国家调节市场，市场引导企业"[2]。

这样一来，改革的目标模式也就由"有宏观经济管理的市场协调"（ⅡB）模式，退回到了"间接行政控制"（ⅠB）模式。在后一种模式下，虽然企业的经营决策是由市场"引导"的，但是由于这个市场不是自由、自主地进行交易的真正市场，而是由政府掌控的所谓"管制下的市场"。在这种"市场"中，企业的自主决策权在很大程度上受到国家计划、主要是体现为选择性产业政策的间接计划的控制，市场参数也不可避免地遭到扭曲，因而就很难避免行政控制模式造成的种种缺失。在中国，这些缺失导致了20世纪80年代末期的经济波动乃至社会波动。

---

1 参见郭树清、赵人伟整理：《宏观经济管理国际讨论会专题报告（1）：目标模式和过渡步骤》，载中国经济体制改革研究会编：《宏观经济的管理和改革——宏观经济管理国际讨论会言论选编》，北京：经济日报出版社，1986年，第16—23页。

2 参见房维中编：《在风浪中前进：中国发展与改革编年纪事（1977—1989）》第十分册，1987年卷，第81—86，158—184页。

20世纪90年代：理论上的突破和改革的整体推进

在20世纪80年代末期出现经济和政治波动以后，一些人要求否定中共十三大重申的市场取向的改革方向，回到"计划经济为主、市场调节为辅"的方向上去。这种主张遭到邓小平等领导人的坚决抵制，于是他们把提法由"社会主义商品经济"改变为"计划经济与市场调节相结合"，意在强调中国经济的性质仍然是计划经济。同时，还在政策上采取了抑制民营企业等一系列"开倒车"的措施，造成了历时两年多的经济衰退。

在此背景下，爆发了一次"中国向何处去"的大争论。争论开始时，主张实行计划经济的"左"的观点具有明显的政治优势，但是随着改革力量在经济发展大趋势的支持下奋起反击，开倒车的势头"一而鼓、再而衰、三而竭"，中国迎来了重启改革的新局面。

在1991年10月到12月中共中央召集的讨论国内国际重大问题的系列座谈会上，与会经济学家在与江泽民总书记的对话中，令人信服地论证了确立社会主义市场经济改革目标的必要性。[1] 接着在1992年初邓小平"南方谈话"的推动下，1992年10月召开的中共第十四次全国代表大会正式宣布以市场机制在资源配置中起基础性作用的社会主义市场经济作为中国的改革目标，这是国际共产主义运动史上的一个创举。

根据中共十四大的这一决定，众多研究机构和研究人员就如何建设社会主义市场经济的制度基础提出了建议。在研究和采纳有关建议的基础上，1993年11月的中共十四届三中全会审议通过了《中共中央关于建立社会主义市场经济体制若干问题的决定》（下称十四届三中全会《决定》）。十四届三中全会《决定》把十四大确定的经济体制改革目标和基本原则具体化，既是我国建立社会主义市场经济体制的总体规划，也是90年代进行经济体制改革的行动纲领。它所开启的"培育和发展市场体系"，建设"统一、开放、竞争、有序的大市场"进程，对社会主义市场经济体制的建立产生了重大而深远的影响。

1　参见陈君、洪南：《江泽民与社会主义市场经济的提出》，北京：中央文献出版社，2012年。

十四届三中全会《决定》在以下两个问题上获得重要突破：第一,明确提出"整体推进和重点突破相结合"的新改革战略,即不仅在"体制外"的边缘地带进行改革,而且要在国有部门打攻坚战,要求在20世纪末初步建立社会主义市场经济体制。第二,为重点领域的改革提出了目标,拟定了方案,其中包括：(1)建立新的财政税收体制,改革的基本目标是将原来的财政包干制改造为合理划分中央政府与地方政府职权基础上的"分税制"和按照"统一税法、公平税负、简化税制、合理分权"的规范税制;(2)建立以国有商业银行为主体、多种金融机构并存、政策性金融与商业性金融分离的金融组织体系,建立统一、开放、有序竞争、严格管理的金融市场体系和在中央政府领导下独立执行货币政策的中央银行体制;(3)分两步进行外汇管理体制改革：首先取消双重汇率制,实现汇率并轨和经常项目下人民币有管理的可兑换,然后再视情况的发展取消对资本项目的外汇控制,实现人民币的完全可兑换;(4)要求"进一步转换国有企业经营机制,建立产权明晰、责权明确、政企分开、科学管理的现代企业制度",即现代公司制度;(5)建立包括社会保险、社会救济、社会福利、优抚安置和社会互助、个人储蓄积累保障等内容的多层次社会保障制度,其中,城镇职工养老和医疗保险试行社会统筹与个人账户相结合的制度。

十四届三中全会以后,采取了一系列重大措施来推进改革。到20世纪90年代后期,在财政、金融、外汇管理等方面的改革大体上达到了中共十四届三中全会的要求。其中,外汇改革的成效最为显著,提前实现了《决定》所规定的在经常账户下实行"有管理的浮动汇率制"的目标,为中国对外贸易的超常发展和外汇收支结余的持续增长提供了有力支撑。

不过,其他方面改革的进度没有达到中共十四届三中全会的要求。为达到中共十四届三中全会要求建立统一、开放、竞争、有序的市场体系的目标,还需要在改革国有经济、建设社会主义法治国家等方面付出更大的努力。

1997年的中共十五大为了"加快国民经济市场化进程","尽快建成统一开放、竞争有序的市场体系",还在过去党政决定很少涉及的改善所有制结构问题上作出了重大决定。它要求将"调整和完善所有制结构"作为经济改革的首要任务,以便确立公有制为主体、多种所有制经济共同发展的基本经济制度,为社会主义市场经济奠定产权制度基础。为此,代表大会对旧有的关于公有制经济、国有经济、私营经济(非公有制经济)地位与作用的提法作出了新的解读,主要包括以下三项:(1)"公有制经济不仅包括国有经济和集体经济","要努力寻找能够极大促进生产力发展的公有制实现形式","一切反映社会化生产规律的经营方式和组织形式都可以大胆利用";(2)否定了把国有经济的比重大小同社会主义性质的强弱直接联系起来和认为国有经济在国民经济中所占比重愈大愈好的苏联式观点,提出国有经济的主导作用主要体现在对关系国民经济命脉的重要行业和关键领域的控制力上,在其他领域国有经济比重的减少并不影响我国的社会主义性质[1];(3)明确宣布"非公有制经济是我国社会主义市场经济的重要组成部分,对个体、私营等非公有制经济要鼓励、引导,使之健康发展"。

与经济体制改革相配合,中共十五大还提出了"扩大社会主义民主,健全社会主义法制,依法治国,建设社会主义法治国家"的政治改革要求。

在1995年制定"九五"计划(1996—2000年)时,原国家计委提出要把实现增长方式从投资拉动的粗放增长向效率驱动的集约增长转变提到议事日程上来。在决策讨论过程中,人们对于转变经济发展方式和改革开放两者之间关系的认识有了深化。通过分析苏联在20世纪60年代就提出了转变经济增长方式、到1991年制度剧变时仍未实现的原因,认识到不进行根本性的改革,改变苏联式的落后体制,就不可能实现增长方式的转变和效率的提高。所以,中共十四届五中全会通过的《中共中央关于制定国民经济和社会发展"九五"计划和2010年远景目标的建议》正式提出"实现两个根本转变",即实现经济增长方式从粗放型到集约型转变和经济体制从传统的计划经济向社会主义市场经济体制转变。并且指出,后一转变是前一转变的基础。

---

[1] 1999年的中共十五届四中全会进一步明确:"国有经济需要控制的行业和领域主要包括:涉及国家安全的行业,自然垄断的行业,提供重要公共产品和服务的行业,以及支柱产业和高新技术产业中的重要骨干企业。其他行业和领域,可以通过资产重组和结构调整,集中力量,加强重点,提高国有经济的整体素质。"(见1999年9月22日中共十五届四中全会通过的《中共中央关于国有企业改革和发展若干重大问题的决定》,载《人民日报》,1999年9月27日)

中共十四届三中全会后大力推进改革，并把"两个根本转变"结合起来进行。凭借 90 年代建立起来的社会主义市场经济基本框架和由此释放出来的亿万民众的积极性和创造性，中国实现了持续的高速增长。巨大的动能一直持续到本世纪，使中国在 2010 年跃居世界第二大经济体。

三、 新世纪： 改革踏上新征程

20 世纪末，中国宣布初步建立起市场经济体制的基本框架。但是，通过市场化、法治化、民主化的改革建立充满生机与活力的新体制的伟业并没有大功告成。由于命令经济或称统制经济的遗产还在一些领域严重存在，事实上形成的是一种"半市场、半统制"的制度格局。这种过渡性的体制存在两种可能的发展方向：或者是政府逐渐淡出对企业微观经济波动的干预，加强在市场失灵领域如市场监管、提供公共产品和服务等方面的职能，使过渡性的经济逐渐成长为在规则基础上运转的现代市场经济，即"法治的市场经济"；或者不断强化政府对市场的控制和干预，不断扩大国有经济的垄断力量，蜕变为政府全面控制经济社会发展的国家资本主义、甚至权贵资本主义的畸形体制。[1]

2006 年以后，主张强化国家对市场掌控的力量在舆论界取得一定的势头，造成了改革的停顿，也使经济和社会矛盾日益积累，甚至出现了某些"国进民退"的现象。与此同时，改革的停顿也使经济发展模式转变发生了某种程度的逆转，在许多地区出现了用海量投资进行"形象工程"和"政绩工程"建设的潮流，使金融风险迅速积累。

不过，这个曲折也再次引发了一场关于"中国向何处去"的大争论。愈来愈多的民众和官员要求"重启改革议程"，推进市场化、法治化、民主化的改革。[2] 这场大争论的结果，是 2012 年的中共十八次全国代表大会不负众望，作出了"以更大的政治勇气和智慧，不失时机深化重要领域改革"的历史性决定，在经济领域坚持"社会主义市场经济的改革方向"，"处

1　吴敬琏(2012)：《中国经济的未来方向》，见本书，第 858—872 页。
2　参见吴敬琏、马国川：《重启改革议程：中国经济改革二十讲》，北京：生活·读书·新知三联书店，2011 年。

理好政府和市场的关系"，"更大程度更广范围发挥市场在资源配置中的基础性作用"；在政治方面，要"加快推进社会主义民主政治制度化"，"实现国家各项工作法治化"。

紧接着，中共十八届三中全会按照十八大指出的方向为全面深化改革制定了顶层设计、路线图和时间表。十八届三中全会《中共中央关于全面深化改革若干重大问题的决定》（下称十八届三中全会《决定》）指明："经济体制改革是全面深化改革的重点，核心问题是处理好政府和市场的关系，使市场在资源配置中起决定性作用和更好发挥政府作用。""市场决定资源配置是市场经济的一般规律，健全社会主义市场经济体制必须遵循这条规律，着力解决市场体系不完善、政府干预过多和监督不到位问题。"并且着重指出，"建设统一开放、竞争有序的市场体系，是使市场在资源配置中起决定性作用的基础"，并提出了多项措施加快这一制度的建设。这明显继承和发展了十四大以来关于社会主义市场经济的提法，切中中国现有经济体制存在的市场"条块分割"、参与主体差别待遇、行政干预过多、无序竞争等弊端和缺陷，并提出了解决的办法。

中共十八届三中全会制定的改革行动纲领，比十四届三中全会的决定更加全面、丰满、准确。其要求进行的改革并不局限于有关经济发展的领域，正如十八届三中全会《决定》所指出的"全面深化改革的总目标是完善和发展中国特色社会主义制度，推进国家治理体系和治理能力现代化。"这就为全面深化改革指明了方向。十八届三中全会以后，中共中央和国务院又作出了许多决定和颁发了大量文件对各方面的改革提出具体要求。例如，2014年的十八届四中全会通过了《中共中央关于全面推进依法治国若干重大问题的决定》，对依法治国和建设法治国家作出进一步的阐明。2015年10月发布的《中共中央国务院关于推进价格机制改革的若干意见》，要求到2017年竞争性领域和竞争性环节的价格要基本放开，到2020年市场决定价格的机制基本完善。这份文件还提出了一项关系改革全局的任务，就是要"逐步建立竞争政策的基础性地位"。为了推进这项改革，2016年6月发布的《国务院关于在市场体系建设中建立公平竞争审查制度的意见》要求建立公平竞争审查制度，防止出台新的排除、限制竞争的政策措施，并逐步清理、废除已有的妨碍公平竞争的规定和做法,这意味着要向确立竞争政策的基础性地位、产业政策服从竞争政策迈出关键的一步。2016 年 11 月公布的《中共中央国务院关于完善产权保护制度依法保护产权的意见》对完善市场经济产权制度基础进行了具体部署,提出了平等保护、全面保护、依法保护、共同参与、标本兼治等产权保护的五项基本原则,要求甄别并坚决纠正涉及产权的错案冤案,严格遵循法不溯及既往、罪刑法定、在新旧法之间从旧兼从轻等原则,以发展的眼光客观看待和依法妥善处理改革开放以来各类企业特别是民营企业经营过程中存在的不规范问题。

习近平总书记在 2016 年末的全国政协新年茶话会上宣布,各方面已经出台 419 个改革方案。这就是说,新体制"四梁八柱"的主体框架设计已经基本完成。[1] 在这种情况下,关键问题就是加强执行力,克服困难和障碍,把正确的方针、好的顶层设计和实施方案落实到位。

回首四十年,凡是市场化、法治化和民主化改革取得实质性进展的时候,经济社会发展就会有比较好的表现,人民生活质量也会有显著的提升。但有时会囿于旧的概念和口号,出现摇摆甚至倒退;也会以文件落实文件,在原地踏步,走了弯路甚至回头路还茫然不觉。这样,我们的建设事业就会遭到挫折,社会矛盾也会因之凸显。

所幸的是,虽然 40 年的改革经历了多次曲折,但是每经过一次曲折,我们都上了一个新的台阶。随着主流思想从"计划与市场相结合"发展到"市场在资源配置中起决定性作用",理论界和决策层对于市场经济的认识总体来说是不断递进的。绝大多数人也逐渐突破了意识形态的桎梏,认识到建设法治的市场经济是通向富裕、民主、文明、和谐中国的必由之路。当然,我们也要清醒地认识到,命令经济的旧体制和陈旧落后的旧思维的影响仍然广泛存在,以致过去争论的某些场景还会不时若隐若现。当出现这些负面现象的时候,我们必须坚定不移地推进改革,消除影响社会经济发展的意识形态阻力和体制性障碍。只有这样,才有可能实现效率的提高、结构的改善和发展的持续。

---

1 新华社:《全国政协举行新年茶话会》,2016 年 12 月 30 日。

四、构筑市场经济的微观基础

国有经济效率低下,是 20 世纪 50 年代中期计划经济体制建立以后一直困扰中国的问题。由此产生了对国有经济进行改革的要求。在 70 年代末改革开始之前,国有企业改革主要采取了行政性分权的办法,把中央企业下放给地方政府管理。可是这种办法非但没有收到增强国企活力的预期效果,反倒陷入了"一放就乱、一收就死"的怪圈。

开始改革开放以后,越来越多的人认识到国企改革需要另寻他途。于是在日本大企业交叉持股制度的启发下和市场社会主义理解的国有企业"所有权与经营权分离"("两权分离")理论的支持下,"架空所有权、强化经营权"成为国有企业改革的主导思想。在这种思想的指导下,80 年代初期对绝大部分国有企业进行了"扩大企业自主权改革";80 年代后期全面推行了进一步强化企业经理人员权力的企业承包制,并且在 1988 年颁布的《中华人民共和国全民所有制工业企业法》以"所有权与经营权分离"的名义使国有企业经理人实际上获得了对企业财产的剩余控制权。

本书作者在改革开放初期也曾经是上述改革主张的支持者(参见本书第一部分《价值规律和社会主义企业的自动调节》一文)。但在运用现代经济学的基本理论和分析工具深入考察我国国企改革的现状以后,我开始认识到,在保持计划经济体制基本框架的条件下,由于国有企业依然"纵向从属"于上级行政机关,不管它们在名义上拥有多大的"自主权",都很难使它们重获活力。而如果真正落实了"自主权",在缺乏市场竞争的约束条件下,又难免形成普遍的"内部人控制"失控和经理人腐败。

正因为有了新的认识,我在从耶鲁游学归国以后的几次讲演中,提出了必须对经济体制进行整体改革,放开企业的供产销,使贸易关系和信贷往来四通八达,才能使企业真正成为企业[参见《城市改革的关键是放活企业的供、产、销》(1984 年 9 月)]。

针对主流思想对"两权分离"以及"股份化"的误读,本书作者写作了《"两权分离"和"承包制"概念辨析》(1987 年 9 月)等文章,剖析了中国式的"两权分离"对现代企业制度中"所有与控制分离"的误读。我和钱颖一教授合作撰写了《关于公司化》(1993 年 8 月)一文,全面阐述了公司制这种现代企业的制度安排的要义。同时,针对普遍存在的"内部人控制"失控的情况,我们着重指出,在公司化的过程中必须建立起所有者和经营者相互制衡的公司治理机制［参见《在公司化改制中建立有效的公司治理结构》(1995 年 3 月)一文］。

仅仅实现国有企业的公司化改革并不足以建立市场经济的微观基础。因此,本书作者在 20 世纪 90 年代中期国有企业财务状况进一步恶化和国民经济受到亚洲金融危机冲击的情况下,把研究的重点放到有进有退地进行国有经济的布局调整和放手发展民营中小企业方面去［参见收入本书的《对经济形势的估量和放手发展中小企业的对策建议》(1998 年 7 月)和《两种不同的转轨战略》(2003 年 11 月)两文］。有关建议得到部分领导人的赞同,为世纪之交民营经济的迅速发展提供了一定助益。

但是,改革的道路从来是不平坦的。21 世纪初期,由于改革进展缓慢造成的腐败蔓延、贫富分化加剧等负面现象倒过来成为某些人利用民粹主义和狭隘民族主义反对改革的口实。于是,主张强化政府控制、甚至实行"国进民退"的呼声渐起。对于这类开倒车的主张,我在《深化国企改革需要澄清的几个原则问题》(2004 年 10 月)、《国有经济布局调整和国有企业改革不能停步》(2011 年 9 月)等文章中做出了反驳。

2012 年的中共十八大做出全面深化改革的决定,也为国有企业改革提供了新的契机。从"管资产"转向"管资本"就成为这一改革的新措施。陈清泰和本书作者作为国务院发展研究中心"深化企业改革"课题组负责人执笔写成的《"管资本"试点的几个问题》(2015 年 5 月)一文,为落实这一改革提出了实施方案。

最后一篇文章《发展共益企业,推动向利益相关者经济的演进》(2018 年 4 月)体现了本书作者在当前社会矛盾凸显的情况下对 20 世纪末期"公司治理运动"的反思和对如何改进现行企业制度的思考。

城市改革的关键是放活企业的供、产、销[*]

（1984 年 9 月）

目前，我国城市经济改革工作正在蓬勃展开。以执行"放权十条"[1]、"以税代利"等措施为中心的"小配套"改革已经广泛展开，并将进一步向城市综合改革发展，形势喜人。与此同时，迅速发展的大好形势也提出了一系列理论和实际问题，需要我们研究。特别是许多中央的主管部和若干省、自治区的主管厅局正在酝酿"简政放权"，把原来由自己直接管理的企业下放到中心城市。同时，一些中心城市也积极准备"接管"下放来的企业。于是，城市如何管理经济，就成为一个迫切需要妥善解决的问题。有的同志认为，城市改革的实质在于把中央部和省（自治区）厅、局管理工业改为城市管理工业。还有相当一部分同志认为，只要城市的行政管理机关从中央或省政府手里把企业接管过来，就能够克服旧体制的种种弊病，实现改革的目标。我以为，这类认识是不完全或者是不正确的。

---

[*] 本文是根据作者 1984 年 9 月 15 日在上海《世界经济导报》星期讲演会上所作题为"谈谈城市经济改革的关键——企业应成为相对独立的经营主体"整理而成。原文发表于《世界经济导报》，1984 年 9 月 24 日。

[1] 指 1984 年 5 月 10 日发布的《国务院关于进一步扩大国营工业企业自主权的暂行规定》，中共中央文献研究室编：《十二大以来重要文献选编（上）》，北京：人民出版社，1986 年，第 461—464 页。

一、 行政性分权与经济性分权[1]

首先,必须区分行政性分权和经济性分权这两种不同性质的分权。

什么是改革要解决的中心问题?目前存在很不相同的认识。一种认识是:改革的中心问题是克服旧体制下决策权过分集中于中央的缺点,把中央的权力下放给省、市、县,由地方行政机构管理经济。另一种认识是:旧体制的主要缺点,在于决策权过分集中于行政主管机关,而作为生产经营基本单位的企业则缺乏自主权和与之相联系的活力,因此,改革的中心问题是向企业分权,使它们获得日常活动的微观决策权,使之成为相对独立的商品经营者。前一种解决办法,可以叫做"行政性分权";后一种解决办法,可以叫做"经济性分权"。

我国经济管理体制变化的实践表明,单纯的行政性分权只是使企业从原来中央机关的附属品,变为地方行政机关的附属品,并没有解决企业缺乏活力的问题。相反,由于单纯的行政性分权在保持行政集权体制的总框架不变的情况下削弱了这种经济的主要调节者——中央行政机关的调节作用,就会使地方各自为政和互相封锁的现象滋长起来,并不可避免地导致国民经济的混乱。为了克服这种混乱现象,又不得不重新集中已经下放的权力。于是就出现了过去几十年管理体制上放了收、收了放的

---

1 1984 年 7 月在加州大学贝克莱分校举行的一次讨论会上,一些美国同行提醒我注意,我提出的"行政性分权"和"经济性分权"问题,前人已经作过讨论。经查阅有关文献,舒尔曼(H. F. Schurmann)在 1966 年早已明确提出,社会主义经济中的"分权"(decentralization)有两种形态,其中"分权 I"是把决策权一直下放到生产单位,"分权 II"则只把决策权下放到下级行政单位。他认为,在 1956 年中国开始考虑进行体制改革时,"分权 I"的想法占优势;1957 年决定进行"分权 I"和"分权 II"混合型改革;1958 年实际执行的,则是"分权 II"改革;这种分权引起了混乱,因而不得不实行重新集中化。(H. F. Schurmann(1966):*Ideology and Organization in Communist China*(《共产主义中国的意识形态与组织》),University of California Press)此外,美国著名的比较经济学家 M. 鲍恩斯坦(Morris Bornstein)1977 在美国国会就东欧经济改革情况作证时也认为,在东欧的讨论中,所谓从中央机构向下分权有两种不同的概念:一是"行政分权",一是"经济分权";其中,前者的目标是改进原有的行政管理方法,使之更为有效,后者的目标是走向有政府规制的市场经济(regulated market economy)。Morris Bornstein(1977):Economic Reform in Eastern Europe(《东欧经济改革》),in *Eastern-European Economies Post-Helsinki*(《赫尔辛基会议后的东欧经济》),Washington D. C.:US Government Publishing Office,1977,p. 1。

循环现象。虽然已故著名经济学家孙冶方同志早在 1961 年已经指出,把体制改革理解为行政性分权是不正确的,不幸的是,人们仍然常常把行政分权同改革混为一谈。我国 1958 年的体制下放和 1970 年的企业下放在很大程度上具有行政性分权的性质,1980 年的财政"分灶吃饭",也在一定程度上具有这种性质,导致了种种消极结果。

所以,单纯的行政性分权不是出路。改革的中心问题是使企业变为相对独立的经营主体,或者说相对独立的商品经营者。

由此可以得出结论,在当前的改革中,我们不应停留在中央和省(自治区)下放企业这一步骤上,而必须在实现这一步骤的同时跨出决定性的另一步,这就是给企业放权,使它们成为相对独立的商品经营者,让企业根据市场情况自主作出日常生产经营活动的微观决策。

当然,在社会主义条件下,相对独立的企业并不是不受任何约束的"自由企业"。首先,它们要受国家法令的约束。其次,它们要受在国家管理和调节下的市场的约束。市场需求、市场价格的变化会影响企业的利益,会给企业带来动力、压力、活力,引导企业的微观决策符合社会的利益与需要。

所以,在企业成为相对独立的商品经营者的有计划的商品经济模式中,行政机关将运用立法的、行政的和经济的手段调节整个社会经济活动。具体说就是:制定计划、规划,协调各种经济活动;分配重大投资和提供信息;制定法律、规则并监督执行这些法令、规则;搞好基础设施、公共福利事业;保证有一个良好的市场条件,防止垄断,保护公平竞争,并运用各种经济杠杆(包括工资、税收、利息、价格等等)调节市场,间接调节企业的经济活动。

现在有一些城市准备把下放的企业连同原属自己管理的企业联合起来,组成市经委或专业局领导下的专业公司,使这种公司成为市政府对企业进行管理的基本组织形式。这也是一个值得慎重研究的问题。

公司这种组织形式可以包含很不相同的内容,它可以是独立的法人,作为经济实体从事某种经营活动并负责自己的盈亏,即所谓"经营性公司";也可以是换了一块招牌的行政管理部门,即所谓"行政性公司"。前几年,各级各地建立了一些行政性公司,效果是不好的。今后我们不应再建立这样的公司了。

至于经营性公司,也应分别不同情况,有选择地组织。首先,并不是每一个行业都需要组织公司。实行联合和组织公司的经济依据,在于经营规模的扩大能够取得规模经济效益。换句话说,只有组成公司以后能够提高整体经济效益并使参加公司的单位都得到好处,组织公司才是合理的。其次,公司并不一定要囊括全行业的所有企业,因为把同一行业的所有企业联合组成一个大公司,有可能形成地区性的垄断。再次,组成公司以后,不必硬性要求对成员企业的一切经济活动实行统一经营和统一核算。因为各种经济活动所要求的最优规模往往是不尽相同的,从取得规模经济和避免规模不经济的观点出发,应当因事制宜,只把那些需要大规模经营的经济活动交由公司承担,其余经济活动则仍以原来的企业独立经营,采取有分有合、较为松散的形式。最后,组织公司只是实现经济联合的一种形式,不是唯一的形式。我们应当广泛探索和试验组织适合于不同行业、不同经济活动的多种联合形式。国外现有的某些联合形式,如"双重结构"、联号经营、经营者联合会、特许经营制等等,都值得我们借鉴。

需要强调的是,无论是否组织公司,都要把行业管理同企业经营严格分开,不能赋予企业性组织(包括公司)行政管理的职能,以免出现另一种形式的政企不分的情况。

在我国的经济学界讨论经济改革的目标模式的论著中,常常提到如何解决企业"婆婆太多"的问题。有的同志主张,我们的目标,应当是使每一个企业只有一个"婆婆"。我以为,"一个企业只有一个婆婆"并不是根本解决"婆婆"太多问题的良策。问题的症结,并不在于企业有几个"婆婆",而在于企业应不应当有"婆婆"或者应当有什么样的"婆婆"。我认为,无论就企业的微观经济决策,还是从社会的宏观经济管理看,作为目标模式的原则,"一个企业只有一个婆婆"的公式都是不适当的。就企业的微观经济活动,即产、供、销活动而言,既然企业日常的具体生产经营活动由他们自行作出决策,就根本不需要有什么"婆婆"。其实,所谓"一个企业只有一个婆婆",只不过是传统模式的行政等级结构中"一个下级单位只有一个直接上级"的理想组织原则的另一种说法。至于说国家行政部门的宏观经济管理和运用经济手段通过市场对企业经济活动的调节，如果也算做"婆婆"，那么，任何一个企业的"婆婆"都肯定不止一个。例如，企业登记注册由工商行政管理部门管，税收由财政税务部门管，经济立法的实施、合同的履行由司法部门保证，行业管理由专业管理机关和行业协会负责，如此等等。这样的"婆婆"，并不具体干预企业的日常生产经营，多一些没有什么坏处。

二、 冲破条块分割的根本办法

只有政企分开，放活企业的产供销，才能根本克服条块分割等旧体制的弊病。

旧体制的一个突出弊病是条块分割，自成体系，"小而全""大而全"。怎样才能克服这种弊病呢？主要措施是两条：第一，各级政府简政放权；第二，扩大企业自主权。这两条措施互相制约，互相补充。一句话，实现政企分开，放活企业的产供销，才能从根本上解决条块分割问题。如果丢掉了扩大企业自主权这一条，又把简政放权的范围从"各级政府"缩小到仅仅包括中央和省（自治区）两级，肯定不能达到这一目标。

三十五年来我国经济管理体制变动的历史已经证明，不解决政企不分这个根本问题，条块分割的问题就无从解决。这是因为，按照行政系统组织经济，无非有两种办法：或者采用部门原则，使企业归属于部门行政机关，这形成了按"条条"原则组织起来的经济系统；或者采用地域原则，使企业归属于地区行政机关，这形成了按"块块"原则组织起来的经济系统。在国民经济这个大系统中，数以万计的企业相互间的经济联系错综复杂，任何一个企业与其他企业的联系都不会局限在某一"条条"或"块块"之中。无论按"条条"还是按"块块"原则组织经济，都会人为地割断超越本部门或地区的经济联系，造成条块分割状况。多年来，人们曾多次企图在旧模式框架不变的情况下改变这种状况。结果是：当企图用组织托拉斯等办法密切属于同一行业（"条条"）的企业之间的联系时，往往加剧了不同条条之间以及中央同地方之间的矛盾；而当强调按地区（"块块"）原则组织经济时，又加剧了不同地区之间的矛盾和地方自成体系、互相封锁的倾向。现在,如果我们只是取消中央政府和省政府直接管理企业的职能,而不改变政府行政机关(现在是市的行政管理机关)直接管理企业的老格局,那末,这种"下放"只不过把条条改成块块,或者把大块块切成小块块。这同把小块块并成大块块(如大协作区),或者组织大条条(如垄断性的托拉斯)一样,决不可能从根本上克服条块分割、各成体系的状态;相反,还会造成新的矛盾。

各级行政机关放权以后经济应当怎样组织? 现在有一个很正确的口号,就是"以中心城市为依托组织经济网络"。但是看来目前对这一口号有一些误解。有的同志把这一口号理解为由中心城市按照过去部管、省管的老办法直接管理企业的产供销,按照这种想法,若要组织经济网络,就得把在经济网络范围内的地区和企业都划给中心城市管辖,形成新的块块。

我以为,这种理解是不正确的。"以中心城市为依托组织经济网络",是在社会主义商品经济观念的基础上提出的口号。以城市为中心的经济网络只能在商品交换、金融往来关系的基础上形成。因此,只有真正做到政企分开,把企业的产供销放活,使他们都成为相对独立的商品经营者,贸易关系和信贷往来四通八达,企业之间横向联系畅通无阻,才能形成这样的网络。

总之,经济改革是一场由旧模式到新模式的根本性变革。我们要实现的新模式的特点是:大的方面管住,小的方面放开;或者说,宏观经济决策由国家做出,微观经济决策由企业根据市场情况做出。我们在进行经济体制改革时,执行每一个步骤都要想到这个目标。把眼前走出的每一步同这个目标联系起来。否则就会发生误解,把现象看成本质,把局部的看成全体,或者把过渡性的措施看成目标本身,甚至用在旧的体制下形成的观念去理解和解释新的口号和新的改革措施,使后者在实行时变形走样。

三、 需要着力解决三个问题

如果以上的分析是正确的,我们就应当把实现政企分开和放活企业的产供销作为城市综合改革工作的重点，着力解决以下三个问题：

第一个问题是计划体制的改革。

目前指令性计划管得过多过死，企业的基本产供销活动，都由上级机关的指令性生产计划以及随之而来的物资调拨计划决定，而各级行政机关承担着中转各种计划指标的繁重任务。这就使"简政"和"放权"都有很大的局限性。或者造成企业只在名义上有一些自主权，实际行使权力则非常有限的状况。现在主管部门已经决定从明年起缩小指令性计划的范围，同时放活产品和原材料的流通。这个方向是正确的，应当努力促其实现。这方面改革的步子，似乎可以迈得尽可能大一些。为了减少变革过程中可能出现的混乱，除供需协调，已经形成买方市场的产品可以完全取消指令性计划外，对于看得不太准的产品可以先采取指令性指标同市场（价格）调节双管齐下的办法，待到有较大把握以后，再把指令性计划改为指导性计划。

第二个问题是价格改革。

社会对企业经济活动的调节，有两种基本手段，一是行政指令，二是市场机制。越是缩小指令性计划的范围，越要加强市场对企业经济活动的调节，否则就容易出现国民经济发展的无政府状态和宏观经济的混乱。但是，发挥市场调节的积极作用的一项基本前提，就是有一个合理的价格体系。而在我国过去那种僵硬的行政定价制度下形成的价格体系极不合理。这使得价格的短期调节和长期调节的积极作用都无法发挥，同时，它所造成的扭曲使企业的经营效果评价和根据效益的高低进行奖罚发生很大的困难。

为了使市场机制正常地发挥作用，根本的出路是进行价格体系的全面调整和定价制度的彻底改革。然而，全面的价格改革，需要有一定的政治经济条件。在没有进行这种改革以前，目前主要采取了两项补救的措施。这就是：（1）实行"以税代利"的改革，用征税的方式部分地排除因价格偏高等客观因素而造成的赢利水平差别。（2）允许企业以浮动价格销售超计划增产的产品，从而在局部范围内发挥市场调节的作用。

从目前情况看，这两项措施都是必要的、有益的。但是，我们还必须看到它们的局限性。

拿"以税代利"来说，由于它的第二步实施后仍然保持"调节税"这种非税的"税"，而调节税率是按企业规定的"一户一率"，其性质接近于旧体制下的利润分成，因而在一定程度上保留着指标考核法的缺点，不能避免评价企业工作时的某些主观性，也容易出现"棘轮效应"（ratchet effect）和"鞭打快牛"的问题，不利于激励企业在制定自己的产供销计划时树立尽可能高的目标，在执行计划时力争上游，前进再前进。

至于允许企业自销产品时采取浮动价格，这对于鼓励企业主动调整各种产品的数量以适应社会的需要确有积极作用。可是在另一方面，它会造成相同的使用价值有多重价格的状况。如果对于每一种产品的产供销都能做到"低对低""高对高"，这种多重价格体制将不会造成国民经济核算的扭曲。然而"低进低出""高进高出"却并不是能够经常做到的。这样，只能"高进低出"的人们就会受到无端的惩罚，而能够"低进高出"的人们却可以在不付出超额努力的情况下得到很大的收益。特别是一些投机倒把者和其他不法分子，更能利用价格体系上的这种漏洞，牟取暴利。因此，长时期地保持多重价格体制对改善企业经营，提高社会经济效益是不利的。看来，需要在积极准备价格调整和定价制度根本改革的同时，在可能的范围内尽量采取某些松动的措施。例如，小商品的价格可以进一步放开。某些产品的国家定价可以作局部性的调整。即使是总价格水平不宜改变的产品，在保持总的价格水平不动的条件下贯彻优质优价的原则，有升有降，拉开档次，也可以使价格体系趋于合理。在这方面，受权进行综合经济改革的地区应当有可能采取更多的主动行动。

第三个问题是建立社会调节中心，学会综合运用立法的、行政的特别是经济的手段来调节国民经济。

为此，我们首先要打破那种只有用指令性计划调节的经济才是社会主义计划经济的陈旧观念，把运用税收、信贷、工资、价格、外汇兑换率等经济杠杆调节企业经济活动和整个国民经济作为计划工作的重要内容。其次，要努力改变不善于运用各种经济杠杆调节国民经济的状态，学会熟练地运用这些杠杆进行调节的本领。再次，为了避免各个职能部门在运用它们掌握的经济手段和行政手段时各吹各的号，互相抵消力量，要在国家的调节中心（如计委或经委）的统一领导下，协调地运用各种经济法律和经济杠杆,引导企业的自主经济活动,使之符合社会主义利益和宏观经济的要求。

如果以上三个问题解决得比较好,我们就能够比较顺利地逐步做到放活企业的产供销,实现"大的方面管住管好,小的方面放开放活"的目标。在这样的经济体制的保证下,我国国民经济的繁荣昌盛将是指日可待的。

"两权分离"和"承包制"概念辨析 *

（1987 年 9 月）

一

　　社会主义公有制条件下所有权同经营权的分离，即通常所说的"两权分离"问题，是目前中国经济学界讨论的一个热点。然而，对"两权分离"的理解却是多种多样的。目前经常出现把不同含义的"两权分离"混在一起的情况，从而造成对经济体制改革中试行的承包制、租赁制和股份制等的经济关系实质的不同解释，并给讨论增加了困难。

　　公有制条件下的"两权分离"，是不少社会主义国家在经济改革过程中都提出过的命题。中国经济学界早在 20 世纪 50 年代末期就讨论过这个问题。保加利亚共产党领导人日夫科夫（Todor Zhivkov）1981 年首先提出了把国有企业的所有权与经营权分离开来的意见。1984 年《中共中央关于经济体制改革的决定》明确指出："根据马克思主义的理论和社会主义的实践，所有权同经营权是可以适当分开的。"对于国有企业经营机制改革的这项基本原则，国内经济学界几乎是一致同意的。不过在将原则付诸实施时，理解却因人而异，可能导致实际工作中很不相同的做法，甚至引起混乱。

　　细细想来，人们说的"两权分离"，其实有两种完全不同的含义，实在

---

　　* 本文根据本书作者 1987 年 9 月 9 日在《经济社会体制比较》杂志社召开的一次座谈会上的发言整理而成。见《吴敬琏选集》，太原：山西人民出版社，1989 年，第 373—388 页；又见《吴敬琏文集》，北京：中央编译出版社，2013 年，第 534—545 页。

有加以辨析的必要。

对于"两权分离"的第一种理解,是传统政治经济学的理解,即所有权同占有、使用、支配权的分离。

在中国,大概是 1959 年,就有几位同志专门写文章讨论社会主义条件下"两权分离"的问题,认为"两权分离"的实质,就是所有权和占有、支配、使用权属于不同的主体。后来,孙冶方同志根据苏联学者的研究,肯定了这种解释,并把这样理解的"两权分离",即"所有权属于一个主体,占有、使用、支配权属于另一个主体"作为他所设计的"全民所有制经济管理体制"的基础。[1]

我国经济学家为论证这种理解,举出了两条主要的依据,一条是马克思在《资本论》第 3 卷第 5 篇讲生息资本(借贷资本)和产业资本之间的关系时作出的分析。马克思指出,借贷资本家把他所拥有的货币借给产业资本家从事经营,于是,发生了"货币资本家"与"产业资本家",或者是说"资本所有"与"资本职能"之间的分离。另一个根据,是列宁在 20 世纪初对土地国有条件下农业经营问题的论述。列宁在《社会民主党在 1905—1907 年俄国第一次革命中的土地纲领》和《十九世纪末俄国的土地问题》里都指出过,土地国有化并不排斥土地的私人经营,这里存在着土地所有者同土地经营者之间的分离。这种分离在旧中国也是司空见惯的。例如,在封建时代的地主与佃农之间,所有权("田底权")的拥有者和占有、使用权("田面权")的拥有者之间,都存在这种分离。正是根据以上的经济事实和马克思主义古典作家的分析,许多经济学家认为,所谓"两权分离",也就是所有权同占有、使用、支配权之间的分离。或如孙冶方同志所说:"经营管理权问题,也就是法学者所说的所有权中的占有、使用和支配权的问题","马克思在《资本论》……中就曾详细论述过借贷资本家和企业资本家,即所有者和经营管理者的分离问题。在旧中国,在许多地方存

---

1 孙冶方同志说:"有一位外国的法学博士认为,从太古以来,人类就懂得谁是著名的三位一体者(占有、使用和支配权),谁就是所有者。而当劳动人民掌握了政权,就截然不同了。他们以世界上从未有过的方式来建立自己的全民财产。在全民所有制之下,占有、使用和支配权是一个主体,而所有权是另一个主体。国营组织……对固定给他们的国家财产行使占有、使用和支配权。而这些财产的所有者是国家。"[孙冶方(1961):《关于全民所有制经济内部的财经体制问题》,见《孙冶方选集》,太原: 山西人民出版社,1984 年,第 241 页]

在过田底权和田面权的分离，所谓田底权就是所有权，田面权或永佃权就是经营管理权。田底权和田面权曾经是可以独立买卖和转让的。"[1]

从以上的说明看得很清楚，这里所说的"两权分离"，是在不同的所有者之间发生的，也就是所有权在不同主体之间的分割。例如在生息资本的情况下，正如马克思指出的，资本所有权同资本职能分离的实质是：借贷资本家在一定期间内让渡自己的所有权，产业资本家则在一定期间内购买了这个所有权。这使产业资本家取得了在借入期内对借入资本的完全的支配权。他可以用这笔钱来经营自己的企业，将本求利，负盈负亏。正因为这样，马克思才把这种"两权分离"既叫作"资本所有权同它的职能之间的分离"，又把它叫作"资本的法律上的所有权同它的经济上的所有权分离"。[2] 至于"田底权"与"田面权"分属于两个独立的所有者，更是不言自明的事情。

问题在于，我们过去对于这种"两权分离"实际上是所有权分割这一点没有给予充分的注意。可以说，过去我国绝大多数经济学家都对"两权分离"的实质作出这种解释。拿我自己来说，直到 20 世纪 80 年代初期写的文章[3]里仍是这样说的。据我最近的接触，苏联和东欧的一些著名学者似乎也都用这种解释来说明他们改革中的"两权分离"做法。但是近来我越来越觉得，这种理解是有问题的。

问题的症结是，我们在改革中之所以要提出"两权分离"问题，是为了使国有企业的经营机制适合于社会化大生产的要求，而上述传统意义上的"两权分离"，同现代大经济中普遍实行的"两权分离"却并不是一回事。

在大工业发展时期的所谓"企业主企业"(the entrepreneurial enterprise)[4]中，所有者和最高层次的经营者是合为一体的。但是，随着社会化程度的

1　孙冶方(1961)：《关于全民所有制经济内部的财经体制问题》，见《孙冶方选集》，太原：山西人民出版社，1984 年，第 241 页。

2　马克思(1861—1863)：《剩余价值理论》，见《马克思恩格斯全集》第 26 卷 III，北京：人民出版社，1974 年，第 510、511 页；马克思(1867—1883)：《资本论》第 3 卷，见《马克思恩格斯全集》第 25 卷，北京：人民出版社，1974 年，第 418—420 页。

3　例如，吴敬琏(1981)：《关于我国现阶段生产关系的基本结构的若干理论问题》，见吴敬琏(1987)：《经济改革问题探索》，北京：中国展望出版社，1987 年。

4　Alfred D. Chandler Jr. (1977)：*The Visible Hand：The Managerial Revolution in American Business*（《看得见的手：美国企业的经理革命》），Cambridge, MA：Harvard University Press, p.381. 钱德勒在这本书里把"企业主企业"与"经理人员企业"(the managerial enterprise)相对比。

提高和企业规模的扩大,所有者往往难以执行最高经营者的职能,特别在股份分散的股份公司中,所有者(股东)越来越与实际经营相脱离,而实际控制权(包括短期决策权和长期决策权)则被交给在董事会监督下的领薪金的经理,由他们负责经营。这样,就发生了第二种意义,即现代意义上的"两权分离",或者叫作"所有权与控制权的分离"和"所有权与经营权的分离"。

马克思早就观察到了近代大企业中指挥、监督职能脱离所有权独立化的现象,而把这种现象看作第一种意义的"两权分离"(资本所有权与它的职能的分离)的进一步深化。他在《资本论》第三卷中指出:"资本主义生产本身已经使那种完全同资本所有权分离的指挥劳动比比皆是。因此,这种指挥劳动就无须资本家亲自担任了"。特别是"股份公司的成立。由此……实际执行职能的资本家转化为单纯的经理,即别人的资本的管理人"。"经理的薪金只是,或者应该只是某种熟练劳动的工资"。而"资本所有权这样一来现在就同现实再生产过程中的职能完全分离。正像这种职能在经理身上同资本所有权完全分离一样"。[1]

西方经济学对这种现象的考察相对地晚一些,然而随着股份企业的发展,他们的考察也更具体一些。美国经济学家 A. 贝利和 G. 米恩斯(Gardiner C. Means)在 20 世纪 30 年代初首先指出了资本主义大企业中"所有与控制的分离"(the separation of ownership from control)[2]。在这类"两权分离"的股份公司里,股东雇用经理来经营企业,并雇用董事来监督经理。董事和经理都是具有专业知识和能力的经理人员,企业的实际决策权是在这些经理人员手中。

需要指出的是,马克思从来是把第二种"两权分离"同第一种"两权分离"严格区分开来的。和前一种分离(所有权在独立的主体之间分割)不同,后一种分离并不发生在两个独立的所有者之间。马克思把后一种分离的实质确定为"管理劳动……同自有资本或借入资本的所有权相分

---

1 马克思(1867—1883):《资本论》第 3 卷,见《马克思恩格斯全集》第 25 卷,北京:人民出版社,1974 年,第 435、493—494 页。

2 Adolf A. Berle & Gardiner C. Means(1932),*The Modern Corporation and Private Property*(《现代公司与私有财产》),New York:Harcourt, Brace & World, Inc., 1968.

离"；在这种场合，经营者并不是第一种"两权分离"情况下用"借人资本"经营的产业资本家，而只是别人的资本（不论是"自有资本"还是"借人资本"）的管理人；他所取得的收入，既不是"利息"，也不是"利润"，而是"监督劳动和指挥劳动"的"工资"。[1] 总之，经理不是资本的拥有者，而是被所有者用薪金和奖金（bonus，有时也译为红利）雇用来管理企业，并随时可以解雇的工薪劳动者。

二

现在的问题是，在我们这里，常常把上述两种不同的"两权分离"混在一起了。这样一来，在讲如何在国有企业，特别是国有大企业中实现"两权分离"时，就不免发生混淆乃至混乱。

例如，对于国营企业承包经营的经济实质的解释，我觉得就有这样的问题。因为，同样是肯定承包制乃是实现"两权分离"的好形式的经济学家，对它属于哪一种意义上的"两权分离"，也有很不相同的认识。

有的经济学家认为，这种承包制的实质是，发包者（国家）保持着法律上的所有权，即取得上缴税、利的权利，承包者（集体或个人）则在承包期中实际占有、使用和支配生产资料。显然，这里所说的"两权分离"，是第一种意义上的。然而，由此也就产生了一些需要研究的问题。首先，在这种情况下，经营者是否也是一个独立的所有者或马克思所说"经济上的所有者"呢？既然用第一种含义的"两权分离"来解释承包制，就不能不承认承包者在承包期间是财产实际上（经济上）的所有者。然而这样一来，又等于否定了在企业内部存在所有与经营的"两权分离"。正是在这种情况下，有的经济学家明确地把国有企业承包制解释为"两权在国家一级分离，在企业一级重新统一"。我觉得，后一种说法由于逻辑一贯地使用第一种意义上的"两权分离"，就使问题明晰得多了。它说明，在国有大企

---

1 马克思（1867—1883）：《资本论》第 3 卷，见《马克思恩格斯全集》第 25 卷，北京：人民出版社，1974 年，第 431—439 页。在我国，也有的经济学家从这个见地解释"两权分离"，例如晓亮在《所有权与经营权是分开好还是合一好》（载《经济学周报》，1987 年 1 月 11 日）中就是这样做的。

业实行承包制的场合,经营者并不是所有者的雇员,而是借入资金从事独立经营的所有者,从而应对经营的后果负完全责任,即直接负盈和负亏。然而这又产生了一个问题,即这种经营形式是否适合于社会主义的大企业? 我国的经营者是否有能力来承担这种大企业的亏损? 从现代大生产的发展历史和我国个人财产的实际状况看,答复恐怕都只能是否定的。

另一些经济学家则用第二种意义的"两权分离"来解释现行的承包制。他们说承包者并不拥有所有权,而只是受托进行经营,按经营情况取得奖励,因此,它既不影响以国家为代表行使的全民的所有权,又能调动经营者的积极性。这种解释的优点是,它更符合于现代大经济对企业经营机制的要求。但是,它又与我国目前不少地方承包制的实际做法有一定差异。例如现行制度规定:(1)在承包合同规定的承包期,承包者对于资产具有完全的支配权。在此期间,不论经营者实际表现出来的经营能力如何和盈亏多少,出包者(所有者)都不应加以干涉,更不能中止承包合同;(2)承包者要以自己的私人财产担保,直接承担亏损责任(虽然承包者的财产往往不过几万元,实际上无法抵偿通常拥有几百万、几千万资产的国有企业可能发生的亏损)。这些做法,都是与现代大公司即第二种意义上的"两权分离"的通常做法不相一致的。在现代大公司中,对雇来的经理决不会采取这样的做法,事实上,没有哪一个大公司敢于把自己的巨额财产长期"包"给一个雇来的经理人员去全权处理,也不会在此期间不对公司的经营和财务情况进行严密的监督,不会在已经出现严重经营失误迹象的情况下由于经理"任期未满"而不予撤换,而只是在破产以后才对经理提起诉讼,让他用家产来抵偿。所以,用第二种含义的"两权分离"来说明承包制,也有与实际不相吻合的缺点。

三

另外,需要廓清一个概念是"承包"本身。人们常说,所谓承包,就是发包者(上级主管机关)同承包者(集体或个人)之间用合同或契约固定下来的权责利关系。因此,它较之传统体制中那种命令与服从的关系更符合于商品经济的原则。

说承包制是发包者与承包者之间的一种合同或契约关系，当然是正确的。然而，在不同的社会关系背景下，合同和契约反映的具体经济关系是不同的，我们应当仔细加以区分。例如，欧洲自古代罗马法以来的民法所说的契约，确认的是具有平等权利的商品所有者之间的关系。而中世纪所谓社会契约，确定的却是领主和附庸之间的权利义务关系。

市场经济国家的经济学家常常感到难以准确地把握我们的承包制。因为，承包制在英语中被译为 contract-system。而西方人一提起 contract（合同或契约），所想到的只能是市场经济中平等的商品所有者之间的契约关系。因为，在这种经济中，合同和契约无非是由国家法权所保护的商品所有者之间等价互换所有权的关系。在现代市场经济中，大公司常常把它的部分建筑工程、零部件和其他业务分包给别的公司，而且可以层层分包。在这种情况下，分包和转包（contract 和 subcontract）指的都是两个独立、平等的商品生产者之间用合同固定下来的稳定的供需关系。这种关系和目前国有企业的承包制有很大的区别，因为，后者不是发生在平等的商品生产者之间，而是发生在行政主管机关和下级企业之间。这种关系在相当大的程度上属于马克思所说的"支配与从属的关系"[1]；J.科尔奈则称之为"纵向从属"（vertical dependence）关系[2]。混同这两种性质不同的合同或契约关系，不仅会产生语言上的歧义，以致在讨论时发生混淆；而且会影响对承包制在市场取向的改革中的地位与作用的评价。

四

以廓清上述两对概念为前提，我想从改革的目标模式的角度简单地谈谈对各种经营形式的看法。

首先，我觉得在我们的中小企业里实行第一种意义上的"两权分离"

---

1 马克思（1857—1858）：《1857—1858 经济学手稿》，见《马克思恩格斯全集》第 46 卷上册，北京：人民出版社，1979 年，第 102—106 页。

2 J.科尔奈（1985）：《国营企业的双重依赖：匈牙利的经验》，载《经济研究》，1985 年第 10 期。

是有益的和没有问题的。除了六七千个大企业以外，所有的国有企业都不但可以"包"（即高级所有者同低级所有者之间的契约关系）和租（即所有权在不同所有者之间的分割式定期让渡），而且可以卖（所有权的永久性让渡）。这都不会损害公有制经济的主导地位。不过在我看来，卖比租好，租比包好。因为，在我们当前的"分包""承包"关系中，包含有"纵向从属"或者"支配和从属的关系"，而租是两个平等的商品经营者之间的市场行为，卖更是如此。因此，后者更有利于改革目标模式的实现；而"纵向从属"关系的保存和扩展，会对社会主义企业间平等的商品交换关系的形成和发展带来消极影响。[1]

　　至于社会主义的大企业能不能采取第一种意义的"两权分离"，我持怀疑态度。小企业内部关系简单明了，在明确财产关系的基础上使经营者同所有者合一，是有好处的。但对大企业却并不是这样，世界工业发展的历史证明，在大企业的经营中所有者与经营者合一常常是缺乏效率的。在资本主义工商业萌发时期的个体经营中，所有者、经营者、劳动者是三者合一的，后来三者逐步分离；第一步的分离是劳动者与所有者的分离，第二步的分离是经营者与所有者的分离。现在还看不出来在大生产的进一步发展和社会主义条件下三者有重新合一的必然性。

　　以后一步分离，即第二种意义上的"两权分离"来说，之所以发生这种分离，在经济上的原因是：经营大企业必须要有专门的知识和才能，而所有者并不天然具有这样的能力。显然，在社会主义国有大企业中也并不存在否定这种分离的经济依据。加之如同前面所说的，目前我国个人财产的情况也使经营者根本不具有承担大企业面临的巨额风险的能力。让承包者用几万元的家产去担保去承担数以百万计的国有资产，无异于把全民财产置于巨大的风险之中，而经营者在事实上只能负盈而不负亏，因

1　不仅某些"纵向从属"的具体形式不利于社会主义商品经济的发展，而且一般说来，任何"纵向从属"关系都不符合改革的方向。正因为如此，南斯拉夫经济学家 A. 拜特甚至认为，南斯拉夫20世纪70年代起实行的，用契约形式明确企业与社会组织之间承包义务的"契约经济"（contract economy）"与市场经济相矛盾"，"在某种程度上类似于封建式的经济管理"。[A. 拜特（1986）：《南斯拉夫经济体制改革的经验》，见中国经济体制改革研究会编（1986）：《宏观经济的管理和改革——宏观经济管理国际讨论会言论选编》，北京：经济日报出版社，1986年，第97页]

此,对于在社会主义大企业中运用所谓"产权理论",必须采取十分审慎的态度。即使一定要对大企业实行承包的话,最好是先在小范围内试行。范围不要太大,而且最好各种情况都试一试,不能靠给特殊的优惠条件,揠苗助长,否则对全民财产的风险太大。

与此相联系,目前无论在苏东国家还是中国,都有一种强烈的要求,就是不但要把所有者同经营者结合起来,而且要把劳动者同所有者、经营者结合起来,我觉得,这种占有、使用和支配权"三位一体"的经营形式对小企业是合适的,然而对大企业却未必尽然。前面已经讲过,资本主义大企业经过几百年形成了所有者、经营者、劳动者三者既互相分离又互相联系的所谓"制衡关系"(check and balance)。我想这种关系的形成,既有阶级关系方面的特殊原因,又有大生产内在要求的一般原因,因此,撇开资本主义的剥削关系,企业内部类似的制衡关系仍是可以借鉴的。而在社会主义企业中如果不建立这种制衡关系,而建立三者合一的在职职工所有和自主管理体制,就有可能出现某些被称之为"行为短期化"的消极现象。有的经济学家认为,当在职职工共有企业、成为主人的时候,他们的投资意愿就会强化,"少扣多分""分光吃尽"的现象就会消除。但是,理论分析和实践经验都没有证实这种论断,从理论上来说,比较经济学在讨论美国加州大学 B. 沃德(Benjamin Ward)教授的"伊利里亚"模式(Illyria Model)时,已经确切证明,当企业的目标函数是在职职工收入最大化的时候,会产生扩大再生产的意愿低落、消费膨胀和"行为短期化"等倾向,多数人对这一点的认识是一致的。南斯拉夫等国的实践也可以作为殷鉴。正如南斯拉夫同志所说,实际上归在职职工所有的"社会所有制",是一种"没有所有者的所有制",因为职工是流动的,旧职工不断退出,新职工陆续参加,多数在职职工往往情愿"少扣多分",拿到现利,而不去考虑自己退休后企业的长远发展。

我认为大企业唯一的出路是实行第二种意义上的"两权分离",其具体形式则是主要归法人所有的股份制,对于如何从目前国家所有、直接经营过渡到国家通过投资公司、基金会等法人组织作为主要持股者的股份制,有多种可能的做法。在我看来,其第一步是要像许多经济学家所建议的那样，把政府调节国民经济的职能与作为所有者代表的职能分开。[1] 至于全民的所有权以何种形式实现，看来可以通过几个互相衔接的步骤，比如说，如同世界银行及其他经济学家建议的那样：（1）建立各级政府的国家资产部，向企业分散参股；（2）设立若干个互相竞争的国家投资银行或持股公司，向企业分散参股；（3）由各处社会基金会，如社会保险基金会持股。[2] 其中（2）和（3）都是由营利性的或非营利性的法人持股。当我们的社会主义公有制过渡到第（2）特别是第（3）阶段以后，将会形成可以称为"法人所有制"的社会主义企业组织形式。在这种模式下，可以容许个人和法人持股。但是目前有一种做法，就是在国家股、"外单位股"、个人股之外还搞一种"企业股"。我认为，这种办法会搞乱财产关系，是不可行的。以上四种按持股者划分的持股形式中，所谓"外单位股"也就是法人股，其性质取决于法人本身的性质。一般说来，它与公有制为基础的原则并不相悖。至于个人股，只要不是"权力股""后门股""干股"等变相瓜分国家财产的形式，比重和数量又不足以操纵企业的经营，也没有问题，问题在于所谓"企业股"。这里讲的"企业"与作为整个法人的企业不是一个意思。它一般是指经理，或者是在职职工。一旦设立"企业股"，在企业中就出现了两个利益主体，一个是大概念的"企业"，即法人本身，另一个是小概念的"企业"，即前述法人以外的个别人或一部分人（经理或职工集体）；而经营者就有了双重身份，一方面是大概念"企业的法人代理人"（agent of the corporation，在我国有时译为"法人代表"），另一方面又是小概念"企业"的代表；在这种格局中，经营者显然会受到很大的压力，使他的行为向小概念"企业"的利益倾斜，而会损害全体股东这个大概念"企业"的利益。有人说在我们的情况下，企业股只是小头，在企业经营中不能起支配作用，所以，后果不像南斯拉夫那么严重。其实未必尽然。因为小"企业"的代表和大"企业"的代表，两者是同一个人，即经理。在这种情况下，现有的体制势必使他的行为发生扭曲，益"小公"损"大公"。这种

1　金立佐（1986）：《审势·反思·选择——对我国现阶段经济体制改革的战略考虑》，载《经济社会体制比较》，1986年第2期。

2　参见世界银行1984年经济考察团（1985）：《中国长期发展的问题和方案》，北京：中国财政经济出版社，1985年，第220页。

利益格局又会促使企业产生短期行为。在对经理人员缺乏经常监督的情况下,这个"法人代表"甚至会采取各种非法手段损害最大的所有者——国家的利益,也就是损害 10 亿人的利益。

如果以上的分析是正确的,看来我们能够得到的结论,只能是实行第二种意义,即现代意义上的"两权分离",走股份化的道路,实现真正的行政调节权与所有权的分离和所有权与经营权的分离,使国有大中型企业成为在经营专家(或者叫企业家)领导下、能够在竞争性市场上演出威武雄壮话剧的经营实体。

关于公司化[*]

（1993 年 8 月）

    国有大中型企业改革，是我国经济改革面临的一项十分迫切又相当艰巨的任务。虽然多数经济学家和企业家都认为大中型企业应当采取现代市场经济中通行的公司制度，但是，人们对于公司制度的理解存在着很大的差异，具体的做法更是见仁见智，主张各不相同。在这篇文章里，我们拟就公司化的若干主要问题提出自己的意见。

一、什么是公司化

    所谓公司化（corporatization）¹，是指将现有的非公司类型的企业（特别是原来的国有大中型企业）改组成为公司法人组织。在现代经济中，公司分为有限责任公司和股份有限公司两种基本的形式。

    公司化改制包含三方面的基本内容：

    第一，明确公司的法人性质。公司法人的基本特征是：（1）具有独立

---

  * 本文由本书作者与钱颖一合著。发表于《经济日报》，1993 年 8 月 24 日。《经济日报》的编者按是：在加速进行市场化改革的今天，国有大中型企业改革应当采取现代公司制度，对于这一点，在我国经济界和理论界已有了共识，而且在实践中也有了成千个试点公司。但是，对于什么是公司制度，应当如何建立公司制度以及工作的重点是什么，等等，认识和做法很不相同。这极大地影响了企业改革的成效。今天本报发表的吴敬琏、钱颖一两位教授的文章，对有关问题鲜明地提出了自己的观点，很值得一读。我们发表这篇文章，为的是引起讨论，取得更多的共识，使我国的企业改革进行得更为顺利。

  1 在本书作者过去的文章中，把 corporatization 译为"法人化"，同时注明"也可译为公司化"。鉴于目前有较多的人使用"公司化"的译法，本文统一使用"公司化"的称谓。

的法人地位（legal-personstatus），具有与自然人相同的民事行为能力，可以以自己的名义起诉和应诉；(2)自负盈亏，以由股东出资形成的公司法人财产独立承担民事责任；(3)完整纳税（包括公司所得税）的独立经济实体；(4)采用规范的成本会计和财务会计制度。

第二，界定产权关系，明确投资者对公司法人财产的股权。所谓股权即按出资比例所界定的权益，除对公司财产的所有权外，主要是指在股东大会上投票和按期获得分红的权益。普通股享有投票权，投票原则是一股一票。股东的分红也根据股东所持股票的种类（优先股还是普通股）和持股份额而定。股权具有可转让性，可以易手。

第三，建立"公司治理结构"（corporate governance）。公司治理结构是指为治理企业在以下三者，即(1)所有者（股东）、(2)公司的法定代表人——董事会、(3)执行管理部门（executive management）之间形成的一种制衡机制。

股东是公司的所有者，股东大会是公司的最高权力机构。股东有以下权力：(1)对剩余收入（residual income，指企业在完成各种合同后的剩余收入，即利润）的索取权，即分红的权利；(2)在审议董事会关于修改公司章程、出卖部分或全部财产的建议和财务报告时的投票权；(3)对董事的选举权和在董事玩忽职守、未能尽到受托责任时的起诉权；(4)对公司经营活动的知情权和监察权。

董事会由股东大会选出，代表全体股东的利益，负责制定或审定公司经营的战略性决策并检查其执行情况。董事会的主要职责是：(1)制定公司的经营目标、重大方针及管理原则；(2)挑选、委任经理人员，并掌管经理人员的报酬与奖惩；(3)对公司的经营活动进行考察；(4)协调公司与股东、管理部门与股东之间的关系。

公司的执行机构由高层执行人员（executive officers，指总经理、执行董事等，也称为高层经理人员）组成。高层经理人员受聘于董事会，在授权范围内拥有对公司事务的管理权和代理权，负责处理公司的日常经营事务。经理人员在行使职权时，需遵守法令、公司章程和股东大会及董事会的决议，但不受个别股东的干预。

二、 建立公司治理结构是公司化的核心

在上述公司化的三项基本内容中,建立公司治理结构是最为关键的,因此,有必要作进一步的分析。

1. 公司治理结构中"信任托管"关系和"委托代理"关系有区别

(1) 股东大会和董事会之间的信任托管关系(fiduciary relationship)

股东出于信任推选董事,董事是股东的受托人(trustees),承担受托责任(fiduciary duties)。由董事组成的董事会受股东大会的信任委托负责经营公司的法人财产。这种关系是一种信任托管关系,其特点在于:第一,一旦董事会受托经营公司,就成为公司的法定代理人,是股东利益的代表;股东既然已投了信任票,则不再去干预公司管理事务,也不能因商业经营原因随时随意解聘董事,但可以以玩忽职守原因而起诉董事,或者下届不选举他(们)。不过选举不是由单个股东决定,而要由股东大会投票决定;个别股东如不满意信任托管关系,还可"用脚投票",即转让股权而离去。第二,董事的报酬不同于经理人员,董事一般不领取薪金,公司的外部董事可领取一定的津贴或称车马费,表明不是雇用关系,而是信任关系。在有限责任公司的情况下,由于股东的人数较少,股东(或其代表)可以是董事会的成员,直接控制公司;在股份有限公司的情况下,股东人数较多,便由少数股东代表、经营专家和社会人士等组成董事会。

(2) 董事会与公司经理人员之间的委托代理关系

董事会以经营管理知识、工作经验和创利能力为标准,挑选和任命适合于本公司的经理人员。经理人员接受董事会的委托,便有了对公司事务的管理权和代理权。从法律角度来看,股份公司的高层执行官员在公司内部有管理事务的权限,对外有诉讼方面及诉讼之外的商业代理权限。这种委托代理关系的特点在于:①经理人员只是公司的意定代理人,其权力受到董事会委托范围的限制,包括法定限制和任意限制,如某种营业方向的限制、处置公司财产的限制等。超越限制的决策和被公司章程或董事会定义为重大战略性质的决策,都要报董事会决定。②公司对经理人员是一种有偿委任的雇用,经理人员有义务和责任依法经营好公司事

务,董事会有权对经理人员的经营绩效进行监督,据此决定(或约定)奖励或激励,并可随时解雇。

在现代市场经济的实际生活中,董事会主要起战略决策和监督的作用,而作为代理人的高层经理人员的权力要比法律上规定的来得更大。因此,如何加强对他们的监督和激励就成为完善公司治理结构的一项重要课题。

应该看到,委托人和代理人各自追求的目标是有不同之处的。作为委托人的董事会要求经理人员尽职尽责,执行好经营管理的职能,以便股东能够取得更多的剩余收入;而作为代理人的高层经理人员所追求的,则是他们的人力资本(知识、才能、社会地位)的增值和提供人力资本进行指挥劳动所取得的收入的最大化。为此就需要建立一套有效的激励机制,根据经理人员的工作绩效(包括公司的赢利状况、市场占有率、在社会公益方面的表现等)对他们实行激励。高层经理人员的报酬大体采取以下几种形式:薪金、奖金、在职消费、股票或股票期权(options)。此外,经理人员还受到三重市场约束:①商品或服务市场竞争的约束;②资本市场对企业的评价(特别是股价)的约束;③经理人员市场的约束。在这三重市场竞争的激励和鞭策下,经理人员必须兢兢业业地工作。董事会则必然要运用若干监督和评审手段来不断地评价经理人员的代理绩效,包括可指定外部机构对日常经营进行审计和直接任命对董事会负责的财务经理等手段。

(3) 两种关系的区别

从以上所述我们可以看到,公司治理结构中股东与董事会之间的信任托管关系和董事会与经理人员之间的委托代理关系这两者,在性质、权责和利益等方面都存在着很大的不同。概括而言,在信任托管关系中,股东大会把对公司法人财产的责任全部委托给董事会,不设立与绩效挂钩的激励办法,不能随时更改托管关系。而在委托代理关系中,董事会只是把部分经营权力(日常经营管理权)委托给了高层执行官员,需要设置雇用和激励机制,可按程序随时召开董事会撤换高层执行官员。委托代理关系也存在于公司内部,如总经理与部门经理、经理与推销员等,这种关系常常是多层级的,但都不涉及产权关系。

在股权高度分散化和在控股公司掌握大量被控公司的情况下，公司内部人员以外的董事即外部董事的作用变得更为突出。这时，在公司外部需要存在相当一批可以被股东信任去托管资产并监督经营的人才资源。通常，其他公司，特别是所谓"关联公司"的经理人员，由于懂得经营和财务，关注自身的可靠性价值，往往是外部董事的合适人选，但作为外部董事，信用和责任感更为重要。

2. 公司治理结构的要旨在于明确划分股东、董事会和经理人员各自的权利、责任和利益，从而形成三者之间的制衡关系

首先，股东作为所有者掌握着最终的控制权，他们可以决定董事会人选，并有推选或不推选直至起诉某位董事的权利；但是，一旦授权董事会负责公司后，股东就不能随便干预董事会的工作了。

其次，董事会集体作为公司的法定代理人全权负责公司经营并委托经理人员负责日常经营管理事务，并有对经理人员进行监督的责任和确定对经理人员的激励的权利；但是，董事会最终要对股东负责。

最后，经理人员受聘于董事会，作为公司的意定代理人统管企业日常经营管理事务，只有在董事会的授权范围之内，经理人员才有权决策，其他人不能随意干涉；但是，经理人员的管理权限和代理权限不能超过董事会决定的授权范围，经理人员经营成果的好坏也要受到董事会的监督和评判。

3. 公司治理结构具有灵活性

公司治理结构提供了股东、董事会、经理人员相互关系的基本框架，而在这一基本框架之内，具体的治理结构可以有较大的灵活性。事实上，在各个公司中，由于具体情况不同，有关三者之间关系的规定常常是不尽相同的。例如，股东大会对董事会的授权范围不同：有些公司的股东大会授权董事会决定公司的收购与兼并事宜，有些则由股东大会直接决定上述事宜；多数公司的股东大会授权董事会任命高层执行人员，但也有的公司由股东大会自己掌握最终批准权；等等。董事会与高层执行人员的关系也具有灵活性：有些公司的董事会只任命一位首席执行官（chief executive officer，简称CEO，也就是董事会所属执行委员会主席），再由首席执行官任命其余的高层执行人员，而另一些公司的董事会不仅任命首席执行官员，还任命其他高层执行人员（在这种情况下，首席执行官也可

以由董事长担任）；多数大公司的董事会设置参与日常经营管理的执行董事（executive directors），有些公司则不设这一职位；有些公司由董事会较多地负责战略性决策并较频繁地召开董事会，也有些公司董事会把较多的决策权交由高层执行人员负责；等等。

4. 各国的公司治理结构具有不同的特点

由于历史传统和其他条件的不同，各国的公司治理结构各有特点。例如，虽然各市场经济国家的大公司大多以法人持股，即机构持股为主，但日本和德国公司的法人持股者主要是其他企业特别是银行，英美公司则主要是养老基金等非银行金融机构。在日本的企业相互持股体制中，作为公司的大股东，同时也是主要贷款者和开户银行的银行被称为主银行（main-bank），美国法律则禁止银行持股。由于股东的构成不同，各国公司治理结构也有区别：日本公司的董事会含有较多的由总经理（社长）提名的高层经理作为内部董事；美国法律则规定上市公司的外部董事要占有一定的比重，而且董事会的某些委员会（如审计委员会）要由外部董事组成；德国和某些北欧国家行使战略决策和监督职能的是监事会（德文为 aufsichtsrat），董事会则是由高层经理人员组成的执行管理部门，称为理事会（vorstand），即经理理事会；德国法律还规定，监事会的 1/3（小企业）或 1/2（大企业）成员要由职工选举产生，实行职工参与决策。这些不同的法人治理结构各有利弊，各国公司往往互相取长补短，并随着条件的变化加以调整。

尽管有这些灵活性和区别，但公司治理结构的基本原理和基本框架的渊源是同一的。同样，公司化作为企业改制的方向而言也决不是含糊不清、可以任意定义的。

三、 需要补充说明的几个问题

以上论述对于公司化作了基本的分析。然而为了避免产生歧义，我们还有必要作三点补充的说明。

1. 所有权嵌套关系（全资附属和控股关系）

在市场经济的条件下，一些公司为了扩展和分权管理，往往下设若干独立注册的全资附属机构或由自己控股的子公司。母公司作为这些下属机构的所有者,其首席执行官员对于如何组成这些下属机构的董事会,以及授意董事采取何种经营方针等,都有充分的代表所有者行事的决定权。同时,全资附属机构的资本金反映在母公司的资产负债表之中,年终净损益要并入母公司的损益表,其资产负债表也可视情况并入母公司的资产负债表。进一步讲,子公司之下也还可以设立自己的全资附属机构或"孙子"公司,而且,子公司和"孙子"公司两者之间的关系也如同母公司同子公司的关系一样,子公司又是孙子公司的所有者。由此便出现了一种一层"套"一层的产权关系,我们称之为所有权的"嵌套"关系。这里,只使用母子关系的严格定义就能界定所有不同的所有权关系,而不必再去定义祖父母、孙子乃至曾祖孙关系,否则会产生歧义和混淆。正是由于这种所有制的嵌套关系的特性,市场经济中的层级型控股关系并不需要区分谁拥有所谓"最终所有权"和谁拥有"相对所有权"。如果采用这种不准确的概念,就会把本来清楚的所有权关系搞得含糊不清了。

举个例子来说,如果全资国有的 A 公司全资持有 B 公司,B 公司全资持有 C 公司,则不能说国有资产代表机构委托 A 公司或 B 公司来代为经营 C 公司的国有资产。

2. 公司化不等于股权高度分散化

公司化的核心问题是"所有权与控制权的分离",而不是股权的高度分散化。从公司制度的发展和演变来看,所有权与控制权的分离已成为近一个世纪以来公司制度发展的一般趋势。在现代拥有成千上万股东的大公司中,所有与控制已充分分离,但是从目前的国际经验来看,股权过于分散化的效果却不能令人满意。如美国的许多公司股权过于分散化,股东的目的主要是短期内取得红利和股票升值收入,而不考虑资产的长期发展,也不对企业经营进行有效的监督。因此,一些大公司的经营绩效很差。而日本的许多公司股权相对比较集中,主银行起到比较好的控制和监督作用。从总体上看,公司的经营绩效比较好。

另一方面即便是对国有制企业来讲,如果能通过公司化建立起公司治理结构,明确股东、董事会、经理人员的权利、责任和利益关系,也会使企业的状况有明显的改善。例如,日本国铁(JNR)和国家电话电报公司

(NTT)在进行公司化之后的相当长的时间里并没有出售股权,但由于公司治理结构本身已经建立起来,同时打破了行业垄断,形成了市场竞争关系,因此,公司的经营状况大有转机。从我国的实际情况出发,在实行公司化初期以建立股权比较集中的有限责任公司为主,可能是比较适宜的。

3. 公司化不等于股票上市

需要着重说明的是,实行公司化的要点在于明确产权关系并建立公司治理结构,使企业真正成为具有法人性质的公司组织。我们之所以要反复强调这一点,是因为在前一段的"股份制试点"过程中存在着一种偏向,即没有把工作的重点放在对原有企业的公司化制度改造上,而是认为"股份制改革"的基本内容就是实行产权股份化和股票上市,把它主要看作是企业筹资、创建新企业乃至为部分人取得非分经济利益的途径。由于股票能够上市的只是少数经营收益高的企业,对于多数收益一般或不好的企业来说,是不能通过这种办法解决问题的。尽管大量并不具备基本的公司组织框架和公司特性的企业也可挂上某某公司的牌子,然后用发行股票的办法筹资弥补亏空和扩建,但是,这样带病扩张,而不是先治好病再求发展,其后果将是十分严重的。而切切实实地搞好上面所说的公司化则是对绝大多数企业都适用的、有效的。

公司化是与股票市场有联系的。但是应当认识到,股票市场不仅仅是一种筹资渠道,股票市场对公司经营的评价作用是更为重要的。为了实现股票市场的这种功能,应当力求股票价格反映公司未来的赢利能力,使交易在此基础上进行。然而,从发达国家的股市情况来看,由于股票市场的不完全性,短期行为和跟风行为多,股票价格往往脱离上市公司的实际绩效,也会引起泡沫现象(bubbles)或暴涨暴跌。这种情况已经引起各国金融当局和经济学家的广泛注意。目前我国正处在股票市场建设的初期阶段,尤其应当注重创造对公司的市场评价机制。不能为筹资的方便而制造繁荣的外观,更不能为维持"繁荣"而支撑交易(人为"托市"),因为,这样建立起来的股市脱离了公司的实际赢利能力,丧失了评价功能,肯定是病态的。

四、 公司化在企业制度改革中的作用

目前急需推进公司化的原因是多方面的,其中最重要的原因主要是以下几个方面:

1. 公司化是制止国有企业经营状况恶化、资产加速流失的迫切需要

目前,我国国有企业正面临着比以往任何时候都严峻的局面。首先,虽然经过多年改革,但国有企业由于行政性束缚过重和内在激励不足而缺乏活力的痼疾尚未根治。加之,统计口径上的缺陷又进一步恶化了国有企业的形象,因而导致人们对国有企业的信心急剧下降。这样,在国有企业产权界定不清又无人负责的情况下,国有资产受到多种方式的侵犯,出现了从企业外部和企业内部通过不正当的经营行为争相蚕食国有企业,国有资产加速流失的现象;而这种情况又反过来进一步恶化了国有企业的绩效。

公司化改革有助于明确产权关系,并通过公司治理结构看管好所有者的财产并加强对企业经理人员日常经营行为的监督。

2. 公司化是国有企业改革的合理起点

如上所述,公司化的基本内容是明确企业的法人性质、界定产权、建立公司治理结构。如果我们能够把这一改革付诸实践,那么,便可以为建立新的企业制度奠定基础。其一,可以使企业成为具有很强法人特征的独立的经济实体,并使行政机关对企业的微观干预失去经济依据和法律依据,从而为实现企业的自主经营提供前提。其二,可以明确各个公司的法人资产,为真正实现企业的自负盈亏直至破产提供可能性。其三,可以在保证国家权益(国有资产及其收益)不受侵犯的条件下,使经理人员有职、有权、有责任、有约束、有激励地自主经营,发挥企业家在企业经营管理中的独特作用。

国际经验表明,公司化改革可以并行开展,在较短的时间内全面推行和完成。

3. 公司化有利于解决国有企业改革中的其他难点

在国有企业的改革过程中还存在着其他一些比较难以解决的问题,

例如，如何解决国有企业过度负债的问题，如何分解国有企业承担的过多的社会保障和社会福利职能的问题。公司化为我们解决这些问题提供了可能的契机。在公司化的过程中，需要重新进行股本—债务安排，我们不妨因势利导，通过债权换股权的办法，卸去企业的旧包袱，建立银行等法人持股的新机制。还可能通过建立各种性质的社会保障机构，如各种养老基金、医疗基金等，将部分国有企业的股权，根据其承担职工保障费用的义务的大小转给这些基金，从而把社会保障的职能从企业中分离出去。

4. 公司化为企业所有权的多元化准备条件

公司化只是建立市场经济下企业制度的第一步，是为进一步理顺产权关系、促进资本配置的合理化所做的基础性工作。只有先迈出公司化这一步，并扎扎实实地做好工作，以后才能顺利地实现股权的多元化。如果在企业体制正处于转变的过程中，公司化的工作还没有完成，企业还没有建立起合理的治理结构和约束机制，就急于实现股权的多元化，其结果必然会侵犯某些股东的权利，并为企业的进一步改革造成障碍。

公司是一种组织形式，本身与所有制无关。公司制度本身为股权结构的合理组合提供了比较灵活的选择环境。但是究竟选择什么样的股权结构，还取决于现实条件和市场选择。在这里，决定所有制的形式和比例所考虑的不应当是某一种意识形态，而应是经济效率和社会福利。

在公司化改制中建立有效的公司治理结构[*]

（1995 年 3 月）

    建立有效的公司治理结构，是公司化改制的核心。在中国的条件下，建立有效的公司治理结构往往遇到三个问题需要解决：（1）要使公司治理结构发挥效力，首要的条件是所有者（股东或股东代表）必须在产权明确界定的基础上确实在位。当前在相当一部分大公司中，国有股份在公司资本总额中还占有相当比重，因此，国有股权由谁代表行使就成为一个十分重要的问题。（2）在现代公司制度中，实际的控制权力在很大程度上掌握在高层经理人员手中。确保他们有职有权并且是按照出资人的利益和公司的经营目标选拔出来的就成为公司治理结构能否有效工作的关键。（3）在各国计划经济向市场经济的转轨过程中，往往出现所谓"内部人控制失控"的问题。不受所有者最终约束的"内部人控制"虽然在一定时期内也能提高经理人员和一般职工积极性，但同时也会造成公司治理结构的扭曲和经理人员损害股东或外部股东利益的行为，导致资源损失。因此，有必要探讨如何对"内部人控制"进行控制，以便恢复公司治理结构的有效性。

一、 如何使所有者到位

    在近年来的企业改革试点中，国有大中型企业的公司化改制往往是

---

  * 这是本书作者 1995 年 3 月 17 日在中共中央党校召开的"深化国有企业改革问题理论研讨会"上的发言。发表于《党校科研信息》，1995 年第 7 期；《理论前沿》，1995 年第 7 期；又见《吴敬琏文集》，北京：中央编译出版社，2013 年，第 567—572 页。

在企业的经理人员主持下进行的。这种公司化改制的做法从一开始就存在"所有者缺位"或"产权虚置"的现象。在这种条件下建立起来的公司治理结构,往往几乎没有所有者的地位。解决问题的根本办法,是实现持股主体多元化和公有制形式多元化。但是不管怎么说,尤其在目前的阶段,由原来的国有企业改组而成的公司中,绝大部分还保持着很大一块国有产权。根据国际经验,建立持股公司或者叫国有资产经营公司是可以解决被持股企业所有者缺位、产权虚置的问题的。但是,持股公司作为一个法人制组织,它本身也有一个所有者是否在位问题。建立国有产权与企业经营之间的正确关系,关键是解决政府与企业的结合部,即"界面"上的问题。组织持股公司并没有最终解决这个问题。现在有些地方采取由政府"授权"持股公司的主要负责人"代表"国家经营。照我看,由作为公司"内部人"的负责人来代表所有者,并不能解决所有者"到位"的问题和形成正常的制衡机制。

也有些人主张,由国有资产管理局充当国有资产的代表者。不过在我看来,国有资产管理局作为一个管理机关,负责对所有国有财产进行登记和审计,可能并不适于作为经营国有资本的机构。这是因为,国有资产管理局是一个国家行政机关,职能在于对国有资产进行行政管理,而且它的机构是按照行政系统自上而下构成的。而公司化后的国有产权代表机构,却要执行所有者的职能,进行资本经营,根据市场状况审时度势,运用国有资本,谋求最大利润。

我认为,在国有企业实现公司制改造以后,国有产权的代表应当是各级人民代表大会下设的公有资本经营委员会。

我们设想,由公有资本经营委员会充当政府与企业之间的"界面"(结合部),各级公有资本经营委员会的成员由同级人民代表大会指定,然后,再由它聘任各一级持股公司的董事,组成公司董事会。在它的上面,是作为政权机关的人民代表大会,或人大常委会,在它下面,则是作为企业的一级持股机构,这些机构是真正的企业,国有资产的企业经营由此开始。

改制后公有资本经营委员会成为国有资本的总代表,行使所有者的职能,而不像现在所有者的各种职能由不同的部、局来行使,每一个行政机构只行使其中的一部分所有权职能。因此,公有资本经营委员会要对国有资本的增殖负总的责任。这样，就可以有一定的压力使公有资本经营委员会要尽到国有资产产权代表的责任。为了使这种制度运转得更为有效，我们认为还需采取措施加强对公有资本经营委员会的监督，比如，委员会讨论的情况、投票情况和作出的决议都应公开报道，使全体人民可以观察和了解有关情况；委员会不分派红利，它的开支完全依赖财政预算。

现在有的行业主管部门或行政性公司提出申请，要求把自己改组成持股公司，然后按层级持股的方式改组下属国有企业。采用这种办法把现有的行业管理机构（行政性公司）整体改组为持股公司，可以降低改革成本，加速整个行业的公司化进度。不过，采用这种方式进行公司化改造要取得成功，必须具备如下的前提：（1）新建立的持股公司是一个真正的企业，不再保留任何行政职能，原来行政管理机关和行政性公司保留的行政职能，如发放许可证、在社会范围内调配资金和物质资源、审批基本建设投资项目，等等，都要转交给适当的行政部门或行业的自治组织（行业协会）。（2）由行业领导机构整体转变为持股公司必然造成程度不等的行业垄断状态，国家要采取措施，逐步改变这种情况，如通过售出部分股票、持股公司间换股等办法，降低持股公司在一个行业内持股的集中程度和实现持股公司股东的多元化。（3）持股公司的董事会，不再由行政机构任命，改为由行使国有资产所有权职能的机构，比如前面建议的公有资本经营委员会聘任的办法，以解决政府与企业间的"界面"的问题。

二、 解决现行干部制度与公司治理结构建立原则的矛盾

在国家控股和持股的公司里，解决了主要股东即国家股的产权由谁代表行使的问题之后，公司法人治理结构的建立原则本来是很明确的：召开股东会，选举董事组成董事会，由董事会聘任公司高层经理人员，由高层经理人员全权负责公司的日常经营。但是，这种公司制的习惯做法，同我们现行的干部人事制度有矛盾，因而不少大中型企业虽然已经改行公司制，但它们的高层领导甚至中层领导，仍然由组织部门直接任命。

过去国有企业实行的干部任命体制，虽然实践证明有很大的弊端，但

一直没有找到更好的办法,在国有企业进行公司制改造之后,继续实行这种办法,就变得不可理解了。这样做,董事长和董事会不是由股东会选聘,意味着他们可以不对所有者承担受托责任,股东所有者也很难要求他们按自己的赢利目标行事。而董事会代表股东对高层经理人员的实施监督和激励的作用也被弱化。至于中层经理人员由企业以外的上级组织部门任命,更是违反了所有与控制分离("所有权与经营权分离")的原则。总之,不改变这种组织人事制度,整个公司治理结构就无法建立和运转。

主张在新建公司中继续维持老的组织人事制度的人们的主要理由是:中国共产党是我国社会主义建设的领导核心,坚持党的领导,就得坚持党的组织领导。只有由党的组织部门任命各级干部,才能保证把政治可靠、品德优良的干部选拔到企业的领导岗位上来。

我认为,这种想法的缺点,是企图用一种过于简单的组织手段来实现党的领导。共产党作为我国的执政党,它的领导作用首先体现在"执政"上。也就是说,通过党员参加各级权力机关和政府机构,在政府的政策制定和实际工作中贯彻党的纲领和路线。工商企业是经济组织,而不是以从事政治活动和政治斗争为目标的政治组织。其中基层党的组织的作用,不是制定政策,而是"监督保证":监督党员遵纪守法,并通过党员宣传党的路线,保证党的政治目标的实现。按照《公司法》的规定选拔公司的领导人员,有利于经济的繁荣,也就有利于共产党的大目标的实现。因此,在我国条件下,按照现代公司的一般规范选拔公司治理结构中的有关人员,与坚持共产党的领导并不是相互对立的。至于防止犯罪分子和其他不具有起码资格的人窃据公众公司的重要职位,在不少发达市场经济国家都有相关的法律规定和审查办法,我们可以比照,作出适当规定,但是这与由组织部门任命公司领导干部是两回事。

三、 对"内部人控制"进行控制

在现代公司中,所有与控制在一定程度上是分离的,因而高层经理人员掌握着对公司的控制权,也就是说,存在着"内部人控制"的现象。但在正常状态下,经营者(高层经理人员)所具有的控制权,只限于在合同上对缔约双方(公司法人财产的托管者和高层经理人员)的权利和义务有明确规定的"特指权利"。通过自己所信托的董事会的监督,所有者(出资人,即股东)仍然保持着对高层经理人员的最终控制。因此,如果内部人并不拥有企业的全部资产,他们的利益与外部出资人的利益会有冲突。如果出资人不能有效地对内部人的行为实施最终控制,出现"内部人控制失控",内部人就有可能利用这种控制权来牟取自己的利益,在许多场合这会降低企业的经营效率。

美国斯坦福大学的青木昌彦教授在研究了东欧和独联体国家经济体制转轨过程中企业的情况后认为,"内部人控制"是"转轨过程中所固有的一种潜在可能现象"。[1]

青木昌彦所讲的"内部人控制"问题,实际就是公司治理中"所有者缺位"和剩余控制权与剩余索取权不相匹配的问题。这种情况在我国改革中获得了"经营自主权"的企业、承包制企业以及大多数的"股份制试点"企业中也广泛存在。在十四届三中全会以前以"放权让利"为主线的改革中,一方面,下放给企业的经营自主权事实上都落在了"内部人"手里;另一方面,未能下放的权力都掌握在各级行政部门手里,对企业的行政干预远未停止。与各级政府行政干预并存的"内部人控制失控"导致了资源的浪费和许多其他消极现象。

针对这种情况,不少中外经济学家指出,中国在公司化改制的过程中需要正视存在的问题,采取措施对"内部人控制"进行控制。

加强对"内部人控制"的控制,应当从多方面采取措施。

首先,保证所有者在位,是控制"内部人控制"的一项根本措施。关于各级公司中的所有者控制,关键是使董事会成员要真正代表股东的利益,而不致变成"内部人"的一分子。为了做到这一点,除董事会成员不应从公司执行机构取得报酬外,还可以借鉴德国的做法:董事会成员与经理理事会(执行机构)成员不能交叉任职。这样,董事会成员由公有资本经营委员会任命,从委员会领取报酬并向它负责,可以加强董事会成员与所

1　见青木昌彦(1994):《对内部人控制的控制: 转轨经济中公司治理的若干问题》,载《改革》,1994 年第 6 期。

有者利益的一致性,代表所有者对经理人员进行必要的控制和监督。

应当看到,通过行政系统加强股东的控制,未必能彻底解决我国国家控股大公司中的"内部人控制失控"的问题。这一方面是国有制本身决定了要由行政官员代表所有者行使权力,而行政官员是否能够称职和尽心尽力,又决定于包括这些官员本人素质在内的多种因素。另一方面,所有者控制权力削弱本来是现代公司制与生俱来的一个弱点。针对这种情况,有的经济学家建议我国采用日本的做法,发挥银行的作用来控制"内部人控制"。这种办法的要点是:(1)银行可以持股;(2)主要的贷款银行可以选派自己的人员充当公司董事;(3)由银行在企业财务状况欠佳时对这些企业进行干预。不过,由于我国银行多数是国有银行,它们本身也存在"内部人控制失控"的问题。因此,在整顿工商企业以前,首先要整顿银行,在银行中建立有效的公司治理结构。

对经济形势的估量和放手发展中小企业的对策建议*

（1998 年 7 月）

自从我国政府针对 1998 年经济可能出现的严峻形势采取一系列因应措施以来，半年已经过去。在这半年里，我国较好地经受了几次亚洲金融危机的几次新冲击；同时，也有一些新的情况发生。在这个时刻，瞻前顾后地对情况作出新的估量并根据新的情况调整我们的政策，将会有很大的好处。

一

回头来看，1997 年 12 月中旬对 1998 年经济形势的估计大体上是正确的，采取的措施在方向上也是对头的。但是存在两个问题：

第一，东亚金融危机后来的发展表明，危机的深度和广度都比原先估

---

* 这是本书作者于 1998 年 6 月 30 日至 7 月 8 日去浙江绍兴、台州、温州、义乌等地就中小企业发展情况进行考察后给国务院领导写的研究报告。7 月 23 日，国务院研究室《决策参考》第 387 期加按语全文发表了这份报告。《决策参考》的编者按语是："吴敬琏同志到浙江省的绍兴、台州、温州、义乌调查研究，实地看了一些工厂、商场，同各级领导干部和企业家作了广泛交谈。他反映这个地区中小企业已成为国民经济的主力，它们在技术升级、产品换代、国际营销能力等方面的优异表现令人鼓舞。中小企业所蕴含的巨大的和有待开发的潜力，显然是克服当前困难、走向新的高涨所应当依靠的力量。这使我们更加坚定了对我国经济发展光明前景的信心。我们应当在继续抓紧大企业改革和改组工作的同时，更加明确地提出放手发展中小企业的方针，采取更加全面和有效措施来扶持和引导它们的发展。"见《吴敬琏文集》，北京：中央编译出版社，2013 年，第 618—624 页。

计的要严重得多。当时我们大家都没有料到,泰国、马来西亚、印度尼西亚和韩国的经济还要经历多次剧烈振荡才逐渐稳定下来,而那些受到危机严重冲击的国家的经济复苏过程十分缓慢,可能要到 21 世纪初才能出现新的高涨。特别是没有料到日本的经济和政治危机是如此地深刻。由于日本的巨大经济总量和它对本地区不少国家外贸和投资的重大影响,日本问题的迁延不决使本地区的经济稳定受到严重威胁。即使在日本政府转而采取与本地区各国积极合作、共求稳定与发展的政策和日本经济出现良性发展趋势以后,东亚经济的复苏也将耗费时日。加之今后数年还有一些目前不能完全确定的变数,例如美国经济中的泡沫成分会不会在今后数年爆破,1999 年欧元出台对美元以及世界金融体系的稳定造成何种影响,等等,目前国际上议论纷纷,未有定论,我们也需要预作最坏的准备。

第二,1997 年 12 月采取的增加内需、促进增长的措施方向正确,因此,在东亚许多国家出现负增长的情况下,中国能够保持 7% 以上的 GDP 增长率。但从这些措施对经济的拉动作用看,力度还显得不足。1998 年第二季度国民经济的整体情况没有预期那样好。物价指数继续下行,其中,消费物价指数也出现相当快的负增长,环比指数合年率达到负 6% 左右。GDP 也继续保持低速增长态势。虽然 GDP 增长率高低并不足以表明经济状况的好坏,即使 1998 年无法完成全年增长 8% 的计划也不值得过分紧张,但经济的继续低迷和经济效益的持续下滑却是令人忧虑的。

二

在增加内需的拉动作用不明显的情况下,在经济界出现了某些抱怨和急躁的情绪。例如,要求人民币贬值的议论比较多,要在放松银根上"用急药,用猛药"的呼声也时有所闻。对于这些意见,需要耐心听取,认真研究,但也不能"病急乱投医",贸然行事。

对于人民币贬值,虽然我认为我国政府不应作出硬性的长期(例如三、五年)承诺,但是在近期内主动贬值显然不是时候。我国对亚洲各国出口不振,主要的原因并不是人民币坚挺因而中国商品竞争力相对削弱,而是进口国购买力严重不足。人民币贬值并不能使这方面的状况有根本改善，而它所造成的经济上和政治上的不利后果却十分巨大。特别是1998年我国对亚洲各国出口的减少主要是靠对欧美出口的大幅度上升弥补的。预计今后与欧美特别是美国的贸易摩擦将会增加。如果不是主要采取增加出口附加值、提高产品质量和改善外贸经营，并辅以提高退税率、增加出口信贷等办法来支持出口，而是进一步采取本币贬值的办法来强化我国商品出口的价格竞争，肯定会使这种摩擦加剧，甚至危及江泽民、克林顿互访后建立起来的有利的国际关系格局。

关于在增加需求方面"用急药、用猛药"的意见，也需要加以分析。目前我们的确需要采取进一步的措施来增加需求，但采取何种方法必须十分讲究。在企业改革和投融资改革尚未到位的情况下，既增加投资又要保证效率是有一定难度的。在上半年投资拉动作用不明显、从上到下又普遍形成"8％情结"的情况下，有些地方已经出现草率地上项目和压银行对无效项目贷款的情况。在这种条件下，如只求拉动1998年的增长，不择手段，大撒大放，将不但不能促进有效率的增长，还将招致严重的消极后果。

需求的增加不外乎两个来源：一个是政府（包括各级政府导演的国有企业投资），另一个是民间（包括已实现改革的国有企业的自主投资）。

我们先看政府这一面。在金融方面，虽然存在实际利率偏高（对于这一问题，后面还要作专门讨论）、有的金融机构因为追求高利而不愿对一些有利项目发放足够的贷款等问题需要解决，但是如果笼统地批评银行"惜贷"并大撒大放，就会使经过好几年艰苦工作才开始形成的银行商务核算观念和信贷约束机制毁于一旦，回到用银行的钱大铺摊子、大上无效项目的老路上去。所以，我认为，最近财政部领导同志提出的主要运用财政手段来增加投资的建议是正确的。当然，采用扩张性财政政策也有一个力度问题。看来力度小了是不行的。在这个问题上，政府的举措受到人大九届一次会议通过的预算的约束，需要与人大常委会进行协调。

但是，政府的力量毕竟有限，光靠政府的力量拉动一个处于景气循环低谷、又处于金融危机包围的国际环境中的经济是它所力不胜任的。现在的问题是民间投资的意愿不足，融资渠道不畅，因此，这方面的需求增加不足。目前各银行都有大量资金积压。浙江全省各银行存差 1200 亿元,温州一个市存差就达 251 亿元。1998 年上半年大中型企业的自主投资呈下降趋势(这可以从技改投资较上年负增长看出来)。如果民间投资意愿萧索,担子全要财政用赤字预算来背,这个担子是无论如何也背不动的。

三

根据上面所说的情况,现在我们应该"双管齐下",除了采取"凯恩斯主义"式的政策外,还要采取"供应学派"式的政策,这就是说,除了强化业已采取的扩大需求的措施,还要在激发企业的活力、启动民间投资上多下工夫。

最近我到浙江绍兴、台州、温州和义乌考查中小企业的发展,看了一些工厂,找了许多地方干部和企业负责人谈话。我对这些地方经济活力虽然闻名已久,但亲身了解它们实际表现以后,仍然对所取得的业绩感到惊讶。这些地方成千上万中、小企业的生产发展、产品质量提高速度以及它们的国际营销能力使我深受鼓舞。1998 年 1—5 月温州市工业增长 12%,大大高于全国工业增长的平均水平。浙江省的同志们说,他们完成全省 GDP 增长 10% 的计划没有大的困难。照我看,其原因就在于广大具有很强活力的非国有中小企业已经成为浙江省经济的主力。

虽然在经济已经趋于成熟的温州、台州等地达到如此之高的增长率已经令人惊讶,但从我们了解的情况看,它们在提高产品质量、实现技术升级、增加出口以及扩大生产和销售等方面还有很大的潜力没有充分发挥出来。如果把这些潜力解放出来,其发展前途是不可限量的。

抑制潜力发挥的制约因素来自两个方面:

第一,从企业内部看,主要是企业的发展战略和组织形式不能适应新的形势。

这些地方的中小企业是在严重供不应求的环境下发展起来的。当时在全国范围内国有企业还占有支配地位,群众的基本需要都未得到满足,对商品从不挑拣,因此,只要质量还过得去、价格可以承受,任何产品都有销路。温州、台州等地的小企业就是在这种情况下靠自己的勤劳与节俭和自己商品的低廉价格赢得市场的。现在市场状况已经发生了根本性的变化。在买方市场的情况下,大多数企业并未改变自己的发展战略,在"特"字上做文章,发展自己的专有技术,同时为自己创造市场,而是沿用原来的战略,以降价作为唯一的竞争手段。于是形成一种千军万马过独木桥的格局。乐清市的柳市镇有 1000 余家低压电器厂,绝大多数没有自己特色,产品同构,相互间恶性竞争,使该镇经济的进一步增长受到有限市场的极大制约。与此同时,在企业组织形式上也存在不小的问题。温州、台州中小企业是以家庭工场或前店后厂的形式起家的。在它们发展壮大以后,几乎清一色地组织成为多级法人"交叉投资、循环持股"的集团公司。这种集团公司被看作中小企业发展的方向。实际上这种企业组织形式由于不利于公司的统一经营和科学管理,已经阻碍了企业的进一步发展和产品质量的提高。如果能在这方面正确引导各个企业根据自己的特点选择最合适的制度,仅此一项,就能大大加快企业的发展。

从政府发挥在市场经济中的应有作用的角度看,它不应当对企业的供产销、人财物决策发号施令。政府要做的,是准备良好的环境,制定并执行市场游戏规则并对经济活动的参与者,包括企业和消费者提供他们所缺乏的信息。在所有这些方面,我们过去做得还很不够。

第二,从外部环境看,制约的因素就更加明显。由于中小企业绝大多数属于非国有企业甚至非公有企业,由于在计划经济下的传统观念和传统做法的影响仍严重存在,即使很有内在活力的企业,由于经营环境不良,也未能充分发挥它们的潜力。浙江企业界和地方干部反映最强烈的有以下领域的问题:

(1) 人们议论最多的仍然是融资问题

首先,融资的第一个问题是近年来实际利率偏高,使一般的制造业企业借款投资很难有利可图。由于通货膨胀率下降很快,经过五次降息,现在的实际利率仍在 7% 左右,而从国际资本流动看,似乎进一步降息已经没有多少余地,这一问题如何解决需要专门研究。1998 年 5 月在哈佛大学开会时我曾问过里根总统的经济顾问委员会主席、"供应学派"政策的支持者费尔德斯坦(Martin Feldstein)教授有些什么可行的办法。他的回答是：除降息以外，还可以采取投资减税、资产折旧抵扣等财政手法。他的想法也值得考虑。

其次，最近中央银行采取一些措施增加对中小企业信贷融资。这些措施得到普遍的欢迎。但是许多人反映，已经采取的措施还是不够的。拿银行信贷来说，在不少地方，银行仍然不依据借贷企业的担保能力和还款能力，而是看企业的"成分"，对非国有企业给予歧视性待遇。即使是愿意给规模大、绩效优的民间企业贷款的银行，也往往要求将贷款利率上浮到最高限。而且由于贷款担保安排不下来或方式不妥当，银行对中小企业贷款有相当大的顾虑。此外，国有大银行处理大额贷款比较得心应手，而不善于处理小企业的信贷问题。因此，对小额贷款需要作出特别的安排。对于各地城市信用社，似不宜采取"一刀切"的办法加以归并。除银行信贷外，中小企业几乎没别的融资渠道。企业家对股票上市向国有企业倾斜的做法提出了强烈的批评，希望加以改正。同时，对如何开辟中小企业股权流通的渠道，例如建立类似美国 NASDAQ 的"第二板块市场"，而又不重蹈第一板块市场和有的地方"产权交易市场"秩序混乱、舞弊盛行、财产流失严重等覆辙，也应当积极加以研究。

（2）税费负担问题

为了刺激企业活力的一条重要措施是减税。但是，改革以来国家的税收收入呈逐年下降的趋势，减税已无多少余地。不过，在预算以外征收的各种收费名目繁多，数量巨大（一般认为总额已超过法律规定的税收总额）。出现这种情况的一个重要原因是各级政府缺乏正常的收入来源或收入不足以弥补必要的支出。不解决这一问题，简单地列单禁止额外收费往往收效甚微。所以，"费改税"是一项关系到许多方面的改革，要得到各级政府部门和全党的大力支持才能做好。

（3）市场秩序问题

目前无论在商品市场还是金融市场上，市场无序问题都十分严重。欺行霸市、地方保护、贪污盗窃、设套诈骗等成为司空见惯的行为。如不采取严厉措施加以整顿，建立起依法治市的一整套机制，就会使人们视经营工商业为畏途。在这种情况下，经济很难发展。

（4）流通渠道问题

在经济发展到当前阶段以后，非但由国营商业和供销社组成的"主渠道"已经大大落后，原来起了良好作用的专业市场这种由众多的小商贩组成的有形市场也渐渐不能适应已经长足发展了的生产的需要。1997年橘子丰收却卖不出去，造成了果农的巨大损失。中小型制造业企业现在也深感他们的生产扩张受到流通组织落后的严重制约。

（5）公正执法问题

目前执法不力、执法不公、执法不严以及某些地方政府在执法中存在地方保护主义倾向、少数司法人员贪赃枉法等，成为阻碍企业发展的一项重要因素，必须采取坚决措施加以解决。

总之，从我在浙江看到的情况可以得出结论：在一些地区已经形成具有很大活力的中小企业群体，只要我们采取措施支持它们的发展并积极加以引导，很快就会在全国形成一些或大或小的"增长极"。它们的投资和扩张活动所创造的需求将拉动自身生产的进一步扩张和其他地区的经济复苏，从而形成供给与需求相互拉动的良性循环的局面。这样，国民经济这盘棋就能够全局皆活。这正是我们要努力争取的。

对于国资委成立后国有经济改革的若干建议 *

（2003 年 7 月）

2003 年以来，围绕着国有资产监督管理委员会成立后如何推进国有企业改革和国有资产管理体制改革的有关问题，全国政协经济委员会进行了一系列调查研究。通过这些调查研究我们感到，国有经济改革 20 多年来取得了很大成绩，总体方向是积极向上的，但改革实践中也存在许多深层次的矛盾和问题。国资委的成立为解决这些矛盾和问题提供了新的契机。地方政府和国有企业的同志对国资委成立后能否抓住机遇加快推进国有经济改革既寄予很高的期望，又表示出一定程度的担忧。因此，国资委如何履行自己的职责，如何在构建新的国有资产监管体系的同时加快推进国有经济改革步伐，就成为大家十分关注的问题。

我们认为，国资委的成立并不意味着国有经济的改革已经大功告成，而是意味着这一关系重大的改革进入了一个新的阶段。这个新阶段的突出标志，是这一尚未完成的改革将在一个全权履行出资人职责的权威机构的领导下更加有力地向前推进。

党的十五次代表大会以来历次中央会议决定，国有经济改革要在两个主要的方面推进：一是对国有经济的布局进行有进有退的调整，使得我国的所有制结构趋于完善；二是对国有大中型企业进行公司化改制，在多元持股的基础上，在这些企业中建立起有效的法人治理结构（即公司治

  ＊ 这是本书作者于 2003 年 7 月 10 日代表全国政协经济委员会"国有企业改革与国有资产管理体制改革"专题组，在全国政协十届常委会第二次会议上的大会发言。见《吴敬琏文集》，北京：中央编译出版社，2013 年，第 648—655 页。

理结构)。

中共十五大以来各级政府在以上两个方面做了不少工作,取得了相当成效。但是,各地国有经济布局调整工作进度的差别很大,有些地区一般竞争性领域中国有经济的比重仍然过大;在企业改革方面,还有相当数量的国有企业没有进行公司化改制,已经搭起公司制架子的企业也多数存在"一股独大"和国有股权未能落实等问题。

造成这些问题的一个重要原因,是政府仍然沿袭过去的体制,既承担公共管理职能,又承担所有者代表的职能;而且在政府内部又由诸多部门分别行使部分所有权,无论在国有经济改组、国有企业改制,还是在公司股权行使方面,都形成了多头领导、"五龙治水"的局面。

国资委的建立,从政府组织机构上实现了政资分开,初步解决了行政多头干预的问题。这样,就为国资委这个国家授权的权威机构统一行使所有者权能的逐步实现确立了体制基础。根据国有经济改革面临的任务,作为"履行出资人职责、享有所有者权益"的法定机构,国资委的基本职能将是:

(1) 进一步推进国有经济的布局调整;

(2) 进行尚未实现公司化的国有企业的改制;

(3) 在已经实现改制的公司,包括国有独资公司、国有控股公司和国有参股公司中代表国家行使所有者权利,在这些企业中建立起所有者与经营者之间的制衡关系,使得这些企业的公司治理结构有效地发挥作用。

一、 进一步推进国有经济布局的战略性调整

目前在调整国有经济布局、实现国有资本从非战略性部门退出的问题上,存在着两种偏向:一种是认为国有经济的规模愈大愈好,控制的企业愈多愈好,因而未能坚决执行有进有退的方针;另一种是在国有企业改制的问题上草率行事,暗箱作业,甚至私相授受,造成国有资产向少数人大量流失和严重的社会不公。

由于产权制度不同,国有经济与非国有经济都有其特有的功能和优势。正像九届政协经济委员会在《对国有经济布局进行战略性调整的建

议(1999年6月)》中所指出的,不是在所有领域国有经济都有其优越性。特别是在一般性竞争领域,国有企业往往不及非国有企业那样具有市场竞争力。数十年的经验告诉我们:在市场经济条件下,国家拥有的有限财力不可能包揽太多的领域;即使以损害政府提供必要的公共服务为代价保持了国有经济的较大比重,由于政府掌握的企业过多,管理的跨度太大,也是不可能管好的。

党的代表大会和中央全会早已明确指出,国有经济需要增加控制力的,只是"关系国民经济命脉的重要行业和关键领域"[1];具体地说,则是指"涉及国家安全的行业,自然垄断的行业,提供重要公共产品和服务的行业,以及支柱产业和高新技术产业中的重要骨干企业"[2];在改革过程中,国有经济在整个国民经济中的比重会有所减少,这种减少"不会影响我国的社会主义的性质"[3]。

因此,国资委应当继续贯彻十五大以来的一贯方针,统筹规划,分步实施,使国有经济从自己不具有优势的领域中有步骤、有秩序地退出,用腾出来的资源改善政府的公共服务,加强关系国民经济命脉的重要行业和关键领域以及非国有经济不愿进入的领域,使国有经济和非国有经济都能充分发挥各自的优势。

与此同时,对于国有企业改制和国有资本从某些领域中逐步退出过程中出现的破坏社会公正和造成公共财产向少数人流失的现象,国资委也需要采取有效措施加以制止和纠正。为了同上述这种损害大众利益的行为作斗争,国资委应当对国有企业改制过程中的产权变动进行规范,出台有关规定,动员社会各方面进行监督,以维护定价、申购等方面的程序公正和实质公正。

为了防止在向三级国资委划拨国有资产过程中有可能出现的严重"苦乐不均"和国企改制过程中少数人得益、多数人受损情况的发生,防止

---

1 江泽民(1997):《高举邓小平理论伟大旗帜 把建设有中国特色社会主义事业全面推向二十一世纪》——在中国共产党第十五次全国代表大会上的报告,载《人民日报》,1997年9月12日。

2 中国共产党十五届四中全会《中共中央关于国有企业改革和发展若干重大问题的决定(1999年9月22日中国共产党第十五届中央委员会第四次全体会议通过)》,载《人民日报》,1999年9月27日。

3 中国共产党第十五次全国代表大会政治报告和十五届四中全会的决定。

由此导致的社会矛盾激化,在向地方分级划拨之前将部分国有资产拨付给全国社会保障基金会,用以归还政府对原国有企业老职工的隐性债务,不失为一种有效的办法。

二、 切实加快国有企业的公司化改制

十五届四中全会《关于国有企业改革和发展若干重大问题的决定》要求,除极少数需要由国家垄断经营的企业外,绝大多数原有的国有企业都应改造成为多元持股的公司制企业,并使能够在所有者与经营者之间建立起制衡关系的法人治理结构得以确立。

公司治理结构是现代企业制度的核心,是由股东大会、董事会和经理层构成的一套所有者与经营者相互制衡的企业领导体制。在国有企业公司化改制过程中,只有有效建立这种产权清晰、权责明确的体制,才能形成对经营者的激励和约束机制,生产经营才能有效率和不断创新,所有者的权益才能得到有效保障。

然而,由于在国企改革中不少大型企业采取了"剥离"核心资产改组为股份制公司,而把包括富余人员在内的非核心资产(又称"存续企业")保留在原来的国有独资企业中,并"授权"原来的国有独资企业全权代表政府行使国有股权(通称"授权投资机构")的做法,直到目前,各级国资委面对的一级企业大部分仍然保持国有独资企业的原状。而且,这些国有独资公司大部分未设董事会,即使设有董事会,其董事和经理人员也都是由党委组织部门委派的,规范的公司治理结构并未建立,由此产生的公司内部人控制失控、信息不透明以及内部关联交易等问题日益突出。与此同时,许多"授权投资机构"并未与它所控股或参股的上市公司真正实现中国证监会所要求的资产、人员、账目三分开,而是把后者当作自己的"下属企业"来管理,交叉任职。这往往使上市公司的法人独立性得不到切实的保证,非控股股东的权益受到损害。有些作为"授权投资机构"的集团公司还采取"明修栈道,暗度陈仓"的方式,将优质资产转移出去,甚至转移到某些个人名下,而将债务集中在集团公司,最后由集团公司申请破产,逃废债务,将风险转嫁给政府或银行。

"授权"某些企业或企业集团代行出资人职责,使所有者职能与经营者职能合二为一,这是在国有企业公司化改制初期产权关系不清晰的情况下采取的一种权宜性的国有资产管理方式,有不小的副作用。国资委成立以后,这种国有资产管理方式应当尽快退出历史舞台。对国资委所属一级企业,或者继续保持它们"授权投资机构"的地位;或者将其作为企业进行公司化改制,使之能够在现代企业制度的基础上做强做大。继续保持"授权投资机构"地位的单位不再是企业,而应该是一种为进行国有经济改革而设立的国资委派出机构,要由国资委任命的公务员来领导。这些"授权投资机构"可以自己主持所属国有企业的重组和改制,也可以委托中外资产管理公司托管进行。原来的"授权投资机构"和它们下属的"子公司"实现公司化改制以后,可以成为进行生产运作的运营性公司,也可以成为专司资本运营的控股公司。不论属于哪一种情况,都要改成一个"放飞"一个,由国资委依照《中华人民共和国公司法》(以下简称《公司法》)直接对它们进行股权管理。即使其中的国有独资公司,也应按照《公司法》的要求设立董事会,国有股东要在《公司法》的框架内行使自己的权利。

三、 国资委在已改制公司中如何依法行使所有者权利

《公司法》是我国规范公司制企业行为的基本法律制度,国资委在已实现公司化改制的公司,包括国有独资公司、国有控股公司和国有参股公司中代表国有股东行使股权时,也必须在《公司法》的框架内进行。现在亟需加以明确的是,国资委应当怎样在《公司法》规定的范围内行使自己"管人、管事、管资产"的职权。

以"管人"来说,《公司法》规定,股东拥有"选择管理者"的权利(第4条)。有些人据此认为,作为国有独资公司、国有控股公司和国有参股公司的股东,国资委不但拥有聘任董事的权利,而且拥有任免高层经理人员的权利。其实《公司法》讲得很清楚,它所说"选择管理者"的权利具体是指,在股东会中投票"选举和更换董事,决定有关董事的报酬事项"(第38、103条),而并不包括"聘任或者解聘经理(总经理),根据经理的提名,聘任

或者解聘公司副经理、财务负责人,决定其报酬事项"等权利。后者乃是董事会的职权(第46、68、112条),不应由股东直接干预。

以"管事"来说,《公司法》规定股东在公司中享有"重大决策权"(第4条)。所谓"重大决策权",除上面讲到的在股东会中投票选举、更换董事和决定董事报酬的权利外,还有以下10项(第38、103条),它们是:(1)决定公司的经营方针和投资计划;(2)选举和更换由股东代表出任的监事,决定有关监事的报酬事项;(3)审议批准董事会的报告;(4)审议批准监事会或者监事的报告;(5)审议批准公司的年度财务预算方案、决算方案;(6)审议批准公司的利润分配方案和弥补亏损方案;(7)对公司增加或者减少注册资本作出决议;(8)对发行公司债券作出决议;(9)对公司合并、分立、变更公司形式、解散和清算等事项作出决议;(10)修改公司章程。

对于有限责任公司,《公司法》还增加了股东的另外一项职权,这就是"对股东向股东以外的人转让出资作出决议"(第38条)。

至于两类公司的其他决策,则已经授权给公司董事会,应当由董事会或者由董事会授权的经理人员作出。股东会不应越俎代庖,个别股东更不能加以干预。

以"管资产"来说,国有资产以资本金的形式投入公司后,依法形成该公司的"法人财产",公司的"法人财产权"受到法律的保护。出资人(股东)只有在《公司法》规定的公司治理框架内维护自己的权益,而不能直接干预公司法人财产的运作。

四、 关于国资委在行使职能中应处理好的几个问题

一是"履行出资人职责"与"行政主管部门职能"的关系。企业"出资人"是一种民事行为主体,对企业行使所有者权利只能依照《民法通则》《公司法》以及公司章程、规定进行。"企业主管部门"是政府行政行为主体,必须依照行政法行使职权。国资委应避免以行政手段和工作方式"管企业"。同时,应通过其特殊地位和作用,排除其他政府部门和单位对企业生产经营活动的干扰,维护企业的合法经营权益。

二是要避免新形势下的政企不分。在政府部门不直接干预企业后,

国资委应注意避免使自己成为党委和政府行政部门行使公共管理职能的"二传手",把过去政府管企业的职能通过自己这个"漏斗"灌到企业,使出资人机构和企业的目标变得模糊不清。

三是"履行出资人职责"要与投融资管理体制改革配套进行。政府部门对国有企业大量的行政审批,特别是对投资项目的审批,是在企业内所有者缺位情况下国家为防范投资风险和强化企业财务预算约束而采取的一种特殊措施。实践表明,这并不是一种科学有效的办法,国资委建立、出资人代表到位以后,建立有效的公司治理、实现企业财务约束机制的转变,形成企业内部化的预算硬约束,承担盈亏风险等所有者职能已由国资委行使,相应地,政府行政部门的职能就必须由代行出资人职能转变为为维护公共利益而进行的环保等行政审查。如果政府行政部门原来的一套不变,再把国资委的一套加上去,一个当"婆婆",一个当老板兼经理,那就非把企业管死不可。这也是企业目前最担心的事。

四是要为国资委行使职能积极营造良好的法治环境。国务院已出台《企业国有资产监督管理暂行条例》,但国资委要正常行使其职能,仍然面临许多法律问题亟待梳理。其一是中央国资委与地方国资委财产权利的划分尚待宪法作出明确规定;其二是现行《公司法》关于国有独资企业不设股东会的规定,既不利于公司内部建立权利制衡结构,也使国资委以大股东身份派出董事或监事时面临尴尬,建议汲取一些市场经济国家的经验,由不同的行政部门向国有独资公司派出所有者代表,形成公司的股东会;其三是保障国有资产运营管理的《资产评估法》等法律法规亟待出台。此外,在现有的国有企业中,可能有极少数并不适宜于采取公司制的企业组织形式。这类企业如造币印钞厂、武器弹药、重要军事装备研发和生产单位,需要采取特殊的组织形式和特殊的管理办法。建议仿照有些国家的做法,另订《特殊企业法人法》对这些企业的行为进行规范。

两种不同的转轨战略[*]

（2003 年 11 月）

　　到现在为止,中国的转轨应该说是成功的。成功来自何处呢? 在 20世纪 90 年代初期,全世界讨论转轨经验的时候,都把问题集中在休克疗法和渐进主义的选择上。有很多文献说中国改革的成败都是因为采用了渐进主义。到了 90 年代后期,许多经济学家认为,把转轨的战略局限于休克疗法和渐进主义的做法,至少是肤浅的,因为这种两分法把注意力放在了速度上。然而不幸的是,直到现在中国的同事们在讨论这个问题的时候,在很大程度上还是继续采用"休克疗法还是渐进主义"这样的分析框架。我认为这种分析没有能接触到事情的本质,也没有能够揭示中国转轨制度最重要的前提。

　　我赞成科尔奈教授提出的分析框架。[1] 他认为,从纯粹的意义上说,转轨有两种不同的战略,战略 A 是一种有机演进的战略（strategy of organic development）,重点放在为从基层生长出私有部门创造条件上;战略 B 是加速国企私有化的战略（strategy of accelerated privatization）,重点是尽可能快地实现原有国有企业的私有化。按照这一理论框架来进行分析,中国的转轨之所以比较成功,是因为采取了一种类似于战略 A 的转轨

---

[*] 这是本书作者在 2003 年 11 月 17 日《中国—俄罗斯转轨经验比较研讨会》上的发言,载《比较》辑刊,北京:中信出版社,2004 年;又见吴敬琏:《呼唤法治的市场经济》,北京:生活·读书·新知三联书店,2007 年,第 120—123 页。

[1] J.科尔奈(1999):《〈通向自由经济之路〉出版十周年之后的自我评价》,见《后社会主义转轨的思索》,长春:吉林人民出版社,2003 年,第 4—16 页。

战略。

虽然从上个世纪50年代初期开始,中国一直强调国有企业改革是经济改革的中心环节,但是实际的做法并非如此。20世纪70年代末的改革确实是从扩大企业自主权开始的,但是这一改革并不成功。到了80年代初,改革才走上了一个健康的轨道。这是从农村的人民公社制度改变成为家庭联产承包制开始的,也就是说从广大的农村生长出来几千万个农民的私人农场。接着出现了以苏南模式为代表的乡镇企业,它们实际上是由基层政府组织起来的社区企业。这种社区企业在80年代支持了中国的高速发展。80年代中期私营企业开始合法化,到了80年代后期、90年代初期,合法存在的私营企业就变成了推动中国经济增长的主要力量。它的代表地区是浙江省的温州地区和台州地区。这两个地区的示范效应随后扩大到了浙江全省,到了世纪之交,温州和台州模式改造了苏南模式,使得私营经济成为沿海地带浙江、江苏、福建等省占主要地位的经济成分。

许多研究报告指出,中国经济之所以能够强劲增长,其主要原因是私有部门的发展壮大。现在,非国有部门在中国的国民经济中大约占2/3。在私有经济20年的发展历程中,首先是培养起了大批的企业家,也大大促进了市场的形成,同时也给国有企业的改革增加了压力。可以说私有部门的增长为市场经济体制奠定了坚实的微观基础。

中国这样做,在开始的时候是完全自发的,这种自发的力量首先来自农民。自从集体化以后,中国的农民就努力要建立他们自己的经济,主要采取的方式就是承包制。所谓的承包制就是农民在"包"(租)来的土地上建立自己的家庭农场。但是在邓小平领导的改革开放以前,农民的这种自发努力都被压制了。所以第二种推动改革力量是开明的、有改革思想的领导人。从安徽一个小村庄开始的农村联产承包制,于1980年得到中央和地方的党政领导机关的支持,在两年时间里就实现了全国农村的私有化。还有第三种力量,那就是经济学家、法学家和政治学家等知识界人士。由此,说中国改革完全是由自发的力量推动,恐怕是不对的。

当80年代农村的私有化实现以后,经济学家和其他方面的专家提出要让城市的私人企业合法化。第一个起作用的就是中央书记处研究室的林子力教授，他用了一个现在看起来可笑的办法，引用《资本论》第一卷里面的一个算例，说只要雇工不超过8个人，雇主就是仍然以劳动收入为主要收入来源的个体劳动者而不是资本家。这个小小的主意居然生效了，所以从1983年开始，雇8个人以下的企业就被叫做个体劳动者的企业，允许存在和发展。后来推行了两个配套的措施：一个是价格"双轨制"；另外一个是财政"分灶吃饭"，也即财政包干制度。这两个制度在当时对于非国有企业的发展起了非常好的作用。但是到了80年代中期，它们就变成了阻碍私有企业进一步发展的障碍，而且引起了寻租行为，造成了许多问题。从那个时候开始，经济学家为了消除这个障碍做了很多努力。

从科尔奈的分析框架来看，前苏联和东欧国家转轨不太成功的一个原因恐怕是他们从一开始就把重点放在在国有部门中"提高企业活力"上，而没有把主要力量放在促进私人企业从下而上的成长上。

1999年在布达佩斯高等研究院（Collegium Budapest）作客座研究时，我曾经跟社会主义时代匈牙利改革的主要领导者涅尔什（Rezso Nyers）讨论过。他认为匈牙利在社会主义时期的改革成果应该是可以取得像中国一样的成功的。匈牙利在改革初期虽然把重点放在了国有企业身上，但是同时也鼓励中小型私营企业的发展。但是到了80年代中期以后，由于受到苏联和国有企业的压力，他们停止了支持私营企业的发展。这是导致改革失败的重要原因。

就我的理解，苏联同样的问题，就是把全部努力都放在所谓"提高国有企业的活力"上。到了后社会主义时代，俄罗斯仍然像科尔奈说的那样，把重点放在改造国有企业上。改造国有企业，第一，非常难；第二，企业家是要在市场竞争中产生和成长的，光靠私有化，不能保证企业是在企业家的管理下经营；第三，在改革和转轨过程中，不可避免地会出现腐败。如果把重点完全放在国有企业的私有化上，而没有一个从民间产生的企业家阶层介入这个过程推动建立法治和约束特权，很可能无法避免两极分化和寡头的形成。

尽管中国的转轨迄今为止比俄罗斯和东欧国家要更成功一些，但是我们也要看到，这种行政主导的培育市场的方式，在一定程度上成为建立法治市场经济的障碍。而俄罗斯在建立法治方面可能具有某种优势。我对萨克斯(Jeffrey Sachs)教授的好些观点都是不同意的,但有一个观点我同意,就是他说俄罗斯的宪政改革走在了中国的前面[1],而中国现在正面临着如何从行政主导下的市场经济转变成法治基础上的市场经济这一难关。

---

1 见 J.萨克斯、胡永泰、杨小凯(2000):《经济改革与宪政转轨》,载《开放时代》,2000 年第 7 期。

深化国企改革需要澄清的几个原则问题 *

（2004 年 10 月）

国企改革从 1956 年开始到现在，已历经近半个世纪，"革命"尚未成功。目前报刊上正在进行的关于国企改革的争论，有些十五大、十五届四中全会、十六大已经明确的问题近来好像又不大清楚了。要推进国企改革，首先需要明确这些重大的原则问题。

一、 怎样理解十五大"调整和完善所有制结构"的决定

十五大对国有经济改革提出了两方面的要求：一是对国有经济的布局进行有进有退、有所为有所不为的战略性调整；二是对国有企业进行股份化改造。其中第一个方面，也是按照我国提出的基本经济制度调整和完善所有制结构的一项重要内容。那么，国有经济"有进有退"，应当往哪里进和从哪里退，或者说它在哪些领域中必须"为"，哪些领域中可以"不为"？"进""退"以后，国有经济的范围总的来说是要扩大还是要缩小？

1993 年的十四届三中全会就已指出，"国有为主导"所说的"主导"，是指国有经济对国民经济命脉的控制，这并不意味着对所有领域都要控制，也不是这种控制在所有地方和产业都没有差别。1997 年的十五大明确，国有经济要控制的，只是"关系国民经济的重要行业和关键领域"。1999

＊ 这是本书作者 2004 年 10 月 26 日在全国政协经济委员会"深化国有企业改革座谈会"上的讲话。首载《呼唤法治的市场经济》，北京：生活·读书·新知三联书店，2007 年，第 33—36 页；又见《吴敬琏文集》，北京：中央编译出版社，2013 年，第 656—659 页。

年的十五届四中全会进一步把上述重要行业和关键领域规定为"涉及国家安全的行业"等四个领域。这就意味着除这些行业外的其他领域（它们往往被通俗地称为"一般竞争性部门"）原则上都是可以"退"的，正像十五大和十五届四中全会所指出的，国有经济比重的降低并不会影响我国的社会主义性质。

现在有些论著对国有经济有进有退的看法却离开了十四届三中全会以来的方针，好像坚持国有为主导就只能进，不能退，到处都要控制。这显然是不正确的。

二、 如何理解十六大"必须毫不动摇地巩固和发展公有制经济"的论断

最近两三年，各方对十六大提出的"毫不动摇地巩固和发展公有制经济"要求提出了一些不同的理解。一种观点认为，既然公有制只包括全民和集体两种形式，在"放小"以后集体经济的比重已经大大下降，为了巩固和发展公有制经济，就必须增加国家投资，大力发展国有经济。还有一种提法是：国有企业是共产党执政的经济基础，为了加强党的领导，就要大力发展国有经济。这种观点虽然没有中共中央和国务院文件根据，但在国有经济部门却非常流行。

这两种观点的存在说明，在如何看待公有制问题上，有些人的思想在从十五大和十六大的立场后退。十五大明确地指出，"公有制不仅包括国有经济和集体经济"，"一切反映社会化生产规律的经营方式和组织形式都可以大胆利用"。眼前就有一种必须也完全可能大量扩容的公有制实现形式，这就是社会保障基金。为什么眼睛只盯着国有经济这一种实现形式呢？十六大把民营科技企业的创业人员、个体户、私营企业主等社会阶层都包括在"中国特色社会主义事业的建设者"的队伍之中，要求对为祖国富强贡献力量的各阶层人们都采取团结、鼓励、保护的方针。所以，公有制为主体、多种所有制共同发展的基本经济制度就是中国共产党执政的经济基础。如果只有国有经济才是共产党执政的经济基础，其他经济成分难道是异己力量的经济基础？

三、 国有企业要不要普遍实现股权多元化

十四届三中全会中提出要建设现代企业制度,即现代公司制度。由于1995—1996年的"建立现代企业制度试点"中80％的试点企业都是全资国有,结果形成了一大批"翻牌公司",导致"试点"流产。汲取了这方面的教训,十五届四中全会《中共中央关于国有企业改革和发展若干重大问题的决定》规定,除极少数必须由国家垄断经营的企业外,其他企业都要实行股权多元化。十六届三中全会《中共中央关于完善社会主义市场经济体制若干问题的决定》也要求"实现投资主体多元化,使股份制成为公有制的主要实现形式"。

中共中央的这些决定至今尚未落实。我国国有企业股份化大多数采取了"剥离上市"的办法,也就是把老企业资产中较好的一块剥离出来,改组为上市公司,高溢价融资,非核心资产则留在老企业里,叫做"存续企业",由政府授权老企业作为"授权投资机构"控股上市公司。于是就形成了这样的格局:国资委直接面对的一级企业绝大多数都属于全资国有,实行股份化的只是由它们控股的二级公司。在这种格局下,不但作为控股公司的一级企业本身没有得到改造,而且它的老体制很容易通过控股关系传导到上市公司去,使后者很难成为具有国际竞争力的现代企业;弄得不好,上市公司还成了控股公司"圈钱"的"提款机"。我国现有的公司能够完全按照《公司法》和海外上市公司监管规则运行的不多。其中也有些经营得很不错的企业。问题在于,即使它们经营得好,靠的也不是制度,而是领导人的开明和敬业,很不牢靠,有人去政息的危险。这些一级企业还要不要进行股份化改造,现在也是一个没有定论的问题。

总之,类似问题亟待明确。根据以上情况,在制定"十一五"规划时首先应当把这类原则问题明确起来,在认识统一的基础上把国有经济的改革继续推向前进。

国有经济布局调整和国有企业改革不能停步[*]

（2011 年 9 月）

在 20 世纪 80 年代改革开放的初期，中国经济改革采取了国有经济基本不动，在"体制外"寻求发展的战略，即"增量改革战略"。

实施增量改革战略取得了极大的成功。其中最重要的成果，是使民营经济（非国有经济）得以从下而上地成长起来，并且日益发展壮大。

不过，采取增量改革战略使民营经济得以成长，只是中国改革和发展这出"大戏"的"序幕"。不对国有经济进行彻底的改革，就不可能建立市场机制在资源配置中起基础性作用的市场经济体系。

国有经济必须改革

对国有经济进行彻底改革的必要性主要缘于以下两方面：

第一，不改革国有经济，中国经济的整体效率难以得到提升。改革开放的最初十几年里，中国的经济增长和效率提高基本来源于非国有部门（"民营部门"），而占有经济资源主要部分的国有部门不但增长缓慢，而且效率有下降的趋势，亏损企业的数量逐年增加，以致到 20 世纪 90 年代中期整个国有企业部门陷入了盈不抵亏的困境。这种情况必然要拖累整个国家的财政金融体系。其中，银行系统的呆坏账大量积累，面临极大的系

---

* 载《经济参考报》，2011 年 9 月 26 日；又见《吴敬琏文集》，北京：中央编译出版社，2013 年，第663—667 页。

统性风险。

第二,双重体制并存造成了很大的寻租空间,使腐败蔓延的趋势难以遏制。实行增量改革战略,在大体维持国有经济现有体制的条件下,容许私有经济发展和引入部分市场机制,使中国经济出现了命令经济和市场经济双轨并存的状态。由于命令经济是一种由行政命令支配的经济,而市场经济则是由各市场利益主体利益支配的经济,双重体制和双重运行规则并存就必然造成"权力搅买卖"的巨大寻租活动空间。例如,在改革开放之初,国有企业获得了销售产品的自主权。"双轨制"在促进国有企业作出帕累托改进和为民营企业提供经营条件等方面起了重要的作用。但是在另一个方面,双重体制和双重规则的交织,又使某些有权力背景的人获得巨大的"寻租"机会。这些被称为"官倒"的人们靠倒卖调拨指标在短时间内成为巨富。一时间,"官倒"成为腐败的代称和全民议论的焦点。

正是针对上述两方面的情况,中共中央在 1984 年的十二届三中全会作出决定,要从以农村承包制为主的改革转向以城市为重点的"整个经济体制的改革"。邓小平说,"城市改革不仅包括工业、商业,还有科技、教育等各行各业都在内"。这一改革有两个重点,一个是价格体系,另一个是"全民所有制企业"。用邓小平的话说,就是要摸国有经济的"老虎屁股"。

从"国有企业改革"到"国有经济的布局调整"

在中共十四届三中全会方针的指导下,中国用了将近 10 年的时间将一大批国有企业(主要是集团公司下属的二级企业)改组为多元持股的公司制企业。这些企业的效益有了提高,也扭转了国有经济全部门亏损的状况。

但是人们也很快发现,要把覆盖整个国民经济的几十万个国有企业全都改好是不可能的。而且即使它们全部改造好了,也无法在此基础上建立市场经济制度,使市场在资源配置中起基础性作用。正是在这种认知的基础上,1998 年的中共十五大提出了国有经济改革的另一项重要内容,即有进有退地实现国有经济布局的战略性调整。

在中共十五大后的几年中,中国成功地实现了数百万个国有小企业和基层政府所属的乡镇企业改制以及上万个大中型国有企业的"股份化"。

这样一来,中国经济的所有制结构明显优化,从国有经济一家独大的结构转变为多种所有制企业共同发展。民营经济的营业额居于各种经济成分的首位。在就业方面,民营企业成为吸纳就业的主体。2006 年民营企业就业人数达到全国城镇就业人数的 72％。在世纪之交,一个以混合所有制为基础的市场经济的轮廓开始显现在人们的面前。它为世人称道的 20 世纪至 21 世纪"中国故事"奠定了基础。

国有经济改革必须奋力过关

世纪之交,国有经济上述两方面的改革都取得了可喜的进展。但是,当这些改革推进到更深的层次,特别是涉及国有大型垄断企业集团时,改革的步伐就明显地慢了下来。

国有经济改革放慢的首要表现,是在"放小"已经基本实现的情况下,国有经济的布局调整就几乎停步不前了,后来还发生了一些领域"国进民退"的开倒车现象。例如,中共十五大明确指出,国有经济需要控制的,只是"关系国民经济命脉的重要行业和关键领域"。十五届四中全会更把这些"行业"和"领域"划定在"涉及国家安全的行业,自然垄断的行业,提供重要公共产品和服务的行业,以及支柱产业和高新技术产业中的重要骨干企业"的范围内。可是,2006 年国资委的一份"指导意见"却提出,国有经济应对军工、电网电力、石油石化、电信、煤炭、民航、航运等七大行业保持"绝对控制力";对装备制造、汽车、电子信息、建筑、钢铁、有色金属、化工、勘察设计、科技等九大行业的重要骨干企业保持"较强控制力"。这样,就使民营企业的发展空间大为收紧。在有些领域,甚至发生获准进入的民营企业的许可被收回,不准继续经营的情况。一些国有企业还对民营中小企业展开了收购兼并,使国有经济在一些重要行业的垄断地位进一步强化。

其次,一些国有企业不但继续保持行政垄断的地位,而且得到国有银行的大量贷款支持,迅速扩张。2009 年国有银行提供的 10 万亿元以上的海量贷款,绝大部分贷给了国有大企业和"地方政府融资平台"。这使国有企业大大提高了扩张速度,甚至大举进入房地产业这一公认的竞争性行业。它们挟巨资抢购土地,使"地王"频现,纪录不断刷新。凭借在流动性短缺和"现金为王"的年代拥有巨额流动性以及继续保持垄断权力的"优势",国有和国有控股企业的固定资产总额在 2001 年到 2009 年的 8 年间增加了 1.2 倍(其中,央企资产总额增加了 2 倍)。国有企业的赢利更达到了天文数字。仅两家最大的中央国企——中移动和中石油的净利润就超过了中国民营企业 500 强的利润总和。

但是,国有企业的逆势扩张和地位加强,对于中国经济的长期发展究竟是祸还是福,并不能由它们获得的短期赢利多少来评判,而要从它对于市场制度完善和经济长远发展的影响来判断。至于国有企业的效率是否高于民营企业,则已经有中外研究机构所作的实证分析,对它作出了有翔实数据支持的否定性结论。

面对着这种形势,出路只有下定决心,循着中共十一届三中全会以来的改革开放路线,推进国有经济的市场化改革,包括:

(1)按照 1997 年中共十五大对国有经济布局进行战略性调整的决定,实现国有企业从竞争性行业退出。退出的方式可以多种多样,但都要注意遵守公平的原则,防止少数人在退出过程中利用权力侵占公共财产。从这个角度看,拟议多年的划拨国有资产充实社会保障基金,是一种有利多方的退出方式。

(2)执行 1999 年中共中央十五届四中全会除少数需要国家垄断经营的企业外,都要实现股权多元化,并在此基础上建立有效的公司治理结构的决定,对绝大部分国有独资或国有控股的大企业集团实行"股份制改造",使它们成为自主经营、自负盈亏、有效治理的现代公司。

(3)根据 2007 年中共十七大"坚持平等保护物权,形成各种所有制经济平等竞争、相互促进的新格局"的要求,打破行政垄断,维护竞争秩序,完善市场法治和实现公正执法,建设现代市场体系。

切实推进国有经济改革是一项十分艰巨的任务,它必然会遇到来自陈旧意识形态和"特殊既得利益"的阻力和障碍。然而不这样完成这一任务就无法在中国建立起有利于实现共同富裕的法治市场经济制度和实现中国的持续稳定发展。因此,一切关心中国经济繁荣和社会进步的人士都应当为实现这一任务而竭尽全力。

"管资本"试点的几个问题[*]

(2015 年 5 月)

　　十八届三中全会《中共中央关于全面深化改革若干重大问题的决定》提出:"完善国有资产管理体制,以管资本为主加强国有资产监管,改革国有资本授权经营体制,组建若干国有资本运营公司,支持有条件的国有企业改组为国有资本投资公司。"

　　怎样改革现行的国有资本授权经营体制,建立以管资本为主、通过国有资本运营公司和国有资本投资公司(两类公司)形式实现的国有资产管理新体制,是一项复杂的系统工程。本文就管资本改革和两类公司试点的目标和途径进行探讨,并提出建议。

一、 现行的国有资产管理体制需要改革

　　在计划经济时代,国有企业是计划经济的支柱,计划经济是国有企业的依托,政企不分,各个企业只是这个大公司的生产车间。改革开放后,政府放松对企业的管制,与企业建立合同关系,普遍实行承包制。十四届三中全会后,试图改革政府职能和政府与企业的关系,进行所有权和经营权的适度分离,对一些行政性总公司和集团公司采取"授权经营"的国有

---

　　* 本文是国务院发展研究中心"落实三中全会精神　深化企业改革"课题组的课题报告,课题负责人是陈清泰、吴敬琏,课题协调人是张永伟,课题组成员是项安波、王怀宇、周放生、刘京生等,由陈清泰执笔,吴敬琏修订。见《改革大道行思录》,北京:商务印书馆,2017 年,第 142—151 页(题目为《国企改革: 管资本与两类公司试点的几个问题》)。

资产管理形式。这些"授权投资机构",既是政府授权的所有者代表,又是国有"企业"的上级主管,被赋予了最高经营者的权能。

2003 年国有资产监督管理委员会("国资委")建立以后,所有者代表和经营管理的双重职能普遍归集到各级政府的国资委,由它们对国有企业行使"管人管事管资产"的职权。

但是随着中国经济的发展和改革的深化,这种管理体制已经愈来愈不符合需要,必须进行进一步的改革。

在我国,国有资本有两种基本功能:一是政策性功能,即为政府实现公共目标提供资源;二是收益性功能,为政府获取财务回报,充实保障民生和提供公共服务的财政资源。两者的比例结构应当与时俱进地调整。

在经济发育程度较低的时期,政府主导经济增长,国家特别看重国有经济的政策性功能,国有企业主要作为政府掌控经济的工具、发展战略产业的拳头和推动经济增长的抓手。这种发展方式大体适应了当时的发展阶段,使我们较快地越过经济发展的追赶期。但这一发展阶段已经过去。

当前,尽管在国家有需要但非公经济不愿进入的领域、关系国家安全和某些公共服务等领域,以国有资本投资实现政府公共目标的功能仍不可少,但是随着经济的发展和市场在资源配置中的作用的加强,电信设备制造等原来被认为需要由国有企业控制的"重要行业和关键领域"已经成为竞争性的行业领域,而制约经济社会发展的瓶颈、关系"国民经济命脉"的很多方面也已变化。政府直接掌控经济的作用就必然减弱。而且,由于执行政策性职能的国有资本具有多重目标,有时会超出"市场理性",对市场正常发挥作用产生冲击,因而国有资本的主体部分应当从"工具""拳头"和"抓手"的功能中淡出,成为国有经营性资本,发挥收益性功能,以投资收益作为公共财政的补充来源,弥补体制转轨中必须由财政支付的改革成本和必须支付的民生方面的历史欠账。

二、"管资本"改革应当实现的目标

对于国有经营资本来说,十八届三中全会《决定》所肯定的"以管资本为主"的监管方式,是一种最适宜的国有资产管理体制。

迄今为止,在产业领域,实物形态的"国有企业"仍是国有经济的主要实现形式。各级政府作为市场的监管者,同时拥有和管理着一个庞大的企业群,并与其保持着复杂的关系。这就造成政府不独立,国有企业也不独立,政府无法正确处理与市场的关系,成为诸多体制性矛盾的一个焦点。

管资本就是改革经营性国有资产的实现形式,以用财务语言清晰界定、计量,并具有良好流动性、可进入市场运作的资本为其实现形式,使政府从管理和控制国有企业,转向拥有并委托专业机构运作国有资本。

国有资产的资本化应当实现三个目标:

一是国家保持国有资本的最终所有权,委托专业投资运营机构代理运作。这就解除了政府与企业之间的隶属关系,有利于实现政企分开;国有资本投资运营机构与企业是股权关系,实行所有权与经营权分离。企业有股东,没有"婆婆",是独立的市场主体。这就为确立现代企业制度创造了体制环境。

二是在国有资产资本化和证券化以后,股权投资者的所有权与企业法人的法人财产权分离,这就解脱了国有经济与个别企业的捆绑关系。国有经济的布局调整和功能转换,不再是以行政的力量改变一个个企业的业务结构,而是资本投向在企业间有进有退的动态优化。资本化是对国有资产流动性和效率的解放。

三是有了国有资本投资运营机构的隔离,政府在管资本不管企业的体制下,可以站到更超脱的地位,正确处理与市场的关系,对政府也是一次解放。

这项改革的重要意义在于,资本化为从根本上理顺长期困扰我们的政府、市场和企业的关系创造了条件。国有资本的预期效能,主要通过市场而不是行政力量来实现。这就使国有资本具有"亲市场性",从而可以保障我国在保持较大份额国有经济的情况下,"使市场在资源配置中起决定性作用"。

三、 有步骤地实现从"管企业"到"管资本"的改革

经过多年的探索,我国国有资产管理大致可分作两类。一类是国资

委管人、管事、管资产的管理形式。它的特点,一是管理对象基本上是未经改制的"国有企业",而不是国有资本,缺乏政企职能分开、所有权与经营权分离的制度基础;二是从法律和财务意义上国有产权的委托代理关系还没有建立,尚未超越以行政的方式管理企业;三是国有产权基本不具有流动性,有进有退的调整实际上难以进行。直到现在,除国资委外,83个中央党政机关管理的国有企业仍有 6200 家。

在国有经济改革和金融体制改革中,也出现了一种新的国有资产管理形式,这就是信达等资产管理公司和汇金投资等投资控股公司。这类机构的共同特点,一是都属经注册的金融投资持股机构,管理的对象是资本化和证券化的国有资产,也就是"国有资本"。它们持股或控股的企业多半是整体改制的股份制公司。二是它们与自己持股和控股的公司是股权关系,不是行政关系,可以通过下一层公司的公司治理结构对经理人员进行控制。三是持股机构是市场参与者,所持资本(股权)具有流动性,可以"用脚投票",在市场中运作。

后一类管理方式显示了"管资本"管理形式的雏形。

我们考虑,国有资产管理体制的改革可以分步骤地进行。就是说,首先把一些不具有政策性功能的、不存在争议的国有资本从原有的管理体制下剥离出来,除一部分按照十八届三中全会《决定》划拨给社会保障基金外,其余的归属于新组建的收益性投资运营公司管理。如央企总股本约 15 万亿,第一批至少可以有 2 万亿以上划归收益性投资运营机构管理。其余的部分,仍然由原来的监管机关管辖。当然,这些机关的管理方式也要进行改革,例如组建政策性投资经营公司对国有企业进行监管。

四、 国有资本管理体制的基本框架

国有资本管理体制可设计为三层结构:

第一层是国家所有权管理。可考虑把分散在多个部门行使的国有资本所有权代表的职能集中到政府层面,设立"国有资本管理委员会"。管委会为非常设机构,而以财政部门为其办事机构。管委会由政府主要领导担任主任,负责制定所有权政策、推动国有产权立法、审议国有资本经营预算、统筹国有资本收益分配和任命投资运营机构负责人、批准公司章程等。管委会每年向人代会报告国有资本运营情况、国有资本经营预算和收益分配情况,接受审议和监督。

第二层是由国有资本管理委员会设立的国有资本投资运营机构(包括已有的国有资本投资运营平台、社会保障基金、新设立的国有资本投资公司和运营公司)受国家股东委托,进入市场运作国有资本,是独立的金融性商业实体。政府管资本就管到投资运营机构,不再向下延伸。

第三层是投资运营机构持股或控股、受《公司法》调节的股份制公司。管理体制框架见下图:

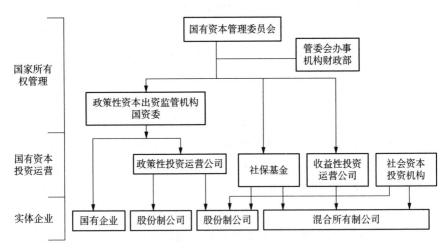

国有资本管理体制框架示意图

五、 重视发挥社会保障基金的作用

划拨部分国有资本充实社会保障基金,是一件拟议已久但一直未能实现的大事。1993 年十四届三中全会决定我国的养老金社会保障从现收现付制转向"社会统筹与个人账户相结合"的新财务制度以后,曾经多次拟议拨付部分国有资本偿还国家对老职工的社会保障欠账,弥补社会保障基金缺口。特别是在 2001 年,曾经准备向作为社会保障战略性储备基金的全国社会保障基金拨付超过 1.8 万亿元的国有资本,由作为国务院直属事业单位的全国社会保障基金理事会统筹运营,包括选拔一些基金公司担任基金管理人,进行资本运作。这一套设计,有多方面的好处:第一,它弥补了社会保障基金的缺口,使个人账户制的社会保障体制能够持续运转;第二,有助于克服我国资本市场投资者以散户为主的缺陷,增加一大批机构投资;最后,也是跟本文主题直接相关的,是按照 1997 年中共十五大"努力寻找能够极大促进生产力发展的公有制实现形式"的要求,找到一种良好的公有制实现形式,能够有力地推动国有经济的改革和公司治理结构的建立。但是,由于种种原因的掣肘,这些方案最终都没有能够付诸实施。虽然全国社会保障基金理事会已经建立,并且在投资运作上取得了很好的成绩,对持股公司的法人治理结构的工作也有所助益,但是终究因为资金规模太小,不能起太大的作用。

现在十八届三中全会《决定》已经明确规定,要"划拨部分国有资本充实社会保障基金"。社会保障基金更加直接地体现了国有资本全民所有全民分享的本质。在向管资本转型中应更加重视发挥社保基金的作用,可将收益性资本较大比例划转社保基金,社会保障基金理事会可以自行投资,更主要的是在资本市场上选用基金公司等独立的资本管理人,在自己的监督考核下进行独立的投资运作。

六、 收益性投资运营公司的属性和运作机制

收益性投资运营公司的重要功能,是实现党政机构的国有资本所有权代表职能与公共管理职能的分离,在政府与企业之间发挥"界面"和"隔离层"的作用,其属性是全资国有的投资公司,其运作机制则应当保证实现政企分开和所有权与经营权分开。

(一)这类投资运营公司的董事、董事长由国有资本管理委员会聘任和管理,保障董事会的独立性。国家股东意志通过批准公司章程和委托合同,召开股东会议等"正常"方式,而不是不断下达"红头文件"来实现。

(二)投资运营公司以实现投资效率最大化和获取最大限度的投资回报为主要责任。它没有行政权、没有行业监管权,借助投资和其他市场

工具运营,而不是依靠行政手段。投资运营机构不承接政府对其下层企业的市场监管和行政管理等职能。

(三)投资运营公司持股和控股的企业是设有董事会的股份有限公司,投资运营公司通过企业的股东会和董事会行使股东权力,包括选聘董事、参与公司利润用于分红还是再投资等重要决策。为此,对重要的投资企业应保持适当股权比例,以便获得在董事会的投票权。

(四)投资运营公司的权能既包括国有股权的管理,也包括股权的转让和买进新股;资本运作可以由本机构进行,也可以委托有良好诚信记录和业绩的资产管理公司、基金进行。对投资运营公司的业绩评价是基于投资组合价值的变化,而不是看单个投资项目的盈亏;业绩评价是基于长期价值,而不是受市场波动影响的短期业绩变化。专业的投资经理人在市场中择优选聘,实行与业绩挂钩的薪酬激励。

(五)投资运营公司要向国有资本管理委员会报告工作,接受第三方机构的审计和评估。

七、 投资运营公司持股和控股的企业

投资运营机构之下的企业将越来越成为国有资本、集体资本、非公有资本交叉持股的混合所有制公司。与传统国有企业相比,其独立市场主体的属性增强,与政府的行政关系被切断。《公司法》将成为调整股东、经理人、员工及各个利益相关者权利和义务关系的法律依据。这就使企业进一步走向了"现代企业制度"。

根据国内已有的经验,这些公司应具备以下特征:

(一)国有股权适度分散给若干国有投资机构持有,打破一股独大。引进非公有的机构投资者,构建合理的股权结构。

(二)董事成员以外部董事为主,其中应有相当比例的独立董事。股权董事应为外部人,董事长原则上也要由外部人担任。

(三)所有股东通过股东会、董事会行使权利。确立董事会的核心地位和战略作用。由董事会选聘高层经理人员。董事会在股东大会的监督下掌握公司重大决策权,如发展战略、重大投资、并购、年度目标、高管薪

酬和长期激励、业绩考评以及利润用于再投资还是做红利分配等决策权；发挥监事会审计监督作用，董事会审议公司财务报告，考核经营业绩。防止内部人控制失控。

（四）公司和经理人不属"体制内"、没有"行政级别"。经理人不是大股东派遣，而是"市场人"，不受"体制内"保护，董事会有权罢免。公司高管由经理人提名，董事会批准。若不能获批，经理人重新提名，保障经理人的用人权。

（五）公司必须执行国家法规，接受税务、工商、环保、海关、外管等行政执法部门的监管。上市公司还要接受来自资本市场的监管部门、律师、会计师、分析师的监督。

（六）公司不再与政府保持行政关系，包括干部人事管理、工资总额管理、责任目标管理，以及巡视、考评等的"延伸"管理。党的关系属地管理。企业不再具有所有制的"身份"，政府将平等地对待所有的企业。

八、 政策性国有资本的管理体制及其进一步改革

对某些关系国家安全和提供公益性产品的国有企业，政府需要对其保持控制力。这些领域基本不存在竞争，如何管理对市场基本不产生影响。由于政府对这类企业的管理需要兼顾实现政策目标和保持较强的财务约束，还是由原来的国有资产管理机构管理为宜。

根据具体情况，这类国有资本的管理体制可以有两种选择，一是继续直接用现有的管理方式，既管资本，也直接管理企业；二是进行改革试验，即通过国有资本投资公司控股目标企业。

当一些企业被确认并不需要具有政策性功能时，就应当把它们转到收益性国有资本的管理系统中去，实现由"管企业"转向"管资本"。

发展共益企业，推动向利益相关者经济的演进*

（2018 年 4 月）

在 21 世纪，企业界共同面临着一个重大的问题，即有必要把商业企业履行社会责任提高到与时代命运相连的高度，这是一个我们不能忽视的新趋势。而它的大背景，则体现在 19 世纪形成的那种社会治理结构已经无法适应现在的需要。

19 世纪，现代经济在一些发达国家首先成型。随后涌现的现代化国家，也是按照这个结构建立起来的。它大致上二分为两个领域，一个是私人领域，另一个是公共领域。私人领域是由居民、个人和企业组成，而公共领域的事务则基本上由政府来处理。

这种模式在当时的条件下是可行的，但后来就逐渐出现了缺陷。公共领域的问题变得越来越复杂，需要用更多的资源去处理。从经济学的视角看，这样的现象是很容易理解的。在整个经济运作过程中，社会总成本分为两个部分：一个部分是物质变换的转形成本（transformation cost）或者叫做制造成本（production cost）；另外一个部分是处理人和人之间社会关系的交易成本（transaction cost），或者叫做制度运行成本（operation cost）。

这个基本的经济学原理昭示着，通过分工的深化，单位产品的制造成

---

* 本文根据作者 2018 年 4 月 15 日在中欧国际工商学院(CEIBS)"校友社会责任主题论坛"《中欧企业社会责任(CRS)报告》发布典礼上的讲话整理和补充而成。

本将不断下降;但是与分工深化相伴随的是协作关系的复杂化,所以单位产品的交易成本即制度运行的成本所占的比重却是不断上升的。进入现代社会后,需要付出越来越多的资源和成本,去处理社会关系和社会问题。

现代社会比起旧时代来说,问题更加盘根错节:外部要处理国防问题、反恐问题;内部来说,从环境保护、社区管理,再到贯穿生老病死的社会保障等等,纷繁复杂。在这种情况下,完全由政府来处理就变得越来越困难且不可行。一方面,行政机构解决这些问题的成本往往高昂,且容易促成官僚主义;另一方面,政府所掌握的资源不足,发达国家政府的债务不断攀升。

所以到了20世纪,有了新的做法,就是越来越多地依靠非营利的民间组织去处理某些特定范围的公共议题和社会问题。第三领域的非营利组织在20世纪快速发展,解决了公共领域内的诸多问题。

但是,这种三个部门截然分开的组织形式也表现出它的局限性:一方面完全靠捐赠支持的民间公益组织暴露出难以规模化的局限,于是,不少非营利组织开始运用企业化的管理方法,通过创收来补充营运资金;另一方面,营利性企业也开始承担一部分做公益的社会责任。这样,第二部门和第三部门的组织相向而行,形成了突破这两个部门界限、兼有两方面功能的社会企业(social enterprises)。

营利性企业做公益(public good),即所谓"商业向善"(business for good),具有很重要的意义。因为如果千千万万的商业性企业都来做公益,那么这个向善的力量就可以扩大几百倍,甚至几千倍。

这个从20世纪90年代由英国等地开始出现的营利性企业做公益的做法并没有得到全体社会的普遍承认,因为当时公司治理面临的主要问题,是在所有权和经营权分离的情况下,不少大公司的高层经理人员即所谓"内部人"脱离了股东"控制"去追求自身的利益。所以20世纪90年代在世界范围内兴起的"公司治理革命"的要点,是解决内部人控制失控的问题,强化所有者(股东)对公司的最终控制。

但是很快就有人提出了进一步的问题,在1995年的时候,有一位名叫玛格丽特·M. 布莱尔(Margaret M. Blair)的美国经济学家写了一本题目为《所有权与控制：面向 21 世纪的公司治理探索》[1]的书。针对当代公司治理结构存在的问题，该书指出，仅仅强调所有者对于公司的监督与控制是不够的。布莱尔提出：承担公司风险的不只是股东（stockholders），还有包括员工、社区的居民、供应商、销售商等其他利益相关者（stakeholders）。所以，公司不但要对股东负责，还应该对其他利益相关者乃至整个社会负责。

然而这个论述当时也没有得到社会的公认。许多人认同 M. 弗里德曼倡导的观念，认为企业管理者唯一的社会责任就在于为股东赚取利润。

不过在进入新世纪以后，在实际社会矛盾的冲击和社会思潮的推动下，有越来越多人接受营利性企业也应当承担一定的社会责任的观点。走得更快的地方甚至形成了法律上的规定。以美国为例，自从 2010 年马里兰州公司法规定设立一种新类型的公司即共益公司（benefit corporation）以来，迄今为止，美国已经有 35 个州颁布了设立共益公司的法律。这类公司并不享有税收优惠，但是有权用公司收入支付公司章程里明确规定承担的社会责任。董事会要对完成这些责任负责，并向社会报告。全球现在有多个对共益公司履行社会责任的情况进行评估认证的民间组织。其中有一个名叫共益实验室（B Lab）的认证组织，根据其制定的"评估标准"（B Impact Assessment，简称 BIA）对达标企业发给 B corp 证书。目前在全球 50 多个国家，有超过 150 个行业的 2655 家企业通过了 B Lab 的认证。达能、Kickstarter 等大家熟悉的企业都是获得 B Corp 认证的共益企业。

2016 年 6 月，中国大陆首家共益企业"第一反应"获得 B Corp 认证，这是一家中国领先的急救培训和赛事生命救援机构。自 2017 年底开始，共益企业中国倡导团队由北京乐平公益基金会支持，并获得共益实验室（B Lab Global）认可，致力于将共益企业这一概念引入中国。至今为止，中国大陆已有 11 家分布于教育、消费品、互联网、建筑设计等领域的企业获得该项认证，还有 500 多家企业使用 BIA 作为评估和提升自身社会影

---

1 Margaret M. Blair, *Ownership and Control*: *Rethinking Corporate Governance for the Twenty-First Century*（《所有权与控制：面向 21 世纪的公司治理探索》）, Washington D. C: The Brookings Institute, 1995。

响力的标准。

这些企业关注共益企业这种新型企业形态的原因很多,其中比较突出的两点,一是能够通过 BIA 共益影响力测评,来衡量企业的影响力表现,同时找到改进的方向。而共益企业认证也会助力企业获得融资,因为越来越多的金融机构关注投资企业的社会影响力价值,这不仅仅来源于金融机构对共益企业价值观的认可,也源于共益企业严格的管理和信息监督,可作为金融机构评估企业投资价值的重要参考。第二点是吸引人才。千禧一代越来越关注公司的使命和工作的价值感,而不仅仅是寻求一份朝九晚五的稳定工作。共益企业满足了年轻人在使命感、价值感上的追求。从全球的共益企业发展中,我们看到很多公司在成为共益企业后既招揽到更多优秀的人才,也更关注员工,使得他们对公司的忠诚度随之提升。

类似 BIA 这样的工具使得企业对利益相关者的关注越来越具有可操作性,也与影响力投资、公平贸易等全球性的资本市场变革和消费者运动一起有力促进了全球经济向利益相关者经济发展。东亚地区在全球经济总量上举足轻重,经济成长速度上领先全球,新经济创新能力更崭露头角。在全球化和社会稳定遭遇严重挑战的今天,过去深深得益于全球化发展的东亚经济体和中国,需要身体力行倡导一种有益于全世界全人类的经济发展观念,才能继续有效地推进全球经济社会的稳定发展。

吴敬琏
改革文选

－ 下 卷 －

上海三联书店

五、 经济增长模式抉择

中国经济和社会发展面对的问题错综复杂、变化多端,常常会使人感到难以理出头绪。实际上,这些纷然杂陈的问题大都可以归结为两个基本问题:第一个是社会经济的机制和体制,第二个是经济增长或发展的方式。前者讨论的是生产关系和上层建筑怎样才能得到改善;后者讨论的则是生产力怎样才能更好地发展。在改革开放的初期,本书作者曾经根据当时粗浅的认识,以"经济体制改革与经济结构调整"[见本文集第一部分辑入的《经济体制改革和经济结构调整》(1980年10月)一文]和"经济发展战略与经济体制模式的选择"为题,讨论过这两个主题以及这两个主题之间的关系。本文集这一部分收录的,是我在上世纪90年代以后讨论后一方面问题的代表性论著。它们反映了运用现代经济学理论框架和分析工具所做的进一步思考。

自从上世纪50年代中期完成社会主义改造和建立苏联式的集中计划经济之时起,优先发展重工业、"积累(即投资)是扩大再生产(即增长)的唯一源泉"等斯大林主义论断就被视为国家工业化和经济发展必须谨遵不渝的路线。虽然这种"高指标、高投入、低效率"的经济增长方式造成了上世纪50—60年代的巨大经济和社会灾难,但是一直都没有弄清楚问题的症结和找到救治的办法。只是改革开放以后,在汲取其他国家经验的基础上,中国政府才在1981年提出了"经济建设的十条方针",要求"围绕着提高经济效益,走出一条经济建设的新路子。"然而,新方针规定的产业结构调整只进行了三四年,就在坚持所谓"马克思主义再生产理论的基本原理"和"社会主义工业化道路"的人们的诟病下终止了。

在1995年制定"九五"(1996—2000年)计划的时候,国家计划委员会重拾苏联60年代后半期"转变增长方式"的建议,提出把从粗放型增长方式到集约型增长方式转变的要求列入计划。在讨论时,经济学家强调的是,苏联搞了几十年的"增长方式转变"却未见成效,根本原因是没有改变计划经济的僵化体制。因此,转变增长方式的关键在于转变经济体制。这一讨论的积极成果是,在《中共中央关于制定国民经济和社会发展"九五"计划和2010年远景目标的建议》中明确要求:"实行两个具有全局意义的根本性转变,一是经济体制从传统的计划经济体制向社会主义市场经济体制转变,二是经济增长方式从粗放型向集约型转变。"[参见收入本

书的《关于"经济增长方式"及其转变》(1995 年 8—12 月)一文〕

在 1995 年后的几年中,由于上述两个根本转变进行得比较顺利,中国经济发展迎来了增长速度比较快、效率比较高的阶段。然而在进入 21世纪以后,随着中国经济实力大增,经济增长方式的转型却经历了多次反复。本书收入的《中国工业化道路和经济增长模式抉择》(2005 年 4 月)、《产业转型升级的核心问题是什么?》(2011 年 11 月)、《实现经济发展方式转型刻不容缓》(2013 年 8 月)和《中国经济面临的挑战与选择》(2015 年11 月)等文针对当时出现的反对主张,论证了中国选择创新驱动和效率驱动增长模式的必要性。

本书选入的部分文章还涉及与工业化道路选择和增长模式转型密切相关的怎样促进高技术产业发展、什么是城市化的正确道路以及产业政策转型等重要命题。它们包括《制度重于技术——论发展我国高技术产业》(1999 年 5 月)、《中国怎样才能有自己的硅谷?》(2000 年 5 月)、《城市化应当由市场主导》(2013 年 11 月)和《产业政策面临的问题:不是存废,而是转型》(2017 年 9 月)。

关于"经济增长方式"及其转变[*]

（1995 年 8—12 月）

中共中央关于制定第九个五年计划（1996—2000 年）的建议和全国人民代表大会通过的第九个五年计划都指出，必须实现经济体制由计划经济到市场经济的转变和经济增长方式由粗放增长到集约增长的转变。抓住这两个转变，就抓住了"九五"经济工作的纲。在这"两个转变"中，体制转变即改革是近年来一直在讲的，增长方式的转变最近几年讲得比较少，于是有许多人认为，这是一个新提出的问题。加之人们对于什么是经济增长方式以及为什么要转变经济增长方式有很不相同的理解，因而很需要加以澄清。

一、 转变增长方式问题的由来

最近报刊上发表了不少文章，讨论什么叫增长方式。报刊上列出了多种多样的定义，好像什么是增长方式还是一个有待讨论的问题。实际上，经济增长方式是 20 世纪 60 年代后期苏联经济学界提出来的一个概念，在国际经济论坛上也有明确的定义。我们既然是沿用前人的概念，就不能数典忘祖，另外去发明种种新的定义。

苏联经济学家 20 世纪 60 年代后期是在什么背景下提出增长方式问

* 本书作者在 1995 年秋季就当时提出的转变经济增长方式问题多次发表意见，本文是发表在《经济研究》《改革》等报刊的文章的综合，载《吴敬琏文集》，北京：中央编译出版社，2013 年，第 723—733 页。

题的呢？苏联在 1928 年开始执行第一个五年计划，在这以后几十年的社会主义建设中，一直保持相当高的增长速度。这使苏联领导人认为可望在不太远的将来赶上和超过最发达的资本主义国家。1959 年苏联共产党召开了第 21 次党代表大会。赫鲁晓夫在会上宣布苏联很快就能赶上世界上最发达的资本主义国家美国。可是到了 60 年代后半期，情况变得十分清楚：苏联经济不但没有赶上美国，它同美国的生产和技术差距还在拉大。毛病出在什么地方呢？苏联经济学家研究了这个问题。他们得出的结论是：毛病出在用大量投入维持高速度这种做法上。于是，他们根据马克思在《资本论》第二卷中关于扩大再生产的两种形式的论述，提出了"增长方式转变"的问题。

马克思那一段论述的原文是：

> 在规模扩大的再生产中，"如果生产场所扩大了，就是在外延上扩大；如果生产资料效率提高了，就是在内含上扩大"[1]。

据此，苏联经济学家根据增长的来源不同，把增长方式划分为两种：第一种是靠增加自然资源、资本和劳动等资源投入的增加实现的增长，叫做粗放增长（extensive growth，也可以译为外延增长）；第二种是靠提高效率实现的增长，叫做集约增长（intensive growth，也可以译为内涵增长）。他们指出，苏联当时经济问题的根源在于苏联采取了一种不适当的增长方式（俄文原文为 ТиПкономиЧескогоРоста，也可译作经济增长类型）。

在西方的经济学文献中原来很少使用"经济增长方式"这样的词汇。自从苏联经济学家提出这组概念以后，不少经济学家对它的经济内容作过诠释，好几位著名的经济学家和社会主义经济的研究者还运用现代经济学的理论对它们的内涵作出了界定。我们知道，现代经济学用生产函数来表达生产要素投入与产品产出之间的函数关系。

生产函数可以这样来表达：

$$Y = A \cdot K^{\beta} \cdot L^{1-\beta} \qquad\qquad 公式 1$$

1　马克思（1867—1883）：《资本论》第 2 卷，北京：人民出版社，1992 年，第 192 页。引号中的话在《资本论》莫斯科外文出版局 1954 年英文版中的译文是："extensive if the field of production is extended; intensive if the means of production is made more effective"，见该书第 172 页。

其中，Y 为产出总量，K 为资本投入，L 为劳动投入，A 为投入效率，β、$1-\beta$ 分别为资本投入和劳动投入对产出的贡献率。从公式 1 可以看出，产出是由两组因素决定的。一组是投入，包括资本投入和劳动投入的数量；另一组是投入的效率，用全要素生产率（TFP）表示。

如果生产函数等式两侧都取增量，则

$$y = [\beta k + (1-\beta)l] + a \qquad\qquad 公式 2$$

其中，y 代表产出增长率，k、l 和 a 分别为资本投入、劳动投入和投入效率的增长率。从公式 2 可以看出，增长可以由两种因素产生：一是要素投入数量的增加，二是投入效率（TFP）的提高。所谓粗放增长，就是指靠投入数量增加取得的增长；而所谓集约增长，则是指靠全要素生产率提高取得的增长。

回过头来说，西方经济学家对于增长的来源其实也有类似的分析。只不过他们使用不同的语言罢了。通常，他们把增长速度的提高叫做增长数量的提高，而把其中依靠效率提高实现增长叫做增长质量的提高；依靠效率提高的比重愈大，就意味着增长质量愈高。西方经济学家所说依靠投入数量增加实现的增长，同苏联经济学家所说的粗放增长具有相同的内容；西方经济学家所说依靠质量提高实现的增长，则与苏联经济学家所说的集约增长等值。J. 科尔奈在《社会主义体制》一书中指出了二者之间的对应关系。他说可以把要素与产出之间的关系区分为两类：一类是要素投入增加对增产的效应，另一类是要素生产率提高对增产的效应。"这种区分以及与之相伴随的用语，在西方作者中广为流行，但社会主义各国的作者却愿意采用另一种术语，即'粗放方式'和'集约方式'来加以表述。这两对用语在语义上是相同的：要素增加等于粗放方式，要素生产率提高则等于集约方式。"[1]

在西方发达的市场经济中，经济增长速度虽然不快，但主要是靠效率的提高（往往生产增量的 60%—75% 是来源于效率的提高），因此质量比

1　János Kornai（1992）：*The Socialist System*，Princeton：Princeton University Press，pp. 69 - 78.
（又见雅诺什·科尔奈：《社会主义体制》，张安译，北京：中央编译出版社，2007 年，第 171—178 页。）

较高。而苏联主要是靠增加要素投入,特别是资本投入来维持高速度。由于主要靠大量投入来维持高速度,产出虽然增加了,但因为投入增加得太快,产出扣除了消耗就所剩无几了。而且,由于资源总是有限的,随着资源日渐紧缺,即使这种很少实惠的高速度增长也很难维持下去。这正是苏联经济为何陷入困境的正确说明。为了克服这种缺陷,苏联经济学家提出要实现增长方式从粗放到集约方式的转变。苏共领导接受了这种意见,要求在第九个五年计划(1971—1975年)期间实现"由粗放增长方式到集约增长方式的转变"。

问题在于,他们只看到粗放增长方式这一现象,而没有认识到问题的根源在于僵化的计划经济体制。他们开出的药方,主要是三个:(1)"加强计划的科学性";(2)强调技术革新的重要性;(3)大力引进外国技术。由于这些做法都没有触及事情的根本,虽然苏联党政领导机关连篇累牍地号召实行"集约经营""增长方式的转变",但是它的"增长方式"并没有真正"转变"过来,效率没有提高,经济情况不断恶化的趋势也始终没有得到扼制。据苏联经济学家阿甘别疆(Abel Aganbegian)院士的计算,在1961—1984年的24年中,要素生产率提高无几,其中的资本生产率还是连年下降的。美国学者A.休伊特(Edward A. Hewett)按照现代经济学的口径校正后的情况如下(见表1):

表1　苏联投入、产出和效率指标　　　　　　　　　　(单位:年平均增长率%)

	1961—1965	1966—1970	1971—1975	1976—1980	1981—1984	权重
国民生产总值增长	5.0	5.3	3.7	2.6	2.7	
全部生产投入增长	4.5	4.1	4.2	3.5	3.0	
其中:劳动(人时)	1.6	2.0	1.7	1.1	0.8	0.56
资本	8.8	7.4	8.0	6.9	6.3	0.41
土地(自然资源)	0.6	−0.3	0.8	−0.1	−0.2	0.03
全要素生产率提高	0.5	1.2	−0.5	−0.9	−0.3	
其中:劳动	3.4	3.2	2.0	1.5	1.9	
资本	−3.5	−2.0	−4.0	−4.0	−3.4	
土地	4.4	5.6	2.9	2.7	2.8	
集约/粗放比	10	23	−14	−35	−11	

资料来源:苏联金融与统计(各年),转引自A. Hewett(1988): *Reforming the Soviet Economy*《苏联经济改革》,Washington, D.C.: Brookings Institute, p.74。

20 世纪 70 年代以后,随着苏联资源特别是劳动资源日益短缺,连高速度也维持不下去了,经济进一步下滑。到戈尔巴乔夫(Mikhail Sergeyevich Gorbachev)担任领导时,苏联经济出现了负增长。在这期间,苏联领导采取了种种措施,但因为没有抓住要领,完全没有取得成效。到80 年代末期,经济就全面崩溃了。

二、 60—80 年代中国经济界关于经济增长方式的讨论

20 世纪 60 年代后期,关于实现增长方式从粗放到集约的转变的观念也传入中国,引起了中国经济学家的讨论。例如,孙冶方就曾根据他关于经济发展不应只讲速度、不求效率的主张,提出为了刺激技术进步,应当提高折旧率,机器不仅要算有形磨损,还要算无形磨损,等等。不过当时中国经济学家的研究,没有明显超出苏联和东欧社会主义国家的水平。

70 年代末开始改革以后,我们对这个问题的认识才取得了重大的进步。80 年代初期国务院财经委员会组织进行了大量调查工作,对过去 30 多年的经验进行总结。当时大家考虑的一个问题是:从 50 年代初到 70 年代末,中国的工农业生产总值年平均增长 6%以上。这在全世界都是相当高的增长率。但经济情况不见好转,在 1956—1976 年的 20 年中人民生活几乎没有提高,相反到"文化大革命"期间国民经济濒临崩溃。这是什么原因呢? 经过细致的调查研究,当时得出的结论是:症结在于"高指标、高速度、高投入、低效率"的粗放增长方式。靠高投入来支持经济增长,虽然速度快,却不能使人民得到多少实惠,而且这种高速度也不能持久。所以 1981 年国务院总理赵紫阳在他向全国人民代表大会所作的政府工作报告中提出要转变经济增长方式,"走出一条速度比较实在、经济效益比较好、人民可以得到更多实惠的新路子"[1]。在中共十三大提出到20 世纪末翻两番的目标时,也在前面加上了"在经济效益不断提高的前

---

1 参见赵紫阳(1981):《当前的经济形势和今后经济建设的方针——一九八一年十一月三十日和十二月一日在第五届全国人民代表大会第四次会议上的政府工作报告》,载《人民日报》,1981年 12 月 14 日。

提下"的限制词。[1] 当时取得的最重要的认识突破还在于：找到了粗放增长方式的病因，认识到这种增长方式乃是计划经济体制的必然产物。不解决体制问题，是解决不了增长方式问题的。由此得出结论：要转变经济增长方式，根本一条就是要转变体制，建立社会主义商品经济。在 80 年代初期，不少经济学家写文章论述过这个问题。例如刘国光写了许多文章，论述"两个转变"之间的关系。[2] 马洪[3]、孙尚清主编的《中国经济结构问题研究》[4]也讨论了这个问题。不仅如此，对于什么样的经济体制安排才能保证经济增长方式的转变，在相当一部分经济学家中也取得了大体一致的意见。例如，在薛暮桥 1980 年为中央起草的改革方案中，明确提出要建立社会主义商品经济，充分发挥价值规律（市场）的作用。这些看法，既是当时经济学界多数人的共识，也是当时正在起步的经济体制改革的理论基础。

三、 怎样才能实现经济增长方式的转变

现在的问题是：最近 10 多年来中国经济虽然取得了不少进步，增长速度之高更是引人注目，但是粗放增长的老毛病并没有改掉，整个经济的效率仍然很低。目前对中国的全要素生产率有各种各样的估计：最低的估计，是十几年来完全没有提高；即使按照最高的估计，效率提高对经济增长的贡献也只有 20％左右，远远低于发达国家的水平。从实物消耗来说，不仅能源、原材料消耗系数很高，能源消耗系数几乎是世界之最。作

1　参见赵紫阳(1987)：《沿着有中国特色的社会主义道路前进——在中国共产党第十三次全国代表大会上的报告(1987 年 10 月 25 日)》，载《人民日报》，1987 年 11 月 4 日。

2　刘国光(1980)：《社会主义再生产问题》，北京：生活·读书·新知三联书店，1980 年。

3　马洪(1920—2007)，原名牛仁权，经济学家，中国政府决策咨询机构的创建者和领导人。1937 年加入中国共产党，1948 年以后历任中共中央东北局政策研究室主任、东北局副秘书长、国家计划委员会秘书长。1954 年由于被定为反党集团的"五虎上将"之一被撤职。改革开放后，在中国社会科学院副院长和院长、国务院技术经济研究中心总干事、国务院经济研究中心主任的领导工作岗位上，积极为中央决策服务，努力倡导对传统的社会主义经济管理体制进行改革，发挥市场机制作用，探索有中国特色的发展道路。2005 年获得首届中国经济学杰出贡献奖。主要著作包括《中国社会主义国营工业企业管理》(1964，与陆斐文、桂世镛等合著)、《关于社会主义有计划商品经济的再思考》(1984)、《试论我国社会主义经济发展的新战略》(1985)等。

4　马洪、孙尚清主编(1981)：《中国经济结构问题研究》，北京：人民出版社，1981 年。

为一个发展中国家,更为严重的是投资的低效率。现在我国每年投入成万亿的固定资产投资(主要集中在国有部门),但是由于有大量无效投资,由投资形成的有效生产能力与投入规模完全不成比例。

由于继续这种效率很低的增长方式,在我国经济生活中引发了一系列问题,其中最突出的是通货膨胀。我国通货膨胀压力一直很大,而且不时爆发高通货膨胀,不得不停下来调整和整顿,症结就在于粗放的增长方式没有得到改变。因为在国民经济的结构不好、总体效率不高的条件下,只要经济增长达到一定速度,就必然会造成通货膨胀。

放更长远一点看,一个新的技术革命的浪潮正在汹涌而来。我们如果老是处在现在这个状况,就会再次错过这班车,甚至把我们从新兴的电子通信产业扫地出门。面对这种状况,我们需要振兴产业。如果要通货膨胀或者要企业生产兴旺二者只居其一的话,那就没出路了。

前面已经讲过,早在中国改革开始的时候人们已经达到过共识,要通过改革从粗放增长方式转变到集约增长方式。为什么那时已经达到过共识,作出了决定,十几年后还没有解决,又重提这个问题呢? 我认为,主要是因为主要的改革还没有到位,特别是国有经济这个迄今仍是国民经济主导的改革没有到位。所以我们在讨论如何实现经济增长方式的转变的时候,应当特别强调,关键在于转变经济体制。从当前的许多事情可以看得很清楚,一些人之所以还是热衷于铺摊子、上项目,不惜工本地提高增长速度,是因为旧体制的惯性仍然严重存在:(1)某些领导的行为不符合经济原则,不计经济后果;(2)政府是事实上的投资主体,企业和地方努力"跑部钱进","不要白不要";(3)企业没有所有者的财产约束,处于"内部人控制失控"状态,"有钱用赛(光),无钱借债,还贷下届"。这样,如果不改变产生这种行为的制度基础,就不可能转变依赖大量投入和资源浪费维持的增长方式。

现在有些同志有一种误解,把两个转变看成可以相互分离的事情。以为体制转变靠改革,经济增长方式转变靠计划管理。他们认为,以前投资的总盘子太大,重复建设太多,建设周期太长,现在只要加强项目审批,降低审批起点,不达到经济规模的项目不许上就能解决这些问题。我看这是走入了歧途。

最近的一次讨论是 1989 年到 1992 年之间进行的。当时经济界对于如何解决经济结构不好、经济效率不高的问题有过热烈的讨论。一派主张加强集中计划控制，一派主张推进市场取向的改革。而且就许多具体问题做过分析，比如汽车、乙烯的重复布点问题，是靠加强计划管理，还是靠发挥市场在资源配置中的基础性作用来解决？讨论的结果是全党取得了共识：靠加强计划管理的办法不行，还是要改革，尽快将市场经济体制建立起来。这种认识已经体现在十四大决议之中，现在不应当再走回头路。

中共十四大以后，十四届三中全会设计了改革蓝图，而且把改革战略确定为"整体推进，重点突破"，从 1994 年起开始实施。1994 年有三项大改革出台，即财税改革、金融改革和外汇管理体制改革；做准备的大改革两项，一是国有企业改革，二是社会保障体制改革。

在 1994 年以来的改革中，财政改革和外汇管理体制改革取得了重要的突破。以前的财税体制不能保证平等的竞争环境，不同部门税率高低差别太大，不同所有制的企业适用不同的税率，使市场竞争机制无法运作，而且不同地区、不同企业苦乐不均，也无法保证全社会、全国的公共服务水平大体接近。针对这些问题，新的财税体制，一是把增值税作为主要税种，平等税负，二是实行分税制，分中央专享税、地方专享税，这样，中央收入可增加，有 20% 的调剂收入，通过转移支付来补偿收入较低的地区。这个新体制虽然还有遗留问题，但进入了社会主义市场经济要求的轨道。现在的问题是这部分规范预算收支远不是政府收支的全部。经过十几年不规范的改革，政府"预算内"收入远不足以弥补它必须的支出，于是，"预算外"、法外摊派以至"机关创收"等非规范收入五花八门，整个政府收支体制混乱，成为腐败活动的巨大温床。这就到了非整顿和改革不可的时候。与此同时，1994 年改革时为了使富裕地区能接受 1994 年的财税改革，采取了一种缓冲措施，即承认 1993 年的基数，造成基数抬得很高。对一些收入较低的地区来说，一方面，一些优惠政策取消了，另一方面，转移支付时中央财政无钱可支，因而改革后财政比以前还困难，苦乐不均没有解决。这些问题随着生产发展和财政收入增多，情况会逐渐好起来。至于外汇管理体制改革，进展的情况和取得的成效都相当好，这是大家都能看到的。

与此同时,国有部门另外几个重要方面的改革却没有取得原来预想的进展。

首先是银行体系的改革。银行体系改革有三项主要的要求:一是把中央银行改造成为真正的中央银行,独立运用常规的宏观调控手段,即中央银行对商业银行的再贷款利率、公开市场业务和储备金率,再加上某些行政手段来调控货币总量。二是形成竞争性的金融市场主体。在这方面要做两件大事:一方面是将专业银行由国家的货币出纳和发放行政指令性贷款的机关,变成商业化经营的企业;另一方面是建立大量的独立银行,包括"股份制银行"、城市合作银行、农村合作银行、信用社,等等,使金融市场形成竞争局面。三是建立三个政策性银行,其活动范围是某些不能靠市场融资的领域,主要是某些公共基础设施,其资本量大、盈利性很低、回收期长、社会效益大,如果靠市场融资就搞不起来。现在看来,以上第一项做了一些工作,第二项进展甚微,第三项在形式上实现。问题在于第二项是整个银行体系改革的基础。当银行不是企业时,中央银行无法用经济办法去加以调控,只能是下指令,结果第一项改革很难全面实现。造成这种状况的原因,价格即利率没有市场化是一个关键问题。因为,要使银行变成企业,首先要使资本价格即利率能够反映资本的稀缺程度。十几年来,大部分时间国家银行贷款的实际利率(即名义利率减通货膨胀率)是负值。当一个单位经营的产品的价格是负值的情况下,它只能是一个发放站,决不是一个企业。这是一个常识。有人认为这几年银行利率太高,这是由于缺乏基本的经济学常识得出的错误结论,因为起作用的利率是实际利率而不是名义利率。改革以来的 17 年中有 12 年实际利率是负的,特别在 1993、1994 年是深度负利率,在 -10% 以上。在负利率的情况下,由于本金贬值,存款的人越存越少,贷款的人不但没付利息反而吃了倒贴。在这种情况下,无法使银行商业化。要实行商业化,就得让利率达到市场均衡利率。现实生活中有许多人反对,包括银行。外国人往往不能理解,为什么银行愿意做亏本买卖。其秘密在于"富了和尚穷了庙",因为单位虽然亏损,有权的个人却可以通过双重利率"以贷谋私",大发其财。

另一项应当尽快推进而没有能够取得重大突破的是国有企业改革。十四届三中全会以后,路子已明,大企业搞现代企业制度,小企业放开放活。但从目前情况看,无论是大企业改革还是小企业改革都有一些原则问题需要解决,其中既有意识形态的问题,也有实际问题。对大企业改革来说,问题有两个层次:一是在中国条件下建立现代企业制度是否可行;二是实际工作中,有不少过去积累起来的问题(即"包袱")。这两者之中,第二类问题讨论得比较多,但我认为光讨论这些"包袱"怎么卸的问题,不解决第一类的问题,充其量只是给无效企业再输一次血(或者说得婉转一些:"再放一次水"),而不可能真正改变企业的面貌。如果体制问题不解决,旧包袱卸了,过不了几天新包袱又会背上。

至于小企业,按照"抓大放小"方针,采取多种形式,可以股份制、合作制,也可以卖掉。1995年以来,各地创造了许多经验,比如广东顺德经验、山东诸城经验、四川德阳经验,应进行研究组织交流,以便存利去弊,加以推广。经验证明,小企业改革搞得好,见效很快。如果在一部分地区做到了这一点,全局就主动了。建立了好的企业制度,才能从根本上消除铺摊子、上项目、大手大脚花钱的恶习。

总之,我国的经济发展经验已经反复证明,经济结构的改善、经济效率的提高和增长方式的转变依存于经济体制的转变。因此,摆脱目前两难困境的出路在于认真推进改革。从目前情况看,1994年以来已取得某些突破的改革方面,如财税体制改革、外汇管理体制的改革成果尚待进一步扩大和完善;十四届三中全会要求的银行体系改革、国有企业改革和社会保障体系改革亟需加快。1996年乃至整个"九五"期间我国经济能否进入良性循环将取决于这些改革的推进情况。

制度重于技术[*]

——论发展我国高技术产业

（1999 年 5 月）

发展高技术产业，是长时间以来中国政府反复强调的一项基本方针。早在 20 世纪 50 年代中期，中共中央就提出了"赶上和超过世界科学技术的先进水平"的口号，并且制定了《十二年科学规划》，组织力量"向科学进军"。在新技术革命呼之欲出的 60 年代初期，中国领导又作出《关于工业发展的决定》，要求加快发展电子工业等"新兴工业"。粉碎"四人帮"以后，重提实现工业、农业、科学技术和国防"四个现代化"的口号，把科学技术的现代化看作"四个现代化"的中心环节。可以说，数十年来中国人民为发展现代科学技术作出了巨大牺牲和不懈努力。但是，迄今为止科学技术现代化的进展是不尽如人意的。我国科学技术水平和先进国家的差距不是在缩小，而是在扩大。

在执行"科教兴国"方针的今天，需要总结以往的经验教训，规划今后的道路，以免再走弯路。

把数十年来我国发展高技术产业正反两方面的经验集中到一点，就是必须以适合高技术产业特点的方法去发展高技术产业。高技术产业的最主要的特点在于：在诸种生产要素中，人力资本对高技术产业的发展起决定性的作用。因此，要使高技术产业更好更快地发展，必须全力以赴

---

* 这是本书作者 1999 年 5 月 20 日在"北京高技术产业国际周资本市场论坛"上的讲话。原题：
《充分发挥人力资本的潜力，发展我国的高技术产业》，载《中国经济时报》，1999 年 6 月 18 日。
又见《吴敬琏文集》，北京：中央编译出版社，2013 年，第 734—743 页。

为人力资本创造性的充分发挥建立必要的组织制度和其他社会文化条件。

这篇讲话准备从以下四个方面分析常见的认识误区，以便以人力资本为重点，更有效地发挥各种生产要素的作用，从而更好更快地发展我国的高技术产业。

一、 推动技术发展的主要力量是技术自身的演进还是有利于创新的制度安排

回顾中国过去历次发展高技术产业的运动，人们不难发现，它们所采用的方法大同小异，就是以政府为主导，规划科学和技术发展的重点，动员物质资源和指挥科研力量进行"攻关"，并组织从新技术到产品的转化。在过去数十年间，制定了许多发展高技术、新兴产业等的规划，发动过多次科学和技术"攻关"的运动。政府的注意力集中于确定"攻关"的重点和为进行"攻关"分钱、分物、分人上。流行的观点是：把科学发明和技术本身的演进，看作推动高技术产业发展的主要力量，以为只要投入足够多的资金和人力，去开发和引进预定需要开发的各项高新技术，就能保证高技术产业的快速发展。而对于习惯于计划经济思维方式的人们来说，发挥计划经济用行政命令动员资源和按国家意志分配资源方面的优势，由政府直接组织科学技术研究和新技术的商品化转化，就是再顺理成章不过的了。

把科学发明和技术本身的演进看作推动高技术产业发展的主要力量的看法，来自一种想当然的肤浅推理：既然高技术产业是建立在高技术的基础之上的，当谈到推动高技术产业发展的动力问题时，人们自然会首先想到技术自身的发展。这种想当然的推理由于得到一种虚假的"唯物主义历史观"的支持而在政策决定上具有强大的影响力。中国人熟知生产力决定生产关系、经济基础决定上层建筑的历史唯物主义原理。一种常见的误解以为，只有技术进步和生产力发展才是本原性的东西，技术进步和生产力发展决定了生产关系和上层建筑的发展变化。所以，从历史上看，技术自身的演进导致了产业革命，而产业革命导致了市场经济制度

的确立。从当前发展高技术产业的要求说,最重要的当然莫过于用政府的力量去组织和指挥高新技术开发了。

其实,现代关于技术和制度变迁历史的研究、关于技术进步与制度安排之间关系的理论,早就否定了上述对生产力与生产关系、经济基础与上层建筑之间关系的机械理解。例如:诺贝尔奖得主诺斯曾经指出,18世纪以后西欧之所以首先出现经济迅速发展、人均收入迅速增长的局面,是由于这些国家具有更有效率的经济组织和保障个人财产安全的法律体系,而这种比较完善的经济组织又是中世纪以来将近1000年间长期演变的结果。其中,英国表现尤其优异,其原因是这里的居民具有比欧洲其他地方更能抗拒当地政治、宗教或城市行会势力的压迫、垄断和横征暴敛的能力,因而身家财产比较有保障,也能比较自由地经营企业。[1]

以研究技术发展史闻名的美国经济学家罗森堡用确切的历史事实表明:就技术本身而论,直到15世纪,中国和阿拉伯国家显然高于西欧,但西方国家很快后来居上,大大超过东方国家,原因是西欧在中世纪中后期建立了一套有利于不断创新的社会机制。19世纪初产业革命的发生,有一个增长体制作为基础。这种增长体制是在中世纪中后期的商业革命中逐渐形成起来的,例如复式簿记是13世纪发明的,公司制度是在17世纪初出现的,等等。没有这种制度上的变迁,产业革命是不可能发生的。因此,完全可以说,产业革命其实是商业革命的直接后果。[2]

由此得出的结论是:如果我们热心于发展我国的高技术产业,就首先应当热心于落实各项改革措施,建立起有利于高技术以及相关产业发展的经济和社会制度。只有这样的制度安排,才是推进技术进步和高技术产业发展的最强大的动力。

二、 保证高技术产业健康发展的关键是充分发挥人力资本的潜能

高技术产业和传统产业的最大区别,在于它是建立在知识的基础上,

1　D.诺斯和R.托马斯(1973):《西方世界的兴起》,厉以平、蔡磊译,北京:华夏出版社,1999年。
2　N.罗森堡和L.小伯泽尔(1985):《西方致富之路——工业化国家的经济演变》,刘赛力等译,北京:生活·读书·新知三联书店,1989年。

换句话说,在生产诸要素中,人力资本要素扮演着最为关键的角色。因此,检验一种制度安排是否适当的最终标准,在于它是否有利于发挥掌握着人力资本的专业人员的积极性和创造力。

在这个问题上,常见的一个认识误区是,以为只要有高额的研发(R&D)投资和建设起足够多的大型企业,就足以推进高技术产业迅速发展。这是一种在集中计划经济下形成的错误观念。一说发展高技术产业,首先想到的就是铺摊子、建项目、扩研究机构和生产企业。事实上,这并没有抓住事物的根本,结果是投入多、效益低,浪费了大量宝贵的资源,却看不到多大的效果。

近年来西方一些对高技术产业发展的研究表明,决定一个国家、一个地区乃至一个企业高技术发展状况的最主要的因素,不是物质资本的数量和质量,而是与人力资本潜力发挥相关的经济组织结构和文化传统等社会因素。

美国学者萨克森宁(AnnaLee Saxenian)的《地区优势:硅谷和128公路地区的文化与竞争》[1]对造成美国这两个主要高技术产业基地发展差异的社会经济文化因素作了深刻的比较分析。这本书在1994年一出版,就引起了各地区发展政策制定者和业内人士的极大关注,原因是尽管128公路地区与硅谷开发相近的技术,在同一市场上活动,美国高技术产业发源于128公路地区,但在80年代以后,它走向衰落,而硅谷却蒸蒸日上,需要对这种现象作出解释。作者令人信服地证明,发生这种差异的根本原因在于,它们存在的制度环境和文化背景完全不同。这本书的作者写道:人们,包括硅谷人,往往都没有意识到硅谷那种合作与竞争的不寻常组合连同其他要素共同构成的制度环境给他们带来的成就。其实,硅谷的这种地区优势是使硅谷企业迅猛发展的重要因素。

(一)开端条件

128公路地区的新技术产业诞生在美国最老的工业基地新英格兰地区。作为128公路地区新技术产业主要依托的麻省理工学院(MIT),教

---

1 A.萨克森宁(1994):《地区优势:硅谷和128公路地区的文化与竞争》,曹蓬、杨宇光等译,上海:上海远东出版社,1999年。

授和毕业生们战争年代在华盛顿的显赫地位显然对 128 公路地区技术产业的兴起起了重要作用。硅谷地区的工业虽然也受到战时国家科研基金和军事订货的恩惠，但是它所在的加利福尼亚州毕竟远离首都，这就形成了作为硅谷中心的斯坦福大学有别于 128 公路地区由政府和成熟的大公司导向的传统，着重为小企业提供重要机会。

（二）企业模式

128 公路地区的大公司具有分散封闭、自成体系的组织结构，使他们偏重于在企业内部孤立地进行技术改进，而对市场信息的重要性往往熟视无睹，并且在实验和学习中缺乏自由全面的讨论。硅谷的企业家们摒弃传统的企业模式，它们力图把企业建成不存在社会差别的共同体，使每一个成员都把共同的目标转化为自己的个人追求。大多数公司实行灵活的工作制度，让职员拥有一定数量的公司股票和股票期权。以上种种机制使得人力资源从 128 公路地区流向了硅谷，尽管后者的房地产售价远高于前者，但却丝毫没有影响硅谷强大的吸引力。

（三）文化传统

128 公路地区的新英格兰传统使这里等级森严、僵硬、保守，硅谷则不理睬繁文缛节，它造就一批勇于进取和敢于冒险的人。任何等级制度在这里毫无意义；企业也采用灵活的工作制，人们倾向于不拘小节，这种随意使他们得以共享理念并迅速行动。硅谷的信息传递速度比美国其他任何地方都高得多。变化是它的最重要的文化特征之一。许多工程师的求职信条是：富有创造性的小公司胜过大公司。

由此得出的结论是：我们如果希望本地区的高技术产业蓬勃地发展起来，就不能只盯着物质资本或技术本身，而要把主要的注意力放到创建有利于发挥人力资本作用的经济体制、社会文化环境方面去。（1）支持一切有创业能力和愿望的人创立自己的事业；放手发展中小企业；把目前大量存在的产权边界模糊、政企职责不分、内部管理混乱、不注意增强自己的核心能力的经济单位改造成为真正的企业。（2）建立游戏规则，确立能够保证公平竞争和优胜劣汰的市场环境。（3）摒弃中国传统文化中某些不利于人才潜能发挥的评价标准和落后习俗，努力营造宽松、自由、兼收并蓄、鼓励个性发展和创造的文化氛围，从而焕发人们的聪明才智，为高技术产业的发展作出创造性的贡献。

三、 怎样建立有利于创新的融资机制

我们强调人力资本在高技术产业的发展中居于关键地位,并不等于说其他生产要素的作用可以忽略不计。事实上,当一种高技术从研究阶段步入开发阶段以后,对物质资本的需要就与日俱增了。这时,如果没有适宜的融资机制,新技术创意就很难通过开发、示范、推广等阶段实现产业化。

按照计划经济下传统做法,发展高技术产业基本上靠国家投资,即使高风险的投资项目,也由国有风险投资基金(或公司)进行。经验证明,这种做法多半是不成功的。1986 年建立的国家科委直属的中国新技术创业投资公司就是一个例子。在近年来的风险投资热中,一些人提出用"民投国营"的方式进行风险投资,即由政府机构运用居民在国家银行的储蓄存款来进行风险投资。目前许多人对设立风险投资的难点有误解,以为问题的症结是政府没有拿出足够的钱来。其实问题的关键并不在于有一笔投资,而在于依托什么样的制度搞投资。这里的主要问题不是钱,也不是人,而是现有的投融资机制存在根本性的缺陷。风险投资的特点是高风险(失败的比例很高)和高回报(少数成功项目能够取得很高的回报),如果风险投资的制度安排不能保证具体运作者的个人责任和收益,就很难获得成功。

各国在高新技术融资方面的成功经验是:

处于种子期,进行初始研究的高新技术企业,多半实行内源融资的办法,采取独资、合伙等法律形式将个人风险与收益紧密联系起来。

处于创业期和扩展期的高新技术企业资本需求增大,经营管理的难度提高,非常需要风险投资家的参与。风险投资采用的一种基本形式是有限合伙制(在旧中国又叫两合公司)。这种企业形式从公司制的角度看是有限公司和无限公司的混合,从合伙制的角度看是含有有限责任公司成分的合伙制,其经理人员是负无限责任的合伙人,其他投资者,如银行、大公司、投资基金等只是负有限责任的股东。

高新技术企业进入推广成熟阶段以后,就需要在证券市场上首发公募(IPO)和扩股融资。这时,风险投资通过上市等退出机制获利退出,再去孵化下一批高新技术企业。

在设计我国的高技术产业融资机制时,要充分考虑其他国家的经验。为了给风险投资留出退出的通道和给上市公司准备融资场所,应当在努力规范我国主板市场的同时,努力为开放二板市场准备条件。在内地二板市场尚未开放前,可以积极利用香港创业板市场。

四、 在发展高技术产业上政府能够做些什么

在这方面经常出现的认识误区是,高估政府在开发高新技术和建立高技术产业上所能起的作用,不懂得政府的主要职能在于为企业和专业人员创造良好的制度和其他社会环境,以为依靠政府动员资源的能力,按照政府制定的规划将大量人力物力投入有关领域,就能保证科研工作迅速取得成果。由处于垄断地位的国有企业按照规划的重点将新技术运用于生产,就能保证高技术产业的高速发展。当出现了科研成果向生产转移的速度过慢、企业缺乏技术创新的积极性等老大难问题时,不从克服企业制度、激励机制存在的缺陷着眼去解决问题,而希图通过"提高创新意识""加强技术进步指标考核"去加快技术进步和技术改造的进程。即使对民间企业是否属于高技术产业的问题,也要由行政机关加以"认定",它们的科研和经营活动被纳入国家计划之中,由政府严加管束。

以为政府有充分的信息和足够的激励对经济资源作最有效的配置,是一种在计划经济下形成的错误思想。这种思想与现代经济的发展不相吻合,已经是一个为社会主义各国的计划经济实践反复证明了的事实。由于高技术产业的创新特质,政府的过度干预对它的发展就尤其有害。

从各国的历史经验看,在后进国家赶超先进国家、实现工业化的过程中,一些国家运用政府的力量加快资本的原始积累,促进市场体制的形成,同时保护自己的幼稚工业,保证潜在比较优势的发挥,的确显示了很大的能量。在"二战"后的亚洲,这种市场经济+强有力的政府干预的模式(韩国称之为"政府主导型的市场经济")被有些经济学家叫作"亚太模

式"。国际经济界普遍认为,采取这种模式是战后亚太地区一系列国家和地区高速成长的关键因素,对中国也有很大的吸引力。日本政府通商产业省(MITI)在战后的机械工业振兴运动、电子工业振兴运动、大规模集成电路攻关等过程中起了重要的促进作用,被看成"亚太模式"的范例。通商产业省对产业发展这种强有力的领导和干预,曾经极大地促进了日本电子工业的发展,但是"成也萧何,败也萧何",这也使日本产业界后来在数字技术的发展上吃了大败仗。我们不妨将这两个突出的事例加以对比:

1976—1979年度,为了在超大规模集成电路(VLSI)方面赶超美国,日本政府出面协调5家最大的半导体制造商,组成超大规模集成电路技术研究组合,研制超大规模集成电路,政府预算也投入大量补助。由于集中投入资金和人力,1980年日本比美国早半年研制出64K存储器,比美国早两年研制成功256K存储器。这些新开发出来的半导体产品,由政府支持的大财团生产和销售。1981年日本生产的64K动态随机存储器(DRAM)已经占领了70%的世界市场,到1986年,日本半导体产品已经占世界市场份额的45.5%,高于美国的44.0%;DRAM的世界市场占有份额高达90%,成为世界最大的半导体生产国。

在取得半导体产业霸主地位以后,日本继续沿用政府"行政指导"的一套做法,按照通产省和日本广播协会(NHK)规定的技术路线在模拟式基础上开发高清晰度电视(HDTV)。继1986年开发出新型HDTV系统以后,日本在1991年正式开始了HDTV节目的播放。在这段时间里,美国人仍以千军万马各显神通、谁家取得了成功就以它的技术标准作为行业标准的方式进行视听技术的研究。1988年,美国有不同公司开发的、互不兼容的24个HDTV制式方案。1991年日本人正在欢庆播送模拟式HDTV的胜利的时候,一家美国公司向美国联邦通信委员会提交了开发数字式HDTV的计划。接着,另一家美国公司又在1993年开发出数据压缩和解压缩技术,使得在单个频道中传输多达10套电视节目。这样一来,美国一举超越了日本的领先地位,使日本在模拟式HDTV方面整整20年的投资毁于一旦。1996年美国联邦通信委员会最终批准了数字式HDTV标准,并且制定了到2006年全部电视实现数字化的时间表。数字技术的重大意义不止于视听领域,实际上,随着数字化的发展,电视即将与计算机网络和通信网络结合在一起,形成集成化的宽带网络体系。由此形成了美国对包罗万象的多媒体产业不容挑战的霸主地位,而且把人类带进了数码时代。

那么,为什么通产省在前后两个时期中对产业发展进行的"行政指导"形成了如此不同的结果呢?据我看,原因是在过去的"赶超"时期,先进国家走过的道路是清楚的,政府拥有相对充分的信息。在这样的条件下,政府发挥了民间力量所不及的调动资源的能力,故而成功的把握大。然而当面对创新的课题、需要探索未知的时候,政府并不具有信息优势,它的反应能力、运作效率则肯定不如民间机构,而且政府直接组织、管理高技术开发和生产,又必然压制个人创造力的发挥,这就导致了 20 世纪 90 年代日本与美国争夺信息产业霸权的竞争的失败。

在这方面,我们应当从日本政府作用的正反两方面经验中引出有益的教训:

1. 政府的性质和结构决定了它在直接的生产和商业活动中不具有民间企业所具有的市场适应性和竞争力,因此,它应当尽量从市场活动中退出,更不应直接经营企业和干预企业的人财物、产供销决策。

2. 真正适合政府起作用的是市场失灵的领域,政府应当在弥补市场失灵的领域,如建立市场秩序、提供公共物品、组织重大共用技术的开发等方面发挥自己的作用。

3. 政府必须依据上述原则明确自己职能的定位,在自己的职能范围内扬长避短,做好分内工作,推动我国高技术产业的发展。

中国怎样才能有自己的硅谷? *

（2000 年 5 月）

什么是发展高技术产业的充分条件

目前，一个争相建立中国"硅谷"的热潮正在全国兴起。从报刊上披露的情况看，北京、上海、深圳、广州、合肥、西安、武汉等十几个城市已经先后提出在今后 5 年或 10 年的时间内建成"中国硅谷""华中硅谷""西部硅谷"等等的目标。

为什么这么多城市都认为自己能够成为"硅谷"呢？理由是，当地聚集了相当数量的高技术人才，或者当地有可能吸引来相当数量的高技术人才。以北京中关村地区为例，根据段永基[1]提供的数字，中关村的技术人员有 50 多万人，比美国的硅谷和中国台湾的新竹都要多。硅谷的技术人员充其量只有 30 万人，新竹加上在校生也不过 8 万人。的确，由于高技术产业是一种"人本经济"，在它的各种生产要素中，人力资本（智力资源）起着决定性的作用，大量专业人才集聚是发展高技术产业的一个重要的有利条件。但是需要明确的是，这只是发展高技术产业的必要条件，而不是充分条件。苏东坡早就说过"非才之难，所以自用者实难"。智力资源存在于人们的头脑里，既不能进行国有化，也不能用行政命令调拨。怎样使这些高智力人才的积极性和创造力得以在高技术创业活动中有效地

---

* 这是本书作者 2000 年 5 月 12 日在"中关村高新技术产业国际周"上的讲演整理而成，载《财经》，2000 年 6 月号。又见《吴敬琏文集》，北京：中央编译出版社，2013 年，第 744—753 页。
1 时任四通集团董事长。

发挥,才是问题的关键所在。

硅谷的特殊优势在哪里

世界上有大量高智力人才集聚的地方何止千百个,硅谷具有什么样的本质特征才使它能够获得特别的成功呢? 对于这个问题,有各种各样的回答。我认为,目前被中外研究硅谷的学者较多认同的一种观点可能比较好地概括了硅谷的本质特征,这就是:硅谷是创业企业(startups)的栖息地(habitat)。Start-up 本是来自一个动词短语,是指从事创立新企业的活动。后来它变成了一个名词,用来专指由这种创业活动建立的新企业。1938 年休立特(William Hewlett)和帕卡德(David Packard)用特曼(Fred Terman)教授借给他们的 538 美元在租来的汽车房里创立惠普公司、1976 年沃兹尼亚克(Steve Wozniak)和乔布斯(Steve Jobs)在自家汽车房里创立苹果电脑公司等脍炙人口的故事,讲的就是这种创业企业的发迹史。硅谷的奇迹,就是由成千上万个这种前赴后继、奋勇拼搏的创业企业创造的。栖息地则是一个生物学名词,它是指动植物栖身之地。动植物之所以在此栖息,是因为环境适宜,而环境则包括了复杂的因素,比如气温、湿度、植被,以及其他尚未为人知的因素。[1]

硅谷具有哪些特殊的因素,使它特别有利于高智力人才积极性和创造力的发挥呢? 根据斯坦福大学研究硅谷以及世界其他地方创业精神的专家罗文(Henry Rowen)的分析,作为创业企业栖息地的硅谷,其特殊优势可以概括为八条:(1)有利的游戏规则;(2)很高的知识密集度;(3)员工的高素质和高流动性;(4)鼓励冒险和宽容失败的氛围;(5)开放的经营环境;(6)与工业界密切结合的研究型大学;(7)高质量的生活;(8)专业化的商业基础设施,包括金融、律师、会计师、猎头公司、市场营销,以及租赁公司、设备制造商、零售商等。[2]

---

[1] 钱颖一、肖梦主编(2000):《走出误区:经济学家论说硅谷模式》,北京:中国经济出版社,2000年,第 5 页。

[2] 根据亨利·罗文(Henry S. Rowen)教授 2000 年 2 月 25 日在国务院发展研究中心高技术发展座谈会上的发言整理。

任何一个想要使自己成为硅谷的地方,都必须考虑怎样创建这样的创业环境。当然,完全照搬硅谷的一些具体做法是不适当的,但是硅谷建功立业的基本原则,即为创业活动创造有利的条件则是普遍适用的。根据中国当前的情况,我认为,中国创业企业的栖息地起码应当具备四个基本要素:(1)高素质专业(技术和商业)人才的集聚;(2)广阔宽松的创业空间;(3)良好的法治环境;(4)充裕的资金供应。

政府的作用: 要牵"牛鼻子",不要"抬牛腿"

在营建中国"硅谷"的过程中,政府还将继续起重要的作用,但是这种作用与计划经济制度下政府的作用应当有原则上的不同。政府不要再直接组织、指挥和操办高技术产业,而是要着重为包括技术人才和经营人才在内的各种专业人才万马奔腾、各展所长,创造适宜的环境。

第一,为创业活动开拓广阔空间。

目前中国还没有完全实现从计划经济到市场经济的转轨,政治体制改革也才刚刚起步。在这种情况下,我国大量高智力人才的创业积极性仍然受到存在多种缺陷的体制的束缚和抑制。如果不能加快改革,建立有利于创新和创业的新体制,在5到10年内建立中国"硅谷"的宏图很可能变得和过去一再宣示过的某些类似设想一样,成为镜花水月。在我看来,目前迫切需要做也完全可能做的事情有两项:

1. 把数以百万计的专业力量从行政单位、事业单位办企业的旧体制下解放出来

大专院校和科研院所办企业是一种中国特有的现象。硅谷60%—70%的企业都是由斯坦福大学的学生或教师创办的,但是斯坦福大学没有一个校办企业。现代社会分工很细,大专院校和科研院所管企业,是很难管得好的。而在校办、院办和所办企业这种特殊类型的国有企业中,发明家和企业家缺乏切身利益的联系,也使企业难于有效经营。这些校、院、所通常只能从它们所办的企业中拿到有限的收入,可是由于精力外骛和资源分散,却削弱了科研和教学的本业。因此,这种让院校自行创收的做法免不了会影响基础科研和教学的水平。国内一位大通信设备制造商

告诉我,科研教学的削弱已经导致我国一些院校毕业生的综合素质下降和研究院所的科学技术储备不足,以致高级软件要拿到印度去做。这种现象应当引起高度的关注。

2. 铲除壁垒,降低门槛,大力发展中小企业

国际经验表明,小企业乃是技术创新的主要源泉。在我国不少地方,个人创业还存在不少的困难。例如,进入门槛过高,初创企业往往难以达到规定的要求。再如企业登记注册先要验资,而创造发明、好的商业计划的价值却是无法估算和不能被计入的。另外,职工和经理人员持股这种高技术公司通行做法,在我国也因为技术股的份额限制、在职期间不得转让等规定而难以实行。这些障碍必须尽快加以消除。与此同时,小企业会遇到信息、资金、管理上的许多困难,政府要鼓励建立各种各样的官方或民间组织(NGO)来帮助它们加以解决。

第二,建设良好的法治环境。

市场经济是以规则为基础的经济(rule-based economy),以知识为基础的市场经济需要更加公平和透明的法治环境。中国历来崇尚"人治"、排斥"法治"。这种传统对高技术产业的发展造成了极大的危害。虽然1997年的中共十五大提出了建设法治国家的口号,但至今还有不少政府官员把法律看成和行政命令一样的"治"人的手段,因而按照"内部文件"和"领导指示"调节经济关系仍然被看作通例。因此,必须加强对各级官员的法治精神教育和加快法治环境的建设。目前有几项基本的法律制度需要尽快建立起来:

1. 产权保护制度,特别是知识产权保护制度。明晰产权界定一直是一个困扰着我们高技术产业发展的基本问题。例如,四通明晰企业产权拖了11年,联想迈出第一步也花了两三年。这对于争分夺秒的高技术产业来说实在是太慢了。另外关于知识产权的保护问题。我国软件业与印度几乎是同时起步的,但十多年以后,我们之间的差距却变得越来越大。虽然有语言、时差等条件上的差异,但不能不承认,对知识产权的保护不够,是我们软件业落后的一个重要原因。

2. 信用体系的建立。现代市场经济是一种建立在稳定的信用关系之上的经济,而在我国,失信行为十分普遍,骗子满天飞,造成"守信吃亏、

不守信得利"的怪现象。面对面的交易尚且能骗就骗,更不用说开展电子交易了。这极大地增加了交易成本和投资风险,对高技术产业的发展形成严重障碍。最近上海已经着手建设基础信用信息体系。这项工作应当迅速在全国范围内、首先在大城市中铺开。

第三,疏通融资渠道。

1998 年,在几位高层官员的倡导下,风险投资(venture capital)成为经济界和科技界讨论的热门问题。这个讨论表明政府和社会各界开始重视对高技术企业的融资问题。但是,它也暴露出两个缺点:一是不少论者把高技术产业融资的方式看得过于单一,以为仅仅限于风险投资;二是对风险投资的特点把握得不够准确,以为可以主要靠政府的行政机构或事业单位兴办。实际上,在高技术企业创业的各个阶段对资金的需要是不同的,融资方式也就因时因企而异。

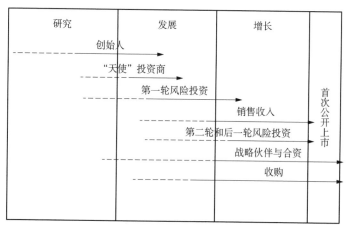

图 1　创新企业的发展过程

资料来源:亨利·罗文教授 2000 年 2 月 25 日在国务院发展研究中心高技术发展座谈会上的发言。

为了完善高技术产业的融资体系,需要根据高技术企业的不同发展阶段,发展多种多样的融资形式:

1. 鼓励投资商和专业基金提供"天使资本"

在新技术产品的早期开发阶段,往往需要慧眼识英才的"天使投资商

（Angel Capitalists）"对萌生中的小企业提供的小笔"种子资金"。为了发展这种"天使投资"，需要鼓励私商进入，也要提倡社会团体建立此类基金。

2. 引入以有限合伙为主要形式的风险资本（VC）

风险投资的特点是高风险和高回报。它的这种特点决定了在制度安排上必须强调基金运作与主持人个人利益的高度相关性。由政府拨款建立风险投资基金或风险投资公司显然是不恰当的。1986年由国家科委设立的中创（中国新技术创业投资公司）的破产说明这种方式行不通。以色列也曾在1991年由政府投资建立了名为Yozma的风险投资基金，这个基金可投资本的数量有限，只有3000万美元，效果也不好。后来以色列进行了风险投资的私有化。同时，借鉴了美国经验，制定了"有限合伙法"，准许建立有限合伙公司。有限合伙制的风险投资公司也可以接受政府或大公司作为有限责任合伙人。在这种合办的风险投资公司中，公司的经理人员一般不出资，他们占有约30％的股份，但必须对公司的债务负无限责任。这样一来，以色列的风险投资很快发展起来，现在80多家风险投资公司可投资本已达到30亿美元，投资效果也很不错。

还需要注意，风险资本的职能不仅是提供资本，它还要帮助创业企业物色合适的经理人员，加强领导班子，改善经营管理和市场营销。

3. 积极创设条件建立"二板市场"，使步入成熟期的高技术企业能够上市融资，也为风险资本退出提供通道

我国急需建立"二板市场"，其中一个重要目的是为风险资本退出步入成熟期的创业企业，然后进行下一轮"孵化"准备退出通道。否则，如果没有人给风险投资家"买单"，风险投资的高回报将无法实现。最近，中国证监会的负责人已经宣布正在积极创造条件，在年内推出二板市场（创业板市场）。二板市场称为创业板市场而不称为高科技板市场，这意味着创业企业上市不再需要经过行政机关的预先"认定"。过去对创业企业实行的这种由行政机关（通常是行政机关所属的专家委员会）认定的办法，其出发点有可能是要保证对高技术企业的优惠政策能够到位。但是，其结果可能是适得其反。首先，所谓"高新技术含量"经常是无法度量的。而且即使它能够度量，其经济含义也是难以确定的。斯坦福大学教授、布什

总统的经济顾问委员会主席波什金（Michael Boskin）说得好：不论是土豆片，还是硅芯片，只要能赚钱都是好片。"苹果Ⅰ型"电脑最先只是游戏机一类的小玩意，却开创了微电脑革命的先河；而铱星系统"高科技含量"肯定很高，但却遭到市场的否决，铱星公司终至破产。采用预先认定的办法可能能够支持少数企业得到特殊优惠，但是却把大量很有希望的创业企业挡在了门外。

目前有许多人对二板市场的建立表示出担心，认为二板市场的推出会使主板市场资金分流，从而造成主板市场股价滑落。我觉得，这种想法是不全面的。它的欠缺在于把进入资本市场的资金看成一个固定不变的常量，其实这是一个变量。因为人们愿意对资本市场投入多少资金是由多种因素决定的。当前我国居民储蓄数量很大，单是储蓄存款已达6万亿元。这笔资金积累目前只有很小一部分投入资本市场，主要是由于目前的市场还很不规范，一些股票的市盈率奇高，缺乏投资价值，而且风险也很大，如果包括二板市场在内的证券市场的状况改善，无疑会有大量资金入市。

4. 完善关于收购兼并的法规，使之成为风险资本退出的另一通道

从对近年来国外创业公司的发展情况来看，高技术公司采取收购兼并（M&A）方式做大的数量远远超过选择首次公开上市（IPO）方式的数量。这也意味着出售部分股权或公司整体出让是风险资本退出的另一重要通道。目前我国关于收购兼并的法规还很不完备，需要尽快完善。

5. 从以资产担保转向以定单为基础的债务融资

高新技术企业的一个主要特点就是人力资本起主要作用，有时仅仅因为有一个好的想法就成立了新的企业。在这类企业中除人力资本以外的资产相当贫乏，因此，当企业进行以资产担保为基础的债务融资时，就会遇到很多困难，无法按企业的实际价值和需要进行融资。有些国家对创业企业采取按订单发放贷款的办法，比较好地解决了这个问题。我们的银行也不妨试用。

第四，提供支持性设施和支持基础理论的研究和共用技术的开发。

一些地方在建设中国"硅谷"的过程中，存在着重硬件、轻软件的倾向；在硬件建设中，又存在重城市建设和建筑工程，轻支持专业人员工作

和生活的基本设施的倾向。比如,有的园区在分析区位优势时强调了园区包含旅游胜地,有的园区规划的基本内容是城市建设。其实闲适奢侈并不是硅谷的生活方式。硅谷人是工作狂,工作是乐趣,创业是目标。亿万富翁们穿的是牛仔裤,吃的是比萨饼,喝的是可乐。他们的消费与他们的财富相比小得不成比例。常言道,如果别人的人生观是"工作为了生活"(Work to live),那么硅谷人的则是"活着为了工作"(Live to work)。因此,比起建设豪华庄丽的大楼、把旅游景点囊括进来等等更加重要的是:

1. 提供基本的工作条件。例如,宽带通信网络就是一项对信息产业十分重要的公共基础设施,应当加快建设。印度软件出口的迅速增长,一个重要的支持性条件就是他们很早就建起了宽带高速传输通道。现在我们在日常生活中常常感到网络速度太慢,一个几兆的文件往往要下载十几甚至几十分钟,在信息的传输和交流中浪费了大量时间。对于那些惜时如金的高技术专业人员来讲,影响还要更大。

2. 提供适合专业人员需要的基本生活设施也是十分重要的。例如,新竹园区为了满足从海外归来的专业人员的需要,为他们的子女开办了用双语教学的学校,这对于帮助他们无后顾之忧地投入工作起了很好的作用。

3. 与高技术企业营运有关的商业设施的建设也很重要。这类设施包括金融、律师、会计师、猎头公司、市场营销,以及租赁公司、设备制造商、零售商等,能够大大提高企业的营运效率。

基础理论研究和共用技术开发都是具有外部性(externality)的活动,属于市场失灵的范畴,是需要政府采取适当行动加以弥补的。例如,美国和日本政府在超大规模集成电路的研制中提供的支持,对重大高新技术开发的支持,以及对国防产品的采购,都对高技术产业的发展起了重要的作用。而台湾信息产业的成就与新竹科技园附近一大批重量级的高等院校和台湾工业技术研究院的贡献密不可分。公立的工业技术研究院不但研制出超大规模集成电路的制备等重大共用技术,还培养出大批技术和经营人才,其中许多人成为新竹创业企业的骨干。

走出政府主导的误区

自从 1956 年提出"向科学进军"的口号以来,我们一直采取政府直接操办的方式来发展高新技术产业,这就是说:由政府制定规划,提出项目,然后动员和分配人力、物力、财力进行攻关,并指定国有企业进行从技术发明到产品的转化。这种模式在抓"两弹一星"赶超时取得了成效,此后就一直被看作是高新技术发展的必由之路。其实,这种在当时曾经取得成功的模式,其适用性是有限度的。在单项技术有限目标赶超时,政府比较容易通过研究别人已经走过的道路掌握足够的信息,并利用政府动员资源和将这些资源投入指定目标的优势,快速实现赶超是可能的。但是现在的高技术都是集群性的技术,需要千千万万专业人员的主动探索和创造;而且现在不是在重复别人已经走过的路,而是探索未知的创新。在这种活动中,政府完全不具有信息优势和灵活反应的适应性;加之政府的运作效率天然地低于民间机构,如果发展高技术的事业由政府以"抬牛腿"的方式一手操办,那将是事倍功半,甚至必败无疑的。我在 1999 年的高新技术产业国际周上的发言中曾以日本搞模拟式基础上高清晰度电视(HDTV)的失败为例,介绍了有关的教训。正如尼葛洛庞帝(Nicholas Negroponte)所说:由于坚持用日本通商产业省和日本广播协会(NHK)制定的技术路线发展模拟技术,使日本在 18 年中为开发摸拟式高清晰度电视投入的大量精力和巨额资金付诸东流。[1] 前车之覆,后车之鉴。我们不应当重复这种失败的做法。

我们在选择我国的市场经济模式时,很受"东亚模式"的影响,把日本、韩国等东亚国家的"政府主导的市场经济"作为自己的榜样。实际上,亚洲金融危机发生后,许多东亚国家对这种过分强调政府在经济发展中的主导作用的做法进行了反思,加快了经济的自由化步伐。以韩国为例,在过去数十年中,他们依靠强有力的政府规制和政府支持的大企业集团,

---

1 N.尼葛洛庞帝(1995):《数字化生存》,胡泳、范海燕译,海口:海南出版社,1997 年,第 51—63 页。

通过高强度投资实现了高速度增长。但是,现在韩国朝野已经普遍认识到,这种做法不能适应 21 世纪全球化知识经济的要求,于是锐意进行全面的改革。韩国改革的一项核心内容,就是"重新界定政府的职能",从过去通过僵化生硬和具体入微的行政法规执行"干预主义政策",转变为通过建立竞争性的、透明的和公正的市场游戏规则,促进市场更有效地运行。与一些东亚国家相比,我国市场的发育程度要更低一些。如果说它们是已经建成了政府主导型的市场经济,现在在发现这种模式的问题以后开始进一步的改革,我们则还在由计划经济向市场经济的转轨过程中,政府对于微观经济活动的干预较之东亚其他国家更为广泛和直接,这种干预对发明家、投资商等创业者的束缚也更加严重,因而在这方面转变思想和进行改革的任务也更繁重而艰巨。

在新技术革命加速进行的今天,时间紧迫,我们必须要动员一切力量来加快改革进程,让我国的数百万专业科技人才的能力得以充分发挥出来。我相信只要条件适宜,在中国建立的可能将不只是一个"硅谷"。

中国工业化道路和经济增长模式抉择[*]

（2005 年 4 月）

　　一个多世纪以来，中国人为了谋求国家富强和赶上先进国家，曾经做过艰辛的努力。但是这种努力并不总是一帆风顺。且不说在"文化大革命"结束前奉行高指标、高投入、忽视效率的工业化方针造成了严重经济损失乃至生命损失，即使在改革开放开始以后，也经常出现这种情况：每当我国经济提高增长速度、向一个新的高地冲刺，不要多久，就会出现经济过热、资源瓶颈收紧、通货膨胀压力剧增等问题，不得不放慢速度，进行调整。最近一次由大量耗用土地、资本和其他资源"经营城市"和"迎接重化工业化时代"的投资热潮引致的宏观经济波动，是一个新的例证。这种周期性的波动，不但造成了短期的经济困难，还会对我国在今后较长的时期中通过持续稳定增长实现经济腾飞的目标造成威胁。

　　由此看来，根据世界各国经济发展的历史经验和现代经济学的研究成果，慎重选择适合于时代潮流和我国国情的工业化道路和增长模式，乃是一个关乎我国今后长时期经济社会发展成败利钝的关键决策。因此，近年来，走什么样的工业化道路和选择哪一种增长模式，已经成为一个举国关心的重大问题。2002 年的中共十六大提出"走新型工业化道路"的口号，此后，2004 年的中央经济工作会议又提出"走中国特色的节约型发

---

[*]　本文根据作者 2004 年 11 月 10 日在国家信息化专家咨询委员会的一次会议和 2005 年 4 月 25 日在"中国经济 50 人论坛""'十一五'规划与转变增长方式"专题研讨会上的演讲整理、增补而成。载吴敬琏、江平主编：《洪范评论》第 2 卷第 2 辑，北京：中国政法出版社，2005 年 9 月，题目为《中国应当走一条什么样的工业化道路》，收入本书时有删节。

展道路"的要求。但在"十五"计划前几年更有影响的、实际上起作用的却是另外一种提法和做法,就是认为中国经济整体上已经进入了重化工业化发展阶段,它为投资增长开辟了巨大空间。许多地方集中物力和财力兴建汽车、钢铁、电解铝等大型项目,企图用重化工业的超常发展带动经济增长。现在我们很快就要进入"十一五"时期,今年晚些时候中共中央将就"十一五"(2006—2010 年)的方针提出建议。在这个时候,把工业化道路和增长模式问题研究清楚是很有必要的。本文将就这个题目讨论四个问题:首先,经济学对工业化过程中不同增长模式的分析;其次,现代经济增长中效率提高的主要源泉;再次,中国增长模式和工业化道路存在的问题;最后,中国应当怎样转变自己的增长模式。

一、 基于不同增长模式的经济理论

从本文的下面分析中将会看到,20 世纪 90 年代以来许多地方的"投资热"和"重化工业热",是我国特殊的体制条件和政策环境的产物。然而,由于一些支持这种做法的学者引用某些 20 世纪早期发展经济学理论来论证它的合理性,使许多人把投资拉动的增长模式看作各国经济增长的常规,把"重化工业化"看作"各国工业化的必经阶段",他们的论证也就指明,问题的实质和要点,不在于重化工业需不需要发展和发展到什么程度,而在于选择什么样的工业化道路和增长模式。这样,为了正本清源,就需要对经济增长理论做一番历史考察。

现代经济学把英国、美国和日本等先行工业化国家的经济发展分为四个阶段,对应于不同的发展阶段,存在着不同的增长模式。关于这四个阶段,虽然不同的经济学家有不同的命名,但他们所做的阶段划分和内容分析却几乎是完全一样的。[1] 这四个发展阶段和它们的增长模式分别是:

(1)"起飞"前阶段,即第一次产业革命前的阶段。这个阶段经济增长的主要特点,是经济增长缓慢并且主要靠增加土地和其它自然资源的

---

[1] 诺贝尔经济学奖获得者萨缪尔森的开创性《经济学》教科书从它的早期版本到最近的第 18 版,一直保持了"增长理论"这一章节,并按照先行工业化国家的经济增长模式的不同区分(转下页)

投入实现。M. 波特把它叫做"生产要素驱动阶段"。

(2) 从 18 世纪中期第一次产业革命发生到 19 世纪后期第二次产业革命前的"早期经济增长"阶段。这个阶段经济增长开始加速,原因是增长打破了自然资源的限制,靠用工业中的机器操作代替农业和手工业中的手工劳动实现。为了用机器替代手工,就要大量发展资本密集的机器制造业和作为机器制造业基础的其它重工业。因此,增长归根到底要靠投资驱动。M. 波特把这一发展阶段称作"投资驱动阶段"。

(3) 第二次产业革命以后的"现代经济增长"。这个阶段的经济增长模式和早期经济增长阶段的增长模式的区别在于,经济增长主要已经不是靠资本积累,而靠技术进步和效率提高实现。M. 波特把这个阶段称为"创新驱动阶段"。

(4) 20 世纪 50 年代以后的信息时代或者知识经济时代。这个时期出现了以电子计算机、互联网等为核心的现代信息技术(IT)或信息通信技术(ICT),信息化成为带动经济增长的强大动力。

就工业化道路而言,它所涉及的主要是(2)、(3)两个阶段。那些被引用来支持"投资决定论"和"重化工业化"的理论观点,乃是其中第(2)阶段增长模式,即早期经济增长模式的理论概括。

1. 早期经济增长以及相关的增长理论

随着第一次产业革命的进行,经济增长摆脱了"起飞前"由土地等自然资源的严格约束导致的停滞状态,依靠用机器作业代替手工劳动使经济增长加速进行。这个阶段人们所理解的工业化,是狭义的工业化,即资源在物质生产部门的范围内从农业转移到工业,通过大机器工业和农业

(接上页)为"起飞前的阶段""早期经济增长"和"现代经济增长"等三个阶段[参见 P. A. 萨缪尔森、W. D. 诺德豪斯:《经济学(第 12 版)》,高鸿业等译,北京: 中国发展出版社,1992 年,第 1316—1358 页;同见速水佑次郎(1996):《发展经济学——从贫困到富裕》,李周译,北京: 社会科学文献出版社,2003 年]。研究竞争力的专家波特(Michael Porter)在他的《国家竞争优势》一书中把各国竞争力的发展划分为四个阶段,它们就是:(1)生产要素驱动阶段,在这个阶段,竞争的优势来自基本生产要素,如低成本的劳动力和自然资源;(2)投资驱动阶段,竞争力的提高主要靠大规模投资于成熟技术和先进的机器设备;(3)创新驱动阶段,在这个阶段中,企业靠产品、加工技术、市场营销和其他方面的持续创新;(4)财富驱动阶段,追求人的个性的全面发展和高质量的生活成为经济发展的主要驱动力。其中,前面三个阶段与萨缪尔森的三阶段相类似。[M. 波特(1990):《国家竞争优势》,李明轩、邱如美译,北京: 华夏出版社,2002 年]

的份额此长彼消,实现"农业国向工业国的转变"[1]。大机器工业的发展意味着资本对劳动比率的提高,因此早期工业化又被定义为"资本化"[2]。从产业结构来说,要用机器作业代替手工劳动,就要生产机器和生产机器的机器;这就要有资本密集的重工业的高速增长作为基础。因此,这一增长模式的最大特点,就是增长靠资本积累带动,靠资本对劳动比例的提高(这意味着资本有机构成[3]提高,或称资本深化)实现。

这种增长模式的弊端是人所共见的。例如,它造成城市无产阶级的贫困状态,工业中心的严重环境破坏,如此等等。这些问题受到有识之士的关注,并提出了不同的救治之策。马克思最先对这种增长模式的内在矛盾作出了深刻的分析。他在 19 世纪 60—70 年代写作的巨著《资本论》中指出,在资本积累过程中,随着资本有机构成的不断提高,必然出现两种规律性的现象。他把一条规律称作"平均利润率下降的规律",即随着不变资本比重的提高和能够创造剩余价值(利润)的可变资本比重的下降,平均利润率趋于下降。利润率的不断降低使竞争加剧,出现资本的积聚和集中,导致垄断和大资本与中小资本之间矛盾的激化。他把另一条规律称为"相对过剩人口增加的规律",即失业人口不断增加的规律。有机构成提高意味着工资份额的相对减少,这必然导致就业岗位的相对减少和劳动者工资水平降低,从而造成无产阶级贫困化和阶级斗争的加剧。

由此,马克思证明了沿着这样一条工业化道路发展,必然导致资本主义国家阶级斗争的尖锐化、革命的爆发乃至资本主义的灭亡。

不过在马克思主义阵营中,也有的作者不是从社会矛盾的角度、而是从产业结构变化的角度来研究资本主义国家的早期经济增长经验。列宁

---

1 张培刚根据 20 世纪前期经济学的用语情况指出,industry(产业、工业)一词有狭义的用法和广义的用法之分。前者是指"制造业,以有别于农业以及商业与运输",后者"可以应用于一切经济活动,如 C. 克拉克(Colin G. Clark)所定义的第一产业、第二产业和第三产业。"当时多数研究工业化的学者包括张培刚先生在内认为,industry 只是指制造业。他说,"我们将狭义地使用这个概念。狭义的工业只包括制造及机械生产。"而 industrialization(工业化)也只是指"农业国转变为工业国"。[张培刚(1949):《农业与工业化(上卷):农业国工业化问题初探》,武汉:华中科技大学出版社,2002 年,第 3—4 页、238—242 页]

2 张培刚(1949):《农业与工业化(上卷):农业国工业化问题初探》,武汉:华中科技大学出版社,2002 年,第 100 页。

3 在马克思主义经济学中,"资本有机构成"是指资本总量中不变资本对可变资本的比率。

在 1893 年的《论所谓市场问题》中，从资本有机构成提高推导出工业化过程中"生产资料优先增长的规律"。列宁说："生产资料增长最快这个规律的全部意义和作用就在于：机器劳动代替手工劳动（一般指机器工业时代的技术进步）要求加紧发展煤、铁这种真正'制造生产资料的生产资料'生产"。"技术愈发展，手工劳动就愈受排挤而为许多愈来愈复杂的机器所代替，就是说，机器和制造机器的必需品在国家全部生产中所占的地位愈来愈大。"因此，"制造生产资料的生产资料增长最快，其次是制造消费资料的生产资料的增长，增长最慢的是消费资料的生产"[1]。列宁提出的这个规律，后来成为斯大林"优先发展重工业"的"社会主义工业化路线"的根据。

20 世纪 20 年代，面对着严峻的国际形势，有着建立强大的军事工业需要的苏联领导确立了优先发展重工业的方针。斯大林根据列宁生产资料优先增长的规律和苏联早期经济学家费尔德曼（Grigorii A. Feldman）生产资料生产部门的投资决定增长的理论模型[2]，提出优先发展重工业的工业化路线。斯大林说，资本主义国家工业化通常是从轻工业开始，只有经过一个数十年之久的长时期，才逐渐转到重工业。共产党"拒绝了'通常的'工业化道路，而从发展重工业开始来实行工业化"；"不是发展任何一种工业都算作工业化。工业化的中心，工业化的基础，就是发展重工业（燃料、金属等等）。"[3]斯大林的这一优先发展重工业的方针在 1928 年的反布哈林"右倾机会主义"的斗争中被正式确立为苏联共产党的路线。后来的社会主义国家，包括中国在内，都是沿着这条路线进行工业化的。

在西方国家的经济学家中，德国的霍夫曼（Walther G. Hoffmann）在 1931 年出版的《工业化的阶段和类型》一书中根据多个国家工业化过程中工业内部结构变化的数据概括出与列宁的"生产资料的优先增长"相类似的结论。他说，"从一个社会整个生产结构来看，工业化的主要特征是

1　列宁（1893）：《论所谓市场问题》，见《列宁全集》第 1 卷，北京：人民出版社，1958 年，第 88 页。

2　关于费尔德曼模型，可以参看 E. 多马（1957）：《经济增长理论》第 9 章《苏联的经济增长模型》，郭家麟译，北京：商务印书馆，1983 年，第 228—263 页。

3　斯大林（1926）：《关于苏联经济状况和党的政策》，见《斯大林选集》上卷，北京：人民出版社，1979 年，第 462 页。

资本品(Capital-goods)的相对增加以及消费品(Consumption-goods)的相对减少。在这个意义下,工业化可以定义为生产的'资本化'"。霍夫曼根据 20 多个国家到 20 世纪初期的工业化发展历程,把各国的工业化过程划分为早期、早中期和晚中期等三个阶段,考察了各个阶段中消费品工业产值对资本品工业产值比率的变化。虽然各个国家工业化所处的阶段不同,但它们的发展存在一个共同的趋势,就是资本品工业产值在工业总产值中比重逐渐上升。如果说在工业化的初期阶段消费品工业对资本品工业处于压倒优势的地位(这一阶段消费品工业与资本品工业之间的产值比率为 5±1∶1,工业化中期阶段这一比率为 2±1∶1,),到了第三阶段即工业化的晚中期阶段,二者在工业总产值中所占比重已经不相上下(根据霍夫曼的计算,它们之间的比率为 1±1∶1),而在最先进的工业化国家美国,1925—1927 年这一比率已经反转为 0.8∶1,即资本品工业占有优势。根据这种发展趋势,霍夫曼推断,当这些国家进入工业化的更高阶段时,资本品工业的生产将超过消费品工业的生产,成为占优势的部门。[1]由于当时还没有把服务业看作一个基本产业,在经济只有工业和农业两个基本部门的理论框架下,资本品工业在工业中占优势也就意味着它在整个国民经济中占有优势。后来,霍夫曼的这个预言被人们推演为工业化后期阶段将是重工业化阶段、重工业将成为带动经济增长的主导产业的"霍夫曼定理"。由于这个"定理"是将先行工业化国家工业化早期和中期阶段的经验数据外推到工业化后期的,所以也被称为"霍夫曼经验定理"[2]。

---

1 Hoffmann, Walther G. (1931): *Stadien und Typen der Industrialisierung. Ein Beitrag zur quantitativen Analyse Historischer Wirtschaftsprozesse*. (《工业化的阶段和类型:对经济历史过程的数量分析》)Jena: Verlag von Gustav Fischer;其英译本的标题改为 *The Growth of Industrial Economics*。转引自张培刚(1949):《农业与工业化(上卷):农业国工业化问题初探》,武汉:华中科技大学出版社,2002 年,第 96—102 页。

2 "霍夫曼定理"从一开始就受到一些发展经济学家的批评。库兹涅茨引用日本经济学家盐谷佑一的论述,批评霍夫曼关于资本品和消费品的划分不够确切[S.库兹涅茨(1966):《现代经济增长》,北京:北京经济学院出版社,戴睿、易诚译,1991 年,第 125 页]。此外,他甚至认为:"在美国的经济发展中,看不出存在什么'霍夫曼定理',因此根据美国经验不得不放弃它。"(转引自杨治:《产业经济学导论》,北京:中国人民大学出版社,1985 年,第 61 页)关于"霍夫曼定理"和对于"霍夫曼定理"的批评,可参见方甲主编:《产业结构问题研究》,北京:中国人民大学出版社,1997 年,第 34—37 页。

工业化早期增长模式更一般的概括,是英国经济学家哈罗德(Roy F. Harrod)和波兰裔美国经济学家多马(Evsey D. Domar)作出的。他们两人分别于 1939 年和 1946 年提出了在发展中国家流行多年的哈罗德-多马增长模型。该模型的表达式为:

$$g = i/v$$

其中,g 代表增长率,i 代表投资率,v 代表资本-产出比率。哈罗德-多马在模型中的一个基本假定,是资本-产出比率 v 不变,所以,产出总量的大小取决于资本存量的多少,产出增长的快慢取决于投资率的高低,投资越多则增长越快。虽然这一增长模型在 20 世纪中期因为与经验数据不符而受到阿布拉莫维茨(Moses Abramovitz)和索洛(Robert Solow)的批评(后详)并为经济学主流所否定,但是直到 90 年代,世界银行在工作中采用的"双缺口模型"[1],仍然以它作为基础。许多发展中国家的领导人也坚信实现快速增长的秘诀在于努力提高储蓄率和争取外援,以便增加投资。[2]

2. 现代经济增长与经济学理论的发展

先行工业化国家进入工业化后期阶段以后,马克思关于平均利润率、就业水平和工资水平将趋于下降的预言并没有应验;"霍夫曼定理"关于资本品工业(或重工业)将在发达国家国民经济中占优势的预言也没有实现。在发达资本主义国家,平均利润率和失业率都维持在与过去没有太大差别的水平上,平均工资的水平还随着生产的增长而有所提高。从发达国家的产业结构看,增长得最快的并不是工业,也不是重工业,而是一个在 20 世纪初期还没有被人们看作基本产业部门的服务业。它在工业

---

1 "双缺口模型"(Two-Gap Model)是由后任世界银行副行长的经济学家 H. 钱纳里和经济学家 A. 斯特劳特在 1966 年提出的。该模型从总供给和总需求恒等的条件下推导出投资与储蓄之差(储蓄缺口)等于进口与出口之差(外汇缺口)。这意味着如果一个国家的储蓄不足以满足投资的需求,就要求对外贸易有一个数额相等的赤字与之平衡,即需要从国外引进资本(或外援)。见 H. Chenery and A. Strout(1996):Foreign Assistance and Economic Development(《外国援助和经济发展》),*American Economic Review*,No. 8,1966,pp. 679-733。

2 对于哈罗德-多马增长模型和据此制定的增长政策(包括双缺口模型)的批评,可以参看曾在世界银行长期任职的伊斯特利(William Easterly,2002):《在增长的迷雾中求索——经济学家在欠发达国家的探险与失败》,姜世明译,北京:中信出版社,2004 年,第 26—50 页。

产出还没有占到社会总产出一半时便异军突起,随后还超过了工业,成为占主导地位的产业部门。

马克思和其他学者在先行工业化国家工业化早期和中期对工业化后期发展情况作出的预言没有得到应验,并不是由于他们在理论推导上有什么错误,而是由于这种推导的前提——先行工业化国家的增长模式发生了先前未曾预料到的变化,由依靠资本和其它资源的投入转为依靠人力资本(人的知识和能力)的积累和经济效率的提高。

诺贝尔经济学奖获得者库兹涅茨(Simon Kuznets)把这个阶段的经济增长命名为"现代经济增长"。在对西欧和北美主要工业化国家迄20世纪中叶为止的50—100年的经验数据进行分析以后,库兹涅茨提出了"现代经济增长"的概念[1]。他指出,现代经济增长主要建立在先进技术以及相应的制度和思想意识调整基础上。

最重要的理论进展还在于诺贝尔经济学奖获得者索洛(Robert Solow)对哈罗德-多马增长模型提出的质疑。索洛在1956—1957年的多篇文章中指出,在其它因素不变的条件下,单纯增加资本必然会引起投资报酬递减和增量资本产出率(incremental capital/output ratio,简称ICOR)的提高。这意味着要保持一定的增长率只能通过不断提高投资率来实现。但是,投资率不可能无限制地提高。事实上西方国家的投资率和ICOR也没有明显提高。[2] 因此,如果哈罗德-多马模型是正确的,那么西方国家的增长率应当趋于下降。但事实并非如此,西方国家的增长率

---

1 库兹涅茨把向现代经济增长过渡的起点定在第一次产业革命开始的1760年。关于这一点,学术界是有争议的。计量经济史学家麦迪逊(Angus Maddison)认为,现有的证据表明,这个过渡发生在1820年左右[A.麦迪逊(2001):《世界经济千年史》,伍晓鹰译,北京:北京大学出版社,2003年,第33页]。不过从库兹涅茨所作的经验研究可以看到,现代经济增长只是在19世纪末期才全面展开[S.库兹涅茨(1966):《现代经济增长》,戴睿、易诚译,北京:北京经济学院出版社,1991年;S.库兹涅茨(1971):《各国的经济增长》,常勋等译,北京:商务印书馆,1985年;S.库兹涅茨(1973):《现代经济的增长:发现和反映》,载《现代国外经济学论文选(第二辑)》,北京:商务印书馆,1981年]

2 美国投资占GDP的比重从未超过1889—1913年工业高峰时期和二战后1946—1955年的重建时期的20%;德国在1891—1913年和1952—1958年时期则为21%;日本的投资率在20世纪的60和70年代的高峰时期达到32%左右,旋即下降。[参见 Weijian Shan(单伟建):China Yuan Is Overvalued(《人民币受到高估》),*Asian Wall Street Journal*(《亚洲华尔街日报》),2005 - 6 - 23[A7]]

并没有明显下降。所以，经济增长除投资外，必定有其它的来源。于是，索洛提出了自己的增长模型，即新古典增长模型：

$$Y = A \cdot K^{\beta} \cdot L^{1-\beta}$$

其中，Y 代表产出增长，K 代表资本投入，L 代表劳动力投入。索洛认为，增长的源泉除了资本 K 和劳动力 L 的投入之外，还有一个余值 A。索洛把这个余值 A 定义为用全要素生产率（TFP）[1] 提高表示的"技术进步"。这里所说的"技术进步"是一个很宽泛的概念，不单指工艺改进，而是指一般的效率提高。[2]

虽然索洛的新古典增长模型存在着把技术进步看作一个外生变量、因而无法解释为什么某些发展中国家的经济效率并无与发达国家趋同的趋势[3]，但由此发现了投资并非现代经济增长的关键因素，从而纠正了在经济学界流行一百多年的"资本决定论"谬误，在发展经济学的发展中仍然具有里程碑的意义。

诺贝尔经济学奖获得者舒尔茨（Theodore W. Schultz）对阐明现代经济增长的源泉也有重要贡献。他指出，技术进步来源于人力资本投资，即人的知识积累和技能提高。人力资本和物质资本不同，它乃是递增报酬的重要源泉。因此，专业化、人力资本积累和报酬递增总是和现代经济增长相伴而行的。[4]

库兹涅茨对主要工业化国家大量经验数据分析的结果是：50—100

---

1 在生产函数中产出不能由劳动、资本等资源投入解释的余值，被称为全要素生产率（Total Factor Productivity，简称 TFP）。在经济学中，全要素生产率常被用来衡量效率提高（或称"技术进步"对经济增长的贡献）。

2 需要顺便指出，多马增长模型明显地受到苏联增长理论和实践的影响。但是在他读到索洛1965 年的论文 A Contribution to the Theory of Economic Growth 以后立即响应道：索洛的理论是正确的，而他本人则由于采用了产出与资本存量保持固定比例这一"简单化的处理办法"并把投资看作增长的唯一源泉而"感到内疚"。[E. 多马（1957）：《经济增长理论》，郭家麟译，北京：商务印书馆，1983 年，第 9—10 页]

3 正因为索洛模型存在着这样的不足，20 世纪 80 年代中期和 90 年代兴起了以罗默（Paul M. Romer）、卢卡斯（Robert E. Lucas, Jr.）为代表的新增长理论，或内生增长理论。伊斯特利在他的《在增长的迷雾中求索》中对发展经济学从哈罗德-多马增长模式、新古典增长模式到内生增长模式的发展作了深刻的分析。

4 T. W. 舒尔茨（1951—1988）：《报酬递增的源泉》，北京：北京大学出版社，2001 年，第 15—29 页。

年中它们的人均国民收入的年均增长率约为 1.5%；其中，资本对人均收入的贡献约为 0.25%，人均工时减少的影响为 -0.23%，生产率提高的贡献则约为 1.3%。[1] 他由此得出的基本结论是：和早期经济增长主要依赖于资源、特别是资本投入不同，在作为现代经济增长的显著特征的产出高增长中，"投入的贡献只占有限的一小部分"，"绝大部分应归因于生产率的高增长率"（见表1）。[2]

表1　若干发达国家的产出、投入和生产率的增长率

	年平均增长率（%）							全要素生产率的贡献（%）(8)＝(5)/(7)
	产出 a(1)	劳动 b(2)	资本 c(3)	总投入(4)	全要素生产率(5)＝(1)－(4)	人均产出(6)	劳动生产率(7)＝(1)－(2)	
英国（GDP）								
1855—1913	1.8	0.7	1.4	1.0	0.8	0.9	1.1	73
1925/29—1963	1.9	0.8	1.8	1.1	0.8	1.4	1.1	73
法国（GDP）								
1913—1866	2.3	−0.5	2.0	0.2	2.1	1.9	2.8	75
挪威（GDP）								
1879—1899	1.7	0.7	1.9	0.7	1.0		1.0	80
1899—1956	2.8	0.3	2.5	0.7	2.1	2.0	2.5	84
加拿大（GNP）								
1981—1926	3.0	1.8	2.7	2.0	0.9	1.0	1.2	75
1926—1957	3.9	0.8	2.9	1.2	2.7	2.1	3.1	87
美国（GNP）								
1889—1929	3.7	1.7	3.8	2.4	1.2	2.0	2.0	60
1929—1957	2.9	0.5	1.0	0.6	2.3	1.7	2.4	96

a：左栏括号内的 GDP 或 GNP 即为产出的定义
b：工作小时
c：生产性成本
资料来源：S. 库兹涅茨（1971）：《各国的经济增长》，常勋等译，北京：商务印书馆，1985 年，第 80 页。

另一位诺贝尔经济学奖获得者萨缪尔森在对美国经济数据进行分析

1　西蒙·库兹涅茨（1966）：《现代经济增长》，戴睿、易诚译，北京：北京经济学院出版社，1991 年，第 70—75 页。
2　库兹涅茨（1971）：《各国的经济增长》，常勋等译，北京：商务印书馆，1985 年，第 76—79 页。

后指出,在 1900—1984 年美国每年人均 2.2％的增长率中,只有 0.5％是由资本深化带来,而 1.7％来源于效率提高。他说,在现代经济增长中,随着效率的提高,用同样多的资源投入将可以生产出更多的产品,这阻止了利润率的下降,同时提高了工资水平。"在收益递减和技术进步之间展开的竞赛中,技术以数步之遥取得胜利"[1]。

美国经济学家阿布拉莫维茨(Moses Abramovitz)从他对美国经济增长来源的探索中得出了相同的结论:美国从 19 世纪初期到 20 世纪中期的工业化可以分为三个阶段,其中 1800—1890 年间的增长主要依靠劳动投入增加;1855—1890 年间的经济增长主要依靠资本深化;1890—1966年间的经济增长主要则以全要素生产率的提高为基础(见表 2)。

表 2　美国增长源泉的核算

	资本的收入份额 β (1)	年均增长(%)				全要素生产率的贡献(%) (6)=(5)/(2)
		劳动生产率 Y/L (2)	资本劳动比率 K/L (3)	资本的贡献 β(K/L) (4)=(1)×(3)	全要素生产率 A (5)=(2)−(4)	
1. 1800—1855	0.34	0.4	0.6	0.2	0.2	50
2. 1855—1890	0.45	1.1	1.5	0.7	0.4	36
3. 1890—1927	0.46	2.0	1.3	0.6	1.4	70
4. 1929—1966	0.35	2.7	1.7	0.6	2.1	78

附注:Y:GDP

L:劳动小时数

K:固定资本总额

资料来源:Moses Abramovitz(1993):The Search of the Sources of Growth:Area of Ignorance, Old and New(《对增长源泉的探寻:被忽略了的旧领域和新领域》),*Journal of Economic History*,Vol. 53,No. 2 (Jun.,1993),pp. 217 - 243. 转引自速水佑次郎(1995):《发展经济学——从贫困到富裕》,李周译,北京:社会科学文献出版社,2003 年,第 143 页。

日本经济学家速水佑次郎(Yujiro Hayami)按照阿布拉莫维茨的方法对日本经济发展中各种因素的贡献作了计算,其结果与美国的情况相类似。只不过由于日本属于工业化的"第三梯队",进入工业化后期的时间

1　P. A. 萨缪尔森、W. D. 诺德豪斯:《经济学》(第 12 版),高鸿业等译,北京:中国发展出版社,1992 年,第 1328 页。

有所后延(见表3)。

表3　日本增长源泉的核算

	资本的收入份额 β (1)	年均增长(%)				全要素生产率的贡献(%) (6)=(5)/(2)
		劳动生产率 Y/L (2)	资本劳动比率 K/L (3)	资本的贡献 β(K/L) (4)=(1)×(3)	全要素生产率 A (5)=(2)-(4)	
1. 1888—1900	0.33	2.1	5.7	1.9	0.2	10
2. 1900—1920	0.39	2.7	6.1	2.4	0.3	11
3. 1920—1937	0.43	2.3	2.8	1.2	1.1	48
4. 1958—1970	0.33	8.2	11.6	3.8	4.4	54

附注：Y：非农私营 GDP
L：劳动小时数
K：生产性资产(按利用率调整)
资料来源：Hayami and Ogasahara(1999)：Changes in the Sources of Modern Economic Growth：Japan Compared with the U. S.(《现代经济增长源泉的变化：美日比较》)，*Journal of Japanese and International Economics*，13(March)，pp. 1－21，转引自速水佑次郎(1995)：《发展经济学——从贫困到富裕》，李周译，北京：社会科学文献出版社，2003 年，第 143 页。

  表 3 表明，日本在工业化开始前的 1888—1900 年，全要素生产率的提高只能解释人均产出增长的 10%，后者主要靠劳动力投入的增加；1900—1920 的早期增长阶段，全要素生产率的提高只能解释人均产出增长的 11%，其余都是资本深化的贡献；到了 1920—1937 年和 1958—1970年的现代经济增长阶段，全要素生产率的贡献率上升到人均产出增长的一半左右。日本这一数字明显低于美国工业化后期的 78%，这可能反映了东亚新兴工业化经济(NIEs)的一种通病，这就是即使在工业化后期它们也较多地依靠了资本投入。[1]

  从以上的分析可以看到，相对于 18 世纪中叶到 19 世纪中叶的早期增长模式，在现代经济增长中，先行工业化国家不再主要依靠资本等投入，而是走上了主要依靠效率提高的增长道路。这样，"工业化"(industrialization)的内容，也不再限于狭义的工业化，即发展机器大工业，

---

[1] 速水佑次郎(1995)：《发展经济学——从贫困到富裕》，李周译，北京：社会科学文献出版社，2003 年，第 151 页。

"实现由农业国到工业国的转变",而是各个产业包括农业和服务业通过技术革新实现的全面发展。从"工业化道路"的意义上说,就应当认为,这是一条有别于传统工业化道路的"新型工业化道路"。

3. 计划经济国家和发展中国家的早期增长模式和旧型工业化道路的陷阱

在"优先发展重工业"路线指导下,苏联从第一个五年计划(1928—1932年)开始的经济发展是按照先行工业化国家的早期增长模式进行的;或者像速水佑次郎所说,"苏联的经济计划可以认为是在政府指令下最大限度地积累资本以推动经济的极端情形"[1]。苏共领导和苏联经济学家在 20 世纪 60 年代后期对这种情况进行了研究,他们得出结论,苏联在同发达的市场经济国家的经济竞赛中处于劣势的根本原因在于:苏联的经济增长主要来源于资源投入的增加,而不是像发达的市场经济国家那样,来源于效率的提高。他们根据马克思在《资本论》第 2 卷中的一处论述[2],把来源于投入增加的增长称为外延增长(extensive growth,又译粗放增长),而把来源于效率提高的增长称为内涵增长(intensive growth,又译集约增长),认为出路在于从前一种增长方式转变为后一种。但是,由于苏联领导不敢触及实现这种转变的两个根本性的障碍:一是计划经济制度,一是"优先发展重工业的社会主义工业化路线",直到 1991 年苏联解体,由外延增长到内涵增长的转变仍然未能实现。[3]

从根据苏联科学院阿甘别疆(Abel Aganbegian)院士提供的数据绘制的表 4 可以看到,企图用大量投入资本来改进技术和提高效率的结果是资本对劳动比率的增长大大高于发达的市场经济国家,也意味着投资报酬递减。1970 年以前苏联全要素生产率对产出增长的贡献与资本主义国家早期增长阶段的情况相似,约在 10%—23% 之间。但是由于苏联从

---

1 速水佑次郎(1995):《发展经济学——从贫困到富裕》,李周译,北京:社会科学文献出版社,2003 年,第 147—148 页。

2 这段话是:在规模扩大的再生产中,"如果生产场所扩大了,就是在外延上扩大;如果生产效率提高了,就是在内涵上扩大。"见马克思(1867—1883):《资本论》第 2 卷,北京:人民出版社,1992 年,第 192 页。

3 吴敬琏(1995):《关于"经济增长方式"及其转变》,见《吴敬琏自选集》,太原:山西人民出版社,2003 年,第 256—260 页。

早期经济增长模式("外延增长")到现代经济增长模式("内涵增长")的转化没有取得进展,经济增长愈来愈依靠自然资源和资本的投入,1970 年以后全要素生产率(TFP)急剧地跌落到负值。

表 4　苏联投入、产出和效率指标　　　　　　　　　　　　平均年增长率(%)

	1961—1965	1966—1970	1971—1975	1976—1980	1981—1984	权重
国民生产总值	5.0	5.3	3.7	2.6	2.7	
全部生产投入	4.5	4.1	4.2	3.5	3.0	
其中:						
劳动(人时)	1.6	2.0	1.7	1.1	0.8	0.56
资本	8.8	7.4	8.0	6.9	6.3	0.41
土地(自然资源)	0.6	−0.3	0.8	−0.1	−0.2	0.03
全要素生产率	0.5	1.2	−0.5	−0.9	−0.3	
其中:						
劳动	3.4	3.2	2.0	1.5	1.9	
资本	−3.5	−2.0	−4.0	−4.0	−3.4	
土地	4.4	5.6	2.9	2.7	2.8	
效率提高在增长中的贡献	10	23	−14	−35	−11	

资料来源:A. Hewett (1988):*Reforming the Soviet Economy*(《苏联经济改革》),Washington, D. C. :Brookings Institute, p. 74.

先行工业化国家的早期经济增长模式对于许多发展中国家也有较大的影响。这些国家在进入工业化的后期阶段以后能不能成功地实现由早期经济增长模式到现代经济增长模式、由依靠资本投入到依靠效率提高的转型,就成为它们能否继续实现平稳较快增长的关键。

在这方面最突出的事例,是一些东亚国家在 20 世纪 90 年代后期发生的金融危机。1994 年正当世人争说"东亚奇迹"的时候,美国麻省理工学院教授克鲁格曼(Paul R. Krugman)根据刘遵义(Laurence Lau)和杨(Alwyn Young)对于东亚国家增长源泉的计算指出,既然东亚的经济增长都可以归因于劳动和资本等生产要素投入的增加,而不是生产率的提高,也就谈不到是什么奇迹。[1] 虽然克鲁格曼的尖锐批评引起了部分人的反感和反击,

---

[1] Paul Krugman(1994):The Myth of Asia's Miracle(《东亚奇迹的神话》),*Foreign Affairs*, Vol. 73, No. 6 (Nov.—Dec., 1994), pp. 62 - 78。

但三年后亚洲经济和社会危机的降临,却证明克鲁格曼确有某些先见之明。克鲁格曼后来总结说,东亚国家和地区被世界银行的《东亚奇迹》研究报告[1]称作"东亚高业绩经济"(HPAE_s),然而这些经济中的大部分虽然实现了高增长,但是却几乎没有任何生产率的提高,即使根据该研究报告的计算,1960—1990年期间它们的全要素生产率增长率也是很低的(见表5)。

表5　1960—1990 年东亚高业绩经济的全要素生产率增长　　　　　　(%)

香港	日本	中国台湾	泰国	印尼	马来西亚	新加坡
2.41	1.43	1.28	0.55	0.80	−1.34	−3.01

资料来源:世界银行政策研究报告(1993):《东亚奇迹:经济增长和公共政策》,财政部世界银行业务司译,北京:中国财政经济出版社,1993 年。

　　既然一些东亚经济的高增长率主要来自高额资本积累(克鲁格曼称之为"流汗")、而不是来自技术进步(克鲁格曼称之为"灵感"),它们虽然能在一定时期中保持极高的增长率,却不可避免或迟或早地出现投资报酬递减和增量资本产出率(ICOR)递增的问题。克鲁格曼说:截止到1997 年,马来西亚要将 GDP 的 40% 用于投资,新加坡也要将 GDP 的40%—45% 用于投资,才能维持较高的增长率;在整个东亚地区,ICOR 达到 5 倍的高水平。由于资本等资源的有限性,这种模式下的高速增长肯定是不可持续的,相关经济从高峰落入低谷则不可避免。[2] 速水佑次郎的观点与克鲁格曼稍有不同。他认为,东亚经济能否保持持续增长的势头,取决于它们能否实现由早期经济增长模式到现代经济增长模式的转变。[3]

二、现代经济增长中效率提高的源泉

　　对于像中国这样尚未完成工业化的发展中国家而言,20 世纪 50 年代

<hr>

[1] 世界银行政策研究报告(1993):《东亚奇迹:经济增长和公共政策》,财政部世界银行业务司译,北京:中国财政经济出版社,1993 年。

[2] P.克鲁格曼(1999):《萧条经济学的回归》,朱文晖、王玉清译,北京:中国人民大学出版社,1999 年,第 62—78 页。

[3] 速水佑次郎(1995):《发展经济学——从贫困到富裕》,李周译,北京:社会科学文献出版社,2003 年,第 165 页。

以来许多经济学家对先行工业化国家不同阶段增长模式的研究更为重要的意义在于，可以从中学习提高经济效率的方法，以便更快更好地实现工业化。根据这些经济学家的研究，现代经济增长中效率提高的主要源泉大致是以下三个：

1. "基于科学的技术"的广泛应用

为了探究工业化后期阶段效率提高（"技术进步"）的源泉，经济学家首先把目光投向 19 世纪末期以后"基于科学的技术"的贡献。库兹涅茨指出："标志着现代经济时代的划时代创新，是科学被广泛地应用于解决经济生产领域的问题"；"从 19 世纪后半叶开始，发达国家经济增长的主要源泉始终是基于科学的技术。"[1]

第二次产业革命前的技术进步靠的是工匠们的经验积累，即"熟能生巧"。这种进步是改良性质的，范围和深度受到很大的限制，难以有革命性的突破。虽然第一次产业革命中涌现的某些技术，如瓦特（James Watt）所改良的蒸汽机，也是在与科学家交流中产生和应用物理学原理的结果，但在 1875 年以前，大多数技术改进仍然是基于经验和由没有受过多少科学训练的工匠进行的，"基于科学的技术"并不占支配地位。

第二次产业革命以后的情况发生了很大变化。

将关于自然界的一般科学知识应用于解决实际的生产问题，是在第一次产业革命中诞生的机器大工业提出的要求。在这以前，西欧国家的技术进步以天才的偶尔出现和工匠的试错经验作为基础，因而是断断续续的和个别地发生的。而在大机器工业出现以后，就如同马克思所说，"劳动资料取得机器这种物质存在方式，要求以自然力代替人力，以自觉应用自然科学来代替从经验中得出的成规。"[2]

马克思所说的"科学作为独立的力量被并入劳动的"[3]活动，早在第一次产业革命发生时就已经开始了。但是，只有到 19 世纪末第二次产业革命开始以后，源源不断涌现的基于科学的技术才逐渐占据了主导地位，成

1　S.库兹涅茨(1966)：《现代经济增长》，戴睿、易诚译，北京：北京经济学院出版社，1991 年，第 7—8 页。

2　马克思(1867)：《资本论》第 1 卷，北京：人民出版社，1972 年，第 423 页。

3　同上书，第 708 页。

为先行工业化国家经济增长的主要源泉。正像罗森堡（Nathan Rosenberg）和小伯泽尔（L. E. Birdzell, Jr）所说，1875 年以前，西方工业技术进步，主要是由"可见世界里的"机械手艺，如杠杆、齿轮、轴承、滑轮、曲柄等转向"不可见世界里的"原子、分子、电子流、电磁波、感应、电容、磁力、电量、电压、细菌、病毒以及基因，"其结果是改变了西方工业技术前进的重要来源。"[1]

这种情况得以出现的最具决定性的因素，是科学研究和技术创新活动的制度化（institutionization），即建立起有利于科学繁荣和技术创新的整套制度。

第一，促进学术繁荣的机制的制度化。

近代实验科学，是在 16—17 世纪之交由伽利略（Galileo Galilei）和培根（Francis Bacon）等人的倡导下发展起来的。他们清晰地阐明了运用实验来检验和证实科学理论的方法。但是在科学成长的初期，实验科学的研究只是少数天才人物分散地进行的。到了 19 世纪，已经有成百上千分布于各国的科学家参加到实验科学的队伍中。尤其重要的是，这些科学家组成了有着公认学术规范、既有分工又有协作的共同体和互通声息的信息库。在 17 世纪早期，科学家之间的信息交换还采用通信、咖啡馆和沙龙中的私人聚会等形式。到 17 世纪末，正式的学术团体和各种学会如伦敦皇家学会（1660）、法兰西科学院（1666）等已在西欧各国普遍建立，随后，各学科的科学协会也纷纷建立。这些学术组织频繁地召集学术会议，出版学术刊物。

在传统社会中，常见的组织制度是等级制的（hierarchical）或科层制的（bureaucratic）。然而在科学研究中，等级制度和科层管理通常效率极低。西方科学界在 19 世纪形成了自治性的科学共同体（scientific community）[2]这种非等级制的自治性团体制定和执行科学家共同遵守的

---

1 N. 罗森堡、L. E. 小伯泽尔（1989）：《西方致富之路》，刘赛力等译，北京：生活·读书·新知三联书店，1989 年，第 288—289 页。

2 李克特（Maurice N. Richter, Jr.）指出："我们所谓的科学共同体，是由世界上所有科学家共同组织成的，他们在彼此之间维持着为促进科学过程而建立起来的特有关系。[见 M. N. 李克特（1992）：《科学是一种文化过程》，北京：生活·读书·新知三联书店，1989 年，第 138—142 页]

学术规范,建立以科学发现优先权为核心的激励制度,有效地促进了科学进步。这时,科学研究不仅得到私人的捐赠,而且由于大学预算、政府预算补贴和私人研究机构的赞助而有了正式的经费来源。因此,到19世纪中期,物理、化学、天文、生物、数学等基础科学研究已经不再是少数人出于爱好而分散进行的活动,而是有大批职业科学家专门从事的事业。

与此同时,确立了学校自治和学术自由的大学不仅作为传授知识的场所,而且作为创造知识的主力军,大大促进了自然科学、社会科学和人文学科的繁荣。

学术的繁荣为技术的飞跃进步奠定了基础。

第二,工业研究开发(R&D)机构的设立。

19世纪的最后25年,工业界开始大量运用基础科学的原理开发新材料、新工艺和新产品。与此同时,工业界开始设立研发(R&D)机构,大量雇用科学家来解决应用问题。早在70年代,德国的化学工业公司首先开展了有组织的研发工作。美国的工业部门也很快跟了上来,建立了多种多样的工业实验室,进行技术创新信息的收集和技术创新的研究应用。有些实验室属于工业公司所有,有些则是独立机构。有些大公司,例如美国的通用电气公司(GE)、美国铝业公司(Alcoa)本身,就是在研究机构的基础上建立的。

随着工业研发的开展,各制造业部门雇用越来越多的科学家和工程师来进行新材料、新工艺和新产品的研究和开发。根据美国全国研究委员会(The National Research Council)的统计,美国19个制造业行业1921年、1927年、1933年、1940年和1946年研究实验室雇用的科学家和工程师人数分别为:2775人、6274人、10918人、27777人和45941人。[1]

这样,受过正规教育和训练的科学家和工程师团队进行的有组织的研究,便成为现代经济增长中技术进步的主要源泉。此外,20世纪初各先行工业化国家国民教育体系的建立,也为源源不断的技术工人供给准备了条件。

1　D.C.莫韦里和N.罗森堡(1998):《革新之路——美国20世纪的技术革新》,王宏宇译,成都:四川人民出版社,2002年,第26—27页。

第三,产权保护和市场制度的完善大大强化了对企业技术创新的激励。

现代经济增长中的技术创新不是某一个或某几个突发性事件,而是由千百万集群性的技术改进积累和汇合而成的。对于众多的企业进行的这种技术改进和革新而言,规则公平的竞争性市场体制乃是它们得以快速进行的根本条件。19世纪欧美发达国家在法治的基础上使市场制度(包括知识产权保护制度)得到完善,为广泛进行的技术创新提供了压力和动力。

以知识产权保护制度而言,专利法最先问世,英国1623年的《垄断法则》(The Statute of Monopolies)是近代专利保护制度的起点。继英国以后,美国于1790年、法国于1791年、荷兰于1817年、德国于1877年、日本于1885年先后颁布了本国的专利法。最早的商标成文法是法国1809年的《备案商标保护法令》,1875年又颁布了确立全面注册商标保护制度的商标权法。以后,英国于1862年、美国于1870年、德国于1874年先后颁布了注册商标法。世界上第一部成文的版权法当推英国于1710年颁布的《保护已印刷成册之图书法》。其后,法国在18世纪末颁布了《表演权法》和《作者权法》,使与出版印刷更为紧密相联的专有权逐步成为对作者专有权的保护,以后的大陆法系国家也都沿用法国作者权法的思路。日本在1875年和1887年先后颁布了两个《版权条例》,于1898年颁布《版权法》。1899年日本参加了《保护文学艺术作品伯尔尼公约》,当年在过去版权立法的基础上颁布了《著作权法》。美国是最早产生现代意义上竞争法的国家,其立法包括反垄断和反不正当竞争两个方面,除大量的判例外,还有《谢尔曼法(1892)》《联邦贸易委员会法(1914)》《克莱顿法(1914)》和《罗宾逊-帕特曼法(1908)》。英国现代竞争立法相对较晚,较全面地反不正当竞争法则完成于20世纪中叶,较有代表性的法律有《限制性贸易管理法》《转售价格法》《公平交易法》等。1905年德国对1896年制定的《不正当竞争防止法》重新进行了制定,并多次进行了修改。1957年又颁布了《反对限制竞争法》,使德国的反不正当竞争法体系更为完善,为德国的经济高速发展起到重要作用。日本步德国的后尘,其反不正当竞争立法主要有1933年的《反不正当竞争防止法》,1933年曾作了较为全面的修改。在此法中具体界定了 12 种不正当竞争行为，加强了对不正当竞争行为的处罚力度，除高额罚款外，还有刑事制裁。[1]

市场制度的完善，有序竞争的强化，不但为技术创新提供了压力，而且为它提供了动力。正如诺斯和托马斯（Robert P. Thomas）所说，"有效率的经济组织是经济增长的关键"；"有效率的组织需要在制度上作出安排和确立所有权以便造成一种刺激，将个人的经济努力变成私人收益率接近社会收益率的活动"；"一个有效率的经济组织在西欧的发展，正是西方世界兴起的原因所在"。[2]

所有这一切，使科学家、技术人员和企业家的创新热情受到极大激发，这使得基于科学的技术大量涌现并得到了广泛的应用。新工艺、新材料、新能源、新产品层出不穷，经济效率得到大幅度的提高。于是，在基于科学的技术得到日益广泛的运用的情况下，技术进步逐渐取代资本深化，成为增长的主要源泉。表 6 对先行工业化国家早期发展阶段和现代增长阶段各自的代表性通用技术（general purpose technology，简称 GPT）——蒸汽机、铁路和电力对经济增长的贡献作了比较分析。从中可以看到，在现代经济增长中技术进步的贡献大为增加。

表 6　技术进步对经济增长的贡献

	时期	资本深化	技术进步
蒸汽机-英国	1780—1860	0.19	0.32
铁路-英国	1840—1870	0.13	0.10
	1870—1890	0.14	0.09
铁路-美国	1839—1870	0.12	0.09
	1870—1890	0.32	0.24
电力-美国	1899—1919	0.34	0.07
	1919—1929	0.23	0.75

资料来源：Nicholas Crafts（2001）：Historical Perspectives on the Information Technology Revolution（信息技术革命的历史视角），Washington：International Monetary Fund，Research Department. 转引自 http//jlin. ccer. edu. cn/article. asp? id＝200。

1　蒋志培(2003)：《论知识产权的概念、历史发展及其法律保护的含义》，http://paper. studa. com/2003/3-25/2003325171642. html。

2　D. 诺斯和 R. 托马斯(1975)：《西方世界的兴起》，厉以宁、蔡磊译，北京：华夏出版社，1989 年。

2. 服务业超越工业的迅猛发展对成本降低和效率提高起了重要作用

如果说配第（William Petty）在 1691 年预言就业人口将从农业转向工业，再从工业转向商业只是一种猜想，到了 20 世纪初期，大量劳动和资本不是继续流入第二产业，而是流入商业和物流、教育和科研、旅游和娱乐、文化艺术、保健、政府的公共服务等第三产业，则已经是历史的现实。20 世纪初先行工业化国家的工业化进入后期阶段（有的国家是中期阶段）以后，服务业（包括一般服务和政府的公共服务）在就业方面和在增加值方面都很快超过了工业，成为国民经济中占优势地位的产业。这使费希尔（Allan G. B. Fisher）在 1935 年和克拉克在 1940 年提出的"三次产业"的划分方法得以确立。[1]

按照"产业三分"和服务业向制造业渗透的观念去总结先行工业化国家产业结构变化的历史，人们发现，英、美等工业化的"第一梯队"国家在进入工业化的后期阶段时，即在 19 世纪末，服务业的增长明显加快，其增长速度很快超过了工业；而到了 20 世纪，服务业不论在就业方面还是产值方面在比重上都超过了工业，成为国民经济中占优势地位的部门（见表 7、表 8 和表 9）。[2]

表 7　英国和美国的就业结构(1700—1998 年)　　　　　　　　　　（%）

		英国	美国
1700	农　业	56	—
	工　业	22	—
	服务业	22	—
1820	农　业	37	70
	工　业	33	15
	服务业	30	15
1890	农　业	16	38

1　A. G. B. Fisher (1935), *The Clash of Progress and Security*（《进步和安全的冲突》），London：Macmillan, 1935；C. G. Clark (1940)：The *Condition of Economic Progress*（《经济进步的条件》），London：Macmillan, 1940。
2　服务业产值比重的近期统计较之早期统计为高，一个重要原因是过去往往不把制造业中的服务产值计入服务业产值中。

		英国	美国
1998	工　业	43	24
	服务业	41	38
	农　业	2	3
	工　业	26	23
	服务业	72	74

资料来源：A. 麦迪逊(2001)：《世界经济千年史》,伍晓鹰译,北京,北京大学出版社,2003年,第87页。

表8　英国工业化进程中三次产业产值比重变化情况　　　　　　　　　　（%）

	1831	1851	1871	1881	1891	1901	1924
农　业	23	20	14	10	9	6	4
工　业	34	34	38	38	38	40	40
服务业	42	45	48	52	53	54	56

资料来源：Phyllis Deane and W. A. Cole(1967)：*British Economic Growth* 1688—1959[《英国经济增长(1688—1959)》], Cambridge University Press,转引自任旺兵：《我国服务业发展现状的国际比较研究》,载国家发改委产业发展研究所《产业研究报告》,2004第13期,第5页。

表9　美国工业化进程中三次产业产值比重变化情况　　　　　　　　　　（%）

	1799	1839	1859	1869	1879	1889	1900
农　业	40	35	41	34	30	24	29
工　业	13	16	16	22	20	28	25
服务业	48	50	43	44	50	48	46

资料来源：Seymour E. Harris(1961)：*American Economic History*(《美国经济史》). McGraw—Hill Book Company；V. R. Fuchs(1969)：Production and Productivity in the Service Industries(《服务业的生产和生产率》). NBER；Colin Clark(1960)：*The Conditions of Economic Progress*(《经济进步的状况》),London；Macmillan & Co.,转引自任旺兵：《我国服务业发展现状的国际比较研究》,载国家发改委产业发展研究所《产业研究报告》,2004第13期,第6页。

　　作为工业化"第三梯队"的日本,其服务业的增长较之英、美等"第一梯队"国家更快,在工业化中期阶段就超过了工业,并进而发展成为占优势地位的产业(见表10和表11)。[1]

1　由于日本的后期工业化是在第二次世界大战后进行的,经济结构没有受到战时经济的影响,它的服务业超越工业成为占优势地位的产业较之英、美两国提前了。作为工业化"第四梯队"的韩国情况与日本类似。

表 10　日本三次产业的就业结构 (%)

	1960	1970	1980	1990
农　业	32.7	19.3	10.9	7.1
工　业	29.1	34.0	33.6	33.3
服务业	38.2	46.6	55.4	59.0

资料来源：http://www.stat.go.jp/

表 11　日本三次产业的产值结构 (%)

	1960	1970	1980	1990
农　业	12.8	5.9	3.5	2.4
工　业	40.8	43.1	36.5	35.7
服务业	46.4	50.9	60.0	61.8

资料来源：同上表。

在现代服务业发展中最值得注意的现象，是生产性服务业（producer services），即从事制造业等产前、产中和产后服务的服务业的迅猛发展，其增长速度大大超过了消费性服务业（consumer services）。意大利经济学家罗密（Valentina Romei）根据对英、美、法、德、意等国投入产出表的分析考察了生产性服务业的发展以及服务业与制造业一体化的进程。[1] 他指出，服务业产出中作为中间投入售予其他生产者的部分在全部生产投入中所占的比重和它在服务业全部产出中所占的比重，在整体上是保持上升趋势的（见表 12 和表 13）。

表 12　用作中间投入品的服务占全部生产投入的比重 (%)

	1911	1935	1950s	1959	1960s	1970s
法　国	—	—	—	19.53	19.95	28.18
德　国	—	—	—	24.46	—	28.05
意大利	9.01	11.60	10.68	19.62	—	25.60

---

[1] Valentina Romei（2004）：From Industry to an Integrated System of Services and Manufacturing Industries（《从工业到服务业与制造业一体化的体系》），http://www.econ.upf.es/ebha.2004/papers/2a1.doc。

	1911	1935	1950$_S$	1959	1960$_S$	1970$_S$
英　国	—	16.42	24.02		21.95	
美　国	—	—	23.95	31.20	29.04	29.48

资料来源：Valentina Romei（2004）：From Industry to an Integrated System of Services and Manufacturing Industries（《从工业到服务业与制造业一体化的体系》），http://www.econ.upf.es/ebha.2004/papers/2a1.doc。

表13　用作中间投入品的服务产出占全部服务产出的比重　　　　　　　　　　　　（％）

	1911	1935	1950$_S$	1959	1960$_S$	1970$_S$
法　国	—	—	—			38.8
德　国	—	—	—	31.57		37.51
意大利	11.78	—	18.78	22.56		22.05
英　国	—	14.55			32.06	33.40
美　国	—		27.54	36.79		37.23

资料来源：同上表。

　　罗密还指出，20世纪70年代，英、美、法三国对服务业全部的需求中，来自其他生产者的中间需求占37％；到了80年代，这个比率进一步提高到43％。

　　随着生产性服务业的发展和对生产提供服务的增加，服务业与制造业的边界变得模糊起来，出现了服务业与制造业融合生长、组成服务业与制造业一体化的生产体系的趋势。现代制造业已包含许多服务内容，例如研究开发、原材料和零部件采购、产品设计、物流管理、品牌营销、售后服务、金融服务等等的服务业，甚至以服务作为主要内容。这样，后期工业化又被称为"服务业—工业化"（Service-Industrialization）。与之相适应，制造业和工业化的概念也大大拓宽。它不仅意味着工业的发展，还意味着用现代技术改造各个产业（产业化）和产业之间的融合。于是，industrialization常常被理解为"产业化"，而不是"工业化"[1]。

1　也有的经济学家主张继续保持对工业化（industrialization）的原有定义。鉴于包括三次产业的广义工业概念与汉语习惯的狭义工业概念不一致，而广义的工业化概念也与国外学术界原有的工业化概念不一致，他们把制造业的服务化和服务业的高度发展称为"去工业化"（deindustrialization），或者用一个含有贬义的说法"产业空洞化"（industrial hollowing-out）来描述。[参见范世涛（2005）：《信息化、结构转变和发展政策》，载《比较》辑刊总第18辑，北京：中信出版社，2005年]

囿于传统政治经济学物质生产劳动才创造价值的认识,人们很难理解服务业发展对于降低成本、提高效率的重大意义。现代经济学提出了总成本是制造成本(诺斯把它叫做 transformation costs,即转形成本[1])和交易成本(transaction costs)的总和的原理。根据这一原理,才能充分认识服务业发展对降低成本、提高效率的意义。A. 斯密早就指出,技术进步是由分工深化推动的,然而随着分工的深化,分工参与者之间的交易会愈来愈频繁,交易的范围也会愈来愈广阔,因此用于交易的资源也会愈来愈多。D. 诺斯指出,在 20 世纪 80 年代的美国,国民收入里有近一半用于交易。[2] 服务业正是处理交易活动的,所以服务业的发展不但有利于降低制造成本,更为重要的作用在于降低交易成本。

　　理论经济学家观察到的这种情况,无论在制造业中还是在商业中都真实地存在。

　　拿制造业来说,重要 IT 产品供应商宏碁(Acer)集团的创始人施振荣用"微笑曲线"[3]来描述现代制造业的价值链(见图 1)。

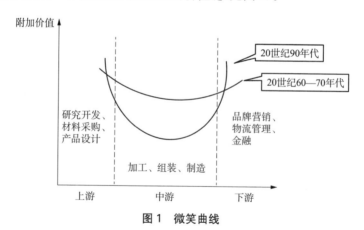

图 1　微笑曲线

1　按照马克思在《资本论》第 1 卷中的说法,可以把它叫做"实现物质变换的成本"。

2　D. C. 诺斯(1990):《制度、制度变迁与经济绩效》,刘守英译,上海:上海三联书店,1994 年,第 38 页。

3　"微笑曲线"是施振荣在 1992 年的《再造宏碁——开创、成长与挑战》一文中提出的,用以说明 20 世纪 60 年代以来 IT 产业价值链各环节产值结构的变化。他据此制定了宏碁"超越代工(OEM)"和自创品牌的新战略。[施振荣(1992):《再造宏碁:开创、成长与挑战》,台北:天下远见出版公司,2004 年(第二版),第 296—298 页]

从图示可看到,在价值链的两端(研究开发、材料采购、产品设计,品牌营销、物流管理、金融等服务)的附加价值和盈利率高,而中段(加工、组装、制造等传统的制造业行业)的附加价值和盈利率低。因此,成功的企业总是尽力向价值链的两端延伸,以便提高附加价值和盈利率。

拿商业来说,香港利丰集团的董事会主席冯国经指出,在综合物流业从原料到消费的整个价值链中,制造环节产生的价值只占 1/4,而 3/4 都是交换环节产生的,因此后者最具降低成本的空间,被称为能够提供更高附加价值和盈利率的"软三元"。[1]

总之,服务业一方面能够减少加工成本,另一方面更重要的是能够降低交易成本。随着社会分工协作的发展和交易成本在总成本中比重的提高,服务业对于降低交易成本的作用越来越突出,发展服务业就成为改善整体经济效率的基本手段。

3. 现代信息通信技术(ICT)渗入各个产业部门,降低了它们的信息成本,使经济的整体效率得到提高

自从 1946 年宾夕法尼亚大学开发出第一台电子管电子计算机,1947年贝尔实验室发明了晶体管,1958 年德克萨斯仪器公司(TI)开发出集成电路,1969 年美国国防部的 ARPA 网把军事设施、研究机构以及大型军火公司的计算机联系起来,后来又逐渐扩展到各国大学、科研机构和工商企业,形成国际互联网(Internet),这样,人类就正式步入信息时代。[2]

信息通信产业的兴起,得益于现代经济增长中前面两个潮流(基于科学的技术的广泛运用和服务业的兴起)的汇合。20 世纪中期以后,信息通信技术为各行各业提供的信息服务,为降低信息成本提供了有力的手段。因此,信息通信产业基本上属于服务业。正如 C. 弗里曼(Chris Freeman)和 L. 苏特(Luc Soete)所说,"从根本上说,ICT(信息通信技术)使服务业更具贸易性并且更像制造业,使工业和服务业更加趋向一致。"[3]

---

1 利丰研究中心编(2003):《供应链管理:香港利丰集团的实践》,北京:中国人民大学出版社,2003 年。

2 对于这一新时代,还有不同的称呼,如"后工业社会""第三次浪潮""大趋势""知识经济""网络社会""信息社会"等等。

3 E. 弗里曼和 L. 苏特(1997):《工业创新经济学》,华宏勋、华宏慈等译,北京:北京大学出版社,2004 年,第 510 页。

由于交易成本的主要内容是信息成本，即传输和处理信息所需要付出的成本，因而信息通信产业的发展大大推动了发达市场经济国家生产率的提高。信息技术的效率效应和服务业的效率效应一样，存在着度量上的困难，因此索洛 1987 年提出了"除了生产率统计，电脑无处不在"的"计算机生产率悖论"（即著名的"索洛悖论"）。然而经过一段时滞以后，现代信息技术的效率效应最终强劲地表现出来。以美国为例，随着从 20 世纪 70 年代中后期信息技术在各产业中的广泛运用，美国经济在 20 世纪 90 年代经历了 110 个月历史上最长的繁荣时期。[1]

据经济合作与发展组织（OECD）数据显示，该组织成员国通讯和信息等知识和技术密集型产业发展迅速，其对经济增长的贡献率，已经由 20 世纪初期的 5%—10%，提高到本世纪初的 70%—80%，并预计全球信息高速公路建成后该指标将进一步提升到 90%。[2]

信息技术的广泛采用，发生在发达国家完成工业化之后，不过对于尚未完成工业化的发展中国家而言，也完全可以发挥后发优势，在适宜的场合运用这种技术来降低信息成本，提高效率，加快工业化的进程，即"用信息化带动工业化"[3]。这可以说是"走新型工业化道路"提法中的"新"字的又一重含义。

三、 我国工业化走过的曲折道路和增长模式存在的问题

反映早期经济增长模式的工业化思想在中国影响深远。把民贫国弱的农业国变为民富国强的工业国，早在 19 世纪末期和 20 世纪初期就是先觉的中国人梦寐以求的理想。梁启超在 1897 年写道，中国"他日必以

1　斯坦福大学科学技术史专家戴维教授在 1990 年一篇文章中，以电动机在工业上的广泛应用滞后于电力的发明来解释由于时滞导致的 ICT 对生产率的影响。这是对有关信息技术的生产率悖论的最系统的解释。［Paul A. David（1990）：The Dynamo and the Computer: An Historical Perspective on the Modem Productive Paradox（《电动机和电脑：对于现代生产力悖论的历史透视》），*The American Economic Review*，Vol. 80，No2.，pp. 355—361］
2　经济合作与发展组织（OECD, 1996）：《以知识为基础的经济》，薛澜译，北京：机械工业出版社，1997 年。
3　这里所说的"工业化"显然不能理解为早期增长阶段人们所追求的狭义的工业化。

工立国者也"[1]。康有为在 1898 年上书光绪皇帝,要求把中国"定为工国"[2]。由于时代的限制,他们所谓的"工业化",只是指先行工业化国家在早期发展阶段所从事的狭义工业化,即从"农业国"转变为"工业国"。

在西方各国进入工业化后期以后,虽然我国有些学者在讨论工业化问题时眼界不再局限于工业的发展,比如说,开始涉足于工业化过程中农业的作用,但是直到 20 世纪中期,我国发展经济学家对工业化的认识大体上仍旧局限在狭义工业化的范围之内。[3]

1949 年以后,受到苏联的强大影响,对工业化的有关认识更是长时期地影响着我国的经济理论和经济政策。例如,直到最近的工业化讨论中,还是有一些论者认为"工业化"应作这样的界定:"工业化(industrialization)即以机器化大生产代替手工劳动,是工业特别是制造业不断发展与提升的过程。其主要表现是:工农业产值中工业的比重以及工业人口在总人口中比重不断上升,同时农业产值的比重以及农业人口的比重不断下降的过程。如果一个国家工业部门的产值和就业人口的比率在国民经济中占优势地位,则被认为是实现了工业化。"[4]

从政治路线的层面说,中国共产党在 1945 年的第七次全国代表大会上这样表述取得政权以后的经济目标:"在新民主主义的政治条件获得之后,中国人民及其政府必须采取切实的步骤,在若干年内逐步地建立重工业和轻工业,使中国由农业国变为工业国。"[5]中华人民共和国建立后,中国共产党把实现社会主义工业化,使中国"由落后的农业国变为工业发达

1 梁启超(1896):《变法通议·论译书》,《饮冰室合集》第 1 册,北京:中华书局,1989 年(影印版),第 70 页。

2 康有为(1898):《请励工艺奖创新折》,《康有为政论集》上册,北京:中华书局,1981 年,第 290 页。

3 我们在前面已经指出过,我国学者张培刚在他 1946 年的哈佛大学博士论文中就已突出强调了农业发展对工业化的重要作用。然而即便如此,张培刚并没有采纳当时已经出现的把 industry 一词"用于一切经济活动"的广义用法。他在列举了 John D. Black、Colin Clark、Wassily W. Leontief 等人的广义用法以后,仍然把工业定义为"制造业,以有别于农业以及商业与运输"。[张培刚(1949):《农业与工业化(上卷):农业国工业化问题初探》,武汉:华中科技大学出版社,2002 年]

4 姜渭渔、周勤(2004):《中国进入重化工时代(大型系列报道)》,载《中国科技财富》,2004 年第 4 期。

5 毛泽东(1945):《论联合政府》,《毛泽东选集》第 3 卷,北京:人民出版社,1991 年,第 1081 页。

的先进的工业国"规定为党和国家的基本任务。以后,也一直坚持传统的社会主义政治经济学的工业化的定义,认为工业化意味着"由农业国变为工业国"。

1. 改革开放前的增长模式

1953 年第一个五年计划(1953—1957 年)开始以后,中国全面接受了苏联"优先发展重工业"的工业化战略作为经济建设的指导方针。毛泽东主席亲自阅改的纲领性文件《过渡时期总路线学习和宣传提纲》指出:在革命胜利后,共产党和全国人民的基本任务,就是要改变中国的落后状况,"使我国由工业不发达的落后的农业国变为工业发达的先进的工业国";"这就需要实现国家的社会主义工业化,使我国有强大的重工业可以自己制造各种必要的工业装备,使现代工业能够完全领导整个国民经济而在工农业总产值中占绝对优势,使社会主义工业成为我国唯一的工业"。

这份《宣传提纲》还根据斯大林的学说强调指出,"国家社会主义工业化的中心必须是发展重工业";"我国第一个五年计划的基本任务就是集中主要力量发展重工业,建立国家工业化和国防现代化的基础"。

根据过渡时期总路线,我国在 1953—1957 年的第一个五年计划期间集中人力、物力、财力建设苏联帮助我国新建和改建的 156 项重点工程项目,其中绝大部分是重工业项目;重工业投资占五年工业投资总额的85%。当时预计,采取这样的方针,将可以"大大加快我国的工业化进程,大约经过十五年(1953—1967 年),就可以实现我国的国家工业化,基本上把我国建成为一个伟大的社会主义工业国家"[1]。

第一个五年计划头几年的执行情况并不能令人满意。我国工业、特别是重工业获得了高速度的发展。然而由于重工业畸形发展和经济结构严重恶化,国民经济处于很不稳定的状态。在这种情况下,毛泽东 1956 年在《论十大关系》的讲演中提出了"在优先发展重工业的同时加快轻工业和农业的发展"的方针。但是在 1958 年的"大跃进"运动中,反而对钢、煤等重工业的产量提出了奇高的增长指标,造成了国民经济主要比例关系的严重

---

1 中共中央宣传部(1953):《为动员一切力量把我国建设成为一个伟大的社会主义国家而斗争——关于党在过渡时期总路线的学习和宣传提纲》,见《社会主义教育课程的阅读文件汇编》第 1 编上册,北京: 人民出版社,1957 年,第 341—374 页。

失调、经济情况严重恶化以及巨大的财富乃至生命损失。然而，即使造成了这样大的灾祸，传统的工业化战略始终没有得到纠正。直到 1976 年"文化大革命"结束，农业、农村和农民受到严重损害，服务业十分落后的状况，以及高指标、高投入、高增长、低效率的增长模式也一直没有改变。

2. 改革开放以来经济结构的调整和增长模式的改善

在"文化大革命"结束后的"拨乱反正"过程中，朝野上下对过去走过的发展道路进行了反思，认识到沿着这条粗放发展（外延增长）的道路，中国将无法顺利实现工业化和现代化的目标。于是，中共中央和国务院在 1979 年作出了用三年时间做好国民经济"调整、改革、整顿、提高"的工作部署，压缩工业基本建设规模，增强农业和提高轻工业的比重。经过 1979 年和 1981 年的两次调整，经济结构有所改善，经济效率有所提高。

首先，以往长期发展滞后的农业和轻工业得到发展，长期存在的农产品严重短缺、农民极度贫困的问题有了很大缓解；消费类工业品的增长不仅扭转了短缺状态，而且开始出现部分品种的供过于求。其次，服务业在这个时期发展很快，以生活服务为主的服务行业如商业、餐饮业、旅馆业等供给增长很快，以生产服务为主的行业如外贸业、运输业、金融业等也有所增长。因此，服务业在 GDP 中所占比重由 80 年代初期的 17% 提高到 1985 年的 28.5%。[1]

1996 年，根据改革开放前期的经验，第八届全国人民代表大会第四次会议通过的《国民经济和社会发展"九五"计划和 2010 年远景目标纲要》把实现"经济增长方式从粗放型向集约型转变"规定为"九五"的一项基本工作任务。第十个五年计划（2001—2005 年）又把经济结构调整和经济结构升级规定为五年经济发展的"主线"。

可是，在改革开放以来的二十余年中，消除斯大林的"社会主义工业

1　囿于传统政治经济学理论对"物质生产"的偏爱和对服务业的歧视，当时人们对服务业落后的严重性状况认识得并不那么清楚。1984 年世界银行的中国经济考察报告才第一次在这个问题上向国人敲响了警钟。这份调查报告根据钱纳里（Hollis Chenery）的大国"标准模型"开宗明义地指出，中国产业结构的扭曲首先表现为服务业严重落后。1980—1981 年度服务部门在中国国民生产总值中所占比重为 17%，这不但大大低于当时典型中等收入大国的平均水平（40%），也大大低于当时典型低收入大国的平均水平（35%）。[世界银行（1984）：《中国：长期发展的问题和方案》，北京：中国财政经济出版社，1985 年，第 33 页]

化路线"的影响,着重于它的结果("增长方式")方面,而对于造成这种后果的原因("工业化道路"),特别是作为传统工业化道路基础的思维定式和制度安排,则没有能够作彻底的清理。这种传统工业化道路和旧增长模式的遗产,主要表现在以下方面:

第一,虽然从1995年起我国的国民经济核算体系已经从只核算物质生产活动的物质产品平衡表体系(MPS)改变为国民经济的生产、流通、消费作为一个有机整体进行核算的国民账户体系(SNA),但是,把GDP的高增长和在"物质生产领域"("工农业总产值")上赶超发达国家作为应当不惜一切代价实现的国家目标和对各级党政领导干部进行政绩考核的主要标准的传统政府行为方式仍然起着支配作用。

第二,虽然我国已在20世纪末初步建立起社会主义市场经济体制的基本框架,但市场在资源配置中的基础性作用仍然发挥得很不够,土地、贷款等重要资源的配置权力仍然在很大程度上掌握在各级政府官员手中,或者受党政领导决策的影响。这就使各级政府官员有可能运用这种动员和支配资源的权力来实现自己的"政绩"目标。

第三,把许多应当由中央政府掌握的事权和财权,例如实现九年义务教育的责任和财源,下放给地方政府的分散财政体系,使各级地方政府都要努力取得更多的收入来弥补日益增大的支出,包括营建"形象工程""政绩工程"以及修建富丽堂皇的办公大楼的支出。同时,以生产型增值税(VAT)为主、在中央预算和地方预算之间按75:25的比例分成的税收体制使目前占财政收入半数的增值税收入与产值挂钩。这也激励各级政府运用手中的权力鼓励和支持投资建设产值大、税收多的加工工业和重化工业大项目。

第四,在传统的增长模式下,国家为了使资源和资本密集型产业有利可图,以便实现高速度发展工业、特别是重化工业的目标,通常把要素价格压得很低,目前这种土地、能源、淡水、资金、劳动、外汇等要素价格严重扭曲的情况依然存在[1],人为地压低了外延增长的成本,客观上鼓励了那些大量耗费资源而实际效益很差的产业的发展。根据世界银行的研究,

---

1 只不过为了支持出口导向政策,本币的外汇汇率由进口替代时的本币高估转为低估。

由于能源价值不能反映其真实成本和稀缺程度,我国的能源消耗至少增加 9％(见表 14)。

表 14　能源定价反映全部成本之后对国民经济和能源消耗的影响

国家	平均补贴 (占参考价的％)	补贴的成本 (10 亿美元)[a]	取消补贴的影响		
			经济效率 的提升 (占 GDP 的％)[b]	能源消费 的降低 (％)	二氧化碳 排放量 的下降 (％)
伊朗	80.4	3.6	2.2	48	49
委内瑞拉	57.6	1.1	1.2	25	26
俄罗斯	32.5	6.7[a]	1.5	18	17
印尼	27.5	0.5[a]	0.2	7	11
哈萨克斯坦	18.2	0.3	1.0	19	23
印度	14.2	1.5	0.3	7	14
中国	10.9	3.6	0.4	9	13
南非	6.4	0.08	0.1	6	8
总计	21.2	17.2	0.7	13	16

说明:a:以 1997 年金融危机之前的价格与汇率为基础计算。
b:补贴能够提高消费者盈余与厂商盈余增加的总和。消费者盈余的定义是:消费者对单位商品愿意支付的价格和实际支付的价格之间的差额;厂商盈余的定义是厂商出售单位商品实际收到的金额与其愿意接受的价格之间的差额。消费者与厂商的盈余增加的总和小于转移支付的数额(补贴额),就意味着补贴政策造成了社会福利的净损失。因此取消补贴将提高经济效率。
资料来源:国际能源机构和 Myers N. and J. Kent (2001):*Perverse Subsidies:How Tax Dollars Can Undercut the Environment and Economy*(《没有道理的补贴:税金如何削弱环境和经济》). Island Press. 转引自世界银行中国代表处首席经济学家陈光炎:"可持续发展战略:深圳与中国",在 2004 深圳发展论坛的演讲(打印稿),2004 年 10 月 22 日。

　　由于与传统工业化道路相适应的制度和政策遗产仍然广泛存在和继续发生作用,那种依靠高投资、高消耗维持高增长的做法就很容易死灰复燃。

　　第十个五年计划(2001—2005 年)提出要以结构调整和结构升级作为主线。这无疑是正确的。从经济学角度看,所谓经济结构优化,无非是指资源配置结构的优化;而资源配置结构的优化,乃是经济效率提高最基本的内容。所以也可以说,经济结构的调整和优化,正是增长方式由外延到内涵转变的关键。问题在于资源配置的结构由谁来调整和如何调整。在现代经济中,资源配置不外有两种基本方式:一种是通过市场的价格机制,另一种是通过政府的行政命令。如同前面所说在我国经济资源配置方式的转变还远未完成的情况下,许多政府官员把"结构调整"理解为在政府主导下优先发展产值大、利税收入高的产业,首先是重化工业。于是,他们便不论本地是否具有发展这类产业的基本条件和比较优势,运用自己手中的资源配置权力,集中资源发展资本和资源密集的钢铁、汽车、石化等重化工业,很快形成了大规模投资和进行"重化工业化"的全国性热潮。

3. 工业化道路和增长模式偏差造成的消极后果

中国在 21 世纪之交掀起了重化工业的投资热潮。一些经济界人士判定:"我国经济步入新一轮增长期已成定论,其主要特征便是我国正式进入'重化工'阶段"[1];"目前我国经济整体上已经进入了重工业化发展阶段,……这给今年的投资增长开辟了巨大空间"[2];"政府、学界和企业界显然已经取得了这样的共识:重化工业化是中国经济不可逾越的阶段","如果抓住了重化工业化这一机遇,中国经济就完全可以维持 20 年的高增长"[3]。不少地区也宣布:本地区"开始进入以重型化产业为主导的新一轮快速增长周期";"本省的'重化'故事已拉开大幕";或本地区"经济由'轻'转'重',步入加速重工业化阶段";一些研究机构根据上面讨论过的所谓"霍夫曼定理",为一些地区的经济发展确定了"产业重型化"的目标,如此等等。[4] 即使在过度投资引起的经济过热已经变得十分明显时,仍然有经济学家认定:"当前经济既不是总体过热,又不是局部过热,也不是没有新特点的正常发展,而是中国的工业化已经进入重工业重新大发展为主要特征的历史新阶段。"[5]

然而,这种依靠高投资、高消耗带动的经济增长的做法很快就显露出一系列负面效应。

首先,不能按照"扬长避短、发挥优势"的原则配置资源,造成国民经

1 《重工业化:中国经济高速增长的主动力》,新华网,2003 年 11 月 29 日。

2 《我国四大重点行业投资分析》,《经济日报》,2004 年 6 月 16 日。

3 《中国进入重化工业化阶段,可高速增长二十年》,中新网,2004 年 2 月 26 日。

4 参见:《新型工业化路子怎么走,专家为广东把脉》,《南方日报》,2003 年 8 月 29 日;《寻找重化工业时代的浙江特色》,《浙江日报》,2004 年 3 月 19 日;《广东经济由"轻"转"重",步入加速重工业化阶段,固定资产投资理性增长》,《经济日报》,2004 年 4 月 16 日。

5 国务院发展研究中心"新型工业化道路研究"课题组(2003):《是经济过热还是我国工业化进入新阶段》,载《中心调研报告》2003 年第 157 号(2003 年 10 月 29 日出版)。

济整体效率下降。

有效配置资源的基本要求是扬长避短,发挥资源禀赋的比较优势。中国之所以选择市场经济,也正是因为市场制度能够通过反映资源稀缺程度的相对价格,使资源从低效率的企业和部门流向能够以更高效率利用资源的企业和部门。

对于中国资源禀赋的基本情况,人们具有的共识是:"人力资源丰富、自然资源紧缺、资本资源紧俏、生态环境脆弱"。其中最为突出的是,自然资源的人均占有量大大低于世界平均水平(见表15)。

表 15　我国人均资源占有情况与世界平均水平的比较

资源种类	我国人均占有水平	与世界人均水平的比率(%)
耕地	0.1公顷	42
淡水	2257立方米	27
森林	0.12公顷	20
矿产保有储量潜在总值	0.93万美元	58
其中:		
煤炭(探明可采储量)	98.94吨	53
石油(剩余储量)	2.7吨	11
天然气(探明可采储量)	769立方米	3
铁矿石	36吨	71

数据来源:史斗、郑军卫:《我国能源发展战略研究》,载《地球科学进展》,2000年第15期。

在这样的资源禀赋条件下,如果我国具有良好的资源配置机制,其产业结构显然会以既能实现低能耗、低资源投入,又能发挥中国人力资源丰富和中国人心灵手巧的优势的产业为方向,这样才能以最小的资源消耗生产最大的价值。然而在前面谈到的体制和政策环境下,中国的经济发展极易走上旧型工业化道路,陷入"扬短避长"的误区,虽然个别部门或局部地区获得一定的增长和盈利,却给整个社会造成严重的福利损失。

例如,近年来我国一些地方大量生产高能耗、高污染产品,用以出口换取外汇收入。以电解铝为例,近年来国内外市场对铝锭需求增加,加之生产电解铝能够获得电价优惠,于是各地纷纷上马铝厂,增产铝锭。2003年我国出口铝锭125万吨,比2002年猛增50万吨。我国氧化铝资源不足，为了出口电解铝，需要大量进口氧化铝，电解以后再出口。每出口 1 吨电解铝，相当于出口 1.52 万千瓦时（KWH）能源，为了出口 2003 年多消耗 75 亿度电能；与此同时，由于国内企业大量进口，氧化铝价格和国际运费分别上涨 130％和 140％，扣除成本提高，出口企业账面赢利仅增加了 0.9 亿美元。如果再加上多占用电能所发生的机会成本（约 11 亿美元）、要素价格扭曲造成的成本低估、消耗大量不可再生资源和环境代价，国民财富超过 10 亿美元的净损失是显而易见的。[1] 在高额账面盈利的刺激下，各地投入大量资金建设电解铝生产企业，2004 年来，全国电解铝年生产能力已达到 800 万吨，在建拟建规模还有 500 万吨。可是这种虚假的繁荣是无法持续的。2005 年铝业已经陷于全行业亏损的困境。

第二，放松了在技术创新、产品升级换代上的努力。

我国人力资源丰富，但存在平均受教育年限短、文化技术水平普遍偏低的缺点。可是，这并不等于说中国只能靠粗加工产品的数量增长和"卖硬苦力"勉强糊口。一方面，经过多年建设，中国逐步建立了门类齐全的科技基础设施，已经拥有广泛运用和自主开发 20 世纪后期技术的物质技术基础；另一方面，相对于其他发展中国家而言，中国劳动者受过较好的教育训练，也更加富有纪律性和创新精神；而且就绝对数量而言，中国人中能够承担技术创新重任的科学技术人员也不在少数。[2] 就以发展高技术（Hi‐Tech）和新技术产业而言，中国虽然不能一步登天，全面实现整个

---

[1] 2004 年仅浙江一省就缺电 750 亿千瓦时以上，一半以上的民营企业平均每月停电 11.32 天，因缺电造成的直接经济损失达 1000 亿元，相当于每度电的机会成本为 1.33 元（上海则达到 8.36 元）（《全国电荒造成惨重损失，大缺电三分天灾七分人祸》，载《中华工商时报》，2004 年 12 月 22 日）。仅此一项，电解铝行业 8 亿元人民币的账面盈利带来的国民财富损失超过 100 亿元人民币。

[2] 2001 年，中国高校注册学生数达到 1510 万人，居世界第 1 位。见 United Nations Educational, Scientific and Cultural Organization（2003），Synthesis Report on Trends and Developments in Higher Education since the World Conference on Higher Education（1998—2003），2.1.1[《联合国科教文组织关于世界高等教育大会后高等教育趋向和发展的综合报告（1998—2003）》]，http://portal.unesco.org/education/en/ev.php‐URL_ID=20031&URL_DO=DO_TOPIC&URL_SECTION=201.html。陈志武也指出，虽然从总的人口素质看，中国人的教育素质低，"可是从绝对数字看，中国受过高等教育的人数约为 5000 万（占全部成年人口的 5.7％），几乎是美国全部就业人口的一半，比英国、法国、意大利、德国这四个国家中任何一个的所有就业人口都多，也超过西班牙的全部人口"。[陈志武（2004）：《为什么中国人出卖的是"硬苦力"》，载《新财富》，2004 年 9 月号]

国民经济的高技术化,但在有条件的地方努力实现技术升级和产品升级,例如在制造业中尽量向自主研发、品牌营销等具有较高附加价值的上下游延伸,仍是我们必须力争做到,也是完全能做到的。但在前面讲过的体制环境和政策环境下,许多地方和企业从追求短期效益出发,宁愿依靠大量投入廉价的劳动力、资本和自然资源生产技术含量不高的产品,以数量扩张取胜,而不愿或不能在人力资本积累和自主技术开发上取得进展。例如,北京是世界上技术力量最密集的城市之一,如果能够发挥其智力资源的潜力,北京的经济发展前景是不可限量的。但是在实施把中关村高新技术开发区建设成为高技术创新基地和高技术产品的生产基地的方针几年以后,却无奈地发现,发展高技术产业很难在短期内实现 GDP 和财政收入的高增长。于是在 GDP 增长指标和财政收入的压力下只好把经济发展的重点转向技术含量不高、但产值很大的一般加工业。

第三,造成了土地、淡水以及煤、电、油、运以及其它稀缺资源的高度紧张。

采取大量耗费资源的增长模式使我国本来不宽裕的土地、淡水等资源瓶颈迅速绷紧。采用早期增长的粗放增长模式,使我国的稀缺资源极不经济地耗费。

2003 年我国 GDP 约占世界 GDP 总量的 4%,而资源消耗却远高于 GDP 所占比例(见表16)。[1]

表16 2003 年我国资源消耗量占世界总消耗量的比重　　　　　　　　(%)

原油	原煤	铁矿石	钢材	氧化铝	水泥
7.4	31	30	21	25	40

数据来源:马凯(2004):《树立和落实科学发展观,推进经济增长方式的根本性转变——2004 年 3 月 21 日在中国高层论坛年会上的发言》,人民网:http://www.people.com.cn/GB/jingji/8215/32688/32689/2403665.html。

---

[1] 马凯(2004):《树立和落实科学发展观,推进经济增长方式的根本性转变——2004 年 3 月 21 日在中国高层论坛年会上的发言》,人民网:http://www.people.com.cn/GB/jingji/8215/32688/32689/2403665.html。当然,由于中国目前处在现代化的初期阶段,大规模的基础设施建设使我国同单位的 GDP 产出需要耗费较多的钢材、水泥等原材料;另外,由于汇率等原因,我国 GDP 占世界总量的比重可能低估,高估了我国单位 GDP 的实物消耗量。即使考虑到这些因素,我国经济增长中的高投入、低产出的问题依然很严重。例如,印度在过去几年以不足 GDP20% 的投资率获得了 6%—8% 的经济增长,而我们以近 GDP50% 的投资才达到 7%—9% 的 GDP 增长。

世界各国工业化过程中电力消耗的弹性系数在0.8之间；日本在1960—1970年加速工业化的阶段，能源弹性系数也不过为1.21，我国过去40年也在0.8—1之间，可是近几年这一系数高达1.6，而且还有大部分省份拉闸限电。这显然与我国产业结构出现了较大偏差、高耗能的重化工业发展过快有直接的关系。[1] 我国石油蕴藏量不丰富，一次能源主要依靠原煤。2000年我国生产原煤9.98亿吨，"十五"前3年，原煤产量以平均15％的速度递增仍然不敷需要。这促使一些煤矿进行超能力的掠夺式开采；同时，许多安全设备达不到要求的煤矿带病运转，造成事故频发，吨煤死亡率成为世界之冠。与此同时，有识之士呼吁多年的限制大排量汽车生产和消费的措施，为了支持汽车产业的发展，迟迟不能出台。目前我国已成为仅次于美国的世界第二大石油消费国，2004年进口原油1.23亿吨，占国内消费总量四成。[2] 石油这种战略性资源对外依存度的持续提高，将严重影响我国的经济安全。

与此同时，许多地区以大力发展高耗能工业作为振兴本地经济的重要措施。据新华社报导，近年来西部一些省份大办"高载能工业园区"，计划把本地区建成"世界级"的高耗能产品基地。结果使原来不缺能源的地区也严重缺电、缺煤。[3] 中国对世界能源的巨大需求已经引起了能源价格猛涨。据中国人民银行的统计，2004年国际市场煤炭价格较上年同期上升41.7％，原油价格上涨30.2％。[4] 中国工程院院长徐匡迪院士指出，如果中国继续走传统工业化的老路，其能源消耗将是中国和世界难以承受的。[5]

土地、淡水等资源更是难于通过国际贸易取得的"不可贸易产品"。在目前的增长模式下，这部分资源瓶颈已经对部分地区的经济发展形成硬制约。例如，我国人均占有土地大大低于世界平均水平。而且人口分布不均

1 汪恕诚(2005)：《C模式：自律性发展——2005年6月3日在〈中国水利〉杂志暨节水型社会建设高层论坛上的讲话》，打印稿。

2 《傅自应部长助理在中国五矿化工进出口商会铁矿石分会成立大会上的讲话》，商务部网站(http://fuziying.mofcom.gov.cn/aarticle/speeches/200503/20050300023543.html)。

3 储国强、刘军、熊聪如：《警惕我国成为世界高耗能产业转移中心》，新华网北京2004年12月8日电。

4 《2004—2005年产业形势分析预测：2005年能源瓶颈仍延续》，《上海证券报》，2005年1月20日。

5 徐匡迪(2004年3月23日)：《中国须走新型工业化道路——在中国国际钢铁大会上的演讲》，见新华社上海2004年6月6日电。

匀,94%居住在 46%的国土上,因此必须惜土如金。可是,在最近几年的"形象工程"和"政绩工程"中,严重浪费土地资源的现象随处可见,巨型楼堂馆所、巨型广场、大面积的开发区只盖一层楼动辄占地上千亩的花园工厂遍地开花。据国土资源部 2004 年报告,最近几年各级政府建立各级开发区 6866个,占用土地 3.86 万平方公里(57.9 万亩),其中大部分是耕地。加上其它占地,2003 年一年我国耕地就减少了 3806 万亩。[1] 深圳市可用土地面积与香港相若。香港开发了 100 多年,至 2003 年已开发的土地只占可用土地的22%。[2] 深圳的 GDP 只有香港的 1/6,近年来却出现土地紧张,成片土地已经用完,"缺乏生存空间",某些人士甚至提出了从邻区划入土地的要求。[3]

第四,使我国的生态环境加速恶化。

由于我国粗放的城市建设和产业发展,特别是高能耗、高水耗、高污染和大量占用土地的重化工业的发展带来的不可再生资源浪费和环境破坏问题没有得到有效的控制,一些地方的基本生产和生活环境遭到破坏。

在我国推进工业化的过程中,环境破坏日益严重。[4] 工业固体废物产生量由 1990 年的 5.8 亿吨上升到 2000 年的 8.16 亿吨;目前日排污水量在 1.3 亿吨左右,七大水系近一半河段严重污染;许多城市空气污染严重,酸雨面积已占全国面积的 1/3;全国水土流失面积达 3.6 亿公顷,约占国土面积的 38%;沙漠化面积达 1.7 亿公顷,占国土面积的 18.2%。[5] 据

---

1 《2003 年我国耕地净减近四千万亩》(新华社北京 2004 年 2 月 24 日电),新华网:(http://news. xinhuanet. com/zhengfu/2004-02/24/content_1328752. htm)。

2 《香港 2003》,中华人民共和国香港特别行政区网站,http://www. info. gov. hk/yearbook/2003/tc_chi/append/app6_31. html。

3 深圳数据来源于《深圳市 2003 年国民经济和社会发展统计公报》,深圳政府在线:http://www. shenzhen. gov. cn/jingji/tongji/2003yxqk/200404190207. htm);香港数据来源于《香港 2003》,中华人民共和国香港特别行政区网站:http://www. info. gov. hk/yearbook/2003/tc_chi/append/app6_1. html♯table1a;同时参见《剩余土地仅够开发 10 年,"大深圳"版图扩张猜想》,《南方都市报》,2004 年 3 月 8 日。

4 中国所吸收的 FDI 中有相当一部分是发达国家向外转移的高耗能、高污染工业,这些工业的产品最后大量出口到发达国家,使发达国家完成了污染的转移。参见 Jared Diamond(2005): Collapse: How Societies Choose to Fail or Survive(《崩塌:社会怎样在失败或存活之间进行选择》),London: Penguin, 2005,特别是其中第 370 页关于外资向中国转移污染密集型产业(Pollution—Intensive Industries, PII)的数量。

5 韩保江(2004):《中国发展的忧患之思》,载《瞭望新闻周刊》,2004 年第 7 期(2004 年 2 月 16 日出版)。

世界银行1997年统计,我国仅空气和水污染造成的损失,就相当于GDP的3%—8%。[1]

华北平原生产我国一半的小麦和三分之一的玉米,它同时又是一个严重缺水的地区,但是近几年来,北京、天津两市和河北、山西等省都在大力发展高度耗水的煤、钢、汽车等工业。河北一省就有近6000万吨冶炼钢铁能力,而且相当大部分采用高耗费和高成本、高污染的小冶炼装置。[2]即使规模较大、技术条件较好的钢厂生产1吨钢也需耗水16吨。在地上水不能供应的时候,就用地下水来弥补。据美国桑德拉国家实验室报告,中国2000年在海河流域取水量为550亿吨,比它的可持续供应量340亿吨超过了210亿吨。这些缺额由开采地下水来弥补。2001年8月发布的一份中国地质环境监测院地下水测量报告显示,华北平原的水位下降得比早先报道得要快。超采已经大大掏空了浅层蓄水层。这就迫使掘井者转向深层蓄水层。该报告说,河北省深层蓄水层的平均水位在2000年一年里下降了2.9米;该省一些城市的水位更是下降了6米。由于深层蓄水层是不能再补充的,随着华北平原深层蓄水层的耗尽,该地区正在丧失最后的水储备,最后一块安全垫将会消失。[3]

总之,正如胡锦涛总书记在中共十六届四中全会的讲话中所说:"如果不从根本上转变经济增长方式,能源资源将难以为继,生态环境将不堪重负。那样,我们不仅无法向人民交代,也无法向子孙后代交代"[4]。

第五,增加了解决就业问题的难度。

我国农村有超过1.5亿的富余劳动力需要转移到城镇非农产业中就业,城镇每年还有1500万以上的新增劳动力需要就业。因此,增加就业是关系经济持续发展和社会稳定的一项严重任务。然而,近年来城市建

---

1 联合国开发计划署(UNDP, 1999):《中国人类发展报告》,北京:中国财经出版社,1999年,第67页。

2 河北省采取这种"以钢为纲"发展重化工业的战略所造成的其它消极后果,还可参看胡鞍钢(2004):《从黑色发展到绿色发展:谈河北经济增长方式转变(2004年7月25日对河北省决策咨询委员会会议提出的咨询意见)》(打印稿)。

3 L.布朗:《B模式:拯救地球,延续文明,林自新、暴永宁等译,北京:东方出版社,2003年,第24页。

4 胡锦涛(2005):《做好当前党和国家的各项工作(2004年9月19日在中央十六届四中全会第三次全体会议上的讲话)》,载中共中央文献研究室编:《十六大以来重要文献选编》,北京:中央文献出版社,2006年,第312—313页。

设和工业建设大量占用耕地,每年增加成千上万失地农民,有报道说,目前全国失地农民总数已达 2000 万人。[1] 大量农民从土地上解放出来,这本是工业化和城市化过程中必然发生的情况。问题是城市非农产业能否提供足够多的新工作岗位以吸收农村的富余劳动力和城市的新增劳动力。理论分析和实践经验都表明,服务业和小企业是新工作岗位的主要创造者,资源密集型和资本密集型的重化工业创造新工作岗位的能力很差,就业容量很低。采取先行工业化国家早期经济增长模式,强调重点发展资本和资源密集的重化工业,势必造成就业状况的恶化。

我国自 90 年代后期以来,随着产业结构的重型化和资本深化,在投资大幅度增长的同时,就业对 GDP 增长的弹性系数急剧下降。我国的城镇登记失业率已经由 2000 年以前的不超过 3.1%,上升到 2003 年的4.3%[2],就业问题进一步凸显(见图 2)。这种情况在某些过去轻、小工商业企业发展较快、因而就业问题解决得比较好,后来又转而重点发展重化工业的地区也已经出现。这不能不引起严重注意并及时加以克服。

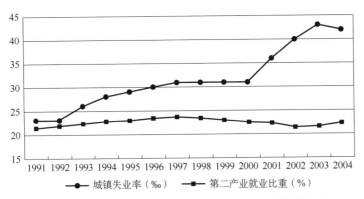

图 2　1991—2004 年我国第二产业就业比重及城镇失业率

数据来源:《中国统计年鉴》各年。

第六,抑制了对提高国民经济整体效率关系重大的服务业的发展。

1　新华时评:《城镇开发不能对失地农民"一脚踢"》,新华社北京 2003 年 3 月 8 日电。
2　国家统计局:《中国统计年鉴》各年份,中国统计出版社。

在传统社会主义政治经济学把服务归为"非生产劳动"、计划经济着重于物质产品增长的理论和政策的影响下，我国服务产值历来严重偏低。经过改革开放以来多年的结构调整，到世纪之交，中国第三产业产值占GDP的33%左右，不仅低于世界各国的平均水平（60%），还低于低收入国家的平均水平（45%）（见图3）。[1]

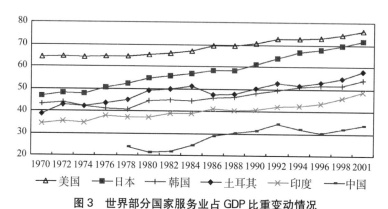

图3　世界部分国家服务业占GDP比重变动情况

注：表中数据均按当年价格计算。
数据来源：联合国统计司，http//unstats. un. org//unsd, 2004 年 7 月 4 日；中国数据来源于国家统计局：《中国统计年鉴》（各年）。

最近几年在各地片面追求产业结构重型化的浪潮中，我国服务业占GDP的比重不升反降，产业结构扭曲现象日益突出（见表17）。

表17　1980 年以来我国第三产业比重变化情况　　　　　　　　　　　（%）

	1980	1984	1990	1994	2000	2001	2002	2003	2004
产值比重	21.4	24.7	31.3	31.9	33.4	33.6	33.5	33.1	31.9

资料来源：国家统计局。

20 世纪服务业发展的一个重大趋势，是生产性服务业的发展快于消费性服务业。生产性服务业有多方面的发展。其中一个分支，是以服务

1　我国服务业在 GDP 中所占比例偏低，统计上有未将制造业内服务产值计算在内的技术原因。然而即使将这一因素剔除，我国服务业比重过低仍是一个不争的事实。

业特别是物流服务业作为关键的环节,把供应链(supplychain)串联起来的所谓综合物流管理,或称供应链管理(SCM)。所以人们常说,21 世纪的竞争不是单个企业之间的竞争,也不是产业集群(clusters)[1]之间的竞争,而是供应链之间的竞争。通过供应链管理,把价值链延伸到全球各个地方。这大大深化了专业化分工,从而促使成本的大幅度降低和效益的大幅度提高。在一个供应链中,流通环节通常占有附加价值和利润的绝大部分。由于服务环节发展落后,我国企业往往只能像陈志武教授所说的那样,"卖硬苦力"[2],从事简单的加工、装配等在价值链中附加价值和盈利率最低的经济活动,而把研发、设计、品牌营销、金融服务等的丰厚利润拱手送给别人。我国企业为国外企业做"代工"(OEM)的产品卖价很低,通常只有销售商卖价的 1/4 甚至 1/10,代工企业得到的只是微薄的加工费。

《华尔街日报》2004 年 1 月的一篇评论文章举出罗技国际集团公司(Logitech International)的例子,来说明中国在全球分工体系中扮演的角色。这家总部位于美国加州的公司在苏州的工厂每年向美国出口 2000 万只旺达(Wanda)牌无线鼠标,该鼠标在美国的销售价格约为 40 美元。其中,罗技拿走 8 美元(占 20%),批发商和零售商拿走 15 美元(占 37.5%),罗技的零配件供应商,如美国的摩托罗拉(Motorola Inc.)和安捷伦(Agilent Technologies Inc.)拿走 14 美元(占 35%),剩下的 3 美元(占 7.5%)归中国,而这 3 美元还要用来支付苏州 4000 名职工的工资以及能源、运输和其它管理费用。罗技在加州的 450 个销售人员的收入总额,远远超过苏州工厂内 4000 名中国员工的收入总额。《华尔街日报》的这篇文章评论道:罗技公司的苏州仓库,可以说是"当今全球经济的一个

---

[1] 在我国许多地区的起飞阶段出现了县、乡为单位的产业集群或称"块状经济",例如浙江绍兴的轻纺工业、海宁的皮革制品、嵊州的领带、永康的五金、温州的制鞋和打火机、乐清的低压电器、诸暨的袜业等等。这些以专业市场为依托的产业集群曾经是我国中小企业开拓国内外市场的重要基地。然而由于供应链受到地区范围的限制,分工难于进一步深化,当我国国内市场形成并逐步融入全球市场,这些产业集群就遇到愈来愈大的困难。

[2] 陈志武教授在《为什么中国出卖的是"硬苦力"》(载《新财富》,2004 年 9 月号)一文中解释了二者之间的关系。

缩影"[1]。

由于出口产品附加价值和盈利率过低,我国许多出口企业只能"以量取胜",靠增加出口数量维持。而这种出口战略不可避免地导致贸易摩擦、倾销诉讼的增多和出口困难的增加。有人这样来描述由传统增长模式造成的处境:我们"消耗了大量不可再生资源,承受着环境的污染,背负着'倾销'的恶名,可是利润的大头却不在自己手里。"显然,这种状况无论如何也不应当再继续下去了。

第七,过度投资使银行不良资产增加和系统风险累积。

对于像中国这样的发展中国家而言,资本是一种十分宝贵的稀缺资源,必须高度珍惜和最有效地加以利用。然而随着 20 世纪 90 年代中期许多地方兴起"重型化"之风,正像发展经济学在分析早期增长模式时揭示的那样,这种靠投资拉动的增长造成了投资率的节节上升。我国 GDP 中投资所占的份额由改革开放初期的 25% 左右,提高到 2003 年以后的超过 40%[2](见图 4);与此同时,投资效率则呈现下降趋势,增量资本产出率(ICOR)由 1997 年以前的 2—3 倍,提高到 1997 年以后的 4—8 倍(见图 5)。[3]

张军教授在对 20 年来中国经济增长的道路进行细致的分析以后确认了这种由过度投资造成的恶果。[4]

由于近年来过度投资热潮基本上是靠商业银行贷款支撑的,它所造

---

1 Andrew Higgins: As China Surges, it also Proves a Buttress to American Strength(《中国的迅速增长加强了美国的霸权》),*Wall Street Journal*, 2004.1.30(A1)。

2 这个数字大大超过了带有过度投资倾向的日本在高速增长时期的最高水平。据单伟建提供的数据,美国即使在上个世纪之交的高速工业化时期和战后恢复时期,其投资率也从来没有超过20%。在日本,其投资率达到的最高水平是上世纪 60 到 70 年代的 32%。[见 Weijian Shan: China's Yuan is Overvalued(《人民币是高估的》),*The Asian Wall Street Journal*《亚洲华尔街日报》,2005.6.23]

3 国家发改委主任马凯指出,美国、德国、法国、印度等国 GDP 中用于投资的占 10%—20%,我国为 40%—45%;上述国家每增加 1 亿元的 GDP 需要投资 1—2 亿元,我国最近几年约为 5 亿元。[马凯(2004):《树立和落实科学发展观,推进经济增长方式的根本性转变——2004 年 3 月 21日在中国高层论坛年会上的发言》,人民网:http://www.people.com.cn/GB/jingji/8215/32688/32689/2403665.html]

4 张军(2003):《中国的工业改革与经济增长:问题与解释》,上海:上海三联书店和上海人民出版社,2003 年,第 228—339 页。

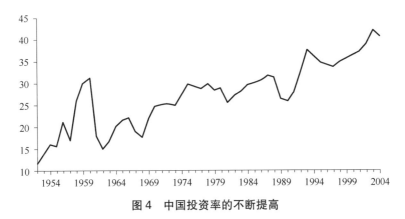

图4　中国投资率的不断提高

资料来源：CEIC。

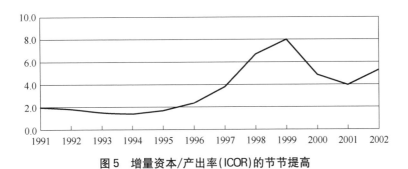

图5　增量资本/产出率(ICOR)的节节提高

资料来源：CEIC。

成的恶果必然会在中国的金融体系上反映出来,造成银行系统不良资产积累的金融隐患。由于靠银行贷款支持的增长只是一种"借来的增长"[1],在投资效率不高的情况下,坏账风险会在景气周期的上升阶段隐蔽地积累起来,而在景气周期的下降阶段,或者在受到某种外部冲击时引起金融体系的系统风险。目前我国标志投资效率的指标增量资本产出率(ICOR)居高不下,已经达到某些东亚国家1997年金融危机爆发前的水平,即每增产1元GDP需要投资5元以上。前已述及,P. 克鲁格曼教授

<hr>

1　单伟建(2003):《中国经济增长的巨大悖论》,载《财经》,2003年第8期。

指出过,一些国家采用投资驱动的增长模式,乃是引致东亚金融危机的一个主要原因。[1] 前车既覆,后车当鉴,我们必须未雨绸缪,防止类似的危机在我国发生。

四、 转变经济增长模式,走新型的工业化道路

以上的分析表明,无论按照别的国家经济发展的历史经验,还是根据自己的实际情况,中国都必须彻底转变经济增长模式,走一条新型的工业化道路,将建设资源节约、环境友善型经济作为"十一五"乃至更长时期的基本指导方针。只有走出这样一条道路,中国才有可能在今后的长时期中实现持续较快的增长,也才有可能平稳地实现国富民强的目标。

1. 转变增长模式刻不容缓

根据发达国家的历史经验,作为一个处于工业化中后期的发展中国家,中国需要通过以下的几个方面的努力改变增长模式、提高增长质量:

第一,鼓励技术创新和产品升级,促进基于科学的技术在国民经济各领域中的运用。

经过 20 多年的经济发展和改革开放,中国现在已经成为全球重要的加工生产基地,但是正如前面讲过的,我国企业在产品价值链中主要从事技术含量和附加价值低的装配制造作业。为了提高效率,出路首先在于加大技术进步,提高产品和服务的技术含量和附加价值,而不是单纯靠增加资本和其它资源的投入实现增长。

讲到提高我国产品的技术含量,经常会出现的一个认识误区,就是只重视重大的、关键性的技术突破,而忽视渐进性的小改小革。在这种认识下,以为加快技术进步的办法,就是由政府主管选定关键的技术领域,然后投入足够的人力、物力、财力支持企业或者自行组织所在地区或部门的机构进行"攻关";同时配合所谓"高科技含量"的考核,要求企业将这些已经获得的关键技术应用于生产,实现"从科研到产品的转化"。

---

1 克鲁格曼(1999):《萧条经济学的回归》,朱文晖、王玉清译,北京:中国人民大学出版社,1999 年。

历史经验表明,这并非实现普遍技术进步的有效方法。首先,技术进步包含两部分内容,一部分是常常被称为技术革新的渐进性改进,另一部分则是被称为技术革命的根本性突破。只注意那些根本性的突破,而忽视这种根本性的突破往往由许多渐进性改进汇集而成;没有这种先期性的渐进性改进,重大的突破也很难出现。而且,重大技术突破只有大量渐进性革新依附于其上,或者与其相配合,才能充分发挥作用;没有这种广泛存在的渐进性改进,重大技术的单项突进并不能收到好的经济效果。[1]尤为重要的是,在现代市场经济环境下,虽然完整的国家创新体系包含了基础研究、应用研究等多个环节,但以创造财富为目的的企业是推动技术创新和产品创新的主体。企业根据市场需求确定研究开发的方向,面向市场竞争组织产品开发,并整合知识和社会研究开发的资源,达到这些资源的充分利用。由政府机构来认定什么是需要突破的关键技术,由于政府缺乏足够的信息和足够的利益关心,极易发生决策失误。所以,不应只着重于"抓"某些重大的技术突破,而应当深入推进科学和技术体制改革,提高研究和开发质量,着眼于发挥千千万万科学家、技术人员和企业家的积极性和主动性,由此形成整个社会人人努力于技术进步的氛围,既通过重大的技术突破,也通过日积月累的对现有工艺和产品的改进,以及对引进技术的消化、吸收和提高等等多方面地提升我国产业的技术水平。

先行工业化国家的发展经验还表明,教育即对人力资本(人的知识和能力)的投资,对持续的技术进步起着重要的作用。在现代经济增长阶段中,人力资本对物质资本的替代作用和强化作用十分显著。技术进步使创造同样增长率所需的物质资本和其它资源投入趋于减少,从而使先行工业国摆脱所谓"增长的极限",即物质资源对增长的约束。由于无论技术进步通过什么途径实现,最终都是由人来实现的,所以,增加人力资本投资,实现人力资本的积累,就具有重要意义。加强和改善教育,特别是基础教育和职业教育,对于中国这样人力资本不足的发展中国家,意义就尤其重大。

---

[1] 参见范世涛(2005):《信息化、结构转变和发展政策》,载《比较》辑刊总第 18 辑,北京:中信出版社,2005 年。

然而我国教育投入不足，教育的发展远远不能满足实现工业化和现代化的需要，至今连法定的九年义务教育还没有在全国普遍落实，中等和高等教育普及率也比较低（见表18），社会培训组织不健全，造成劳动者素质普遍较低，从而制约了生产过程中的创新。因此我国需要尽可能加大对教育的投资，大力发展中等教育，加强高等教育，同时努力推进教育体制改革，提高教育质量，改善人力资本投资的效率。据日本经济学家神门善久(Godo Yoshihisa)和速水佑次郎的研究，教育赶超必须先行，日本在明治维新以后不久就开始了教育的赶超，经过几代人的努力，才奠定了在20世纪中期经济上赶超先进国家的人力资本基础。[1] 因此，我国强化科研和教育的工作必须抓紧进行。

表18 教育发展指标的国际对比

国家	1997 年公共教育支出占 GNP 的百分比（％）	1997 年预计受教育年限（年）
澳大利亚	5.4	17
加拿大	6.9	17
丹麦	8.1	15
芬兰	7.5	16
法国	6.0	15.5
德国	4.8	16
爱尔兰	6.0	14
日本	3.6	13.5(1980)
新西兰	7.3	16.5
西班牙	5.0	13(1980)
瑞典	8.3	14.5
英国	5.3	16.5
美国	5.4	16
中等发达国家平均水平	5.9	15.4
中国	2.3	6

资料来源：世界银行，转引自中国科学院可持续发展战略研究组(2002)：《中国现代化进程战略构想》，北京：科学出版社，2002 年。

---

[1] 神门善久和速水佑次郎《教育追赶要先于经济赶超——日本 1890 到 1990 年赶超美国的启示》（2003 年，打印稿）一文对此作出了清楚的说明。感谢蔡昉教授向我提示了这篇对我国极具借鉴意义的论文。

在科学研究方面，也有类似的情况（见表19），因而难以为技术进步提供强有力的支撑。这种情况也亟需有较大的改进。

表19 中国科技发展指标的国际对比

国家	1987—1997年研究与开发的支出占GNP百分比（%）	1987—1997年每百万人从事研究与开发的科学家数（人）	1987—1997年每百万人从事研究与开发的技术专家数（人）	1997年每百万人专利申请件数（件）
澳大利亚	1.80	3357	797	2341.68
加拿大	1.66	2719	1070	1625.54
丹麦	1.95	3259	2644	14076.04
芬兰	2.78	2799	1996	12709.41
法国	2.25	2659	2873	1681.02
德国	2.41	2831	1472	1889.1
爱尔兰	1.61	2319	506	14414.05
日本	2.80	4909	827	3182.01
新西兰	1.04	1663	809	7465.26
西班牙	0.90	1305	343	2136.97
瑞典	3.76	3826	3166	9481.93
英国	1.95	2448	1017	2192.42
美国	2.63	3676	—	2341.68
中等发达国家平均水平	2.00	2661.7	1439.2	5814.80
中国	0.66	454	233	42.95

资料来源：世界银行、国家统计局、科技部；转引自中国科学院可持续发展战略研究组（2002）：《中国现代化进程战略构想》，北京：科学出版社，2002年。

第二，大力发展服务业，特别是生产性服务业。

自从第一个五年计划集中力量发展以156项大型投资项目为核心的重化工业以来，服务业一直是我国经济发展的一条短腿。正如我们在前面分析过的，在现代经济增长中服务业的高速度发展是降低交易成本和提高经济效率的一个重要源泉。反言之，服务业发展不足，是我国经济活动交易成本过高的主要原因之一（另一个主要原因是市场经济制度仍不完善）。因此，大力发展服务业，特别是生产性服务业，是实现我国经济增长方式转变的一项最紧迫的任务。

其实早在20世纪80年代中国一些"新富地区"崛起的初期，服务业就扮演过非常重要的角色。例如在浙江，"前店后厂"的小店铺、"跑单帮"

的小商贩和星罗棋布的"专业市场",乃是促进该地区强劲增长和走向繁荣的最重要的力量。而且依靠商贸服务业,形成了具有强大竞争力的产业集群和"块状经济"。虽然浙江地区的服务业的业态正由交易关系从本地市场上的人格化交易转向大范围市场乃至全球市场的非人格化交易的升级和转型过程,它们这种由服务业,哪怕是"前店后厂"、小商小贩等初级形态的服务业带动制造业发展的经验无论对于它们自己还是对于正在起飞过程中的地区都没有过时。现在有些地方轻视初级形态的服务业,认为只有发展传统的从事物质生产的制造业,或者发展后工业化时期的"高级服务业",才是实现工业化和现代化的正途。这完全是一种误解。先行工业化国家的经验说明,无论在工业化"起飞"以前的时期还是在工业化后期,商业、金融等一般服务业对于降低制造业制造成本和交易成本,提高经济的整体效率都起了重要作用。我们必须尽快改变我国服务业发展不足的落后状况,把基本服务业体系建立起来。

对于制造业已经有了一定发展的地方来说,要积极推动我国大量从事简单加工装配的企业向施振荣所说"微笑曲线"(价值链)上下游的研发、设计和品牌营销、售后服务等环节延伸,以便提高产品的附加价值和盈利水平,用最少的资源消耗创造最多的产值。正如我们在前面谈到过的,中国在研发、设计和品牌营销、售后服务等智力密集型环节,有丰富的人力资源,只是需要按照现代市场经济的要求使这些资源得到有效利用,依托国内庞大的制造业对这些高端服务的需求,通过"干中学"获得必要的产业经验,必定能够迅速建立在这些环节上的强大竞争力。

有一些论者认为,中国的比较优势在于劳动力价格低廉,因此,它在国际分工中最适宜扮演的角色是从事装配、加工,至于致力于高附加价值的产品自主研发和品牌营销,至少不是 10 年、20 年内的最优选择。[1]

问题在于,劳动力价格的低廉只是中国的浅层比较优势。长期停留在浅层比较优势的开发上,将会限制经济的进一步发展和人民生活水平的持续提高;而且大量出口廉价商品,也会遇到世界市场容量的限制和进

---

1 参见马娟等整理(2005):《中国需要怎样的工业化道路》,载王海明编著(2005):《北京共识("21世纪北京圆桌"讨论汇集)》,北京: 中国社会科学出版社,2005 年,第 371—372 页。

口国的抵制。从动态比较优势的观点看,中国应当努力开发深层比较优势,例如,努力提高劳动者的素质和能力,充分发挥我国技术和管理人才的自主创新能力,尽力向施振荣"微笑曲线"的两端延伸,才有可能进一步提升中国在劳动力方面的比较优势,并借此带动经济结构的优化和升级。

应当承认,中国的整体发展水平还比较低,不可能在短期内和发达国家全面看齐。因此,要求所有的企业都要从事自主品牌营销是不现实的。但是这不等于说,所有的企业都只能沿着分销、代工(OEM)、代为设计(ODM)和自主品牌营销(OBM)的链条一步一步地爬行。在这方面,台湾IT产业发展的经验和教训值得我们注意。由于本地市场规模的限制,台湾的IT产业长时期采取了以代工(OEM)为主的经营战略。可是他们很快就发现,"成也代工、败也代工",代工的利润率逐渐下降,到21世纪初期,"已经从'微利'变成了'纳米级利润'"。这种情况使台湾企业或先或后地改弦更张。一些企业利用大陆市场广大的优势,从这里开始营造自己的品牌,已经取得了很好的成绩;另外一些企业也正在作出自己的努力。[1] 显然,大陆企业更应当从一开始就利用自己的这种优势,尽力摆脱只是"卖硬苦力"的状况。有些企业在进行自主研发和开发自主品牌方面已经作出了可喜的成绩。例如,在信息和通信产业领域,华为技术从一开始就面向市场进行大规模的研究开发投入,因而得以实现20年的持续增长,且其技术能力迅速提高,目前已经进入全球电信设备的领先企业的行列,其人员结构出现了研究开发人员与销售服务人员占大部分、生产制造仅占一小部分的"哑铃式"结构。相比而言,国内一些企业却沉湎于组装环节,生存环境日渐恶劣。华为等企业的努力值得鼓励,它们的经验也值得具有相同条件的企业学习。

第三,运用现代信息通信技术(ICT)提升国民经济各产业的效率。

我国工业化较之先行工业化国家的工业化有一个更优越的条件,就是能够利用20世纪50年代以后发展起来的现代信息技术改善增长质量。由于信息产业的基本功能是通过信息服务,改善信息的传输、处理、存储和利用,有效地降低各行各业的交易成本。

---

1 《台湾IT超越代工》,见《电脑报》,2003年第31期。

因此,在服务业已经具备一定基础的地方,要努力促进原有服务业的升级,发展电信传输、信息处理、大众传播、金融保险、医疗、旅游、商业咨询、人才培训等现代服务业,或称知识型服务业(Knowledge-based Service Industries)。[1] 所谓现代服务业或知识型服务业,是指用现代信息通信技术(ICT)武装起来的、主要依靠人的知识和技能的服务业。由于将现代信息通信技术广泛运用于信息的传输、处理和存储,就使服务业的交易成本大为降低、效率大为提高。

现代信息技术在商业服务中的运用,使集聚在较小地区范围内的产业集群演化为全球供应链。这种全球供应链需要由超越国界的现代物流管理(供应链管理)来加以整合。我国亟需发展现代物流管理,包括生产企业的自营物流、商业企业的自营物流和以核心企业为主的第三方物流管理。

但是在我国,受到只重视物质生产的传统观念的影响,往往把信息产业作为工业、甚至重工业来对待,认为发展 ICT 产业的意义只在于增加电脑和其它外围设备等电子信息产品的产值。这种认识和实践使我国信息产业的结构变得畸形。在发达国家,信息产业产值中只有 1/3 来自硬件制造,其余 2/3 都来自软件和信息服务,而我国信息产业的结构正好相反,硬件投资占 70%—80%,软件和服务投资只占 20%—30%,信息产业的服务功能发挥得十分不足(见表 20)。

表20　2004 年中国和美国信息产业投资结构比较　　　　　　　　　　(%)

	硬件	软件	服务
美国	32.1	25.2	42.7
中国	79.5	8.5	12.0

资料来源:国际数据公司(International Datacasting Corporation,IDC)。

我国信息产业发展的主要方向应当是大力发展信息服务,使现代信

---

1 美国商务部定义的知识型服务业为:提供服务时融入科学、工程、技术等的产业或协助科学、工程、技术推动的服务业,包括通讯服务、金融服务、商业服务、电脑软件、电脑及信息处理、研发与工程服务以及其它相关服务、教育服务和健康医疗服务。

息通信技术(ICT)渗透到各个行业和各个部门,以便降低全部经济和社会活动的信息成本,提升我国的整体经济效率。

2. 转变增长方式的关键在于推进改革

从前面的分析可以看到,改革开放以来中国经济增长模式之所以没有能够按照现代经济增长的要求实现向集约增长方式转变,从根本上说是由于制度方面的原因使然:一方面,适合于传统增长方式的体制安排和政策规定要很大程度上促使握有很大资源配置权力的各级官员动用土地、信贷等资源发展那些并不具有比较优势、然而产值大收入多的产业;另一方面,有利于资源有效利用的现代市场体系和相关配套制度还没有完全建立,市场机制在稀缺资源配置上还不能有效地发挥基础性的作用。

这种情况表现在经济运行的各个方面。

以技术进步缓慢而论,正如诺斯所指出:技术设定了经济发展可能达到高度的上限,但它实际上能达到多少,则是由制度决定的。例如,人力资本积累的过程必须和政府创造良好创新环境和有利于技术进步制度相结合,否则就会出现"苏联现象",即苏联拥有世界上规模最为宏大的官办教育体系和科研体系,但其全要素生产率仍然很低,经济增长方式依然十分粗放。"苏联现象"出现的原因正是由于它的教育体系和科研体系虽然规模宏大,体制上却十分僵硬、封闭,不利于专业人员积极性和创造性的发挥,从而不利于学术创新和人才的成长,因而经济增长不能依靠基于科学的技术的运用,而只能依靠资本积累和资源投入的增加实现。针对这种情况,对于中国这样一个从集中计划经济转变而来的国家来说,发挥专业人员的积极性和创造性,关键在于使能够促进学术繁荣和激励技术创新的机制制度化。对于科学而言,最重要的是形成独立和自律的科学共同体,以便树立严格的学术规范和建立以科学发现优先权为核心的激励制度。对于教育而言,最重要的是以学术权威取代行政主导,形成真正"尊重知识、尊重人才"的社会环境和建立"面向现代化、面向世界、面向未来"的教育体系。对于技术而言,最重要的是营建良好的市场竞争环境和产权保护体系(包括知识产权保护体系),使创新者能够得到实实在在的利益。

再如,新技术和新产品的研究开发在很大程度上依赖于产权保护的制度是否健全，产权保护的力度是否足够。在"你创新、我仿冒"，新产品甫一上市、甚至尚未上市就遭到仿冒的情况下，企业很难具有投资于技术创新和产品创新的积极性。这种情况的改变，在很大程度上依赖于规范的市场制度的建立。

正像陈志武教授所分析过的那样，制度机制的好坏不仅决定了一个人一年能完成多少笔交易以及创造多少价值，还决定了每个国家在国际产业分工中的定位。当一国的制度机制不利于高附加价值、高盈利率产业的发展时，它只能在国际分工中从事低收入的"硬苦力"活，发展那些低附加值和低盈利率的产业。我们希望发展较之简单制造业附加值和盈利率更高的服务业，但是，制造业的发展和服务业的发展对制度环境有着截然不同的要求。与有形物打交道的制造业相对于服务业对制度机制的依赖性较弱；与人打交道的服务业对制度机制的依赖性就很强。而服务业所交易的是一些看不见摸不着的无形的"服务"或"许诺"，道德风险和逆向选择的可能性就大大增加。在制度资本欠缺的社会里，这种行业更容易停滞不前甚至关闭。我们都渴望中国人的勤劳能带来与时代相称的财富收入，但要实现这一愿望就必须改变现有的制度环境，一方面让市场效率提高，另一方面给高附加价值的产业提供发展的机会。否则，中国只能停留在传统制造业和其它"硬苦力"行业上，老百姓也只能勤劳而不能富有。在农耕时代，"地大物博"决定了竞争优势；但在今天全球化的市场中，进行交易的不再只是熟人、本地人，而越来越多的是外地陌生人和外国商人，只有可靠的正规司法体制和良好的执法环境才能促进交易以更高的效率进行，也才能给一些对制度机制依赖性强的产业深化发展的机会。因此，制度是全球化环境下决定国家竞争优势的关键要素。[1]

从理论上说，新制度经济学的开创者 D. 诺斯等深入地分析过市场制度发展对合同实施方式和法治体系的依存关系。在市场经济发展初期所谓"熟人市场"的人格化交易中，保证合同执行的双边和多边声誉与惩罚机制通常是有效的。但是，随着市场规模的扩大，大部分交易体现出"生人"之间非人格化交易的特征。在这种场合，双边和多边声誉与惩罚机制

---

1 陈志武(2004)：《为什么中国人出卖的是"硬苦力"》，载《新财富》，2004 年 9 月号。

难以发挥作用,建立一个独立公正的司法体系来保证合同的实施便显得极为迫切。就服务业而言,尽管由于服务产品本身具有许多难以"证实"的特征而无法签订比较完备的合同,我们仍然可以认为,一个有效的司法体系将明显有助于服务业合同的执行和交易的实现。所以,建立在法治基础上的现代市场经济制度,乃是转变增长模式和实现现有效率持续增长的前提。

在这种情况下,改革旧体制,建立和完善市场经济体制,就成为实现增长模式转变所必须进行的基础性工作。

在市场经济制度下,需求是价格的函数,市场价格的变动还会导致技术的改变和供给的变化。当一种要素的稀缺程度提高时,反映相对稀缺程度的要素价格会诱导出使用更少资源的技术变革。这种技术变革源于追求利润的企业家用相对更便宜的资源替代更稀缺的资源来降低生产成本的努力,因而资源将向着发现和利用新资源、提高稀缺资源使用效率的方向进行配置。因此,完善我国的市场经济体制,就成为改革推进的中心内容。

2003 年的中共十六届三中全会通过的《中共中央关于完善社会主义市场经济体制若干问题的决定》对推进市场化的改革进行了全面的部署,现在要做的事情,就是使这一部署落到实处,使改革得到全面的推进。根据转变增长模式、走新型工业化道路的要求,重点的改革项目是:

(1)继续按照中共十五大指出的方向,调整和完善所有制结构;实现国有经济有进有退的布局调整和国有企业的股份化改制。

(2)健全金融体系,在规范的基础上发展资本市场。

(3)建立健全覆盖城乡居民的社会保障体系,为社会的稳定发展编织一个能够吸收震荡的安全网。

(4)建立健全包括知识产权在内的产权保护体系,使所有的公民和一切从事诚实劳动、合法经营的人们的利益得到切实的保证。

(5)规范市场秩序,用公正执法保证合同的实施,健全社会信用体系。

3. 转变政府职能,建设市场经济的法治基础是关键中的关键

需要强调指出,完善经济机制和体制,关键在政府。我们作这样的论

断,是基于两个方面的理由:

第一,目前各级政府仍然拥有过多的资源支配权力。这种配置方式扭曲了价格,抑制了市场的作用,更扭曲了整个经济体系的激励机制,使部分企业不是去努力改进管理和提高效率,而是靠"结交官府"和通过各种寻租活动来获取非生产性利润(租金)。

第二,现代市场的运作以保护财产权利和平等竞争的法律和司法体系的存在为前提。而提供这样的前提,乃是政府的基本职责。

例如,我们在前面讲到过,一个完善的市场制度必须建立在法治的基础上,而后者只能由国家来提供。又如20世纪80—90年代形成的新增长理论(也称内生增长理论)着重指出,知识、人力资本积累和技术进步离不开政府的作用。罗默(Paul Romer)、卢卡斯(Robert E. Lucas Jr)不但指出专业化分工、知识和人力资本积累是经济增长持续和永久的源泉和动力,而且突破了新古典模型的框架,将技术进步过程内生化,强调大部分技术进步源于企业为追求利润最大化而进行的有目的性的创新活动。他们指出,由于新技术一方面具有正的外部性(positive externalities),另一方面又属于非竞争性物品(non-rivalrous),可以迅速被其它企业模仿而获利,所以,要使企业成本与社会成本相一致并使企业具有投资于技术开发的积极性,政府就必须采取鼓励发展新技术的政策并且对知识产权提供有力的保护。只有这样,才能推动一个国家的生产可能性边界不断外移。

因此,必须推进政府自身的改革,建设有限然而有效的政府。有限政府意味着,政府除非在市场失灵的必要情况下,不干预市场交易活动和企业的微观决策行为,不在地区、部门、企业间依据政府自身的偏好配置资源;有效政府要求政府低成本地履行以下三方面的职责:(1)提供法治环境;(2)通过总量手段保持宏观经济的稳定;(3)在市场失灵的条件下酌情使用经济和行政手段加以弥补。

问题在于,政府改革的实质是政府的自我革命,而自我革命往往是比较困难的,对于在旧体制中有种种权力和利益的人来说就更加困难。国务院正在贯彻执行2004年制定的《全面推进依法行政纲要》。这是一个落实党中央关于完善社会经济体制的纲领性文件,是一个以建立法治政府为目标的十年政府改革路径图。党政领导对于推进改革必然会遇到的障碍和阻力必须有充分的思想准备,并且下定决心为大众的利益进行改革攻坚,以坚定的政治意志和高度的政治责任感推进以政府改革为核心的全面制度建设。

产业转型升级的核心问题是什么？[*]

（2011 年 11 月）

  李毅中主任刚才的演讲提出了两个重要的问题：一是要扭转只重"虚拟经济"、忽视"实体经济"的偏向；二是要高度重视工业（制造业）的发展。在如何对待以金融业为代表的虚拟经济和以工业为重要组成部分的实体经济这两个问题上，的确存在一些流行的误解，很有必要加以澄清。

  从"九五"（1996—2000 年）以来，党政领导机关一直非常强调经济增长方式或称经济发展方式的转型。"十一五"规划（2006—2010 年）和"十二五"规划（2011—2015 年）明确规定，经济发展方式的转型的一项重要内容就是提高各类服务活动在经济活动总量中的比重。但是有人把服务业与制造业之间的关系理解为此长彼消的关系。

  服务活动在经济活动总量中的比重大为提高，是现代经济的一个突出特征。为什么会是这样的呢？从经济学的角度看，这是因为从 19 世纪末期开始、特别是 20 世纪 50 年代进入信息化时代以来，出现了一个非常明显的趋势，就是在社会总成本中加工制造成本的比重不断降低，而交易成本的比重不断提高。道理很简单，效率提高、制造成本的降低是要靠分工深化来实现的。分工越来越细，各个主体之间的交易活动会变得愈来愈频繁，为完成交易所需要付出的成本就愈来愈大。服务活动对于降低交易成本具有重要意义，所以在现代经济中服务活动变得越来越重要，发

---

  [*] 根据本书作者 2011 年 11 月 11 日在"财新峰会"上对全国政协经济委员会李毅中副主任的主题演讲所作的评论整理而成。载吴敬琏：《直面大转型时代》，北京：生活·读书·新知三联书店，2014 年，第 108—114 页。

达的市场经济中从事服务活动的劳动力的占比也越来越高。到了上世纪50年代以后,在发达国家的社会总成本中,交易成本的占比在一半以上。

服务活动除了由独立的服务业如餐饮业、商业、银行业、证券业等进行外,还包容在社会生活的各行各业之中。所以,"十一五"规划和"十二五"规划要求提高服务活动比重的时候,讲的是两块:一块是独立服务业的增加值;另外一块是在制造业、农业等产业中的服务活动增加值。

但是,目前社会上的确存在忽视后面一块的倾向。发生这一问题的原因在于,要在统计上全面反映社会各领域的服务活动总量,存在技术上的困难。通常使用的服务业增加值在 GDP 中所占比重的指标所反映的仅仅是独立的服务业所创造的增加值。当人们不知道这一指标的统计含义又很看重它的"政绩含义"的时候,就很容易以为提高服务活动在整个经济中的比重只意味着发展独立的服务业。不管中央政府还是地方政府领导,在看统计报表时都十分注意服务业的占比,而往往忽视了第一和第二产业中包容的服务活动含量。这是很不恰当的。特别是对于我们这样一个制造业大国来说,发展制造业中的服务性活动是极为重要的。现在许多地方政府的领导都要求把包含在工业和农业内的设计、研发、销售、售后服务等服务性活动独立出来,成为独立的服务业企业,以便提高本地服务业在 GDP 中的占比,虽然在当前的经济发展阶段,把服务活动和制造活动搁在一块儿常常是更加有效率和更能降低成本的。

还有一个因素也造成轻视工、农、商业等实业的风气。这就是在货币超发、流动性泛滥和"以钱生钱"的投机活动盛行的情况下,服务业的一些虚拟经济分支,如金融业、博彩业等往往会成为更容易"赚快钱"的行业,较之于需要付出更多,也许赚得更少的工业、农业和商业等实体经济行业,这类虚拟经济就成为一些人趋之若鹜的行当。

以上因素都会导致李毅中主任在讲演中指出的忽视实体经济的偏向。纠正这种偏向,强调重视工业、农业、商业等实体经济的发展,是十分正确和完全必要的。

不过当我们强调发展工业等实业的时候,一定要防止陷入另一种误区。这就是一说起发展工业,想到的就是传统的狭义工业,如金属冶炼、金属加工、零件装配等等。殊不知现代工业是拥有很高技术和知识含量、高度服务化的工业，或者说是与服务业相融合的工业。我国的工业，特别是其中占有很大一部分比重的制造业还处于制造业价值链的低端，附加值很低。例如我过去一再引用过的鼠标制造商罗技公司（Logitech）的例子。这个公司在苏州生产各种各样的鼠标，产品总价值中占大头的，一是芯片供应商，二是销售商。包括工人工资和水电杂费在内，苏州所得在产品总价中所占的比率不过 7.5％。这样的例子在中国的加工制造业中是普遍存在的。最新的一个案例，是美国加州大学几位教授所做的 iPhone 和 iPad 价值链分析。我们知道，iPhone 和 iPad 是在中国大陆加工组装的。但是根据这几位教授的报告，由大陆代工厂员工提供的只是低知识含量的劳动，他们的所得不超过产品总价的 2％。

根据以上所说的这一切，我们在说到要重视我国工业发展的时候，一定要同时强调，它们必须加快转型升级。

制造业转型升级的核心问题是什么？在我看来，核心问题就是要把它的产业链尽量向附加值较高、赢利性更强的服务领域延伸。换句话说，就是向宏碁电脑（Acer）的创始人施振荣 1992 年提出来的"微笑曲线"的两端，即向前端的研发、设计和后端的品牌销售、渠道管理、售后服务（包括商业性服务和金融服务）等服务性业务延伸。

中国现在最大的进口项目是什么呢？许多人以为是石油等大宗商品。其实不是这些，而是集成电路芯片。我们的制造业是不是就没有能力制造高附加值、高技术知识含量的产品呢？其实是完全有这种可能性的。最近我们在上海做了一次超大规模集成电路产业的调查，调查范围从原材料供应直到芯片应用。我们高兴地发现，在这个产业的好几个环节，都有中国企业进入了世界十强的范围。在刻蚀机这样的高端领域，居然有中国企业在很短的时间内迎头赶上，入围世界十强，这是很了不起的。[1] 但是，这个行业内的危机感仍然十分强烈，特别是从业的科学家。他们告诉我，如果在五年内进不了世界三强，企业就随时面临死亡的结局。中国的企业能不能真正实现跨越？他们感到障碍在哪里呢？回答是，企业面对的体制、机制存在很多问题，不利于创新和创业的经营环境

1　这里指的是 2004 年成立的中微半导体设备公司。

使他们步履维艰,难于充分施展自己的才能。

总而言之,我国以加工制造为主的工业必须加快转型升级。转型升级的实质和核心是增加产品的知识技术含量,提高附加值。而提高附加值的关键又在于推进改革和建立一个有利于创新和创业的体制。

这就是我对李毅中主任讲演的体会。谢谢诸位。

现场问答

提问一:我想请教吴老师的是,我们现在哪些方面的改革能够促进创新?

吴敬琏:这是一个很重要的问题,但要讲清楚可以说是一言难尽。总的说来,促进创新的症结在于使创新者得到的回报与他对社会的贡献相一致,只有竞争才能带来创新活动的繁荣。现在中国人的新发明并不少,问题在于这些发明的产业化非常困难。

原因有两个,一方面是经营环境,包括融资环境、税收环境不好。以服务业为例,独立的服务业税负沉重,制造业里面的服务活动的产权缺乏保护,尤其是软件行业。另一方面,因为货币超发,流动性泛滥,所谓"虚拟行业"如证券业盈利性非常高,赚钱容易,使许多人都把注意力转向"虚拟行业"或者转向房地产业。因为土地资源掌握在政府官员手里,只要他们低价批地给你,你就发了大财,于是做制造业的人们受到了很大的诱惑,一些很有名的IT企业的相当部分盈利竟然也来自房地产。

因此,要改善创新创业的制度环境,否则产业升级十分困难,而只有通过改革才能改善制度环境。所以,关键在于切实推进市场化的经济改革以及社会、政治等方面的制度改革。

最近发改委对两个电信运营商展开反垄断调查,严格执行竞争政策,对于改善企业的经营环境是好的。但要注意,调查一定要按照法律原则,六亲不认,谁违法就查谁。现在有一个很大问题,就是"普遍违法,选择性执法"。垄断的问题在我们的经济生活中到处都存在,希望有关的执法单位要抓紧工作,把竞争环境营造得更好。

提问二:过去五年政府的资产增长得非常快,而民间则微弱得多。

这就是所谓的"国进民退"。对此经济学家有什么建议？

吴敬琏："十二五"建议里提出"重视改革顶层设计"，这是一个很好的概念，意味着我们准备在未来的五年中重启改革议程。对于国有企业的改革目标，1997年的中共第十五次全国代表大会已经讲得很清楚了。1995年以后，出现了整个国有经济亏损的情况。十五大确定了"公有制为主体、多种所有制经济共同发展的基本经济制度"，这个基本经济制度怎样才能实现？首先一条就是"调整和完善所有制结构"，对国有经济布局进行有进有退的战略性调整，国有经济只保持对"关系国民经济命脉的重要行业和关键领域"的控制地位，其他的领域原则上都可以退出。这在"放开搞活小型企业"的方面做得比较好。中国之所以能够成功应对亚洲金融危机，最重要的因素就是小企业的全面转制和迅猛发展。

新世纪以来，国有经济改革放慢，甚至还有部分回潮。2003年的中共十六届三中全会通过的《中共中央关于完善社会主义市场经济体制若干问题的决定》，内容很好，但是执行得不坚决。一个原因是我们的经济情况很好，另一个原因是对于到底建立一个什么样的经济体制没有共识：是建立一个法治的市场经济，还是要建立一个政府"驾驭"下的"市场经济"（或者叫作"国家资本主义"）呢？

我寄希望于明年的中共第十八次全国代表大会重新肯定十一届三中全会以来的改革路线，也希望十八届三中全会通过一个全面改革的整体方案，让改革重整旗鼓，对一些关键性的部位进行突破。如果在今后五年里，中国的经济社会政治制度改革能够有更大的进展，那么我们已经期盼了几十年的经济发展方式转型就有可能再取得大的进步，经济社会的稳定持续发展才能有切实的保证。

提问三："十二五"把战略新兴产业上升到很高的高度，可是局部区域发展不平衡已经造成了一部分产能过剩，如果这样发展下去可能又会出现新一轮产能过剩。请问吴教授，中央政府对此有预案吗？

吴敬琏：对于你的后面这个问题，我回答不了。不了解中央政府有没有预案。可惜今天温家宝总理没有来，也不知道这里是不是有什么别人有资格回答这个问题。

我认为，中国发展战略新兴产业的条件是具备的，"十二五"规划对此作出方向性的规定也是正确的。我们现在确实具备这样的条件。中国既有相当雄厚的产业基础,产业链也比较齐全,有创造新技术能力的技术人员数量并不比发达国家少。每一次经济危机以后,经过重整,都会出现一个新的技术革命和产业革命。这次我估计也不会例外。

现在发生的一个很严重的问题是:不管是产业升级还是发展战略新兴产业,用的都是50年代中期以来的旧体制和旧机制,由政府动员资源、确定目标、组织科研攻关,然后组织技术发明的产业转化。在追赶时期政府这样做是可以的,因为别人已经做过了,追赶者比较容易掌握相关信息,避免失误。可是在发展战略性新兴产业的时候,由于存在很大的不确定性和风险,政府缺乏把握足够信息的能力,决策就往往会发生大的失误。比如说,省政府、市县政府的官员有什么能力来选择技术路线,选择投资项目呢? 现在各地政府通常是照抄中央政府提出来的七个战略新兴产业,各地纷纷盲目上马新项目,各地的经济结构也高度同一,这孕育着极大的风险。

所以,从去年以来我一直呼吁要转变体制和机制,希望政府改变领导经济发展的方法,不能用老套路发展新兴产业。事实上,现在有些问题已经很严重了。

实现经济发展方式转型刻不容缓[*]

——《中国增长模式抉择》第四版再版前言

（2013 年 8 月）

　　《中国增长模式抉择》这本书，是制定"十一五"（2006—2010 年）规划前的一场大辩论的产物。它详细地讨论了诸如为什么要进行经济增长模式的转型，如何通过改革建立实现这一转型所需的制度环境等相关问题。这本书从初版到现在，已经过去了 8 年时间。但是，在那次大辩论中看似已经取得共识的经济增长方式从粗放型增长到集约型增长转型的问题，至今仍然困扰着中国。

　　在中国的理论和政策讨论中常常发生一种"引喻失义、数典忘祖"的现象。一种观点或政策经过辩论好不容易被学界和政府官员普遍接受，写进了党的文件，成为政府的工作指南，可是不要多久，在人们头脑中保留的，往往只是一句空洞的口号，至于它的内容，则在实际执行中发生飘移畸变，甚至完全走样。

　　经济增长模式转型问题，就是一个相当典型的例子。

　　实现经济增长方式由"粗放型"到"集约型"的转变，是"九五"（1996—2000 年）计划明确提出的要求。然而经过了三个多五年计划（规划），这个要求并没有得到实现。由此导致粗放发展引起的种种恶果，例如资源枯竭、环境破坏、投资过度、消费不足、货币超发等等问题愈演愈烈。"经济

＊ 本文为本书作者 2013 年 8 月 20 日为《中国增长模式抉择》（上海：上海远东出版社，2013 年）第四版所写的再版前言。又见吴敬琏：《直面大转型时代》，北京：生活·读书·新知三联书店，2014 年，第 117—126 页。

增长方式转型"或"经济发展方式转型"究竟要从哪里转向哪里,也往往成了问题。这就不可避免地造成政策摇摆,方向不明。

凡此种种,都表明重温世纪初那次大讨论很有必要,重印这本书也有一定的价值。

本书的写作背景

这本书的第一版是由上海远东出版社在 2005 年 11 月出版的(版权标注为 2006 年 1 月)。在此之前,为总结"十五"(2001—2005 年)期间的经济社会发展经验、研究如何制定"十一五"(2006—2010 年)规划,针对应当按照什么样的工业化路线和增长模式规划中国的国民经济问题进行了一场大讨论。

"转变经济增长方式",是苏联经济学家和党政领导在上世纪 60 年代后期提出的一条重要的经济工作方针。

苏联在建国初期采取了发达国家在 19 世纪通行的经济增长模式,靠大规模投资于重化工业推动国家工业化。当时的苏联领导人斯大林要求迅速发展重化工业,有一个重要的原因,是他认为为了同西方国家相抗衡,苏联应当尽快建立自己的军事工业基础。这本来是在当时情况下采取的一种政策安排,但是斯大林为了在党内斗争中给主张平衡发展的党内竞争对手布哈林戴上"反党、反马克思主义"的帽子,就把"优先发展重工业"提到"社会主义工业化路线"的高度,并且杜撰出"积累(即投资)是扩大再生产(即增长)的唯一源泉"的"马克思主义再生产理论的基本原理"。

从此,采取西方国家早期增长模式和优先发展重工业,就成为遵循苏联模式的社会主义国家的唯一可能的选择。

可是到了 20 世纪 60 年代,苏联人却发现,采取这样的增长模式,由于抑制了要素使用效率提高这一增长的另一源泉,苏联在赶超西方国家的征途上遇到了不可逾越的障碍。于是,他们提出了转变经济增长方式的必要性。苏联经济学家采用与现代经济学生产函数分析相类似的方法,把主要依靠增加生产要素投入实现的增长叫作"粗放型增长",而把主要依靠要素使用效率的提高实现的增长称为"集约型增长"。苏联党政领导接受了经济学家的分析,在往后的每一个五年计划中都提出了从前者向后者转型的要求。虽然由于未打破苏式社会主义体制和意识形态的障碍,转型并未取得成功,但是他们无疑提出了一个社会主义经济建设的重要问题。

在当时,苏联的讨论并没有在中国产生太大的影响。只是在改革开放以后,我们才逐步认识到选择正确的经济增长模式具有无比重要的意义,并且在1995年正式把实现"经济增长方式从粗放型到集约型的转变"规定为"九五"(1996—2000年)计划的一项基本要求。

"九五"期间的经济增长方式转型,由于是与1993年中共十四届三中全会后的改革大推进同步进行的,取得了一定的成绩。但是"十五"(2001—2005年)在"九五"取得的成绩面前,却对经济增长模式转型有所放松。"十五"计划提出的新口号,是"坚持把发展作为主题","把结构调整作为主线",要求"把调整产业结构与调整所有制结构、地区结构、城乡结构结合起来。坚持在发展中推进经济结构调整,在经济结构调整中保持快速发展"。

在"九五"取得的成就的基础上,我国的城市化开始在21世纪初期迎来了一次新高潮。在现行的土地产权制度下,城市化使政府手中掌握了价值以数十万亿元计的资源。于是,开始了大规模投资建设"形象工程"和"政绩工程"的运动。在理论和政策层面上,则表现为所谓"中国已经进入工业化后期的重化工业化阶段"学说的兴起。许多地方卷入了"造城运动"和"重化工业化"的热潮,在政府的主导下制订和执行了大规模的重化工业投资和新城建设计划。

在我看来,这个潮流并不是什么新的东西,而只不过是早已过时的旧经济增长模式在新形势下的延续。例如,这种理论和政策的一个重要依据,是德国经济学家霍夫曼在1933年作出的一个论断,即工业化中后期将是重化工业化阶段。这种观点,其实只是根据西方经济早期增长(主要依靠投资实现的增长)阶段经验数据外推得出的结论。它早已被发达国家20世纪经济发展的历史事实所否定。发达国家在19世纪末期、20世纪初期实现了早期增长模式到现代增长模式的转变,工业化中后期的产业结构特征,不是重工业的优先发展,而是服务业的兴起。就以20世纪中期以后发展最快的信息产业来说,它的主要组成部分是软件和服务,即使占比在30%以下的电脑、手机等硬件生产,也无论如何没法归到"重化工业"的名下。

基于以上认识,我最先在国家信息化专家咨询委员会组织的专题讨论会上做了一次系统的发言,这次发言引起了热烈的争论。在讨论开始的时候,主张继续沿着传统的工业化路线前进,采用政府主导的方式,用大规模投资拉动GDP高速度增长的观点是占据优势的,但我仍然不厌其烦地反复申论自己的观点。我的这种活动,曾被媒体称为"一个人的传教"。为了回答同行的诘问,我的文章也不断补充,越写越长,最后就形成了《中国增长模式抉择》这本书。

这本书系统讲述了从早期增长模式到现代增长模式演进的历史和理论,介绍了马克思怎样从对西方国家早期增长模式的分析导出资本主义必然为社会主义所取代的结论、索洛(Robert Solow)关于技术进步和效率提高对于现代经济增长的决定性作用的论述以及库兹涅茨(Simon Kuznets)根据经济发展经验数据的研究对现代增长作出的界定。在系统梳理理论和经验事实的基础上,提出了在中国实现经济增长模式历史性转变的紧迫性,以及实现这一转变的工作重点和产业结构优化的基本趋势,特别强调了相关领域的体制改革是实现经济增长模式转型的关键,而政府职能转变又是关键的关键,呼吁通过改革来加快这个历史进程。

随着讨论的深入,主张转变经济增长模式的经济学家和政府官员愈来愈多。在他们的共同努力下,"十一五"规划确定了以经济增长方式从粗放型增长向集约型增长的转变为主线,并且提出了实现这一转变的若干具体措施。2007年的中共十七大在提法上略有变化,它用"经济发展方式转变"代替了"经济增长方式转变"。现在前一个提法更为流行,实质内容是大致相同的。

由于转变经济增长模式对于中国经济发展具有极为重要的意义,《中国增长模式抉择》得到了很高的学术评价。它在2006年获得了全国信息化研究优秀成果特别贡献奖,2009年获得张培刚发展经济学优秀成果奖。

实现经济发展方式转型 "刻不容缓"

然而，"十一五"的发展也不如人意。

正如中国学者和官员在总结"十五"经济发展经验时所指出的那样，"十五"期间经济增长方式转变之所以乏善可陈，是因为存在着政府仍然主导着经济资源的配置、市场在资源配置中的基础性作用受到抑制等体制性障碍。由于改革的停滞，这类体制性障碍在"十一五"期间未能得到消除，在增长模式的转型上也就仍然没有取得明显的进展，以致粗放型增长引致的困难有增无已。2008 年全球金融危机爆发以后，中国经济运行中的新老矛盾交织在一起，使经济的持续稳定发展受到威胁。在这种形势下，中共中央在"十一五"的最后一年，即 2010 年举办了省部级主要领导干部加快经济发展方式转变专题研讨班，研究如何加快经济发展方式的转变。胡锦涛总书记在研讨班的开班讲话中指出，"加快经济发展方式的转变刻不容缓"。他在这次讲话中一连讲了 50 次发展转型必须"加快"，可见问题的紧迫性。

这种情况甚至引起国际学者的关注。2010 年，我国邀请诺贝尔经济学奖获得者、世界增长与发展委员会主席斯宾塞等外国知名专家对"十二五"（2011—2015 年）规划进行预研究。这些外国专家进行了深入的调查研究，也听取了中国有关方面的情况介绍，对我国的"十一五"规划作出了很高的评价。但是在他们即将离开中国的时候，斯宾塞教授却提出了一个尖锐的问题："你们制定了一个很好的五年规划，但是不知为什么，好像什么事也没有发生？"

中国经济在 21 世纪第一个 10 年面临的另外一个与增长模式有关的问题，是对出口导向的外贸战略进行调整。

在二战结束以后的经济高速增长时期，日本等东亚国家采取出口导向的发展方略，用本币低估和适度保护的政策来推动对发达国家的出口，有效地增加了就业，加快了工业化的速度。

由于这种政策能够用出口需求弥补国内需求的不足，对那些由于采取投资驱动的增长模式而致消费率偏低的经济体来说是一种十分必要的补充,甚至可以看作粗放型增长方式的延伸。中国从1994年1月起废除了原有的外汇管制和官定汇率,实行单一的有管理的浮动汇率制,同时进行了人民币的深度贬值,这意味着中国全面实施出口导向战略。这一战略的实施使中国和许多东亚国家一样,取得了促进对外贸易和整个经济发展的巨大成功。

然而东亚国家的经验也表明,到了一定的发展阶段,继续实施出口导向战略会变成一件弊大于利的事情,必须进行调整,采取以改善资源结构为目标的平衡贸易战略来加以替换,否则就会因为外汇储备过多、货币超发而引起房地产等资产泡沫的膨胀,而最终酿成金融危机。

大致上从2003年起,中国经济界就开始讨论是否应该实行汇率的市场化和人民币升值,降低中央银行入市干预的频度和控制发行货币、收购外汇的规模。

在开始讨论时,主张汇率市场化的声音显得很微弱,只有中国社会科学院世界经济研究所的余永定教授等少数学者勇敢地发出了"不要怕人民币升值"的呼声。直到2005年,学者和党政领导之间才达成了一定程度的共识,当年7月启动了人民币汇率制度改革,人民币开始缓慢升值。

在这本书的第五章,可以看到对于这一问题的更深入的剖析。

为什么虽然党政领导三令五申,经济发展方式转型仍然步履维艰?其中一个最根本的原因,就是通过投资扩张来推动增长的做法,不必触动旧的利益格局,因而以强势政府和海量投资为基本特征的威权发展主义的发展道路就成为一些官员的行为定式。

全面深化改革,推动经济发展方式转型

粗放型经济发展方式的持续,使经济社会矛盾日益加剧。

从微观经济层面看,粗放型经济发展方式造成的资源短缺和环境破坏变得愈来愈严重。在一些地区,甚至人类生存所必要的空气、土壤和淡水也不能得到保障。

从社会层面看,由于资本对劳动的比例失调,贫富差距趋于扩大,劳动大众因无法享有增长带来的福利成果而愤懑不平,使社会稳定受到

威胁。

从宏观经济层面看,经济增长质量下降,集中表现为全要素生产率(TFP)增长放缓和由此导致的潜在增长率下降。

改革开放以来,中国的 TFP 由于生产结构变化和引进外国技术,有了比较快的提高。但是,随着这类适应性效率提高因素的逐渐消退,而新的、内生性的技术创新又没有得到发展,TFP 增长显著放缓。据清华大学白重恩教授的研究,中国 1979—2007 年 TFP 年均增长率达到 3.72%,而 2008—2012 年则下降到 2.21%。也就是说,最近几年,代表效率改善的全要素生产率指标出现了恶化的态势,国民经济的潜在增长率也因此出现明显的下降。[1] 这就意味着如果不实施强刺激政策用货币超发或寅吃卯粮的办法强行拉升增速,增长率就会下降,从而使许多原来前些年被 GDP 高增长所掩盖的经济和社会矛盾显露出来。

然而,采取不顾后果的短期政策进行刺激,无异于饮鸩止渴,将会造成严重的长期后果。

问题正在于,近年来开始流行起一种用凯恩斯主义的短期分析方法取代以生产函数分析长期增长问题的潮流,主要注意力不是放在努力促进技术进步、提高全要素生产率以实现经济增长模式的转换上,而是放在如何增大由投资、消费、净出口"三驾马车"组成的需求总量上。这种理论框架的误用造成的结果是频繁地使用扩张性的财政和货币政策刺激经济增长。

随着经济学所说的投资报酬递减规律作用的显现,这种刺激政策的效应变得越来越差。

2008 年全球金融危机发生以后,政府出台了 4 万亿投资和 10 万亿贷款的救市措施,把 GDP 增长率一度拉升到 8% 以上。但一年以后,GDP 增长率就开始了连续 5 个季度的下降。2012 年 5 月,政府再次要求加大投资的力度。

一些地方也用大上城建项目的办法来拉升 GDP 增长率,以便在"光荣榜"上争名次。有的地方提出的口号叫作"大投资、大建设、大发展"。

---

1 白重恩:《2012 年中国投资回报率仅 2.7%》,载《第一财经日报》,2013 年 7 月 29 日。

有的地方依靠政府这架"发动机"和超过本地 GDP100％的投资,把 GDP增长率拉升到两位数。

但是从整体来说,这次刺激政策的拉升作用微不足道,而且只维持了不到一个季度,从 2013 年第一季度起增长率又再次下降。看来靠投资驱动的增长方式已经走到了尽头,经济学所谓"投资报酬递减规律"的作用明显地表现出来。

这种靠海量投资拉动 GDP 增长的做法造成的最严重的消极后果,是国家资产负债表状况的恶化。中国银行曹远征博士、博源基金会马骏博士和中国社会科学院副院长李扬教授等学者 2012 年对中国国家资产负债表分别进行的研究表明,中国的国家资产负债表存在着中长期风险。[1]一些学者最新的研究进一步表明,这种风险正在增大。[2] 李扬教授指出,2009 年以来中国国家资产负债表的健康状况趋于恶化,风险趋大。在负债端,杠杆率(负债对 GDP 的比率)不断攀升,到 2012 年末,已经从 2008年的 146％,提高到 194％,主要集中在企业,尤其是国有企业身上;而在资产端,可交易变现的资产数量太少,这意味着中国经济存在偿债风险。[3]

经验表明,资产负债表中的杠杆率过高,就容易在受到某些冲击的情况下引发具有连锁反应特点的偿债危机。一些亚洲和欧美国家的经济都曾身受其害,由于发生资产负债表危机而使国民经济遭受重创。

中国也应当从别国的失误中汲取教训,采取切实措施防患于未然,消解出现系统性风险的可能。

根据中国当前的实际情况,总的方针应当是在运用短期政策努力保持宏观经济稳定的条件下,通过全面深化改革和实现经济增长模式的转型,从根本上消除隐患,保证中长期的稳定持续发展。

从近期来说,除了通过短期政策的及时调整,防止发生系统性风险,还要采取去杠杆化措施,尽力从源头上化解风险。后一方面的措施包括:

---

1 曹远征等:《重塑国家资产负债能力》,载《财经》,2012 年 6 月 11 日;李扬等:《中国主权资产负债表及其风险评估》,载《经济研究》,2012 年第 6、7 期;马骏等:《中国国家资产负债表研究》,北京:社会科学文献出版社,2012 年。
2 夏斌:《中国已存在事实上的经济危机现象》,载《证券时报》,2013 年 7 月 15 日。
3 李扬:《国家资产负债表健康状况趋坏》,载财新网,2013 年 7 月 1 日。

（1）制止目前仍方兴未艾的盲目"造城"等投资冲动；（2）动用国有资本存量，偿还社保、公租房等方面的或有债务；（3）对铁道等负债率过高或资不抵债的企业实施债务重组，出售部分资产偿还债务；（4）实施银行资产证券化、减持国有股或整体出售国有企业、处理"晒太阳"的开发区地产等措施，盘活某些已经处于"僵死状态"的资产存量；（5）在摸清地方政府债务底数的基础上，采取措施化解风险；如此等等。

正如本书所反复申论的，中国经济的根本出路在于改善经济增长的质量，实现经济增长模式的转型。而要做到这一点，关键在于通过改革，在经济体制、政治体制乃至科研、教育体制等方面建立起能够鼓励创业和创新的体制和机制。

2012 年 11 月的中共十八大已经宣布，要以更大的政治勇气和智慧全面深化改革。2013 年的一项重要任务，是要明确提出改革的总体方案、路线图和时间表。现在有关方面正在按照顶层设计和基层创新相结合的原则，积极准备即将推出的改革总体方案，紧张地调查研究，为制定路线图和总体规划做准备。

在我看来，在下一步改革中处于核心地位的，应当是建立"统一开放、竞争有序的市场体系"，这是一个很大的题目。要做到这一点，必须推进以下几方面的改革：（1）明晰市场体系的产权制度基础，确保不同所有制主体的财产权利得到平等保护；（2）放开各类商品价格和包括利率、汇率在内的要素价格，使市场能够在资源配置中真正发挥基础性的作用；（3）清理修订现行法律法规，使不同所有制企业能够平等地使用生产要素；（4）完善反垄断立法，严格执法，消除目前广泛存在的行政性垄断；（5）按照"市场能办的放给市场，社会能办的交给社会"的原则，划分政府职能边界；（6）在商品市场和要素市场上实行"法不禁止，自由进入"的原则；（7）克服司法地方化的倾向，确保法官独立行使审判权；（8）市场监管实行"宽进严管"的方针，由事前监管为主转向以事后监管为主，实质性审批转向合规性监管。

与竞争性市场体系配套的政治改革项目中，最需要优先考虑的是加快法治建设。这又包括三方面内容：一是在全体人民中树立法治观念；二是按照宪法所体现的公认正义来制定法律和修订法律；三是独立审判，公正执法。其中第三项是目前法治建设中最薄弱的环节,必须下决心补上这一课。

总之,只有进一步推进市场化的经济体制改革和民主化、法治化的政治体制改革,经济发展方式转型才有可能实现,舍此绝无他途。如果离开了这项最根本性的原则,我国的经济发展就会重复过去的老路,继续通过大量投资来支持经济增长,最后只能是在盲目扩张和刹车调整之间打转。

中国在21世纪面对着两个必须解决的问题:一个是体制改革,一个是发展方式转型。

希望这本书的再版和更多人的阅读,能够对国人在这两大问题上形成共识和下定决心有所帮助。

城市化应当由市场主导[*]

（2013 年 11 月）

　　关于中国城市化的道路问题,已经讨论了十来年,在许多问题上还没有达成共识。

　　由于僵化体制的掣肘,直到 20 世纪 80 年代,我国城市化进度都很慢,跟相同水平的国家比起来,城市化水平偏低,妨碍了工业化、现代化的进展。从 20 世纪 90 年代开始,中国的城市化开始加速。但是,在这个过程当中也出现了不少问题。2005 年以来,中国科学院陆大道院士等知名学者就大声疾呼,要求政府采取措施,制止城市化过程中出现的"造城大跃进"。他们指出,许多地方盲目追求城市规模,造"新城",建"国际大城市",还在城市周边建立了许多"开发区",造成了宝贵的土地、淡水等资源的极大浪费和生态环境的破坏。他们主张,我国的城市化应当走一条节约型的发展道路。不过,他们的呼吁并没有引起领导的注意。最近几年,问题变得愈来愈突出了,引起了不少讨论。

城市化在现代发展中的地位和作用

　　城市化在现代发展中的地位和作用是什么？这是讨论和评论中国的城市化首先需要回答的一个基本问题。

---

* 根据本书作者 2013 年 11 月 23 日在中欧国际工商学院(CEIBS)主办的"2013 年中国新型城市化高峰论坛(上海)"上的演讲整理而成,见吴敬琏:《改革大道行思录》,北京:商务印书馆,2017 年,第 198—207 页。

21世纪初期讨论股市风波的时候也发生过类似的问题。因为把注意力集中在股价高低、有没有泡沫这样一些现象层面的问题上,忽视了股市的基本功能是什么这个基本问题,以至于讨论往往成为"鸡同鸭讲",完全没有共同语言,更谈不上达成共识。在一次证监会召集的高层讨论会上,有学者提出一个问题:"股市是干什么的?"应该先把这个问题弄清楚。这时就发现,在这个最基本的问题上存在两种对立的意见:一种是说股市的作用就是方便企业融资,特别是按照当时证监会的说法,"中国是一个社会主义的国家,股市的作用主要是帮助国有企业融资"。另外一种更学院气一点的观点,是说股市是一个通过股价配置资本资源的装置,它给好的企业以资本,剥夺坏的企业浪费社会资本资源的权利。事实上,对于股市情况的种种不同看法和做法,都可以归结到对这个基本问题的分歧上。不同的看法和做法,也就造成了不同的结果。

城市化的问题也是这样。为什么要城市化,城市化在现代发展中的作用是什么?两三年前最流行的看法,是认为城市化最重要的作用是扩大内需、促进增长,因此,"城市化已经成为中国经济发展的主引擎"。后来这种意见受到许多人的反对,主流意见转向认为城市化是工业化、现代化的自然结果,而不是一种主动的推动力量,因而不应人为推动城市化加速。

我个人觉得这两种意见似乎都有说不通的地方,与发展经济学的已有认识也大异其趣。

美国布朗大学教授亨德森(J. V. Henderson)2007年为中国有关当局提供的咨询研究报告《中国的城市化:面临的问题及政策选择》[1]中,开篇总结了发展经济学和城市经济学对城市化功能的公认看法。

他写道:"从世界范围来看,一个国家从低收入向高收入迈进的过程当中,城市化一直是收入快速增长和工业化的内在组成部分。""成功实现现代化何以离不开城市和城市化?是因为大部分制造业和服务业活动在城市中开展,效率更高。""在高度聚集的地区,企业之间更容易学习新技

---

1 [美]亨德森(2007):《中国的城市化:面临的问题及政策选择》,见林重庚、迈克尔·斯宾塞编著:《中国经济中长期发展和转型:国际视角的思考与建议》,北京:中信出版社,2011年,第439—469页。

术,更容易招到称心如意的工人,更容易采购到中间产品且运输更容易。""一般地说,城市是增长的发动机,创新的孵化、精湛技能的培育无不在城市进行。"

哈佛大学经济学教授格莱泽(E. Glaeser)在他的专著《城市的胜利:城市化如何让我们变得更加富有、智慧、绿色、健康和幸福》[1]里,用了大量篇幅论述城市的功能在于人口聚集所产生的提高效率的效应。他指出,"自从柏拉图和苏格拉底在雅典的一个集会场所展开讨论以来,作为分布在全球各地的人口密集区域,城市已经成为创新的发动机","城市意味着人的接近性(proximity)、密集度(density)和亲近性(closeness)"。在信息时代,将众多的人才聚集在一起,"通过为更加聪明的居民提供交流的便利,城市加快了创新的速度"。

新增长理论的代表人物美国经济学家罗默(P. M. Romer)2010年来中国做"十二五"预研究的时候,在北京大学光华管理学院做了一次关于城市的学术报告。他在报告中强调,中国城市化应当加速,因为当人口在城市中聚集,人和人之间的面对面交流,能够促进新思想(ideas),包括新理念、新制度、新技术的产生。而新思想正是现代经济社会发展最主要的推动力量。

以上观点得到世界发展经济学界的普遍认同,但是跟国内关于城市化的主流认识似乎很不一致。我觉得,对很多问题的看法有分歧的根源就在这里。

从另一方面看,城市化也有它的负面效应。人口密集和城市规模扩大会造成交通拥堵、环境变差、治安管理难度加大、居民生活成本提高等问题。而且一般来说,城市的规模愈大,这种负面效应就愈强。

我国旧型城市化存在的问题

显然,一个国家在推进城市化时应该尽量发挥、加速发挥它的正面效

---

1 [美]E.格莱泽(2011年):《城市的胜利:城市化如何让我们变得更加富有、智慧、绿色、健康和幸福》,刘润泉译,上海:上海社会科学院出版社,2012年。

应,尽量减少它的负效应。如果正效应没有得到发挥而负效应很大,那就会出现得不偿失的问题。中国旧型城市化的问题主要表现在以下几个方面:

首先,如前所述,城市化是一个人口向城市迁移,从而产生集聚效应的过程。但是,我国过去的城市化,却把扩大城市规模置于优先地位,土地的城市化大大快于人口的城市化。最近十年来,城市建成区面积的增长达到城市人口增长的两倍,如果剔除并未"市民化"的所谓"农民工",就达到三倍以上。城市建筑的容积率比发达国家要低得多,城市人口的人均占地面积比发达国家大得多。我国是人多地少、土地稀缺的国家,如此浪费宝贵的土地资源是极不合理的。

其次,各地争相扩大城市规模,出现了许多人口在 100 万以上的大城市和人口在 500 万以上的特大城市。各城市只求引入投资者,来者不拒,形成千城一面的现象,同构化程度很高。一方面,同行人数少,专业化程度低,很难发挥人们相互交流、创造"思想"的功能。另一方面,城市规模太大,又会加剧城市化的负面效应,产生"大城市病"。

亨德森的上述报告就讲到中国城市化的一种矛盾现象。一方面,从总体上看,中国的城市化程度比世界上其他同等发展水平的国家要低。另一方面,在小城市偏枯的同时,又出现了特别多的特大型城市。我们已经看到,这种特大城市运作效率是很低的。而全国还有许多城市正在向特大城市迈进。

这样的城市规模结构是相当特殊的。

作为背景材料,亨德森在他的报告中讲述了发达国家城市结构变化的历程。他指出,在工业化初期,一个国家最大的城市往往是这个国家工业发展和技术创新的中心城市,但是到了 20 世纪中期,工业技术逐渐标准化。这类技术并不需要工人有很高的教育水平和技术水平,而在城市里的生活成本又比较高,所以制造业纷纷从大城市迁移出来,向小城市扩散。于是,在经济合理性的推动下,逐步形成了这样的城市规模结构:制造业一般分布在居民只有几千到几万人的小城市中。一个城市通常专门从事某个产业或紧密关联的某几个产业。这样可以发挥产业和相关人员在一个地区的聚集所带来的规模经济。纽约、东京、伦敦等大城市则很少有制造企业,它们是金融业等服务业的聚集地。

在讨论城市发展兴衰历程时,传媒报道常常不对根本性的原因进行分析。比如最近对底特律的破产事件炒得很热,然而对于最终造成底特律破产的根本原因却少有探讨。其实,底特律的衰落早在20世纪60年代就已经发生。当时,由于制造业技术的标准化,不少美国大城市,如成衣制造中心纽约,也都发生了和底特律相类似的问题。只不过纽约后来找到了自己新的比较优势,实现了城市的复兴,终于成为世界最大的金融中心。而底特律却希望依靠大规模的城市建设、公共投资,用宏大的体育馆、先进的城市轨道系统、美轮美奂的艺术中心来"恢复人气",但是由于大规模的投资没有得到相应的回报,底特律还是不得不在2013年宣布破产。

美国没有几个特大城市。它的第一大城市纽约,也只有833.7万人。[1] 至于它的第二大城市洛杉矶和第三大城市芝加哥,更只有379.3万人(2010年)和279.5万人(2010年)。这两个城市放到中国,也就算是中等城市。美国的制造业和研发中心绝大多数分布在中小城市,集中在大城市的主要是金融业、商业等服务业。到了网络时代,一些供应链管理中心也搬迁到小城市去了。不过到目前为止,金融业因为紧密相关的行业太多,还是集中在大城市。通常辐射半径越大的金融中心,所在城市的规模也越大。

中国旧型城市化"摊大饼"式扩展城市的结果,是把金融业、服务业、制造业还有政府都放在大城市里面。大城市人口虽然很多,但是由于专业化程度低,相关专业的人达不到通过思想交流和碰撞产生新观念、新技术的临界点,人口集聚效应并不明显。而且在加工制造业中就业的"农民工",大多没有市民化,知识和技术水平也比较低,这就出现了人口"伪城市化"的问题。如果剔除了这部分居民,我国的城市化率就不是国家统计局说的52%,而是37%左右。

这样一来,通过人口向城市集聚来提高效率的好处没有得到充分发

---

1 我国报刊常常说纽约市有2000万人口。这种说法混淆了"市"(city)和大都会(metropolis)的概念。所谓大都会,指的是一个城市群。例如纽约大都会,就包含临近纽约市的许多城市。据美国人口调查局报告,纽约市的人口只有800多万人,纽约大都会区的人口则有2000万人。

挥，但是城市化的负面效应却充分显露，如生态环境恶化、城市运营成本和居民生活费用高昂。北京就是一个典型的例子。超大规模城市使市民的生活半径拉长，每天百万人进来一次、出去一次，造成了交通拥堵，汽车尾气排放无法消散，大片高楼大厦消减了城市的自净能力，空气污染达到严重损害市民健康的程度。

旧型城市化带来的另一个问题，是造成了宏观经济状况的恶化。各级政府大量举债进行城建投资。在投资规模巨大，又不能从城市效率提高取得回报的情况下，各级政府债台高筑，以致危害国家金融体系的稳定。

目前许多地方政府大量投资进行城市建设，有一批城市投资总额甚至超过了本地产出（GDP）总额。对它们来说，经济学的两条基本原理：资源具有稀缺性和借钱是要还的，似乎都不存在。

资源的稀缺性（有限性）决定了资源在时间上和空间上不能错配。今天只能做今天最需要做的事，明天要做的事不能统统放到今天来做。你有再多的钱，也只能用到最有效益的地方，而不能到处乱投。

许多地方政府大量举债，使它们的杠杆率和负债率过高，蕴藏着很大的系统性金融风险。经济学家前几年的研究已经发现，原本以为主要是企业的负债率过高，实际上各级政府的负债率也在迅速提高。根据国务院的要求，现在审计署正在对地方政府性债务进行审计，本来说10月要公布，到目前为止还没有公布。这个数字大概不小，需要认真对待。

产生问题的深层原因

认真对待我国旧型城市化存在的问题，有识之士已经呼吁了很多年。为什么情况没有改善，相反还有愈演愈烈的趋势？看来主要有下面几个深层原因。

第一，因为政府主导了城市化的过程，把"造城"当成创造"政绩"的主要手段。世界各国城市形成和发展的源头无非是两种：一种是源于"市"。进行交易的需要使人口在市场周围集聚，于是在中世纪的时候就出现了城市。以后随着市场的发展，城市也逐渐壮大。另外一种源头是

"城"。"城"在中国的古汉语里是"都",即政治中心的意思。中国古代的城市大体上都是从政治中心演化出来的。民国期间情况有所变化,像天津、上海这样的经济中心发展得很快。在计划经济的条件下,又回到了中国古代传统。例如,重庆地处长江之尾,曾经是整个西南地区的经济中心,但是计划经济下,它的发展就比不上省会城市成都了。这是整个经济社会组织的政府主导格局造成的。

在政府主导的城市化,也就是政府在资源的空间配置中起决定性作用的过程中,中国特有的城市层级制也起到了旧型城市化催化剂的作用。

在市场经济中,城市也如同自然人一样,是具有平等权利的主体,但在行政主导的体制下,城市却有行政级别和上下级的区分。在我国,城市划分为三六九等,有省级城市、副省级城市、地级城市、县级城市以及县以下的乡镇等。越是高级别的城市,支配资源的能力越大。反过来说,规模越大的城市,明文规定的或者潜在的行政级别就越高。于是造成了一种恶性循环:许多官员努力运用自己的权力汲取资源,扩大自己管理的城市的规模。

第二个造成旧型城市化的原因是现行的土地产权制度。我国现行的土地产权制度包括两部分:农村土地在 20 世纪 50 年代的合作化和公社化后属于集体所有,由干部代表行使产权;城市土地按照 1982 年《宪法》的规定属于国家所有。在城市化过程中,农村土地要转为城市用地,先要通过征购转为国有。国家征购农村土地的时候,是按照土地的农业产值定价的;而政府批租土地时,却按照城市土地供求状况定价;在征售之间形成了动辄几十倍的差价。这个巨额差价就成为"造城运动"的巨大的财政支持力量。

由此可见,如果这样的体制不变,无论如何号召"新型城市化",实际执行的仍将是一条旧型城市化的路线。

依靠全面深化改革推进新型城市化

那么,怎样才能纠正体制上的缺失,解决旧型城市化造成的问题呢?显然,出路在于全面深化改革。只有全面深化改革,使市场在资源的空间配置中起决定性作用,政府因势利导,进行规划引导,新型城市化才有可能得到实现。

首先,要提高全民特别是各级领导干部的认识。既然城市化的功能在于通过人口的聚集提高经济社会效率,城市化就要如十八届三中全会《中共中央关于全面深化改革若干重大问题的决定》(以下简称《决定》)所说的那样,"以人为核心"。为此,要加快户籍制度改革,有序放开中小城市落户限制,合理规定大城市的落户条件,通过稳步推进城镇基本公共服务对常住人口全覆盖来推进农村转移人口的市民化。

其次,要改变各级政府用行政命令推动城市化的办法,改变行政层级制度,由市场主导推进城市化。要按照十八届三中全会《决定》的要求建立跨城乡的全国统一的劳动力、土地和资本市场,放开投资的"市场准入",让企业按效率原则自由转移,以便资源流向效率和回报最高的地方。在以市场运作为基础推进城市化的条件下,政府应当顺势而为,做好土地应用规划,明确区分农用土地、城市工商用地和住宅用地,并且进行土地用途管制。与此同时,要做好城市建设规划,优化城市空间、结构和管理格局。

最后,要缩小征地范围,规范征地程序,完善对被征地农民合理、规范、多元的保障机制。允许农村集体经营性建设用地与国有土地同等入市,同权同价。建立兼顾国家、集体、个人的土地增益分配机制,合理提高个人收益。

贯彻十八届三中全会《决定》作出的全面深化改革的决定,是推行新型城市化的根本保证。有关的改革会冲击原有的利益格局,需要以更大的政治勇气冲破阻力和克服障碍,还要克服各种实际的困难。因为旧型城市化已经运转多时,一旦发生改变,它们所积累起来的矛盾,例如地方政府的高额负债、"土地财政"等问题都会暴露出来,需要采取妥善的办法加以解决。

中国经济面临的挑战与选择*

（2015 年 11 月）

中国经济面临的挑战与选择，是当前我国各级政府和民间大众普遍关心的问题。这个问题内容复杂，我们有必要首先对问题症结作出梳理，然后讨论不同的应对方案选择。

"三期叠加"的挑战

中国经济目前面临着复杂的形势：一方面，经过 30 多年的改革，中国的经济实力和国际地位都有了很大的提升，而且有着良好的发展前景；另一方面，中国又面临许多严峻的挑战。对于这种状况，刚刚闭幕的十八届五中全会作出了一个精炼的总结："我国发展仍处于可以大有作为的重要战略机遇期，也面临着诸多矛盾叠加、风险隐患增多的严峻挑战。"

那么，"面临着诸多矛盾叠加"，是哪些矛盾叠加？"风险隐患增多"，是哪些隐患增多？在这些矛盾、隐患、挑战中，最重要的又是什么呢？我以为，2013 年中共中央提出的"三期叠加"，正是这些矛盾、隐患和挑战的集中概括。

第一个"期"，是"经济增长速度换挡期"。简而言之，也就是经济增长速度下行。

---

* 根据本书作者 2015 年 11 月 12 日在浙江大学的讲演整理而成，发表于《中共浙江省委党校学报》，2016 年第 1 期，发表时有增删。又见吴敬琏：《改革大道行思录》，北京：商务印书馆，2017 年，第 77—93 页。

第二个"期",是"结构调整的阵痛期"。在 1995 年制定第九个五年计划(1996—2000 年)的时候,有关方面就提出了我国经济增长方式缺乏效率和经济结构失衡的问题。遗憾的是,"九五"特别是"十五"期间经济增长方式没有转变过来,到了 2005 年制定"十一五"规划的时候,就发现存在明显的"经济结构失衡"。产业结构的失衡主要表现为"重重轻轻"、服务业严重落后。内部经济结构失衡主要表现为投资率畸高和消费率过低。外部失衡则主要表现为外汇结余的大幅度增加,造成了货币超发和资产市场泡沫生成。从那时到现在,实现结构优化变得越来越迫切了。实现经济结构再平衡需要付出的代价、忍受的痛苦成为今日的负担。

第三个"期",是"前期刺激政策消化期"。长期以来,人们总是偏好于用增加投资的刺激政策来保持高增长率。近年来,刺激政策的副作用变得愈来愈明显。其中最突出的表现是资产负债表中的负债迅速积累。为了避免债务积累导致局部性乃至系统性的风险,必须动用资源加以消化。

在上述这些矛盾、隐患和挑战中,大家最尖锐地感觉到的是经济增长速度的下降。由于过去许多经济问题和社会矛盾都是靠数量扩张来"摆平"的,一旦经济增长减速,这些问题和矛盾就显露出来了。因此,在最近一段时间,增长减速和与之相关的问题受到了官、产、学各界人士最大的关注和热烈的讨论。

基于两种不同的分析方法提出的不同应对策略

各界人士在讨论中国经济面对的问题和可选的应对策略时,采取了多种多样的分析方法,提出了各种各样的对策建议。这些分析和建议大体上可以分为两类。[1]

---

1 对于中国经济下行的根本原因是需求不足还是供给动力缺失,一直存在着争论。本书作者和钱颖一、余永定等教授多次就这个问题发表过自己的意见。已故经济学家青木昌彦(Aoki Masahiko)在提供给 2015 年 3 月 21 日在北京举行的"中国发展高层论坛"的论文《对中国经济新常态的比较经济学观察》中,把两种不同的分析方法分别命名为"需求侧因素分析"和"供给侧因素分析"。他指出:"要探索新常态下持续增长的可能性,较之着眼于需求侧的因素(比如说'三驾马车'),要更加注重对供给侧的因素的审视。"(参见《比较》辑刊 2015 年第 2 辑发表的该论文的中文译稿)

第一种分析方法，可以叫作需求侧因素分析法。这是 2008 年全球金融危机发生以来在中国最为流行的一种分析方法。根据这种分析方法，经济增长速度下降的原因是消费、投资、净出口这"三驾马车"力量不足，拉不动中国经济这辆大车。要"保增长"，就得振作这"三驾马车"的力量，叫做"扩需求、保增长"。

在我看来，这种分析方法和应对策略，不论在理论上还是在实际上都是有很大问题的。

从理论上说，这种分析方法是凯恩斯主义短期分析框架的变形。

$$Y = C + I + (Ex - Im) + (G - T)$$

凯恩斯主义经济学认为，一个经济体的产出（供给）总量（Y）受到需求总量的约束，而需求总量则是由消费（C）、投资（I）、净出口（$Ex - Im$）、财政赤字（$G-T$）构成的。发生经济衰退的原因是需求不足，因此在出现经济衰退时，要由政府运用扩张性的宏观经济政策创造需求来加以救助。

"三驾马车"分析法在需求侧的四个因素中选取了其中前三项作为讨论中国经济长期发展趋势的依据。

需要注意的是，凯恩斯主义的理论和政策所针对的是经济学所说的短期问题。凯恩斯对这一点说得很清楚。他在回应自由主义经济学家关于市场能够自动出清而无需政策干预的批评时承认，从长期来说市场的确能够使它恢复平衡，但是他说："从长期看，我们都死了。（In the long run, we are all dead.）"这就是说，尽管从长期看市场经济会经过波动自动实现再平衡，如果不采取救助措施，就会在短期内造成难以补救的损失。所以，且不说经济学界对于凯恩斯主义的宏观经济理论是否合乎实际存在争论，即使认为凯恩斯主义的宏观经济理论完全正确，用凯恩斯主义的短期分析框架去分析中国的长期经济发展趋势，也是一种误用。[1]

---

1 对于这个问题，清华大学的钱颖一教授在 2015 年 3 月的一次访谈中做过清楚的说明。他指出，现在的问题不是周期性的、短期的，而是趋势性的、进入中等收入阶段后的增速下滑和结构调整。这些问题不是需求端的短期刺激政策所能应对的，现在人们太注重投资、消费、净出口等"三驾马车"的短期拉动，必须转向供给端的政策和改革。民间要靠创新创业。政府要转变职能，成为服务型政府，主要是提供公共服务"软件"，而不是直接投资和建立科技园"硬件"。〔见王力为（2015）：《我们的问题不是短期问题——专访钱颖一》，载《中国改革》，2015 年第 4 期〕

从实际效果上看,中国在相当长时期中采取凯恩斯式的刺激政策来拉动增长,带来了两个问题:第一,经济学所说投资回报递减规律的作用已经充分显现出来。

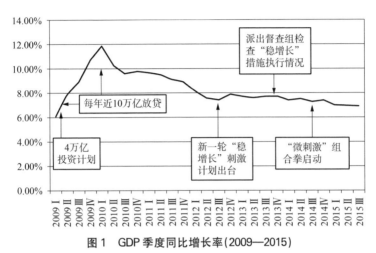

图1 GDP季度同比增长率(2009—2015)

数据来源:国家统计局网站、新华网。

从图1可以看到:2009年实施4万亿投资和10万亿贷款的强刺激以后,很快就把GDP增长率拉升了3—4个百分点;从2009年第四季度到2010年第二季度甚至连续3个季度达到10%以上,然后就开始掉头向下。近几年来,几乎每年都会出台一些保增长的刺激措施,刺激的力度也并不弱,但是效果却每况愈下,回升的时效愈来愈短。最近一年甚至完全看不到它的提升作用,GDP增长率仍然一路下行。从2011年到2014年的4年中,GDP增长率分别是9.2%、7.8%、7.7%、7.4%。今年上半年降到7.0%,第三季度进一步降到6.9%。

第二,债务的过度增加和杠杆率的迅速升高,使风险加速积累。投资刺激意味着投入更多的资源,但如果没有足够的资源,那么只能靠发行货币和用其他方式借债。这就使我国的国民经济中的负债积累起来,国民资产负债表的杠杆率(负债总额对一年GDP总额的比率)上升得很快。

国民资产负债表由居民负债表、企业负债表和各级政府负债表三个部分组成。

2012 年,中国社会科学院、中国银行和复旦大学分别做了国家资产负债表(或称国民资产负债表)。三家统计的结果相差不大,总的说来负债率偏高,但还在可控的范围之内。但是到了 2013 年,三家研究团队都发现,国民资产负债表的杠杆率提高得很快。2014 年和 2015 年,有更多国内外机构加入了这一研究,它们认为中国的杠杆率已经超出了警戒线。一般来说,总的杠杆率达到 200% 以上就要引起注意了。各家计算的结果存在少量差异,在这里,我们选用了麦肯锡全球研究院的研究。

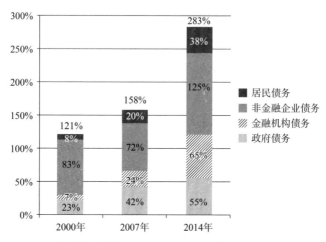

图 2　杠杆率(债务对 GDP 比率)变化情况(2000—2014)

资料来源:麦肯锡全球研究院 2015 年 2 月的研究报告: *Debt and（not much）Deleveraging*。

从图 2 可以看到,从 2000 年到 2007 年,中国国民资产负债表的杠杆率虽然有所上升,但是速度并不是很快。以后就猛然加速。到了 2014 年,总的杠杆率已经超出了公认的警戒线,达到了 283% 的高位。过高的杠杆率,意味着发生系统性风险的可能性增大。而系统性风险如果爆发,对国民经济造成的破坏将是非常严重的。为了避免我国经济出现系统性风险,我们一定不要再走靠盲目投资拉动增长的老路。

也有的论者认为,中国国民资产负债表的杠杆率远没有达到日本 400% 的高度,不存在发生系统性风险的可能。这些论者可能没有看到这样的情况:日本国民资产负债表的债务率虽高,但主要集中在政府的资产负债表中,企业的现金流仍然充裕,而政府债务是由国家主权信用担保的,一般不易出现偿债危机。而在我国的国民资产负债表中,居于首位的是企业债务,非金融企业的杠杆率高达125%,远超过欧盟90%的红线,容易出现企业资金链断裂的风潮。

第二种分析方法是对供给侧因素的分析。

从供给侧的视角观察,经济活动总量(Y)是由劳动力总量(L)、资本总量(K)和效率水平(A)即全要素生产率(TFP)等三个基本因素决定的。也就是说,增长有三个基本的动力:劳动力增量、资本增量(即投资)和全要素生产率(TFP)的提高。

$$Y = A \cdot K^{\beta} \cdot L^{1-\beta}$$

20世纪中期以前,在分析供给增长的驱动因素时,通常只归结为新增劳动力和新增资本(投资)这两个因素。人均 GDP 增长的动力就只剩下投资一项了。由这里导出了著名的哈罗德—多马增长模型(Harrod-Domar Model)。按照这一增长模型,投资率越高,增长率也越高。这在相当长时期内成为一些发展中国家和国际组织(如世界银行)的信条[1],认为发展的要诀,就是尽力增加投资来提高它们的 GDP 增长率。但是这个理论本身包含着一个很大的悖论:由于投资报酬递减规律的作用,要保持一定的增长率,就必须不断地提高投资率,而投资率是不可能无限提高的。1956 年,美国经济学家 R. 索洛(Robert Solow)对这个模型提出了质疑。他用美国 20 世纪前 49 年的数据做了回归,发现增长率并未下降,投资率也并未提高。据此,他提出一个假设:推动经济增长的,除新增劳动力和投资外还有一个余值,这就是"索洛余值 A",也就是我们现在做经济分析时经常用的"全要素生产率"(TFP)。索洛把这个余值的内容界定为技术进步,即运用资源方法的改进。另外两位研究发展经济学的诺贝尔经济学奖获得者库兹涅茨(Simon Kuznets)和舒尔茨(Theodore Schultz)

---

1 这也是苏联政治经济学的重要信条。斯大林在他最后的著作《苏联社会主义经济问题》(1952)中,还把"积累(即投资)是扩大再生产(即增长)的唯一源泉"和"生产资料生产的增长占优先地位"并列为"马克思主义再生产理论的基本原理"。(参见《斯大林选集》下卷,北京:人民出版社,1979 年,第 600 页)

对索洛余值的来源也从不同的角度作出了解释。库兹涅茨说,现代经济增长的重要动力,是"基于科学的技术"(the science-based technology)的广泛运用。第一次产业革命以前的新技术,通常是"熟能生巧",从经验中获得的,但在那以后,特别是第二次产业革命以后,突破性新技术通常是在科学研究成果的基础上产生的。这就使得技术进步的广度和深度都大大地提高了。舒尔茨则认为,它得益于人力资本(即劳动者)的知识和技能的提升。舒尔茨说,和物质资本投资报酬递减的情况不同,人力资本投资是回报递增的。尽管他们三人在对现代经济增长中效率提高的源泉作出说明时用语不尽相同,但他们和大多数经济学家一样,认为现代经济增长的主要驱动力量在于技术进步和效率提高。

从投资驱动的增长到效率驱动的增长,用我们现在的党政文件中的话来说,就是"经济增长方式转变"。"经济增长方式转变"这个概念来自苏联。1995年中共中央在"九五"(1996—2000年)计划的建议中引进这个概念时,它的含义是清楚的,就是从投资驱动转向效率驱动。如今20年过去了,什么是"经济增长方式转变"反倒变得模糊了。近来报刊上比较流行的说法是从投资驱动转为消费驱动。这样一来,又从供给侧因素的分析转回到需求侧因素的分析去了。

这一理论模型和分析框架对于为什么中国经济在改革开放以后能够长期保持很高的增长速度,以及为什么近年来经济增速持续下降,都有很强的解释力。

过去30多年的高速增长是怎么来的呢?除了继续保持大规模投资以外,还有一些其他的驱动因素。第一个因素是大量新增劳动力投入生产活动之中,也就是人们常说的"人口红利"。第二个因素是效率的提高。改革开放以前,中国经济的效率提高得慢。改革开放对提高效率产生了十分积极的影响。首先,市场化改变了城乡隔绝的状况,大量过去在农村低效利用的劳动力和土地转移到城市。这种结构变化使资源的利用效率得到提高。[1]

---

1 青木昌彦教授在前引论文中,把劳动人口从低生产率的农业地区转移到高生产率的城市地区,称为"库兹涅茨过程"。他指出,"大规模、快速的库兹涅茨过程,是过去25年中国高速增长的重要影响因素"。不过根据他的研究,在2010年前后,劳动人口变化曲线出现了拐点,库兹涅茨过程变得缓慢起来,今后甚至可能面临负人口红利的问题。

其次,开放使中国能够通过引入外国的设备和技术,很快地提高自己的生产技术水平。于是,生产效率提高对经济增长就有了比较大的贡献。

到2005年前后,以上这些支撑高速增长的因素出现了明显衰减。

首先,随着我国出生率的下降和人口红利的消失,新增劳动力对经济增长的贡献也变得越来越小。中国社会科学院的蔡昉教授在2006年就已指出,根据他们此前三年的调查发现,剩余劳动力无限供应的情况正在发生改变,"刘易斯拐点"已经出现,人口红利正在消失。其次,随着城市化进入后期,产业结构变化带来的红利逐渐减少。再次,随着中国一般技术水平跟西方国家相接近,用简单引进外国设备和技术的办法提高自己技术水平的空间已经大大收窄了。在这种情况下,清华大学的白重恩教授、日本一桥大学的伍晓鹰教授和其他一些研究者都得到大体相同的结论。这就是从21世纪初期开始,中国经济增长中全要素生产率的贡献明显降低,并导致中国经济潜在增长率的降低。如果既不能继续用增加投资的办法去维持高增长率,又不能从技术创新和效率提高中找到新的增长动力,GDP增速进入下行通道就成为必然。[1]

从以上分析得出的结论是:中国经济只有实现经济发展方式的转型、优化结构和提高效率,才有可能走出目前"三期叠加"的困境,确立符合我们期望的新常态。

转变经济增长方式需要克服体制性障碍

说到这里,应当说,应对挑战的正确途径已经找到。一句话,就是实现经济增长方式的转型。问题在于,实现经济增长方式从粗放增长到集约增长的转型是1995年提出的,到现在已经整整20年了,为什么还没有解决呢?

20年的经验告诉我们,这里的关键,是能不能通过改革建立起促进

---

1 参见白重恩、张琼(2014):《中国经济减速的生产率解释》,载《比较》辑刊,2014年第4辑;伍晓鹰(2015):《"新常态"下看中国经济的生产率问题——中国经济全要素生产率的最新测算和解读》,载中国社会科学院经济学部编:《解读中国经济新常态:速度、结构与动力》,北京:社会科学文献出版社,2015年。

经济增长方式转变的体制和机制。

我们对于转变经济增长方式和改革开放两者之间关系的认识，有一个逐步深化的过程。

"九五"（1996—2000年）计划需要以转变经济增长方式为重点，最先是当时的国家计划委员会提出来的。在总结苏联为什么直到解体也没有实现这一转变的教训时认识到，根本的障碍在于苏联的体制。不改变这种体制，就不可能实现经济增长方式的转变。所以十四届五中全会作出的《中共中央关于制定国民经济和社会发展"九五"计划和2010年远景目标的建议》中，正式提出必须实现"两个根本转变"的要求：第一个根本转变是经济体制从传统的计划经济体制向社会主义市场经济体制的转变，另一个根本转变是经济增长方式从粗放型向集约型的转变；前一转变是后一转变的基础。

由于"九五"期间适逢贯彻执行十四届三中全会决定的改革大潮，所以两个转变都取得了一定的进展。

但是在"十五"（2001—2005年）期间，经济增长方式转变却发生了逆转。这个逆转是由一件好事导致的：从21世纪初开始，我国城市化进程加速。城市化本来是推动工业化和现代化的一支非常重要的力量，因为人口在城市的聚集能够产生工商业的规模效应和新理念、新技术、新制度，但在中国的制度条件下，城市化却发生了扭曲。

和大多数国家城市是从"市"发展而来，城市化是由市场主导的情况不同，中国的城市是从"城"即政治中心来的，城市化也是由政府主导的。而且我们的城市是有行政级别的，分成正省级城市、副省级城市、地级城市、县级城市等。这在其他国家也是很少见的。由于行政级别与城市的规模有关，规模越大，级别越高，级别越高，掌握"造城"资源的能力就越强，这样就造成了各级政府努力扩大城市规模的冲动，出现了相当普遍的"摊大饼""造大城"运动。这使城市化的正面效应，即效率提高，并不彰显，而它的负面效应，如生活费用提高、交通拥堵和污染加剧，却变得更加突出。

另一方面，现有土地制度也为各级政府主导的"造城运动"提供了资金支持和财政基础。征地的规模越大，财政收入就越多。于是在21世纪初期,许多地方掀起了用大量投资进行"形象工程"(主要是房地产开发)和"政绩工程"(主要是制造业,特别是重化工业)的建设热潮,经济增长方式变得更加粗放。

面对着经济增长方式恶化的状况,在 2005 年研究制定"十一五"(2006—2010 年)规划的时候,爆发了一场关于工业化道路和经济增长方式的大争论。许多经济学者指出,我国的经济增长方式之所以会出现恶化的趋势,是因为如同 2003 年《中共中央关于完善社会主义市场经济体制若干问题的决定》所说,"生产力发展仍面临诸多体制性障碍"。这些障碍包括政府配置资源的权力过大、把 GDP 的增长看作政绩的主要表现等。[1]

2005—2006 年大讨论的成果,是"十一五"规划重申把转变经济增长方式作为经济工作的主线,并且要求按照中共十六届三中全会《中共中央关于完善社会主义市场经济体制若干问题的决定》的精神,通过多方面的改革来消除这些障碍。但是由于市场化、法治化的改革没有取得进展,特别在 2004 年出现"经济过热"以后采用行政手段"有保有压""有扶有控"地"调结构",结果"经济发展不平衡、不协调、不可持续"的问题变得更加突出了。这样,直到"十一五"末期,经济增长方式转型仍然未能实现。

中共十八大作出全面深化改革的决定,使实现经济发展方式转型出现新的转机。十八届三中全会确定建设统一开放、竞争有序的市场体系的目标,为实现这一转型提供了可期待的制度基础。

成败的关键在于改革

根据以上的分析,当前应当采取的方针,是在稳住大局、保证不出现体制性风险的前提下,把主要的精力放在推进改革上,通过法治基础上市场作用的发挥,实现效率的提高、结构的改善和经济发展方式的转型。

对于依靠改革、市场和法治促进发展方式转型的应对策略,有些论者

---

1 这场大讨论的基本情况和主要结论,见吴敬琏(2005):《中国增长模式抉择》,上海:上海远东出版社,2010 年。

提出了疑问。他们说,改革是一件长时期才能见效的"慢活","远水救不了近火",我国经济面临严峻的形势,还是应当采取能在短期内见效的行政手段和刺激政策,使经济增长的颓势得以扭转。

关于改革"远水救不了近火"的说法,我们已经听了一二十年。正是在这一理由支持下的延误,才造成了现在的被动状态。"往者不可谏,来者犹可追。"时至今日,已经是痛下决心、锐意改革的时候了。何况近年来的一些行业和地区的实际情况表明,认真进行改革是能够取得优化结构和提高效率的结果的。

最近几年服务业发展的加快,是一个鲜明的例证。

制造业一枝独秀和服务业发展滞后,一直是中国产业结构的一个"痛点"。"十一五"在确定把转变经济增长方式作为经济的主线的同时,把制造业的服务化("向微笑曲线两端延伸")和发展独立的服务业作为优化结构的重要内容。[1] 但是由于市场化改革推进缓慢、采用行政方法"调结构",服务业的发展并没有取得明显的进展。最近几年,服务业发展开始加速,并在2013年超越第二产业成为我国最大的产业。为什么呼吁了好几年而没有取得进展的服务业近年来发生了巨大的变化?追根溯源,就在于十八大召开前后我国就已经按照建立竞争性市场体系的方向进行了一些试验性的改革,比如企业注册登记的便利化、营业税改增值税等。这些改革取得的一个明显的成效,就是营商环境的改善和服务业发展的加快。较之第二产业吸纳就业能力更强的第三产业的迅速发展,使我国就业情况在GDP增速下行的情况下得以保持较好的状态。

有的经济学家认为,中国需要用增加投资的办法维持8%以上的增长率,是因为要保就业。保就业当然是必要的,但是把就业情况和GDP增长之间的关系看成是线性的,认为要保就业就必须保增长,从学理上说是难以成立的。因为增长有个结构问题,有的行业增长1%,它的新增就业可能超过1%;有的行业增长1%,它的新增就业却可能不到1%。我们过去大量投资建设的资本密集型产业,雇用员工的数量就比普通服务业要少得多。所以,由于产业结构的变化,在同样的GDP增长率的条件下,就

---

1 参见吴敬琏(2005):《中国增长模式抉择》,上海:上海远东出版社,2010年,第169—185页。

业的情况却有很大的不同。

企业注册登记的便利化、营业税改增值税等改革的牛刀小试尚且能够在结构优化上取得这么好的成果，全面深化改革步伐的加速可以对克服当前面临的困难起更大的作用应当是毋庸置疑的。

除此而外，今年以来，在大多数地区经济不振的同时，一些改革开放较早、政府干预较少、市场较为规范的城市，创新创业和结构调整都出现了比较好的前景。这种情况，也应当加强我们对改革开放的信心。

不过，在坚信改革的推进和法治基础上市场制度的建立能够根本上解决问题的同时，我们也要考虑到，不是制定了好的决议就可以高枕无忧，全面深化改革还需要努力克服种种阻力和障碍。

全面深化改革至少面临四个方面的阻力和障碍：一是来自旧的意识形态的阻力和障碍；二是来自权力寻租特殊既得利益者的阻力和障碍；三是来自不利的经济环境的限制；四是由于改革是涉及亿万人的利益格局的大调整，它所要建立的现代市场经济是一个复杂而精巧的巨型系统，因而对于专业水平和操作艺术有很高的要求，并且很容易由于这两方面的不足而产生困难。

面对着巨大的阻力和障碍，就必须像十八大以及十八届三中、四中和五中全会所一再重申的那样，以极大的政治勇气和智慧切实推进改革。

十八大作出全面深化改革的决定至今已经三年。在这大转型的历史关头，我们应当认真总结过去三年推进改革的经验，规划未来的工作。

第一，现代市场经济的有效运作，离不开党政官员在创设良好的营商环境和提供公共服务方面的作为。新一届政府上任以来，政府职能改革、简政放权已经取得一些进展。现在需要注意的，一是要防止回潮，二是要继续向纵深发展，制定市场准入的负面清单和政府职权的正面清单，使官员行使职权有章可循，形成厘清政府与市场关系的正式制度，真正做到企业和公民个人"法无禁止即可为"、党政机关"无授权不可为"。

第二，作为金融改革核心的利率市场化和汇率市场化的进展超过原来的预期，但是"两率改革"单兵突进，并不足以发挥金融体系的整体功能。因此，金融系统其他方面的改革，例如金融市场监管体系的改革，亟须跟进。

第三,财政改革有所进展。但是,还有一些基础性的问题,例如以理顺中央、地方关系为重点的中央、地方事权、财权和支出责任划分,以及转移支付的制度化等,有待解决。

第四,《中共中央、国务院关于推进价格机制改革的若干意见》的发出,意味着建立市场化商品价格体系的关键性战役即将全面展开。一些至今仍由政府控制的能源、服务价格有望实现市场化。不过价格改革涉及到千家万户的切身利益,历来容易引发社会矛盾,需要既积极坚定,又谨慎稳妥地进行。

第五,虽然国有经济在国民经济中所占份额有所下降,但是国有企业掌握着大量重要资源,并且在许多重要行业中处于支配地位,它们的体制机制如果不能得到改善,就会压缩其他部门的生存空间,并使整个国民经济的效率难以提高。目前有关国有企业改革的1+N个文件正在陆续下达。如何根据十八届三中全会《决定》,实现国有企业管理从"管人、管事、管资产"到"管资本"为主的转变,还有一系列认识问题和实际问题需要认真解决。

第六,竞争是市场制度的灵魂。目前仍然存在的大量行政保护、政商勾结以及利用市场垄断地位妨碍竞争的行为,是建设统一开放、竞争有序市场的巨大障碍,必须通过反垄断法律的修订完善和执法体系的加强来加以消除。因为只有通过竞争,才能实现对稀缺资源的有效配置和再配置;也只有通过竞争,才能真正实现企业的优胜劣汰。总之,建立严格准确执行竞争政策的体制机制,是全面深化改革的一场硬仗,必须尽快提上改革的日程,并且必须打好打胜。

第七,民气和民力是我们克服困难、构建繁荣可以依靠的基本力量。因此,党和政府的各项政策,都要根据团结一切可以团结的力量,形成同舟共济、共度时艰的合力的要求进行调整和完善。现在的一个大问题是相当一部分企业家缺乏投资的积极性,因此,亟须采取有力措施,扭转偏向,改善环境,使企业家建立对未来的信心。

最后,中国(上海)自由贸易试验区和其他几个自贸试验区正在进行一项具有全局意义的试验。正如中共中央领导人所明确的,进行这个试验的意义并不在于给予某些地区政策优惠,而在于适应贸易和投资便利化的世界大趋势，营造市场化、国际化、法治化的营商环境。这项试验关系到中国能否真正深度融入世界经济体系，取得进一步开放的红利。各个地方和各个部门都要从大局出发，促成这一试验取得成功。

从总的情况看，十八大以来改革取得了一定的进展。但是，改革已经取得的进展较之实现建立统一开放、竞争有序的市场体系的目标，还有相当大的距离。改革开放能否继续向前推进，就成为我们能否成功应对挑战、克服困难的关键。让我们共同努力，促其实现。

产业政策面临的问题： 不是存废，而是转型[*]

(2017 年 9 月)

    2016 年，林毅夫、张维迎两位教授在北大有一场引起了学界、产业界和政界广泛关注的产业政策讨论。我读了他们两位的讲演文字以后也做了一些研究。本文即我学习收获的总结。

    采取什么样的产业政策，关系到中国经济能否保持持续稳定的发展，是一个非常值得深入探讨的重要问题。不过 2016 年两位教授的讨论一开始主持人就点明，讨论的主题是"中国到底需不需要产业政策"。因此，讨论的重点就从产业政策本身移到了"要"、还是"不要"产业政策上。参与讨论的两位教授对这个问题各自持有比较绝对的意见，一个说中国非常需要产业政策，一个说中国不能要产业政策。这使整个讨论变成一个无法证伪的"信念之争"，很难深入下去，也很难对实际工作提出什么建设性的意见。

产业政策有两种主要的类型

    为什么讨论陷入这样一种困境呢？在我看来，关键就在于没有意识到，产业政策是有不同类型的。我们当前应当面对和研究的问题，不是全称肯定产业政策，或者全称否定产业政策，而是应当采取什么样的产业政

---

[*] 根据本书作者 2017 年 9 月 28 日在长安讲坛（第 321 期）上的同名讲演整理和增补而成。见《中国经济 50 人论坛丛书·中国经济新时代：构建现代化经济体系》，北京：中信出版社，2018 年，第 349—370 页。

策。或者像哈佛大学的罗德里克（D. Rodrik）教授在《相同的经济学，不同的政策处方》一书里所说：一方面，"产业政策已死"是夸大之词，实际上世界各国有越来越多的产业政策在发挥作用；另一方面，"真正需要的不是更多的产业政策，而是更好的产业政策"。[1]

不管是全称否定产业政策的论者，或者是全称肯定产业政策的论者，似乎都没有注意到，产业政策是有不同类型的。有些人心目中的产业政策，仅仅是中国在 20 世纪 80 年代从日本引进的那种产业政策，或者说，是日本在 20 世纪 50 年代和 60 年代所采取的那种产业政策。其实那种产业政策只是产业政策多种类型中的一种，世界上并不是只有这一种产业政策。

据考证，"产业政策"是日本人的发明。它由日本政府的通商产业省（简称通产省）在 1970 年前后开始使用。不过早在 20 世纪 30 年代和 40 年代上半期的统制经济时代，这种政策的基本内容已经现出了雏形。到了 20 世纪 50、60 年代，它们就在新的条件下得到了系统的运用。

第二次世界大战结束后初期的日本经济体制表现出两种不同的趋向。一种趋向是占领军当局要求否定日本战争时期的统制经济，实现自由化。在占领军当局的压力之下，日本进行了一系列改革。例如，解散了财阀集团，实现了价格自由化，颁布了反垄断法，加强了反卡特尔执法。这些措施的方向是建立起自由市场经济的基本框架。但是同时还有另外一种趋向是继承战争时期统制经济的一些遗产，由政府通过各种政策手段干预经济。在战后的日本，掌管产业政策的主管部门特别是通产省与掌管反垄断政策的公正交易委员会之间经常发生矛盾，甚至"双方长期扮演了互相为敌的角色"[2]。1950 年朝鲜战争爆发以后，前一种趋向有所削弱，后一种趋向则有所加强。

华裔美国社会学家高柏 1997 年写过一本书，题目是《经济意识形态

1 见罗德里克(2007)：《相同的经济学，不同的政策处方》，张军扩、侯永志等译，北京：中信出版社，2009 年，第 119—121 页。
2 小宫隆太郎、奥野正宽、铃村兴太郎编(1984)：《日本的产业政策》，彭晋章等译，北京：国际文化出版公司，1988 年，第 16—17 页。

与日本产业政策：1931—1965年的发展主义》[1]，详细地论证了日本在20世纪50、60年代实行的产业政策，实际上延续了日本战时形成的"发展主义意识形态"。这种意识形态的代表人物是一批很特别的人。他们有着双重特色：一方面他们是马克思主义者；另一方面是国家主义者，这本书比较客气地把他们叫做民族主义者，也有人把他们叫做军国主义者。由于当时不许马克思主义者在大学里面教书，有的人就退向书斋为政客们做一些政策研究工作，还有一些人到了东北，帮助关东军推行统制经济。战后，这些经济学家成为政府对经济干预政策的主要推手。比如日本著名经济学家、中国社会科学院的老朋友有泽广巳（Arisawa Hiromi），就是战后初期日本产业政策的重要推动者。向重化工业倾斜的"倾斜生产方式"就是他们提出的。甚至"重化工业"这个除少数东亚国家以外很少使用的词语，也是他们创造出来的。总之，一是由于有日本在战时统制经济的这种遗产，二是在这样一批经济学家的助推下，日本在20世纪50、60年代采取了一系列后来被叫做"产业政策"的政府干预经济的做法。

战后初期的日本产业政策有两个主要的组成部分，一个是产业结构政策，另一个是产业组织政策。其中最重要的是它的产业结构政策。根据日本东京大学教授小宫隆太郎等在《日本的产业政策》[2]一书中的描述，产业结构政策这一概念意味着"政府为改变产业间资源配置和各种产业间私营企业的某种经营活动而采取的政策"。换句话说，就是运用财政、金融、外贸等政策工具和行政指导的手段，有选择地"促进某种产业或者某些产业的生产、投资、研究开发、现代化和产业改组而抑制其他产业同类活动的政策"。因此，这种产业政策后来被叫做"选择性的产业政策"或"差别化的产业政策"。产业组织政策，则是意味着扶植大企业，实现产业的集中化和众多小企业围绕大企业进行的"事业共同化"。

不过在2016年的那场讨论中，许多人没有注意到另外一种情况，就是产业政策还有别的选项，即有其他类型的产业政策可供选择。只要读

---

1 高柏（1997）：《经济意识形态与日本产业政策：1931—1965年的发展主义》，安佳译，上海：上海人民出版社，2008年。

2 小宫隆太郎、奥野正宽、铃村兴太郎编（1984）：《日本的产业政策》，彭晋章等译，北京：国际文化出版公司，1988年。

一下有关产业政策讨论的历史文献，这一点是非常清楚的。

直到 20 世纪 70 年代初期，日本国内外的许多经济学家都认为，日本经济从 1955 年开始的 10％ 以上的高速增长，就是主要得益于上面所说的这种选择性的产业政策。但是 1973 年发生第一次石油危机使情况发生了变化。由于石油价格猛涨，日本发生了最严重的经济衰退，在前后 4 年的时间中，GDP 年平均增长率从 10％ 以上下降到负数。许多有识之士，特别是一些受过现代经济学训练的经济学家对当时执行的产业政策提出了质疑。其中表现最突出的是东京大学资深教授小宫隆太郎。他组织了几十位经济学家，经过两年时间的研究，对日本的产业政策提出了一套研究报告。这套报告编成《日本的产业政策》一书在 1984 年出版。它对日本在 20 世纪 50、60 年代执行的选择性产业政策从理论到实践进行了深入的批判性的分析。这些经济学家并不全称否定实施产业政策的必要性，而是认为在市场失灵[1]的情况之下，可以也应该采取所谓"功能性产业政策"来弥补市场失灵，恢复提升市场的功能。

在现实的压力和学者的批判之下，日本在 20 世纪 70 年代中期开始了从选择性产业政策向功能性产业政策的转变。按照东京大学的另一位资深教授植草益（Masu Uekusa）的说法，从第一次石油危机后的反思开始，日本的产业政策发生了重大变化，也就是开始从利用补助金、低利贷款、税收等进行的政策干预，转向用提供有关产业结构的长期展望和国际经济信息来诱导民间企业的产业政策。

国际论坛在分析不同类型的产业政策时用语往往不同，但是内容却是大体相同的，即把产业政策分成两种主要的类型，一种叫作选择性的、纵向定位的或者硬性的产业政策；另一种叫作功能性的、横向定位的、软性的产业政策。[2]

20 世纪 80 年代中期，中国开始接触日本战后初期的产业政策，接着

1　他们把"市场失灵"（market failure）按照当时主流经济学的理解，归纳为以下几种情形：成本递减、正负外部性、公共品以及在存在动态变化和不确定性的情况下进行资源的跨期配置。（参见《日本的产业政策》，第 527—528 页）

2　这里所说"纵向定位的产业政策"，重点强调它的目标在于提升特定产业的竞争力；而"横向定位的产业政策"，则是指出它旨在提升所有部门的效率。

引进了这一套产业政策。当时大多数人都读过当时在国内流行的颂扬选择性产业政策以及它的主要执行者——通产省的书刊,如美国哈佛大学教授傅高义(Ezra Vogel)的《日本第一:对美国的启示》[1]、美国加州大学教授约翰逊(Chalmers Johnson)的《通产省与日本奇迹——产业政策的成长(1925—1975)》[2]等。很少有人知道,还有其他类型的产业政策。更不知道日本经济学界已经对这套现行的产业政策进行了深入的批判性研究。

当时我所在的国务院发展研究中心是日本产业政策的主要引进者。中心主任马洪同时兼任中国社会科学院院长。他既是选择性产业政策的主要推手有泽广巳的朋友,也是组织了对这套政策的批判研究报告的小宫隆太郎教授的朋友。1985年在冲绳召开的中日经济学术交流会上,小宫教授向马洪院长郑重指出,现在世界上一些流行著作对日本产业政策的实际效果普遍存在着评价偏高的倾向,他和其他几十位日本经济学家对这个问题做了全面的考察和讨论,现在把这本书送给中国朋友参考。马洪院长回国以后让中国社会科学院的日本研究所把这本书翻译出来,在1988年正式出版。[3] 不过它的影响很小。我们拿到这本书的中译稿以后,也没有做深入的研究。总之,我们当时对于日本产业政策的认知是很不深入、很不全面的。

中国引进的是选择性的产业政策

由于我们对日本产业政策的源流缺乏全面认识以及受到当时改革目标模式变化的影响,中国在20世纪80年代引进的只是一种特定类型的产业政策,也就是选择性的、纵向的、硬性的产业政策。

早在20世纪80年代初机械工业改组改造工作中,就曾根据国务院

1　[美]傅高义(1979):《日本第一:对美国的启示》,谷英、张柯、丹柳译,上海:上海译文出版社,2016年。

2　[美]查默斯·约翰逊(1982):《通产省与日本奇迹——产业政策的成长(1925—1975)》,金毅、许鸿艳、唐吉洪译,长春:吉林出版集团有限责任公司,2010年。

3　参见马洪(1986):《〈日本的产业政策〉序》,见小宫隆太郎(1984):《日本的产业政策》,北京:国际文化出版公司,1988年,第1、2页。

领导的指示运用了日本政府在 20 世纪 50、60 年代采取的"划分企业生产范围"、组织企业"共同行动",进行"联合生产"等做法。全面引进日本战后初期的产业政策则是在 1987 年。1987 年 3 月 14 日,国务院发展研究中心向党政主要领导人呈交了一份题为《我国产业政策的初步研究》的长篇研究报告,建议引进在日本和韩国被认为行之有效的产业政策。这个报告里面说的产业政策要点,和日本通产省所推行的选择性产业政策几乎完全相同,就是要运用一组协调财政、金融、税收、外贸、外汇、技术人才等调控手段的综合政策体系,对某种(或某几种)产业的生产、投资、研究、开发现代化和产业改组进行促进,而对其他产业的同类活动进行抑制。产业组织政策则是引导企业的发展,促进生产的集中化和专业化协作,形成大量小企业围绕着大企业运营的一套体系。

两个星期以后,这份研究报告很快得到了当时党政主要领导人的肯定批示,要求国家计委和当时正在筹备中共第十三次全国代表大会的报告起草小组吸收这些意见。

这时引进选择性产业政策还有一个更大的体制背景,这就是我国经济改革的目标模式在 20 世纪 80 年代后期发生了重大变化。

1984 年,中共十二届三中全会《关于经济体制改革的决定》规定的改革目标是"要建立社会主义有计划的商品经济"或"社会主义商品经济"。对于什么是"社会主义有计划的商品经济"或"社会主义商品经济",当时出现了两种不同的解读,一种解读是,有计划的商品经济还是在计划经济范畴内的一种经济形式,只不过由指令性计划为主转变为间接计划为主;另一种解读是商品经济就是以通过市场价格配置资源为基本特征的市场经济,"商品经济"只不过是俄国人对市场经济的一种特别说法。[1] 广东社会科学院正式提出过用"市场经济"取代"商品经济"的意见,国务院发展研究中心领导也表示赞成这种意见。

---

1 按照著名经济学家 J. 科尔奈 1985 年 9 月在"宏观经济管理国际讨论会"("巴山轮会议")上所作的经济体制分类,前一种体制属于 IB 模式,即间接行政控制模式;后一种体制则属于 IIB 模式,即有宏观经济管理的市场协调模式。[参见中国经济体制改革研究会编(1986):《宏观经济的管理与改革——宏观经济管理国际讨论会言论选编》,北京: 经济日报出版社,1986 年,第 16—17 页]

在 1985 年到 1986 年的一段时间里,虽然并不是所有的人都主张马上明确改革的目标是市场经济,但是作这种解释的倾向是占有优势的。这种倾向最明显的表现,是在 1985 年中国共产党全国代表会议通过的《中共中央关于制定国民经济和社会发展第七个五年计划(1986—1990年)的建议》(以下简称《建议》),大体采纳了在《建议》讨论过程中一些经济学家提出的社会主义商品经济体制由自主经营自负盈亏的企业、竞争性的市场体系和与商品经济相适应的宏观调控体系三个部分组成的意见,并把它写入了中共中央的上述《建议》。

以这个蓝图对照当时的实际经济体制,国务院的主要领导人发现,整个体系中最为薄弱的中间那个环节即竞争性的市场体系还没有建立。在这种情况下,即使企业放活了,由于没有企业间的平等竞争,还是无法解决平均主义"吃大锅饭"的问题。在这种认识的基础上,国务院领导人在1986 年 3 月有几次重要讲话,指出我们所有的经济问题来自一个矛盾,就是计划经济和市场经济"双重体制胶着对峙",因而形成摩擦很大、漏洞很多的状态。在渐进改革过程中,双重体制和两种价格并存是不可避免的,但是这种状态不宜延续过久。持续久了,对改革和发展都是很不利的。因此,国务院领导在 1986 年 3 月提出,1987 年和 1988 年在"七五建议"讲的三方面改革中主要抓住第二个方面,"七五"(1986—1990 年)前半期在价格改革、税制改革、财政体制改革等方面迈出大步,以期在"七五"期间基本上进入新体制的轨道。

到了 1986 年 9 月,这个被称为价、税、财配套改革的方案在中央财经领导小组和国务院常务会议讨论通过后,相关领导人向邓小平做了汇报,得到邓小平的赞扬和支持。但是不知道出于什么原因,在 10 月间,却被原来提出要全力以赴、打好配套改革战役的领导人下令停止执行。于是,改革设计就开始转了方向。

上述领导人在 1987 年进一步指出,"七五建议"提出的建立新体制的三方面短期内不可能做到,甚至根本就是"理想化"的。价格不可能放开,经济体制还是要"计划与市场相结合"。于是,领导要求国家计委和国家体改委对如何设计"计划与市场相结合"的经济体制提出具体意见。正好国家计委的下属几个研究机构人员早在 1986 年就提出过"国家掌握市场,市场引导企业"或者"国家调控市场,市场引导企业"的计划和市场相结合的体制模式。经过领导研究,"国家调节市场,市场引导企业"的提法被采纳,被写进了第十三次全国党代表大会报告。

坦白地说,我过去曾经认为,"国家调节市场,市场引导企业"的"运行模式"只是市场经济体制的一种委婉表达。现在看来,这种认识是不正确的。实际上,"国家调节市场,市场引导企业"更符合于东欧流行的那种保持计划经济、同时部分放开市场的市场社会主义模式。市场社会主义大致上有两个特点,一个是给予国有企业一定的自主权,另一个是要将市场置于政府的管控之下成为"政府管控下的市场"(regulated market)。按照市场社会主义理论的原义来说,国家计划委员会的职能应当只是模拟市场,即按照供求状况对价格进行频繁的调整。但是市场社会主义者又坚持认为,市场不能充分地反映整个社会的利益和社会未来的发展趋势,因此政府必须代表社会的利益,运用价格、财政、金融等调控手段对市场进行控制和校正。用"计划与市场相结合"取代市场协调,实际上意味着从科尔奈所说的ⅡB模式退回到了ⅠB模式。

在"计划和市场相结合""国家调节市场,市场引导企业"的目标模式确立以后,摆在面前的问题就是国家怎样来调节市场了。日本、韩国等国执行的选择性产业政策正好能够适应这种需要,于是引进这种产业政策就成为一件顺理成章的事情。领导在研究了国务院发展研究中心的报告以后,很快就作出批示,把制定和执行产业政策变成了改革总体设计的一个必要的组成部分,责成国家计委来具体实施。

1989年3月,根据领导提出的"建立以产业政策为核心的经济政策体系"或者"建立以产业政策为中心的经济政策体系"的要求,国务院发布了中国第一部产业政策:《关于当前产业政策要点的决定》(以下简称《决定》)。这个《决定》确定了压缩和控制长线产品的生产和建设、增强和扩大短线产品的生产和建设的目标,制定了详尽的"产业发展序列"。这个"序列"明确规定支持什么、限制什么,要求计划、财政、金融、税务、物价、外贸、工商行政管理等部门运用经济的、行政的、法律的和纪律的手段来实现这些规定。《决定》附有一个长达十几页的《产业发展序列目录》。这份目录详细规定了哪些产业和产品是国家重点支持的,哪些产业和产品是应当受限制、甚至完全停止生产的，哪些技术是应当鼓励的，哪些技术是应当限制的，如此等等。各部门和各地区也根据国务院的《决定》制定了本部门和本地区的发展重点和限制重点，列出了限制、淘汰和保证生产的产品目录，列出了重点企业和项目名单，提出了"有保有压、区别对待"的政策规定。

1994年4月，中共中央和国务院发布了《90年代国家产业政策纲要》，对产业结构政策、产业组织（企业）政策、产业技术政策、产业布局政策做了细致的规定。在以后陆续发布的各种产业政策、发展规划、产品目录中，一直沿袭了这样的做法。

产业政策转型的必要性和艰巨性

由于政府行政机关并没能力预先知道什么样的产业结构和产业组织是最优的，作为变相计划好的选择性产业政策也跟指令性计划一样，不可能收到预期的效果。用政策手段对产业结构和企业发展进行微观干预，是与市场化改革，即让相对价格决定资源配置结构相矛盾的。这种矛盾在1992年中共十四大确定市场经济的改革目标，特别是十四届三中全会制定了建立社会主义市场经济的纲领性文件《中共中央关于建立社会主义市场经济体制若干问题的决定》明确市场应当在资源配置中起基础性作用以后，就显得更加突出。因此，要求产业政策向市场友善的方向转型的呼声也变得越来越高。

在呼吁进行产业政策转型的论著中，特别值得注意的是长期从事产业政策制定和执行工作的国家计委规划司的负责人刘鹤1995年撰写的一篇重要论文——《走向大国开放经济条件下我国产业政策的依据和特征》。这篇论文在深入研究中国发展状况的基础上明确指出，在中国正逐步走向大国开放经济的条件下，以往认可的那种差别对待不同产业的产业政策的依据正在消失。因此，必须加快推进功能性的产业政策，逐步用功能性的产业政策来取代差别化的产业政策。他指出，产业政策转型的基本方向是："淡化传统计划经济模式下差别对待不同产业的色彩，以增强产业竞争力、反对垄断、保持竞争和广泛提供信息等原则支持产业的健康发展。或者说,提供信息、建立市场秩序等增强市场竞争功能的内容将成为新的产业政策的主要特征"。[1]

上述论文对我国产业政策的实际状况分析得十分透彻,指出的转变路径和方法也切合我国的实际。但是,实际情况却表明,要真正得到贯彻其实十分不易。比如说,刘鹤在论文的末尾强调指出,随着产业政策向功能型转化,制定政策的理论分析方法也要尽快转变。"以往结构分析方法的局限性正日益显露,微观经济学和福利经济学的概念和方法急需广泛地加以推广"。令人遗憾的是,直到现在,"结构分析方法"还是主管机关制定产业政策和产业发展规划时使用的主要方法。

从国际经验看,长期实行选择性产业政策的国家很难实现转型,是一种相当普遍的现象。因为这个转变不但跟人们原有的观念相冲突,而且涉及有关机构的权力和利益。

以日本为例,1973 年第一次石油危机发生以后,许多日本人开始认识到旧有产业政策的缺陷,特别是一些受过现代经济学训练的经济学家,他们对于日本产业政策需要转型几乎都持有相同的意见。但是正如小宫教授在书里面讲到的,这些年轻一代经济学家很难跟社会地位很高的老一代经济学家,即所谓"史前时期的经济学家"对话。

在社会上支持政府的强力干预和选择性产业政策的,也不乏其人。在关于产业政策的激烈争论中,日本经济小说作家城山三郎在 1975 年出版的颂扬通产省官员的业绩、反对贸易自由化的小说《官僚们的夏天》[2],成为一本畅销书。1996 年,这部小说被拍成电视剧现身荧屏。10 多年后,在反对全球化成为一时风尚的 2009 年,它被再次重拍上映。

20 世纪 80 年代以后,日本的产业政策已经大体上转向了功能性产业政策,竞争政策从属于产业政策也已经让位于竞争政策为主了。但是,选择性产业政策的思维习惯和行为方式还是不时在日本经济中表现出来。

我自己就经历过这样两件事,给我留下了深刻的印象。

第一件事是日本从 20 世纪 60 年代中期开始策划由政府主导建设的

1　刘鹤(1995):《走向大国开放经济条件下我国产业政策的依据和特征》,见刘鹤:《结构转换研究》,北京:中国财政经济出版社,2002 年,第 182—192 页。

2　城山三郎(1975):《官僚们的夏天》,共工译,北京:人民文学出版社,1977 年。

筑波科学城。1965年在首相办公室设立"科学城推进本部",由国土厅长官担任主席,成员包括政府各部的副部长。当时的计划是依靠政府所属行政机构的力量和国立教育科研机构的力量以及大量的财政投入,在短期建成一个占地250平方公里,人口35万人,聚集高技术产业、科研院所和大学的特大科技园区。为了提高筑波的声誉和促进它的发展,1985年日本政府在筑波组织了一个为期半年的"世界科学和技术发展博览会"。我们到日本参加"中日经济学术交流会"时,曾任日本国土厅长官的夏河边淳兴致勃勃地带着我们去参观了筑波展览会和正在那里举行的世界机器人大会,期待着亚洲最大规模的科学城和一个新的硅谷很快就会拔地而起。然而由于过度的国家主导和缺乏民营产业的支持,直到20世纪末,筑波的发展还是远远没有达到原定的目标。经过反思,1996年将筑波城重新定位为科学研制和信息交流中心,并且改变了完全政府主导的模式,积极引入市场机制,扩大政府所属研究机构和大学的自主权。发展模式转型以后,筑波的发展加快了,人才培养也取得了很大的成绩。到现在,这个地方已经产生了4位诺贝尔科学奖的获奖人。

我亲眼目睹的第二件事,是高清晰度电视(Hi-Vision)的开发。

20世纪70年代初,各国电视产业就开始积极研究电视升级换代问题。日本采用的是政府与民间协商制定技术路线的老办法。通产省和日本广播协会(NHK)经过研究,决定沿着模拟式的技术路线进行高清晰度电视的开发。选择这样的技术路线确有它的道理,因为只要增加扫描密度,电视画面的清晰度马上就能得到提高。事情的发展果然也是这样,经过10多年的努力,日本的模拟式高清晰度电视开发成功。他们在1988年的汉城奥运会上首先进行了高清晰度电视转播。1990年我们到日本开会时,也可以看到模拟式高清晰度电视机摆在各大商店的橱窗里演示。当时许多人都认为,这回日本又要在电视升级换代上占先了。

美国在电视技术创新上仍然沿用他们通常的技术创新办法,即不是由哪个权威机构来选定产品方向和技术路线,而是由开发者自行选定方向,自己去闯出一条路来。就在日本开发出模拟式高清晰度电视的同时,一家美国企业研制出数字式电视机。不过,这种电视系统还是用模拟信号进行传输,传输还是用模拟信号加载在甚高频的调幅波上,电视机接收后将它转为数字信号进行处理,然后再转回到模拟信号播出。当时我在和日本产业界人士谈话的时候曾经提到,数字电视技术是否可能形成对日本模拟式的威胁。日本朋友的回答是,由于用数字信号来描述音频、特别是视频电波,它的信息量是模拟方式的几十倍甚至更多,传输问题是无法解决的。没有想到,不久以后,美国企业凭借它们在基础研究上的优势,在计算机处理数字信号能力的配合下,一举解决了数字信号压缩和解压缩问题。这样一来,视频信号传输问题就迎刃而解。而日本人多年的艰苦努力和海量投入全部打了水漂。人类社会也正式进入了数字时代。[1]

日本虽然在 20 世纪 70 年代就开始了产业政策的转型,但选择性产业政策给社会体制和政商关系带来的负面影响仍然长期存在(韩国的情况也同样如此)。这种负面影响不是很容易消除的。清华大学产业发展与环境治理研究中心曾召开过一次讨论会,中外学者探讨了日本消除选择性产业政策影响和强化竞争政策的情况。根据学者们的介绍,日本的中曾根康弘(1982—1987)、桥本龙太郎(1996—1998)、小泉纯一郎(2001—2006)和安倍晋三(2016—   )等四位首相先后采取措施消除选择性产业政策对日本体制的负面影响和强化竞争政策的实施,虽然取得了一些进步,但是到现在并没有完全成功。比如说,安倍首相提出了有名的"三支箭"。其中第一支箭是扩大货币供应,实现日元贬值,第二支箭是扩张性的财政政策,这两个"箭"用的都是从需求侧着眼拉动增长的凯恩斯主义的老办法。第三支箭和我们近几年的提法相同,叫做"结构性改革",也就是进行经济体制和政府的行为方式的改革,通过强化竞争来提高效率。例如,近几年日本放开了电力市场;取消了只有个人才能经营农业的规定,允许企业拥有农地。根据日本学者的介绍,安倍的这个第三支箭取得了一些成果,但是离实现振兴经济的目标还有很大距离。

从以上情况可以看到,要打破重重阻力和障碍,改变长期实行选择性产业政策所形成的思维定式和体制惰性需要进行艰苦的努力,是不可能轻易取得成功的。

---

[1] 关于日本高清晰度电视(Hi-Vision)的故事,可以参看 N. 尼葛洛庞帝(1995):《数字化生存》,海口:海南出版社,1997 年,第 51—64 页。

必须坚定不移地推进产业政策转型

当前我国实现产业结构的转型较之20世纪末有更大的迫切性,也有更有利的条件。这是因为,要推进供给侧结构性改革,实现"三去一降一补",改善经济结构,提高效率,离开了功能性产业政策的有效实施,是根本无法办到的。

举例而言,调整产业结构和优化产业组织,可以有两种基本的办法:一种办法是运用财政、金融等调控手段甚至直接的行政干预,有选择地去扶持一些产业,抑制另外一些产业;另外一种办法就是通过提升市场功能,通过市场竞争的奖优罚劣和优胜劣汰作用,实现产业结构和产业组织的优化。数十年的经验告诉我们,主要采用前一种方法不但成本很高,而且很难收到预期的效果,有时甚至会南其辕而北其辙,加深结构扭曲。从这个意义上说,选择什么样的产业政策去实现我们的宏大目标,是一件生死攸关的事情。

那么,怎么来推进产业政策的转型呢? 第一条就是要认真总结30年来执行产业政策的经验和教训。事实上,近年来国内总结的经验教训和讨论改革方向的论文还是不少的,不过它们多半是年轻一代经济学家和经济工作人员的著作,似乎也没有引起主管机构的足够重视。

除了总结我们自己的经验,还要充分地吸取国际经济学界的研究成果。20世纪80年代以来产业政策的研究,已经成为经济学研究的一个重要课题,有许多好的成果值得汲取。

比如,前面讲到过的小宫隆太郎等教授1984年出版的那本《日本的产业政策》就是一本很值得重读的书。

这本书明确指出,除了第二次世界大战之后有限的短时期外,日本的高速增长基本上是通过建立在竞争基础上的价格机制和旺盛的企业家精神取得的。与所谓"日本股份公司(Japan Inc.)[1]论"相反,可以说战后主

---

1 "日本股份公司"(Japan Inc.)是20世纪70—80年代的一种流行说法。它把日本形容为一家在政府领导下政商密切合作组成的公司。

要时期产业政策的历史,是民间企业的首创精神和活力不断地否定政府控制性的直接干预意图的过程。这是两者之间斗争的过程或者是此长彼消的过程。在 1955—1970 年的高速增长年代,虽然主管部门在产业改组和产业合理化的旗号下重点实施了多种多样的产业调整政策,然而完全实现政府意图的产业为数很少。

当然该书的作者们也承认,某些产业政策措施起了好作用。比如,设立各种审议会、制订长期的经济计划等措施,对于完善价格机制发挥了积极作用。这就是说,日本的产业政策一方面是起了压制市场竞争等负面作用,另一方面,它在完善价格机制、消除信息不对称性等方面起到了积极作用。这也可以解释为,选择性产业政策的作用基本是负面的,而功能性的产业政策能够起到好的作用。

一些学者引述了 21 世纪美国学者、日本学者所做的研究,说明日本在战后发展最好的一些产业并不是由于得到了产业政策的特殊优惠。其实,小宫等教授早在 1984 年的这本书里就已经报告过有关的研究成果。他们选取了 20 世纪 50、60 年代日本取得最好成绩的 24 个产业,其中大多数企业都是从零或者从极小的规模起步,并在没有得到产业政策优惠的情况下依靠自己的力量发展起来的。因此,这些企业的经营者们对于日本曾经普遍实行的系统而有力的产业政策的说法,具有强烈的反感。"如果给他们以对这类看法发表意见的机会,恐怕他们多数都会说:'我们几乎没有从政府得到什么特别的优待,而是依靠自己的力量,含辛茹苦,历尽艰辛才发展起来的。'"[1]

正如上文提到,小宫等经济学家并不否认在市场失灵的情况下,政府应该采取一些干预措施,来弥补市场失灵和提升市场功能。但与此同时,他们也提醒要注意三个问题:

一是要正确地判断在什么情况下真正出现了市场失灵,从而需要政府或其他社会组织进行干预。我觉得对我们很有启发。引进这个产业政策以来,始终存在一个把市场失灵泛化的倾向。"市场失灵"这个概念应当

---

[1] 小宫隆太郎、奥野正宽、铃村兴太郎编(1984):《日本的产业政策》,彭晋章等译,北京: 国际文化出版公司,1988 年,第 10 页。

怎样界定确实很费斟酌,但是有一种说法很明显属于误读,就是把市场失灵说成是市场天然具有缺陷,于是政府对市场的干预就变成没有界限了。

二是要针对不同的市场失灵采取不同的政策措施。因为市场失灵的情况是千差万别的,所以也要针对具体情况去弥补市场失灵。后来的许多学者都强调这一点,并且根据不同情况提出了自己的政策选择。

三是必须认识到在市场失灵需要政府干预的时候,政府也会失灵。这样,就需要进行权衡。就像小宫教授说的,有时候为了弥补市场失灵而采取的政府干预措施,造成的损害甚至比市场失灵造成的损害还要大。在制定政策的时候,需要采取多种多样的办法,使得得益最大、损失最小。

罗德里克在前面提到的《相同的经济学,不同的政策处方》这本书里提出了一些很值得注意的想法,例如他指出,获得产业进一步发展方向的信息是具有外部性的,因为获得的信息可以由大家分享,可是成本却要由个别企业付出,所以具有外部性。要消除这种外部性,政府其实可以做很多工作。[1]

2014 年诺贝尔经济学奖获得者让·梯若尔(J. Tirole)的诺奖获奖演说的题目就是《市场失灵和公共政策》。他在这篇历数产业组织经济学发展史的讲演中开宗明义地指出,当出现市场失灵的时候,需要运用公共政策去控制市场失灵和约束市场霸权。由于市场失灵是多种多样的,政府的规制机构也要采取不同的方法加以处理。这意味着产业政策必须针对具体情况并建立在深入和细致的研究基础之上。[2]

还有一位发展经济学的新星阿吉翁(P. Aghion)在产业政策设计的问题上也很有建树。他和几位他的同事,包括中国同事合作的一篇论文《产业政策和竞争》,刚刚获得 2017 年的孙冶方经济学奖。论文按照他的思想,提出了如何运用产业政策强化竞争的一些具体做法。[3]

---

1 见罗德里克(2007):《相同的经济学,不同的政策处方》,张军扩、侯永志等译,北京:中信出版社,2009 年,第 103—106 页。

2 见梯若尔(2014):《市场失灵和公共政策》,唐伟霞、李婧译,载《比较》辑刊,北京:中信出版社,2015 年第 6 辑(总第 81 辑)。

3 阿吉翁(2015):《产业政策和竞争》,李晓萍、江飞涛译,载《比较》辑刊,北京:中信出版社,2016 年第 1 辑(总第 82 辑);同见阿吉翁(2013):《寻求竞争力:对中国增长政策设计的启示》,徐兰飞、贺瑞珍译,载《比较》辑刊,北京:中信出版社,2014 年第 5 辑(总第 74 辑)。

总起来说,国内外的研究都给以同样的启示,就是压制和限制市场竞争的选择性产业政策需要向与市场相友善的功能性产业政策转型。正像日本经济学家、原政策研究大学校长八田达夫教授所说,市场竞争能够激励创新和推动资源从低效率部门向高效率部门转移,从而提高国家的整体生产率。[1] 这就是说,选择性产业政策的主要弊病在于按照政府的意图来决定产业的发展,抑制了创新的活力和扭曲了产业结构。正确的产业政策的要点在于弥补市场失灵,消除竞争障碍和提升市场功能。

　　实际上,产业政策转型的方向已经在 2013 年中共十八届三中全会《关于全面深化改革若干问题的决定》(以下简称《决定》)中讲得非常明白,就是要发挥市场在资源配置中的决定性作用。或者如《决定》所论述的:"市场决定资源配置是市场经济的一般规律,健全社会主义市场经济体制必须遵循这条规律,着力解决市场体系不完善、政府干预过多和监管不到位等问题。"按照这个方向实现产业政策的转型,要点在于正确处理产业政策和竞争政策之间的关系。2015 年 10 月《中共中央、国务院关于推进价格机制改革的若干意见》(以下简称《意见》)明确要求,"凡是能由市场形成价格的都交给市场,政府不进行不当干预"。这就为产业政策的作用限定了范围。与此同时,中共中央和国务院的上述《意见》还要求"加快建立竞争政策与产业、投资等政策的协调机制","逐步确立竞争政策的基础性地位"。这就意味着改变以产业政策为经济政策中心的做法,转向以竞争政策作为各项经济政策的基础。

　　中共十八届三中全会《决定》在论述处理好政府和市场的关系时,紧接着"要使市场在资源配置中起决定性的作用"这句之后,还有一句"更好地发挥政府作用"。有的人把全句解释为市场作用和政府的作用不分轩轾,都要充分发挥。我认为,这种解释把市场和政府在市场经济中发挥的不同作用混为一谈,是不正确的。首先,《决定》中写的是"更好地发挥政府作用"。所谓"更好",当然就是指比过去要好。关于过去政府作用的不足之处,前任国务院总理温家宝多次在面向全国人民代表大会所做的《政

1　八田达夫(2016):《经济增长中的竞争政策与产业政策》,载《比较》辑刊,北京:中信出版社,2016 年第 6 辑(总第 87 辑)。

府工作报告》里坦率地承认，"政府管了许多不该管也管不好的事情，许多应该管的事情又没有管或者没有管好"。其次，什么是政府应该管的事情，什么是政府不应该管的事情呢？十八届三中全会《决定》里讲得很清楚："必须积极稳妥从广度和深度上推进市场化改革，大幅度减少政府对资源的直接配置，推动资源依据市场规则、市场价格、市场竞争实现效益最大化和效率最优化。"最后，《决定》还明确规定："政府的职责和作用主要是保持宏观经济稳定，加强和优化公共服务，保障公平竞争，加强市场监管，维护市场秩序，推动可持续发展，促进共同富裕，弥补市场失灵。"

总之，政府各部门的工作必须谨守十八届三中全会《决定》指出的方向，做到有所为、有所不为。

所谓"有所为"，意味着在清除竞争障碍和提升市场功能方面，政府还有许多事情可以做。例如：(1)提供良好的法治环境；(2)保持宏观经济稳定；(3)提供基本社会保障；(4)建立良好的教育和基础科研体系；(5)用PPP的方式进行共用性技术的"竞争前开发"；(6)用征税、"补需方"等方式消除外部性的影响；(7)通过规划、细则等提供信息。

所谓"有所不为"主要是指：(1)不要直接操办项目；(2)不要自行选定产业发展重点和指定技术路线；(3)不要违法违规设立行政许可、市场准入条件；(4)不要对部分企业实行"政策倾斜"；(5)在开发新产品、提供基本医疗费用补助时都要避免直接或变相地"补供方"。

六、 营造良好的宏观经济环境

什么样的宏观经济环境和宏观经济政策最有利于中国经济的持续稳定发展,数十年来一直是中国面临的一个重大理论和政策问题。在计划经济时代,尽管存在投资膨胀的惯性,但在严格的价格管制下,每当由于货币超发出现物价上涨的压力,政府就会把消费品纳入配给的范围中,实行凭票证供应,而不直接引起物价上涨。市场取向的改革意味着价格在某些程度上放开,于是隐蔽的通货膨胀也就显性化,成为直接影响民众生计的大问题。因此,在改革开始以后,采取扩张性的宏观经济政策还是稳健的货币政策,就成为一个引起争议的重大政治问题。

改革开放以后,关于宏观经济政策的第一次大争论发生在 1984—1985 年之间。1984 年 10 月中共十二届三中全会通过的《中共中央关于经济体制改革的决定》正式开启了以建立商品经济体制为目标的经济改革。在改革即将全面展开的乐观气氛下,出现了要求采取扩张性的宏观经济政策以便用旺盛的需求、特别是政府投资形成的需求支持和提高经济增长速度的呼声。于是,爆发了一场波及朝野的理论和政策争论。本书收集的《当前货币流通形势和对策》(1984 年 12 月)和《再论保持经济改革的良好经济环境》(1985 年 4 月)两文,是主张采取稳健宏观经济政策和为改革营造良好经济环境一派观点的代表作。

这次需求膨胀的热潮由于中国政府在 1985 年采取紧缩政策而得以平息。而且,由于受到"宏观经济管理国际讨论会"("巴山轮"会议)上 J.托宾(James Tobin)等经济学大家意见的影响,1985 年 9 月的中共全国代表会议作出的《中共中央关于制定国民经济和社会发展第七个五年计划(1986—1990 年)的建议》明确肯定:为了改革的顺利进行,必须"防止盲目攀比和追求产量和增长速度","坚持社会总需求和总供给的平衡","为改革创造良好的经济环境"。

然而没有过多久,"通货膨胀无害论"乃至"通货膨胀有益论"再次流行。而且在往后 20 来年中,要求采取扩张性宏观经济政策的议论此起彼伏,始终没有止息过。本书作者在这一时期写作的文章《关于当前经济形势讨论情况的汇报》(1987 年 4 月)和《控制需求,疏导货币,改革价格》(1988 年 4 月)、《论通货膨胀政策之不可行和根本出路在于落实各项改革措施》(1994 年 3 月)和《中国应当怎样应对全球金融危机》(2008 年 11

月)等等,都力陈货币超发、信用膨胀之弊,并向领导和公众说明,必须努力营造良好的宏观经济环境,全力推进改革,提高效率。否则,既不利于发展,还会造成金融灾难。

在进入本世纪的第二个 10 年以后,经济增长减速、金融风险累积等问题凸显,使宏观经济稳定面临挑战,这就促成了我在《对如何走出宏观经济政策两难困境的思考》(2010 年 8 月)、《警惕过度投资,寻求转型对策》(2013 年 2 月)、《对当前宏观经济形势的估量和政策建议》(2015 年 9 月)等文章中更加强调,只有在财政、货币等短期政策的配合下着力通过改革实现供给效率的提高,才有可能从根本上消除发生系统性风险的危险。

当前货币流通形势和对策[*]

(1984 年 12 月)

一、 1984 年货币流通量急剧增加，需要认真对待

1979 年以来，我国市场货币（现金）流通量增加很快。1978 年末货币流通量为 212 亿元，1979 至 1983 年每年以平均 63 亿元的速度增发，到 1983 年年末，市场货币流通量已达 529.7 亿元。

1984 年的情况更为突出。原计划当年货币净投放 80 亿元。1—6 月的情况大体与上年同期相当，累计净回笼 38.8 亿元，下半年以来，投放猛增：9 月份净投放 45 亿，10 月份 56 亿，11 月份 57 亿。至 12 月 28 日，货币净投放已达 245 亿元，估计至年底为 250 亿元，接近于 1949—1983 年之间总投放量的一半，实际投放数为计划数的 3 倍多，12 月一个月的投放量就等于原计划的全年投放量。预计到年底货币流通量将达 780 亿元。

二、 对货币流通形势的分析

对于 1984 年货币投放量是否过多，存在着不同的看法。

一些同志认为，目前我国市场货币流通量是正常的。他们认为，由于

---

[*] 这是本书作者领导的一个课题小组为国务院经济研究中心和国务院技术经济研究中心起草的一份研究报告，由吴敬琏、李剑阁、丁宁宁执笔写成。参见《吴敬琏选集》，太原：山西人民出版社，1989 年，第 645—656 页；又见《吴敬琏文集》，北京：中央编译出版社，2013 年，第 873—883 页。

"对外开放,对内搞活"政策的贯彻执行,客观上要求市场货币量增加。有的同志采用同西方国家进行比较的方法,认为货币供应速度超越经济增长是经济本身提出的要求,货币供应有限度地超前,对生产是一种推动,而商品和劳务供应大于市场需求,往往伴随着经济的萎缩,丧失可能争取到的速度。还有的同志以广东为例说明,货币流通量增大是商品经济发展的必然要求,广东货币投放量占全国首位,物价却并没有上涨,可见多发一些票子是没有什么危险的。

这些同志的意见有正确的方面。我国国民经济近年来的发展,的确产生了某些要求增加市场货币流通量的因素。这主要包括:(1)城乡商品生产和商品流通扩展很快,过去通过调拨分配的生产资料大量进入商品流通;(2)多种经济形式和多种经营方式的发展,使"铺底资金"大量增加,也扩大了现金支付范围;(3)城乡个人收入增加,使手存现金大量增加;(4)投资规模有较大增长,其中现金支出占30%—40%;等等。但是,他们的看法也有不够全面和正确的地方。第一,对于西方需求不足的经济来说,货币超经济发行可以起到弥补有效需求不足的作用,因而往往可以作为反萧条的有效措施,但是对于像我们这样的"短缺经济"来说,货币的过多供应,必将加剧市场的紧张程度,并使长期存在的卖方市场难以向买方市场转化。第二,广东货币投放很多,物价反而稳中有降,是有它的特殊条件的,不宜于用以推论全国。

大多数同志认为1984年货币投放过多不太正常。但对不正常的因素是什么、程度如何,存在着不同的意见。我们认为,从各种信贷和现金支出渠道进行分析,造成1984年货币投放过多的主要因素是:

(一) 工资性现金支出迅猛增加

1—11月工资性现金支出达1225亿元,较1983年同期增加191亿元,增长率为18.5%,其中,1—6月比1983年同期增长12.5%,以后逐渐加速,7月比1983年同月增长16.6%,8月19.2%,9月26.8%,10月27.8%,11月35%,12月由于各单位竞相发放年终奖金,估计较1983年同期增长比例还会更大。

工资性支出大量增加的根本原因是:当前我国经济正处在从传统模式向新经济体制转化的过程之中。在这个过程中,存在着双重经济体制:

原来的单纯依靠行政指令的经济控制系统已经被冲破,而新的、适合于有计划商品经济的控制系统又没有很好地发挥作用。这就使国民经济控制系统中存在不少漏洞。从微观看,扩大了企业的经营自主权。但是促使企业合理使用各项基金,保证企业职工利益同国家利益紧密结合的机制并未很好地建立起来,同时,报刊上对于提高人民消费水平的宣传有些过头,部分群众中出现某些脱离我国目前经济发展水平,要求尽速实现"高消费"的倾向。加之工资改革迟迟未能实施,某些生活资料的价格上涨。在照顾职工生活的思想下,各企业争先恐后地瓜分企业的利润以至生产资金,增发名目繁多、与劳动贡献没有关联的奖金和津贴,使消费基金急剧上升的趋势难以遏制。同时一物多价的多层次价格(包括商品价格、外汇价格即汇率、资金价格即利息率等)体系的存在,使得套汇、套利、倒买倒卖的投机活动猖獗。低进高出,从差价中取利成为以权谋私的"新不正之风"的重要形式。大量国家资金通过这种途径,流入各种名目的"小金库",然后化作高额奖金和补贴,流入个人腰包。

这类个人收入的增加并不全部通过工资性现金支出的增加表现出来。企业生产性资金、机关行政费以及事业单位的事业费通过直接挪用或以各种间接方式转化为消费基金的情况很多。

(二) 行政经费控制不严

一些行政单位之所以能将一部分行政经费转化为消费基金,是因为国家对行政经费的控制失之过松。近年来我国行政经费增加极快,从1978 年到1983 年的5 年中,行政经费增加了一倍。然而由于花钱大手大脚,这样大的盘子仍然不敷支出。1984 年预算规定行政费支出为95.3 亿元,到9 月份已经全部用完,预计全年将超过预算24.7 亿元,达到120 亿元左右,比1983 年又增加18.3%。

近几年来,我国各级行政机关机构膨胀,编制扩大,冗员增加很多,同时,对集团购买力控制不力,大吃大喝、讲究排场的风气有所滋长。这些,不仅使财政支出大量增加,而且会败坏我党的传统优良作风,应当引起严重注意。

(三) 基本建设规模仍然过大

我国固定资产投资1982 年至1984 年连续3 年每年增加100 亿元以

上,这是历史上从来没有过的。有些同志从 1984 年基本建设材料供应短缺有所缓解的情况推断,目前的基本建设规模是适当的,甚至还可以有所扩大。1984 年以来,钢材、木材等基建材料的供应确有所缓和,但是,(1)这是由于大量进口才实现的,1984 年进口钢材 1000 多万吨,木材 700 多万立方米,无论从国家外汇支出能力还是从交通运输条件看,都已达到了顶点,很难再有更多的增加。(2)某些品种的材料供应仍然相当紧张,1984 年 1 月至 9 月,钢材、木材、水泥库存都比 1983 年同期有所增加,但是基本建设大量需用的线材却下降了 10.2%。基建单位的水泥库存下降 7.1%,木材下降 8.4%。连葛洲坝这样的重点工程也因缺 8000 吨钢材面临工期延误 1 年的危险。所有这些都说明,基本建设用材并不宽裕,基建规模仍然过大。

(四) 粮棉超购占款增加

近年来,粮、棉、油等农产品收购超过需要,形成农产品收购支出呆滞。1984 年这一项货币投放增加约 100 亿元。此外,由于 1984 年 1—7 月对外贸易收支继续保持顺差,外汇占款增加太多,11 月末外汇占款达人民币 330 亿元,较年初增加 64 亿元。不过,外汇占款是有硬通货与之相对应的。只要采取动用外汇储备的政策,这部分占款将会迅速减少。3 月份以后,由于进口付汇逐渐增加,已出现人民币收大于支的情况。11 月份外贸库存较 1983 年同期减少 57 亿元,这是好现象。

三、 1985 年的发展趋势和我们的对策

目前增发货币的势头还没有减弱的迹象。1984 年末不少地区和部门要求追加支出和上新的大项目。突击花钱之风,虽经中央三令五申,并没有能够刹住。这样,1985 年年初增发货币的趋势仍将继续。据人民银行研究室的同志估计,仅从元旦到春节的一个多月中,还将增发现金 100 多亿元。这样,市场货币流通总额可能达到 900 亿元左右,这对物价不可能不产生刺激上涨的作用。鉴于 1985 年工资改革、价格改革将先后出台,这些改革都需要支出一定数量的资金。理论的分析和东欧各国经济改革的经验都表明,由于要在进行经济体制改革、调整人们之间的利益关

系的过程中保证多数人受益,国家需要支出相当数量的资金,而经济改革在提高效益、增加收入方面的效果需要一个较长的时期才能显现出来,因此,在改革起步时,国家手头的资金是比较紧张的。多数研究体制改革问题的经济学家主张在改革开始的几年要有意识地放慢速度,减少投资,避免立即大幅度地提高工资,以便腾出资金来搞经济改革。否则容易出现资金短缺、物价猛涨的危机,经济改革也会难以为继。为了保证我国经济体制改革有一个比较好的经济环境,必须使通货保持适当紧缩的状态,并保留比较多的资金和物资后备。我们能够节省出来用于改革的资金越多,改革的步子也就可以跨得越大,改革的成效越大,我国国民经济也就能够更早地转入良性循环。否则如果通货膨胀严重,物价上涨,人心浮动,就很不利于改革工作,不得不推迟改革或者把改革的步子放得很慢,我国国民经济将长期不能摆脱"双重体制"的困境。弄得不好,甚至会使改革本身受到威胁。

鉴于以上所说的一切,我们应当采取在一切其他方面紧缩,全力保证经济体制改革的策略。当然,这里所说的"紧缩",决不是硬性压缩货币投放的规模和重新回到用行政命令控制一切的老路上去,而是要在保证市场物价总水平不发生大的波动,同时保持国民经济适度增长的前提下,采取一些特殊的措施,来防止信贷总规模(包括货币投放)失控。

货币流通是整个国民经济运行状况的综合反映。因此,对当前我国货币流通不正常的问题,必须提出总体对策,进行综合治理。应当看到,旧体制在相当范围内的保留使我们难以完全依靠经济手段来防止失控,所以,除加速改革旧体制外,必须和原有的指令计划手段配合起来,才能完成上述的政策目标。同时,要随时注意这些措施对经济体制改革的影响,因势利导,不拘泥于某一种手段的运用。具体说来,我们建议采取的措施是:

(一)推进金融体制改革,加强银行信贷资金管理

首先,要加强人民银行作为中央银行的职能。应当明确规定人民银行的职责是通过行使国家授予的纸币发行权和运用其他调节手段,负责控制全国的货币数量,保持信贷平衡。年度发行数量要由全国人民代表大会规定,未经人民代表大会常委会同意,任何人无权更改。要坚决打破信贷敞开供应、吃"大锅饭"的办法,从1985年开始,由人民银行给各专业银行分配新增信贷资金定额,使它们只在自身信贷来源(包括信贷定额和存款)范围内发放贷款。同时除在公开市场上买卖债券这一项控制手段目前还没有运用的条件外,人民银行还应当有权运用各国中央银行通行的控制手段,如规定银行存款储备金率、规定利率浮动范围等调节货币量和信贷量。储蓄存款利率应高于物价调升的幅度,保证存户有一定的实际利息收入,以利于稳住约 1000 亿元的银行储蓄,防止市场受到冲击。目前放款利息过低,甚至存放利率倒挂,应当适当提高,使它与存款利率之差是一个正数,以利于促进企业精打细算地使用银行贷款,同时调动银行基层机构和职工的积极性,做好储蓄和收汇工作,切实提高贷款的经营效益。

其次,要完善贷款审核和保证制度。银行要有贷款自主权,贷与不贷、贷多贷少,都由银行根据预期经济效益和还款保证情况自行决定,对各级政府部门批准的贷款项目,如银行认为缺乏经济效益和还款保证,有权拒绝贷款。为防止逾期不还,集体企业、私人企业以不动产或第三者资金担保,国有企业以企业自有资金担保,无自有资金或自有资金不足者同样请第三者以资金或货币收入担保。保证由国家司法部门监督执行。这样做,有利于银行发挥监督资金使用效益的作用。对不按规定提取发展基金,挪用流动资金和用流动资金发放奖金、补贴的企业,银行应拒绝发放贷款。

此外,目前储蓄工作效率很低,存难取难,且银行不做私人汇兑业务,农民有了钱买不到东西,常常携带巨额现款进城购货,这需要切实加以改进,以利于吸收更多的人参加储蓄。为了增加网点和购买国内尚不能生产的现代化设备,请计委在资金和外汇上给予必要的支持。

1985 年计划规定,全年现金净投放额为 150 亿元,我们认为适当,人民银行和各专业银行应保证实现。

(二)财政量入为出,不得再向银行透支

最近几年货币过量发行的一个重要原因,是银行信贷承担了不少原由财政拨付的固定资产投资、定额流动资金等支出,同时还要向财政提供透支、借款等,弥补预算赤字。1979 年至 1983 年财政赤字累计为 396.5 亿元,其中 30% 是靠向银行透支弥补。这种状况不应再继续下去了。

首先,要维护预算的严肃性。财政预算如果出现赤字,应靠发行国库券或债券取得平衡,除此之外,不得再有赤字,也不得再向银行借钱。预算经人民代表大会通过后,如有新增开支项目,需事先报请人大常委会批准才能支款。

社会主义国家的财政工作,应通过扶持经济发展,广开财源,增加收入,整肃财政纪律,监督财政收支,坚持量入为出,有多少钱,办多少事,使财政信贷与国民经济的发展保持综合平衡。然而最近若干年来一直发生财政赤字。1984 年原计划赤字 30 亿元,实际执行结果,税利收入增加170 余亿元之多,而到年末,除债务累累外,仍然有约 40 亿元的赤字,要靠扩大信贷和增发货币来解决。这种情况,使我们深感忧虑。

(三) 防止基本建设规模的继续膨胀

必须把固定资产投资规模在两三年内稳定在目前水平上,不再继续扩大。这要从两方面作出努力:一方面,要反对不顾国家经济力量和技术水平,强上那些建设周期长、短期内难以奏效的大项目。此类项目上马与否,应经反复论证,并照顾到资金和物资的可能性,切忌草率上马。另一方面,在地方分权以后,要防止过去好大喜功的错误重现。地方自己上的大中型项目,凡是涉及全国同一行业中期平衡的,一定要由国家计委、经委、科委,加上有关行业部门的联席会议审批。基本建设的重点应坚决转到老厂改建扩建和技术改造上来。对基建项目,特别是重点项目,必须首先做好施工前的一切准备工作,一旦开工,限期完成,切忌再犯打消耗战的错误。

微观经济方面,必须迅速改变减价推销的损失向财政部门报销,因而须经财政部门批准的老办法。企业自负盈亏后,应有权减价推销积压商品,损失在赢利中扣除。为提倡产品更新换代,应当加速陈旧产品的处理。可以考虑恢复年终库存盘点时扣除 10% 的折旧费,以此来抵偿减价推销损失。

在价格调整中必须把那些目前已经积压的加工工业高价产品的价格压下来,即使冲减部分财政收入也是值得的。同时应当根据各地区的市场供求情况,上浮短线产品价格。这样才能把投资引导到正确的方向。

(四) 进一步安排好消费品的生产和市场

为给物价、工资改革创造比较好的社会环境和市场条件,必须进一步安排好消费资料的商品生产。近三年来,对生产轻工产品用的主要原材料(钢材、生铁、铜、铝、木材、酸碱、玻璃等)的分配供应上,采取了不管轻工生产发展多少,一概不增加分配供应量的政策。这种政策不利于增产轻工产品、回笼货币和稳定物价。因此,在 1985 年以及"七五"期间对轻工产品的生产方针、生产条件,应认真研究,作出特殊安排。在价格未改革以前,要采取中期优惠措施,坚持贯彻"六个优先"[1]的政策。

(五)加强外汇管理

目前用汇管理比较混乱。为了加速现有结存外汇的使用,建议由外汇管理总局对各地区、各部门现有外汇留成额度的使用计划逐一进行调查摸底,结合国民经济发展计划综合平衡,编制明后两年全国统一的用汇计划。并在有外汇额度但不需用汇或缺少买汇资金的单位同急需用汇但无留成额度的单位之间进行调剂。同时,要适当放宽企业技术改造等小额用汇的审批权限,简化手续。国家计委应分给中国银行一定的外汇额度。凡用汇额在 30 万美元以下的,可以考虑由用汇单位持其上级主管部门证明,直接向当地中国银行申请买汇。

(六)严格控制消费基金的过度增长

为防止企业将生产性资金转为消费性支出,除了加强各级财政监督、审计以外,还必须加强银行对企业各项基金使用的监督。杜绝非法开支,堵塞化"大公"为"小公",用生产资金和行政管理费发放津贴、补贴的漏洞。为了吸引部分消费基金转化为生产基金,必须开放部分生产资料市场,使生产资料议价有所降低。行政、事业单位的额外收入,应当反映到本单位的银行账户上,并作出相应的奖励、发放规定,禁止暗设小金库私分。

(七)对农村经济政策的一些考虑

1. 控制农村信贷投放。办法是:(1)农村信用组织必须向银行交存 30％的保证存款;(2)乡镇企业贷款必须坚持有 30％—50％的自有资金的贷款条件;(3)乡镇企业凡其产品不是用于农业生产的,一概视同工商业,

---

1 1979 年 3 月,为贯彻国民经济调整方针和增加消费品生产,中国政府决定对轻工业实行"六个优先安排"的原则,即原材料、燃料、电力供应优先,挖潜、革新、改造措施优先,基本建设优先,银行贷款优先,外汇和引进技术优先,交通运输优先,从各方面采取措施加以支持。

取消利率优惠;(4)专业户贷款,至少要有 50% 的自有资金。

2. 在对粮、棉进行限购的同时,还应采取经济手段,适当调低棉花价格,调整不同粮食品种之间的比价,以改善农业生产的内部结构,减少积压损失,提高农业效益。同时,让地方粮食部门、供销合作社参与粮、棉市场交易,以利于地区间的余缺调剂,稳定农产品价格,防止某些地区某些过剩农产品市价过低,打击农民积极性。应在限购额外,鼓励省市间、地区间进行粮、棉贸易。

3. 对专业户及其他居民的高收入及早开征个人累进所得税,既增加财政收入,又避免农民收入过分悬殊,报刊对此应广泛宣传。

(八) 回笼货币的一些措施

1. 广设减价产品展销市场,推销库存积压产品,既能以此来回笼大量货币,又能抑制可能出现的"涨价风"。

2. 积极推行住宅商品化。将目前一些地方实行的补贴 2/3 或打低折出售的办法改为由银行向买主发放部分长期贷款,分期还本付息,以利于减支增收。国家也可以挑选一部分旧住宅以分期付款办法售予职工个人。

3. 由国家有计划地进口一部分耐用消费品以高价出售,以利回笼货币。

4. 目前靠批条子吃外汇和商品差价、倒手转卖之风盛行,与其让中间商获暴利,不如由国家卖高价。因此,除指令性计划生产及预算内基本建设项目物资供应仍保持原价外,像汽车等紧俏物资可考虑由国家集中掌握,以议价出售,所获利润要全部归于国库。

5. 从广东情况看,拉开消费档次和增加非商品消费,也是有效的货币回笼手段。可以进口一批国外影片,增加文艺演出、体育比赛,举办国内自费旅游等。

6. 商业部门应当广泛开办市场紧缺商品的预售购物券等业务。

7. 制造金银首饰作为商品敞开供应国内市场。售价应高于香港市价,以免被套购外流。

(九) 必须加强物价统计工作

对于 1984 年货币流通中出现的不正常现象察觉较迟的情况表明,我们亟需适应有计划商品经济的要求,改善对市场货币流通情况的监测工作。除要求银行按期编制货币流量表外,还应加强物价统计。市场物价是货币流通状况最重要的晴雨表。在过去的僵化模式下,物价统计形同虚设,近年来虽有所开展,但还很不完善。建议除继续由南开大学编制天津地区物价指数外,再选择若干地区,委托有关学术机关编制当地物价指数。此外,全国总工会也应编制职工生活费指数。

(十) 明确界限,严明法纪

对于铺张浪费、贪污受贿、干部经商等严重损害国家利益的"新不正之风",中央虽已多次发出通知明令禁止,但收效并不十分显著。为了保证经济体制改革的顺利进行,必须做到言出法随,令行禁止。

目前财政经济规章制度很不完备,合法与非法的界限相当模糊,漏洞很多。建议进行全面的审查和整顿。为了严明法纪,首先必须对有关问题作出明确规定。党政军机关官员从事与本身职责有关的营利性活动,弊端很多,对干部队伍的腐蚀作用极大,这种行为,即使在发达的资本主义国家也是不允许的,必须严格禁止。对犯罪分子必须绳之以法,严加打击。对于一般的违章活动和争议、纠纷,则应以健全法制,健全合同登记手续,完善财政金融监督,加强经济法律仲裁工作为主,这样更有利于社会主义有计划的商品经济的发展。

再论保持经济改革的良好经济环境[*]

（1985 年 4 月）

我在《经济改革初战阶段的发展方针和宏观控制问题》[1]一文中，讨论了如何通过执行正确的经济发展方针和加强对国民经济的宏观控制来保证我国的经济改革有一个良好的经济环境的问题。限于文章的篇幅，对有些问题语焉不详，看来还有进一步申述的必要。

一、 为什么经济改革需要一个宽松的经济环境

我在那篇文章里提到，为了保证经济改革能够平稳地进行，首先需要有一个宏观经济关系比较协调，市场不太紧张，国家的财政、物资后备比较宽裕的良好经济环境。

为什么需要这样的经济环境呢？从根本上说，这是因为经济改革的总方向在于改变过去那种排斥商品—货币关系和价值规律作用的经济模式，建立有计划的商品经济体制，使市场机制发挥更大的作用，而市场机制发挥积极作用的必要前提，又是存在一个总供给大于总需求的买方市场。

研究东欧社会主义国家经济体制改革的经济学家首先论述了这个问题。W. 布鲁斯在系统阐述他所提出的"含有可调节的市场机制的计划经

---

* 载《经济研究》，1985 年第 5 期。又见《吴敬琏文集》，北京：中央编译出版社，2013 年，第 892—908 页。

1 载《人民日报》，1985 年 2 月 11 日。

济"模式时指出,保证这种模式中"市场机制有效地发挥作用的基本条件",是"造成一个有限的买方市场"[1]。锡克(Ota Sik)在《民主的社会主义经济》一书中提出了市场机制发挥积极作用的七个条件,其中第一个条件就是:一个供给总量比有效需求总量有不太大的超前增长的"买方市场的存在"[2]。

这种意见是有道理的,在商品经济中,市场机制从两方面对企业的经营决策起积极作用。一方面,促使生产者努力改进微观生产结构,以适应市场需要。另一方面,促使生产者努力降低成本,节约资源,以适应市场竞争的环境。这样,既能增加企业的收益,也符合消费者和整个社会的利益。然而,市场机制要能起这样的作用,必须以生产者之间的竞争为前提,因而需要有一个买方市场。如果存在着供不应求的卖方市场,生产者就不会感到竞争的压力,因而也就不会调动起自己的全部力量去改善经营管理和适应社会的需要。

我国经济学界是在 1979 年党中央制定"调整、改革、整顿、提高"的"八字方针"以后,在讨论调整与改革的关系问题时接触到这个问题的。当时,一些同志吸收了国外研究的成果,指出经济体制的全面改革要以国民经济的调整工作收到一定的成效为前提。这是因为:"在经济紧张的情况下,分权化的体制改革是不能实现的。""使社会生产大于社会的直接需要,使商品的供给大于有支付能力的需要,从而建立一个消费者或买者的市场,是正常开展市场调节的一个前提条件。"[3]虽然"建立社会主义的买方市场"的提议引起了争论,但是到了后来,特别是在 1980 年底确定对国民经济进行进一步调整以后,绝大多数人都同意,在执行"八字方针"的初期,应当采取以调整为重点,并在有利于调整的条件下进行局部改革的战略,待到主要比例关系大体协调、比较宽松的经济环境开始出现,才有可

---

1 W. 布鲁斯(1961):《社会主义经济的运行问题》,北京:中国社会科学出版社,1984 年,第 191、151—152 页。

2 O. 锡克(1979):《民主的社会主义经济》,见荣敬本、赵人伟、吴敬琏等编:《社会主义经济模式问题论著选辑》,北京:人民出版社,1983 年,第 244 页。

3 刘国光(1980):《略论计划调节和市场调节的几个问题》,载《经济研究》,1980 年第 10 期。参见吴敬琏(1980):《经济体制改革与经济结构调整的关系》,见马洪、孙尚清编:《中国经济结构问题研究》,北京:人民出版社,1981 年,第 798—803 页。

能开展经济体制的全面改革。

1984年夏季以来，有的经济学家从什么是适宜的货币供应量的角度对上述分析提出了另一种看法。他们同国外商品经济相比较，认为货币供应的超前增长是经济发展本身的要求，在我国经济的目前发展阶段，货币超前发行所提供的旺盛购买力是促进生产发展的强大动力。换句话说，如果采取增发货币的办法，创造较现有商品供给量更大的有效需求，就能刺激生产的高速发展。

用增加货币供应的办法创造有效需求，以防止发展的停滞，促进经济的繁荣，这种理论主张，是同第二次世界大战后西方经济学的主流派——凯恩斯主义的主张相类似的。凯恩斯的主张以及相应的政策，曾经为不少西方国家所采纳，成为占统治地位的意见。而且，货币供应量，从而有效需求的扩大，的确也在一段时间里或者推迟了资本主义经济危机的爆发，或者促成了经济的较快复苏，从而有利于经济增长总趋势的保持。

但是，这种理论对我国是不适用的。

1. 对于西方有效需求不足的经济来说，货币的超经济发行可以起到增加有效需求的作用，因而往往可以作为反萧条的有效措施，阻滞危机出现或刺激经济回升。然而我国市场经常存在的是需求大于供给的状况。对于这种如匈牙利经济学家 J. 科尔奈所说的"短缺经济"，货币的过多供应只能加剧经济的紧张程度，并使长期存在的卖方市场难以向买方市场转化，不利于能够保证市场机制有效地发挥作用的经济环境的形成。

2. 即使在西方国家，货币过量供应带来的停滞膨胀和效率下降的弊病也已使许多人认识到，用通货膨胀维持繁荣是一种饮鸩止渴的办法。因此，越来越多的国家转而采取了控制货币供应量的政策。率先采用这种办法的是联邦德国。1948年，在当时负责经济事务的艾哈德（Ludwig Erhard）主持下进行的货币改革和有关政策的实施，使联邦德国只用了短短几年就从第二次世界大战后的绝境中恢复过来，并在以后20余年中实现了持续发展。这在西方被称为"经济奇迹"。按照另一位凯恩斯主义的批评者弗里德曼（Milton Friedman）的说法："所谓艾哈德的经济奇迹，其实非常简单，就是取消了物价和工资的限制，允许市场自由活动，同时严格限制货币的总量。"[1] 日本在 1955—1973 年经济高速发展的"起飞时期",也采取了通过控制货币供应量保持物价稳定的政策。整个时期日本批发物价的年平均上升率始终保持在 1.5% 以内。日本中央银行金融研究所所长铃木淑夫(Yoshio Suzuki)指出:市场物价总水平在起飞阶段的基本稳定,是实现经济高速度发展的重要条件,如果像有些国家那样实行通货膨胀政策,物价总水平上升,就会因为企业不能根据准确的价格信号作出最优的资源配置决策而导致国民经济整体效益降低,从而无法实现持续的增长。[2] 显然,我们应当从中得以借鉴。

二、 改革的初战阶段尤其需要注意保持宽松的经济环境

1984 年 10 月中共十二届三中全会通过《中共中央关于经济体制改革的决定》以后,以城市为重点的经济体制改革全面展开。在这种条件下,有的同志开始认为,既然发挥我国社会主义经济活力的主要障碍——封闭僵化的旧体制已被打破,充满生机和活力的新体制正在建立,我们就已经有实际的可能在全面展开经济改革的同时,大大加快工农业和其他各项事业的发展,大量增加固定资产投资,大幅度提高人民的消费水平。我以为,这种看法有一定的片面性。

毫无疑义,从长远来看,经济改革必将大大完善我国社会主义生产关系,使生产力得到大解放。但是,从开始改革到改革显著收效,有一个相当长的时间差。在改革的初始阶段,一方面,改革在提高经济效益、增加收入方面的效果还没有充分显现出来,另一方面,经济改革的实施却需要立即支付一定数量的资金,主要因为改革意味着大规模调整人们之间的利益关系,为了保证在这种调整中绝大多数人受益,国家不能不支出相当数量的资金。这两方面的因素加在一起,就容易在改革起步时出现有购

---

1 参见 M.弗里德曼(1976):《米尔顿·弗里德曼论通货膨胀》,杨培新译,北京:中国社会科学出版社,1982 年,第 33 页;L.艾哈德(1957):《来自竞争的繁荣》,祝世康等译,北京:商务印书馆,1983 年。

2 铃木淑夫:《日本经济高速增长时期控制货币供应的理论和实践》,载《经济社会体制比较》,1985 年第 2 期。

买力的需求大幅度增加,大大超过商品供应的增加的情况。如果发生这种情况,就会使刚刚出现的有限的买方市场得而复失,对新经济机制的有效运行造成困难。面对这种局势,我们有两种可能的选择:或者是在改革之初就把经济发展的速度提得很高,基本建设战线拉得很长,人民的消费水平提高得很猛;或者是在改革开始时采取适当紧缩的政策,保留比较多的财政和物资后备来支持改革。采取前一种做法会使改革遇到困难,采取后一种做法则使改革能够比较平稳地进行。这个道理,是社会主义各国经济体制改革的实践所反复证明了的。

有的国家从改革的准备阶段就注意了为改革创造和保持良好的经济环境。例如,匈牙利1968年的改革就是这样。1966年5月匈牙利社会主义工人党中央委员会通过的《关于经济体制改革的指导原则》中,设有专章论述如何在改革的准备时期和改革初期为改革创造良好的经济条件,如何保证生产、流通、经营条件的连续性和稳定性,如何保持国民经济的平衡,并作出了一系列具体的规定。文件指出,新机制的积极影响只能逐渐地展现出来,因此,"为了过渡转变时期的大小难关,在1966年和1967年就要积累起开始的储备"。与此同时,"在改行新经济机制的阶段,应该努力使对提高投资的需求保持在与生产能力相适应的水平上。所以,1967年就应该限制新投资项目的开工,应该帮助正在进行的投资项目尽快地竣工,并且要增加现代化的、技术更新的、资金回收快的投资"。"在新经济机制全面实行的时候,国家预算在投资支出方面,应该厉行节约。投资的银行贷款总额则需要更严格地保持在平衡所要求的限度内。"此外还指出,"在新经济机制全面推行的时期,最重要的问题是保证消费的市场的平衡,这主要是要避免形成通货膨胀式的物价—工资的螺旋式上升"。实践证明,以上这些规定,对保证匈牙利1968年改革的健康进行和改革初期的经济稳定起了很好的作用。

波兰1973—1975年改革的经验,也很值得我们注意。波兰的这次改革是在1971—1975年的五年计划期间进行的。这次改革未能取得成功,而在那以后,波兰经济逐步陷入"深刻的危机状态"[1]。据波兰政府的一个

---

1 见《波兰政府关于经济状况的报告》(1981年6月)。以下有关事实,都引自这一报告。

正式报告分析,在经济政策方面造成危机的首要原因,是从该五年计划的第一年(1971年)就实行了所谓"高速发展战略"。"根据这一战略,当局设想通过更广泛地利用外国贷款来加紧投资的方法,克服六十年代后期出现的停滞。"与此同时,"消费,尤其是实际工资显著增长,1971—1975年实际工资的增长在战后的整个时期中是最高的。结果是多年来投资和居民收入同时以极快的速度增长,超过了创造出来的国民经济收入提供的可能"。在五年计划的头几年,由于连年风调雨顺促成的农业丰收,加上国际上的有利条件,经济发展得相当顺利。但是,由于连年高速发展,在开始改革的当年(1973年)已经出现某些比例失调和紧张的迹象。虽然专家已经对此提出过警告,而且当时失调和紧张程度还不太大,还有可能通过放慢投资、居民收入和外债的增长速度来保持平衡,而不必作绝对的削减,但当局却没有采取任何紧缩措施,"相反却在1974年作出了保持极高的投资速度的补充决定和提前实行原拟在下一个五年计划实行的提高工资计划"。"这样,两年之后,在1975年和1976年之交,一切病症都显露无遗。"在这种情况下,"改革了的体制实际上被废止,又重新回到高度集中的旧体制",而这种具有严重弊端的旧体制反过来又成为"对经济形势恶化产生根本影响的因素"。这两种因素交互作用,恶性循环,结果使"物质生产减少,生产性资产使用率降低,劳动生产率、劳动纪律以及一般经营效益下降",终至陷入危机。

有鉴于这些国家的经验,国外不少研究经济体制改革的经济学家主张在改革开始的几年要有意识地放慢生产增长速度,减少基本建设投资,避免立即大幅度地提高工资和奖金,以腾出足够的资金来搞经济改革,保证改革有良好的经济环境。

我国的经济改革是在全国人民正为争取财政经济情况的根本好转而奋斗的过程中进行的。现在我国的经济情况已经有了很大的改善。但是,我国人口多,底子薄,目前国民经济的产业结构和产品结构还有不少问题,能源、交通和原材料供应仍然紧张,财政还有赤字,需要向银行透支,因此,不能说争取全国财政经济情况根本好转的任务已经完成。由于财政经济上存在问题的总根源在于经济效益太低,而经济效益太低,又是由过去僵化和封闭的经济体制造成的,因此,为了争取财政经济情况的根本好转,治本的办法是实行经济体制改革。然而,要使经济改革的步子迈得较大,国家需要拿出较多的资金。而在当前国家手头的财政、物资和外汇后备并不宽裕的情况下,如果各方面的支出增加过多、过猛,就会使财政经济情况不但不能继续好转,还有可能恶化。面对着这样一个似乎封闭的环,我们只能采取如下的策略来打开一条走向良性循环的通道,这就是:在一切其他方面尽可能地紧缩,全力保证经济改革的资金需要,国家的财政后备越宽裕,经济改革的步子越有可能迈得比较大,各方面的经济关系也就能够比较快地理顺,使财政经济情况加速好转,早日进入良性循环。这样,在开始时好像经济发展慢了一点,群众的消费水平提高得也不那么快,但是,由于保证了经济改革的顺利进行,到头来还是快了,从长期看,人民也可以得到更多的实惠。

从这个观点看来,1984年下半年特别是第四季度固定资产投资规模偏大,消费基金增加过猛,行政经费浪费严重,信贷失控和货币过量发行,对于经济改革的进行是相当不利的。虽然在1985年年初中央采取一系列措施控制投放,加强回笼,反对新的不正之风,强化宏观控制以后,情况已经有了好转,但是,市场关系紧张已给当前的经济体制改革特别是价格改革造成了某些困难,使我们不可能采用步子较大的价格"调""放"方案,而只能小步前进。

投资膨胀,基本建设规模超过国力,是一种难以在短期内根治的"旧症",每当经济形势好转,就容易旧病复发。而在"松绑放权"对企业消费基金的行政控制已经有所放宽,企业财务自理、自负盈亏的制度又还很不完善的情况下,消费基金膨胀、工资奖金的增长超过国力的"新病"又极可能蔓延。从1979年开始经济改革试点以来,我们已经经历过几次积累基金和消费基金程度不等的膨胀。这种情况说明,任何时候都不能放松对积累基金和消费基金的控制,都要密切注视经济形势的发展,一旦发现异常,就要立即采取措施加以克服。

三、 把经济增长速度控制在适当范围内

为了把积累基金和消费基金控制在适度的规模上,一个重要问题是

把增长速度控制在适当的范围内。在我国社会主义建设历史上曾经一再出现的投资失控、消费失控或两者同时失控的现象,几乎都是由于追求生产增长的高指标引起的。现在,如果不解决这个问题,保持经济改革的良好经济环境的任务就很难实现。

J. 科尔奈在他的力作《短缺经济学》中对基本建设投资战线过长、积累基金膨胀的现象作过鞭辟入里的解剖。根据他的分析,这种状况大体上由两个方面的原因造成:一方面是各级领导都有扩张自己所主持的事业的欲望,存在着"扩张冲动",因而增加投资成为难以餍足的欲求;另一方面是由于"软预算约束",投资当事人对扩张带来的风险并不承担物质责任,因而没有自我抑制投资欲求的愿望。于是,"投资饥渴"就成为旧体制下难以治愈的痼疾。[1] 与"投资饥渴"相伴随,由于投资的相当一部分要转化为基本建设工人的工资(在我国,工资性支出大约占固定资产投资的40%),由于社会主义社会里职工改善生活的正当愿望和互相攀比的"示范效应",还由于企业领导人在"软预算约束"下并不反对工资的迅猛增长,在传统体制下往往存在着"消费饥渴"的通病。目前在我国,经济改革刚刚起步,资金"软预算约束"的"大锅饭"局面还没有根本改变,如果各级领导和社会舆论片面倡导"高速度",这种"扩张冲动"和随之而来的"投资饥渴"和"消费饥渴"就会猛烈地发展起来,甚至一发而不可收拾,使国民经济的发展重新回到高指标、低效益的老路上去,走这一条道路,是很难实现国民经济的良性循环和持续稳定的发展,保持经济改革所需要的良好经济环境的。

近年来,我国工农业生产的发展速度逐渐加快。工农业总产值的增长速度由 1981 年的 4.6%、1982 年的 8.7% 提高到 1983 年的 10.2% 和 1984 年的 14.2%,1985 年第一季度比 1984 年同期增长 23% 左右。应当怎样看待目前这种高速增长呢?

一种意见是,这种发展速度是正常的、健康的,我们应当采取有力措施从各方面支持这种发展的势头。另一种意见则是,近年来我国经济发

---

1 J. Kornai (1980): *Economics of Shortage*(《短缺经济学》), North Holland, Amsterdam, pp. 207—210。

展速度提高是一件好事，它意味着我国的经济调整和改革工作已经收到某些成效；但在另一方面，当前这样高的增长速度又是国民经济中已经出现"过热"的征兆，应当采取适当的措施加以抑制。笔者是持后一种意见的。持前一种意见的同志通常从以下几方面立论：（1）目前农业、轻工业、重工业同步增长，说明了国民经济主要部门之间的比例协调；（2）绝大多数产品购销两旺，库存积压减少，不存在过去那种"工业报喜，商业报忧"的情况，说明了国民经济的供需关系协调；（3）产值增长同企业实现税利增长大体同步，说明经济效益提高，国家财力能够支持目前的超高速发展。

上述有关事实是确实存在的，它们也的确表明我国国民经济中的各种关系有了改善。但是，如果根据这些情况就得出结论，认为当前的这种增长势头应当持续地发展下去，却是片面的。

1. 1984 年我国农业、轻工业、重工业之间的关系比较协调。这同 1981 年以前的情况相比较，是极可喜的进步。但是，我们要看到，农、轻、重之间的比例关系固然是国民经济部门间比例关系的重要组成部分，终究还不是这种比例关系的全部。一则它并不包括工农业生产部门同交通、邮电、服务等现代生产所不可缺少的基础设施之间的比例关系。二则它也并不能反映工农业内部的工业生产与能源特别是电力生产、加工工业与原材料工业之间的比例关系是否正常。我国交通、邮电等先行部门历来落后，虽然它们在中共十二大决议中被列为战略重点，但近年来起色不大。1981—1984 年工农业生产增长 43.1%，而交通部门的货物周转量只增长 26%，通信状况的改善更为有限。同一时期，发电量只增长 24.6%。这就造成了近年来能源、交通、通信等方面的紧张状态，全国经常有积压待运货物几千万吨，经常缺电 10% 以上。同一时期，以机械、电子工业为代表的加工工业增长 63%—97%，而以冶金、化工为代表的原材料工业只增长 30%—40%，因而原材料的供应紧张，某些原材料如钢材奇缺，只能靠大量进口来维持。

由于目前我国价格不合理，加工工业产品价高利大，追求过高速度，就会使投资的部门结构继续向加工工业倾斜，因而如不对目前的超高速度加以控制，原材料、电力、交通等方面的缺口还会继续扩大。此外，还要考虑到我国是一个人均资源并不丰裕的国家,生态环境已经有不小的问题。单纯追求产值的增长而不顾及其他,将加剧资源的浪费和环境的破坏。总之,这种超高速增长是我们的国力所无法长期承受的。如果任其发展,超越能源、交通、原材料、外汇等的承受能力,发展速度就会被迫猛降。我们必须避免这种情况出现。

2. 目前我国商品市场销势很好,无论消费品还是生产资料都几乎没有滞销的产品。但要由此得出国民经济供需协调、产品适销对路、经济效益良好的结论,根据也似不足。目前市场商品畅销,连一些质次价高和长年积压的商品也一售而空,并不是一种正常现象。出现这种现象的主要原因,是由于1984年下半年以后货币过量发行,创造了极为旺盛的购买力。货币供应过量,有效需求超前到一定程度,消费者就会产生抢购和囤积的心理,而不考虑商品是否适用和价格是否过高。

还必须指出,1984年有些地方工业发展的高速度是靠加工工业的粗放(外延)增长和高度的资金和资源投入取得的。在近年来发展起来的大量公司、企业中,有不少利用本地资源和闲散劳动力进行符合社会需要的商品生产,对于经济的繁荣和市场的兴旺作出了贡献。然而也有一部分公司、企业是在错误的价格信号引导下被虚假的社会需求刺激出来的。于是,某些效益低、成本高、产品质量差、从长远来看并无发展前途的企业,也在银行贷款或地方拨款的支撑下大量兴办起来。这就使1984年以来预算外投资增长很快。投资的猛增反过来又加剧了生产资料市场的紧张程度,使某些几十年前就已落后的机电产品畅销,而且远期订货十分饱满。实际上,这部分新增生产能力已经脱离了社会真实需求的轨道,一旦虚假的购买力消失,或者高速增长受到资源、能源等"短线"的限制而不能再维持下去,这部分在虚假需求刺激下形成的生产力就会被逐出生产领域,停产闲置甚至报废。这将造成社会资金的巨大浪费。

特别值得注意的是,这种过旺的购买力的出现,使形成买方市场的势头发生逆转。卖方市场的重新出现,对于经济效益的提高和经济体制改革的全面开展都会带来不利的影响。

3. 1984年我国工农业总产值增长14.2%,国内财政收入增长12%,大体实现了产值和财政收入的同步增长,1985年一、二月份预算内全民所有制企业的产值和实现税利的增长率也大体接近。有些同志认为,这说明我国的财力是能够支持当前这种超高速增长的,这种说法也值得商榷。

首先,总产值是按不变价格计算的,而税利只能用现价计算。在价格上涨的条件下,税基增大,税金和利润自然也会有所增长。但是,相对于原来的价格水平,这是一种"虚收"。如果根据这种虚收的增长追加支出,更会形成"虚收实支",扩大财政赤字。1984年财政超收达159亿元,但由于超支更多,反使赤字有所扩大,这是一个重要原因。

其次,即使剔除上述不可比因素之后产值与财政收入仍然同步增长,在一段时间里表现出财源茂盛、财力雄厚的景象,也不能据此推断产值和投资的超高速增长是健康和正常的。在资本主义的市场经济中,存在着投资的乘数效应和消费投资变动的加速现象。前者说明投资对收入和消费产生的倍增作用,后者说明收入和消费对投资产生的加速作用。这两种因素的共同作用是形成经济的周期性波动的原因之一。其实,投资和收入相互促进的情况并不仅仅发生在资本主义经济中。在我国国民经济发展的历史上也曾多次发生过类似的情况。在出现这种情况时,如果采取"水多加面,面多加水"的传统方法,在信贷的支持下增加投资和消费,就可能发生控制论所说的"正反馈"作用,使信号不断增强,终至造成系统的振荡甚至灾变。这种投资同收入相互影响造成的经济的螺旋形上升,是不可能无限制地进行下去的。经济增长的上限取决于生产资源提供的可能。一旦超过这种可能,加速上升的经济又会以递增的负速度从波峰向波谷滑去。这种大起大落是我们必须预先加以防止的。

综上所述,我们有必要采取措施,抑制目前经济生活中出现的"过热"倾向。

1. 在全体干部特别是领导干部中树立实事求是、稳步前进的思想,制止盲目追求和互相攀比增长速度的做法,切实地把注意力转移到提高经济效益方面来。总产值这个指标有很大的缺点,既不能全面反映企业的经济效益,又不能反映工农业生产以外的各项事业的发展情况,而且容易有较大的"水分"。用它来考核各地区、各部门和企业的经济发展情况,容易形成一种追求"翻番"的精神压力、助长追求高指标和讲假话的浮夸风,乱"集资"、搞"摊派"的平调风,也不利于发展对于提高经济效益至关重要的基础设施建设和各种服务行业。因此,推广国务院批准的上海市的做法,把国民生产总值的增长作为主要的考核指标,是十分正确的。

2. 从控制消费基金的增长入手,使工业生产增长的超高速在有购买力的需求渐趋疲软的情况下逐步放慢。紧缩宜采取"慢踩刹车"的办法。过猛的紧缩会由于已经形成的生产力难以向紧缺部门转移而造成浪费;同时也会使供求缺口变大,不利于回笼货币。目前正在施行的抽紧银根的措施,既要坚决贯彻,也要防止发生"一刀切"的偏差。要对不同部门有差别地采取限制或支持的方针。压缩固定资产投资,也要分别不同情况采取不同的办法。除那些并不急需的投资巨大、经济效益不好或可行性未经切实论证的项目一概不要上马外,对于为加强电力、交通、邮电等"短线"部门所必需的重点项目,还应当力保。问题是压缩预算外固定资产投资,任务不小,难度很高,除继续采取行政手段外,还应当有新的招数。要加强税收、利率等经济手段的运用,把地方、企业和居民的投资引向加强"短线"的正确方向。

3. 尽可能加快改革配套的进程,完善新的经济机制。如前所述,"扩张冲动""投资饥渴"和"消费饥渴",无一不和旧体制的"软预算约束"即"大锅饭"相联系。目前出现的加工工业片面发展,原材料工业、基础设施和服务行业相对落后,更是不合理的价格体系造成的。克服"过热"的倾向,根本出路还在于把改革健康地向前推进。例如,实现金融体制的进一步改革和调整利率,进一步完善税制,改变小企业的经营方式,进行比价和差价的调整和其他方面的价格改革,调整房租和实现住宅商品化,等等,都是向这个方面作出的努力。这些措施将有助于完善经济机制和提高预算约束的"硬度",因而有利于抑制"扩张冲动"和"投资饥渴"。

四、 双重体制并存状况下的宏观控制

国民经济是一个由许多互相作用、互相依赖的组成部分有机地结合起来并具有特定功能的大系统。同任何其他系统一样,要使它的各个组成部分协调运转以实现其总体功能,每一种经济系统都要有自己的调控

体系。只有这一体系能够正常地发挥调节作用时,经济系统才能顺畅地运行。各种不同的经济体系,其调控机制也不相同。在传统的社会主义经济模式下,各级领导机关通过行政命令对整个国民经济实行宏观调节。在有计划的商品经济中,则是运用经济的、立法的以及行政的手段,通过市场进行宏观调节。在经济改革过程中,为保证从旧模式到新体制的转变,如何实现宏观调节机制的平稳过渡,保证不致出现经济生活的紊乱,始终是各国经济改革方案设计者注意的中心问题之一。

在我国,由于经济体制改革采取逐步过渡的方式,实现对国民经济的宏观控制,就更加艰巨和复杂。我们知道,经济体制改革的实施,可以采取不同的方式。粗略地说,一种是经济系统的主要环节同时实现变革的"一揽子"方式;另外一种是各个主要环节的改革有先有后的逐步改革方式。这两种方式的长短利弊,各国学者历来有不同的看法。一般地说,单纯从国民经济的运行着眼,最好是采取"一揽子"方式,这是因为经济系统的各个环节是互相联系、互相制约的,只有各个主要环节配合起来协调地变动,才能保证新系统平稳地、有效地运转。因此,多数经济学家认为,只有"一揽子"改革才能成功。但是,"一揽子"的全面改革往往震动比较大,因为它容易超越社会的承受能力而使改革遇到困难。为了避免这种困难,有些学者从政治、经济的全局着眼,主张采取逐步改革的方式,以求化大震为小震,使改革比较容易为人所接受。我国的城市经济改革,大体上就是采取后一种办法。然而,后一种办法也有它的问题。这就是由于改革是逐步进行的,因而不能避免在相当长的时期中存在着双重体制和"双重交通规则"的问题。[1] 两种不同的体制的混杂,会在运行中发生摩擦,从而增加宏观控制的难度。在"双重体制"下,必然存在一物多价的"多重价格"(包括商品价格、外汇价格即"汇率"、资金价格即"利率"等)。在多重

---

1 一位波兰学者写道:在进行局部改革的情况下,总是会存在双重的即二元的经济体制。在这种条件下,经济领域的一部分就根据一种制度规定行事,经济领域的其他部分则根据另一种制度规定行事,这种做法的结果如何呢? 尽管从短期看,经济的运行可以依托于不同的经济体制,但从长远看,终究是不行的。两种不同的体制存在于同一经济体系中,两者的长处都不能得到发挥;而在冲突的基础上,双方的缺点都会显露出来。[Jerzy Kleer(1974—1975): Economic Reforms in the Socialist Countries in the Sixties(《社会主义国家六十年代的经济改革》), *Eastern European Economics*, Vol. 13, No. 2 (Winter, 1974—1975), pp. 3 - 30]

价格体系下,如果缺乏有效的控制,套汇、套利、倒卖等非法牟取暴利的活动就会猖獗起来。利用职权"批条子",从差价中取利,也会成为以权谋私的新的不正之风的重要形式。

鉴于这种双重体制并存的状况还会持续一段时间,在这种复杂的情况下,单纯依靠一种手段将难以完全防止宏观经济失控,因此,我们在加强宏观控制时,需要运用多种手段:

1. 实行微观放活与宏观管好同步进行的原则。无论哪一方面的改革,都要在放活对微观经济活动的管理的同时,制定并实施在宏观上管住的办法。就宏观管理来说,则要实行"先立后破"的原则,决不能容许出现宏观调节的真空状态。

2. 及时制订有关经济法规,完善各项规章制度。我们的各级管理部门都必须把明确政策界限、完善法规的工作抓起来,使各种经济活动有法可循,在制度上无空子可钻。

3. 维护政令的有效性和纪律的严肃性。从改革的整个过程看,行政指令的作用将逐步缩小,经济手段的作用将逐步扩大,然而,目前国民经济中还有相当部分是采取行政指令管理的。而且,即使在经济改革完成以后,也不能完全取消行政手段的运用。因此,我们还需要有区别地保持行政指令调节手段的有效性。目前截留税利、坐支现金等现象相当普遍,有法不依、有令不遵的情况时有发生。针对这种情况,必须在明确界限的基础上严肃法纪,做到言出法随、令行禁止,决不能听任违法乱纪分子逍遥法外而不受到惩罚。

4. 尽可能完善市场机制,使已建立的新经济体制能够正常运行。目前新的有计划商品经济体制已经部分地建立起来,但是,对商品经济体系还很不配套,主要是:企业财务自理、自负盈亏的制度规定上还存在不少的漏洞;既能反映劳动耗费,又能反映供求的价格体系还没有形成,禁止封锁、垄断和各种妨碍公平竞争行为的较为完善的市场还有待建立,金融体系等也还很不健全;如此等等。解决办法不是收回已经下放的微观决策权,重新回到用行政命令控制一切的老框框,而是把改革推向前进,努力填平补齐,使改革措施配套成龙,确保在既富有弹性又保持重大比例关系协调的宏观计划规定的范围内,微观经济活动龙腾虎跃、生动活泼地进行。

5. 加强参数调节,学会综合运用各种经济杠杆来控制经济活动。在有计划的商品经济中,宏观调节的主要手段,或者说,宏观经济的计划决策同微观经济的市场决策之间的联结枢纽,是税率、利率等经济参数,目前我们的领导机关还不善于配套地运用这些经济杠杆的综合作用来调节市场,从而经过这个有调节的市场把企业微观经济活动纳入宏观计划的轨道。这方面的工作亟待改善。看来,有必要建立国家的调节中心,加强经济杠杆的综合运用。

宏观经济调节系统是有计划商品经济这个大系统的一个子系统,它是由许多元素有机地组成的。加之如同前面所说,在我国当前情况下,进行宏观调节要采取多种调节方式。因此,不论对哪方面经济活动的调节,都有赖于多种措施的复合作用。我们必须注意这些措施之间的配套性。就拿货币流通量的控制来说,要使宏观控制有效,需要做到:(1)明确货币发行权限属于国家的货币当局,它所规定的发行和信贷限额不得突破;(2)严格划分财政和银行的职权范围,财政不能任意向银行透支;(3)赋予银行根据信贷计划独立开展信贷业务以及监督企业各项基金形成和使用的职权和责任。以上这些,加上生产部门、商业部门、外贸部门以及监察统计部门的积极配合,就可望把国民经济中的货币流通量控制在适度的规模上。

五、 对改革目标和实施步骤作出总体规划的必要性

从以上分析可以看到,目前出现的一些问题,同经济措施的配套不够有关。因此,制定经济体制改革目标体制和实施步骤的总体规划的问题,已经提到议事日程上来了。经济改革是一项建设新型的社会主义经济体系的巨大系统工程,需要及早地设计出这一工程建筑物——新经济系统的蓝图。经济改革目标体制的蓝图越清楚,我们的改革工作就越能做到目标明确、先后有序,防止工作中的盲目性。同时,这个总体设计对系统的结构安排得越妥当,各个子系统之间的配合考虑得越周到,我们就越有把握把各个部件装配成契合良好、能够协调运转的国民经济大机器,发挥

良好的总体功能。在近年来的改革过程，包括 1984 年下半年以来的全面改革过程中，的确出现了一些问题。这些问题与其说是改革本身带来的，毋宁说是由于改革措施不配套、不系统产生的。当然，经济体制改革是一项新的事业，大家都缺乏经验。我们不能要求在改革开始进行以前，就设计好巨细无遗、精确完善的图纸。但是，尽快地作出一个哪怕是比较粗略的总体设计，然后在实践中逐步加以完善，是很有好处的。目前，中共十二届三中全会已经对我国经济体制改革的目标模式作出了原则规定，我们又在过去 5 年改革试点工作中积累了正反两方面经验，应当说，集中一批理论工作和实际工作专家，研究和提出比较具体的目标体制的总体方案的条件已经具备。这项工作宜于早日着手。

为了保证改革的顺利进行，我们还应当有一个实施改革的战略计划。由于我国的经济体制改革是逐步进行的，为了保持各个步骤之间的前后衔接和实施每一步骤时经济系统各主要环节之间的同步配套，这样一个战略性的计划就尤其重要。否则，就容易出现改革的措施前后矛盾、各种措施互相掣肘的混乱状态。制定这样一个计划的时机现在已经成熟了。

关于当前经济形势讨论情况的汇报[*]

（1987 年 4 月）

　　根据领导的指示，3 月 24 日和 30 日召开会议，组织经济界和理论界人士对当前经济形势和应当采取的措施进行了讨论。由于时间有限，会议着重研究了当前的问题和对策，虽然也涉及长期的问题，但未来得及深入讨论。

一、 对当前经济形势的三种不同观点

　　根据我们的了解，当前人们对经济形势的分析，存在三种不同的观点。

　　第一种观点，认为自 1985 年以来，国家对经济的宏观控制过紧，使生产能力不能充分发挥，现在的许多问题均由此产生。要使形势好转，就要进一步放松需求，增加基本建设投资，否则经济会萎缩。

　　第二种观点，认为自 1985 年以来，环境治理不够彻底，特别是 1986 年 2、3 月之交再次放松银根，出现了一次新的"过热"。目前已经可以看出财政、金融状况很不好，如果不采取果断措施，1987 年下半年会发生经济滑坡、物价波动的险象，弄得不好，第四季度各种问题一齐爆发，有可能发生恶性通货膨胀。

---

[*] 这是应当时国务院和中央财经领导小组领导的要求整理的，由本书作者与胡季执笔完成。载吴敬琏、胡季主编（1987）：《中国经济的动态分析和对策研究》，北京：中国人民大学出版社，1988 年，第 217—224 页；又见《吴敬琏文集》，北京：中央编译出版社，2013 年，第 917—923 页。

第三种观点，认为我国经济目前表现出来的种种问题，都是由"过热"到稳定增长的过渡阶段发出的过渡性症状，属于前进中、发展中难以完全避免的问题，对它既不能掉以轻心，也不应该惊惶失措。不正视这些症状是危险的，但只要正视并妥善处理，是完全能够解决的。

讨论中，绝大多数同志不赞成第一种观点。认为当前的实际情况是需求过度膨胀而不是需求不足。固然目前的确存在某些短线部门（如电力）投资不足的问题，但加强短线部门的投资，也只是在调整投资结构、压缩投资总规模、削减长线部门和某些非生产性投资的条件下，才是可行的，否则，势将引起基本建设投资规模更大的膨胀。

对于第二、第三种观点，不少同志感到它们有其相同之处，就是都认为当前经济生活中存在着相当程度的过渡性症状、隐患或不稳定因素，区别在于对其产生的背景和严重程度有不同的估计。而这种严重程度又是可以转化的。只要正视问题，采取有力措施，形势就会逐步好转，反之，对问题估计不足，控制不力，好的形势也会逆转。

大家在谈到过渡性症状或隐患时指出，由于近三年一些问题的积累，对于这些症状或隐患的严重性及其消除的难度都不可低估。

这些症状集中表现为社会总需求超过社会总供给。据国家统计局资料，1982—1986 年，连续出现国民收入超分配，尤其是 1984—1986 年增势很猛，数量很大，超分配的绝对数分别为 332 亿元（1984 年）、1159 亿元（1985 年）、746 亿元（1986 年），占当年国民收入生产额的比重分别为 6％、18％、10％，占新增国民收入生产额的比重分别为 50％、200％、63％。与连续几年的大幅度超分配有关的主要问题是：

（1）积累和消费双膨胀。1984—1986 年，全社会固定资产投资平均每年增加 512 亿元，增长速度 27.5％，消费基金平均每年增加 691 亿元，增长速度 17.4％，大大超过国民收入增加额（949 亿元）和增长速度（11％）。

讨论中，有的同志把当前问题的症结归于基建规模过大，认为压缩基建规模才是"釜底抽薪"的根本措施。有的同志则认为近几年消费基金增长过猛，而且消费刚性很大，必须首先控制消费。近几年，由于非生产性开支和非生产性建设增长过快，使得为改善我国经济结构和保持经济发展后劲所必需的重点建设资金越来越得不到保证。与此有关的预算内投资，原计划 1987 年要 450 亿元，1988 年要 500 亿元，加上汇率变动、物资涨价因素，实际需要 600 亿元，但财政部门初步只能安排 350 亿元，这就发生了吃饭和建设的关系如何正确处理的问题。

（2）外汇短缺。统计局资料表明，1984—1986 年超分配中靠外汇弥补的分别占 10％、39％、56％。这就造成了进口猛增，外汇大量外流。讨论中，有些同志讲到近年进口失控，重要原因之一是由于要支持国内的高速度和高消费。为此，不仅大量进口钢铁、化工原料和耐用消费品及其散装件，而且还大量进口机电设备，包括各种装配线（占进口总额的 45％左右）。现在进口物资受到双重优惠：一是进口用汇按牌价结汇，已经占了便宜；二是使用进口物资还可得到人民币补贴。1986 年外贸补贴中进口补贴占 3/4。因此，改变这种政策，既可大量节支，又可充分发挥汇率的调节作用，控制进口。

在举借外债方面，据统计，到 1986 年底止，累计外债为 214.8 亿美元（加上外商直接投资共为 345 亿美元），居世界债务国的第十二位。目前的问题是，举借外债缺乏宏观指导和管理，部门、地方在借入的币种、规模、利率、期限等方面，各自为政。这样，既容易造成本来可以避免的还债高峰，又容易因汇率、利率变动造成对我国不利的影响。

（3）货币发行过多、物价上涨过猛。统计局资料表明，1984—1986 年超分配中靠发行货币弥补的分别占 90％、61％、44％。需要指出的是，我国对部分物价进行管制，价格并非完全由市场自发形成，"这种情况一方面缓冲了货币发行量过多对物价的拉力，另一方面由于每年超经济发行的货币不可能都被物价吸收，而要有一部分沉淀下来。当历年的沉淀积累到一定程度，一遇风吹草动，就会对市场物价造成大的冲击。1984—1986 年以来，贷款规模每年平均增长 32％，货币（现金）发行增长25.7％"，都大大超过工农业总产值增长 13.7％、国民收入增长 11％的速度。1987 年原计划贷款规模为 1225 亿元，比 1986 年有所压缩，货币发行230 亿元，维持 1986 年水平。据银行同志反映，这项指标可能突破。工业流动资金有 200 亿元的缺口。据经济预测中心的测算，1987 年货币发行可能要达到 250 亿元至 300 亿元。

据物价局反映,1987年原计划物价总水平上升6％。但据各部门、各地方已提出的要求涨价的项目估算,1987年物价总水平有可能上升到9％。要求涨价的根本原因是供不应求。

(4)财政赤字增大。财政部门的同志反映,1987年财政方面的增收节支任务还很不落实。在增收方面,中央部门和省市合计有84亿元尚未落实。在节支方面,外贸亏损原计划200亿元可能打不住。原来要求企业减亏增盈,但1—2月,全国预算内工业企业成本却提高6.5％,亏损额增加43.1％。当前财政上的包袱,一是亏损补贴,二是价格补贴,两项合计,1986年为585亿元,1987年计划为700亿元,还可能超过;此外,"人头费"负担也很重,1986年达501亿元,1987年将达550—560亿元。由于收入分配关系的改变,财政收入只占国民收入的25％,企业上交利税只占实际利润60.6％,包括税前还贷,只占48.1％。而中央财政负担却日益加重,重点建设已难保证。

此外,还有能源、交通基础设施和重化工原材料短缺,以及粮、棉等主要物资库存减少的问题。

有的同志把当前的症状称之为"四个轮子一起转",有的称之为"四大平衡都吃紧",同前几年相比,回旋余地小了。

有些同志在谈到消除这些症状的难度时提出,由于当前新老体制胶着并存,资金分配和其他决策分权化了,而宏观管理、调控手段很不完善,于是就出现了一系列摩擦和矛盾。比如,社会上资金不少,而国家可供分配的资金不足;全社会投资规模很大,而用于建设的投资不足;社会消费基金增长很猛,大量金钱用于滥发奖金和实物,而国家需要有计划地调整工资、解决分配不合理问题却没有钱;各部门、各地方用于重复引进的外汇大量外流,而国家需要引进项目的外汇却不够;许多生产、建设项目一哄而上,而调整产业结构、投资结构却难以实施;钱和权的下放和分散比起宏观调控能力来说,已有超前现象,而下面还在继续要钱要权。

二、 对策

讨论中,着重研究了当前的对策。首先是建议在人大、政协会议期间或闭幕后召开第二次省长会，通情况，打招呼，以进一步统一思想认识，认真落实1987年第一次省长会议决定的方针、政策和措施，要求各部门、各地方在二季度内切实抓紧抓好抓出实效。在省长会上需要明确以下几点：

（1）压缩空气、"双增双节"（增产节约、增收节支），是我们应当长期坚持的方针，而不是权宜之计。这个方针同长期稳定协调发展的基本方针是一致的。

（2）千方百计争取1987年农业有个好收成。为此，必须把增加农业投入、支援农业、调动农民种粮种棉积极性的各项措施，尽早尽快落实。农业稳定增产是国民经济稳定增长的基础。

（3）坚持实行"三保三压"（保计划内建设，压计划外建设；保生产性建设，压非生产性建设；保重点建设，压非重点建设），在压总规模的前提下调整投资结构。重点项目也要集中力量打歼灭战，避免把摊子铺得过大。国家计委已确定上半年不再开新的项目，建议下半年继续执行这个方针。同时，银行、财政、审计部门要把好关，加强监督、审计和检查。为了把各部门、地方、单位搞非生产性建设、滥发钱物等小金库的预算外资金挤出来，凡是没有完成银行代财政发行的债券认购任务的地方或部门，银行有权取消他们的贷款权，同时，要严格规定不得向企业摊派，转嫁负担。还可考虑，由国家统一进口的钢材用于基建的部分，先一律取消进口补贴，然后再分别情况，对重点建设项目进行返还。这也能收到压缩一般项目保重点项目的效果。

（4）坚决刹住消费基金增长过快、滥发奖金和实物以及随意增加职工和"农转非"的不正之风。建议1987年年内全民所有制企业除按计划分配的大专毕业生和转业人员以外，一律不增加新的职工。对"农转非"的也要严格加以限制。当前面临两方面拉动消费的情况，一是小型企业推行租赁承包，二是大中型企业各种形式的利润包干，都可能引发企业短期行为、消费失控的问题。这不但会造成新的一次消费膨胀，还会造成新的苦乐不均。为此，要重申银行有权力也有责任发挥对消费基金的监督作用。同时，要把检查是否滥发奖金实物作为1987年财务大检查的一项内容。

建议取消原定的 1987 年要增加职工平均工资 7.5 元的计划。要求企业在深化改革、增产节约、提高经济效益中增加职工的收入（不打入成本,而由留利中支付）。

（5）财政要坚决不开减收增支的新口子,银行要坚持原定的货币发行和贷款计划。为此,1987 年要有一些过硬措施。银行在发放贷款时,也要避免"一刀切",防止该控的控制不住（如基建投资、消费基金膨胀）、不该控的又卡死了（生产、流通必需的资金）的情况再次出现。

（6）关于外贸亏损问题。在当前外贸体制没有改革的情况下,既不能因增加出口而扩大亏损,又不能为减少亏损而把出口搞死、搞少。在进口方面,除了保证必需的原材料进口外,对进口的机械设备,已经签订合同的下决心推迟一批合同,要签订还未签订合同的要重新审查,从严控制,多用国内产品。

（7）物价问题。无论如何要把 1987 年物价总水平上升幅度控制在 6% 以内。大的调价措施 1987 年一律不出台,已经决定了的小的措施也要分散在四季度以前陆续出台,不要集中在第四季度。对于某些可能引起物价上涨的工厂自销、超产加价等,1987 年也不要再扩大范围。目前,生产资料随意涨价的情况十分严重,给各生产单位造成很大的压力。建议凡是计划内调拨的生产资料,包括钢材在内,一律不准涨价,否则全部没收涨价部分并予以罚款。

（8）防止经济滑坡问题。由于各种因素,1987 年下半年特别是第四季度,工业增长速度可能放慢,对此应有思想准备。但是要积极采取有效措施,加强原料、材料、电力的合理分配和调度,在节约原料、材料、电力上下工夫,努力增产适销对路的产品,以防止生产下降幅度过大。否则将加剧各方面的紧张。

（9）要把"四季度问题"作为一个重要问题来研究。根据历年经验,问题往往集中出现在第四季度。今年也有一些同志担心四季度出大问题。因此,要注意均衡安排全年工作,从现在起就应分析全年经济各方面发展的趋势和研究对策,妥善安排各季的工作,分散风险,不要把矛盾都推到四季度。

上述办法,基本上属于当前应当立即采取的措施。仅有这些措施,还不足以从根本上解决问题。因此，还需从长计议，研究治本措施。对此，有的同志主张以推行企业承包责任制为主进行深化改革，有的同志主张推行配套的产业政策以调整结构，把建设与改革结合起来，有的同志仍主张完善价税财联动的方案；还有其他一些想法。这些，都需要深入研究，防止可能出现的消极影响（如推行企业承包责任制，就要防止短期行为和消费膨胀），注意发挥经济运行机制的整体性和有效性。

面对当前的经济形势，要防止和克服消极悲观和侥幸心理两种倾向。对于当前改革和建设中出现的上述种种问题，不仅要看一年，而且要看多年，还要把事情的各方面联系起来通盘考虑，在深入细致调查研究的基础上，采取有效的缓解和对应措施。这样，就完全可以避免出现难以控制的局面。

控制需求，疏导货币，改革价格[*]

（1988 年 4 月）

　　最近一段时间，由于价格总水平上涨幅度较大，而原有比价关系不合理的问题不但未见缓和反而日趋突出，因此，价格问题引起了人们广泛的注意。经验证明，用加强行政管制的办法压制物价是不能奏效的。这使越来越多的人认识到，解决价格问题的出路在于深化改革，但在具体问题上却有不同的考虑。

　　似乎从全面改革开始的时候起，我们在宏观经济问题上，就一直存在三种可能的选择：第一，在货币供应过量的条件下，用加强行政管理的办法制止物价上涨；第二，积极进行价格改革，但不改变扩张性的货币政策；第三，适当控制货币供应量，然后有步骤地推行价格改革。现在事情已经越来越清楚，采取第一种方法，"放开货币，管住价格"，无论对于发展还是对于改革都十分不利。这样做，既妨碍了改革的推进，又无法制止价格的上涨。而在物价总水平上升的条件下，管住部分重要产品的价格，又只能使比价关系进一步扭曲，从而导致资源的错误配置。在矛盾公开暴露出来之前，人们被既缺乏效率又含有水分的增长速度所迷惑，不能及时作出政策调整，就更加重了而后救治的困难。在多数人认识到价格改革既不能绕过、也不宜推迟以后，作出第二种选择的可能性会增大。但是，这是一种成功的可能性很小的选择，因为在需求膨胀和待实现购买力大量积

　＊　这是本书作者和李剑阁写给国务院发展研究中心领导的研究报告。载《世界经济导报》，1988
　　年 5 月 30 日；又见《吴敬琏文集》，北京：中央编译出版社，2013 年，第 924—929 页。

累的情况下,对价格作较大的调整和放开部分产品的价格,有可能引发严重的通货膨胀。南斯拉夫曾经几次在国际货币基金组织的要求下,放开了价格,但由于没有改变导致需求膨胀的体制(如市场割据、产权关系模糊的企业所有制等)和没有采取反膨胀的宏观经济政策,结果都因物价暴涨超过了社会承受能力而不得不中止改革,重新冻结物价。事实证明,在价格管制难以维持时被迫放开价格,在价格上涨过快时又重新冻结物价,这种痉挛式的价格变动对经济的健康运行和资源的有效配置是最为有害的。许多国家有过这方面的教训,值得我们认真汲取。这样看来,第二次世界大战结束后,联邦德国、日本等国行之有效的"管住货币,放开价格"的办法,是唯一可能获得成功的选择。

当然,在经过几次反复以后,目前在我国,互相攀比的需求膨胀和行政性的地方分权都已成为某种定式,无论"管住货币"还是"放开价格"都决非易事,而要冒相当大的风险。但是经验已经证明,建立起竞争性的市场体系是使新体制的整体功能得以发挥的基本条件。因此,价格改革适时推出虽然艰险,舍此却别无他途,而且随着时间的流逝,困难和风险会越来越大。对于已经启动的通货膨胀来说,其发展通常是不断加速的,不或早或迟地采取一次比较猛烈的刹车措施,而完全寄希望于"逐渐缓解",可能会事与愿违,在国际上也罕有先例。所以,此关早晚要过,迟过不如早过,长痛不如短痛,贵在当机立断。

第一,采取控制和疏导并举的方针,把总需求同总供给的差额控制在一定范围内是有可能做到的。

1. 目前无论是在投资方面还是在居民的消费收入方面,总量膨胀和结构偏畸的情况都是存在的。这增加了压缩需求的难度,可是与此同时,也提供了压缩总规模但不伤及生产的后劲和基本群众利益的可能性,关键在于实施区别的政策。压缩的重点,在投资方面,是目前仍在大量兴建的楼、堂、馆、所、旅游娱乐设施和一般加工工业。其方法则可灵活多样。在消费方面,则是大小不法"倒爷"、贪官污吏的非法所得和挥霍公款的行为。

2. 有位经济学家曾经提出,国家手中仍有金(黄金储备)、木(国有房产)、水(引进外资)、火(国有工厂)、土(土地使用权)等雄厚的家底和资金来源可以运用,因此,不必过分担心爆发恶性通货膨胀。这种意见,作为低度通货膨胀无害的论证,是不妥当的,因为,如果作为一种权宜之计,动用这笔资金来支撑无效益的高速度和"放权让利",由于它将有去无回,就只能是一种损害长远利益的短期行为,我们期期以为不可。不过,它又包含着某种合理的因素,因为这些家底和资金虽然并不能无限制地动用,可用部分至少也有一两千亿元。有节制地运用其中的一部分作为支持改革的成本支出,例如,与产权改革和企业经营机制的改革相结合,有计划、有领导地用有吸引力的价格出售或分股出售一批国有小企业,用分期付款方式出售国有房产,实行土地批租制,首先是房基地的批租制等。用这些收入建立起不得用于其他方面的改革专项基金,保证安全渡过价格改革这一大关,却是一件一本万利的事情。当然,我们也要注意到在出售企业和房产时可能出现加剧财富分配不公的问题,应采取积极的措施加以防止。

3. 为了更有效地扑灭行贿贪污之害,平息群众的愤懑之情,可以考虑制定特别条例,明确规定豁免日期,以前的行为不予追诉,在此之后,任何公务人员如享有与工资收入不相称的生活水平而无从解释时,便要受到法律追究。政务类公务人员在任职时要公布个人财产清单;对那些利用特权搞违法倒卖活动的个人和单位,要以严厉的手段予以打击。

4. 应当看到,即使做到以上各条,因为改革已经错过了几次较好的机会,经济结构上积累的问题日重,同时累积的膨胀因素太多,在推行价格改革时也必然会出现较高的通货膨胀率,社会震动不会太小。因此,这项改革只有在取得大多数人民群众的谅解的基础上才能做好。要对全国人民进行大规模的、深入细致的宣传教育运动,使"改革是实现现代化的唯一出路""改革需要付出成本""要为改革忍受暂时的困难和痛苦"等基本指导思想深入人心;同时,在全体党员和干部中实行总动员,重申和严格执行改革时期的纪律,然后,将经过内部缜密研究的改革措施有秩序地推出。

第二,为了减少震动和风险,价格改革也要分步骤地进行,争取在"七五"末期放开大部分竞争性部门的产品价格。

1. 目前许多同志都认识到了如果不按照价值规律办事、放开农产品价格,我国农业(种植业)生产即使在近期能有所缓解,也终难有根本的改善。但是,率先放开农产品价格,如不给予充分补贴,将对城市居民生活造成过大的冲击,而在目前工业效率很差的情况下,给予职工的充分补贴却是国家财力所无法承受的。因此,在近期内对农产品最好还是根据国家财力的可能,酌情实行调价补贴的办法,同时进行生产资料价格的改革。

2. 相比较而言,在各大类产品中,生产资料,包括原材料、能源和交通运输价格的改革,是收益最大、风险最小的。一方面,生产资料主要在国有部门内部流通,传导到零售商品的流程很长,国家有多种手段在传导过程中缓解对居民的冲击;另一方面,生产资料价格是影响工业企业生产经营的最重要的因素,生产资料价格理顺了,改善企业经营机制,提高工商业经济效益就有了基本前提。

3. 各种产品要分别情况采用不同方法实施价格改革。例如,某些高低价差不大的产品,如水泥,可以一步放开。某些价差很大的产品,仍需分两步走,先调后放。钢材第一年可先在全国范围内实行石家庄的办法,将调拨价调到接近于均衡价的水平,差价随指标返还,第二年即可放开。由于国营大型煤矿和乡镇煤矿的生产成本差别悬殊,可能还需要在相当长的时期中实行双轨制,只对统配煤价作适当的调整。对于天然垄断部门(如城市公用事业、铁路运输等),仍继续采用由物价部门定价和调价的办法,但要尽快实现"多价归一"。

4. 生产资料价格理顺以后,其他商品的价格问题就较易处理了。

第三,实现价格改革是保证新经济机制能够有效运行的必要条件,但却不是它的充分条件。为了使新经济机制得以运转起来,价格以外的多重环节上的配套改革是至关重要的。

1. 价格改革推出的同时,税制、财政体制、内外贸体制等方面的改革都要相机跟进。在以上几个方面,1986年拟定的价、税、财、金、贸配套改革方案中的合理部分可以作为参考。

2. 在国内贸易方面,目前的关键是批发贸易的组织建设。不同类型的批发贸易市场可采取不同的交易方式和组织规则。物资部门和批发部门的基层单位改组成批发贸易企业。一级站转化为现货或期货交易所。

对进入批发交易市场的资格要有审查和限制,不具备资格的企业可以委托代理的方式进行交易。此外,还要组织一些大型批发贸易公司,在全国范围内开展业务活动。在国际贸易方面,应该采取措施,防止抬价抢购和削价竞销,冲击国内市场。必要时可动用储备和筹借外资,组织进口国内受供给能力限制短期内一时上不去的短线生产资料,以支持国内价格改革。

3. 立即着手拟定中华人民共和国公正竞争法,经过试行成为正式的立法,以制止垄断和其他非公正竞争行为,形成有规则的市场竞争。

4. 在实现价格改革和硬化财务约束以后,将有一些产品缺乏销路、原材料没有保证和经营不善的企业面临破产的威胁。如果它们的职工生活缺乏基本保证,破产法在事实上将难以执行。因此,应当加快进行社会福利制度改革,建立社会化的养老金、医疗保险、失业救济等制度。

5. 具有独立性、自负盈亏的企业,既是市场信号的接受者,又是市场活动的主体,为了保证新经济机制有效运转,必须与价格改革相配合,大步推进企业经营机制的改革。价格改革推出以后,现有的承包指标显然需要作较大的调整。要在作这种调整时,引导承包制逐步走向规范化,即不是一户一率地"承包",而是实行税利分流、统一税率、税后留利和税后还贷的制度。同时,应当在国营大中企业中,积极推行以基金会、投资公司以及其他法人持股为主的股份制。股份制经营体制的改革,可以同社会保障制度等的改革结合进行,例如,可以将国有资产的一部分以股票形式交给各个年金基金会分散持有,让公司用股息和红利弥补养老金支出。可以把部分股票出售给某些基金会。也可以将国有资产以股票形式拨付给大学和研究机关,形成它们自己的基金。不过,这类性质的改革,和目前已经发展起来的产权转让等改革相同,要以明确产权为前提,否则将会引起国有财产的大量流失。所以,当前就要迅速建立各级国有财产管理部门,进行清产核资和登记建账工作,为开展企业组织改革准备条件。

以上这些考虑,在具体做法上肯定有许多不完善甚至疏漏错误的地方,但我们反复考虑,贯穿其中的基本脉络,即控制需求、疏导货币、放开价格、改造企业、形成市场,却是我们整治双重体制造成的混乱局面、走出困境、进入坦途的唯一通道,而且它所带来的困难与风险,也是在中央的坚强领导下,经过全党一致的团结努力所能够克服的。

论通货膨胀政策之不可行和根本出路在于落实各项改革措施[*]

（1994 年 3 月）

中国经济在 1994 年面临的形势，也许可以以一句话来形容：旷世的机遇和巨大的风险并存。如果这个判断是正确的，在制定宏观经济政策的时候，就必须以既抓住机遇，实现改革和发展的大飞跃，又避免太大的风险为原则。

我们之所以说当前中国较之其他国家有着更良好的机遇，是因为 15 年的改革和建设，已经为今后的大发展奠定了一定程度的经济体制和物质技术的基础，我们这个文明古国的久受压抑的潜在活力正在迸发出来；特别是中共十四大和十四届三中全会决定进行人们期待已久的改革攻坚战，使中国经济获得了这样一种可能，即通过市场经济体制的建立和运行，克服仍然困扰它的若干深层矛盾。如果十四大和十四届三中全会的纲领得以顺利实现，我国经济在不久的将来就可以走上持续、有效、高速发展的坦途。

然而，通向起飞和新的高涨的道路是不平坦的。以往 10 年来的改革采取的避难就易的策略，有它的有利的方面。但与此同时，也在国民经济若干具有关键意义的部门留下了盲点，积累了一批矛盾。它们盘根错节，阻碍改革和建设的顺利进行。其中尤其是通货膨胀和国有企业不振两

---

[*] 载《改革》，1994 年第 2 期。又见《吴敬琏文集》，北京：中央编译出版社，2013 年，第 955—959 页。

项,不仅人民群众啧有烦言,如果不能及时加以处理,还容易影响经济社会的稳定。

面对上述情况,有的经济学家主张采取一种可以称之为"以膨胀抑制衰退"的策略。他们说,通货膨胀虽然有害处,但由于货币贬值造成的损失对所有人都是相同的,人们不免发发牢骚,却不会有人特别不满,也不会有人带头闹事。衰退就不同了。如果工厂开工不足,减发工资或者造成失业,就难免影响社会安定。因此,他们主张采取"松"的货币政策,为目前有困难的国有企业提供足够的资金和市场需求,以便维持它们的运转和工人的就业。虽然以保护国有企业为理由要求实行扩张性的货币政策说得振振有词,但我对这种说法实在难以苟同。原因是:首先,说通货膨胀不会造成严重社会后果是不正确的。物价总水平上涨对每一元钱所造成的贬值损失的确是相同的,但它对不同的人所造成的损害大小却截然不同。在通货膨胀的情况下,经营工业不如经营商业,经营商业不如囤积居奇;在各种人群中,受打击最大的是工薪阶层,而从事投机活动的人们反倒可以浑水摸鱼,大发横财。这些都是人所共知的事实,更是我们这一代人所亲身经历过的历史。第二,用货币扩张缓解国有企业的困难是一种饮鸩止渴的办法。目前一些国有企业处境困难,有多方面的原因,主要是体制上的原因。为了使它们从根本上摆脱困境,重现辉煌,只能靠下决心进行企业制度和整个经济环境的改革。企业的眼前困难当然也应当救助,但即使需要补贴救济,也宜采取"明补"的办法,而不应当用"大水漫灌"的办法普遍提供低息贷款(实际是负利息贷款),因为这样只能降低资金的利用率,形成通货膨胀→效率降低→通货膨胀加剧的恶性循环,甚至演化成宏观经济的通货膨胀和微观经济的企业衰退两害并发的疑难杂症。第三,上述政策建议所持的理论根据,即低失业率的维持只能以高通货膨胀率为代价的理论,早已被西方经济学断定为"菲利浦斯曲线"(Phillips Curve)的误用。任何一本现代经济学教科书都会告诉大家,即使根据菲利浦斯关于失业率与通货膨胀率负相关的理论,一个社会失业面的大小边界不仅依存于通货膨胀率的高低,它更重要的是依存于菲利浦斯曲线的位置:在有的经济中,为维持零通货膨胀率,需要付出极高失业率的代价;而在另一些经济中,在零通货膨胀率的场合,失业率也不太高,完全可以保持在社会可以承受的范围内。所以,西方经济学家已经从用通货膨胀置换失业的宏观经济政策所造成的"滞胀"恶果中取得了教训,没有人再把通货膨胀政策看作医治衰退和失业的灵丹妙药,而是力图在促进技术进步、优化经济结构、加强竞争能力和注重人力资本开发等方面寻找出路。至于我们,除了力求更新自己的现代经济学知识外,更不妨从1987年"注水入泵法"缓解困难的设想最后引导到什么结果汲取一些教训。

既然如此,如今之计,还是应当重申1992年中期人们已经取得的共识:为了克服眼前的困难和避免更大的风险,根本出路在于改革。从这个方面看,目前颇为流行的一种观点看来是不适当的。这种观点把出现严重通货膨胀的危险的原因归结为1994年多项改革措施的出台;同时认为防止出现严重通货膨胀的有效办法是放慢改革。这种观点之所以不正确,首先是因为它不符合事实。我们知道,通货膨胀的压力从超量货币的积累到通过价格上涨释放出来有一个长达10个月以上的过程。一旦通货膨胀压力开始释放,就逐渐加速。我国这一轮通货膨胀的压力是在20世纪90年代初期改革迟滞和增长加速的过程中积累起来的。这种压力在1992年下半年开始释放,中间经过1993年7—8月加强宏观控制的阻滞而有所缓解,后来又因为1993年9—11月的货币政策放松而重新加速。市场经济的运作原理告诉我们,通货膨胀即物价总水平持续上涨的直接原因总是在于货币的过量供应和总供给与总需求的脱节。不具备这一条件,任何个别商品的价格提高都不会导致价格总水平的持续上升;具备了这一条件,人们总能找到某种理由(如税率调整、利率变化等)提高价格,而且在价格已经基本放开的情况下,即使什么借口也没有,卖者提高价格也总是能够被一部分买者接受的。所以,想用放慢改革的办法来抑制通货膨胀和缓解企业的困难是根本不可能达到目的的。相反,我国经济膨胀的压力和企业的困难从根本上说是由于关键部门改革滞后和双重体制胶着造成的,采取这种南其辕而北其辙的做法来克服困难,其结果只能是适得其反。

中共十四届三中全会《中共中央关于建立社会主义市场经济体制若干问题的决定》关于各方面改革整体推进的基本思路是正确的。根据这一纲领性文件的精神拟定的各方面改革的实施方案,虽然还存在某些缺陷和漏洞,也是大体适当的。现在的问题是这些改革措施能否真正落实。

组织落实1994年这样大的改革行动是一项十分艰巨的任务。

一方面,经济体制是一个大系统,它的各个系统之间以及系统的各个环节之间相互联系、相互制约。因此,各项改革行动之间必须密切配合。特别是打1994年这样的改革的攻坚大战役,各个方面军之间的协同具有决定性意义;不论由于什么原因,一个方面军甚至一个小分队的行动受阻,不能在指定时间到达预定位置,都会使别的部队的行动受到牵制,甚至造成整个战役的失利。拿1994年出台的财税、金融、外汇、企业、社会保障体系等方面的改革来说,不论哪一方面的一个环节不到位,这个方面的经济体系都无法有效地工作;而一个方面的改革不到位,整个市场经济体系也不可能有效地工作。以金融体制改革为例,它的基本内容是把计划经济条件下的投资体制改造为市场经济中的投融资体系,包括健全中央银行机能、实现专业银行的商业化、建立融资市场、实现存贷利率的市场化、建立政策性融资机构等内容。其中只要有一项不到位,其他各方面的改革都不能收到预期的效果。比如说,各种新的金融机构都按照金融改革的实施方案建立起来了,但是,只要存贷款利率仍然由行政机关硬性规定,保持计划经济条件下那种低利率乃至负利率状态,那么,建立起来的金融机构即便被叫作"商业银行",也只能是新瓶装旧酒,徒有其表。这是因为,在人为规定低价的条件下,只能实行公开的或变相的配给制而不可能有通过市场自由交换的商品流通。这是一条不可改变的定则。在人为保持银行贷款的实际负利率的情况下,资金只能由某种行政权力分配。如果这时计划投资体制已经废除,那么情况会变得更糟。因为,在计划经济的条件下,行政资金分配在原则上要根据经过某种平衡计算制定的计划进行,而在既没有金融市场又没有投资计划的情况下,一切就都只能靠行政官员"拍脑袋"审批决定了。而社会融资体系不能有效工作,则会使其他方面的改革都难以取得成效,并且给经济体系的运转,包括企业的正常经营造成严重影响。

另一方面,经济生活中的不确定因素很多,需要密切注视事态的发展,根据情况变化作出及时的反应。特别是在进行1994年这样的改革攻坚战的时候,由于没有先例可循,不可能要求各项措施事先设计得天衣无缝;也不可能要求在执行中毫厘无差,丝丝入扣。而且在预定措施的实施过程中,还会由于误解或利益冲突而产生变形和扭曲。当出现新的情况、新的问题和没有预先估计到的纰漏时,更需要及时采取有力的因应措施来加以解决。

以上这一切都说明,为了抓住机遇和避免风险,关键在于认真组织落实已经出台的各项改革措施。在这里,坚强有力的指挥、监督、协调,又是最具有决定性的因素。这些工作做好了,全面改革得以取得初战的胜利,中国经济的顺利发展就有了切实的保证。

中国应当怎样应对全球金融危机 *

（2008 年 11 月）

我想对这次金融海啸对中国经济的影响和中国应该采取的因应的措施谈以下五点意见：

第一，这是一次世界金融体系的危机。

现在有这么一种舆论，认为这次国际金融危机是美国的危机，或者把它叫做"华尔街金融海啸"。我认为不能这样看。虽然这次危机源于美国，而且由华尔街触发，但是这不是一次美国金融体系的危机，而是世界金融体系的危机。

为什么会出现这样的危机，我认为有三个层次的原因。

首先，从大的体系背景上说，自从上个世纪 70 年代"布雷顿森林货币体系"崩溃以后，世界的金融体系就成为一个不受约束的美元所主导的体系。第二次世界大战结束后建立的"布雷顿森林货币体系"是以美元为中心的货币体系，但是这个美元是受美国的黄金储备约束的；世界各国的货币都与美元挂钩，美元又与黄金挂钩；各国都可以按 1 盎司黄金等于 35 美元的比例向美国兑换黄金。但是，1971 年由于美国经济走弱，黄金储备减少，无力兑现，美元兑黄金的比例开始浮动。到 1976 年的牙买加协议，正式终止了美元和黄金的联系。

其次，美国经济战后出现了越来越大的内部失衡，核心的问题是储蓄

---

* 本文根据本书作者 2008 年 11 月 2 日在海口由中国改革发展研究院举办的"中国改革的下一步：变化与选择"论坛上所作的演讲录音整理而成。它的增补稿曾发表在《上海大学学报》，2009 年第 1 期。

率过低。刚才提姆·赖特(Tim Wright)教授在演讲里面用了很多数字来说明这个问题。近年来,美国的总储蓄率降低到接近于 0。于是,美国就利用美元作为国际储备货币这个特性向全世界借钱,来维持一定的投资水平和高消费。

最后,以格林斯潘(Alan Greenspan)为首的美国货币当局在长时期内用扩张性的货币政策支持美国的资本市场。当 1996 年 12 月格林斯潘接受一些经济学家如耶鲁大学教授席勒(Robert Shiller)的批评意见,在一次讲演中提出美国股市存在"非理性躁动"(irrational exuberance,现在往往译为非理性繁荣)后,世界股价应声而落。从此以后格林斯潘转而采取扩张性的货币政策来支持美国经济,结果形成了巨大的网络泡沫。2000年网络泡沫破灭以后,美联储连续 13 次降息,而且鼓励衍生工具的发展,放松对它的监管。90 年代中期创造的一种衍生工具信用违约掉期(Credit Default Swap,简称 CDS)到今年总规模已经到了 60 万亿美元,约为美国 GDP 的 4.6 倍,衍生产品总规模达到 530 万亿美元,约为美国GDP 的 40 倍!

从短时期来看,美国经济显得很有活力。但实际上它所创造的大量"金融财富"只是纸面上的财富,甚至只是电脑上的一些符号,一有风吹草动,便会烟消云散。美国的这个深层的结构问题,通过美元的发行,五花八门衍生工具的出台,渗透到世界各国,使世界金融体系中充满了巨大的泡沫和黑洞。只要受到某种冲击的触发,都会引起世界金融体系的系统性危机。次贷正是触发这一危机的引信。

第二,中国不可能独善其身和置身事外。

现在有一种看法,认为中国经济近来出现的困难是由"华尔街金融海啸",或美国金融危机这一外生原因造成的。我认为这种判断并不准确。由于中国经济已经深深地融入了全球经济体系,是全球经济体系的一部分。全球经济体系中积累起的种种问题不可能不在中国经济体系中有所反映。事实上,近年来人们愈来愈被中国经济日趋严重的内部失衡和外部失衡所困扰。这里所谓的内部失衡,是指储蓄率和投资率过高、消费率过低;而外部失衡,则是指国际收支的盈余过大,人民币升值压力剧增。虽然中国经济的内、外失衡和美国经济的内、外失衡方向正好相反,却是互为补充的。它们共同构成了当代世界经济体系的重要组成部分,而且由于具有类似的缺陷,因而表现出某种"一荣俱荣、一损俱损"的特性。

从中国方面来看,事情的根源还要从中国粗放的经济增长方式,或者叫做经济发展方式说起。这种从苏联学来的增长模式的古典状态,是靠高额资源投入,特别是高额投资来支持经济增长。虽然马克思早在19世纪70年代就指出过,西方国家这种由投资驱动的早期增长模式一定会造成利润率下降,工农大众消费不足,并导致资本主义的危机爆发,但是苏联领导人斯大林却把它确定为"社会主义工业化道路"。中国从第一个五年计划起引进了这种经济增长方式。它的极端形态——1958年的"大跃进"使中国人吃尽了苦头。

改革开放以后,用投资拉动增长的方式并没有得到根本改变,但维持了相当长时间的高增长而没有出现50年代出现过的严重问题,这主要是得益于中国在对外开放中采用了一些东亚国家和地区在战后实行的出口导向政策,用出口需求来弥补内需的不足。

在改革开放早期中国农村存在大量剩余劳动力需要就业的情况下,利用发达国家储蓄不足、消费旺盛的格局,采取出口导向政策向它们出口,对中国经济发展、人民生活水平的提高产生了巨大的积极作用。

但是,正如所有采用出口导向的国家和地区那样,中国在成功地执行了这种政策十多年以后,出现了外汇存底大量增加、人民币升值压力加剧等问题。按照经济学的原理来说,解决这个问题的办法就是进一步推进外汇形成机制的改革,实现它的市场化。实行这种政策的东亚国家和地区或多或少地认识到了这种必要性。但哪怕是认识到了,现存的利益格局还是使得这种改革很难进行。就中国而言,2003年以后,以中国社科院世界经济研究所所长余永定教授为首的一批经济学家就不断呼吁要实现人民币浮动和升值,但这种意见很难得到政府领导和大众的认同。直到2005年7月,人民币才开始缓慢升值。由于"爬行式升值"促成进一步升值的预期,导致热钱流入,更加大了人民币的升值压力。

在升值压力很大的情况下,中央银行采取入市干预的办法,大量收购外汇,来抑制人民币升值。中国人民银行收购的外汇越来越多,收购的速度在2003年年初是每天平均收购约3亿美元,到了2005、2006年已经到了每天收购七八亿美元。今年最高点是 4 月,每天收购 26 亿美元。2006 年 10 月国家外汇储备达到 8800 亿美元,成为世界第一。目前的国家外汇储备超过 1.9 万亿美元。

为了收购这么多的外汇,中国人民银行大致发行了 15 万亿元人民币的基础货币,形成了 70 万亿元人民币的购买力。虽然人民银行采取了一些措施去对冲,但是很难把它全部冲完。由于货币超发和流动性泛滥,使中国的金融体系中也形成了大量虚拟资产泡沫。股市和房市价格双双飙升。2007 年 11 月,中国股票市场的静态市盈率(P/E)上升到 60—70 倍,股票总市值 33.62 万亿元(现在只剩下 9—10 万亿元)。

第三,金融海啸加重了中国的经济困难。

中国经济投资驱动发展方式存在的问题,其实在 20 世纪 90 年代初期就有所暴露,1995 年中共十四届五中全会要求在 1996—2000 年的第九个五年计划期间实现从粗放增长方式到集约增长方式的"根本转变",但一直没有转变过来。21 世纪最初几年,资源瓶颈和环境瓶颈已经完全收紧,粗放经济发展方式无法再持续下去了。2003 年以后,出口需求驱动造成的种种问题也日益显现。等到美国次贷危机爆发以后,各种矛盾都同时暴露出来,就使中国当前的经济形势显得特别复杂。

金融海啸对中国经济形成的冲击,主要表现在以下两方面:

(1) 在中国金融体系中存在大量泡沫的情况下,金融海啸一爆发,美元资产减值,或美国公司回救母公司使美元回流,都会使中国金融体系中的虚拟资产突然消失,使流动性过剩转眼间变成流动性短缺。南方地区有些企业前几天还经营得好好的,资金链突然中断了。

(2) 我国经济的出口依存度高达 35%,当其他国家特别是占我国出口 20% 左右的美国市场出现衰退,出口企业就会受到影响。中国社会科学院世界经济研究所做过一个分析,他们认为美国的增长率如果下降 1%,中国的出口就会下降 4 个百分点。

既然金融海啸会对我们的金融体系造成这些直接、间接的各种各样的冲击,应该把这个困难估计得大一些,及时采取有效的对策。

第四,我们可以从短期和长期两个角度去分析应当采取的对策。

从短期看,可以考虑采取以下措施:

一是通过宏观经济政策的运用，努力保持市场不至于崩溃。由于虚拟财富的大量消失，资产市场崩盘的可能性是存在的。股价在过去一年多的时间中下降了 70% 以上，逐步释放了泡沫中的空气。现在更值得关心的是房地产市场。怎么防止突然崩盘，实现安全着陆，这是一个很大的问题，需要审慎对待。

在宏观经济政策方面，我的看法是货币政策不宜于大幅度放松。当然，在流动性极度短缺的情况下为防止金融系统崩溃适当放松可能是必要的，但是也要防止过度放松。

在货币政策不宜于太松的情况下，可以考虑用松的财政政策来跟它搭配。此外还应该用一些不需要注入货币和增加需求的办法来活跃经济和防止中小企业大批歇业。1998 年面对亚洲金融危机冲击，中国政府除了采取扩张性的财政政策，如 1800 亿的国债投资以外，还采取了一系列政策扶植中小企业。例如，要求经贸委建立中小企业司，统筹扶持小企业的事务；同时要求各专业银行建立中小企业贷款的专门机构；决定银行对中小企业贷款利率可以上浮 10 个百分点；国家经贸委和财政部还帮助各地建立中小企业信贷担保公司。这一系列的措施不需要花多少钱，但对支持中国经济抵御东亚金融危机的冲击起了非常好的作用。最近国务院颁布的《劳动合同法实施条例》对解除劳动合同各种情形所作的归纳说明、浙江把"地下钱庄"的借贷活动"翻明""转正"等等，我认为都是很正确的措施。

另外，从对外政策上说，现在也有各种各样的议论。比如说是不是应该趁此机会用人民币去取代美元，或者是前一段时间有些国家提出来要与美元脱钩，我们是不是也应该采取这样的办法，或者说是不是应该抛售美国国债。我同意一些学者的意见，覆巢之下无完卵。在全球化的世界中，各国在稳定世界经济上有共同的利益。因此，我赞成中国政府公开表明的态度。这就是加强与世界各国之间的通力协作，同舟共济，共度时艰。

从长期来看，对国内经济根本的任务还是要转变经济发展方式，因为这是造成中国经济内外失衡的根本原因。如果这个问题不解决，经济中的一些由资源过度耗费造成的问题，对于环境造成的问题，由于投资率过高、消费不足所造成的问题,以至于金融体系的问题都解决不了。我在讨论"十一五"的时候写过一本书《中国增长模式抉择》,以前出过两版,最近根据金融海啸以后的情况加写了一章,把 2003 年以来经济学界对这一问题的认识,特别是 50 人经济论坛在 2006 年 7 月的田横岛会议上就这个问题提出的意见作了概括。

对于世界金融体系,目前最大的问题是如何改变"布雷顿森林货币体系"崩溃后形成的由不受约束的美元所主导的金融体系,建立一个有利于各国经济稳定发展的新的世界金融体系,有的人把它叫做"新布雷顿森林体系"。对于这个问题,目前有各种各样的意见。比如说国际储备货币的多元化,形成地区的储备货币体系等等。应当对这些做法的利弊得失做深入的研究,进行讨论和协商。我想最低限度的要求是要给美元的发行套上笼头,置于某种国际监管之下,而不能没有约束。

这次金融海啸对于美国和世界都是福音,如果它能使美国人认识到这样一种发展方式是持续不下去的,要和世界各国合作,共同建立一个健全的世界金融体系,这对于世界、对于美国都是有好处的。

第五,根本出路在于推进经济和政治改革,建立能够保证持续、稳定、协调发展的体制。

前面讲到,解决问题的根本办法是转变经济发展方式。但是,转变经济发展方式的问题已经提出很久了。1995 年制定"九五计划"的时候就提出要实现经济增长方式的根本转变,但是十几年过去了,这个目标至今没有能够实现转变。"十一五"在这方面提出的变革方向、要求采取的实际措施是正确的,可是转变进行得并不是很顺利。主要的问题在于实现这一转变存在体制性的障碍,其中最重要的障碍,就是各级政府仍然掌握了过大的资源配置权利,使政府官员能够运用这种配置权力,投入大量土地、资本等资源来营造所谓"形象工程"和"政绩工程"等政绩目标。

为了实现产业提升,一方面需要对高投入、高能耗、高污染行业和企业进行某些限制,另一方面应当加快新的、具有较高附加价值的产业和企业的发展,现在看来它们的发展远远跟不上需要。现在对于新增长点发展缓慢的主要原因,有种种不同的说法。有人说中国技术人才不足,中国人创新能力差,不具备这方面的比较优势,产业提升还不现实。我不赞成这种消极悲观的估计。虽然中国技术人员在总人口中的比例还不高,但是因为中国人口基数大,改革开放以来教育事业有了很大量上的扩张,因而受过高等教育的科研和技术人员的绝对数早已超过美国,占世界第一位。2007年研发经费也已经超过日本,占世界第二位。我们在全国各地的考察表明,目前我国技术人员自主的发明为数不少,其中有些已经走到了前沿。但是这些发明的产业化,创造我们自己有国际竞争力的拳头产业,却步履维艰。障碍在于目前这种政企不分的体制。在许多重要的领域握有垄断权的企业压制创新,阻碍新技术的产业化。这方面的事例所在多有,报刊上也有一些报道。不改变这种体制状况,新技术、新工艺、新产品就很难破土而出,得到应用和发展,产业提升也很难实现。

按照"十一五"规划,产业提升有两条主要的路径:一个是制造业的服务化,即从简单加工向研发(R&D)、设计、品牌销售、售后服务等服务业务的方向延伸;另外一个是发展知识含量高的现代服务业。但是为什么服务业的发展缓慢呢?正如耶鲁大学的陈志武教授所说,重要的原因是服务业较之加工制造业对制度环境的要求高得多,而我们的制度环境不够好,首先是法治没有很好地建立,使中国服务业的交易成本过高。

总之,中国要转变自己的经济发展方式,有赖于改革的推进。经济改革、民主法治建立等各项改革的成败决定了经济发展方式根本转变的前景。

对如何走出宏观经济政策两难困境的思考[*]

（2010 年 8 月）

宏观经济政策选择两难困境及其由来

当前的宏观经济形势，从短期来看相当不错，2009 年我们采取"扩需求、保增长"的政策取得了成效，成为危机后回升最早的国家，超额实现了保增长的任务。

与此同时，这样高强度的刺激政策，消极影响也不可小视。一方面，资源和环境超支的恶果进一步显现；另一方面，货币超发、资产负债表的再杠杆化问题非常突出，导致资产泡沫、通货膨胀和金融风险加大。由此，产生了宏观经济政策选择上的两难困境。

现在我们就面临一个问题，刺激政策要不要退出？不退出，资产泡沫问题和通货膨胀问题就变得越来越严重，泡沫一破裂，国家经济就会出现困难。中国明显存在这方面的危险。2009 年年底，中国率先走出了困境，大家很乐观地认为没有二次探底的可能性。但是 2010 年头 10 个工作日银行贷款就放了 1 万亿，政府也觉得这样有问题；到了第二季度，开始采取紧缩措施，随之而来的是经济明显下滑，房地产市场摇摇欲坠，加上地方财政问题，一旦严重化，银行的不良资产就可能增加。也就是说，宏观经济政策既不能紧又不能松。松了，则资产泡沫和通货膨胀问题加剧；但

---

* 这是本书作者 2010 年 8 月 23 日在国务院发展研究中心"双月学术报告会"上所作的报告，根据录音整理，略有删节。载《中国发展观察》，2010 年第 10 期；又见《吴敬琏文集》，北京：中央编译出版社，2013 年，第 1005—1014 页。

一紧,增长速度就会下来,而且"半拉子工程"会大量出现,银行不良资产会增加。房地产业在我们经济增长中不正常地起了太大的作用,而它的一动一静又影响了整个宏观经济。既不能松又不能紧,这就是两难困境。[1]

为什么会出现这一困境?症结就在于过分倚重短期政策。通常,人们用"三驾马车"的说法去分析我们经济的问题。所谓三驾马车,就是投资、消费和出口,这三驾马车中,消费本来就不足,出口状况也不理想,所以,总需求就不足。我们驱动经济的办法就是扩大需求,只要能够把需求扩大了,它就能够把增长的速度拉起来。三驾马车的思路来自凯恩斯主义理论,这一理论认为经济发生不平衡的原因是总需求不足,因此,就用扩需求的办法来解决。对凯恩斯来说,这是一个短期分析的框架,采用政府的货币政策、财政政策等短期调节手段扩大需求,维持短期的经济增长。但是,他从来没有说这种框架可以做经济的长期分析。从长期来看,经济发展还是要靠市场的综合调节。所以,依靠单纯的短期政策来解决中长期经济问题,如果依据是凯恩斯主义的分析框架,那就是对凯恩斯主义的一种误读。

短期问题其实是受制于长期问题的。我们不仅要解决短期问题,而且更重要的是要用短期政策来赢得时间,从而解决长期发展与增长问题,这样才能保证长治久安。

出路在于转变经济增长模式

其实,解决长期问题关键在于选择一个有效的经济增长模式。所谓有效经济增长模式,就是在各种生产要素中,技术和知识在经济增长中发挥更为重要的作用。

---

1 我后来进一步指出,在这种两难困境下,中国经济进入了一种"按住了葫芦浮起了瓢"的"跷跷板式的运行状态":当政府采取刺激措施稳住经济增长速度时,会造成加杠杆和金融风险累积的结果;而一旦采取措施降杠杆,又会使增长速度下滑。面对这种情况,出路只能是在稳住大局、控制和化解风险、保证不发生系统性危机的条件下,依靠改革开放提高供给效率。只有这样,才能走出困境,实现中国经济的持续稳定发展(参见吴敬琏:《中国经济改革进程》,北京:中国大百科全书出版社,2018年,第324页)。

经济增长就是生产的增长，它是主要生产要素在起作用。主要生产要素有四个：一是自然资源，二是技术，三是资本，四是劳动。原来我们所依靠的是自然资源（土地）和资本的投入。如果这两个要素占主要地位，要想增加消费就不太可能。我们常常说，现在需要改变消费和储蓄结构，提高消费在 GDP 中的比重。但是怎么才能提高？往往就是希望依靠政策支持，因为消费结构取决于生产要素的结构。当生产主要靠资本的时候，资本所有者在整个收入分配中就会占很高的比重；当生产主要靠自然资源投入的时候，自然资源的所有者在整个收入中所占的比重就比较大。自然资源和资本主要是由谁来占有的？目前农用地转为建设用地的过程中，存在一定的差价，差价主要由各级政府支配。根据国务院发展研究中心农村部的计算结果，这个差价在 20 万亿到 30 万亿，还有人说是 40 万亿。另外，资本的所有者主要是国家，然后是私企。在收入结构上，一定是资本所有者和土地所有者收入占的比重越来越大，而这些要素拥有者的消费倾向都是比较低的。所以，依靠自然资源和资本投入驱动的经济增长模式不改变，或者经济发展方式不改变，要提高消费的比重是相当困难的。当然，有一种办法就是增加国家税收然后补贴给老百姓。但这又会出现税收负担增加的问题，此涨彼消，并不能从根本上起到拉动消费的作用。

　　那么增加消费有什么办法？一个是增加就业，另一个很重要的手段就是促进技术进步。知识、技术的所有者是专业人士，如果他们的比重增加就会增加专业人员即所谓"白领"的收入，而白领边际消费倾向比资本所有者高得多。所以，只有这样才能够保证充分就业，提高技术、知识、信息在生产中的作用，才能够增加普通劳动者和专业劳动者的收入，最终提高整个消费在经济中的比重。

　　其实，最早对此作出分析的是 150 年前的马克思。我们很多搞政治经济学的人有一个很悲哀的事情，就是自称为马克思主义的理论权威，但是完全忘了马克思是怎么分析的，只是记住了一个结论，并不断地重复结论。马克思在《资本论》中分析为什么资本主义要灭亡，因为在他生活的年代，资本主义的经济增长主要靠的是资本投入，结果就使得最终需求不断萎缩，最终导致经济危机。另外，劳动者收入相对地甚至绝对地下降，同时造成了阶级斗争的尖锐化。上述两个基本规律导致马克思得出了"资本主义的丧钟就要敲响了"的结论。资本主义之所以能够到现在，"垂而不死"，原因就是在19世纪末期，西方国家的经济增长模式发生根本性改变，主要是依靠技术进步来提高的。由此就产生了一个新的社会现象——"中等阶级"(middle class)的出现和壮大。所谓的中等阶级就是白领，其人数、地位、收入水平都大幅提高，使得西方国家到了20世纪中期以后社会虽然有很多动荡，但是不像19世纪那样风雨飘摇了。

我们要解决长期经济问题，根本问题在于想办法转变经济发展方式。经济发展方式转变的要点就在于提高技术、知识、信息这些生产要素在整个经济增长中的地位。关于转变经济增长模式，我在"十一五"的时候，写过一本书叫《中国增长模式抉择》，这里面总结了一下，比照西方国家的增长模式转换的历程做了一个表：

增长阶段	主要原因	驱动因素	主导产业	增长理论
1. "起飞前"阶段	手工劳动	自然资源投入	农业	马尔萨斯陷阱
2. 早期增长 18世纪后期	机器代替手工劳动	资本积累	重化工业	哈罗德-多马投资驱动增长模型
3. 现代增长 19世纪后期	效率提高	技术进步	服务与工农业的一体化	索洛的新古典外生增长模型
4. 信息时代 20世纪后期	用信息通信技术改造国民经济	由信息技术改造强化了的诸产业	信息通信产业	新增长理论的内生增长模型

我们现在所说的经济发展方式、经济增长方式或者经济增长模式的转型是在这个表的第二阶段和第三、第四阶段之间完成。西方国家早期的增长模式就是主要靠资本积累，发展资本密集型的重化工业。但是在19世纪的六七十年代，造成了严重的经济问题和社会问题，以至于使得资本主义面临危机。然而，就在1883年马克思去世前后发生了第二次产业革命，此后西方国家的增长模式转入到现在的经济增长模式，其最大特点就是不再依靠资本投入来驱动，而主要是靠技术进步和效率提高来推动。到了20世纪50年代以后，技术进步和效率的提高主要又是靠信息

技术。作为一个后起的国家，我们可以迎头而上，但面临的任务是从早期靠投资来拉动的增长模式向靠技术进步、信息化带动的增长模式转变。

现在看来，特别是2010年以来应该达成了一个共识。在2月3日中央党校举办的省部级领导干部研讨班上，胡锦涛总书记作了一个很重要的讲话，提到转变经济发展方式刻不容缓。特别引人注目的是，在这个讲话里他50次提出了要加快经济发展方式的转变。可见，党中央已经看到了问题不但非常重要而且刻不容缓。在十七大以后，把转变增长方式的口号改为转变经济发展方式，形成了党代会的决议，而不是像"九五"计划，"十一五"规划是作为政府来抓、来实施的事情。但是，当转变发展方式成为全国人民的奋斗目标以后，很多地方列出10条以上的转变目标，但在实际工作中往往不太清楚到底要转变什么、到底要抓什么。我认为，核心还是转变经济增长模式，也就是在各个生产要素中降低对资金、自然资源投入的依赖性，要靠技术进步、知识、信息带动经济发展。

这里顺带说一下出口问题。出口是由投资派生出来的。出口导向是东亚国家的发明。东亚国家都要提早实现工业化，所以，在高速增长时期都是靠投资推动的，但是很快就会发现问题，投资驱动的结果是或迟或早会出现金融危机。东亚国家很巧妙地利用了美国等发达国家储蓄不足的情况，用出口导向的政策来弥补国内需求的不足，这就维持了东亚国家几十年的高速增长。我国在改革开放以后也是这样，特别是在1994年外汇改革以后，出口导向政策用得很成功。但是正如日本后来发生的问题一样，其他采用出口导向的国家如马来西亚、印度尼西亚等也出现了同样的问题。要避免东亚国家出现的问题，就要转变增长模式，要转向依靠技术进步、提高效率和增加产品的附加值，这是需要把握住的核心点。

那么，转变发展方式要从哪里入手？第一，对于主要靠加工工业的发展来支撑高速增长的大部分沿海地区，要转变增长模式和经济发展方式，就要依托现有制造业的产业链尽量向"微笑曲线"两端延伸，发展服务业，即产业服务化。但不是说所有企业一下子就延伸到头了，甚至不需要有做代工的企业。比较典型的有两个：一个是富士康（Foxconn），它转型以后还是做代工；另一个是台积电（TSMC），它不做设计，只做芯片加工。但是，前后两种代工并不一样。最近很多报刊发表文章说中国还是需要简单加工业，这是对富士康的误解。富士康和台积电都是台湾掌握专利授权和专有技术最多的企业。

第二，培育战略性新兴产业。这和前面一条不是截然分开的。在传统产业里面，只要在一个技术上突破就很快会从旧的加工业中脱颖而出。我本来对于我们掌握新技术的能力也没有强烈的意向和信心，但是从20世纪90年代初期开始到各个地方去调研，发现我们接近于世界前沿的技术很多。做了一些研究后发现，这不是一个偶然现象，因为外国人早就发现，虽然我们教育质量还是有问题，但是受过高等教育的专业人员数量最多；根据欧盟的报告，从2004年开始我们的研发费用已超过日本，列于世界第二位，加上改革使得我们的体制机制得到进步，把生产力解放出来了以后，这些新技术使我们不断地进步。但是让我们感觉很失望的是，新技术的产业化往往比较艰难。大部分企业都没有很好地加以利用。但技术突破的可能性是存在的，特别是2008年出现金融危机以后。根据经验，每一次金融危机过后市场经济都会有很大的调整，大调整的一个结果就是一定会或大或少地出现技术革命。在这种情况下，中国既然有一定的技术条件，又融入世界经济体系，并且有很好的制造业基础，在一些产业面临着革命性发展的时候就出现一些机会，从而能够构建起我们自己的、具有国际竞争力的新兴产业。我们最近调研发现，有几个产业是有希望的，一个是信息通信产业，再就是新能源汽车中的动力电池。

现在转变发展方式的情况怎么样呢？中央号召以后，各省、市、县都做了部署，采取了新的措施，但是效果差别很大。我接触到的一些地方，苏州、无锡、常州"十一五"早期就开始行动了。但是他们首先就遇到一个问题：当地大多是外资企业，而且研发机构都在境外。当然，技术的溢出效应是不可阻挡的，可是它首先遇到的困难就是没有承接的项目。而本土企业利用三年时间的发展，逐步进入了研发创新过程，使得产品变得有技术含量、有知识含量。所以，这三个地方在这一次金融危机情况下与别的地方比更具有生机。

还有广东。珠江三角洲地区是"九五"计划以后做的，已经出现了初步成效。广东定了几个发展重点，一个是先进的信息通信产业，一个是电动汽车，一个是LED照明（发光二极管照明）。就先进的信息通信产业而言,他们发觉自己有两个短板,一个是核心芯片,另外一个是液晶显示屏。为此,他们就采取措施把短板补起来,最近取得了一些突破性的进展。

但是,也有一些地方还停留在一般号召上,有些地方出现一哄而起、赶浪头、同构化等值得注意的苗头。不少的省级规划、地级市的规划、县级市的规划基本上是将发改委或者中央领导同志的报告换成了自己的,都发展什么战略新兴产业,如新能源等,但这个地方的优势是什么、怎么能够扬长避短想得少。本来是很好的设想,因为一哄而上,最后产业出问题了,光伏产业、风电就是这样。我们的领导机关提出有保有压,刚刚是保的产业,过两天就变成压的了。反复出现这样一些问题,我们就要总结,其中有一个关键性问题就是,要明确实现产业转型是靠市场的力量来推动的,还是沿袭过去政府主导的老路?

关键是切实推进改革

过去走的老路对现在的影响很深。如果继续走老路,它就免不了像过去那样,由政府去审核攻关的项目,政府组织力量,政府指定研发单位,政府指定产业化责任机构。

转变经济发展方式不是一个新问题。20世纪80年代初,中央提出由"速度型"向"效益型"转变。"九五"计划提出要实现"两个根本性转变",一个是增长方式的转变,一个是体制的转变。到了"十一五"再次提出"实现增长方式从资源投入驱动到效率提高驱动转变",或者是"由粗放型到集约型的转变"。讲了20多年还是没有转变过来。"十一五"规划纲要制定之前有一个大讨论,提出症结在于存在"体制性障碍"。大家讨论的意见归纳起来,主要有四条:

第一,政府保持了太多对土地、信贷等重要资源的配置权力。

第二,以GDP增长速度为主的政绩考核标准。

第三,财政体制缺陷(以生产型增值税为主的收入结构,重要公共服务的支出责任过度下移等),促使各级官员不能不追求物质生产部门的高速增长。根据英国经济学家的研究,在中国最重要的支出责任一个是社会保障,一个是义务教育,这两个支出责任70%在县。

第四,市场没有发挥作用,要素价格扭曲,特别是生产资料的价格扭曲鼓励资源浪费。

另外,我们感到前面讲的是"破"得不够,而这5年在执行"十一五"规划的时候,真正感到"立"得不够。"立"什么呢?就是有利于或者是鼓励创新和创业的制度环境还有待建立。30年来中国人的技术创新能力有了很大的提高,但是这些先进技术的产业化进程步履维艰,有的技术干脆还没有开始产业化就夭折在摇篮里,有些企业成了小老头树,就是长不大。这就是制度环境不佳导致的结果。而现在的技术发展非常快,几个月、一年、两年,你不能够做强,人家就超过去了。一些很好的技术,如七八年以前,合肥科大讯飞的语音合成技术在世界语音合成比赛上获得第一名,曾经有德国专家对此产业链感叹不已。但是,这么多年过去了,这个公司做不大。大概是三四年以前,普通手机上都有可以读短信的语音格式。如果在一个好的制度环境下,这个语音合成技术就可以发展成一个非常大的产业。

像这种情况还不算太糟糕的,糟糕的是碰到了垄断,甚至于干脆就把创新给扼杀了。因此,不仅是要有一个良好的经济环境,还要有一个良好的法治环境和社会舆论环境。硅谷精神里有一条叫容许失败。当然,最根本的、最能激励创新、激励创造性发挥的诀窍就是,创新者对社会的贡献和他本人所取得的报酬差别越小,激励作用越大。

总而言之,不管是破除制度性障碍,还是建立一个有利于创新和创业的环境都有赖于改革。只有坚持改革才能消除转变经济发展方式的体制性障碍,只有推进改革才能建立有利于发挥创新精神的经济社会基础。这两年,有个非常不好的现象是向旧体制回归。对此,我们需要打破阻力,一定要挡住,不开倒车,切实往前推进改革。

政府如何在转型中正确地发挥作用

21世纪以来,我们的改革推进得比较慢。这中间,不管是改革还是创造环境,还是推进转型,政府确实是一个关键性因素,其如何发挥作用是一个重大问题。要真正让政府发挥自己在推进转型中的作用,前提是要推进自身改革。但必须明确的一个核心问题是,政府在增长转型上的重要作用是提供公共产品,企业才是技术创新的主体。

中共十三大提出,"国家调节市场,市场引导企业"。第一句话还有争议。国家怎么调节市场,含义是什么? 第二句话没有争议,企业是由市场引导的,不是由政府引导的。

具体来说,就有一个问题,作为一个市场经济条件下的政府应该做什么? 现在中央要求转变增长方式,各级政府都重视起来了,过去许多不作为的地方政府开始作为了。现在有些地方出现的问题不再是不作为,而是为所不当为。所以,各级政府采取的方针应当是有所为、有所不为。

目前比较普遍发生、各级政府需要注意"不为"的问题主要有五个:

第一,不要指定技术路线。哪种技术能够站稳脚跟和在竞争中胜出,是由需求方最终决定的,由行政机关指定技术路线往往会抑制真正的创新和造成产业结构的扭曲,从而给产业带来实质性的损害。第二,不要用行政指定、行政评定的方法去决定谁是先进企业,谁是先进个人。第三,不要违法设立行政许可和市场准入。从事什么职业,参与什么活动,都是公民的基本权利,而不需要得到政府机构和行政长官的首先批准。如果为了公共利益需要设立进入限制,那也要通过立法来规范。所以,市场经济原则叫"非禁即入",没有法律明文禁止都可以自行进入。第四,不要利用行政权力垄断市场与民争利。最后,不要介入"竞争后"的企业活动,例如补贴本地企业。

当然,政府需要有所为。第一,提供良好的法治环境;保持宏观经济的稳定;提供基本社保、良好的教育体系和科研体系尤其是基础科研体系;第二,用公私合作(PPP)的方式提供共性技术和组织竞争前开发;第三,按照外部性大小,用补需方的方式对节能、环保产品进行补贴;第四,做好规划和协调工作。

警惕过度投资，寻求转型对策[*]

（2013 年 2 月）

我在 1998 年和 2004 年两次在浙江多地包括温州做过全面调查。近年来，我也很关心温州的情况。我发现，温州现在面临的问题和可选的对策，和十年前几乎完全一样。所以，看来我们需要对这十年的历程做一些研究，总结经验教训，据以筹划如何再创温州的辉煌。

我们先从十年前温州的情况谈起。

当时温州面临的问题是，在早期发展中依靠温州人的勤奋和闯劲支持的简单加工业已经不适应新的形势，需要作出改变。面对这一问题，提出了很不同的应对办法。

当时，占主流地位的应对办法是：加强政府对经济的管控和对选定企业的支持力度，同时在政府的主导下，用增加投资、上建设项目的办法提高增长速度。

我们调查得出的结论和主流的看法不同。在我们看来，重振经济活动要靠完善市场经济制度，并在这个基础上实现经济增长模式的转型，从依靠投资拉动的粗放型增长模式转变为依靠知识积累、技术进步、效率提高支持的集约型增长模式。为了实现经济增长模式的转变，市场要提升，把早期的地方性的熟人市场转变成建立在非常明确的规则、法治基础上的现代市场。与之适应，政府的职能和施政方式也必须改变。

---

[*] 本文为作者 2013 年 2 月 28 日在"中国改革（温州）论坛"上的视频演讲，载《中国改革》，2013 年第 4 期，原题为《寻求转型对策》；又见吴敬琏：《直面大转型时代》，北京：生活·读书·新知三联书店，2014 年，第 115—116 页。

在温州早期发展中,政府基本上是无为而治的。市场契约的执行靠人跟人之间的亲属关系、乡亲关系维持。政府要做的事不多,顶多在有关部门派人来查办的时候,帮企业扛一扛,疏通一下,保护企业就是了。在现代市场经济的条件下,政府必须履行更多的职能,如建立好的经营环境。所以,温州市领导过去被批评"不作为",这种批评也是对的。

问题在于,政府在加强作为的时候,管了一些不该管的事情。比如对一些"骨干企业"实行"政策倾斜",以低价给他们批地、给贷款。这种做法损害了市场的公平竞争,不但不会帮助经济发展方式的转变,反而会造成妨碍。

我们的这些意见,写进了当时的调查报告。2006 年出版的《中国增长模式抉择》,也把这份调查报告作为书的附录收入。

在 21 世纪初期,用大规模投资拉动经济增长的一种重要表现形式,是以房地产投资项目建设为基本内容的"造城运动"。这种政府主导的旧型城市化背离了经济发展方式转型的大方向,造成了许多问题。这方面的教训,非常值得我们认真汲取。中共十八大要求以更大的政治勇气和智慧不失时机地深化改革。今年要拿出全面深化改革的总体方案、路线图和时间表。随后就要推出重要领域的改革。现在,一方面要做全面深化改革的总体方案准备,另一方面还要注意维护推进重要领域改革所需要的宏观经济环境。

2012 年以来,许多地方出现新一轮"造城运动"潮流,企图用海量城市建设投资拉动增长。这种趋势发展下去,就会因为投资规模过大,信用过度膨胀,最终导致货币超发和通货膨胀压力增大。今年 1 月出现的银行贷款规模达到很高水平、社会融资增加得过快等现象,就很值得警惕。如果这种盲目的"造城运动"不能得到遏制,我很担心这会使明年要推出的重要领域的改革遇到宏观经济环境上的困难。

对于温州来说,希望能够按照十八大指出的方向,在全面深化改革方面迈出一些重要的步子。这样,才能够使温州人旺盛的创业热情在现代市场经济制度的基础上发扬起来,再创温州的辉煌。

对当前宏观经济形势的估量和政策建议 *

（2015 年 9 月）

1. 当下我国经济形势的特点，一方面是靠海量投资驱动高速增长的旧常态已经不能维持；另一方面，尽管近期出现了一些积极的动向，靠效率提高支撑经济稳定增长的新常态还远未确立。

解决这一矛盾的关键在于能否按照十八届三中全会和四中全会的要求，建立起有利于创新和创业的体制和环境，以促进结构优化、提高效率，或者说，实现经济发展方式转型。

面对这种形势，盲目悲观是没有根据的，但也不能够盲目乐观。我认为，政府应当采取的方针，是在保证不发生系统性风险的前提下，集中主要力量按照十八届三中全会和四中全会的决定推进改革，靠良好的经济体制和法治来推动经济发展方式的转型以及效率的提高。

2. 目前，我国国民资产负债表的杠杆率过高，债务总额达到 GDP 的 250%—300%，已经积累了比较大的金融风险。个别企业资金链断裂、个别地方政府出现债券违约的情况也时有发生。因此，防止局部风险演化为系统性风险，就成为一项必须完成的任务。

只有实现经济发展方式的转变和效率的提高，才能从根本上消除发生系统性风险的可能。但是，与此同时，也需要采用一些短期政策措施来稳住大局，以便为推进改革和转变发展方式赢得必要的时间。这类措施

---

* 本文是作者 2015 年 9 月 16 日在"中国经济 50 人论坛：如何更好引领新常态，加快经济发展方式转变，促进经济稳定增长"研讨会上的发言要点。参见《改革大道行思录》，北京：商务印书馆，2017 年，第 259—262 页。

主要包括两方面的内容：第一，是堵塞漏洞和化解风险；第二，是采取货币和财政等宏观经济政策进行短期调节。

3. 为了堵塞漏洞和化解风险，需要采取多方面的措施。其中包括：(1)妥善处理各级地方政府的债务。财政部向地方下达2万亿元地方政府债券额度置换存量债务，需要在较强的资本市场约束下进行。(2)要抑制回报过低和完全没有回报的无效投资，例如各地不问效益、蜂拥而上的"铁、公、基"项目等。(3)停止刚性兑付，以便降低无风险利率水平和防止道德风险。(4)动用国有资本偿还政府的或有负债。目前一项最重要的或有负债就是社保基金的缺口，数额很大，成为隐患。十八届三中全会决定拨付国有资本补充社保基金，但迄今没有具体行动。(5)停止对"僵尸企业"输血，并对资不抵债的企业实行破产清盘和破产保护下的重整，化大震为小震，使局部性风险得以暴露和释放，而不致积累成系统性风险。(6)采用证券化等手段，通过资本市场消化金融系统的不良资产。(7)努力盘活由于粗放增长方式造成无效占用的死资产存量，例如各地"晒太阳"的开发区。

4. 由于存在经济下行压力和出现突发性金融风潮的可能性，还需要以短期政策作为补充，维持宏观经济的基本稳定。我认为，去年12月中央经济工作会议提出的"积极的财政政策要更有力度，货币政策要更加注重松紧适度"是正确的，应当审慎地加以实施。

各国救助金融危机的经验表明，在资产负债表出现问题、资产泡沫破灭的情况下，由于人们都要"捂紧钱袋子"和保持流动性，扩张性货币政策对提振经济并没有太大效果。前一时期释放的流动性并没有达到支持实体经济的目的，却刺激了股市泡沫的膨胀，就是明证。因此，即使在需要采取适度扩张的宏观经济政策进行刺激时，也应主要采取财政政策，而非货币政策。

货币政策要把提供必要的流动性和去杠杆结合起来，不要变成了大水漫灌，进一步提升杠杆率，加剧风险积累。

增加积极财政政策的力度意味着增加赤字。目前我国预算赤字离公认的警戒线还有一些距离，增加财政政策力度还有一定的空间。增加赤字有两种办法：一是增加支出，二是减少收入。在目前的状况下，我倾向于更多地采用普惠式的减税。因为现在一个大问题是企业家们对未来的经济增长缺乏信心，没有投资的积极性。近期汇率波动较大，人民币贬值预期增强，资金外逃也在增加，这也与信心不足有很大关系。需要改善营商环境，提高企业家们的信心。减税会对提高企业的积极性有所帮助。当然，这不是主要的，还需要针对他们的思想顾虑和实际困难采取一些其他措施，例如纠正某些地方发生过的冤假错案，积极改善营商环境，来扭转这种消极倾向。

5. 既然推进改革开放是克服当前困难和确立新常态的治本之策，切实推进改革，就变成各项工作的重中之重。中共十八届三中全会《中共中央关于全面深化改革若干重大问题的决定》明确了建设"统一开放、竞争有序的市场体系"的目标，要以此为标尺，总结十八大以来各方面改革的已有进展，切实推进进一步的改革。

早在十八大召开前后，就已经按照建立竞争性市场体系的方向进行了一些试验性的改革，比如企业注册登记的便利化、营业税改增值税等等，并且取得了有目共睹的成效。十八届三中全会和四中全会以来，改革开放也取得了一些新进展。但是，各方面改革的进度差异很大。即使进展比较快的行业和部门，也还有不少不尽如人意的地方。例如，金融领域在推进利率市场化和汇率市场化方面取得了较快进展。但是在其他方面，比如完善市场监管制度方面，就进展得很慢。最近发生市场波动以后，出现了股市注册制改革将要推迟的传言，引起了人们对改革放缓的担心。

国有企业掌握着大量重要资源，并且在许多重要行业中处于支配地位，因此，如果国有企业仍然处在效率低下的状态，国民经济效率就很难得到提高。最近中共中央和国务院下发了《关于深化国有企业改革的指导意见》。这一文件较之前几个月的征求意见稿有一些进步，但是有些思路还不够清晰。例如，在国有企业定位和分类管理的问题上，就有和十五大、十五届四中全会《决定》不相衔接的地方。对于如何贯彻十八届三中全会对国有企业的管理要从过去"管人管事管资产"转向以"管资本"为主的决定，也不十分清楚。这些问题都会对国有企业改革的效果产生重要影响。

6. 现代市场经济的有效运作,离不开党政官员在创设良好的营商环境和提供公共服务方面的作为。强力反腐以来,党政官员"乱作为"的情况大为收敛,但"不作为"的情况却有所蔓延。这既是源于这些官员"为人民服务"意识的不足,也与官员职权不够明晰,使人认为"多做多错、少做少错、不做不错"有关。中纪委书记王岐山以前说过,先治标后治本,用治标为治本赢得时间。我觉得,在反腐高压势态已经建立的情况下,应当大力加强制度反腐,把权力关到法治的笼子里。与此同时,要按照李克强总理所指出的政府"法无授权不可为"的原则,加快建立党政官员职权的正面清单,使他们行使职权有章可循。

此外,对前期救市有一种批评的声音,认为有些做法限制了法人和自然人的财产权利,有违法治原则。这表明,法治建设和法治教育都还有待加强。

七、 维护社会公正，铲除腐败基础

市场取向的改革在上世纪 80 年代中期开始显现出鼓励人们勤劳致富的积极效果。极"左"路线下的普遍贫穷的死结被打破,在农村还涌现了许多年收入在万元以上的富裕户。但是与此同时,也开始出现了一些靠权力或者靠贿买权力致富的暴发户。其中最突出并引起强烈民愤的,是一批被称为"官倒"的人物。他们利用当时实行的物资分配和价格体制"双轨制",倒卖统配物资或统配物资批文,在短时期中聚敛起成百万元、甚至千万元财富。

在 80 年代后期针对"官倒"问题的全民大讨论中,最先出现的是两种对立的观点:一种观点认为,腐败这种在社会主义中国早已绝迹的丑恶现象死灰复燃,原因是市场取向的改革激发了人们致富的贪欲,所以遏制腐败的治本之策是取消资源配置的"市场轨",重回计划经济的一统天下。另外一种观点则认为,市场取向改革固然使人们的致富贪欲提高和腐败行为增加,但是关闭市场,将使中国付出更大的代价;甚至认为,腐败是维持市场运转的必要"润滑剂",有利于促进经济发展。这两种对立的观点有一个共同误区,那就是断定腐败与市场经济共生。为澄清认识,本书作者担任主编的《经济社会体制比较》杂志引入上世纪 70 年代国际学术界提出的寻租理论对腐败现象进行分析,指出腐败行为的本质乃是凭借权力寻求租金的活动,而遏制腐败的根本途径则在于推进市场化改革,铲除寻租活动的制度基础。我们组织了关于寻租行为与腐败现象问题的讨论,并且将讨论文章汇编成《腐败:货币与权力的交换》一书,在 1989—1999 年期间三次重版。收入本书的《"寻租"理论与我国经济中的某些消极现象》(1988 年 8 月)一文,就是为 1988 年的寻租问题大讨论准备的综述。

尽管由于 90 年代中期改革,大部分商品价格放开,从而使商品寻租活动大为减少。然而直到世纪之交,由于政府主导资源配置的状况依然没有得到根本扭转,有时甚至会有所加强,在金融交易、土地批租等领域以及在股票市场上的寻租活动还是愈演愈烈。1999 年《腐败:货币与权力的交换》第三版出版时,它的序言就以《中国会成为寻租社会吗?》(1999 年 4 月)为题,尖锐地提出了中国是否会成为"寻租社会"的问题。

进入 21 世纪以来,虽然市场化、法治化改革已经成为民心所向的潮流,但是,在旧的意识形态和新的特殊既得利益的驱动下,中国仍然不能排除走向权力干预、腐败侵蚀、陷入权贵资本主义的可能。为了抗击腐败和维护社会公正,我写作了一系列文章,本书选入了其中具有代表性的5篇,它们是《股市七题》(2001年3月)、《腐败与反腐败的经济学思考》(2002年5月)、《保持社会公正是转型时期的一个尖锐问题》(2003年10月)、《既要实现机会平等,也要关注结果平等》(2005年1月)和《缩小收入差距要以改善初次分配为基础》(2011年6月)。

为了缓解结果的不平等,除了改善初次分配,还需要在发展慈善公益事业、建立社会保障制度等方面作出努力。本书选入的《关于完善公益捐赠法的建议》(2004年3月)、《社保基金为何"亡羊",又如何"补牢"?》(2006年10月)、《公立医院公益性问题研究》(2011年11月)等3篇文章体现了我在这些方面所做的部分工作。

"寻租"理论与我国经济中的某些消极现象[*]

（1988 年 8 月）

    美国经济学家 N. 拉迪（Nicholas R. Lardy）在一篇总结中国 8 年经济改革的论文[1]中提出，在中国目前的国有企业管理体制和财政分成制下的各级政府收入留成，实际上是 A. 克鲁格（Anne Krueger）在《寻租社会的政治经济学》这篇开拓性文献中所说的"租金"（rent）。拉迪认为，由于价格改革的迟滞、各级政府行政干预的继续保持和保护主义的强化，使当前中国经济中"寻求租金"（rent-seeking，简称"寻租"）的活动十分流行。这种活动使经济效率严重降低。自从拉迪的文章在本刊发表以来，不少读者向我们反映：拉迪提出的问题富有启发性，希望读到介绍有关"寻租"的理论文献。为了满足读者的要求，我们在本期杂志上登载了有关"寻租"理论的三篇文章[D. 柯兰德尔（David C. Colander）的《寻租理论导引》、A. 克鲁格（Anne Krueger）的《寻租社会的政治经济学》和钱颖一的《克鲁格模型与寻租理论》]，期望引起进一步的探讨。

    "租金"是一个重要的政治经济学范畴。在经济学的发展历史中，它的外延有一个逐步扩大的过程，因而人们在现代文献中读到"租金"一词时，往往误以为是指土地的租金——地租，因而感到难以理解。在早期的经济学家那里，"租金"一词的确是专指地租而言的。但是到了近代，例如

---

* 首载《经济社会体制比较》，1988 年第 5 期；同见《经济社会体制比较》编辑部编（1989）：《腐败：金钱与权力的交换》，北京：中国经济出版社，1989 年，第 1—5 页；又见《吴敬琏文集》，北京：中央编译出版社，2013 年，第 1031—1034 页。

1 ［美］N. 拉迪：《中国经济体制再造》，载《经济社会体制比较》，1988 年第 2 期。

在马歇尔那里,租金已经泛指各种生产要素的租金了。在所有这些场合,租金都来源于对该种要素的需求提高而供给却因种种原因难以增加,从而产生的差价。在现代经济学的国际贸易理论以及"公共选择理论"中,租金被进一步用来表示由于政策干预和行政管制(如进口配额、生产许可证发放、物价管制乃至特定行业从业人员的人数限制等)抑制了竞争,扩大了供求差额,从而形成的差价收入。既然政策干预和行政管制能够创造差价收入,即租金,自然就会有追求这种租金的活动,即寻租活动。寻租活动的特点,是利用合法或非法手段,如游说、疏通、走后门、找后台等,得到占有租金的特权。

有些经济学家把这类活动称作寻求"非直接生产性利润"(directly unproductive profits,简称 DUP)的活动。DUP 活动的涵盖面较之"寻租"更为宽广。它不仅包括只创造利润而不创造财富的寻租活动,而且包括旨在促成政治干预和行政管制从而产生租金的活动和旨在逃避现存的管制以取得租金的活动。所有这类活动,都是要耗费社会资源的。从它们只耗费资源而不创造财富的意义上说,是一种浪费。既然这种浪费源于行政管制,避免浪费的最有效的办法自然是解除管制(deregulation),实现市场自由化。但是在市场经济中,行政管制往往是为维持经济体系的有效运转所不能完全取消的。许多经济学家认为,应当把政府干预和行政管制限制在绝对必要的范围内,而不应被非直接生产性利润的寻求者所影响,去保持和扩大行政管制的范围。因为这样做,只会增加寻租者取得租金的机会,招致收入分配不公加剧和社会资源浪费的后果。

寻租理论或 DUP 理论的建立是 20 世纪 70 年代以后西方政治经济学的一项重要进展。它的倡导者之一布坎南(James M. Buchanan)还因与此相关的贡献获得了 1986 年度的诺贝尔经济学奖。对于这样一种重要的学术观点,认真加以研究的必要性是显而易见的。不仅如此,我们之所以需要重视这种理论,还因为它的有些论点和研究方法,对于科学地分析当前中国经济中的某些消极现象,寻找有效的救治办法,也会有所启发。

近年来,在我国经济中,不平等竞争,"官倒"活动,"以权经商",靠价差、利差、汇差发财的活动有所发展,由此引起的分配不公和腐败现象已成为人们关注的"热门话题"。问题在于,在有关的议论中,就事论事的描述多,深入的科学分析少。议论中不乏义正词严的抨击,但对问题的实质和产生这些现象的根源却少有人能作出一针见血的说明,从而也很难提出有效的对策。例如,许多人认为,上述种种现象都是引进商品—货币关系和市场机制的必然产物。因此,虽然他们对这些现象的价值判断天差地别:有的由腐败之风蔓延推定市场化的改革方向是错误的;有的则争辩说,争夺差价、送"红包"、收回扣,就跟投机倒把、搞"公共关系"一样,乃是商品经济的通常做法,从而是市场化过程中不可避免的,不值得大惊小怪。但是,他们在都把上述现象同市场取向的改革联在一起这一点上则是共同的。就是一些认为应当制止腐败倾向的发展的人们也认为,向国内外市场开放就自然会在激发生机和活力的同时放进带菌的蚊蝇,我们只能靠道德教育和惩治威慑对它们有所抑制,而不会别有正本清源的良策。

可是,只要我们认真地对上述现象的来由进行一番分析,就不难发现上述种种判断的不确切性。市场的基本秩序和基本规则是平等竞争。我们目前所面临的这些消极现象,显然不是来自市场规律的影响,不是"看不见的手"拨弄的结果,而是来自市场发育严重不良、行政力量对市场活动的多方干预。或如一位"寻租"行为的分析者所说,是由于"看得见的脚"踩住了"看不见的手",导致国民经济各领域中巨额租金的形成和上上下下各色人等对租金的角逐。利用价格等的"双轨制"以倒卖批件、额度、票证牟取暴利等方式赚取差价,正是典型的"寻租"行为。而那雨后春笋般建立的官商不分的公司,无非是些"寻租"的大亨。

弄清楚了这一点,许多疑难问题也就迎刃而解了。

例如,我们一方面听到不少企业经理人员抱怨目前"婆婆"太多,管束太严,占用了他们的时间与精力来应付"上边"的苛细要求;另一方面,又看到不少经理人员主动地进行"政治"活动,拉关系,找门路,立项目,开试点,争取给"特殊政策","跑部钱进"。从寻租理论看,这种矛盾现象是易于得到解释的。因为在租金广泛存在、人们普遍寻租的情况下,谁不主动地为争夺租金而奋斗,就意味着自身的利益受到损害。

又如,进行价格改革的一种重要阻力,竟然来自某些从调整和放开价格中得到提价好处的供货部门的工作人员,这曾经是一个人们困惑不解的问题。但当人们掌握了 DUP 的规律,也就顿时解开了谜底:保持行政管制,使部分人能够凭借特殊权力取得租金,对于有这种机缘的人们是最为有利的,这较之通过剧烈的市场竞争增加利润要省力得多。如果这一切都已经清楚,根本的出路也就易于明确,这就是解除对微观经济活动包括厂商价格行为的行政管制,放开价格,健全市场,开展平等竞争——这正是我们深化改革的基本方向。

当然,西方社会观察到的"寻租"现象,可能是在与中国很不相同的社会背景下发展起来的。历史传统和经济发展水平不同,面对的现实问题也有很大的差别。因此,我们不仅要借鉴,而且要创新。甚至不如说,借鉴是为了创新,目的在于发展自己的理论,解决自己的问题。

中国会成为寻租社会吗？[*]

（1999 年 4 月）

　　呈现在读者面前的这本运用"寻租"理论探讨腐败现象根源的小书，在过去十年间印过两版。它的第一版出版于 1989 年，题目是《腐败：货币与权力的交换》；第二版出版于 1993 年，题目改为《腐败：权力与金钱的交换》。这次是稍许增补后印行的第三版。

　　回顾这样一本科普性的小书的出版历史，对于它初版十年后重印的需要依然未变，不能不感慨系之。

　　十年前我国部分经济学者对于"寻租"问题的讨论，是由这样一种情况引起的：面对改革开放以来日益蔓延的"官商""官倒"等腐败现象，社会上出现了两种对立的观点：一些人认为，腐败是由金钱贪欲驱动的，市场取向的改革促使了腐败的流行，为了弘扬社会主义价值观，应当改变改革的市场方向，加强计划管理和行政控制。另一种观点与之针锋相对，认为运用一切手段追求金钱利益，乃是市场经济的天经地义，既然认定只有市场经济才能保证经济繁荣，就不但不应当遏制腐败，还要把它作为能够降低交易成本的"润滑剂"，促进改革和发展。一些学过现代经济学的经济学人注意到，这两种对立的观点其实有一个共同的错误理论出发点，这就是断定腐败与市场经济共生。于是，他们运用发展经济学和政治经济学关于"寻租"的理论（这种理论认为，行政权力垄断就和所有权垄断与经

　＊　这是本书作者 1999 年 4 月为《经济社会体制比较》编辑部编的《腐败：权力与金钱的交换》增订第 3 版（《腐败寻根：中国会成为寻租社会吗？》）所写的序言，该书由中国经济出版社于 1999 年出版。又见《吴敬琏文集》，北京：中央编译出版社，2013 年，第 1061—1064 页。

营权垄断一样,能够由于降低了供给弹性而创造出稳定的超额利润,即租金),指出腐败并不是来自货币交换和市场关系,而是来自"权力搅买卖",即行政权力对经济生活的干预。这种干预会创造出"租金"或称"非直接生产性利润"(DUP)。在存在租金的环境下,企图"寻租"的人们就会采用贿赂、疏通等手段,勾结掌权者,借用后者的行政权力占有这笔租金。这种"寻租"环境的存在,就是转轨时期除产权不明晰、市场失序等之外产生腐败的最主要的温床。由这种分析得到的结论是:对于腐败既不能听之任之,也不能希图用加强"审批"等行政控制的办法来加以消除(加强行政控制往往造成新的"寻租"环境,增加寻租的机会,为腐败活动的扩大提供条件),用推进市场化改革的办法来最大限度地消除制度基础,才是根除腐败的治本之策。

这样,《经济社会体制比较》在1988年组织了关于寻租行为与腐败现象问题的讨论,分析腐败产生的机理、本质,估量中国寻租活动的范围和租金总量(这一总量的大小通常能够反映一个社会的腐败程度),并探求消除"寻租"环境的途径。《腐败:货币与权力的交换》就是这次讨论的文章汇集。

令人遗憾的是,这种分析并没有能够成为社会的共识,更没有得到那些应以除贪反腐为天职的党政官员们的重视。几年以后,虽然有过许多肃贪反腐的庄严号召和若干惩治贪官污吏的个别案例,但是由于广泛存在的腐败的制度根基未曾动摇,各种腐败行为反而借1992年新的改革发展高潮到来而以金融腐败、倒卖土地等"要素寻租"的形式愈演愈烈。这使本书的作者和编者感到有出版本书第二版的必要性。

本书的第二版得到一些有识之士的赏识。例如,我国著名的学者和思想家王元化先生在读过这本书以后说过:"这几年关于市场经济的讨论,在大陆一些有影响的学人(他们大多是我熟识的友人)中间出现了一些想当然的说法,例如说市场经济必然要带来不可避免的腐败……市场经济出台后,出现了不少批评道德败坏、理想沦丧的议论,因而怀疑发表这些议论的人是不是都想退回到计划经济的老路上去……我听到这些说法,当时很不以为然,曾提出了不同的看法,但是我只是从我们的市场经济的不健全,经济法规的不完整,以及由于钱权结合所出现的诸如批条子、卖配额等,来说明问题。到最近,看过《腐败:权力与金钱的交换》以后,我才发现一些在文化领域纠缠不清的问题,经济学家已经作出可以令人信服的说明。"[1]据此,王元化先生把这本书推荐给文化界的朋友们。

在本书第二版之后,时光又过去了5年,腐败问题变得越发尖锐了。一方面,社会大众对于腐败的愤怒之情日益高涨。一些经济学家和文化界人士的著作强烈地表达出这种义愤。另一方面,残民以逞的贪官污吏们的气焰并未收敛消戢,他们依然在大量存在"寻租"机会的体制下狙獗地活动,有时他们的"设租"敛财活动还以"全面加强管理"之类冠冕堂皇的名义公然进行。

如今"寻租"的文献已经很多,在互联网的搜索引擎下,只要键入 rent-seeking 这个关键词,就会显示近千个网页的相关信息。但是在最需要加强反腐败的理论武装的中国,许多人却对它不甚了了。甚至有些饱含义愤抨击腐败之风的人士,也没有对它的制度基础例如"寻租"环境作出清楚的说明。这样,就造成了一些认识上的模糊。一本在读书人中享有很高声誉的杂志曾经载文说:"近来的经济政策理论论述里常见到'寻租活动'是《辞海》里找不到的词,而从这些文章的上下文也看不出'寻租'和'租金'之类有甚么关系。后来找到解释,原来'寻租'……与中国平常的'租'字含义无关。问题看来出在英文 rent 这个字的解释上……如果将rent-seeking 译作'找窍门'或者'钻空子'之类的汉语,也许就更确切。"[2]

在这种情况下,较之义愤填膺地声讨腐败现象和笼统地抨击"寻租行为"更为重要的,是广泛进行深入的"启蒙"工作,使身受腐败之害的知识界和广大民众擦亮眼睛,认清腐败活动的存在条件和活动方式,这样才能动员起各方面的力量来加以连根铲除。本书收集了一批经济学家运用"寻租"理论解释腐败产生的机理、中国的"寻租"活动状况以及消除的途径的文章。虽然这些文字大多是10年以前写的,但今天读来,依然感到切中时弊。因此,我们在中国经济出版社的支持下决定重新出版这本书的增订版。

1　王元化(1995):《关于人的素质等问题的答问——与王晓明对话》,载《文汇读书周报》,1995 年 7 月 1 日。

2　叔达(1998):《"寻租"与"菜单"》,载《读书》,1998 年第 12 期。

股市七题 *

（2001 年 3 月）

2000 年 10 月《财经》杂志发表《基金黑幕》一文后，公众表达了极大的关切和义愤，但揭开还是捂住黑幕的交锋还处于对峙之中，人们便期待着经济学家的声音。在这种情况下，我在 10 月 29 日接受了中央电视台《经济半小时》的采访，就围绕《基金黑幕》发生的争执发表了自己的看法。[1] 12 月 30 日，作为中央电视台《对话》节目的嘉宾，在回答主持人和观众的提问时，我又重复了历年对于股市的一些看法。[2] 这个节目于 2001 年 1 月 13 日播出。与此同时，1 月 12 日我赴上海参加一个会议，在旅馆里接受了追踪而至的中央电视台《经济半小时》记者的采访，就记者提出的有关庄家操纵股市的问题做了回答。这一次访问的录像在 1 月 14 日播出。[3]

也就在这个时候，证券监察机构于 2000 年初开始的加强监管力度的举措逐步加紧。它先对基金派出了审查小组，又在 2001 年 1 月 9 日和 10 日宣布查处涉嫌操纵亿安科技和中科创业股价的案件。到了 1 月 14—15 日的中央金融工作会议开幕前，政府领导人关于必须对触犯刑律者绳之

---

* 这是本书作者为自著《十年纷纭话股市》（上海：上海远东出版社，2001 年）写的前言。

1　吴敬琏（2000）：《谈"基金黑幕"》，见吴敬琏（2001）：《十年纷纭话股市》，上海：上海远东出版社，2001 年，第 186—191 页。

2　《感受吴敬琏》（2000 年 1 月），见吴敬琏（2001）：《十年纷纭话股市》，上海：上海远东出版社，2001 年，第 209—222 页。

3　吴敬琏（2001）：《评说"庄家"》，见吴敬琏（2001）：《十年纷纭话股市》，上海：上海远东出版社，2001 年，第 223—225 页。

以法的讲话的消息也在首都传开。于是,"庄家"们望风而逃,而股价则从1月15日起大幅连跌4天。[1] 这时,"吴敬琏一言毁市"的流言也在股市上传开。[2] 一时间,引来了无数评论和诘难。接着,颇有影响的《证券市场周刊》把我的观点概括为三条:(1)"中国的股市是个大赌场";(2)"全民炒股不是正常的现象";(3)"市盈率过高"。[3] 并针对这三个问题刊出了"九问吴敬琏"的提纲。[4] 2月11日争论进一步升级,厉以宁、董辅礽、萧灼基、吴晓求、韩志国5位先生举行与记者的"恳谈会"。据会议的组织者说,"现在股市已经到了很危急的关头"[5],"如果这场论战的赢家最后是吴敬琏,那将是中国资本市场的一场灾难",所以他们必须约见记者,"全面反击吴敬琏关于资本市场的种种言论"[6]。此后,各种媒体纷至沓来,要求采访、写稿、会谈等等。由于我的日程上安排有大量教学以及有关国有企业改革、民营企业发展和高新技术产业成长的调查研究工作,分身乏术,无法一一作答,深感歉疚。考虑到对于有关股市的许多问题和诘难,非三言两语所能说得清楚,而其中大部分我已谈过多年,所以接受友人的建议,将近十余年关于股市的言论汇编成册,借以对读者和我的批评者作一个交代。

趁这些文章汇集出版的机会,我就近来提出的一些重要诘难作一概括的说明。

---

1 对于这次股价下跌的原因,吴晓求先生倒是说得比较客观的:"这次下跌的直接导火索是中科创业及亿安科技事件,它导致了众多股民的恐惧心理;其次是获利回吐,2000年中国股市整体涨幅达到50%,居世界之首,适当的下跌也应视为正常;同时证监会近期一系列规范措施的出台,亦被不少人视为利空。"(《吴晓求访谈:"赌场论"是情绪化的说法》,载《21世纪经济报道》,2001年2月12日)

2 对于"吴敬琏一言毁市"的说法,有些人说是不明底细的中小投资者的一种自发反应。也有人说是"想象力丰富的人的联想"加"某些人不留痕迹的导引"的结果。[林海(2001):《是吴敬琏跟股民过不去,还是庄家跟吴敬琏过不去?》,载《中国青年报》,2001年2月23日]

3 《股市的花样年华还有多远?》,载《证券市场周刊》,2001年1月20日。

4 《九问吴敬琏》,载《证券市场周刊》,2001年2月8日。

5 见《北京青年报》,2001年2月14日。

6 《韩志国访谈:如果吴老赢得论战 将是股市一场灾难》,载《21世纪经济报道》,2001年2月12日。

一、关于"全民炒股"

诘难：

《证券市场周刊》："在发达国家，尤其是美国，家庭资产证券化达到了57％，而且近年来散户化的趋势很明显，与美国相比，中国人炒股只能是刚刚上路。"[1]

韩志国："截止到2000年12月31日，我国沪深两市的投资者（包括机构投资者和个人投资者）……即使以5801万户计算，也仅占我国总人口的4.6％，与美国投资者人数占总人口的25％左右相比还相距甚远。其次，'全民炒股'是形成社会化投资体系的一个有机组成部分。在我国目前的投资体系中，社会投资仍然偏低，因此，投资者人数不是多了，而是远远不够。第三，'全民炒股'是培养人民群众金融意识的一个有效途径。人民群众的金融意识——投资意识、投机意识、利率意识、风险意识和信用意识的培育是改革深化与进步的一个突出表现。第四，'全民炒股'是引导社会资源流向并且优化资源配置的重要条件。第五，'全民炒股'是中国迎接经济全球化的必要实践。'全民炒股'也是改革深化与社会进步的突出表现。"[2]"可以试想一下，没有全民参与，国企解困的钱从哪里来。"[3]

董辅礽："关于全民炒股，不知大家怎么看，我认为是好事。中国证券市场要发展，谁来投资？在机构投资者不多的情况下，就需要许多老百姓参与股市投资。我觉得现在还全民得不够，不算重复开户的才5800多万，而且真正的投资者还仅局限于大城市，中小城市很少，农民就更不炒股了。将来如果中小城市的人都有钱了，而且炒股容易了，更多地参与到证券市场，我们的证券市场肯定会有大的

---

1 《股市的花样年华还有多远?》,载《证券市场周刊》,2001年1月20日。

2 《"全民炒股"正常不正常?》,载《中国青年报》,2001年2月4日。

3 《韩志国访谈：如果吴老赢得论战　将是股市一场灾难》,载《21世纪经济报道》,2001年2月12日。

发展。"[1]

　　萧灼基："如果肯定资本市场的作用,除法律和政策规定的不能参加股市活动的人之外,我们就要为越来越多的人'炒股'叫好。"[2]

　　吴晓求："全民炒股是正常行为,但我从不用'炒'这个字,应当称作买卖。"[3]"全民炒股容易引起决策层的反感,因为,如果证券市场不创造财富,全民都在里面干什么呀。决策层显然要出台措施限制它。这是具有煽动性、干扰性的用词。"[4]

　　"全民炒股"的问题是这样提出的:2000 年 12 月 30 日,在中央电视台《对话》栏目录制现场,一位观众问:"咱们国家现在全民炒股这种情况对国民生活将会带来什么影响?"我当时并没有掂量他所用的"全民"一词在数量上是否准确,因为"全民经商""全民打麻将""全民炒股"一类说法早已成为街谈巷议甚至报刊书籍中的常用语,无非是用以形容参加人数之多。我只是针对在中国把买卖股票一概称为"炒股"这种现象说出了自己的感想。我的回答是:"资本市场要扩大,吸引越来越多的人进行直接投资,应该说是好的现象。但是全民'炒股'讲的就不是投资了,我看是不正常的。"

　　我们都知道,入市者有"做长线"和"做短线"之分。所谓"炒股",是指在短时期(一般是指 6 个月以内)反复买卖股票,以便赚取差价。由此派生出另外一个词,叫做"炒作",就是通过频繁的买卖,达到拉升股价的目的[5]。对于把一切投资于股票的活动都归于"炒股",我历来是有不同意见

1　《五位经济学家质疑吴敬琏　股市"托"声骤起》,载《财经时报》,2001 年 2 月 13 日。

2　萧灼基(2001):《对我国资本市场若干重要问题的看法》,载《中国证券报》,2001 年 2 月 12 日。

3　《吴晓求访谈:"赌场论"是情绪化的说法》,载《21 世纪经济报道》,2001 年 2 月 12 日。

4　《五位经济学家质疑吴敬琏　股市"托"声骤起》,载《财经时报》,2001 年 2 月 13 日。

5　董辅礽先生原先也是在这个意义上使用"炒股"一词。他在为韩志国先生的《中国资本市场的制度缺陷》一书所作的序言中写道:"在我国证券市场中进行着激烈的短期投机,也即通常说的炒买炒卖"。[见董辅礽(2001):《像对待新生婴儿那样爱护证券市场——序〈中国资本市场的制度缺陷〉》,载《中国证券报》,2001 年 2 月 12 日]。此前,他还在《培育证券市场》一文中指出:"由于证券市场投资者主要是个人投资者,他们参与股票买卖的目的是……想迅速赚点钱,他们不想也无力作长期投资,这就决定了中国证券市场具有很强的投机性,而投资性则很弱。""股市的稍微大一点儿的波动都会引起他们过分的反应,或者急于购入或者急于抛售,从而引起市场较大的震荡"[载《人民日报(海外版)》,1999 年 7 月 3 日]

的。例如我在 2000 年 3 月全国政协会议期间与记者谈话时就讲过:"买卖股票是一种投资行为,不应笼统称作'炒股'。中国凡是买股票都叫做炒股票,外国没有这种说法。什么叫'炒'股票?'炒'是'抢帽子'——抢价格的帽子。这意味着整个股票市场基本上成了一个投机场所,是搞炒作的。"[1]当然,一件事情怎么叫并不是最重要的。我之所以不赞成把一切股票买卖都化为"炒作",是因为如果没有投资活动与之并行,单纯的炒作并不能使物质财富增加,如果大家都只是搞炒买炒卖,即使把股票价格"炒"上去了,入市者赢得的也只是纸上钱财;当热炒出来的"气泡"破灭时,多数人又会落得一场空,只有少数能够在崩盘前逃脱的炒家,才能靠套住别人发一笔横财。当然,炒家可以炒作变化无穷的"概念",诸如炒作"利好政策",炒作"高科技板块",炒作"网络股",炒作"重组题材"等等,促成股价飙升,用以吸引大众跟风入市,实现"圈钱"的目标。但是,这于投资者的兴业发家和民族的富强康乐并无帮助。[2]

　　用美国投资于股票的人数众多来证明中国炒股的人数并不多,有一个把买股票与炒股票混为一谈的偷换概念问题。谁都知道,美国股票持有者在总人口中的比重比中国大得多。可是,十分清楚的是,在美国,股票持有者大多数是所谓"做长线"的长期投资者(沃伦·巴菲特就是这种投资理念的代表),而只有少数是"做短线"的"炒股者"。一个股市上"炒股者"所占比例的多少可以从股票的换手率(turnover rate)折射出来。美国纽约交易所的年平均换手率约在 20%—50% 之间,即股票 2—5 年转手一次。[3] 这就是说,绝大部分人是持有两年以上的投资者。即使到了格林斯潘所谓出现了"非理性狂躁"的 1999 年,也只有 78%,即 1.28 年换手一次,也还是做一年以上"长线"的人占多数[4],而 2000 年我国沪深股市流通股的年平均换手率分别是 499.10% 和 503.85%,即上市流通的每一张股

1 吴敬琏(2000):《质疑"炒"股票》,见吴敬琏(2001):《十年纷纭话股市》,上海:上海远东出版社,2001 年,第 168 页。

2 吴敬琏(2000):《互联网:要发展还是要泡沫》,见吴敬琏(2001):《十年纷纭话股市》,上海:上海远东出版社,2001 年,第 172—176 页。

3 陆向谦、李夏(1994):《不要用行政手段干预股票市场》,载《改革》,1994 年第 4 期。

4 R. J. Shiller (2000): *Irrational Exuberance*(《非理性的狂躁》),New Jersey:Princeton University Press, p.39.

票平均每年要转手5次以上,停留在每位购股人手中的平均时间不超过两个半月。

如果说有些先生用购股人数的多少来对我进行批评带有偷换概念的性质,另一些先生对"全民炒股"的维护,倒是具有实质含义的。早在1993—1994年关于股市是否"低迷"和政府应不应当托市的争论中,作为"正方"主要代表的萧灼基先生就曾明白无误地以"短期炒作"和"投机炒作"的保护者自居,坚定地反对管理当局"引导短期炒作转化为长期投资"的努力。[1] 由此来理解萧先生为什么"为越来越多的人'炒股'叫好",就更为清楚了。

二、 关于"投机""零和博弈"和"赌场"

诘难:

董辅礽: "在正常运行的证券市场中,投资与投机都是必不可少的。没有对证券的投资固然不会有证券市场,而没有投机也不会有证券市场,因为没有频繁的投机,就不会形成股票的合理价格,也不会有证券市场上价格引导资金的频繁流动,从而实现资源配置的优化。"[2]

"不能看到投机就反对证券市场,如果这样反对,中国的证券市场怎么发展?功能怎么发挥?""把股票市场比喻成投机者的天堂,天堂有什么不好呢?如果很多人投机赚了钱是好事情。当然投机不是没有问题,在中国投机更甚,原因要历史地看待。""证券市场与赌场不同,不是零和博弈。赌场如果不考虑抽头,你赢的钱就是我输的钱,你输的钱就是我赢的钱。另外,从长远发展来看,证券市场的股票指数是往上走的,只要做长线投资,多数人是可以赚钱的。"[3]

韩志国: "没有投机就没有市场,没有泡沫就没有市场,没有庄家也没有市场,我是国内第一个为投机叫好的人。萧灼基教授站出

---

1 《中国股市:困境与出路——著名经济学家萧灼基教授访谈录》,载《首都经济》,1994年第3期。

2 董辅礽(2001):《像对待新生婴儿那样爱护证券市场——序〈中国资本市场的制度缺陷〉》,载《中国证券报》,2001年2月12日。

3 《五位经济学家质疑吴敬琏 股市"托"声骤起》,载《财经时报》,2001年2月13日。

来支持我,他有句话,'投资是失败的投机,投机是成功的投资',非常精彩。巴菲特是公认的投资专家,但他错过了 NASDAQ 市场中 500% 利润的机会。当大的机会来临时,你没有抓住,能说你是成功的投资家吗?""持零和游戏的观点,要么是不懂股市,要么就是别有用心。"[1]

萧灼基:"股市不是赌场,不是零和游戏,是创造财富的重要途径。如果一般老百姓那样说说还可理解,但严肃的经济学家那样说不够严肃,有损形象,令人遗憾。如果把股市当成赌市,难道赌市能创造财富吗?能给股民带来回报吗?如果股市就是赌市,那 5800 万股民就是赌徒,政府就是赌场老板,1200 多家上市公司发行的股票就是筹码,这怎么也说不过去。"[2]

2001 年 1 月 14 日中央电视台的《经济半小时》围绕证监会查处庄家操纵股价案播出了一期名为《评说"庄家"》的专题节目。我在采访中讲道:"中国的股市从一开始就很不规范,如果这样发展下去,它就不可能成为投资者的一个良好的投资场所……股价畸形地高,所以,相当一部分股票没有了投资价值。从深层次看,股市上盛行的违规、违法活动,使投资者得不到回报,变成了一个投机的天堂。有的外国人说,中国的股市很像一个赌场,而且很不规范。赌场里面也有规矩,比如你不能看别人的牌。而在我们这里呢,有些人可以看别人的牌,可以作弊,可以搞诈骗。坐庄、炒作、操纵股价这种活动可以说是登峰造极。""股市有这个特点,如果光靠炒作,不是靠回报的话,它是一种零和博弈,就是说钞票在不同人的口袋里搬家,并没有创造出新的财富。"

上述言论表明,我并没有把股市一般地定位为"赌场"和把整个股市活动说成是"零和博弈"的意思,更绝对推演不出我要关掉股市的意图。我抨击的重点在于中国股市上违规违法盛行,就像一个有人可以看到别

1 《韩志国访谈:如果吴老赢得论战 将是股市一场灾难》,载《21 世纪经济报道》,2001 年 2 月 12 日。

2 《五位经济学家质疑吴敬琏 股市"托"声骤起》,载《财经时报》,2001 年 2 月 13 日。

人的牌的赌场,这一点在我过去的文字中有更加系统的说明。

关于投机,我的观点和前面所引董辅礽教授关于投机在市场经济中的积极作用的观点惊人地相似。早在 1993 年 7 月的《谈谈"投机"》一文中,我就指出过:"投机活动在市场经济中有它不可或缺的功能,这就是有助于实现市场均衡,从而达到资源的优化配置,因此对于投机活动绝不能一概加以否定。投机活动的积极功能在两种市场即证券市场和期货市场上表现得十分明显。"[1] 在这种情况下,股市活动当然就是正和博弈,而不是零和博弈了。不过和董教授有些不同,我是把股市中的投机活动("做短线")和投资活动("做长线")区别开来的,所以我针对我国股市上弥漫着投机气氛、某些人利用这种情况而大发横财还作过这样的分析:"问题在于,投机活动……的有利的结果只有在一定的条件下才会发生,离开了这些条件,它就有可能成为弊大于利甚至绝对有害的东西。也就是说,只有当投机活动与投资等活动结合在一起,实现良性互动时,它对经济的作用才是积极的。单纯投机则不能起到这样的作用,它的实质只不过和赌博一样,是钞票搬家、货币财富在不同主体之间再分配的一种'零和博弈'。从总体上说,它并不能使社会福利增加,也就是说,赢家所得只会小于(因为有各种损耗)而决不会大于输家所失。所以,想要依靠投机使一个国家或全体参与者富起来,那纯粹是一种幻想。"[2]

看来我对股市功能定位的设想的确与一些证券专家有原则的分歧。例如厉以宁教授曾经有一个"击鼓传'花'"的传神比喻,为他心目中的股市定性。他说:"股市是可能全赢也可能全输,就像击鼓传花游戏,鼓声停了'花'在谁手里谁就被套了,但是下一轮鼓声再起的时候你还有机会把'花'传出去。"[3]

近来的一些建立在数据基础上的研究成果显示了中国股市这种投机性强的特质:(1)纽约证券交易所系统风险(不可分散化风险)占 1/4 左右,而非系统风险(可分散化风险)占 3/4 左右;上海交易所的投资风险结

---

1 吴敬琏(1993):《谈谈"投机"》,见《十年纷纭话股市》,第 3—4 页。
2 吴敬琏(1995):《我国证券市场的建设大计》,见吴敬琏(2001):《十年纷纭话股市》,上海:上海远东出版社,2001 年,第 62 页。
3 《"厉股份"侃"牛市":股市如击鼓传花》,载《科技日报》,2000 年 8 月 14 日。

构与此"倒置",系统风险占 2/3,非系统风险占 1/3 左右。这表明,中国的证券市场较之美国证券市场而言,具有更强的投机性,而投资性较弱。[1]
(2)通过对 1885—1993 年道琼斯工业平均指数(Dow Jones Industrial Average,DJIA)和 1992—1998 年 7 月上证指数单日跌幅超过 7%的次数统计比较看到,在超过 100 年的时间里,道琼斯工业指数单日跌幅超过 7%的日期只有 15 次,而上证指数 6 年之内就有 23 次;从分布上看,道琼斯工业指数单日跌幅最大的日期集中分布在美国历史上两次最大的熊市期间,即 1929—1931 年期间和 1987 年期间,而上证指数单日跌幅最大的日期则分布于 1992—1998 年的各个年度之内;中国股市还有比美国股市更剧烈的单日振荡幅度。从股票市场价格强烈振荡性的特点得出的结论是:中国股票市场的市场风险明显高于美国股票市场,却不能为投资人提供高于美国股票市场的投资回报。[2]

当然,我们这里对于一个市场上投机和投资孰重孰轻的评论只是就整个市场活动的结构而言的。对于各个个人来说,每个人都有不同的风险偏好和投资选择,在风险自负的条件下,做投机还是做投资正好比"萝卜青菜,各有所爱",本无高下之分。我们知道,索罗斯(George Soros)偏好以投机博取高回报,不过由于在市场经济中风险总是与回报并存的,除非有特权保护,任何投机活动都面临巨大的风险,索罗斯对于自己从事投机活动所必须承受的风险是有清醒认识的,而且懂得如果整个世界沉湎于无节制的投机会招致什么后果,所以才会在春秋鼎盛之时金盆洗手,并写下了他畅销一时的著作《全球资本主义的危机——岌岌可危的开放社会》[3]。所以,我不得不对韩志国先生只崇尚短线炒作而对以长线投资著称的巴菲特嗤之以鼻的态度表示质疑。的确,2000 年年初,当高科技股成了众人追捧的对象时,巴菲特仍然保持他一贯的长线投资策略,以致被某些人讥笑为"网络时代的弃儿";可是,当美国的网络股泡沫破灭以后,

1 波涛(1999):《证券投资理论与证券投资战略适用性分析》,北京:经济管理出版社,1999 年,第 64 页。

2 波涛(1999):《证券投资理论与证券投资战略适用性分析》,北京:经济管理出版社,1999 年,第 343—345 页。

3 乔治·索罗斯(1998):《全球资本主义的危机——岌岌可危的开放社会》,台北:联经出版事业公司,1998 年。

纳斯达克指数缩水一半,巴菲特的伯克希尔·哈萨维公司(Berkshire Hathaway)的股价却节节上升。这使巴菲特老到的长线投资战略再次得到市场的肯定。

三、关于"市盈率"和"泡沫"

诘难:

萧灼基:"对市盈率要客观辩证地看待。看待市盈率要考虑我们是一个资金缺乏的国家,供给不足,而供给不足的商品价格自然会高。还要考虑相关因素,只考虑市盈率不考虑利率是不对的。所以市盈率很难作国际比较。"[1]

韩志国:"我国的股市是一个新兴的市场,而市盈率偏高恰恰是新兴股市的共同特点。我国的经济正处于高成长期,判断市盈率的高低,既要看市场自身,也要看国民经济的总体发展水平。"[2]

吴晓求:"50倍市盈率绝对不算高,是合理区域,不能简单地用国与国比较。"[3]

董辅礽:"如果比市盈率的话,我们比日本的市盈率还要低很多,日本的市盈率要到80倍甚至100倍。"[4]

2000年7—8月份,上证综合指数越过2000点,市盈率达到60倍左右。不少经济学家和业内人士都为过高的市盈率担心。例如,新华社《上市公司研究》周刊在上证指数越过2000点以后,组织系列文章讨论市盈率居高不下的危险性。这些文章指出:"60倍市盈率在国际经验中鲜有前例。A股高入云霄的股价显然是不正常的。"[5]正是出于同样的担忧,我

---

1 《五位经济学家质疑吴敬琏 股市"托"声骤起》,载《财经时报》,2001年2月13日。

2 《韩志国:走出市盈率的陷阱——与吴敬琏教授商榷》,载《新证券》,2001年2月10日。

3 《吴晓求访谈:"赌场论"是情绪化的说法》,载《21世纪经济报道》,2001年2月12日。

4 此语引自2001年2月7日的中央电视台"经济半小时"节目。

5 齐春宇(2000):《指数2000点股市投资价值还有多少?》,载新华社《上市公司研究》,2000年第8期。

在 2001 年年初指出,在当前多数上市公司的成长性不良的情况下,这么高的市盈率将难以为继。由于股价是由供求关系决定的,1998 年以来大量入市的资金把股价顶了起来。我更为担忧的还在于,有人提出 2001 年要进一步引入资金,让股价继续上涨。由于气泡不可能不断地吹胀而不爆破,一旦出现崩盘,对一般投资者造成的后果就会十分严重。[1]

所谓市盈率(P/E,中国港台地区译为本益比),是指股票市价与每股盈利之比,其经济含义是:按照公司当前的经营状况,投资者通过盈利要用多少年才能收回自己的投资;50 倍的市盈率意味着要用 50 年才能从回报中收回投资。因此,市盈率常常被视为一个公司的股价是否虚升的标志。不过,因为市盈率依据的是过去的盈利率,而判断股价是否过高,要看它是否反映公司的基本面,即未来的盈利能力。所以,市盈率要和公司的成长性亦即未来的营业表现结合在一起,才能反映和考评股票的投资价值。如果上市公司的成长性很好,市盈率高一些并不足为虑。但平均而言,我国上市公司的成长性不良,甚至回报每况愈下,因此很难支撑这么高的市盈率。

在发达的市场经济国家,平均市盈率一般保持在不高于 20 倍的水平上。以美国为例,除互联网泡沫时代市盈率畸高外,传统产业从未超过 20 倍。"韩国 70 年代经济增长率在 14％以上,市盈率一般为 20 倍,仅有两次达到 30 倍,且持续时间很短,只有 1—2 个月的时间。东南亚国家一般为 10—20 倍。香港近十几年股市平均市盈率在 20 倍以内。"[2] 日本是高市盈率的特例,但是它的股灾给经济带来的破坏之深之久恰好是市盈率过高导致灾难的明证。日本在泡沫经济年代曾经保持 60 倍的市盈率,但是由此导致了 1990 年的大崩盘,从此一蹶不振,至今 10 年过去,仍然未见复苏的迹象。听说董辅礽教授以日本为例论证目前我国的市盈率还不算高,我只有祈祷上苍,不要让中国也走上这条道路!

从 1992 年起,我就一再呼吁,不要让"泡沫经济"在我国出现[3],因为当时我国股票市场和房地产市场已经出现了明显的泡沫化迹象。1992

---

1 杨录:《吴敬琏担忧股市》,载《财经时报》,2001 年 1 月 12 日。
2 齐春宇(2000):《指数 2000 点股市投资价值还有多少?》,载新华社《上市公司研究》,2000 年第 8 期。
3 吴敬琏(1993):《平稳地放掉泡沫中的空气》,见《十年纷纭话股市》,第 10 页。

年 6 月,上海股市的平均市盈率为 200 倍,深圳股市为 60 倍。1993 年 2 月以后,股价只要稍有下降,"股市低迷"、政府应当"救市"之声便不绝于耳。[1] 香港科技大学金融系的陆向谦博士对此不以为然,他认为中国股市既不"低"也不"迷"。[2] 记得一日留美经济学会的朋友们在茅于轼教授家相聚,陆向谦举杯祝酒说:国人对股市的风险意识太少,应加培养;目前股市在规模尚小时崩盘,损失较小,却能使人们得到教训,因而可喜可贺。其实在国际经济界,对于证券市场泡沫预伏的危机与痛苦一直有很高的警惕。20 世纪 90 年代初期,在国际讨论会上也经常讨论与金融狂潮及其必然崩溃有关的理论和政策问题。有些外国朋友往往恳切陈词,希望我们注意发达国家证券市场发展历史中的有关经验教训,不要因为陷入靠狂热炒作致富的幻梦而不能自拔,最后招致社会灾难。1992 年,一位韩国教授在和我讨论各国发展证券市场的历史经验时,诧异地发现我这个中国同行居然从来没有听说过各国经济学界和金融界无人不晓的书:《非同寻常的大众幻想与群众性癫狂》[3]。从那以后,我开始注意研究金融市场的发展史,得知由于金融市场本身的特点和早期市场的不成熟性,狂热投机时有发生。像 1720 年,英国的南海公司和法国的密西西比公司这两个政府特许的公司利用证券市场的这种特性哄抬股价,进行金融诈骗,导致后来股市暴跌,造成千百万人破产,其情景就如同气泡的吹胀和破灭,史称"南海泡沫事件"和"密西西比泡沫事件"。"经济泡沫"(Economic Bubbles)和"泡沫经济"(Bubble Economy)就是由此得名的。[4]

如果从经济学上分析,金融市场是一个不完全市场,那里"不存在一个具有帕累托效率的均衡点,而是在某一区域内的任何一点都能达到供求均衡。在这种市场上,价格的高低在很大程度上取决于买者和卖者对于未来价格的预期。而且,这种预期有一种'自我维持'或'自我实现'的性质。这就是说,当一种商品(不论是实物商品还是金融商品)价格发生波

1　吴敬琏(1994):《如何看待 1994 年初的股票市场》,见《十年纷纭话股市》,第 15 页。

2　陆向谦、李夏(1994):《不要用行政手段干预股票市场》,载《改革》,1994 年第 4 期。

3　查尔斯·麦基(Charles Mackay, 1841):《非同寻常的大众幻想与群众性癫狂》,黄惠兰、邹林华译,北京:中国金融出版社,2000 年。

4　吴敬琏(1999):《如何看待过度投机和泡沫经济》,见《十年纷纭话股市》,第 137 页。

动时,价格越是上涨,就有越多的人由于价格上涨的预期而入市抢购,而抢购又会使价格进一步上涨和预期增强。因此,只要有足够的人入市购买,在源源不断的货币流入的支撑之下,很快就会出现市价飙升的'大牛市'。但是,经济气泡是不可能一直膨胀下去的。在过高的价位上,一旦市价止升回跌,很快又会出现下行的正反馈振荡,导致市场崩溃('崩盘')。"[1]

当我对这些问题有了比较清楚的认识之后,从 1993 年起,便在自己担任主编的《改革》杂志上,陆续发表了一批提醒人们注意股灾的文章,其中有陆向谦博士、朱绍文教授等的论说,也摘发了美国经济学家加尔布雷斯(John Kenneth Galbraith)所著《金融狂热简史》。多年来,我不断地重提历史上那些惨痛的教训,目的是希望人们能够以史为鉴。

我还指出,在我国目前从计划经济到市场经济转轨的历史阶段上"特别容易出现过度投机和经济泡沫,一个重要原因是国有企业产权不明晰和'所有者缺位'。这种情况使企业领导人和证券业务的操作人员行为失当。证券业务的一线操作人员往往倾向于从事高风险的投机活动,原因在于他们不是所有者,在盈余时能够得到提成的奖励,却不承担亏损的赔偿责任。因此对他们来说,风险和收益是不对称的。这种不对称性促使他们倾向于用政府或企业的公款进行豪赌。联手炒作、'造势'、'做局'坑害投资者,也就成为一些人惯用的手法。"[2]

我们必须提高警惕,防止泡沫的发生。而一旦发生泡沫以后,我主张"平稳地放掉泡沫中的空气"[3],"加大'泡沫'里的物质浓度"[4];而不赞成像有些人建议的那样,继续向股市注入货币,因为那样只会把气泡吹得愈来愈大,最终导致崩盘。可惜,1994 年和 1999 年两次沪深两市平均市盈率降到合适的水平,相当一部分股票已经具有投资价值时[5],却因当局采

1　吴敬琏(1999):《如何看待过度投机和泡沫经济》,见《十年纷纭话股市》,第 140 页。

2　吴敬琏(1999):同上书,第 143—144 页。

3　吴敬琏(1993):《平稳地放掉泡沫中的空气》,见《十年纷纭话股市》,第 10—11 页。

4　吴敬琏(1994):《股市出路在于加大"泡沫"里的物质浓度》,同上书,第 17—19 页。

5　在 1994 年 7 月沪市市盈率下降到 25 倍左右时,作者曾经明确指出一部分股票已经具有投资价值,投资者可以从购买中得到丰厚的回报[吴敬琏(1994):《抓住股价下降的时机,把股市引入健康发展的轨道》(1994 年 7 月 16 日),同上书,第 38 页。可惜的是当局没有抓住这样的时机,把股市引入健康发展的轨道。

取措施托市而功亏一篑。[1]

在"气泡"已经被吹起以后,最好的办法当然是在市盈率算式的分母上做文章,即强化上市公司内部改革,增强其盈利能力,使股票市盈率回到一个相对较低的水平[2],以免误入圈套的中小投资者蒙受太大的损失。然而这是一件十分艰难的事情,而且很难在短期内见效。不过无论如何,不能采取饮鸩止渴的办法,吹起"气泡",因为"气泡"吹得愈大,爆破时投资者的损失就愈惨重。

四、关于"庄家"

诘难:

《证券市场周刊》:"的确,长期以来,中国证券市场可以说是庄家的天下。但是,10年辛苦就培育了一个连规矩都不健全的大赌场吗?"[3]

厉以宁:"因为出了几个庄家就说中国股市一团漆黑了,不符合事实。""我是全国人大财经委员会《投资基金法》起草小组的组长。我们充分注意到《基金黑幕》这篇文章以及社会上的有关讨论。在《投资基金法》的讨论会上我讲过,首先必须肯定这几年投资基金业取得了很大的发展,主流是好的,不像某些人所说的一团漆黑。可以想象,从无到有,证券市场是初生的婴儿,投资基金业也是初生的婴儿,出现问题是正常的。但是必须看到几年来基金发展成绩很大,它所出现的问题也就是体制上的问题,造成了很多不得已而发生的问题。否认这几年投资基金业的成就,不符合事实。"[4]

---

1 在1994年本书作者写作的《现代公司与企业改革》一书中,对管理当局在当年7月30日采取的"三项'托市'措施"提出了批评。[见吴敬琏(1994):《端正政府行为,健全股票市场》(1994年12月),见《十年纷纭话股市》,第40—42页]

2 《吴敬琏坦言要消灭股市泡沫是件很困难的事》,载《上海证券报(网络版)》,2001年1月12日。

3 《股市的花样年华还有多远?》,载《证券市场周刊》,2001年1月20日。

4 《五位经济学家质疑吴敬琏 股市"托"声骤起》,载《财经时报》,2001年2月13日。

> **吴晓求：**"何为庄家？按我的理解，庄家就是主力，就是大户，不能说钱多就有问题。如果几千万股民每人拿着 10 万元开户，这个市场肯定不是一个健康的市场。美国市场也有主力，各种基金动辄千亿，不是庄家是什么？主力的作用是保证市场的正常流动性，没有主力，没有庄家，证券市场只会是一潭死水。"[1]
>
> **韩志国：**"没有投机就没有市场，没有泡沫就没有市场，没有庄家也没有市场。"[2]

《财经》杂志《基金黑幕》的文章提出了一个关系我国证券市场大局、需要郑重对待的问题，这就是"庄家"操纵市场、"对敲拉升"、"造势做局"等违规违法活动。我认为这类活动严重损害公民的基本权利，有损我国法律的尊严，应有司法机关介入，对违法者绳之以法。[3] 我在 2001 年 1 月 14 日中央电视台"经济半小时"节目播出的《评说"庄家"》中讲到，我国目前在股市上坐庄炒作、进行内幕交易和操纵股价的活动，已经达到了登峰造极的程度，必须严肃对待。

所谓"庄家"，是指通过操纵股价来获取暴利的炒股家。其中，一类是中介机构；一类是上市公司的某些掌握内幕信息的人；还有一类就是资金的供给者。他们共同密谋以后就低价吸纳、建仓，手里掌握了大量股票，然后就开始炒作。炒作的办法大概有两种：一种是关联机构互相炒作、互相买卖，买卖非常频繁，把价格炒上去。另外一种就是由有关的上市公司放出利好消息，然后把股价拉升上去。只要有大量资金，包括从银行筹措的资金入市，就可以把价格炒上去，吸引中小投资者或其他局外投资人跟进。当庄家发现有大批人跟进的时候，就会偷偷地出货，自己逃之夭夭，而把跟庄的人们套住。[4]

1 《吴晓求访谈："赌场论"是情绪化的说法》，载《21 世纪经济报道》，2001 年 2 月 12 日。
2 《韩志国访谈：如果吴老赢得论战　将是股市一场灾难》，载《21 世纪经济报道》，2001 年 2 月 12 日。
3 吴敬琏(2000)：《证券市场不能黑》，见《十年纷纭话股市》，第 192—201 页。
4 吴敬琏(2001)：《评说"庄家"》，见《十年纷纭话股市》，第 225 页。

在任何国家的法律上,证券交易所内的股票交易都是严禁"坐庄"操纵的。机构操纵股价一旦被发现,就将受到严厉制裁。《中华人民共和国刑法》和《中华人民共和国证券法》也都明文规定,禁止股市上的操纵股市价格和幕后交易行为。幕后交易、操纵价格等行为的行为人应当承担的法律责任有三种:一是行政责任;二是民事赔偿责任;三是刑事责任。在这三种法律责任中,行政责任的处罚主体是证券管理机构,民事赔偿责任和刑事责任的处罚主体则是法院。在关于操纵股市价格与幕后交易方面,《刑法》与《证券法》分别有不同的法条与之对应,于1997年10月1日开始施行的《刑法》修订案中已经有关于证券犯罪的相关法条(第181条、第182条),1999年7月1日起实行的《证券法》在很多方面是与其相互配合的(第71条、第72条)。其中幕后交易、操纵股价的行为,既触犯了《证券法》的有关规定,也触犯了《刑法》的有关规定。[1]

可是由于基础不健全、执法不严格以及其他方面的原因,中国的证券市场上,一些懂得证券市场交易特性又有某种权力背景的人,却把股市看作一个可以进行违法违规活动而不会受到惩罚,从而从中小投资者(他们往往被某些人轻蔑地看作可以任意宰割的小民)口袋里大把掏钱的绝好场所。问题的严重性更在于,这些公然触犯刑法的人长期没有受到司法处理。

显然,中国股票市场的情形,并不像我的诘难者说的那么轻巧。从书店中、报摊上令人目不暇接的图书,诸如《跟庄追击》《跟庄走天下》《跟庄赚钱指要》《散户跟庄技巧》等等,可以看到在当今的中国股市上庄家的势力有多大。中小投资者除了"跟庄"外,几乎没有别的路好走。所以民间才有"无庄不成市""庄股市场""庄股天下"之类的说法。一般中小投资者也只好安于"随庄获利""与庄共舞"的处境。事情就这样奇怪,"坐庄"明明是违法行为,哪只股是"庄股",谁在"坐庄"等等却明目张胆、无所顾忌、堂而皇之地在我们的官方报刊杂志上讨论,全不把法律放在眼里。在这种情况下,谁能相信"股市的主流是好的"这种说辞?

---

1 《北京正仁律师事务所高级律师、法学教授李伟民,刑法学博士祝二军和司法部预防犯罪研究所教授武延平访谈录》,载《中国经营报》,2001年2月20日。

也有人把"庄家"比作外国非连续交易市场上的"做市商",说是:"中国股市不是应不应该有所谓庄家的问题";"资本市场离不开机构操盘。即使在国外的股市,也都存在着类似我们现在所说的庄家的角色,只不过他们称之为'做市商'。"[1]其实,所谓做市商(market maker)制度是一种完全不同于我国主板市场上的竞价交易方式的证券交易制度,一般为柜台交易市场所采用。做市商是指在证券市场上由具备一定实力和信誉的证券经营法人作为特许交易商,不断地向公众投资者报出某些特定证券的买卖价格(即双向报价),并在该价位上接受公众投资者的买卖要求,以其自有资金和证券与投资者进行证券交易。做市商通过这种不断买卖来维持市场的流动性,满足公众投资者的投资需求。做市商制度一方面是为了在非集中竞价(即"一对一"谈判)的条件下保障股票交易的连续性,另一方面各国的法律也严禁做市商单方面操纵股价,误导其他投资者。[2] 总之,合法的做市商制度与中国时下违法违规的"庄家"完全不是一个概念。

人们不禁要问,为什么中国证券市场上庄家横行和"跟庄炒股"的现象能长期存在?看来这有多方面的原因。其中一个十分重要的原因是,庄家可以直接或间接地把投机的风险转嫁给政府。投机成功自己赚钱,投机失败国家赔钱。这样一种机制实质上是用全国人民的财产给违法违规、操纵市场的庄家以"资助"。于是有些中小投资者也想分一杯羹,跟庄赚钱。消除这种机制,涉及到一些与现行国有经济体制改造有关的深层问题。

从以上分析可以看到,铲除庄家操纵市场所赖以存在的土壤,必须从两个方面同时着手,一方面要加紧改造国有经济,加快企业和金融机构建立现代企业制度的步伐,另一方面政府监管部门应当建立起严明的规则和秩序,做到"有法可依,违法必究"。与此同时,"广大中小投资者对于自己利益的自觉性,保卫自己利益的决心和能力,是促使政府采取有效措施遏制证券市场违法违规活动的最重要的力量。有关的法律应当赋予投资者发起集团诉讼,起诉进行舞弊诈骗的公司经理人、交易商的权利,并保

---

1 《著名经济学家刘纪鹏:股市不是赌场》,载《中国青年报》,2001年2月12日。
2 王国刚(2001):《别拿庄家当做市商》,载《财经时报》,2001年2月20日;同见张文魁(2001):《黑庄横行损害投资者信心 谁还会在股市上投资》,载《中国经济时报》,2001年2月14日。

证这种权利能够实现。我们的大众传媒应当为广大中小投资者鼓与呼，发挥社会舆论的批评监督作用。为了促进证券市场的健康发展，经济学家也有自己的一份责任。我们应当本着自己的良知，传播正确的经济学知识，抵制各种误导投资者和为违法违规活动张目的错谬言论，帮助中小投资者更好地维护自己的权利和利益。"[1]

五、 关于"打压股市"与"规范股市"

诘难：

厉以宁："有人说《证券法》出来股市就应规范，没那回事。"[2]

萧灼基："有人说中国股市不规范，其实一开始不规范是正常的，一开始规范是不正常的。比如一个小孩子，一生下来就很规范，走路也很规范，吃饭也很规范，说话也很规范，这是人吗？是机器人。"[3]"那种以不规范为理由，把资本市场打入冷宫，遏制资本市场发展的看法，是不可取的。"[4]"如果把市场看作赌场，打压、摧垮市场，首先遭受损失的是广大投资者，尤其是中小投资者……如果人们认同我国资本市场是赌场，没有存在的权力，不能存在，股价必然狂跌，股民手中的股票必将成为废纸一张。"[5]"有的同志说揭露股市的弊端是要保护广大股民，尤其是要保护中小投资者的利益。如果把股市当成赌场，而赌场是非法的，应该关闭，如果关闭股市取缔股市，受到最大损害的是谁？还是广大股民。如果广大股民有意见，谁来赔偿？我要是股民就会提出，股市是政府开的，上市公司是政府推荐的，股票发行价格是政府决定的，监管是由政府负责的，你现在说要关掉，我的损失找谁赔？应该找政府赔。政府赔得起吗？不说全部股票，

1 吴敬琏(2001)：《证券市场的一个公开秘密和规范之正道》，见《十年纷纭话股市》，第208页。
2 《五位经济学家质疑吴敬琏 股市"托"声骤起》，载《财经时报》，2001年2月13日。
3 同上。
4 萧灼基(2001)：《对我国资本市场若干问题的看法》，载《中国证券报》，2001年2月12日。
5 同上。

流通股票相当于 1 年的财政收入,赔不起的。把股市搞垮,对谁有利?对中小股东肯定没利。把股市搞垮,使得中国市场经济建设往后推,只能对少数坚持传统计划经济观点的人有利。"[1]

董辅礽:"我把中国股市当作一个初生的婴儿,会有很多毛病……即使有病了也不能用猛药。"[2]

韩志国:"吴讲中国股市从一开始就是不规范的,这是对的,但为什么不规范?中国股市是在新旧体制夹缝中成长起来的,正因为它不规范才取得了生存权。如果中国股市当时就规范,市场不可能发展。股市的规范与发展是一个永恒的主题,没有一个国家的股市一开始就是规范的,股市发展的历史就是投资者钻空子、政府和立法单位堵空子这样一个双方博弈的过程。有了这样的博弈,才有了今天的发展。整个市场发展的过程就是管理者与投资者共同学习的过程,这种学习过程本身就带来不规范,又有什么可大惊小怪的?""我们把股票市场当作一个只有 10 岁的孩子,而且还是一个得了病的孩子。在孩子得了病的时候,是把他掐死、扔掉,还是诊断病因后对症下药,使他健康地成长?在吴敬琏教授发表的言论中,有一句是最要害的:全民炒股赚的钱不是在生产发展中创造财富得来的,而是将别人口袋里的钱转到他的口袋里,如果是这样,要想让一个民族发展起来,就像是拔着自己的头发想要离开地球一样。吴教授的这句话,实际上是要不要股票市场的问题。"[3]

规范和发展是股市的一个永恒主题。在我看来,规范的目的是为了发展,而不规范则无从发展。所以从股市初创时期起,我和我的同事们就用了不少力量来研究我国年轻的股市如何在规范的基础上发展。但是,

---

1 《五位经济学家质疑吴敬琏 股市"托"声骤起》,载《财经时报》,2001 年 2 月 13 日。
2 同上。
3 同上。

另外一种声音,即在发展初期不应规范的说法似乎也甚嚣尘上。例如在1993—1994年期间,就有一些自称代表证券业发展利益的人士提出,1993年以后的股价下降,是由于社会舆论对股市批评多鼓励少,特别是政府对市场规范化操之过急造成的。他们说,"股市低迷"使在高价位上购入股票的人们受到损失。因此,如果政府不放松对规范的要求和采取诸如限制扩容、组织资金入市等政策措施托市、救市,就是"没有尽到保护广大股民的利益的责任"。当时,我们针对这种主张提出了不同的意见。我们认为,用行政审批制度限制扩容和动用国家掌握的财力来为"气泡"充气,以便补偿那些在股票价值回归时被"套牢"的人们的损失是不可取的。因为且不说这种用公共财力去弥补部分人的营业损失的做法是否合理,就以它能否长期维持高股价从而使持股者得益而论,也不是一种可行的办法。这里的问题在于,世界上不可能有长久维持不破的泡沫经济;也没有哪一个政府具有让股价只升不降、"气泡"只胀不缩的本领。[1]

在这种争论中,我们一方面明确反对哪个市场出了问题就把哪个关掉这种无异于回到计划经济去的做法;另一方面积极主张采取改革的办法去处理股市存在的问题。我们建议的政策措施包括:(1)采取谨慎稳定的货币政策和其他宏观经济政策来保持宏观环境的稳定,以避免证券市场的巨大波动;(2)加快各方面的改革,其中最重要的是国有企业改革,以便给证券市场的发展提供基础性的体制前提;(3)力促金融改革早日到位,加快实现专业银行商业化、商业银行多元化和利率市场化,发展多种多样的银行和非银行金融组织,信托、代理居民从事投资活动,把大量存在的游资引向对实体经济的投资;(4)加快证券交易立法,改善对证券交易机构和证券经营单位的规制和管理,证交所应当在证监会和全体会员的监督下恪守"公平、公开、公正"的原则,而不应有"自己的"牟利动机,对证券商也不可以有亲疏之别;(5)股票上市应当改变行政性规模控制和行政审批的做法,而是根据股份公司的资产和组织状况、近几年的绩效,由证交所核准上市。我们还提出,对于股市,各级政府和有关机构的方针

1　吴敬琏(1994、1995):《如何看待1994年初的股票市场》《我国证券市场的建设大计》,见《十年纷纭话股市》,第15—16、71页。

要明确,行为要端正。"所谓方针要明确,就是我们建立证券市场的目的,只在于为市场制度的有效运作提供一个重要的架构。发展证券市场只能服从于这个目的。所谓行为要端正,是说要按市场经济中的政府行为准则办事,既要防止用计划经济的办法来对待证券市场,动辄进行行政干预,又不能放松对证券机构和交易活动的监管,更不能助长过度投机,庇护违规人员。"[1]

1999年党的十五届四中全会前夕,国务院发展研究中心副主任陈清泰和我共同主持了国务院发展研究中心的《国企改革攻坚15题》[2]的研究。其中第13题系统地提出了我们在规范的基础上发展证券市场的主张,包括:第一,为了促进资本市场的健康发展,一切举措都要以有利于证券市场发现价格和发挥优化资本资源配置的功能为依归,而不能让一些短期考虑或局部利益的考虑歪曲证券市场发展的正确方向;第二,改变"向国有大中型企业倾斜"的做法,为各类企业提供平等的融资环境;第三,改善证券监督机构的监管方式,以执行强制性披露制度为主要手段,而不能以行政审批为主,更不应由监管机关对交易活动进行直接干预;第四,培育更多的投资主体,吸引更多的入市资金,使股市在规范的基础上得到更大的发展。[3]

在过去10年中,各方人士就如何在规范的基础上发展我国股票市场也曾提出过不少好的建议。例如,陆向谦博士1994年曾经提出过利用当时股价下降的时机"既治标又治本"的办法。他建议针对当时的熊市,"提高标准,使得上市公司及市场运作向国际标准看齐。一方面,门槛提高了,短期内上市的新股数目会下降,这就治了标;长期来说,门槛提高了,中国股市的素质将趋近国际标准,这就治了本。"[4]可惜,这类在规范的基础上发展股市的声音,往往被那种放松规范化要求、减少股票供给、增加

---

1 吴敬琏(1995):《我国证券市场的建设大计》,见《十年纷纭话股市》,第78页。

2 陈清泰、吴敬琏、谢伏瞻主编(1999):《国企改革攻坚15题》,北京:中国经济出版社,1999年。

3 同上书,第95—102页;同见吴敬琏(1999):《加快证券市场的规范和发展》,见《十年纷纭话股市》,第161—166页。

4 陆向谦、李夏(1994):《不要用行政手段干预股票市场》,载《改革》,1994年第4期。

入市资金来使中国股市"重现辉煌"的呼声所淹没。[1] 自 1993 年以来,我国股市管理当局曾多次"救市""托市",其结果都是不好的。这类行动不仅没有把股市真正地托起来,相反却导致股价的巨幅波动,错过了一次又一次引导股市健康发展的时机。

以上历史经验告诉我们,借口我国股市还是"婴儿"、还很"年轻",借口它是改革的产物,袒护各种侵害股市肌体、戕害股市生命的错误行为绝不符合广大人民的利益,也不符合股市投资者的利益。我们应当从股市刚刚起步的时候起就定下规范化的目标,稳步地促其实现。如果不是这样,而是姑息养奸,养痈遗患,那只会使黑幕愈演愈烈,积重难返。最近揭露出来的"血洗"数万名中小投资者的兰州证券黑市,就是触目惊心的一例。

国外的经验也证明了这一点。英国和法国由于 18 世纪 70 年代泡沫的发生和崩溃,曾经导致在将近一个世纪的时间内人们把购买股票视为畏途,大大延缓了公司制度和证券市场的发展进程。[2]

在 1929 年大危机爆发前的 7 年大牛市中,美国股市也曾经是金融寡头横行、金融诈骗猖獗。美国国会 1933 年通过了《证券法》;1934 年又通过了《证券交易法》。同时建立起一个具有广泛权力,包括立案侦查权力的新的联邦政府机构——证券交易委员会(SEC),负责监督证券市场、调查违法事件、管理证券发行人和交易商。这些措施的落实曾经遭遇过有组织的强烈抵抗,在罗斯福行政当局的大力支持下经过三届 SEC 的不懈努力,才大体实现了美国证券市场的规范化。

规范证券市场绝非易事,不但会有认识上的障碍,还会有来自既得利益的阻力。在泡沫经济形成的过程中,那些在泡沫经济中已经获得利益的人们,会成为阻碍泡沫消失的主要障碍;而那些尚未在泡沫经济中获得利益的人们,又往往将自己很高的发财期望值寄托在泡沫的膨胀中,而这两部分人则成为泡沫不断膨胀、发育的"打气者"。[3] "清醒地认识健全我

1　吴敬琏(1994):《如何看待 1994 年初的股票市场》,记述了萧灼基先生此前的这类呼声,见《十年纷纭话股市》,第 15 页。
2　吴敬琏(1995):《我国证券市场的建设大计》,同上书,第 68—69 页。
3　吴敬琏(1994):《要一个有规矩的市场》,见《十年纷纭话股市》,第 24 页。

国证券市场必然遇到的阻力和障碍,并不意味着我们应当知难而退,把健全和发展我国证券市场的目标的实现推向遥远的未来。恰恰相反,现在形势逼人,时不我待。唯其任务艰巨,就更加要求一切关心我国市场经济制度建设的人们携起手来,加紧努力,克服阻力和障碍,使我国的证券市场尽快健全起来。"[1]

六、 关于"两种市场经济"

诘难:

韩志国:"他有一个重大缺陷,即仅仅推崇实体经济,站在实体经济的立场评价虚拟经济,当然越看越不舒服……他内心是反感股票市场的。"[2]

厉以宁:"在'十五'计划起步之时进行这场讨论,关系到要建立一个什么样的市场经济——是传统的市场经济,还是新经济时代的现代市场经济的重要问题。"[3]"自己不懂的事就不要乱讲,应该先学习,因为有很多情况是我们不了解的,只有通过学习才能知道。说网络是泡沫,这样未免太主观了。"[4]

吴晓求:"这涉及到我们建立一个什么样的市场经济体制的问题。我们所建立的不是一个没有发达的金融体系、没有发达的资本市场,只是小商品批发市场很多的市场经济。"[5]

要什么样的市场经济,是传统的市场经济,还是现代的市场经济,这确实是一个关乎中国前途命运的问题。但是我认为,所谓传统的市场经济和现代的市场经济之间的主要区别,并不在于"实体经济"或"虚拟经

---

1 吴敬琏(2000):《证券市场不能黑》,见《十年纷纭话股市》,第199—200页。

2 《韩志国访谈:如果吴老赢得论战 将是股市一场灾难》,载《21世纪经济报道》,2001年2月12日。

3 《厉以宁等五位经济学家提出爱护新生的中国证券市场》,载《中国证券报》,2001年2月12日。

4 摘自"搜狐财经"2000年3月27日。

5 《五位经济学家质疑吴敬琏 股市"托"声骤起》,载《财经时报》,2001年2月13日。

济"、"小商品批发市场"或"发达的金融体系"。市场经济确实有传统与现代之分,但是把它归结为是实体经济还是虚拟经济一类区别,大半是一个"伪问题"。因为并没有人只推崇实体经济,而排斥虚拟经济,也没有人主张建立没有发达的金融体系、"小商品批发市场很多"的市场经济。我赞成美国马里兰大学和清华大学中国经济研究中心钱颖一教授的意见:"在人类发展的相当长的时间内,经济体制是传统市场经济,而迈向现代市场经济体制是人类近代史上的重大突破。即使是现在被炒得红火的所谓'新经济',就其体制而言,仍是现代市场经济的延续。"现代市场经济有两个特点:第一,虽然现货交易和人格化交易仍然在相当的范围内进行,"非人格化交易"成为重要的交易方式,这就需要第三方(通常是政府)通过法治来保证合同的公平执行;第二,政治与经济间保持"距离型关系"(arm's length relationship)。所以,"现代市场经济体制不同于传统市场经济体制的制度基础,根本的一条是法治。"[1]我所憧憬并愿为之奋斗的,正是这种以法治为基础的现代市场经济。

看来,我们有必要对当前转轨时期的许多人和事作一个分析,才能正确地判断当前讨论中所涉及的问题性质和各种利益的代表者意欲何为。我在研究中国向市场经济转轨过程中的关系时发现,在当前的社会中存在着利益取向很不相同的人群:在转轨过程中产生出来的某些新既得利益者和留恋计划经济"好时光"的旧既得利益者不同,他们并不愿意回到计划经济的体制中去,然而他们也不愿看到规范化的、平等竞争的市场的建立,而是希望维持甚至扩大目前的市场混乱和行政权力广泛干预市场的状态,以便继续利用自己的特殊地位自由自在地弄权"寻租"、发家致富。在过去20多年中,"要求进行规范的改革往往被有些人说成是'理想化'乃至'保守思想',而花样百出的'寻租'活动,例如,圈地运动式的'土地批租'、掠夺广大中小投资者的金融魔术、鲸吞公共财富的'产权改革'等等却被这些人以'改革'的名义歌颂备至。"[2]腐败之所以蔓延,一是因为行政权力干预市场交换,就是所谓的寻租;二是因为产权不明晰,公共财

---

1 钱颖一(2001):《市场与法治》,见《站在市场化改革前沿——吴敬琏教授从事经济研究50周年研讨会论文集》,上海:上海远东出版社,2001年,第32—56页。
2 吴敬琏(1999):《转型期各种社会力量分析》,见《十年纷纭话股市》,第146—154页。

产缺乏明晰的产权界定,某些有权力在手的官员就可以利用职务来盗窃公共财产。[1]

这样,中国的市场取向改革就面临着来自两个方面的危险,一个是开倒车,不同程度地回到计划经济;另一个是借改革之名掠夺大众以肥私。这两种力量互相以对方作为自己存在的依据,公众看不明白时,就容易受到蒙蔽蛊惑而发生错觉。[2] 从目前来看,后者的危险更大,因为它有导致"权贵资本主义"(crony capitalism),即官僚资本主义的危险。长期以来,中国证券市场是各种权势力量盘踞之地,凭借权势大发其财者众,因此得到"寻租场"[3]的称呼。建设一个规范的证券市场是走向现代市场经济的一个重要环节。因此,我强调要一个规范的、健康的证券市场,正是基于对现代市场经济制度的诉求。

当前,我们正经历着两个过渡:一是从计划经济到市场经济的过渡;二是从传统市场经济到现代市场经济,亦即从原始市场经济到现代市场经济即法治市场经济的过渡。钱颖一教授顺着"两种市场经济"的思路,指出我们的迫切任务,是要争取成为"好的市场经济"即法治的市场经济,而不要落入"坏的市场经济"即腐败的市场经济的陷阱[4]。政府不改革,民众不能充分行使民主权利,公权不彰,法治不行,就会导致行政系统腐败公行和有组织犯罪的猖獗,就有落入"坏的市场经济"的危险。

为了建设法治的市场经济,我觉得,从与经济体制改革进展相适应的角度看,目前在政府体制改革方面有以下几个迫切需要解决的问题。第一,政府要跟微观经济活动保持一定的距离。目前,国有经济在国民经济中所占比重只有1/3左右。在这种情况下,如果政府还像过去国有经济占统治地位时那样管理国民经济,搅在分钱、分人、分物的日常经济活动

---

1 吴敬琏、张维迎(2000):《权力为什么能够被交易?从胡长清案件谈起》,中央电视台"经济半小时"节目 2000 年 3 月 10 日,见吴敬琏(2002):《转轨中国》,成都:四川人民出版社,2002 年,第 294—301 页。

2 吴敬琏、汪丁丁(1998):《关于中国改革前途的对话》,载《财经》杂志 1998 年第 11 期;同见吴敬琏(2001):《改革:我们正在过大关》,北京:生活·读书·新知三联书店,2001 年。

3 张维迎(2001):《是谁黑了中国股市》,载《财经时报》,2001 年 2 月 28 日。

4 钱颖一(2001):《市场与法治》,见《站在市场化改革前沿——吴敬琏教授从事经济研究 50 周年研讨会文集》,上海:上海远东出版社,2001 年,第 32—56 页。

里面,是无论如何也不行的。第二,除极少数需要由国家垄断经营的企业外,从国有企业改制而来的公司都要实行股权多元化。而且如果不实现政府作为国有资本的所有者的职能和作为政府本身的职能这两种职能的分离,是很难做到政企分离的。对于这个问题,需要作认真的研究和提出妥善的解决办法。第三,建立法治。"法治"的行为主体是法律本身。法律"治"谁呢? 它当然要规范一般人的行为,但它首先是"治"政府,即界定政府作为公仆与它的主人即人民之间的关系,约束政府和政府工作人员的权力。我们的立法和执法工作都要在法治思想的指导下进行。[1]

七、 关于"专业精神"与"平民意识"

诘难:

吴晓求:"作为现象化的东西是存在的,从专业角度看,不能得出这个结论,应该不能被这种表象化的概括所迷惑,否则经济学家与普通人就没差别了。作为经济学家,应该透过这些表面的现象,把握未来的规律、方向、现象背后的深层次原因是什么。不能用表象化的东西来否定一些事实,更不能用表象化的东西作为一种理论的概括。这是非常糟糕的。""不能因为一些表象化的东西否定具有国家战略意义的步骤,不能倒退。这涉及到专家精神和平民意识的问题。当然,为老百姓说话是正确的,我不排斥为中小投资者说话,但要把握一个界限。""说股市是赌场,这是一个非常感情化的宣泄。这种概括不是专业化的理性精神,这是一种比较平民化的、感情的宣泄,能博得一般被套的中小投资人的认同。"[2]

老实说,我把诘难者指责我过多地为中小投资者讲话,有太多的"平民意识",看作一种表扬,只怕自己的工作当不起这样的赞誉。我理解所

1 吴敬琏(2000):《新形势下政府体制改革的总体目标》,见吴敬琏(2001):《改革:我们正在过大关》,北京:生活·读书·新知三联书店,2001 年,第 56—66 页。
2 《五位经济学家质疑吴敬琏 股市"托"声骤起》,载《财经时报》2001 年 2 月 13 日。

谓平民意识，就是经常想到普通百姓的疾苦，尽力为多数人谋利益；而专业精神则除了专业知识、能力、责任心之外，也包含着特定的信念和道德。依我看，这种信念和道德恰恰和我所学习的经济学理论和秉持的科学精神是统一的。正如我在 1991 年《中国经济的振兴有赖于市场取向的改革》一文中所表达的，"我对经济学的执著沉迷，说到底，是为了解答一个困扰了好几代求索真理的中国知识分子的问题：怎样才能振兴百年积弱的中国。学以致用，古有明训。既然我从自己的曲折探索中得到了中国荣辱兴衰系于改革的结论，自然就应当身体力行，把自己的知识和能力贡献给经济改革这一伟大的事业。"[1]

　　当然，经济学是一门实证科学，经济学家首先要弄清楚的是"是什么"的问题。然而，经济学涉及人们的物质利益，因而往往是现实性很强的一门学问，除了揭示事情的真相，在大多数场合还要作进一步应用性的研究，提出规范性的意见。依我看，这便是最起码的专业精神，而关注社会公正和社会中人的命运也是经济学家的本分。1998 年度诺贝尔经济学奖得主阿马蒂亚·森（Amartya Sen）在《伦理学与经济学》中说，经济学所关注的应该是真实的人。并且他从经济学之父亚当·斯密（Adam Smith）是道德哲学教授、而经济学科曾经作为伦理学的一个分支的本质和传统出发，指出："随着现代经济学与伦理学之间隔阂的不断加深，现代经济学已经出现了严重的贫困化现象。"[2]专业精神和平民意识是应当集于经济学家一身的。

　　正是基于这样的理念，我注意到转型期出现的一些特殊的丑恶社会现象，包括证券市场上某些官商勾结、操纵市场、坑害中小投资者的行为，并对这类活动的制度和政策根源作出了经济学的分析。[3]

　　改革不是一个全然自发的经济演进过程，而是一种制度的重新安排。这就意味着经济利益关系的自觉调整。这种调整必然会遇到那些不愿意

1　吴敬琏(1991)：《中国经济的振兴有赖于市场取向的改革》，载《我的经济观》第 3 卷，南京：江苏人民出版社，1992 年，第 588—589 页。

2　阿马蒂亚·森(1987)：《伦理学与经济学》，王宇、王文玉译，北京：商务印书馆，2000 年，第 7—8、13 页。

3　包括对"寻租活动"的分析。吴敬琏(1988)：《"寻租"理论与我国经济中的某些消极现象》，见本书，第 695—698 页。

放弃既得利益的人们的阻碍和抵抗。只有政府依靠大众并运用行政、法律、教育、经济政策诱导等各种手段，才能消除这种阻碍和抵抗。[1] 政府在这个过程中除了要保证在转轨时期的产权再配置中初始分配不过分悬殊之外，还完全应当而且能够在人民生活水平普遍提高的基础上抑制少数人个人财富的过度积累，防止两极分化，逐步实现共同富裕。[2]

前面提到的那些诘难，有些来自我的老同事和老朋友，他们在过去为实现市场经济改革的共同目标对我提供的帮助和支持至今记忆犹新，回想起来仍然令人感动。不过我总是觉得，争取建立市场经济，并不只是为了我们自己，甚至不只是为了我们这一代人。当我们作为时代的幸运儿得以享受改革的第一批成果的时候，不应忘了还有许多平民大众，他们甚至没有得到应有的平等机会去谋求体面的生活。当看到一些生活无着的下岗职工拿着自己的微薄积蓄无奈地投身于极不规范的股市而没有别的出路的时候，我们不觉得自己有责任为他们做些什么吗？

在中国的改革开放事业进行了 20 年之后的世纪之交，围绕中国的证券市场存在的问题和发展的前景作一次深刻的反思和讨论，有着十分重要的意义。它将有助于民众、企业界、经济学家以及政府官员加深对于中国如何走好市场经济之路从而建设一个"好的市场经济"并避免滑入"坏的市场经济"的思考。这关系着全体中国人乃至全世界人民的福祉。

1　吴敬琏(1999)：《转轨时期的社会关系和政府职能》，载《高新技术产业报》，1999 年 4 月 17 日。
2　吴敬琏(1997)：《社会主义基本特征是社会公正＋市场经济》，载《中国经济时报》，1997 年 8 月 5 日。

腐败与反腐败的经济学思考[*]

(2002 年 5 月)

改革开放以来,我国一直保持着经济的高增长速度,在第一个 20 年超额完成国民生产总值翻两番的任务以后,未来几年国民经济继续保持高速增长看来也是可以做到的。但在经济高速增长的同时,一些社会矛盾也在积累。其中最使朝野关心和忧心的是,腐败问题愈演愈烈。虽然党和政府领导早在 20 世纪 80 年代就提出了"反腐倡廉"的口号,近年来更加强了宣传教育和"严打"的力度,但是到现在还不能说已经出现了转机。腐败如此盛行不衰,肯定有深刻的社会经济根源。如果我们舍本逐末,只讲教育和"严打",而没有解决源头上的问题,腐败蔓延的势头恐怕是很难得到遏制的。

我国目前的腐败现象,其表现形式五光十色,但从经济的源头来看,主要是三个:一是利用行政干预市场活动的权力,进行权钱交易;二是利用转轨时期财产关系调整和变化的时机,将公共财产掠为己有;三是利用市场体制的不完善、不规范牟取暴利。这三类腐败活动都与权力有关。由于在从计划经济到市场经济的转轨时期权力制衡机制没有及时建立起来,某些人就可以利用这种特殊条件,运用不受约束的权力来牟取私利,实现暴富。

---

* 这是本书作者 2002 年 5 月 20 日在全国纪检监察系统研究室主任培训班上的报告。载《中国监察》,2002 年第 17 期;《战略与管理》,2003 年第 2 期;又见《吴敬琏文集》,北京:中央编译出版社,2013 年,第 1112—1129 页。

一、 当前腐败现象产生的根源

（一）利用行政权力对市场活动的干预牟取私利

在转轨时期的经济生活中，存在着两种主要的经济资源配置机制：一种是市场机制，一种是行政机制。我国所实行的"增量改革"或者叫"渐进转轨"的特点在于，这两种机制在相当长的时期中是扭结在一起的。于是，某些人就利用两轨之间的缝隙与漏洞，运用行政机构干预经济活动的权力牟取自己的私利。对于这一类行为的性质和后果，在最近20多年中曾经有过好几次热烈的讨论。

第一次讨论是在20世纪70年代末80年代初。当时干部群众议论纷纷的热点问题是所谓"全民经商"。这里讲"全民"，只是言其人数之多，并不是真的全体人民都在经商，事实上只有少数与权力有关的个人和人群才得到了经商的特权。在计划经济时期，所有的工业和商业都是由国家垄断经营的。在这种情况下，政府可以人为地把农民生产的粮食、棉花、原材料价格压低，在工业里又把上游产品的价格压低，这样就把农业和上游工业的利润挤到了商业，商业的国有垄断程度最高（这是在对资本主义改造时就已经形成的格局），国家可以在这个环节上把利润全部拿到自己手里，派作各种用途，而不能由私人合法地占有。改革开放以后，开始允许机关、事业单位办一点自己附属的商业，来为职工发放奖金、津贴和解决子女从农村回城的就业问题。由于商业的利润很高，谁能得到办服务公司或者开商店的许可，谁就可以赚不少钱，于是形成了"工农兵学商，一起来经商"的热潮。这在南方地区尤为突出。当时社会上有很多反映，说这是腐败现象。过了一段时间，随着商业向社会开放，再加上领导者采取一些措施整顿规范机关办的商业企业，社会议论也就逐渐平息下来，没有引起太大的波动。

第二次讨论是在20世纪80年代中期，讨论的热点是一种新的现象：有人在低价的调拨物资市场和高价的自由市场之间进行"倒买倒卖"，牟取暴利。这种"倒卖"活动的基础，是改革开放以后出现的"价格双轨制"。在计划经济时期，所有的重要物资都由国家在国有企业之间统一调拨，按统一规定的计划价格（调拨价）结算，企业赚与不赚、赚多赚少都是国家的，与个人没有直接的关系。改革开放以后，企业有了一定的自主权，企业超计划的产品可以不按计划价格而是按市场的协议价格自行出售。同一种产品的市场价格往往比计划调拨价格高出很多。到了 1985 年，"价格双轨制"被规定为一种正式的制度。在"价格双轨制"下，调拨价和市场价差距悬殊，如果有人能够拿到低价物资，然后把它卖到自由市场上去，他就能获得暴利。比如说，那时候钢材的计划价格只有市场价格的 1/2，把调拨钢材卖到市场上去，就赚了百分之百的利润。开始时，人们把从事这种"倒卖"的人叫作"倒爷"，但是很快就发现，"倒爷"发财的秘密在于权力。没有权力，拿不到调拨物资的指标，就无法从事这种交易。所以，后来人们就把从事这种倒买倒卖的人叫作"官倒"。社会上议论纷纷，经常听说某某人的子弟，因为有这种权力背景，几个月就变成了百万富翁。

对于"官倒"现象，当时有两种对立的意见：一种意见来自保留了较多计划经济思想的人。他们认为腐败是一种旧社会才有的丑恶现象，它之所以又出现在我们的社会中，是因为市场取向的改革促使人们追求财富。对金钱的贪欲促成了腐败的蔓延。他们认为，应当纠正改革的方向性错误，不应该开放生产资料市场，不应该强调货币的作用，而应当强调计划纪律。当时《红旗》杂志也发表过文章，说马克思早就指出过，金钱促使人犯罪。持有这种观点的人们认为，为了保持我们社会的纯洁性，不应该搞市场取向的改革。持有另一种观点的人们虽然承认市场作用的增大、货币作用的提高会使人的贪欲提高和腐败行为增加，但是他们强调，如果不开放市场，不强调货币的作用，那么中国的经济就搞不好，整个国家也富不起来。所以他们认为，为了经济的发展，应该忍受腐败。他们说，腐败的扩散是为发展经济所不能不付出的成本，不应该为了保持道德上的纯洁性而牺牲经济发展的根本利益。其中有的人甚至说，计划经济是一部生了锈的机器，要让它运转起来需要润滑剂，腐败就是这种能够降低交易成本的润滑剂。所以，不要大惊小怪，要为了经济发展的利益而容忍腐败，甚至以腐败作为摧毁计划经济制度的武器来使用。

除了上面这两种极端的观点，还有一部分经济学家认为，上述两种观点虽然在价值观上截然对立，但却拥有一个共同的理论前提，这就是把市场经济看作腐败滋生和蔓延的经济基础,而这种理论却是不正确的。这部分经济学家承认市场的发展、货币作用的加强,会因为财富的范围不再受实物的限制而使某些人的致富欲望增强。但是,问题并不在于人们的贪欲有多大,而在于是否存在使这种贪欲得以实现的制度条件。为了说明我国存在这样的条件,他们引进了一个 20 世纪 70 年代发展起来的经济学范畴叫作"寻求租金"(rent-seeking,简称"寻租")来分析问题。

租金是经济学早就有的一个概念,它是指由供给弹性不足产生的稳定的超额利润,如地租、房租等。在一般行业中,供给弹性充足,没有进入障碍,哪里有超额利润,大家都去干,供给一增加,价格就跌了下来,超额利润也就随之消失了。但是,如果像农业那样,因为土地是有限的,现有土地已经掌握在土地所有者和经营者手中,不可能随便进入,这个超额利润就保持在那里。所以,马克思说,"绝对地租"是由所有权垄断产生的,"级差地租"是由经营权垄断产生的。20 世纪 70 年代,西方一些研究第三世界国家的发展经济学家和研究发达国家的政治经济学家发现,不只是产权垄断可以形成进入障碍,行政垄断一样可以形成进入障碍。例如,发展中国家常常有某些可以获得高额利润的特殊出口产品,为了保护民族利益,发展中国家通常对出口实行主动配额制度,使超额利润能够保持。但是,行政配额制度通常会引起腐败。因为,谁能够得到许可证,谁就可以获得租金;人们就会去贿赂具有发放许可证自由裁量权的官员,以便取得租金。这种活动叫作"寻租活动"。这套理论完全可以用来说明 20 世纪 80 年代中期和后期"官倒"现象的本质。他们指出,腐败的蔓延,并不是源于市场取向改革,而是源于行政权力对于市场交易活动的干预,即所谓"权力搅买卖"。

"官倒"们的贪欲之所以能够实现,是因为存在着这样一种制度条件,即物资的流通和价格的"双轨制":一条是计划轨,在这条轨道上运行的调拨物资的价格是低廉的;另外一条是市场轨,在这条轨道上买卖的物资价格是随行就市的。由于转轨时期的经济通常仍是短缺经济,双轨之间有一个很大的价格落差,于是有权进入计划轨的人们将物资"倒"到市场轨上去就可以取得暴利。所以,一般老百姓虽然没有学过经济理论,但他们从千百次的经济活动中认识了"官倒"这种经济现象的本质。他们发现"官倒"并不需要把调拨物资买到手再拿到市场上去卖。"官倒"们倒买倒卖的只是调拨指令、各种批文,也就是权力的证明文件。除了物资之外,当时外汇买卖也实行官价和市场价的"双重汇率制",银行贷款则分为官定利率和市场利率,"倒买倒卖进口许可证"和"倒贷款、吃利差",也是"官倒"的生财之道。

到了 20 世纪 90 年代初期,商品价格差不多都放开了,从倒卖物资批文寻租已经没有油水,但寻租活动依然很厉害。这时出现了两种重要的新寻租对象:一个是贷款,一个是土地。"官倒"活动重点从 20 世纪 80 年代的商品寻租转向生产要素寻租。在计划经济时期,贷款利率总是定得很低,这种习惯一直保持下来。20 世纪 90 年代初期出现严重的通货膨胀以后,国家银行贷款的实际利率就变成了负数。这时向国家银行借钱实际上不但不用付利息,还拿到了倒贴。比如 1994 年的通货膨胀率是24%,你借了银行 10000 元,年利率为 11%。由于纸币贬值,借钱时的10000 元到还钱时应该值 12400 元,1 年之后连本带利只还了 11100 元,所以,实际上不但没有付利息,反而赚了 1300 元。当时银行的贷款总额是 4 万亿元,由这里每年产生几千亿元的巨额租金。另外一个寻租对象是土地。在计划经济时期国有土地是按计划划拨给国有企业使用的,不用算价钱。改革以后开始实行国家向使用者"批租"。批租通常有两种办法,一种是拍卖批租,另外一种是协议批租。20 世纪 90 年代初期国家大规模批租土地,绝大多数地方都采用了协议批租的办法,批多少地、按什么价格批租都由行政领导说了算。有的地方原来已经建立了拍卖批租制度,这时也改为协议批租。在协议批租的情况下,关系好的、"有路子"的人能用低价批到好地,一倒手就能赚很多钱。如果能炒作起房地产泡沫,甚至第二手、第三手、第四手的人都能大发横财,直到最后一个倒霉的买主被套在里面。那时广西的北海市是一个批租土地、炒买炒卖房地产的热点城市,先后投入的全国各地的资金有几百亿元,造就了大批亿万富翁,也败坏了大量干部,泡沫破灭以后公共财富损失不计其数。

租金价值的科学估算,是寻租问题研究的一项重要内容。美国斯坦福大学教授、现任国际货币基金组织首席经济学家 A. 克鲁格(Anne

Krueger)1974年发表过一篇题为《寻租社会的政治经济学》[1]的著名文章。在这篇文章里,她计算了当时世界上两个公认的腐败国家——印度和土耳其的租金总额。它们占国民生产总值的比例一个是7.3%,一个是15%。从那以后,人们把这个比例看成一个国家腐败程度的指标。为什么租金总额占国民生产总值的比例是反映一个国家腐败程度的指标呢?原因是寻租者愿意付出的贿赂金额即寻租成本的上限是租金总额,所以,如果其他条件不变,一个国家用于贿赂的金额的上限愈高,这个国家的腐败程度也愈严重。

仿效克鲁格的做法,中国经济学家胡和立与万安培分别计算了中国不同年份的租金总额,他们的计算结果令人震惊,数值比土耳其、印度高得多。据他们计算,我国租金总额占国民生产总值比例1987年约为20%,1988年约为30%[2],1992年约为32.3%[3]。这意味着全国人民一年生产出来的物质财富中有1/3都变成了寻租者和贪官的收入。这也能够解释为什么20世纪90年代初期以来,我国每年非法流出的资金总是上百亿美元,许多人官并不太大,却能在国外购豪宅,给家小办"投资移民"。

总之,在市场化改革还没有到位的情况下,通过行政权力分配资源的体系和市场分配资源的体系搅在一起。在这么一种体制下,腐败开始流行起来。这种情况又使一些人进行"设租""造租"的活动,即以种种名义加强行政权力对于经济活动的干预,增加行政审批的项目,以便增加"寻租"的机会。这就使腐败活动越发严重起来。

(二)利用财产关系的调整来牟取私利

转轨时期是一个所有制结构大变动、利益关系大调整的时期。由于原来公共财产的产权界定就并不明晰,而产权的重新界定是在政府领导下进行的,如果对行政权力的运用监督不力,有些掌权的官员就能够利用手中的权力蚕食或鲸吞公共财产。这构成了腐败产生的第二个重要

---

1 A.克鲁格(1974):《寻租社会的政治经济学》,载《经济社会体制比较》,1988年第4期。

2 胡和立(1989):《廉政三策》和《1988年我国租金价值的估算》,见《经济社会体制比较》杂志编辑部(1993):《腐败:权力与金钱的交换》,北京:中国经济出版社,1993年,第20—46页。

3 万安培(1995):《中国经济转型时期的租金构成及主要特点分析》,见吴敬琏、周小川,荣敬本等(1992—1995):《建设市场经济的总体构想与方案设计》,北京:中央编译出版社,1996年,第331—364页。

根源。

　　财产制度是社会的一种基本制度。在计划经济条件下,全社会的财产都属于国家所有。在这种公共占有的情况下,无须也无法对产权属于何人作出界定。改革开始以后,继续保持产权界定不明晰的状况,就有很大的问题。这是因为,市场关系意味着不同主体之间的产权交换关系。要建立市场经济,就必须改革原有的产权关系,对产权作出明确的界定。这种产权关系调整的工作多半是由各级官员掌握的。在权力的运用没有受到严格的监督和约束的情况下,某些拥有权力的人就有可能利用这种不受约束的权力侵夺公共财产。以下是几种常见的情形。

　　1. 在国有企业改革中,"老板"不出面,让受雇的经理人员处理企业财产

　　在很长一段时间里,国企改革的主要内容是对企业的领导人,即厂长、经理放权让利。这件事由谁来办呢? 由放权让利的对象去主持。于是从这里产生了一个管理学中叫作"自我交易"(self-dealing)的问题,也就是说,企业领导人作为所有者的全权代表向自己放权让利,这样,有些不能出以公心的人便很容易用损害所有者利益的办法来取得自己的利益。

　　一种常见的做法是通过多种形式把国家"大金库"的利益输送到自己的"小金库"中去。在改革开放以前,企业的财产都属于国家。改革开放以后,允许超计划的部分自营,销售计划外产品取得的收入可以提成建立企业的"三项基金"(个人奖励基金、集体福利基金和生产发展基金);另外,企业被允许投资建立自己的"劳动服务公司""第三产业"等。这样,每个企业的财产都分为两个部分:属于国家的国有资产和属于企业的"自有资产"。两部分资产都是由企业领导人掌握的。于是,就出现了各种各样把"大金库"的利益输送到"小金库"去的做法。还有些国有大型企业特别是外贸企业,跑到高风险、高回报的国际期货市场上做交易,赔了的时候算公家的,赚了算小金库甚至个人的。

　　还有一种手法是通过下属机构侵占公共财产。粉碎"四人帮"以后,国有企业和党政机关被允许办"劳动服务公司"或者"三产"(第三产业),其目的本来是为了解决职工子弟下乡回城工作安置等问题。后来有人从中摸出了一些门道,找几个亲信办一个下属机构,再把利益往那里输送。

因为,主体单位的领导人是所有者(国家)的全权代表,他们如果搞"利益输送",不论是输送给"小金库",还是装进自己的腰包,都不会有大的障碍。于是企业投资举办下属企业成为一种风尚。下属企业的领导人也照此办理,这叫作"父要生子,子要生孙,子子孙孙无穷无尽"。一个部级企业往往查到下面四五级就可能有上千个法人机构,有在国内的,还有在国外的。至于再下面究竟有多少"子孙","大家长"可能根本搞不清楚。在这种情况下,搞"利益输送"就变得十分容易。一遇到行政建制的变动,例如外贸企业从外经贸部划转到经贸委,农口企业划转到企业工委,军队企业要从部队划转到"脱钩办",划出方和接收方往往并不知道存在这些下属单位,四五级以下的企业就"自动脱落"了。

在进行"股份化"时,一方面高溢价发行流通股向投资者"圈钱",另一方面在内部私分或低价发售"原始股",也是侵占公共财产的一种相当流行的做法。因此,"一只股票打倒两个部长"之类的故事也许只不过是冰山一角而已。

2. "放权让利"的企业改革思路,造成了很大的漏洞

国有企业问题的根源在于这种企业制度缺乏效率,但在很长的时期中,我们没有对症下药。不是用明晰产权、制度创新来解决问题,而是一味向"企业"(主要是它们的领导人)"放权让利",希望用这种方法调动他们的积极性,以便改善企业的经营。国家在向企业"放权让利"时采取的"企业承包""授权经营"和"授权投资"等办法存在很大的弊端。国有企业的所有者(国家)把自己的财产权利授予经营者去行使,是从工商企业实行承包制开始的。现代经济学认为,所有者掌握企业的剩余控制权(最终控制权)和剩余收入索取权(利润索取权)是明晰产权的最基本的要求。企业承包制实行"包死基数,保证上交,超收自留,欠收自补",其实质是所有者(发包人)放弃了承包期内的全部控制权和承包基数以上的利润索取权,使受雇用的代理人(承包人)变成了企业产权的真正主人。这样一种产权制度安排,使一些承包人有可能利用自己的控制权采取多种手段侵夺公共财产。这种混乱的产权制度安排造成了经理人腐败的巨大温床。在这种产权制度安排下,像"三等人搞承包,吃喝嫖赌全报销"一类事情变得司空见惯,至于首钢这样"承包为本"的样板企业屡屡出现贪污腐败大

案也就不足为奇了。

企业承包制后来发展成为一种名叫"授权经营"的正式制度,而且把这种产权制度安排写入了法律文件,即1988年的《全民所有制工业企业法》。该法把所有权与经营权的分离解释为国家的所有权与由企业厂长经理代表行使的企业的占有、使用和处分权的分离。这就为作为雇员的厂长经理按照自己的利益与意志处理企业财产提供了某些法律依据。

这里一个著名的事例,是湖北长江动力集团总公司的于志安事件。该公司的"授权投资者"和"法人代表"于志安,曾经参加过辽沈战役,拥有"五一"劳动奖章等多种多样的模范称号。他不但集长江动力集团的党委书记、董事长、总经理于一身,而且拥有占有、使用和处置公司财产的权力。这家公司在海外有18家企业。1995年5月,于志安不告而别,跑到菲律宾,把当地一家子公司卖了,将收入变成自己的财产。当有人追问武汉国资局是否负有疏于管理的责任时,国资局的人拿出了国家关于授权经营的文件,指出对于志安作的授权完全是按照有关法规进行的。因而在这套体制下,于志安一类事例并不是个别的。

3. 改制企业的企业制度不完善,内部管理体制存在巨大的漏洞

对于大多数国有企业来说,目前企业股份化重组的阶段基本过去了,但许多改制企业没有完全达到"产权清晰、权责明确、政企分开、管理科学"的要求,并不完全符合《中华人民共和国公司法》的规定,制度上存在不少漏洞。

首先,改制企业一般采取公司制的形式,其中国家股和国有法人股的所有者有明确界定,所以,看起来好像是产权明晰的,但是由于由原来的国有企业(有的叫控股公司,有的叫集团公司,有的叫资产管理公司)作为国家授权的投资机构行使控股股东——国有股股权,而授权投资机构本身作为一个企业,它的经营者同时是所有者的全权代表,因此,真正的所有者并不在位,所有者与经营者之间的制衡关系也无从建立,因而可以说继续存在着内部人控制的情况。在"授权投资机构"既是所有者的全权代表又是受雇的内部人的状况下,某些"授权投资机构"的领导人就有可能利用手中的权力为自己或为自己的小团体谋利益。其中一种常见的做法,就是作为"授权投资机构"的母公司用拖欠货款、占有资金等办法"掏

空"上市公司,像大庆联谊、猴王股份、济南轻骑等上市公司都是被母公司挖空的。出现这些问题,最终还是归因于财产关系变动过程中,国家作为所有者没有负起自己的责任,没有对受托行使权力的人进行有效的监督。在这种情况下,难免发生公共财产的大量流失。

在所有者缺位的情况下,企业内部的财务控制必然变得松弛。1995年巴林银行破产事件发生以后,国际金融界的研究发现,操盘手利森(Nick Leeson)之所以能够得逞,不是外部监管的问题。新加坡证监会早就提出了巴林银行交易行为的问题,但是没有得到纠正。问题出在巴林银行的内部财务控制存在巨大的漏洞。我们知道,金融业面对的是一个风险很高的市场,而它又具有一个特点,越是第一线的操作人员,他的风险和收益就越是不对称:如果他赚了一笔钱,肯定能拿到奖金,而如果赔了,却不会自掏腰包。所以,对操作者来说,总是倾向于从事高风险的交易。为了防止操作人员的这种倾向损害公司利益的行为,就需要加强公司的内部财务控制。而内部财务控制的最终环节,是所有者对自己财产的强烈保护意识。如果所有者不在位,即使下面各个环节都一环扣住一环,也难保不出事。因为,只要最后一个环节是放开的,整个委托代理链条就是松的。我们的问题就出在最后一个环节没有弄清楚谁是资产所有者。于是在国有的证券公司、期货公司中就很容易出现"做老鼠仓",赚了是自己的,赔了算公家的一类情况。目前国有银行的不良资产数量巨大,已经剥离了14000亿元,现在账面上还有18000亿元。这种巨额亏空有相当一部分是与国有经济领域的腐败有关的。

(三) 利用市场的不规范牟取暴利

理论经济学在考察市场交易活动的时候,首先假定面对的是一个完善的市场。在这样的市场上,掌握着充分信息的人们进行平等的交易。而在实际的经济生活中,即使所有者之间平等交易的市场已经初步建立起来,它也从来是不完善的。市场不完善最重要的原因,是交易双方掌握的信息不对称。在信息不对称的情况下,信息强势方面能够利用自己的信息优势通过损害信息劣势方面而获益。针对这种情况,为了使市场机制正常地发挥作用,就需要通过对市场进行监管来规范交易行为。例如在商品市场上,消费者通常是信息的弱势方面。一个现代的消费者需要的消费品品种何止千百种,他绝无可能全面掌握各种产品的生产成本、内在质量等信息。而商品的生产者和销售者对商品的底细却比较清楚。这样,某些商家就有可能利用这种信息优势,用漫天要价、以次充好等方法欺骗消费者。因此,在成熟的市场经济中通常有整套的办法来防止信息不对称带来的问题,比如说工商行政部门的注册登记、消费者权益保护组织对信息弱势方面提供的信息支持等。

我国市场经济还在建立的过程之中。我们所要面对的,不仅是由市场经济固有矛盾所产生的问题,更重要的是由市场关系尚未建立所造成的问题,所以,情况比起成熟的市场经济来说就更加复杂。

在我国市场上,既存在欺行霸市、强买强卖、特权垄断这类前市场经济的丑恶行为,也存在腐败的市场经济中的欺诈舞弊、蒙骗消费者的恶劣行为。

金融、证券市场是一个信息高度不对称的市场,规范和监管显得尤为重要。金融市场监管的主要内容包括:(1)强制性的信息披露。上市公司要全面及时准确地披露信息,降低信息不对称性。证券监管机构的主要职能就是纠正和惩罚虚假披露行为。《中华人民共和国证券法》就规定了上市公司的信息披露义务。(2)严格禁止内幕交易。掌握公司内部信息的人进行有利于自己的内幕交易,损害不掌握这种信息的外部投资者的利益,在市场经济中被看作一种刑事犯罪。所有公司相关人员,包括董事、高层经理等都会被禁止在一定的时期内(例如在财务报告尚未向公众公布时)买卖本公司的股票;即使在允许交易的时候,他们的这种买卖也要登记在案。(3)惩治操纵市场价格的活动。由于市场价格的高低是由信息左右的,证券市场上的犯罪分子往往用制造虚假信息、坐庄炒作等方法操纵股价,从中取得暴利。在市场经济中,通常把操纵市场看作一种严重的刑事犯罪。《中华人民共和国刑法》也把内幕交易和操纵股价定为刑事犯罪。证券监督机关和其他执法机关要联手对有关案件进行侦查、取证,并对犯罪嫌疑人提起公诉。

目前我国证券市场上虚假陈述、内幕交易、庄家操纵都非常严重。西方发达国家的证券市场上也不断出现丑闻,但我国证券市场出现的问题,无论就它们的严重程度,还是从发生的频率看,都比发达国家严重得多。

更加值得警惕的是,对于违法违规活动的处理很不得力,坐庄操纵等我国刑法明文规定的犯罪活动可以明目张胆、肆无忌惮地进行,而一些不法分子利用混乱的市场环境轻易地聚敛巨额财富,却很少受到法律的惩处。

中国股市不正常状态的产生,与证券市场定位不正确有密切关系。为什么市场经济需要发展证券市场?现代经济学认为,证券市场的基本功能是通过股市交易,使资本资源流出低效企业,流入高效企业,实现资本资源的优化配置。但在我国股市建立后的一段时间里,管理当局却定下了"证券市场要向国有企业倾斜""证券市场要为国企融资服务"的方针。为了让上市企业能够从证券市场融到更多的资金,管理当局除了不时发表鼓励性言论,实行"政策托市",还从供给和需求两个方面采取措施来抬高股价。从供给方面说,采取的主要措施一是设立上市额度,"限制扩容";二是划分"流通股"和"非流通股",只让 1/3 的股票上市流通。这些做法使流通股的股票市价虚升暴涨,平均市盈率(市价对盈利之比)高达 60—70 倍,即投资者要用 60—70 年才能靠企业盈利收回投资。在这种情况下,一方面,谁能通过审批获得上市的权利,谁就可以轻易地靠圈钱暴富,这使股市变成了一个巨大的"寻租场";另一方面,过高的市盈率和过低的利润成长性,使大多数股票失去了投资价值,人们不能指望从投资取得回报,只能希图从投机炒卖中赚取差价。

证券市场的蜕化严重妨碍了它的正常功能的发挥。但是,有一些人却懂得这样的市场的可利用之处。于是某些具有权力背景或有内幕消息的人们就与上市公司、金融机构的内部人员勾结起来,"坐庄"操纵,获取暴利。股市的单纯投机炒作对上市公司的实业经营者并无好处,因为"股不在好,有庄则灵"。对于中小投资者也没有好处,因为他们没有别的办法,只好设法"跟庄走天下"。操纵股价本来是我国法律明文规定的犯罪行为,但在书店中、报摊上有关如何识别"庄家",以便跟随他们赚钱的书籍、软件琳琅满目。传授种种"炒作经验"的论说连篇累牍,作为"党的喉舌"的官方媒体也不例外。这使股市成为一个"没有规矩的赌场"。在目前下岗职工的社会保障体系还没有建立起来的情况下,用虚升的股价吸引下岗职工拿他们微薄的收入投入股市,是尤其危险的。弄得不好,就会对社会稳定构成威胁。

在我看来，这种政府托市、让国企"圈钱"的做法是完全错误的。这样做，不但使大量中小投资者被"套牢"，而且也使政府陷于"骑虎难下"的两难困境。现在成千上万的中小投资者已经套在了这个不正常的市场的战车之上，如果不采取进一步的托市措施，虚高的股价不能维持，这会招致无端受损的现有持股人的不满，使政府的威信大受损伤；而要托住股价，必须大量注入资源，这样做又会危及我国金融体系的安全。

当人们发现不受约束的权力能够使人暴富的时候，有些人就会不择手段地牟取这种权力。其中的一种办法就是"跑官""买官"，于是大致从20世纪90年代中期开始，有些地方就悄悄兴起了"买官""卖官"的风气。这种恶劣的风气必须采取切实有效的措施加以制止，否则将严重侵蚀党的肌体，损害它执政的合法性。

二、有效制止腐败蔓延的几种方法

（一）尽量减少行政干预和行政审批，铲除寻租活动的基础

前面我们根据经济学的分析指出，"权力搅买卖"，即寻租环境的存在是腐败产生的重要根源。由此可以得出结论，为了从源头上反腐败，必须在消除寻租活动赖以存在的环境，即减少行政权力对经济活动的干预上下工夫。2000年4月尉健行书记[1]在广东考察时指出，为了从源头上反腐败，要尽量减少行政审批。这个提法抓到了问题的关键。后来，中国共产党第十五届中央纪律检查委员会第五次全会的公报也指出，必须从源头上反腐败，必须尽量减少行政审批。中纪委的这一决定是与现代经济学对寻租活动的理论分析完全一致的。

对于行政审批与腐败的关系，常常有一种错误的认识，以为加强审批是抑制腐败的有力手段。其实正像寻租理论告诉我们的，事情恰恰相反，增加一道审批就增加了一项新的寻租可能性。以股市的情况为例，有些人想用加强审批的办法来抑制上市过程中的舞弊、诈骗活动，一个公司要上市，要经过省级党政机关的推荐和证券市场监管当局的多道审批，由此

1　时任中共中央纪律检查委员会（简称"中纪委"）书记。

把申请上市的过程变成了一个复杂的、多环节的寻租过程,企业上市时所需付出的寻租成本也规模巨大。中国的证券市场曾经有一种很不正常的现象,就是一个已经资不抵债的空壳上市公司的名号(所谓"壳资源")要卖几千万元。原因很简单,走法定的审批程序所需付出的机会成本,即打点各方的费用也高达数千万元。

在中纪委第五次全会决定的影响下,减少行政审批成为2001年"两会"的一项中心议题,各级党政领导纷纷提出取消不必要的行政审批。一年过去了,各部门和各地区都公布了自己已经取消了多少项行政审批。不过也有一种议论,认为有些地方公布的成绩有水分。例如取消了一些无关紧要的审批项目,却把重要的审批项目保留下来;还有一种情况是一个部门取消了,别的部门又加上了,如此等等。我们必须再接再厉,把减少一切非必要的行政审批的工作进行到底。

(二) 推进国有企业改革,使之到位

国企改革有两个方面,一个方面是布局调整,放小放中,退出非战略性行业;另一方面是国有企业改制。就前一方面而言,现在各地区的发展很不平衡;而且目前在产权改革中,私相授受、自我交易、半买半送等腐败活动也多有发生。所以,还需要在规范的基础上继续推进。

就后一方面而言,我认为应当采取以下措施。第一,为了改变"所有者不在位"的状态,需要改变多个部门管理、"五龙治水"的状态,建立全权代表国家掌握财产权的综合性机构,按照《中华人民共和国公司法》的规定统一行使股东的权能。第二,需要改变目前这种把国有企业的核心资产剥离出来建立上市公司,把非核心资产(存续企业)留在母公司,授权母公司(控股公司或集团公司)作为"授权投资机构"行使国有股权的做法。因为,这样做只是把运作性公司(子公司)这一级的所有权明确了,但"授权投资机构"这一级企业的所有者和经营者制衡关系没有建立,相反形成了所谓"内部人控制下一股独大"的"掏空机制"。建议无论以存续企业为基础建立的母公司还是以核心资产为基础建立的上市公司都直接由前述的国有资产管理机构代表国家行使产权。

(三) 建立健全法治

过去我们主要采取两种方法处理腐败问题:一种是进行专案查处,

另一种是发动严打运动。回过头去看,这两种办法并不是很有效的。今后应当把反腐斗争纳入法治的轨道。法治的最起码的要求,是实现反腐的法制化。这就是说,不是用个别的措施对腐败案件作专题处理,而是从制度层面解决问题,否则很难避免少数纪监干部疲于奔命地到处救火的被动局面。进一步说,是要像十五大所要求的那样,建立法治,即法的统治。这就是说,宪法和法律至上,一切团体和个人都服从法律和作为法律制定依据的宪法。

建立法治对我们来说是一项十分艰巨的任务。1997年党的十五大提出建设法治国家的任务,但现实的进展比较慢,首要的原因是我国在历史上没有法治的传统。在封建时代,法律制度只是皇帝手里的一个工具。中华人民共和国建立以后的一段时间,有的政府领导人很关心法治的建设,但在1957年以后却把法治说成是"资产阶级右派观点"。报刊上反复宣传列宁语录说,"无产阶级专政是不受任何法律束缚的专政"。还有毛主席语录,提倡"和尚打伞"(意即"无法无天")。虽然近年来党和政府的领导人强调依法行政和建立法治,但观念上的惰性仍旧是我们必须克服的首要障碍。除此而外,还要在以下方面加强建立法治的工作。

1. 确立宪法的至高无上地位和施行宪政

《中华人民共和国宪法》是我国的根本大法,其他的法律和行政机构的政令都必须符合宪法。宪法的主要内容是保障人民的基本权利,首先是财产权利,不论是公有产权,还是私有产权,都受到法律的保护,不得侵犯。与此同时,要划定政府的权限范围,防止政府滥用权力和侵犯公民的基本权利。而腐败的本质正是利用手中受委托行使的公共权力侵占公民的财产权利和经济利益。寻租活动普遍化的一个重要原因就是政府管得太宽,政府官员的自由裁量权又太大。实行宪政的一个基本要求是实现权力制衡,不允许有任何至高无上、不受约束的权力主体存在。

2. 建立透明的法律框架

在法治的条件下,法律必须具有透明性。透明性的基本要求是:第一,立法过程要有公众的广泛参与,法律草案要让公众能够参与立法的过程。第二,法律要为公众所周知。现在有不少机关都把法规当成自己的私有信息,外人都不知道有哪些有关的法规,具体内容是什么,于是不法官员便能上下其手,枉法害民。按照现代法治观念,不为公众所周知的法律,是不生效的法律。第三,要使公民对自己行为的法律后果有可预见性。比如按照法治理念,法律只能管法律颁布以后的行为,不能追溯过去的行为,否则行为主体就没有办法主宰自己的命运,而只能靠找关系、送贿赂等办法央求具有很大自由裁量权的官员帮忙开特例,才能办成自己的事情。

3. 保证司法的公正性和独立性

法官独立审判和公正执法,是建立法治的一项基本要求。目前,司法人员的腐败和行政干预是实现这一基本要求的主要障碍。为了消除这种障碍,除了完善制度,主要是加强人民群众的监督和各级党委的监督。在我看来,共产党作为执政党的政治领导和社会主义法治所要求的司法独立两者是可以得兼的。首先,作为一个执政党的政治要求和纲领要通过法定程序成为法律,至于每一个党员和党的组织都只能在宪法和法律的范围内活动,任何人都不能高于法律。其次,各级党委对司法工作的监督保证作用应该体现为监督保证法律程序的公正性,而不是干预具体案件的审判和决定审判结果。目前,对司法公正性和独立性的另一重要威胁,来自所谓"司法地方化"。跨地区的经济纠纷案件的审理结果,往往由哪一边拥有司法管辖权决定。发生经济纠纷后,这边派人越境抓人,那边也派人越境抓人。这是极不正常的。对"司法地方化"的问题,已经提出了一些匡正的办法,例如在法官的任命程序上应当对地方人民代表大会的权力有所约束。另外,也有学者建议组织最高法院的巡回法庭,审理跨区案件,这些都应当及时采取可行措施来加以解决。

(四) 建设社会主义民主政治

肃贪反腐不能仅仅依靠国家权力机关的自我约束,说到底,还要靠人民大众行使他们当家做主的权利,对政府进行监督。也就是说,归根到底要靠民主的政治制度。

1945 年,黄炎培和几位民主人士访问延安,谈到治国方略。当时黄炎培向毛泽东提出:大凡一个团体乃至一国,初起之时都是艰难困苦、聚精会神,因而生气勃勃;而一旦环境好转,便惰性发作,"一部历史'政怠宦成'的也有,'求荣取辱'的也有,'人亡政息'的也有","真所谓'其兴也悖焉,其亡也忽焉'"。黄炎培希望共产党能找出一条新路,来跳出这个周期律的支配。毛泽东回答说:"我们已经找到新路,我们能跳出这周期律。这条新路,就是民主。"

往后的历史告诉我们,不坚决地走毛泽东主席在上述讲话中所说的这条路,任何良好愿望或庄严承诺都是靠不住的,中国也终于未能避免20世纪50年代中期到70年代中期的那种巨大的曲折和灾难。当然,建设民主政治不可能一蹴而就。这将是今后要着力达到的一个长远目标。但是无论如何,这方面的实质性推进才是遏制腐败蔓延的根本保证。

保持社会公正是转型时期的一个尖锐问题 *

（2003 年 10 月）

中国经过 20 多年的改革开放，市场经济取代计划经济已经是不可逆的历史定局。问题在于中国将要建立什么样的市场经济，是一个权力干预、腐败扭曲的市场经济，还是一个规范公正、有利于大众的市场经济。在目前的国内外环境下，回到计划经济去的图谋是注定不能实现的。但是，如果中国的社会发展走上了歧路，那么，陷进权贵资本主义的泥坑是有可能的。

这种历史的歧路，中国是曾经经历过的。旧中国在从农业社会到工业社会的发展过程中，就曾经走过这样的弯路。在上个世纪 20—30 年代，中国的现代化曾经一度出现过好的势头，可是不久以后，特别是抗日战争爆发以后，国民党政权急速地走向了官僚资本主义，即"买办的封建的国家垄断资本主义"[1]。正是针对这种情况，毛泽东提出了打倒官僚资本主义、建设新中国的口号。这个口号把全国绝大多数人民团结在革命旗帜下，只用了短短的三年时间，就推翻了当时看起来十分强大的国民党政权，取得新民主主义革命的成功。

按照 1945 年中国共产党第七次全国代表大会确定的计划，在新中国

---

* 根据本书作者所著《当代中国经济改革》第十一章的有关论述编写[吴敬琏（2003）《当代中国经济改革》，上海：上海远东出版社，2004 年，第 386—390、394—398 页]。本文首发于《呼唤法治的市场经济》，北京：生活·读书·新知三联书店，2007 年，第 368—377 页。又见《吴敬琏文集》，北京：中央编译出版社，2013 年，第 1136—1144 页。

1 毛泽东（1947）：《目前形势和我们的任务》，载《毛泽东选集》（一卷本），北京：人民出版社，1966 年，第 1243—1262 页。

建立以后相当长历史时期中的任务，是发展新民主主义经济。但是恢复时期刚刚结束，毛泽东就迫不及待地否定了党的七大确定的纲领，急速转向在国有化和集体化的基础上实行集权的计划经济，以为采用集中计划动员和配置资源，将使中国能够在很短的时期内实现国家工业化，赶上和超过发达国家。殊不知集权计划经济不但由于资源配置缺乏效率，使中国的工业化付出了极高的代价，人民生活水平在1957—1977年长达20年的时期中几乎没有什么提高；而且由于抑制了人民群众创造力和当家作主权利的发挥，官僚腐败也以官僚特权为依托逐步滋生。毛泽东在发动"文化大革命"时，正是以党政领导机关内部这种腐败力量的存在为依据，提出"打倒走资本主义的当权派""实行无产阶级的全面专政"的口号，以便动员群众为他所信任的"左"派领导人夺权摇旗呐喊。"文化大革命"造成了巨大的灾难，使国民经济濒临崩溃的边缘，从而使从计划经济到市场经济的改革不可避免地发生了。

从计划经济到市场经济的转轨过程，也会出现岔道和弯路。其中之一，就是离开建立规范的、法治的市场经济的方向，走上所谓权贵资本主义（crony capitalism）的道路。在改革开始的时候，不少人以为，只要放开市场就能保证经济的昌盛和人民的幸福。但是实际情况表明，虽然目前世界上宣称实行市场经济的国家占了绝对多数，但是建立起规范的市场经济的国家并不多。许多国家仍然在原始市场经济权力资本支配的陷阱中挣扎。计划经济国家进行市场化改革，弄得不好，也会掉进权贵资本主义的陷阱。出现这种结果概率很高的原因是：在转型时期利益结构大调整的过程中，某些拥有支配资源权力的人往往能够利用手中的权力为自己谋取私利。如果一个国家建立了有效的民主制度和法治环境，抵制权力腐败的能力也许会强一些，但在转轨国家通常并不具备这样的条件。

这样，在中欧、东欧以及组成为独联体的一些原社会主义国家在转型过程中就出现了严重的社会不公问题。其中有些国家，如俄罗斯采取了"证券私有化"（voucher privatization）的办法，意在通过将原来的公共财产平均分配给每一个人，实现财富初始分配的平等，然后在市场公正博弈的过程中把财富配置到最勤劳、最有经营才能的人手中。但实际的结果却并不是这样。有权的人先拿了大头，然后凭借自己的权力和财富优势继续掠夺大众。

中国采取了与此不同的转型道路,但是种种社会不公的问题仍然相当普遍地发生,以致有学者惊呼,"权贵资本主义"或"官僚资本主义"已经成为一种现实的危险。[1] 从 20 世纪 90 年代初期,就有学者开始呼吁公正的改革,提出要防止"掌勺者私分大锅饭",更不能允许"掌勺者私占大饭锅"。20 世纪 90 年代中期以后,在我国"放开搞活中小企业"的过程中,也出现了对掌权的人们"半卖半送",而一般职工却被"扫地出门"这类背离社会公正的情况。学者将这一类行为称为"卖方缺位"的"看守者交易"。[2]社会公正问题已经成为中国思想界 20 世纪 90 年代后期以来被关注最多的问题之一。

总之,建立规范公正、有利大众的市场经济,就成为转型时期一个尖锐的社会问题。它的核心是,是否应当和如何在大变革中力求保持社会公正。

一、 社会公正具有普世价值

社会主义作为一种社会理想,它的核心是追求社会公正,要求实现共同富裕。

社会公正不仅是各种流派的社会主义者的理想追求,在当代世界,许多非社会主义的思想家和政治家也主张社会公正。

从坚持社会公正这种普世性价值观看,在转型过程中努力保持机会的平等和起点的公正、防止权贵资本主义的产生都是至关重要的。

二、 转型期中不同社会阶层收入差距的扩大

在计划经济的条件下,除少数高级官员按职务级别规定的住房、用车等"待遇",以及工、农之间存在较大的收入差别外,个人收入趋于均等化。

---

1 参见吴敬琏(2001):《正本清源,分清是非》,载《读书》,2001 年第 7 期。
2 秦晖(2003):《中国转轨之路的前景》,载《战略与管理》,2003 年第 1 期。

改革开放以后,人们的收入开始拉开差距。在增量改革时期对不同地区、不同部门、不同经济成分采取不同的政策,也使在不同地区和不同企业中就业的人们收入差距扩大。邓小平在 80 年代初期提出"让一部分人先富起来"[1]的政策,这种政策的本意,是让勤于劳动、善于经营的人先富起来,带动广大人民逐步实现共同富裕。由于以上原因形成的居民收入差距扩大,是一种正常的现象。不正常的是,由于工作失误和政策偏差,一方面是少数掌握支配资源权力的贪官污吏和有寻租门道的人能够凭借权力成就暴富;另一方面普通劳动者,特别是国有企业"下岗"职工和一般农民从改革中得益甚少,甚至收入水平下降。再有如反复出现的通货膨胀,使"从手到口"的工薪阶层的劳动所得遭到剥夺,经济萧条更使广大低收入居民雪上加霜。另一方面,通货膨胀无论表现为商品价格飞涨还是资产价格飞涨,对那些有权力倚靠的金融市场弄潮儿不但无害,而且可以浑水摸鱼。因此,宏观经济的大幅度波动必然遭致群众不满和导致社会不稳定因素的增长。

收入最低的人群包括:

(1)国有企业的"下岗职工"。由于国有企业改革的迟滞,它们的财务状况从 20 世纪 80 年代中期起日趋恶化,国有企业一般职工的收入难以有大的改善。遇到财务困难的国有企业在改革的早期阶段主要靠政府的财政补贴支撑。20 世纪 80 年代中期以后靠银行贷款维持,到了 90 年代,当国家财政和国有银行都无力向它大量"输血"时,国有企业就面临巨大的经营困难乃至发生支付危机。国有企业财务状况的恶化,直接威胁到广大国有企业职工的基本生活和社会安全保障。20 世纪 90 年代以来,每年有大量国有企业职工"下岗"。1997 年亚洲金融危机爆发以后,出口不振、需求减少使国有企业"下岗"问题更趋严重。2001 年的城镇登记失业率为 3.6%,2002 年为 4%,2003 年上半年达到 4.2%。

(2)没有非农收入的农民。改革开放以来,我国农村贫困人口大幅

---

1 "农村、城市都要允许一部分人先富裕起来,勤劳致富是正当的。一部分人先富裕起来,一部分地区先富裕起来,是大家都拥护的新办法,新办法比老办法好。"引自邓小平(1983):《各项工作都要有助于建设有中国特色的社会主义》,见《邓小平文选》第 3 卷,北京:人民出版社,1993年,第 23 页。

度地减少。据国家统计局农调队的调查报告,我国农村的贫困人口已由1978年的2.5亿人减少到1999年的3.4千万人。但是与城市居民收入水平迅速提高形成鲜明对比的是,农村居民收入提高十分缓慢。改革之初由于家庭联产承包责任制使农民收入有了大幅度提高。1985年以后,城乡差距开始扩大。

表 贫困线标准和中国农村贫困人口数量减少(1990—1998年)

年份	中国官方标准			国际标准(每人1美元/天)	
	贫困线(现价)元(人/年)	农村贫困人口(100万)	贫困人口占农村人口比例(%)	农村贫困人口(100万)	贫困人口占农村人口比例(%)
1990	300	85	9.5	280	31.3
1991	304	94	10.4	287	31.7
1992	317	80	8.8	274	30.1
1993	350	75	8.2	266	29.1
1994	440	70	7.6	237	25.9
1995	530	65	7.1	200	21.8
1996	580	58	6.3	138	15.0
1997	640	50	5.4	124	13.5
1998	635	42	4.6	106	11.5

资料来源:World Bank(2000),*China:Overcoming Rural Poverty*,Joint Report of the Leading Group for Poverty Reduction,UNDP and the World Bank,Report No. 21105 - CHA. p. xiii Table 1.

由于离土不离乡的乡镇企业的发展带动劳动力转移,以及离土又离乡的农民工,使农民收入还是有了进一步的提高。而随后,这种局面就渐渐地发生逆转。城乡居民收入差别在改革的前十年一度缩小以后,从20世纪80年代末期开始再趋扩大。1993年,农民与非农业居民消费水平的差距已经扩大到与历史上最高的1959年相等的水平。[1] 2003年3月,国家统计局副局长邱晓华说,中国城乡居民收入差距可能达到6:1,而世界上多数国家的城乡收入之比为1.5:1。[2]

---

1 1993年中国非农业居民的平均消费水平是农民平均消费水平的3.2倍,与历史上最高的1959年相等(参见《中国统计年鉴》各年)。

2 中经网(www.cei.gov.cn)2003年3月11日消息。

据世界银行估计,中国城乡合并计算的基尼系数从 1984 年的 0.3 升到 1989 年的 0.35。[1] 这时不平等程度尚可说处于中等水平。到了 20 世纪 90 年代,进而达到超过 0.4 的高水平。有两项研究得出了相似的结果:一项是中国社会科学院经济研究所"收入分配课题组"根据两次住户抽样调查数据,对 1988 年和 1995 年全国的基尼系数进行了估计,它们分别为 0.382 和 0.452。[2] 另外一项研究结果是,基尼系数从 1988 年的 0.38 上升到了 1995 年的 0.45。[3] 南开大学经济研究所根据国家统计局资料计算,居民收入基尼系数由 1988 年的 0.35 上升为 1997 年的 0.40,当计入偷税漏税、官员腐败、集团消费转化、其他非法收入之后,居民收入实际基尼系数由 0.42 上升为 0.49。[4] 还有学者估计我国居民收入实际基尼系数已经超过 0.5,属于世界上收入分配不平等比较严重的国家。[5] 根据衡量各社会集团收入水平差距的"五分法"指标,我国近邻日本国最富 20% 家庭全部收入与最穷 20% 家庭全部收入之比为 4 倍左右,而据中国人民大学的调查,我国竟达 11.8 倍,超过了差距处于高水平的美国(约 11 倍)。[6] 收入差距的继续扩大,必然对社会稳定造成威胁。

20 世纪 80 年代以来,由于通货膨胀、行政腐败和收入分配不公等问题的激化,居民不满情绪日趋严重,导致了 1989 年政治风波中一个当局感到最为棘手的问题的发生,即许多青年学生和普通群众卷入。[7] 90 年代以来,由于国有企业改革长期滞后而引起的企业效益的长期低下,大大限制了职工工资收入的稳定和提高,老职工的社会保障问题以及下岗工

1 转引自联合国开发计划署(UNDP, 1997):《中国:人类发展报告 1997》,联合国开发计划署北京代表处,1997 年,第 47 页。

2 赵人伟、格里芬主编:《中国居民收入分配研究》,北京:中国社会科学出版社,1994 年;赵人伟、李实、李思勤主编:《中国居民收入分配再研究》,北京:中国财政经济出版社,1999 年。

3 Azizur Khan(1997):在中国收入分配研讨会上提交的论文,转引自联合国开发计划署(UNDP, 1997):《中国:人类发展报告 1997》,联合国开发计划署北京代表处,1997 年,第 47 页。

4 陈宗胜、周云波(2001):《非法非正常收入对居民收入差别的影响及其经济学解释》,《经济研究》,2001 年第 4 期。

5 王绍光、胡鞍钢、丁元竹(2002):《经济繁荣背后的社会不稳定》,载《战略与管理》,2002 年第 3 期。

6 《中国市场经济报》,1995 年 7 月 26 日,第 8 版。

7 邓小平在 1989 年 5 月 31 日对两位中央负责人的谈话中指出:"这次出这样的乱子,其中一个原因,是由于腐败现象的滋生,使一部分群众对党和政府丧失了信心"(《组成一个实行改革的有希望的领导集体》,见《邓小平文选》第 3 卷,北京:人民出版社,1993 年,第 300 页)。

人的生计等问题,使各种规模的工人抗议活动也不时发生;再有,各地农民的收入增长速度下降,而负担不断加重,还有进城务工的人与城市居民收入水平的差距,也引起了人们极大的不满。贫富差距扩大到这样的程度,有害于社会安定,也给中国进一步的改革和发展带来了难题。

三、 必须努力保持社会公正

作为集中计划经济的制度基础的,是大一统的国家所有权。在这样的产权基础上,市场经济是无法生存的。为了给市场经济奠定制度基础,转型的一项重要任务,是对多种形式的产权作出明晰的界定。如何在明晰产权的过程中保证起点的公正,是一个严重的问题。比如说,在国有经济的改革和"放开搞活中小企业"的过程中,出现了掌权者或掌权者的"亲信"和"关系户"蚕食和鲸吞公共财产的问题。对于这类行为,除了要靠完善处理产权的规章制度和从上到下的监督来加以制止,更加重要的是实现交易过程的透明化和保证公民的知情权等宪法权利的行使和对政府工作人员进行有效监督。

2003 年以来,关于"富人的原罪"和"第一桶金的罪与罚"问题引起了激烈的争论。[1] 一种主张是无条件地实行税收大赦,"过去的事既往不咎"。[2] 另一种相反的主张是对所有违法违规行为都要彻底追究,绝不能赦免。[3] 还有一种主张是实行有条件的赦免,即在进行登记并补交税款以

---

[1] 见新浪财经 2003 年财经观察"中国富人"讨论;《关于第一桶金的罪与罚》,《新经济》,2003 年第 Z1 期。

[2] 张维迎认为,"应对企业家实施'税收特赦政策',也就是说从现在开始,过去的事既往不咎,因为过去的事很多是由历史条件造成的,如果我们想要所有的企业都按照单纯的税率交税的话,没有几个企业可以生存下来,所以能不能从现在开始,再有任何人敢偷税漏税就更加严厉地惩罚,这样企业家就能够放下思想包袱,从现在开始,大胆地为国家作贡献,为国家纳税。"[见张维迎(2003):《应实施"税收特赦"政策》,载《新经济》,2003 年第 Z1 期]

[3] 杨德明认为:"如果资本的积累是以非法的手段得来的,其实就是腐败,这是不允许的,必须要追查到底,这个原则必须坚持。在这个重大的原则问题上,我们绝对不能让步。我们必须通过反腐败的形式把这一部分财富追回,并对有关犯罪人等依法处理,决不能姑息遗患,否则就是对国家和人民的犯罪。"[见杨德明(2003):《关于第一桶金的罪与罚》,载《新经济》,2003 年第 Z1 期]

后,将其视为合法财产,所有权受到法律保护。[1] 许多人认为,第三种主张可能是比较合理和可行的。他们的理由是:在转型时期行政权力对资源配置有很大的控制权力的环境中,业主们在致富过程中有某些违法违规的行为的情形是会普遍发生的。但是他们的这种过失与大鳄们主要靠权力运作致富仍然有原则区别。采取"有条件地大赦"的做法,既能使前一类人得到解脱,也使后一种人不能混迹其中而逃脱法律的惩处。

如何处理平等与效率之间的关系,也是近年来学界和经济界争论的一个焦点。一种观点认为,分配的平等是社会主义的一种根本性的要求,因此应当提出平等至上的原则,而不能把效率放在重要地位;另一种观点认为,中国还是一个穷国,只能考虑提高效率,而不应当"兼顾平等"。其实根据美国经济学家 A. 奥肯(Arthur M. Okun)提出的"效率与平等存在替换(trade-off)关系"或负相关关系的原理[2],平等可以从机会的平等和结果的平等两个角度去观察。奥肯所说与效率有着替换关系的平等,指的是结果的平等。至于机会的平等,则大体上同效率有着互相促进的关系(正相关关系),而并不存在负相关的关系。因此,二者应当是可以兼得的。对于计划经济所带来的平均主义而言,应当强调效率优先,而针对目前由机会不平等造成的贫富悬殊而言,则应强调公正至上。

当前我国收入不平等加剧的现象,主要是由机会不平等造成的。对于这种不平等和由此造成的贫富差别悬殊,需要通过市场取向的改革和实现机会的平等来解决。从这个意义上说,谋求平等和提高效率是一致的。

当然,在市场经济的条件下也会发生机会的不平等。比如说在知识经济的条件下,知识水平越高的人就业机会越多,收入的水平也越高;相形之下,没受过高等教育或者不具备适用的专业技能的人将面临前所未有的就业压力,收入水平相对较低,会出现"数字鸿沟"(digital divide)。

1　郎咸平提议:"民营企业可以用钱'赎罪',具体的'赎罪'方法为 BOT 和征收累进遗产税。当然,那些证明是故意欺诈犯罪的例子不在其中,它们自然应该被依法处治,断无商量余地。这也是'轻罪和解,重罪司法'的精义。"[见郎咸平(2003):《制度化处理民企原罪》,载《经济观察报》,2003 年 6 月 16 日]。

2　Arthur M. Okun (1975): *Equality and Efficiency: The Big Tradeoff*(《平等与效率:重大的权衡》),Washington: The Brookings Institution.

对于这种不平等，要靠政府发挥其普及教育等公共职能来加以消弭。

此外，在市场经济下还必然发生的结果不平等，也应当督促政府采取必要的社会政策，例如增强社会福利设施，课征个人所得税、遗产税、资本利得税(capital gain tax)等办法来加以缓解。

关于完善公益捐赠法的建议*

（2004 年 3 月）

目前中国社会分配两极分化的问题越来越严重，影响社会稳定。根据其他国家经验，作为政府收入再分配等政策的补充，社会公益事业可以调节社会财富分布，扶助弱势群体。随着经济和社会进步，一部分先富起来的人乐于资助公益事业，另有一些并不富有但是关心民间疾苦和社会改良的人士也热心于公益事业，他们已经发展起形形色色的民间公益组织，做了大量有益的工作。1999 年全国人大制定《公益事业捐赠法》，以鼓励捐赠、规范捐赠和受赠行为，保护捐赠人、受赠人和受益人的合法权益，促进公益事业的发展为主旨，但是现有立法存在以下问题：（1）没有涉及建立基金会之类的公益组织，似乎捐赠对象只限于现有的组织或单项事业；（2）在税收上给予优惠的条款模糊，也没有具体的操作办法和执行部门，致使未能起到保障公益捐赠的应有作用；（3）1998 年发布的《民办非企业单位条例》则规定其成立必须由主管业务单位批准，通篇是"不得"做什么，关于保障权益的条款空泛。

有鉴于此，出台一部专门用于民间公益捐赠的切实可行的法律已是当务之急。其目的在于使政府、捐赠者与接受者各方的权利义务都有明确的规定和保障，并使公益事业成为全社会认可和理解的常规现象，从而

---

* 这是本书作者 2004 年 3 月 3 日领衔提出的全国政协提案，提案号：4069；联合提案人有郭树清、秦晓、殷介炎、康义、乌杰和林毅夫等委员。载吴敬琏：《呼唤法治的市场经济》，北京：生活·读书·新知三联书店，2007 年，第 393—394 页，题目为《建议完善公益捐赠法》；又见《吴敬琏文集》，北京：中央编译出版社，2013 年，第 1145—1146 页。

得以持续发展。

公益捐赠法应该独立于现存的"社会团体登记管理条例",是专为公益捐赠及其组织而立,包括捐赠者和公益基金会的权利和义务。大致可有如下内容。

1. 适用范围:对何谓公益事业,明确规定范围(前述 1999 年的《公益事业捐赠法》已有所规定,还可考虑补充。至少还应增加"法律救助"的内容);同时也可以明确规定不得从事的活动,例如政治活动、传教等。

2. 明确捐赠人的权利,包括所捐款项享受免税待遇、对款项用途的知情权等。

3. 对基金会以及类似组织规定最低标准的组织要求:例如宗旨、章程、决策机构等。但对注册资金应降低门槛。

4. 不论是个人还是企业捐款成立的公益基金会都应完全独立于捐赠者,由专人组成的独立机构管理,按照章程规定的程序决定符合其宗旨的用项。不得通过公益捐赠为企业的利益服务(例如变相宣传、推销本企业的产品),也不能以任何方式擅自挪用。

5. 基金会的财务及用项必须完全透明,每年(或定期)向有关部门提交报告,并向公众公布。

6. 基金会的投资或服务,不以牟利为目的,所有收入必须用于公益事业。基金会每年用于资助公益事业的资金与其资产比例的最低限额应由法律加以规定(美国目前的规定是每年必须用掉当年资产数的 5% 以上)。此外,投资所得是否交税,交多少,也应有特殊规定。

7. 规定登记的部门。在有关基金会或个人捐赠者依法行事的前提下,政府指定受理登记部门,简化登记注册手续,取消必须有挂靠单位的限制,不对其日常工作进行干预。

既要实现机会平等，也要关注结果平等[*]

（2005 年 1 月）

 收入不平等、贫富差距过大，是目前我国社会面临的一个严重问题。新一届政府非常重视保护弱势群体的利益，也采取了一系列措施，比如进行农业税改革、提高农民收入、为农民工追讨工资，等等。现在的问题是，在新的一年里，怎样使政府缩小贫富差距的努力更富有成效？

 首先，还是要弄清楚贫富差距持续扩大的根本原因何在，才能对症下药和药到病除。有一种看法认为，我国贫富差别扩大的根源在市场化改革。持这种观点的人常常引用美国经济学家奥肯关于效率与平等相互替换（即负相关）的原理，指责与中国市场取向改革相联系的"效率优先，兼顾公平"的分配原则是自相矛盾，甚至是"挂羊头，卖狗肉"。

 其实，这种论调对于效率与平等关系的解释是不确切的。收入不平等可以由不同的原因造成：它可以是由机会不平等或者起点不平等造成，也可以是结果不平等的直接表现。至于机会平等的程度，一般说来，却是与效率的高低正相关的。奥肯所说的效率与平等间的负相关关系，存在于后一种即结果不平等的情况下。例如过去高考和就业中存在的"学好数理化，不如有个好爸爸"的情况，就是发挥专业人员积极性和提高经济效率的极大障碍。

 建立法治的市场经济有助于抑制这种活动和实现机会平等，因此，既

---

[*] 原题为《实现"机会平等"应有期》，载《财经》，2005 第 2 期（总第 125 期）；又见《吴敬琏文集》，北京：中央编译出版社，2013 年，第 1155—1157 页。

有利于效率提高,也有利于收入平等的实现。邓小平提出"让一部分人先富起来",正是要激励那些勤于劳动、善于经营的人能够发挥他们的才能,在市场活动中为社会作出更大的贡献。如果不是这样,不是去推进我国的法治市场经济的制度建设,而是让少数人凭借行政权力进行寻租活动,甚至靠鲸吞国有资产和掠夺大众而暴富,效率和平等的状况都会恶化。所以,以分配状况恶化为由来反对我国市场取向改革的大方向,是没有道理的。我们应当通过市场取向的改革,进一步铲除寻租的土壤,既推进平等,又促进效率的提高。

那么,又应当怎么看待结果不平等造成的社会矛盾和效率损失,应当采取什么措施来加以消弭呢?

有一种被称为"新自由主义"的观点认为,结果的不平等无论多么过分都是正常的,也是维持竞争机制所要求的。大多数经济学家不赞成这一类主张。平等是文明人类的一种基本诉求。既然市场在实现结果平等方面很难有积极效果,政府和社会组织就应当介入,通过社会福利设施、税收政策等手段来缓解收入差别悬殊的矛盾。

在我看来,在消弭结果的不平等方面,一件眼前能够做、也完全应该做的事情,是将部分国有资产划转到职工的社会保障个人账户来偿还国家对国有企业职工的社会保障隐性负债。这件事情早在1993年中共中央决定在养老保险中引入个人账户制时就曾经拟议过,但由于种种原因未能实现。2001年再次提出,但是阴差阳错,国有股"划转"演化成性质完全不同的另一件事情——国有股"减持"。而国有股"减持"由于违反了程序公正的原则也不可能进行下去,于是偿还政府对职工的隐性负债问题也就束之高阁了。

去年召开的十六届三中全会再次重申要"采取多种方式包括依法划转部分国有资产充实社会保障基金",现在的问题是如何将上述决定落到实处。目前各级国资委已经建立,国有经济布局调整和国有企业的股份化改革即将逐步展开。划转国有资产、充实社保基金的工作必须及早作出相应的规划和部署。

向职工划转国有资产对于缩小贫富差距、消弭社会矛盾的好处可以看得十分明显。不仅如此,它对建设资本市场等其他方面的改革也会产生积极影响。

首先,这有助于解决国有企业国家股一股独大的问题,改善我国大企业的所有制结构。在原来的国有资产划拨给老职工以后,老职工集体的代表机构,比如说社保基金理事会可以自己经营或者交由基金管理公司托管。作为机构投资者的社保基金理事会或托管的资产管理公司派董事进入董事会,对推进国企改制和建立有效的公司治理好处极大。十五大要求"努力寻找能够极大推进生产力发展的公有制实现形式",在我看来,广大职工通过社会保障基金持有大企业的股份,正是这样一种公有制实现形式。

其次,这也有利于在规范的基础上发展资本市场。我国资本市场的管理层提出过"中国资本市场需要大力发展机构投资者"的口号。但是,机构投资者也是各式各样的,例如追求高回报、专做投机和短炒的对冲基金就不见得有利于资本市场的稳定。不过社保基金是不一样的。受托管理职工"养命钱"的社会保障基金,只能追求低风险的中度长期回报,因而是资本市场的稳定力量。

社保基金为何"亡羊"，又如何"补牢"？ [*]

（2006 年 10 月）

上海社会保险基金"串案"令全国震惊。这一案件涉案人员人数之多、级别之高，前所未有。然而，我们不能仅仅把眼光停留在犯有错失或罪行的人们身上，还要问一问相关的制度出了什么问题。

就引发了这一"串案"的社保基金问题而言，贪污挪用人民"保命钱"的行为，是一个久已为人们所诟病的多发现象。据新华社报道，1986—1997 年间，全国有上百亿元社会保险基金被违规动用。1998 年以来，全国收回被挤占挪用的社会保障基金总额达 160 多亿元。这些足以表明，我国现行社会保障体制存在很大的缺陷和漏洞。

实际上，对于我国社会保障体系长期存在的上述问题，社会上早就议论纷纷，要求对涉案人员进行惩处，对制度缺陷加以弥补与改正。20 世纪 90 年代的许多研究表明，贪污挪用问题之所以频繁发生，在很大程度上与我国旧有的社会保障体系实行由行政机关控制的现收现付制有关。在这种体制下，行政管理机关和基金经营机构合一，他们只对上级行政机关负责，基金收支情况无须向受益人报告，也不受他们的监督。因此，不法分子容易上下其手，以权谋私。

针对这种体制弊病，1993 年 11 月中共十四届三中全会通过的《中共中央关于建立社会主义市场经济体制若干问题的决定》（以下简称《决

---

* 载《财经》杂志，2006 年第 22 期（总第 171 期），原题为《社保基金如何亡羊补牢?》。又见吴敬琏：《呼唤法治的市场经济》，北京：生活·读书·新知三联书店，2007 年，第 365—367 页。

定》)提出了建立新社会保障体制的三项原则：第一，建立全覆盖、多层次的社会保障体系；第二，在养老保险和医疗保险中引入社会统筹与个人账户相结合的制度；第三，将社会保障的基金经营与社会保障的行政管理分开。这三项原则中的后两条，正是针对现收现付制的弊病采取的。国际经验证明，它们能够有效加强受益大众对社保基金收缴和使用的监督，防止贪污挪用。

现在看来，十四届三中全会《决定》的这些规定，除基本医疗保险是否宜于采取个人账户制尚需斟酌、养老保险的个人账户制可否采用部分积累的记账方式也需考虑外，其基本方针是完全正确的。

问题在于，《决定》通过已经13年，符合《决定》规定方针的新社会保障体系却至今没有建成。养老保险的个人账户中的基金数量很少，根本无法满足发放养老基金的需要；虽然设立了全国社保基金理事会，但根据政府内部的职能分工，它只是一个管理国家长期战略储备的机构，真正的社会保障基金仍由国家行政机关管理。这样，现收现付制社会保障体系的制度缺陷与漏洞依然故我，为不法分子贪污挪用社保基金留下了可钻的空子。

人们不能不问：涉及大众切身利益、关系如此重大的党中央决定不能落实，原因何在？责任又应归谁呢？从表面上看，建立十四届三中全会所规定的制度的最大困难，在于老职工的社会保障基金过去已经以"低工资"方式移交给国家，如果补偿没有着落，就会造成"空账户"问题，需要向现有职工征收高额社会统筹金来加以弥补；而这样做，又会引起企业和现有职工的正当不满和坚决抵制。

可是，这一补偿问题并不是不能解决的，因而绝不应构成不建立十四届三中全会规划的新社会保障体系的障碍。早在2000年准备建立全国社会保障基金理事会时，就曾经对需要用划拨现有国有资产的办法对老职工进行补偿的数额进行过计划。根据当时的计算，只需划拨1.8万亿元的国有资产，就能解决国家对老职工的社会保障欠账问题，使建立个人账户制的困难迎刃而解。所以，实现十四届三中全会《决定》，"非不能也，是不为也"。

那么，为什么"不为"？

了解建立新社会保障改革实施过程的人都知道,在《决定》通过以来的13年中,领导上多次表明要把十四届三中全会关于建立新社会保障体系的决定落到实处。但是每到关键时刻,总有一些人力图以种种理由来说服领导,把社会保障改革转回到现收现付老体制的方向上去,使行政主管机关对社会保障基金的收缴、保管和发放全权处理的权力保持不变。而这种既不向受益人报告也不受他们约束的基金管理体制的延续,正是腐败分子滥用权力、贪污挪用受益人"保命钱"的活动能够得手的体制上的原因。

　　总之,良好的制度是防微杜渐、不给腐败分子可乘之机的基本保证。所以,亡羊补牢之道,只在于实行改革攻坚,建立具有硬约束和能够有效运转的新社会保障体制。

缩小收入差距要以改善初次分配为基础[*]

（2011 年 6 月）

改革开放 30 多年来，中国经济持续高速增长，目前已经成为全球第二大经济体，人均收入水平较之改革开放前也有相当程度的提高。然而，人们之间的收入水平差距却一直呈扩大的趋势。20 世纪 80 年代末期以来，贫富分化更为加剧。一方面，在少数人手中积聚了巨量财富；据世界银行的报告，目前中国 1％的家庭掌握了全国 41.4％的财富。另一方面，劳动者收入占国民收入的比重从 1980 年的 65％下降到 1997 年的 53.4％，2007 年再下降到 39.7％，大大低于世界平均水平。一些对中国经济发展作出了巨大贡献的人们，特别是"农民工"等弱势群体却没有能够分享经济发展的成果。反映分配不平等程度的基尼系数在 20 世纪 90 年代中期突破 0.4 的警戒线以后继续攀升，目前已经达到接近于 0.5 的畸高程度。

面对这种情势，从 20 世纪 90 年代起就有愈来愈多的社会学家、经济学家和其他社会人士发出了警报，要求采取措施扭转这种危险的发展趋势。随后，党政领导机关也允诺进行收入分配改革，提出了缩小收入分配差距的政策目标。不过迄今为止，贫富差距扩大的趋势似乎仍未得到有效遏制。

回过头去看，2002 年中共十六大提出的方针"取缔非法收入，扩大中

---

* 原题为《缩小收入差距不能单靠再分配》，载《中国改革》，2011 年第 7 期；又见《吴敬琏文集》，北京：中央编译出版社，2013 年，第 1176—1179 页。

等收入者比重,提高低收入者收入水平"和 2007 年中共十七大提出的分配改革要求"逐步提高居民收入在国民收入分配中的比重,提高劳动报酬在初次分配中的比重"、到 2020 年使"中等收入者占多数"等都是完全正确的。这些方针实施效果不彰,显然需要在实际措施和执行力度上寻找原因,尽快改正。

一个显而易见的问题,是过去几年分配改革的具体措施在很大程度上局限于再分配领域中,把注意力过分集中在发挥政府的再分配功能上,而没有能够从初次分配着手,从源头上消解我国收入分配差距过大在生产层面上的成因。

首先,生产决定分配,收入分配的结构是由各种生产要素对于产出的不同贡献决定的。我国收入分配结构扭曲的基础在于目前这种政府主导、投资驱动的经济增长模式。在这种增长模式下,经济增长主要靠追加的土地投入和资本投入驱动,这样,资本所有者和土地所有者的收入也必然增长得最快;而包括专业劳动者("白领工人")在内的劳动者的收入占比则相对下降。在目前条件下,资本主要掌握在国家和国有企业手中,土地虽然名义上属于农民所有,但是由于产权并未落实到户,农用土地转为城市国有土地时的差价收益也由各级政府和相关企业获得。由此形成了在政府、企业和居民三者中,政府和企业特别是国有企业收入在国民收入中的占比愈来愈高,而劳动者报酬的占比却每况愈下的格局。

根据这种情况,为了缩小收入分配差距,就必须改变经济增长模式,从资源投入支撑的增长,转变为技术进步和效率提高支撑的增长。为了实现这一转变,一个重要措施,是加强人力资本投资,提高城乡居民的文化技术水平。只有使目前大量在初级加工业中就业、从事简单体力劳动的"农民工"成为具有一定文化和技术的劳动者,增加他们的收入,才有可能达到"提高劳动报酬在国民收入初次分配中的比重"、"提高低收入者收入水平"、"扩大中等收入者的比重"以及到 2020 年使"中等收入者占多数"等目标。

初次分配的一个重要问题,是如何增加民众的"财产性收入",包括来自土地财产、金融资产的收入等。正如前面所说,如何使我国最大的低收入群体——农民得到他们理应得到的土地财产收入,对于缩小收入差距具有重要意义。20 世纪 90 年代以来,随着我国城市化的加速,土地快速增值。但是由于农民的土地产权没有落实,作为农村土地名义所有者的大多数农民没有能够获得土地增值的好处。土地增值的绝大部分好处为各级政府所获得,成为规模巨大的"土地财政"和近年来国有资产大幅度增值的主要来源。所以,为了落实中共十七大关于"创造条件让更多群众拥有财产性收入"的要求,需要采取适当方式落实农民的财产权利,在产权明晰化的基础上进行土地的市场自主交易。有人提出目前公共租赁房资金缺口很大,何不划拨部分由土地差价形成的国有资产,投入"农民工"公租住房建设。看来,这也是一种值得考虑的选项。

除此之外,对初次分配造成扭曲的,还有以不受约束的权力为背景的行政垄断、寻租腐败。大众切齿痛恨的,也正是这种在权力干扰下机会不平等造成的贫富分化。

政府过大的支配资源和干预微观经济的权力为寻租活动创造了巨大空间。贪腐官员非法设定行政许可和不合理的准入条件,使我国租金总额达到天文数字,设租的贪腐官员和寻租的"红顶商人"也得以大发横财,同时又使没有权力倚靠的弱势企业和弱势群体失去获取合法收入的机会,乃至丧失生存空间。此外,在许多重要经济领域存在的行政垄断,是败坏我国经济环境的毒瘤。近十多年来,政府一再重申大部分产业和市场领域要对私有企业开放和平等保护,但实际进展不大。这些都使那些拥有行政垄断地位的企业利用自己对市场或公共资源的垄断权力取得高额收入。在这些部门中,腐败大案频发。还有数据表明,2008 年垄断行业员工只占全国就业人群的 8%,而工资却占全国工资总额的 50%。最高行业平均收入与最低行业平均收入的差距高达 15 倍,创造了世界纪录。因此,要理顺分配关系,就必须全面推进市场化的改革,取消各种形式的行政垄断,铲除寻租的制度基础。

如果不理顺由初次分配所决定的基本分配关系,主要依靠政府的再分配措施来矫正基本分配关系的重大扭曲,虽然能够在某种程度上抚慰缓解大众的愤懑,但是其消极后果也是不容忽视的。第一,政府大量进行补贴必然造成大幅度增加财政收入的需要,由此引致的税负增加和货币超发,会妨碍经济发展和导致"蛋糕做小"。而由此引发的通货膨胀,则会由于对工薪阶层造成最大的打击而严重损害他们的工作积极性。第二，过分地用财政税收手段来"拉平"地区之间的收入差距，会由于价值创造和价值获得的地区分离而损害各地增收节支以及为社会努力创造财富的积极性。第三，为了提高低收入劳动者的收入水平，一些国家采取过由政府直接规定工资水平和工资增幅的办法。这些国家的经验表明，用对工资进行行政干预的办法提高低收入职工的收入水平，较之采用完善劳动市场、消除就业障碍和为小企业创造更大的发展空间和更好的经营环境的办法来促进就业和提高工资弊多利少。他们的经验和教训，值得我们认真总结和汲取。

总之，从以上的分析可见，只有在形成较为合理的初次分配结构的基础上辅之以合适的再分配措施，才有可能实现收入分配改革的预期目标。因此，分配改革不能止于政府抑富扶贫的个别措施，而是要努力建设一整套完善经济和社会体制的系统，它至少包括：(1)改变粗放经济发展模式，转而依靠知识、技术创新和劳动效率。这样，中等收入者的比重大为提高，带动全体劳动者的收入水涨船高，促进消费，扩大内需，形成良性循环。(2)政府要依法行政，取缔非法设立的行政许可和行政审批，铲除寻租的制度基础。(3)下决心破除特权既得利益和传统意识形态的阻碍，继续推进国有经济的改革，把被少数人和少数企业占用的社会资源从垄断部门的行政垄断下解放出来，通过企业之间的平等竞争进行有效配置，为社会大众创造财富。(4)完善财税体制，为社会低成本地提供公共物品和实现公共服务的均等化。(5)要建立能够持续运转的社会保障体系，为全民提供基本的医疗、养老等保障。(6)改善教育体系，使每一个要求上进的公民都有通过学习提高自己的知识和能力的机会。通过这种有顶层设计的组合措施，达到逐步缩小贫富差距和实现共同富裕的目标。

公立医院公益性问题研究[*]

（2011 年 11 月）

一、 关于公立医院的公益性

公益性是一个近年来频繁见于报刊的词语,不过在中国的法律文件或是正式的学术文献中,都没有明确的界定。据清华大学秦晖教授考证,"公益"一词是 19 世纪末从日本引进的。当时的日本人用"公益"这个词来翻译西语中的 public welfare(公共福利),后来就为汉语所沿用。秦晖教授认为,在现代中国的语境中,"公益"一词的含义更接近于公共品(public goods)。由于提供公共品本来就是政府的职责,他只把提供公共品而非谋求私益的民间组织定义为公益性组织。[1] 另外一位公益事业的研究者、中国社会科学院的资中筠教授则认为,"公益"更接近于 philanthropy(关爱人类福祉)。由于关爱公众福利本来就是政府的职责,资中筠教授和秦晖教授相同,也把公益活动界定为由民间机构提供公共福利的活动。[2]

事实上,在讲到一个组织(法人)的性质时,"公益性"这个限定语通常

---

* 这是本书作者 2011 年 11 月作为国务院医疗改革专家咨询委员会委员给委员会提供的研究报告。载《经济社会体制比较》,2012 年第 4 期。又见《吴敬琏文集》,北京:中央编译出版社,2013 年,第 1180—1190 页。

1 参见秦晖(1999):《政府与企业以外的现代化——中西公益事业史的比较研究》,杭州:浙江人民出版社,1999 年,第 22—28 页。
2 资中筠(2003,2006):《财富的归宿:美国现代公益基金会述评》,上海:上海人民出版社,2006 年,第 63—64 页。

是和"营利性"对举的。在这个意义上,某些国家机构,例如某些国有企业也完全可能是营利性而非公益性的[1],而某些私人机构,例如非营利基金,也完全可以是公益性的。

把各家的意见综合起来,我们可以对"公益性"的内涵作如下的概括:第一是"非营利性",第二是"以促进公众福利为宗旨"。

根据以上的界定,公立医院具有公益性,就是一件无需论证就可以毫不迟疑地作出肯定回答的事情。中国历年来的改革文件也从来没有过把它们改制为营利性企业的说法。

那么,近来为什么又会出现"公立医院是否具有公益性"的问题呢?这个问题的提出,源于 2006 年以来对"公立医院收费使它们丧失了公益性"的批评。在我看来,这种批评混淆了公立医院提供医疗服务应不应当收费和医疗费用最终应当由谁支付这两个不同的问题,是把医疗服务的提供和医疗费用的支付混为一谈的结果。

任何一种社会医疗体系,都包含两个既有关联又相区别的组成部分:一个是医疗费用的筹措,即由谁来支付医疗费用;另一个是医疗服务的提供,即由谁来提供医疗服务。在讨论我国的公立医院的公益性之前,必须把社会医疗体系的这两个不同方面区分开来,分别加以考察。

二、 关于医疗费用的筹措[2]

在古代社会里,购买医疗服务就像购买其他服务如理发、就餐等一样,其费用基本上是由居民家庭自行处理和各自支付的。但是,对医疗服务的需求和对一般消费品的需求有一个很大的不同,就是"人有旦夕祸福",疾病(特别是费用高昂的大病)是否发生和何时发生很难预料,因此,

---

[1] 在中国当前的特定环境下,某些国家机构是否具有公益性之所以成为有争议的问题,原因可能是在中国社会转型期间,一些国有经济单位没有立即退出竞争性领域,而是成为"自主经营、自负盈亏"的"企业"。其实即使是这类"国有企业"由于其"利润"是归国家所有的,除国有参股的合资企业要给非国有股东分红外,与真正的营利性企业还是有本质的差别,否则设立这类企业就成了与民争利或者私分国有资产的腐败行为。

[2] 本节资料大多引自张春霖(2007):《如何为医疗服务筹资: 可行的体制和政策选择》,载吴敬琏、江平主编(2007):《洪范评论》第 7 辑,北京: 中国法制出版社,2007 年。

是否需要支付医疗费用和需要支付多少医疗费用具有很大的不确定性。加之"人命关天",社会不能见死不救。所以,即使在医药不发达和预期寿命很短的古代,医疗费用在整个生命周期的消费中的占比不可能很高的情况下,也发展起了亲属间的互济、宗族组织(如祠堂)的补助和私人慈善机构的救济等补充的付费形式。不过在当时,普通农户因病致贫也是经常发生的。

进入近代以后,随着医疗费用的增加、核心家庭成为占主导地位的家庭形式和社会公平观念的提高,加大政府和社会对医疗费用分配格局的干预,通过一定形式的收入再分配,使人们能够享有的基本医疗服务达到社会普遍认可的均等化水平,就成为文明国家的必需。收入的这种再分配主要实现两种功能:一个是收入较高的个人和家庭对收入较低的个人和家庭进行"均等补贴",另一个是患病风险较低的个人和家庭对患病风险较高的个人和家庭进行"风险补贴"。出于这样的需要,逐渐出现了一些社会化的医疗费用的筹措方式:

(1) 社会医疗保险。19世纪末期德国的"铁血宰相"俾斯麦(Otto von Bismarck)通过国家立法,建立起以向雇主和雇员双方征收社会保障工薪税为主、国家给予酌情补助为辅的强制性社会医疗保障体系。

"俾斯麦模式"的主要特点是:第一,强调个人的社会义务和责任,通过参保人的缴费来筹集资金,政府的一般财政收入只起补充作用。第二,在缴费和受益之间建立了明确的联系,只有缴费者才有权受益。这样,它一方面开辟了稳定的筹资渠道,另一方面又能体现社会保险的再分配功能,实现"均等补贴"和"风险补贴"。这种模式后来为许多国家所仿效。目前世界上有60多个国家采用该模式,其中约有半数实现了全民覆盖。

社会保障模式也存在一些缺陷,主要是:第一,在雇主不能将工薪税转嫁给雇员的情况下,随着医疗费用的自然增长,企业的人工成本负担会有较大的增加,对经济发展发生负面的影响。第二,对于农业人口和非正式部门的就业人口,工薪税预扣很难实施。第三,体制较为复杂,管理成本较高。

(2) 国家医疗保障。这种由国家财政承担支付医疗费用的体制发端于英国社会改革家贝弗里奇(William Beverage)1942年撰写的一份报告。

1948年，在这份报告的基础上形成了英国的"国民卫生服务体系"（national health service，NHS）。这一体系的特点是由政府使用财政资金开设医疗机构，购置医疗设备和药物，聘用医务人员，直接提供免费的医疗服务。

人们有时把早期的 NHS 称为"贝弗里奇模式"。实际上，贝弗里奇报告建议是采取缴费基准制（defined contribution，DC）以缴费征集收入为医疗服务筹资。1948 年建立的"国民卫生服务体系"采取的则是受益基准制（defined benefit，DB），并由政府一般预算承担付费责任。这种改变显然是受到了从 1945 年开始执政的英国工党的社会主义政治理念的影响。

NHS模式的优点，是为全国居民建立了全民享有的医疗保障，充分体现了现代社会普遍接受的人道主义价值观，而且具有节约管理费用的优点。

NHS模式的主要缺点，则是容易助长医疗费用无节制的增长和容易滋生官僚主义行为。特别是因为采取医疗费用支付和医疗服务提供合一的做法，导致医疗服务质量和效率的下降，具体表现为待诊、待治的时间过长，医疗质量不高，以致过半数的英国人要求对这种体制作根本性的改革。[1] 这导致了 1991 年英国实施将医疗服务购买者和提供者分离开来的"市场改革"。目前在约 100 个采用这种体制作为主要的医疗费用支付方式的世界卫生组织的成员国中，相当一部分实现了费用支付和服务提供的分离。政府的医疗保障机构只作为购买者向各类医疗机构购买医疗服务，也就是说，为参保人得到的医疗服务付费。

（3）有鉴于上述两种由公共医疗保险机构承担医疗费用模式的缺

---

[1] 据英国作家 J. Busfield 的记述，在英国看全科医生（初级医疗）一般需要等 1—2 天，有时甚至更长；就连事故或急诊的平均候诊时间也要 3—4 个小时；等待手术的时间则更长，一般要 18 个月左右，直接导致很多病人不能及时得到治疗；而要等待住院的人数也从 20 世纪 70 年代末的 80 万人次增长到 1998 年的近 135 万人次。见 Joan Busfield（2000）：*Health and Healthcare in Modern Britain*，Oxford University Press，pp. 108 - 120；转引自丁纯（2009）：《德英两国医疗保障模式比较分析：俾斯麦模式和贝弗里奇模式》，载《财经论丛》，2009 年 1 月号。

点,一些论者主张允许商业保险公司进入医疗保险市场[1],个人自愿投保商业医疗保险,通过商业保险机构来分散个人风险。

由个人承担部分医疗费用的医疗保险计划对于控制医疗支出的无节制增长能够产生积极作用。美国兰德公司的医疗保险实验发现,与消费者承担比例为95%和25%的共付保险相比,完全保险的医疗支出分别为前两者的1.5倍和1.18倍。不过商业医疗保险并不能完全取代社会医疗保险和政府医疗保障。对于低收入人群来说,商业保险的高额保费仍然是他们难以承受的。而且由于信息不对称和逆向选择的存在,商业保险机构的运营也有很高的成本和面临很大的风险。

三、 增加我国公共医疗支付的必要性

在研究一个国家的医疗资金筹集问题时,需要注意两项重要指标:一项是该国保健总费用(total health expenditure,THE)占GDP的比重。2002年世界各国的平均比重是10%,其中中等收入国家平均比重为6%。[2] 2004年,我国的THE占GDP的比重是5.55%,人均583.9元[3];另外一项是该国THE的结构。THE有3个主要的来源,即(1)政府财政用于医疗卫生方面的开支;(2)社会医疗保险基金开支;(3)私人自费。其中,前两项构成公共医疗卫生开支,第三项则是私人医疗卫生开支。私人自费是一种完全不包含均等补贴和风险补贴的付费方式。从医疗费用筹措的角度看,中等收入国家和低收入国家医疗服务的筹资付费机制需要完成的一项重要任务,就是要扩大公共医疗卫生开支占THE的比例,缩小私人现金付费所占的比例。在经济发展水平既定的条件下,这是提高医疗服务均等化程度的基本途径。2002年世界各国THE构成如下表所示:

1　有关争论见拉丰、梯若尔(Jean Acques Laffont & Jean Tirole, 1993):《政府采购与规制中的激励理论》,石磊、王永钦译,上海:上海人民出版社,2004年。

2　Pablo Gottret and George Schieber(2006): *Health Financing Revisited: A Practitioner's Guide.* World Bank, p.3, p.251.

3　卫生部(2006):《2006年中国卫生统计提要》。

表　世界各国 THE 构成(按收入水平分组,按人口加权平均),2002 年

收入分组	人均 GDP（现价美元）	人均 THE（购买力平价美元）	公共医疗卫生开支占 THE 的比例(%)	社会保障开支占 THE 的比例(%)	私人自费占 THE 的比例(%)	其他形式的开支[1]占 THE 的比例(%)
低收入国家	423.63	115.18	29.14	1.80	65.79	5.07
中低收入国家	1333.33	304.50	41.59	14.79	50.24	8.17
中高收入国家	5266.89	602.33	56.27	30.07	36.27	7.46
高收入国家	27464.45	3168.54	65.15	28.63	19.44	5.41

资料来源：Pablo Gottret and George Schieber（2006）：*Health Financing Revisited；A Practitioner's Guide*. World Bank, p. 41；转引自张春霖(2007)：《如何为医疗服务筹资：可行的体制和政策选择》。

以上数据所反映出的基本趋势是,经济愈发达的国家,公共医疗卫生开支占总开支的比例愈高,私人自费占 THE 的比例愈低。

我国的情况而言,私人医疗卫生开支占 THE 的比例,1978 年时为 20.4%,2000 年上升到 59%,比 1978 年提高了 39 个百分点。此后虽然有所回落,但到 2004 年为止,也只回落到了 53.6%。[2] 这说明,在 1978—2000 年我国经济持续高速增长期间 THE 占 GDP 的比重逐步提高的同时,医疗服务筹资付费体制的基本趋向是医疗服务的均等化程度有所降低。应当说,这是 20 多年医疗卫生体制改革的一个重大缺陷,也是造成低收入阶层"看不起病"这一严重社会问题的重要根源。

把基本医疗保障视为公共品,其费用由公共医疗卫生系统承担引发的一个问题,是如何界定"基本医疗服务"。把"基本医疗服务"规定在什么范围内和什么水平上,这是一个与一个国家的经济发展水平、医药发展程度、历史习俗以及人们的意愿有关的复杂问题。由于它并非本文的主题,我们就不作进一步的讨论了。

1　其他形式的公共医疗卫生开支主要包括国际援助,其他形式的私人医疗卫生开支主要包括私人医疗保险。

2　石光、贡森(2005)：《改革开放以来中国卫生投入及其绩效分析》,载《中国发展评论》(中文版第 7 卷),2005 年增刊第 1 期,第 32 页；卫生部(2006)：《2006 年中国卫生统计提要》。

四、 关于医疗服务的提供

医疗服务的提供是与医疗费用支付完全不同的另一个问题。

由于医疗服务并不具有非竞争性和非排他性[1]的特点，它显然属于私用品而非公共品。在医疗费用支付问题已经解决的情况下，一般医疗服务可以采取"补供方"的方式，由付费者直接开办医疗机构来提供，也可以通过医疗费提供方的购买行为，由市场提供。

从历史上看，除英国的"国民卫生服务体系"（NHS）早期采取服务与付费合一即"补供方"的方式外，许多采取财政付费模式的国家，也是将两者适当分开的。即使原来采取服务与付费合一体制的英国，也在1991年以后对这种政府全包的体制进行了服务与付费分开的"市场改革"，引入竞争机制，允许私立医院进入医疗服务市场和吸引私人资本投入医疗项目，由市场提供一般医疗服务。

所谓由市场提供一般医疗服务，要点是创立平等竞争的环境，吸引各类医疗机构，包括公立医院、私立公益性医院、私立营利性医院进入医疗服务市场，提供医疗服务。医疗服务支付方，包括政府所属的医疗保障机构、社会医疗保险基金、商业性医疗保险机构以及病家个人则向医疗机构购买医疗服务。

这里需要指出的是，公立医院作为政府设立的公益机构，其非营利性固然是不言而喻的；但是，公益性并非只有公立医院才有的专属特征。早在古代社会，就存在慈善机构或私人设立的公益性的医院和药房。例如在清代末期，就有"红顶商人"胡雪岩以向穷人和军士"施药"为开端设立的半公益性药局——胡庆余堂。进入近代以后，包括大学、社会公益组织在内的各类社会组织设立公益性医院更成为风尚。像台塑企业创始人王永庆为纪念其父王长庚而设立、占有台湾医疗服务市场1/4份额的长庚医院，就是一个著名的例子。

1　现代经济学认为，公共品（public goods）具有两个特征：第一是非竞争性（non-rivalrous），即一个人对一种物品的享用并不减少其他人的享用；第二是非排他性（non-excludable），即要排除任何人对这种物品的享用成本过高，因而变得不可行。

为了建立有效的医疗服务市场,就要对作为目前一般医疗服务的主要提供者的公立医院进行改造,同时放开对私立医疗机构的市场进入限制,吸引更多的民间资源进入医疗服务领域。

公立医院的管理体制与改革前的国营企业管理体制有许多相似之处,因此,公立医院改革也可以从国有企业改革的经验教训中得到借鉴。我国国有企业采取过以下体制:(1)"实收实支、全部报销"的供给制;(2)"以收抵支、按盈取奖"的经济核算制;(3)"包死基数、保证上交、超收自留、歉收自补"的包干制;(4)国有控股的公司制。在这四种形式中,前两种的财务预算约束过软,在公立医院中似也不宜采用。第三种形式(包干制)在医药机构中的变形,即"核定收支、以收抵支、超收上缴、差额补助"的包干制有一定程度的预算约束,但如何准确地核定收入仍是一个很难妥善处理的问题。在采取第四种体制的条件下引入医疗服务市场的竞争机制和第三方购买机制(详后),可能是一种比较好的解决办法。

为了形成有序竞争的医疗服务市场,在将公立医院改造为相对独立于行政管理机关的竞争主体的同时,还需大力引进各种非国有的医疗机构,其中包括事业单位所属的公益性医院、私立的公益性医院、私立的营利性医院、外资医院、私人门诊部等。

过去我国医疗服务体系中发生"看病贵"和"以药养医"问题的一个重要原因是全靠预算拨款维持的公立医院摊子太大而财政拨款不足。据许多地方报告,财政拨款不足医院开支的1/10[1],连给医务人员开工资都捉襟见肘,医院只好用"开大处方单""过度检查"等创收办法来维持营运。现在政府已决定增拨补助款。但是要维持现在的公立医院规模,资金恐怕仍将感到不足。在这种情况下,中国医院协会会长、原卫生部副部长曹桂荣提出的调整公立医院布局的建议值得认真考虑。他认为,政府要想好自己能养多少公立医院,定下来就好好养。剩下的应当实行改制,让它

---

1 参见刘国恩(2009):《深化国家医改,发展是硬道理——2009年4月24日在天则经济研究所第383次双周座谈会上的讲话》;东方网记者尤歆飞、张海盈、曹子琛、刘昊:《两会委员热议:公立医院姓"公"就得政府投入》,东方网,2010年3月6日。

们进入市场。[1] 在这方面,江苏宿迁等市公立医院改制的做法,引起了较大的争论,应当认真地总结经验,择善而从。

此外,建立混合所有制的合资医院也是增加医疗服务资源的一种途径。目前设立合资医院的法律法规很不完备,需要大力改进来消除有关的体制障碍。

五、 怎样完善我国的医疗服务市场

医疗服务市场有效运作的最大障碍,在于供给方和需求方信息的高度不对称。疾病的诊断、治疗需要专业知识,供给方(医院、医生)在医疗服务市场中具有掌握信息的绝对优势,需求方(病人)通常缺乏必要的医药知识,对于祛病延年却有迫切的要求。虽然病人可以选择医生和医院,但对疾病的治疗主要还是由医生决定。医生或医院有可能会为减小风险或增加收入推荐昂贵的或没有必要的医疗服务。如果医疗服务提供者追求利益最大化,并诱导消费者过度消费,就会出现所谓"不完善代理行为"。单个消费者(病人)显然无从或者无力约束这种行为,最终导致供需双方的"契约失灵"。[2]

解决医疗服务市场的信息不对称问题,有以下几种可能的选择。

(1) 采用"补供方"的方式,由政府开办的医院和诊疗所直接提供医疗服务。

然而根据各国实施政府医疗保障体制的历史经验,由政府开设医疗机构和免费提供疾病诊治、护理等一般医疗服务,并不是一种有效率的医疗体制:一则政府机构并不具有对医药问题的信息优势,二则对专业问题的行政管理往往容易滋生官僚主义、贪污浪费等弊害。因此,晚近以来发达国家大多放弃了这种做法。

(2) 加强政府对医疗服务市场的规制。例如,克鲁格曼等经济学家

---

1 《瞭望新闻周刊》记者张冉燃(2010):《前卫生部副部长:公立医院改革关键是理顺体制》,载新华网,2010年2月21日。

2 Henry Hansmann (1980): The Role of Nonprofit Enterprise(《非营利企业的作用》), *Yale Law Journal*, Vol.89, pp.835 - 901.

主张政府在建立统一的病例记录及质量控制方面发挥更大的作用。[1]
也有的国家采取对检验和药品价格实行行政管制。

不过实践经验表明,价格管制很难取得降低费用和提高效率的成效。

(3)引入医疗服务的第三方购买者。

由医疗保险机构以集体的力量取代势单力薄的个人消费者,来提高
需求方掌握信息的能力和与供给方谈判的能力。加强医疗保险计划的组
织化程度,有助于发挥价格谈判和专业监督的能力。

事实上,利用市场上在服务品质和价格方面展开的竞争改善医疗服
务,同时加强政府对市场的合规性监管,已成为世界性的趋势。[2]

其中起关键作用的,是医疗服务提供者的报酬确定方式发生了很大
的变化。20世纪90年代以前,服务提供者的报酬确定方式的主要特点
是以投入为基础,而没有与产出和结果挂钩。90年代以后,发达国家改
革的总的方向是转向以绩效为基础的报酬确定方式,而绩效一般以产
出或结果指标来衡量。20世纪90年代以来,大部分发达国家无论实
行的是财政型还是保险型体制,都陆续开发了不同形式的"按诊断相
关病种付费"(diagnosis-related groups,DRGs)。这种付费体制在中国
被称为"按病种付费"制度。DRG最早是由美国的Medicare体系于
1983年采用的。这种机制的要点是:(1)把各种疾病分入不同的费用
组;(2)对每一费用组的平均费用进行估算;(3)根据病人所属病种给
医院支付费用。美国经济学家施莱弗(Andrei Shleifer)在前人工作的
基础上阐明了这类制度安排的工作原理。他把这种制度称为"标尺竞
争"(yardstick competition),即通过一个代理人的实际绩效与类似条件
下其他代理人的平均绩效(标尺)之间的比较,来确定该代理人的努力
程度。[3]

1 克鲁格曼和威尔斯(Paul Krugman and Robin Wells, 2006):《美国医疗保险体制的危机及其对
策》,载《比较》辑刊总第24辑,北京:中信出版社,2006年。

2 白重恩等(2007):《发达市场经济国家医疗体制改革的经验》,载《比较》辑刊总第32辑,北京:
中信出版社,2007年。

3 施莱弗提出的标尺竞争理论,是一种从规制经济学角度讨论按病种预付制对刺激医院提高效
率以降低成本的作用的理论。见 A. Shleifer(1985):"A Theory of Yardstick Competition"(《标尺
竞争理论》),The Rand Journal of Economics, Vol. 16, No. 3, pp. 319 - 327。

实行这种制度,有利于把资源分配与医疗服务的产出和结果挂钩,更清楚地界定购买者和提供者各自的责任,强化问责制度,并根据供给和需求状况对医疗服务进行调整。

目前我国开始在一些城市试行"按病种付费"的体制。可望在根据实际情况进行改进以后在更大的范围内推广。

八、 呼唤法治的市场经济

在中国经济改革开始启动的上世纪 80 年代初期,虽然改革者开始思考如何改善政府行政管理系统,邓小平还在著名的 1980 年"8·18 讲话"中提出了"对党和国家的领导制度进行必要的改革"的问题[见邓小平(1980):《党和国家领导制度的改革》,《邓小平文选》第 2 卷,北京:人民出版社,1994 年,第 320—343 页],但是以法治化、民主化为核心的政治体制改革并没有进入大多数人着重思考的范围。只是到了 80 年代中后期,当市场化改革遇到法治不彰的严重阻碍,以致"官倒"一类以权谋私行为成为社会毒瘤时,人们才对邓小平所说"只搞经济体制改革,不搞政治体制改革,经济改革也搞不通"有了认同,并且寄希望于 1987 年中共十三大规划的政治体制改革取得成功。

然而这以后几年的经济改革和政治改革都没有取得实质性的进展,使得中国发展在 1989—1991 年期间遭遇了"三年停滞"的挫折。1992 年在邓小平"南方谈话"的推动下,经济改革重新启动,大大加速了中国经济的发展。不过经济体制和政治体制之间的张力也因之加大。这使朝野上下推进政治体制改革的呼声加强。本书收入的《政府在转轨中的作用:中国经验》(1997 年 1 月)和《确立规则,实行法治》(1998 年 11 月)两文反映了这种呼声。

正是在这样的背景下,1997 年 10 月召开的中共十五大提出了"扩大社会主义民主,健全社会主义法治,依法治国,建设社会主义法治国家"的要求。2002 年的中共十六大又重申了这一主张,还提出了建设民主政治和提升政治文明的要求。这样,就使确立民主制度和建设法治国家成为中国改革必须完成的重大任务[参见本书收入的《中国改革的经济目标和政治目标》(2003 年 10 月)和《中国经济的未来方向》(2012 年 12 月)两文]。

当然,在中国这样一个有几千年封建专制主义传统、又长期实行苏联式的高度集权体制的国家,民主法治是不可能一蹴而就的。而在民主和法治这两个政治体制改革的主要内容中,实行法治是现代市场经济有效运转的基本前提,从法治入手也比较容易取得改革成效。因此,本书作者在自己关于政治体制改革的论著中,着重讨论了法治的问题[参见本书收入的《法治中国》(2002 年 12 月)、《再谈法治》(2002 年 12 月)、《从"吴市场"到

"吴法治"》(2008年8月)等文]。

实现法治的要点在于政府自身实行依法治国和依宪治国,因此,我对政府自身的改革也作了重点论述[参见《建设一个公开、透明和可问责的服务型政府》(2003年6月)]。

改善我国国家治理体系的一项重要内容,是发展使民众能够发挥主动性处理公共事务的社会组织。为了发挥企业界依法自治的作用,我从2001年起,就和一些商界和学界人士一起研究商会的组织和运作问题。本书选入的《商会的定位、政府关系及其自身的治理》就是我在"民间商会论坛"2006年年会上所做的讨论总结。

关于各级政府职能与分层管理的思考[*]

（1986 年 12 月）

中国是一个幅员辽阔、地区间自然环境和人文状况差异悬殊的大国，在过去行政权力占支配地位的条件下，是采取中央高度集权的体制还是地方高度分权的体制对于经济发展和政治控制更为有利，几千年来始终是一个众说纷纭的问题。现在已经明确，我们的经济体制改革的目标模式，是社会主义有计划的商品经济。而商品经济却天然是一个分散决策系统。对于这样一个系统，宏观调节只能采取分层次控制的办法是没有争议的。因此，绝大多数人都认为，应该在政企职责分开的基础上逐步建立起中央和地方职责分明、分层次进行管理的体制。问题是：各级政府的职能如何划分，分层管理如何进行，仍然有很大的分歧。而且由于目前我们还处于双重体制并存的过渡时期，旧的行政管理的办法还会在相当大的范围内保持较长时期。这一部分职能在各级政府间如何划分，实际上是过去行政指令控制条件下集权与分权之争的延续。而且，它和社会主义商品经济中各级政府的职能划分和分层控制问题纠缠在一起，使问题更为复杂。

一、 分层控制要建立在政企职责分开的基础上

在当前的讨论中，一种很有影响的观点，是主张在现有行政直接控制

---

* 与周小川、李剑阁合写。载《经济管理》，1986 年第 12 期；又见吴敬琏、周小川、楼继伟、郭树青、李剑阁等：《中国经济改革的整体设计》，北京：中国展望出版社，1988 年，第 191—203 页；《吴敬琏文集》，北京：中央编译出版社，2013 年，第 1193—1204 页。

的体制框架下层层分解政府的管理职能,由各级政府执掌原来由中央政府执掌的各种事权,把原来由中央所管的一切分层管起来。他们认为,用地方分权去打破条条专政,是争取权力、减少阻力,最终实现放权于企业的最佳战略选择。但是,这条路是否走得通,看来还值得深入分析。

中国从公元前221年秦始皇消灭割据称雄的六国,建立统一的帝国,就成为一个中央集权的封建专制主义国家。除了不时出现短时期的多国并立和混战外,基本上保持着中央政权对全国事务高度集中的控制。中央集权制保证了封建主义国家的统一和安定。这种体制在封建主义的条件下的利弊,已经晁错、贾谊以来的众多文献所阐明。它的长期保持,是有一定的历史必然性的。但是,这种曾经为创造我国灿烂的古代文明准备了条件的体制,越到后来越明显地显露出它具有抑制地区内经济的自由发展从而扼杀了经济发展的生机的弊病[1],因而成为进步思想家攻击的对象。

我国的社会主义经济体制,是20世纪50年代初期按照斯大林的"命令经济"模式建立起来的。和其他一些社会主义国家一样,我国从20世纪50年代中期就开始认识到它有根本性的缺陷,应当进行改革。但是,由于对造成这种缺陷的本质原因认识不够明确,也由于中国历史上长期行政权力占支配地位的传统,使人们对于依靠行政命令的宏观管理方式视为当然,除少数先进人物外,多数人把传统体制的缺陷归结为"权力过分集中"的现象,以为只需实行"分权"便能药到病除。这种改革思路没有能够突破"命令经济"的基本框架,而是急于在"体制下放"上寻求出路。在这种思想背景下,我国在1958年实施了以"下放企业管辖权""下放计划管理权""下放基本建设项目审批权",以及财政金融上扩大地方权力,财政实行"收入分成"制、信贷实行"存贷下放、计划包干、差额管理"等为基本内容的改革[2],虽然在这次"改革"中形成的许多制度,作为"大跃进"的体制基础,随着"大跃进"的失败和国民经济的"调整"而被取消,但是,

---

1 我们知道,欧洲的工商业无产阶级最先是在封建领域经济的缝隙——获得特许权的城市发展起来的,而在中国的集权的"大一统"经济中,却缺乏自由的工商业活动的余地。

2 参阅周太和等主编(1984):《当代中国的经济体制改革》,北京:中国社会科学出版社,1984年,第70—77页。编者对这一部分所加的标题是:"盲目下放管理权"。

这种"行政性分权"[1]的思路却一直对不少人有重大的影响,当时采取的一些具体做法,也多次在后来的管理体制的变革中以多少变化了的形式再现。党的十二届三中全会确定了以"有计划商品经济"作为改革的目标模式,也就意味着彻底否定不可避免地在"条条专政"的高度集权和分散主义的"块块割据"之间来回摆动的"行政性分权"的道路。不过,这种旧思路仍然时时有所表现。最近一两年出现的一系列新情况表明,具有区域封锁倾向而缺乏自我约束机制的地方行政分权模式的诸多弊病,是我国目前经济波动和效益下降的重要原因。事实上,过去的条块分割局面以及条条专政与块块割据的循环往复,都是试图在直接行政控制框架下分解管理职能的产物。块块了解地区具体情况而难以掌握全局平衡和宏观结构,条条则正好相反,几乎没有两全其美的出路。如果中央放权实行间接控制而地方收权施加直接干预,就必然导致总量平衡和产业结构上出较大的乱子。中央为了纠正宏观结构失衡还须追加基础设施和能源、原材料的重点投资,这就构成中央地方一起上投资的局面,必然导致总需求失控。而在直接行政管理的框架下,要加强宏观控制又只能强化中央集权,舍此别无他途。所以,尽管大多数人都反对走回头路,反对把已经放下去的权收回来,但在 1985 年巴山轮的宏观经济管理国际讨论会上,包括力主市场经济的经济学家在内的多数中外学者都认为,在当时中国经济过热的情况下,恢复传统体制下的严厉行政手段强化中央控制有其必然性。正因为这样,近年来我们又一次痛苦地经历了条、块的循环。

看来,我们必须打开新的思路,按照社会主义商品经济的原则明确中央地方关系以及各级政府的职能,重新设计我们的宏观管理制度。既然我们明确政企职责分开和对企业实行间接控制是改革的方向,就应考虑按这个路子去建立一个适合于社会主义商品经济的分层次的管理系统。

1　参见吴敬琏(1984):《城市改革的关键是搞活企业》,载《世界经济导报》,1984 年 9 月 24 日。参见楼继伟(1986):《吸取南斯拉夫经验,避免强化地方分权》及所附材料《南斯拉夫经济困难的原因》,均载《经济社会体制比较》,1986 年第 1 期。最近闭幕的南斯拉夫共产主义者联盟全国代表大会,对于"多中心的国家主义"有深入的讨论。

二、有计划商品经济分层控制系统的设计原则和各级政府事权划分

有计划的商品经济,或有管理的市场经济是一个层次化的、分散决策的控制系统。现有各国有国家干预的商品经济典型的层次结构是:政府——多个企业——多个消费单位,它在理论上和实践上都是较成熟的。但我国幅员辽阔,地区间差异很大,如何合理设计地方政府在层次结构中的地位和职能,尽可能发挥地方政府的积极性,是个重要的课题。其中最困难的问题在于如何协调宏观经济与地区利益,使地方政府既有自我发展的能力,又有自我约束、自我负责的机制。我们希望实现这样一种系统设计:使国民经济的总需求能够得到有效控制;国际收支确保平衡;地方政府的积极性得到充分而且合理的发挥;切实加强基础结构并解决好就业问题;实现政企职责分开,减少对微观经济决策的直接行政干预,维护正当竞争;保证在扬长避短的基础上实现区域间的合理分工和协作;促进从东到西各地区的共同富裕。当前的许多改革设想与如何设计中央和地方的关系这个问题密切相关。

在财政税收、货币金融、外汇、价格几种宏观调控手段中,哪些能够由地方政府操纵呢? 有些同志建议,以上四个方面,都可以由地方政府自主进行管理,或都实行分级承包,在包干范围内,地方政府可以独断专行。我们认为,是否能够这样做,还需进行慎重的研究。

根据系统工程原理,设计分层控制系统须遵守三个基本原则:第一,子系统必须有明确的界限,具有独立的约束机制;第二,有可能对子系统的性能和效果作出独立的评价;第三,设置能够根据子系统的行为对它们进行有效调节的机制。我们认为,在设计分层宏观管理系统时,既应尽可能将管理职责加以分解,又必须使协调手段能够集中地运用。

根据以上原则进行的分析表明,总需求管理、外汇平衡、物价水平这几个方面应属于中央的调节职能。无法通过地方政府实行分层控制,也不可能分级包干或承包。理由如下:

（1）改革的目标应是发展全国统一的商品市场、要素市场、金融市

场,加强横向联系;而在不允许市场割据的条件下,省、市并不具备相对独立的商品、要素和资金的约束。

（2）局部地区对总需求规模不具有自我约束机制。因为,如果一个省或市需求膨胀,其价格反应会波及到其他地区,而其本身的得利往往大于损失,而没有搞需求膨胀的地区却要承担通货膨胀的后果。这样,就会助长竞相扩大需求、以邻为壑的倾向。

（3）如果国民经济出现了投资失控、消费基金失控、物价上涨、国际收支恶化,或其中某一现象,不容易及时并公正地判别失控的起源,难以建立调节政策或进行奖惩的测量基础。

（4）如果将信贷差额、货币发行、外汇平衡差额包干下达,不仅谈判和调整包干定额的操作难度很大,而且各地可在流通工具和流通性上做手脚,互挖墙脚或互相封锁,结果总量仍旧控制不住。

（5）如果将投资总额、消费基金总额、信贷总额、外汇收支总额包干下达,不仅会造成层层分解包干的行政性控制体制,还会由于掌握尺度不一造成各省价格不一、汇率不一,要求边界封锁和货币独立,结果严重妨碍横向经济联系的发展。

（6）中央在以上几方面缺乏有效的惩罚性调节手段,唯一的办法是撤职查办。调整包干总额不能成为有效的调节工具,还会激化地方政府与中央政府之间的矛盾。

如果我们牺牲统一市场来保全分层次、分地区的总量管理,将会造成严重的低效率:(1)重复建设,丧失规模经济效益;(2)地区差异最终导致加强地方行政控制体系;(3)相互封锁,使生产要素不能在横向流动中优化配置,各个地区的比较优势都难以充分发挥;(4)很难建立有间接调控的统一市场,实现向社会主义商品经济的目标模式的过渡。

所有以上论述的一切,都涉及建立统一市场还是形成市场割据这个关系到商品经济兴衰存亡的重大问题。有的同志认为,统一市场只能由地区性市场逐步扩大和融合而渐渐形成,我国版图超过西欧各国的总和,应当研究是否可能走西欧共同体国家的道路,首先形成地区性市场,以后再逐步扩展为全国性的共同市场。应当看到,西欧共同体国家在几百年的市场经济发展中形成了自由贸易的传统,又经多年的磋商,才形成了当今的体制,除农业以外,共同体内实行相当彻底的自由贸易,从而大体上保持了合理的专业化分工和规模经济效益。由于国与国之间原有的边界和关卡仍然存在,货币独立,各国可以实行不同的货币供给、外汇平衡和税收政策,各国的价格体系由于间接税不同而有差异,通货膨胀程度也各不相同。贸易货物通过国境时,出口国退除本国的增值税,进口国征收本国的增值税。但是,旧中国早在1931年就已撤除妨碍商品在地区间自由流通的"厘金",开征统税;新中国成立以后,实行财经统一,从来不存在合法的市场割据;我国的骨干城市,其产供销联系从来是超越本地区的范围,辐射到全国广大地区的。在这种情况下,要走一条把已经初步形成的统一市场首先分解为众多区域市场,再逐步形成统一全国市场的迂回道路,恐怕是事倍功半、弊多利少的。

事实上,在我国如果不搞各省划界设关和货币独立,就无法采取欧洲共同体的办法;而如果搞了划界设关和货币独立,由于缺乏市场经济和自由贸易的传统,大半会广泛流行互相封锁、自成体系等做法,搞保护主义、变相"关税"和非关税壁垒,不经过很长历史时期发展商品经济的经验积累和旷日持久的多边谈判是不大容易自发出现统一市场和自由贸易局面的。结果,我们不仅将丧失合理分工和规模效益,还很可能将国内贸易所能取得的比较利益让给外国人,从而延误了民族振兴的大业。

贸易樊篱的撤除、统一市场的形成,对于商品经济的发展是一件生命攸关的事情。先进的经济学家早在几百年前就已认识到这一真理。早在17世纪,重农主义的先驱人物就已明确提出在国内市场和国际市场上实现贸易自由的要求。然后,亚当·斯密在1776年出版的《国富论》里令人信服地证明,分工是发展社会生产力的最有力的杠杆,而分工的发达与否,又取决于市场的大小,因此,市场割据和保护主义政策对于国民财富和福利的增加,是有害无益的。[1] 我国国土广大、人口众多。它的缺点是难以管理;而优点正是市场大,有利于扩大社会分工协作并取得规模经济效益,我们切不可轻易舍弃这种优势。

---

1 亚当·斯密(1776):《国民财富的性质和原因的研究》,郭大力、王亚南译,北京:商务印书馆,1972年。

三、 以"分税制"为基础的分层管理系统

在多种宏观调控手段中,看来地区性财政政策是最适于由地方政府合理地加以使用的经济杠杆。为了更好地发挥地方政府的积极性,我们认为可以在分税制的基础上较多地给予地方政府以制定区域性财政政策的权力,形成分层管理系统。在这种系统中,地方政府可以根据国家立法,在地区财政自我平衡的条件下全权运用地区性财政政策——设地方税种税率、地方预算、补贴、减免地方税、贴息等(目前在财政"分灶吃饭"体制下地方拿的比例虽不算小,但完全自主支配的并不多)。与此同时,地方财政政策的运用也受到以下的合理制约:(1)受国家法律和调节政策的制约;(2)必须切实符合本地区居民的利益,财政上的浪费或失误将导致地方官落选下台;(3)税收政策受到其他省市竞争性制约,过高的地方税会使企业和人才外流并减少本地的就业机会,本地产品失去竞争力,使用过多的补贴搞保护必然挤基础建设,以至丧失投资环境上的吸引力。

之所以说分税制是这种分层管理系统的基础,是因为一个设计得当的分税制系统能保证或促进以下局面:(1)建立地方自我发展、自我平衡、自我约束的明确界限,没有和中央财政讨价还价的余地,也没有强制银行放款的权力;(2)税种的划分使各地不可能用挤中央或挤其他地区的手段来壮大自己;(3)使宏观综合平衡、全国范围的产业结构优化与地区利益相协调;(4)地方政府切实对本地人民的就业和福利尽责;(5)地区在更大的范围内自主制定预算,中央不再频繁干预。可以看出,目前的"分灶吃饭"体制很难做到以上五点。

在这个基础上,地方政府的职能和实现其职能的手段将主要有以下几个方面:(1)在全国性法律之下,进行地方性立法;(2)制定指导性的区域发展规划和发展战略;(3)通过地方财政预算安排,自主确定基础设施、环境治理等投资,或参与某些产业的投资;分税制的合理设置将使地方选择合适的投资方向与方式;(4)通过地方立法与地方财政预算安排,促进地区资源的开发,自然环境的保护,投资环境的改善,科教文卫、各项服务事业及商业的发展;(5)开办职业教育,促进就业,吸引人才;(6)积极推动

和指导本地区的企业改革,参与社会的供给管理,如行业管理和落后企业的整顿等;(7)利用减免地方税和补贴政策实行本地区的收入分配政策(如房租、蔬菜补贴、扶贫、挽救落后企业等);(8)自行设计并探讨本地区土地、房租、社会保障和部分就业政策的改革。

由于我们保持比较高的地方财政支配能力和较多的地方政府职能,比起西方大国来说,我国的地方政府将在经济生活中发挥较大的作用。同时,也要加强对地方政府行为的指导和监督,以期改进其功能:人大常委会设专门委员会监督地方立法不突破权限;向地方政府领导直接选举制度过渡,加强公民对地方领导的监督与制约;中央不再向地方政府压产值和税收任务,而是把注意力放在帮助地方改善投资环境和发展生产上,这既有利于地方经济的发展和地方税的增加,也有利于全国经济的发展;绝对禁止地方政府设置关税与非关税壁垒,阻碍生产要素(包括人的要素和物质要素)的流动(企业可通过设分厂或横向联合来改换注册地点而部分地躲避不合理的地方课税或限制);但允许使用地方财政补贴来体现本地产业政策和发展战略;地方行政长官无权任命或罢免企业经理,但在资格审查中有一定的发言权;禁止各级政府干预银行的存贷业务。

或许有人怀疑,这样做能否抑制地方政府的盲目投资等行为。我们作出了肯定的回答,其奥妙之处在于分税制的细致设计上。一般说来,地方政府盲目投资的出发点是,为了在完成上缴税款任务的条件下争取获得更多的地方收入,以便更有效地进行地区建设和解决就业问题,这种要求本来是无可厚非的。然而我国存在严重的价格扭曲并使用产品税、调节税加以缓解,这些税种如果全部或相当一部分归地方,就等于鼓励地方政府采取产业歧视政策,并排斥与其他地区的横向联合。产品的关税和出口退税相当于产品税的反向执行,如果要地方财政退税就必然出现出口结构不良,不支持跨地区协作的深加工制成品出口。因此,分税制的主要原则应包括以下要点:

第一,关系到全国性产业政策的税种,包括产品税、关税全部划为中央专享税。出口退税也由中央财政负担。如果流转税改为以税率规范化的增值税为主体,则由于不含产品歧视,也可分一部分归地方。这样,地方政府虽然感到增加总投资有利,但对行业和企业都没有亲疏之分,它们必然要很好地权衡,是自行投资于营利性项目更有利,还是广泛吸引各地已成为投资的主体并有权自由选择投资地点的企业前来投资更为有利。

分税制的第二个要点是土地税费大部分归地方和城市。地方加强基础设施的建设,不仅能吸引投资(也就增加了税收,扩大了就业),还能使土地升值,从而双重得益,比投于营利性项目更加合算。土地的升值还将促进城市产业布局的良性转变,把高技术产业、金融产业等置于最佳地理位置,这还将显著减轻对大城市中心区强行改造的工作量。土地费(税)在理论上可冲减所得税税基;但城市若无理抬高土地费(税)必将导致企业迁移,投资不旺,在土地费标准的监督审批原则中最重要的一条应是,必须按连续的地理区域制定收费标准,不得因隶属关系、所有制形式等区别而有歧视或优惠规定;地理区域间的差价变化也必须有连续性、合理性。随着城市土地租用市场的发展,土地费将具有更为客观的标准。

分税制的第三个要点是,凡与地方政府职能关系大的税种归为地方税,以便地方政府的功能得到财力保证,也便于地方财政自我平衡,自我约束。

根据以上分析,建议作如下的税种划分:

(1)地方税:乡镇企业所得税,个体所得税,城市维护建设税,可开设地方性所得税,地方资源税,地方性营业税;

(2)共享税:资源税,土地税(地方分成应占大部分),营业税,所得税,房产税,车船使用税,增值税(较小比例考虑归地方);

(3)中央税:产品税,关税,出口退税,消费税,国有固定资产税,进口环节征收的国内流转税。

值得强调指出的是,不同的分税办法看起来区别细微,但却涉及各方面的利益动机,其校正各方面的行为的作用差异很大,未可忽视。1985年上半年财政部拟定的分税规定还远未达到合理化。

还有一种疑虑,认为地方政府不再对完成产值计划负责可能有一定风险。我们以为,在政企分开的体制下地方政府抓本地区经济发展的积极性仍是不容置疑的,取消指令性计划任务反而能使它们更加注重实效。另外,商品经济的发展使得经济活动主要靠经济杠杆来调节,政治干预和宣传鼓动的作用已经很小,而且本来就不该直接用于调节增长速度。那么一方面中央手中掌握着货币供应总量、外汇收支、财政税收等多种强有力的经济杠杆；另一方面地方的财政政策也是为了发展本地区的经济；而且中央财政还可以采取特殊补贴等方式对地方政府行为进行临时性调节，则中央不必担心经济增长速度没有人负责。

最后一个是，上述改革后，生产力的区域布局将发生何种变化？它是否有利于落后地区赶上先进地区，还是会拉大差别？

人们关注上述关系各地区长远利益问题的心情是完全可以理解的。但我们认为，只要我们处理得当，后一种情况是不会发生的。根据经济学中的比较优势原理，各个地区资源分布不同，各有优势。除了自然资源秉赋不同以外，沿海大城市基础好，知识水平高，工资也高，适于技术较密集的产业；落后地区劳动成本低，可发展劳动密集型产业；致富之道，不是凭借只有先进地区才有的绝对优势，而是各个地区都扬长避短，发挥自己的相对优势。既然每个地区都有自己的相对优势，大家就都有发展的潜力，发挥这种潜力就可以共同富裕起来。其间，使大城市逐步转向技术更密集的产业和出口产业，同时把技术次密集的产业向中等城市转移，而中等城市又把自己的劳动较密集的旧产业传递给内地贫困地区。同时伴随着产业结构的升级换代，资本和劳力的流动。例如，上海的一般性产业和老工人会向内地迁移，也会向内地投资。这就是合理分工、共同富裕的比较优势转移原理。

当然，还有另一种解决问题的办法，这就是让劳动力由劳动力数量资源丰富的落后地区向发达地区流动，用劳动力重组代替区域分工。但是，要做到这一点是不容易的。即使在发达国家，劳动力流动仍然有多种社会经济的阻滞和困难。我国劳动市场很不完善，需要转到非农产业的农村剩余劳动力数量极大，因而劳动力流动的障碍更多，城市化这一全球性难题在我们这里表现得更为尖锐。所以，我们不能期待在较短时期内实现劳动力的完全自由流动，应把区域间劳动力重组作为解决问题的主要办法。在我国，多半会把两种流程结合起来，主要通过大城市工业向中、小城市辐射、扩散，和农村人口向中、小城市转移，带动落后地区的发展。不过，这将是一个逐步实现的过程。

我们的地方行政性分权和工资差距不足严重阻碍了比较优势的实现

及其转移。首先是上海等大城市产业结构不能及时更新换代,为了完成产值、税利,几十年的一般性老厂仍立足于市中心。一方面城市拥挤不堪,另一方面老产业的资本、人才、技术不能外流。由于不收土地费,这种企业非但没有生存压力,反而年年赢利,承担着为财政做贡献的重任。这种财政贡献又未能用好,比如不具备条件的省份投资建设了高技术工厂,结果并无效益,延误了高技术的发展。又由于上海不放弃劳动密集产业,就削弱了梯度开发中后续城市的发展机会,反倒有可能逼使这些城市作出错误决策去投资那些非适宜技术的产业。至于贫困地区,则更愁眉苦脸不知该发展什么。

实行分税制,打破行政性分权后,可以设想,像上海等城市工资与地租将率先提高,产业结构升级,由于地方不干预资本、技术、劳力的流动,生产要素开始转移,出现合理分工、共同富裕的趋势。

有人会说,上海生产的东西样样都比我强,一放开边界,取消保护,开展竞争,我就全垮了。比较优势学说恰好能够清晰地说明不会出现这个问题的道理。如果说上海的计算机和纺织比乙省的两种产品都物美价廉,而其中计算机更为突出;则如果上海全部转产计算机,而乙省全部转产纺织品,并互相贸易,对双方都带来好处。如果放弃区域封锁,大力开展横向联系,这种产业分工必然是两地企业家自己作出的最佳选择的结果。再有,一旦发生这种专业化分工,各地的工业规模(生产批量)将显著扩大,从而降低单位成本,发挥出规模效益这一额外好处。也就是说,即使是两个技术水平、工资水平等各项条件完全相同的城市,进行专业化联合改组,发挥规模效益,也会给双方带来好处。

我们相信,只要坚决改变行政性分权模式,建立地方经济管理的新体制,改善地区补贴手段,大力促进生产要素的流动和横向联合,就必然能开创地区经济布局和经济发展的新局面,并有力地促进体制改革的前进。

鉴于在地方政府职能分层管理系统的改革方面存在着很不相同的设想,又由于我们不应该在这个关系到十亿人口的大国的根本制度且其历史影响极为深远的问题上草率行事,每种设想都应尽快设计出具体的方案,并对各自的可行性以及政治经济后果作出尽可能周密的论证,以便中央能够尽早从不同方案的比较中作出战略选择。

政府在转轨中的作用： 中国经验[*]

(1997 年 1 月)

什么是政府在市场经济中的合适活动范围,本来就是一件争议很多、很不容易正确地加以确定的事情。转轨期间的情况更为复杂。自从中国的改革开始以来,如何正确地发挥政府的作用始终是一个很费斟酌的问题。

1. 集中计划经济条件下的政府,往往是所谓"全能政府(totalism)"¹。由于计划经济体制意味着由国家的有形组织——政府通过计划集中地配置资源,在这种经济体制的基础上形成的政治体制,必然带有政府对全部社会生活进行控制的特点。在中国传统体制下,包括按其性质来说只能由个人决策的领域,如职业选择和消费选择,也在很大程度上由政府包办。因此,传统体制下的中国经济在 20 世纪 70 年代的比较经济学中曾经被称作"动员型的命令经济"。市场经济建立在独立的经济行为者(agents)之间的自主交易活动之上。市场经济按照定义,意味着由市场力量通过按照供求关系形成的价格配置资源。向市场经济转轨,自然也就意味着政府活动范围的缩小和所谓民间社会(civil society)的壮大。政府放弃某些支配经济资源的权力,就成为经济转轨题中应有之义了。在这

---

* 这是作者于 1997 年 1 月 7 日在海口召开的"关于市场经济条件下政府作用国际研讨会"上的主题发言。见吴敬琏(1997):《构筑市场经济的基础结构》,北京:中国经济出版社,1997 年,第303—309 页;又见《吴敬琏文集》,北京:中央编译出版社,2013 年,第 1222—1227 页。

1 邹谠(1986):《中国廿世纪政治与西方政治学》,载《经济社会体制比较》,1986 年第 4 期。邹谠所说的"全能主义"的含义,与西方政治学中所说的"极权主义(totalitarianism)"不同,是指运用强有力的政治组织控制社会生活的各个领域以便改造或重建社会这样一种状态。

个意义上,"大政府"与"小政府"之争反映了转轨过程的本质。

由于改革前占统治地位的苏联政治经济学的影响和在计划经济基础上形成的利益格局,政府缩小自己的活动范围,向市场交出不该由它行使的权力,必然地受到在命令经济中有既得利益和具有保守思想的人们的反对。这在改革初期,突出地表现为"放"与"不放"的矛盾。这种矛盾与冲突,一直延续到现在。虽然形式有了改变,但实际上内容依旧。例如,在人们普遍承认进行宏观经济调节是市场经济中政府的一项重要职能的条件下,保持行政力量对微观经济活动的干预和控制的一种新做法,是把"宏观调控"当作一个"筐",把行政部门的干预活动,包括像一般竞争性部门的商品定价这类明显的微观经济活动统统放在"宏观调控"的大口袋里。

2. 不过在讨论政府在转轨过程中的作用时,人们有时也走向另外一个极端,把政府在转轨期间要做的事情简单地归结为"放权",认为在市场经济中,政府管的事情愈少愈好;在转轨的过程中,只要政府放手不管,市场的自发力量会自然而然地把事情安排得井然有序(或者通过一个混乱的乃至"相互欺骗"的过程,使人们认识到通过订立合约建立秩序的必要性,从而把市场规则建立起来)。

然而中国改革的实践表明,上述想法是不一定恰当的。它接近于所谓"曼彻斯特资本主义"或斯密式的自由放任主义,并不适合于现代市场经济。例如 20 世纪初期,福利经济学就已提出了"市场失灵"的概念。凯恩斯以后的主流经济学更积极地主张在市场失灵的情况下由政府发挥作用来加以弥补。即使是 20 世纪 80 年代盛行一时的新自由主义,也并不完全否认政府发挥作用的必要,只不过认为政府的作用范围应当严格地加以约束,因为政府也会失灵,需要在两种失灵之间进行权衡。战后时期,根据亚洲一些绩效良好的经济的经验,经济学界相当一部分人对政府在市场经济中可能发挥的作用有更为正面的评价,对东亚表现良好的经济中的政府职能作出了"市场亲和"(market friendly)、"市场增进"(market enhancing)等性质规定。当然,在最老的市场经济国家如英国,市场制度的发育成熟大体上是自发地进行的。但是我们不能忘记,他们从 18、19 世纪极不规范的市场到现代的比较规范的市场,花费了一二百年的时间，中国不能等待那么久。而且需要注意到这样的演变趋势：20世纪以来各发达国家政府在推动市场成长中的作用趋于主动。虽然其间有波动和反复，但政府参与市场发育（特别是在设定市场规则方面）对于现代市场经济成长所起的积极作用是毋庸置疑的。单以1929年大危机以后美国证券市场的成长为例就可以看到，如果没有美国国会1933年和1934年的证券和证券交易立法，如果没有罗斯福行政当局对当时刚刚建立的证监会（SEC）的全力支持，就根本不可能克服那些操纵市场和进行内幕交易、愚弄广大股民的大金融资本的反抗，使美国的证券市场走向规范，证券交易走向有序。中国当前存在的情况是，由于对市场的规制和监管远落后于市场放开的进程，常常导致严重的混乱（如证券市场）。据此，我们应当充分吸收上述观点演进的成果，对于市场经济中的政府职能作出更准确的界定。也许问题的要点并不完全在于政府的"大""小"，而在于政府作用的性质和它同市场关系的"好""坏"，即在于它对市场有效性的提高是起了积极作用还是消极作用。

3. 为了减少阻力、增加助力，中国在改革一开始就采取了两项做法：(1)中央政府向下级政府下放自己的权力，包括干预企业微观经济活动的权力；(2)容许乃至鼓励政府机关及其工作人员"下海"经商。这种做法，有效地减轻了来自政府内部的对改革的抗拒，但是，也由此形成了一种不利于市场健康发展的格局。

由(1)形成的经济体制，在中国被界定为"行政性分权"（在前南斯拉夫则被称为"多中心国家主义"）。与这种做法相适应，甚至形成了一种普遍流行的观念，以为中央政府机构是倾向于保守旧体制的，地方政府则是倾向建立新体制的。从中央向地方下放权力就是改革。其实真实的情况未必如此。由于计划经济要求中央集权和"条条专政"，中央的政府机构的确容易有保守的倾向。但是，如果下级政府持有一种"把你的权拿到我的手里来行使；过去你怎么管理经济，今后我也怎么管"的想法，权和利的下放也不意味着市场取向的改革。事实上，我们的经验已经证明，行政性分权的结果势必导致市场分割（所谓"切块、切条、切丝、切末"）和地区保护主义，极不利于统一市场的形成。

由(2)形成的，是一种"工农兵学商，一齐来经商""官商不分""权力搅买卖"的格局。在这种体制下,利用行政权力"寻租"的条件广泛存在,因而使腐败行为在干部队伍中迅速蔓延,而且促成了一种力图阻碍寻租环境消失的社会力量的成长,因而不利于旨在建立健全市场环境的改革的进行。例如早在 1984 年,中共中央全面规划市场取向改革的第一个决议,即中共十二届三中全会《关于经济体制改革的决定》就已正确地指出,"价格改革是整个经济改革成败的关键"。在 1985 年中共全国代表会议《中共中央关于制定国民经济和社会发展第七个五年计划(1986—1990年)的建议》中,又明确规定竞争性的市场体系是预定在 1990 年建立起基本框架的"社会主义商品经济"的一个基本环节。虽然根据这些决定中国政府试图在这方面的改革上有所作为,但是直到 20 世纪 90 年代上半期,并未能有太多的建树。不要说要素价格和要素市场的放开迟迟没有到位,即使就商品(货物和服务)价格而论,政府多次计划采取的主动行动也是以取消告终。究其原因,除技术上的困难和配套条件的不具备,一个重要的因素,是来自价格"双轨制"的利益和代表这种利益的社会力量的反对。这种反对使领导人不敢在价格改革上采取果断行动,以致中国的商品价格改革只得以被动的方式进行。虽然到 90 年代初期我国的大部分货物价格已经放开,但是这种被动式改革付出的经济和社会代价是很大的。

4. 中国经济目前仍然处在转轨的过程中,健全的市场制度尚未初步形成。看来在这种情况下,政府具有较之在成熟的市场经济中更多的职能。这主要是:

(1) 消除对市场取向改革的阻力。从计划经济到市场经济的转轨,意味着利益格局的巨大变动。这种变动自然会遇到来自既得利益的反对。从中国的情况看,改革遇到的既得利益阻力可以分为两类:一是与计划经济("命令经济")相联系的既得利益;一是与转轨过程中的不规范的经济关系相联系的既得利益。在中国改革前 15 年采取"增量改革(incremental reform)"战略的条件下,利用价格、汇率、利率等的"双轨制"寻求租金(rent-seeking),变成一些有可能接近行政权力的人发财致富的捷径。从这种利益出发,他们中的一部分人虽然支持前期的改革,却极力阻碍进一步的改革,因为,市场制度的真正确立,会使寻租环境遭到破坏。

面对着以上两种社会力量的阻碍和反抗,如果政府不能依靠群众并运用自己的力量来消除障碍,进一步的改革就会步履维艰,难以迈步。对于前一种阻碍改革的社会力量,人们保持着比较高的警惕。而后一种力量,由于他们在改革初期的确是推动改革的重要力量,而且由于他们在阻碍进一步改革时打着"保护改革成果""选择符合中国实际的改革方式"等旗号,往往对于人们有较大的迷惑力,甚至被误认为是最坚定彻底的"改革派"。前面我们已经谈到过来自力图保持双轨定价制度的社会力量的阻力使中国的价格改革迟滞的情况。在这个问题上,中国也有过相反的经验。当1993年秋季中国政府决定1994年1月1日实现汇率"并轨",向经常账户下人民币自由兑换过渡时,在双重汇率制下获既得利益的人们广泛进行"公关"活动,宣传汇率"并轨"将引起巨大混乱和本币急剧贬值,甚至导致人民币的崩溃。可是在中国政府顶住了这种压力如期实行"并轨"以后,虽然由于准备工作做得不好而有过短时期小的混乱,但是顺利实现了有限制的自由兑换而没有出现大的乱子。现在人们不能不承认,总的结果是好的。

(2) 设定并执行市场活动的"竞技规则(rules of the game)",市场的有效性建立在公正竞争的竞技规则的确立上。在最初形成的市场经济如英国市场经济的发展中,竞技规则在很大程度上是在几百年的漫长过程中自发地形成的。后起的市场经济国家大大地缩短了竞技规则确立的过程,原因就在于汲取了先行国家的历史成果,用政府的力量来确立规则。在我看来,这也许是格申克隆(Alexander Gerschenkron)所说的"后发性优势(advantages of backwardness)"的一项最重要的内容。吴庆瑞博士[1]在一次和我的谈话中指出:英国的殖民统治对新加坡造成了许多消极影响,但他们也做了一件好事,这就是留下了一个比较好的法律框架。新加坡的经济发展从这里得益不少。这的确是经验之谈。中国缺乏法治传统,政府在设定规则方面的任务就更加艰巨繁重。世界银行副行长兼首席经济学家 M. 布鲁诺(Michael Bruno)1996年夏天在北京大学经济研究

---

[1] 吴庆瑞(Dr Goh Keng Swee, 1918—2010),新加坡开国元勋之一,曾在新加坡内阁中担任财政部长、国防部长、主管经济的副总理等要职。享有"新加坡经济发展之父"等美誉。

中心的一次讲话中指出,中国今后应当把改革工作的重点放到设定竞技规则方面去。我很同意他的这个意见。

5.发挥政府的作用以促进转轨的进行,也会带来一些问题。从中国的经验看,这主要是:(1)由于改革是在原有的政府机构的领导下进行的,而政府工作人员中的一部分人会由于在计划经济中习惯的思维定式或在计划经济中获得的既得利益而倾向于守住自己的权力不放,阻碍改革。(2)由于政府机构被赋予了较大的权力,有些政府工作人员就会利用这种权力与寻租者勾结,从后者那里收取贿赂。这样一来,腐败就会盛行。更有甚者,一些人还会在改革过程中进行"设租(rent-setting)"活动,以便创造更多的寻租可能性。这就使立意很好的改革措施遭到扭曲,走偏方向。1992—1993年期间"国有土地批租"改革的扭曲,就是一个突出的事例。一些地方本来有着很好的发展形势,但是由于纵容肆无忌惮的寻租活动和鼓励不动产投机,结果不但由于地价飞涨妨碍投资者进入而断送了大好的发展前景,还使大批干部陷入贪污犯罪的泥坑。经济上和政治上的代价都是十分沉重的。面对着这种情况,政府必须按照建设社会主义市场经济的要求,使自身健全起来。除了坚定地推进改革以便铲除寻租活动的制度基础,在执行自己的职能时采取"市场增进"的做法之外,还应当对政府人员进行市场取向的政治思想教育;加强法治,清明吏治和肃贪反腐;同时,推进政治改革,扩大民主,把政府机构和政府工作人员置于人民群众的监督之下。只有这样,政府才能在转轨过程中有效地发挥它的积极作用。

确立规则，实行法治[*]

(1998 年 11 月)

吴敬琏：十五大"放小"的战略确定以后，中小企业产权明晰化的趋势已不可阻挡。但在有些地方，原来打着"坚持公有制"旗号力图保持自己对企业的控制的有权有势的人们改变手法，"咸与维新"。不但利用权力不花几个钱就把企业搞到自己手里，还反过来要职工交钱，否则就让他们"下岗"。于是社会公正的问题就突出起来。不是说"社会主义市场经济"么？社会主义的本意，就是追求社会公正和逐步实现共同富裕。所以，这条是不能不坚持的。

针对着"放小"中间出现的这一类问题，国家经贸委发了一份制止出卖小企业风的文件。老实说，我看了这份文件后，觉得它消极了些，担心会不会影响"放小"。但是据说经贸委得到的反应多数比文件还要激烈：我们企业的谁谁谁，正是他们把企业弄垮了，现在却乘机发了大财，所以早该刹住了。

体制转轨是一个利益结构大改组的过程。不管采取什么方法来实现转轨，在利益分配上总会有问题，原来掌握权力的人肯定会利用权力把过去的公众财产据为己有。如果官僚们的力量太强大了，就会发生像俄罗

---

[*] 本文摘自吴敬琏与汪丁丁《关于中国改革前途的对话》，原载《财经》杂志，1998 年第 11 期。参见《改革：我们正在过大关》，北京：生活·读书·新知三联书店，2001 年，第 31—39 页；《转轨中国》，成都：四川人民出版社，2002 年，第 33—39 页；《呼唤法治的市场经济》，北京：生活·读书·新知三联书店，2007 年，第 5—12 页；又见《吴敬琏文集》，北京：中央编译出版社，2013 年，第 212—217 页。

斯那样的情况：大部分财富被一小撮人鲸吞，而百姓却变得一无所有，那就国无宁日了。

我认为中国到 80 年代后期，或者说 1992 年以后，主要危险并不一定来自保守力量，而在于是否在社会变革中兼顾公正。不然的话，老百姓不认你这个改革。如果他们因为基本利益受到损害而寄希望于保守力量，事情就会变得很麻烦。

改革需要社会力量的支持，从这个角度看，也惟愿中小企业家和其他独立的民间力量能够成长起来。如果他们不能成长起来，就会越来越没有人支持一个有利于大众的改革。我常常觉得，改革后十年中，好像支持搞正正经经的改革的力量不是在增强，而是在削弱。光是靠一些知识分子的理念支撑，会是苍白无力的。

汪丁丁：我们说改革到了一个"关键时刻"，就是说游戏的规则问题变得非常重要，以致若解决不好，整个改革就会功亏一篑。

刚才吴老师说的改革动力问题，在很大程度上就是利益在社会各集团之间比较公正地分配问题。但利益如何分配，首先不是谁应当分多少的问题，而是通过什么原则和机制来分配的问题。因此这也是个修改社会契约或宪法重新缔结的过程。

我们的改革从"放权让利"开始。"放权让利"的改革好比在牌桌上赌博，一开始的问题是许多人没有资源的控制权，只是"国家"一个大庄家；为了让市场经济这个游戏能够"玩儿"起来，就必须放权让利，让人们有自己的资源，从而有了自己的利益。

80 年代中期，我们的经济格局里大部分企业已经有了"自己"的利益，但那还不是个人的利益，或者那只是隐蔽着的个人利益。当时有人提出要搞"企业本位"制，有点儿像农业集体化时代的"三级所有，队为基础"的那个"生产队本位"制。那样的制度一是不稳定，二是效率不高。最终只有两个前途，一是稳定在"包产到户"时期的"农户本位"制，一是退回到"统购统销"时代的"国家本位"制。市场经济自身的逻辑，一旦展开就势不可挡。所以我们既然以"效率"为目标，改革也就自然而然地过渡到了"包产到户"和更进一步的"永佃制"。

在城市里，"企业本位"也就渐渐变为"个人本位"。但是这儿有一个重大问题始终没有解决,那就是当我们从"企业本位"或集体经济走到"个人本位"时,我们在宪法里对于"个人本位"或个人获取创新利润的权利都没有作出相应的保护,我这里说的宪法不仅仅是写在纸上的宪法,以及相应的各种法律条文。我主要指的是作为国家精神之一部分的"宪法"。例如当我们说一部与市场经济相适应的宪法应当"尊重个人财产权利"的时候,显然不是指写在纸上的条文,而是指这一条文对现实社会究竟有多大的约束力量。因为一个理性的个人是不会只看到有一纸空文对他创新所得的利润作了承诺就献身于他的创新活动的。

由于缺失了宪法,我们在现实经济社会中认可了的"个人本位"制就开始演变为模糊规则下的"强权者寻租"的过程。这个过程是很腐败的,而且足以使任何一个曾经伟大过的社会陷于瓦解。所以我们说:改革到了关键时刻。

应当强调,单纯的修改宪章不足以解决这个问题。对个人创新利润的保护,要求在宪法之下,有一个执行宪法的政府,例如整个执法和司法体系的职能要从"保护公民就业的权利"转变为"保护公民创造利润的权利"。不经过这种政府职能转换,人们就总要将自己的企业家能力转化为"依靠强权去寻租"的能力。

我们常常听到人们感叹俄罗斯经济与社会的混乱不堪与黑帮当道,人们往往将这归咎于俄改革中过分的"资本主义"性质。其实,这是很大的误解。俄国改革若已经失败,也应当归咎于政府职能转换的失败。换句话说,俄罗斯的改革方案过分地依靠改革者"理性设计",而忽略了现实社会中积累的极难扭转的"习惯势力"。改革要成功,确实在很大程度上要保持渐进的性质。但是"渐进"又不能流于向传统势力屈服的"徘徊"。这两方面的要求,使得各国历史上真正成功的改革极少见。

许多国家的发展经验表明,改革的渐进性与决断性可以由一个不断扩大的社会中间层的利益来诱导。这也就是人们说的社会稳定的基础——中间阶层(middle class)的形成。事实上,在一个市场经济社会里,比较大的"社会流动性"使得在社会的上、中阶层之间没有确定的明晰的分界。我们说的"中间阶层",它里面的激进分子常常很接近社会底层的利益团体,常常成为社会变革的中坚力量;而它里面的保守分子常常很接近社会上层的利益团体,常常成为社会变革的阻力。正是由于这个"两重性",一个社会才必须要有"中间阶层"来保持其适度的活力:既不要因为缺乏活力而死亡,也不要因为太激烈的活力而炸毁。

新的游戏规则应当鼓励生成中间力量,这可以治理许多改革中出现的弊病,例如腐败及官商勾结。任何私人资本,生意做大了便产生政治影响力,于是便产生了以经济势力去勾结政治权力以"寻租"的可能。

英国早期的例子是"东印度公司",日本早期一直有"财阀族",韩国与日本类似,美国的"院外活动"很大程度上就是这些大资本的寻租活动。不论政治权力还是经济权力,绝对的权力便绝对地趋于腐化;而中间力量的出现和发展可以分散在社会两极上积累的"权力"(作为"影响力"的权力),使社会保持某种中性的"公正"。注意,我说的是许多"公正"当中特殊的一种公正。当社会两极化严重时,上层阶级与下层阶极各有自己的"公正",结果是社会不断革命,雅各宾恐怖与白色恐怖交替出现,最终瓦解了整个社会。所谓"中性的公正"就是在这个意义上是"中性的",不上不下,至少这样的社会公正不至于使一个社会像翻烙饼一样被烤得焦黑。

吴敬琏:说到这里,我想作一个不一定完全合适的类比,也许可从中得到一点启示。解放初期的土地改革把农民从地主制度中解放出来,成为推动经济发展的伟大力量。但是这次生产力的大解放并没持续得太久,就被足足折腾了20年的所有制升级等"运动"所打断。

土地改革像任何一次大的社会运动一样,总是有怀着各种各样动机的人参加。土地改革的有些积极参与者是所谓"勇敢分子"。这些人往往并不是地地道道的农民,而是见过世面、富于社会经验的"乡村政治家"。他们希望在"斗地主、分田地"中得到自己经济上、特别是政治上的好处,在运动中往往采取一些过火的("左"的)行动。麻烦还不只在这里。成问题的是,这些人并不善于、也不愿意在诚实的劳动和经营(也就是所谓的"按照规则进行的经济游戏")中使自己、也使整个社会富裕起来,却有一种倾向,总想在不断进行的权力和财富的再分配中分一杯羹。如果这些人成了社会的精英,他们就会变成1955年以后生产关系和上层建筑的"不断革命"的社会基础。

回过头来看改革,这里是不是也有类似的情况呢?为什么规范的改革往往被视为"理想化"乃至"保守思想"，而花样百出的"寻租"活动、鲸吞公共财富的"产权改革"、圈地运动式的"土地批租"、掠夺广大股民的金融魔术等等却被人以"改革"的名义歌颂备至，瞬息间就风行全国？这些奇怪的现象层出不穷，不足以发人深省吗？

江泽民总书记在十五大政治报告"调整和完善所有制结构"那一段的结尾就提出过"要健全财产法律制度"的任务。后来这件关系重大的事情好像没有落实为立法的规定。我看这件事很重要，宪法要有原则的规定，各种财产变动都要循着以基本法为基础制定的规则。

不管怎么样，中国再回到计划经济的模式是不大可能的了。但搞得不好会出现一个拉锯战的过程，可能会发展成 crony capitalism，就像苏哈托统治下的印尼那样。crony capitalism 这个东亚经济危机发生后流行起来的词儿被译为"裙带资本主义"或者"权贵资本主义"，其实这就是老一点的中国人都很熟悉的官僚资本主义，即"封建的、买办的、国家垄断资本主义"。原来的社会主义国家除了东德，好像都没有躲过这种命运。中国在这方面的苗头已经相当明显了。要避免其恶性发展，从经济的角度讲，就是要发展独立的民间经济和民间力量；从政治方面讲，就是要确立游戏规则，实行法治。

汪丁丁：中国问题既有西方人正在经历的"现代性危机"，即市场化导致了传统道德共识的瓦解，又有单独属于中国人的危机，即法治精神的缺失。在这个意义上，现代中国人很像现代化以后的西方人，既没有家庭情感的约束，又没有上帝的法律的约束，孤苦伶仃。但是，这类中国人缺少两件东西。一是"现代化"，我们尚未走完现代化的主要阶段，物质生产的工业基础和技术进步的自发秩序尚未确立；二是"理性"，我们尚未获得西方人自启蒙时代开启出来的个体理性，我们每一个人都是理性不足、难以自立的儿童。

这两件事情导致我们面临着两个前途：一是返归陶渊明式的田园生活，与大自然融为一体；二是重新确立集体主义的生产方式，靠"家长制"权威找到各自的位置。但是，沿着这两个前途都不太可能发展出高度信用基础上的金融经济。因为在自然经济中没有必要发展大规模合作，也就没有必要发展金融；而在家族宗法社会中，"信用"缺乏普遍主义的原则,讲信用只是对亲朋好友而言的,对非亲非故者则可以不讲信用。这怎么能使分工与交换从家庭血缘关系所覆盖的范围扩张到全国以至国际间呢?

吴敬琏: 此次亚洲金融危机之后,国内出现了一种看法,认为中国之所以没有发生危机,主要得益于我们改革开放的进程比较慢,把最难的改革放到了后面。我不同意这种看法。把最难的、也是最关键的改革往后拖,只是把问题沉淀下来了,这里隐藏着很大的风险,必须认真对待。目前国有大企业的问题大多没有解决,那些半官半民的金融单位问题尤其大,好些金融机构经不起查。

我认为,中国最大的危险主要在两个方面,一个就是继续计划经济,另一个就是借改革之名掠夺大众。这两种力量互相以对方作为自己存在的依据,公众看不明白,就容易发生摇摆。

怎么办呢?还是应该做一些比较基础的思想梳理和启蒙的工作。事实上,比较基础的事情虽然看起来平淡,却是比较深刻的。简单地把人们划分为"改革派"和"保守派"已经过于表面了。

汪丁丁: 改革的前20年,我们总是回避最核心最困难的问题,这终于造成了将近10年的"制度徘徊"。现在我们意识到改革碰到了"深层问题",再也无法回避了。我几年前写过几篇文章讨论改革面临的三个深层问题,现在大致仍存在这三个问题:(1)"政企分开"后面的"党政分开"问题;(2)国有部门"工人贵族"的赎买问题;(3)企业家能力与所创造的利润的合法结合问题。我认为这三个问题已逼到我们头上了,改革要么迎上去解决它们,要么掉头回到旧体制去。

法治中国[*]（节录）

(2002 年 12 月)

法治与好的市场经济

《财经》：十六大召开以来，中国的市场法治建设再度成为学界讨论的热门话题。今天请诸位来，主要想请教一下这方面的问题，进而看一看，在 2003 年一年中，这方面可能和应当有什么实际的进展？近中期内的主要挑战和任务究竟是哪些？

首先想请教一些基本概念，比如，市场经济和法治究竟是什么关系呢？为什么最近时期以来，有的经济学家和法学家们认为，必须互相从对方获得关于中国市场社会发展的思路及启发？

吴敬琏：从经济学家的角度看，建立法治对于经济发展确实显得越来越重要。参加我们国家市场经济改革的人，对于法治的认识都有一个过程。拿我自己的体会来说，在刚开始改革的时候，常常天真地想，只要冲破计划经济，把市场放开，一切就会一帆风顺，中国的经济也就很快

---

* 载《财经》，2003 年第 1 期。编者的按语如下："2002 年岁末，《财经》杂志邀请吴敬琏、江平、张卓元三位于政策面及社会均极富影响力的重量级学者，谈 2003 年中国经济面临的重大主题，以及为什么中国经济重大关键问题之解决必得有待于以法治为基础的市民社会成长，以及这一市民社会本身成长所需的机会从何而来。这样的谈话，以其所涉及的主题看，是富于挑战性的。有幸的是，在中共十六大之后，中国改革的前景，在政治和经济两翼，都有了具突破意义的变化。三位学者讨论中屡次出现的关键词，如法治、政治文明、政治民主，本身就是在十六大报告中被阐发多次的重要概念。过去 20 年的改革被称为中国的'千年未有之变'，此'千年未有之变'而今正在进入新的轨道。三学者诤诤之言，正出自这一背景。"又见《吴敬琏文集》，北京：中央编译出版社，2013 年，第 1264—1277 页。

腾飞。

实际上，事情并不那么简单。随着市场经济的逐步成型，社会失范、腐败蔓延等问题变得越来越严重。另外，在亚洲金融危机发生以后，一些实行市场经济的国家暴露出许多严重的缺陷，例如"裙带资本主义"（crony capitalism）的问题。这进一步表明，作出市场经济的选择并不意味着一了百了。全世界搞市场经济的国家很多，真正走上健康发展道路的却寥寥可数。这些现实迫使我们思考：市场经济是不是也有好坏之分，什么是坏的市场经济和好的市场经济的主要分野？在这种探索过程中，经济学家们提出了法治问题。许多经济学家指出，市场经济应当建立在法治的基础之上，是"法治的经济"。

江平：市场经济就是法治经济这种提法，令法学家们欢欣鼓舞。我对于市场经济的认识也有一个过程。我最早与经济学家接触是在 20 世纪 70 年代末 80 年代初，那时经济学家提出"所有制"和"所有权"究竟是什么概念等问题，我于是查阅了法学中这些概念的出典。虽然那时还有意识形态束缚，但从法学角度看，我认识到如果不打破所有制的框框，很难建立真正的市场经济。这是我感受到的第一次冲击。

第二次冲击发生在我在比利时讲学时期。当时，我第一次了解到什么是遗产税。西方国家对富人要征极高的遗产税。拿美国来说，100 万美元的遗产要缴 50% 的遗产税。按他们的说法，生前赠予的税率和遗产税率是完全一样的，因为受赠和继承都属不劳而获。征收高额遗产税，据说是要拿来救济穷人。西方国家也讲救助穷人，也讲对不劳而获要征重税。可见市场经济也有一个社会目标的问题。这对我的震动很大。

我在苏联学习时，发现俄文里规则和法律是同一个词。同样，英语里"rule"既是经济里的规律和规则，又是指法律中的规则。那么市场经济中法律的规则和经济的规则，究竟是什么关系呢？我在后来的思考中又有了新的领悟，觉得我们曾经过分夸大了法律，强调统治阶级尤其是政治领导人的主观能动性。比如过去的计划就是一种"法"，这种法并不尊重经济规律，指标数字定到多少就算多少，一定要求完成，完成不了也要凑数字。法和经济的关系没有搞对。我觉得，法律尤其是市场经济的法律一定要尊重经济规律。这是我第三次在法律和经济上的思考。

张卓元：市场经济发展到今天，大体框架已经基本建立，应该更多地强调法治，强调规范，强调制度建设，少谈一点"大胆探索"，现在已经不是处处都要摸着石头过河的时代了。十六大就强调了在改革国有资产管理体制时要建立法律和法规。当然，法律的制定需要一定的时间，但法规的出台可以快一点，然后建立比较恰当的法律体制。现在与十五大时不一样，当时提的是整个国有企业改革要大胆探索，现在讲规范，讲完善社会主义市场经济体制，说明改革深化了。

《财经》：那么，该怎么看待法治和经济发展两者的关系呢？可不可以作此理解：两者是互相促进的，即法治促进经济发展，而经济发展反过来提供法治前进的动力？

吴敬琏：人类有经济、政治、道德等多方面的追求。即使不从其他方面的追求，只从经济发展这个人类最基本的追求来看，提出建立法治的要求也是十分自然的。提出这个问题的总的背景是：中国人经历了千辛万苦，付出了极大的代价，终于认识到，市场经济是实现民富国强的必经道路。市场交换是具有平等权利的所有者之间的产权交换。在传统社会里，除了少数例外（如古代罗马），这种交换在比较狭小的范围内是由人们面对面地进行的，因此，可以靠非正式的规则、血缘关系或乡亲关系等来维系。现代市场交换却是一种在"陌生人"之间进行的高度非人格化的交换。如果不是以一套正式的规则，例如产权规则、合同规则、信用规则等为基础并且由第三方（往往是国家司法机关）来监督执行，就会导致普遍的失范，一切都会乱套。所以，现代的市场经济需要建立在法治的基础之上。热心于中国改革的经济学家需要关心法治问题，需要与法学家结盟，来建设法治的市场经济。

张卓元：这里说的是"法治"，而不是"法制"。"法制"是以法为工具之制，是指法律制度。"法治"就是依法治国，强调的是以法的精神来治理国家，是法治而不是人治，亦不仅仅止于制定一系列的法律法规。过去在提法上两者经常混淆，曾经一度是以"法制"的提法为主。现在提法上已经取得共识，十五大已经肯定这一点。这个原则很重要，以后的具体措施就有了根本的依据。

财产权保护、《民法典》与权利宣言书

《财经》：现在谈到十六大以后市场法治建设的任务，人们很容易想到民营经济地位和私有财产保护等问题。我们理解，这方面 2003 年会有些实质性的进展吧？特别是最近《民法典》的草稿已经提交全国人大常委会讨论[1]。

张卓元：总的来说，贯彻十六大的精神，就要毫不动摇地鼓励、支持和引导非公有制经济发展。这就包括了要完善政策法规，完善保护私人财产的法律制度。

江平：从法治建设的视角来看，《民法典》就是一部权利宣言书，要彰显个人的权利。这里面当然包括了私人财产保护方面的内容，但远不止此。民法是整个私法体系的核心，《民法典》内容非常丰富，对各种民事权利都有规定，最终可能有 1500 到 2000 个条目，将是中国最庞大的法典。

《财经》：为什么《民法典》在现在这个时候被提上议程呢？是不是随着市场化的进程，私法体系的发展变得越来越重要了？

江平：私法是调整私人关系的法律，公法是调整政府与私人之间关系的法律。中国过去是以公法秩序为核心的社会。随着市场化走到今天，社会财富增长，人们的权利意识增加了，所以在法律上提出对私法的要求。私法就要向公法争夺地盘，要求保障，其中还包括了要防范公共权力对私人领域的威胁。所以，《民法典》就是权利宣言书，制定这部法律是非常重大的事情。

当然，这次只不过是《民法典》草案第一次讨论，离通过还差得很远。这次提交讨论，在程序上是为了在 2003 年 3 月由本届人大提交给下届全国人民代表大会做准备。然后，在 2003—2008 年的十届人大期间，少则

1　2002 年 12 月，第九届全国人大常委会第三十一次会议曾审议民法草案。后来，又被搁置下来。2014 年 11 月，中共十八届四中全会明确提出编纂民法典。2019 年 8 月，全国人大常委会法工委发言人举行首场记者会，表示将抓紧修改完善民法典各分编草案，确保在 2019 年年底前将各分编草案连同民法总则合并为一部完整的民法典草案，由常委会审议后提交 2020 年全国人民代表大会审议。

两三年,多则五年,能够最终完成这部法律。

吴敬琏:我觉得首先应当在宪法的层面上把保护财产权的问题确定下来。

江平:对。法律对于私人财产的保护应该有三个层次。最高层次是宪法的保护,对此,西方发达国家都是写在宪法里面的。比如,法国大革命胜利后,在政府的人权宣言和宪法里面都规定,私有财产神圣不可侵犯。第二个层次是民法的保护,就一些共同性的、基本性的内容来进行保护。第三层次的保护见诸各个单行法。比如,公司法里面对于投资者的保护也是对公民财产权利的保护。

《财经》:吴敬琏先生刚才谈到宪法中应当有"保护财产权",不单单强调"私人财产权",我们理解是考虑到了所有制之间的平等?

吴敬琏:是的。宪法是国家根本大法,规定国家基本组织原则。它的主要内容是:第一,确认公民有哪些不容侵犯的基本权利;第二,划定政府权力的范围来防止拥有很大公共权力的政府侵犯公民的权利。由于十六大报告明确指出要"完善保护私人财产的法律制度",我想如果2003年修改宪法,写进有关内容大概不会有什么问题。至于为什么我在1999年修宪讨论时曾经主张用"保护财产权不可侵犯"的一般提法,是因为我认为最好不要像过去那样把财产分成三六九等,对公有财产和私人财产应当一视同仁。

江平:中共中央总书记胡锦涛在纪念宪法20周年大会上提到,要适应改革开放和社会主义现代化建设的发展要求,根据实践中取得的重要的新经验和新认识,及时依照法定程序对宪法的某些规定进行必要的修正和补充。可见修宪已经提到议事日程中来了,但修宪内容是哪些,大家非常关注。我想私有财产的保护会写进去,另外,还期望在司法制度方面能有所变化。比如现在法院系统的任命都出自地方,可否像检察院系统那样搞成垂直性的呢?

在所有制上,如果还要分成公有和私有,这实际上意味着还存在着某种意识形态因素。这与市场经济要求主体地位平等的核心精神相对立。我记得在起草《公司法》时,曾存在国有股、法人股和个人股等提法要不要写入《公司法》的分歧。大家后来达成共识,认为既然要承认股东地位平等，就不应该写，所以《公司法》中没有分国有股、法人股、个人股和外资股。不同所有制的平等是财产权平等的基础。

张卓元：现在确实存在不同所有制不平等的地方，特别是在市场准入方面不平等。所以，在十六大报告中，关于这个方面的一个原则性表述作过反复斟酌："采取措施实现公平竞争。"现在就是要朝这方面走。采取什么措施？那就是放宽国内民间资本市场准入领域，在投融资、税收、土地使用和对外贸易等方面采取措施，实现公平竞争。应该认识到，坚持公有制为主体，促进非公有制经济发展，要统一于社会主义现代化建设的进程中，不能把这两者对立起来。

吴敬琏：我看首先要把保护财产权利确定为一条基本的宪法原则，然后再根据宪法厘定各种法律和行政法规乃至政策。一切违反宪法的法律、法规和政策都是无效的，任何人违反宪法都是可以被起诉的。为了明确财产权受到保护和不可侵犯，应当在宪法里明确规定除了为了合法认定的公共需要，并且有充分的预先补偿的条件下，才可以征用。对于其他的基本人权，比如宪法所确认的言论自由、出版自由、结社自由等，也应当是如此。这些都是法治中的应有之义。

《财经》：现在有一种担心，认为如果强调保护私人财产，会不会保护了那些化公为私的行为？这里应当怎么区分呢？

江平：这样的担心是完全不必要的。保护私有财产当然不是保护非法所得，这是两回事。按照任何法律准则，对于非法所得，也应当是该没收就没收，该剥夺就剥夺。

吴敬琏：非法所得意味着对他人财产权的侵犯，这正是宪法"保护财产权"的规定所要禁止的行为。

张卓元：十六大报告明确提出："一切合法的劳动收入和合法的非劳动收入，都应该得到保护。"存款利息、股票分红、投资收益，都是非劳动收入。只要是合法的都将得到保护。中央文件如此明确表述，这还是第一次。它将鼓励人们大胆地去投资创业，调动人们共同创造社会财富的积极性。

国资改革如何定规

《财经》：我们想请教，法治之法是否不仅指法律，也包括一切规制？比如说监管是否属于法治之法的范畴？

吴敬琏：这里的"法"当然是相当广义的。

江平：现在说的法律、法规、规章这一系列东西，在不同的领域，其法治精神是不一样的。例如按《立法法》规定，只有法律才能限制人身自由，国务院的规章就不能作这方面的规定。再比如《合同法》中规定，交易或投资行为之有效或无效，要由全国统一的法律和行政法规来判定。个人财产权的剥夺就是很重大的事情，绝不可能由地方法规作出规范。

《财经》：即将展开的国有资产改革，尤其是国有资产在改革中要战略性退出，要从什么层次上来规范呢？现在既然已经确定了由中央和地方分级行使产权，那么规矩由谁来定呢？

江平：国有资产管理体制改革，需要《国有资产法》或者《国有资产管理法》来进行规范。这个法酝酿了10年始终没有出台，原因就是根本性的体制问题，到底是中央统一行使产权？还是分级行使产权？这还牵涉国有资产的管理机构设置问题。这些都是根本性、全局性的问题。至于说具体的操作面层次，各地会有其自主权。

张卓元：在国有资产管理的问题上，十六大文件提到，各级政府要严格执行国有资产管理的法律法规。新的国有资产管理机制的一个很重要的方面就是加强监督，强调法治。我的理解是"先定规矩后行动"，自上而下逐步推进。而各级政府要严格执行这些法规，不可随随便便处置国有资产，否则大家一拥而上，各行其是，国有资产就可能又一次流失。这就是法治精神在市场经济中的具体体现。法治，就是要依法治国，法律法规不但要约束一般公民，也要约束政府。

吴敬琏：《财经》前几期的封面报道《十万亿国资走向》提出了进一步规范国有产权行使的必要性问题。十六大确定了分级行使产权，对于国企产权改革可能是一个有力的推动。可是现在下面一哄而上的劲头很大，如果不加以规范，地方的自由裁量权太大了，就可能出现利用权力攫取公共财产的现象。不过反过来说,半个世纪以来产权变动十分频繁,产权关系搞得很乱,很难理清楚。要是过于追求完美,又可能根本就改不动。所以,既要尽量做到初始分配的公正,又要十分谨慎地权衡。

《财经》： 国有资产管理体制的改革看来是2003年改革的主要内容。在将来分别由中央政府和地方政府代表国家履行出资人职能的情况下,人们比较关心的还是资产最终要怎么划分。如果按目前分级管理的现状进行简单划分,如何解决贫富地区之间的不公平呢? 会不会作一点必要的调剂?

张卓元： 我认为随便在各省间平调资产是不会的……

吴敬琏： 看来解决这个问题的关键在于国有企业老职工社会保障基金的补偿责任由谁承担? 由于老职工(包括已经退休的所谓"老人"和不太久以后也要退休的所谓"中人")的分布结构和国有资产的分布结构不一致,如果不是由中央来统一补偿,内地和东北一些老工业基地就不胜负担,而且也很不公平。我认为最好的办法是在中央和地方划定国有财产的管辖权之前,先把这一块切出来,按照统一的标准给老职工以补偿。这样也许可以大大缓解这种"苦乐不均"的矛盾。

江平： 是啊,原来体制里面形成的一些肥瘦不匀的怎么办?

张卓元： 总的来说,怎么分要定一个法规,从容易的着手,例如是否先把大型企业工委管的190多家,特别是中央组织部任命干部的50家大企业明确划分给中央政府履行出资人职责。这一步我想是很有可能的。法规怎么定才能合理,这里文章就太多了。这当中还有经营性资产和非经营性资产,还有金融资产怎么办,自然资源资产如何管理等。哪些由中央、哪些由地方政府代表国家履行出资人职责? 有些矿产资源,比如有些矿务局,已经下放给地方了,但矿山还有许多未开采的资源仍然是国家的战略资源,该怎么管? 这方面要想得很细,所以,最好先不要动,必须尽快制定法规。

《财经》： 是不是先有了法规再进一步改革?

张卓元： 当然,这个法规要尽快出台。2003年能不能出台还不好说,反正是要很快的。

江平： 我还想知道,以后一些事业单位,像大学之类的,会怎么办?

按什么原则划分？难道教育部所属的70多所是归中央，其他都归地方了？这是很有意思的问题。

《财经》：教育资产是非经营性国有资产。对于这种性质的资产，是否可以考虑探索新的方式？

吴敬琏：高等院校不应从属于政府部门，所以，应当引进基金制和实行教授治校。国家可以出资补充基金，但应当保持学校的学术独立性，按照教育自身的规律自我发展。

民间组织的成长

《财经》：法治的原则和理念是非常重要的，但一个社会怎样形成、推行和实践这种原则和理念？

江平：不得不承认这样一个现实：中国目前的主要问题还是国家权力过于集中。从历史发展过程上看，国家无远弗届地干预社会和公民、法人的各方面生活。要解决这个问题，就不得不提出一个口号，要国家还权于民，即公民和法人；但仅仅提出还权于民还不行，还应该还权于社会。有些法学家提出了"社会权力（social power）"的概念。从不同的角度，现在也有人研究民间法。

怎样认识民间法或社会权力？比如说，行规和国法的界限和边际如何来划分？行规不可以高于国法，但如果社会里都是国法没有行规也是不行的。我们过去不强调社会权力，现在逐渐有所意识。社会权力与国家权力作用各有不同，许多事情需要用某种社会力量来解决纠纷，所以，对于社会权力干预的作用应该重视。

吴敬琏：现代社会人群之间的相互依赖愈来愈强，社会关系也变得愈来愈错综复杂，如果社会生活的每一个角落事无巨细都要由政府去调节和规制，国家将成为一个所谓"全能国家"，既管不了，更管不好。所以，随着市场经济的发展，各方面都在呼吁拓展民间社会的空间，让非政府组织（Non-Governmental Organizations，NGOs）来发挥自治作用。例如从经济方面来说，每一个行业都有一些与自己共有利益有关的事务，应该发挥像商会、同业公会等自治组织的作用。这种自治组织代表一定社会群体的共同利益,处理某些公共事务,并且实行自律,能够解决许多政府管不了、管不好的问题。所以,在现代社会里,"治理"(governance)这个词用得愈来愈频繁了。"治理"和"统治"(government)有相同的词根,但是词意却存在着差别,就是前者意味着公共事务不是完全由政府来处理,而是由有着共同经济利益的群体,或者叫做非政府组织,实行自治和自我调节。当然,它们的活动也要服从宪法和法律。

江平:说到非政府组织,绝大多数中国人第一次接触到这个词是在多年前北京举行的世界妇女大会上。政府的论坛设在北京,非政府组织的论坛设在怀柔。据说参加这些非政府组织的人比参加政府论坛的还要多。

现代社会中都是听政府的声音,很少有非政府组织的声音。现在非政府组织的力量越来越大,它们有自己的声音、自己解决问题的主张甚至于政治主张。社会力量不容忽视。

吴敬琏:中国市场经济发展得最早、最好的地方——浙江的温州和台州地区,民间商会组织发育良好,而且起到了很好的自治作用。现在随着浙商遍布国内外,浙江商会组织的触角伸到各个地方,也把他们的经验带到了各地。最近全国工商联也在做民选商会领导的试验,就是改变省工商联(民间商会)负责人由上面派下去的老做法,改为由企业家选举产生,已经有两个省级单位浙江和重庆开始了这个试验,方向是正确的,效果也是很好的。

江平:民间力量对于法治社会的形成是非常重要的。如果一个法律植根于民间法,符合经济规律,这无论如何都是善法的范畴。统治阶级单方面制定出来的法律,就不然了。

《财经》:2003 年在非政府组织的成长方面是不是会有一些进步?社会中介组织和政府之间如何着手探索一些新型的关系?

张卓元:按说方向是要进一步发挥社会中介组织的作用,特别是现在加入世贸组织之后,要把更多的事交给社会中介组织处理,这方面是要强化的。在政府和社会中介组织的关系上,原来属于政府的一部分职能,应逐步转到社会中介组织那里。

再谈法治*（节录）

（2002 年 12 月）

梁治平： 社会变迁中，法律与经济是两个最重要的领域。从法律与经济的变迁可以看出我国社会变迁的整体逻辑和方向。因此，理解和解释这两个领域所发生的变化将很有意义。法律与经济有很强的关联性。过去我们普遍承认，市场经济是法治经济。这个观点反映了两者的部分内在关系，但过于简单和粗糙。随着研究和实践的深入，我们发现过去的理解存在很多问题。请问两位教授，你们如何看待法律与经济的关系？

吴敬琏： 过去很长时期内，经济学界不太重视法治。认为只要市场交换关系在全社会建立起来，经济就能顺利发展了。其实，现实远不像我们所想像的那样简单。20 世纪后期中国市场经济的基本轮廓成型了，可是社会失范却越来越严重，例如，社会普遍无诚信，腐败成灾，黑社会猖獗。问题出在哪里呢？于是，一些经济学家开始反思健全的市场经济所需要的条件。我们逐步认识到，现代市场经济是由高度非人格化的交换活动组成的经济形式，这种交换的正常秩序要有特殊的维系方式来提供。传统的维系方式，如靠血缘关系、乡亲关系来维系，远远不能满足它的需要。现代市场经济的特殊维系方式，是一套由国家作为第三方来保证执行的规则体系，即法律体系。所以说，现代的市场经济是建立在规则基础

---

* 2002 年 12 月 29 日，本书作者和江平教授应中国国家图书馆"文津讲坛"之邀，围绕"法治与市场经济"的主题进行了经济学家与法学家的对话，该对话由洪范法律与经济研究所所长梁治平主持。参见吴敬琏：《呼唤法治的市场经济》，北京：生活·读书·新知三联书店，2007 年，第 140—158 页；又见《吴敬琏文集》，北京：中央编译出版社，2013 年，第 1278—1292 页。

上的,也可以称为法治的市场经济。

江平:2001年夏天,我和吴敬琏教授在北戴河交流时认识到,必须建立法律与经济的研究桥梁,互相借鉴,研究一些共同的问题。现在,边缘学科越来越多。就法学而言,出现了法经济学、法政治学、法社会学等边缘学科,从多角度研究法律的问题。我是搞民商法研究的。研究民商法如果不从市场经济的实际情况出发,不研究法律在市场中的具体表现,单纯从理论到理论,是很容易脱离实际的。经济学家的研究对法学研究有很大的启发。比如,法学家想当然地认为,应该制定更多的法律对社会加以调控,这是法治国家的需要。而经济学家敏锐地看到了法律过多带来的过度规制的问题。法律越多,律师、法官也越多,社会成本就越大,效果反而不好。因此,经济学界呼吁要给社会松绑,防止出现过度规制的毛病。这对法学界而言,是一个提醒。提醒我们要从另外的角度,不要只从单纯的法律角度,来思考法律、法治的问题。很多人已经意识到了这个问题。原中国证监会主席周小川曾提出,从2003年起,证监会将改变过去一味强化管制的做法,而更多地尊重市场经济自身的规律,利用市场手段进行管理。

吴敬琏:社会失范需要规制,但是,规制的方式不好,就可能成为过度规制。证券市场是一个很好的例子。证券市场是一个信息高度不对称性的市场。要提高资源配置的效率,防止信息的优势方欺骗信息的劣势方,最重要的规则是要求信息披露的完整性、及时性和准确性。这是从积极的角度看。从消极的角度讲,就是要惩治那些利用信息不对称欺骗信息弱势方的人。为了这个目的,有关的证券立法列出了"操纵市场"和"内幕交易"两种主要的刑事犯罪,以惩治欺骗者。如果规制不去实现这样的目的,而去追求另外的目的,或者进行微观行为的实质性审批,比如审批上市额度、为股票定价,那就很可能走偏方向,成为过度规制。

江平:"郑百文重组"事件也能说明信息平等的重要性。有人针对这种情况提出,保护中小股东权益的最好方式是保证各股东平等获得信息的权利。这符合法治所强调的形式平等、机会平等的理念。

吴敬琏:法律是一种保证平等机会的规则。由于个人的禀赋和偏好是不同的,因此,不可能制订出保证实质的、结果的平等的普遍规则。

梁治平：刚才提到了过度规制的问题。说明好的法律需要遵守一个"度"。在这个"度"内，法律既能有效地规范人们的行为，又能保障人们自由选择的空间。请问两位教授，法律合理的"度"在哪里？中国的法律是否过分强调了规范而轻视了个人的自由选择空间？

吴敬琏：在这方面，中国的法律体系的一个问题是对"禁止"的东西规定得不够明确，惩罚的方式和实际的执行也不够得力。仍然以证券市场为例，对信息披露的要求不具体，不便于执行。同时，中国证券监督过去实行审批制，现在虽然改成了核准制，仍然有很浓的行政色彩。证监会包揽了过多的责任，管的事情太多，程序很繁琐；与此同时，一些关键的制度安排又不到位，如信息披露制度的模糊和不便于具体操作，而且与其他执法机关的配合也还有待完善。证券市场既存在过度规制的问题，又存在不到位的问题，"度"没有把握好，这也是我国法律体系的通病。

江平："度"的概念实际上对法律提出了社会效应的衡量标准。法律的社会效应不如自然科学甚至经济学明显。有一种说法是，经济学家把蛋糕做大，法学家把蛋糕分好，这样来区分经济学家和法学家的社会角色。传统上一般以公正来评判法律好坏。在一个进行现代化建设的国家，强调"发展是硬道理"的国家，法律是应该以保护竞争、鼓励发展为先，还是要强调公平呢？是应该保护机会平等，还是应该兼顾结果平等呢？这就是一个"度"的把握问题。

"度"的问题还引出了善法、恶法的区分。过去的宣传一直不承认社会主义社会有恶法，认为凡是制订出来的法律都是好的。可是在现实中，有些法律并没有起到好的作用。有些法律也许出台之初是好的，但是慢慢就落后于时代的发展，成为阻碍发展的因素。有人说，《破产法》一颁布就破产了，反映的就是这种情况。因此，我们应该树立"法有善恶"的观念。"过度"和"不及"都不是善法。不知道经济学家如何看待善法恶法的问题？吴敬琏教授是市场化改革的倡导者，又进一步提出市场经济有好坏之分。请问吴敬琏教授，从经济学的角度看，好的和坏的市场经济中，其法律原则有什么样的区别？造就一个好的市场经济的理想的法律体系应该具备一些什么特征呢？

吴敬琏：评判善法、恶法，可以采用其内容是否符合公认的正义原则的标准,也可以采用程序正义的标准。

即使从程序正义的要求来说,法律也必须具有一些形式上的特性,例如规则的明确性、公开性、平等性、不可追溯既往等。从经济活动正常进行的角度看,其目的是为市场参与者提供一个对未来、对后果的稳定的预期。这样,市场参与者才敢于作出自主的决策,并对自己的决策负完全责任。不能提供这种预期的规则体系就不能说是"善法"。对法律规则的要求如果追根溯源的话,可以说还有更抽象的、道德性的要求。这种道德要求和抽象理念是公认的基本正义。这就是说,法律应该有一个更高的法理渊源,即所谓"高级法"。这是人们在千百年的生活实践中提炼出来的,是社会的自觉强制,比如说对诚信的要求就是如此。与"高级法"要求相悖的规则就不是"善法"。市场经济的好坏和法律的善恶是对应的,好的市场经济与一套善法相伴随,坏的市场经济与一套恶法相联系。

江平:确实如此,有些道德规范随着时间的推移会成为一种法律规范,比如民商法中的诚实信用原则。在过去,诚实信用是一种道德约束,现在已经成为法律的基本原则。

梁治平:法律的善恶观念有时代性。很少有脱离于特定时代和地域、文化的善恶观念。当然,也有一些普遍性的、永恒性的、道德性的法律规范,如"摩西十诫"。但是,不能否认,更多的法律规范是历史的产物。随着时代的演化,一些法律淘汰了,新的法律又产生了。如果承认这一点,那么现在的中国,处于追求现代化、市场经济和民主政治的时代,善法、恶法会有哪些特殊的衡量标准,并如何影响中国未来的法制建设?

江平:从法律的角度看,现在的中国处于追求法治和宪政的历史时代。中国有宪法和各专门法律组成的一个法律体系,但是,有法律不一定有法治,有宪法不一定有宪政。日本对外侵略时期和德国希特勒时期也都有宪法和法律,但是我们不会说那时有法治和宪政。中国的宪法有许多值得改进的地方。有法学家提出,要将宪法变成活生生的、大众的、人民群众关心的、能直接体会到的"法",而不是一个文字优美却遥不可及、可以束之高阁的、远离实际生活的东西。一个法治国家一定是把宪法置于一个神圣地位的国度。这里的宪法必须具备宪法精神。宪法精神的基本内容包括民主政治、权力制衡、司法独立、人权保障等。符合宪法精神的法律才能称为善法。中国应该建立符合宪法精神的法律体系，这才是法治的正途。

吴敬琏：经济学认为，宪法精神应该包含基本的制度的内容，包括提供一个好的经济制度框架，来保障人们实现物质需求的满足。既然人类从既往的经验中得出结论，市场制度较之其他经济制度更有效率，我们的宪法就应当提供维持市场经济运转的基本条件。其中最重要的条件是财产权的保护。市场交换是互换产权，所以，没有明确的产权界定就无所谓市场交换。要使财产权得到严格的保护，就不能存在一个至高无上的、不受约束的权力主体，这就需要一个宪政体制。假如是像中国古代那样"普天之下，莫非王土"的法律，那很难想像个人财产权能得到严格的保护，也就不会出现市场经济。

从经济学的角度而论，符合宪政精神的宪法必须有两大基本内容：(1)确认公民的基本权利。宪法必须对哪些公民权利受到法律保护、不得侵犯作出明确规定。(2)划定国家权力的范围，约束政府和政府官员，防止他们侵犯公民的权利。如果没有法律对国家的有效约束，国家将是一种可怕的力量，因为国家掌握着巨大的权力，可以轻而易举地侵犯公民的权利。如果这两个基本内容在宪法中得到了体现，那可以说它是善法。

梁治平：宪法应该确认人类生产、生活得以正常运转的基本原则。比较我国的1982年宪法和1972年、1975年宪法，我们会发现，后两部宪法对公民合法财产权的承认仅限于生活资料范围，1982年宪法承认了公民生活资料之外的"其他合法财产的所有权"。这是一个开始弱化意识形态的信号。后来，1982年宪法又经过了三次修改，每次修改都涉及了私有经济的政治地位问题。过去强调意识形态的年代，私有经济成分是不被承认的。现在我们在逐步承认它、发展它，直至今天成为我国国民经济的重要组成部分。当然，1982年宪法仍然是特定时代的产物。2003年又逢修宪年，这次会不会成为奠定一个宪政体制的机会，修订出一部符合宪政精神的宪法？根据1982年宪法，目前的基本内容，我们最需要在哪些方面作出修改？

吴敬琏：首要的修改是应该明确公民的哪些权利是神圣不可侵犯的。经济学认为，财产权是公民最基本的也是最重要的权利之一，是神圣不可侵犯的,应该得到明确的承认和保护。此外还有哪些公民的基本权利应当写入宪法,最近报上也有讨论。我觉得这种讨论对于树立宪法精神是很有好处的。1999年修宪的时候,在修宪小组征求经济学界意见的会议上,我和另外两位经济学家都认为,可以将"社会主义公共财产神圣不可侵犯"改为"公民财产权受到法律保护,不得侵犯,除非为了公共利益的需要,并给予足够的补偿,才可征用"。当时主持会议的领导没有对这个建议提出实质性的反对意见,只不过说,这次修宪是"小修",可修可不修的就不修了,等到以后"大修"时再来考虑财产权的保护问题。三年过去了,看来把"公民的财产权"写入宪法已经不是问题,现在面临的最大问题是宪政精神、法治理念能否被普遍接受,特别是能否为我们的官员所接受。

梁治平: 吴敬琏教授刚才提到,为了公共利益,在必要的时候才可以征用私人的财产,其中很重要的一个条件是必须给予足够的补偿,这也是法学家所赞成的。江教授曾在多个场合分析过这个问题,今天还请江教授作一个梳理。

江平: 人们非常关心《民法典》的制订,希望通过它来保护个人的财产权。先讲一个故事。2002年成思危副委员长说,全国人大正在制订《物权法》来保护人们的财产权。一个记者听成了《护权法》,并发表在报纸上了。有人很奇怪,问成思危。成思危说,我们在制订《物权法》而不是什么《护权法》。《物权法》是民法的一个重要组成部分。大家要多学点法律,不要闹这样的笑话。在《物权法》草案的意见征集中,有专家提出,把"除法律和行政法规有特别的规定外,不能对私人财产加以直接的限制和剥夺"写入《物权法》。法治国家没有法律的明确依据不能限制或剥夺公民的财产权。上述意见是符合法治理念的,但是没有被采纳。

国际公约中关于投资者保护公约明确规定,国家为了公共利益征用私人财产时,必须给予"及时、充分、有效"的补偿。这是一个国际的通行规则,可见于各种国际公约的规定中。但是,中国的法律对私人财产的补偿标准既混乱又模糊。20世纪90年代,我国制订的《中外合资企业法》规定,对于外商投资的合资企业,不实行国有化和征收。但为了社会公共利益的需要可以征收,并给予相应的补偿。在我国城乡土地管理法规中,征用土地的补偿对象如果是国内的个人、组织或企业时，用的是"适当的补偿"的表述，如果是外商，需要"相应的补偿"，什么是"适当"，什么是"相应"，搞不清楚。征用价值100元的东西，补偿120元可以说是"相应"，补偿50元算不算"适当"？弹性这么大的标准让老百姓心里很没有底，很难预期政府会怎么做，也找不到保护自己的理由。因此，现在出台一部法律，老百姓就会猜测立法的动机，不信任立法者，担心法律背后隐藏着不可告人的目的。

吴敬琏：老百姓怀疑立法的动机是一个值得认真对待的问题，因为，有些法律确实是为了统治的方便临时制订出来，违反了公认的基本正义。要消除老百姓的这种猜疑，唯一的办法是建立宪政体制下的立法程序。只有这样才能获得老百姓的信任。

建立法治，在现实中存在许多难题。在一个迅速变迁的社会，各种具体的规则和与之对应的价值观念也在不断发生变化，今天是合法的，明天可能是禁止的。以财产权而论，哪些财产是合法的？存在就是合法的吗？财产现在由谁掌握，就变成了他的合法财产了吗？法治有"不溯及既往"的原则，但是，如果对于过去20年中积累起来的财产不管其来源如何，全部承认，能得到老百姓的理解和拥护吗？

另一种观点，是要求查清所有私人财产的来源和取得方式，才能确认财产的合法性。可在实际工作中遇到的困难是，过去的20—50年财产关系的变动太大，要查清每一份财产具体来自哪里，是由何种方式取得的，几乎不可能。

这样，就提出了第三种做法：要求由未纳税收入形成的大宗财产登记并补足应交税款，才能获得合法地位。哪种方式更加合理和可行，并且能被更多的人接受，是一个需要认真研究的问题。

江平：有些法律已经对财产的合法化作了一些规定，比如，不动产须登记才生效认可。《物权法》在制定中有一个争论是：是否任何人都有权去有关机构查询他人的不动产情况。后来，大家还是赞成，为保护隐私权，有利害关系的人才有权查询，否则无权查询。有价证券应该按规定登记才合法。许多国家要求公众人物的财产应该登记和公布，但是没有国家要求所有人都这样做。有些财产收入是个人隐私，不得要求公布。

梁治平：如何才能让所有人尊重宪法文本呢？我认为，宪法至少要具备一个基本的特性：有效力。这样，解释宪法的人才会尽其能力作出解释，以便让宪法更完善，更能获得公民的信任。宪法要有效力，值得信赖，不应该被屡屡修改。一部屡被修改的宪法肯定不能获得人们足够的尊重，只会让人觉得是一些人手中玩弄的工具。这正是中国宪法面临的一个问题。有一种针对宪法的批评认为，中国的宪法是政策变动的宣言。宪法变成了政策的先导，政策要变就先变宪法。这样的政策性宪法能否为社会提供长期的、比较稳定的预期呢？公众能否对宪法的有效性有足够的信心呢？如果不能，那么宪法得不到尊重就是自然的反应，宪政也就流于空谈而已。

宪法中修改最多的是有关所有制的表述。所有制本来就是一个容易变动的东西。苏东剧变之后的国家在重新制订宪法时，都去掉了有关所有制的表述，大多都承认公有经济和私有经济平等的法律地位。这样的表述更具一般性，不容易变动。

当然，还有其他一些因素影响人们对宪法的尊重。请问两位教授，中国的宪法如何获得人们更多的尊重？

吴敬琏：我国现在仍然处在向市场经济转轨的过程之中。因此，今后需要修订的法律还会有很多。不过，我们已经确立了建设以市场经济为基础的法治国家的目标，而且它的基本架构已经建立起来，这就为制订一部有长期效力的宪法提供了机会。

在修宪问题上，我认为，由谁来修宪和由谁作是否违宪的司法审查是最重要的。这决定着宪法的效力和人们对宪法的尊重，也是宪政精神的重要内容。宪政精神的一个核心内容是要对权力进行限制，不容许有任何至高无上、不受约束的权力主体。如果宪法由立法机关制订，又由它修改和负责解释，并掌握违宪审查的权力，那立法机关就是一个实际上的、不受有效制约的权力主体，掌握着审查自己的权力，这种逻辑不符合宪政精神。

江平：宪法中区分了不同的所有制形式。这表明了各种不同所有制主体的法律地位是不平等的。否则就不要分什么全民所有、集体所有，还是个人所有。如果承认各种不同所有制主体是平等的，就不需要分别表述。这是宪法需要改进的地方。

宪法中还有一些地方需要改进。比如,宪法规定,公民有劳动的权利和义务。如果劳动是权利,应该得到法律的保护,可是让工人下岗岂不是违法了?是谁侵犯了工人的权利呢?如果说劳动是义务,如果不劳动就应该强制劳动,这又与劳动是权利相冲突。这些自相矛盾的规定让老百姓很难理解,影响公民对宪法的尊重。

梁治平:宪法的主要内容是约束国家权力和保护公民的基本权利。其实,在国家和公民之间还有一个很大的中间地带。在中间地带活动的主体可以简称为中介组织或中间组织。中介组织有自己的一套组织管理运作的规则。这些规则对社会有很强的影响力。向上可以影响到国家权力的效力范围,向下会影响到公民基本权利的享有。如何正确对待这些规则的地位和效力呢?

吴敬琏:现代社会如此复杂,社会生活和社会关系完全由国家来调节是不可能的。有许多政府管不了和管不好的领域。在许多领域,民间组织的自治性管理比政府更有效。可惜的是,中国缺乏民间自治的资源,这是过去长期抑制民间组织的结果。在计划经济的条件下,政府是所谓"全能政府",所有的事情包括个人的消费决策和职业选择都要管,更不容许民间社会有生存的空间。历史证明,这样的政府是低效的、容易滋生腐败的政府。

一个好的现代社会需要有发达的民间组织。可是,中国缺乏民间自治性组织的传统。1949年以前也有一些民间的商会组织,但往往组织不健全,受到宗派控制,甚至与黑社会有联系,不是符合现代市场经济所需要的民主治理的自治组织。近年来随着市场经济的发展,许多较发达地区的民间商会组织发展很快,能量很大,起了很好的作用。为了建设社会主义民主政治,需要大力发展民间组织,这对于我们健全市场经济制度也是非常必要的。

江平:《民法》曾经被称为"市民社会之法"。市民社会由公民和社会自治组织组成。一个好的社会应该有一个发达的市民社会,而且必须有很强的自治性,国家权力不得随便侵入。社会主义的国家权力过于强大,无孔不入,渗透到了社会的每个角落,把自治性的市民社会完全消灭了,甚至发展到极端的时期,家庭都要被消灭了。"大跃进"时期,在自家做饭都是不允许的。现在,人们已经意识到,市民社会不能被消灭,国家权力不应该进入所有的领域,国家只应该管它该管的也能管好的事情,超出了一定的范围就不是好事了。现在,理论界认为,在国家权力和个人权力之外,还存在着第三种权力,即社会权力。这是一个非常重要的权力,值得重视。实际上,社会权力发展迅速,其重要性越来越明显。一种表现是,世界性的非政府组织和论坛非常活跃。那年在北京举行的世界妇女大会,参加非政府论坛的人数和机构远远超过了政府论坛。社会权力的角色日益重要,国家并非无所不能。因此,国家应该主动倾听来自社会的各种不同的声音,吸收民间的智慧来改善国家的治理,保障社会更多自治、自主的发展空间。

吴敬琏:国家、社会、个人三种权力在理论上不难分清楚。但在实践中,三者权力界限的合理设置却很不容易。美国的注册公共会计师原先一直由他们的自治组织——注册会计师协会自律。但是,它常常放松监管,偏袒会计师,造成会计师行为失检。2002年上市公司财务丑闻接连发生,给社会带来了很大的伤害。因此,人们越来越不满于这种状况。这促成了美国最近出台的《索克斯法案》(Sarbanes-Oxley Act,简称 SOX Act)规定建立一个准官方的"公众公司财会监管委员会",对会计师进行监管。进行三种权力的合理分配,形成有效制衡是一门很深的学问,要通过试错过程寻找最合适的结构。

梁治平:在国家、社会和个人之间设定一个合理的界限,使三者都有自主的空间,不受其他权力的任意干涉和侵犯,是一个理想社会的模型。现实中,这个界限很容易被打破。最有可能打破这个界限、侵犯他者权力的是国家。国家既想做裁判,又想做运动员,是一个很危险的权力主体。如何使国家遵守共同的游戏规则,在自己的界限内活动,不威胁三种权力的平衡呢?

吴敬琏:办法只有一个,就是实行法治。实现了法治,国家机构,包括它的立法机构都处于一定的约束之下,这样,才能对市场经济制度的健康成长起积极作用。

建设一个公开、透明和可问责的服务型政府 *

（2003 年 6 月）

2002 年 11 月初现于广州的 SARS（"严重急性呼吸道传染病"，在中国通称为"非典型性肺炎"，即"非典"）疫情，由于有关部门的疏忽和失误，到 2003 年 3—4 月之交酿成了一场前所未有的公共卫生危机。面对着严峻的形势，中国的最高决策层当机立断，改弦更张，摒弃了处理这类事件的传统做法，大幅度提高了政府施政的公开性和透明度，撤换了不称职和有失误的官员，组织和带领政府工作人员承担起保护人民生命安全的职责。这一系列举措，加上此前政府领导人工作作风和传媒报道等方面的改进，在中国的社会政治生活中吹起了一股新风。尽管在 SARS 疫情初期发生过一些政府部门的工作严重失误，也出现了为数不少的渎职、退缩和工作不力的官员，一度造成了疫情扩散、失控的危险态势，但党政领导人亲民、负责、务实的形象还是得到了全国上下和国际社会的强烈认同，由此很快形成了全国上下戮力同心迎战 SARS 的局面，使疫情在较短的时间内得到了遏制。这次危机的整个过程说明，我们的社会组织、公民素养，特别是沿袭多年的政府处理危机事件的方式存在着极大的缺陷。因此，这次 SARS 危机实际上是一次社会治理的危机。在疫情过后，也就面临着一个二者择一的选择：或者是吃一堑、长一智，真正汲取教训，不失时机地推进政治和社会体制方面的改革，防止今后出现类似的失误；或者是好了疮疤忘了痛，疫情的压力一旦减弱，传统思维方式的惯性就把人们

---

　* 载《财经》，2003 年第 6 期；又见《吴敬琏文集》，北京：中央编译出版社，2013 年，第 1299—1305 页。

重新推回到旧体制、老路子上去。如果是后者,结果就会像许多普通百姓所担心的那样:"白得了一次非典",以后还会重蹈覆辙。近日卫生部和北京市某些官员在记者招待会上当众发表的完全可以称得上奇谈怪论的惊人言论,使大家都能看到,这种危险何等地现实。

痛定思痛,我们应当从这次危机中汲取什么教训? 如何推进改革? 我看最重要的是政府应当从公开性、透明度和对党政官员的问责制度着手,改变社会的治理方式和政府的施政方式。

建设"服务型"政府

改革开放以前的经济社会制度的最重要的特点,是"全能大政府"包揽了从经济到政治一切事务的决策权。从经济方面说,国有经济一统天下,垄断了所有类别的经济信息和经济资源,企业只是政府手里的"拨一拨,动一动"的算盘珠子,个人更是从摇篮到坟墓一切听从政府安排。这样的体制最终把中国经济推到了崩溃的边缘。危机带来了转机。它促成了我国的经济改革和对外开放。经过20多年的艰苦努力,我国的经济制度已经发生了根本性的变化。这种转变的过程虽然纷繁复杂,但就其本质来说其实也很简单,这就是政府放弃垄断,把经济决策权归还给经济活动的当事人,由他们根据自己掌握的信息和各自的利益判断,分散地进行决策。20多年来中国在经济领域取得的举世公认的成就,从根本上说来就是个人的聪明才智和创造伟力获得解放的结果。

尽管目前我国经济体制还有一些重大的方面有待于进一步的改革,毕竟市场经济的轮廓已经呈现在我们的面前,而政治社会体制方面改革所取得的成就就要逊色得多。邓小平在16年前就提出过政治改革不能长期落后于经济改革。不过即使在那以后,政治改革的推进仍然十分缓慢。尽管20世纪90年代初期启动了政治改革,但迄今为止离市场经济所要求的有限政府和有效政府,还有相当大的距离。这次 SARS 危机就使政治社会体制方面存在的缺陷暴露无遗。

传统的政治和社会管理体制的主要弊端,在于"全能大政府"体制颠倒了人民和政府之间的主仆关系。130 年前马克思和恩格斯在讨论巴黎公社的经验时,曾经反复申论,在打破旧的、压迫性的国家机器以后,最重要的事情是全力防止"社会的公仆成为社会的主人"[1]。在"全能大政府"的体制下,虽然一些党政机关和官员也把"为人民服务""做人民公仆"的口号写在墙上,挂在嘴边,可是他们实际上处在"社会的主人"和"群众"的"首长"的地位上,可以以"国家目标"的名义把自己的意志强加于社会,在一切问题上,包括关系人民重大切身利益的问题上替自己治下的"百姓"做主。在我们这样一个有长期专制主义传统的国家,这种完全颠倒了的关系甚至能够得到被治者的认可,例如地方官员被称为百姓的"父母官",清廉的官员被赞誉为"民之父母",都成为见怪不怪的事情。至于一些不法官员则利用自己的权势对百姓颐指气使,不但不受选民和纳税人的监督,甚至连请愿和"上访"也被看成"违法""犯上"行为加以禁止其至遭到迫害。

正是因为存在着这样一些与现代政治文明格格不入的陈规陋习,才会使一些负责官员在 SARS 传播这个关系大众生命安全的问题上采取极不负责的态度,封锁消息,隐瞒疫情,散布虚假信息,居然还自认为理所当然,合乎政府办事的规程。

要把这种被颠倒了的主仆关系重新颠倒过来,重要的不在于宣言,而在于建设对基本人权和对政府权力约束都有明确设定的宪政秩序。这就是说,要按照中共十六大的决定,推进政治改革,提升政治文明,发展民主政治,建设法治社会。掌握着国家权力的党政官员必须是可问责的。人民群众对公务人员监督权和罢免权的行使,要通过可操作的法定程序切实得到保证。

政务公开,公共信息透明化

政府机构和政府官员对于决策权的垄断,通常靠他们对于公共信息的垄断来支撑。在政府执行公务过程中产生的信息,本来是一种公共资

---

1 马克思、恩格斯(1871):《法兰西内战》,见《马克思恩格斯选集》第 2 卷,北京:人民出版社,1972 年,第 404 页。

源,是公众得以了解公共事务和政府工作状况、监督公务人员的必要条件。因此,现代国家通常都有信息公开、"阳光政府"的立法;除了由于涉及国家安全并经法定程序得到豁免的,公共信息都要公之于众。只有建立起信息透明的制度,才能把政府和政府官员置于公众的监督之下。但是,全能政府的体制却往往把公共事务的处理和反映处理过程的信息看作是党政机关的"内部秘密"。这种体制的长期运行,已经形成了一整套应对危机事件的套路:无视人民的知情权,实行所谓"外松内紧",严格"保密",在公众毫不知情的情况下在政府内部部署处理。于是,获取信息成为一种特权,不法官员可以把公共信息化为私有,用以作为寻租的工具。他们不但可以利用这种不透明的制度牟取私利愚弄公众,也可以利用它来蒙骗上级行政机关。近年来许多贪赃枉法的官员利用舆论钳制,一手遮天、欺压群众、作威作福的案件长期不能得到揭露,实在足以使人触目惊心。

由于对待疫情等突发事件的这种老做法基本没有受到触动,在 SARS 疫情开始扩散的时期,一些政府官员就是按照老套路办事的。SARS 疫情于 2002 年 11 月初现于珠江三角洲。到 2003 年的二三月间,公共卫生部门已经清楚地知道广东地区爆发了一种病因和传染途径都不分明的烈性传染病。3 月 12 日,世界卫生组织正式向全世界发出出现急性呼吸系统流行病的全球警报。但是我国公共卫生部门继续对公众乃至医疗机构封锁消息,以致在各医院毫无知识准备和物质准备的情况下,一位在广州染病无法得到有效治疗而辗转到太原和北京求医的山西患者,就使这种危险的瘟疫在北京和整个华北地区传播开来。仅北京的中国人民解放军 301 和 302 两个医院,就有数十位医护人员染病,而和卫生部只有一条马路之隔的北大附属人民医院由于医务人员在毫无准备的情况下仓促上阵,进行"肉搏",导致 40 多位医务人员倒下、主任医生丁秀兰病逝。到四月上旬,疫情在北京全面扩散,而在这时,卫生部门的负责官员还公然一口咬定,北京只有 12 个 SARS 病例,死亡 3 人;"中国部分地区非典型性肺炎疫情正得到有效控制","在中国工作、生活、旅游都是安全的"。人们不能不问:如果不是遵循上面所说的那种传统的套路,对疫情加以封锁,蒙骗公众,SARS 疫情何至于发展到如此灾难性的地步,这么多人的生命又怎会遭遇如此重大的牺牲？

在信息公开方面出现如此重大的失误，个别负责官员固然有一定的责任，然而更重要的问题却在于全能政府体制下形成的一套陈规陋习，其中包括对大众传媒的行政管制。在现代社会中，报纸杂志、广播电视、互联网络等大众传播媒介乃是社会信息交流的主要渠道和公民行使宪法赋予自己的知情权和监督权的有力手段。可是在传统体制下，它们被称为"宣传工具"或"舆论工具"，也就是传达领导声音、落实领导意图、形成领导所希望的舆论的工具。这样，它们的重要社会功能都被这种宣传工具的功能所取代，甚至社会新闻哪些可以报道，哪些不能报道，都要由有关领导定夺。在社会生活日益丰富、生活节奏日益加快、"信息爆炸"的今天，遏制传媒发挥应有的作用，只会使社会生活处于信息阻断的状态之中，其经济、政治和社会后果将十分严重。这次 SARS 危机初期，有些传媒的领导和某些新闻从业人员生怕宣传主管机关怪罪下来，以致延误了公众和政府领导人及时掌握疫情的时机，这是使 SARS 迅速扩散、形势差一点完全失控的一个重要原因。因此，传播体制的改革应当尽快提上议事日程，成为 SARS 危机之后提升我国的精神文明和政治文明的一项重点工作。

提升社群的自组织能力

现代社会利益多元，社会活动五彩缤纷，公共事务不能仅仅靠党政机关和行政官员来处理，而要发展民间社会，广泛实行各种社群的自治。然而，传统的"大政府、小社会"体制的一个重要特点，却是国家权力的充分扩张和民间社会活动空间的尽量压缩，因此，在 1956 年实现社会主义改造，特别是 1958 年实现"政社合一"的人民公社化以后，除了独立性岌岌可危的居民家庭，其他的民间组织都已不复存在，整个社会的三百六十行，不论属于什么行业或领域，都被整合到一个以官职为本位的统一单调的行政科层体系（bureaucratic system）中去。这是一种缺乏生机与活力的"纤维化"体系，或者叫作"没有社会的国家（a state without society）"。如果政府领导作出决策和下达命令，这种组织体系可以运用国家的权威，动员一切能够调动的资源去实现特定的国家目标。但是，这样的体系有一个致命的弱点，就是社群缺乏自组织能力，遇事只能依赖于政府的命令，任何非国家规定的项目或未经官员允准的活动都只能停顿下来，或者举步维艰。在这样的体制下，不可能出现丰富多彩的社会生活和生动活泼的政治局面，当然也不可能有经济文化的全面繁荣。

中国在改革开放以后，家庭的功能开始复苏，民营企业这样的非政府组织作用也日渐提高。但是，其他方面的社群组织，例如社会基层的自治机构、行业性的同业公会以及具有专门目标的基金会等非政府组织（NGOs）仍然十分弱小，这表明民间社会的发育程度很低。有的学者把这种社会组织的缺陷叫作"社群缺位"。在这次 SARS 危机中，这种自组织能力薄弱、民间社会发育不良的缺陷使我们除了政府单打独斗，几乎没有社群组织有力量提供普及知识、募集资金、为患者和医疗人员家属提供服务等活动。而且由于科学研究、医疗设施等社会肌体都归并到了实行"官本位"的行政科层体系中去，对于病源和诊治方法的正误不是按照严格的学术规范和科研程序作出判断，而是由官员说了算，"谁的官大谁就是真理"，造成了重大的损失。有人说，中国的科学家在 SARS 面前整体打了败仗。其实在我看来，造成失败的并不是中国的科学家，而是行政化、官本位的科研体制。在政府采取撤换责任人员和如实披露信息等果断措施以后，由于从全国各地来京打工的民工缺乏社群的归属，北京有上百万民工夺路而逃，四散回乡，造成了疫情向防治力量都极其薄弱的农村地区扩散的极大危险。这一事件，也凸显了大城市中外地居民缺乏自己的社群归属所产生的严重社会问题。

看来，现在应该是填补这种"社群缺位"的时候了。发育良好的民间社会和社群组织不但可以从多方面弥补政府的不足，而且能够起到与政府工作良性互动的作用，使社会成员对于国家更加具有向心力和认同感，使我们的社会团结更加坚强有力。

中国改革的经济目标和政治目标[*]

（2003 年 10 月）

在整个 20 世纪，人类为了消除现存社会的弊端做了多方面的探索，除了社会主义各国的试验，还有罗斯福式的改良，民主社会主义的试验，等等，其中的成功经验和失败教训都值得我们汲取。而对于传统社会主义体制的改革，也正是人类追求更加美好社会的努力的一个组成部分。

改革的经济和政治目标在改革过程中逐步明晰

中国的市场化改革以一种不作理论和意识形态争论而着重实效的"摸着石头过河"的方式起步。在开始的时期，多数人之所以热心于引进发达市场经济中的一些做法，只是认为采取这些在别的国家行之有效的办法也会有助于改善中国经济的运行绩效。但随着改革的向前推进，人们愈来愈多地从体制矛盾和体制摩擦中发现，改革不能像在超级市场中购物那样，从不同货架上任意选取产品凑成"一套"适用的消费品，而只能选择市场经济为目标的整体转型。因为不论计划经济还是市场经济，都是包含着许多子系统的巨系统，系统内的各个部分之间，存在着所谓"逻辑的一贯性"。因此，就像 20 世纪 80 年代中期人们常说的那样，改革是

---

* 根据本书作者所著的《当代中国经济改革》第十二章编写［吴敬琏（2003）:《当代中国经济改革》，上海：上海远东出版社，2004 年，第 415—420 页］。首载《呼唤法治的市场经济》，北京：生活·读书·新知三联书店，2007 年，第 25—32 页；又见《吴敬琏文集》，北京：中央编译出版社，2013 年，第 234—240 页。

一项"系统工程",它必须在各个主要方面"配套地进行"。

改革的这种实际需要大大地加快了中国经济科学在与世界经济科学接轨基础上的自主发展;这种发展反过来又对改革实践起了理论指导的作用。理论与实践的互动,使在20世纪90年代初期确立的"社会主义市场经济"的改革目标到了90年代后期变得清晰和具体。

几乎在启动经济改革的同时,中国改革的领导人邓小平也提出了政治改革的若干当务之急,包括"肃清封建主义残余影响",克服"把一切权力集中于党委,党委的权力又往往集中于几个书记,特别是集中于第一书记"的"权力过分集中现象",实行"党政分开"和"政企分开",扩大党内民主和人民民主。[1]

中国的政治改革也经历过一些曲折,但经历过这些曲折之后,朝野有识之士愈来愈清楚地认识到,与市场经济这一经济基础相适应的政治上层建筑,或者说市场经济的"政治外壳",只能是社会主义理应拥有的民主政治制度。

1997年的中共十五大和2002年的中共十六大分别在经济改革和政治改革上提出了明确的目标。这就是建设富裕、民主、文明的中国。

对于社会主义市场经济这个提法的最大争论,在于社会主义和市场经济是否可以结合。现在可以看得很清楚,对于这个问题作出哪一种回答,关键取决于如何定义社会主义。如果紧紧地守住苏联《政治经济学教科书》的定义,把社会主义看作以国有制为基础、由国家计划调节的经济制度,那么,回答只能是否定的。原东欧社会主义国家部分经济学家提出的"市场社会主义"之所以为多数经济学家所诟病,原因也正在于前者仍旧囿于苏联式的偏见,企图把新体制建立在国有制的基础上。不过,如果按照邓小平理论给出的定义,社会主义是一种追求共同富裕的理想和能够保证这一理想逐步实现的社会制度,那么,回答就必然是肯定的。正是在这种新的认识的基础上,中共十五大针对社会主义市场经济的所有制基础问题指出:(1)国有制只是在关系国民经济命脉的重要行业和关键

---

1 邓小平(1980):《党和国家领导制度的改革》,见《邓小平文选》第2卷,北京:人民出版社,1994年,第320—343页,;同见邓小平(1986):《在全体人民中树立法制观念》《关于政治体制改革问题》,见《邓小平文选》第3卷,北京:人民出版社,1993年,第163—164、176—180页。

领域起主导作用;(2)公有制的实现形式不只是苏联《政治经济学教科书》所说的国有制和集体所有制两种,它可以而且应当多元化,一切反映社会化生产规律的经营方式和组织形式都可以大胆利用;(3)非公有制经济是我国社会主义市场经济的重要组成部分;(4)所有制结构的调整和完善应当以有利于生产力的提高、有利于国力的增强、有利于人民生活水平的提高为判断标准。这样,就完全突破了苏联《政治经济学教科书》的理论禁锢,为社会主义市场经济的可行性作出了科学论证。

政治改革目标模式的情况也是这样。在邓小平1980年8月18日《党和国家领导制度的改革》的讲话以后,在反对官僚主义,克服权力过分集中和家长制、干部领导职务终身制等现象,实现党政分开、政企分开等方面,采取了一些措施,取得了一些进步。但与此同时,一些不健康的现象并未根除,有些社会问题如腐败问题、党风政风不正问题还有所恶化。这就促使人们去思考,中国在从苏联引进计划经济制度的同时引进的苏联政治模式是不是存在什么问题。

正像建立社会主义计划经济制度的本意是克服资本主义制度存在的弊病一样,列宁创建苏联政治制度时公开宣示的目的是消除旧式国家的痼疾。这是一个马克思主义的创始人在总结1871年巴黎公社经验时就提出的任务。恩格斯在为马克思《法兰西内战》1891年单行本所写的《导言》中指出:"社会为了维护共同的利益,最初通过简单的分工建立了一些特殊机关。但是,随着时间的推移,这些机关——为首的是国家政权——为了追求自己的利益,从社会的公仆变成了社会的主人。"按照马克思和恩格斯的想法,无产阶级取得政权以后,应当像巴黎公社那样,立即除去国家"这个祸害的最坏方面,直到在新的自由的社会条件下成长起来的一代能够把这全部国家废物完全抛掉"。[1] 不过后来的实践表明,马克思、恩格斯"把全部国家废物抛掉"的想法是过于理想化了。而苏维埃政权建立

---

[1] 以上均见恩格斯(1891):《马克思〈法兰西内战〉1891年单行本〈导言〉》,见《马克思恩格斯选集》第3卷,北京:人民出版社,1995年,第12—14页。恩格斯说,为了消除国家的最坏的方面,"公社采取了两个正确的办法。第一,它把行政、司法和国民教育方面的一切职位交给由普选选出的人担任,而且规定选举者可以随时撤换被选举者。第二,它对所有公务员,不论职位高低,都只付给跟其他工人同样的工资。"

以后,国家非但没有走向自行消亡,连巴黎公社所采取的那些改善的措施,如实行普遍的选举制和官员待遇平民化也没有做到。相反,在斯大林的领导下建立了权力高度集中、实行普遍的任命制、领导机关和领导人的权力不受任何约束的政治体制,以至于发生违反共产党党内生活基本准则和破坏苏联向全世界公开宣布的宪法和法律制度的严重事件。这一历史事实,是任何人,包括斯大林的崇拜者也无法否认的。

所以,中国的政治改革不只是要求共产党党风的改进,政府官员个人为人民服务道德素养的提高,更重要的是建立符合社会主义的社会公正原则和现代市场经济要求的政治体制。邓小平指出:"我们过去发生的各种错误,固然与某些领导人的思想、作风有关,但是组织制度、工作制度方面的问题更重要。这些方面的制度好可以使坏人无法任意横行,制度不好可以使好人无法充分做好事,甚至会走向反面。即使像毛泽东同志这样伟大的人物,也受到一些不好的制度的严重影响,以致对党对国家对他个人都造成了很大的不幸。""斯大林严重破坏社会主义法制,毛泽东同志就说过,这样的事件在英、美、法这样的西方国家不可能发生。他虽然认识到这一点,但是由于没有在实际上解决领导制度问题以及其他一些原因,仍然导致了'文化大革命'的十年浩劫。"[1]

那么,中国的政治改革要建立什么样的政治体制和领导制度?中共十五大,特别是十六大作出了更进一步的回答,这就是:提升政治文明,发展民主政治,建设法治国家。[2] 而实行宪政正是现代政治文明的重要内容。新一届中国领导人上任伊始就强调了宪法的作用,可谓抓住了要点。[3]

推进改革,全面完善社会主义市场经济体制

经过 20 多年稳健而且深刻的经济改革,中国已经向自己设定的目标

---

1 邓小平(1980):《党和国家领导制度的改革》,见《邓小平文选》第 2 卷,北京:人民出版社,1994年,第 333 页。
2 江泽民(2002):《全面建设小康社会,开创中国特色社会主义事业新局面——在中国共产党第十六次全国代表大会上的报告(2002 年 11 月 8 日)》,《人民日报》,2002 年 11 月 18 日。
3 胡锦涛(2002):《在首都各界纪念〈中华人民共和国宪法〉公布施行二十周年大会上的讲话(2002 年 12 月 4 日)》,《人民日报》,2002 年 12 月 5 日。

迈进了一大步。但是，正在转型的中国所面对的是一个需要完成既破除旧制度又要建设新制度这样多重复杂任务的局面。它面临着农业停滞、农民贫困和农村偏枯的"三农问题"，国有经济改组和国有企业改革不到位，金融体系脆弱，贫富两极分化，社会失范以及腐败泛滥等一系列问题。改革的两种前途严峻地摆在我们的面前：一条是政治文明下法治的市场经济道路，一条是权贵资本主义的道路。可以说，我们正在走向天堂，也可能走向另一个方向。

面对着错综复杂的矛盾和发生经济社会危机的可能，出路在于继续推进经济、社会、政治等方面的改革，全面建立和完善市场经济体制。

首先，虽然非国有经济已经获得长足的发展，但所有制结构的完善还有很长的路要走。目前，国有制企业仍然支配着最重要的经济资源，特别是资本资源。因此，除了要争取尽早实现国有经济的布局调整和国有企业的公司化改制外，还应当积极探索，大胆试验，及时总结，开拓出各种适应于社会化生产的公有制的实现形式。同时，还要认真落实鼓励一切有利于国计民生的私有经济发展的方针，取消一切对民营企业的歧视性规定，帮助它们茁壮成长。在这方面需要注意的是：在行政权力仍然多方面干预市场交易的环境中成长的私营企业家，也往往沾染种种结交官府、权力寻租的恶习，甚至走上权贵资本主义的歧路。对此，也必须采取有效措施来加以防止。

第二，除极少数特殊行业的国有企业作为特别法人需接受政府的特殊规制外，一般的国家控股公司和国家参股公司，作为企业，它们不应享有任何特殊权利，而是在统一的法律环境中与其他所有制的企业平等竞争。这些企业在计划经济的条件下一方面承担了很多不应由企业承担的社会职能，同时也得到了政府多方面的特殊优惠，这使国有企业的绩效难以得到公正客观的衡量。在新的市场经济的格局下，所有的国有企业都只能以企业法人的身份进行活动，真正做到党政分开、政企分开、自主决策、自负盈亏。

第三，需要以宪法和法律的名义明确宣布，对一切从合法收入形成的财产权利实施保护和对各种所有制经济成分一视同仁、实行国民待遇。全面清理各项法律法规，消除对不同所有制经济成分的差别待遇和对非国有经济在价格、税收、金融、市场准入以及法律地位和社会身份等方面的歧视，着力营造平等竞争的环境，实现在市场规则面前人人平等，使各种诚实劳动、合法经营的经济成分都能在国家统一的法律框架下各显其能。

第四，中国已于2001年12月正式加入世界贸易组织。这意味着再经过5—6年的过渡期，中国就要按照世界贸易组织的规则所体现的自由贸易原则，全方位地参与全球经济合作和竞争。但是政府机构、企业乃至一般居民都还不习惯于用世界市场和国际交往中通行的行为规则和法律规定规范自己的行为，为了适应全面开放的新形势，中国必须在国内市场的交易中，废除与世贸规则相抵触的法律和法规，建立起平等竞争的秩序与规则。与此同时，要按照我国在加入世贸组织时的承诺取消对外商和外资企业的种种限制，同时，废除过去对部分外企的特殊优惠，尽快实现对内对外的普遍国民待遇。

第五，坚持追求社会公正和共同富裕的社会主义原则。目前我国居民之间、城乡之间收入水平的差别已经扩大到引致社会不稳定的危险的程度。国家应当运用法律和政策手段切实防止在所有制结构调整过程中公共财产向少数人流失，避免出现财产初始占有的两极分化。与此同时，政府还必须在人民生活水平普遍提高的基础上，充分运用自己掌握的多种政策工具，例如社会福利设施和累进税制度，来扶助鳏寡孤独老弱病残，抑制少数人个人财富的过度积累，防止贫富的两极分化，保证共同富裕目标的逐步实现。

第六，为了规范市场中各类经济主体的行为，形成良好的市场环境，政府需要首先规范自身的行为。目前，政府自身的改革已经落到了市场化进程的后面。在市场经济中，政府作为公共物品提供者，只能对社会提供服务，而不能对企业和普通居民颐指气使；只能扮演裁判员的角色，而不能扮演教练员和运动员的角色。各级政府不应越俎代庖，去处理理应由企业自行处理的人财物、产供销等问题，而要尽力办好自己应当办的事情，为社会低成本地提供公共物品。

第七，作为一个"封建专制传统比较多，民主法制传统很少"[1]的国家，实施宪政民主制下的法治是一件伟大而艰巨的任务。然而时不我待，为了中国能够在这个不断进步的时代中自立于世界民族之林，这乃是关键的一招。因此，在全面完善法治的市场经济体系的新的历史时期中，提升政治文明，确立民主制度和建设法治国家，将是改革的主题曲。

1　邓小平（1980）：《党和国家领导制度的改革》，见《邓小平文选》第 2 卷，北京：人民出版社，1994年，第 332 页。

商会的定位、政府关系及其自身的治理[*]

(2006 年 8 月)

从 2001 年开始,我们的"民间商会论坛"已经召开了六次年会。本次会议的主题是政府改革和商会发展之间的关系。主要讨论了三个问题:第一,商会定位,即行业协会等商会组织的性质问题;第二,商会和政府的关系;第三,商会自身的治理。为了正确地解决这些问题,首先,需要政府(这里是指包括立法系统和司法系统在内的大概念的政府)在符合公认正义的法律框架内,对商会有一个准确的定位。其次,政府要按照这个定位去对待商会,处理自己与商会的关系。要使政府做到这一点,我们自己先要弄清楚在法治的市场经济中商会应有什么样的法律地位。对于什么叫正确对待商会,社会上有各种各样的议论。例如,有的人认为政府应当多给商会些补贴,也有的人认为应当把商会的干部纳入公务员序列,如此等等。最后,正如在这次会议上有好几位报告人讲到的,商会、行业协会能不能够有地位,还取决于它自己做得怎么样,而这归根到底要看它的治理能不能规范化以符合它的性质定位。

这次会议上还有一种议论很值得我们注意。这就是虽然我们的论坛已经经过六次讨论,相关人士进行了广泛的思想交流,各人的认识都有很大的提高,但各地商会实际工作方面的进步并不大。甚至一开始就走在

---

* 根据本书作者 2006 年 8 月 12 日在无锡召开的"民间商会论坛 2006 年会"的总结讲话《商会的定位、政府关系及自身治理》和为浦文昌主编的《建设民间商会——"市场经济与民间商会"理论研讨会论文集》(西安:西北大学出版社,2006 年)所写的序言编写而成。见《吴敬琏文集》,北京:中央编译出版社,2013 年,第 1325—1333 页。

前面的温州的朋友也感到,那里的实际工作这些年来没有太大的进展。我看这里的一个重要原因,恐怕是我们自己在工作上还有欠缺,没有能够把一些好的思想系统化和巩固下来。这就很容易使实际工作在原地打转。这次会上讨论的问题有些是老问题,发表的意见也有些是过去发表过的,适当把讨论的成果归纳整理,明确症结所在和分歧所在,并将共同的认识形成为制度化的东西,将有助于商会建设实际工作的推进。

一、 商会的定位

为了明确商会的工作内容,先要搞清楚它到底是什么性质的组织。会上有三种不同的意见:一是政府授权进行行业管理的机构;二是在政府和企业之间进行协调的中介机构;三是企业自发建立起来的自治性民间组织。这些意见相互之间有一点交叉,但是各自强调的基本方面不一样。

第一种意见大致上就是改革开放初期政府对行业组织的定位。

在集中计划经济的条件下,整个国家变成了一个大企业,不同行业的企业按照行业分工,由政府通过其委、部、局、处的行政系统"条条下达",直接进行管理。在那时,是不需要什么行业组织的。政府集中配置资源下有两个主要的"抓手",即投资和物资分别由长期计划的计委主管、短期计划的经委去"抓"。只要把这两个"抓手"抓住,企业生产什么、生产多少,原材料哪里来,产品哪里去,做什么投资,用什么技术,就都给规定好了,企业没有多少自主权,也不需要有行业协会、商会这类组织。改革初期,国有部门管理体制改革的主要方向是"放权让利""松绑放权",流行的口号叫"实现四自",就是让企业在保持国有性质和服从国家计划的前提下实行"自主经营、自负盈亏、自我约束、自我发展"。在企业具有一定的独立性和自主权的条件下,政府就不能再像过去那样直接管理企业的一切事务了。还有一个特别的原因,就是当时提倡"小政府",政府机构要精简,有一些领导干部要安排。于是,就安排一部分退休或精简下来的干部去建立附属于政府的行业组织,并授权它们进行所谓"行业管理"。当时,并不是所有的行业组织都叫行业协会。工业企业过去是经委管的,由经委派生出来的叫行业协会。内贸部派生出来的叫商会,外贸部派生出来的叫国际商会中国分会,工商行政管理局下面的叫个私协会(个体劳动者协会与私营企业协会),等等。此外,前一届政府还成立了"纺织业总会"和"轻工业总会"两个总会。本届政府以来,全国十几个部级协会和下属的 200 多个司局级协会、处级协会,通通挂靠到国资委去了。这些行业组织是由政府派生出来的,领导人员由政府指派,往往被人称为"二政府"。随着市场经济的发展,企业的构成和改革初期大不一样,大量的企业是民营企业,这种由政府机构派生的行业组织就很难起作用。虽然这些行业组织现在也在力图吸收一些大的民营企业参加,但毕竟还是"两张皮"。行业协会是政府授权的行业管理机构这种观点在政府部门内现在仍然有很大的影响,甚至有些立法思想还保持这种观点,但是大多数人并不认同这种定位。

第二种意见,也是现在政府文件中常见的说法,是把行业协会或商会定义为在政府与企业之间进行沟通、协调的"中介组织"。我不知道别的学科比如法学、社会学怎么看。经济学讲的中介组织是指商业企业、咨询公司、征信所、会计事务所、律师事务所等商业中介。20 世纪 80 年代我常去日本,访问过大企业的组织"经团联"和小企业的组织"商工会议所",对于"你们是不是中介组织"这样的提问,他们表示很难理解。他们说,我们是企业自己的组织,而不是什么"中介"。当时日本实行的是政府主导型的市场经济体制,其中有一个很重要的架构,就是有官、产、学三方代表参加的各类"审议会"。任何重要的法律、政策、规划的制定,都要经过这种审议会的审议。在市场经济社会共识的达成过程中,商会组织要代表自己的群体去跟政府以及别的社会群体协商,通过讨价还价达成一个各方都能接受的解决方案。而且从道理上说,中介组织是某种独立的组织,既独立于政府,又独立于企业,那么,行业协会这种中介组织自己的立足点在哪里?

在这次会议上有些朋友用"中间组织"来界定商会。我看他们的想法和中介组织并不是一回事。他们所说的"中间组织"大致上类似于有些社会科学研究者所说的"第三部门"。法学家讲社会有三个领域:一个领域是企业和个人(私域),一个领域是政府(公域),还有就是第三个领域。这个领域的组织并不覆盖整个社会，但是覆盖某种有共同利益或共同诉求的社会群体。如果这样来理解"中间组织"，就跟下面的第三种意见没有什么冲突了。

第三种理解认为，商会、行业协会是一种自治性的民间组织。现代社会是利益多元化的社会，各种各样社会群体的事务不可能通通都由政府管起来。这就需要有第三领域的社群组织。

我国是一个实行社会主义宪政体制的国家，结社自由是宪法保证的基本人权。不同的人群建立能够维护自己的利益、表达自己的诉求、处理群体公共事务并实行自律的组织，是人们天然具有的权利。

二、 商会组织的任务

确定了商会的定位以后，我们就能够进一步明确商会、行业协会的主要任务。

商会、行业组织的主要任务是表达企业的群体诉求，维护它们的群体利益，处理这个社会群体的公共事务和进行自律，概括起来讲，就是为会员的共同利益服务。例如陶瓷行业商会为中小企业提供融资服务。由于中小企业本身资信不足的弱点和为社会提供保持市场的竞争态势等正外部性的负担，在融资上有一定的困难，因此，世界各国的同业工会、商会要对小企业提供这方面的服务。但是金融业务是很复杂的，具有很强的专业性，而且它需要的资源往往不是一个地区所能掌握的，所以，比较好的办法往往是由专门的金融机构去办理，商会为金融机构提供一部分资源或分担一部分风险。对于中小企业，世界各国都有为之提供信贷担保的组织。由于银行给中小企业的贷款回报通常不足以弥补风险损失，从而对信用担保的要求比较高，所以，世界各国对中小企业的信用担保组织都是有补贴的。这种补贴有几种主要的来源：一是政府财政预算拨款；二是从商业银行利润中提取一定比例来进行补贴；三是由商会分担一部分风险或提供一定量的补贴。1998年以后，国家财政部曾拟定了中小企业担保条例，但是没有对经常性补贴作出规定。

有一种说法，商会的一项职能是"致力于同业之间的合作"。我觉得在什么领域内合作,可以说得更准确一点。比如说,现在报刊上常常提到行业协会组织同业"协商定价"。这在中世纪的行会活动中是一种常规。但是在现代市场经济中却是一种被称为"价格串谋"的违反公平竞争法的犯法行为。还有人提倡企业之间的"竞合"(竞争合作),比如企业之间协商定价,不打价格战。这样的辞藻是不能出现在企业的文件之中的,因为有"串谋"之嫌。这些都不应当是商会"服务"的内容。

从根本上说,商会正确定位的基础,是清楚地认识市场经济条件下社会利益并不是铁板一块,而是多元化的,不同的社会群体会有不同的利益,而且它们的利益往往是相互矛盾的。在这种利益多元化的格局下,不能设想政府的口袋里装了无限多资源,哪一个群体觉得没有得到充分的利益,就掏一把给他们以解决矛盾。由于各阶层的利益是有矛盾的,给了这一边利益以后,另一边就觉得他们受损了,那只能再掏一把给他们。但是政府不可能有无限多资源可掏,结果是哪一个社群都对你不满意。我看最好的办法还是要让各种社群组织像农会、工会、商会等都健康地成长起来,都能公开地表达自己的诉求,而政府则处在比较超脱的地位,在研究清楚社会矛盾以后,找到化解这个矛盾所需要的制度安排,让制度起作用,使得这些矛盾能够通过一个正常的程序得到解决和化解。如果发生了争议,政府就能站在超脱的地位上从最大多数人的利益出发进行协调,使大家都觉得最终的解决办法是公正的,照顾了各方利益,也符合自己的长远的利益。对于执政党来说,这样既能使自己的工作事半功倍,更能促进社会的和谐。否则,即使在最好的情况下,政府也会疲于奔命,今天照顾了这边,那边又说不行,再去安抚那一边。如果政府有偏向,情况就会更糟。

三、 政府与商会之间的关系

这个问题是跟商会定位紧密联系的,不同的定位就有不同的关系。

温州总商会赵文冕秘书长把现有的行业协会的管理模式分为五种。第一种,传统模式,也叫双重管理模式:民政局负责注册登记,行业的"主管局"负责业务管理;第二种,嘉兴模式,又叫民政局加工商联模式:民政局管注册登记,工商联管行业协会的"业务";第三种,深圳模式,是民政局加上行业协会服务署;第四种,温州模式,就是民政局管注册登记,另外由各个行业的"主管局"和工商联分别进行"业务指导";最后是广州、上海模式,它包含三方面的内容:民政局管理注册登记,"主管局"管业务指导,还有一个行业协会发展署(又称市场中介发展署),它"统筹全市行业协会、市场中介的发展规划,制定改革措施和方针政策,协调政府、协会、市场中介之间的关系并承担部分行业协会、市场中介的管理事务"。

在上面的这一描述中,我感到有两个问题需要厘清。第一,行业和企业的"主管局",这完全是一个计划经济的概念。市场经济中的企业是独立的,它们只有所有者,而不像政府机关那样有什么"上级"。第二,所谓"管理行业协会的业务"中的"业务"所指是什么,政府机关又如何对这些"业务"加以"管理"? 我国的商会和行业协会是依法建立的为其成员服务的社会团体,为什么要由一个"上级主管机关"来管,它如何为自己的会员服务? 有些工商联的同志希望工商联成为商会的"主管机关",我觉得这与工商联作为民间商会的联合组织的性质不符,最好不要这样做。当然,商会和行业协会作为社会团体,必须依法活动,因此,就有一个对它的活动是否违规进行监管的问题。那么,主要的监管机构是谁呢? 首先应该是司法部门,由法院对它们的活动的合法性进行监管。在什么情况下还要有行政机构来监管呢? 就是香港科技大学许成钢教授讲的法律不完全,即立法跟不上变化的情况下,还要进行行政监管。行政监管的特点,是把立法、司法、行政三重职能结合在一块的。如果要对商会和行业协会的行为进行合规性行政监管,能不能就让负责注册登记的那个机构监管,而不必另设专门机构呢? 我看完全是可以的。

必须明确商会是企业和企业家自愿建立的社会组织。它像股份公司、上市公司一样没有什么行政上级可以对它们发号施令。如果认为民间组织也要听命于政府机构,那就把现代社会中人民和政府之间的主仆关系,即主人和公仆之间的关系完全颠倒了,犯了马克思谆谆告诫社会主义者必须尽力防止的"人民公仆变成社会主人"的错误。在管理还是监管的问题上,欧洲大陆的模式和英美的模式是有所不同的。欧洲的商会是从行会演变过来的,后来民族国家形成后,政府有时也委托它履行一定的公共职能。欧洲大陆在拿破仑法典中有一种观念，就是认为政府可以通过法律调节所有的社会行为。在这样的法律框架下，商会也受政府委托行使一些公权职能。在一些政府主导型的市场经济中，也有这一类做法。例如，日本政府把信贷配额、出口配额的分配委托给行业组织去处理。这种做法有弊病，因为配额容易被大企业控制。以前韩国国有银行发放政策性贷款或大额贷款，也往往经由行业组织去分配。由于行业协会里面往往是大企业占优势，结果信贷资源分配就容易向大企业倾斜。目前世界的总趋势是向普通法体系靠拢，商会也在向纯民间的自治组织这个方向演进。

对行业协会活动如何监管，要分门别类，一件一件地进行梳理，哪些应该由司法部门来监管，哪些由行政机构来监管，要一个一个去讨论。比如说对于假冒伪劣产品，靠某一个行政部门或者靠民间商会都不一定管得过来，技术质量监督局不可能对成千上万种产品的技术和质量进行度量和监督。假冒伪劣产品之所以能够行销，根本问题在于买方和卖方的信息不对称。我们可以借鉴发达市场经济国家的处理办法。由于问题根源是信息不对称，所以，一项根本性的措施是成立为消费者服务的组织，如消费者协会等，旨在加强后者（信息的弱势方面）对信息的掌握。在此基础上，执法部门的工作才能事半功倍。商会的自律也会有所帮助。

四、关于商会的内部治理

商会既然是一个由多个企业和个人组织起来的法人团体，要保证它的健康运行，就一定要把治理问题解决好。商会组织既和营利性的法人组织（公司）有区别，也和一般非营利性的法人组织，如慈善基金会有区别。非营利性法人在日本叫作财团法人。由于这类法人是没有所有者的，所以就没有股东会这种法学家所说的"意思机关"或称"权力机关"，也不能够分红。商会与慈善基金会等非营利性法人组织不同的是，后者只有理事会这样的执行机关，而商会却有会员大会作为"意思机关"即最高权力机关。商会的法人治理就是要把会员大会、理事会、执行机构这三者之间的关系处理好，做到三者之间各有其法定权利，又互相制衡。这样就可以防止出现被少数人把持等弊端。台湾的一些行业协会被大财团把持，就像公司被大股东把持一样，使得商会这种为会员企业共同利益服务的组织变成了为少数人所把持的组织。完善法人治理就是要在制度上保证一些人不能以损害其他会员利益的办法来取得自己的利益。

在完善商会法人治理方面，还有一条重要措施是实现商会执行人员的职业化。这有两方面的原因：一方面，商会的理事和会长们自己都是企业家，都有自己的企业经营业务需要处理，不可能用太多精力来处理商会的事务；另一方面，也存在个别企业家和企业家群体之间的利益冲突问题。所以，要把理事会和执行层分开，使商会的执行人员像公司里的职业经理人一样，在理事会的监督下做好日常工作。此外，会长和理事也必须有任期限制，防止出现终身制的弊端。

另外一个需要引起注意的问题是，有些商会和行业协会有自己的直属企业。会办企业不一定能经营得好，而且还会引起和会员企业之间的利益冲突，所以，从原则上说，商会不应当自办企业。不过，目前我国有些法律、规定不合理，例如社会团体不能办刊物，包括内部刊物。比如温州商会办《温州服装》会刊就遇到了许多困难。在这种背景下，有些行业组织就只好不得已而为之，自办出版企业。最好的办法是取消那些不合理的规定，而不是允许商会自办企业。

五、 民间商会与和谐社会建设

在建设和谐社会的问题上，社群组织，也就是具有某种共同特征、共同利益的人群的自治作用显得十分重要。工商界的自治组织就是民间商会。原因是，现代市场解决的社会矛盾错综复杂，单靠政府不但管不过来，还很难使各种矛盾得到妥善处理。在欧洲工商业发展的早期，大陆国家有这么一个倾向，什么事都要由政府管，各种社会人群的行为都由法律去规范；中世纪封建性的行会也就演变为政府授权管理部分公共事务的商会，并在法律里面作详细的规定。现在看起来，这是一种低效而且容易滋生腐败的办法，而且现代市场经济太复杂了，什么事都由政府管是根本做不到的，所以，法学家所说的"第三领域"就发展起来了。第三领域组织处理的不是个人事务,而是公共事务;它不是由国家组织,而是由社群的自治组织治理的。在现代社会里,第三领域覆盖的范围越来越大,商会就是这个第三领域中很重要的组成部分。商会作为一个工商界的自治团体,有两个模式:欧洲大陆模式和英美模式。我觉得大陆模式带有一些历史的痕迹,处在某种过渡的状态之中,正在向完全的民间组织方向靠拢。商会作为一个自治组织它就有三个职能:第一,维护社群利益,代表他们的诉求;第二,处理他们的共同事务;第三,实行自律。这样的组织非常有必要,因为我们要向现代的市场经济转变与建设和谐社会,那就一定要有这样的组织。

从"吴市场"到"吴法治"（节录）[*]

（2008 年 8 月）

改革的不足

经济观察报：市场经济没有完全建立，政治体制改革迟滞，这两方面的改革不到位造成了一些怎样的后果？

吴敬琏：由于改革不到位，导致经济社会的进一步发展面临挑战。这些挑战主要体现在经济和政治两个方面：从经济方面说，它使靠资源投入和出口需求双驱动的粗放经济增长方式得以持续。这导致资源短缺、环境破坏等问题日益突出，内外经济失衡加剧，金融市场面临系统性风险。

经济观察报：你把经济发展方式存在的问题和改革不到位以及体制缺陷联系在一起，它们之间的关系是怎样的？

吴敬琏：转变经济发展方式并不是一个新提出来的口号。早在 1995 年制定"九五"（1996—2000 年）计划的时候，就提出过要实现增长方式的根本转变。十年以后，到制定"十一五"规划的时候，又再次提出要把转变增长方式作为 2006—2010 年经济工作的中心内容。为什么早就提出了正确的解决办法，问题却一直没有得到解决呢？我曾经仔细地研究过这个问题，并且把研究的结果写在 2005 年出版的《中国增长模式抉择》中。

---

[*] 摘自《经济观察报》记者马国川对吴敬琏的访谈录《从"吴市场"到"吴法治"》，原载《经济观察报》第 383 期（2008 年 9 月 1 日）和第 384 期（2008 年 9 月 8 日）。

我的结论是：经济发展方式难以转变的主要原因是存在着若干重大的体制性障碍，它们主要是：(1)各级政府依然保持着土地、信贷等重要资源的配置权力；(2)把 GDP 的增长作为衡量各级政府官员政绩的主要标准；(3)现行财政体制把各级政府的财政收入状况和物质生产增长紧密地联系起来，支出责任又过度下移，使各级政府不惜工本地使用自己能够支配的资源，扩大本地经济总量；(4)生产要素和若干重要资源的价格没有市场化，行政定价通常按照计划经济的惯例压低价格，价格的扭曲使市场力量在优化资源配置上的作用受到很大的压制，同时促使生产者采用粗放的方式进行生产。

经济观察报：改革迟滞造成的社会问题同样突出、尖锐。

吴敬琏：经济和政治改革迟滞造成的主要不良后果，是"权力搅买卖"的寻租基础的扩大，腐败蔓延和贫富分化。这导致了大众的强烈不满，威胁社会安定。对一个处于现代化过程中的国家来说，由于原始的低效经济与现代的高效经济并存，所谓库兹涅茨"倒 U 曲线"的作用使居民收入差距存在扩大的趋势，本来就是一个容易引起社会矛盾激化的问题，广泛蔓延的腐败更使我们雪上加霜。根据 1989 年来多位学者的独立研究，我国租金总数占 GDP 的比率高达 20%—30%，每年发生的绝对数额高达 4—5 万亿元。巨额的租金总量，自然会对使利用公共权力肥私的寻租腐败活动急剧膨胀和贫富分化严重加剧。而与此同时，1993 年中共十四届三中全会规定构建的社会安全网——新社会保障体系——由于行政机关的阻碍却迟迟没有建立起来。

经济观察报：面对这些社会问题产生的原因，人们的意见分歧很大。有人认为是市场化改革造成的，有人认为是改革不彻底造成的。

吴敬琏：据我观察，目前我国存在的种种社会弊病和偏差，从根本上说，是源于经济改革没有完全到位，政治改革严重滞后，权力不但顽固地不肯退出市场，反而强化对市场自由交易活动的压制和控制，造成了普遍的腐败寻租活动的基础。由此可以得出结论，扩大成就和克服缺陷的道路，在于推进经济和政治改革，建设法治的市场经济。

"吴法治"

经济观察报：所以近年来你不断呼吁法治建设，在"吴市场"之后又获得了一个雅号——"吴法治"。

吴敬琏：从计划经济到市场经济的转变，是一个很艰难的历史过程。目前中国经济和政治的问题仍然很多。这使我认识到，在从计划经济到市场经济的转轨过程中，会出现岔道和弯路。其中之一，就是偏离规范的、法治的市场经济的方向，演变为所谓"权贵资本主义"（或称"官僚资本主义""官家资本主义"）。

经济观察报：目前世界上选择市场经济的国家占了绝对多数，但不一定都建立起了规范的市场经济。

吴敬琏：市场经济的运转需要其他方面制度的支撑，由于没有建立法治环境和民主制度，许多国家仍然在前市场经济"权力搅买卖"的陷阱中挣扎。计划经济国家进行市场化改革，如果能够得到政治体制改革的有力配合，抵制权力资本的能力会强一些。但在后进国家通常并不具备这样的条件。弄得不好，就会掉进权贵资本主义经济的泥淖。中国改革所采取的增量改革、双轨并存的战略长期未能完全改变，更增加了"权力搅买卖"、进行寻租活动的可能。这样，腐败问题在20世纪80年代中期就已经变得相当突出了。虽然此后党政领导一再提出了"肃贪反腐"的要求，但是腐败蔓延的势头并没有被扼制住。

经济观察报：你从20世纪80年代后期以来，一直在呼吁人们警惕正在变得日益猖獗的寻租和设租活动，防止中国的改革掉进权贵资本主义的泥坑——也就是你说的"坏的市场经济"。

吴敬琏：在这个问题上，我要做一点修正。世纪之初我是接受并广泛宣传"好的市场经济"和"坏的市场经济"的。但是，后来愈来愈觉得，"坏的市场经济"这种说法是建立在对"市场"概念的错误理解之上的，好像只要是商品在市场上买卖，就是市场经济了。J. 麦克米兰（John Mcmillan）教授在受到经济学界广泛推崇的著作《市场演进的故事》中，十分精辟地分析了市场交易的主要特征："在市场上，决策的自主性是关键的"，"在存在权力关系的任何情况下，比如一方管辖着另一方，或者双方都受到另一个更高的权力机构管辖时，所发生的交易将是其他形式的交易，绝不是'市场交易'"！这样看来，在行政权力统辖或严重干预之下进行货币交换的经济，根本不是市场经济，而是前市场经济的重商主义、权贵资本主义、官僚资本主义、官家资本主义等经济形态。

经济观察报： 你在一些文章中多次指出，我国社会始终存在一个"向哪里去"的选择问题：或者是限制行政权力，走向宪政民主制度下的市场经济制度；或者是沿着重商主义政府干预的方向，走向权贵资本主义（或称官僚资本主义、官家资本主义）的歧途。

吴敬琏： 是的。正由于在中国的转型期中两方面的因素都存在，两种前途都是可能的，我们既不能消极悲观，更不能盲目乐观。从 20 世纪80 年代中期起，中国社会有两种极端的倾向：一端是以铲除"资本主义的丑恶现象"为由，主张回到集权国家和普遍贫穷经济政策的老路上去；另一端则以"保卫改革成果"为口实，主张为少数人弄权发财大开方便之门，实际上是走向权贵资本主义。这两种极端的倾向在表面上互相对立，实际上互相以对方作为自己存在的依据，互相加强。事实上，这两条道路都是歧路。世界近代史向我们表明，这两种极端很可能最终殊途同归，通向最坏的政治和经济体制。善良的人们对此必须保持高度警惕。

对于当前的中国来说，我们必须认识到，由于制度变迁的"路径依赖"特性，在错误的路径上走得愈远，退出的成本就愈高，甚至会锁定在这个路径之中。一旦锁定，除非经过巨大的社会震荡，就很难退出了。

经济观察报： 摆脱这种困境的出路在哪里呢？

吴敬琏： 我认为，根本的出路是在努力完成经济体制改革的基本任务、完善市场经济制度的同时，加快政治体制改革。在政治改革中，宪政、民主和法治三者之间存在密不可分的联系，甚至可以说，它们是互相界定的。但是在政治改革的实际推行中，它们又可以是有先有后的，在不同时期的重点可以有所不同。我觉得比较可行的做法，是在通过思想解放大讨论树立自由、理性等现代性的核心价值观的同时，以建立法治为中心推进政治体制改革。市场经济是平等的所有者彼此交换产权的一种关系，所以现代市场经济的基础是法治（rule of law），只有在法治的基础上，才能建立一个符合全体公民利益的市场经济。另一方面,实现法治是人类的共同追求,以实现社会公正和共同富裕为己任的社会主义者没有理由不认同这样的追求。正是为了研究如何推进"法治的市场经济"建设,我和我国杰出的法学家江平教授曾经在 2002 年共同发起创办"上海法律与经济研究所",希望通过法学界和经济学界的共同努力,来推动中国法治建设和市场经济建设。

经济观察报:"建设法治国家"提出已久,为什么进展不够大?

吴敬琏:中国历史上没有法治(rule of law)而只有法制(rule by law),即统治者以法律(其实这种法律也只是他们的意志的表现)作为工具对人民进行统治。所谓"法治",是一种源于古代、到近代才逐步完备起来的治理制度安排。它的最基本的内容,是符合公认的基本正义的法律的统治。符合公认基本正义的法律在社会中占有支配地位,任何人不能超越其上。而中国的历代官府却总是把自己看作人民的天经地义的统治者,把法律当作统治人民的工具。普通百姓也往往把"好官"视为"民之父母"。中华人民共和国建立以后,本来应当按照社会主义题中应有之意,建立法治,但是这并不符合一些人的意愿。在 1957 年的"反右派运动"中,又把否定"人治"、施行"法治"的建议定为"资产阶级右派言论",对提出这种建议的有识之士进行严厉打击,因而"法治"竟然在 1957 年以后几十年的时间中成为一种禁忌。虽然邓小平在 1986 年就提出过"要通过改革,处理好法治与人治的关系",中共"十五大"又正式提出"建设社会主义法治国家",但是与法治格格不入的旧思想仍然普遍地存在,支配着人们的行为。从我国传媒发布的官方文件的外文译文中屡屡将"法治"错译成 rule by law,可以看出这种传统观念的影响多么广泛和深远。

另一个原因来自某些掌握权力的人对既得利益的坚持。许多官员不把自己放在为"法"所"治"的地位上,却高踞于法律之上,甚至把法律、法令、红头文件乃至"口头指示"看作自己手中寻租的工具,拒不遵循法治关于公正、透明等要求,枉法谋私。

经济观察报:如何建立法治国家?

吴敬琏:为了建设社会主义法治国家,首先必须抓紧做好基础性工作,树立法治观念。法治观念是当代先进文化的一个重要组成部分。它意味着体现基本正义的法律体系——首先是宪法——高于所有人的意志,政府和政府官员的权力也要由它界定,受它的约束。其次,要依据国家宪法(基本法)建立透明的法律体系。其三,要完善司法体系,实现独立审判和公正执法。总之,要通过法治,尤其是通过一系列具体有效的法律规则,一个高素质和独立的司法体系以及一个高素质和独立的律师队伍,切实保护公民的基本权益(包括财产权、生命权、人身自由、隐私权和言论自由),切实保证政府在执法过程中遵守法定的程序,防止政府随意地或不公正地侵犯公民的基本权益,防止以"国家利益"的名义牺牲公民的个人权益。为了实现法治,需要正确处理党组织与国家的立法和司法机构之间的关系问题。《中国共产党党章》规定:"党必须在宪法和法律的范围内活动"。任何组织和个人都不能凌驾于宪法和法律之上。

改革仍需过大关

经济观察报:关于"向哪里去",前面提到过,有些人与你的观点完全相反,认为目前我们遇到的种种社会经济问题——从腐败的猖獗、分配不公直到看病贵、上学难、国有资产流失甚至矿难频发等——都是由市场化的改革造成的。

吴敬琏:在"第三次改革大争论"中,改革开放前旧路线和旧体制的捍卫者对我国目前态势作出了完全相反的解释。他们说,中国改革是由"资产阶级改革路线"("资改路线")和所谓新自由主义主流经济学家主导的。他们采取了用弱势群体说事("民粹主义")和用国家利益说事("民族主义")的策略,煽动不分青红皂白的仇富、非理性的反智和盲目排外情绪,力图把大家对腐败等问题的正当不满,引向反对改革的歧路,由此引发了 2004—2006 年的"第三次改革大辩论"。2005 年以后,他们进一步公开提出摈弃 1978 年以来的改革开放路线,重新举起"阶级斗争为纲"和"无产阶级专政下继续革命"的旗帜,为江青、张春桥、姚文元、王洪文等人"平反昭雪","七、八年来一次,把无产阶级文化大革命进行到底",实现"对党内外资产阶级的全面专政"。

真理是愈辩愈明的。虽然旧路线和旧体制的支持者在对医疗、教育、住房以及国企改革的具体问题的讨论中采用种种不正当的手段蒙蔽不明真相的群众,煽起怀疑和反对改革开放的风潮,在意识形态这个他们自认的世袭领地中取得了某种程度的成功,但是,事实胜于雄辩。比如前面讲到的低收入阶层得不到医疗、养老等基本社会和福利保障问题,这应不应当归罪于改革呢?只要举一个简单的事实就可以说明这个问题。中国原来的社会保障体系本来就很不完善。像公费医疗体系,支出主要用在城市居民、特别是党政机关干部身上了,普通百姓却缺医少药。1993年中共中央十四届三中全会的《决定》里关于社会保障做出了不错的原则设计。可是14年过去了,这套体系到现在还没有建立。责任显然在于没有执行改革的原定计划,而不在于改革本身。

特别是当旧路线和旧体制的支持者公开亮明了自己的底牌,即回到给中国人民造成了深重灾难的旧路线和旧体制去的时候,那些虽然对于改革开放的某些具体做法和中国社会的现状怀有这样或那样意见,但并不反对改革开放大方向的人们也就纷纷离他们而去了。三十年的历程告诉人们,只有坚定不移地推进改革,才是顺乎潮流、合乎民心的光明之途。

经济观察报:对此,中国最高党政领导的态度都是明确的。

吴敬琏:胡锦涛总书记2006年3月在全国人民代表大会上海代表团的讲话和2007年10月在中共十七大的报告中都明确指出,改革开放符合党心民心,顺应时代潮流,方向和道路是完全正确的,成效和功绩不容否定,停顿和倒退没有出路;要毫不动摇地坚持改革方向,不断完善社会主义市场经济体制,充分发挥市场在资源配置中的基础性作用。

经济观察报:但对于整个国家而言,继续解放思想仍很有必要。

吴敬琏:只有解放思想,破除迷信,才能为进一步改革开放奠定思想基础。中国的改革开放源于20世纪70年代后期的思想解放运动。思想解放是无止境的,在我国社会正在快步走向现代化的形势下,我们必须与时俱进,不断更新自己的思想,赶上时代的潮流。更何况在近几年"左"的思想的回潮中,若干早已被否定的旧思想、旧观念又力求利用人们对历史和现实缺乏了解而重新流行起来,在部分人群中造成了思想混乱,亟待澄清。此外,还要进一步明确改革的目标模式是建立在民主和法治基础上的现代市场经济,避免由于缺乏统一认识导致的思想混乱和不准确的理解。因此,最近一些地方正在兴起新的思想解放运动,要求冲破不适合于现代化发展和不利于社会进步的旧思想观念的束缚,是完全正确和必要的。

经济观察报: 如何保证思想解放运动得以在一个宽松的环境中进行,是一个需要首先解决的问题。

吴敬琏: 营造思想解放所必需的自由、理性和务实的讨论氛围,提倡具有不同观点的人们理性思考,良性互动。因为现象和本质是有区别的,大众的短期利益和长远利益经常是不一致的,因此,"理未易明,善未易察"。只有通过平心静气的讨论,才有可能达到比较切合实际的认识。而且,市场经济是一个利益多元化的共同体。因此,不应当采取"一分为二""矛盾的一方吃掉另一方"的办法,以一个社会群体的利益排斥和压制另一个社会群体的利益,而是应当让各种合法的利益诉求都得到充分的表达,然后通过协商和博弈,形成彼此都能接受的解决方案。只有这样,才是通向各个利益群体互补共赢与社会和谐的坦途。

经济观察报: 具体来说,改革应当在哪些方面进一步推进呢?

吴敬琏: 我认为,改革的实际推进需要从以下方面作出努力:

一是实现尚未完成的产权制度改革。例如,与中国将近一半人口的农民利益息息相关的土地产权问题没有解决,农民的承包土地、宅基地资产无法变成可以流动的资本。这既使继续务农的农村居民的利益受到损害,也使转向务工、务商的新城市居民安家立业遇到困难。而且,由于农民不掌握土地所有权,就使得政府官员能够任意以"国家利益"的名义征用农民的土地,牟取暴利,而置"失地农民"的身家性命于不顾。

二是认真执行《中华人民共和国行政许可法》和"非禁即入"的法治原则。首先需要说明,"market access"这个词的原意是"市场进入"或"市场进入权",把它译成"市场准入"就好像非得政府批准你入你才能入。当然,为了社会的利益有时候需要设立"行政许可",即设立进入限制。所以市场经济的原则是"非禁即入",只要没有法律的明文禁止,都可以自由进入。20世纪90年代曾经按照中共中央和中纪委"从源头上反腐败"的要求,进行全面清理,取消了一些行政审批,但是近年来五花八门的审批项愈来愈多,必须坚持"非禁即入"的原则,彻底清理,坚决取消各种各样不合理和不合法的行政许可。

三是继续推进国有经济的布局调整和完成国有企业的股份化改制。当世纪之交国有经济改革取得阶段性成果,应当进一步对国有大型企业改革进行攻坚的时候,改革的步调明显放缓,不但在股权结构上一股独大和竞争格局上行政垄断的情况没有得到完全的改变,在某些领域中还出现了"国进民退""新国有化"等开倒车的现象。这种趋势必须扭转。中共十五大和十五届四中全会关于国有经济和国有企业改革的决定必须贯彻。

四是加强商品和服务市场的反垄断执法和资本市场的合规性监管。对于目前在商品和服务市场上仍然存在的大企业垄断的情况,必须采取有力措施加以破除。在资本市场上,被称为"政策市""寻租市"的痼疾并未得到消除。在行政力量干预市场的情况下,不论采取"托市"的形式还是"打压"的形式,结果都是接近权力的人可以大发横财,而中小投资者总是赔钱的。因此,必须端正思路,摈弃行政干预市场的做法,加强合规性监管,才能促进资本市场的健康成长。

五是建立新的社会保障体系。1993年中共十四届三中全会决定,建立全覆盖、多层次的新社会保障体系。可是十几年过去了,由于遇到了政府内部的重重阻碍,这项极其重要的社会基础设施至今还没有建立,使弱势群体的基本生活保障不能落到实处。其建设进度必须加快。

六是政治改革必须加快。宪政、民主、法治,是现代市场经济所要求的上层建筑保证。政治改革的得失,是一个影响国本的问题。虽然在中国这样一个缺乏自由、理性等历史文化积淀的国家,建立宪政、民主和法治三位一体的现代政治体制并非易事,但是世界潮流浩浩荡荡,容不得我们延宕和等待,必须从建立法治起步,加快我国政治体制的改革。通过法治建设在各种权利主体之间正确地配置权力,规范政府的行为,保护公民的基本权利不受侵犯,在此基础上逐步扩大民主,强化民众对政府的控制与监督,才有望稳步地实现宪政、民主和法治的目标。

经济观察报:根据三十年的经验,经济改革和政治改革能否顺利推进,关键在于政府自身。

吴敬琏:所以,要继续把计划经济时期的全能型政府改造成为专注于提供公共产品的服务型政府。这就需要政府官员出以公心，割舍那些与公仆身份不符的权力。政府改革的任务，不仅是要减少和消除对资源配置和价格形成的行政干预，使市场机制有可能充分发挥基础性作用，更艰巨的任务在于建设一个能够为市场机制提供支持的法治环境。没有这样的制度平台，就难以摆脱公权不彰、规则扭曲、秩序紊乱、官民关系紧张的状态，使经济和社会生活进入和谐稳定的正轨。

经济观察报：你说过，改革仍需过大关。

吴敬琏：是的，改革仍需过大关。好几代中国人为建设一个富裕、民主、文明的中国而努力奋斗过，然而屡屡遭遇挫折，未来的道路也不会平坦。然而，推进改革、防止倒退关系到中华民族的兴亡和每个人的根本利益，在这样的问题上，容不得有半点犹疑。只有打破阻力，奋力过关，才能走上坦途。

中国经济的未来方向[*]

（2012 年 12 月）

　　未来中国的方向，是当前许多经济学家甚至全国人民都在思考的一个问题。1978 年的中共十一届三中全会以来，确立了市场化的正确方向，并取得了推动经济高速成长的巨大成就。但是 21 世纪初以来，出现了不同的意见和选择，改革似乎走到了一个新的十字路口，面临选择。未来十年，在继续完成市场经济改革任务的同时，积极而慎重地推进政治改革，既是未来中国改革的主题，也关系到中华民族的兴亡和每个公民的根本利益，在这样的问题上，容不得有半点犹疑。只有打破阻力，奋力过关，才能实现几代中国人的梦想，把中国建设成为一个富裕、民主、文明、和谐的现代国家。

一、 改革尚在半途

　　根据 1992 年中共十四大作出的社会主义市场经济的顶层设计和 1993 年中共十四届三中全会作出的改革总体规划，中国在 20 世纪末期把一个对世界市场开放的市场经济制度框架初步建立起来了。但这个体制与以"市场机制在资源配置中起基础性作用"为基本特征的社会主义市场经济制度还有相当大的差距。

＊ 首载国务院发展研究中心主办、中国经济年鉴编辑委员会编辑：《2012 中国经济年鉴》，北京：中国经济年鉴出版社，2012 年，第 701—705 页；又见《中国经济报告》，2013 年第 1 期，第 38—49 页，封面专题"经济新方向"，文章题目为"未来方向"。

两者之间差距的主要表现是，政府继续在资源配置中居于主导地位，限制和压制了市场发挥基础性作用。

首先，政府仍然支配着主要的经济资源。矿山、海洋、城市土地和大部分资本都掌握在政府手里。

其次，虽然国有经济在国民生产总值中并不占有优势，但是，它仍然控制着一切"制高点"（列宁语，中文译为"命脉"）。国有企业在一系列重要行业中的垄断地位不但没有减弱，反而有所加强；国有经济的规模仍然很大，而且相当一部分国有企业保持着政府赋予的行政垄断权力。

再次，现代市场经济不可或缺的法治基础尚未建立，各级政府官员享有过大的自由裁量权，他们通过直接审批投资项目、对市场准入广泛设立行政许可、对价格进行管制等手段，直接对企业和个人的微观经济活动进行频繁的干预。

中国形成这样的体制，是其来有自的。在开始研究经济改革的目标模式的 20 世纪 80 年代中期，对这个目标有过不同的设想，其中最重要的是两种：一种属意于"政府主导的市场经济"（"东亚模式"）；另一种属意于"自由市场经济"（"欧美模式"）。大致说来，官员钟爱"东亚模式"，具有现代经济学知识的学者向往"欧美模式"。不过，在改革初期命令经济还占统治地位的情况下，两者之间的差异并不显得十分突出，因为即使认为改革的最终目标应是欧美模式的市场经济的人们也承认，在竞争性市场体系还没有建立起来的情况下，政府不能不承担更大的协调经济的职能。而在命令经济已被全面突破、市场的规则又还有待建立的情况下，它们之间的分歧就日益突出了。对于持后一种观点的人们来说，改革的目标还远未达到。他们要求坚持改革，进一步完善市场经济体制，建设符合社会上绝大多数人而不是极少数寻租者利益的法治的市场经济。对于持前一种观点的人们来说，改革的目的已经达到。特别是对于其中一些要求维护从其寻租活动获得的特殊既得利益的人们来说，最合意的做法乃是进一步增强各级政府官员不受约束的权力，以便扩大权力寻租的可能性。

还有一点值得注意，就是中国改革的出发点，乃是由全能政府包办一切经济社会事务的"国家辛迪加"（列宁）或者"党国大公司"（东欧经济学家）。因此，政府对经济和社会生活的控制和干预，较之东亚实行"政府主导的市场经济"国家要强得多。

所以在 20 世纪末建立起来的,是一种既包含新的市场经济因素,又包含旧的统制经济因素的过渡性经济体制。

正是针对这种体制很不完善、市场还不能在资源配置中起主导作用的情况,2003 年的中共十六届三中全会作出了《中共中央关于完善社会主义市场经济体制的决定》,要求在若干方面进一步推进市场化改革,以便充分发挥市场在资源配置中的基础性作用,到 2020 年建成完善的社会主义市场经济体制。

但是回过头来看,这个中央决定执行得并不好。这种情况是由多种原因造成的。其中一个很明显的原因,是改革进入深水区,触及到了政府和政府官员自身的权力和利益,因而对进一步改革产生了来自党政机关内部的阻力和障碍。另一方面,中国改革历来都是由危机促成的。可是,由于 20 世纪的改革十分成功,经济有了很大的发展,官员们觉得日子很好过,于是失去了推进改革的压力和动力。既存在阻力,又缺乏动力,就使得改革的步伐放慢了下来,甚至在某些部门出现了倒退的趋势。

所以说,中国还走在改革的半途:一方面,20 世纪末期建立起市场经济的初步框架;另一方面,一些领域改革的大关还没有过。于是,这种半市场经济、半统制经济的双重体制从建立之日起,就出现了"既是最好的时代,又是最坏的时代"的"两头冒尖"状况。

这种过渡性体制建立后,出现了两种可能的发展方向:或者是政府逐渐淡出对微观经济活动的干预,加强自己在市场失灵的领域诸如市场监管和提供公共产品和服务等方面的职能,使过渡性的体制逐渐成长为在规则基础上运转的现代市场经济,即"法治的市场经济";或者不断强化政府对市场的控制和干预,不断扩大国有部门的垄断力量,蜕变为政府全面控制经济社会发展的国家资本主义,甚至权贵资本主义的畸形体制。

二、 社会矛盾几乎到了临界点

于是,中国社会再一次面临向何处去的问题。最近几年,过去高速增长时期所积累起来的,但是被短期的业绩掩盖的各种矛盾也都暴露出来;

近几年变得愈来愈尖锐了,这导致了两个严重的问题。

第一,粗放的经济增长已经难以为继。前面讲了粗放经济增长的弊端。20世纪90年代初期通过外汇改革全面实施出口导向政策,用净出口(即出超)需求弥补国内消费需求的不足,用以拉动经济增长。在这种条件下,由于农村还有大量廉价劳动力需要就业,其他资源的短缺程度还不是那样严重,粗放增长模式就还能表现出一定的生命力。21世纪初,城市化加速,各级政府获得了大量土地资源的支配权,就出现了粗放式增长方式的进一步回归,用大规模向资本密集型项目投入资源的办法实现GDP的高速增长,实际上已是强弩之末。即使在2008年全球金融危机爆发之后用几万亿的投资和海量的贷款打了一剂强心针,这种靠透支资源、寅吃卯粮支撑短期增长的办法也风光不再、难以为继了。所以在制定"十二五"规划的过程中,就把发展方式转型的议题提到更重要的地位上来。用胡锦涛总书记在2012年2月举办的省部级主要领导干部深入贯彻科学发展观加快经济发展方式转变研讨班上的重要报告的话来说,就是"加快转变经济发展方式已经刻不容缓"。

为什么"刻不容缓"?据我理解,是因为再不转变经济发展方式,已经无法维持经济的平稳持续发展了。

第二,出口导向政策的积极效应逐渐减弱。在粗放的经济发展方式下,虽然在一段时间内能够依靠政府强制动员和大量投入社会资源,加上从国外引进先进设备和技术来维持高速增长,但这只能发挥短期的效应。近年来,这种增长方式造成的资源枯竭、环境破坏、内需不足、居民生活水平提高缓慢等问题愈演愈烈。改革开放以后,中国曾成功运用日本等东亚国家的经验,采取本币汇率低估等出口导向政策,用净出口需求弥补国内消费需求的不足,拉动沿海地区加工工业的发展。它们靠大量投入土地等资源、大规模引进国外的先进装备和技术以及大量雇用低工资农民工,实现了经济的高速度增长。现在,这些积极效应也已经逐渐减退。中国经济在经历了十来年出口拉动的繁荣后,21世纪初期在微观经济领域出现技术进步缓慢、劳动者的收入提高缓慢,大众消费不足等弊病。在宏观经济领域,则出现了货币超发、资产泡沫生成和通货膨胀压力增大等病象。

所有这些都警示人们：如果不能尽快打破体制性的障碍,实现经济增长方式的转变,将不可避免地导致经济和社会灾难。与此同时,行政权力对市场的干预和对价格的管控,造成了庞大寻租活动的基础,导致腐败行为的蔓延和贫富差别的扩大,引发了诸多矛盾的激化。官民矛盾的加剧和政府管治能力下降,加剧了社会的不稳定情况,使经济和社会矛盾几乎到了一个临界点。

三、 强势政府不是中国经济取得成功的原因

一部分人认为,中国能够创造如此优异成绩的根本原因,是中国拥有自己特有的发展模式,即所谓的"中国模式",其最大特点和优点是拥有一个强势政府,因而可以充分利用自己强大的资源动员能力,依靠强政府、大国企,用海量投资来支持高速增长,集中力量办大事。这种政府主导的发展道路,在全球金融危机发生后从西方各国政府短期救市政策中得到鼓舞,其"优越性"似乎也得到了某些短期业绩的支持。实践中还出现了一些"样板工程",例如被"中国模式"的支持者所盛赞的"高铁奇迹",还有某些地方依靠政府的强力动员和大量注入资源实现的超高速发展等等。

我们应当明确,强势政府不是中国成功的根源。从历史来看,改革开放以前的30年,中国政府也许比现在更加强势,可是结果有目共睹。而改革开放30年高速增长的奇迹来源于新生的市场经济制度解放了人们的创业精神。现在,强政府、大国企和海量投资营造高速增长等亮丽政绩付出的高额成本和产生的消极后果正在显现。

各级政府日益强化的资源配置的权力和对经济活动的管制造成的最严重的后果,是强化了寻租活动的制度基础,导致腐败迅速蔓延和贫富差别日益扩大,官民矛盾激化。

在20世纪末期,中国经济学家曾对转型期间日益抬头的腐败现象进行深入的讨论,提出通过市场化改革铲除寻租活动的制度基础,防止中国上演腐败猖獗的所谓"亚洲的戏剧"或"拉美病症"。1990年代初期商品价格自由化,曾经阻断了通过商品价格双轨制寻租的"官倒"们的财路。然而,行政权力不肯退出市场,使寻租的基础在许多领域继续保持甚至扩

大,使权力腐败愈演愈烈。由于体制的演进会有路径依赖,一旦进入政府主导的路径,从寻租活动中得利的特殊既得利益者,必然会力求推动"半统制、半市场"的经济体制向国家资本主义乃至权贵资本主义蜕变。如果没有步伐较大的改革阻断这一路径,使之回归市场化、法治化和民主化的正途,就会锁定在这一路径中。而一旦路径被锁定,就会像诺斯所说,除非经过大的社会震荡,就很难退出了。

两种可能的前途严峻地摆在前面:一条是沿着完善市场经济的改革道路前行,限制行政权力,走向法治的市场经济;另一条是沿着强化政府作用的国家资本主义的道路前行,走向权贵资本主义的穷途。这样,中国经济发展的过程就成为一场两种趋势谁跑得更快的竞赛。

两条路径泾渭分明,前景更是完全不同。何去何从,正是我们需要回答的问题。

四、 要重视改革的顶层设计和总体规划

"十二五"(2011—2015 年)规划重新提出"顶层设计"的问题,其实质是明确未来改革的正确方向,是建立在法治基础上的市场经济、还是国家资本主义两种不同的"顶层设计"之间的选择问题。

"十二五"规划要求"更加重视改革的顶层设计和总体规划",所说的"改革",是指"经济、政治、文化、社会等领域的改革",因此,我们的顶层设计和总体规划,也应当不是某个单项改革的顶层设计和总体规划,而是全面改革的顶层设计和总体规划。

我觉得有必要澄清一种误解,那就是认为中国的改革直到现在还是"摸着石头过河"。"摸着石头过河"是 20 世纪 80 年代初期的做法,因为那时我们与世界学术界已经隔绝了很多年,原来以为社会主义国家就一定是苏联式的体制,当事实证明这一体制是行不通的时候,对于到底怎样才行得通,心中是完全无数的。所以当时陈云和邓小平都提出"我们现在只能摸着石头过河","走一步看一步"。这种情况到 80 年代中期已经发生了改变。

在 20 世纪 80 年代中期,从决策层到经济学家和社会大众,都认识到

改革总是"摸下去"是不行的。所以,就提出了一个"顶层设计"的问题。不过当时不叫"顶层设计",而叫做"目标模式"。

1985年的"巴山轮会议"上,匈牙利科学院的科尔奈教授有一个关于改革目标模式的重要发言,提出现代经济的体制模式分为行政协调和市场协调两大类,两大类又分为直接行政控制(ⅠA)、间接行政控制(ⅠB)、没有宏观经济管理的市场协调(ⅡA)、有宏观经济管理的市场协调(ⅡB)四个子类,科尔奈倾向于选择有宏观经济管理的市场协调(ⅡB)作为改革的目标。对此大家都很认同。后来,由于1988年经济波动和1989年的政治波动,对于中国应当建立什么样的经济体制,发生了分歧。1989年以后,坚持计划经济成为主流。

1990年12月和1991年2月邓小平提出"社会主义也可以搞市场经济"以后,从1991年年中到1992年年中,中国的党政领导人和经济学家用了整整一年的时间进行了理论和实践结合的认真探索,最后在1992年10月的中共十四大上确立了中国改革的目标,这就是以市场在资源配置中起基础性作用的市场经济体系。这可以说就是当时确定的中国经济改革的"顶层设计"。在这个"顶层设计"确定以后,就开始了经济改革的"总体规划",即各个领域改革方案和它们之间配合关系的研究。然后,1993年11月的中共十四届三中全会通过了《中共中央关于建立社会主义市场经济体制若干问题的决定》("50条"),形成了市场经济的总体规划和各个方面的具体方案。这一决定非常具体,受到国内外的普遍好评。1994年开始就按照这个总体规划进行改革。此后,1997年中共十五大又提出"调整和完善所有制结构",对国有经济进行有进有退的"战略性布局调整",以便确立"公有制为主体、多种所有制经济共同发展的基本经济制度"。不断改善的改革顶层设计和总体规划有力地促进了中国的经济体制改革,为中国经济的崛起奠定了体制基础。

不过我们必须认识到,中国在20世纪末建立起来的市场经济初步框架还存在很大缺陷。这一方面表现为它还保留着原有计划经济体制的若干重要因素,其中集中表现为,政府对经济生活的干预和国有经济对市场的控制;另一方面则表现为现代市场经济所必需的法治没有建立起来。

正是因为如此,2003年的中共十六届三中全会作出了《中共中央关于完善社会主义市场经济体制若干问题的决定》，要求在许多重要方面进一步推进改革。可是由于改革已经进入深水区，进一步推进改革会越来越多地触动政府和政府官员自身的权力和利益，改革的阻力非常大，也由于改革的进步，使中国经济开始崛起，各级政府官员普遍自我感觉良好，不觉得需要推进进一步的改革。在这种情况下，既无压力也无动力，于是改革步伐开始放缓。改革停顿不前，市场秩序混乱，权力干预加强使得寻租活动的制度基础得到扩大，于是腐败愈演愈烈，即便用严刑峻法也难以禁止，同时贫富差距也愈拉愈大。现在回想起来，20世纪80年代末期民众群情激愤地批判的以"官倒"为代表的腐败，与21世纪出现的腐败是无法比拟的。

腐败猖獗和贫富分化加剧，为一些支持旧体制和旧路线的人运用民粹主义和民族主义的言说误导大众提供了机会。本来改革开放以来市场化、法治化和民主化的改革就不断受到来自支持旧体制和旧路线人们的质疑和反对。21世纪以来这种质疑的声音越来越强，而且在错误的舆论导向下获得部分弱势群体的支持。这些支持旧路线和旧体制的人们提出的"药方"或者叫做另一种"顶层设计"，就是动用国家机器来制止腐败和贫富分化；同时运用政府强大的资源动员能力，靠海量投资来营造眩人耳目的政绩。这样，就形成了一个恶性循环的怪圈——政府的控制越是加强，寻租的制度基础就越大，腐败也就更加严重；而腐败越是严重，在某种错误的舆论导向下，也越有理由要求加强政府和国有企业的控制力。

五、 政治体制改革是建设现代市场经济的基本条件

现在有一种看法，认为中国的经济改革的任务已经基本实现了，甚至市场化有些"过头"，只是政治改革还有待努力，有的人甚至认为，不进行政治改革，中国所有的改革都不可能再进行下去了。

我觉得，认为中国的经济改革的任务已经基本实现，是高估了经济改革的成就。实际上，连已经写在文件上的经济改革要求，也有许多并没有实现。其中一个重要原因，是1992年以后重启的改革，存在的一个缺陷是，不再像20世纪80年代那样，把经济体制改革和政治体制改革并提。

正如小平在 1986 年讲过多次的，"不搞政治体制改革，经济改革也搞不通"。目前经济改革的落后的方面，像国有经济的改革、政府经济管理职能的改革，都无不与政治改革、政府改革滞后有关。更不用说现代市场经济只有在法治环境中才能更有效地运转。因此，进行政治改革乃是建设现代市场经济的基本要件。

有些人认为，中国改革的特点和优点，就是先搞经济改革，后搞政治改革。这并不符合历史事实。实际上两者是同时发动的，只不过前者的推进相对比较容易，而后者却因涉及官员们自身的权力和利益，因而步履维艰罢了。

经济改革是从 1980 年 9 月中共中央印发《关于进一步加强和完善农业生产责任制的几个问题》[中发(1980)75 号]，允许农民搞土地承包制才真正启动的。而在这之前几天，即 1980 年的 8 月 18 日，邓小平在中共中央政治局关于党和国家领导制度改革的讲话就明确提出改革党和国家领导制度的基本要求。1986 年，在准备进行经济体制的配套改革的同时，邓小平 20 多次提出必须进行政治改革。他指出，"政治体制改革同经济体制改革应该相互依赖，相互配合"，不搞政治体制改革，经济改革也搞不通[1]。根据邓小平的提议，1987 年的中共十三大决定进行以党政分开为首要内容的政治体制改革。不过这两次改革都没有能够推行下去。邓小平逝世以后，新一代领导人在邓小平的追悼会上再次提出政治改革的问题。1997 年的中共十五大提出了建设社会主义法治国家的口号，2002 年中共十六大又重申了这样的主张，还提出了建设民主政治和提升政治文明的问题。

中国是一个有长期专制主义传统的国家，又经历过长期列宁—斯大林式政治经济制度的实践，实现这种转型的任务尤为繁重和艰巨。虽然中国经济体制的市场化已经取得了进展，然而市场经济作为一套配置稀缺经济资源的机制，需要其他方面制度的配合和支撑。否则，市场自由交换的竞争秩序就得不到保证。权力的介入还会造成"丛林法则"支配经济

1　邓小平(1986):《在全体人民中树立法制观念》，见《邓小平文选》第 3 卷，北京：人民出版社，1993 年，第 164 页。

活动,使整个经济变成一个寻租场。

政治改革的任务,不仅是要减少和消除对资源配置和价格形成的行政干预,使市场机制在资源配置中有可能发挥基础性作用;更艰巨的任务,在于建设一个与自由市场制度相适应,能够为市场的有效运转提供支持的法治环境。没有这样的制度平台,就难以摆脱公权不彰、规则扭曲、秩序紊乱、社会失范的状态,难以使经济和社会生活进入和谐稳定的正轨。

六、 政府自身的改革是推进政治改革的关键

中国整体改革能否顺利推进,关键在于政府自身。目前的问题是政府支配资源的权力太大,下一步改革必须要划清楚政府和市场的边界。必须把直接控制经济的全能型政府改造为提供公共服务的服务型政府,并将各级党政机关和官员置于民众的监督之下。

既然改革的焦点在于政府在市场经济中的地位和作用,无论是经济改革还是政治改革,核心的问题都是政府自身的改革。由于这一改革将会触动政府和官员的权力和利益,它就不可避免地面临很大的阻力和障碍。这样,改革要取得突破,就不但需要领导人具有远大的目光和很高的政治智慧,还需要大众的积极参与和监督。只有这样,才能打破特殊既得利益集团的阻碍和干扰,推进从所谓威权发展模式向民主发展模式的转型。

政府改革的目标应该是建立"有限政府"和"有效政府"。所谓有限政府,是和计划经济下的全能政府(无限政府)相反的政府形态。从经济方面看,市场经济条件下的政府职能范围是有限的,它所掌握的资源限于与公共物品的提供有关的资源,而不能任意扩张。稀缺资源的基本配置者的角色应当由市场去担当。所谓有效政府,则是政府应当在纳税人的监督之下,改善政府的管理,杜绝贪污和浪费,做到低成本、高效率地为公众提供服务。

一个好的政府,就是一个既能谨守自己的职责,又能为民众提供优质公共服务的政府。要达到这样的目标,显然需要经过艰苦的努力。从当前看,政府改革迫切需要解决的有以下几个问题:

第一，确保公民的基本权利不受侵犯。《中华人民共和国宪法》和中国政府签署的国际人权公约对人的基本权利有明确的规定。人民群众的这些基本权利，包括言论、出版、集会、结社、游行示威、宗教信仰等自由，人身权利以及选举和被选举的权利必须得到切实的保障，不受任何侵犯。

公民对政府公务活动的知情权，也是一项基本的人权。因此，现代国家都有信息公开、"阳光政府"的立法。除了由于涉及国家安全并经法定程序得到豁免的公共信息，都要公之于众。只有建立起信息透明的制度，公民才能行使自己当家作主的权利，政府和政府官员才能置于公众的监督之下。所以，在报刊杂志、广播电视、互联网络等大众传播媒介异常发达的现代社会中，各级政府必须支持而不是限制公民行使《宪法》赋予自己的知情权和监督权，把它作为自己的一项基本职责。

第二，政府要严格遵守宪法和法律，实现依法行政。在目前的中国，各级政府在配置土地、资金等资源方面拥有过大的权力，对政府活动边界又往往不够明确，这样就使官员掌握过大的自由裁量权和寻租机会。针对这种情况，必须在削减各级政府支配经济资源权力的同时，切实保证所有政府官员在执行自己的职能时严格遵纪守法，防止他们以国家的名义侵犯公民的基本权益。近年来，全国人民代表大会和国务院制定了一系列限制政府行政权力的法律法规，现在的问题是如何保证这些法律法规得到切实的执行。

在依法行政问题上，作为执政党的共产党起着重要的作用。正如《中国共产党党章》所规定的："党必须在宪法和法律的范围内活动"，党员必须"模范遵守国家的法律和法规"。

第三，培育公民社会，提升社会的自组织能力。现代社会利益多元，社会活动五彩缤纷，公共事务不能仅仅靠党政机关和行政官员来处理，还要发展民间社会，广泛实行各种社群的自治。然而，传统的"大政府、小社会"体制的一个重要特点，就是国家权力的充分扩张和民间社会活动空间的尽量压缩，因此在1956年实现社会主义改造，特别是1958年实现"政社合一"的人民公社化以后，除了独立性岌岌可危的家庭，其他的社群组织都已不复存在。整个社会的三百六十行，不论属于什么行业或领域，都被整合到一个以官职为本位的统一单调的行政科层体系中。

这是一种缺乏生机与活力的"纤维化的硬结",或者叫做"没有社会的国家"。如果政府领导作出决策和下达命令,这种组织体系可以运用国家的权威动员一切能够调动的资源去实现特定的国家目标。但是,这样的体系有一个致命的弱点,就是社群缺乏自组织能力,遇事只能依赖于政府官员的命令,任何非国家规定的项目或未经官员允许的活动都只能停顿下来,或者举步维艰。在一个人民当家做主的国家中,必须提高民间社会的自组织能力,放手让社群组织自行处理各种各样的公共事务。只有这样,才有可能真正出现丰富多彩的社会生活和生动活泼的政治局面,实现经济、政治、文化的全面繁荣。

七、 法治是政治体制改革的突破口

在我看来,政治体制改革包含三方面的内容,这就是:建立法治,推进民主和实施宪政。它们三者紧密联系,甚至是相互界定的。但在推进方式上,又可以是循序渐进、不同时期有所侧重的。从世界各国实施宪政民主的经验看,从法治入手是最容易取得成效的。与此同时,实行法治是现代市场制度有效运转的基本前提,市场化改革对建立法治的要求十分迫切。

中国市场已经从以人格化交换为主的"熟人市场"发展为以非人格化交换为主的"生人市场",双边和多边声誉与惩罚机制难以发挥作用,需要建立一个以正式法庭为主的第三方执法体系来保证合同的实施。

可是,由于这一体系极不完善,"司法地方化"成为合同执行的一个严重问题。在世界银行编制的各国法治指数排名中,中国的得分一直偏低,况且还从1998年的52.4分降到2004年的40.6分。在这样的环境下,企业家不能依靠正当途径保护自己的权益。他们中的一些人往往采取不正当的手段与相关政府官员相勾结,以便获取权力对自己的荫庇和自己的竞争优势。

为了建立法治,需要在以下三方面加强工作。

第一,要在全体公民特别是各级官员中树立法治观念。法治观念是当代先进政治文化的一个重要组成部分,是现代社会核心价值的一项重要内容。它不仅与中国"君权高于一切""普天之下,莫非王土"一类传统的专制皇权思想相对立,也与"专政是不受任何法律约束的政权"一类自称的"革命意识形态"有根本原则的区别。它要求树立法律至高无上的地位,而一切组织和个人,包括执政党和执政党的领导成员,都必须和只能在法律规定的范围内活动,而不能凌驾于法律之上。

第二,建立符合公认的基本正义的法律体系。首先,法律和行政机构的政令都必须符合宪法。宪法的主要内容和功能则是进行权力的配置:它一方面要确立公民的基本权利,保证这些权利不受侵犯;另一方面要划定政府的权限范围,防止政府侵犯公民权利。其次,在法治的条件下,法律必须具有透明性。透明性有以下的基本要求:一是立法过程要有公众的广泛参与;二是法律要为公众所周知。按照现代法治观念,不为公众所周知的法律,是不生效的法律。现在有些政府官员无视人民的知情权,把反映公共事务处理过程并与民众切身利益密切相关的法律和行政法规当作党政机关的"内部文件",并加以"保密",或者在公众不知情的情况下,在政府内部寻求处理的办法。在这种情况下,不法官员很容易上下其手,枉法害民。最后,法律应当适用于全社会的一切行为主体,保持稳定和不追溯既往,这样才能使公民对自己行为的法律后果有稳定的预期,从而安心发展自己的事业。否则行为主体就无法主宰自己的命运,而只能靠找关系、送贿赂等办法央求具有很大自由裁量权的官员帮忙开特例,才能办成自己的事情。

第三,实现法官的独立审判和公正执法。独立审判和公正执法是建立法治的一项基本要求,而司法人员的腐败和行政干预是实现这一基本要求的主要障碍。为了消除这种障碍,除了完善制度,主要得靠提高法官的素质和加强人民群众的监督。共产党作为执政党,也要通过自己的党员干部对党组织严格遵纪守法和司法工作的合宪性和合规性起监督保证作用。但是,这种监督保证作用只针对人员任命和审判程序的公正性,而不是直接任命官员、干预具体案件的审判和决定审判结果。

八、 防止极端思潮撕裂社会

当前,有两种极端趋势值得特别警惕。

一种是扩大寻租基础的趋势。在新世纪的城市化过程中，出现了一个新的寻租空间即各级政府垄断土地资源，用以生财。据农口专家估计，通过出售从农村征用来的土地，各级政府能够拿到的土地差价总额高达20—35万亿，这么大规模的财富被各级政府官员控制，可见寻租空间有多大。所以跟土地有关的腐败官员可以说是前仆后继。

另一个是贫富差别拉大的趋势。中国目前的基尼系数，大致在 0.5 左右，贫富悬殊的程度已经居于世界前列。

这两个问题愈演愈烈还不是最可怕的。如果能够认真、理性地讨论，当前中国面临的社会问题应该是能够找到适当的解决办法的，不会没有出路。

但是现在的问题是，除了那些靠权力寻租的特殊既得利益者顽强地固守他们的阵地，甚至还要扩大他们的特权外，有些人采取另一种极端的立场，认为问题的症结并不是政府支配资源和干预微观经济权力太大，反而认为是市场放得太开，政府管得不够，还不够强大有力，因而要求用强化政府权力的办法去解决矛盾。他们极力要使人们相信，目前中国遇到的种种问题，从分配不公到看病贵、上学难，甚至国有资产流失，都是改革造成的。他们给出的解决方案是：扩张政府的权力，加强行政机关对经济生活的干预，在重要的经济领域中实行"再国有化"和"再集体化"，甚至要求重举"无产阶级专政下继续革命"的旗帜，"再来一次无产阶级文化大革命"，实现"对党内外资产阶级的全面专政"。

其实，目前社会上存在的种种丑恶现象，从根本上说是缘于经济改革没有完全到位、政治改革严重滞后、行政权力变本加厉地压制和干预民间经济活动，造成广泛的寻租活动基础的结果。大众对这些丑恶现象的不满，正可以成为推动改革继续前行、填平陷阱、扫除腐败的重要动力。然而，如果听任改革开放前旧路线和旧体制的支持者利用这种情势蒙蔽和误导大众，把反对的目标从进行权力寻租的特殊既得利益者转移到市场化改革的一般受益者——企业家、专业人员等的身上，也可以把大众引向歧途。

古今中外的历史证明，不论是"左"的极端主义还是右的极端主义，都会给社会带来灾难。中国改革虽然取得了显著成绩，但是，离建成富裕、民主、文明、和谐国家的目标还有很长的路要走。特别是近年来由于一些重要经济和政治领域的改革迟滞，一些社会矛盾变得尖锐起来。人们由于社会背景和价值观上的差异，往往对这些矛盾的由来作出不同的解读，提出不同的解决之策。他们之间的分歧，完全可以通过自由和切实的讨论来求同存异和寻求共赢的解决方案。在这种社会矛盾凸显、不同政治诉求之间的争辩趋于激化的时刻，如何防止各种极端思潮撕裂社会，避免"不走到绝路绝不回头"的历史陷阱，就成为关系民族命运的大问题。

九、 新时期的改革议程

从上世纪 90 年代中期开始的改革开放整体推进促使中国经济取得了巨大的进展,并且在 2010 年跃居世界第二大经济体。然而也在这个时候,反对市场化改革的力量发动了对改革开放路线的批判,甚至要求"重搞文化大革命"。由此引发了一场波及整个社会的大争论。尽管 2007 年中共十七大重申了改革开放的方针,但是改革和反改革的争论并没有平息下去。激烈的争论一直延续到 2012 年 11 月中共十八大前夕。为应答争论中对改革提出的诘难和阐明自己推进改革的正面主张,本书作者写作了《重启改革议程:中国经济改革二十讲》一书。请参看本书收入的该书《二版序》(2012 年 12 月)和《再版前言》(2014 年 3 月)。

十八大顺应民心,作出了"以更大的政治勇气和智慧不失时机深化重要领域改革"的决策,受到广大民众的热烈拥护。在市场化、法治化、民主化等大方针已定的情况下,制定体现这些方针的改革顶层设计和总体规划就成为当务之急。本书收入的《当务之急:研制全面深化改革的总体方案》(2013 年 2 月)和《中国改革的总体方案和当前举措》(2013 年 4 月)两文,就是我提交给有关当局关于抓紧部署和如何进行全面深化改革顶层设计和总体规划的建议。

2013 年 10 月,中共十八届三中全会通过的《中共中央关于全面深化改革若干重大问题的决定》(以下简称《决定》)是一个开启了全面深化改革新局面的划时代文件。它是否能够认真落实,关系着中国的前途和未来。本书收入的《在新的历史起点上开启改革新征程》(2013 年 12 月)、《确立竞争政策的基础性地位》(2016 年 6 月)、《完善产权保护制度的行动纲领》(2016 年 11 月)和《改革方向已明,关键在于执行》(2016 年 12 月)就是我对于如何加强《决定》和具体改革项目落实的思考。

2015 年末中共中央提出了"着力推进供给侧结构性改革"。然而,怎样理解"结构性改革",是把它看作体制机制的改革,还是由政府去按照自己的意图调整经济结构,即使在政府官员中也有很大的分歧。为了厘清概念、端正方向,我于 2016 年 6 月在中国经济 50 人论坛的长安讲坛所作的讲演全面讨论了这一问题,提出要靠市场发挥奖优罚劣、优胜劣汰的作用,才能实现"三去一降一补"(去过剩产能、去房地产库存、去杠杆、降成本、补短板)和经济结构的优化。由政府通过行政命令和政策手段按照自己认定的"理想结构"去进行调整，不但无效，还会产生反效果。

2018 年迎来了改革开放四十周年。回望改革，我在《改革开放四十年：理论探索与改革实践携手前进》(2018 年 8 月)和《坚持市场化、法治化的改革方向》(2018 年 9 月)等文章和演讲中都反复强调，只有坚持市场化、法治化、民主化的改革方向，才能保障中国经济的持续增长和中国社会的健康发展。

《重启改革议程：中国经济改革二十讲》二版序和再版前言[*]

(2012 年 12 月、2014 年 3 月)

二版序

这本书从 2010 年 5 月份开始写作，到 2012 年 10 月份完稿，12 月初第一版出版，书名为《中国经济改革二十讲》。本书出版以后旋即销售告罄，现在借出版社调整字号和版式、重新出版的机会，我们把书名改为《重启改革议程——中国经济改革二十讲》，并借新版的机会对读者讲几句话。

在本书写作的时间里，一场关系中国前途和命运的大争论正在激烈地进行着。这场大争论的核心，是"中国向何处去"的问题。中国在 20 世纪末宣布了社会主义市场经济体制初步建立。但是，"中国向何处去"的问题并没有获得彻底的解决。由于命令经济或称统制经济旧体制遗产的严重存在，现有的体制具有很强的过渡性质：它既包含新的市场经济的因素，又包含旧的统制经济的因素；既可以通过进一步的改革建立起较为完善的市场经济制度，又可能通过统制的强化，回到旧体制去。在改革停顿、甚至倒退的情况下，权力寻租和贫富分化变得日益严重。这些年来，有着深刻历史渊源的极"左"势力就利用这种形势，用民粹主义和民族主

---

* 参见吴敬琏、马国川：《重启改革议程——中国经济改革二十讲》，北京：生活·读书·新知三联书店，2012 年、2016 年。

义的口号蒙骗大众,掀起强化国家权力和行政控制,从市场化、法治化、民主化倒退的风潮,造成了极为严重的后果。

本书正是在这场争论的背景下写作的,对争论涉及的有关问题作出了回应。我们力求深入客观地分析中国社会各方面存在的矛盾,探索克服弊病、解决问题的途径。这种分析和探索使我们深信,只有重启改革议程,坚定不移地推进市场化的经济改革和法治化、民主化的政治改革,才是唯一的出路。

当本书完成付印之时,社会各界企盼已久的中共十八大对中国到底朝哪个方向走的问题给出了明确的回答。这就是重申了社会主义市场经济改革目标,把深化经济改革和政治改革放到了执政党的议事日程上来。从经济改革来说,中心是"坚持社会主义市场经济的改革方向","处理好政府和市场的关系","更大程度更广范围发挥市场在资源配置中的基础性作用";从政治改革来说,则是要"加快推进社会主义民主政治制度化","实现国家各项工作法治化"。这意味着,全面深化改革已经提到执政党的议事日程上来。

十八大以后,全面推进改革的呼唤迅速升温。现在的问题是,确定改革的目标和号召推进改革只是重启改革的第一步。要真正实现改革,还有许多艰苦细致的工作要做。

根据我国改革的历史经验,实现全面改革,必须完成三项工作,这就是:第一,确定改革的目标(现在的说法叫作"顶层设计");第二,制定重点改革的方案,根据各项改革之间的配套关系,制定出改革的总体规划;第三,克服阻力,把各项改革落到实处。

为什么改革需要进行方案设计和总体规划?这是因为,现代市场经济是一个既复杂又精致的巨大系统。要构筑这样的系统,不能采用"边设计、边施工"的办法,也不能由各个部门各自按照自己的意愿进行施工和设计,然后将它们拼凑成一个体系,因为这样的体系是无法协调运作的。

因此,目前朝野上下当务之急,就是在已经进行和正在进行的基层创新的支持之下,由具有高度权威性的改革领导机构牵头,进行重点改革项目的方案设计和改革的总体规划,也就是最近闭幕的中央经济工作会议对2013年工作提出的要求:"要深入研究全面深化体制改革的顶层设计和总体规划,明确提出改革总体方案、路线图、时间表。"

根据以往的经验,无论是制定重点改革方案和总体规划,还是执行这些方案和规划,都是十分艰巨和复杂的,需要官、产、学各界人士的广泛参与和协同努力。

难得的改革窗口期已经开启,中国正站在新的历史起点上。我们在本书中作出的分析和提出的主张不一定全都正确。我们只是希望,无论是同意我们在本书中提出的看法,还是反对我们的意见,只要这本对话集能够对读者在积极参与改革、深入思考有关问题时有所帮助,我们就算尽到了自己的一份责任。

再版前言

1998 年在纪念中国改革开放 20 周年的时候,我曾经借用狄更斯在《双城记》开篇的那段著名的话来描绘当时"两头冒尖"的经济和社会景况:"这是最好的时代,也是最坏的时代;……这是光明的季节,也是黑暗的季节;这是希望的春天,也是失望的冬天;我们前途无量,同时又感到希望渺茫;我们一齐奔向天堂,我们全都走向另一个方向。"

从那时到现在,十多年过去了,这种"两头冒尖"的状况却似乎愈演愈烈。

从一方面看,经过 30 多年的持续高速增长,中国实现了经济发展的三级跳:从一个典型的低收入国家成长为低中等收入国家,再进一步进入高中等收入国家的行列。2010 年,中国的经济总量超过了日本,成为全球第二大经济体。由于人口众多,体量巨大,它在全球事务中的分量也变得举足轻重,成为一颗冉冉上升的国际新星。

可是从另一方面看,图景却远不是那样美妙亮丽。

实际上,中国的改革还只是走在半途。它在 20 世纪末初步建立起来的经济体制,仍然是一种"半统制、半市场"的混合体制,政府和国有经济虽然已经不再囊括一切,但还是牢牢掌握国民经济的一切"制高点",主宰着非国有经济的命运。且不说现行体制离"市场在资源配置中发挥基础作用"的要求还有很大的距离,即使已经建立起来的市场,也呈现出一种缺乏规则和权力多方干预的"原始"状态。

在这种体制下,中国在实现高速增长的同时,各种矛盾也逐渐积累。特别是最近几年来,在多方面的改革出现停滞甚至倒退的情况下,资源短缺、环境破坏使经济活动和人类生存的基本条件受到威胁;愈来愈靠货币超发和信用膨胀来维持GDP的增长,使资产泡沫形成和资产负债表杠杆化等旧疾牵延未愈;腐败活动愈益猖獗,侵入社会肌体的方方面面;贫富差别悬殊,各种矛盾趋于激化,社会面临破裂溃散的危险。

对于这种两极共生现象的存在,多数人都是承认的。但是,对于为什么发生这样的现象以及出路何在,却有着截然相反的看法。

一种先被叫做"北京共识",后来以"中国模式论"闻名的观点对这种现象的解读是:中国能够创造如此优异的成绩,根本的原因在于中国具有一个以强势政府和国有经济对社会的强力管控为基本特征的政治和经济制度。这种体制能够"集中力量办大事",有力地贯彻国家意志,因而能够创造北京奥运、高铁建设和一些地区GDP连续两位数的增长等"奇迹"。而且由于它能够在全球金融危机的狂潮中继续保持GDP的高速度增长,为世界市场提供了支持,应该当之无愧地成为世界各国的楷模。

至于中国社会出现的种种乱象,在这种观点看来,却是政府的掌控还不够全面有力,"举国体制"的执行还不够坚决彻底,因而市场自发力量还能够干扰国家意志的贯彻。由此得出的结论,自然就是应当进一步扩大政府的权力,进一步加强国有经济对国民经济的控制,进一步强化这种强政府、大国企、用海量投资拉动GDP高速度增长的发展模式。

我们的看法和上述观点完全相反。

只要把中华人民共和国建立以来前30年和后30年的情况作一番比较,就可以清楚地看到,"中国模式论"对改革开放以来中国经济发展获得的良好成绩所作的解读,是完全无法令人信服的。如果说强势政府和国有经济的强力管控是中国经济崛起的秘密,那么,在改革开放前的30年中,中国拥有一个较之当下更强势的政府和一统天下的国有经济,为什么中国人得到的却是无穷无尽的苦难,经历了一次大饥荒就夺去了成千上万人生命的人间惨剧?相反,取得了巨大进步的后30年和始终未能改变贫困落后面貌的前30年之间的最大区别,在于中国进行了改革。在原有的所谓"榨取性体制"（extractive institutions）之外，以开放市场为前提的所谓"包容性体制"（inclusive institutions）也开始出现。

30多年来，虽然各个领域改革的推进程度并不相同，且原有的政府和国有经济的主导地位还在一些重要领域保持未动，但这一轮改革毕竟使一个也对世界市场开放的市场经济制度局部地建立起来。

市场制度的建立解放了久被落后制度所束缚压制的生产力，中国经济实现了高速增长，这具体地表现为：第一，改革为民间创业开拓了活动空间，使中国民间长期被压抑的企业家精神和创业积极性喷薄而出。到20世纪末，中国已经涌现了3000多万户民间企业。它们乃是中国出人意料的发展的最基础的推动力量。第二，市场的开放和民间创业活动的活跃，使大量原来无法流动的劳动、土地等生产要素能够从效率较低的经济活动流向效率较高的经济活动。生产要素大量向相对高效部门的转移所导致的全要素生产率（TFP）的提高，支持了中国经济的高速度增长。第三，对外开放政策的成功执行，使中国能够利用发达国家储蓄率过低、投资缺口过大造成的机会，扩大出口，用国际市场的需求弥补国内需求的不足，从需求方面支持了产出的高速度增长。第四，实行对外开放的另一个重要作用，是在人力资本投资还没有发挥作用、自主创新活动还没有开展起来的条件下，通过引进国外的先进装备和学习国外的先进技术，在应用层面上迅速缩小了中国与先进国家之间在过去几百年间积累起来的巨大技术水平差距，使高速度增长得到技术进步的有力支撑。

从另一方面看，中国社会存在的种种问题，正是由于中国改革尚未取得完全的成功，20世纪末期初步建立起来的市场经济体制还很不完善造成的。

这种不完善性主要表现为国家部门（state sector，包括国有经济和国家党政机构）仍然在资源配置中起着主导的作用。具体说来，表现在以下方面：（1）虽然国有经济在经济活动总量中并不占有优势，但它仍然控制着国民经济的命脉（commanding heights），国有企业在石油、电信、铁道、金融等重要行业中继续处于垄断地位；（2）各级政府握有支配土地、资金等重要经济资源的巨大权力；（3）现代市场经济不可或缺的法治基础尚未建立，各级政府和政府官员拥有很大的自由裁量权，他们通过直接审批投资项目、设置市场准入的行政许可、管制价格等手段对企业的微观经济活动进行频繁的干预。

制度缺陷造成了两个严重的问题：第一，是中国迫切需要的经济增长模式转型（或称经济发展方式转型）迟迟不能实现，因此资源短缺、环境破坏、劳动者生活水平提高缓慢等问题变得愈来愈严峻。第二，权力对于经济活动的广泛干预造成了普遍的寻租环境，使腐败活动不可扼制地蔓延开来，深入到党政组织的肌体之中。

这一切足以说明，改革开放才是中国经济能够保持30年高速度增长的真正原因所在。改革和一切社会演变相同，正如逆水行舟，不进则退。如果不能将市场化的改革继续向前推进，不但旧体制下资源浪费、效率低下、劳动者生活水平提高缓慢等痼疾得不到消除，在经济效率由于前面讲到的生产结构变化和"适应性创新"而有所提高以后，随着城市化进入后期和中国产业技术水平与外国产业技术水平之间落差的大幅度缩小，如果不能找到新的支持有效率增长的来源，原有的生产率提高的势头也无法保持。这样，中国就会落入所谓"中等收入陷阱"而不能自拔。

特别严重的是，由于本世纪初期以来改革出现了停滞甚至倒退的倾向，这就使中国现行的"半统制、半市场"混合体制的消极方面更加强化。

事实上，这种"半统制、半市场"的经济体制一旦建立，就只可能有两种发展前途：或者是政府逐渐淡出对微观经济活动的干预，加强自己在市场失灵的领域进行诸如市场监管和提供公共产品等方面的职能，逐渐成长为在规则基础上运转的现代市场经济，我把它称为法治的市场经济；或者不断强化政府对市场的控制和干预，不断扩大国有部门的垄断力量和对经济的"控制力"，演变为政府控制整个经济社会发展的国家资本主义体制。而在中国的条件下，从寻租活动中取得巨大利益的特殊既得利益者必然利用手中的权力和舆论工具竭力把社会拉向极右的方向。如果没有力量阻断这种进程，国家资本主义十有八九就会演化为权贵资本主义，即官僚资本主义或所谓"封建的、买办的国家垄断资本主义"。

值得警惕的是：根据中国的历史经验，这种权贵资本主义的极右发展，也可能引发打着激进革命旗帜的极左力量的兴起。极左往往是对极右的惩罚。在当今的中国，如果不能采取果断的经济和政治改革措施来制止权贵对国库和各阶层人民的掠夺,舒缓社会矛盾,就有可能发生顾准所说的"进化受到壅塞时的溃决";而某些枭雄式的人物正好可以利用这种情势,用"打土豪、分田地"一类极端"革命"的口号,误导深受权贵压榨因而热切希望获得公平正义的大众,把他们引向逆历史潮流而动的歧途,使建设现代中国的进程遭到中断。

由以上的分析得出的结论是:中国正站在新的历史十字路口上。为了避免社会危机的发生,必须当机立断,痛下决心,重启改革议程,真实地而非口头上推进市场化、法治化、民主化的改革,建立包容性的经济体制和政治体制,实现从威权发展模式(authoritarian developmentalism)到民主发展模式(democratic developmentalism)的转型。在我们看来,这是中国唯一可能的出路。

"善未易明,理未易察。"面对错综复杂的形势,需要一切关心中国命运和前途的人们共同切磋,探求对"中国向何处去"问题的解答。我们希望在本书中通过两人之间的对话,展现我们对中国改革历程的回顾和对经济社会现实的观察思考,陈述我们探求中国如何平稳实现现代转型的道路所得到的答案。

当务之急：研制全面深化改革的总体方案[*]

（2013 年 2 月）

根据 2012 年 11 月中共十八大全面深化改革的决定，12 月召开的中央经济工作会议要求在 2013 年"深入研究全面深化体制改革的顶层设计和总体规划，明确提出改革总体方案、路线图、时间表"。

我想就改革总体方案的研讨和制定工作谈两点想法。

第一点想法，是应当尽快建立一个由中央直接领导的工作班子，来统筹和协调总体方案的研讨和制定工作。

制定市场化改革的总体方案是一项艰巨和复杂的工作。原因在于，市场经济是一个巨大、复杂和精巧的系统，要做许多研究才能弄清楚它所包含的多个子系统各自的运行规律和它们之间的互动关系，从而把各方面改革的方案设计出来。

这一轮改革和 20 世纪 90 年代的改革比起来，任务更加艰巨，原因是，经过 30 多年的改革，虽然市场经济的基本框架已经建立起来了，但这还只是初级形态的市场经济。它的许多重要的子系统还没有建立，或者虽然已经初步建立，但还不能正常运转。要确立现代市场经济体系，对于进一步改革和改革方案设计的要求就大大提高了。

那么，总体方案能不能由各级政府和各个部门分头去做，然后汇集起

＊ 本文是本书作者 2013 年 2 月 17 日在"中国经济 50 人论坛 2013 年年会：改革的重点任务和路径"上所做的主题发言。关于这一发言的新闻报道，见新华网（2013 年 2 月 17 日）和财新网（2013 年 2 月 18 日）。见吴敬琏：《直面大转型时代》，北京：生活・读书・新知三联书店，2014 年，第 221—223 页。

来成为一个总体方案呢？在"十二五"（2011—2015年）规划提出"更加重视改革顶层设计和总体规划"以后，许多部门和地方，甚至很低层次的领导机关，都开始做它们自己的"顶层设计"和"总体规划"。基层组织了解具体情况，做自己熟悉范围的改革规划固然有自己的优势，但各个部门的设计往往会受制于对局部情况的了解并向自己的利益倾斜。市场经济大系统中的许多改革都是"牵一发而动全身"的，如果由各个部门和各个地方按照自己的意图各自进行设计，就会为下一步的改革推进制造许多困难和障碍。而且，由多个子系统拼凑出来的系统也是无法协调运行的。因此，必须由一个超脱于局部利益的权威机构，从符合中国实际的现代市场经济这个"顶层设计"出发，协调各个子系统的改革，作出各项改革实施步骤和配套关系的安排，才能为全面推进改革提供科学的指导。

根据过去的惯例，在党的代表大会作出方针性的决策以后，具体部署往往是在第二年的三中全会上作出的。现在离十八届三中全会只有七八个月时间，面对这样繁重复杂的设计任务，时间已经非常紧迫了。因此，我建议尽快建立一个中央直接领导的工作班子，来动员社会各界广泛参与改革方案的讨论和统筹协调相关的设计工作。

第二点，对于怎样进行总体方案设计的设想。

我认为，总体方案的设计工作首先可以按照两条线索进行。

第一条线索是"问题导向"，明确需要进行哪些改革。这就是说，要从我们当前面临的重大经济社会问题入手，探索造成这些问题的体制性原因，然后有针对性地提出各个方面需要进行的改革项目。

举例而言，我们当前面临的一大问题，是粗放增长模式所造成的恶果日趋显露。虽然从"九五"（1996—2000年）计划开始就要求进行增长模式的转型，但是至今没能取得成效。在制定"十一五"（2006—2010年）规划时，已经对造成这种状况的体制性障碍进行过具体分析，主要是政府资源配置权力过大，抑制了市场在有效配置资源和形成兼容激励机制中发挥作用。因此，要改变转变增长模式举步维艰的状态，就必须在政府职能转变、财税体系调整、市场体系建设等方面进行改革。

第二条线索，是按照不同的体制领域，将第一条线索提出的改革项目归类汇总，形成财税体制、金融体系、国有经济、政府职能、法治体系等领域的改革清单。

经过以上两步工作,我们就能够综合出在今后相当长一个时期需要完成的改革项目的总清单。由于需要解决的问题很多,这个总清单包含的改革项目也必然数量众多。为了避免四面出击分散有限的力量,就要对改革总清单进行梳理和筛选,在把改革划分为若干递进的阶段的同时,要选出每个阶段最为重要和关联性最强的改革项目,组成1993年研制改革总体方案(即《中共中央关于建立社会主义市场经济体制若干问题的决定》)时所说的"最小一揽子"改革方案,集中力量打"歼灭战",使新体制能够较快地运转起来,产生效益。这样,就能使改革和发展相互促进,使社会经济发展进入良性循环。

中国改革的总体方案和当前举措[*]

（2013 年 4 月）

自从中国经济增长在 2008 年全球金融危机的冲击下减速，人们就开始讨论，这种减速是周期性的，还是趋势性的。如果是前一种，那么经过一段时间，再配合采取刺激增长的短期政策，经济增长就可以恢复正常。如果是后一种，则需要针对造成这种经济下行趋势的深层原因采取措施。

现有数据完全可以确定，中国经济出现了趋势性降速。其实中国经济早在全球金融危机爆发前的 2007 年第三季度，就开始进入下行通道。随后在 2009 年海量投资的刺激下，经济增长有了回升。但是在人们欢呼中国经济已经率先实现软着陆以后不久，它又从 2010 年第三季度开始重新降速。2012 年，许多地方大大加强了城建投资的力度，这拉动了当年第四季度 GDP 增长率 0.5 个百分点的微量回升。但是今年第一季度，又重新回到了已经延续好几年的下行通道。

事实上，早就有学者指出，中国 GDP 增长率的升降只是现象层面的东西，还有更深层的问题需要加以研究和应对。正如温家宝总理在 2007 年 3 月的中外记者招待会上指出的，症结在于"中国经济存在着不稳定、不平衡、不协调、不可持续的结构性问题"。五年来，中国经济的上述结构性问题非但没有缓解，相反变得愈来愈严重。深层的结构失衡，已经从一

---

* 本文是本书作者 2013 年 4 月 20 日提交给"中国经济 50 人论坛"的改革建议。见吴敬琏：《改革大道行思录》，北京：商务印书馆，2017 年，第 55—61 页。

种潜在的威胁变成造成资源短缺、环境破坏、宏观经济政策陷于两难、经济社会矛盾趋于激化和经济发展难以持续的现实推手。

这也就表明,用政府主导的海量投资来扭转中国经济的下行趋势和克服日益尖锐的经济结构问题,是难以奏效的。唯一的出路,是"以更大的政治勇气和智慧,不失时机深化重要领域改革",消除经济发展的"体制性障碍",并且在此基础上实现经济发展方式的转型。

以下我们首先讨论全面深化改革的总体方案,然后讨论为推出总体改革需要进行的准备。

一、 改革的总体方案

市场经济是一个复杂精巧的巨大系统。进行系统化的市场经济改革需要预先进行顶层设计和总体规划。由于单项突进的改革措施往往效果很差,各方面的改革需要配套进行,而另一方面,目前面临的问题很多,需要进行的改革千头万绪,绝不能事无巨细,四面出击,所以,必须通过认真研究筛选出一组既关系密切又具有关键性的改革项目,形成所谓"最小一揽子"的总体改革方案。

这里提出一个由一项核心改革和四项配套改革组成的"最小一揽子"总体改革方案:

(一)核心改革:建设竞争性市场体系

市场在资源配置中的基础性作用,是通过在竞争中形成的、能够反映市场供求(即资源相对稀缺程度)的价格实现的。当前我国经济体制的最主要的缺陷,在于政府过多地行政干预和深度介入微观经济活动,使市场失去了竞争性质,难以发挥其有效配置资源和建立兼容激励机制的作用。过多的行政干预压制了企业作为市场主体、技术创新主体的主动性和创造性。为了建设竞争性市场体系,使商品、服务、土地、资本、劳动和技术等市场都建立在规则的基础上,进行平等有序的竞争,需要进行以下方面的改革:

● 明晰市场经济的产权制度基础。例如,要改变各级政府垄断征地的体制,在土地确权和赋权的基础上,建设全国统一的土地流转市场。

● 对现行法律、法规进行清理,确保"不同所有制主体的财产权利得到平等保护,不同所有制企业能够平等地使用生产要素"。

● 放开商品和要素价格(垄断行业的价格和服务标准则要由社会定价机构规定)。

● 完善反垄断立法,严格执法,消除目前严重妨碍市场有效运作的行政性垄断。

● 按照"市场能办的,多放给市场;社会可以做好的,就交给社会"的原则,划定政府职能边界,理顺政府、市场、社会之间的关系。禁止各级政府介入营利性经营活动。打破地方和部门保护主义。

● 全国法院系统归属全国人民代表大会领导。确保法官独立行使审判权。克服司法地方化的倾向。

● 改进宏观经济管理,禁止以"宏观调控"的名义对微观经济活动进行干预。市场监管实行"宽进严管"的方针,由事前监管转向事中事后监管,由实质性审批转向合规性监管。

(二) 配套改革项目

1. 财政改革

● 划清公共部门与私人部门的边界,改变目前"经济建设支出"仍占各级财政支出很大比重的状况,各级政府预算回归公共财政的本来性质。

● 调整政府间财政关系,增加地方财政的本级收入和中央财政的支出责任;减少专项转移支付,建立计算公式基础上规范的转移支付制度。

● 提高预算的透明度,加强各级人民代表大会和公众对预算制定和执行情况的监督。

2. 金融体制改革

● 继续推进利率市场化和汇率市场化。

● 在银行间债券市场发展的基础上,发展全国统一的企业债券市场。

● 加快资本项下人民币可兑换的进程,放宽对企业和个人海外投资的限制。

● 继续推进人民币国际化。

3. 社会保障体系建设

● 回到 1993 年十四届三中全会《中共中央关于建立社会主义市场经

济体制若干问题的决定》提出的"三支柱"养老保险体制。完善企业年金制度。

- 划拨部分国有股权和国有资产收益,充实个人社保账户。
- 总结过去三年的医疗改革经验,存利去弊,使医疗保障具有可持续性。
- 改善社会保障基金投资体制,实现养老保险基金的行政管理与投资管理分离。
- 提高社会保险的统筹层次,逐步实现全国统筹。

4. 国有经济改革
- 实现国有资产管理机构由管理企业到管理资本的转变。
- 继续推进国有资本布局有进有退的调整,开列竞争性行业名单,逐步实现国有资本从竞争性行业退出。
- 建立和完善公司治理机制。

二、为明年推出总体改革做好准备

进行总体改革是一项重大的战略行动。为了保证改革的顺利出台,除了精心设计总体方案和路线图,还需要做好一系列准备工作,其中包括:

(一)为聚集人气而进行的先期改革

为了提高政府政策的可信度和聚集改革的"人气",一些学者提出应当在今年率先进行一些可以较快取得成效并且结果具有"可观察性"的改革。作为改革的突破口,这类改革要符合以下条件:与改革的总体目标相一致;能够快速启动;改革的实效明显,而且容易为大众观察到。可选项目包括:

1. 重启和推进过去停顿或放慢了的改革项目
- 按照 2002 年国务院 5 号文件批准的《电力体制改革方案》,推进电力部门的市场化改革。
- 重启 2003 年以后中断的铁路部门改革。
- 完成电信行业的市场化改革。限期实现电信网、广电网和互联网"三网合一"。强化运营商之间的竞争,以改进服务、降低资费,消解消费者的不满。

2. 保质保量地实现国务院机构改革和职能转变已经启动的改革，并且随时向公众报告工作进度。

● 清理和减少行政许可和行政审批项目，取消不符合行政法规和国务院规定的"达标"、评比、评估和相关检查活动。

● 简化和放宽工商登记条件，将实缴资本登记制改为认缴资本登记制。

● 现有行业协会、商会与行政机关脱钩，今后实行行业协会商会、科技、公益慈善、城乡社区服务等社会组织在民政部门直接登记的制度。

● 加快国有企业董事会改革进程和公司治理制度建设。

3. 启动一批大众热切期待的改革项目

● 将空气质量、全体居民平均受教育年限、平均预期寿命、低收入阶层住房状况等大众反映强烈的指标列入对各级政府的考核要求。

● 提高国有企业利润上交国库的比例。

● 允许地方政府按照一定审批程序动用从竞争性行业退出的地方国有资本补充社会保障基金、公租房基金等公共基金的不足。

（二）创造和维护较为宽松的宏观经济环境

系统性改革的实施需要总需求和总供给比较协调的宏观经济环境的配合。如果出现经济过热、通货膨胀压力增大的情况，推出系统化的改革就会遇到很大的困难。因此，必须十分注意保护宏观经济环境不因信用膨胀、货币超发和流动性泛滥而遭到破坏。

● 中共中央、国务院应当率先垂范，践行"勤俭办一切事业"的原则。表彰用提高效率、创造良好的创新和创业环境、发挥小企业积极性等办法"稳增长"的先进典型。批评用上项目、加投资的办法拉升增长速度的不良做法。

● 制止正在一些地区兴起的用大量投资"造城"来拉动经济增长的潮流，防止因此出现信用膨胀和货币超发。

● 对地方政府融资平台、信托贷款、城投债等进行清理和整顿，实现社会融资的规范化、透明化，防止出现大量不良资产和债务危机。

在新的历史起点上开启改革新征程[*]

（2013 年 12 月）

中共十八届三中全会通过的《中共中央关于全面深化改革若干重大问题的决定》（以下简称《决定》），是中国下一轮改革的行动纲领和路线图。它在新的历史起点上，对以完善和发展中国特色社会主义制度、推进国家治理体系和治理能力现代化为总目标的全面改革作出了重要战略部署。

《决定》要求，以经济体制改革为重点全面深化改革。经济体制改革的总体要求，是"紧紧围绕使市场在资源配置中起决定性作用深化经济体制改革"，而"建设统一开放、竞争有序的市场体系，是使市场在资源配置中起决定性作用的基础"。这是整个《决定》的总纲。紧紧抓住这个总纲，"发挥经济体制改革牵引作用，推动生产关系同生产力、上层建筑同经济基础相适应"，将引领中国改革开放进一步深入，一个更加成熟的市场经济体制构架将建立起来，这对实现中华民族的腾飞具有伟大的历史意义。

一、十八届三中全会《决定》的历史背景

十八届三中全会《决定》是在总结过去 30 多年改革开放历史经验的基础上作出的新部署，也是针对现有体制缺陷所提出的改革开放新要求。

---

* 本文根据本书作者在《前线》杂志 2013 年第 12 期上发表的文章《在新的历史起点上全面深化改革》改写而成。见吴敬琏：《改革大道行思录》，北京：商务印书馆，2017 年，第 62—76 页。

要深刻理解《决定》，有必要了解中国改革开放所取得的成就和遇到的主要问题。

中国现有的社会主义市场经济体制，是通过改革开放突破计划经济的原有框架，在20世纪末期建立起来的。

1992年1月到2月间，邓小平到南方视察，直接面对群众发表讲话，明确指出"计划多一点还是市场多一点，不是社会主义与资本主义的本质区别"。"南方谈话"发表后，广大干部群众热烈响应，改革得以再次启动。1992年6月9日，江泽民总书记在中央党校省部级干部进修班上发表重要讲话，指出"市场是配置资源和提供激励的有效方式，它通过竞争和价格杠杆把稀缺物资配置到能创造最好效益的环节中去，并给企业带来压力和动力"。所以，在当时理论界对改革目标的几种提法中，他明确表示倾向于使用"社会主义市场经济体制"。1992年10月召开的中共十四大正式决定："我国经济体制改革的目标是建立社会主义市场经济体制"，并且对社会主义市场经济体制作出了科学界定："社会主义市场经济体制，就是要使市场在社会主义国家宏观调控下对资源配置起基础性作用"。

在改革目标模式确定后，经过一年多的研究准备，1993年11月中共十四届三中全会通过的《中共中央关于建立社会主义市场经济体制若干问题的决定》，按照整体推进、重点突破的改革战略，对市场经济各个子系统（包括财税体系、金融体系、外贸体系和外汇制度、社会保障体系、国有经济等）的改革，各个子系统改革之间的配合关系和时间顺序，做了比较细致的安排。从1994年开始，政府按照十四届三中全会的改革规划进行了财税体制、银行体制、外汇管理体制、国有经济体制、社会保障体制等多方面的改革。

其后，1997年的中共十五大和1999年的十五届四中全会又作出决定，进一步界定国有经济、公有制经济和私有经济在我国社会主义市场经济中的地位和作用，要求调整和完善我国所有制结构，以期确立"公有制为主体、多种所有制经济共同发展"的基本经济制度。

正是根据中共十四大、十四届三中全会和十五大、十五届四中全会的总体设计和具体部署进行的全面改革，在20世纪末、21世纪初初步建立了社会主义市场经济的基本框架。

社会主义市场经济体制改革目标和基本框架的确立,解放了计划经济体制所束缚的生产力:中国人民的创新精神和创业能力释放了出来,大量原来没有充分发挥作用的人力、物力资源得到了更有效的利用;通过引进国外的先进装备和吸收国外的先进技术,中国与发达国家之间在过去200多年间积累起来的巨大技术水平差距迅速缩小,出口的持续快速扩张弥补了内需不足的缺陷。这些力量共同造就了20世纪90年代以来中国经济持续的高速增长,中国也从低收入国家进入中等收入国家行列。

但是,在20世纪末、21世纪初建立起来的市场经济制度还只是初步的、不完善的,整个经济体制还背负着沉重的命令经济体制遗产,是一种"半统制、半市场"经济体制。这一体制的不完善性主要表现为,政府和国有部门在资源配置中仍然发挥着主导作用:首先,国有经济仍然控制着国民经济命脉,国有企业在石油、电信、铁道、金融等重要行业中继续处于行政性垄断地位;其次,各级政府握有支配土地、资金等重要经济资源流向的巨大权力;第三,现代市场经济不可或缺的法治基础尚未建立,各级政府的官员有很大的自由裁量权,通过直接审批投资项目、设置市场准入的行政许可、管制价格等手段对企业的微观经济活动进行频繁的直接干预。

体制的不完善造成了一系列消极的经济社会后果。首先,1953—1957年第一个五年计划时期从苏联引进的粗放增长方式造成的种种弊病,如资源过度消耗、劳动者收入提高缓慢、通货膨胀反复出现等,一直困扰着中国经济。其次,双重体制并存造成寻租的庞大基础,腐败以制度化的方式迅速蔓延。

面对这种情况,是继续深化改革,克服妨碍我国经济社会发展的"体制性障碍",建设更加成熟完善的市场经济体制,还是强化从旧体制继承来的遗产,回归命令经济的老路,就成为各界人士关注的焦点。在这个"中国向何处去"的问题上,形成了截然不同的两种思路:

一种观点认为,近年来发生的种种问题,都是源于市场化的改革方向,因此,解决的办法,就是建立以国有经济主导国民经济、强势政府"驾驭"市场为主要特征的体制模式。这种体制模式能够正确制定和成功执行符合国家利益的战略和政策,体现"集中力量办大事"的优势。它不但创造了 30 年高速增长的奇迹,而且能够在全球金融危机的狂潮中屹立不倒,为发达国家所艳羡,可以充当世界的楷模。

另一种观点针锋相对,指出中国过去 30 年高速增长的奇迹来源于市场化改革解放了人们的创业精神,而开改革的倒车、强化政府的管控和抑制市场的作用,不但不能维持经济持续增长,而且早晚会造成严重的经济社会后果。所以,唯一的出路在于坚持改革开放的路线,全面深化经济社会政治体制改革,完善社会主义市场经济体制。

在十八大前相当长的一段时间,双方争论非常激烈,前一种声音的力量非常强大,并在很多领域影响了政策。从经济上说,与强势政府控制整个社会体制相适应的粗放型增长方式造成的资源枯竭、环境破坏、居民生活水平提高缓慢等问题愈演愈烈,宏观经济领域出现了货币超发、资产泡沫生成和国家资产负债表加速恶化等病象。如果不能尽快打破体制性的障碍,实现经济发展方式的转变,铲除权力寻租的基础,经济和社会的灾难将不可避免。从政治上说,各级政府日益强化的资源配置的权力和对经济活动的干预,使腐败迅速蔓延,贫富差距日益扩大,官民矛盾激化,甚至可能酿成社会动荡。

去年春季以后,形势的发展使社会舆论发生了积极的变化。所谓威权发展主义造成的恶果变得愈来愈明显。愈来愈多的人意识到,邓小平1992 年"南方谈话"时说过的话依然适用,就是:不改革开放,只能是死路一条。

二、《决定》对大争论给出了明确的回答

十八届三中全会《决定》不负众望,对强调市场在资源配置中的作用还是强调政府"驾驭"和管控市场这样一个过去几年激烈争论的根本方向性问题,给出了明确的回答。《决定》指出:"经济体制改革是全面深化改革的重点,核心问题是处理好政府和市场的关系,使市场在资源配置中起决定性作用和更好发挥政府作用。"

《决定》要求"紧紧围绕使市场在资源配置中起决定性作用深化经济体制改革",明显继承和发展了十四大以来关于社会主义市场经济的提

法。过去中共中央的提法是要使市场在资源配置中"起基础性作用"。在我看来,现在把"基础性作用"改为"决定性作用"的重要意义在于,它表明了中共中央坚定、明确的态度。这样,就给全面深化改革规定了正确方向。

在如何处理好政府和市场关系的问题上,《决定》也指出了问题的另外一个基本方面,这就是"更好发挥政府作用"。

这里的关键问题是,在社会主义市场经济中,怎样才能更好地发挥政府的作用。多年来,各级领导机关管了许多自己不该管也管不好的事情。广泛的行政干预和直接介入,以及国有大企业的行政垄断,压制了企业作为市场主体、技术创新主体的主动性和创造性。这使市场难以发挥其有效配置资源和建立兼容激励机制的作用。所以,要更好地发挥政府的作用,首要的事情,就是界定政府的职能,改变原有体制下政府几乎无所不管的状况,将其改造为宪法和法律约束下的有限政府和有效政府。

《决定》正是这样做的。它对政府的职能作出了界定,指出政府的职责和作用主要是"保持宏观经济稳定,加强和优化公共服务,保障公平竞争,加强市场监管,维护市场秩序,推动可持续发展,促进共同富裕,弥补市场失灵"。其中"弥补市场失灵"是总括性质的,"保持宏观经济稳定""加强和优化公共服务,保障公平竞争,加强市场监管,维护市场秩序"是最基本的方面,"推动可持续发展,促进共同富裕"是要努力实现的社会目标。

首先,维护宏观经济稳定是政府的基本职责。中国宏观调控体系由计划经济体系演化而来,还带有明显的过渡性特征。这特别表现在很多人将运用行政手段对企业和产业的微观经济活动进行干预也误认为"宏观调控"。一谈稳定价格水平,就去管制个别产品的价格。这样一来,不但物价总水平没有从源头上管住,反而破坏了市场通过相对价格变化有效配置资源的基本机制。《决定》正本清源,明确指出:宏观调控,就是以财政政策和货币政策为主要手段,保持经济总量平衡,促进重大经济结构协调和生产力布局优化,减缓经济周期波动影响,防范区域性、系统性风险,稳定市场预期。这与现代市场经济的宏观经济管理理念相一致。按照这样的原则进行宏观经济管理,就可以避免政府在宏观调控方面的错位和越位行为,加强宏观稳定政策的针对性和有效性。

其次,加强和优化公共服务是政府的另一项基本职责。在各种政府必须提供的公共服务中,为市场的有效运行建立一个良好的制度环境又是重中之重。《决定》一方面要求"最大限度减少中央政府对微观事务的管理,市场机制能有效调节的经济活动,一律取消审批";一方面要求"保障公平竞争,加强市场监管,维护市场秩序","建立公平开放透明的市场规则"。这都体现了进一步强化这一方面职能的要求。

正因为《决定》系统回应了多年来关于改革目标和改革方向的主要争论,也明确了以怎样的方式解决现实经济体制的突出问题,我们说"使市场在资源配置中起决定性作用",实质上是中国下一步经济体制改革的灵魂和纲领,也是新一轮改革的基本原则和检验标尺。

三、 进一步明确市场经济体制的基本框架

十八届三中全会《决定》的另一个重要提法是:"建设统一开放、竞争有序的市场体系,是使市场在资源配置中起决定性作用的基础。"这一提法之所以重要,是因为如果没有一定的体制基础,市场在资源配置中的决定性作用是无从发挥的。过去我们虽然也提出过"要使市场在资源配置中起基础性作用",甚至要求"充分发挥市场在资源配置中的基础性作用",但是由于能够使市场发挥作用的体制基础没能建立或受到侵蚀,这种作用并没有能够得到应有的发挥。

我国现有市场经济体制存在的突出问题,主要表现在以下五个方面:一是"条块分割"、市场碎片化;二是对不同的市场主体存在歧视,而不是平等开放;三是政府行政干预过多,使市场失去了不可或缺的竞争性质;四是市场无序,而不是在规则(法治)的基础上有序竞争;五是各类市场的发展程度参差不齐,商品市场发展也许还可以说差强人意,要素市场就发育程度低下。

十八届三中全会《决定》关于建设统一开放、竞争有序的市场体系的要求切中时弊,为存利去弊、达成改革的目标设定了基本方向。

由此可以得出结论,建设统一开放、竞争有序的市场体系,是经济体

制改革的核心内容。它旨在使商品、服务、土地、资本、劳动力和技术等市场都建立在规则的基础上，进行平等有序的竞争，从而形成能够反映资源稀缺程度的价格，实现有效配置资源和建立兼容激励机制的功能。

过去几年，官产学各界从现存问题入手，研究如何完善我国市场经济制度的时候，对于如何建设竞争性市场体系，提出了多项改革的建议。我曾经把最必须的改革归纳为以下七项：1. 明晰市场经济的产权制度基础，并保证不同所有制主体的财产权利都得到平等的保护；2. 不但实现商品、服务价格的市场化，还要实现利率、汇率等要素价格的市场化；3. 按照"市场能办的，多放给市场；社会可以做好的，就交给社会"的原则划分政府的职能边界，禁止政府以"宏观调控"名义对微观经济活动进行干预；4. 完善反垄断立法，严格执法，消除目前严重妨碍市场运作的行业垄断和地区保护；5. 确保宪法所规定的公民权利不受侵犯和法官独立行使审判权；6. 实行"法无禁止，即可进入"的原则，简化工商登记手续，亲商利民；7. 改进市场监管办法，实行"宽进严管"的方针，由事前监管为主转向事中和事后监管为主，由实质性审批转向合规性监管。

现在，几乎所有这些改革的要求和建议，都在十八届三中全会《决定》中得到了程度不同的体现。

首先，关于确立市场的产权制度基础，《决定》明确指出："公有制经济和非公有制经济都是社会主义市场经济的重要组成部分，都是我国经济社会发展的重要基础"；"公有制经济财产权不可侵犯，非公有制经济财产权同样不可侵犯"；"国家保护各种所有制经济产权和合法利益，保证各种所有制经济依法平等使用生产要素、公开公平公正参与市场竞争、同等受到法律保护"；"坚持权利平等、机会平等、规则平等，废除对非公有制经济各种形式的不合理规定，消除各种隐性壁垒，制定非公有制企业进入特许经营领域具体办法"。目前土地产权制度存在很大的缺陷，它既使农民的财产权利受到限制，也不利于新型城市化的推进。《决定》要求："建立城乡统一的建设用地市场。在符合规划和用途管制前提下，允许农村集体经营性建设用地出让、租赁、入股，实行与国有土地同等入市、同权同价"；"建立兼顾国家、集体、个人的土地增值收益分配机制，合理提高个人收益"。

第二，关于实现价格市场化。《决定》要求，"凡是能由市场形成价格的都交给市场，政府不进行不当干预"。具体来说，要完善人民币汇率市场化形成机制，加快推进利率市场化；推进水、石油、天然气、电力、交通、电信等领域价格改革，放开竞争性环节价格；政府定价范围主要限定在重要公用事业、公益性服务、网络型自然垄断环节，提高透明度，接受社会监督。

第三，划分政府的职能边界。《决定》要求，进一步简政放权，深化行政审批制度改革，最大限度减少中央政府对微观事务的管理，市场机制能有效调节的经济活动，一律取消审批，对保留的行政审批事项要规范管理、提高效率；直接面向基层、量大面广、由地方管理更方便有效的经济社会事项，一律下放地方和基层管理。

第四，关于反对垄断和实施竞争政策。《决定》明确反对垄断和不正当竞争。《决定》还指出："防止地方保护和部门利益法制化"，要求进一步破除各种形式的行政垄断。对于国有资本继续控股经营的自然垄断行业，"实行以政企分开、政资分开、特许经营、政府监管为主要内容的改革，根据不同行业特点实行网运分开、放开竞争性业务，推进公共资源配置市场化"。按照这一要求，现行的《反垄断法》关于行政垄断的规定显然需要进行修订，还需要设立强有力的反垄断执法机构，授予法院监督政府的行政行为、纠正不当行为的权力，要改变目前行政诉讼中只有具体行政行为可诉的规定，将可诉性扩及违反上位法规定的行政法规。

第五，关于建设法治国家。《决定》明确提出"建设法治中国"目标，"坚持依法治国、依法执政、依法行政共同推进，坚持法治国家、法治政府、法治社会一体建设"；强调"维护宪法法律权威"，"要进一步健全宪法实施监督机制和程序，把全面贯彻实施宪法提高到一个新水平"；"建立健全全社会忠于、遵守、维护、运用宪法法律的制度"，"坚持法律面前人人平等，任何组织或者个人都不得有超越宪法法律的特权，一切违反宪法法律的行为都必须予以追究"；实现司法公正，"确保依法独立公正行使审判权检察权"；"建立公平开放透明的市场规则"；"建设法治化营商环境"；深化司法体制改革和行政执法体制改革，"保证国家法律统一正确实施"。

第六，关于实行"非禁即行"的法治原则。《决定》规定："在制定负面清单基础上,各类市场主体可依法平等进入清单之外领域。探索对外商投资实行准入前国民待遇加负面清单的管理模式。推进工商注册制度便利化,削减资质认定项目,由先证后照改为先照后证,把注册资本实缴登记制逐步改为认缴登记制。"在金融领域,《决定》要求:"扩大金融业对内对外开放,在加强监管前提下,允许具备条件的民间资本依法发起设立中小型银行等金融机构。"

第七,关于改进市场监管。《决定》要求:"改革市场监管体系,实行统一的市场监管,清理和废除妨碍全国统一市场和公平竞争的各种规定和做法,严禁和惩处各类违法实行优惠政策行为","健全多层次资本市场体系,推进股票发行注册制改革,多渠道推动股权融资,发展并规范债券市场,提高直接融资比重。"

总之,建设统一开放、竞争有序的市场体系,要按照《决定》所指出的:"必须加快形成企业自主经营、公平竞争,消费者自由选择、自主消费,商品和要素自由流动、平等交换的现代市场体系,着力清除市场壁垒,提高资源配置效率和公平性。"

四、 打好全面深化改革攻坚战

十八届三中全会《决定》明确规定了全面深化改革的目标、重点和主要举措,为建设市场经济体制制定了一个很好的总体方案。现在的任务,就是努力使《决定》作出的各项部署落到实处。

我们必须清醒地认识到,贯彻执行《决定》会遇到各种阻力和障碍,在新的改革征程上是充满着艰难险阻的。所谓的艰难险阻,大体上是指四方面的困难和阻力:

第一,是从旧意识形态产生的障碍。中华人民共和国成立之初,引进的是苏联的一套政治经济体制,反映这一模式的思想和理论在中国有着深远的影响。我们这代人基本上是中华人民共和国成立以后上大学的。1952年"院系调整"以后,经济学科的教材就全部从苏联引进,老师也到中国人民大学接受苏联专家培训两年后再回来教我们。我们之后的几代人也许比我们好一点,但是也好不了多少。邓小平早就指出,"照搬苏联搞社会主义的模式,带来很多问题。我们很早就发现了,但没有解决好。"[1]由于没有经过认真的清理,这套思想和理论至今仍然保持着一定的迷惑力。所以就像邓小平所说:"'左'已经形成了一种习惯势力。现在中国反对改革的人不多,但在制定和实行具体政策的时候,总容易出现有一点留恋过去的情况,习惯的东西就起作用,就冒出来了。"[2]邓小平倡导中国特色的社会主义,他的针对性是十分清楚的,就是这种社会主义必须有别于苏联模式的社会主义。现在有些人虽然嘴里也讲建设中国特色社会主义,可内容还是苏联那一套。另外值得注意的是,一些在旧体制中有特殊既得利益的人也会打着"左"的旗帜反对十八大和十八届三中全会所要求的改革。

最主要的是第二类,就是来自特殊既得利益的阻力。应该说改革 30 多年来,绝大多数中国人都得到了利益,因此可以说,他们都是改革的既得利益者。有些人认为,过去 30 多年的改革只使少数人得益,多数人并没有获得利益。我不这么看。如果你有认识的农民或"农民工",你不妨和他们聊一聊他们过去的生活和现在的生活。千千万万的人在新的体制下靠自身的努力,不管是靠勤于劳动还是靠善于经营,得到了经济地位和物质生活的改善。这也是一种既得利益。这种既得利益并不会导致他们反对进一步改革。另外还有一种既得利益,说到底,是从改革停滞倒退得到的既得利益,这就是靠权力寻租取得的利益,我把它叫作特殊的既得利益,以便和大众从改革中得到的利益相区别。这种靠权力发财致富的特殊既得利益者,肯定会形成我们进一步改革的障碍。由于政府在资源配置中起主导作用的行政权力是特殊既得利益者发财致富的制度基础,他们是不会轻易放弃的。而且 21 世纪以来,由于寻租活动的蔓延和猖獗,代表这种特殊既得利益的贪腐势力也变得相当强大,所以,这种势力必然成为全面深化改革的阻力和障碍,我们切不可掉以轻心。

第三个方面的困难,是现代市场体系的建设对每一个参与其中的人

---

1 邓小平(1988):《解放思想,独立思考》,见《邓小平文选》第 3 卷,北京:人民出版社,1993 年,第 261 页。

2 邓小平(1987):《吸取历史经验,防止错误倾向》,见《邓小平文选》第 3 卷,北京:人民出版社,1993 年,第 228—229 页。

提出了很高的要求，我们的学养和能力很难满足这样的要求。我们现在的改革跟以前的改革不一样，不管是 20 世纪 80 年代还是 90 年代，整个中国经济还处在比较低的水平上，只要采取一点放开搞活的措施就能够马上取得解放人们的创造力、提高人们的积极性的效果。我们现在所要建设的，是现代市场经济体系。这是一个极其巨大又无比精巧的系统。改革所面临的问题还非常复杂。拿我自己来说，常常感到过去在学校里学习和后来自学的经济学不能应付现在需要完成的任务。比如说怎样进一步发展我们的资本市场，就不断有新的东西需要学习。

第四个问题，就是贯彻落实《决定》还有实际工作提出的挑战。旧体制虽然有很大的运作困难，但经过长时期的磨合，它的各个环节是大体能够相互衔接和配合的。一旦其中某些环节发生了改变，即使这种改变是进步性的，也有可能发生整个系统的运转困难。比如，当土地市场的运转"赋予农民更多财产权利""保障农民公平分享土地增值收益"，过去一些地方政府赖以实施大规模城建投资的"土地财政"就可能难以维持，有些地方甚至发生偿还债务困难。《决定》允许地方政府通过发债等多种方式拓宽城市建设融资渠道，这又是一个很复杂的工程，地方政府在什么情况下可以发债？谁对债务进行负责？怎么监督？地方债市场怎么监管？这些问题需要一整套的解决方案。

此外，为了打好这场全面改革的攻坚战，还需要注意维持一个比较宽松的宏观经济环境，防止由于国家资产负债表中杠杆率[1]过高引起系统性风险。

根据过去的改革经验，在一个总需求大于总供给、各方面绷得很紧的经济环境下，全面深化改革的措施很难推出，即使推出，风险也比较大。鉴于国家资产负债表杠杆率过高的实际情况，不宜继续使用放松信贷和大规模投资等刺激手段拉升短期增长率。对于短期宏观经济波动，除了注意灵活运用宏观政策措施来应对，还要用对负债率过高和资不抵债的企业进行债务重组、盘活资产存量、实施银行资产证券化、偿还社会保障和公租房或有负债等措施，降低国家资产负债表的杠杆率，防止出现系统

---

1 杠杆率指负债对 GDP 的比率，负债率则是指负债对资产总量的比率。

性风险。《决定》要求编制全国和地方资产负债表,建立全社会房产、信用等基础数据统一平台,这也是保障宏观经济稳定和支持全面改革顺利出台的必要措施。

总之,贯彻落实《决定》,要求各级党政领导以更大的政治勇气和智慧,打破障碍,克服困难,推进全面改革。所谓以更大的政治勇气推进全面改革,就是要有坚决捍卫改革开放伟大旗帜的政治决心,克服来自旧意识形态和来自特殊既得利益的阻力和障碍。所谓以更大的智慧推进全面改革,就是要以很高的专业素养和运作艺术去规避风险和解决体制转轨过程中必然发生的种种困难。各级官员一定要有自我革新的勇气和胸怀,跳出条条框框限制,克服部门利益掣肘,以积极主动精神研究和提出改革举措。每一位共和国公民也有权利有义务来参与正在展开的改革,共同推动全面改革走向深化。

对话 J.科尔奈： 中国转型之路[*]

（2013 年 12 月）

许成钢：在中国重启改革的关键时刻，我们有幸再次请到科尔奈教授与他 30 多年的老朋友吴敬琏教授对话，讨论中国经济改革面对的重大问题。下面，我们就开始进入问题。我们这里多数的问题是首先请科尔奈教授来回答，然后再请吴敬琏教授回应。

论经济增长模式转型

许成钢：中国的改革始于 20 世纪 70 年代，当时的中国是世界上最贫穷的国家之一，也曾经向东欧经济改革大量地取经。现在的中国正在转变增长模式，从出口导向的外延式增长转向集约式增长，比中国发达得多的东欧国家 30 年前也经历过类似的转变。和这个相关的有以下三个问题：第一，从外延式增长转向集约式增长意味着什么？第二，在增长模式的转变时期，增速的下降是不是不可避免？第三，增长模式转变对于资源

---

[*] 本文是本书作者 2013 年 12 月 27 日与科尔奈的对话，对话由香港大学讲座教授许成钢主持，2014 年 1 月 21 日"凤凰财经"网站播出，见 http://finance.ifeng.com/news/special/kenwjl。凤凰网的"编者按"指出："科尔奈教授和吴敬琏教授就经济增长模式、国企改革、政府与市场的关系、改革中的集权和分权的平衡、贫富差距、开放和民族主义等各方面的议题进行了深入探讨。在历经十年的国进民退之后，科尔奈教授和吴敬琏教授在谈话中高屋建瓴的深刻思想能够厘清人们思想认识上的错误，对十八届三中全会之后全面深化改革、重塑市场力量能够提供极其重要的思想资源。"又见吴敬琏：《改革大道行思录》，北京：商务印书馆，2017 年，第 309—331 页。

配置扭曲等各种扭曲的含义是什么？

科尔奈：亲爱的朋友们，谨向各位致以来自布达佩斯的问候。我非常高兴，得益于奇迹般的技术，我坐在布达佩斯却能见到我的老朋友、尊敬的经济学家吴敬琏教授的面孔，也很高兴看到我在哈佛大学最聪明的学生之一许成钢教授。

我非常高兴跟大家一起来进行探讨，向参加这次盛会的各位贵宾问好。

我现在想同你们讨论一个很难回答的问题。中东欧地区出现过增长，但是，中东欧地区和苏联从来没有出现过中国这么快的高速增长。中国是一个增长奇迹。看得见的增长奇迹让我感到钦佩和欣喜。同时，我又有一些担心，我必须要实话实说，我确实有点担心。因为中国经历的不是简单的外延式增长（extensive growth，或译"粗放增长"），而是突进增长（rush growth），是不平衡的。某些经济部门增长迅速，而另一些部门增长滞后。更确切地讲，我担心的主要是 GDP 在投资和居民消费之间的分配比例。

几十年来，中国的投资率在世界上都是首屈一指的。在经济史中，没有哪个国家能长期保持中国这么高的投资率。这也意味着，在经济史中，没有哪个国家在高速增长的过程中居民消费占比如此之低。这种差距反映出生产和消费失衡，消费增长滞后。这种现象引起我严重的担忧。

我的印象是，中国已经开始着手纠正这种结构失衡。中国增长奇迹的基础在于中国人民的牺牲。因此，勤劳的中国人民有权在将来分得 GDP 中更大的份额，这既是收入分配公平这一伦理原则的要求，也涉及代际收入分配，即当代人消费多大比例，子孙后代消费多大比例。当代人有权在 GDP 中享有比原来更大的比例。除了公平性这样的伦理原则之外，扩大消费也是提升效率的要求。

伴随着中国的增长，生产率也在不断提高，中国需要教育、技能和健康水平更高的劳动力。我们期待相关产业行业能够加快发展，但经济结构的转变会导致经济增速放缓，这也是为过去的增长奇迹所支付的代价。

经济之所以放缓，是因为投资率必须要降下来，同时工资也在上涨，进而降低中国的出口竞争力，所有这些因素都导致经济增长放缓。

但我们无须担忧，这既是经济增长方式转变的结果，也有助于中国进入更和谐的增长。

我曾经写过一本书，书名叫《突进增长还是和谐增长》[1]，书中的内容就是我现在想对中国说的。我想，我在书中倡导的和谐增长方式可供中国在未来增长中参考。我的印象是，和谐这个概念既符合中国的精神，也植根于中国的传统。

许成钢： 谢谢！下面我们再请吴老师对同样的问题作他的解答。

吴敬琏： 刚才科尔奈教授讨论了从突进增长到和谐增长的转变过程，而且希望中国比较快地能够实现和谐增长。确实是这样。中国其实从改革开放开始之日起，就进入了希望从过去那种突进增长或者加强版的粗放式增长向和谐增长或者集约式增长的转变过程。但是这个转变过程并不是一帆风顺、没有曲折的。

过去30多年中国经济高速增长其实是两种力量合力的结果。一种力量是政府。政府仍然像过去一样，倾向于用海量投资支持高速度的增长。另外一种就是改革开放所释放出来的市场力量。市场力量使得我们的经济效率得到了提高，效率对于增长的贡献也增强了。

改革开放以来，随着市场的开放和生产要素的流动，大量劳动力和土地从低效运用的农村转向了比较高效的城市，使效率得到提高。另外一个方面就是通过开放，通过引进外国设备、学习外国技术的方法，我们产业的技术水平也提高了。这两个因素都使得效率提高在增长中的贡献增加了。

由于旧的增长模式仍然起作用，它带来的各种弊病仍然存在。因此，1995年制定的"九五"（1996—2000年）计划要求，实现从粗放型增长模式到集约型增长模式的转变。但是这个转变的过程是艰巨、曲折的。特别是21世纪初以后，政府的作用在增强，国有经济对一些重要部门的控制也在增强。粗放型增长方式大有卷土重来之势。

1　János Kornai(1971)：*Rush versus Harmonic Growth：Meditation on the Theory and on the Policies of Economic Growth*，Amsterdam：North-Holland Publishing Company，1972. 中文版参见：《突进与和谐的增长——对经济增长理论和政策的思考》，北京：经济科学出版社，1988年。

刚才科尔奈教授讲的弊病,比如说投资占比太高、消费远远落在后面等,都是因为旧的增长模式不愿意退出,而且有的时候还增强了的缘故。所以,现在我们面临的任务就是要推进这个增长模式的转变。

但是,"九五"(1996—2000年)、"十五"(2001—2005年)、"十一五"(2006—2010年)和"十二五"(2011—2015年)前三年的经验告诉我们,不改变体制,不管党政领导怎么号召转变经济发展模式,实际上都是转不过来的。

所以,真正实现转型,必须依靠改革。依靠改革建立起包容性的经济体制和政治体制,才能够从根本上解决我们的问题。

论国有制

许成钢:经过30多年的改革,国有部门已经不再是中国经济里面最大的部门。但是它仍然控制着主要行业,而且严重缺乏效率。问题就是,是不是应该坚持国有制的统治地位?在中国经济里面有大量国有企业的存在,国有企业的出路是什么?请科尔奈教授回答。

科尔奈:我可以简单地回答:不是。让我们说得再具体点,国家并不善于配置资源。苏联、东欧等国家长期的社会主义实践已经充分证明国家并不善于配置资源。国有企业也有少数的例外,但一般是亏损企业。

我通过阅读中国的论文、报告、统计数字了解到,有相当一部分中国的国企也处于亏损状态。企业如果长期亏损,就只能由国家来人为地维持生命。这种资源运用方式成本非常高,效率非常低。我们运用了很多政策工具来维持亏损企业的生命。我把这些人为维持企业生命的政策工具称为"软预算约束"。这是一种综合症,多数国有企业都患上了这种综合症。通常,亏损企业能得到国家的补贴、税收减免或者即便不纳税国家也睁一眼闭一眼。格外重要的是信贷优惠。

我知道,这种软预算约束现象也困扰着中国。它不只是效率问题,而且带来宏观经济风险。它会使整个银行业充斥不良贷款,引发一系列问题。我可以给大家提出一个警示,这是中国面临的一个亟待解决的问题。

软预算约束的后果是什么？如果国有企业恰好也是垄断企业，那么软预算约束的后果就尤为严重。

竞争是市场经济的本质所在，一个好的市场经济需要竞争。我出了一本新书，现在只有英文版，叫作《活力、竞争和过剩经济》[1]。在这本书中，我强调了竞争的重要性。但是，现状难以改变，国有经济的势力仍然强大，它与政治精英和高级官僚紧密交织。

对于你问的最后一个问题，出路何在？我想有三项工作可以平行展开。

一是取消特权，就是国企不再享受特权。二是硬化预算约束，引入竞争。如果国企能够适应竞争，生存下来，那说明它们是适者生存；如果它们在预算约束硬化的条件下不能够适应竞争，就应该让它们退出市场。这是一种自然选择的过程，通过物竞天择，缩小国有经济的规模。三是把一些国有股权卖给私人投资者。

我可以给你们提供中东欧地区的一些负面经验，那就是搞国有资本低价大甩卖。甩卖国有企业将一无所获。要用正常方式按市场价格出售国有企业的股权。不要让国有企业扩张投资，而是要让民营经济增长得相对快一些。

这样中国就会有未来。与此同时，如果国有企业仍旧存在，但是国有经济相对份额缩小，假以时日，国有经济所占比例就会有很大的变化，民营企业就能够崛起。

论地方债

许成钢：刚才科尔奈教授的解释里面大量地应用"软预算约束"这个概念。这个概念是科尔奈教授发明的，现在已经是经济学的标准概念。这个软预算约束的问题，从过去东欧、苏联碰到的问题和过去中国碰到的问题到今天有了新的形式。今天中国面对的很危险的一个问题，就是中

---

[1] János Kornai(2013)：*Dynamism，Rivalry and the Surplus Economy：Two Essays on the Nature of Capitalism*(《活力、竞争和过剩经济：关于资本主义本质的两篇论文》)，New York：Oxford University Press, 2013。

国地方政府的债务问题。

下面我们请吴老师从软预算约束的角度来讨论一下中国地方政府债的问题。

吴敬琏：财政体制是和政府体制直接相关的。改革前中国的政府体制和苏联东欧国家社会主义的政府体制有相同的地方，就是它们都是威权主义的政府。但是，它们之间还是有一点区别，即后者是一种集权式的或者叫作单一式的（unitary）威权主义政府，而中国则是一种分权式的威权主义政府。

于是它就产生一个新的问题，特别是在开始改革以后，地方政府出现了一种现象，叫作地方政府的"公司化"。就是政府把本地区当作一个政企合一的公司来管理，党政机关的主要领导人变成了公司的董事长和CEO。

苏联东欧社会主义国家存在的软预算约束，是国有企业在没有产权约束也没有市场约束的情况下只受政府的约束，而政府通常对国有企业采取"父爱主义"的态度，用各种办法来关爱企业。

在中国这种分权式的威权主义政府的情况之下，软预算约束就变成了每个地方政府都用"父爱主义"的态度来对待本地的企业。而这些政府本身也是在软预算约束之下，这就造成了许许多多使我们感到十分头疼的问题。比如说政府运用自己的权力，把大量的资源投入到"形象工程""政绩工程"建设上，这就造成了一系列的问题。第一个问题是城市化建设的投资效率和建成城市的效率很低；第二个问题是腐败蔓延；第三个问题是相当多的地方政府债台高筑，使得资产负债表的杠杆率（即债务对GDP的比率）居高不下。两天前中国社会科学院发布的一份报告[1]说，2012年中国各级政府债务总额已经达到28万亿元，占当年GDP的53％，如果加上其他方面的债务，比如国有企业的债务、民营企业的债务等，债务总量已经达到GDP的215％。

虽然我们的宏观当局认为，全国资产负债表的杠杆率虽高但还在可

1　中国社会科学院"中国国家资产负债表研究"课题组：《国家资产负债表编制与风险评估》，2013年12月25日发布。

控范围之内,但是杠杆率这么高,无疑还是存在发生系统性风险的可能性。所以现在需要采取措施。有几项措施恐怕是一定要采取的。第一,是政府——不管是中央政府还是地方政府——要退出对微观经济活动的直接介入;第二,要把地方政府的债务纳入预算的管理,受到各级人民代表大会的监督。此外,还要采取一些其他措施,例如资产和债务重组,来防止发生系统性的金融风险。

政府与市场关系

许成钢:在中国新的改革规划中,改革政府和市场的关系是一个核心的主题。之所以变成核心的主题,是因为中国政府控制和干预太多。我们下边想听一下科尔奈教授对于政府的作用有什么样的看法。

科尔奈:这不是中国特有的问题,而是一个世界普遍存在的问题,中东欧地区也是如此。它也是备受争议的一个问题。

我可以给大家介绍一下我自己的观点。政府和市场就像婚姻,而且是不可能离婚的婚姻,必须要一直过下去。不过,婚姻既有幸福的,也有不幸的。在幸福的婚姻里,夫妻之间有一定的互补性,谁也不是完美的,两个人相互倾听,相互补台。

从婚姻的角度看市场,市场也是不完美的。经济学者都讲到过市场的不完美性、市场的失灵等。不过政府也有失灵的地方。因此,市场和政府的婚姻要想幸福,就要让政府去纠正市场失灵。纠正市场所导致的收入分配不公就是很重要的例子。待会儿我们还会回到收入分配不公这个问题上来。政府应该发挥作用来纠正市场的不完美。

不过也有不幸的婚姻,一方要主导家庭,迫使另一方去当顺从的奴仆。但风险在于,在中东欧、中国等国家正在经历的转型过程中,政府仍旧难以抵抗权力的诱惑,它大权独揽,对经济横加干预、对市场指手画脚甚至渗透到市场活的肌体(living texture)之中。

有两个重要的例子。一个是过度扩张国有企业,作为国家控制市场的一种方法;另外一个就是吴教授和我刚才谈到过的软预算约束。

国家还有很多其他手段,例如微观干预、间接行政控制、对部分产品和服务进行价格控制,另外就是干预政府订单的招投标。在总需求中,政府订单占有很大的比例。行政机构想挑选胜出者,谁能中标不是由公平竞争产生,而是由官员和政治精英说了算。还有就是政府干预信贷的分配,比如,政府领导给银行打招呼,要求把款贷给这家而不是那家企业。这些其实都是政府对市场的渗透。再就是官商勾结,这在苏联东欧地区广泛存在。

根据我读到过的关于中国的报告,中国也有这种现象。当然,政府还是应当对经济进行必要的干预。我们需要政府,我不赞成无政府主义。我们需要政府发挥它恰当的作用。不过也存在一种危险,就是国家变成洪水猛兽。所以,要保护市场,让它免受政府权力过度扩张的危害。

许成钢:下面我们有请吴老师也对政府的作用发表他的看法。

吴敬琏:正像刚才科尔奈教授指出的那样,政府官员往往有一种倾向性,就是总想去控制企业,去"驾驭"市场。这在中国也是一样的,我们的上届政府首脑多次讲过,政府管了许多不该管或者管不好的事情,有许多应该管的事情又没有管或者没有管好。话是这么说,可是一直没有能解决这个问题。这对一个国家的治理来说是一个根本性的问题。

问题还在于,哪些是市场应该管的,哪些是政府应该管的,它们之间的界限在哪里?这是改革 30 多年来学界、政界和企业界一直在讨论的问题。

最近的一个好消息是,中共十八届三中全会通过的《中共中央关于全面深化改革若干重大问题的决定》试图在这个问题上划出一个明确的界限,来回答在资源配置中到底应该由市场起决定作用还是由政府起决定作用的问题。《决定》回答说:市场应当起决定作用。那么政府应当起什么作用,它应当做一些什么呢?《决定》也作出了明确的界定。

按照现代经济学的共识,政府应当起作用的范围,简单地说就是提供公共品,比如说提供好的法治环境,提供稳定的宏观经济环境,提供其他一些市场所不能提供的公共品和公共服务,而不是去干预微观经济活动,更不能直接从事营利性的活动。当然这只是一些原则上的界定,在改革中还会进一步把它们具体化,探索出正确的道路。

论集权和分权

许成钢：下面一个问题，是讨论集权和分权。集权和分权是中国改革中的一个热点问题，长期以来一直如此。在东欧的改革中，这也是一个非常重要的问题。

这个问题首先要问科尔奈教授。您在大约半个世纪以前就曾经深入研究过这个问题，您的博士论文的题目就是"过度集权"。现在在中国重新启动改革之时，又有一个重新集权的趋势。下面我们的问题就是：重新集权是不是有利于经济改革？

科尔奈：谢谢您提出这个问题。这也是我几十年来的研究中最感兴趣的问题之一。我不是一概反对集权，一定程度的集权还是绝对必要的。

很多机构需要集权，比如说军队、大型企业、政府机关。问题在于集权过度，就会过犹不及。

这显然也关系到竞争。搞集权一旦搞到为竞争制造壁垒的程度就过分了。集权一开始有它的优势，因为可以消除重复臃肿。但再往下走，从效率角度来讲，就会带来非常不利的后果。虽然一些顶尖经济学家能制订出很好的计划，但需要基层能执行到位。这就需要有激励措施，而且要有搜集信息的手段，此时分权，才更贴近激励因素和信息。所有政令都出于中央，强求一致是不可能的。

比如，中国一些省份非常大，不可能事事都由中央决定。各个地方之间情况千差万别，不管是收入、财富、文化、传统都有很大的区别。因此，一些决定由地方来做可能要比由中央来做更好。在维护中央政令统一的同时，也要认识到各地的差异性，不论是大小城市之间的区别，还是各民族之间的差异，这些多样性都需要统筹协调、综合考虑。

另外一个警示是，似乎有人觉得，一搞改革就是要分权，权力一分下去就大获全胜、万事大吉。但是，一劳永逸是不可能的，集权倾向会不断卷土重来。就像龙被砍掉一个头，就会再长出一个新头来。你以为过度集权结束了，可是过一段时间，它又会重新抬头。

我非常担心，包括我国在内，很多国家本已分权，但又重新集权。所以,我们需要坚持不懈地和过度集权做斗争。

许成钢: 下面请吴老师来回答同一个问题。

吴敬琏: 刚才科尔奈教授的讲话里面有一点是很有启发的。他指出政府有一种集权的倾向。在我们这里恐怕也是这样的。许多政府官员对于社会事务的管理存在一种想要集中更多权力的倾向。这造成了刚才科尔奈教授列举的那些弊病。特别是在中国这么大的国家,把权力都集中在中央,会造成很多经济和社会问题。

因此,就需要采取一些改革的办法,来消除权力集中所造成的负面影响。我看最近中共十八届三中全会的《决定》就做了一些方向性的探索。比如说《决定》提出要推进国家治理体系和治理能力的现代化,这一点就是跟我们刚才讨论的问题相关联的。《决定》指出,国家治理不只是政府的治理,还要激活社会组织的力量,使这些民间的社会组织能够在一些局部性的公共事务中实行自治,发挥它们的治理作用,"实现政府治理和社会自我调节、居民自治良性互动"。这显然是一种改变过去政府高度集权倾向的有益探索。

另外一个讨论得比较热烈的问题是财政体制的改革。因为过度集权,我们的财政体制里面就发生了一个问题,就是地方政府的事权和它的支出责任不匹配。支出责任大量都在地方政府,而事权却集中在中央,所以就要采取措施使事权的分布合理化,而且事权和支出责任要匹配。

那么这个原则在哪里呢?目前我们实行的大体上是一种财政联邦制度的体制。在这种体制下,必须划分全国性的公共品和地方性的公共品。全国性的公共品,比如说国防、社保、义务教育等,它的事权和支出责任应该都在中央。而地方性的公共品,应该把事权和支出责任放在地方。当然,这只是解决问题的基本原则,具体的做法还要在今后的改革过程中逐步地完善。

论不平等问题

许成钢: 再下一个问题给科尔奈教授。现在的中国,不平等,包括收入的不平等、财富的不平等和机会的不平等,已经成为一个尖锐的社会经济问题。我们想听一下科尔奈教授对这个方面有什么评论。

科尔奈：之前,社会主义经济体制搞平均主义分配。不是绝对平均,是平均过头了。一个人即便表现优异,也得不到足够的回报。这样就弱化了激励机制的作用。这是另一种形式的"大一统"。

开始搞市场经济以后,收入差距拉大,这是市场经济不可避免的结果。不过,我们可以影响收入差距的程度。

首先,就中东欧地区的经验而言,固然整个中东欧地区的整体收入差距扩大了,但不能一概而论。各国做法不同,情况有别。在一些中东欧国家,例如保加利亚、罗马尼亚,还有我的祖国匈牙利,收入分配悬殊。但是斯洛文尼亚等另一些国家,收入差距几乎没有扩大。因此,不能够笼统地讲中东欧国家普遍如何。

说到中国,我仔细地研究了我能够拿到的统计数据和研究成果。如果我讲错了,请纠正我。根据我所看到的数据,似乎可以得出一个结论,中国的收入差距实在太大了。现在,中国成了世界上贫富差距最为悬殊的国家之一。这也是我们前面提到的突进式增长的弊端之一。当然,我现在人不在中国,只能靠读报告来了解情况,群众对收入差距满是怨气。不论是在匈牙利、在中东欧地区,还是在中国,群众对收入差距都有怨气。在个别国家,民怨与日俱增,有时甚至达到了愤慨的程度。

收入悬殊是导致社会不满和激化社会矛盾的重要原因。我们必须认真研究,严肃对待。一方面,富者非常富;另一方面,穷者非常穷。就像一些城乡接合部、城中村那样,都市高楼林立,乡村农舍简陋。这样的情况会导致民怨沸腾。出路取决于政策。中东欧国家和其他国家的收入差距很大程度上也源自政策。

我想谈谈政府在收入分配中的作用。政府可以有所作为,也必须有所作为。政府应该干预收入的分配,从而发挥应有的作用。在这个方面,也可以采取一系列的政策手段,比如,再分配性的累进税收就是一种手段。中东欧地区也采用了这种政策工具。西欧比北欧力度更大。另外,为困难群众提供财政支持,还可以提供免费的基础教育和医疗服务。当然如果为全民提供,那么财政负担就很大。如果财力不足,免费的基础教育和免费的基础医疗服务对于困难群众可以多支持一些。

另外一个工具就是地区间的资源再分配。也就是说，从发达地区转移到相对贫困的地区。刚才吴教授也讲到过类似的制度，这也涉及财政的集权和分权问题。要开展资源再分配就需要集中掌握一部分财力，不能都分下去，否则国家就无法实现这种再分配。国家越大，这项工作越困难。不过我相信你们有这样的专业经验和知识来做好这项工作，谢谢。

许成钢： 下面请吴老师来讨论一下中国的不平等问题。

吴敬琏： 我首先想重复刚才科尔奈教授作出的一个判断，他刚才说：贫富差别的扩大、不平等程度的扩大是突进式增长（用我们的话来说就是粗放型增长）的一个最有害的结果。

这个判断在我们这里常常被人们所忽视。我们现在不平等程度加剧，它的基础正在于粗放型经济增长方式。粗放型经济增长方式的特征，是增长主要依靠投资拉动。资本对劳动的比率增长过快，一定会造成资本所有者的收入增加得很快而劳动者的收入增加得很慢，这是第一点。

我要补充一点：和发达国家比较起来，中国有一个特殊的情况，就是不平等主要是来自机会的不平等。虽然结果的不平等现在也变得越来越严重，但不容否定的是，当前贫富悬殊的主要原因还是机会的不平等，而特权和寻租的体制是造成机会不平等的主要原因。从这个角度看，市场的发展对所有的人提供相同的机会，与实现机会平等是正相关的，就是说，是有利于消除目前中国严重存在的机会不平等的。

在解决前面这两个问题，即粗放型增长模式问题和机会不平等问题的同时，结果不平等的问题也应当加以处理。在解决这个问题的时候，我同意刚才科尔奈教授说的，政府要起很大的作用。第一，政府要采用有效的再分配政策；第二，在它的支持下建设社会保障体系；第三，中国的民间公益事业正在取得进展，这也需要得到政府的支持。

中国改革建言

许成钢： 苏联和东欧早在 20 世纪 60 年代就开始改革，这个改革实际上是科尔奈教授在匈牙利设计的放弃中央计划经济开的头。但是经过 20 多年的长期改革，苏联和东欧在 1989 年到 1991 年期间政体崩溃。那么，问题是：在苏东国家的改革过程中，经济增长的放缓在多大程度上导致了体制的崩溃？中国的改革应该从中吸取什么样的经验和教训？请科尔奈教授来解答。

科尔奈：这既是一个非常重要的问题，也是一个很敏感的问题。我们是朋友，所以我会讲得比较坦率，有话直说恰恰是友情的表现。

我在回答前一个问题的时候讲到，我们不能够把很多的国家混在一起来讨论，一言以蔽之。因为每个国家的情况都不同，区别不同情况对回答您刚才提出的问题尤为重要。我们必须把中东欧国家和苏联分开来说，因为它们的情况大不一样。

我先谈谈东欧，东欧的政权并没有崩溃，所以用"崩溃"这个词是错误的。我反对用这个词，因为这个词没有正确地描述东欧的情况，这个词用得很不到位，我们不该使用这个词，这个词会令人误解。

东欧国家和平地转型为议会民主制。在这个过程中，没有出现暴力，而是通过平静的谈判商定了新的规则体系。所以我说，东欧国家没有崩溃。后来确实出现了严重的经济问题，但是经济也没有崩溃，只是严重衰退。衰退的原因并不是政治变革，而是由生产率低下和其他经济原因造成的。

我想谈谈其中的经济原因。之前，苏联带头成立了"经互会"。后来，经互会解散。各个国家的市场重心发生了转变，从以往的经互会成员间的贸易转而面向西欧等西方发达国家。这个冲击导致了经济衰退。另一个原因是国有制大规模急速转向私有制，中央计划转向市场经济，这都加剧了衰退。但是也没有到崩溃的程度，转型相对来讲还是平稳的。

为什么会这样平稳地转型呢？我们在这方面有几个经验教训可供参考。

首先，东欧国家之所以平稳转型，是因为大家对转型的实质含义心中有数，而不是出乎意料、措手不及。特别是在波兰和匈牙利，对于转型的后果做过大量的智力准备，召开了许多公开的会议来讨论如何改革，在平面媒体上也发表了很多文章，甚至在电影、戏剧中也都有反映。开放的讨论使大家能够更好地了解转型的前景是什么样的。这一点很重要。

我想提出来的第二个因素，是旧有权力的代表并没有进行抵制。他们还是比较放心自己能在经济生活、文化生活甚至是政治生活中找到自己的位置。比如说，共产党的后继党派多次赢得大选，而且在不少国家还被议会选举任命为政府总理。

我们再转回头讨论一下苏联的情况。苏联的情况不同于中东欧，它更为复杂，因为这里有三大进程交织在一起：

第一，是多民族帝国解体，分裂成几个民族国家。这一解体也是通过比较快速高效的谈判来完成的。没有流血，没有暴力，也没有搞什么独立战争等武装冲突，而是通过和平协议来实现的。这一点非常重要。

第二，是转向议会民主制。这方面出现了一些动荡，但是也没有多大的暴力，没有流血，是相对和平地通过协议的形式完成的。不过我们必须记住，这不是一个一帆风顺的过程。其中既有进步，也有退步。无论是在苏联时代还是后苏联时代，有的时候迈向完全的民主议会制，后来又继之以某种形式的独裁体制。在今天也有这种反动现象发生。

在苏联转型的过程中还有第三大进程，就是从集中计划体制转为市场经济。国有经济大规模地进行了私有化，但没有搞好，现在仍备受争议。在转型过程中有一些方面没有能够做到准备有序，而且操之过急，但最终经济还是稳定了下来，实现了正常化。

大家可以看到，整个情况是很复杂的，并不是用"崩溃"这么一个词就能够概括的。这也是多种因素相交织综合起作用的结果，不是一个不寒而栗的恐怖过程，而是转变，没有暴力的转变。有很多正面的结果、积极的作用，也有一些在所难免的负面效应和政策错误。

这个问题如此重要，以至于我还想多花些时间再谈谈苏东地区的这一段历史。我想做四点评论：

第一，要注意，在世界史中，1989—1990年的转变并不是国家治理方式转型的唯一模式。还有其他例子，例如，西班牙独裁者佛朗哥（Francisco Franco）在"二战"之后很多年间逐渐弱化权力，和平地还政于民，转为宪政民主制度。第二个例子是智利，智利曾经有一个残暴统治者皮诺切特（Augusto Pinochet），他是智利军政府首脑。智利也是通过谈判和平转型为议会民主制。再往前看，英国、法国的历史当中都有这样的过程。所以我们研究历史时要仔细甄别。

第二，关于政府，问题是中央的权力应该是不受制约的绝对权力还是受到宪法限制的权力？我认同的政治哲学，是每个公民、每个组织、每个机构都应该受制于宪法。这一点是最重要的。必须有对中央权力的限制，也就是英语中所说的对于中央权力"制度化的制衡机制"(institutional checks and balances)。但是，所谓权力制衡，并不是意味着只靠一套机制来制衡，而是需要有多种制衡机制。我们需要有些独立的机构，比如说独立的中央银行、独立的反腐机构。同时我们需要独立的法官，这也是极为重要的一点。还需要有独立的媒体，即不是由中央权力控制的独立媒体。另外要有抗议的自由，有批评的自由。历史证明，不受制约的皇权、君权、独裁政体可以通过一系列的步骤过渡为议会民主制。它可以一时停滞，但是总的趋势不可阻挡。

你们让我结合苏联东欧地区的改革经验谈一谈，但是我看到中国是个特例。从某种意义上来讲是没有先例、不可比拟的。也就是说，中国有些情况是前所未有的。中国具有苏东地区不可比拟的改革条件。具体来说，苏东国家是在经济失败、问题丛生的背景下开始改革的，而中国是在多年来经济增长奇迹的背景下推进改革的。苏东地区当年经济增长趋近于零，而中国经济增长即使放缓也还有 7%。中国经济是成功的故事，苏东经济是失败的故事。所以，改革的条件大有不同。第二个区别是，苏东集团，特别是匈牙利、波兰等东欧国家，都欠下了巨额外债，几乎不可能偿还。中国是现在全球最大的债权国，国家财力充裕，拥有巨额外汇储备。匈牙利要是有中国外汇储备的 1% 就会很开心了。另外一个区别就是，苏东地区施行改革是前无古人的首创之举，但中国在改革时，已经有我们的经验教训可用来参照，而不是踏入一个完全未知的领域。所以，可以说苏东地区是改革的试验室，中国已经有我们的试验成果可用来借鉴，这是很大的一个差别。

最后一点，我们前面曾经讲到，中国面临一些难题，社会不满，民怨比较大。我的观点是，如果民众普遍不满，社会矛盾重重，示威抗议频发，那么正确的答案不是去压制，而是要去解决导致群众不满的那些问题。不要堵塞言路，切断人民反映问题的反馈渠道。堵塞言路将会导致严重的社会问题。俗话说：两国交兵，不斩来使。别打压给政府"通风报信"、发出抗议、告诉政府哪里存在问题的那些人。要消除民怨，就要解决导致民怨的那些问题。这是我的一个中心思想。

许成钢： 下面请吴老师来讨论一下这个相关的问题。

吴敬琏： 我想中国的转型有我们自己的一些特点。刚才科尔奈教授说，中国实现转型有比东欧社会主义国家和苏联当年更好的条件，我把它看成一种鼓励，增强我们更好地推进实现转型的信心。

刚才科尔奈教授对于东欧和苏联的转型谈了很多。我把它归纳为三点，我认为这三点对我们都很有启发。

第一点，就是目标一定要明确。这个目标就是要建立一个权力受到限制的国家，用中国领导人最近的话来说，就是要"把权力关进制度的笼子里"。怎么关？应该说苏联和东欧国家给我们提供了一般性的办法、措施或者途径，不外乎是法治、民主和依宪治国。这个目标应该是明确的、坚定的、不可动摇的。

第二点，各个国家转型的途径和过程确实是有差别的，而且多半是渐进的，不可能一蹴而就。我想这一点也是可以用史实来证明的。比如最长的一个，英国13世纪就出了《大宪章》，限制了国王的某些征税权力；过了400多年，1688年的光荣革命才实现了初步的依宪治国；又经过了几百年，才真正实现了普选式的民主制度。当然中国不可能等那么长的时间。但是这个过程肯定不可能一蹴而就，需要经过艰苦的努力。

第三点，科尔奈教授特别提到了政府在这个过程中的态度，就是对于大众的抱怨、大众的批评甚至是反对的意见不应当采取压制的办法，而要认真地听取，努力寻找产生这些不满的原因，然后针对这些体制上的原因进行改进。也就是说，把消极的东西变成积极的东西，用它们来推进改革。

许成钢： 下一个问题提给吴老师，因为这是专门讨论中国现在的事情的。最近十几年里，民族主义在中国大行其道。我们的问题是，为什么会这样？它对中国的改革和中国的发展会有什么样的影响？

吴敬琏： 我想，民族主义或者叫作狭隘民族主义在中国大行其道是有它的历史根源和现实原因的。

从历史根源来说，至少从表面上来看中国在18世纪以前可以说是世界上最富强的一个国家,可是因为错过了文艺复兴以后几个世纪主要在西方世界发生的大转变,到了 1840 年鸦片战争以后中国就沦落为了"东亚病夫"。这样一个在很短时间发生的国际地位的急剧变化,就在中国人的心灵里面造成了极大的创伤。当然这种变化如果经过理性的分析,应该是激起我们的爱国主义的感情。就是说,爱这片土地、爱我们的人民的爱国主义情怀应当推动我们发奋图强、自求进步。但是,人们也可能不能理性对待,没有找到中国积弱的真正原因,于是就在思想上、感情上孕育了一种狭隘的民族主义的情绪,认为我们这个民族从来就是一个优越于其他民族的优势种族,只不过因为外国人的阴谋诡计或者他们凭借着特殊的条件才把我们弄到了这个地步。这是一种不正常的反应。

其实马克思主义从来不提倡民族主义。我们知道,《共产党宣言》提出的口号叫作"全世界劳动者联合起来"。直至现在,党组织开会的时候都要唱《国际歌》。《国际歌》提出的口号是:"英特纳雄耐尔(法语'国际':internationale)一定要实现!"但是后来发生了变化。在苏联实行列宁"一国建成社会主义"的方针之后,就强调苏联的利益高于全世界劳动者的利益。特别到了第二次世界大战以后,原来的理想失去了吸引力,苏联政府就转而利用民族主义去吸引群众,后来进一步演进到民族沙文主义。

在中国的现实情况下,在没有一个理性地讨论问题的环境下,民族主义情绪很容易被调动起来,变成反对改革开放的论据。比如说在对外开放中的确可能发生由于某些官员的失职或者某些官员有利益的勾结,给外国企业输送利益的情况。中国大陆的某些外国公司得到一些超国民待遇。于是有些人就会利用这种在对外开放中出现的部分问题来反对开放,鼓动民族主义情绪,说对外开放就是卖国。而当许多人不知道自己的根本利益所在的时候,就容易被这种思想所误导,其实这种盲目排外的情绪对中国的发展是有害无益的。

马克思就分析过,全球化其实是一国范围内市场经济的延伸,它是一种必然的趋势。事实上,只要我们自己善于应对,全球化对于我们这样一个发展中国家来说肯定不是威胁而是机会。

现在世界经济体系正面临深刻的变化,或者说是全球投资和贸易规则升级的局面。对待这种局面,有两种不同的态度:一种态度认为这是对中国的阴谋,要把中国边缘化,所以我们要采取对抗的措施;另外一种态度认为这是在与人共赢中发展自己的机会,我们应该主动参加这个变革。比如说中国(上海)自由贸易试验区的一些朋友的设想就是这样:我们只有主动地去迎接这个变革、参与这个变革,才能一方面享有变革带给中国的机会,另外一方面在谈判过程中更好地保护自己的利益。

总之,现在需要我们冷静、理性地思考这些问题,选择一个正确的态度。

许成钢: 最后一个问题,您对中国的改革有什么普遍性的建议?请科尔奈教授回答。

科尔奈: 你用了"建议"一词。我要怀着应有的谦虚来声明,我并不是政治顾问,也不敢以此来自居。我就是搞研究、做学问的。我依据事实得出结论,包括一些政治方面的结论;我根据人生经历和学术研究成果得出结论。

我要保持谦逊的态度,还因为我住在匈牙利,与中国相距遥远。中国有专家,他们了解国情,他们对中国的了解比任何外国专家都多得多。我就不提什么建议了。我讲了我的看法,你们要以批判的眼光来看待,要立足于中国的现实国情。

不过,我还是想向大家表达一下我的价值观。每一个人都有自己的价值观,对不同的价值进行排序。我的发言中也暗示了我自己对不同价值的排序。我的排序是有高低之分的。我尊重各种各样的价值,我觉得幸福生活是很重要的价值。物质消费、享受文化娱乐、追求现代化和新技术,都是非常有价值的事情。另外,还有一个很重要的价值,就是团结和热情待人。

但在我心目中,排在首位的是自由,也就是有权决定自己的人生、有自尊、有选择的权利、有发展自己人格的自由、服从自己的意志、不屈从于国家或者外界的压力。这在我的价值体系中是居于顶层的。经济学人喜欢用"取舍"的概念,也就是说你失去一些东西的同时也将获得一些东西。可以这边让一点,那边退一点。我绝不会用牺牲10%的自由来增加10%的物质消费。对我而言,首要的价值即自由、人权、自我实现。这些就是我希望传递给大家的信念。

今天的讨论也由此接近了尾声,我非常高兴参加此次盛会。我们都是朋友,我多次提到这一点。这次盛会让我印象深刻,尽管我远在匈牙利,无法亲身出席。

谨给大家献上我最良好的祝愿。并祝愿中国有美好的未来。谢谢!

许成钢:谢谢!因为时间的缘故,我们今天只能到这里了。让我们再一次热烈地感谢科尔奈教授和吴老师这种高屋建瓴的深刻思想对我们的启发。谢谢!

什么是结构性改革，它为何如此重要？[*]

（2016 年 6 月）

我今天要讲的题目是："什么是结构性改革，它为何如此重要？"

着力推进供给侧结构性改革，这是 2015 年 11 月中央财经领导小组和 12 月中央经济工作会议确定的重大举措，也是今后一段时期贯穿整个经济工作的主线。

但是，围绕供给侧结构性改革实际上还存在不少争论。比如说，中国经济发展进入下行通道，究竟是因为总需求的强度不够，还是由于供给侧的效率低下？再比如，什么是结构性改革？它到底是要改结构，还是要改体制？对于这些问题，不管在理论上还是在实际工作中都存在不同的意见。

我今天想着重讲一讲我对后一个问题的理解，也就是讲什么是结构性改革，它为什么极为重要。

结构调整和结构改革

"供给侧结构性改革"的提法，实际上包含两个含义不同的"结构"。

第一层含义的"结构"，是指经济结构，也就是资源配置的结构。

---

* 本文根据本书作者 2016 年 6 月 30 日在清华大学经济管理学院举行的"新浪·长安讲坛"（第 300 期）的讲演整理而成。曾收录于吴敬琏、刘鹤、樊纲、易纲、吴晓灵、许善达、蔡昉主编：《中国经济 50 人论坛丛书·中国经济新方位：如何走出增长困境》，北京：中信出版集团，2018 年，第 67—81 页；吴敬琏：《改革大道行思录》，北京：商务印书馆，2017 年，第 270—288 页。

在从供给侧探究中国经济减速的原因时,我们发现,最主要的问题是,由于资源错配,经济结构发生了扭曲,导致效率下降。

从供给侧观察,经济增长由三个基本驱动力量推动,这就是:新增劳动力、新增资本(投资)和效率提高。从 21 世纪初期开始,中国经济增长原先所依靠的驱动力量开始消退,例如人口红利逐渐消失,工业化和城市化过程中产业结构改变(即所谓"库兹涅茨过程",Kuznets Process)导致的效率提高也开始减速。与此同时,粗放增长方式(即主要依靠投资驱动的增长方式)所造成的资源错配和经济结构扭曲却愈演愈烈。在这种情况之下,中国经济的潜在增长率从 21 世纪第一个十年开始下降,出现了经济下行的趋势性变化。

从以上分析得出的治本之策,就是通过资源的再配置,优化经济结构,提高供给侧的质量(效率)。

第二层意义上的"结构",是体制机制的结构。"结构性改革"讲的正是这后一种结构的改革。这两种"结构"不可混淆。如果把它们混为一谈,就会用调整经济结构去取代改革体制结构。我国的历史经验表明,这样做会造成十分消极的后果。

由政府直接"调结构"不但无效,还会产生反效果

针对中国经济存在的问题,无疑需要进行资源的再配置,以便改善经济结构,提高效率。当前改善经济结构的重点是实现"三去一降一补"(去产能、去库存、去杠杆、降成本、补短板)。

问题是怎么才能真正做到资源的优化再配置。进行资源的再配置可以有两种不同的方式:一种是按照国家的计划和规划、政府的要求或者长官的意愿,通过行政命令来调整国民经济的企业、产业、地区等结构;另外一种是在反映资源相对稀缺程度的价格信号的引导下,通过市场的作用来实现资源的优化再配置。

在过去相当长的时期,中国沿袭计划经济时代的传统,由政府用行政手段来"调结构"。但是,历史经验表明,这种方法通常是无效的,甚至具有相反的效果。

早在改革开放初期,政府领导人就已经意识到,中国的产业结构存在严重扭曲,效益受到损害,需要进行调整。所以,在20世纪70年代末和80年代初曾经进行过两次大的经济调整。在当时政府主导资源配置的条件下,这种调整是通过行政手段进行的,比如规定哪些产业或部门应该缩减,哪些产业或部门应该增强,然后用行政指令或诱导政策促其实现。在原有体制下由政府进行结构调整的根本问题在于:结构扭曲往往就是由体制缺陷和政策偏差造成的,而且政府没有办法判定什么样的结构才是好的结构。因此,调整通常会产生两方面的负面结果:一方面,由于政府并不确切地知道什么是好的结构,即使调整到位,也并不一定能够实现结构优化,弄得不好,还会越调越差;另一方面,由于造成资源错配、结构扭曲的体制和政策因素并没有改变,即使调整成功,过不了多久,旧的结构重新复归,又需要进行另一次调整。

在当时的情况下,市场还没有生长起来,政府处在资源配置的绝对主导地位,用行政手段为主进行结构调整,自然是唯一可能的选择。后来通过80年代中期的初步改革和90年代以后的系统性改革,市场已经逐渐地成长和发育起来了,但是许多政府部门还是习惯于老办法,认为用行政命令那只看得见的手进行调整,才能很快见效。所以,在20世纪90年代甚至直到21世纪,各级政府仍然偏好用行政手段调整结构,结构扭曲问题也一直没有解决。

2004年出现经济过热以后,对宏观经济到底是"全面过热"还是"局部过热"发生了争论。当时有三种不同的意见:第一种认为没有发生过热,也不赞成采取总量紧缩政策,说是"股市刚刚起来,不能一盆冷水泼下去"。第二种认为出现了经济过热,主张采取紧缩措施,防止股票和房地产市场泡沫膨胀,最终导致崩盘。不过,这两种意见都没有被领导接受。最后被肯定的是第三种意见,就是认为中国经济只是出现了"局部过热"而并没有发生"全面过热",因此,只要采取措施抑制过热部门的扩张,就能保证国民经济的稳定协调发展。

在这种思想的指导下,国务院在2005年颁布了《促进产业结构调整暂行规定》,要求国家发改委会同有关部门编制将技术、装备及产品划分为鼓励、限制、淘汰等类别的《产业结构调整指导目录》,以之作为政府引导投资方向,管理投资项目,制定和实施财税、信贷、土地、进出口等政策的依据:一方面对所谓的"过热产业"进行控制和清理;另一方面对政府选定的产业进行扶持。但这种"有保有压"和"有扶有控"的调整并没有见效,经济结构的扭曲反而变得更加突出了。

在这种情况下,国务院在 2006 年 3 月发出了《关于加快推进产能过剩行业结构调整的通知》,指出钢铁、电解铝、电石等行业产能已经出现"明显过剩",要求根据不同行业、不同地区、不同企业的具体情况,有保有压,"坚持扶优与汰劣结合,升级改造与淘汰落后结合,兼并重组与关闭破产结合","进一步优化企业结构和布局"。文件虽然也照例提到要深化改革和充分发挥市场配置资源的基础性作用,但是由于市场化改革依然缺乏实际行动,调整结构的主要办法就只能是下发"淘汰落后产能"的指标和对要扶持的产业给予种种优惠与补贴。因此,结构调整的工作进行得并不顺利。比如钢铁行业是 2006 年化解产能过剩的重点产业,可是调控的结果却是越调越多。全国钢铁产能从 2003 年的 2.5 亿吨左右提升到2012 年的将近 10 亿吨。

2008 年全球金融危机发生以后,中国除了面对部分行业产能严重过剩的问题之外,还遇到 GDP 增长速度下降的问题。这时,除了"扩需求""保增长"外,国务院还作出决定,把大力发展战略性新兴产业作为重点经济工作之一,要求用财政、金融和其他手段大力扶植七项战略性新兴产业。由于用补贴、政策优惠来扶植指定产业造成价格扭曲和成本失真,光伏、LED 等受到各级政府扶持的产业很快也变成了产能过剩的产业。

这样,2013 年国务院和有关部委连续发出七个文件,要求对一系列"产能严重过剩的产业"进行治理。国务院发出的《关于化解产能严重过剩矛盾的指导意见》指出,我国的"传统制造业产能普遍过剩,特别是钢铁、水泥、电解铝等高消耗、高排放行业尤为突出",要求通过五年努力,化解产能严重过剩矛盾工作取得重要进展,达到产能规模基本合理、发展质量明显改善等目标。

总的来说,用行政手段解决结构扭曲的问题,效果很差,有时还适得其反,过剩产能越调越多,而有的政府大力扶持的产业却又成为新的产能过剩产业。

转变发展方式提了二三十年仍未见效的原因

提高供给质量、优化经济结构、实现发展方式转型，并不是 21 世纪初才提出来的新要求。这一问题实际上已经提出几十年了，但一直没有得到解决。

早在 1981 年，全国人民代表大会就批准了国务院提出的"十项经济建设方针"[1]，"十项方针"包括多项改善产业结构的要求，希望能够通过它们的贯彻，"围绕着提高经济效益，走出一条经济建设的新路子"。1995 年制定的"九五"（1996—2000 年）计划又正式提出了"转变经济增长方式"的要求，其中非常重要的内容也是改善经济结构。到 2002 年，十六大提出"走新型工业化道路"。后来 2007 年讲的"转变经济发展方式"，2013 年讲的"跨越中等收入陷阱"，针对的其实都是同一个问题，就是优化经济结构和提高效率。但是多年来成效不大，其中的经验教训很值得吸取。

由于在第十个五年计划（2001—2005 年）期间，经济增长方式转型出现了反复，经济结构有进一步恶化的趋势，引发了 2005 年到 2006 年制定"十一五"（2006—2010 年）规划期间的一场要不要转变经济发展方式、怎样才能转变经济增长方式的大讨论。这场讨论得出的一个很重要的结论是：这一转型之所以步履维艰，是因为存在"体制性障碍"。当时说的体制性障碍，核心内容就是政府仍然在资源配置中起着主导作用。

我在参加这次大讨论的过程中写了一本书，叫作《中国增长模式抉择》[2]。书里介绍了当时讨论的情况。对于为什么增长模式转型、结构调整不能取得预期成效，列举了很多具体的原因，比如把 GDP 增长作为政绩的主要考核标准、政府拥有过多的资源配置权力等。归结起来，就是十六届三中全会《中共中央关于完善社会主义市场经济体制若干问题的决定》所指出的"体制性障碍"，或者如十八届三中全会《中共中央关于全面

---

1 见赵紫阳（1981）：《当前的经济形势和今后经济建设的方针———九八一年十一月三十日和十二月一日在第五届全国人民代表大会第四次会议上的政府工作报告》，载《人民日报》，1981 年 12 月 14 日。

2 吴敬琏（2005）：《中国增长模式抉择》，上海：上海远东出版社，2005 年。

深化改革若干重大问题的决定》所说：政府仍然在资源配置中起着决定性的作用、抑制甚至排斥了市场机制作用的发挥。

"三去一降一补"要靠市场发挥决定性作用

中国经济目前面对的结构问题越来越突出，所以需要通过"三去一降一补"来实现资源的再配置和经济结构的优化。不论过去的历史经验还是经济学的理论分析都告诉我们，要实现这一任务，必须依靠市场在资源配置中发挥决定性的作用。当然也要更好地发挥政府的作用。

在这里，市场的作用和政府的作用都要有准确的定位。

为什么实现经济结构优化和"三去一降一补"要靠发挥市场的决定性作用呢？因为市场有两个主要的功能：一是能够有效地配置资源；二是能够建立起激发创新创业积极性的激励机制。说到底，"三去一降一补"就是要靠这两个最重要的机制才能够实现。市场机制具有实现资源有效配置和建立正确激励机制这两个方面的优势，它是行政手段所无法做到的。比如要压缩钢铁业的过剩产能，老办法是由行政机关规定计划指标，要求限期压缩多少万吨"落后产能"，然后把计划指标层层分解下达到各个部门、各个地区和各个企业。压缩任务通常只能按企业的大小、设备的新旧等"硬指标""一刀切"，否则就压不下去。然而根据这样的标准，被切掉的往往并不是效率最差的设备和企业。而且每个行政部门都要保护自己的产业，甚至纵容企业增加产能。再比如"补短板"的实质是加快效率较高、供不应求的产业的发展。用行政的办法也跟市场激励的办法很不一样，前者主要靠政治动员和运用政府的财政政策、信贷政策和其他优惠政策去扶植一些政府认定应该发展的产业和应当做强做大的企业，这和依靠市场机制奖优罚劣实现优胜劣汰，效果就完全不一样了。

在发挥市场在资源配置中的决定性作用的同时，政府应当怎样更好地发挥作用呢？据我理解，所谓"更好地发挥作用"，是不要落入过去政府包办一切的老套路。政府要做的不是直接出手去调结构，而是提供公共品；不是操控市场和干预微观经济，而是为市场的运作提供更好的条件，为企业和创业者提供稳定的宏观经济环境和良好的法治环境。当然，它还要在市场不能起作用的一些地方发挥作用，比如说用社会保障体系来对下岗职工的基本生活需要进行托底、支持基础科研、建立基础教育体系等。总而言之，它的作用是提供公共品，而不是直接干预微观企业的经济决策。

为什么要"着力推进结构性改革"

如果说理论分析和实践经验都表明，要实现结构优化的目标，必须主要依靠市场的力量，那么问题的症结就在于：能够使市场在资源配置中起决定性作用的制度基础，即 1993 年的十四届三中全会《决定》和 2013 年的十八届三中全会《决定》所说的"统一开放、竞争有序的市场体系"，还没有完全建立起来。中国在 20 世纪末宣布已经初步建立了社会主义市场经济的基本框架，但是市场体系还不完备，其中许多重要的子系统还没有建立起来，即使已经初步建立，也还很不完善，存在诸多缺陷。总之，还不足以承担有效配置和再配置资源的重任。

在这种情况下，唯一的出路就是尽快通过改革，把统一开放、竞争有序的市场体系及其法治基础建立和完善起来。

正是在这样的背景下，2013 年的十八届三中全会通过了《关于全面深化改革若干重大问题的决定》，2014 年的十八届四中全会通过了《关于全面推进依法治国若干重大问题的决定》，2015 年中央领导又提出了着力推进结构性改革的要求。

人们常常以为"结构性改革"是一个中国特有的提法，其实并不是这样。"结构性改革"（structural reform）是一个在市场经济国家文献里常见的说法。一个国家的市场经济制度已经建立起来，但其中的某些制度架构仍然存在问题，还需要对这些不够完善的、存在缺陷的制度架构进行改革，这种改革就被称为"结构性改革"。我们习惯于把从计划经济到市场经济的改革叫作"体制改革"。当这个短语被译成英语的时候，也常常用 structural reform，即"结构性改革"来表达。

像我这样年纪的人，最早接触"结构性改革"这个说法，大概是在 20

世纪 60 年代"共产主义论战"中中方的批判文章里。当时的大批判文章[1]指出,意大利共产党总书记陶里亚蒂主张对西方国家进行"结构改革",意味着用改良主义代替无产阶级革命。后来接触更多的是,近十几年来,一些市场经济国家一再提出要进行结构性改革。比如说,我今天讲演的题目,就是从英国《经济学人》杂志 *The Economist explains*("经济学人解释")栏目 2014 年 12 月的一篇文章 *What structural reform is and why it is important*(《什么是结构性改革,它为什么很重要》)借用来的。

总之,结构性改革在市场经济国家常用来指称社会经济体制的局部改革。既然中国已经宣布初步建立社会主义市场经济的基础框架,现在要对其中部分架构进行改革,也是题中应有之义。所以,在这个意义之上,运用这样一种说法来概括当前要进行的改革,也是完全可以的。

其他国家进行结构性改革的实践对我们是有启发意义的。2004 年国际货币基金组织(IMF)曾经建议一些国家进行结构性改革,当时的IMF 首席经济学家兼研究中心主任拉詹(Raghuram Rajan)写了一篇短文来解释他们所建议的改革,题目叫作"*Why Are Structural Reforms So Difficult*(结构性改革为什么那么难)?"。[2] 文章说,结构性改革取得的成果、带来的益处是长时期的,但是从短期来说,有一部分人的利益会受损,所以很难被人们所接受。我在这里要说的不是结构性改革的难易问题,而是拉詹对什么是结构性改革所做的言简意赅的界定。跟我们现在遇到的情况类似,当时有些人认为许多经济问题是由于需求过剩或不足造成的。拉詹表示不同意这种判断。他指出:"许多经济问题是由市场运行中的问题造成的,而不是因为资源短缺或者总需求过剩或不足。在大多数经济学家眼中,此时显然需要进行结构性改革,即改变支配市场行为的制度架构和监管架构。"

总之,需要明确的是,"结构性改革"讲的是针对部分体制架构的改革。通过这种改革,把统一开放、竞争有序的市场体系建立起来,并且通

---

1 见《人民日报》社论:《陶里亚蒂同志同我们的分歧》,《人民日报》,1962 年 12 月 31 日;《红旗》杂志编辑部:《再论陶里亚蒂同志同我们的分歧——关于列宁主义在当代的若干重大问题》,《人民日报》,1963 年 3 月 1—4 日。

2 中文译文载《比较》辑刊,北京:中信出版集团,2016 年第 2 辑(总第 83 辑)。

过市场作用的发挥，来实现经济结构的优化和供给质量的提高。

六个方面的改革需要抓紧推进

为了完成建设统一开放、竞争有序市场体系的宏伟任务，我们需要进行多方面的改革。十八届三中全会规定了336项改革任务，其中直接跟经济有关的就有200多项。这些任务当然有轻重缓急之分，不可能一蹴而就。根据最近各界人士提出的一些迫切需要重点进行的改革项目，我认为以下六个方面的改革特别需要抓紧进行。

一是简政放权的制度化，加快制定和执行市场进入的负面清单。十八届三中全会决定采取市场经济和法治国家的通行做法，对市场进入实行负面清单制度。根据企业和公民个人"法无禁止即可为"和各级政府"法无授权不可为"的原则，国务院部署制定两个清单：一个是市场进入的负面清单；一个是政府授权的正面清单。政府授权的正面清单看起来比较困难，但市场进入的负面清单是市场经济的一项基本制度，必须加紧制定。这不但涉及公民的基本权利，还牵涉到对外经济关系，比如在最近的中美投资协定谈判中，这就是一项重要议题。

二是全面推进金融改革。金融改革的核心议题——利率市场化和汇率市场化进行得比较顺利，甚至超出了原来的预期。但是仅有这两项重要的价格改革还不足以保证整个金融体系改革的完全成功，其他方面的改革也必须加快。比如说金融市场的监管体系，十八届三中全会要求从事前的审批为主转变为事中事后的合规性监管为主，就需要加快实现。在当前杠杆率居高不下的情况下，一方面民间的投资意愿低落，另一方面由于资产负债表衰退，人们不愿意把资金放到流动性比较低的实体经济中去。此时加快金融体系改革就具有更为重要的意义。

三是国有经济改革。这是一个很重要的领域。虽然国有经济在整个国民经济中所占的比例只在三分之一左右，但它掌握着最重要的社会资源，它所处的行业又往往是国民经济中的制高点，具有居高临下的地位。目前相当一部分国有企业效率低下，而且存在继续下降的趋势。如果这种情况不能较快改变，就会拖住整个国民经济的后腿。十八届三中全会

《决定》对国有经济改革有一个重大突破，就是要把对国有企业的管理由直接管企业，即"管人管事管资产"为主，转变为"管资本"为主。这是一项具有重大意义的改革，因为只有这样才能在国有控股公司和国有参股公司中建立起有效的公司治理结构，也才能实现各类企业之间的平等竞争。

四是竞争政策的贯彻。我们过去把贯彻竞争政策叫作"反垄断执法"，现在国际上通行的说法是"贯彻竞争政策"。后一种说法可能比前一种来得确切。我们必须清醒地认识到，竞争是市场制度的"灵魂"。正如"二战"后德国社会市场经济体制的缔造者艾哈德（Ludwig W. Erhard）所言，战后德国"经济奇迹"的实质，乃是"来自竞争的繁荣"[1]。前几天，国务院发布了《关于在市场体系建设中建立公平竞争审查制度的意见》，为确立竞争的基础性地位迈出了重要的一步。文件指出，在当前的现实生活中，"地方保护、区域封锁，行业壁垒、企业垄断，违法给予优惠政策或减损市场主体利益等不符合建设全国统一市场和公平竞争的现象"还广泛存在。加之在我们国家有些人还受到传统政治经济学反竞争思维的影响，认为"竞争和无政府状态"是资本主义腐朽性的集中表现，而且在社会主义条件下，不同所有制企业之间也不应当有平等竞争。事实上，没有公平竞争就不可能发现价格，也不可能实现奖优罚劣、优胜劣汰和促使企业努力创新。所以抓紧贯彻竞争政策仍是一项重大的改革任务。

五是加快自由贸易试验区的建设。现在自由贸易区试验已经从上海一地推广到全国好几个地区，但是看来这一试验的质量还有待提高。中央领导人曾经明确指出过，自由贸易试验区的意义在于"营造市场化、法治化、国际化的营商环境"，"促使贸易投资便利化"。贸易和投资规则的进一步提高是一个世界性的趋势，中国需要努力适应。自贸区试验不但在对外经济关系上有意义，而且直接有助于促进统一开放、竞争有序的市场体系的建立和完善。所以这方面的试验应该加快进行，防止把营造市场化、法治化、国际化的营商环境的试验等同于过去的政策优惠等低层次的做法。

1　参见[西德]路德维希·艾哈德（1958）：《来自竞争的繁荣》，祝世康、穆家骥译，北京：商务印书馆，1983年。

六是坚持建设法治国家。一个良好的市场体系一定要建立在法治的基础之上。自从 1997 年十五大提出依法治国、建设社会主义法治国家的治国方略以来,这方面的工作有所进展,但是离建设法治国家的要求还有相当大的距离。中国是一个具有悠久人治传统的国家。进入现代以后,政府的政令在社会经济运行中始终起着主导的作用,法治观念和法治实践十分薄弱。因此,建设法治国家是一项非常重要然而也极其艰巨的任务。十八届四中全会作出了《关于全面推进依法治国若干重大问题的决定》,建设法治的工作还需加快进行,因为不厉行法治,市场运转交易缺乏严明的规则,也就不可能平稳有效地运行。

为了推进以上这些改革,不只要提出任务,做出设计,还需要采取切实措施,克服思想上和实际工作中的障碍,抓紧施行。

必须真刀真枪地推进改革

今年以来,中央全面深化改革领导小组的第 20 次(1 月 11 日)、第 21 次(2 月 23 日)和第 25 次(6 月 27 日)会议都着重讨论了如何切实推进改革的问题。6 月 27 日的第 25 次会议特别指出:"改革是一场革命,改的是体制机制,动的是既得利益,不真刀真枪干是不行的。"那么,怎样才能防止改革空转,真刀真枪地推进改革呢? 我认为,需要在以下三个方面取得突破。

首要的问题,是要把各级领导的思想统一到十八届三中全会和十八届四中全会的决定上来,形成对改革的共识。

以国企改革为例,包括我自己在内的许多人都觉得国企改革似乎进展得太慢。十八届三中全会决定改革国有资产管理体制,国有资产管理机构由直接管企业转向管资本为主,以若干资本运营公司为投资主体掌握原有的国有企业的股权。但是从传媒发布的意见看,在这个问题上存在很不相同的认识,比如有些在国资部门工作的朋友就认为,他们还必须继续管人、管事。在这种情况下,认识上求得统一,恐怕是国企改革能够迈步往前走的一个前提条件。

第二,要抓实改革的机制保障,把执行各项改革决定的主体责任落实到位。以公平竞争审查为例，国务院发布的《关于在市场体系建设中建立公平竞争审查制度的意见》是十分重要和及时的，而且要求从今年7月1号开始对新制定的政策预先进行审查。然后还要对原有的各种制度和政策进行审查，逐步清理、废除妨碍全国统一市场和公平竞争的规定与做法。但是仔细读这个文件，仍然觉得它在抓实机制保障上有不足的地方。比如说，中央全面深化改革领导小组要求在公平竞争审查中"把自我审查和外部监督结合起来，加强社会监督"，但具体的工作部署只提出由制定政策的机构进行自我审查，而没有明确外部监督和社会监督由谁负责和怎样进行。如果民众投诉某一个政策规定不符合公平竞争原则，那么由谁来接受投诉，谁来作出处理？如果没有明确的责任主体，审查就容易落空。

其实过去在《反垄断法》执法上就存在类似的问题。反垄断执法由三个部门分别负责，它们之间的互动和协调就往往存在问题。当然，在三个部门上面还有一个国务院的反垄断委员会。但这个委员会不是个常设机构，而是一个部际议事机构。所以，过去在讨论执行竞争政策和执行《反垄断法》的时候，中外有许多学者提出要建立一个高层次的、拥有权威性的反垄断机构，或者叫作执行竞争政策的机构。我以为，为了建立公平竞争审查的机制保障，这个建议也是值得认真考虑的。

第三，加强督察工作，落实主体责任。要按照中央全面深化改革领导小组的要求，"理清责任链条，拧紧责任螺丝"，抓紧完善对负有责任的机构和人员的督办协调、督察落实和责任追究等工作机制。督查工作还要落实到人员的任免上，做到像习近平总书记在第25次中央全面深化改革领导小组会议上所说的那样，"形成改革者上、不改革者下的用人导向"。

附：现场答问

提问：我认为中国经济有两个要素，一个是生产，一个是消费，是不是可以同等重要地解决这两个问题呢？

会议主持人易纲：我先抛砖引玉。中国经济正在向消费越来越重要的经济形态转型。原来需求方的拉动主要是靠投资和出口，消费在总需求中占比很小。这几年消费占GDP的比重越来越大，这条路无疑是正确的。简单回答你的问题，消费占总需求、占GDP的比重将会越来越重要。

提问：您提了一个"补短板"的概念，能举一个例子吗？在补短板政策的调节中，有没有普通人的机会？

吴敬琏：当然所有人都应该有机会。

在我看来，"补短板"这个说法可能消极了一点。结构改善，一方面是资源从效率低的、供过于求的行业和企业流出，另一方面是资源流向效率更高的、供不应求的部门。后者用政策的语言就叫作"补短板"。所以换句话说，"补短板"就是发展那些效率更高的企业和行业。在这个过程中，创新和创业者是有很多机会的。我们不能把创新创业这件事想得太高、太神秘，好像创新创业是一件高不可攀的事情。有各种各样的业务，有各种各样的创新，每个人都可以根据自己的能力、自己的兴趣爱好来选择。当然，这里有一个如何创立有利于创新和创业的制度环境的问题。政府有责任准备这样的环境。有了这样的环境，所有的人都会有机会。

易纲："补短板"有很广的含义。比如扶贫，我们还有几千万的人口，他们的消费比较低，年轻的同学如果去贫困地区支教一年，对扶贫和对落后地区的教育作出贡献都是在补短板。

提问：我想问一个题外话，最近万科的事件，吴老师您个人有什么看法？

吴敬琏：我不大知道这件事的台前幕后。但这里有一个基本问题，就是能够在所有者和经营者之间建立起制衡关系的公司治理机制，是现代公司制度的核心。完善公司的治理结构要按照规则，即按照建立公司治理制度的规则来进行。在现在的万科问题争论中，许多人好像都在追求实质正义。但是每个人对实质正义的判断标准都不一样，分别诉诸谁的贡献大、谁的情怀高等，结果就变成"公说公有理，婆说婆有理"，莫衷一是。在我看来，还是应当采取程序公正优先的原则，《公司法》所规定的公司治理规则和证监会所规定的公司治理指引，才是所有人都应该遵循的。

提问：我有一个困惑，体制的变化和结构的调整在我理解是两个概念或者是两个范畴，调整了之后，如果它变化，它的效果会不会有一些折扣？或者说它在执行的过程中还是会有一些迟缓？

吴敬琏：经济结构调整，或者叫作资源再配置，可以有两种方法：一种方法是由政府根据自己的理解，确定哪些产业和企业应该上，哪些产业和企业应该下，然后用行政的手段，包括财政补贴、税收、信贷等政策，甚至直接下达计划指标来进行调整；另一种方法是通过市场机制，借助反映资源相对稀缺程度的价格机制实现资源的再配置，即通过市场奖优罚劣、优胜劣汰的作用使资源从效率低的地方流出，转到效率高的地方去。

这两种方法相比较，前一种方法看起来好像简单易行、直接有效，但基本的问题是，没有人知道——政府也不可能知道什么样的结构是好的结构。于是按照长官意志用行政手段"调结构"，就会出现许许多多不好的后果。比如说，十多年来政府一方面下达硬指标压缩钢铁等行业的过剩产能，另一方面采取多种办法扶植战略新兴产业，结果怎么样，大家都已经看到了。历史经验表明，最好的办法是主要通过市场的不断试错把资源引导到最合适的地方去。当然在这个过程中会有波动，会有曲折，但靠市场信息来引导资源配置，从中长期看是最有效的。

提问：我们已经看到经济结构靠国家的行政调控是不可取的，而且有反复，需要靠市场，但同时又看到完善的市场体系还没有建立。吴教授说我们得出的结论是必须要全面深化改革，但同时我也听到说差不多从20年前我们就已经意识到要建立市场经济和法治社会，但是效果并不好。您也提到要真刀真枪地改革，我请问您，您认为这次"真刀真枪"是一个口号，还是真的会"真刀真枪"呢？

吴敬琏：真刀真枪地进行改革，这是包括我在内的大多数人的希望。至于说这一愿望能不能实现，显然不是我个人所能够左右的。我只能说，建立市场化、法治化的社会是大势所趋，人心所向。除此之外，中国别无出路。所以，我们每个人要作出努力，为民族、为国家争取美好的未来。

提问：对于经济学我是一个门外汉，但是我想问一个大众特别感兴趣的问题，现在房价的高涨对结构性改革、对经济转型到底是有益还是有害？

吴敬琏：在我看来，过高的房价肯定是不利的，因为它会造成中低收入者的困难和企业营运成本的猛升，对"补短板"和发展高效率的企业也会有负面的影响。但重要的问题不在于此，而在于追寻造成房价飙升的原因，这样才能找到釜底抽薪的对策。我想最重要的原因是货币超发和信用膨胀。在货币超发、信用膨胀足以引发资产负债表衰退的情况下，人们要寻求一个保值的避风港,并且随时准备逃跑。于是就造成了货币涌入资产市场和房价高涨的结果。而且房地产泡沫的过分膨胀,有可能导致市场崩盘和触发系统性风险。所以我认为必须避免滥用扩张性的货币政策去拉升 GDP 增长速度。

易纲: 刚才吴敬琏老师给我们作了非常精彩的讲演,我们要学习吴老师的一些方法,比如他的理论框架、他的逻辑和他的推导过程。吴老师从两个不同的结构概念说起,讲经济结构的优化,讲促进结构性改革。为什么过去我们优化经济结构总是效果不好?吴老师得出的结论,就是政府运用行政的办法去调结构,效果当然总是不好。分析来分析去,原因是在体制层面,所以要进行体制机制的结构性改革。在具体方法上,吴老师讲到了负面清单的改革,还有国有企业的改革、竞争政策的贯彻和自贸试验区的推广等,并对如何真刀真枪地改革提出了三点建议。我们在座的各位同学,还有从网上收听收看吴老师讲座的广大观众,如果能够从吴老师这一个多小时的精彩讲演中认真研究分析问题的方法、框架、逻辑,以及如何通过论证得出令人信服的结论,我们就可以学到很多东西。

确立竞争政策的基础性地位[*]

（2016 年 6 月）

近日，国务院印发《关于在市场体系建设中建立公平竞争审查制度的意见》（国发〔2016〕34 号），要求建立公平竞争审查制度，防止出台新的排除、限制竞争的政策措施，并逐步清理、废除已有的妨碍公平竞争的规定和做法。这意味着向建设我国统一开放、竞争有序的市场体系与落实中共中央、国务院提出的"逐步确立竞争政策的基础性地位"的要求，迈出了关键的一步。

竞争是市场制度的灵魂，竞争政策是更好地发挥政府作用的一项基本政策。1993 年中共十四届三中全会制定的《中共中央关于建立社会主义市场经济体制若干问题的决定》就已指出，要着重"创造平等竞争的环境，形成统一、开放、竞争、有序的大市场"。2013 年中共十八届三中全会《中共中央关于全面深化改革若干重大问题的决定》再次重申，"建设统一开放、竞争有序的市场体系，是使市场在资源配置中起决定性作用的基础"。它们都如此强调市场的竞争性质，是因为市场有效配置资源和形成兼容的激励机制这两个基本功能，都是要通过竞争才能实现的。也就是说，只有通过竞争，才能发现价格，使之真实反映供求状况和资源稀缺程度，从而引导资源实现优化配置和再配置；与此同时，也只有竞争的激励鞭策，才是推动企业努力提高自己的核心竞争力，为社会持续提供成本最

---

* 本文发表于《人民日报》，2016 年 6 月 22 日，所用题目为《确立竞争政策基础性地位的关键一步》，发表时有删节；又见吴敬琏：《改革大道行思录》，北京：商务印书馆，2017 年，第 123—126 页。

低、质量最好的产品的最强大的力量。

这里有一个竞争政策与产业政策的关系问题。在我国发展的早期阶段，和许多发展中国家相同，由于市场发育程度低下和大量社会基础设施需要由国家投资建设，政府主导的产业政策在推动经济发展中举足轻重，政府处于经济政策的中心地位，竞争政策往往只起着次要的作用。但是随着我国经济进入了新的发展阶段，问题的主要方面从解决"有无问题"转向优化资源配置和提高效率时，过度的行政干预和"倾斜政策"只会对经济发展和效率提高产生负面影响。在这种情况下，转向以竞争政策为主、产业政策服从竞争政策就成为历史发展的必然。竞争政策的作用，在于为市场在资源配置中起决定性作用搭建基础平台，促进资源配置依据市场规则、市场价格、市场竞争实现效率的持续提高。确立竞争政策的基础性地位，就成为保持我国经济稳定发展的基本保证。

确立竞争政策的基础性地位，是当前进行供给侧结构性改革的重要内容和促进经济转型升级的有力举措。当前我国经济面临发展方式粗放、部分行业产能过剩、部分产品有效供给不足等矛盾和问题。导致这种资源错配状态的原因是多方面的，但行政保护、企业的软预算约束等体制和政策因素抑制了市场竞争，限制了资源的自由流动，无疑是其中最重要的原因之一。为了实现资源的优化配置和再配置，就要充分发挥市场竞争奖优罚劣和优胜劣汰的作用，达到淘汰落后产能、催生优质产能的目的。从政府方面来说，则是要通过大力实施竞争政策，保障各类市场主体之间的公平竞争，使缺乏竞争力的企业退出市场，让优质企业在市场竞争中因获取更多的资源而发展壮大，从而恢复产业乃至整个经济的活力。

确立竞争政策的基础性地位，也是实现创新驱动发展的重要手段。创新是国家强盛和社会进步的不竭动力。目前我国正在实施创新驱动发展战略，推动经济发展迈向中高端水平。竞争是企业创新的动力源泉。只有在公平竞争的市场环境下，面对创新可以带来更大经济利益的动力、不创新就会被市场淘汰的压力，才会最大限度地激发企业家精神和创新活力。实现创新驱动发展的基本着力点，是为创新者营造公平竞争的市场环境，包括坚持平等保护产权，维护各类市场主体在市场准入和退出、参与市场竞争、平等使用生产要素等方面的权利，防止和制止滥用行政权力、滥用市场支配地位等限制竞争的行为,使他们的创新和创业才能得到充分发挥。

以上情况说明,确立竞争政策基础性地位对我国发展具有极端重要性。然而正如国务院《意见》所指出,在我国现实生活中,地方保护、区域封锁、行业垄断、企业垄断、违法给予优惠政策或减损市场主体利益等有违公平竞争的现象还十分严重。反竞争的传统思维定式在部分官员中也还有深远的影响。针对这种情况,建立和实施公平竞争审查制度、防止和纠正妨碍竞争的体制和政策设定,就成为一项十分重要和紧迫的任务。从我国发展的实际情况看,确立竞争政策基础性地位的主要矛盾,是如何有效约束政府行为,明确政府权力边界,解决政府干预过多、滥用"政策倾斜"等问题。公平竞争审查制度的目的正在于此。

国务院的《意见》,为建设我国的公平竞争审查制度做出了顶层设计,现在的问题,是要作出认真的努力,使之落地生根,显出实效。第一,《意见》提出了对公平竞争审查制度的总体要求,也对它的基本原则、审查对象、审查方式、审查标准作出了原则规定。但是,要有序地实施这一审查制度,还必须制定出具有操作性的实施细则。目前距离开始进行公平竞争审查只有很短的时间了,实施细则必须加快进行,才能做到实施时有章可循。第二,从今年7月开始的对有关政策措施制定过程的公平竞争审查工作,将采取政策制定机关自我审查和外部监督相结合的方式进行。为了保证《意见》真正落实,除政策制定机关要切实增强公平竞争意识、充分理解公平竞争审查制度的重要意义、准确把握制度的实施要求外,还需加强外部监督,包括领导机关的监督和社会监督。《意见》指定由国家发展和改革委员会、国务院法制办公室、商务部、国家工商行政管理总局会同有关部门,建立健全工作机制,指导公平竞争审查制度实施工作。有关机关都应当认真执行中央全面深化改革领导小组多次重申的要求,拧紧责任螺丝,把主体责任落实到位,使国务院的有关决定得到贯彻。第三,关于《反垄断法》执法,过去采取分部门进行,并由一个部际非常设机构——国务院反垄断委员会协调。对于这一做法权威性和协调性不足的缺点,过去各界人士多有议论。许多人主张把分立的执法机构整合为一个更具权威性的高级别的统一执法机构。为了提高公平竞争执法的有效性,这个建议也不失为一种值得考虑的选项。

完善产权保护制度的行动纲领[*]

（2016 年 11 月）

近日，中共中央、国务院发布了《关于完善产权保护制度依法保护产权的意见》。这是一个顺应时代潮流、呼应社会期盼的纲领性文件。能否认真执行和不折不扣地实现这一行动纲领，关乎中国经济能否成功应对当前面临的挑战和顺利实现经济发展模式的转型。因此，它的颁布和执行应当引起社会各界的充分关注和全力支持。

归属清晰、权责明确、保护严格、流转顺畅的产权制度，是市场经济和相关制度安排的基础。改革开放以来，我国从 20 世纪 70 年代末、80 年代初在农村建立家庭承包制开始，到 80 年代中后期放开民营经济和 90 年代推进国有企业公司制改革，逐步打破了计划经济条件下国有经济一统天下的僵化体制，建设了多种所有制经济共同发展的产权制度。与此同时，依法保护各种所有制经济产权的需要也日益突出。2003 年十六届三中全会提出"要依法保护各类产权"，"保障所有市场主体的平等法律地位和发展权利"，2004 年将"公民的合法的私有财产不受侵犯"写入《宪法》，再到 2007 年出台《物权法》，标志着产权保护制度正在逐步形成，社会加强产权保护的呼声也不断增强。

但是也要看到，当前我国产权保护状况仍然存在很多值得担忧的问题，与建设统一开放、竞争有序的现代市场经济体系还有相当大的距离。

---

[*] 本文发表于《人民日报》，2016 年 11 月 29 日；又见吴敬琏：《改革大道行思录》，北京：商务印书馆，2017 年，第 111—116 页。

特别是未能实现对不同所有制经济产权的平等保护，公权力侵害私有产权和民营企业资产等现象还时有发生；公有产权受到内部人侵犯和公有资产流失的情况依然在相当范围内存在；侵犯知识产权、严重损害技术创新积极性的行为也易发和多发。这些都会损害人民大众的财产安全感，毁坏社会信心和对未来的良性预期，消磨企业家投资兴业的积极性，对经济社会发展造成负面影响。

目前，我国经济存在一个棘手的问题：相当一部分企业家对自己的财产财富缺乏安全感，对企业前途没有稳定的预期，因而投资兴业的意愿低落。企业家存在这种担忧，原因是多重的，其中的关键是我国产权保护制度存在的问题亟待解决。德国哲学家黑格尔说过，财产权是人的自由意志的最初定在，没有了产权就没有了自由，对财产权的侵犯就是对自由的侵犯。[1] 我国的古语也一语道破，"有恒产者有恒心，无恒产者无恒心"。财产权是中等收入群体对社会信心的主要来源，保护好产权，保障财富安全，才能让他们安心、有恒心，才能稳定他们的预期。

正是基于这样的现实和认识，中共十八大以来，党中央、国务院对加强产权保护提出了一系列新要求。十八届三中全会提出完善产权保护制度，保护各种所有制经济产权和合法利益；十八届四中全会提出健全以公平为核心原则的产权保护制度，加强对各种所有制经济组织和自然人财产权的保护；十八届五中全会提出推进产权保护法治化，依法保护各种所有制经济权益。这次出台的《关于完善产权保护制度依法保护产权的意见》，是十八大以来完善产权保护制度、推进产权保护法治化精神和要求的具体落实，是中共中央、国务院依法保护各种经济组织和公民财产权利的庄严承诺。文件坚持十八大以来强调的"问题导向"，找出出现问题的体制机制和政策上的原因，然后提出有效管用的改革举措来解决问题。《意见》提出，加强产权保护的根本之策是全面依法治国，进一步完善现代产权制度，推进产权保护法治化。强调要坚持五条原则，即（1）坚持对不同所有制经济实行平等保护，公有制经济财产权不可侵犯，非公有制财产权同样不可侵犯；（2）坚持全面保护；（3）坚持依法保护；（4）坚持共同参

---

1 ［德］黑格尔（1821）：《法哲学原理》，范杨、张企泰译，北京：商务印书馆，1961年，第50—58页。

与、做到政府诚信与公众参与相结合;(5)坚持标本兼治,着眼长远,着力当下。其中不少提法具有鲜明的特色,反映了对相关改革认识的深化。

受制于传统体制下把所有制分成"黑白"两类的观念,即使在20世纪中后期开始容许私有经济存在,也仍然把所有制分成三六九等,对不同所有制经济的产权也往往实行不同等保护的差别待遇,对非公有产权的保护弱于对公有特别是国有产权的保护。比如,《刑法》中规定的关于受贿罪、职务侵占罪、贪污罪、侵犯财产罪、破坏社会主义市场经济秩序罪等罪名,存在因所有制主体身份不同而同罪异罚的现象。对侵占国有企业财产行为的惩罚也重于对侵占非公有制企业财产行为的惩罚。十八届三中全会指出,公有制经济和非公有制经济都是社会主义市场经济的重要组成部分;国家保护各种所有制经济产权和合法权益,保证各种所有制经济同等受到法律保护。落实这个要求,相关立法应按照"平等保护"的基本原则调整完善。《意见》根据这个基本原则,要求健全以企业组织形式和出资人承担责任方式为主的市场主体法律制度,统筹研究清理、废止按照所有制不同类型制定的市场主体法律和行政法规,加大对非公有财产的刑法保护力度。这些都是解决现行法律保护不平等问题的重要举措。它的实现,将为构建市场经济所必需的平等竞争环境迈出重要一步。

另外一件需要一定政治勇气和智慧来处理的事情,是甄别和纠正涉及产权的错案冤案。在改革开放的推动下,我国司法体制改革和司法对产权的保护都获得了新的动力,但司法不公、不规范导致产权受到侵害的现象仍然存在。比如,一些公检法机关滥用司法权力,党政领导干部干预司法活动,在没有充分证据和法律依据的情况下,违反司法程序,甚至以"莫须有"的罪名,通过限制人身自由、拘押、恐吓等方式接管民营企业家的资产,以明显低于市场公允的价格拍卖或变卖民营企业涉案财产。上述行为造成了一些侵害产权的错案冤案,严重损害了政府和司法机关的公信力,社会反映强烈。《意见》提出,要坚持有错必纠,对涉及重大财产处置的产权纠纷申诉案件、民营企业和投资人违法申诉案件依法甄别,确属事实不清、证据不足、适用法律错误的错案冤案,要依法予以纠正并赔偿当事人的损失。为了维护法律尊严和司法权威,经济案件中的错案冤案应该依法予以纠正,尤其是对社会反响较大、存在疑点较多的案件,甄别和纠正若干典型案例,有利于给社会以法治引导,唤起社会各界对保护产权的普遍认知,让大众感受到公平正义。

与此相联系,还有一个妥善处理在法治不健全的情况下民营企业经营不规范的问题。长期以来,特别是在改革开放的早期阶段,各类企业特别是民营企业在成长过程中往往存在一些"灰色"经营甚至违法行为。一旦企业涉案,容易新账旧账一起算。对此,一些民营企业忧心忡忡,也造成一些人心思不定、投资意愿不强,向外转移财产。《意见》提出,要严格遵循法不溯及既往、罪刑法定、在新旧法之间从旧兼从轻等原则,以发展眼光客观看待和依法妥善处理改革开放以来各类企业特别是民营企业经营过程中存在的不规范问题。按照这样的方向性要求来处理既往问题,更有利于稳定社会预期和增强企业家的安全感。

《关于完善产权保护制度依法保护产权的意见》的出台,为建设现代产权制度、依法平等保护各类法人和自然人财产权利提供了一个良好的行动纲领。不过正如马克思所说,"一步实际运动要比一打纲领更重要"[1]。为了完成这一宏大的事业,仅仅有一个好的纲领是不够的,重要的是采取实际行动,把各项改革措施落到实处。在我看来,为了把《意见》落到实处,需要动员社会各方力量做好以下几件事:

第一,开展全民性的学习运动。我国历史上缺乏法治传统。人民大众特别是部分领导干部缺乏法治观念,常常对建设法治国家形成障碍。因此,应当利用贯彻执行《意见》的机会,在全体人民特别是领导干部中开展一次普法学习和教育运动,形成尊重法律、捍卫法律、抵制一切违反法治和破坏产权行为的全民共识。

第二,根据《意见》要求完善有关的法律制度。在改革开放以前崇尚"和尚打伞、无发(法)无天"思想的影响下,我国的法律制度是极不完备的。改革开放以来我国的法律制度逐渐完备起来。但是直到现在,与现代法治观念和现代产权制度不相吻合的地方还是所在多有,亟须加以完善。有了比较完备的法律,还需要制定法律的实施细则和执法活动的种种规程。

---

1 马克思(1875):《哥达纲领批判》,中央编译局译,北京:人民出版社,1965年。

第三,大力推进法治政府和政务诚信建设。各级政府和政府工作人员必须守信践诺,在产权保护上起模范作用。保护产权是在社会主义市场经济条件下更好发挥政府作用的重要内容。但从实践来看,一些党政机关在保护产权的作用发挥上还很不够,甚至存在由于政府自身的不当行为造成企业和公民财产权受到侵害的现象。保护产权,政府必须带头作出表率。正如《意见》指出的,各级政府及有关部门要严格兑现向社会及行政相对人依法作出的政策承诺,认真履行在招商引资、政府与社会资本合作等活动中与投资主体依法签订的各类合同,不得以政府换届、领导人员更替等理由违约毁约。确因公共利益或者其他法定事由需要改变政府承诺和合同约定的,要严格依照法定权限和程序进行,并对企业和投资人因此受到的财产损失依法予以补偿。在完善财产征收征用制度方面,着力解决征收征用中公共利益扩大化、程序不规范、补偿不合理等问题。

虽然所有这一切都需要付出极大的努力、克服种种困难和障碍才能做好,但我相信,随着《意见》提出的各项改革措施的落实,我国社会主义市场经济的法治建设必将迎来一个更加光明的未来。

改革方向已明，关键在于执行[*]

（2016 年 12 月）

　　这一届"财新峰会：改革执行力"在它的预告广告上引了我的一句话，叫作"方向已明，关键在执行"。这是我在议论年末岁首应当讨论什么主题的时候对当前大势作出的判断。

　　我作出这个判断，针对的是另外一种意见，它认为，现在中国面临着很大的不确定性，因此选定方向就成为一个重要的问题。我不大同意这种意见。我认为什么是正确的方向早就已经明确，关键在于认真执行。

　　我为什么作出这样的判断？

　　关于我们国家的前进方向，2012 年的中共十八大作出了规定，这就是："以更大的政治勇气和智慧，不失时机深化重要领域改革"；在经济方面是"坚持社会主义市场经济的改革方向"，"处理好政府和市场的关系"，"更大程度更广范围发挥市场在资源配置中的基础性作用"；在政治方面是"加快推进社会主义民主政治制度化"，"实现国家各项工作法治化"。上述方向的正确性是毋容置疑的。紧接着，2013 年的十八届三中全会按照十八大指出的方向为建立统一开放、竞争有序的市场体系制定了顶层设计、路线图和时间表，并且环绕这一中心任务，安排了三百几十项具体的改革任务。这两年，一些项目的改革方案也陆续下达。

　　那么，是不是因为情况发生了变化，原定的改革方向、顶层设计和实

---

[*]　本文是本书作者 2016 年 12 月 3 日在"第七届财新峰会：改革执行力"上的发言，见吴敬琏：《改革大道行思录》，北京：商务印书馆，2017 年，第 94—97 页。

施方案需要作出原则性的改变呢？我看不出来有这样做的理由。近来有一种议论，认为由于大数据技术的发展，计划经济将会成为较之市场经济更为优越的体制。然而与这种议论相类似的所谓"电子计算机社会主义"的说法，早在40多年前就在苏联等国流行过。不过当一些国家按照这种蓝图建立起全国联网的计算机网络后，并没有克服计划经济所固有的信息机制，特别是激励机制的缺陷，直至经济崩溃，它的绩效也毫无起色。尽管近年来网络技术有了进一步的提高，但说计划经济会因此变得优越，恐怕仍然只是一个有待证明的假说，我们大可不必因此而改变原定的经济发展方向和全面改革计划。

应当承认，我国经济发展的实际情况与预定的目标相比较还有一定的距离。例如"三去一降一补"（去产能、去库存、去杠杆、降成本、补短板）中"去杠杆"的任务就完成得不太好。成绩不够理想的原因，并不在于把市场化改革和政府职能改革作为促进经济结构优化的主要动力这一设想有什么差错，或者改革方案的设计有大的纰漏，而在于改革计划的执行情况不尽如人意。

比如，最近一年多来，发布了一些方面改革的实施方案。它们设计得很好，提出了一些重要的改革措施，问题只在于如何保证它们能够不折不扣地得到执行。

例如，2015年10月中共中央、国务院发布了《关于推进价格机制改革的若干意见》，要求到2017年竞争性领域和环节价格要基本放开，到2020年市场决定价格机制基本完善。《意见》部署的这项改革极其重要。《意见》规定的步骤也完全可行。但是由于涉及一些机构和个人的既有权力和利益，实施起来可能就会有许多困难和障碍。现在看来，虽然时间紧迫，但进展不快，离原定目标还有相当大的距离。

另一个重要文件，是2016年6月国务院发布的《关于在市场体系建设中建立公平竞争审查制度的意见》。前面讲到的价格机制改革文件里有一句很重要的话，就是要"逐步确立竞争政策的基础性地位"。在过去几十年中，处于经济政策基础性地位或中心地位的，是政府直接介入资源配置的所谓"选择性的产业政策"。要使竞争政策取代产业政策成为基础性的政策，我们要做的第一件事就是按照6月文件的要求，从2016年7

月1号开始对所有新出台的政策预先进行公平竞争审查。如果有违反公平竞争原则的地方，必须进行修改，否则不能出台。接着还要进一步对原有的各种政策和制度进行公平竞争审查。凡是不符合公平竞争原则的，都要改掉。这是一个令人鼓舞的文件，但是细读有关报道，总觉得它的执行措施还不够有力。第一，文件要求从7月1日起按照《意见》规定的公平竞争标准进行审查，然而至今没有公布进行这一审查的实施细则。这就会使审查变得无章可循。第二，反垄断执法长期存在的多部门执法、反垄断委员会作为一个非常设机构权威性不够的问题没有得到解决。第三，为了建立健全公平竞争审查保障机制，中央要求把自我审查和外部监督结合起来，加强社会监督，但由于没有对外部监督和社会监督制度作出具体安排，就存在使审查形同具文的危险。

2016年11月公布的《中共中央国务院关于完善产权保护制度依法保护产权的意见》涉及的范围更广，其中的许多规定切中重要时弊，因此，完善地执行这个文件意义重大，任务艰巨。例如对全民的普及教育，树立平等保护各种所有制产权的意识，抓紧甄别社会反映强烈的错案冤案，严格遵循法不溯及既往、在新旧法之间"从旧兼从轻"原则，等等，都是繁重艰巨、涉及立法司法等多个组织和部门的任务。没有很强的执行力，是很难把这些好的改革措施落到实处的。

总之，现在方向已经明确，重要的问题是加强执行力，克服困难和障碍，把正确的方针、好的顶层设计和实施方案落实到位。

改革开放四十年：理论探索与改革实践携手前进*

（2018 年 8 月）

四十年的改革开放使中国经济社会发展取得了举世瞩目的成就。回首这一历程可以清楚地看到，这是一个理论探索与改革实践携手共进的过程。改革开放，首先是观念的开放。思想不改变，行动就无法调整。改革思想不断演变和清晰，正是推进改革实践的基础。凡是理论探索和改革实践配合得好的时候，改革就能取得比较大的进展，对发展的正面效应也比较大；反之，改革和发展就容易遭到挫折。每当改革开放在方针、政策和思路上需要进行重大抉择之时，无一例外，都伴随着改革理论的热烈讨论。正确思想之光照亮了未来的道路，使改革开放能够避开险阻，走上坦途。

为改革开放提供理论资源

理论探索与改革实践之间保持这种紧密的正相关关系并非偶然，而是与人类活动具有自觉性的本质特点有关。马克思曾经用建筑师和蜜蜂的比喻形象地描述过人类活动的这个特点。他说："最蹩脚的建筑师从一开始就比最灵巧的蜜蜂高明的地方，是他在用蜂蜡建筑蜂房以前，已经在

---

* 这是本书作者为樊纲、易纲、吴晓灵、许善达、蔡昉主编的《50 人的二十年》（北京：中信出版集团，2018 年，第 1—16 页）一书所写的序言。

自己的头脑中把它建成了。劳动过程结束时得到的结果，在这过程开始时就已经在劳动者的表象中存在着，即已经观念地存在着。"[1]

任何国家的经济体系都是一个极其错综复杂的巨系统。因此，体制改革是一项巨大的社会工程。它的目的，是要改变制度安排、理顺激励机制。为了达到这个目的，改革者就必须对改革对象的状况和演变规律有深切的了解，对自己的行动有一定的规划，而不能像心灵手巧的农夫打造家用物件那样，"草鞋无样，边打边像"。

那么，这种在改革行动之前的认识是从哪里来的？中国传统教科书的回答倒也简单明快，"从实践中来"，叫做"先投入战斗，然后便见分晓"。但是这样一来，改革的行动就缺乏明确的目标，甚至容易变成盲动。其实这里存在一个对人类认识来源和个体认识来源混淆的问题。说人类的认识都来源于实践，这大概是不错的，但是对每一个个体或者每一代人来说，却不能局限于自身的亲见亲知，而要借助于语言这一强大的工具，把人类历代的认识成果传承下来，这样才能站在前人的肩上观察世界和改变世界。所以，还是恩格斯说的正确："只有清晰的理论分析才能在错综复杂的事实中指明正确的道路。"[2]为了找到正确的改革道路，就必须立足于本国实际，认真学习和鉴别前人的理论成果，形成自己的改革理论，并在正确认识的基础上制定改革的方针、方案和实施方略。

问题在于，中国在 20 世纪 70 年代末期不得不启动改革开放时缺乏必要的理论储备。1976 年，一些不满于极"左"路线倒行逆施的领导人采取果断措施结束"文化大革命"和"全面专政"，为中国发展赢得了新的机会。当时的中国社会濒于溃败，启动改革、救亡图存已经变得十分急迫，然而由于"左"的路线的钳制，思想市场被强制关闭，以及与国际学术界的长期隔绝，社会科学和人文学科陷于荒芜衰退的困境，理论界和思想界就很难承担起为改革开放提供学理基础的重任。在这种情况下，采取的策略是"摸着石头过河""走一步，看一步"。中国派出了大批考察团出国考察，借鉴外国的发展经验，引入别人的成功做法，例如设立对外开放特区

1　参见马克思(1867)：《资本论》第 1 卷，北京：人民出版社，2004 年，第 208 页。

2　恩格斯(1890)：《致康拉德·施米特》，见《马克思恩格斯全集》第 37 卷，北京：人民出版社，1971 年，第 283 页。

等。这些举措取得了明显的成效,经济增长也开始止跌回升。但是,这只是一些局部性的改进。事实上,如果不对过去的错误理论和错误政策进行认真的反思,就不可能变革封闭僵化的体制,也很难走出一条持续稳定发展的新路。

1978 年中期,在时任中共中央党校副校长和中共中央组织部部长胡耀邦的领导和组织下,以《光明日报》发表《实践是检验真理的唯一标准》为开端,在全国范围内开展了一场广泛深入的思想解放运动。这场运动在极"左"路线的思想禁锢和舆论钳制的铜墙铁壁上打开了一个缺口,社会科学和人文学科的讨论和研究开始活跃起来。不少学者努力通过汲取经济学的新成果和频繁的国际交流[1]更新自己的知识结构。20 世纪 80 年代中期以后,一些受过现代经济学训练的年轻经济学家也陆续参加进来。经济学家群体积极参与了 80 年代改革目标模式的讨论,也助推了 90 年代的改革重启。

90 年代中期开始的经济体制的整体改革,对经济理论在深度和广度上的发展提出了更高的要求。正是在这样的情况下,刘鹤、樊纲、易纲等经济学界有识之士在 1998 年发起组织汇聚了一大批热心改革的经济学家的"中国经济 50 人论坛",论坛成为经济学界汇聚思想、探讨问题、提出政策建议的一个重要平台。

社会经济现象复杂多变,常常显得扑朔迷离,人们难以看清真相和掌握规律。在这种"善未易明,理未易察"的境况下,论坛学术委员会组织研讨时特别注意了不因观点分歧而排斥持有不同意见的学者,包括持有偏激意见的学者,使论坛能够保持惠风和畅的讨论气氛并达到集思广益的目的。

中国经济学家不仅围绕经济社会的发展,以及改革面临的热点、焦点和难点问题展开了研究讨论,也为中国改革思路、重要领域改革政策制定

---

1 仅仅 1980 年夏季到 1981 年夏季,中国社会科学院经济研究所就举办了由中外知名专家授课、来自全国各地经济学者参加的"数量经济学讲习班""国外经济学讲座""发展经济学讲习班"等三个大型讲习班。当时,由 P. 萨缪尔森著、高鸿业译的《经济学(第十版)》(北京:商务印书馆,1981 年)和 L. 雷诺兹著、马宾译的《微观经济学:分析和政策》(北京:商务印书馆,1982 年)、《宏观经济学:分析和政策》(北京:商务印书馆,1983 年)几乎成了经济学家人手一本的必读书。

提供了丰富的理论资源。

我想举几个自己感受较深的事例来说明这一点。

选择合理的改革目标

第一个例子,是改革目标模式选择的理论突破。

以 1978 年 12 月的中共十一届三中全会为标志,中国进入了改革开放的新时代。变革的基本趋势,无疑是根据国外考察所获知的世界潮流,强调增强价值规律的作用,发展"商品经济"[1]。不过总的来看,在 20 世纪 80 年代初期,强调中国经济的计划经济性质,加强国家计划的统一领导,还是理论和政策的基调。在这一基调下,改革还远远不是在整个经济体系内系统地进行,而只能是着重于个别部门或个别方面的政策调整。例如,在对外经济关系方面,从放松贸易垄断到允许外国投资进入中国建立合资企业,等等。即使在某些部门或某些地区带有制度变迁性质的改革,例如安徽、四川等地允许土地承包,也采取了不改变基本经济制度、只对某些政策实行"变通"的形式。

虽然这种变通性的政策调整也取得了一定的成效,使原已陷于衰退和混乱的经济重新振作起来,步入发展的轨道,但是人们很快发现,仅仅依靠变通性的政策调整,并不足以实现中国振兴。正像邓小平在谈到 1984 年中共十二届三中全会议题时所说的:中国需要进行的,是不仅包括农业,也包括工业、商业、服务业、科学、文化、教育等领域"整个经济体制的全面的、有系统的改革"[2]。显然,这样一种全面的、有系统的改革,不是靠"摸着石头过河"和"走一步、看一步"能把握的。于是,在 20 世纪 80 年中期,开展了一场参与人员众多的"改革目标模式"大讨论。

80 年代中期的讨论,是在中共十二届三中全会《关于经济体制改革的决定》确定的"社会主义有计划的商品经济"的改革目标的基础上进行

1　"商品经济"是对市场经济的俄语称谓,在改革开放初期讨论中国经济改革的目标模式时,为了回避意识形态的风险,中国经济学家一般都把市场经济称为"商品经济"。

2　参见邓小平(1984):《在中华人民共和国成立三十五周年庆祝典礼上的讲话》《我们的宏伟目标和根本政策》,见《邓小平文选》第 3 卷,北京:人民出版社,1993 年,第 70、78 页。

的。在讨论中,对于如何解释"有计划的商品经济",提出了市场社会主义("苏联东欧模式")、政府主导的市场经济("东亚模式")、自由市场经济("欧美模式")等不同主张。对于各种模式的利弊优劣,各界人士根据历史实绩和自己的价值判断作出了不同的判断。[1]

1985年9月,由国家体改委和中国社会科学院召开的"宏观经济管理国际讨论会"("巴山轮"会议),对于多种多样的经济模式进行了理论上的梳理。匈牙利科学院和哈佛大学的雅诺什·科尔奈教授关于各国经济模式可以分为"直接行政控制"(ⅠA)、"间接行政控制"(ⅠB)、"自由放任的市场协调"(ⅡA)和"有宏观经济管理的市场协调"(ⅡB)等四个类型的分类法被与会者认同。多数学者认为,ⅠA和ⅡA都是不可接受的。中国改革只能在ⅠB和ⅡB之间作出选择。[2]

早在1985年7月对中国共产党全国代表大会将要制定的《中共中央关于制定国民经济和社会发展第七个五年计划(1986—1990年)的建议》草稿的讨论中,有的经济学家对该《建议》单项突出搞活国有企业的改革提出了不同的意见,认为有计划的商品经济是一个由多种元素组成的有机整体,"它的基本环节是三个:(1)自主经营、自负盈亏的企业;(2)竞争性的市场;(3)以间接调节为主的宏观调控体系。这三方面的改革要同步前进。"[3]这一建议为代表会议接受,在《建议》中作出了如下的论断:"建立新型的社会主义经济体制,主要是抓好互相联系的三个方面:第一,进一步增强企业特别是全民所有制大中型企业的活力,使它们真正成为相对独立的,自主经营、自负盈亏的社会主义商品生产者和经营者;第二,进一步发展社会主义的有计划的商品市场,逐步完善市场体系;第三,国家对企业的管理逐步由直接控制为主转向间接控制为主"。[4] 这为市场取向的

1 参见中国经济体制改革研究会编:《宏观经济的管理和改革——宏观经济管理国际讨论会言论选编》,北京:经济日报出版社,1986年。

2 参见郭树清、赵人伟整理:《宏观经济管理国际讨论会专题报告(1):目标模式和过渡步骤》,同见上书,第16—23页。

3 吴敬琏:《单项推进,还是配套改革》[对《中共中央关于制定第七个五年计划的建议(1985年7月12日第五次草稿)》的意见],见《吴敬琏文集》,北京:中央编译出版社,2013年,第313—314页。

4 参见中共中央文献研究室编:《"十二大"以来重要文献选编(中)》,北京:人民出版社,1986年,第821页。

改革树立了较为清晰的目标,意味着中国领导人选取了"有宏观经济管理的市场协调"(ⅡB模式)作为中国经济改革的目标模式。

不过,后来事情发生了变化。1986年10月以后,当时的领导人越来越倾向于认为,价格问题不可能在短时期内解决,搞活企业才是经济体制改革的出发点和立足点。而且指出这是中国改革的基本理论和基本实践,不能动摇;只有在解决搞活企业这个大前提的情况下,才能解决财政、价格、工资、税收、计划的配套问题。此后,在国有经济中推行企业承包责任制就成了改革的主线。

在这样的情况下,形成一个什么样的经济体制就成为必须重新考虑的问题。经过国家计委和国家体改委等领导机关的反复讨论,党政一线领导决定采纳国家计委研究机构领导成员提出的"国家调控市场,市场引导企业"或"国家掌握市场,市场引导企业"的"计划与市场相结合"模式建议,把"有计划的商品经济"的"运行机制"确定为"国家调节市场,市场引导企业"。国家按照自己的意图运用一整套协调财政、金融、税收、外贸和外汇等的选择性产业政策去改变市场参数,再由这个在政府管控下的市场去"引导"企业作出经营决策。

不过这样一来,改革的目标模式也就由"有宏观经济管理的市场协调"模式,退回到了"间接行政控制"模式。

这种情况直到20世纪90年代初期才发生了改变。

在1991年10月到12月中共中央召集的讨论国内国际重大问题的系列座谈会上,与会经济学家在与江泽民总书记的对话中,令人信服地论证了确立社会主义市场经济改革目标的必要性。[1] 接着在1992年邓小平"南方谈话"的推动下,社会主义市场经济终于被中共十四大确立为中国的改革目标。根据中共十四大建立社会主义市场经济体制的决定,朝野的众多研究机构和研究人员提出了如何进行改革的建议。中共中央在研究和采纳有关建议的基础上,制定了《中共中央关于建立社会主义市场经济体制若干问题的决定》草案。1993年11月的中共十四届三中全会审议

---

1 参见陈君、洪南(2012):《江泽民与社会主义市场经济体制的提出》,北京:中央文献出版社,2012年。

通过了这一《决定》，就把十四大确定的经济体制改革目标和基本原则加以系统化、具体化。《决定》是我国建立社会主义市场经济体制的总体规划，也是 90 年代进行经济体制改革的行动纲领，对改革开放产生了重大而深远的影响。

关于工业化道路和增长模式的大讨论

第二个例子，是参与"中国应当选择什么样的工业化道路和经济增长模式"的大讨论。

主要依靠投资支撑经济增长造成的种种严重问题长期困扰着中国发展。虽然"九五"（1996—2000 年）计划提出实现经济增长方式从粗放型向集约型转变的要求，并取得了一定的成效，但增长方式没有实现计划所要求的根本转变。21 世纪初期，我国城市化迎来了一次新的高潮。各级政府通过土地批租，手中积累了大量资源。于是，一些地方据此进行大规模投资，掀起兴建以造大城为主要内容的"形象工程"和"政绩工程"的热潮。与此同时，一些经济学者根据"工业化的后期阶段将是重化工业阶段"的所谓"霍夫曼定理"，为产业重型化找到了理论依据。

这种用海量投资提振增长速度的做法和"重化工业化"的说法，受到一些经济学家的质疑。他们指出，所谓"霍夫曼定理"并不是一个真正的科学定理，而只是德国经济学家霍夫曼根据某些西方国家工业化早期和中期阶段的经验数据进行外推提出，但被后来的实际发展所否定的一个假说。事实上，从 19 世纪末期开始，先行工业化国家逐步实现从早期增长模式向现代增长模式的转变，工业化中后期的产业结构特征并不是重化工业的兴起，而是服务业的兴起。而工业化道路的偏离和经济增长方式的进一步恶化，将在中长期导致严重的后果。

两种观点对垒，引发了一场激烈的争论。

于是，选择什么样的工业化道路和经济增长模式，就成为"十一五"规划必须明确回答的重大命题。为了厘清问题，50 人论坛在 2005 年 4 月 25 日召开了以"'十一五'规划与转变增长方式"为主要议题的第 14 次内部研讨会。在这次会上，首先由参加"十一五"制定工作的国家发改委规划司司长杨伟民介绍了拟制"十一五"规划的主要思路和对一些重大问题的考量。我本人随后围绕研讨会的主要议题做了主题发言。然后，多位论坛成员和论坛企业家理事会成员发表了自己的评论。尽管角度和关注点或有不同，但经过热烈的讨论，大家对中国"十一五"时期的重要任务也有了更清晰、更深刻的认识。随着向社会传播这一观点，以及对中国未来工业化道路和增长方式选择问题的讨论的日益深入，主张要转变经济增长模式的经济学家、政府官员和社会人士越来越多。

在政、产、学三界人士的共同努力下，"十一五"规划最终确定以推进经济增长方式从粗放型向集约型转变作为经济工作的主线。

在全国人民代表大会正式批准"十一五"规划以后，经济学界继续为廓清"十一五"规划执行过程中提出的理论问题而努力。其间，50 人论坛成员蔡昉教授提出，后来为学界普遍认同的两个"刘易斯拐点"的理论，以及中国即将迎来第二个刘易斯拐点，富余劳动力无限供应即将消失的论断，就是一个突出的事例。从 2004 年开始，许多媒体就报道了一些地区出现的"民工荒"的情况。蔡昉教授经过在全国各地的实地调查和深入的理论分析，在中国经济 50 人论坛 2007 年 7 月的"田横岛论坛"上，提出了"中国经济迎来刘易斯转折点，人口红利即将消失"的观点。

蔡昉教授的这一研究，不但具有实际意义，而且具有理论意义。就前者而论，他较早提醒各界关注我国经济发展阶段发生的必然性变化，甚至可以说为中国经济增长进入新阶段提供了经验背景。就后者而言，它深化了诺贝尔经济学奖获得者 A. 刘易斯（William A. Lewis）提出的二元经济和劳动力转移理论，因此，蔡昉教授的论说受到好几位国际著名经济学家的关注，并且受邀在国际经济学会的圆桌会议上发表演讲。特别值得一提的是，已故斯坦福大学教授青木昌彦在世时对蔡昉教授的研究成果表现出了高度重视。如同大家所知，青木昌彦教授 2015 年 3 月在北京的几个重要论坛上发表过一篇题为《对中国经济新常态的比较经济学观察》的著名论文[1]。青木昌彦教授在论文中指出，从供给侧观察中国经济发展

1　参见青木昌彦：《对中国经济新常态的比较经济学观察》，载《比较》辑刊，北京：中信出版集团，2015 年第 2 辑（总第 77 辑）。

可以发现,富余劳动力从农村到城市转移的过程(他把这一过程叫做"库兹涅茨过程")已经趋于结束,因此,必须通过技术创新和体制改革,提高全要素生产率(TFP),这才是可持续增长的唯一源泉。从青木昌彦教授的论述中,可以清楚地看到他在与蔡昉教授频繁交流中形成的思想。

为研制改革总体方案提供学术支持和工作建议

第三个例子,是为中共十八届三中全会制定《中共中央关于全面深化改革若干重大问题的决定》(以下简称《决定》)提供学术支持和工作建议。

2012 年 11 月的中共第十八次全国代表大会选出了新一届中共中央委员会,作出了以更大的政治勇气和智慧全面深化改革的重要决议。紧接着,新当选的中共中央总书记习近平在年末的中央经济工作会议上提出,"要深入研究全面深化体制改革的顶层设计和总体规划,明确提出改革总体方案、路线图、时间表"。

习近平总书记的上述要求,无异于给关心、支持改革的人们一道号召书和动员令,鼓励他们积极参与这一关系国家命运和前途的顶层设计和总体规划的研究制定工作。

50 人论坛的成员也采取了积极的行动。2013 年 2 月召开的论坛年会,就以"改革的重点任务和路径"作为主题进行讨论。我与另两位论坛成员郑秉文、曹远征分别做了"当务之急:研究制定全面深化改革的总体方案""未来十年社会保障的改革重点和改革路径""价、财、税配套改革"的主题发言。会议建议采取以下的步骤来研制改革的总体方案:问题导向,探寻造成矛盾的体制原因,提出需要改革的项目;市场经济的子系统,例如财政、金融等分类汇总需要进行的改革,提出各子系统的改革方案;经过筛选,将各方面提出的改革要求汇编成一个"最小一揽子改革方案"。[1]

年会之后,根据中央财经领导小组办公室的要求,50 人论坛组织论

---

1 参见吴敬琏(2013):"当务之急:研制全面深化改革的总体方案",载吴敬琏:《直面大转型时代》,北京:生活・读书・新知三联书店,2014 年,第 221—223 页。

坛成员对一组改革课题进行研究,它们分别是:《改革：总体思路和当前举措》(吴敬琏负责),《城市化、农民进城与农村土地制度改革的统筹思考》(周其仁负责),《界定政府与市场、政府与社会的关系与其相关的改革建议》(吴晓灵负责),《社保体制改革的路线图和时间表》(宋晓梧、蔡昉负责),《中国资本账户开放与管理的顶层设计：路线图与时间表》(曹远征负责),《国有资产资本负债管理体制与国有资产所有者代表机制的改革》(李扬负责),以及《保护私有产权,发展民营经济,打破国有垄断相关制度改革与政策调整建议》(魏杰负责)。

这七项研究课题,都是中国改革所面临的重点和难点问题。学者们在各自熟悉的领域进行了深入调查和细致研究,写出了研究报告初稿。然后经过 4 月 6 日论坛第 47 次内部研讨会的讨论,最后形成定稿,送交即将成立的十八届三中全会文件起草小组参阅。

改革开放正未有穷期

《中共中央关于全面深化改革若干重大问题的决定》既高屋建瓴地提出,"要紧紧围绕使市场在资源配置中起决定性作用深化经济体制改革,坚持和完善基本经济制度……推动经济更有效率、更加公平、更可持续发展",又谨慎务实地规划了经济、治理、文化等多方面改革的具体步骤,是一个思想缜密、措施得当的纲领性文件。因此,它受到朝野内外的普遍赞誉和支持。

不过我们也清醒地认识到,通过一个好的决议并不意味着改革立即大功告成。全面深化改革必然面临种种阻力和障碍,它们既来自旧的意识形态,也来自权力寻租特殊既得利益者,还有来自不断变化的内外部环境。面对这些阻力和障碍,必须像中共十八大以来一再重申的那样,以极大的政治勇气和智慧努力地推进。

改革开放四十年,尽管有波折甚至回潮,但历史的大逻辑决定了它还是要沿着市场化、法治化、民主化的取向前行。回首四十年,经济改革的主题是政府和市场关系的不断调整,是沿着"商品经济为辅"到"决定性作用"的方向前进。凡是市场取向改革取得实质性突破的时期,经济社会都取得了较快的发展，人民生活质量也有显著提升。但有时会囿于旧有的概念和口号，出现摇摆甚至倒退；也会以文件落实文件，在原地踏步，走了弯路甚至回头路还茫然不觉。这种状况必须得到改变。当出现这些负面现象的时候，我们必须坚定不移地推进改革，消除影响社会经济发展的"体制性障碍"。只有这样，才有可能实现效率的提高、结构的改善和持续的发展。

从经济改革来说，我们就面临着坚决执行中共十八届三中全会总体规划的重大而艰巨的任务。

第一，构建统一开放、竞争有序的现代市场体系，仍然是改革的核心任务。为了实现这一目标，必须从政治、经济、法治等多方面下手。保护产权、厉行法治都是题中应有之义。目前仍然存在的大量行政保护、政商勾结以及滥用市场支配地位的行为，也必须通过竞争政策的完善和执法体系的加强加以消除。

第二，党政领导机关要在营造良好营商环境和提供有效公共服务等方面认真负起自己的责任。当前政府在"放管服"改革方面已经取得一些进展。现在需要注意的，一是要防止回潮，二是改革要继续向纵深发展，更大范围实施市场准入负面清单和政府职权正面清单，真正做到企业和公民个人"法无禁止即可为"、党政机关"法无授权不可为"。

第三，国有企业改革要力求披荆斩棘，通过深水区。目前国有企业依然掌握着大量重要经济资源，并且在许多行业中处于垄断地位。保持和强化这种格局难免压缩其他经济成分的生存空间，妨碍公平竞争市场的形成，并使整个国民经济的效率难以提高。如何根据中共十五届四中全会"有进有退""有所为有所不为"的要求实现所有制结构的调整，并按照中共十八届三中全会的《决定》，实现国有企业管理从"管人管事管资产"到"管资本为主"的转变，还有一系列认识问题和实际问题需要解决。

第四，继续推动对外开放，参与构建人类命运共同体。以开放促改革的发展是中国改革的一条基本经验。在当前反全球化的潮流在个别群体中流行的情况下，中国必须积极落实中国领导人向国际社会提出的倡议，反对各种保护主义，放宽外资市场准入，促进公平竞争，建设高标准的自由贸易区网络。自贸试验区是具有全局意义的试验，其重大意义并不在于给予某些地区政策优惠,而在于营造市场化、国际化、法治化的营商环境,进一步释放开放红利。

改革开放四十年的经验一再证明,改革实践需要改革理论的指引和支撑,理论和实践必须携手共进。中国经济 50 人论坛成立二十年来,论坛同仁秉承公益性、独立性的理念,聚焦政策研究,对于中国改革和经济社会发展的重大问题,都能有声、有为,贡献自己的一份思想力量。在今后的改革开放征程中,我们仍将秉持论坛成立时的初心,兴独立思考,引源头活水,纳百川入海,为人民再立新功。

总之,改革正未有穷期,让我们共同努力!

坚持市场化、法治化的改革方向 [*]

（2018 年 9 月）

非常高兴迎来改革开放四十年和中国经济 50 人论坛成立二十年这个喜庆的日子，我想讲五点意见。

第一点，最好的纪念方式就是认真地回顾这四十年的历程，总结经验和教训，从中找出取得伟大成就的原因，找准前进的正确方向和路径，坚定不移，砥砺前行。

第二点，改革开放四十年的基本经验和教训是什么？可以从各个角度去观察和界定。我个人认为，这四十年的主要经验和教训就是一定要坚持市场化、法治化的改革方向，而且用适合中国国情的方法去执行这样的任务。在这四十年中，凡是市场化、法治化改革推进得比较好的时候，中国经济增长的质量和速度都表现得比较好，人民群众的福利得到较多提高，社会和谐的气氛能够保持甚至改进；反过来说，当市场化、法治化改革进行得不顺利甚至出现曲折的时候，社会主义建设事业就会遇到挫折，各方面的进步出现减慢甚至倒退。

第三点，由于改革是在一个目标的指导之下曲折地前进，四十年的过程中就有很多波折和起伏，研究这些波折和起伏能够使我们提高对改革经验和教训的认识深度。

70 年代末期开始改革时，大家觉得总的方向应当是市场取向，当时

---

* 2018 年 9 月 16 日下午，中国经济 50 人论坛主办的"纪念中国经济改革开放四十年暨 50 人论坛成立二十周年学术研讨会"在北京钓鱼台国宾馆举行，主题为"新时代改革开放的新使命"，本文根据本书作者在此次会议上的发言整理而成。

的说法叫做"计划经济和市场经济相结合"。但是,市场经济到底是什么样的?由于我们跟经济学主流已经隔绝多年,基本上是用前苏联的那套政治经济学框架在分析问题,对计划经济的缺陷和市场经济的内容认识都不太清楚,于是出现了80年代初期向"计划经济为主、市场调节为辅"的转向。

1984年总结了经验之后,认识进了一步。十二届三中全会确定了改革的目标是建立"社会主义商品经济"或者叫"有计划的商品经济"。但是当时对于什么是"社会主义商品经济"或者"有计划的商品经济"存在不同的理解。经过80年代中期的反复讨论,1985年中共全国代表会议通过的《中共中央关于制定国民经济和社会发展第七个五年计划(1986—1990年)的建议》明确经济改革包含三项内容,即自主经营、自负盈亏的企业,竞争性的市场体系,以及以间接调节为主的宏观调节体系。通常被领导上叫做"七五三条"的体制,实际上也就是科尔奈分类法所说的有宏观经济管理的市场协调,或称ⅡB模式。可是,1987年又改成了另外一个模式,即"国家调节市场、市场引导企业"的"计划与市场相结合"模式。按照科尔奈的分类,这就是间接行政控制(ⅠB)的模式。经济理论和社会主义国家的改革经验都表明,这是一种不成功的模式。它的影响一直延续到后来。

1988和1989年的风波以后,又出现一次曲折,一些人认为十三大的模式没有突出计划,要求改回到"计划经济为主、市场调节为辅"。小平同志说"一个字不能改",于是,正式的提法就变成了"计划经济与市场调节相结合"。经济的性质还是计划经济。在这个框架下,出现了三年经济衰退。

这次曲折促成了1992年的中共第十四次全国代表大会明确改革的目标是社会主义市场经济,特别是十四届三中全会制定了"50条纲领",确定了要建立统一、开放、竞争、有序的市场体系,使市场能够在资源配置中起基础性作用。这个决定的贯彻使中国经济在世纪之交实现了腾飞。

但是,2006年以后又出现了新的曲折,就是一些人极力主张强化国家对市场的掌控和国有经济的控制力量,甚至出现了某些"国进民退"的现象。不过这个曲折也促使十八次全国代表大会作出"以更大的政治勇气和智慧,不失时机深化重要领域改革"的历史性决定,十八届三中全会制定了"60 条"改革的行动纲领,这个行动纲领比十四届三中全会的决定更加丰满、准确。确定改革的目标是使市场在资源配置中起决定性作用。336 项改革覆盖了社会生活的各个方面,所采取的措施也是恰当的。

虽然经历了很多曲折,所幸的是,经过每一次曲折,我们都上了一个新的台阶。现在应该在这样的基础上,把十八大以来作出的各项决定真正落实到位。

第四点,由于改革没有完全到位,经济发展方式转型也没有到位,所以出现了一些棘手的问题。我把当前宏观经济态势形容为一种翘翘板式的运行状态。也就是说,主要靠大量投资去拉动经济增长,而大量投资又造成过高的杠杆率和发生系统性风险的危险。在这种情况下,宏观经济政策就陷于两难困境:如果降杠杆,增长率就下去了;要保持一定的增长率,杠杆率就进一步上升,使发生系统性风险的可能性增大。有没有出路呢? 其实是有办法的,关键就是要提高效率。而效率能否提高,归根到底又取决于改革能否得到切实的推进。说到底,要解决当前面对的问题,唯一的办法就是按照十一届三中全会以来党中央的决定,特别是十八次全国代表大会、十八届三中全会、十八届四中全会和十九次全国代表大会的决定,把它们规定的各项改革落实好。现在看来,落实并不是一件很容易的事情,需要大家共同努力。

第五点,建议 50 人论坛对十八届三中全会《决定》336 项改革措施的落实状况逐项进行讨论。我认为《决定》的顶层设计总体上说是正确的和适当的。当然需要调整的地方也要调整。但是,只要是站得住脚的,就应当坚决贯彻落实。最近出现的某些现象值得注意,比如今年年初有人说要坚持消灭私有制的共产主义纲领[1],最近又有人说私营经济应当"逐渐离场"[2]。在我看来,这都是一些不谐和的声音。也许他们有自己的道理,那就需要通过辩论来辨明是非和达成方针政策上的一致。我们 50 人论坛应该在理清思想、推动改革方面作出自己的贡献。

1　周新城:《共产党人可以把自己的理论概括为一句话:消灭私有制》,载求是网《旗帜》,2018 年 1 月 11 日。

2　吴小平:《私营经济已完成协助公有经济发展应逐渐离场》,"今日头条"发布平台,2018 年 9 月 12 日。

十、 怀人和记事

一个人的思想见识进步,除了来源于自身的体验和观察,在更大程度上是受到他人言谈著作的启示乃至冲击。

本书作者在自己的人生道路上从众多师友那里获益良多。他们给予我的,不仅有充盈于他们言谈著作中的远见卓识,还有更加宝贵的科学批判精神和严谨缜密的治学态度。本书的最后一部分选录了14篇具有代表性的怀人记事文章,讲述了我对相关人物道德文章的评述和从中受到的启示和鞭策。它们是:

《一位坚持改革、百折不挠的经济学家——纪念孙冶方》(1984年9月)

《于光远:把崇高的价值观同实验科学的求实态度结合起来》(1994年12月)

《中国需要这样的思想家——纪念顾准诞辰80周年》(1995年3月)

《以企业家的姿态实现自己的人生追求——追忆母亲》(1995年5月)

《怀念张伯苓校长——兼谈基础教育不宜由市场导向》(2001年6月)

《敬悼"入世的哲人"薛暮桥》(2005年8月)

《"常怀千岁忧"的思想者——悼念王元化先生》(2008年6月)

《怀念一位正直、严谨的经济学家骆耕漠老师》(2009年6月)

《纪念一位坚持理想、勇于自省的"老派共产党人"徐雪寒》(2011年11月)

《学术勇气和社会担当——悼念挚友陆学艺》(2013年5月)

《〈民主的历史〉序言》(2015年1月)

《回望干校年代——徐方〈干校札记〉序》(2015年4月)

《执着专业精神,砥砺理论勇气——钱颖一、许成钢获奖贺词》(2016年12月)

《学习经济所先贤榜样,努力攀登科学高峰》(2019年5月)

一位坚持改革、百折不挠的经济学家*

——纪念孙冶方

（1984 年 9 月）

早在二十世纪五十年代中期，我国经济学界已经有越来越多的人对社会主义政治经济学的状况感到不满。然而在六十年代以前，系统地批评传统的理论，寻求建立新的理论体系的尝试似乎并不多见，在这方面独辟蹊径的是杰出的经济学家孙冶方同志。他以 1956 年的《把计划和统计放在价值规律的基础上》和《从"总产值"谈起》两篇论文[1]为起点，从指导思想、分析方法直到各种经济范畴，批判地考察了传统社会主义政治经济学的整个体系。与此同时，大约从 1959 年的《论价值》[2]开始，他付出了极大的努力，力图创造一个根本不同于旧体系的新的社会主义政治经济学体系。孙冶方在这方面取得的成就，在我国马克思主义政治经济学的发展历史上是具重要的意义的。

---

* 本文摘自吴敬琏（1984）：《论孙冶方的经济理论体系》，载《社会主义的政治经济学体系探索》，北京：经济科学出版社，1985 年，第 169—185 页；又见《吴敬琏选集》，太原：山西人民出版社，1989 年，第 613—629 页。《论孙冶方的经济理论体系》一文由本书作者 1984 年 9 月 9 日在苏州召开的"社会主义政治经济学体系讨论会"上的发言的记录稿修订而成，原记录稿载《社会主义政治经济学理论体系集锦》，杭州：浙江人民出版社，1986 年，第 255—266 页。

1 《把计划和统计放在价值规律的基础上》发表在《经济研究》1956 年第 6 期上，《从"总产值"谈起》发表在《统计工作简报》1956 年第 29 号上。这两篇文章，是孙冶方以他在国家统计局为研究计划统计指标而召开的讨论会上的几次发言整理成的一篇文章的两个主要段落。这篇文稿后来收集在孙冶方的《社会主义经济的若干理论问题（续集）》（北京：人民出版社，1982 年）中，题目是《价值规律和改进计划统计方法问题》，文末注明作于 1956 年 10 月。

2 载《经济研究》，1959 年第 9 期。

我们应当怎样看待孙冶方的经济理论体系呢？我有以下几点意见：

第一，应当看到，孙冶方披荆斩棘，首先突破旧模式，对社会主义经济科学的发展作出了不可磨灭的贡献。他对于社会主义政治经济学中唯意志论和"自然经济论"的有力批判，对于价值规律作用和流通过程的强调，对于只重数量（总产值），不重质量，不讲究效益的发展战略的批评，以及把计划放在价值规律的基础上、重视企业的相对独立性、牵住利润的"牛鼻子"、提倡技术革新、反对"复制古董"等实际主张，都是对传统理论体系的历史性突破。尽管在不少地方这些新思想还受到旧观念的束缚，没有能够完整地建立新的科学体系，但是，瑕不掩瑜，他所作的艰苦努力，他提出的这些新观点，为社会主义政治经济学体系的建立和完善开辟了道路。这是值得人们永远纪念的。

有位经济思想史家[1]用处在封建制度同资本主义新旧交替时代的法国资产阶级经济学创始人魁奈的业绩来比拟孙冶方对于社会主义经济理论的贡献。我以为这种比拟是恰切的。马克思说，以魁奈为首的重农学派的学说体系虽然有着封建主义的外貌，这个学说体系本质上却是在封建生产方式的废墟之上宣布了资本主义的生产方式的成立。[2] 孙冶方的社会主义经济理论虽然在某些方面还保留着旧模式的理论印记，却在本质上宣告了新的社会主义经济模式的成立。

第二，在孙冶方的理论体系里反映新模式的新观念和反映旧模式的旧观念中，前者是占主导地位的，并且在不断加强和完善，后者是占从属地位的，并且在不断被削弱和克服。

只要对孙冶方的理论体系全面地作一番深入的考察，我们就会发现，他的经济理论所包含的新思想和旧观点在分量上并不是半斤八两、一半对一半的。而且，由于孙冶方从来把完善社会主义经济机制的实践要求放在首位，而不让因袭的观念妨碍生产力发展的要求得到满足，他的反映新模式的理论体系这个主导的方面，是随着社会主义经济生活的发展不断地得到发展和完善的。例如，他在"文化大革命"前由于受到"左"的思

---

1 黄范章（1983）：《论孙冶方经济理论体系中的矛盾》，载《经济研究资料》，1983 年第 11 期。
2 马克思（1861—1863）：《剩余价值理论》，《马克思恩格斯全集》第 26 卷 I，北京：人民出版社，1972 年，第 28 页。

想的影响,在一些问题上有过忽视企业和劳动者个人对社会物质利益追求的倾向。在出狱以后,他认真地进行自我批评,公开承认自己在这方面不是"右"了,而是"左"了。在后来的研究工作中力求改正。在一些基本理论问题上,他也是这样做的。像在社会主义制度下的商品货币关系问题上,他曾坚决否定社会主义全民所有制经济的内部关系具有任何商品经济属性,但在最后几年,他根据实践经验修正了他早年的这种论断,开始承认全民所有制经济内部交换的产品具有一定的商品性。此外,他还修正原有的理论,开始承认社会主义流通过程中有货币—商品和商品—货币的"变形",承认社会主义经济也有实现问题,等等。我们应当学习孙冶方这种尊重实践、服从真理的好学风。

第三,孙冶方留给我们的最宝贵的遗产,是他为守护真理奋不顾身的献身精神。孙冶方是一位坚持改革、百折不挠的经济学家。他提出"把计划放在价值规律基础上"以后所受到的打击和迫害是十分严重的。但是,他从来没有对他的科学信念有丝毫的动摇。即使在身处囹圄的困境中,他还写了《我与经济学界一些人的争论》洋洋四万言的长文,对"左"派的理论进行义正词严、有理有据的辩驳。前几年,在我国经济理论界刮起过一股鼓吹旧模式、反对市场方向的改革的小台风。有一位国家计委的领导同志在《红旗》杂志发表文章说:对于旧体制的核心部分——指令性计划体制,只能加以"改进",而"不能推倒重来",还说这是一条"不可动摇的基本准则"。孙冶方看了以后很不以为然。他一再说,对那一套计划体制决不能修修补补,而必须推倒重来。在他癌症复发住院以后,还一直惦记着要写一篇文章到预定在无锡召开的"计划与市场问题讨论会"上去跟那位同志辩论。他在输氧、输血、输液的情况下坐在病床上写成的最后一篇文章[1]里明确指出,必须对旧管理体制"做出重大的根本改革",就是针对这种维护指令性计划体制的观点的。

第四,作为后来人,要沿着孙冶方所开辟的道路,继续为不断发展和完善社会主义经济科学而努力。当然,社会主义经济学也应当有各种不

1　孙冶方(1982):《二十年翻两番不仅有政治保证而且有技术经济保证》,载《人民日报》,1982年11月19日。

同的学派,不能强求统一于孙冶方或别的什么人的观点。但是,孙冶方的方向是正确的,这就是一切为了完善社会主义制度,一切为了促进生产力的发展。作为孙冶方的学生,我们应当珍爱他留给我们的宝贵遗产,发挥他的理论中先进的、正确的东西,克服那些由于历史局限所保留的陈旧的东西。我们研究孙冶方的理论体系中的矛盾,不是要苛求于前人,而是为了沿着他所开辟的道路前进。依我看,即使到现在我们一些拥护改革、很有创新精神的同志也还没有达到孙冶方的认识高度。比方说,有的同志是从我国还处于不发达的社会主义阶段,生产力水平还很低,来论证旧体制行不通的必然性和发挥价值规律作用的必要性的,言外之意必定是,等到生产力发展到一定程度,社会主义产品的商品性就会削弱,中央计划机关就可以用指令性计划指挥全部经济活动了。这比起孙冶方直接从发达的社会主义导出价值的必要性,认为生产的社会化程度越高,价值作为分配社会劳动的工具会愈益发挥巨大作用来说,看来还落后了一大截。要达到孙冶方的认识高度并有所发展,还需做很多工作。我们要参加到经济改革的洪流里去,紧密结合经济体制变革的实践来发展社会主义政治经济学。

于光远：把崇高的价值观同实验科学的求实态度结合起来[*]

（1994 年 12 月）

在我国经济学家中，像光远同志这样勤奋多产的恐怕屈指可数。仅仅收集到五卷《政治经济学社会主义部分探索》（以下简称《探索》）中的文章就达 221 万字。当然重要的还不在于数量，而在于内容。通观这五卷鸿文，再读一读近期发表的论文，如汇集在中国财政经济出版社 1992 年出版的《社会主义市场经济主体论（札记）》中的文章，人们不能不对这位老一代经济学家更新自己的理论，使之与时代并驾齐驱的能力而惊叹。

在人民共和国建立初期，人们怀着很大的热情"换脑筋"，学习苏联政治经济学论著，例如"干部必读"丛书中的列昂节夫《政治经济学》。当时光远同志以在普及政治经济学知识方面的工作为青年读者所敬重。《探索》的开篇文章《政治经济学社会主义部分研究什么》是 1956 年写作的。如果一个人只读过《探索》第一卷（1956—1965），那么他会误以为光远同志只是一位传统社会主义政治经济学的阐释者。从收集在《探索》第一卷的文章看，虽然他治学态度严谨，文字明白流畅，时常提出一些人们所未曾想过的问题来进行探索，不过从总体上说，并没有突破苏联政治经济学的框架。可是，如果继续读下去，就会得到完全不同的印象。1979 年，光远同志在列宁的"社会主义＝生产资料归社会所有＋按劳分配"的公式右

---

* 见齐翔延编（1995）：《科学攀登的历程：评介于光远〈政治经济学社会主义部分探索（1—5卷）〉》，北京：人民出版社，1995 年，第 298—301 页，原题为《把崇高的价值观同实验科学的求实态度结合起来》。

侧,增补了一个新项:社会主义商品生产,变成"社会主义＝生产资料归社会所有＋(按劳分配＋社会主义商品生产)"。把商品生产看作社会主义的基本特征,表明对于社会主义的认识有了重大的突破。而且他没有在这一点上驻足停步,而是不断深化自己的认识。在 80 年代中期,他深入研究了社会主义的所有制关系,提出社会主义经济的所有制基础是各种具有"社会所有制"性质的财产关系这一重大命题。在近年来,光远同志倡导社会主义市场经济不遗余力,为 1992 年中共十四次全国代表大会确立社会主义市场经济的改革目标做出了重要贡献。

总之,如果我们通读《探索》的第二卷(1975—1980)、第三卷(1981—1984)、第四卷(1985—1986)、第五卷(1987—1989)和近期的文章,那么,就不能不承认,光远同志的理论观点与日俱新,始终走在我国理论经济学潮流前头,为我国改革提供了指导。这对一个从事理论工作数十年的老马克思主义经济学家来说,的确是非常难能可贵的。

为什么光远同志能够做到这一点? 我以为,除了其他的条件外,最重要的是光远同志对真理的执着追求和为了寻求真理而采取的正确方法。

光远同志是在解放初期以政治经济学的宣传者的身份出现在讲坛上的。当时所说的政治经济学,是以斯大林的基本理论作为指导思想的。正像光远同志在《探索》的开篇文章《政治经济学社会主义部分研究什么》所说,在斯大林亲自指导下写作的"苏联《政治经济学教科书》"的出版可以说为这门科学打下了基础"。他在"文化大革命"前所写的文章,大多是苏联《政治经济学教科书》讨论的问题,如"社会主义基本经济规律""有计划按比例发展规律""按劳分配规律""社会主义制度下的商品生产和价值规律"等等的细化和延伸。20 多年后,同一部书的后面几卷就表现出新的面貌。到了最近几年,同一作者的新的理论观点更成体系。如果这部书再出第六卷、第七卷的话,它们将与第一卷形成更加鲜明的对照。

为什么会出现这种情况? 我认为根本的原因在于光远同志的经济学研究与斯大林主义的经济学有着完全不同的指导思想和研究方法。

在斯大林领导下建立起来的经济学指导思想是唯意志论的,总以为客观经济过程服从于政府目标,可以由政府的意志,主要是政府领导人的意志支配。在这种思想的指导下,经济学采取的基本方法是规范的,即不是讨论经济过程是什么样的,而是按照领导人的意图或者按照意识形态的定式为经济过程应当如何进行规定种种规范。这种主观唯心主义的方法是和光远同志的思想路径格格不入的。

光远同志在一篇文章里说过,他坚持这样一条座右铭:"独立思考,只服从真理。"他认为,服从真理这一条很重要,"如果没有这一条,'独立思考'就没有原则性了"。我们都知道,对于"服从真理""热爱真理"等等,于光远同志的确是身体力行地做到了的,这一点无可置疑。他在《关于社会主义再认识的范围和课题》(《探索》第五卷)一文中讲到过,从1952年算起的35年中,他对社会主义计划规律的认识经历了4个阶段的变化。(1)50年代初期:接受斯大林的有计划(按比例)发展规律。(2)1956年:纠正了对斯大林的盲目崇拜,认识到有计划和按比例不是一回事。(3)1980年:认识到许多有计划的发展与按比例无关。(4)1985年以后:认识到无论在资本主义制度下还是社会主义制度下经济生活都可以有其整个社会组织性的计划性,同时继续探索社会主义所特有的计划性。这是光远同志不倦地追求真理的一个事例。

我认为更加重要的是,为了探索真理他采取了实事求是的研究方法,用现在通行的说法,就是实证的方法。

在青年时代光远同志曾经是清华大学物理系的高材生,因而对现代自然科学所用的方法是十分熟悉的。我还清楚地记得1961年开始为光远同志做助手时,他给我们几个青年经济学家详细讲解培根(Francis Bacon)的《新工具》[1]时的情形。他对这本奠定了近代实验科学方法论基

---

1 《新工具》是英国宫廷高官、哲学家和散文作家培根(1561—1626)的一部论述科学方法的重要著作。在写作此书之前,培根提出"知识就是力量"的著名口号,强调掌握对自然的确切知识,是驾驭自然、使之为人类造福的前提。然而他认为,从古希腊的理性科学到中世纪的经院哲学,都认为知识来源于运用人的理性对不证自明的天赋观念进行的演绎推理,否认感性经验才是知识的泉源,这必然导致用人类习以为常的偏见去解释自然现象、立足于个人的主观臆断、使用混乱的语言和盲目追随公认的学说体系等心灵"幻象"(idola)。这类"幻象",就成为获得真知的障碍。为了扫除这类障碍,他在《新工具》中提出了一套把经验主义和理性主义结合起来对自然进行探查的方法程序,即首先要不带偏见、尽可能全面地收集观察材料,包括从有控制的观察和实验得到的材料,然后运用理性思维对感性材料进行分类、鉴别和提升,从而归纳出事物之间的因果关系和事物运动的一般规律。马克思和恩格斯高度评价培根在推进科学方法革新上的贡献,把他誉为"整个现代实验科学的真正始祖"。[马克思、恩格斯(1844):《神圣家族》,载《马克思恩格斯全集》第2卷,北京:人民出版社,1972年,第163页]

础的古典著作的讲解,真可以说是如数家珍。而且在工作中,他对我们论述问题的逻辑推理是否符合实际,也总是严格要求,毫不放松。正是由于有着追求真理的真诚愿望和探求真理的正确方法,才使他能够排除种种干扰,抛弃因袭的成见,使自己的认识向真理靠拢。

中国需要这样的思想家 *

——纪念顾准诞辰 80 周年

（1995 年 3 月）

　　为了纪念我的老师和挚友顾准的 80 诞辰，我最近重新研读了新近出版的《顾准文集》[1]。重读他的遗文，真是如闻其声，如见其人，不但在河南息县、明港劳改队中和他同窗共读的情景历历如在目前，而且觉得他好像仍然活着，正在和我们一起探讨中国当前面临的种种问题，或慷慨激昂或娓娓道来地发表议论。

　　我曾经有两次和顾准密切相处的机会。第一次是 1956 年。那时我在中国科学院经济研究所财政组从事企业财务的研究，当时顾准是我的领导。第二次是从 1963 年他重回经济所到 1974 年 12 月他因病辞世。特别是 1968 年到 1972 年期间，我们两人在哲学社会科学部的"五七干校"同为已被定罪的"反革命分子"，在"隔离室"里朝夕相处。我们利用不准参加"革命群众活动"的机会和顾准通过巧妙斗争取得的阅读中外书籍的权利，怀着"为什么我们追求革命理想，千百万人为之奋斗牺牲，得到的却是林彪、'四人帮'的法西斯专政"这样一个当时使我们深感困惑的问题，认真研究各国经济、文化、政治发展的历史，探索中国和世界的未来。在这段朝夕相处的日子里，顾准对我产生了非常重要的影响，甚至可以说

---

* 这是作者 1995 年 3 月 18 日在中国社会科学院经济研究所纪念顾准诞辰 80 周年座谈会上的发言。原载《读书》杂志，1995 年第 5 期；又见吴敬琏：《直面大转型时代》，北京：生活·读书·新知三联书店，第 321—329 页。

1　顾准：《顾准文集》，贵阳：贵州人民出版社，1994 年。本文以下引文都据这一版本。

导致了我人生道路的重大转折。因此，我是从他那里受益极多的。不过，现在我主要不是要表达自己个人对他的怀念和感激，而是讨论作为现代中国的一位重要思想家，他的思想和事业对我们的改革和我们这些改革的参加者具有什么样的意义。

顾准是一个才华横溢、具有鲜明个性的奇人。和他有过接触或读过他的文章的人，对于他的渊博学识和犀利言辞都会有极为深刻的印象。然而这些都还只能说是顾准的外部特征。如果要说作为一个思想家的顾准的内在特征，我想是在于他对中国和世界历史中的一系列重大问题提出了自己独到的见解，言人所未言。这些问题，例如中国为什么没有如同希腊罗马那样，发展起作为欧洲文明滥觞的城邦和共和制度，而是形成了几乎牢不可破的东方专制主义传统；中国的"史官文化"传统是怎样形成的，什么是"史官文化"的本质以及应当怎样对待"史官文化"；在革命胜利以前生气蓬勃的革命理想主义为什么会演化为庸俗的教条主义；共产党夺取政权的革命取得成功、"娜拉出走以后"要采取什么样的政治经济体制才能避免失误和赢得真正的进步；社会主义是不是注定了只能实行计划经济，而不能让市场价格自发波动来调节生产，等等。所有这些，都是长期聚讼纷纭，人们莫知所从的问题。顾准对它们一一作出了自己的解答。他的见解往往惊世骇俗，却又有理有据，使人不能不信服。正如王元化为顾准的《理想主义与经验主义》一书所作的《序言》所说："许多问题一经作者提出，你就再也无法摆脱掉。它们促使你思考，促使你去反省并检验由于习惯惰性一直扎根在你头脑深处的既定看法。"[1]这种充盈于他的著作中的真知灼见，无疑来自他不畏艰险、放言无惮的科学批判精神和艰苦卓绝、一丝不苟的治学态度。问题在于，是什么力量支持顾准在极其恶劣的条件下勇往直前，坚持对历史轨迹和人类未来进行无畏的探索。在林彪、"四人帮"法西斯专政的淫威下，一般老百姓议论尚且有身陷囹圄甚至惨遭杀身之祸的危险，顾准是一个戴过两次右派帽子的"反革命分子"，由他来探讨"娜拉出走以后怎样"，即无产阶级专政建立以后的政治经济发展问题，是冒着多么大的风险，需要什么样的勇气啊！而且当时顾准的

1　王元化（1989）：《顾准〈从理想主义到经验主义〉序》，见《顾准文集》，第 225—227 页。

生活环境是十分艰难的,缺乏研究和写作的起码条件。早在 1969 年在河南息县的时候,他已经痰中带血,除了参加劳动外,还得应付没完没了的"交待"和"批斗",有了一点时间,他就抓紧读书,认真地思考问题。1972年回到北京以后,病况加剧,可是他却索性以北京图书馆为家,争分夺秒地查找资料、做卡片、写笔记,成就了《希腊的城邦制度》等数十万言的论著。显然,只有对人民怀着炽烈的爱心的人,才能像顾准那样,如同一支行将燃尽的蜡烛,以自身的毁灭为代价,力求给世界以更多一点光和热。

只从表面上观察顾准,会觉得顾准是一个极端冷静的人,因而能够完全客观地对待一切人和事,或者如他自己所说的,冷峻得像一把"冷冰冰的解剖刀"。也有人说,顾准的特点是"恃才傲物,目空一切"。的确,顾准只服从真理,不管在感情上多么难舍难分,只要不符合"真""善"的标准,他都义无反顾地加以舍弃;不管是有多大权势的显贵,只要是有悖于真理,他都理直气壮地加以反对。例如,由于他从少年时代起就参加了革命工作,曾经为人民共和国的建立出生入死,因而对于革命怀有深厚的情感,始终认为革命"可以完成历史的奇迹";当他发现自己曾经拳拳服膺的某些信念包含着谬误的时候,往往陷入极度的痛苦。但是当他发现革命理论的失误和革命队伍中的种种丑恶现象,总是毫不容情加以揭露和批判。[1] 他是一位伟大的民族主义者,念念不忘中华民族的振兴,热烈期待着"我们自己的'神武景气'的到来"。然而对于中国文化传统中的阴暗方面,如唯政治权威之命是从的"史官文化"[2],鼓吹愚民政策和无为政治的"黄老风格"[3],他都义愤填膺地加以声讨批判。他是一位彻底的民主主义者,但是,对于被看作民主制度的极致的直接民主制,他却斩钉截铁断言它只适用于小国寡民的城邦,对于大国是不可行的,而且不可避免地在亚历山大征服后的希腊化世界中与东方专制主义相结合,或者在雅各宾专政后继之以拿破仑独裁。

然而只要仔细观察就会发现,在这个冷峻孤傲的外观下面,有着一颗

1　顾准(1973):《一切判断都得自归纳,归纳所得的结论都是相对的》,见《顾准文集》,第 404—406 页。

2　顾准(1973):《要确立科学与民主,必须彻底批判中国的传统思想》,同上书,第 348—353 页。

3　顾准(1973):《老子的"道"及其他》,同上书,第 384—385 页。

充满爱心和柔情的内心世界。

　　人们也许以为,顾准之所以能够这样无所顾忌地探求真理,是因为他在经历了种种人世沧桑之后,已经变得超然物外,对于人世间的喜怒哀乐都无动于心。我想,这个判断也是不符合实际的。顾准从来认为,"力求在一个没有希望的世界上寻求自己灵魂的安宁"[1],"不是禄蠹,就去出家","愤世嫉俗,只好自称老衲"[2],都不足为训。顾准精神是入世的。正像他自己所说,他的宗旨在于"为人类服务"[3]。为了中华民族和全人类的未来,他立志做一个"用鲜血做墨水的笔杆子"[4]。顾准的确实现了这一诺言,用自己的鲜血写下了掷地有声的篇章,至死方休。

　　我从同顾准的交往中亲身感受到,他的严肃冷静的科学精神、刚正不阿的处世态度、艰苦勤奋的工作作风,无一不是由对人民的热爱所孕育和支撑的。于是构成了他的貌似截然相反,实际上同出一源的性格特征。

　　一方面,顾准是一位顶天立地、威武不能屈的硬汉子。例如,在明港时,不断有外调人员武斗逼供,要顾准作伪证诬陷一位与他有过个人嫌隙的老同志,虽然饱受皮肉之苦,他仍然严词拒绝这种无理要求。事后顾准对我讲述他的遭遇时,谈笑自若,丝毫不以为意。我也还清楚地记得在一次无端指摘他"偷奸耍猾"的"地头批判会"上,他冒着雨点般袭来的拳头高昂头颅喊着"我就是不服"时的神态。但在另一方面,他对于在"文化大革命"的狂热气氛裹挟下揭发过他的"罪行"的老同事和被迫同他"划清界线"的亲友子女,却总是怀着体谅的态度,或者从社会原因来为他们作辩解。例如在1972年回到北京以后,由于他的妹妹和妹婿(当时任公安部代部长)的阻止,顾准不能和年近九十高龄的妈妈相见。当时大家对他的妹妹和妹婿这种不近情理的做法十分不满。顾准却说,他完全可以理解妹妹一家,因为他们只是一部巨大镇压机器的一个零件,身不由己,何况他们(妹妹和妹婿)全家"也是坐在火山上的呀!"。有一位他的老朋友在"清理阶级队伍"时曾经用荒诞牵强的推理"揭发"顾准在30年代就是执

1　顾准(1973):《统一的专制帝国、奴隶制、亚细亚生产方式及战争》,见《顾准文集》,第288页。
2　顾准(1973):《老子的"道"及其他》,同上书,第379页。
3　顾准(1973):《资本的原始积累和资本主义发展》,同上书,第311页。
4　顾准(1973):《直接民主与"议会清谈馆"》,同上书,第367页。

行"右倾投降路线"的"内奸"，使他百口难辩。很久以后，随着周扬[1]的解脱，顾准的"内奸"问题才告解决。1972年回到北京以后，顾准对于他的这位老朋友却多方照顾。考虑到这位老朋友的凄苦处境，逢年过节总是备下饭菜，约他共餐。我当时很不以为然。顾准却说：你真是不懂得世事。他的这种古怪的个性和奇特的思想方法，完全是由党内不正常的政治生活和逼供信的"审干"做法造成的。这套制度毁掉了他的一生。这种悲惨的人生遭遇，造成了他的古怪脾性，我们应当同情才对，怎么可以苛责呢。

顾准嫉恶如仇。对于荀况、韩非为专制统治者钳制舆论献策的言论，虽然事隔几千年，仍然严词指斥，愤恨之情溢于言表。面对某些挂羊头、卖狗肉的"左"派理论家、政治家，他义正词严地宣言："我自己也是这样相信过来的。然而，今天当人们以烈士的名义，把革命的理想主义转变成保守的反动的专制主义的时候，我坚决走上彻底经验主义、多元主义的立场，要为反对这种专制主义而奋斗到底！"[2]可是另一方面，他对于人民的苦难，满怀同情，感同身受，甚至在看雨果的《悲惨世界》、狄更斯的《双城记》的时候，也伤心落泪，边读边哭。在看到别人被强加上莫须有的政治罪名时，他会不顾自己的"反革命"身份站出来打抱不平。在议论给老干部落实政策时，他想到了"农村里冬天无鞋的孩子们"[3]。他在受到政治上的迫害时，首先想到的不是怎样维护自己，而是使他的子女少受一点牵连。"文化大革命"开始，他的子女受到"左"的思想的毒害和为形势所迫，同他断绝往来，"划清界线"。顾准对这一点深感痛心。然而他还是处处为他们着想，甚至不惜牺牲自己最珍惜、准备以生命来捍卫的东西。在他的病已经宣告不治的时候，经济所"连队"的领导考虑给他"摘去右派帽子"，但是有一个条件，就是要顾准在一份文字报告中作出"承认错误"的表示。这是顾准所万万不能接受的。但他最后还是签了字。签字时顾准哭了。他对我说，在认错书上签字，对他来说是一个奇耻大辱，但他要这

---

1 周扬(1908—1989)，"左翼"文艺活动家，1935年任中共上海局书记，倡导建立文艺界抗日民族统一战线，解放后任主管文艺工作的中共中央宣传部副部长。"文革"中被打成"从三十年代一直贯穿到六十年代"的反革命修正主义文艺黑线的总头目、叛徒、特务，并被投入监狱。1975年在毛泽东批示对他"从宽处理"后获得"解脱"，粉碎"四人帮"后恢复名誉，重新走上领导岗位。

2 顾准(1973)：《辩证法与神学》，见《顾准文集》，第424页。

3 顾准(1973)：《要确立科学与民主，必须彻底批判中国的传统思想》，同上书，第365页。

样做,因为这也许能够多少改善一点子女们的处境。事事首先为别人着想,已经成为顾准的天性。他对我说的最后一句话是,"打开行军床休息"。那是顾准临终的一天,由于癌肿对气管的压迫,他早已说不出话,当时他的病情更是已经进入了危急状态,一呼一吸都要付出巨大的努力。到了晚上大约11点钟的时候,他看到我还在床边,便挣扎着用手势,用几乎听不见的声音要我休息。只过了大约一个钟头,他就停止了呼吸!

我想,一个人只有有这样伟大的人格,只有有这样的对民族、对人民高度的责任感和为人类争取更美好的未来的使命感,才有可能在那十分险恶的政治环境和极其艰苦的生活条件下,孜孜不倦,勇敢地进行只有后代学人才能认识其价值,甚至完全有可能永远湮没无闻的历史探索。他的学术成就,也正是这种精神的产物。例如,他写作《希腊城邦制度》[1],就完全不是"发思古之幽情"的结果,而是为了回答"娜拉出走以后怎样"的问题。早在干校的时候,为探索为什么播下了革命理想主义的种子却得到了林彪、"四人帮"法西斯专政的结果的问题,顾准追溯文化史和法权史的根源。为了解答在这种探索中遇到的东西方民族的历史殊途是怎样开端、怎样形成的问题,他真是做到了王国维所说的"衣带渐宽终不悔,为伊消得人憔悴"的境界。那时,顾准曾反复和我讨论希腊城邦制度的起源问题。我们提出了一个又一个假说,又一个一个地推翻,最后才形成了一套可以自圆其说的解释。为此,顾准付出了巨大的精力,在有限的书籍中摘取有用的材料,细心地把它们连缀在一起,形成一个体系。回到北京以后,他拖着低烧咯血的病躯,废寝忘食,每天只带几个冷馒头上北京图书馆,查阅了大量书籍,闭馆以后回到学部大院的集体宿舍再夜以继日地写作,终于写出了这部连西欧史专家也对它的科学价值赞叹不已的巨著。

时代发展到今天,顾准所深恶痛绝的东方专制主义和它的经济基础正在走向土崩瓦解,涤荡历史上积淀起来的污泥浊水、实现民族腾飞的条件已经具备。改革确实使我们取得了很大的进步,然而"娜拉出走以后怎样"的问题并没有完全解决。旧体制和旧文化像一条百足之虫,死而不僵,它们的代表者仍然步步为营、负隅顽抗。其中有些人借用"弘扬民族

1　见《顾准文集》,第63—222页。

文化"的招牌为专制主义招魂。在转轨过程中，也有人打着"改革"的旗号干着掠夺大众的勾当。在这种时刻，我想我们知识界尤其需要发扬顾准那样立志为世界人民服务而不屈从于任何政治权威的精神，为大众的利益、为推进改革而奔走呼号。

最后，我还想讲一讲个人主义的问题。现在似乎有一种误解，以为既然旧体制下当权者往往用所谓的"整体利益"压制平民百姓的发展个性和增进物质福利的要求，我们今天就应当反其道而行之，一切以个人利益为依归，把利己主义的世界观作为改革的精神武器，把承认人的价值化为对金钱价值的顶礼膜拜。在某些错误观念的误导下，鄙薄崇高、崇尚卑鄙成为一种时尚。以损人利己为荣，以不择手段地敛财致富为务，对社会正义和公共道德弃若敝屣，把靠掠夺公共财富起家的暴发户看作改革者的典范，把厚颜无耻地倡言市侩哲学与思想解放等量齐观，把弄权"寻租"同正当的经商牟利混为一谈。"人不为己，天诛地灭"成了人生的第一要义，利己主义被说成是时代的思想旗帜。的确，顾准也说过，有一种个人主义曾经是历史上极进步的因素。不过，顾准所认同的，并不是任何一种个人主义，而是"像布鲁诺那样宁肯烧死在火刑柱上不愿放弃太阳中心说；像宗教战争或异教迫害中的殉道；像生命可以不要，航海却不可不去的冒险精神；像近代资本主义先锋的清教徒那样，把赚钱、节约、积累看做在行上帝的道；最后，像马克思认为是共产主义的基本标帜——每个人都能够'自我实现'的那种个人主义。"[1]顾准曾经自陈，他"是一个'倾心'西方文明的人"[2]，尤其倾心于这种文明的先驱——希腊城邦文明。然而他却为希腊世界由于个人主义膨胀而造成的种种败德行为而黯然神伤。他说，"我写《希腊城邦制度》本来是有感于希腊在那种小邦林立，相互竞争中，个人创造性发挥到顶点，创造出灿烂的希腊文明，……所以要写，是想歌颂它。可是写着写着，对于林立的小邦相互之间的自相残杀，甚至不惜勾引希腊文明历来的大敌波斯……对这种不顾大体实在受不了，不知道该

---

1 顾准（1973）：《老子的"道"及其他》，见《顾准文集》，第379页。
2 顾准（1974）：《论孔子》，同上书，第398页。

歌颂不,有点迷惘了。"[1] 这种迷惘甚至使《希腊城邦制度》的写作一度"卡壳"[2]。可见顾准对个人主义绝不是全称肯定,而是有批判、有选择的。人民大众改善自己的物质生活处境的要求显然无可指责,但是,争取更多的物质消费并不是人性的全部。特别是作为社会良知的知识分子,应当有更高的追求。鲁迅曾经说过,"我们从古以来,就有埋头苦干的人,有拼命硬干的人,有为民请命的人,有舍身求法的人,……虽是等于为帝王将相作家谱的所谓'正史',也往往掩不住他们的光辉,这就是中国的脊梁。"[3] 应当说,顾准就是这样一个中国知识分子的优秀代表。

顾准是一座巍然屹立、高耸入云的山峰。不管是在天赋的聪明才智方面,还是在道德文章方面,我们都不一定能接近于他所达到的境界。然而"高山仰止,景行行止"。我们应当积极努力,在"为世界人民服务"的宏伟事业中尽自己的一份力量。这也就是对顾准的最好纪念。

1　顾准(1973):《统一的专制帝国、奴隶制、亚细亚生产方式及战争》,见《顾准文集》,第 287—288 页。

2　陈敏之(1988):《顾准传记》,同上书,第 447 页。

3　鲁迅(1934):《中国人失掉自信力了吗》,《且介亭杂文》,《鲁迅全集》第 6 卷,北京:人民文学出版社,1981 年,第 92 页。

以企业家的姿态实现自己的人生追求[*]

——追忆母亲

(1995 年 5 月)

　　对于世界上绝大多数为人子女的人来说,自己的母亲总是代表着一种伟大的、值得缅怀的精神。但是每一位母亲的精神的伟大之处又是各不相同的。母亲去世后的一个月来,我一直在思索什么是我们的母亲特有的精神,值得我们永远缅怀和学习。母亲是一个个性很强的人。她具有向着自己树立的目标不断进取的坚强毅力,她刚正不阿,原则性很强。她的工作作风干练明快。在处理家庭生活和经济问题时精于运筹和克勤克俭,也是有口皆碑的。在她的特立独行中贯穿着一种特别的精神。我一直在考虑怎样对她的这种精神作出准确的概括。我想到过,如果用马克斯·韦伯的话来说,可以把它叫做"资本主义精神"即"理性主义精神"。如果用斯大林的话来形容,则应当叫做与"革命胆略"相结合的"求实精神"。我现在想采取一种比较"中性"的说法,把它界定为"企业家精神"。所谓"企业家精神",在经济学中的含义,大致上可以说是"用预先谋划和

* 这是作者 1995 年 9 月 16 日在上海《新民晚报》和《北京日报》联合召开的"邓季惺先生追思座谈会"上作为子女代表所作的讲话,见《吴敬琏自选集(1980—2003)》,太原:山西经济出版社,2003 年,第 619—624 页。邓季惺(1907—1995),原名邓友兰,执业律师、出色的报人、企业家、社会活动家。1937—1949 年,任当时中国最大的民营报系《新民报》的副总经理和重庆、成都、上海《新民报》经理,推动了该报系的管理现代化。1948 年,由于作为国民政府立法院委员在立法院抨击国民党空军轰炸开封等被人民解放军占领的城市的行为,被国民党政府定为"共产党的第五纵队",遭到通缉。1949—1954 年期间任西南军政委员会委员。1957 年,因为主张新闻自由和实行法治被划为"右派"。1978 年"改正"后,任上海《新民晚报》社顾问、首都女新闻工作者协会名誉会长、中国人民政治协商会议北京市委员会副主席。

可以计算的方式从事创新活动,以谋求结果的最大化"。

母亲一生有三个基本的追求,这就是:第一,谋求妇女解放;第二,争取民族富强;第三,向往民主法治。她之所以怀有这样的人生追求,自有她特殊的原因。我们的外祖母按 20 世纪初的标准而论,是一位十分开通的知识妇女,在 20 世纪初创办过重庆的第一所女学堂。母亲从小在外祖母的熏陶下,认为妇女应当有和男子平等的地位。我们的曾外祖父在重庆开埠通商之年(1891 年)把在日本的一家火柴厂迁回重庆,建立了四川省第一家近代工厂。外祖父俩兄弟,一位是为争取川汉铁路路权而斗争并引发了辛亥革命的保路同志会的副会长,一位则兴办过各种实业,担任过中国银行四川分行的行长。母亲生长在这样一个两代民族资产阶级的家庭里,谋求民族经济的发展成为她当然的人生追求。此外,按照所受的教育来说,她是一位职业律师,要求依法治国自然也是天经地义的事情。然而,谋求妇女解放、争取民族富强和要求民主法治,可以说是当时一代进步青年的共同追求,这并不是母亲个人的特点。我觉得,她的特有精神在于以企业家的方式、以企业家的姿态去实现她的人生追求。

就拿谋求妇女解放来说,她从 20 世纪 30 年代在南京时就是一位进步妇女运动的积极分子。但和自己在妇女运动中的朋友们不同的是,她不是把主要的注意力放在提出男女平等的口号和进行政坛斗争上,而是放在为妇女解放做实事上。在 20 世纪 30 年代初期,她作为开业律师,常常为被虐待、被遗弃的妇女免费打官司,并在《新民报》为《新妇女周刊》撰稿和主持《法律问答》。同时她深深知道,妇女没有自己的职业生活和独立地位就很难有独立的社会地位,而家务负担又往往使职业妇女内外交迫。为了解除职业妇女的后顾之忧,母亲和一些朋友组织的妇女文化促进会 1935 年创办了"南京第一托儿所",母亲自告奋勇担任这个托儿所所长。在抗日战争时期的重庆,母亲身为《新民报》的经理,虽然业务繁忙,她还是在南岸创办了一所"七七托儿所",自任所长。在主管这两所托儿所时,她发挥了自己作为企业家的组织才能,把它们的保育和教育管理得井井有条。

在保持独立的经济地位的问题上,她自己更是身体力行的。在母亲同我继父陈铭德结婚时就有明文约定,婚后夫妇分别拥有自己的财产。

作为精明能干的理财家的她，有自己的独立财产，掌握着家庭的实际财权。这种做法在旧中国显得十分特别，以至于新中国成立初期一些妇女运动的领导人讨论如何保障妇女在婚姻问题上的平等权利时，周恩来总理曾经援引母亲的事例说明，争取妇女的平等地位不能靠提口号，争名分，重要的是要在经济上独立。他说：你们看看邓季惺。谁掌握着财权，谁就有独立地位。

在1937年正式放弃开业律师的职业，参加《新民报》的领导工作以后，她努力掌握刚刚传入中国的"科学管理"理论，从此以报业经营管理作为自己的终身事业。办好报纸，壮大它的实力，成为她在旧中国的政治环境下为实现民主法治斗争的特殊方式。《新民报》是1929年由我的继父陈铭德和我的生父吴竹似等几个不愿秉承上峰的旨意写文章的国民党中央社的青年记者办起来的一份小小的同人报。开始时每天才销几百份。1931年九·一八事变以后，由于反映了人民的呼声，宣传抗日救国，销量有所增加，但是经济状况仍然不见起色。我生父吴竹似是文章高手，继父陈铭德善于团结文化界才俊之士，也能折冲樽俎，与官方人士相周旋，但他们都不善理财。母亲参加《新民报》以后，很快将它改组为股份有限公司，建立了严格的财务制度和管理体系，使科学管理成为《新民报》的重要传统。日本帝国主义投降以后，她只身飞往光复地区。以每个月办一个报社的高速度和高效率做好了南京、上海、北平三地《新民报》复刊和创刊的全部准备工作。这张报纸后来之所以能成为拥有包括重庆、成都在内的五社八报的旧中国最大的民营报业集团，成为国统区能够反映大众呼声的重要传媒，在很大程度上得益于母亲的企业家才能和苦心经营。

她这种励精图治、办一件事就要把它办好的态度，不只是对她自己拥有的企业而然。1952年北京《新民报》改组为《北京日报》以后，她担任《北京日报》顾问。这时，她就像当《新民报》协理时那样，帮助《北京日报》建立起各项业务制度。在1957年以后已经没有企业可管的情况下，被分配到全国政协文化俱乐部餐厅。她就像管理新民报集团一样，把她的才能和精力用到办好这个餐厅上去。不但帮助制定了餐厅的各项管理制度，而且亲自设计和定制炊具，亲自动手做四川泡菜，把这个餐厅办成困难时期政协委员们补充营养和"打牙祭"的好去处。

不过,仅仅说母亲具有企业家的理财和聚财能力,并不足以概括她的全部精神。记得1991年我应江苏人民出版社之约,为《我的经济观》撰文时,我在初稿中写到:"我母亲邓季惺是旧社会一位有名的理财家。"她对这个评语颇有一些意见,对我说:"我难道只是一个'理财家'吗?"后来我把这句话改成"她是旧中国一位有名的理财家和社会活动家",她才表示释然。现在社会上对"企业家"颇有一些误解,以为那些在转轨过程中趁乱发财的暴发户就是所谓的"企业家"。花天酒地、挥金如土被看成是"企业家气派"。这种冒牌的"企业家精神"是跟她的精神格格不入的。

1. 她恪守"君子爱财,取之有道"的原则。在旧中国,当局对于报纸采取以政治态度画线在经济上区别对待的政策。譬如说,你采取亲国民党、至少是"小骂大帮忙"的态度,你就可以得到官价外汇,如果你不听话,那么只能到黑市上用高价去买美元。也有人向我母亲游说,何必那么认真,放乖巧一些,不是对大家都有好处吗? 可是母亲对这类在她看来有悖于新闻记者职业道德的说辞,一概加以严词拒绝。

2. 母亲平生克勤克俭,最见不得铺张浪费的行为,把可以节省下来的钱都投到发展事业中去。20世纪30年代中期南京《新民报》在社会上站住了脚跟,不管是报社的办公设施还是我们家的居住条件都还是因陋就简。她把一切能够筹集到的资金收集起来,到日本购置了二手轮转机,使《新民报》能够用当时相当先进的印刷机器装备起来。从1945年创办上海《新民报》直到1948年被迫逃往香港,作为报社最高负责人的她都住在圆明园路报社办公楼里的一间简陋的宿舍里,她自奉甚薄,在大处却并不吝惜钱财。直到去世,她在家里,旧的信封都要翻过来用,洗脸水都要存在桶里,用来冲马桶。这并不是因为她没有钱,而是把尽量积累作为保证企业在竞争中能够生存下去的必要条件。这样久而久之,就形成了习性。认为节俭和积累是较之生活享受重要得多的事情。正像有些人说的,"邓季惺一辈子有钱,一辈子从来不乱花钱"。

3. 她并不把积累财富看做人生的最终目的,而只是看做实现自己的人生追求的手段。1948年刘邓大军渡过黄河以后,人民解放军每占领一座城市,国民党政府立即派空军进行轰炸,特别是解放军占领开封以后,国民党政府派多批飞机轰炸,造成了平民的大量伤亡。当时母亲是国民党政府的立法委员。她就此对国防部部长何应钦提出质询,并联络了30多位立法委员,在立法院提出临时动议,要求禁止在内战中轰炸城市。她还通过《新民报》刊登消息,揭露这种残害人民的行径。当她采取这些行动的时候,显然知道这会引起国民党政府的何种反应和对《新民报》可能造成的后果,但是她义无反顾,进行抗争。果然,这激怒了立法院中的反动分子,对她进行围攻。而母亲明知进行正面冲突会遭致报复,使她赖以安身立命的财产和事业陷入危境,但她还是在一片"匪谍""第五纵队"的叫骂声中走上台去,与这些反动分子面对面抗争。结果导致南京《新民报》被勒令永久停刊,她本人也受到逮捕,只得逃往香港。

总之,我以为母亲的最重要的精神特征,是把对自己社会理念的执著追求同企业家的精明计算和勇敢创新结合在一起的。我认为这种以企业家的创新精神、求实态度和顽强拼搏去实现自己的人生追求的性格特征,是最值得作为子女的我们学习和继承的宝贵财富。

怀念张伯苓校长[*]

——兼谈基础教育不宜由市场导向

（2001 年 6 月）

    张伯苓校长已经离开我们整整半个世纪了，然而他的学而不厌、诲人不倦的精神依然和我们在一起。在纪念校长逝世 50 周年的日子里，他 60 年前一次讲话的声音仍然在我的耳边回响。

    我是 1941 年秋季考进重庆南开中学的。那一年的开学典礼上由张伯苓校长亲自主持。他的讲话从"我为什么办南开"讲起，申论南开的办学宗旨。这次讲话给了我极大的震撼，使我至今不能忘怀。张伯苓青年时就读于天津的北洋水师学堂，后来在北洋水师服役。作为北洋水师的一名下级军官，显然早已对北洋舰队在甲午海战中败于实力不如自己的日本海军，以致全军覆没，威海卫总部也沦于敌手而深感痛心。1898 年，日本占领军将威海卫和刘公岛交还给中国。然而清政府迫于英国的压

---

* 选自李群林、丁润生主编：《张伯苓与重庆南开》，香港：香港天马图书有限公司，2001 年，第 116—119 页。同见《中国图书商报》，2002 年 1 月 17 日；《吴敬琏自选集（1980—2003）》，太原：山西经济出版社，2003 年，第 629—632 页。张伯苓（1876—1951），近代中国著名教育家。与曾任晚清学部侍郎却积极倡导新式教育的严修（号范孙，1860—1929）合作，从 1904 年开始先后创办南开中学、南开大学、南开女子中学、南开小学以及重庆南开中学等南开系列学校。严修校父和张伯苓校长手订的"允公允能，日新月异"的南开校训和"德、智、体、美四育并进"的教育方针，创造了中国近代民办教育第一个成功范例，培育了大量优秀人才。抗日战争期间南开大学南迁，随后在昆明与北京大学和清华大学联合，成立大师云集的国立西南联合大学（"西南联大"）。张伯苓与北京大学的蒋梦麟校长和清华大学的梅贻琦校长共同担任学校的领导。他们三人和衷共济，在极其艰苦的环境下把西南联大办成了世界第一流大学，成就了中国教育史上的一个奇迹。

力，转手之间又将两地拱手租让给英国。张伯苓校长说，他当时刚从北洋水师学堂毕业，奉派随船前往刘公岛接收，亲眼目睹了先降日本旗，升起中国的龙旗，接着又降下龙旗，升起英国旗。这屈辱的一幕使他悲愤填膺，深感再不救亡图存，行将亡国灭种。他从自己的亲身经历得出结论：救国之道，不在于买船造炮，重建海军与列强周旋，而在于兴办新式学校，改造中国的国民性，所以立志终身从事教育，造就新的人才。于是他弃武从教，先在严范孙先生的家馆里教授西学，然后1904年与严范孙先生在天津南开创办新式学校，取名"南开学校"。正因为张伯苓办校宗旨端在育才救国，沐浴这种精神的南开以"允公允能，日新月异"（"'公'者，爱国爱群之公德；'能'者，服务社会之能力"）为校训，培育学生努力增能，尽心为公。

最近几年来，政府提倡教育改革，打破了学校一律官办的老规矩，各地涌现了一批民办学校，与官办学校相竞争。这是一件大好事。但是，在民间兴学的潮流中提出的一些口号和出现的一些现象却使人不无隐忧。使我特别觉得不舒服的是有些地方办起了一种名为"贵族学校"的中等、初等乃至学前教育机构。这种学校往往以堂皇的建筑、豪华的设施、安逸的生活环境和较高的预期升学率相号召，吸引望子成龙的家长斥巨资送子弟入学。每当听人讲起这类故事，我就会想起自己在重庆南开中学求学的经历。

当时在重庆这个抗战时期的"陪都"，也有人把南开中学称为"贵族学校"。重庆南开的确教育了大批社会精英，仅在大陆的校友中两院院士就达数十名之多。我虽然只在南开念过两年书，但南开给予我的基本训练方面的影响，却是极其深远的。除语文、数学等功课外，从逻辑思维、语言表达，"公民"课上关于如何开会、如何选举、如何表决的训练，直到每座楼进门处"镜箴"上的"头容正、肩容平、胸容宽、背容直，气象勿傲、勿暴、勿怠，颜色宜和、宜静、宜庄"的仪态要求，都使我终身受用不尽。总之，就我的亲身感受而言，南开教育之所谓的"高贵"，指的并不是生活上的奢侈和安逸，也不是目中无人和颐指气使，而是对于德、智、体、美四育并进的高素质要求。南开中学是以对课业的严要求出名的。初中部（男生）一年级五个班、二年级四个班到三年级只剩三个班。一年"刷"（淘汰）掉一个班。

一般而言,两门课不及格就要被"刷"(淘汰)。而品行或体育只要一门不及格就会被"刷"。我自己在一年级上学期就差一点因为体育没有"达标"而被"刷",后来靠其他功课成绩优良和承诺每天晚自习后跑800米才被允许升班续读。要求学生培养起高贵的道德情操、强健体魄和"允公允能、日新月异"的追求,才是南开号称"贵族学校"的真正含义。

据我理解,南开的教育之所以取得这样大的成绩,首先是因为张伯苓把自己办学的目的明确规定为培养学子"爱国爱群之公德,服务社会之能力"。从这个角度看,我对于当今十分走红的口号:"实现教育产业化"是怀有疑问的。从经济学的观点看,这一提法也多少有点古怪,因为按照现代经济学的分类,教育机构本来就和服务业乃至行政机构一样,属于第三产业,不需要再来一个"产业化"。看来人们之所以强调要实行"教育产业化",无非是要把教育机构都办成盈利性的事业。对于这种要把所有的教育活动一概变成盈利性活动的主张,我认为是不妥当的。教育分为许多不同的门类,其中一部分提供一般的技能训练,是可以商品化、市场化的,但还有相当一部分,例如基础教育,具有经济学所谓"外部性",就是说它提供给行为者本身的效益远远小于提供给社会的效益,这类教育活动就不应当由市场导向。再如古文字学的研究能够帮助古代史的研究,能够提高整个社会的文化品味,但是很难由此取得高额的直接经济回报。如果要以盈利高低为取舍标准,这类专业只有关门大吉,那么以后要物色研究中国古文字学的学者只好到外国去找了。我国教育思想的另一种偏差,可能是与过去的苏联教育思想影响有关的。这就是把社会和人的关系看作是机器和螺丝钉之间的关系,专业分得很细,学生的知识面非常狭窄,认为只要精通专业技术就行了,而不注意对人的全面教育,培养出来的学生有技能,但是对社会却没有科学的完整的理解。我遇到过一位从"中国的MIT(麻省理工学院)"——清华大学毕业的高材生,他竟以为MIT只是一座"工科大学",而不知道MIT之所以负有盛名,不但因为它有最好的工科专业和理科专业,而且因为它有最好的社会科学专业和人文学科。在后一类专业中,有几个系科的学术水平是居于全美乃至全世界最前列的,其中一个是经济学系,另外一个是语言学系。如果不区分情况而一概提倡市场导向将会使整个社会文化沦落。而如果高校培养出来的学生只重技术而不讲操守，不讲道德，以粗鲁为荣，以升官发财为务，那么整个社会将成为"一切人对一切人的战争"，而正常的社会生活将无法维系。不少人指出，目前我们不少学生过于急功近利，过于浮躁，放松了对基本素养的提高，这在专业选择和学习重点上都有表现。我认为，这些都是与上述错误认识和错误导向有关的。

敬悼"入世的哲人"薛暮桥 *

（2005 年 8 月）

　　7 月 22 日,中国经济学泰斗薛暮桥走完了他 101 年的人生历程。消息传来时,我正在上海授课。回首过去 46 年的前尘往事,从 1959 年为准备全国商品生产与价值规律讨论会我和张卓元一起被分配做他的临时助手,到 1984 年 8 月到国务院经济研究中心向薛暮桥总干事报到,开始了在经济研究中心(后来是发展研究中心的组成部分)20 年的工作,再到十多天前到北京医院与他作最后的告别,不禁感慨系之。

　　经济思想史专家海尔布鲁纳(Robert Heibroner)把那些彪炳史册的经济学大师斯密、李嘉图、穆勒、马克思、凯恩斯、熊彼特称作"入世的哲人"(Worldly Philosopher),来表彰他们在人类认识世界和改造世界中的建树。可以毫不夸张地说,薛老也正是一位"入世的哲人"。

　　薛老波澜壮阔的一生经历,可以大致分为三个段落:第一个段落起于他在"社会大学"(包括薛老作为政治犯被关押的"监狱大学")中自学成才,最后成长为马克思主义经济学的领军人物;第二个段落起于他进入敌后抗日根据地,转行参加实际经济工作,并在人民共和国成立后成为经济工作的重要领导人;第三个段落包括"文革"结束后的整个改革年代,他由一位为市场化改革鼓与呼的经济学家,进而成为中国经济改革的一位重要的设计者和推动者。贯穿这三个阶段的全过程,他所始终秉持的,是异

＊ 载《财经》2005 年第 16 期(总第 139 期),2005 年 8 月 8 日;又见《吴敬琏经济文选》,北京: 中国时代经济出版社,2010 年,第 262—264 页。

乎寻常严谨认真的工作态度和一切从实际出发的求实精神。

正由于这种态度和精神,薛老不但在每一个阶段都尽力地完成了自己的工作,而且能够总结经验,提高认识。这使他在生命的最后30年,无论在思想上还是在实践中都升华到一个新的境界。

抗日战争爆发前,薛老作为左翼经济学团体"中国农村经济研究会"的主要成员,参加了左翼经济学家主流与其他理论派别之间关于对中国社会性质、中国农村发展道路等一系列重大问题的论战,捍卫了中国共产党的纲领和路线。虽然从现在的观点看,这些年轻的左翼经济学家他们当时提出的理论和对不同观点的批判并非无可挑剔,但是,他们对中国社会所作的深入调查研究,无疑对整整一代人加深对中国社会的了解起了非常重要的作用。

进入抗日根据地以后,薛老转做实际工作。他很快就成为一位娴熟的经济管理专家。人民共和国建立以后,他长期担任中国经济工作领导人的主要助手,经历了统一财经、平抑物价、"三大改造"和"大跃进"后"调整、巩固、充实、提高"等一系列重大的经济战役。

然而,在进入第一个五年计划(1953—1957年)时期以后,他对僵硬的经济体制以及高指标、高投入、低效率的增长方式的怀疑,愈来愈演化为挥之不去的忧思。这种惶惑和不知所从的状态,在"文革"中出现了转机。"五七干校"的生活单调乏味,然而,它也给人们提供了一个冷静思索、总结既往的机会。薛老跟我们讲述过他在干校一面劳动、一面认真思考"十七年"经历的往事。这种思考的结果,是年届七旬的薛老的大彻大悟,为思想和生活找到了新的方向。

在"文革"前的时代,我和不少年轻同事一样,对于一言一行都力求"中规中矩"的薛老,抱着一种"敬而远之"的态度。但"文革"结束以后,他给我们的印象完全改变了。当时,他宣布要向他的"老弟"(孙冶方)学习,坚持真理,修正错误,而且的确说到做到了。他思想活跃,决不因循老经验和旧教条。例如在20世纪70年代后期,他在国家计委的"顶头上司"片面追求高速度的思想还没有转过弯来,薛老不顾这位领导位高权重,仍然顶住压力,犯颜直谏,批评了高指标、高速度的发展方针。

他曾是对农业、手工业、资本主义工商业的"三大改造"的积极参与者和"三大改造"经验的最重要的阐述人,然而他最早指出"三大改造"片面追求所有制纯粹、单一的失误,也最早提出多种所有制经济共同发展才是正途。他曾在 20 世纪 60 年代初期担任过全国物价委员会主任的职务,是计划经济时代"基本不动,个别调整"的物价工作方针的忠实的执行者。但当他认识到市场经济需要自由浮动的价格体系时,便坚决主张"打破僵化的价格体系",实现价格制度的改革。更重要的是,他在 20 世纪 80 年代初期就提出了中国改革应当市场取向,以后虽然多次受到批评指责,却不改初衷,始终坚持。

在最后 30 年的岁月里,薛老不仅在理论上明确坚定,而且利用自己对经济实务极为熟悉的优势,在我国市场化改革方案的具体设计上,顺理成章地成为党中央和国务院的得力帮手。比如上世纪 80 年代中期的财政、银行、外贸体制改革方案,就是薛老一手主持制定和帮助领导组织实施的。

薛老走了,但他的理论建树、精神风范和由他开头建立起来的市场经济新体制,都是人民珍爱的宝贵财富,将会永远传下去。

"常怀千岁忧"的思想者[*]

——悼念王元化先生

（2008 年 6 月）

　　早就得到许纪霖教授的知会,元化先生的病情急剧恶化,医生已经发出病危通知。乘 4 月下旬到上海授课的机会,前往医院探视。17 日下午在陆家嘴的中欧金融研究院讲完课,就直奔浦西的华山医院。出乎意料的是,元化先生虽然早已靠输氧、输液维持生命,但却思绪清晰,平稳沉静,完全不像一个正挣扎在死亡线上、随时会离我们而去的病人。

　　元化先生先询问了我太太以及元化先生所器重的青年学者李波的近况。想起还没有给过我今年刚出版的两册"清园丛书",便请陪伺的妹妹拿出赠我。他略有一点凄然地说:"这回我没有办法写字签名了。"接着,谈话就转入了"正题",也就是他此时此刻最关心的问题:目前中国的经济社会情况到底怎样? 在我讲了自己的观察判断后,元化先生说:我看

---

* 本文为作者在王元化先生逝世后为王元化先生所作的悼念文章。载《财经》杂志,2008 年第 12 期,2008 年 6 月 9 日;又见吴敬琏:《直面大转型时代》,北京: 生活·读书·新知三联书店,2014 年,第 330—332 页。王元化（1920—2008）,学贯中西的著名学者和思想家。1935 年,15 岁的王元化投身"一二九"学生运动。1938 年参加中国共产党,在地下党江苏省委文委的领导下从事文化工作。在写作生涯的初期,他沿袭苏联理论模式写作过一些后来自认为不无偏差的偏激文字。从 1955 年受胡风案的株连到 1979 年获得平反的 20 多年中,王元化在极度困厄的境遇下寄意书海,潜心研读中外大师的典籍,对中国的大历史进行反思,走出一条"有学术的思想"和"有思想的学术"的人生道路。在生命的最后 30 年,王元化的思辨文章著作等身,涉及思想文化和文艺戏剧等广泛领域,做出了一系列重要论断,其中最具代表性的著作包括:《韩非子稿》（1976）、《文心雕龙创作论》（1979 年初版,1992 年增补定稿为《文心雕龙讲疏》）、《文学沉思录》（1982 年）、《传统与反传统》（1990 年）、《卢梭〈社约论〉笔谈三篇》（1992—1998）、《清园近思录》（1998 年）、《九十年代反思录》（2000）。

现在最令人担忧的,是马克斯·韦伯指出过的"工具理性"膨胀问题。人们把理性当作实现物质欲望最大满足的工具,而不承认它有自我存在的理由,因而泯灭了对于文化的渴望和对于理想的追求。一些年轻人只满足于房子、车子等物质享受,而不关心我们的社会走向何处。接着元化先生说,还是有些人在做工作。最近,林毓生先生组织把他的一些文章翻译成英文,还要开一些研讨会。许纪霖他们今年要在华东师大召集思想史研讨会,林毓生先生也会来做演讲。这些工作,是会有好处的。

不知不觉就过去了二十来分钟。元化先生的姐姐过来说,他现在谈几分钟的话就会疲劳得不行,今天高兴,恐怕谈得太久了。我这才觉醒到,这可不要是"回光返照"啊。我们刚停止谈话,元化先生马上睡着了。可是只睡了十来分钟,他又醒来,殷殷和我道别。

在回来的路上我一直在想,过去我觉得中国的知识分子,包括一些有杰出表现的文人像李白,常常有矛盾的性格:一方面是"生年不满百,常怀千岁忧",另一方面又是"昼短苦夜长,何不秉烛游"。眼前的元化先生才是真正的大师,在他生命的尽头,充满心头的忧思,并不关乎自己的生死,而是对中国和整个人类未来的牵挂。

其实元化先生是一直持有这样的态度的。他研究中国传统文献,研究莎士比亚,读龚自珍、章太炎、鲁迅,编辑《学术集林》,乃至反复重写《文心雕龙讲疏》,都是为了梳理思想文化的源流,以便挽救思想文化遗产和推动学术进步。

在社会上,乃至在学术界中,有一种对元化先生的误解,认为他20世纪90年代中期以后编辑《学术集林》,梳理中国思想的历史源流,是一种复古倒退的倾向。在我看来,这完全是一种误解。梳理思想历史源流,对传统文化进行实证性的研究,正是认识现状和展望未来的必要前提。元化先生提倡"有思想的学术和有学术的思想",是要把二者结合起来。例如,他为了研究卢梭(Jean-Jacques Rousseau)的思想,请中欧国际工商学院(CEIBS)的法国教师高大伟(David Gosset)为他逐句翻译和讲解《社会契约论》,来准确理解法文原义。又在《与友人谈〈社会契约论〉》书中对它作了逐章逐节甚至逐字的仔细解读。他做这种近于琐屑的考证功夫,不是由于"发思古之幽情",而是为了弄清楚作为中国近代激进主义思潮的重要源头：卢梭关于"公意"的思想。事实上，许多人已经认识到，元化先生在这方面所做的工作，对于我们理解中国近代政治思想，具有很重要的意义。

为了理解在相当程度上影响了 20 世纪中国历史进程的毛泽东的政治思想，元化先生对毛泽东著作中提及的一些事件和概念，像毛在中共中央政治局 1948 年 9 月会议上的讲话，毛对知识分子和"小资产阶级"的几种不同说法，等等，也秉持了同样的态度，作过细密的考证和解读。他几次对我指出，不要小看自己那几篇短文，从毛的说法演变所透露出来的信息，可以看到统治中国数十年的政治思想的渊源和实质。

总之，元化先生对中国思想界的贡献巨大。他博古通今，在当代无人可比，也无人可以替代。现在斯人已逝，责任落在后来者的身上。我们只有继续他的工作，努力为中国和人类争取一个更好的未来，才能告慰先生的在天之灵。

怀念一位正直、严谨的经济学家骆耕漠老师[*]

（2009 年 6 月）

　　骆耕漠老师于 2008 年 9 月 12 日去世，享年 100 岁。他是最长寿的中国著名经济学家之一，到目前为止，仅次于陈翰笙先生（1897—2004）和他的老友薛暮桥（1904—2005），或许是中国农村经济研究会早期会员中最后一位谢世的。虽说天下没有不散的筵席，作为在骆老身边工作过的学生，听到他去世的消息，仍不免有老成凋谢、逝者如斯的感慨，也想起年轻时代在他的指导下学习做研究工作的往事。

　　1954 年，我从复旦大学经济系毕业后，分配到中国科学院经济研究所（后来改称中国社会科学院经济研究所），在那里一直工作了 30 年。其中有将近十年的时间，骆老是我的导师，也是我所在的政治经济学组没有正式组长头衔的组长。

　　自 1957 年起，政治经济学组来了一位从国家计委下放到经济所的高官，这就是骆老。当时我们还很年轻，从来没有近距离地接触过部长级的领导干部，而且是读中国经济思想史文献时就已闻名的马克思主义经济

---

*　本文原载《百年耕漠纪念文集》，北京：中国社会科学出版社，2010 年；又见吴敬琏：《直面大转型时代》，北京：生活·读书·新知三联书店，2014 年，第 333—337 页（收入时稍有修订）。骆耕漠（1908—2008），原名丁龙孝，著名马克思主义经济学家。20 世纪 20 年代中后期投身革命，历经"北伐"、抗日战争、解放战争等重大历史阶段，参与了新四军和敌后根据地的后勤及财经部门领导工作。进入和平建设时期，先后担任华东财经委员会副主任、国家计划委员会成本物价局局长和副主任。20 世纪 50 年代中期调任中国科学院经济研究所研究员。对社会主义与政治经济学基本理论研究方面进行深入探索，对商品、价值、货币等基本理论范畴提出了自己的见解。

学的宿将,对待我们这些研究实习员又极其温和儒雅,对他除了崇敬,没有想到别的。可是往后一次又一次的政治运动中,骆老屡屡受到冲击,从对他的"批判"和骆老的自我"检查"中,我才渐渐知道他来到经济所,是因为政治上遇到了麻烦。他的麻烦,起因于一件再普通不过的偶然事件:上海刚刚解放,就有一位北伐时认识的国民党官员求见,此人自称已经做到国民党浙江省党部的高官(主任或书记长),现在有心向人民政府投诚,应当做什么请骆老给予指点。骆老教导他去公安局自首,并写了一封介绍信给上海市公安局局长扬帆,请他予以接待。没有想到,1954年扬帆和潘汉年一起被错误地打成"反革命集团",有关部门在扬帆的档案中发现了这封信,于是骆老被牵扯进"潘扬案",被调离国家计委这个"要害部门",接受审查。到50年代末,这件事已经完全查清,组织部也作出了骆老与"潘扬案"无关的结论,但在那"运动"频仍、国家的政治生活极不正常的岁月里,在每一次政治运动中为了完成百分之五之类的指标、物色"运动的重点对象"时,他都成为"照顾"的对象。于是骆老就成为"老运动员",往往旧账刚刚结清时,头上已经又有了好几顶新的"帽子"。例如他提出来向共产主义社会过渡需要经过三个阶段,而1958年中共中央《关于人民公社若干问题的决议》只提出了"两个过渡",便被指责为"和党中央唱对台戏"。1964年中宣部派出工作组在经济研究所搞批判孙冶方的"四清"运动时,又把孙冶方的老朋友骆老和顾准作为"修正主义分子孙冶方"的"外围"来清扫,最后被定性为"恶毒攻击毛泽东思想"。一直到粉碎"四人帮"以后,骆老才得到彻底平反。

一般人遇到这样的无妄之灾,从高位跌落到基层,难免失落和失望,或者以"看破红尘"的心态应付工作,得过且过,游戏人生。但骆老却绝不这样。他到研究所时已经超过五十岁,但他拒绝坐小汽车,而是天天骑自行车上下班,理由是"我已经不是领导干部了,只是一个普通研究人员"。在"五七干校",只有"两个兜"[1]的"军宣队"[2]战士训斥骆老这位原华中军

---

[1] 从1965年起,为了体现官兵平等,中国废除了从1955年开始的军衔制。那时区分官兵的标志,是军服是两个兜还是四个兜,前者是士兵而后者是军官。"文革"结束后,在邓小平的提议下,军队于1984年恢复了军衔制。

[2] "中国人民解放军毛泽东思想宣传队"的简称。当时的"五七干校"由"军宣队"领导。

区供给部长、第三野战军东线兵团后勤部长、第二野战军总前委财委秘书长"你这个反革命"时,他不动声色,大有"唾面自干"的气度。但在学术研究方面,他虽然屡遭横逆,却仍然一心不乱地专注于他的理论研究,成为国内最多产的马克思主义经济学家之一。比如,仅在 1966 年"文革"开始前的十多年,他不只出版了 7 部专著,在《经济研究》上还有 18 篇长论文发表。在改革开放年代,骆老师依然是学者本色,力学不辍,在双目失明的条件下,又完成了几部大书,尤其在近百岁高龄还有长篇回忆录《往事回忆》出版[1],成为了解左翼文化运动和解放区财经工作的珍贵历史文献。

其实早在上世纪 30 年代,骆老就由薛暮桥介绍,参加了中国农村经济研究工作,并发起创立中国经济情报社。[2] 中国农村经济研究会在陈翰笙的影响下,形成了一种深入调查研究农村实际情况的风气,骆老虽然没能参与陈先生组织的几次调查,但还是受到中国农村派求实学风的影响,早年作品中不乏对中国实际经济情况的生动记录。抗战爆发后,骆老进入苏北根据地,先后领导过根据地的地方财经工作和华东野战军后勤供给工作。1949 年后更担任过华东财委副主任和国家计委副主任。在此期间,他一直保持着在中国农村经济研究会中形成的学风,以工作严谨细致见称。

到经济研究所之后,因为政治上的处境,骆老不便接触现实经济问题,就专注于社会主义政治经济学基本理论的研究。在研究方法上,他以

---

1 骆耕漠主要作品:《论中日的经济提携》(1937),上海:生活书店;《我国过渡时期商品生产的特点和价值法则的作用》(1954),北京:中国财政经济出版社;《社会主义制度下的商品和价值问题——关于斯大林对本题的科学贡献的研究兼评几篇有关文章中的若干论点》(1957),北京:科学出版社;《我国人民币底本位和职能问题》(1957),上海:上海人民出版社;《我国革命底基本特点和创造精神》(1957),北京:人民出版社;《我国农村人民公社所有制性质的分析》(1958),北京:人民出版社;《从资本主义到共产主义的三个过渡问题》(1959),上海:上海人民出版社;《关于生产力和生产关系的几个问题》(1962),北京:中国青年出版社;《社会主义商品货币问题的争论和分析(总论·第一分册)》(1980),北京:中国财政经济出版社;《关于社会主义计划经济的几个理论问题》(1982),上海:上海人民出版社;《骆耕漠早年文录》(1987),大连:东北财经大学出版社;《马克思的生产劳动理论:当代两种国民经济核算体系(MPS 和 SNA)和我国统计制度改革问题》(1990),北京:经济科学出版社;《骆耕漠求知集》(1991),北京:中国财政经济出版社;《马克思论三种社会经济关系的演变》(1998),北京:中国财政经济出版社;《往事回忆》(2004),北京:人民出版社。
2 薛暮桥(1996):《薛暮桥回忆录》,天津:天津人民出版社,1996 年,第 51 页;骆耕漠(2004):《往事回忆》,北京:人民出版社,2004 年,第 90—92 页。

自己的大量实践经验为背景，精读马克思、恩格斯等马克思主义古典作家的作品，并给予恰当的阐释。这里举一个我亲身受教的例子。

从学生时代起，我就对"社会主义政治经济学"所说社会主义条件下的货币不是真正的货币，而是"不流通"和"只用一次"的"劳动券"的说法感到难以理解。那时政治的经济学教育从来不讲道理，只说"必须这样""应该那样"来"体现社会主义的优越性"。按照苏联政治经济学教科书编写的教材，讲到社会主义经济下的货币和金融的时候，也都是训条式的，为什么"这样""那样"却并不知道，也不许怀疑。后来我向骆老请教这个问题。他说，人们不理解马克思关于社会主义条件下不存在货币的论断，是因为没有分清现象和本质。"只用一次"的戏票和持续流通的货币之间的本质区别在于前者每一次都回到它的发行者手中，而后者则不断离开它的出发点。如果考虑到马克思讨论社会主义条件下"货币"的前提是单一的公有制（在中国称为"全面的全民所有制"），那里的"货币"每一次换手都重新回到国家手里。从本质上讲，它当然与"戏票"没有区别，这就像食堂的饭票一样。不管它是只用一次就销毁的油印纸票，还是重复使用的金属或塑料饭票，本质上都不是货币。

我虽然并不同意骆老当时关于社会主义不应存在商品、货币、市场的论断，但他对马克思原义的精深理解，却使我豁然开朗，理解了马克思是在什么样的假设前提下作出上面那些论断的，也理解了中国从苏联引进严格管理现金、严格限制货币和信贷活动范围以及商业银行和中央银行不分的"单一银行制"等"货币银行体系"是根据什么样的原理设计的。

骆老在对人的态度上谦逊温和，但在学术上一旦形成自己的判断，却显得十分"顽固"，坚守自己的学术立场，寸步不让。他不仅在面对政治高压时是如此，对同行老友也是如此。

骆老与孙冶方、顾准都是从青年时代起患难与共的挚友，但学术观点差别甚大。骆老当时认为，社会主义条件下不存在商品生产和价值规律，公开表示不赞成孙冶方"把计划放在价值规律的基础上"的主张，当然更不能同意顾准关于社会主义的生产可以由自由浮动的价格来调节的设想。顾准的作风也是如此，他的《试论社会主义制度下的商品生产和价值规律》[1]中除了引用马克思主义的经典著作外，只引用了骆老的一篇文章作为论战的对象。

这种态度说明，他们严守学术探索的基本原则，而并不表明他们缺乏惺惺相惜的友情。有一件事使我感受至深。1974年10月，顾准在"反帝医院"（"文革"时期对协和医院的叫法）被确诊为晚期肺癌，但因为他是"戴帽右派"，医生不敢收他住院治疗，只好躺在急诊室外面的走廊里。在我们大家都束手无策的时候，还戴着"叛徒"帽子、双眼又几近失明的骆老自告奋勇去求见新四军时的"红小鬼"、当时的"反帝医院"党委书记杨纯，请她派秘书打个招呼，允许收留顾准住院。当我扶着骆老绕过协和医院的南墙去医学科学院办公楼求见杨纯时，我心里一直在想：这是一种多么伟大的友情啊。设身处地去想一想，有多少人能像骆老那样为了"有政治问题"的朋友的生死，放低身段，以"戴罪之躯"去央求故人？

总之，敬爱的骆老一生正直、严谨、随遇而安、力学不辍，笃于情谊。所有这些，都是永远值得我学习的。

1　载《经济研究》，1957年第3期。

纪念一位坚持理想、勇于自省的"老派共产党人"徐雪寒*

(2011 年 11 月)

我先讲几则雪寒同志的故事。

1927 年薛暮桥申请加入中国共产党,到杭州接受党的地委书记、组织部长和宣传部长的组织谈话。其中的中共杭州地委组织部长就是 16 岁的徐雪寒。从此,他们两人结下了终身的友谊。

抗战期间邹韬奋的第一份入党申请书,也是由雪寒代他起草的。当时邹韬奋病重,中共中央指示华中局派人去慰问。华中局派情报工作负责人徐雪寒潜入上海看望邹韬奋。邹韬奋提出希望加入中国共产党,请雪寒代他草拟了入党申请书的初稿。邹韬奋去世以后,韬奋夫人沈粹缜担心自己的儿子在上海学坏,也是请托雪寒安排地下交通把他送到敌后根据地去的。

1950 年,中共地下交通员朱谌之(朱枫)被台湾当局逮捕后在台北马

---

* 本文根据 2011 年 11 月 6 日在"徐雪寒同志百年诞辰纪念会"上的发言整理增补而成,见吴敬琏:《直面大转型时代》,北京:生活·读书·新知三联书店,2014 年,第 355—359 页。徐雪寒(1911—2005),原名徐汉臣,1926 年 15 岁时参加中国共产党,任中共杭州地委组织部长。17 岁时被捕入狱。1934 年出狱后参与组织集聚了一大批左翼经济学家的中国农村经济研究会。1943 年任中共中央华中局情报部负责人潘汉年的助手,同时兼任华中银行副行长,在上海和香港建立了一批银行、钱庄和外贸机构,为共产党筹集资金和搜集情报。1949 年以后先任上海铁路局局长,后任华东贸易部部长。1952 年升任中央人民政府对外贸易部副部长。1955 年受潘汉年案株连,被秘密逮捕并以反革命罪判刑入狱。直到 1981 年,最高人民法院才撤销原判,宣布他无罪。徐雪寒平反后任国务院经济研究中心常务干事,成为薛暮桥总干事的主要助手,在经济体制改革、宏观经济政策、对外贸易、特区建设等方面进行了深入研究,提出了许多重要意见,为经济决策的科学化、民主化做出了突出贡献。

场町刑场被处决。直到 2010 年,她的骨灰才在台湾热心人士的帮助下被找到,得以魂归故里。朱谌之原来是浙江镇海的一位大家闺秀,后来投入抗日救亡运动,在新知书店工作时由雪寒介绍入党,在雪寒的领导培育下成长为"隐蔽战线"上一名舍生忘死的战士。

这样的故事还可以讲出许多来。

我自己听说徐雪寒的名字很早。那是 1964 年,在一次批判孙冶方的会上有人说,冶方有一位名叫徐雪寒的老朋友捎信给他,支持他关于生产价格的观点,然后要冶方交待,徐雪寒现在何处,为什么他会支持冶方的"修正主义观点"。但当时我完全不知道雪寒是什么样的人。

1979 年我还在经济研究所工作的时候,《经济研究》编辑部来了一位瘦小老头,据说是一位保外就医的反革命犯人。这人少言寡语,工作极其认真,竟然把从 1956 年创刊时起的《经济研究》杂志从头到尾读了一遍,找出了一堆从来没有被人发现的错字。他正是徐雪寒。他的办公室就在我的隔壁,可是我始终没有和他交谈过。

1984 年 9 月,我随国务院技术经济研究中心马洪总干事去上海做"改造振兴上海调研",此时在国务院经济研究中心担任常务干事的徐雪寒也在工作组里。他是老上海,又是外贸和金融专家,为后来国务院批准的上海战略规划提供了许多很好的意见。像恢复重建交通银行,就是他最先提出的。回到北京以后,马洪同志邀我到技术经济研究中心任常务干事。上班大概一个星期,我又接到通知,说国务院经济研究中心薛暮桥总干事已经取得马洪的同意,调我到经济研究中心去,充实经济研究中心年龄结构偏大的领导班子。到经济研究中心后,我从雪寒同志那里接手,分管财贸组和动态组的工作,同时兼任动态组组长,这才与雪寒熟识起来,并得到他的许多帮助。例如,我在经济研究中心领导写作的第一份研究报告,即 1984 年 12 月 31 日向国务院提交的关于宏观经济形势的分析报告《当前货币流通形势和对策》,就是在雪寒同志的指导下完成的。

随着和雪寒熟悉起来,去他家拜访,我才发现他的夫人朱光熙是我在重庆巴蜀小学上学时的老师。当时抗日战争时期,雪寒和他夫人分居两地:一个在华东做情报工作,一个在重庆做地下工作,任教于当地有名的巴蜀小学。因为这层关系,他早就对我十分了解。调我去经济研究中心工作，多半也是由于他向暮桥同志提出的建议。朱光熙老师还拿出巴蜀小学同学们的照片来。对我们每一个人，她都能叫得出名字。

在国务院经济研究中心（1985年与国务院技术经济研究中心、国务院价格研究中心合并成立国务院经济技术社会发展研究中心，简称国务院发展研究中心）任职期间，我得到过他的很多支持和帮助，是我在心中最尊敬，也是最知心的师长。

我认为，雪寒同志一直有一种一以贯之的精神，在三个方面格外值得我们学习。

第一个方面，直到去世，雪寒同志始终坚持了他年轻时立下的志向，就是按照共产党的政治纲领，为建立一个独立、自由、民主、富强的中国而奋斗。一直到死，雪寒都坚持了这样的理想。

我个人有幸，先后师从了六位老一辈革命者、经济学家，包括顾准、薛暮桥、孙冶方、骆耕漠、于光远和徐雪寒，他们的学术思想有差异，行事风格也很不一样，比如说，顾准锋芒毕露，暮桥沉稳内敛，雪寒可能在他们之间。雪寒的才能表现在许多方面。他既是一位精明强干的共产党情报工作领导者，又是经济学家、金融家，还是出版家。他干过许多行，每一行都干得有声有色，达到十分精到的程度（周恩来语）。

在雪寒最后弥留的时间，我是最后一个见到他的人。我离开之后几分钟，他就去世了。在写悼词的时候，我忽然想起华东师范大学许纪霖教授对雪寒晚年的挚友李慎之先生的一种说法，他把李慎之形容为"老派共产党人"。我觉得用这样的称呼形容雪寒，也是非常恰切的。

按我的理解，所谓"老派共产党"，不仅是说他们在年轻时就参加了共产党，更是说在共产党从一个在野的革命党成为了执政党之后，许多人被权力所腐蚀，丢掉了当年的赤子之心，但是这些"老派共产党人"仍然坚持他们年轻时的理想，继续为之奋斗。

雪寒同志正是这样的人，他没有居功自傲，没有"打江山就要坐江山"的想法，对于腐败分子和腐败行为深恶痛绝。他以手杖跺地，痛责贪腐的形象至今铭刻在我的脑海之中。

第二方面，在我认识的老同志中，雪寒同志对于自己一生经历的反思，是最为深刻和彻底的。

雪寒一生坎坷。年轻时因为从事革命活动被捕,曾在国民党的牢狱中待了 6 年。他曾经作为潘汉年的重要助手在"隐蔽战线"上出生入死,但也因此在解放后卷入了所谓的"潘汉年反革命案件"。1955 年在对外贸易部副部长任上被秘密逮捕和判刑,在监狱和"牛棚"中度过了 20 年。待到复出工作,他已经年近七旬。雪寒在晚年常常说,"我们是犯了罪的"。犯了什么"罪"呢?用他自己的话说,就是当年我们高举"反对独裁、反专制、反腐败"的旗帜,赢得了人民的信任,让我们取得了政权。但是在我们掌权以后,却对人民造成许多严重的损害,而现在的腐败比当年还要严重,这是对人民的犯罪啊!

我曾经多次向雪寒提出,他应当把自己的经历写出来,用以教育我们大家以及我们的后代。但是他每一次都摇摇头,表示往事不堪回首。这种不堪回首,据我的观察,并不是因为个人的坎坷。他的罪案早在 1981年已经平反,一切强加给他的罪名都已经获得了昭雪。应该说,他个人所受的牢狱之灾已经成为过去。但是,他对中国为什么会发生这样严重的历史曲折,社会的病源何在,却有挥之不去的忧思。从雪寒找到并坚持的改革方向来看,我相信他心里对这一重大问题已经有了明确的答案。但是对于自己怎么会从为人民立功立业的良好愿望出发,最后却陷于不义,总是感到痛苦和心有不甘。这使他患上了愈来愈严重的忧郁症,直到2005 年去世。

第三方面,不遗余力地坚持改革。在雪寒看来,只有推进市场化、民主化的改革,才能够弥补我们既往的过错,实现建立独立、自由、民主和富强的中国的理想。

雪寒同志在国务院经济研究中心工作期间,兢兢业业,一丝不苟,实际上是暮桥同志的第一助手。我在上世纪 80 年代中期刚到经济研究中心工作的时候,国务院已经批准了经济研究中心提出的金融改革方案。据我所知,这个改革方案实际上是在暮桥同志和雪寒同志共同主持下完成的。

到了晚年,雪寒还特别关注政治改革。他认为追求民主、自由和人权是共产党的本分,对于政治体制改革滞后感到十分焦急和无奈。

在关系重大的问题上,雪寒总是坚持原则立场。即使对自己尊崇的领导，也毫不隐讳自己的不同观点。例如，他对三峡工程评议工作会议先定调子、后"征求意见"的做法直率地进行了批评，而对在这个问题上能够听取少数派意见的另一位中央领导人，雪寒则给予了很高的评价。然而对于同一位领导人，当他赞成放慢改革，想用扩张性的货币政策来支撑高速增长的时候，雪寒同志就在自己送上去的报告和文章里明确指出，这种意见是完全错误的。

1991年，老革命家薄一波委托马洪为他起草一篇讨论计划与市场的关系、为"商品经济"翻案的文章。周叔莲和我拟定了提纲，由社科院工业经济研究所的刘世锦执笔起草出初稿。薄一波指示向一些老干部征求意见，薛暮桥委托雪寒替他看看。雪寒读后，会同国务院发展研究中心马宾副主任联名致信薄一波，建议他向陈云同志建言，收回"计划经济为主，市场调节为辅"的提法。实际上，雪寒对于陈云是十分尊重的，对过去在陈的领导下工作时的情景也常常有温馨的回忆，但是，他认为计划取向还是市场取向是事关大局的原则问题，因此直率地提出自己的意见。

雪寒同友人的交往也是极具原则性的。他和马宾是上世纪30年代的老战友。到上世纪80年代，他们由于都坚决反对通货膨胀政策和腐败行为，更是志同道合的朋友。但在进入21世纪以后，马宾愈来愈偏执地认定通胀和腐败都是源于市场化的改革，主张重新回到"无产阶级专政下继续革命"的路。因此每一谈到中国的现实问题，两人就争得面红耳赤，谁也说服不了谁。

明辨是非，坚持原则，这就是雪寒同志处世的风格。

学术勇气和社会担当[*]

——悼念挚友陆学艺

（2013 年 5 月）

　　2013 年 5 月 11 日上午，我还在与社会学家陆学艺一起开会，听他慷慨陈词，申论社会科学研究对维护社会和谐、推动社会进步的重要作用。不想只隔了两天，就惊闻他 5 月 13 日去世的噩耗。

　　学艺为人民福祉建言的诚意和自觉社会担当的勇气一直为我心仪。斯人已逝，我心伤悲！

　　1975 年，我和中国科学院哲学社会科学部（下称学部，即中国社会科学院的前身）经济研究所的两位同事一起，奉邓小平复出后组建的国务院政治研究室之命，去山西昔阳县参加写作陷于困境的"大寨经济学"编写组。随后，学艺参加的学部哲学所"大寨哲学"编写组也来到这里。这两个写作组存在时间不长，在 1976 年"批邓""反击右倾翻案风"开始不久，就都被裁撤回北京了。不过，由于学艺和我同属在学部"清查'五一六'运动"中被限制自由的"重点审查对象"，有对大寨状况实地观察得到的共同

* 本文载《新世纪》杂志，2013 年第 20 期（2013 年 5 月 27 日出版）；又见吴敬琏：《直面大转型时代》，北京：生活·读书·新知三联书店，2014 年，第 360—364 页。陆学艺（1933—2013），社会学家，农民、农业、农村等"三农"问题的知名专家。1962 年毕业于北京大学哲学系。1965 年中国科学院哲学所研究生毕业留所工作。1978 年以后长期从事"三农"研究工作，为推动 20 世纪70 年代末、80 年代初的农村家庭承包制改革做出了重要贡献。1988—1998 年任中国社会科学院社会学研究所所长。2000 年起，任北京工业大学人文社会科学学院院长。主要研究领域为社会学理论、社会结构研究和农村发展理论研究。编著有《社会结构的变迁》（1997）、《当代中国社会结构》（2010）、《中国社会形势分析与预测》年度系列，等等。

认识，还有对当局那时倒行逆施的共同反感，回京以后我们仍然时相往来，怀着对国势的深切忧虑议论时政。此后的 30 多年里，我们的研究重点并不一样，但同声相应，同气相求，一直相知相重。

粉碎"四人帮"后的最初几年，中国社会科学院的内刊《未定稿》和中共中央党校的内刊《理论动态》一样，是引领思想解放的重要阵地。我曾经在《未定稿》主持人林韦的领导下，参加编写一本批判"四人帮"的专著。学艺最热心的则是为包产到户翻案。他的这项工作风险极大，也极为重要。

那段时间，爆发了我国农村应当走"阳关道"（坚持集体经济）还是"独木桥"（实行包产到户）的重大政策争论。一方面，在地方党政领导的默许下，安徽、四川、内蒙古、贵州等省、区的少数地方进行了包产到户的尝试；另一方面，中央层面并没有放开政策。如十一届三中全会原则通过的《中共中央关于加快农业发展若干问题的决定（草案）》明确规定，"不许分田单干""不许包产到户"；1979 年 9 月十一届四中全会正式通过的《中共中央关于加快农业发展若干问题的决定》，仍然要求"不许分田单干"，"也不要包产到户"。放宽对包产到户的政策之所以遭遇强烈反对，是因为毛泽东对包产到户一贯采取反对态度。特别是他在 1962 年八届十中全会的讲话中，把搞包产到户提到"复辟资本主义"的政治高度，指责支持包产到户的干部"站在地主、富农、资产阶级的立场上反对社会主义"。1962 年后，反对"三自一包"（自留地、自由市场、自负盈亏和包产到户）成为"阶级斗争年年讲、月月讲、天天讲"的重要内容。

正是在"两个凡是"（指"凡是毛主席作出的决策，我们都坚决维护，凡是毛主席的指示，我们都始终不渝地遵循"）还影响着相当一部分领导干部头脑的形势下，学艺率先对主流思想提出了明确的质疑。1979 年 6 月，学艺和两位同事到安徽调研，亲眼目睹了包产到户地方的丰收形势喜人，也感受到广大农村干部社员被"资本主义"这根大棒打怕了，正在面临"纠偏"的强大政治压力。返回北京不久，他写成《包产到户问题应当重新研究》这一调查报告，旗帜鲜明地指出，"包产到户促进了生产的发展，受到了绝大多数社员的欢迎，我们有什么理由说它是退步呢？"鉴于禁止包产到户政策源于毛泽东的指示，他在报告中专辟一节，指出对于这样一个涉及千百万人政治和经济生活的大问题，"大多数干部和群众对当时的结论有看法、有意见"，提出"对1962年包产到户的问题，要重新调查研究，实事求是地做出结论"。受制于当时的形势，这篇与主流提法针锋相对的调查报告只是刊登在11月初的《未定稿》增刊，而不是《未定稿》上。但学艺的文章还是不胫而走，得到越来越多的拥护，为日后的政策突破作了思想准备。

1980年春，已经取得实际控制权的邓小平明确表态，支持包产到户。9月，中央召开各省、市、自治区第一书记会，经过激烈争论后，对包产到户的禁令终于取消。在其后的两年内，土地家庭承包制在全国农村迅速普及，取代了人民公社"三级所有，队为基础"的旧体制，农村的面貌也为之一新。

在这场翻天覆地的农村大变革中，作为社会科学工作者的陆学艺表现了巨大的学术勇气，作出了杰出的贡献。他的安徽调研报告第一次明确要求重新评价"包产到户"，已经成为中国改革史上的重要文献。

随着农村大好形势的出现，特别是在1984年农业大丰收以后，对农村进一步改革懈怠松劲的情绪日益抬头。即使1985年棉花减产33％、粮食减产7％，也被有关方面看作计划安排的结果，不必过虑。学艺在深入调研基础上，写成《农业面临比较严峻的形势》，指出要避免农业的徘徊、萎缩，保持和发展农村大好形势，有必要"推进农村第二步改革"，"使城乡改革同步进行，互相促进"。他的研究报告在《中国社会科学院要报》上发表后，被认为是散布"农业悲观论"。邓小平倒是读到了这篇报告，并且在1986年6月10日的谈话中，谈到"有位专家"的"提醒"值得注意。以后，虽然有关部门提出解决农业问题的八条措施，但农村"第二步改革"却再也不提了。而学艺依然反复讲，一直讲到去世。

他所说的"农村第二步改革"，核心是"进一步破除计划经济体制对农民的束缚"，要点包括抓紧改革户籍管理制度、承认农民对承包土地有永佃权、实行城乡一体的教育体制、调整头重脚轻的财政体制，真正走出"城乡分治，一国两制"的困境。这些建言是建立在深入调研基础上的真知灼见，它们未能得到足够的重视，使人不能不扼腕叹息。

1987年，学艺被任命为社会科学院社会学研究所副所长，由此进入了社会学界,同样做出了优异的成绩。特别最近十几年来,学艺倾心于中国社会结构变迁研究,他主持的《当代中国社会阶层研究报告》(2002)较早采用现代社会学方法研究当代中国社会分层的由来与发展趋向。报告出版后,引起巨大的社会反响,但也被有些人士指责为"背离了马克思主义阶级分析法",闹得"满城风雨"。学艺不改其志,坚持拓展这项研究,继续完成《当代中国社会流动》《当代中国社会结构》报告。在他主持的一系列研究中,清楚地指明了中国社会发展远远落后于经济发展的现实,希望加快社会建设的步伐。我和一些同道一年一度在无锡举办"民间商会论坛",商讨如何建立和发展"商会—行业协会"这一重要的社会组织,学艺也积极参与其中。我想,这不仅因为学艺是无锡人,更因为他希望推动我国社会组织的健康成长,促进我国社会逐步走向成熟。

学艺先学工科,后学哲学,而终于在社会科学研究中安身立命,对本土社会科学的落后有深切的体会。去世前两天,他出席了我的《文集》[1]首发式暨中国改革座谈会。在会上他借用"白马非马"的说法,对有些人至今不把社会科学当作科学的做法提出尖锐的批评,指出这直接造成了中国社会科学的严重落后。这让我想起30多年前,我国著名考古学家夏鼐在1978年社会科学院揭批"四人帮"炮制的"两个估计"(即"文革前17年教育战线是资产阶级专了无产阶级的政"和"知识分子的大多数是资产阶级知识分子")座谈会上的发言。在那次会上,夏鼐深刻分析了人文社会科学研究与宣传鼓动之间的正确关系,指出"四人帮"不要社会科学研究、只要吹鼓手的做法"极为荒谬",要求人文和社会科学工作者打破思想枷锁,坚持客观真理,有所发现,有所发明,有所创造,有所前进。当时主持会议的社会科学院领导也对宣传应建立在科学研究基础上的意见表示了赞同。30多年过去,学艺在去世前最后一次公开讲话中,又特别提出社会科学不被重视的问题,仍然切中时弊,实际上指出了诸多社会问题积重难返的一个重要症结。

2012年,学艺荣获首届"费孝通学术成就奖"。颁奖辞指出:陆学艺在改革开放初期对家庭承包制实践的研究,在上世纪80年代中期对农村

1　指《吴敬琏文集》,北京:中央编译出版社,2013年。

形势的判断,显示了他的学术勇气和社会担当,对社会实践产生了重大影响。他先后组织了"中国百县市经济社会调查"和"中国百村调查"等大型调查活动,开创并长期组织社会形势年度报告的研究与编写。他对中国社会结构和社会流动的研究、对社会建设和社会改革的研究,在学术界和社会上引起广泛的反响,对于推动中国社会学的发展,扩大社会学在中国的影响作出了重要贡献。

诚哉斯言!坚持真理的学术勇气和自觉的社会担当,正是我们社会科学工作者要向学艺学习的。

《民主的历史》序言[*]

（2015 年 1 月）

早在 1954 年我从大学毕业分配到中国科学院经济研究所工作时，就已经听说过许良英的名字，知道他在 1949 年以前曾经是浙江大学中共地下党的一位主要领导人。浙江大学在反独裁、争民主的爱国学生运动中表现突出。1947 年的"于子三运动"[1]，曾经是民主爱国学生运动的号角，许良英作为浙大地下党的领导人，自然也成为一代"进步青年"心目中的英雄。

但是，等到我见到许良英本人，已经是 1957 年夏季"反右派运动"风暴初起的时候。一天，中国科学院借北京大学的会议室召开"反右派大

---

[*] 参见许良英、王来棣：《民主的历史》，北京：法律出版社，2015 年。许良英（1920—2013），知名学者。1935 年，15 岁时参加中国共产党领导"一二·九"学生运动。1942 年毕业于浙江大学物理系。1946 年在担任著名物理学家王淦昌助教时参加中国共产党，成为浙江大学地下党和中共杭州工委的领导，开展了反对国民党专制政权的革命工作。解放后曾短期担任中国科学院宣传出版工作负责人。1955 年后申请离开中国科学院院部，到哲学研究所从事自然科学哲学问题的研究。1957 年被划为"极右分子"，回到故乡浙江省临海县从事农业劳动，靠挣劳动工分为生。在极其艰苦的条件下，继续科学思想史的研究工作。他在务农 20 年间，编译了大量爱因斯坦等科学家的文论。1978 年恢复公职，任中国科学院自然科学史研究所研究员。1979 年，他的右派问题得到"改正"。主要著译成果包括《爱因斯坦文集（三卷本）》《20 世纪科学技术简史》等。王来棣（1926—2012），历史学家，许良英的夫人。1949 年毕业于浙江大学史地系。1952 年调中国科学院近代史研究所以后长期从事中国现代史的研究工作，对中国共产党早期历史的研究做出了自己的贡献。

[1] 于子三（1924—1947），1944 年考入浙江大学农学院。1946 年投身学生爱国民主运动。1947 年 5 月当选为浙大学生自治会主席。10 月被国民党特务秘密逮捕并杀害于"浙江省保安司令部"监狱。于子三被杀害的消息传出后，全国 29 个大中城市 15 万名学生举行声势浩大的罢课示威，形成全国范围的"于子三运动"。

会",在同一栋楼办公的哲学研究所、经济研究所的工作人员一起乘大卡车到北大开会,又乘同一辆卡车返回中关村。大家还没有从突然来临的运动风暴惊吓中苏醒过来,在车上都沉默无声。这时我忽然发现,会上被点名批判的许良英也在同一辆车上。他站在卡车的前头昂首前望,迎面而来的风把他的头发吹得向后倒立。他的侧影深深地印刻在我的脑海中,直到现在仍历历如在眼前。

那天哲学所有好几位研究人员遭到点名批判。其中的徐懋庸不论在30年代与鲁迅的争论中,还是在1949年任武汉大学党组书记期间的作为,都是饱受争议的;而昔日的革命斗士许良英竟然也成了"反党反社会主义"的"右派分子",却大出人们的意料。在中国科学院批判会上揭露的许良英的"右派言论",似乎也只是表露出对领导人自食其言、组织反击批评意见的不满,而并不包含什么"反党反社会主义"的内容。

事情可能正像顾准所说,1957年这些忠心为党的人被打成"右派"只是"一场误会"。不过,这场"误会"却促使人们去重新思考自己走过的人生道路,对曾经拳拳服膺的"革命真理"进行反思。

这条去蔽求真的道路崎岖险峻。许良英在这条道路上跋山涉水,整整走了十七年,经过十分艰苦的思考努力,才达到豁然开朗的境界。

正像许良英在自己的自述中所言,他在1949年以前,虽然从事了名为"民主革命"的运动,可只是向国民党政府争民主,以为只要推翻国民党的反动统治,成立了新中国自然就是民主了,实际上根本不懂得民主的真义,因此长期迷失在对领袖的盲目忠诚和迷信中,失去了客观的判断能力。即使是在1957年被定为"阶级敌人"和"专政对象"时,这种忠诚和迷信也未曾动摇。直到1972年他到韶山"朝圣",五次进出领袖故居,每次都热泪盈眶。他说,一个信仰民主和科学的人,却在愚忠和迷信中迷失了三十多年,这不仅是我个人的悲剧,在我们这一代知识分子中也有一定的代表性。"这实在是一种有双重意义的历史悲剧。"

但是,事实总是能够教育愿意求真知的人。目睹"文革"期间各派人物的表演,许良英从现代迷信中猛醒过来,重新思考中国的出路,同时也对自己过去视为当然的观念进行认真的反思。

在深入的思考中,许良英越来越深刻地认识到,"科学和民主是现代社会赖以发展、现代国家赖以生存的内在动力。"然而甚至像自己那样青年时代就真心实意要为建立民主而奋斗的革命志士,对于什么是民主,如何建立民主,当年也没有正确的认识。所以,就必须开展民主启蒙运动,而且必须首先对自己进行启蒙。这样,他从 1983 年开始系统学习西方文明发展史,认真阅读各个历史时期的代表性著作。他在研读中发现,自己在过去流行读物中所了解到的历史,许多是歪曲的。谬种流传误导的结果,使专制主义的野心家能够利用伪民主的口号欺骗大众,对当代中国的现代转型造成严重的危害。由此他也认识到,有必要在深入研究的基础上,写一本关于民主的历史和理论的著作,来与大众共享他自我启蒙所取得的成果。

现在放在我们面前的这本书,就是他与长期从事中国近代史研究的夫人王来棣合作,经过 20 年的努力完成的心血结晶。本书共分两编:第一编讨论民主制度在西方的推进历程,第二编讨论民主在中国的传播。在呈现在读者面前的这些章节写完之后,他们本希望写完计划中的启蒙运动和法国革命这两章,然后付梓。但是由于许良英先生视力高度减退、体力不支、诸事缠身,写作进度只得慢了下来。鉴于社会对于这类读物的迫切需要,我向两位先生建议,将已成文稿先行刊布,嘉惠读者,那两章完成后再出增订版。他们接受了这个建议。但是,还没有等到书稿变成书,两位先生就先后辞世,启蒙运动和法国革命两章最终没有能够完成。为了多少弥补这一缺憾,书里增加了一篇重要的附录:"走出伪民主误区",对卢梭思想和雅各宾专政作专门的讨论。

全书篇幅不大,但精彩纷呈。这里我只想就以下三个感触最深的问题谈一谈自己的体会:

第一,关于对雅典民主制的评价。

许良英先生在自己的著作中多次谈到过,作为现代人类文明一个主要支柱的民主,其渊源就是古希腊的雅典民主制。但是在中国有不少人认为雅典民主制是奴隶主民主,是贵族政治。针对诸如此类的误解,许、王两先生在书中指出,雅典民主制虽有缺点,但本质上体现了真正的民主、自由、宽容和法治精神。

与此同时,对于众说纷纭的雅典民主制的缺陷,本书也明确指出,要害在于没有确立人权不容侵犯的理念，以致造成"多数暴政"、扼杀新思想等问题。他醒目地标举出了现代民主制与雅典民主制的三个方面的区别，实际上指出了法治化和民主化改革的要领所在。这三方面的区别分别是：一是人权概念的确立。针对雅典民主制将多数决定原则无条件应用于人类生活的各个领域的缺陷，现代民主制确认每个公民都有不可侵犯的自由权利，并以此作为民主政治的基础。二是公民范围的扩大。针对雅典民主制下公民范围过于狭窄的缺陷，在现代民主制中，取消了有关出身、财产、种族、性别等方面的限制，实现了政治和法律上的人人平等。三是由只适用于小国（城邦）寡民的直接民主制发展为适用于大国众民的间接民主制，即代议制或议会民主制。

在这三个方面中，第一点，也就是人权概念的确立最为关键。它正是现代民主制度，即立宪民主制或称宪政民主制的基础，因为宪法作为国家构建的总章程，必须以每个公民都有不可侵犯和不可转让的自由权利，即天赋人权作为前提。只有公民的生命、财产等基本人权得到切实保证时，国家权力才不会蜕化为专制或暴政，以"人民民主"或"多数决定"之名剥夺公民财产、损害公民生命安全的行为才能避免。也就是说，只有宪法中关于人权的条款得到切实有效的实施，现代民主政治才能建立和发展起来。在世界现代史上，专制行为在"多数决定"的名义下横行，通常总是从侵犯宪法规定的公民权利开始的。

第二，关于民主在中国的传播过程中发生的"以俄为师"变异。

中国民主革命的先行者孙中山曾是民主主义的支持者和践行者。本书指出，孙中山早年曾经"给中国带来清新的民主精神"，强调革命的目的"均不外求自由、平等、博爱三者而已"。但在孙中山发动的讨袁战争（又称"二次革命"）失败以后，他的思想却发生了大倒退。他在检讨"二次革命"失败原因时，将它归结为"全在不听我之号令"，在1914年建立的中华革命党转而采用服从孙中山一人的组织原则。随后，孙中山按照"以俄为师"的方针，将中华革命党改组为中国国民党。所谓"以俄为师"，实以"以党治国"为学习重点。要点包括五个方面：一是"全国人都遵守本党的主义"；二是国民党员垄断全国政权；三是"总理对中央执行委员会之决议有最后决定之权"；四是"将党放在国上"；五是"必将反对党完全消灭，使全国的人都化为革命党,然后始有真中华民国"。

本书还指出,孙中山在以俄为师,将"以党治国"通过国民党移植到中国的同时,还修改了现代民主制的核心要件。他在解释三民主义(民主、民权、民生)中的民权时,抹杀公民的基本权利,称"选举、罢免、创制、复决"四权便是"充分的民权";在谈论"自由"时,不讲"凡未经法律禁止的行为即不得受到妨碍",而说"在一个团体中能够活动,来往自如,便是自由";在谈论"平等"时,却将人分为先知先觉、后知后觉和不知不觉三等,并分别用革命党人、知识分子和劳动人民对应这三类人群。经过孙中山以俄为师的修正后,民主蜕化为国民党要"为民作主"。

政治家如此,思想家又如何呢? 新文化运动请进了"赛先生"和"德先生",但十月革命之后,在"以俄为师"的潮流下,又"被启蒙者自己扼杀了"。

书中对孙中山为代表的国民党人通过"以俄为师",由"清新的民主精神"转为"'以党治国'的国民党遗毒"过程的清理,对我们意义重大。邓小平在1941年4月论述晋冀鲁豫边区抗日民主政权建设问题时,曾经尖锐地批评"以党治国"是"国民党遗毒"。他指出:"某些同志'以党治国'的观念,就是国民党恶劣传统反映到我们党内的具体表现";也"是麻痹党、腐化党、破坏党、使党脱离群众的最有效的办法";"我们反对国民党以党治国的一党专政,我们尤要反对国民党的遗毒传播到我们党内来"。邓小平晚年亲自审定三卷本的《邓小平文选》时,把这篇讲话收录为第一卷卷首的第二篇文章。他在1980年的《党和国家领导制度的改革》讲话("八·一八讲话")中,把在"加强党的一元化领导"的口号下把一切权力集中于党委,党委的权力又集中于书记,看作导致国家生活中许多不正常现象的重要原因。由此也可以看到这种流毒的当代影响。

如今苏联作为一个国家已经不复存在,但苏俄时代形成的很多论说仍然阻挡着中国政治文明的发展。进一步清理和总结现代史上这段以苏俄为师的经验教训,仍是中国改革面临的重要课题。

第三,作为全书附录的《走出伪民主误区》一文,针对的是在中国民主运动史上另一个流行的误解,即对卢梭思想的无条件推崇和对杀人如麻的雅各宾专政的顶礼膜拜。

由于在引进民主思想时不适当地突出了卢梭的理论,中国不少人将卢梭看作近代民主启蒙思想的主要代表,把卢梭思想影响下的雅各宾专政看作近代民主革命的标志。例如,"革命军中马前卒"邹容在1903年所著的《革命军》中一方面倡言"生命,自由,及一切利益之事,皆属天赋之权利",另一方面又称颂"卢梭诸大哲之微言大义,为起死回生之灵药,返魂还魄之宝方。金丹换骨,刀圭奏效,法、美文明之胚胎,皆基于是。我祖国今日病矣,死矣,岂不欲食灵药投宝方而生乎?苟其欲之,则吾请执卢梭诸大哲之宝幡,以招展于我神州土"。

针对这种流行的误解,《走出伪民主误区》尖锐地指出,卢梭的理论本质上是"专制理论"。卢梭认为可以以"公意"或集体"主权者"的名义任意剥夺个人权利和自由的主张,在法国大革命期间成为现实,产生了以杀戮为常事的雅各宾专政。这种理论在20世纪演化为把专制推向极致的极权主义,给人类带来严重的政治灾难。《民主的历史》的这些论述,澄清了将雅各宾专政推崇为民主主义和民主制度的谬误。这一谬种的流传,使许多真心向往民主制度的人士对专制主义丧失了免疫力,甚至实际上走向了支持专制主义的歧途。基于同样的误解,作为社会主人的人民也很容易满足于似是而非的虚幻"民主"概念,实际上沦为少数"奇理斯玛"(charisma)即具有个人魅力的领袖人物的专政的牺牲品。

这篇附录与学界以前的一些文献可以相互印证。比如顾准经历多次劫难后,在20世纪70年代就清楚地意识到设定了某种终极目的的理想主义(其实是卢梭"公意"概念的一种具体化)很容易由于其领袖人物自认为可以使用一切手段,包括专制和杀戮来实现这一终极目的而蜕变为专制主义。在认识到这一点以后,他决然地表示:"我自己也是这样相信过来的。然而,今天当人们以烈士的名义,把革命的理想主义转变成保守的反动的专制主义的时候,我坚决走上彻底经验主义、多元主义的立场,要为反对这种专制主义而奋斗到底!"在顾准之后,还有一些学者对卢梭理论的演变以及雅各宾"激进的人民民主"和"直接民主"何以必然演变为"多数人的暴虐"和"领袖专制"作过深入的分析。如王元化先生费七年之力写成的《卢梭〈社会契约论〉三篇》明确指出,卢梭让人民无条件服从"公意"。"公意"扼杀了个性,阻碍了私意,将实现"公意"的权力交给一个奇理斯玛式的领袖人物。这种人物像神明一样掌握着"公意",更以掌握了人类命运的"牧人"自命。所以,卢梭所谓的"民主社会",实际上是一种极权制度。此外,像朱学勤教授的《道德理想国的覆灭》,也可以与许良英夫妇的研究相互印证。

《民主的历史》一书篇幅不大,却是许良英、王来棣在艰难之中怀抱赤子之心辛勤工作20年的结晶,也是作者奉献给世界的最后一份珍贵礼物。全书没有涉及他们的人生经历,但这部将中国问题置于世界制度史视野下加以分析的著作中,实际上包含了他们的独立精神和自由思想,也包含了他们对青春时代投身民主爱国运动以来人生道路的深刻总结和反思。

如果从1978年真理标准大讨论算起,漫长的中国改革的延续时间已经超过了暴力革命夺取政权所用的时间,但中国依然面临着从威权发展走向民主发展、从个人魅力型统治走向法理型治理艰巨的未竟任务,新文化运动请进来的"德先生"和"赛先生"也远未在中国扎根生长。但也因为这样,《民主的历史》一书所做的正本清源工作仍然切中时弊,对总结中国现代历史的经验教训来说仍然是重要的理论资源,对中国改革的远大前程来说仍然正当其时。读者诸君切勿等闲视之。

回望干校年代[*]

——徐方《干校札记》序

（2015 年 4 月）

一

1969 年 11 月，中国科学院哲学社会科学部（1958 年，中国科学院的这个学部划归中共中央宣传部直接领导，因此社会上通常把它简称为"学部"）全体员工和家属分批下放"五七干校"。两千多位学者，其中包括数百位中国顶级学者，根据"扎根农村""滚一身泥巴"的要求来到河南信阳专区农村，先在息县，后在明港经历了"史无前例"的"文革"历史事变。

学部外国文学研究所研究员杨绛先生在 1981 年出版了一本《干校六记》，记述她在学部干校经历的往事。这本书三十多年来一直脍炙人口，备受经历过"文革"动乱和没有经历"文革"但想一窥究竟的人们喜爱。不过，钱锺书先生在为这本书写的《小引》里指出，《干校六记》对干校生活的记述还有所不足，如果说沈复的《浮生六记》"仅存四记"，那么，杨绛的《干校六记》就"应为七记"，因为漏记了参加政治运动的感受。他希望有那么一天，"缺掉的篇章会被陆续发现，补足填满，稍微减少了人世间的缺陷"。

的确，学部干校发生的许多事情，都值得认真记录和深入研究。但这样的书在《干校六记》之后迟迟没有出现。所以，当徐方拿来《干校札记》

---

* 这是本书作者为《干校札记》一书所写的序言，见徐方(2016)：《干校札记》，广州：广东人民出版社，2016 年。

书稿时，我感到十分高兴，因为终于又有了一部关于学部干校的新书，记录我们所经历的历史事变，可供后世追索研究。

徐方的《干校札记》还有一个地方与其他有关干校的回忆不同。她跟她的妈妈，也就是我在学部经济研究所的同事张纯音来到干校时，还是童心未泯、较少受到政治灌输污染的少年。所以，这本书既不是从"五七战士"的视角，也不是从政治运动的参加者的视角去描述干校生活，而是用一个少年人的眼光去观察非常特殊的环境下成年人的活动，常常能够在成年人习以为常的事物中看出异于常理之处，因而弥足珍贵。

二

"五七"干校得名于毛泽东的"五七指示"，也就是他在 1966 年 5 月 7 日审阅中国人民解放军总后勤部《关于进一步搞好部队农副业生产的报告》后写给林彪的信。在这封信里，毛泽东要求全国各行业的所有单位都要像部队一样，办成亦工亦农、亦文亦武的"大学校"。在这个"大学校"里，部队、工人、农民、知识分子、党政机关工作人员都要以一业为主，兼学别样，"学政治、学军事、学文化，又能从事农副业生产"，也要创办工厂，生产产品，还要"随时参加批判资产阶级的文化革命斗争"[1]。

这封信写于"无产阶级文化大革命"正式发动时期。如果说毛泽东发动"文革"除解决领导集团人事问题外还有建设他心目中的理想社会的目的，那么，兴办"五七"干校可说是这个宏大计划的重要组成部分。据亲聆毛泽东讲解"五七指示"的"中央文革小组成员"戚本禹说，毛泽东认为解放军总后勤部总结的经验，就是"一个共产主义社会未来的萌芽"，从中"也许能看到共产主义社会的曙光。"[2]。

"五七指示"绘出的蓝图让人想起毛泽东 8 年前建立的"政社合一、工农商学兵五位一体"的人民公社。在他的一手推动下，在 1958 年的两三个月的时间内，中国农村由高级生产合作社过渡到了人民公社。随后，

1　毛泽东(1966)：《对后勤部关于进一步搞好部队农副业生产报告的批语》，见《建国以来毛泽东文稿》第十二册，北京：中央文献出版社，1998 年，第 53—54 页。
2　戚本禹(2013)：《亲聆毛主席讲"五七指示"》，共识网，2013 年 12 月 24 日。

《中共中央关于在农村建立人民公社问题的决议》指出，人民公社"将发展成为共产主义社会的基层单位"；由于人民公社制度的出现，"共产主义在我国的实现，已经不是什么遥远将来的事情了"。

"五七指示"和人民公社的制度设计和马克思、恩格斯对共产主义社会的设想很不相同。马克思和恩格斯强调的是：共产主义社会将是一个"自由人联合体"，"在那里，每个人的自由发展是一切人自由发展的条件"[1]。政社合一和工农兵学商一体化的社会组织和社会秩序，显然较之每个人的自由发展权利在毛泽东的思想中占有更加重要的位置。

三

根据毛泽东的要求，中共中央 1966 年 5 月 15 日转发了"五七指示"和军委总后勤部的报告。第二天，中央政治局扩大会议通过了中共中央《通知》（即著名的"五一六通知"），宣告"无产阶级文化大革命"正式开始。随之而来的剧烈动乱转移了大家的注意力，"五七指示"一时没有形成正式制度。1968 年 5 月 7 日，黑龙江省在纪念"五七指示"发表两周年时，把大批机关干部下放到庆安县柳河的一所农场，定名为"五七"干校。10 月 5 日，《人民日报》在《柳河"五七"干校为机关革命化提供了新的经验》一文的编者按中，传达了毛泽东的"最新指示"："广大干部下放劳动，这对干部是一种重新学习的极好机会"。全国各地党政机关、高等院校按照这一"最高指示"闻风而动，成千上万的党政干部、学者专家、文艺工作者被下放到它们在各地兴办的"五七"干校。

学部员工在 1969 年 11 月下放河南信阳地区的"五七"干校，正是这个大潮流的一个片断。和其他的"五七"干校一样，学部干校也采用军事化的编制和管理方式，不分老幼，全体员工按照军队的编制方式重新组成连、排、班。经济研究所编为"七连"。我所在的政治经济学组和《经济研究》的编辑部合编为七连二排。干校除了解放军毛泽东思想宣传队（简称

1　马克思、恩格斯(1848)：《共产党宣言》，见《马克思恩格斯选集》第 1 卷，北京：人民出版社，1995 年，第 294 页。

"军宣队"）和工人毛泽东思想宣传队（简称"工宣队"）作为高层领导，还选拔了一些本单位人员作为连长、排长和班长。

下放的时候，我们所接到的直接指示并没有谈及"共产主义社会未来的萌芽"，只是"下放劳动""接受贫下中农的再教育"，以期改造成为"跟随毛主席继续革命的新人"。

但老实说，在学部干校，除了极少数被挑选出来参加农村整党的人，跟农民并没有多少接触，自然也就没有多少"接受贫下中农再教育"的机会。"五七指示"说的"学政治""学文化"也极其有限。当时能读的书除了一本《毛泽东语录》，1970年后也只有六本马列主义经典著作和导读小册子。报纸不能自己阅读，要坐在一起念。张纯音想在闲时练习她的英语，就被连长在全连大会上通报训斥：美国总统尼克松就要访问中国，有的人开始学习英语，她想干什么！

干校"再造新人"的主要手段，是开展政治运动。更具体地说，就是所谓"清查'五一六'反革命分子"的政治运动，劳动虽然艰苦，但和清查运动比起来，反倒是它的陪衬。对于运动和劳动这两个内容之间的搭配，钱锺书先生有过生动的描绘。他说：干校生活是在"清查'五一六'"的"批判斗争的气氛中度过的；按照农活、造房、搬家等等需要，搞运动的节奏一会子加紧，一会子放松，但仿佛间歇疟，疾病始终缠住身体"。《干校六记》中的"'记劳'，'记闲'，记这，记那，都不过是这个大背景的小点缀，大故事的小穿插"。

在这种"批判斗争的气氛中"培育的是什么样的"新人"呢？徐方在这本书里除了回忆了学部干校的劳动和日常生活，还勾勒了干校政治运动背景下的知识分子群像，记录了"批判斗争的气氛中"的告密文化、犬儒心态等等。这其实是被扭曲人性的记录，与共产主义实在扯不上什么关系。

四

前一个时候，网络上曾经发生过一场关于人性与制度之间关系的争论：一种观点是"卑劣的制度塑造了卑劣的人民"，另一种观点是"卑劣的人民选择了卑劣的制度"。看起来，前者持论的根据，是人性本善，只是因为有了卑劣的制度，才使他们变得卑劣起来；后者认为人性本恶，因此人们选择和塑造了卑劣的制度。

从我自己在历次政治运动，包括学部干校政治运动中的经历看，"性善论"和"性恶论"恐怕都有所偏颇。绝大多数人的本性都具有双重性，即所谓"既是天使，又是魔鬼"。在恶劣的制度环境下，性善的一面会被压抑，性恶的一面却会膨胀起来。比如在徐方的《干校札记》中讲到的"告密文化"，一方面固然是在领导上软硬兼施的"大批判"和"揭发检举运动"中培育起来的；另一方面，也是由于我们这些"五七战士"的人性使然。在运动中很多人或者出于对领袖的忠诚，或者出于自保的私心，甚至为了求得"组织"的欢心，得到派上个好活或者早日回城的优待，对鼓励告密的恶政不但不加抵制，还予以配合甚至积极参加，也难辞其咎。

我可以以自己在"清查'五一六'反革命分子"运动中的遭遇为例说明这一点。要了解这场"清查'五一六'反革命分子"运动，先要补充交代一下学部"文革"的基本情况。

"文革"开始不久，学部员工就分裂为"红卫兵联队"（简称"联队"）和"红卫兵总队"（简称"总队"）两个群众组织。"联队"由于背后的"高参"与"中央文革"几个成员关系密切，在 1966 年 10 月至 1967 年上半年占据明显的优势，在"反击'二月逆流'"中也非常活跃。由于不满"联队"一些领导人在"反击'二月逆流'"中的做法，1967 年春又从"联队"分化出第三派群众组织"大批判指挥部"（简称"大批部"）。我和经济所的一批朋友也有同感，于是加入了"大批部"。在 1967 年八九月间，中央文革和姚文元的《评陶铸的两本书》提出要彻底揭一个"搞阴谋的反革命集团""五一六兵团"以后，一些地方和单位的群众组织就指责自己的对立面是"五一六反革命组织"。这时，"总队"在学部运动中占居优势，"联队"则被指责为"五一六组织"。曾参加"联队"的学部资料室研究人员冯宝岁就在这时被另一派抓捕，并在 1967 年 11 月被毒打致死。[1]

1968 年末军工宣队进驻学部后，根据上面的统一部署正式开展了"清查'五一六'反革命分子"的运动。在第一个阶段，斗争的矛头仍然指

1　参见邵燕祥(2009)：《关于冯宝岁之死》，载《雨花》，2009 年第 12 期。

向"联队"的成员(又称"王系五一六",因为"联队"的主要负责人是哲学所的研究人员王恩宇)。当时,我的一位朋友陈君被军宣队和连排干部吸收参加"清查五一六"专案组,据说在大搞逼、供、信的"清查运动"中表现得相当积极。1970年11月,陈的夫人要求全家去自己所属单位的湖南干校,那里的生活条件比学部干校要好。军宣队同意了这个请求,不过让她带孩子先去,等陈君在专案组的工作办完随后就去。但到12月,学部干校的清查运动进入"深挖五一六分子"阶段,不仅"联队"的成员继续受到清查和批判,"大批部"也被指责为"'五一六'的二套班子"(又称"傅系五一六",因为"大批部"的主要负责人是历史所研究人员傅崇兰)。这时,军宣队找陈君谈话,摆出了"请君入瓮"的阵势。他们说:你很清楚,我们清查"五一六",打一个、准一个,从来没有错过,现在有人检举你也是"五一六",何去何从,你自己考虑。陈君根据自己参与清查"一套班子"逼供、诱供和制造"罪证"的经验,觉得除了按军宣队和班排干部的指引瞎说乱供,没有别的出路,就按照领导的要求自证有罪。这时,军宣队不仅没有按原来的承诺,只要承认了就放他去湖南与妻儿聚首,而且紧抓不放,要求他进一步揭发"反革命同伙"。他只得一不做、二不休,继续编造故事,把自己的"大批部"朋友拉扯到所谓"'五一六'反革命集团"里去,甚至当面指认他们共同参加了哪些反革命活动。这样,我和田光、周叔莲、张卓元、方留碧都成为清查运动的重点对象,或者进了"学习班",或者被关进了劳改队。

在"四人帮"被逮捕、"文革"宣告结束以后,"五一六"假案不了了之。陈君和他的一些朋友也多半担当了社会科学院各研究所的领导工作,在推进改革开放过程中作出了各自的贡献。事情虽然过去,但构陷朋友的历史仍然是陈君的一块心病,总是觉得没有颜面面对故人。他向我倾诉过,自己当年如何陷入别人布下的网罗之中不得脱身,然后在军宣队和班排干部的威逼引导下一步步走上先是污损自己,然后诬陷友人的道路。他交给我一份七连二排领导写给军宣队的手写报告:《学习班小结:对陈××搞政策攻心的几点体会》。报告详细讲述了班、排负责人如何精心设计,成功地迫使陈君承认参加"'五一六'反革命集团",犯下了参与"炮制赫鲁晓夫式的秘密报告""政变(包括围困中南海)""建立反革命暴乱基地""搞反革命退却部署"等种种罪行,然后又如何乘胜追击,步步进逼,迫使陈君按班排干部的"诱导",揭发自己的朋友,指认自己的这些朋友共同从事反革命活动。

我读到这份"学习班小结"时,真是惊诧莫名。我对陈君当年从事诬陷的原因有了一定的谅解,同时也难以想象,一些在"文革"前被看作朋友的学者,在担任班排领导后做出这样阴险恶毒、必欲置人于死地的事情来。但我所熟悉的笔迹却明明白白地告诉我,那确凿无疑地是他们的自述。当时,我还没有读过韦君宜的《思痛录》一类著作,只在描述纳粹集中营被选出参与管理的犯人如何对待自己的犹太同胞的回忆录中读到过类似的事情,觉得很不好理解。后来读的东西多了,对于发生这种情况的必然性才有了更清醒的认识。

显然,一些人在"文革"中的悖谬行为,并不是因为他们生性特别邪恶,而是特定的境遇将他们心中的恶性因子释放出来,在某些"甜头"的激励下无限膨胀,做出伤天害理的事情来。

这一判断,可以得到心理学研究成果的支持。斯坦福大学的心理学家津巴多(Philip Zinbardo)教授曾经招募了 24 位身心健康的大学生,随机分配他们充当狱警和囚徒的角色,做过一个模拟的监狱实验。这个实验计划为期两星期。结果仅仅进行六天以后,被赋予执行任务绝对权力、承担狱警角色的学生就变得极其暴虐,承担囚徒角色的学生则陷于精神崩溃,而且双方发生了暴力冲突,因此实验被迫终止。津巴多教授后来还参加过美军在伊拉克阿布格莱布(Abu Ghraib)监狱虐囚事件的审讯,担任被告弗雷德里克(Ivan Frederick)的专家证人,亲眼目睹一位普通的爱国青年怎样在美军领导人的鼓励纵容之下成为肆无忌惮地残害囚犯的暴君。津巴多教授根据自己对斯坦福实验和对阿布格莱布监狱虐囚事件的观察,在 2007 年出版了一本名叫《路西法效应:好人是怎样变成恶魔的》[1]的著作。他在这些观察中得出一个重要结论:在强有力的制度力量和特定的环境力量的支配下,普通的"好人"也会被诱惑而做出恶行。

---

1 菲利普·津巴多(2007):《路西法效应:好人是怎样变成恶魔的》,孙佩妏、陈雅馨译,北京:生活·读书·新知三联书店,2010 年。

"无产阶级专政下的继续革命"的政治运动和"对资产阶级的全面专政"不正是这样的环境和制度吗？一些人在"坚决保卫无产阶级司令部""对待敌人要像严冬一样冷酷无情"之类口号的诱使和掩盖下，把心中的魔鬼释放出来，使原来只存在一般缺点的普通人变成对同僚和朋友无所不用其极的迫害狂。

对于学部干校"清查运动"中的"五七战士"，钱锺书先生的《干校六记·小引》做过分类。他说："在这次运动里，如同在历次运动里，少不了有三类人。假如要写回忆的话，当时在运动里受冤枉、挨批斗的同志们也许会来一篇《记屈》或《记愤》。至于一般群众呢，回忆时大约都得写《记愧》：或者惭愧自己是糊涂虫，没看清'假案'、'错案'，一味随着大伙儿去糟蹋一些好人；或者（就像我本人）惭愧自己是懦怯鬼，觉得这里面有冤屈，却没有胆气出头抗议，至多只敢对运动不很积极参加。也有一种人，他们明知道这是一团乱蓬蓬的葛藤账，但依然充当旗手、鼓手、打手，去大判'葫芦案'。"

遗憾的是，即使在"文革"结束之后，有些在运动中充当"旗手、鼓手、打手"的人，就像钱先生所说的那样，不但不负疚抱愧，反而"选择遗忘"，"以便落得个身心轻松愉快"。还有一些人被所谓"无产阶级专政下继续革命"理论所误导，或者另有他图，还盼望着"七八年再来一次"。

但是，如同1981年中共十一届六中全会通过的《关于建国以来党的若干历史问题的决议》所承认的：由领导者错误发动的"文化大革命"，是一场"给党、国家和各族人民带来严重灾难的内乱"。如果"选择遗忘"，而不是从这样"史无前例"的民族大灾难中汲取教训，惩前毖后，那只能叫做无可救药。

五

世界上的万事万物，多半都是祸福相倚，黑暗与光明并存的。"五七"干校也是如此。

学部干校所处的农村贫瘠荒芜，政治运动谬误严酷，然而也正是这样恶劣的环境，使许多愿意对照现实进行思考的人们逐渐开始重新用自己的眼睛观察周围发生的一切,重新评估过往的历史和个人的经历。这个过程可以称为自我启蒙的过程。自我启蒙的过程不免痛苦,进展往往缓慢,但一旦寻得了真理,哪怕是一鳞半爪,也会内心喜悦,欣然忘却眼前的艰难,往后的步子也会坚定向前。

张纯音一家人所尊崇呵护的顾准,就是在干校三年的无畏探索中实现了思想升华,当之无愧地成为反思中国历史、引领中国社会进步的重要思想家。

我自己通过"文革"的经历和在干校的反思,也得到重大的思想收获。

第一个收获是通过对中国农民的生活状况切近的观察,对总路线、"大跃进"、人民公社运动造成的严重损害,有了更痛切的感受;在随后的学习思考中,对于这一套方针和政策,有了更清醒的认识。

我出身于城市的富裕家庭,虽然在此以前因为工作关系也到过农村,但对农村和农民的生活终归缺乏切身的体察。1958年"大跃进"期间,我曾经参加国家经委组织的"大炼钢铁"检查团,亲眼看到城乡成千上万人不计代价地昼夜奋战,结果只收获一大堆毫无用处的"烧结铁"。1965年参加农村的"四清"运动,对农村贫困和干部作风不良的情况也有一些了解。但在当时的政治"教育"下,总认为这些缺点与"九个指头"的成就相比,只不过是"一个指头",甚至是建设社会主义强国不能不付出的微不足道的代价。

至于信阳专区,我在下放"五七干校"以前,对"大跃进"期间发生的两次"事件"都有所耳闻,但并不知道真相。

第一个"信阳事件",是指1959年中国人民大学师生信阳考察团"恶毒攻击总路线、'大跃进'、人民公社'三面红旗'"的事件。这次事件的经过是:1958年人民公社化运动开始以后,社会各界普遍组织参观团到农村学习。这时,北京大学和中国人民大学也组织了由上百名师生参加的人民公社考察团,由人民大学副校长邹鲁风(后调任北京大学副校长)带队,到河南信阳和河北藁城学习考察。他们在调查中发现,这两个地区所谓的"粮食大丰收"完全是子虚乌有,干部强迫命令也十分严重,于是就给中共北京市委写书面报告,希望他们向中央反映。这份报告本来得到了人大、北大许多领导的同意和北京市委的重视,但在庐山会议发动"反右倾"运动以后,就成了北京市委抓的第一要案,邹鲁风和考察团的骨干也被打成"右倾反党分子"。作为老革命的邹鲁风对于受到的批判想不通,选择了投水自杀。邹鲁风自杀以后,人大和北大召开过一系列对他的批判会,我参加过其中的一次。会上信阳来的干部和贫下中农代表上台,声讨邹鲁风"反对三面红旗"和"污蔑农村大好形势"。发言人义愤填膺,讲得声情并茂,不能不使人信以为真。

第二个"信阳事件",是指1960年全面整肃信阳地区地县两级领导的事件。当时的说法是,信阳地区的地县两级领导班子被"地富反坏右"等坏人篡夺,实现了"反革命复辟",他们打击、排斥好干部,隐瞒实情,致使有的农民饿死。因此从中央机关抽调了几百干部进驻信阳,夺了原来地、县委领导班子的权,信阳地委的大部分领导和几乎所有的县委书记都被逮捕进了监狱。事情似乎早已经解决了。

但当我来到信阳地区的学部"五七干校",却亲眼目睹原来物产丰富、气候宜人的鱼米之乡,已经成了农民极端贫苦的荒芜废墟。这大大出乎我的意料。走出东岳镇看到的是,在田野大地上除了低矮的庄稼,几乎是寸草不生。原因是大炼钢铁把树木都砍伐光了,农民没有燃料烧熟一日三餐,路边堤上刚长出几颗小草,就被到处寻找柴火的农家小孩拔去做柴烧了。老乡家里没有木制家具,桌椅甚至粮缸都是用泥巴做成的。

更使人惊悚不已的,是了解了1959—1962年期间这个地区发生的大规模"非正常死亡"惨剧的真实情况。

当时,中央党政机关在全国18个省区一共设立了106个"五七"干校,平均每省5.9所,而河南省的信阳一个地区就设立了20所,其中息县一个县设立了8所,可说是中央党政机关设立干校最多的地方。这说明那里的农地绰绰有余。

刚到干校,四处走走,看到干校周围走几里路没有一个村庄,我就产生了一个疑问:按说河南是中华民族生息繁衍的发源地,农耕文明至少已有三千多年的历史,怎么可能有这么多荒地? 其实我们刚到东岳,息县革命委员会的王副政委给我们做报告介绍息县情况时就说过,"1959和1960年这两年中劳动力的损失很大,有些生产队整个都不复存在,至今还看得见有些水渠环绕的宅基,就是这些消失了的生产队的遗址"。这其实已经告诉我们干校土地从何而来。不过我当时并没有太在意。顾准1959 年在同属信阳专区的商城县劳动改造时已经知道这里发生的"死亡相踵""一死就是一家"的惨剧[1]，他把王副政委的这段话专门记在自己的日记里[2]。

后来，干校一些被挑选出来的人去参加农村整党，和社员实行"三同"（同吃、同住、同劳动），回来讲了不少他们从老乡那里了解到的情况。这才知道，邹鲁风他们在 1959 年说的都是真话。就在当时开始大批饿死人的时候，河南省委和信阳地委为了完成高征购指标，做的却是大反基层干部和农民"瞒产私分"，并且严禁社员在家里"私自开伙"，以致造成农民成批饿死，出现了大量的"死绝户"和"绝户村"。据 1960 年中央纪律检查委员会两位处长逐县进行统计后报告，信阳这个人口 800 多万人的专区，1959 年饿死人数高达 105 万人，占原有人口数量的 13％。[3]

去和老乡搞"三同"的学部干校学员还讲了许多老乡言谈中和"忆苦思甜"会上听来的饥荒年代的故事，听了使人毛骨悚然。这显然不是什么"反革命复辟"，而是方针路线错误造成的。

在学部"五七干校"的经历使我对有关总路线、"大跃进"和人民公社"三面红旗"的宣传教育产生了深深的怀疑。这也成为"文革"后期怀疑所谓大寨经验的一个思想背景。

六

我在干校期间另一个重要收获，是对于为什么要搞"文化大革命"一类政治运动，逐渐有了清楚的认识。

在"文革"初期，我对这场运动是衷心拥护的。即使自己和家人受到了粗暴对待，我也认为个别偏差只是大潮流中的小波澜，要看到大方向，

1　见顾准（1960）：《商城日记》（1960 年 1 月 4 日），载《顾准文存・顾准日记》，北京：中国青年出版社，2002 年，第 220 页。

2　见顾准（1969）：《新生日记》（1969 年 12 月 3 日），同上书，第 273 页。

3　见佘德鸿（2002）：《关于"信阳事件"的忆述》，载徐勇主编：《中国农村研究 2002 年卷》，北京：中国社会科学出版社，2003 年，第 273 页。

正确对待。

随着"文革"运动的发展,我逐渐发现红卫兵和造反派的"革命行动"背后,往往是被人操纵的。由于学部与"中央文革小组"有着某些人际上的密切联系,号称"出门拐个弯就是中央文革",加上我住在北京师范大学,这所大学的"红卫兵领袖"谭厚兰也和"中央文革小组"成员关系密切。因此,我很容易看出"中央文革""运动群众"的脉络。一般来说,号令从"中央文革小组"出来,通过学部哲学研究所以及马列主义研究院、国务院财贸办公室、教育部和北京高等院校等单位,几天之内就能形成"打倒某某人""炮轰某某人"的席卷全国的"群众怒潮",然后就会有中央领导出来表态,把被炮轰的人定为反党、反社会主义、反毛泽东思想的"三反分子",或者是其他名目的"反革命分子"。例如,在陶铸被选为中共中央政治局常委后时间不长,学部"联队"主持的一个大会上就提出,陶铸是"刘邓司令部的黑干将"。当时,作为中共中央政治局常委、国务院总理的周恩来还在竭力阻止,说是"党中央的第4号人物不能炮打",但没过几天陶铸就被正式打倒了。

待到1967年,"中央文革小组"受命发动反击"二月逆流"的时候,我已开始对"文化大革命"的真实目的产生了怀疑。先觉得只是"中央文革"里的康生等人夹带私货造成的问题,但是随着"文革"闹剧一幕接一幕地上演,今天把"红卫兵小将"捧上了天,明天又把他们投入监狱,今天说"炮打林副主席"是"'五一六'反革命集团的严重罪行","清查'五一六'是毛主席、林副主席亲自下的决心",明天又说"林彪是'五一六'反革命集团的总后台"。这使我越来越觉得这不是什么"革命",而只是一场以"群众运动"为名进行的权力之争,正如顾准所说,"红卫兵小将"只是听别人摆布的棋子。当然,这种认识其实还有很大的局限性,对其实质更深刻的认识,还是在与顾准相知之后。

七

和顾准相知,并且在他的帮助下重新认识中国社会和自己走过的道路,是我在干校的最大的收获。在1970年12月开始的"深挖五一六'二套班子'"的运动中,我被定为"帽子拿在人民手中的'五一六'分子",编进了七连的劳改队。在劳改队出工的第一天就遇到了问题。过去我不管干农活还是瓦工活、电工活都还可以胜任。到劳改队后第一天派给我的活是"起圈",就是把猪圈里的垫土铲起来,换上新土。垫土和猪粪便混在一起,黏度很大,一铲子踩下去就再也抬不起来了。这个时候,顾准跑过来对我说,"这个活你哪里干得了?还是让我来吧!"从那个时候开始,我和他很快成为至交。

当时顾准是这个队里的老劳改犯。他在1957年被打成右派分子以后,经过多年的观察和思考,把中国的问题归结为"娜拉出走以后怎样",也就是在革命胜利、取得政权以后政治和经济向何处去的问题。为了回答这个问题,顾准制定了一个以世界宗教史、文化史、政治史、经济史为背景研究中国问题的宏大计划。他对我说,要把中国的事情弄清楚,首先得学习世界文化史、宗教史、经济史、政治史,对整个人类各种思想源流作一番梳理,然后回过头来对照分析中国的问题和探索人类的未来发展,才容易看得清楚。于是,我就追随顾准从希腊史开始世界历史的漫游。

在息县时,当"革命群众"开会的时候,劳改犯们就待在临时搭起的席棚里听候传唤。不挨斗的时候,我们可以做自己的事情。到明港以后,全连和全干校的大会开得很多,而监管对象是没有资格参加的。我们两人就躲到"革命群众"用来开小会的席棚里去,一边读书,一边进行讨论,在东西方文明源流的对比中探求对中国历史发展中疑难问题的解答。关于"评法批儒"问题也是我们经常讨论的一个问题。

毛泽东在1968年的中共八届十二中全会上就批评过郭沫若的《十批判书》和"崇儒反法"的观点。1970年夏天庐山会议后,开展了"批陈整风","崇法评儒"潮流开始兴起。1971年林彪坠亡后不久,"批林批孔"更成为一场声势浩大的政治运动。在这种形势下,我们也读了郭沫若的《十批判书》,还有《韩非子》《荀子》等书。

拿中国的传统思想来和希腊、罗马以降的西方思潮作对比,就可以看到东西方文明源流存在的巨大差异。按照顾准的说法,所谓"文艺复兴",也就是"回忆希腊、罗马往事"的运动,所以,现代思想家"言必称希腊",是有一定道理的。

在这一艰苦探索成果的基础上，顾准从自己曾经深信不疑的意识形态神话罗网中破网而出，对中国革命胜利后20年出现的问题和现象作出了鞭辟入里的分析，由此也找到了"娜拉出走"能够真正取得成功的正确道路。你看，顾准发出的呐喊是何等地义无反顾、掷地有声："我自己也是这样相信过来的。然而，今天当人们以烈士的名义，把革命的理想主义转变成保守反动的专制主义的时候，我坚决走上彻底经验主义、多元主义的立场……"[1]

与顾准的相知不仅使我更深一层地看到了"文革"的专制主义实质，也帮助我重新认识自己过去走过的道路。由此开始的独立思想里程，改变了我的全部人生。

八

读徐方这份书稿，使我想起很多往事，也想起她的母亲、我的老同事张纯音。张纯音在和顾准的交往中深深为他的精辟见解和超人才华所折服和吸引，做了一个正直的中国人应该做的事情。在风雨如磐的岁月里，她们一家人冒着极大的政治风险，尽自己的可能呵护帮助顾准，使他能够在短暂生命中为我们留下了其价值无与伦比的精神财富。也要感谢徐方，从一个侧面让我们更多地了解孕育顾准思想的社会背景和生活环境，以及一批曾经对多灾多难的祖国满怀期待，然而生不逢辰的知识分子的际遇。

当然，在学部干校时，徐方还只是一个阅世不深的少年，我们不能要求她对半个世纪前的"五七"干校发生的历史事件作全景式的描绘和深刻的解读。要做到这一点，还有待于我们这些亲历过或者没有亲历过的后来者的努力。这是我们对民族乃至对人类义不容辞的责任。

1　顾准（1973）：《辩证法与神学》，见《顾准文集》，贵阳：贵州人民出版社，1994年，第424页。

执着专业精神，砥砺理论勇气[*]

——钱颖一、许成钢获奖贺词

（2016 年 12 月）

很高兴今天参加北京当代经济学基金会"2016 中国经济学奖"的颁奖典礼，热烈祝贺两位获奖人实至名归，获得这一殊荣。

首先我想讲的是，北京当代经济学基金会决定把"2016 中国经济学奖"授予钱颖一和许成钢两位教授，以表彰"他们在转轨经济中作用于政府和企业激励机制的研究所做出的贡献"，这是一个恰如其分的选择，也完全符合许多经济学家的预期。

在过去将近 40 年改革的推动下，中国经济发展取得了巨大的成就。为了推动改革开放，好几代中国经济学家作出了自己的贡献。与此同时，由于经济改革和政治改革远未完全到位，中国也面临着许多严峻的挑战。当前经济学家群体正在为战胜这些困难殚精竭虑，为中国经济的持续稳定发展和社会进步排忧解难。不管是推动过去的改革，还是排除当前的障碍，钱颖一教授和许成钢教授都是经济学家群体的杰出代表。所以，他们的获奖是理所当然的。而且北京当代经济学基金会的这个奖励不仅奖给了两位教授，也是对为中国改革作出了专业贡献的经济学家群体的肯定和表扬。

我认为，颖一和成钢有两个突出的特点最值得赞许和效法。

---

* 本文是作者 2016 年 12 月 4 日在当代经济学基金会"2016 中国经济学奖"颁奖大会上所致的贺词。见吴敬琏：《改革大道行思录》，北京：商务印书馆，2017 年，第 434—441 页。

第一个特点是他们都有强烈的专业主义精神,竭尽所能地追求学术成果的完美。

他们两位都受过严格的经济学训练,有深厚的专业学养。但是,能否在此基础上坚持专业主义精神,执着于经济学的学术规范和专业要求,仍然是一个事关重大的选择。

除了概念明确、说理清晰、论证符合逻辑规则等科学工作者必须遵守的基本要求之外,经济学还有一些自己的特殊要求。

由于经济学的研究对象是由众多因素互动形成的复杂大系统,要成功剖析这样的大系统,需要特殊的工具。其中一个重要的手段,就是进行马克思称之为"抽象法"的控制观察思想实验,把相对次要的因素通过设定严格的假设条件固定下来,从纷繁复杂的现实中抽取最本质的因素,形成理想化的简化形态的理论模型,用以作为观察现实的基准点(benchmark)和参照系(reference),以便揭示矛盾和推进理论的发展。经济学在过去 300 多年的发展过程中积累了大量的经济学智慧,形成了一系列被称为"模型""定理"的基础理论模型。这些基础理论模型并不是现实世界的直接描述,却是经济学研究现实世界的必备利器。经济学的研究要求透彻掌握原有的基础理论,这样才能站在前人的肩膀上去观察现实和提出自己的理论创见。正像成钢后来发表在《比较》辑刊 2002 年第 1辑上的《经济学、经济学家和经济学教育》一文中所说,对经济学家来说,特别重要的是对原有基准的透彻掌握,以之作为观察现实的基准和标尺,只有这样,才能抓准问题和推进理论。颖一也在同时发表的《理解现代经济学》[1]一文中论及这个问题。他指出,经济学家研究问题时,头脑中必须有几个相关问题的基准点和参照系,这样分析问题时,才不会零敲碎打,就事论事,缺乏主线和深度。

可惜的是,在中国,人们常常把人类掌握的知识归根到底都是来源于实践误解为每一个个体的知识都只是来源于自己的亲见亲知,因而轻视前人的知识积累;并且认为理论概括只要与现实细节有差别就犯了"脱离实际"的错误,因而否认原有基准包含着真理。于是我们的学术讨论往往

1　钱颖一:《理解现代经济学》,载《社会经济体制比较》,2002 年第 2 期。

变成没有共同基准的乱仗，通常只能得出"公说公有理，婆说婆有理""此亦一是非，彼亦一是非"的结果。

我第一次同成钢讨论这个问题是在1993年。当时，他刚刚在海南参加了留美经济学会的年会后回到北京。在那次会议对证券市场的讨论中，国内经济学家分成两派：一派根据阿罗-德布鲁一般均衡模型，认为只要开放股票市场，就能实现它对经济发展的各种积极功能；另一派则说，中国股票市场已经放开了，但得到的却是一片混乱，可见阿罗-德布鲁一般均衡模型是一套脱离实际的错误理论。成钢感到，如果经济学家对经济学基本理论和研究方法的认识处于这种状态，中国经济学的发展前景就十分值得担忧。

当然，作为负责任的经济学家，成钢和颖一不把自己的思虑止于担忧上。他们还尽自己的努力改变经济学研究的这种不理想的状态。

当年成钢就曾经从微观经济学的最新发展论述证券市场的特性和中国证券市场存在问题的根源。[1] 2002年，他还发表了前面讲到的那篇文章，全面论述现代经济学的方法。他把阿罗-德布鲁（Arrow-Debreu）的一般均衡模型、莫迪格里亚尼-米勒（Modigliani-Miller）定理、科斯（Ronald Coase）定理、卢卡斯（Robert Lucas）关于货币中性的理论、贝克尔—施蒂格勒（Becker-Stigler）关于最优阻吓司法制度的理论等五个"不相关性理论"称作研究制度问题最重要的基准理论，并且逐一论述了它们对于制度研究的意义，澄清了在中国常见的误解。例如，阿罗-德布鲁的一般均衡模型，就是一个在市场完备、不存在信息不对称等严格假设条件下建立起来的理论模型。换句话说，只有在阿罗-德布鲁的假设条件下，才能实现具有帕累托效率的均衡。以此为基准，就能导出对计划经济与市场经济差别的制度性解释。颖一也在《理解现代经济学》中讲述了同样的道理。

他们的这些论述，道出了经济学方法的精髓，所以就理所当然地成为研究生必读的入门参考书。

颖一和成钢在自己的研究工作中严格遵循现代经济学的这些规范和

1　参见肖梦：《中国经济改革与现代微观经济学理论——许成钢博士访谈录》，载《改革》，1993年第5期。

要求，做出了令人赞叹的成绩。他们两位对于中国民营企业为何能异军突起并带动了中国经济发展所做的制度性解释，就是其中一个生动的例子。

在 21 世纪初期，为什么中国经济没有像人们在 20 世纪 90 年代所预料的那样走向衰退而是蒸蒸日上，是一个引起全世界热议的问题。其中一个关键问题是，为什么民营企业在苏联经济改革中无法发展起来，而在中国能够发展壮大。许多就事论事的研究并没有给出能够令人信服的答案。颖一和成钢从制度环境为企业发展提供最重要的激励这一视角出发，比较了苏联和中国民营企业生存与发展的不同制度环境，在《中国的经济改革为何与众不同》[1]这篇文章中，提出了"M 层级制"的理论，对中国非国有企业得以发展壮大作出了制度性的解释。我们知道，列宁把计划经济形容为一个"国家辛迪加"，即国家大公司或 Party-State Inc.。这种国家大公司的典型结构是高度集权的单一型（unitary-form，简称 U-form）。颖一和成钢就以 U-form 的国家大公司作为参照系，与中国经济进行对比。从这种对比可以看到，当时中国经济虽然仍旧保持着国家大公司的特点，但是，随着 1958 年以后的几次地方分权改革，中国这个国家大公司已经不是一个 U-form 的、而是一个多事业部型（multidivisional form，简称 M-form）的大公司了。在这种经济下，每一个地方政府都有自己有别于全国整体利益的独立利益，都存在帮助本地企业发展的激励。这就使乡镇企业取得了一定的发展空间。虽然我自己觉得与其说当时的中国经济是一个 M 型的大公司，不如说它是一个 H 型（即控股型 holding-form，简称 H-form）的大公司，因为 M 型大公司中的事业部是所谓"收支两条线"的，并没有自己的资产负债表，但是，颖一和成钢指出改革初期的中国经济有别于苏联经济 U 型结构的特点，无疑为解答中国改革的结果为何与苏东不同提供了一把钥匙。

在我看来，颖一教授和成钢教授第二个可贵之处是具有很大的理论勇气。

---

1 Yingyi Qian and Chenggang Xu（1993）: Why China's Economic Reforms Differ: The M-form Hierarchy and Entry/Expansion of the Non-State Sector（《中国的经济改革为何与众不同: M 型组织结构与非国有部门的进入和扩展》），*The Economics of Transition*，June 1993, 1（2）: 135 - 170。

以基准性的参照系和现实相对照，就会发现一些矛盾，由此就需要修改或放松假设条件，提出进一步的理论解释。这就需要对原有的理论和观点提出挑战，包括对占统治地位的理论、社会流行的观点，甚至原来自己认为正确的理论提出挑战。提出这类挑战，往往是需要理论勇气的。

一个突出的事例是成钢关于分权式威权体制理论的提出。在相当长的时期内，占主流地位的观点认为，地方分权的体制和地方政府主导的竞争是推动中国经济发展的主要力量。有人甚至认为这种体制是世界上最好的体制。经过研究整个中国改革历程和面对的官僚体制问题，成钢用分权式威权体制来对中国过去30多年经济增长的成就和当前面临的困境给出了制度上的解释。[1] 他指出，由地方分权改革形成的分权式威权制是中国最基本的体制结构，也是地方政府主导的地区竞争和进行地区实验的制度基础。在改革开放的早期阶段，由于这种体制激发了各级地方政府发展地方经济的强劲动力，造就了中国经济多年的快速增长。但是随着经济的发展，大量超出 GDP 范围的社会经济问题变得越来越重要，地区竞争由于丧失了解决激励问题和信息问题的效力，反倒成为发展的一大障碍。而且，由于各级政府掌握着大量的经济资源，腐败成了分权式威权制的痼疾。因此，只有彻底改变这种体制，才能推动中国的经济发展和社会进步。

由于这种体制与众多机构和一大批人的既得利益联系紧密，提出这一理论需要很大的勇气，显然是不言自明的。

1993 年，中共十四届三中全会通过了《中共中央关于建立社会主义市场经济体制若干问题的决定》以后，整体改革开始向前推进。最先引起颖一关注的是国有企业的改革问题。在当时，国内对企业改革目标占统治地位的观点有两种：一种是由国家股、企业法人股、公众股组成的"股份制公司"；另外一种是由原有经理人员承包经营的企业承包制。用现代企业理论[2] 去分析这两种企业制度，可以看得很清楚，它们存在很大的制

1　Chenggang Xu(2011)："The Fundamental Institutions of China's Reforms and Development"，(《中国改革和发展的基础性制度》)*The Journal of Economic Literature*，2011，49：4.

2　颖一对现代企业理论所做的文献综述，见钱颖一（1989）：《企业理论》，见茅于轼、汤敏主编：《现代经济学前沿专题（第一集）》，北京：商务印书馆，1989 年，第 1—30 页。

度漏洞,这就是在"所有权与经营权分离"(经济学中"所有与控制分离"的中译)的名义下,把企业产权的两项基本内容,即剩余控制权和剩余索取权都在相当大的程度上交给了内部人。这种做法还被1988年的《全民所有制工业企业法》肯定为法定制度,实际上为"内部人控制"提供了理论基础和法律依据。为了澄清这一重大理论和政策问题,颖一和我在1993年写过一篇《关于公司化》的文章[1],说明公司制的本质,强调了能够在所有者与经营者之间建立起制衡关系的公司治理结构(或称"法人治理结构")的重要性。其中的主要观点后来被1993年的中共十四届三中全会和1999年的中共十五届四中全会所接受,成为进行公司化改制的理论说明。颖一还在1994年和青木昌彦教授合编了《转轨经济中的公司治理结构:内部人控制和银行的作用》一书,介绍了国外的有关经验和论述。这些努力虽然没有完全解决国有企业改革中内部人控制失控的问题(直到最近发布的《中共中央国务院关于完善产权保护制度依法保护产权的意见》,仍然把"国有产权由于所有者和代理人关系不够清晰,存在内部人控制、关联交易等导致国有资产流失的问题"作为我国产权制度存在的一个重要缺陷),但还是对提醒国人整饬内部人控制失控起到了一定的预警作用。

这些年来,颖一忙于清华经管学院的院务管理,这无疑减少了他用在经济学上的精力,也减少了我们从他的经济学研究中得到的享受,但是我们还是有失有得,在失去部分可能的经济学理论成果的同时,收获了一位教育家。颖一以经济学家严谨的治学态度来研究中国的教育问题,对大学教育的使命、现代大学制度建设等形成了"'无用'知识的有用性""'好学'比'学好'更重要""育'人'比育'才'更根本"三位一体的教学观,对"学什么""怎样学"和"为什么学"这三个教育学的基本问题作出了系统回答。用颖一自己的话来说,这是他"对多数人赞同的,听上去理所当然的教育理念提出的不同思考"。也就是说,他对长期形成而且愈来愈变得不容置疑的教育思想和教育体制提出了挑战。

最后,我想借这个讲坛祝愿两位获奖人精进不休,为经济学的进步不断作出新的贡献。

---

1 吴敬琏、钱颖一(1993):《关于公司化》,载《经济日报》,1993年8月24日。

学习经济所先贤榜样，努力攀登科学高峰 [*]

（2019 年 5 月）

　　能够参加庆祝经济研究所 90 年的庆典，我感到十分荣幸。回想我在经济所工作 30 年的经历，可以说是感慨万千。值此庆祝我们所 90 周年华诞之际，我最想说的话，是学习经济所前辈们的榜样，努力攀登经济科学的高峰。

　　虽然经济所早就号称"天下第一所"，但这里所称的"第一"并不是就它的规模而言的。1954 年初我到经济所的时候，全所一共只有 40 人。那么，它的宝贵之处在什么地方呢？我想不在于规模，甚至也不在于那些很有价值的研究成果，而在于这个研究所从 20 世纪 20 年代建所时起，就汇集了一大批中国最杰出的知识分子。这批人在追求真理、追求人类福祉的信念的推动之下呕心沥血，孜孜以求，去研究中国的、世界的社会经济问题，希望能够有所贡献于这个民族、这个国家的人民！

　　前些年，著名的思想家王元化先生曾经一再跟我谈起，应该写经济研究所的所史。他心目中的所史，主要关注的并不是我们所的研究成果，而是我们所这批知识人的精神世界。他还亲自鼓励一些熟悉的作家去研究经济所这批人的思想演变历史、他们的际遇和坎坷。很可惜，这些作家都觉得，要写作这批优秀知识分子的思想史，自己的学问乃至于文字表达能力都还够不上，最后只好作罢。

---

[*]　根据本书作者在 2019 年 5 月 18 日召开的"中国社科院经济研究所建所 90 周年国际研讨会暨经济研究高层论坛 2019"上的发言整理而成。

在纪念建所 90 周年的准备过程中,经济所的同仁做了很好的工作,所史的编写也取得了初步的成果。我读了所史的初稿和后来的简史,才发现我对所史其实所知甚少。如果说王元化先生所熟悉的,是 1930 年代以来的知识分子、特别是其中的左翼知识分子。我所熟悉的就要晚得多了。甚至可以说,我对前面 20 多年的所史几乎是一无所知的。

我在读所史的过程中,也得到了很多新的知识。比如说,我们所的创始人、从 1929 年建立社会调查所起、直到 1953 年卸任中国社科院社会研究所所长,主持了我们所 26 年工作的陶孟和先生,我就从来没见过。1954 年大学毕业后我便被分配到中国科学院经济研究所,但是我被留在院部干部教育处当了一段时间的社会发展史学习辅导员,后来所里派了黄载尧去把我换回来。很惭愧,这次读所史我才知道,我在科学院院部工作那两个月时间里待的文津街 3 号院部办公楼,还是 1931 年陶孟和先生主持社会调查所时修建的。在刚才放过的所史短片里也可以看到这幢办公楼。

对于陶孟和先生的事迹,我也是看了一些讲述中国知识分子这几十年荣辱起伏的文章,特别是巫宝三先生写的纪念陶孟和先生的文章[1]才知道。真是了不起!比如,在抗日战争那么艰苦的环境之下,社会科学研究所从 1939 年就开始研究日本侵略对中国造成的损害,作为胜利以后向侵略者索赔的根据,并在 1946 年出版成书。虽然这些成果由于中国政府决定放弃索赔而没有用上,但是这项研究开启了用科学的方法来计算日本侵略对中国造成损害的先河,是一件很有意义的事情。在巫宝三先生的纪念文章里面,还讲到了解放以后陶孟和先生对于我国经济学的发展所作出的贡献。特别体现出陶先生有科学勇气的事情,是在 1957 年错误批判一些经济学家、社会学家,把社会学、现代经济学说成是"伪科学"的时候,陶孟和先生仗义执言,这也是很了不起的。

在我们经济所的历史中,值得铭记的人和事是非常之多的。像孙冶方所长、顾准研究员的事迹我们知道得比较多。其实还有许多人们不太

1　巫宝三(1995):《纪念我国著名社会学家和社会经济研究事业的开拓者陶孟和先生》,载《近代中国》第 5 辑(1995 年 6 月)。

注意的经济学家的感人事迹，值得我们去发掘、去学习。我现在想讲一位，这就是经济史组的章有义先生。在第一次看所史网站的时候看到过有他的专题，今天好像没有看到这个专题。我跟他的接触是从进所以后不久开始的。他的学问做得非常扎实，在经济史界也是有名的。当时在于光远同志的指导之下，团支部定期组织一种业余的沙龙式讨论会。有一次，我们请了章有义先生来介绍二三十年代的中国社会性质论战。像我们这些在解放以后读经济学的人，对这场论战的理解都是非常简单表面的，以为就是两个政治派别之间的政治斗争。章有义先生对这场论战中各个学派的论点和论据作了客观介绍和分析，我们都觉得很受启发。可是没有想到，他却因此大祸临头。在1955年的肃反运动中，一位在经济所很有权势的人指责章有义向青年人"传播托洛茨基派的反革命观点"，于是就成了肃反的重点对象。虽然章先生在肃反中没有查出什么历史问题，然而到了1957年，他还是在劫难逃。他被剥夺了副研究员的职称和从事研究工作的权利，直到改革开放以后才获得平反。他本来身体就很不好，但是在改革开放以后，还是拖着一个非常衰弱的、不断要进医院的、靠吃药维持的病体奋力地进行研究。他在改革开放以后的十几年中，写了130万字的著作，成为中国现代农业史的一位著作等身的名家。正像上海学术杂志上一篇章先生传略所说，"在章有义先生身上，我们再一次看到了我国优秀知识分子那种对事业鞠躬尽瘁、不惜一切的精神"。[1]

最后，我还想讲讲1959年经济研究所昌黎"试验田"上送"食堂问题报告"事件。[2] 这份报告的主要执笔人经君健是跟我同一年进所的。从经君健后来的研究可以看到，他的研究风格是特别周密细致。经君健和他的同事们在农村的调查中发现，在粮食极度紧缺的情况下，强制社员在食堂吃饭对于维持他们的生命多有妨碍，社员普遍对此啧有烦言。因此，他们写出报告，建议放宽政策，让人们有可能自愿选择是否在食堂吃饭。这份报告引起了当时领导人的震怒，虽然领导人后来也不得不承认是自己判断错了，但经济所好几位相关研究人员却因此戴了好几年"右倾机会主

1 朱荫贵：《章有义先生传略》，载《近代中国》第3辑（1993年6月）。
2 参见经君健（2011）：《代价沉重的空想社会主义大试验》，载《经君健选集》，北京：中国社会科学出版社，2011年，第495—567页。

义分子"的帽子。大家可以想想，在那个年代，为农民发声写出这样的报告，除了调查研究的功底，还要有多么大的道德勇气。

因此，我想说，孙冶方和顾准无疑是我们的思想旗帜和学习榜样，但是，除了孙冶方、顾准这样的领军人物，经济所还有许多为了推动国家的进步竭尽心力的知识人。他们的思想和事迹，都非常值得我们去发掘和认真学习。

经济所的许多先贤都是大学问家，我们当然要研究、学习他们的论著，从他们的学术成果中吸取营养，但是我认为，爱因斯坦在评价居里夫人的时候说得非常有道理，就是"伟大人物在道德人格上对人类的贡献，往往比我们想像的要大得多"，所以我们主要还是要学习先贤们为学术献身的精神和认真探索去发现真理、为人民作出贡献的精神。

我们还需要注意到，先贤们的观点并不全都是无可挑剔的，他们之间在学术观点上也存在分歧，例如孙冶方讲的价值规律和顾准讲的价值规律就不是同一件事情。然而他们全心全意为科学进步、为人民利益努力奋斗的心志却是毫无二致的。所以，我想引用陈寅恪在王国维先生纪念碑铭上的一段话作为我今天讲话的结语："先生之著述，或有时而不章，先生之学说，或有时而可商，惟此独立之精神，自由之思想，历千万祀，与天壤而同久，共三光而永光。"

谢谢大家！

索引

图书在版编目(CIP)数据

吴敬琏改革文选/吴敬琏著. —上海:上海三联书店,2021.1
ISBN 978 - 7 - 5426 - 7110 - 3

Ⅰ.①吴… Ⅱ.①吴… Ⅲ.①中国经济—经济体制改革—文
集 Ⅳ.①F121 - 53

中国版本图书馆 CIP 数据核字(2020)第 130637 号

吴敬琏改革文选

著 者 / 吴敬琏

特约编辑 / 罗淑锦
责任编辑 / 匡志宏 李 英
装帧设计 / 徐 徐
监 制 / 姚 军
责任校对 / 张大伟 王凌霄

出版发行 / 上海三联书店
     (200030)中国上海市漕溪北路331号A座6楼
邮购电话 / 021 - 22895540
印 刷 / 上海普顺印刷包装有限公司

版 次 / 2021年1月第1版
印 次 / 2021年1月第1次印刷
开 本 / 640×960 1/16
字 数 / 1100 千字
印 张 / 67.75
书 号 / ISBN 978 - 7 - 5426 - 7110 - 3/F·816
定 价 / 228.00 元

敬启读者,如发现本书有印装质量问题,请与印刷厂联系 021 - 36522998